다산 정약용의 『역학서언』, 『주역』의 해석사를 다시 쓰다

고금의 역학사를 종단하고 동서 철학의 경계를 횡단하다

역학총서 11

다산 정약용의 『역학서언』, 『주역』의 해석사를 다시 쓰다
－고금의 역학사를 종단하고 동서 철학의 경계를 횡단하다
Dasan Jeong Yagyong's Introductory Remarks on the Study of the *Changes*: Rewriting the History of the Interpretation of the *Zhouyi*

지은이 방인
펴낸이 오정혜
펴낸곳 예문서원

편 집 김병훈
인 쇄 주) 상지사 P&B
제 책 주) 상지사 P&B

초판 1쇄 2020년 6월 30일
초판 2쇄 2021년 10월 5일

주 소 서울시 성북구 안암로 9길 13 4층
출판등록 1993년 1월 7일 (제307-2010-51호)
전화번호 925-5913~4 / 팩시밀리 929-2285
Homepage http://www.yemoon.com
E-mail yemoonsw@empas.com

ISBN 978-89-7646-406-4 93150

YEMOONSEOWON 13, Anam-ro 9-gil, Seongbuk-Gu Seoul KOREA 02857
Tel) 02-925-5913~4, Fax) 02-929-2285

값 65,000원

역학총서 11

다산 정약용의 『역학서언』, 『주역』의 해석사를 다시 쓰다

고금의 역학사를 종단하고 동서 철학의 경계를 횡단하다

방인 지음

예문서원

책머리에

필자가 다산역茶山易에 입문하게 된 것은 1981년에 한국학중앙연구원의 한국학대학원에 입학하여 석사학위논문의 주제로 다산 역학을 선택하게 되면서부터였다. 필자는 1983년에 「다산역학사상에 대한 연구」라는 제목으로 석사논문을 썼고, 2007년에는 『주역사전周易四箋』(전 8권, 소명출판)을 제자 장정욱張正郁과 함께 번역하였다. 그리고 2014년에는 『다산 정약용의 주역사전, 기호학으로 읽다』(예문서원)를 출판하였다. 지난 세월을 되돌아보니, 다산 역학에 입문한 이후로 어느덧 39년의 세월이 흘러갔다. 얼마 전에 『다산간찰집』(사암, 2012)을 읽어 보니, 1825년에 다산이 이광수李光壽에게 보낸 편지에서 자신의 나이가 『주역』의 64괘와 같은 64세가 되었다고 한 말이 있었다. 올해 필자의 나이도 64세이니, 『주역』으로 치면 64괘의 마지막 괘인 미제괘未濟卦에 이르게 된 것이다.

필자는 내년에 정년停年을 앞두고 있다. 지난 몇 십 년 사이에 다산 역학에 관한 논문들을 학술지에 꾸준히 발표해 왔는데, 지금까지 쓴 논문들이 쌓여 이제 한 권의 책으로 묶을 수 있을 정도가 되었다. 필자는 이 책을 기획하면서 다산 역학의 특성을 드러낼 수 있도록 발표한 논문들을 재배열하고 여기에 스토리텔링(storytelling)의 구도를 부여하는 것이 필요하다는 점을 깨달았다. 그래서 다산 역학의 주제를 여덟 개의 범주(category)로 설정하고, 20편의 논문들을 그 유형적 특성에 맞게 8부에 배치하였다. 여덟 개의 범주는 대략적으로 역사적 흐름을 따라 배치되어 있으나, 모두가 시대적 순서를 따르고 있는 것은 아니다. 그리고 스토리라인(story line)을 드러내기 위해 논문들의 원제를 무시하고 여덟 개의 범주에 맞추어 제목을 변경하였다. 마지막으로 보론補論으로 한 편의 글을 추가하였는데 그것은 초의艸衣 장의순張意恂(1786~1866)의 수초본手抄本 『주역사전』과 관련하여 『여유당집』의 서지학적 문제를 다룬 것이다.

이 책은 원래부터 저서로 기획된 것이 아니라 이전의 논문을 묶어서 편집한 것이다 보니 중복되는 서술이 눈에 많이 띄었다. 특히 역리사법易理四法에 관련된 설명이 반복해서 서술되는 경향이 있었다. 굳이 변명을 하자면, 다산역의 기본개념에 익숙지 않은 독자들을 위해서 먼저 기본개념을 설명하지 않으면 안 되었기 때문에 불가피하게 중복이 발생하는 측면이 있었다. 이러한 문제점은 필자의 초고를 검토한 동학들이 공통적으로 지적한 것이었고, 필자도 이에 대해 전적으로 공감하였다. 그러나 원점에서부터 저서를 다시 설계하지 않는 한 이러한 문제를 해결하기가 쉽지 않다는 것을 깨달았다. 이제 정년을 앞두고 시간에 쫓기고 있는 처지의 필자로서는 도저히 새롭게 시작할 엄두가 나지 않았다. 이 점에 대하여 매우 송구스럽게 생각하며, 독자 여러분의 너그러운 양해를 구한다. 그 대신 이전의 논문들을 저서의 체제에 맞게 부분적으로 수정하였으며, 머리말과 끝맺는 말을 추가로 서술해서 독자에게 본서의 전체적 구도를 전달하고자 하였다.

2014년에 펴낸 저서가 『주역사전』에 초점을 맞춘 것이었다면 이번에 내는 저서는 『역학서언』을 바탕으로 한 것이다. 지난번 저서에서는 다산역에 대한 철학적 해석을 위주로 하였지만, 이번에 내는 저서에서는 역학사상사를 바라보는 다산 정약용의 관점을 재구성하고자 하였다. 『역학서언』은 21편으로 구성되어 있으며, 한대에서 청대에 이르기까지 중국역학사에 등장했던 역학 대가들에 대한 역학 평론이다. 『주역사전』에도 「춘추관점보주春秋官占補註」라는 역학 평론이 하나 실려 있는데, 춘추시대의 서법筮法에 대해 다루고 있다. 「춘추관점보주」에서 가장 오래된 점서占筮 기록은 노장공魯莊公 22년, 즉 기원전 672년에 진경중陳敬仲의 출생을 맞이하여 쳤던 관지비觀之否의 서례筮例이다. 그리고 『역학서언』의 「이씨절중초李氏折中鈔」는 이광지가 1713년에서 1715년에 걸쳐 펴낸 『주역절중』을 비평한 것이다. 그러므로 다산의 역학 평론이 다루고 있는 범위는 기원전 672년의 진경중陳敬仲의 서례筮例에서부터 1715년 『주역절중』의 완간까지에 이르는 2387년의 역학사가 된다.

따라서 필자가 본서의 부제副題를 "고금古今의 역학사를 종단縱斷하다"라고 한 것에 대해서는 독자들이 충분히 납득할 것으로 기대한다. 다만 "동서 철학의 경계境界를 횡단橫斷하다"라는 문구에 대해서는 아마도 많은 독자들이 고개를 갸웃거릴 것이다. 다산이 역학 평론에서 다룬 것은 대부분 중국의 역학자들이고, 서양 사상은 아니기 때문이다. 그러나 필자는 본서의 제7부 "동서를 가로질러 역리를 논하다"에서 서양 사상과 관련된 측면을 특별히 조명하고자 했다. 서양의 유클리드(Euclid)의 기하학은 명明·청대淸代 중국의 경학에도 영향을 미치기 시작하였는데, 특히 초순焦循과 이광지李光地의 경우에 그 영향이 현저하게 나타난다. 다산은 「이씨절중초李氏折中鈔」에서 이광지가 『주역절중』에서 곤괘坤卦 육이六二의 '직방대直方大'를 선線·면面·체體로 해석한 것에 대해 부정적으로 평가했다. 그러나 다산은 경학 전반에 걸쳐 마테오 리치(Matteo Ricci: 1552~1610)의 사상을 적극적으로 수용했다. 특히 다산이 상제上帝를 재제지천宰制之天으로 정의한 것은 마테오 리치의 영향을 보여 준다. 학계에서는 '재제宰制'의 '제制'를 '제어制禦' 혹은 '통제統制'의 뜻으로 이해해 왔으나, 필자는 '제制'를 '제작制作'의 의미로 보았다. 이것은 마테오 리치의 『천주실의』와 예수회 선교사들의 문헌을 통해 입증할 수 있기 때문에 독자를 충분히 설득시킬 수 있을 것으로 확신한다. 천주天主가 우주를 제작했다는 개념은 『천주실의』에 나오기는 하지만, 그것은 플라톤(Platon)의 『티마이오스』(*Timaios*)편에서 데미우르고스(Demiurgos)가 우주를 '제작制作'하였다고 한 이야기를 가져온 것이다. 데미우르고스는 유대교의 신이 아니라 그리스의 신이므로, 이 사상의 기원은 헤브라이즘(Hebraism)이 아니라 헬레니즘(Hellenism)에 있다. 마테오 리치는 누대樓臺나 옥방房屋도 공장工匠의 솜씨를 빌려서 만들어지는데 하물며 천지天地가 저절로 이루어질 리 없기 때문에 천지에도 제작자制作者가 있어야 한다는 논리를 써서 중국의 지식인들을 설득시켰다. 이것은 서양철학의 신존재증명에서 목적론적 논증의 한 가지 유형인 설계에 의한 논증에 해당된다. 다산이 『역학서언』의 「육덕명석문초陸德明釋文鈔」에서 우주발생의 과정을 전식지가摶埴之家가 옹기甕器를 만드는 과정에 비유한 것은 데미우르고스가 세계를 제작했다는 설명방식과 비슷하다. 다산은 단지 마테오 리치의 천주天主를 상제上帝로 바꾸었을 뿐이다. 이러한 몇 가지 언급은 다산의 역학 저술에서 사소한 것처럼 보일 수도 있으나 중요한 철학적 의미를 내포하고 있다.

이 책을 쓰기까지 필자는 여러 분들로부터 많은 도움을 입었다. 이승율李承律 선생은 필자의 원고를 처음부터 끝까지 꼼꼼하게 읽고 비판적 논평(Critical Review)을 해 주었으며, 원용준元勇準 선생은 청화간清華簡 『서법筮法』 등 출토문헌의 도면圖面을 제공해 주었다. 두 사람은 모두 동아시아출토문헌연구회에서 친교를 맺은 학자들로서 이 분야에 문외한이었던 필자를 출토문헌의 세계로 인도해 주었다. 내지덕來知德 역학을 전공한 김동진金東鎭 선생은 필자의 원고를 세심하게 읽고 오탈자를 교정해 주었을 뿐 아니라 내씨역來氏易에 관한 전문적 논평을 해 주었다. 정이천程伊川 역학을 전공한 엄연석嚴連錫 선생과, 다산 역학을 전공한 김영우金永友 선생과 황병기黃昞起 선생은 바쁜 일정 가운데서도 필자의 원고를 꼼꼼히 읽고 교정과 함께 매우 유익한 조언을 해 주었다. 한국연구재단의 GRN 사업에서 공동으로 연구를 수행했던 김성기金聖基 선생, 정병석鄭炳碩 선생, 임재규林在圭 선생은 필자에게 역학 연구의 귀감龜鑑과 지남指南이 되어 주었다. GRN 사업의 해외 측 공동 연구자인 중국 산동대 임충군林忠軍 교수, 홍콩교육대학의 정길웅鄭吉雄 교수, 홍콩시립대학의 한자기韓子奇 교수, 대만사범대학의 뇌귀삼賴貴三 교수, 프랑스 파리 디드로 대학(Paris Diderot University)의 스테판 푀이야(Stephane Feuillas) 교수는 『주역』과 중국철학 분야의 세계적 권위자들로서, 필자는 그들과의 교류를 통해 글로벌한 시대에 역학 연구가 나아가야 할 방향에 대해 통찰을 얻을 수 있었다. 다산학술문화재단의 정해창丁海昌 이사장은 2018년 7월에 미국 샌프란시스코 대학(University of San Francisco)의 마테오 리치 연구소(Ricci Institute)와 다산학술문화재단이 공동으로 주최한 국제학술대회에 초청해 주었다. 이 책에 실린 논문 「다산의 우주발생론에 미친 마테오 리치의 영향」(Matteo Ricci's influence on the formation of Tasan's cosmogony)은 필자가 마테오 리치 연구소에서 발표한 논문의 성과물이다. 다산학술문화재단의 이주행李柱幸 선생과 류은아柳銀兒 선생은 2016년부터 2019년에 걸쳐 3년간에 걸쳐 수행된 한국연구재단의 글로벌 연구 네트워크(GRN: Global Research Network) 사업에 필수불가결한 행정적 지원을 해 주었다. 이 저서에는 GRN 연구과제로 작성한 논문이 세 편 포함되어 있는데, 필자에게는 모두 의미가 깊은 연구성과들이다. 독일 뷔르츠부르크 대학(University of Würzburg)의 클라우디아 폰 콜라니(Claudia von Collani) 교수는 이메일로 보낸 필자의 영어 논문을 읽고 논평을 해 주었으며, 그녀의 논문 *The First Encounter of the West with the Yijing*(서구 세계와 『역경』의 최초의 만남; Monumenta Serica 55, 2007) PDF 파일을 보내 주었다. 그녀는 조아킴 부베(Joachim Bouvet) 연구의 세계적 권위자로서, 필자가 「유럽 예수회 선교사들의 『주역』 이해」의 논문을 쓸 때 그녀의 저서로부터 많은 도움을 받았음을 밝혀 둔다. 프랑스 국립 극동연구원(EFEO: Ecole française d'Extrême-Orient)의 알랭 아로(Alain Arrault) 교수는 파리 근교의 도시 방브(Vanves)의 예수회 아카이브(Archives jésuites)에 소장되어 있는 마이크로필름 자료를 제공해 주었다. 그리고 프랑스 파리 국립동양어문화대학(INALCO)의 노지현魯之賢 박사는 필자의 논문을 읽고 조아킴 부베(Joachim Bouvet)를 비롯한 프랑스 국적의 예수회 선교사들의 인명 표기를 바로잡아 주었다. 백영선白英宣 교수는 "동아시아에서 우연성의 문제"(The Problem of Contingency in the East)라는 주제로 2016년 6월 성균관대학교에서 개최된 국제 워크숍(Workshop)에 초청해 주었는데, 그때 발표했던 논문 「다산 정약용의 『주역』 해석에서 자유의지와 운명」("Free Will and Fate in Dasan Jeong Yakyong's Interpretation of the *Changes*")은 나중에 한국학중앙연구원의 과제 「다산역학에서 우연성 · 결정론 · 자유의지의 문제」(『국학연구』 제40집, 한국국학진흥원. 2019)를 쓰는 데 밑바탕이 되었다. 정민鄭珉 선생은 초의艸衣 장의순張意恂의 수초본手抄本 『주역사전』에 관한 정보를 주었고, 김문식金文植 선생은 영인본 사본을 구해 주었다. 중국 연변대학延邊大學의 임해순林海順 선생과 청도대학青島大學의 장열張悅 선생은 필자의 논문을 중국어로 번역해서 산동대학에서 발간되는 『주역연구周易研究』에 게재할 수 있도록 도와주었다. 그리고 미국 프린스턴 대학(Princeton University) 박사과정에 재학 중인 안수현安秀賢은 2019년 5월에 파리 디드로 대학(Paris Diderot University)에서 개최된 GRN 국제학술대회에 제출된 필자의 영어 논문을 수정해 주었다. 그 다음으로 경북대학교 철학과 박사과정의 추나진秋娜眞은 교정 작업을 도와주었다. 이번 학기에 「『역위易緯』의 우주론과 하도河圖 · 낙서洛書 – 수數의 개념을 중심으로」라는 논문을 제출하여 박사학위를 취득한 석미현石美賢은 벽괘辟卦라는 용어가 『역위』 계열의 문헌인 『건원서제기乾元序制記』에 나온다는 것을 알려 주었다. 이것은 경방 역학과 『역위』 문헌이 밀접한 관련을 맺고 있다는 증거가 될 수 있기 때문에 중요한 의미를 지닌다. 제자 김경수金慶洙 박사는 저서 출간에 많은 관심을 보여 주었고, 김상현金相賢 박사는 오탈자를 교정해 주었다. 그리고 예문서원 오정혜吳貞慧 사장님은 출판시장의 열악한 상황에도 불구하고 이 책의 출판을 수락해 주셨다. 김병훈金炳勳 편집장님은 편집과 교열 등 출판의 모든 과정을 꼼꼼하게 책임져 주셨다. 이 기회를 빌려 예문서원의 오정혜 사장님, 김병훈 편집장님, 그리고 편집부 모든 분들께 진심으로 감사드린다. 아울러 오랜 세월 동고동락한 경북대학교 철학과 교수님들께 깊이 감사드린다. 필자가 큰 어려움 없이 학문에 정진할 수 있었던 것은 오로지 동료 교수님들의 따뜻한 배려 덕택이었다. 마지막으로 흔들림 없이 공부를 지속할 수 있도록 버팀목이 되어 주고 격려해 준 아내와 아들, 그리고 어머니와 형제들에게도 진심으로 감사의 마음을 전하고 싶다.

2020년 6월

복현동伏賢洞 캠퍼스에서 방인方仁

bangin@knu.ac.kr

차례 ‖ 다산 정약용의 『역학서언』, 『주역』의 해석사를 다시 쓰다

제4부 역학사의 이단자들을 꾸짖다

第5부 송·명·청대의 역학 대가들을 비평하다

第6부 역학 선배들로부터 한 수 배우다

第7부 동서를 가로질러 역리를 논하다

제8부 다산역의 변증법과 토폴로지

머리말

1.

다산 정약용의 시각에서 볼 때 『주역』이란 도대체 어떤 책일까? 다산은 「역론」에서 복서卜筮를 천명天命을 품부稟賦받기 위한 수단으로 정의했다. 복서란 상제上帝의 계시啓示(revelation)를 받기 위한 수단이며, 『주역』의 점사占辭는 운명을 예단豫斷해 주는 기능을 갖는다. 다산은 복서를 만든 동기가 인격신인 상제의 뜻을 묻고, 받아들이고, 따르기 위한 데 있다고 말한다. 이것이 필자가 제1부 제1장에서 말한 청명請命·품명稟命·순명順命의 의미이다. 실존적 상황에 처한 인간은 알 수 없는 미래에 대한 불안 때문에 점술에 의존한다. 너무나 당연한 말이지만, 미래가 이미 결정되어 있는 상황에서는 점을 칠 필요가 없다. 우연성(contingency)은 미래가 불확실해서 어떤 일이 발생할지 모르는 상황에 관여한다. 다산은 「오학론五學論」에서 심지어 유교의 성인들조차 미래를 알지 못했다고 주장하였다. 요堯임금은 미래를 미리 알지 못했기 때문에 곤鯀에게 일을 맡겼다가 실패하였고, 순舜임금도 역시 미래를 미리 알지 못했기 때문에 남방을 순행하다가 창오蒼梧의 들판에서 붕어崩禦하였다. 심지어 『주역』의 384효의 효사를 지은 주공周公조차도 미래를 알지 못했다. 만약 주공의 형 관숙管叔이 훗날 반역할

줄 알았더라면 주공이 그에게 은殷 땅을 관리하는 임무를 결코 맡기지 않았을 것이기 때문이다. 공자孔子도 역시 광匡 땅을 지날 때 양호陽虎 때문에 거의 죽음을 당할 뻔하였으니, 이것을 보면 공자도 역시 횡액을 당할지 미리 알지 못했음을 알 수 있다.

『주역』으로 점을 친다는 것은 인간 인식의 유한성有限性을 전제로 한다. 반면에 상제上帝는 초월적 인식능력을 가지고 있으며, 계시啓示를 통해 점치는 자에게 운명을 알려 준다. 그렇다면 다산은 운명이 있다는 것을 인정한 것일까? 다산은 복서卜筮를 천명을 품부稟賦받는 수단으로 간주했는데, 이러한 관점에는 결정론이 포함되어 있다. 다산은 「자찬묘지명自撰墓誌銘」에서 "인생의 흥망성쇠에 어찌 정명定命이 없다고 하겠는가?"(人生否泰可曰無定命乎)라고 하였으니, 여기서의 정명은 결정론(determinism)을 전제로 하는 개념이다. 반면에 『맹자요의孟子要義』의 '자주지권自主之權'과 『심경밀험心經密驗』의 권형權衡은 자유의지의 개념을 함축한다. 따라서 다산의 사유체계에는 결정론과 자유의지의 두 측면이 모두 존재한다. 일반적으로 결정론과 자유의지는 서로 충돌하는 관계에 있다. 그러나 결정론에도 강한 결정론(hard determinism)과 약한 결정론(soft determinism)이 있어서, 전자에서는 자유의지와 양립가능하지 않지만 후자에서는 양립가능하다.

그렇다면 자주지권과 권형이 『주역』의 해석에서 하는 역할은 무엇인가? 다산은 복서를 행하기 위해서는 우연성이 전제되어야 한다고 보았다. 자주지권과 권형도 선과 악은 아직 결정되어 있지 않고 단지 가능성으로만 있는 상태에서 자유의지를 행사하기 때문에 우연성을 전제로 하는 개념이다. 우연성의 개념은 자주지권과 권형이 도덕적 판단에 개입할 요소를 확보해 준다. 다산에 따르면 성인이 『역』을 만든 이유는 허물을 고쳐서 의義로 나아가기 위한 것, 즉 개과천선改過遷善에 있다. 인간은 허물을 범할 수도 있고, 허물을 뉘우치고 의義로 나갈 수도 있는 존재이다. 『주역』이란 책은 회悔·인吝을 위주로 한다. 과거의 잘못된 허물을 고치는 것을 '회悔'라고 하고, 허물이 있는데도 불구하고 고치지 않는 것을 '인吝'이라고 한다. 허물을 뉘우치고 고쳐서 의義로 나아갈 것인지, 아니면 허물을 고치는 데 인색함에 머무를 것인지는 전적으로 자유의지의 결단에 달려 있다.

2.

이 책은 다산 정약용의 시각으로 본 중국역학사에 관한 서술이다. 다산은 『주역』에 관하여 두 종류의 중요한 저술을 남겼다. 하나는 『주역사전』이고, 다른 하나는 『역학서언』이다. 『주역사전』이 『주역』 경문에 대한 주석註釋이라면, 『역학서언』은 중국역학사에 등장했던 역학 대가들의 학설에 대한 평론집이다. 『역학서언』은 모두 21장으로 구성되어 있는데, 「이정조집해론李鼎祚集解論」으로부터 시작해서 「다산문답茶山問答」으로 끝난다. 『역학서언』에서 비평하고 있는 중요한 역학자로는 경방京房(BC.77~BC.37), 정현鄭玄(127~200), 우번虞翻(164~233), 왕필王弼(226~249), 한강백韓康伯(332~380), 육덕명陸德明(550~630), 공영달孔穎達(574~648), 곽경郭京, 소옹邵雍(1012~1077), 정이程頤(1033~1107), 정형程逈, 주희朱熹(1130~1200), 채원정蔡元定(1135~1198), 왕응린王應麟(1223~1296), 호방평胡方平, 오징吳澄(1249~1333), 내지덕來知德(1526~1604), 이광지李光地(1642~1718) 등이 있다. 『역학서언』에서는 다루지 않았으나 『주역사전』에서 간혹 인용하고 있는 모기령毛奇齡(1623~1716)도 역시 다산 역학에 적지 않은 영향을 미쳤던 인물이다.

그렇다면 다산의 역학 평론의 범위는 어디에서부터 어디까지일까? 만약 『역학서언』에만 한정한다면 한대漢代 역학에서부터 시작해야겠지만, 「춘추관점보주春秋官占補註」에서 다루고 있는 춘추시대의 관점官占까지 포함시킨다면 춘추시대까지 거슬러 올라간다. 춘추시대의 가장 오래된 최초의 점서占筮 기록은 노장공魯莊公 22년, 즉 기원전 672년에 있었던 진경중지서陳敬仲之筮이다. 그리고 다산이 『역학서언』의 「이씨절중초李氏折中鈔」에서 비평하고 있는 이광지李光地의 『주역절중』은 1715년에 완간된 저술이다. 따라서 다산이 다루고 있는 중국역학사의 상한上限은 기원전 672년이 되고, 하한下限은 1715년이 된다. 다산은 기원전 672년에서부터 1715년에 이르기까지 무려 2387년에 걸친 고금古今의 역학사를 종단縱斷해 내려가면서 과감한 비평을 쏟아 내었다. 이제 다산의 역학사 여행의 발자취를 뒤따라가면서 그의 역학사 비평의 관점에 대해서 알아보기로 하자.

3.

2013년 12월 16일에 중국 산동성 곡부曲阜에서 경북대학교 퇴계연구소와 곡부사범대학 공자연구소가 <한중 유교문화의 과거와 현재>라는 주제로 공동 주최한 국제학술대회에서 중국 측 발표자로 나온 유빈劉彬 교수는 「백서帛書 "충衷"편의 편명篇名 및 그 상수象數 사상」이라는 논문에서 그의 스승인 요명춘廖名春 교수가 마왕퇴馬王堆 백서 『역전易傳』「목화繆和」편의 "겸지명이嗛之明夷"가 효변爻變의 사례임을 밝혔다는 사실을 소개하였다. 여기서 백서본의 겸괘嗛卦는 통행본의 겸괘謙卦에 해당되기 때문에 "겸지명이嗛之明夷"는 결국 '겸지명이謙之明夷'가 된다. 이것은 겸괘謙卦가 명이괘明夷卦로 변하는 것을 가리킨다. 그런데 겸괘가 명이괘로 변하기 위해서는 겸괘謙卦의 초육初六이 변해야 한다. 이때 본래의 괘를 본괘本卦라고 하고, 본괘가 변해서 형성된 괘를 변괘變卦 혹은 지괘之卦라고 한다.

따라서 겸괘는 본괘가 되고, 겸괘謙卦의 초육初六이 변하여 생긴 지괘之卦는 명이괘明夷卦가 된다. 그 당시 필자는 마왕퇴 백서본 『주역』을 제대로 읽지 않았기 때문에 유빈 교수의 발표를 듣는 순간 눈이 번쩍 뜨였다. 그것은 다산이 말한 효변의 전형적 사례에 해당하는 것이었다. 이때 필자는 『다산 정약용의 주역사전, 기호학으로 읽다』(예문서원, 2014)라는 저서의 출판을 앞두고 있었다. 필자는 새로운 발견을 부랴부랴 저서에 보충해 넣은 뒤에 다산의 효변설을 다시 검토하였다. 다산은 『주역』 건괘乾卦 초구初九의 "잠룡물용潛龍勿用"의 주注에서 가의賈誼가 효변을 취했다고 보았는데, 이 부분에 대한 『신서新書』의 언급은 매우 간략하다. 다산이 『신서』의 간략한 언급을 단서로 삼아 가의가 효변 해석법을 취했다고 지적한 것은 정말로 예리한 안목이 아닐 수 없었다. 여기서 주목해야 할 것은 가의의 생존 연대이다. 가의(BC.200~BC.168)는 서한西漢 문제文帝 시기의 저명한 정치가이자 문인으로서 33세에 세상을 떠난 인물이다. 공교롭게도 가의가 세상을 떠난 기원전 168년은 백서帛書 『주역』이 출토된 마왕퇴 3호 한묘漢墓의 조성 연대와 일치하며, 가의가 거처하던 장소는 마왕퇴 3호 한묘가 출토된 지금의 호남성 장사長沙이다. 이것은 기원전 168년 무렵 초楚나라 영토인 장사에서 효변이 전승되고 있었음을 입증해 주는 의심할 수 없는 증거이다. 중국 근대의 저명한 학자 왕국유王國維(1877~1927)는 출토문헌과 고문헌의 두 가지 방법을 통해서 논증하는 이중증거법二重證據法을 제안하였는데, 이것이야말로 이중증거법을 적용할 수 있는 완벽한 사례가 아니겠는가?

『주역』에 근거해서 점을 친 최초의 사례는 노장공魯莊公 22년, 즉 기원전 672년에 있었던 진경중지서陳敬仲之筮이다. 이때 진경중陳敬仲이 태어났는데, 그 장래가 궁금하여 서점筮占을 쳐서 관지비觀之否를 얻었다. 그리고 『좌전』에서 효변에 관한 마지막 언급은 노魯나라 소공昭公 29년, 즉 기원전 513년에 보인다. 이때 진晉나라 도성 강絳의 교외에 용龍이 나타났는데, 채묵蔡墨은 위헌자魏獻子와 대화하면서 건괘乾卦의 역사易詞를 언급하며 건지구乾之姤, 건지동인乾之同人 등의 효변의 형식을 활용하였다. 채묵이 용을 언급한 기원전 513년에서부터 마왕퇴 3호 한묘의 조성 연대인 기원전 168년까지는 345년이 흘렀다. 그렇다면 그 사이에 역학사에서는 무슨 일이 벌어졌던 것일까?

전국시대(BC.403~BC.221) 초기부터 진秦(BC.221~BC.207)의 멸망에 이르는 시기가 대략 200년 정도가 된다. 이 시기의 역학에 관련된 고고학적 증거 혹은 문헌은 거의 남아 있지 않다. 다행스러운 것은 최근에 상해박물관 소장 『주역』(일명 『상박초간주역上博楚簡周易』)이 출토됨에 따라 전국시대의 『주역』의 변천과정을 엿볼 수 있다는 점이다. 아마도 이 시기에는 단순한 전승에 그치지 않고 왕성한 발전이 이루어졌을 가능성이 높다. 왜냐하면 『역전易傳』도 이 시기의 것으로 추정되기 때문이다. 이후 진시황秦始皇의 분서갱유焚書坑儒 때에도 『주역』은 유교의 위험한 정치사상과 관계가 없고 오히려 민간의 일상생활에 쓰이는 것이라는 이유로 화禍를 면했다. 서한시대에 역학은 다시 화려하게 부흥해서 새로운 전성기를 맞이했다. 다산은 서한西漢의 경방京房(BC.77~BC.37)이 가의와 마찬가지로 건괘乾卦 초구初九의 "잠룡물용潛龍勿用"의 주注에서 효변을 취했다고 보았다. 다산의 추론이 맞다면 가의가 세상을 떠난 기원전 168년 이후로 기원전 77년에 태어난 경방에 이르기까지 91년이 넘도록 효변설은 계속 전승되어 내려온 것이 된다. 만약 효변의 최초 사례라고 할 수 있는 기원전 672년의 진경중지서陳敬仲之筮로부터 헤아린다면 효변설은 그로부터 경방에 이르기까지 595년 동안 전승되어 내려온 것이 된다.

4.

제2부에서는 『주역사전』의 한 부분을 이루고 있는 「춘추관점보주」의 내용을 분석하였다. 『좌전』과 『국어』에 기재된 춘추시대 관점官占에서는 '모괘지모괘某卦之某卦'의 형식이 빈번하게 나타나는데, 다산은 이것을 효변爻變의 방식이라고 보았다. 그런데 다산에 따르면 『주역』의 서법筮法에서는 용구用九와 용육用六의 두 경우를 제외하고는 모두 한 개의 효爻의 변화를 기본으로 삼지만, 『연산連山』과 『귀장歸藏』의 경우에는 여러 효의 변화를 허용한다. 다산은 이것을 하상지구법夏商之舊法이라고 불렀는데, 『좌전』의 주석가인 두예杜預(222~284)와 『국어』의 주석가인 위소韋昭(204~273)의 주장과 대략적으로 일치한다. 그러나 다산의 확신에도 불구하고 최근에 상商과 주周의 숫자괘數字卦들이 출토되면서 기존의 학설들에 대한 재검토가 불가피해졌다. 『좌전』이 과연 신뢰할 수 있는 문헌인지도 문제가 되겠지만, 그 문제를 제쳐 놓는다고 하더라도 『연산』과 『귀장』이 과연 하상지구법夏商之舊法인지도 의문이다. 다산은 『연산』이 하夏왕조의 『역易』이고 『귀장』이 상商왕조의 『역易』이라고 추정하였지만, 최근에는 오히려 『연산』과 『귀장』이 『주역』보다 더 늦게 출현하였다는 견해도 등장하였다. 출토된 상주商周 시기의 숫자괘들로 미루어 볼 때 고대의 서법筮法은 다산이 추정했던 것과 상당히 다른 형태를 취하고 있었을 가능성이 높다. 물론 이러한 유물의 출토는 어디까지나 최근의 사태이기 때문에 다산이 이런 것들을 몰랐다고 해서 그에게 책임을 물을 수 없다. 그러나 현대의 연구자의 입장에서는 다산의 주장을 맹신하는 것은 결코 바람직하지 않고, 일단 괄호 속에 넣고 판단을 유보하는 태도가 필요할 것이다.

5.

제3부에서는 추이설과 효변설이 한역漢易에서 전승되어 내려온 양상을 분석하였다. 다산의 추이설은 역학사에서 괘변설卦變說이라는 명칭으로 알려진 이론이다. 괘변설의 기원은 한대漢代로 소급되는데, 한대에 괘변설을 주장한 사람은 순상荀爽과 우번虞翻이었으며, 벽괘辟卦라는 명칭을 최초로 사용한 사람은 경방京房이었다. 그러나 12벽괘를 중심으로 펼쳐지는 괘변설의 일반적 형태와 달리 다산은 12벽괘에 소과小過와 중부中孚의 두 괘를 추가하여 14벽괘설을 주장했다. 괘변설의 전개사에서 보면 소과와 중부를 벽괘에 추가한 것은 결코 사소한 변경이 아니다. 그렇다면 다산이 두 괘를 벽괘에 추가한 것은 어떠한 이유에서일까? 제3부의 제9장 '우번虞翻의 괘변설과 다산의 추이설의 비교'는 바로 이러한 문제에 답하기 위해서 쓴 논문이다. 필자는 괘변설이 갖는 문제점들이 이미 우번의 학설에 내포되어 있었으며, 다산이 그 문제를 개선하려 했다고 보았다. 다산은 소과와 중부를 벽괘에 추가함으로써 괘변설의 문제점을 상당 부분 개선할 수 있었다. 그럼에도 불구하고 다산이 괘변설에 완정完整한 체계를 부여하는 데 성공했다고 말하기는 어렵다.

제3부의 제6장 「당서괘기론唐書卦氣論을 통해서 본 벽괘설의 근원」은 다산이 벽괘설의 근거를 경방 이전의 역학사에서 찾으려고 노력하였음을 밝힌 논문이다. 다산은 작역자作易者가 64괘에 괘명卦名을 부여할 때 괘변의 원리가 적용되었으며, 벽괘의 명칭도 경방이 사용하기 이전부터 존재하였다고 굳게 믿었다. 괘변이란 벽괘를 주축으로 전개되는 이론이기 때문에, 만약 괘변이 상고上古시대에 적용되었다면 벽괘도 그때에 이미 존재했던 것이 된다. 요컨대 다산의 주장에 따르면 벽괘와 괘변은 모두 『주역』의 제작 원리에서 나온 것이다. 다산은 강진의 유배 생활이 끝나고 고향 마현馬峴으로

돌아온 뒤에도 석천石泉 신작申綽과 교류하면서 벽괘라는 명칭의 전거典據를 찾는 문제에 매달렸다. 다산은 『역위』를 포함해서 한대의 사서史書를 샅샅이 뒤졌음에도 불구하고 그 명칭의 근원을 밝히는 데 성공하지 못했다. 다산은 『역위』 계열의 문헌에서 벽괘설의 전개를 찾아내는 데 주력하였지만, 이들 문헌은 한대의 문헌이기 때문에 벽괘설의 근원을 찾는 데는 한계가 있다. 『주역』의 제작원리를 전거를 통해서 고증한다는 것은 사실상 불가능하기 때문에, 다산의 주장은 검증이나 반증이 불가능한 가설적 추론의 영역에 있다.

6.

제5부의 제12장은 「주자본의발미朱子本義發微」를 중심으로 다산과 주자의 관계를 다룬 논문이다. 「주자본의발미」는 주자의 『주역본의周易本義』에 대한 평론인데, 『주역본의』에 대한 다산의 평가는 매우 호의적이다. 『주역본의』는 원元·명明·청淸의 3대를 거치면서 육백여 년 동안 관학官學의 교재로 활용되어 왔을 정도로 그 권위를 인정받았다. 다산은 『주역사전』의 앞머리에서 역리사법易理四法이 모두 "주자지의야朱子之義也"라고 언급함으로써 자신의 역학해석방법론이 주자의 학설과 부합한다는 것을 의도적으로 부각시켰다. 그러나 그 학설의 세부로 들어가서 내용을 분석해 보면 두 사람 사이의 일치는 단지 표면적일 뿐이며 세부적 내용에 있어서는 상당한 차이가 있다는 점이 드러난다.

첫째, 다산은 추이推移(즉 괘변卦變)가 "주자지의朱子之義"라고 하였으나, 괘변을 보는 두 사람의 시각에는 근본적인 차이가 있다. 왜냐하면 주자는 괘변을 '역중지일의易中之一義'라고 보았으나 다산은 '작역지본의作易之本義'

라고 보았기 때문이다. 『주역본의』에서는 괘변이 단지 부분적으로 적용되었을 뿐이고, 그 전체적 체계는 「괘변도卦變圖」에 이르러서야 제시되었다. 그러나 「괘변도」에서도 주자가 괘를 이중으로 중복시킨 것과 중부中孚와 소과小過를 벽괘에 포함시키지 않은 것은 큰 차이점이다. 둘째, 물상론과 관련해서 주자는 『주역본의』에서 「설괘전」을 단지 제한적으로 활용하고 있을 뿐이지만 다산은 「설괘전」을 전면적으로 활용하고 있다. 셋째, 호체론과 관련하여, 주자는 호체를 폐지할 수 없다고 하였지만 정작 『주역본의』에서는 거의 활용하지 않고 있다. 반면에 다산은 호체를 전면적으로 활용하고 있다. 넷째, 효변설과 관련하여, 주자는 점법占法에 있어서는 효변을 취해야 한다고 주장하기는 했지만 괘효사의 실제 해석에서 효변을 구체적으로 적용한 예는 극히 드물다. 이러한 점들을 종합해 본다면, 다산과 주자의 역학이론은 비록 공통점이 없는 것은 아니지만, 다산이 그 일치하는 측면을 의도적으로 과장한 측면이 적지 않다.

7.

제5부의 제13장은 2002년에 발표한 논문, 「다산의 명청 역학 비판」(『철학연구』 제84호)에서 내지덕來知德에 관한 부분만을 분리하여 다시 한 편의 논문으로 독립시킨 것이다. 필자가 이전에 쓴 논문을 다시 들여다보니, 내용을 보충해야 할 부분이 있었을 뿐 아니라 논지에 수정을 가해야 할 부분도 있었다. 그래서 전반적으로 논문을 다시 손보고 도표도 보충하였다. 필자가 논지를 수정할 수밖에 없었던 이유는, 지난번 논문에서 다산의 모사설模寫說의 관점에 근거해서 내지덕의 괘정입상론卦情立象論을 비판했기 때문이었다. 내지덕은 상 가운데에는 실재하는 대상에 근거하지 않고 상상력에 의해

임의로 설정한 괘상卦象도 있다고 주장하였다. 그러나 내지덕은 모사模寫라는 말을 써서 상象의 개념을 설명하기도 하였으므로 그의 관점도 기본적으로는 모사설에 바탕을 둔 것으로 보아야 한다. 필자가 내지덕의 관점이 무조건 다산과 반대되는 것으로 보았던 것은 어쩌면 내지덕을 향한 다산의 비난에 압도되어 시야視野가 가려졌기 때문이 아니었을까? 이렇게 생각하고 나니, 다산과 내지덕의 관계를 다시 한 번 재검토해 볼 필요를 느끼게 되었다.

다산이 내지덕을 비판했던 이유는 착종錯綜이라는 용어가 적합하지 않다든지, 혹은 착종설로써 괘변설을 대체할 수는 없다는 데 있었지, 착종의 관계가 존재한다는 것을 원천적으로 부정한 것은 아니었다. 내지덕이 '착錯'이라고 언급한 음양대대陰陽對待의 관계를 다산은 변역變易이라고 하였고, 또 내지덕이 종綜이라고 언급한 상하전도上下顚倒의 관계를 다산은 반역反易이라고 하였다. 다시 말해서 다산은 내지덕의 착종 개념을 삼역설三易說의 체계에 흡수한 것이다. 『주역사전』에는 상경上經과 하경下經 사이에 「괄례표括例表 하下」가 있는데, 거기에 「상경십팔궁반역표上經十八宮反易表」와 「하경십팔궁반역표下經十八宮反易表」가 있다. 이에 따르면 상경에 18궁宮이 있고 하경에 18궁이 있으므로 합쳐서 36궁이 된다. 주백곤朱伯崑의 『역학철학사』에서는 내씨역의 체계를 설명하면서 64괘는 36개의 괘상이 되는데 그것을 36궁이라고 했다고 서술하고 있다. 필자는 이 부분을 내지덕의 저서에서 확인하기 위해서 『주역집주』를 뒤져 보았으나 36궁이라는 단어를 찾을 수가 없었다. 이에 일본 교토대에서 「내지덕 역학의 연구」(來知德の易學の硏究; 京都大, 2017)라는 제목으로 박사 학위를 받은 김동진金東鎭 선생에게 자문을 구했다. 김동진 선생에 따르면, 내지덕은 '36궁'이라는 용어를 사용한 적이 없고 단지 "상경 18괘, 하경 18괘"라고만 했으며, 다만 내지덕 『주역집주』의 한 판본인 고앵영高奣映본의 권말에 100여 개의 부도附圖가 첨부되어 있는데 그 중의 하나인 삼십육궁도三十六宮圖의 내용이 내지덕이 말한 상하경 18괘와 동일하다고 했다. 이 도표들은 내지덕의 원저에 포함되어 있었던 것은 아니고, 고앵영이 기존 문헌들에서 채집한 것이다. 다산이 「내씨역주박來氏易註駁」에서 참고한 판본이 장유임張惟任본이었다는 것은 확실하지만, 그가 평소에 보던 『주역집주』는 고앵영본 계통이었을 수도 있다. 왜냐하면 당시 중국과 조선에서 가장 많이 유행했던 판본은 고앵영본이기 때문이다.

어쨌거나 『주역집주』의 판본 차이 혹은 권말卷末 부도附圖의 유래 등은 근래에 와서야 밝혀진 것이기 때문에 다산은 어느 것이나 간에 모두 내지덕의 것으로 이해했을 가능성이 높다. 어쩌면 다산은 내씨역의 체계를 벤치마킹(benchmarking)해서 삼십육궁도三十六宮圖를 만들었던 것이 아닐까? 여기서 필자가 다시 한 번 깨달은 것은, 다산의 발언을 액면 그대로 받아들여서는 안 된다는 것이다. 다산은 모기령에 대해 혹독한 비난을 서슴지 않았지만 실제로는 모기령의 장점을 상당 부분 취하기도 했는데, 이것은 내지덕의 경우도 마찬가지인 것이다. 다산이 칭찬하든지 비난하든지 간에 그 발언을 다시 한 번 뒤집어 보아야 하는 이유가 바로 여기에 있다. 이러한 다산의 양면성을 솔직하지 못하다거나 혹은 위선적이라고 볼 수도 있겠지만, 다산의 경쟁력은 바로 경쟁자나 논적의 장점까지도 배워서 자기 것으로 만드는 유연성에서 나오는 것이 아닐까 생각해 본다.

8.

제6부의 제15장은 한국연구재단의 글로벌 연구 네트워크(GRN: Global Research Network) 사업의 연구비 지원을 받아 수행한 논문이다. 필자는

다산역에 관해 여러 편의 논문을 발표했으나, 그 가운데서도 이 글은 필자에게 특별한 의미를 지닌다. 2016년에 3년간의 국내외의 연구자들과 함께 다산역에 관한 국제공동연구 프로젝트를 추진하였는데, 「다산의 양호작괘법」은 필자의 제1차년도 연구주제였다. 양호작괘법은 호체互體 해석법 가운데 한 가지로서 『주역사전』에서 매우 빈번하게 사용되고 있다. 필자는 7년이라는 긴 세월을 바쳐서 『주역사전』을 완역했음에도 불구하고 쉽게 풀리지 않는 의문이 있었다. 양호작괘법은 도대체 어떠한 유래를 갖는 해석법일까? 양호작괘법이란 어느 괘의 3·4·5위에서 하나의 호괘를 취하고 다시 2·3·4위에서 다른 하나의 호괘를 취한 뒤에, 두 개의 호괘를 위아래로 결합해서 새로운 괘를 만들어 내는 방법을 가리킨다. 『주역사전』의 「괄례표 상」에서는 양호작괘법의 대표적 사례로 원나라 학자 오징吳澄의 양호법을 제시하였다.

오징이 양호법을 적용하여 역사易詞를 해석한 경우는 태괘泰卦 육오六五의 "제을귀매帝乙歸妹"의 해석에서 발견된다. 오징은 태괘와 귀매괘의 육오六五의 효사에 '제을귀매'라는 문구가 공통적으로 나온다는 것에 착안하여 두 괘의 관계를 양호법으로 설명하였다. 태괘泰卦의 3·4·5위는 진震이고 2·3·4위는 태兌이니, 진震이 상호괘上互卦가 되고 태兌가 하호괘下互卦가 된다. 이제 상호괘인 진震과 하호괘인 태兌를 위아래로 결합시키면 뇌택雷澤 귀매괘歸妹卦가 된다. 이것은 참으로 놀라운 해석법이다. 왜냐하면 태괘泰卦로부터 별괘別卦인 귀매괘를 도출해서 역사易詞를 해석했기 때문이다. 만약에 시장에서 오렌지를 사왔는데, 그 껍질을 까 보니 그 속에 복숭아가 들어 있었다고 하면 얼마나 놀라겠는가? 두 괘가 전혀 다른 괘임에도 불구하고 이처럼 두 괘를 연계시켜 해석하는 것이 가능한 것은, 태괘에 귀매괘가 내장內藏되어 있다고 보기 때문이다. 다시 말해 양호괘는 본괘本卦에 내장되어 있는 구조(embedded structure)가 된다. 그런데 오징의 『역찬언易纂

言』에는 태괘泰卦 육오六五의 "제을귀매帝乙歸妹"의 주注에서 양호법을 취하고 있으나, 그의 양호법 적용은 더 이상 확장되지 않는다. 다행히 황종희의 『역학상수론』에 「호괘도互卦圖」와 「오초려호선천도吳草廬互先天圖」가 보존되어 있어서 이를 통해 오징의 양호법 체계의 대강을 알 수 있다.

그러나 오징은 양호법의 원리를 제시했을 뿐이었고 그 해석법을 실제로 적용한 것은 태괘泰卦 육오六五에 그쳤다. 하지만 다산은 오징으로부터 기본적 발상을 빌려 와서 양호법을 『주역』 전편全篇에 걸쳐 확대해서 실험했다. 다산의 양호법 실험은 『주역』을 완전 해체해서 전면적으로 재조립하는 수준이었다. 다산의 『주역사전』의 저술 작업은 1804년의 갑자본甲子本, 1805년의 을축본乙丑本, 1806년의 병인본丙寅本, 1807년의 정묘본丁卯本을 거쳐 1808년의 무진본戊辰本에 이르러 완결되었다. 다산은 양호법을 갑자본과 을축본에서는 적용하지 않다가 병인본에 이르러 전격적으로 도입하였다. 다산이 양호법의 실험에 나섰던 병인년에 그의 나이는 45세였다. 다산은 신유사옥辛酉邪獄 때에 간신히 목숨을 건져서 1801년 그의 나이 40세에 강진으로 유배된 처지였으나, 그의 학문적 기개氣槪는 전혀 꺾이지 않았다. 그는 새롭게 개발한 『주역』 해석법을 계속해서 실험해 나갔다. 양호작괘법은 효변설, 추이설과 함께 다산이 『주역사전』에서 보여 준 방법론적 혁신의 주목할 만한 사례이다.

역학사에서 양호법兩互法의 유래는 한역漢易의 연호법連互法으로 거슬러 올라가지만, 그 적용은 단편적 사례에 그쳤다. 원대에는 오징吳澄이 양호법의 체계를 제시했지만, 그가 실제로 적용한 것은 태괘泰卦 육오六五의 "제을귀매帝乙歸妹"의 사례에 그쳤다. 다산은 양호법을 오징으로부터 빌려 왔으나, 『주역』 전편에 걸쳐 전면적으로 실험하였다. 그 실험은 놀랄 만큼 과감하고 혁신적이었다. 양호법은 다산 이전에도 역학사에서 발상發想의 맹아萌芽가 전혀 없었던 것은 아니었지만 실제로 그 발상을 구체화시켜 『주역』 전편全篇

에 걸쳐 최초로 적용한 것은 다산이었다. 그 이전에 아무도 시도해 보지 못했던 것을 최초로 생각해 내는 것을 문샷씽킹(moonshot thinking)이라고 한다. 과거의 역사에서 인류는 달을 바라만 보았지 실제로 달에 가 보겠다는 생각을 감히 하지 못했다. 그러나 1969년 7월 20일에 아폴로 11호를 달에 보내서 인류 역사상 처음으로 달 표면에 착륙하는 데 성공했다. 필자의 관점에서 본다면 다산은 문샷씽킹을 할 수 있을 뿐 아니라 실제로 문샷씽킹을 했던 사람이다.

오늘날 시점에서 본다면 양호작괘법의 실험이 과연 성공적이었는지에 대해서는 의문의 여지가 있을 수 있다. 또 역사易詞와 괘상卦象의 일치를 얻기 위해 기호 해석을 자의적으로 조작하고 남용했다는 비난을 받을 수도 있다. 그럼에도 불구하고 필자는 다산의 양호작괘법이 높은 평가를 받아야 한다고 생각한다. 그는 안일安逸하게 학계의 통설을 따르기보다는 새로운 가설을 수립하여 과감한 해석방법론의 실험에 나섰다. 만약에 비난과 실패가 두려웠다면 그는 결코 이러한 실험에 나서지 않았을 것이다. 다산의 양호작괘법에서 진정한 독창성과 왕성한 실험정신의 발로를 확인하게 되는 이유가 바로 여기에 있다.

9.

제6부 제16장에서는 모기령毛奇齡과 다산의 관계에 대해서 다루었다. 다산은 1795년(乙卯, 正祖 19) 34세에 지은 「고시이십사수古詩二十四首」에서 모기령을 "천하에 망령된 남자"(天下妄男子)라고 부르며 "이리저리 날뛰는 원숭이"(踴躍如猴挺) 혹은 "큰 나무를 흔들어 대는 왕개미"(蚍蜉撼大樹)와 같다고 조롱하였다. 73세 되던 해 1834년(甲午, 純祖 34)에 저술한 『매씨서평梅氏書平』에서는

모기령을 "어투가 난폭하고 오만한 것이, 놀랍고 가증스럽다"(辭氣暴慢, 可驚可惡)라고 평하였다. 이러한 비판은 당시 조선 경학계의 분위기와 무관하지 않다. 모기령의 과감한 주자 비판은 정주리학程朱理學을 신봉하던 조선의 성리학자들에게 엄청난 충격을 주었으며, 주자학의 재평가 작업에도 영향을 끼치게 된다. 그러나 18세기 말에서 19세기 초에 이르기까지 조선 경학계의 주류는 대체로 모기령을 명물훈고名物訓詁의 번쇄한 학문에 치우쳐 있으며 편파적인 의론議論을 좋아하는 인물로 평가하였다. 특히 다산이 존경하던 정조正祖는 『군서표기群書標記』에서, 모기령이 새로운 괘변설卦變說을 제출하였으나 사실은 한유漢儒의 여서餘緖를 훔쳐서 정程·주朱를 매도한 것에 지나지 않는다고 혹평하였다.

다산은 『역학서언』에서 모기령의 학설에 대해 별도로 논평하지는 않았다. 이것은 거의 비슷한 시기의 인물인 이광지의 역설易說에 대해서 「이씨절중초李氏折中鈔」를 지어 장문의 비평을 가한 것과 대조가 된다. 그러나 다산은 「제모대가자모역괘도설題毛大可子母易卦圖說」을 지어, 모기령의 자모역괘설子母易卦說은 어느 것 하나 이치에 맞는 것이 없으며 12벽괘를 중심으로 한 괘변설에 큰 혼란을 야기하였다고 비판하였다. 다산의 이러한 비판은 대체로 타당하며, 모기령 학설의 약점을 정확하게 지적한 것이었다. 그러나 다산이 모기령에 대해 일방적으로 적대적 태도를 취했다고 보는 것은 잘못이다. 다산은 모기령으로부터 상당한 영향을 받았는데, 이 점이 다산의 신랄한 비판에 가려져서 잘 드러나지 않을 뿐이다.

실제로 다산 역학에서 나타나는 특징적 경향들은 이미 모기령의 역학에서 나타나고 있었다. 다산과 모기령 역학의 공통된 특징은 크게 네 가지 점에서 볼 수 있다. 첫째, 자신의 역학 해석의 근거를 한역漢易으로부터 끌어왔다. 둘째, 고증考證에 의해 경전經傳의 진위眞僞를 판별해 내려는 고증학의 정신을 내세워 송대宋代의 도서상수학圖書象數學을 비판하였다. 셋째,

소옹邵雍의 선천역先天易에 대하여 비판하고, 「선천도先天圖」가 『주역』과 아무런 관계도 없다고 보았다. 넷째, 왕필王弼의 의리학적 방법론에 반대하고, 왕필이 『주역』의 올바른 전통을 훼손시킨 데 대해 큰 책임이 있다고 보았다. 이처럼 모기령과 다산은 송대宋代의 관념론이나 위진魏晉의 도가사상에 의해 훼손되기 이전의 고대역학의 원형을 밝히려고 시도하였다는 점에서 그 지향처志向處가 같았다.

다산이 모기령의 역학을 면밀히 검토하였다는 것은 『주역사전周易四箋』과 『중씨역仲氏易』을 자세히 대조해 보면 알 수 있다. 『주역사전』에는 『중씨역』으로부터 취한 학설이 상당히 많다. 특히 다산이 『주역사전』에서 "중씨왈仲氏曰, 역유이관易有二觀, 일왈유취一曰類聚, 이왈군분二曰群分"이라고 한 것은 유취지괘類聚之卦와 군분지괘群分之卦의 구분이 『중씨역』으로부터 취했음을 보여주는 결정적 스모킹 건(smoking gun)이다. 유취와 군분은 「계사전」의 "방이유취方以類聚, 물이군분物以群分"에서 나온 용어이다. 유취란 음과 양이 각각 종류별로 모여 있음을 가리키고, 군분은 모여 있던 음양의 군집群集이 헤쳐져서 분산分散되었음을 가리킨다. 다산은 벽괘를 유취지괘라고 하고 연괘를 군분지괘라고 보았다. 여기서 중씨仲氏가 다산의 중형仲兄인 정약전丁若銓을 가리킨 호칭인지 『중씨역』의 중씨仲氏인지에 관해서는 논란이 있다. 그러나 역괘易卦를 유취·군분의 관점에 따라 분류한 사례는 모기령 이전에는 발견되지 않는다는 점에서 모기령의 독창적 견해로 보는 것이 타당해 보인다.

이 밖에도 다산이 모기령의 영향을 받은 것으로 보이는 부분은 또 있다. 다산의 관점에 따르면, 괘변이 순상荀爽과 우번虞翻으로부터 시작했다고 보는 것은 하사下士의 관점이고, 괘변을 "획괘작역지본지畫卦作易之本旨"가 아니라 "역중지일의易中之一義"에 속한다고 한 것은 중사中士의 관점이며, 괘변설을 "획괘작역지본지畫卦作易之本旨"라고 본 것은 상사上士의 관점이다. 하사의 관점은 역학사에서 일반적으로 인정되는 관점을 말하고, 중사의 관점은 주자의 관점을 말하며, 상사의 관점은 다산 자신의 관점이다. 그런데 다산의 관점은 모기령의 관점과도 일치한다. 왜냐하면 모기령은 이역移易이 역사易詞와 역상易象을 연계시키는 연역계사演易繫辭의 원리라고 보았기 때문이다. '연역계사'란 『주역』을 만들었을 때 괘상卦象과 역사易詞를 연계시키는 원리를 가리킨다. 따라서 모기령의 연역계사의 원리는 "획괘작역지본지畫卦作易之本旨"에 해당한다. 다산은 『주역사전』의 서문에서 추이설이 주자의 괘변설로부터 나온 것처럼 말했지만, 세 등급의 평가 기준을 적용해 보면 역설적이게도 주자는 중사中士에 불과하고 그 자신이 그토록 혹독하게 비난했던 모기령은 상사上士의 관점으로 분류된다.

다산은 모기령을 심하게 비난하였지만 자신의 관점이 모기령과 일치하는 부분에 대해서는 언급하지 않고 넘어가거나 짐짓 무시하였다. 이것이 모기령이 다산에게 미친 영향이 잘 드러나지 않는 이유이다. 그럼에도 불구하고 모기령이 없었다면 다산도 없었을 것이라는 점은 너무나 명확하다.

10.

제7부의 제17장은 한국연구재단의 글로벌 연구 네트워크(GRN: Global Research Network) 과제를 수행하면서 제3차년도에 쓴 논문이다. 제3차년도의 연구목표는 『주역』과 다산 역학이 갖는 의미를 글로벌(global)한 시각에서 조명하는 데 있었기 때문에, 이에 맞춰 예수회 출신 선교사들의 『주역』 이해에 대한 관점을 연구해 보고자 한 것이다. 이 연구를 수행하면서 필자는 이 독특한 주제가 갖는 매력에 점점 빠져들었다. 특히 프랑스 출신의 예수회 선교사로서 청나라 강희제 때 중국으로 건너와 『주역』에 관해 많은 저술을 남긴 조아킴 부베(Joachim Bouvet, 중국 이름은 白晉)는 여러모로

필자의 관심을 끌었다. 심지어 워크숍(workshop) 발표회 때에 필자는 조아킴 부베와 사랑에 빠졌다고 말할 정도였다. 필자는 이 주제와 관련되는 광범위한 문헌을 섭렵해 나갔는데, 가장 큰 문제는 조아킴 부베의 원저原著에 접근할 수가 없다는 데 있었다. 조아킴 부베의 저서 중에서 필자가 구할 수 있는 것은 『고금경천감古今敬天鑒』뿐이었고, 나머지 저서들은 대부분 로마 바티칸의 교황청 도서관에 소장되어 있어 직접 가지 않고서는 접근이 허용되지 않았다. 필자는 어쩔 수 없이 2차 문헌에 의존했는데, 진흔우陳欣雨의 『백진역학사상연구白晉易學思想硏究』(人民出版社, 2016)와 Sophie Ling-chia Wei(魏伶珈)의 펜실베이니아 대학 박사학위논문, *Trans-Textual Dialogue in the Jesuit Missionary Intra-Lingual Translation of the Yijing* (University of Pennsylvania, 2015) 및 허유평許維萍, 한기韓琦의 논문을 많이 활용하였고, 아울러 국내 학자 오순방吳淳邦의 연구도 참조하였다. 이 분야에 두각을 나타내고 있는 학자들은 진흔우陳欣雨, Sophie Ling-chia Wei (위령가魏伶珈), 허유평許維萍 등인데, 모두 중국, 홍콩, 대만 등 중화권中華圈의 젊은 여성 학자들이라는 특징을 갖고 있다. 현재 홍콩중문대학교(The Chinese University of Hong Kong) 교수로 있는 Sophie Ling-chia Wei (魏伶珈)의 학위논문은 최근 루트리지(Routledge) 출판사에 의해 *Chinese Theology and Translation – The Christianity of the Jesuit Figurists and Their Christianized Yijing* (2019)라는 제목으로 출판되었다. 비록 2차 문헌에 의존하기는 하였지만 필자는 나름대로 독자적 관점을 형성하기 위해 노력했다. 색은주의索隱主義(figurism)는 이 분야의 연구자들이 모두 중요하게 여기는 주제이기는 하지만 이 주제를 택하는 한 다른 학자들의 견해를 요약해서 옮기는 수준에 그칠 우려가 컸다. 그래서 착안한 것이 유클리드 기하학과 서양수학이 어떻게 중국 경학에 영향을 미쳤는가 하는 문제였다. 유클리드의 『기하원본』은 명나라 때 마테오 리치에 의해 소개된 이후로 청나라 때 와서 다시 강희제康熙帝의 관심을 끌게 된다. 강희제는 칙명을 내려 이광지李光地로 하여금 『주역절중』을 편찬케 하였는데, 이때 조아킴 부베에 의해 소개된 기하학 지식이 이광지에게 전해져서 『주역절중』에도 반영되었다. 필자는 『주역절중』에서 행해진 기하학적 해석에 대해서 다산이 비판했다는 점에 주목하면서 서양 선교사들에 의해 전해진 기하학과 다산역의 접점을 찾을 수 있었다. 비록 2차 문헌에 의존하였다는 한계는 있었으나, 나름대로 새로운 영역을 개척하려고 시도하였기 때문에 필자는 이 글에 만족한다. 앞으로 기회가 주어진다면 정년 후에 바티칸 도서관을 찾아 조아킴 부베(Joachim Bouvet)의 저서를 직접 읽고 한 권의 연구서를 내고자 하는 것이 필자의 바람이다.

11.

이 책은 필자가 다산 역학을 공부한 기록이다. 다산의 역학 평론은 기원전 672년 노장공魯莊公 22년에 있었던 진경중지서陳敬仲之筮에서부터 1715년에 완간된 이광지李光地의 『주역절중』에 이르기까지 2387년의 역학사를 다루고 있다. 겉으로는 잘 드러나지는 않지만 마테오 리치의 『천주실의』의 영향도 깊숙이 침투되어 있다. 이것이 이 책의 부제副題를 "고금古今의 역학사를 종단縱斷하고 동서東西 철학의 경계를 횡단橫斷하다"라고 한 이유이다. 이처럼 다산은 2387년의 역학사를 거침없이 질주하고 동서 철학의 경계를 넘나들었다. 필자는 다산의 뒷모습을 보면서 다산의 역학사 종주縱走를 열심히 뒤쫓아 다녔다. 1981년에 한국학중앙연구원 한국학대학원 석사과정에 입학해서 1983년 2월에 석사논문을 끝냈을 때에는 다산 역학에 대해서 조금 아는 것이 있는 듯했다. 대학교수가 되어서 2007년에 다산의 『주역사전』(소명출판)을 첫 글자부터 마지막 글자까지 샅샅이 훑으면서 완역했으며, 2014년에 펴낸 저서 『다산 정약용의 주역사전, 기호학으로 읽다』(예문서원)에서는 필자 나름대로 다산역에 대한 철학적 해석을 제시하기도 했다. 이처럼 다산역의 자취를 부지런히 쫓았으나, 다산역의 체계에서 명확히 이해되지 않는 부분은 여전히 남아 있었다. 2016년에 필자가 한국연구재단의 글로벌 연구 네트워크(GRN) 과제를 수행하면서 쓰게 된 「다산의 양호작괘법」의 논문은 다산의 진면목眞面目을 다시금 깨닫게 하는 계기가 되었다.

필자는 1981년에 한국학대학원에 입학하여 다산역의 세계를 처음 접한 뒤로 39년의 세월을 다산의 역학사 종주縱走를 숨이 차오를 정도로 뒤쫓아 달렸다. 나는 여전히 그의 뒤를 밟고 있으나, 다산은 아직도 나로부터 먼발치에 떨어져 있다.

제1부

천명을 묻다

제1장 청명請命 · 품명稟命 · 순명順命

1. 다산역은 종교역학이다

일반적으로 역학이론은 상수象數와 의리義理의 두 계통으로 구분된다. 이 구별은 역학의 궁극적 목적이 아니라 해석방법론의 측면에서 행해진 것으로 이해되어야 한다. 상수학에서는 역사易詞를 상象과 수數를 통해서 이해해야 한다고 주장한다. 반면에 의리학에서는 역사易詞를 이해하기 위해서 반드시 상과 수를 통해야 하는 것은 아니라고 주장한다. 의리학의 관점을 전형적으로 대변하고 있는 인물은 왕필王弼이다. 왕필에 따르면, 역학의 궁극적 목적은 의미의 파악에 있으며, 상과 수는 의미를 이해하기 위한 도구적 수단에 불과하다. 그러나 상수학자라고 해서 역학의 궁극적 목표가 의리의 파악에 있다는 점을 굳이 부정하지 않는다. 그들은 다만 상과 수를 통하지 않는다면 의리의 파악도 불가능하다고 주장하고 있을 뿐이다.

지금까지 학계에서는 다산역의 특성을 정의하려는 시도가 여러 차례 행해졌다. 주로 해석방법론의 관점에서 상리학象理學 · 상일원론象一元論 · 역상학易象學 · 상수학象數學 등의 범주화가 행해졌으나, 아직 공통적 합의에 도달한 것은 아니다.[1] 필자의 견해로는 이러한 논의들은 이제 어느 정도 정리될 필요가 있다. 의심할 바 없이 다산의 네 가지 해석방법론인 추이·효변·호체·물상 등은 상수학의 진영에서 사용되어 오던 전형적 해석방법에 속한다. 그렇다면 다산역을 상수역으로 분류하기를 주저할 필요는 없다. 황병기는 다산이 상수에서 중시한 것은 상象이지 수數는 아니기 때문에 그를 상수학자로 부르는 것은 적절치 않다고 주장하였다.[2] 김언종도 다산이 『사고전서총목제요四庫全書總目提要』의 「역류易類」 총론總論을 읽은 뒤에 역학의 핵심이 상수에 있다고 본 사고관신四庫館臣의 견해에 대해서 반박했다고 하였다. 김언종이 그 근거로 제시한 것은 『여유당전서보유(III)』에 포함된 「사고역의四庫易議」였다.[3] 『여유당전서보유(III)』 해제에서 그는 「사고역의」를 다산 역학의 이해에 있어 매우 중요한 자료라고 평가하고,[4] 다산이 『사고전서총목제요』를 읽은 시기를 유배에서 풀려난 이후로 추정하였다.[5] 사고관신은 『좌전』에 기재記載된 여러 점서占筮를 태복太卜의 유법遺法으로 간주하고, 한유漢儒의 상수는 옛 시기로부터 멀지 않다고 주장하였다. 이러한 견해를 따른다면 한유의 상수학을 역학의 종주宗主로 삼아도 좋을 듯도 하다.[6] 그러나 다산은 사고관신의

---

1) 다산역을 象理學이라고 정의한 것은 김왕연이다. 한편 박주병은 다산역을 象一元論이라고 명명했고, 황병기는 易象學이라고 분류했다. 반면에 서근식은 다산역을 象數學에 속하는 것이라고 하였다.(서근식, 「다산 정약용은 상수역학자인가?」, 『한국철학논집』 제36집, 한국철학사연구회, 2013, p.88) 가장 최근의 학위논문인 김광수의 학위논문에서도 다산역을 상수역이라고 정의하였다.(김광수, 「다산 정약용의 상수학적 역학 연구」, 한국외국어대학교 박사학위논문, 2015.)

2) 황병기, 「다산 정약용의 역상학」(연세대학교 박사학위논문, 2004), p.9.

3) 「四庫易議」, 『與猶堂全書補遺 III』, 『定本』(茶山學術文化財團, 2012) 第37卷, pp.257~258.

4) 『定本』 第37卷, p.19.

5) 김언종, 「『여유당전서보유』의 저작별 진위문제에 대하여(上)」, 『다산학』 9호(2006), p.152.

6) 四庫館臣의 견해에 따르면 역학사는 兩派六宗으로 전개되었다. 兩派란 象數學과 義理學의 두 학파를 가리키며, 각 학파마다 三宗의 변천을 겪었으므로 합치면 六宗이 된다. 먼저 상수학파에서는 ① 『左傳』에 記載된 여러 占筮가 있는데, 이것은 太卜의 遺法이다. 漢儒의 象數는 옛 시기로부터 멀지 않다. ② 그 이후에 焦贛과 京房의 학이 일어나 禨祥에 빠졌다. ③ 다시 한 번 변하여 陳摶·邵雍의 務窮造化의 학이 되었다. 그리고 의리학파에서

견해를 대체로 수긍하면서도 상수학 중에서 수학數學에 의존하는 『주역』 해석에 대해서는 반론을 제기하고 있다. 즉 『역』의 핵심은 상象에 있을 뿐, 수數에 있는 것이 아니라는 것이다. 「계사전」에 "천일지이天一地二, 천삼지사天三地四" 등 수에 관한 언급이 나오는 것은 사실이지만 그것도 알고 보면 상의 이치를 풀어낸 것이며, "사영성역四營成易, 십유팔변十有八變" 등은 상을 구하기 위한 방법적 절차에 불과하다. 「사고역의」는 다산 스스로 자신의 역학관을 밝혔다는 점에서 매우 중요한 자료이다. 그러나 상수象數 중에서 상象에 더 비중을 두고 수數에 대해서는 상대적으로 큰 비중을 두지 않았다고 해서 상수학에 속하지 않는 것은 아닐 것이다.[7] 왜냐하면 상 또한 상수학을 구성하는 하나의 요소이기 때문이다. 무엇보다도 다산이 『주역』을 해석하는 핵심 도구인 추이·효변·호체·물상 등의 역리사법易理四法이나 교역交易·변역變易·반역反易 등의 삼역지의三易之義가 상수학파의 진영에서 주로 사용되었던 해석방법이었다는 점을 무시할 수 없다.

그런데 역학파를 상수학파와 의리학파로 분류하는 방식은 해석방법론의 관점에서의 분류이지, 그 학설의 내용에 따른 분류는 아니다. 이러한 분류법은 『주역』을 해석할 때 의존하는 원칙을 부각시키는 장점이 있으나, 그 사상적 특징을 드러내기에는 적합하지 않다. 『사고전서총목제요』에서 사고관신四庫館臣이 상수·의리 등 해석방법에 따른 분류방식과 더불어 기상禨祥·무궁조화務窮造化·천명유리闡明儒理·참증사사參證史事 등 학술내

는 ④ 王弼이 나타나 상수를 모두 내쫓고 老莊의 학설을 설했다. ⑤ 그 이후 胡瑗과 程子가 나타나 유학의 이치를 闡明하였다. ⑥ 다시 李光과 楊萬里가 나타나 史事를 參證하였다.("左傳所記諸占, 蓋猶太卜只遺法, 漢儒言象數, 去古未遠也, 一變而爲京焦, 入於禨祥, 再變而爲陳邵,務窮造化. 易遂不切於民用. 王弼盡黜象數, 說以老莊. 一變而胡瑗, 程子, 始闡明儒理. 再變而李光楊萬里, 又參證史事. 易遂日啟論端. 此兩派六宗."; 王雲五 主編, 『四庫全書總目提要』[國學基本叢書; 臺灣商務印書館, 1968], p.2)

7) 「사고역의」, 『다산학사전』, 다산학술문화재단, 사암, pp.664~665.

용의 특징에 따른 분류방식을 혼합한 것도 바로 이러한 점을 보완하기 위해서였을 것이다. 만약에 다산역을 해석방법에 의해서가 아니라 그 사상내용의 특성에 따라 파악한다면 어떻게 정의할 수 있을까? 필자의 관점에서 본다면, 다산역의 가장 현저한 특성은 종교적 성격에 있다. 다산은 『주역』을 일종의 종교문헌으로 간주하고, 점술이 초월적 인격신을 믿었던 고대의 종교적 신앙에서 비롯된 것으로 보았다. 다산의 관점에서 본다면 복서卜筮는 고대인들의 생활세계에서 초월적 절대자와 소통하기 위한 수단이었다.

『주역』을 종교적 목적을 위해 활용하려는 경향은 다산역 이후로 조선후기 역학사에서 하나의 뚜렷한 흐름을 형성하고 있다. 따라서 다산역은 종교역학시대의 개막을 알리는 서곡序曲으로 보아도 좋을 것이다. 수운水雲 최제우崔濟愚(1824~1864)의 동학東學, 일부一夫 김항金恒(1826~1898)의 『정역正易』, 증산甑山 강일순姜一淳(1871~1909)의 증산교甑山敎 등은 후천개벽後天開闢 사상을 공유하고 있었는데, 그 이론적 근거가 되었던 것은 소옹邵雍의 선후천先後天 이론이었다. 그리고 진암眞菴 이병헌李炳憲(1870~1940)은 강유위康有爲의 영향을 받아 공자를 교주敎主로 내세우는 공자교孔子敎운동을 전개하였는데, 그 근거로 삼았던 것은 『주역』 관괘觀卦 「단전彖傳」에 나오는 "성인이 신도神道로써 교敎를 베푸니, 천하가 감복한다"(聖人, 以神道設敎, 而天下服矣)라는 구절이었다. 물론 다산의 역학과 이들 종교역학 사이에는 확연한 차이도 존재한다. 다산은 『주역』을 신비화하는 것을 거부하고 합리적 해석을 중시하였다. 그는 특히 이들 종교역학가들이 지주로 삼았던 소옹의 선후천 학설에 대해서는 철저히 비판적 태도로 일관했다. 그럼에도 불구하고 『주역』을 일종의 종교문헌으로 간주하고 있다는 점은 다산역과 이들 종교역학 사이의 공통점이라고 할 수 있다.

2. 천명과 상제

초월적 인격신에 대한 믿음은 다산 역학의 체계를 떠받치고 있는 주춧돌이며, 근본 전제이다. 다산은 자신을 『주역』에 전념하게끔 인도하고 그 심오한 이치를 통하게끔 도와 준 보이지 않는 존재가 인간의 지려智慮가 닿지 않는 곳에 있다고 굳게 믿었다. 다산은 『주역사전』을 "천조지문자天助之文字"라고 부르면서, 하늘의 도움을 얻지 못했더라면 『주역사전』을 결코 완성하지 못했을 것이라고 술회한다.

> 『주역사전』은 내가 하늘의 도움을 얻어 지어낸 글이니, 결코 사람의 힘으로 통할 수 있거나 사람의 지혜나 생각으로 도달할 수 있는 바가 아니다.[8]

여기서 다산은 『주역사전』의 완성을 가능하게 한 원인을 자신의 재주가 아니라 '하늘의 도움'에 돌리고 있다. 다산으로 하여금 저서를 세상에 내어놓도록 허용한 것은 천명이지만, 그것을 없애라고 명령하는 것도 천명이다. 다산은 「자찬묘지명」(집중본)에서 자신의 저서가 세상에서 외면당하고 있는 처지를 비관하면서, 만약에 천명이 허락하지 않는다면 차라리 횃불로 불태워 버려도 좋다고 말하기도 하였다.

> 아는 사람은 적고 비난하는 사람은 많으니, 만약 천명이 허락하지 않는다면 차라리 횃불로 불태워 버려도 좋다.[9]

그럼에도 불구하고 「두 아들에게 보낸 편지」(示二子家誡)에서 『주역사전』과 『상례사전』을 잘 전승해 나가도록 당부했던 것은 두 책만큼은 천명의

---

8) "周易四箋, 是吾得天助之文字, 萬萬非人力可通, 智慮所到."(「示二子家誡」, 『定本』 第4卷, p.27)
9) "知者旣寡, 嗔者以衆, 若天命不允, 雖一炬以焚之可也."(「自撰墓誌銘」, 『定本』 第3卷, p.278)

인가認可를 받았다는 확신이 있었기 때문이다.[10] 『주역사전』의 저술 동기를 천명과 연관시켜 보아야 할 이유가 여기에 성립한다. 그렇다면 천명이란 무엇인가? 다산은 『논어』 「요왈堯曰」 편의 "명命을 알지 못하면 군자가 될 수 없다"(不知命, 無以爲君子也)의 구절에 대한 주注에서 '명命'의 뜻을 다음과 같이 풀이하고 있다.

> 명命이란 하늘이 사람에게 부여한 것이다. 성性은 덕德을 좋아하니, 이것이 명이다. 사생死生과 화복禍福과 영욕榮辱에도 역시 명이 있다. 명을 알지 못하면 선善을 즐거워하고 지위에 편안할 수 없으니, 그러므로 군자가 될 수 없다.[11]

천명이란 하늘(天)이 부여한 명命이다. 천명은 상제천上帝天이 내리는 명령이며, 무조건적으로 따라야 하는 정언명령定言命令(categorical imperative)이다. 명은 내가 선택할 수 있는 것이 아니라 나에게 주어지는 것이다. 생명은 우리가 원했기 때문에 갖게 된 것이 아니라, 주어진 것이다. 마찬가지로 인간의 본성도 하늘로부터 부여받은 것이기 때문에 태어나면서부터 선善과 덕德을 좋아한다. 군자의 일생은 배움으로부터 시작하여 마침내 천명을 알아가는 과정이다. 『논어』는 「학이學而」 편의 "배우고 때때로 익히면"(學而時習之)에서 시작하여, 「요왈堯曰」 편의 "명을 알지 못하면 군자가 될 수 없다"(不知命, 無以爲君子也)에서 끝난다. 다산에 따르면, 이러한 배치에는 '하학상달下學上達'이라는 의미가 함축되어 있다. 「위정爲政」 편의 유명한 구절에서 공자는 자신의 인생편력을 다음과 같이 술회하고 있다.

> 나는 15세에 학문에 뜻을 두었고, 30세에 자립自立하였고, 40세에 미혹되지 않았으며,

---

10) "卽此二部, 得有傳襲之, 餘雖廢之可也."(「示二自子家誡」, 『定本』 第4卷, p.27)

11) "命, 天之所以賦於人者, 性之好德, 是命也. 死生禍福榮辱, 亦有命, 不知命, 則不能樂善而安位故無以爲君子."(『論語古今註』, 『定本』 第9卷, p.400)

> 50세에 천명을 알았으며, 60세에 듣는 말이 귀에 거슬리지 않았고, 70세에는 마음이 하고자 하는 대로 좇아도 법도를 어기는 일이 없었다.[12]

공자가 "지천명知天命"에 도달한 나이로 언급한 나이는 50세인데, 이 나이는 공자가 『논어』 「술이」편에서 『주역』을 배워야 할 나이로 언급한 나이이기도 하다.[13] 그렇다면 공자는 『주역』 공부를 통해 "지천명"하려고 했던 것이 아니었을까? 천명을 안다는 것은 과연 무엇을 뜻하는 것일까? 다산에 따르면 "지천명"이란 곧 순명順命이다. 다산은 『논어』 「위정」편의 "지천명"의 의미를 다음과 같이 풀이한다.

> "지천명"이란 상제의 명령에 순응하여 곤궁한 처지에 있든지, 혹은 태평한 처지에 있든지 간에 서로 다르지 않은 마음 상태를 말한다.[14]

"불이不貳"는 어떠한 상황에 처하더라도 두 개의 마음이 없는 상태이다. 『맹자孟子』 「진심상盡心上」에 "요수불이殀壽不貳"라는 표현이 있는데, 그것은 요절夭折하든지 장수長壽하든지 간에 그 마음이 서로 다르지 않음을 가리킨

---

12) "子曰, 吾十有五而志於學, 三十而立, 四十而不惑, 五十而知天命, 六十而耳順, 七十而從心所欲, 不逾矩."(『論語』, 「爲政」; 鄭玄 注, 孔穎達 疏, 『論語注疏』, 十三經注疏[整理本] 23卷[北京大學出版社, 2000], p.16; 『역주 논어고금주』 제1권, pp.164~165)

13) 공자는 「述而」편에서 "나에게 몇 년의 나이를 빌려주어 五十에 『역』을 배울 수 있다면 큰 허물은 없을 것이다"(加我數年, 五十以學易, 可以無大過矣)라고 하였다. 주자는 공자가 이 발언을 했을 때 이미 70세에 이르렀을 때일 것이므로, '五十'이라는 글자가 잘못된 것이 분명하다고 보았다. 그러나 다산은 공자가 50세 이전에 『역』을 배우지 않았던 것은 아니지만, 古經에 "五十學易"이라는 말이 있었기 때문에 이 말을 외운 것이라고 하였다. 따라서 '五十'이라는 글자가 잘못된 것은 아니라고 보았다.("孔子年近五十, 誦古語而爲此言, 五十非誤字."; 『論語古今註』, 『定本』 第8卷, p.269; 『역주 논어고금주』 제2권, p.205) 그러나 定州漢簡 『論語』 등 몇몇 출토문헌 자료에는 "五十以學, 亦可以無大過矣"로 되어 있어 『역』이라는 글자가 나오지 않는다.

14) "知天命, 謂順帝之則,窮通不貳也."(『論語古今註』, 『定本』 第8卷, p.60; 『역주 논어고금주』 제1권, p.167)

다.[15] "마음이 서로 다르지 않는" 것은 흔들리지 않는 확신이 있기 때문이다. 천명을 알게 되면 희喜·노怒·애哀·락樂에 의하여 마음이 흔들리지 않게 되고, 자기에게 주어지는 삶을 달관하게 된다. 『주역』「계사전」(제4장)에 "천리를 즐거워하고 천명을 알기 때문에 근심하지 않는다"(樂天知命, 故不憂)라고 한 것이 바로 이 경지에 해당된다.

그렇다면 어떻게 해서 "지천명知天命", 즉 하늘의 명을 알 수 있는 것일까? 천명은 저절로 알려지는 것이 아니기 때문에, 천명을 알기 위해서는 간절히 청하지 않으면 안 된다. 상제에게 천명을 알려달라고 요청하는 행위를 '청명請命'이라고 한다. 다산은 「역론易論」 2에서 성인이 『주역』을 만든 이유는 천명에 따르기 위한 데 있다고 하였다.[16] 상제가 천명을 내려주면 그 천명을 받아들이는 행위가 필요한데, 그것을 품명稟命이라고 한다.[17] 『주역』의 서술筮術은 천명을 품부받기 위한 도구적 수단에 불과하다.[18] '품稟'이라는 단어는 본래 '부여賦予'와 '승수承受'의 개념을 동시에 갖고 있는 말이다. "천품기성天稟其性"(『漢書』「禮樂志」)이라고 할 때는 '부여賦與'의 뜻으로 쓰인 것이지만, "신하망수품명臣下罔攸稟命"(『書經』「說命」)이라고 할 때는 '승수承受'의 뜻으로 쓰인 것이다. 품명이란 곧 천명을 승수함, 즉 공경하는 마음으로 받아들이는 것을 의미한다. 따라서 명命은 주어지는 그대로 받아들여야한다. 천명을 주어지는 대로 받아들이는 것이 '품명稟命'이다. 그러나 주어지는 대로 받아들이지 않고 자신의 이기적 목적을 위해 의도적으로 조작하려고

---

15) "妖壽不貳, 修身以俟之, 所以立命也."(『孟子』, 「盡心上」)

16) '請命'이라는 단어가 『주역사전』과 『역학서언』에 나오는 것은 아니다. 그러나 「易論(2)」에는 '請天之命'이라는 말이 4차례 나오는데, 이는 '請命'과 동일한 개념이라고 할 수 있다. "易何爲而作也? 聖人所以請天之命, 而順其旨者也."(「易論」, 『周易四箋』, 『定本』 第15卷, p.328)

17) '稟命'이라는 단어는 『역학서언』의 「卜筮通義」에 나온다. "總之, 卜筮之法, 其始也, 稟天命以前民用也.……稟命之義遂晦, 而探命之志先躁,……是稟命乎, 是探命乎?"(「卜筮通義」, 『易學緖言』, 『定本』 第17卷, p.285)

18) 금장태, 「정약용의 '역' 해석에서 복서의 방법과 활용」, 『다산학』 8호, 2006, p.379.

한다면 그것은 '탐명探命'이 된다.[19] 탐명에는 개인의 영화를 구하기 위한 사심私心이 개입되어 있다.

천명을 품부받기 위해 필요한 것은 청명聽命이다. '품명'을 위해서는 '청명'하지 않을 수 없으므로, 품명과 청명은 결국 같은 행위이면서 그 강조하는 측면이 다를 뿐이다. 그런데 '청명聽命'은 실제적으로 천의 음성을 듣는 것이 아니라 천이 보내는 상징과 기호를 해독하는 행위를 통해서 이루어진다.[20] 왜냐하면 천天은 형체도 없고 육성肉聲을 통해 자신의 뜻을 직접적으로 전달하지 않기 때문이다. 천이 보내는 기호의 해독이 이루어지면 그 다음에는 그 명命에 따라야 하는데, 그것을 '순명順命'이라고 한다.[21]

『역경』의 세계관을 이해하기 위해서는 고대인의 종교적 생활세계에서 복서卜筮의 역할에 대해 깊은 이해가 요구된다. 복서는 제정일치祭政一致 형태로 유지되던 고대사회에서 신탁神託(oracle)을 위해 사용되던 일반적 방법 가운데 하나였다.[22] 점술은 실존적 상황에 처한 인간이 절대자인 신에게 운명을 계시해 줄 것을 요청하고 그 뜻에 따르기 위한 수단으로

---

19) "總之, 卜筮之法, 其始也, 稟天命以前民用也.……春秋之世, 此法已濫. 卜其身命者, 不出於榮祿位名之慕, 卜其謀議者, 不揆夫義利逆順之辨. 稟命之義遂晦, 而探命之志先躁, 則眩惑妖幻之術, 狡獪支離之說, 得以交亂於其間, 而不自覺, 其陷入於慢天瀆神之咎矣. 法旣亡, 則無以爲筮. 然, 苟欲筮之, 須先査察, 曰, '是稟命乎?, 是探命乎?' 苟其深矣. 斯速已之. 斯古義也."(「卜筮通義」, 『易學緖言』, 『定本』 第17卷, p.285)

20) '聽命'이라는 단어는 『역학서언』의 「卜筮通義」에 나온다. "古人事天地神明, 以事上帝, 故卜筮以聽命."(「卜筮通義」, 『易學緖言』, 『定本』 第17卷, p.280)

21) '順命'이라는 단어는 『주역사전』에서는 履卦 九二의 注에서 "高潔順命"(『定本』 第15卷, p.188), 蠱卦 六五의 注에서 "巽以順命"(『定本』 第15卷, p.246) 등 여러 차례 빈번하게 나온다. 『역학서언』에서는 「班固藝文志論」에 나온다. "文王以諸侯, 順命而行道."(「班固藝文志論」, 『易學緖言』, 『定本』 第17卷, p.74) 그리고 '順命'이라고는 하지 않았지만 「易論」에서 "易何爲而作也? 聖人所以請天之命, 而順其旨者也"(「易論」, 『周易四箋』, 『定本』 第15卷, p.328)이라고 한 것은 '順命'의 개념을 드러낸다.

22) 점술(divination)은 신성한(numinous) 성질이 깃든 물질적 대상의 수단을 통해 보이지 않는 권능과 소통하는 것이라고 정의될 수 있다.(Michael Loewe, *Divination, mythology and monarchy in Han China,* Cambridge University Press, 1994, p.189)

창안된 장치이다.[23] 다산은 「역론易論」 2에서 점술의 기원을 신의 계시를 구하는 인간의 종교적 행위에서 찾고 있다. 이처럼 복서를 상제의 계시를 받기 위한 수단으로 보는 다산의 견해는 복서를 초월적 존재와 소통하기 위한 중요한 수단이었다고 보는 현대의 종교인류학적 관점과도 일맥상통한다.[24]

다산은 복서가 천지신명天地神明을 섬기는 고대인들의 경천신앙敬天信仰에 바탕을 두고 있다고 보았다.[25] 다산은 『역학서언』의 「복서통의卜筮通義」에서 복서를 "이사상제以事上帝"하기 위한 고대인들의 종교의례에서 비롯된 것이라고 하였다.[26] "이사상제"라는 말은 본래 『중용中庸』(제19장)의 "교郊·사社의 의례儀禮는 상제를 섬기기 위한 것이다"(郊社之禮, 所以事上帝也)라는 구절에서 나온 말이다. '섬긴다'(事)라는 말에서 드러나듯이, 복서는 인간본위가 아니라 신본위주의神本位主義적 행위이다. 여기서 '섬기는 행위'의 대상은 물리적 자연으로서의 하늘이 아니라 영명성靈明性을 지닌 상제천上帝天이다. 상제는 그 스스로는 형상을 지니지 않지만 형상이 있는 자연적 세계를 다스리는 인격적 존재이다.[27] 이처럼 다산은 복서를 교사지례郊社之禮와 마찬가지로 일종의 종교의례로 보았다. 다산은 복서가 종교의례에서 유래된 것이라는 주장을 정당화하기 위하여 『예기』 「표기表記」편에 나오는 공자의 발언을 인용하고 있다.

공자가 다음과 같이 말씀하셨다. "옛날 삼대三代의 명석했던 왕들은 모두 천지의

23) "古人事天地神明, 以事上帝, 故卜筮以聽命."(「卜筮通義」, 『易學緖言』, 『定本』 第17卷, p.280)

24) K. C. Chang, *Art, Myth, and Ritual — The Path to Political Authority in Ancient China* (Harvard University Press, 1983), p.54.

25) "先王之世, 敬事神明, 故設爲卜筮."(「卜筮通義」, 『易學緖言』, 『定本』 第17卷, p.281)

26) "古人事天地神明, 以事上帝.【『中庸』曰, '郊社之禮, 所以事上帝', 亦此義.】 故卜筮以聽命."(「卜筮通義」, 『易學緖言』, 『定本』 第17卷, p.280)

27) 정순우, 「다산에 있어서의 천과 상제」, 『다산학』 9호, 다산학술문화재단, 2006, pp.22~27.

신명을 섬김에 복卜·서筮를 사용치 않음이 없었고, 감히 그 사사로운 욕망으로써 외람되게 상제를 섬기지 않았다."[28]

『주역』에서 '상제'라는 단어는 정鼎괘 「단전」의 "이향상제以享上帝"와 예豫괘 「대상전」의 "은천지상제殷薦之上帝"의 두 곳에서만 나온다. 비록 상제라고 하지는 않았지만 「설괘전」의 "제출호진帝出乎震"의 '제帝'도 역시 상제를 가리키는 용어이다. 「설괘전」에서는 "제帝가 진震에서 나오며,…… 만물은 진에서 나오니, 진은 동쪽이다"(帝出乎震……萬物出乎震, 震, 東方也)라고 말한다. 「설괘전」에서 "제帝가 진震에서 나온다"(帝出乎震)라고 한 것은, 진震이 천둥과 벼락을 상징하는 부호이기 때문이다. '제帝'는 갑골문에도 나오는데, 다음과 같은 다양한 서체로 표현되고 있다.[29]

고대의 종교신앙에서 천둥과 벼락은 신의 진노震怒를 드러내는 표징表徵으로 간주되었다. 『주역』의 진震괘의 「단사彖辭」에서 "진래혁혁震來虩虩"이라고 한 것은 천둥이 칠 때 느끼는 공포와 전율을 표현한 것이며, 상육上六에서

---

28) "子言之, 昔三代明王, 皆事天地之神明, 無非卜筮之用, 不敢以其私, 褻事上帝."(『禮記』「表記」; 鄭玄 注, 孔穎達 疏, 『禮記正義』, 十三經注疏[整理本] 15卷, p.1745)

29) 갑골문에서 '帝'는 본래 '華蒂', 즉 꽃꼭지를 뜻하는 글자였다. '화체'는 꽃의 중심 혹은 꽃을 지탱하는 것이기 때문에 이로부터 根基 혹은 原始라는 뜻이 파생되었다. 그리고 이로부터 다시 만물을 낳아 기르는 근원적 존재라는 의미가 파생되게 되었다. '帝'가 만물을 낳아 기르는 天과 동일시된 것은 아주 오랜 옛적부터이다.(葛兆光 저, 이등연·심규호·양충렬·오만종 역, 『중국사상사』[일빛, 2013], pp.218~219) 갑골문의 卜辭에서 '帝'는 "令雨"(비를 내리게 함), "令雷"(우레를 치게 함), "令風"(바람이 불게 함) 등 자연현상을 지배하는 존재로 표현된다.(같은 책, p.219) '帝'의 관념은 殷商문화에서 비롯된 것이지만, 西周의 문화에서도 그대로 계승되었다. 葛兆光은 殷商과 西周 시대의 종교적 관념에 근본적 변화가 있었다는 王國維와 郭沫若 등의 견해를 반박하고, 西周 사람들의 帝와 天에 대한 신앙은 근본적으로는 殷商과 다르지 않았다고 주장했다.(같은 책, pp.236~240)

"진삭삭震索索, 시확확視矍矍"이라고 한 것은 계속 내리치는 천둥과 번개에 놀라서 눈이 휘둥그레진 모습을 표현한 것이다.[30] 은殷나라 사람들은 천둥·번개·무지개와 같은 자연현상의 배후에 신이 있다고 생각했다. 이것은 그리스 신화에서 제우스(Zeus) 신이 번개의 신이고, 인도신화에서 인드라(Indra) 신이 천둥·번개의 신인 것이나 마찬가지이다. 천둥과 번개는 공포를 안겨 주는 대상이었으나, 그것이 몰고 오는 비는 농사의 풍요로운 수확을 보장해 주었다. 따라서 공포의 신은 동시에 축복의 신이 되었다.

"제출호진帝出乎震"의 신화적 의미를 정확하게 파악한 것은 왕필王弼이었다. 왕필은 익괘益卦 육이六二의 "왕용향우제王用享于帝, 길吉"에 대한 주注에서 '제帝'를 '생물지주生物之主' 즉 만물을 낳는 주재신主宰神으로 보았다.[31] 그런데 주자朱子는 "제출호진"의 '제帝'를 "천지주재天之主宰"로 풀이하였다. 이것은 "제자帝者, 생물지주生物之主"라고 한 왕필의 주와 기본적으로 일치한다. 그러나 주자는 '제帝'를 리理와 동일시함으로써 그 신화적 의미를 제거하려고 하였다.

> 천天이 만물의 변화를 주재하는 것은 리理의 활동일 뿐이다.[32] 천하에 리보다 더 존귀한 것이 없으므로 제帝라고 부른 것이다.[33]

주자에 따르면 '주재만화자主宰萬化者'는 리理이며, '제帝'는 이것을 인격화

30) 다산은 『주역사전』 震卦 上六의 注에서 "天降威罰, 遂以雷擊, 震可畏也"라고 하고, 震卦 「象傳」의 注에서도 "對越上帝, 坎心憂懼"라고 하였다.(『周易四箋』, 『定本』, pp.117~121)

31) 왕필은 益卦 六二의 "王用亨於帝, 吉"(왕이 상제께 제사지내니, 길하다)에 대한 注에서 "帝란 物을 생성하는 主이다. 益을 興하게 하는 宗祖이다. 震方에서 나와서 巽方에서 가지런히 한다"(帝者, 生物之主, 興益之宗, 出震而齊巽者也)라고 하였다. 이 주를 통해 왕필이 帝를 天帝와 동일시했음을 알 수 있다.(王弼 撰, 樓宇烈 校釋, 『周易注-附周易略例』 [北京: 中華書局, 2011], p.228)

32) "天之所以主宰萬化者, 理而已."(朱熹·呂祖謙 編著, 『近思錄集解』 I [아카넷, 2004], p.92)

33) "天下莫尊於理, 故以帝名之."(黎靖德 編, 『朱子語類』 제1책 [中華書局, 1986], p.63)

한 명칭이다. 그러나 이러한 비신화화非神話化(de-mythologization)는 '제帝'의 원관념原觀念으로부터 더욱 멀어지게 만들 뿐이다.[34] 단지 법칙개념에 불과한 리에 만물을 생성시키는 능력을 부여한 것은 성리학자들의 억지에 불과하다.[35] 다산은 '제'를 리라고 하지는 않았으니, 비신화화 작업에 동참했다고는 볼 수 없다. 다산은 예괘豫卦 「대상전」의 주에서 "제출호진"의 진震은 천天의 장자長子이니 동시에 상제上帝가 된다고 하였다.[36] 이것은 "제출호진"의 '제帝'가 푸른 하늘(蒼天)을 가리키는 것이 아니라 인격적 신을 가리킨다고 본 마테오 리치(Matteo Ricci)의 견해와 같다. 마테오 리치는 '제'를 하느님과 동일시하면서 다음과 같이 말한다.

> 이 하느님(帝)은 (물리적) 하늘을 말한 것이 아닙니다. 푸른 하늘은 팔방八方을 포괄하고 있는데, 어찌 하나의 방향에서 나올 수 있겠습니까?[37]

---

34) 학술대회에서 한형조 교수는 필자의 주장에 대하여 인격신의 개념에서 법칙적 理 개념으로의 진행은 인류 역사에서 이성의 필연적 발전과정을 보여 주는 것이기 때문에 주자가 理에 만물을 생성시키는 능력을 부여했다고 해서 그러한 견해를 비판할 수는 없을 것이라는 의견을 제시하였다. 철학사의 진행과정이 미토스(mythos)에서 로고스(logos)로의 방향으로 나아갔다는 점에 대해서는 필자도 한형조 교수와 전적으로 의견을 같이한다. 그러나 미토스 시대에 고대인들이 상제를 이성 개념으로 이해했을 리는 없는 것이고 보면, 상제를 理와 동일시하는 것은 原개념의 왜곡에 불과하다. 성리학자들이 세계를 어떻게 보건 간에 그것은 그들의 자유이다. 그러나 고대인들도 성리학자들처럼 세계의 근원적 질서를 理라고 이해했다고 주장한다면, 그것은 왜곡된 견해이다.

35) 필자의 논문을 심사한 심사위원 가운데 한 분은 "단지 법칙개념에 불과한 理에 만물을 생성시키는 능력을 부여한 것은 성리학자들의 억지에 불과하다"라는 필자의 주장에 대해 이의를 제기하였다. 그는 理의 개념에는 법칙이라는 측면만 있는 것이 아니라 생성의 기능도 포함되어 있기 때문에, 마테오 리치와 다산과 필자의 견해가 오히려 억지 주장이 아닐까 하는 반론을 제시하였다. 여기서 심사위원은 필자와 반대되는 주장도 얼마든지 가능하다는 점을 지적한 것이다. 필자는 심사위원의 견해에 전적으로 공감하는 것은 아니지만 관점의 차이가 있을 수 있으며, 필자의 주장도 역시 가설에 불과하다는 점을 인정하고자 한다.

36) "震者, 天之長子, 所以爲帝【爲天子】, 帝出乎震, 亦以爲上帝也.【豫「大象」】"(「周易四箋 II」, 『定本』 第16卷, p.338; 『역주 주역사전』 제8권, pp.270~271)

37) "夫帝也者, 非天之謂, 蒼天者, 抱八方, 何能出於一乎?"(마테오 리치 저, 송영배 역, 『천주실의』, 서울대학교 출판부, 2001, p.101)

다산은 "제출호진"의 의미를 "하늘이 만물을 낳을 때, 반드시 진震의 덕德으로써 한다"(天之生物, 必出之以震德也)는 것으로 풀이하였다. 여기서 천天은 천제天帝를 가리키는 말이기 때문에 상제上帝와 동의어로 쓰인 것이다. 진방震方은 만물을 소생시키는 봄에 배당된 방위로서 동쪽의 방위이다. 자연의 위대한 생성력은 생명의 방위인 동방東方에서 확연히 목격된다. 그러므로 천제天帝가 만물을 생성시키는 능력을 비유적으로 표현한 문장이 "제출호진"인 것이다.

다산이 『주역사전』에서 상제를 언급하고 있는 빈도는 그리 높지 않다.[38] 반면에 '천天'자는 『주역사전』에서 엄청나게 높은 빈도로 등장하는데, 물리적 하늘과 인격적 주재자로서의 신이라는 이중적 의미로 동시에 사용되고 있다. 『주역사전』에서 상제에 대한 인용 빈도가 드물게 나타나는 이유는 아마도 선진先秦 유가경전에 나오는 '상제'라는 용어를 천주교도들이 자신들의 '신'(God) 개념을 표현하기 위하여 역어譯語로 차용했다는 점을 의식했기 때문일 것이다. 명대 말기에 마테오 리치(利瑪竇, Matteo Ricci, 1552~1610)[39], 페르디난드 페르비스트(南懷仁, Ferdinand Verbiest, 1623~1688), 조아킴 부베(白晉, Joachim Bouvet, 1656~1736) 등 예수회 선교사들은 『성경』의 '하느님'(God)을 번역하면서 '상제上帝'와 '천주天主'를 그 역어로 선택하였다.[40] 상제는 유교 경전에도 나오는 말이므로 그 용어를 사용했다는 이유만으로 공격당하지는 않았지만, 상제라는 용어의 빈번한 사용은 그렇지 않아도 이미 천주교에

---

38) ① 同人卦: "以事上帝", "郊焉而事上帝." ② 鼎卦 彖傳注: "震, 上帝也." ③ 震卦 彖傳注: "對越上帝." ④ 豐卦 卦辭注: "此皇皇上帝臨於下土也. 上帝旣假." ⑤ 豫卦 大象傳注: "宗廟之神, 合於上帝." ⑥ 渙卦 大象傳注: "乾天在上, 是上帝也." ⑦ 說卦傳注: "震者, 天之長子, 所以爲帝, '帝出乎震', 亦以爲上帝也."

39) 마테오 리치는 라틴어의 Deus를 '陡斯'로 音譯하고, 한문으로 '天主'라고 번역하였다. 그리고 유가경전에 나타나는 上帝가 곧 Deus라고 주장하였다.(오재환, 「천주실의 상제와 정다산의 상제관」, 『한국사상과 문화』 75권, 2014, p.149)

40) 楊鵬, 『上帝在中國源流考－中國典籍中的上帝信仰』, 書海出版社, 2014, p.9.

연루되었다는 혐의로 유배된 다산을 더욱 곤란한 처지로 몰아갈 위험성이 있었다. 영남 퇴계학파의 학자들은 천주교를 비판했을 뿐 아니라, 인격적 상제를 부활하려는 성호학파의 시도에 대해서도 반대하였다.[41] 그러나 상제에 대한 낮은 언급 빈도가 상제에 대한 믿음을 포기했음을 보여 주는 증거가 되는 것은 아니다. 다산은 『역학서언』의 「한강백현담고韓康伯玄談考」에서 상제에 대한 믿음을 다시 한 번 분명한 형태로 드러내고 있다.[42]

> 일음일양一陰一陽하는 그 위에 분명히 재제지천宰制之天이 있는데, 이제 드디어 일음일양으로써 도체道體의 근본을 삼는 것이 옳겠는가?[43]

위의 인용문에서 다산이 '상제'라는 말을 쓰지 않았다고 하더라도 '재제지천宰制之天'이 사실상 상제의 동의어로 사용되고 있다는 것은 분명하다. '재제宰制'는 만물을 주재主宰하고 제작한다는 뜻이니, 만물의 생성변화의 과정을 주재하고 제작하는 존재가 상제 이외의 다른 존재가 될 수는 없다.[44] 『역학서

41) 천주교도들이 上帝를 그들의 神을 가리키는 용어로 사용하면서, 조선조 유학자들의 태도는 두 갈래로 나뉘어졌다. 즉 성호학파의 학자들은 천주교의 영향으로 원시유교의 상제설을 복원하려는 태도를 보였던 반면에 영남 퇴계학파의 학자들은 천주교를 비판했을 뿐 아니라, 인격적 상제를 부활하려는 성호학파의 시도에 대해서도 반대했다.(안영상, 「천주교의 천주(상제)와 영혼불멸설에 대한 영남 퇴계학파의 대응양식」, 『시대와 철학』 16권 1호, 한국철학사상연구회, 2005, p.107) 신후담도 『서학변』을 저술하여, 마테오 리치가 『천주실의』에서 해석한 유교의 상제 개념을 전통적 성리학의 관점에서 비판하였다.(이동희, 「서학 수용의 두 가지 반응: 신후담과 정약용—마테오 리치의 『천주실의』의 수용을 중심으로」, 『정신문화연구』 제36권 제1호, 통권 130호, 2013, p.308)

42) 『易學緒言』의 저술연도는 대략 1808년에서 1821년 사이로 추정된다. 『역학서언』의 「李鼎祚集解論」과 「鄭康成易注論」에 "嘉慶, 庚辰"이라고 그 저술시기를 밝히고 있는데, "嘉慶, 庚辰"은 1820년에 해당된다. 또 「來氏易註駁」과 「李氏折中鈔」는 道光 元年 辛巳에 완성된 것으로 되어 있는데, 이는 1821년에 해당된다. 따라서 『역학서언』의 최종적 출간은 1821년 이후가 된다. 그러나 『역학서언』의 일부는 『주역사전』 무진본이 나온 1808년에 이미 존재하고 있었을 것으로 추정된다. 왜냐하면 『俟菴先生年譜』의 순조 8년 戊辰(1808)조에서 12권의 『周易緒言』에 대해 언급하고 있기 때문이다.

43) "一陰一陽之上, 明有宰制之天, 而今遂以一陰一陽, 爲道體之本, 可乎?"(「韓康伯玄談考」, 『易學緒言』, 『定本』 第17卷, pp.107～108)

언』의 저술 연도는 대략 1808년에서 1821년 사이로 추정되는데, 『주역사전』 무진본이 1808년의 저술임을 고려할 때 상제에 대한 그의 신념이 그 이후로도 변하지 않았음을 알 수 있다. 다산은 『춘추고징春秋考徵』에서 상제를 "재제안양지자宰制安養之者"라고 정의한 바 있으므로, '재제'는 『춘추고징』에서와 같은 의미로 사용되었다고 볼 수 있다. 여기서 다산은 송대의 역리천易理天의 관점에서 주재천主宰天의 관점으로 전환하고 있다. 『중용강의보中庸講義補』에서 다산은 태극이나 무극 등의 용어에 사물을 주재하고 창조하는 개념이 포함되어 있지 않음을 지적하였다.[45] 물리적 우주 위에서 만물을 주재하거나 창조하는 것은 오직 지성적知性的 존재만이 할 수 있다. 다산은 천도운행의 역리천易理天이나 이법천理法天 위에 엄연히 천지를 통괄하는 주재자로서의 상제천이 존재함을 주장하고 있다. 상제천은 조화의 능력을 지니는데, 이 조화란 무無로부터 유有를 창조하는 능력이다.[46] 『역학서언』에서는 '조화'라는 용어가 더욱 빈번하게 나타나는데, 대체로 우주의 궁극적 실재에 속한 능력이라는 맥락에서 사용하고 있다.[47] 그러나 『주역사전』의 관괘觀卦 「단전」

---

44) '宰制'란 統轄 혹은 支配를 뜻하는 말이다. 『史記』 「禮書」에 "宰制萬物, 役使群衆"(만물을 주재하고 군중을 영도해 나간다)라는 말이 있다.(『史記』, 권23, 「禮書」; 『史記』[中華書局, 1959] 第4冊, p.1157; 정범진 외 옮김, 『사기』[까치, 1996], 「표・서」, p.49) 그러나 필자는 여기서 '宰制'의 '制'가 支配의 뜻이 아니라 '制作'의 뜻으로 쓰였다고 보았다. '宰制之天'의 '制'를 '制作'의 뜻으로 해석해야 하는 이유에 대해서는 拙稿, 「정약용의 『주역』 해석에 보이는 우주발생론적 관념과 마테오 리치의 영향 – 창조론과 생성론의 절충」(『다산학』 제35호, p.257)을 참조할 것.

45) "旣爲宰制, 則主張萬化, 至誠無息, 亦豈沖漠無眹之象乎?"(『中庸講義補』, 『定本』 第6卷, p.394)

46) "夫謂有形生於無形者, 造化之謂也."(「漢魏遺義論」, 『易學緖言』, 『定本』 第17卷, p.82)

47) 유초하는 "'유형의 것은 무형에서 나온다'라는 말은 조화를 가리키는 것"이라는 다산의 발언을 근거로 해서 다산이 태극을 상제의 피조물로 이해했다고 주장하였다.(유초하, 「정약용 철학에서 본 영혼불변과 우주창조의 문제」, 『한국실학연구』 제6호, 2003, p.145) 그러나 정순우는 다산이 조화의 의미를 창조(creation)의 개념으로 사용하였는지는 불분명하다고 반론을 제기하였다. 즉 그는 다산이 쓴 '조화'라는 용어도 儒者들이 즐겨 쓰는 '天地造化', '造化之樞紐' 등의 표현처럼 만물을 생성하고 소멸시키는 대자연의 이치를 드러내는 작용으로 이해하는 것이 적당할 것이라고 주장하였다.(정순우, 「다산에 있어서 천과 상제」, 『다산학』 9호, 2006, pp.28~29)

에 대한 주注에서 다산은 조화를 신神과 연관시키고 있다.

> 해와 달이 교대로 운행하고 칠정七政의 여러 별들이 질서 있게 운행함으로써 그 도수度數에 따르니 사시四時의 차례가 어긋나지 않는다. 성인이 이것을 관찰하여 (천지의) 조화에 신神이 깃들어 있음을 아는 것이다.[48]

물론 여기서 '신神'이 상제와 동의어로 쓰이고 있는 것은 아니지만, '신神'자가 포괄하는 외연外延에는 상제도 포함된다.[49] '신神'자는 '시示'와 '전電'이 결합된 글자이다. '신神'자의 우측변에 있는 '신申'자는 갑골문에 나타난다. 그런데 '신申'자는 좌방변의 '시示' 없이도 '신神'과 통용되는 글자였다. '신神'자는 갑골문의 복사卜辭에는 보이지 않으나, 갑골문의 '신申'자는 번개가 치는 모습을 상형象形한 것이다.[50]

申			
楷書體	甲骨文	金文	篆文

전국시대 초간楚簡에도 신'申'자의 자형이 여러 형태로 나타나는데, 전국시대 초문자는 금문金文과 전문篆文의 중간 단계의 발전 형태를 보여 준다.[51]

---

48) "兩曜迭運, 七政循度, 而四時之序不忒. 聖人觀乎此, 而知造化之有神也."(『周易四箋 I』, 『定本』 第15卷, p.254)

49) 다산은 上帝를 여러 신들 가운데서 최고의 신으로 생각했다.("宗廟之神, 合於上帝"; 『周易四箋 II』, 『定本』 第16卷, p.252)

50) '神'자의 좌측변에 있는 '示'는 제사와 밀접한 관련을 갖고 있다. 陳夢家에 따르면, 卜辭의 '示'자는 石柱의 상징이다. 고대 중국에서는 제사를 지낼 때 종묘나 제단위에 석주를 설치하여 상징으로 삼는 풍속이 있었다.(葛兆光 저, 이등연・심규호・양충렬・오만종, 『중국사상사』, 일빛, 2013, p.265)

그리고 '신申'자는 '신神'자와 '전電'자의 본자本字이다. '전電'자는 '뢰雷'자와 밀접한 관련을 갖고 있다. '뢰雷'의 갑골문에는 번개의 상형에 점點(•), 마름모꼴(◇), '밭 전'(田)과 같은 부호들이 추가되어 있는데, 그것은 방전放電 현상으로 말미암아 큰 소리가 울리는 것을 의미한다.

그리고 '뢰雷'자의 금문金文에는 소리의 의미를 강조하기 위하여 수레바퀴 모양(⊗)의 기호가 추가되었다.[52]

---

51) https://www.zdic.net/zd/zx/cx/%E7%94%B3

52) 금문에 雨가 形符로 추가된 것은 西周 晩期인데, 천둥이 칠 때 비가 동반하는 현상을 표현하였다.(王興國, 「中國古代的'精神'與'文化'及其哲學意義釋論」, 『經典・經學與儒家思想的現代詮釋 國際學術研討會』 下冊[深圳大學國學研究所, 2015], pp.680~681)

이상에서 다산이 상제천의 존재를 역리易理가 성립하기 위한 근본전제로 설정하고 있음을 살펴보았다. 다산 역학의 체계는 상제의 계시啓示에 절대적으로 의존하는 일종의 신학적神學的 체계이다. 『역』의 기호체계는 점술에 의존해서만 의미와 생명력을 지니는 체계이다. 인위적 규약체계인 『역』의 기호들이 구체적인 인간상황과 관계를 맺기 위해서는 초월적 존재가 요청된다. 무신론자의 경우에 점술의 체계란 단지 우연한 확률에 의해 결정되는 체계에 불과하다. 그러나 그 경우 미래의 예측이 아무런 필연성이 없는 순수한 우연에 의해 결정된다는 불합리를 피할 수 없다. 만일 점술을 통해서 미래에 대한 예측이 가능하다고 가정한다면, 이 경우 그러한 예측을 성립시켜 주는 근거로서 어떤 초월적 존재자의 보이지 않는 손을 가정하지 않을 수 없다. 따라서 만일 상제의 계시가 없다면 다산 역학의 체계는 붕괴할 수밖에 없을 것이다.

3. 『주역』을 안다는 것은 무엇을 의미하는가?

『주역』이 무엇을 위한 책이냐고 묻는다면 누구라도 그것은 미래를 알기 위한 것이라고 답할 것이다. 그렇다면 『주역』에 대해 잘 알고 있는 사람은 미래에 대한 예지력豫知力을 갖고 있는 사람이라고 말할 수 있을까? 그러나 다산의 견해에 따르면 '기이한 술수로 무엇을 알아맞힌다는 것'(奇中)과 『주역』을 안다는 것은 아무런 관련이 없다. 다산은 『역학서언』의 「소자선천론」에서 가상의 질문자를 내세워 이러한 문제에 대한 자신의 견해를 밝히고 있다.

혹자或者가 다음과 같이 질문하였다. "점서占筮하여 적중하면 『역』을 아는 자이고, 점서하여 맞히지 못하면 『역』을 아는 자가 아니다. 당신이 추이推移·효변爻變의 뜻에 대해서는 비록 명쾌하게 말하지만, 그대는 장래의 일은 알 수는 없으니 이는 『역』을 아는 자가 아니다. 소자의 「선천방위도先天方位圖」가 비록 고경古經에는 근거가 없다고 해도, 소자는 장래에 닥칠 일을 아니 이는 『역』을 아는 사람이다. 소자가 이렇게 『역』을 안다면 소자의 설說도 응당 역리易理에 부합할 것이다. 소자가 맞느니 틀리느니 당신이 왈가왈부하더라도 그 누가 당신의 말을 믿겠는가?"[53]

답변: 동방삭東方朔(BC.154~BC.92)은 사복射覆[54]의 점술을 써서 신기하게 알아맞혔는데, 곧 또한 『역』을 아는 자라고 할 것인가? 곽박郭璞(276~324) · 관로管輅(209~256) · 불도징佛圖澄(232~348) · 이순풍李淳風(602~670) 등은 그 말이 우연히 기이하게도 적중하였지만 역학易學에 대해서는 여전히 무지몽매하였으니, '신기하게 알아맞히는 것'(奇中)을 가지고 『역』을 아는지 모르는지 판정할 수 없다. 내가 강진에 유배되어 있을 시절에 지방민 강풍姜風이란 자도 역시 해도海島로 유배되었는데, 그는 사람의 얼굴 모습을 보고는 꼭 팔괘八卦를 언급하며 그 사람의 선대先代의 분묘墳墓의 좌향坐向을 알아맞혔으며, 또 분묘 앞 몇 걸음 거리에 어떤 돌이 있는지, 분묘 왼쪽 몇 자의 거리에 어떤 샘이 있는지를 알았다. 이런 인물도 또한 『역』을 안다고 하겠는가?[55] 큰 소리로 점술을 팔고 다니는 소경이 동전을 던져 괘를 뽑음에, 그 말이 우연히 기이하게 들어맞는다면 이 또한 『역』을 아는 자인가? 소자邵子는 하늘이 내리신 훌륭한 인물이니 (나 같은) 후학이 감히 의론할 바는 아니지만, 그러나 그 술수는 분명 역시 곽박郭璞이나 관로管輅의 부류에 속하는 것이다. '기이한 술수로 무엇을 알아맞히는 것'(奇中)을 가지고 『역』을 안다고 판단하기에는 부족하다. 공자孔子 · 맹자孟子 · 안연顏淵 · 증자曾子는 기이한 술수로 무엇을 알아맞힌 적이 없으며, 또한 상구商瞿 · 시수施讎 · 맹희孟喜 등도 기이한 술수로 무엇을 알아맞히는 짓 따위로 칭송받지는 않았으니, 이 모두 『역』을 모르는 자라는 것인가?[56]

53) "或問曰; 筮而中, 則知易者也. 筮而不中, 則不知易者也. 推移 · 爻變之義, 子雖明言. 子不能知來, 是不知易者也. 先天方位之圖, 雖無古據, 邵子則知來, 是知易者也. 邵子知易, 邵子之說, 應合易理. 曰是曰非, 其孰信之?"(「邵子先天論」, 『定本』 第17卷, p.164)

54) 射覆은 ''사복' 혹은 '석부'로 읽는다. 사발을 엎어 놓고 그 속에 감춘 물건을 알아맞히는 占斷을 가리킨다.

55) 이 글에서 "餘謫康津之年, 土人姜風亦配海島"이라고 했기 때문에, 「邵子先天論」은 다산이 강진의 유배에서 풀려난 이후 解配期에 쓴 저술임을 알 수 있다.

56) "答曰: 東方朔, 射覆奇中, 將亦爲知易者乎? 郭璞 · 管輅 · 佛圖澄 · 李淳風之等, 言多奇中.

다산은 「오학론五學論」 5에서 심지어 유교의 성인들조차 미래를 알지 못했다고 주장하였다. 요堯임금은 미래를 알지 못했기 때문에 곤鯀에게 일을 맡겼다가 실패하였고, 순舜임금도 미래를 알지 못했기 때문에 남방을 순행하다가 창오蒼梧의 들판에서 붕어崩禦하였다. 심지어 주공周公은 『주역』의 384효의 효사를 지은 성인이었지만 미래에 대해 알지 못했다. 만약 관숙管叔이 훗날 반역할 줄 알았더라면 주공은 그의 형 관숙에게 은殷땅을 관리하는 임무를 결코 맡기지 않았을 것이기 때문이다. 공자도 역시 광匡땅을 지날 때 양호陽虎 때문에 거의 죽음을 당할 뻔하였으니, 이것을 보면 공자도 역시 횡액을 당할지 미리 알지 못했음을 알 수 있다.[57]

그러나 다산이 미래의 일을 미리 알 수 있는 전지前知의 가능성을 부정한 것은 아니었다. 『중용』 제24장의 "지극히 정성스러운 도는 미리 알 수 있다"(至誠之道, 可以前知)에 대한 주注에서 다산은 "지극히 정성스러우면 하늘을 알 수 있고, 하늘을 알면 미래의 일을 (미리) 알 수 있다"라고 하였다.[58] 어쨌든 다산의 관점에서 본다면, 『주역』을 통해 예지를 얻게 된다고 하더라도 그 예지를 가능하게 해 주는 능력은 초월적 존재로부터 오는 것이지, 예지력을 얻기 위한 도구로서의 서술筮術을 활용하는 사람에게 속한 것은 아니다. 따라서 『주역』에 대한 고금의 해석법에 통달한 사람이라고 하더라도 미래에 대한 예지력을 지니고 있지 않다. 만약 어떤 『주역』의 대가大家가 복서를 통해 미래를 예측하는 데 성공했다고 가정한다면, 그것은 그가 예지력을

仍於易學茫昧. 奇中, 不足以定知易之案也. 餘謫康津之年, 土人姜風亦配海島. 姜風見人相貌, 必言八卦, 能知其人先世墳墓之坐向, 並知墓前幾步有某石・墓左幾尺有某泉. 將亦知易者乎? 長聲賣筮之瞽, 擲錢作卦, 言多奇中, 將亦知易者乎? 邵子, 天挺人豪, 後學之所不敢議. 然, 其術仍是郭璞・管輅之流. 奇中, 未足以定知易之案也. 孔・孟・顔・曾, 未嘗奇中. 商瞿・施・孟之等, 亦不以奇中見稱, 將皆不知易者乎?"(「邵子先天論」, 『定本』 第17卷, pp.164~165)

57) "堯不能前知, 任鯀以敗事. 舜不能前知, 南巡守崩於蒼梧之野. 周公不能前知, 使管叔監殷. 孔子不能前知, 畏於匡, 幾不能免."(「五學論」 5, 『定本』 第2卷, pp.303~304)

58) "至誠則可以知天, 知天卽可以前知."(『中庸講義補』, 『定本』 第6卷, p.368)

갖고 있기 때문이 아니라 『주역』의 상징적 부호들을 해석할 능력을 갖고 있었기 때문이다. 따라서 『주역』을 활용할 줄 안다는 것은 초월적 존재로부터 받은 상징적 부호를 해석할 줄 안다는 것과 같은 의미이다.

『주역』의 서술筮術은 상제의 계시를 내려받기 위한 도구적 수단을 제공한다. 서죽筮竹을 운용하는 기술을 익히고 역사易詞를 해석할 수 있는 방법을 아는 것은 『주역』을 활용하기 위해서 당연히 요구되는 과정이다. 역사의 해석은 상징 해석을 위한 일련의 규칙에 의존해야 하며, 자의적으로 행해져서는 안 된다. 기호해석자들은 기호해석의 공동적 규칙을 준수해야 하는 기호공동체의 구성원들이다. 만약에 어떤 해석자가 건괘乾卦의 기호를 하늘의 상징이라고 간주하는 반면에 다른 해석자는 땅의 상징이라고 간주한다면, 큰 혼란에 빠지고 말 것이다. 따라서 『주역』 해석자들은 상징의 해석 규칙을 공유해야 하며 그 공동적 규칙을 준수해야 한다. 이것은 마치 축구 경기나 야구 경기의 참여자들이 게임의 규칙을 공유해야 하는 것과 같다.

다산은 『주역』을 해석하기 위한 핵심원리로 물상物象·호체互體·추이推移·효변爻變의 네 가지 해석규칙을 확립하였는데, 이것을 역리사법易理四法이라고 부른다.

첫째, 물상物象이란 역사易詞를 해석할 때 반드시 「설괘전說卦傳」에서 규정해 놓은 괘상의 의미에 의거해서 한다는 원칙을 가리킨다. 「설괘전」은 팔괘八卦의 각각의 요소가 상징하는 것이 무엇인지를 적어 놓은 상징사전象徵事典으로서, 상징 해석의 공동적 규칙을 제공한다. 「설괘전」은 서한西漢 선제宣帝 때(기원전 73년)에 하내河內의 어떤 여인이 노옥老屋을 허물다가 발견한 서적이다. 「설괘전」의 뒤늦은 출현은 그 진위에 관한 의혹을 불러일으켰으나, 「설괘전」이 없다면 『주역』을 해석할 수 있는 방법 자체가 없어지기 때문에 『주역』 연구를 위해 필수적인 문헌이다. 그러나 「설괘전」은 개별적 기호들이 지시하는 의미를 적어 놓은 코드북(code book)일 뿐이며, 그것만으로 『주역』의 언어가 해독될 수 있는 것은 아니다. 역사易詞를 해독하기 위해서는 「설괘전」의 상징사전을 활용하여 역사와 괘상의 연계를 파악해야 한다. 의리역에서는 역사와 괘상이 반드시 연계되어 있는 것은 아니라고 보지만, 상수역에서는 모든 역사가 괘상과 연계되어 있다고 본다.

둘째, 호체란 괘의 중간에서 취하는 삼획괘三畫卦를 가리킨다. 64괘는 8괘가 상괘上卦와 하괘下卦로 결합되어 이루어진 것이지만, 일단 상괘와 하괘가 결합되면 괘의 중간에서도 2·3·4위와 3·4·5위에서 두 개의 3획괘가 형성되는데 이것을 호괘互卦 혹은 호체互體라고 한다. 호괘 해석을 역학자들이 일반적으로 허용하고 있는 것은 아니지만, 다산은 호체를 『주역사전』의 네 가지 해석방법에 포함시켰다.

셋째, 추이推移는 14벽괘辟卦로부터 50연괘衍卦가 변화되어 나오는 괘상의 변동방식을 가리킨다. 이 해석방법은 역학사에서는 괘변卦變이라는 이름으로 알려져 있다.

넷째, 효변은 음에서 양으로, 혹은 양에서 음으로 바뀌는 효의 변화방식을 가리킨다. 64괘의 384효는 모두 효변을 하며, 추이와 결합되어 괘상의 역동적 변화의 모습을 구현한다.

그 밖에도 교역交易·반역反易·변역變易의 해석방법이 있다. 이것을 삼역지의三易之義라고 하는데, 추이와 효변과 마찬가지로 괘상의 변동을 설명하는 보조적 해석법들이다. 이러한 해석법들은 괘상을 정태적으로 파악하지 않고 역동적으로 파악함으로써 역사 해석에 생동감을 부여한다. 다산은 「자찬묘지명」에서 두 개의 삼획괘를 상·하로 연결해서 관찰하는 『주역』의 해석방식을 '목강지사법木強之死法'이라고 불렀다.59) '목강지사법'이란 딱딱

59) "以八乘八者, 木強之死法也."(「自撰墓誌銘」[集中本], 『定本』 第3卷, p.272)

한 나무처럼 뻣뻣하게 굳어서 변통성을 상실해 버린 죽은 해석법이라는 뜻이다. 두 개의 삼획괘를 결합한 방식은 마치 삼단三段으로 이루어진 한 개의 상자 위에 또 한 개의 삼단 상자를 그 위에 올려놓은 것과 같아서, 단순하고 무미건조하기 짝이 없는 해석방식이다. 『주역』은 수시로 변천하는 삼라만상의 실상實狀을 괘상卦象으로 옮겨놓은 것이다. 변화의 서書로서의 『주역』을 이해하기 위해서는 그 해석방법도 그 변화의 모습을 파악할 수 있도록 역동적이어야 한다는 것은 당연한 요청이다.

이러한 해석규칙들이 완비되면 마침내 『주역』을 해석할 수 있게 된다. 다산은 『주역』 해석에 필요한 해석규칙들을 완벽하게 마련했으며, 역사易詞의 해석을 성공적으로 수행했다고 자신했다. 심지어 그는 너무나 자세히 그 의미를 밝혔다는 것에 대해 후회하는 발언을 하기도 하였다.

> 『주역』은 주나라 사람들의 예법이 담겨있는 것으로, 유자儒者라면 그 은미한 말과 오묘한 뜻이 발휘된 곳에 밝지 않을 수 없습니다. 그러나 옛 성인은 은미한 말과 오묘한 뜻을 다 그 단서만 살짝 드러내어 사람들로 하여금 스스로 사고하여 자득自得하게 하였습니다. 만약 하나도 숨김없이 훤히 알 수 있다면 재미가 없을 것입니다. 이제 이 역전易箋이 너무 자세하고 너무 분명하니 이는 깊이 후회되는 바입니다.[60]

다산은 『주역』의 기호의 의미가 낱낱이 밝혀질 때 『주역』의 신비는 사라져 버릴 것이라고 우려했다. 그러나 이것은 한낱 기우杞憂에 불과하다. 아무리 『주역』을 자세히 풀이한다고 하더라도 『주역』의 괘상卦象은 상징이며, 상징은 다의적이기 때문에 그 의미가 명백하게 밝혀지기 어렵다. 예를 들자면, "밀운불우密雲不雨"는 "구름만 잔뜩 끼어 있지 비는 오지 않는다"라는 기상현

60) "周易者 周人禮法之所在, 儒者不可以不明 其微言妙義 在所發揮也. 然古之聖人. 凡微言妙義. 皆微發其端. 令人自思而自得之. 若無一隱晦. 昭然可見. 便無滋味. 今此易箋太詳太明. 是則所深悔也."(「答仲氏」, 『定本』 第4卷, p.195)

상에 관한 서술일 수도 있으나, 일이 잘 풀리지 않는 현상에 대한 비유일 수도 있다. 만약 『주역』의 의미가 객관적 사태의 서술처럼 이해된다면 그것은 더 이상 상징이 아니게 된다. 상징의 해석은 항상 애매성을 수반할 뿐 아니라 그 의미를 풀어내는 작업에는 해석자의 주관이 필연적으로 개입된다. 어떤 사태에 대해 점을 쳐서 얻은 점괘에 대해, 어떤 해석자는 길하다고 풀이할 수도 있고 또 다른 해석자는 흉하다고 풀이할 수도 있다. 예를 들어 『좌전』 양공襄公 25년에, 최저崔杼가 제齊나라 당읍棠邑을 맡아 다스리던 관리가 죽자 조문을 갔다가 상가喪家에서 그 처妻인 강씨姜氏를 보고 한눈에 반하였다. 마침 상처喪妻하여 홀아비로 있던 최저는 그녀를 재취再娶로 맞으려고 하였지만, 그녀의 동생이면서 최저의 가신家臣이었던 동곽언東郭偃이 강하게 반대하였다. 이에 점을 쳐서 곤괘困卦가 대과괘大過卦로 변하는 괘를 얻었는데, 사관史官들이 모두 길하다고 하였다. 최저가 진문자陳文子에게 그 점괘를 보이자 진문자는 반대하며 다음과 같이 말했다.

> 지아비가 바람을 따르고 바람이 그 처妻를 떨어뜨리는 형국이니, 그녀를 아내로 맞을 수 없습니다. 곤괘困卦 육삼六三에 "돌에 걸려 곤경을 당하며 납가새의 가시덤불에 의지하는지라, 그 집에 들어가더라도 아내를 보지 못하니, 흉하다"(困於石, 據於蒺藜, 入於其宮, 不見其妻, 凶)라고 하였으니, 여기서 "곤우석困於石"이란 가더라도 물을 건너가지 못함을 가리키며, "거우질려據於蒺藜"란 믿는 것에 상해를 당할 것을 가리키며, "입우기궁入於其宮, 불견기처不見其妻, 흉凶"이라고 한 것은 돌아갈 곳이 없음을 가리키는 것입니다.[61]

그러나 최저는 진문자의 해석을 반박하며, 강씨의 죽은 남편이 이미 그런 흉사를 당했기 때문에 그 점괘는 자기에게는 해당되지 않는다는

61) "文子曰, '夫從風, 風隕妻, 不可娶也.' 且, 其繇曰, '困於石, 據於蒺藜, 入於其宮, 不見其妻, 凶.' '困於石', 往不濟也. '據於蒺藜', 所恃傷也. '入於其宮, 不見其妻, 凶', 無所歸也."(「崔杼取姜之筮」, 「周易四箋 II」, 『定本』 第16卷, p.232)

논리를 펴면서 그녀를 아내로 취하였다. 이러한 예는 역사易詞가 해석자의 주관에 따라 얼마든지 달리 해석될 수 있다는 점을 보여 준다. 상징어는 본질적으로 다의어多義語(polysemi)이다. 상징은 때로는 그 지시대상이 분명치 않으며, 그 해석은 애매성을 동반한다. 따라서 상징의 다의성으로 말미암아 개방적 해석이 용인되게 된다. 일반적으로 『주역』은 결정론(determinism)으로 이해되고 있으나, 만약 해석자의 주관에 따라 점사의 해석이 여러 가지로 달라질 수 있는 것이라면 결코 결정론이 될 수 없을 것이다.

4. 복서 · 술수 · 미신의 관계

술수術數는 정통 유학의 관점에서 유학 밖에 있는 잡학雜學을 통틀어 일컫는 명칭이다. 술수의 범주에는 귀복龜卜 · 점서占筮 · 천문天文 · 풍각風角 · 구궁九宮 · 태을太乙 · 둔갑遁甲 · 육임六壬 · 상택相宅 · 점몽占夢 · 택일擇日 · 역법曆法 · 오행五行 · 명리命理 · 풍수지리風水地理 등이 포함된다. 이러한 술수학에는 자연과학의 여러 분야와 『주역』을 중심으로 하는 다양한 점술이 복합적으로 결합되어 있다. 중국에서 과학과 점술은 서로 밀접하게 연관되어 있으며, 역리易理와 음양오행설을 공통의 기반으로 삼아 술수학이라는 특유의 학문 영역을 형성해 왔다.[62] 『한서漢書』 「예문지藝文志」는 이러한 종류의 지식체계를 수술가數術家라는 명칭으로 통칭하고 있으며, 『사고전서』는 이런 종류의 서적들을 '자부子部-술수류術數類'에 분류해 놓고 있다.

술수학은 과학과 미신 사이의 모호한 경계 영역에 성립하며, 과학과

62) 다케다 도키마사(武田時昌), 「동아시아 과학사 연구의 새로운 전개 — 술수학연구 프로젝트」, 『동아시아 세계의 지식의 전통: 과학, 사상, 종교』(제1회 템플턴 동아시아의 과학과 종교 국제워크숍, 2012), pp.15~17.

점술이 동거하는 상태에 있다.[63] 유학의 역사에서 본다면 술수학에 대한 비난은 오랜 역사를 갖고 있다. 순자荀子는 「비십이자非十二子」편에서 오행설五行說을 맹렬히 비난하였다.[64] 현대의 철학자 풍우란馮友蘭은 술수는 미신迷信에 기초한 것이지만 과학적 기원을 갖는 경우도 종종 있다고 평가하였다. 풍우란에 따르면 술수와 과학은 자연을 적극적 태도로 해석하고, 자연을 정복함으로써 인간을 위하여 활용하려고 시도한다는 점에서 공통점을 갖는다. 반면에 과학은 초자연적 힘에 대한 신념을 포기하고 우주를 오로지 자연력에 의거해서 설명하려고 시도한다는 점에서 술수와 차별된다.[65] 이처럼 과학의 기초이론을 상수象數 역학의 원리나 음양오행설에 의거해서 설명하는 것은 중국과학의 미신성을 증명하는 것으로 철저하게 비판받아 왔다. 그러나 최근에는 중국과학이 역리易理를 이론적 기반으로 점술과 지식체계를 공유한다고 해서 의사과학擬似科學(pseudo-science)으로 타락하는 것은 아니라는 반론도 제기되고 있다. 오히려 종교와 과학을 대립적 도식으로 이해하려고 하면, 술수학에서 꽃을 피운 중국의 과학문화를 올바로 파악할 수 없게 된다는 것이다.[66] 이것은 중국뿐 아니라 고대 근동近東의 천문학과 점성술의 관계에도 마찬가지로 해당된다. 인도 및 피타고라스(Pythagoras)학파의 수학과 자연과학의 발전은 점술에 기반을 둔 우주론적 성찰들에 의해서 촉진되었다. 따라서 점술을 미성숙한 과학으로 간주하는 견해가 보편적 지지를 받기는 어려울 것이다.[67]

63) 같은 책, p.18.

64) "略法先王, 而不知其統, 然而猶材劇志大, 聞見雜博. 案往舊造說, 謂之五行, 甚僻違而無類, 幽隱而無說, 閉約而無解. 案飾其辭而祗敬之曰, 此真先君子之言也. 子思唱之, 孟軻和之."(『荀子』[김학주 역, 을유문화사, 2001], p.144)

65) 馮友蘭, 『中國哲學簡史』(北京大學出版社, 2014), p.128; Fung Yu-Lan, *A Short History of Chines Philosophy*(The Free Press, New York, 1948), p.130.

66) 다케다 도키마사(武田時昌), 「동아시아 과학사 연구의 새로운 전개 — 술수학 연구 프로젝트」, 『동아시아 세계의 지식의 전통: 과학, 사상, 종교』, pp.16~18.

67) Edited by Mircea Eliade, *The Encyclopedia of Religion*, Vol.4 (Macmillan and Free Press, New

다산은 「오학론」 가운데 한 편을 술수학에 관하여 서술하여, 복서卜筮·간상看相·성요星耀·두수斗數 등은 혹술惑術이며 학문이 아니라고 맹렬히 비난하였다.[68] 뿐만 아니라 다섯 편의 풍수론風水論을 발표하여 풍수설의 비합리성을 밝히고, 『풍수집의風水集議』를 저술하여 전통적 풍수설을 강력하게 비판하였다. 다산은 술수를 사람들을 현혹시키는 환술幻術로 간주하였다. 다산은 「풍수론」 4에서 연암 박지원이 『열하일기』에서 이십여 가지의 환술을 기록한 것에 대해 언급하고 있다.[69] 『열하일기』의 「환희기幻戱記」에는 은전 몇 닢을 받고 환술을 보여 주는 연경燕京의 환술사幻術士에 관한 기록이 나온다.[70] 그런데 다산은 환술이란 사람들의 눈을 현혹시키는 기술에 불과하며, 알고 보면 신기할 것이 전혀 없다고 말한다. 다산이 술수를 환술에 비유할 때, 그것은 미신의 개념과 가깝다. 술수학에 대한 다산의 비판은 근대적 합리주의자로서 다산의 모습을 보여 주고 있다.

미신을 과학적 혹은 합리적 근거를 갖지 못한 믿음이라고 정의할 때 풍수風水는 미신이 된다. 다산이 술수를 불신하는 가장 중요한 이유는 검증불가능성에 있다. 다산은 「천문지」와 「오행지」에 기록된 내용들이 견강부회牽强附會에 지나지 않으며 어느 것 하나 증험證驗된 것이 없다고 주장한다. 술수는 현상의 원인을 설명하는 가설假說을 내세우고 있으나, 그 가설은 과학적 근거를 갖고 있지 않다. 술수는 과학과 유사한 측면이 있으나 과학은 아니다.

그렇다면 『주역』은 술수인가 아닌가? 『주역』은 유가의 핵심경전이지만 복서에 기원을 두고 있다. 술수의 여러 지식체계들이 『주역』의 서술筮術에

York, 1987), p.375.

68) "卜筮看相星曜斗數之等, 凡以術數行者, 皆惑也, 非學也."(「五學論」 5, 『定本』 第2卷, p.303)

69) "燕巖朴趾源作熱河日記, 記賣幻者事二十餘條, 知此理, 則悟此妄矣."(「風水論」 4, 『定本』 第2卷, p.317)

70) 박지원 저, 김혈조 역, 『열하일기』 제3권, 돌배개, 2009, pp.14~37.

뿌리를 두고 있는 것이 많아서 과연 『주역』을 술수로부터 구분할 수 있는 경계가 분명히 존재하는지 참으로 애매하다. 다산은 『중용강의보』에서 "우리 유가의 도道의 시비是非를 어찌 시초蓍草나 거북에 질문할 수 있겠는가?"라고 반문한다.[71] 심지어 다산은 자신의 역주易注가 혹시라도 사술邪術을 위해서 남용될 가능성을 우려하면서 복서폐지론을 주장하였다.

> 내가 역상易象에 소疏를 달아 주석하는 것은 경서의 뜻을 밝히는 데 있는데, 만일 어떤 자가 말하기를, "역례易例가 이미 밝혀졌으므로, (이제는) 점을 잘 칠 수 있다"라고 한다면, (그때는) 점괘의 결과(占驗)가 들어맞지 않는 것은 물론이고, 그런 사술邪術에 탐닉한 데 따르는 재앙이 적지 않을 것이다. 이는 내가 크게 근심하는 바이거니와, 오늘날 정도正道를 지키는 자라면 마땅히 복서卜筮를 폐지해야 할 것이다.[72]

그러나 다산은 『주역』이 복서를 위한 책이며, 복서란 유가의 성인이 천명을 품부받기 위한 수단이었다고 주장한다. 다산은 『주역』이 점서라는 사실을 받아들이면서도 그 자신은 『주역』 점을 치지 않았다. 솔직히 말해서, 이러한 이중적 태도는 우리를 매우 혼란스럽게 만든다.[73] 이러한 혼란은 술수에 중요한 이론적 기반을 제공해온 복서를 술수로부터 억지로 떼어내려고 한 데에서 비롯되었다. 술수(occultism)는 우주의 모든 사물들이 서로 상응관계에 있고 서로 영향을 미친다는 이론적 전제를 갖고 있으며,[74] 점술도 그러한 이론적 전제를 공유하고 있다. 따라서 복서를 술수의 중요한

---

71) "吾道是非, 豈可質問於蓍龜乎?"(『中庸講義補』, 『定本』 第6卷, p.384)

72) "今人平居旣不事神, 若唯臨事卜筮, 以探其成敗, 則慢天瀆神, 甚矣. 餘疏釋易象, 爲明經也. 若有人謂, '易例旣明, 可以行筮', 則不唯占險不合, 而其陷溺不少. 此, 餘之所大懼也. 今人守正者, 宜廢卜筮."(「卜筮通義」, 『易學緖言』, 『定本』 第17卷, p.280)

73) 김영식, 『정역용의 문제들』(혜안, 2014), p.202; 김영식, 「주역점에 대한 정약용의 태도」, 『동아시아 세계의 지식의 전통: 과학, 사상, 종교』, p.43.

74) Edited by Mircea Eliade, *The Encyclopedia of Religion*, Vol.11 (Macmillan and Free Press, New York, 1987), p.36.

구성요소로 보는 견해는 지극히 타당하며, 복서와 술수를 구분하려는 다산의 태도는 지지를 받기 힘들다.

만약 다산의 관점을 적용해서 『주역』과 술수를 구분한다면, 『주역』은 상제를 섬기던 종교의례에서 비롯된 것인 데 반하여 술수는 종교적 믿음이 결여된 상태에서 단지 미래예측을 위한 기술技術로 사용되는 것이다. 다산에 따르면, 품명의 수단이 되어야 할 복서가 남용된 역사는 이미 춘추시대에 시작되었다. 품명의 뜻이 어두워진 것은 탐명探命하려는 마음이 조급하게 앞섰기 때문이다.[75] 만약에 종교적 신앙이 결여된 상황에서 점술을 단지 미래의 성成·패敗를 예측하기 위한 수단으로 사용하고자 한다면 그것은 만천독신慢天瀆神에 불과하다. 『좌전』에 『주역』의 서술筮術을 활용한 서례筮例가 상당수 나오지만, 다산은 이 역시 고의古義가 아니라고 주장한다. 진秦·한漢시대 이후로는 사술邪術에 오염되어 마침내 더 이상 선왕의 본의를 회복하지 못하는 단계에 이르게 되었다. 『예기』 「왕제王制」 편에 "귀신鬼神 혹은 시일時日에 가탁假託하여 복서로써 뭇사람을 미혹케 하는 자는 사형死刑에 처한다"(假於鬼神時日, 卜筮以疑衆者, 殺)라는 말이 나오는 것도 바로 이러한 혼란한 상황을 반영한 것이다. 다산은 『예기』 「왕제」 편에 의거해서, 오늘날의 사람들이 입법立法을 한다면 당연히 『예기』 「왕제」 편을 정도正道로 삼아야 한다고 주장한다.[76]

그러나 만약 점술이 사술邪術인가 혹은 종교인가를 판별하는 기준이 올바른 신앙의 존재 여부에 달린 것이라면, 그 판별 기준은 상당히 주관적일 수밖에 없다. 어떤 신앙이 올바른 신앙인가? 올바른 종교와 사이비 종교를

75) "稟命之義遂晦, 而探命之志先躁."(「卜筮通義」, 『易學緒言』, 『定本』 第17卷, p.285)

76) "先王之世, 敬事神明, 故設爲卜筮, 使民, 信時日, 敬鬼神. 春秋以降, 此義漸晦, 『左傳』諸筮, 已非古義. 秦·漢以下, 卜筮漸淪於邪術, 非復先王之本意, 故其在「王制」曰, '假於鬼神時日, 卜筮以疑衆者, 殺.'[「王制」者, 漢初所作.] 今人立法, 當以「王制」爲正."(「卜筮通義」, 『易學緒言』, 『定本』 第17卷, p.281)

가려내는 것은 생각만큼 쉽지 않다. 믿고 있는 신神의 종류로써 참된 신앙인지 아닌지 가려낼 수도 없다. 올바른 신앙에 대한 기준은 사람·민족·종교에 따라 각각 다르다. 따라서 종교로서의 점술을 사술로서의 점술로부터 가려낼 수 있는 명확한 기준이 존재하는 것은 아니다. 그리고 점술의 종류에 따라 사술인지 올바른 신앙인지가 결정되는 것도 아니다. 같은 『주역』의 점술이라고 하더라도 사술이 될 수도 있고 올바른 믿음이 될 수도 있다.

다산은 『주역』의 점술이 사술邪術이 되지 않기 위해서는 도덕성이 전제되어야 한다고 주장한다. 다산은 복서에서 도덕성이 중요하다는 것을 강조하기 위해서 춘추시대 목강穆姜(?~BC.564)의 사례를 들고 있다. 목강은 노魯나라 선공宣公의 부인婦人이며 성공成公의 어머니였다. 목강의 출생연대는 알 수 없으나 공자(BC.551~BC.479)가 태어나기 13년 전 양공襄公 9년(BC.564)에 사망했다는 것은 분명하다. 목강은 원래 총명하고 슬기로운 여인이었으나 자신의 성적 충동을 자제하지 못하는 문제가 있었다. 목강은 노나라 재상이었던 숙손교여叔孫僑如와 간통하였는데, 숙손교여는 노나라 대부인 계문자季文子와 맹헌자孟獻子를 제거하고 성공成公을 폐위시켜서 권력을 장악하려는 정치적 음모에 가담하였다. 그러나 이 역모가 실패하면서 숙손교여는 쫓겨나고, 목강은 성공成公 16년(BC.575)에 동궁東宮에 유폐되기에 이르렀다. 목강이 동궁으로 유폐되었을 초기에 과연 동궁에서 나갈 수 있을지 궁금하여 시초점蓍草占을 쳤는데 "간지팔艮之八"을 얻었다. 태사太史가 풀이하여 말하기를 "이것은 간괘艮卦가 수괘隨卦로 변하는 것에 해당되는데, 수괘隨卦에는 '나간다'(出)는 의미가 있습니다. 그러므로 반드시 여기서 곧 나가게 될 것입니다"라고 하였다. 그러나 목강은 사관史官의 해석에 동의하지 않고, 그 이유를 다음과 같이 밝혔다.

그런 일은 없을 것이다. 『주역』 수괘隨卦의 괘사에 "수隨,, 원형이정元亨利貞, 무구無咎" 라고 하였으니, 원元은 (덕을) 체현함이 으뜸인 것이요, 형亨은 (예에 맞게) 즐겁게 만남이요, 이利는 의로움이 조화를 이룬 것이요, 정貞은 일(事)을 처리함의 근간이다. 인仁을 체현해야만 사람들의 우두머리(長人)가 될 수 있고, 훌륭한 모임(嘉會)이라야 예에 부합될 수 있으며, 만물을 이롭도록 해야 의로움(義)이 조화를 이룰 수가 있고, (마음이) 바르고 굳건해야 일을 잘 처리할 수 있다. 그러므로 (그런 덕을 갖추지 않고 겉으로만 꾸민다고 해서) 속일 수 있는 것이 아니다. 비록 수괘隨卦에 "허물이 없다"(無咎)라는 말이 나온다고 하더라도, 지금 나는 부인婦人의 신분으로서 난亂에 가담하였고 오로지 미천한 신분에 있었던 데다가 더구나 착하지도 못하니 "원元"이라고 할 수 없다. (혼란을 조성하여) 나라를 평안하게 못했으니 "형亨"이라고도 할 수 없으며, (난을) 일으켜서 자신의 몸마저 망쳤으니 "이利"라고 할 수도 없으며, (군주의 부인이라는) 지위를 팽개치고 음란한 짓을 일삼았으니 "정貞"이라 할 수도 없다. (이러한) 네 가지 덕을 갖춘 사람이라야만 수괘를 얻어서 허물이 없음(無咎)이 될 터인데, 나에게는 (이 四德이 모두) 없으니 어찌 수괘(의 덕)에 해당한다고 하겠는가! 내가 추악한 짓을 일삼았으니 어찌 허물이 없을 수가 있으리오? 반드시 여기서 죽게 되지, (동궁에서) 나가지 못할 것이다."[77]

다산은 목강의 발언이 역리易理에 심오하게 부합하는 바가 있다고 주장한다. 목강에게 음란함이 있었다고 해서 그녀의 발언까지 폄하해서는 안 된다.[78] 도덕적 차원에서 목강의 행위를 비도덕적이라고 비난하는 것과 목강 발언이 갖는 도덕적·철학적 의미를 평가하는 것은 분명히 별개의 차원에 속한다. 만약에 목강이 실제로 그런 발언을 했다면 그녀는 진정한

77) "亡! 是於『周易』曰, '隨, 元亨利貞, 無咎', 元, 體之長也. 亨, 嘉之會也. 利, 義之和也. 貞, 事之幹也. 體仁足以長人. 嘉會足以合禮. 利物足以和義, 貞固足以幹事. 然故不可誣也, 是以雖隨無咎. 今我婦人, 而與於亂, 固在下位, 而有不仁, 不可謂, '元', 不靖國家, 不可謂, '亨', 作而害身, 不可謂, '利', 棄位而姣, 不可謂, '貞'. 有四德者, 隨而無咎, 我皆無之, 豈隨也哉! 我則取惡, 能無咎乎? 必死於此, 不得出矣!"(「周易四箋 II」, 『定本』 第16卷, p.231; 『역주 주역사전』 제7권, pp.220~227)

78) "穆姜之言, 深合易理, 不可以其淫姣, 而少之也."(「周易四箋 II」, 『定本』 第16卷, p.232; 『역주 주역사전』 제7권, pp.230~231)

의미에서 『주역』을 잘 아는 사람이었다는 평가를 받을 자격이 있다.

다산은 「독역요지讀易要旨」 제16칙 고점考占에서, 괘효卦爻의 상象에는 본래부터 정해진 길흉이 없다고 말한다.[79] 수괘隨卦의 "원형이정元亨利貞"은 대길大吉의 점이지만, 목강에게는 대흉大凶의 점이었다. 이와 유사한 경우가 남괴南蒯의 점서이다. 남괴가 노나라 계평자季平子에 대하여 모반을 획책하고자 점괘를 뽑아 보았는데, 곤괘坤卦 육오六五의 "황상원길黃裳元吉"이라는 점사가 나왔다. 이것은 크게 길한 괘이지만 자복혜백子服惠伯은 다음과 같이 말하였다.

> 무릇 『주역』은 도리에 어긋나는 위험한 일을 놓고 점칠 수는 없는 것인데, 장차 어떤 일을 하려고 하십니까? 속마음(中)이 아름다워야 (선의 으뜸인) '황黃'의 덕에 해당될 수 있고, 윗사람의 역할이 아름다워야 '원元'이 될 수 있으며, 아랫사람의 역할이 아름다워야 곧 '상裳'의 덕에 해당될 것이니, (이처럼 黃·元·裳의) 세 가지가 갖추어져야 점괘대로 이루어질 것입니다. 만약 (이 중에서 하나라도) 빠진 것이 있으면 점쳐서 비록 길하다고 나와도 그렇게 되지 못할 것입니다.[80]

다산의 관점을 따를 때, 『주역』을 올바르게 이해하고 올바르게 활용하는 방법은 무엇인가? 앞서 살펴보았듯이 다산은 복서를 상제를 섬기던 종교의례로 보았다. 다산이 술수가들에 대해 강한 혐오감을 가졌던 이유는 그들에게 종교적 신앙이 결여되어 있었기 때문이다. 그렇다면 오늘날에 종교적 신앙을 회복한다면 복서는 실행해도 되는 것일까? 다산은 자신에게 상제를 섬기는 마음이 있었지만 그럼에도 불구하고 복서를 한 번도 실행해 본 적이 없다고 말한다. 복서는 고대문화의 산물이다. 이미 복서가 의지하고 있던 문화가

79) "卦爻之象, 本無定吉, 亦無定凶."(「周易四箋 I」, 『定本』 第15卷, p.60; 『역주 주역사전』 제1권, p.126)
80) "且夫易, 不可以占險, 將何事也? 中美能黃, 上美爲元, 下美則裳, 參成可筮. 猶有闕也, 筮雖吉, 未也."(「周易四箋 II」, 『定本』 第16卷, p.239; 『역주 주역사전』 제7권, pp.267~268)

사라졌는데 복서만을 행한다는 것은 말이 되지 않는다. 다산은 정전제井田制 등의 주대周代의 제도 중에서 실행되고 있는 것은 없으며, 단지 고대의 문화유산으로만 남아 있는 상황에서 오직 점술만을 부활시키려는 태도는 이해하기 어렵다고 주장한다. 다산의 논리가 일견 합리적인 것 같아도 충분히 납득되는 것은 아니다. 『주역』의 본질적 기능이 복서에 있는데, 복서의 효용을 부정해 버리면 껍데기밖에 남지 않는다는 반론도 가능하다.

그렇다면 복서를 부정해 버린 후에 다산에게 『주역』의 용도는 무엇이었을까? 크게 두 가지 측면에서 살펴보자.

첫째는 도덕적 교훈을 얻기 위한 용도이다. 『주역』을 점술을 위한 도구로 활용하지 않는다고 하더라도 『주역』의 철학적 의미 혹은 도덕적 메시지는 오늘날에도 여전히 유효하다. 『주역』이 점술을 위한 서적임은 틀림없지만, 점을 치지 않고도 평소에 괘상을 관찰하여 도덕적 혹은 윤리적 의미를 얻을 수 있다. 다산에 따르면, 성인이 『주역』을 지은 목적은 '세심洗心' 즉 마음을 깨끗이 씻어 정화하는 데 있다. 『예기』「경해經解」편에 따르면, 공자는 『역』의 가르침을 "결정정미絜靜精微"라는 네 글자로 요약했다.[81] "결정정미"의 상태는 『역』의 공부를 통해 도달하게 되는 순수하게 정화된 마음의 경지이다. 마음이 순수의식에 도달하면 정미精微한 인식이 가능해진다. 『역』을 공부하는 목표는 순수한 의식의 상태에서 솟아나오는 지혜의 힘에 의해서 개과천선改過遷善, 즉 도덕적 허물을 고치고 선善의 실천으로 옮아가는 데 있다.

둘째는 고대문화를 이해하기 위한 문화코드로서의 용도이다. 다산은 정약전丁若銓에게 보낸 편지에서 『주역』이 주나라 사람들의 문화를 고찰하기 위한 수단으로 쓰일 수 있음을 주장하고 있다.

---

81) "溫柔敦厚, 詩教也. 疏通知遠, 書教也. 廣博易良, 樂教也. 絜靜精微,易教也. 恭儉莊敬,禮教也. 屬辭比事,春秋教也."(『禮記』,「經解」; 鄭玄 注, 孔穎達 疏,『禮記正義』, 十三經注疏[整理本] 15卷, p.1597)

> 한선자韓宣子가 노魯나라에 초빙되어 역상易象을 보고 말하기를 "주나라의 예법이 모두 노나라에 있도다"라고 하였습니다. 자세히 역전易箋을 들여다보면 서주의 예법을 환히 알 수 있는 것이 그 수를 헤아릴 수 없습니다. 이제 복서라는 이유로 그 예법마저도 고찰하지 않겠다면 옳겠습니까?…… 『주역』이란 책은 주나라 사람들의 예법이 실려 있는 것이니, 유학자儒學者라면 그 미언묘의微言妙義가 발휘된 곳에 밝지 않아서는 안 될 것입니다.[82]

춘추시대 진晉나라의 대부 한선자韓宣子가 『주역』을 이용한 방식은 그것을 문화코드(culture code)로 활용하는 방식이었다. 다산도 한선자와 마찬가지로 『주역』을 "주나라 사람들의 예법이 들어 있는 곳"(周人禮法之所在)으로 이해하였다. 은나라 말기와 주나라 초기의 사회에 관련된 사료가 거의 남아 있지 않은 상황에서 『주역』의 경문經文은 고대인의 생활세계를 들여다볼 수 있는 귀중한 자료를 제공한다. 주나라의 생활세계를 복원시키기 위해 우리는 『주역』 이외에도 『주례』·『예기』·『의례』·『시경』 등을 활용할 수 있으며, 이러한 유가 경전들은 주나라의 문화를 이해하는 데 있어 상호보완적 역할을 한다.

5. 『주역』의 서술筮術은 품명稟命을 위한 수단이다

다산에 따르면, 『주역』의 서술筮術은 품명稟命을 위한 수단이다. 그리고 초월적 인격신에 대한 믿음은 다산 역학의 체계를 떠받치고 있는 주춧돌이며 근본 전제이다. 그러나 다산은 고대의 종교적 신앙이 오늘날 유지되고

82) "韓宣子聘魯, 見易象曰: '周禮在魯', 詳覽易箋, 則西周禮法之昭然可見者, 不知其數. 今以卜筮之故, 幷欲不考其禮法, 可乎?……周易者, 周人禮法之所在, 儒者, 不可以不明其微言妙義, 在所發揮也."(「答仲氏」, 『定本』 第4卷, p.195)

있지 않기 때문에 현재적 시점에서 복서를 행하는 것에 대해서는 반대했다. 술수학이 합리적 근거를 갖지 못한 것을 비난하는 데에서 근대적 합리성을 추구하는 다산의 모습이 드러난다. 여기서 우리는 고대문화의 원형을 복원하려는 상고적尙古的 정신과 시대적 합리성을 추구하려는 근대적 정신이 다산의 세계관 속에서 서로 자리를 다투고 있음을 본다.

한편으로 복서를 품명稟命을 위한 수단으로 보면서도 다른 한편으로는 우리 유가의 도道의 시비是非를 어찌 시초蓍草나 거북에 질문할 수 있겠는가라고 반문하는 다산의 태도가 모순적으로 비춰지는 것도 사실이다. 만약 다산의 견해를 공감적으로 이해한다면 다음과 같이 서술될 수 있겠다. 즉 고대인들의 생활세계 속에서 복서는 종교적 신앙을 실행하기 위한 필수적 도구였으나, 이제 그러한 생활세계는 사라져 버리고 없기 때문에 복서만을 따로 떼어내 실천하는 것은 의미를 상실한 것이다. 그러나 오늘날 복서를 실천할 수 없다고 하더라도 중국 고대의 문화유산인 『주역』을 이해하는 것은 여전히 중요한 의미를 지닌다. 따라서 다산은 『주역』을 주대周代의 문화를 들여다볼 수 있는 귀중한 자료로 활용하였다. 아울러 『주역』을 복서로 활용하지 않는다고 하더라도 다산은 『주역』을 도덕적 교훈을 얻기 위한 용도로 사용할 수 있다고 보았다. 왜냐하면 성인이 품명의 수단으로 복서를 설계할 때에도 거기에는 개과천선을 위하여 활용하려는 의지가 반영되어 있었기 때문이다.

제2장 우연성 · 결정론 · 자유의지

1. 결정론과 자유의지의 양립가능성

최근에 다산 경학의 분야에서 '자주지권自主之權'의 개념에 주목하는 여러 편의 논문이 발표되었다.[1] 이희평은 다산의 자주지권과 상제의 권능이 모순된다는 점을 지적하였다. 만약 인간이 스스로의 행위를 결정할 수 있다면 상제의 주재主宰는 무의미해지기 때문에 상제의 주재권과 인간의 자주지권은 형식논리학적으로 볼 때 양립할 수 없는 개념이며, 결정론과 자유의지의 모순을 불러일으킨다는 것이다.[2] 그러나 백민정은 선천적 도덕감정을 인정하더라도 그 도덕감정을 따르지 않을 수 있는 가능성을 가지고 있기 때문에 선천적 도덕감정과 그 기원으로서의 본성은 자유의지라는 윤리적 요소에 대해 양립가능할 뿐 아니라 오히려 선행善行을 이끌어내

1) 다산 경학에서 자주지권 혹은 자유의지론을 다룬 논문은 다음과 같다.
이희평, 「다산의 천인상관에 관한 일고-상제의 주재권과 인간의 자주지권을 중심으로」, 『한국철학논집』 제3집, 한국철학사연구회, 1993.
백민정, 「다산 심성론에서 도덕감정과 자유의지에 관한 문제」, 『한국실학연구』 14, 2007.
이영경, 「다산 정약용의 심성론에서 자유의지론의 문제와 윤리적 특성」, 『대동철학』 제38집, 대동철학회, 2007.
이영경, 「정약용의 윤리사상에서 도덕적 자율성과 상제의 문제」, 『대동철학』 제54집, 2011.

2) 이희평, 「다산의 천인상관에 관한 일고-상제의 주재권과 인간의 자주지권을 중심으로」, 『한국철학논집』 제3집, 한국철학사연구회, 1993.

는 추동력이 될 수 있다고 주장하였다.[3] 그리고 이영경은 "천天이 인간에게 자주지권을 부여했다"라는 다산의 주장이 자유의지의 문제에 의문을 불러일으킨다고 주장하였다. 만약 인간이 감시자인 상제에 대한 두려움으로 도덕적 실천을 하게 된다면 이는 타자의 규제를 인정하는 것이 되기 때문에 자유가 온전히 담보되기 힘들다는 것이다.[4] 그러나 이영경은 후속 논문에서 상제의 감시와 경고가 도덕적 자율성을 훼손하는 측면이 있는 것처럼 보이는 것은 사실이지만, 상제가 부여한 도덕적 자율성을 제한하지 않는다고 주장하였다. 설령 상제가 인간의 행위에 대해 상벌을 내린다고 하더라도, 그것은 인간이 자율적으로 도리를 실천할 수 있고 그에 따른 책임이 온전히 인간 자신에게 있음을 전제로 한다는 것이다.[5] 이러한 위의 관점들은 대략 세 가지 견해로 요약될 수 있다. 첫째, 다산의 사유체계에서 자주지권과 결정론의 개념이 모순을 일으킨다는 주장(이희평), 둘째, 선천적 도덕감정과 자유의지는 양립가능할 뿐 아니라 오히려 선행을 이끌어내는 가장 중요한 추동력이 될 수 있다는 주장(백민정), 셋째, 상제의 감시와 경고는 인간의 도덕적 자율성을 훼손하는 측면이 있지만 상제가 인간에게 부여한 도덕적 자율성을 제한하지 않는다는 주장(이영경) 등이다.

이상에서 언급한 선행 연구자들의 관점에서는 자유의지와 결정론의 양립가능성 문제가 중요한 문제로 떠오른다. 결정론과 자유의지는 서로 충돌하는 것이 아니라 동시에 성립될 수 있다는 주장을 철학에서는 양립가능론(compatibilism)이라고 부른다. 양립가능론에서는 결정론과 자유의지가 서로 충돌하는 측면이 있음을 인정하지만, 그렇다고 해서 양립불가능한

3) 백민정, 「다산 심성론에서 도덕감정과 자유의지에 관한 문제」, 『한국실학연구』 14, 2007.
4) 이영경, 「다산 정약용의 심성론에서 자유의지론의 문제와 윤리적 특성」, 『대동철학』 제38집, 대동철학회, 2007, pp.11~12.
5) 이영경, 「정약용의 윤리사상에서 도덕적 자율성과 상제의 문제」, 『대동철학』 제54집, 2011, p.1.

것은 아니라고 주장한다. 일반적으로 볼 때, 강한 결정론(hard determinism)에서는 자유의지를 완전히 배제하지만 약한 결정론(soft determinism)에서는 자유의지를 용인한다.[6] 따라서 전자에서는 자유의지와 결정론의 양립이 불가능하지만 후자에서는 양립가능하다.[7] 다산의 사유체계에는 결정론과 자유의지의 두 측면이 모두 존재한다. 다산의 「자찬묘지명自撰墓誌銘」에는 "인생의 흥망성쇠에 어찌 정명定命이 없다고 하겠는가?"(人生否泰可曰無定命乎?)라는 구절이 나오는데, 여기서 정명은 결정론을 전제로 하는 개념이다. 다산의 상제와 천명에 관한 견해에는 결정론적 사유가 지배하고 있다. 다산의 『주역』 해석도 역시 결정론적 사고의 바탕 위에서 행해지고 있다. 다산은 복서를 천명을 품부받는 수단으로 간주했는데, 이러한 관점에는 결정론이 포함되어 있다. 반면에 『맹자요의孟子要義』에서 언급한 '자주지권自主之權'과 『심경밀험心經密驗』에서 언급한 권형權衡은 자유의지의 개념을 함축한다. 이처럼 다산은 정명과 자주지권을 동시에 주장하고 있기 때문에 다산의 관점도 양립가능론으로 분류될 수 있다.

만약에 결정론과 자유의지가 동시에 성립가능하다면 그것이 『주역』 해석에서 갖는 의미는 무엇인가? 다산에 따르면 복서는 천명을 품부받는 수단이다. 그리고 『주역』의 점사는 운명을 예단해 주는 기능을 갖는다. 다산은 「역론易論」에서 복서를 행하기 위해 충족시켜야 할 조건으로 우연성(contingency)과 도덕성이라는 두 가지 조건을 제시하였다. 미래가 이미 결정되어 있는 상황에서는 점을 칠 필요가 없다. 미래에 대한 불확실성은 실존적 불안을 가져오며, 점술은 바로 이러한 불안을 해소하기 위해 생겨난 것이다. 우연성은 미래가 불확실해서 어떤 일이 발생할지 모르는 상황에 관여한다. 따라서 우연성은 복서를 행하기 위한 전제가 된다. 그리고 도덕성은 점사의 해석에 참여하는

6) 안건훈, 『자유의지와 결정론』, 집문당, 2006, p.27.
7) 같은 책, p.95.

주체의 도덕적 자율성과 자유의지에 관여한다. 다산의 관점에서 본다면 점사가 아무리 좋은 의미를 포함하고 있더라도 점치는 사람이 그에 부합하는 도덕성을 갖추지 못했다면 그 점괘는 효력을 갖지 못한다. 그런데 도덕적 가치에 대한 판단은 전적으로 점치는 자의 도덕적 자율성에 의존하며, 도덕적 자율성은 도덕적 행위 주체의 자유의지를 전제로 한다.

2. 우연성과 결정론의 관계

동아시아에서 운명 개념을 형성하는 데 핵심적 단어로 사용된 것은 명命이었다. 명命자의 기원은 갑골문에까지 거슬러 올라간다. 갑골문에서 명命자는 지위가 높은 사람이 무릎 꿇은 사람에게 명령을 내리는 모습을 상형하고 있는 글자이다.

전국시대의 곽점초간郭店楚簡 등에서도 명命자는 많이 보인다.[8]

8) https://www.zdic.net/zd/zx/cx/%E5%91%BD

고대의 신분제적 사회에서 높은 지위에 있는 사람이 내리는 명령은 함부로 거역하거나 변경할 수 없는 것이었다. 명命의 용어가 결정론적 의미를 함축하게 된 것은 바로 이 때문이다. 유가 경전 중에서 『주역』은 다른 어떤 유가 문헌보다도 결정론(determinism)의 성격을 강하게 지니고 있는 문헌이다.[9] 『주역』의 결정론적 성격을 이해하기 위해서는 고대인의 종교적 생활세계에서 지니는 복서卜筮의 역할에 대한 깊은 이해가 요구된다. 종교학적 관점에서 본다면 복서는 초월적 존재로부터 계시(revelation)를 받는 행위로 정의될 수 있다. 복서는 제정일치祭政一致 형태로 유지되던 고대사회에서 신탁神託(oracle)을 위해 사용하던 방법이었다. 복서는 실존적 상황에 처한 인간이 절대자인 신에게 운명을 계시해 줄 것을 요청하고 그 뜻에 따르기 위한 수단으로 고안된 것이었다.

다산에 따르면 성인이 『주역』을 만든 이유는 바로 천명을 청請하기 위한 데 있다. 천명은 저절로 알려지는 것은 아니기 때문에, 천명을 품부받기 위해서는 상제천上帝天에게 간절히 청하지 않으면 안 된다. 상제에게 천명을 알려달라고 요청하는 행위를 청명請命이라고 한다. 다산은 「역론」에서 복서를 통해서 청명請命을 행하기 위한 두 가지 조건을 제시하였다. 첫째는 미래를 예측할 수 없는 상황이어야 하며, 둘째는 도덕적 선의지善意志를 갖추어야 한다.

① 만약에 어떤 사안事案이 공정한 선으로부터 나왔고 하늘의 도움을 받아 성공할 것이며 나에게 복을 가져다 줄 것이 분명하다면, 성인은 하늘에 다시 청하지 않는다. ② 만약에 어떤 사안이 공정한 선으로부터 나왔으나 상황과 시기가

9) 『주역』에서 '命'字는 『易經』과 「易傳」에 모두 나타난다. 師卦 九二의 爻辭 "王三錫命"에서 命자의 용례는 지위가 높은 자가 내리는 명령이라는 原義에서 벗어나지 않는다. 그러나 無妄卦 「彖傳」의 "大亨以正,天之命也"와 革卦 「彖傳」의 "湯武革命"과 「계사전」의 "窮理盡性以至於命"과 "樂天知命" 등에서 '命'자는 天命의 의미로 쓰이고 있다.

너무나 불리하여 실패할 것이고 하늘로부터 복을 받지 못할 것이 틀림없다면, 성인은 하늘에 다시 청하지 않는다. ③ 만약에 어떤 사안이 공정한 선으로부터 나온 것이 아니며 천리에 거스르고 심지어 인륜의 질서마저도 해친다면, 그 사안이 성공할 것이 틀림없고 곧바로 복을 가져다 줄 것이 분명하더라도 성인은 하늘에 다시 청하지 않는다. ④ 만약에 어떤 사안이 공정한 선으로부터 나왔으나 그 성공과 실패 혹은 화와 복을 미리 예측할 수 없을 때라면 천명을 요청하는 것이다.[10)]

앞의 ①, ②, ③의 세 가지 조건은 점술을 행해서는 안 되는 상황이며, 마지막 ④가 청명請命할 수 있는 유일한 상황이 된다. 그런데 ④는 두 가지 조건을 충족시켜야 한다. 첫째, 예측가능하지 않은 상황이어야 하며, 둘째 도덕적 선의지善意志를 갖추어야 한다. 만약에 좋은 결과이든지 나쁜 결과이든지 간에 미래의 사건을 예측할 수 있다면 점을 쳐야 할 이유가 없다. 그리고 선의지가 결여된 상황에서 점을 친다면 미래를 예측하는 것이 가능하더라도 그것은 천리天理를 거스르고 인륜人倫을 해치는 행위가 된다.

예측이 불가능한 상황이란 곧 우연성(contingency)이 지배하는 상황을 가리킨다.[11)] 예측불가능성은 우연이라는 단어 속에 담긴 가장 평범하고 보편적인 의미요소이다.[12)] 우연성의 개념은 필연성과 모순대당矛盾對當

10) "① 夫事之出於公正之善, 足以必天之助之成, 而予之福者, 聖人不復請也. ② 事之出於公正之善, 而時與勢有不利, 可以必其事之敗, 而不能受天之福者, 聖人不復請也. ③ 事之不出於公正之善, 而逆天理, 傷人紀者, 雖必其事之成而徼目前之福, 聖人不復請也. ④ 唯事之出於公正之善, 而其成敗禍福, 有不能逆睹而縣度之者, 於是乎請之也."(「易論」, 『周易四箋 I』, 『定本』 第15卷, p.328; 『譯註 周易四箋』 제4권, p.136)

11) 'contingency'는 우연성, 우발성, 불확실성을 뜻하는 단어로서, '함께 접촉하다', '함께 맞아 떨어지다'라는 의미를 지니는 라틴어 동사 'contingere'에서 유래한 단어다. 철학적 의미로는 "불가능하지도 않고 불가피하지도 않은 것" 혹은 "필연적이지 않은 것"이라는 의미로 사용되었다.(최성철, 『역사와 우연』, 도서출판 길, 2016, p.25)

12) 최성철, 『역사와 우연』, 도서출판 길, 2016, p.478.

(contradictory opposition)의 관계에 있다. 만약에 어떤 사건의 발생을 예측가능하다면 그것은 필연적 사건이다. 그러나 어떤 사태가 발생할 수도 있고 발생하지 않을 수도 있으면, 그것은 우연적 사건이다. 우연적 사건은 불확실성이 지배하는 상황에서 발생한다. 예측불가능성이라는 우연의 의미요소는 불확실성, 위기, 위험, 파국 등을 불러올 수 있는 부정적인 위험요소로 간주된다.[13] 불확실성은 미래를 위협하는 원인이 되기 때문에 유가儒家가 가장 두려워하던 것이었다. 점술은 불확실성에 의존하고 있으나, 미래를 예측함으로써 불확실성으로부터 벗어나려고 시도한다. 다산이 언급한 "성공과 실패 혹은 화와 복을 미리 예측할 수 없는 경우"(其成敗禍福有不能逆睹而縣度之者)가 바로 이러한 상황에 해당된다. 그러나 인간이 미래를 예측할 수 없는 것은 인식능력이 제한되어 있기 때문일 뿐이며, 초월적 절대자인 상제의 관점에서 본다면 미래는 예측가능하기 때문에 우연이란 존재하지 않는다.

이제 복서가 행해지기 위한 두 가지 조건이 갖추어졌으므로 청명請命이 이루어질 수 있다. 일단 청명이 이루어지면 상제가 거기에 응해서 천명을 내려주게 된다. 이때 『주역』의 서술筮術은 천명을 품부받기 위한 도구적 수단이 된다. 복서를 행하는 자가 천명을 받아들이는 행위를 품명稟命이라고 한다. 품명을 하기 위해서는 천명을 공경하는 마음으로 받아들여야 한다. 그런데 품명을 위해서 실제로 해야 하는 것은 청명聽命이다. 청명을 문자적으로 풀이한다면 천天의 소리를 듣는 것을 의미하지만, 천의 음성을 직접 들을 수 있는 것이 아니기 때문에 실제로는 천이 보내는 기호記號(sign)의 해독을 통해서 청명聽命이 이루어진다.[14] 천이 보내는 기호의 해독이

---

13) 같은 책, p.479.

14) '聽命'이라는 단어는 『역학서언』의 「卜筮通義」에 나온다. "古人事天地神明, 以事上帝, 故卜筮以聽命."(「卜筮通義」, 『易學緖言』, 『定本』 第17卷, p.280)

이루어지면 그 명에 따라야 하는데, 그것을 순명順命이라고 한다.[15] 만약에 명을 주어지는 대로 따르지 않고 개인의 이기적 목적을 위해 천명을 조작하려고 한다면, 그것은 품명稟命이 아니라 탐명探命이 된다.[16] 다산은 탐명에는 개인의 영화榮華를 구하기 위한 사심私心이 개입되어 있다고 보았다. 이렇게 해서 <청명請命→품명稟命→청명聽命→순명順命>의 과정이 이루어진다.

그러면 복서卜筮는 어떻게 미래의 예측을 위한 기제機制(mechanism)로 쓰이는 것일까? 다산은 『주역』의 해석을 위해 ①추이推移·②효변爻變·③호체互體·④물상物象의 역리사법易理四法과 ⑤교역交易·⑥변역變易·⑦반역反易의 삼역지의三易之義를 활용하고 있다. 역리사법과 삼역지의 등은 『주역』의 해석방법이면서 동시에 미래 예측을 위한 기호모형記號模型을 구성한다. 이러한 기호모형은 결정론과 우연성의 관계의 분석을 위해서도 매우 유용하다. 역리사법 중에서 추이설推移說은 벽괘辟卦를 토대로 전개되는 이론으로, 『주역』의 기호모형(semiotic model)의 기본 구조를 형성한다. 벽괘란 한대漢代의 역학자 경방京房이 십이월괘十二月卦에 붙인 명칭으로서, 십이월괘를 소식괘消息卦라고도 부른다. 12벽괘는 복復·임臨·태泰·대장大壯·쾌夬·건乾·구姤·둔遯·비否·관觀·박剝·곤坤으로 이루어져 있는데, 12벽괘와 명칭

15) '順命'이라는 단어는 『주역사전』에서는 履卦 九二의 注에서 "高潔順命"(『周易四箋 I』, 『定本』 第15卷, p.188), 蠱卦 六五의 注에서 "巽以順命"(『定本』 第15卷, p.246) 등 여러 차례 빈번하게 나온다. 『역학서언』에서는 「班固藝文志論」에 나온다. "文王以諸侯, 順命而行道."(「班固藝文志論」, 『易學緒言』, 『定本』 第17卷, p.74) 그리고 '順命'이라고는 하지 않았지만 「易論」에서 "易何爲而作也? 聖人所以請天之命, 而順其旨者也."(「易論」, 『周易四箋 I』, 『周易四箋』, 『定本』 第15卷, p.328)이라고 한 것은 '順命'의 개념을 드러낸다.

16) "總之, 卜筮之法, 其始也, 稟天命以前民用也.……春秋之世, 此法已濫. 卜其身命者, 不出於榮祿位名之慕, 卜其謀議者, 不揆夫義利逆順之辨. 稟命之義遂晦, 而探命之志先躁, 則眩惑妖幻之術, 狡獪支離之說, 得以交亂於其間, 而不自覺, 其陷入於慢天瀆神之咎矣. 法旣亡, 則無以爲筮. 然, 苟欲筮之, 須先査察, 曰, '是稟命乎, 是探命乎?' 苟其深矣. 斯速已之. 斯古義也."(「卜筮通義」, 『易學緒言』, 『定本』 第17卷, p.285)

과 괘상을 도표로 표시하면 다음과 같다.

12벽괘	復	臨	泰	大壯	夬	乾	姤	遯	否	觀	剝	坤
괘상	䷗	䷒	䷊	䷡	䷪	䷀	䷫	䷠	䷋	䷓	䷖	䷁

12벽괘는 춘春·하夏·추秋·동冬의 사시四時의 운행을 상징하기 때문에 사시지괘四時之卦라고 부른다. 반면에 소과小過(䷽)와 중부中孚(䷼)는 5년에 두 번 있는 윤달을 상징하기 때문에 재윤지괘再閏之卦라고 부른다. 12벽괘는 점진적으로 증가와 감소를 되풀이하면서 순환운동을 한다. 그러나 재윤지괘는 12벽괘와는 달리 사시의 순환운동에 참여하지 않는다. 사시지괘와 재윤지괘를 그림으로 표시하면 다음과 같다.

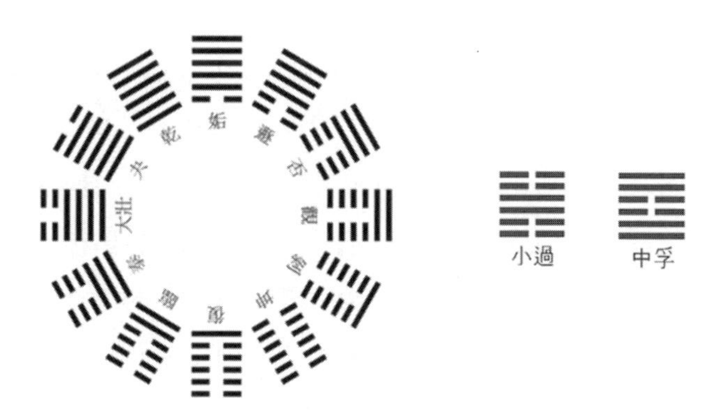

다산에 따르면 소과와 중부는 윤달을 정하는 원리에 관여하는 괘이다. 윤달을 정하는 방법을 치윤법置閏法이라고 하는데, 5년에 2번 윤달을 두는 방법을 오세재윤五歲再閏의 원리라고 부른다. 치윤법에서는 64괘 중에서 천天·지地를 상징하는 건乾·곤坤을 일단 제외하고, 나머지 62괘를 5년의 월수月數에 상응시키는 방법을 사용한다. 즉 1년은 12개월로 되어 있으므로 5년은 60개월이 되는데, 5년에 두 번의 윤달을 두게 되므로 합치면 62개월이 된다.(12×5+2=62) 따라서 일단 60개월에 60괘를 배당하고, 그 다음으로 두 번의 윤달에 중부·소과를 배당하면 62괘가 된다.(60+2=62) 여기에 앞서 제외시켰던 건·곤을 다시 합치면 모두 64괘가 된다.(2+{5×12}+2=64) 이것을 도표로 표시하면 다음과 같다.17)

지시대상	구성요소	괘의 수	총수
天地	乾·坤	2	2+60+2=64
五歲	64 − 乾·坤·小過·中孚	12×5=60	
再閏	小過·中孚	2	

다산의 추이설의 특징은 경방의 12벽괘에 소과와 중부의 두 괘를 추가하여 14벽괘설을 전개하였다는 데 있다. 그리고 64괘에서 14벽괘를 제외한 나머지 괘들을 50연괘라고 부른다. 14벽괘와 50연괘는 모두 결정론적 예측 모형으로 사용되지만, 14벽괘가 표상하는 것은 천도天道의 변화이며, 50연괘가 표상하는 것은 천도의 영향을 받아 형성되는 만물萬物의 변화이다. 전자는 자연의 순환적 질서를 나타내기 때문에 12개월과 윤달의 변화 등 거시적 변화양상에 상응하며, 후자는 천변만화하는 인간사의 길흉화복을 나타내기 때문에 미시적 변화양상에 상응한다. 다산은 「계사전」의 "방이유취方以類聚"·"물이군분物以群分"의 구절에 근거해서 64괘를 두 가지 유형으로 분류하였다. '유취類聚'는 14벽괘의 유형적 특징을 나타내는 용어이며, '군분群分'은 50연괘衍卦의 유형적 특징을 나타내는 용어이다. 12벽괘의 경우

17) 拙著, 『다산 정약용의 『주역사전』 기호학으로 읽다』, 예문서원, 2014, p.257.

에는 음과 양이 동류同類에 속하는 무리끼리 모여 있기 때문에 유취類聚의 특성이 명확하다. 그러나 소과小過와 중부中孚의 경우에는 음과 양이 서로 섞여 있음에도 불구하고 다산은 중취지괘中聚之卦로 분류하였다.[18] 이것은 6획괘의 3·4위를 기준으로 삼아, 소과는 양의 세력이 모여 있고 중부는 음의 세력이 모여 있는 특징을 취한 것이다. 결국 12벽괘와 재윤지괘가 합쳐져서 방이유취괘를 구성한다. 반면에 50연괘에서는 군집된 무리가 분산되어 음·양이 뒤섞여 있다. 유취되어 있던 음양의 분산을 일으키는 원인은 추이推移에 있다. 14벽괘의 추이에 의해서 50연괘가 형성된다. 이렇게 해서 14벽괘와 50연괘의 두 부분으로 구성된 기호모형이 만들어진다. 이상에서 설명한 기호모형의 유형을 도표로 나타내면 다음과 같다.

존재영역	기호모형	유형
천도天道=벽괘辟卦	십이벽괘十二辟卦=사시지상四時之象	방이유취方以類聚
	재윤지괘再閏之卦=오세재윤五歲再閏	
만물萬物=연괘衍卦	오십연괘五十衍卦=만물지상萬物之象	물이군분物以群分

『주역』의 기호모형(semiotic model)에서 14벽괘와 50연괘는 각각 상부구조와 하부구조에 해당한다. 전자는 천도天道와 관련되고, 후자는 만물萬物과 관련된다. 14벽괘 중에서 12벽괘의 추이推移는 천도의 순환적 운행을 상징한다.[19] 군자君子는 사시의 운행을 통해 드러나는 천도의 건장健壯함을 본받으

18) 『周易四箋 II』, 『定本』 第16卷, p.273; 『譯註 周易四箋』 제8권, pp.26~27.
19) "天一日一周, 固亦行健之象, 然, 易之爲道, 專主十二辟卦."(『周易四箋 II』, 『定本』 第16卷, p.246; 『譯註 周易四箋』 제7권, p.298)

려 한다. 건괘乾卦 「대상전大象傳」에서 "하늘의 운행은 굳건하니, 군자는 괘상卦象을 관찰함으로써 스스로 쉬지 않고 힘쓴다"(天行健, 君子以自彊不息)라고 한 것이 바로 이를 뜻한다. 자연현상에 대한 예측은 순환적 질서가 갖는 규칙성으로 말미암아 가능해진다. 『주역』의 예측이 주로 사시四時의 질서와 연관되어 이루어지고 있는 것은 바로 이 때문이다. 『주역』에서 월수月數를 점칠 경우에는 12벽괘를 사시에 배정하는 방법을 쓴다.[20] 예를 들면 임괘臨卦의 괘사에서 "팔월八月에 흉한 일이 있을 것이다"(八月有凶)라고 한 것은 임괘가 12벽괘에 속하기 때문에 벽괘와 사시를 연계시키는 방법을 사용한 것이다.[21] 그러나 연수年數와 일수日數를 점칠 경우에는 「설괘전」의 방위에 의거

20) "十二辟卦, 旣配四時, 則可以占月."(『周易四箋 I』, 『定本』 第15卷, p.345; 『譯註 周易四箋』 제4권, p.178)

21) 周曆에서는 八月이 遯卦의 달에 해당되지만, 夏曆에서는 八月이 觀卦의 달에 해당된다.

	息卦						消卦					
辟卦	復	臨	泰	大壯	夬	乾	姤	遯	否	觀	剝	坤
月建	子	丑	寅	卯	辰	巳	午	未	辛	酉	戌	亥
周曆	정월	2월	3월	4월	5월	6월	7월	8월	9월	10월	11월	12월
殷曆	12월	1월	2월	3월	4월	5월	6월	7월	8월	9월	10월	11월
夏曆	11월	12월	정월	2월	3월	4월	5월	6월	7월	8월	9월	10월

다산은 『주역사전』의 臨卦의 注에서는 "八月有凶"의 八月이 遯卦의 달에 해당한다고 보았지만, 동시에 八月을 觀卦의 달이라고 한 胡炳文의 주장도 소개하고 있다. <臨卦-遯卦>의 관계는 變易의 관계이지만, <臨卦-觀卦>의 관계는 反易의 관계가 된다. 이론적으로는 어느 설을 취해도 모순되는 것은 아니다. 실제로 다산은 『역학서언』의 「孔疏百一評」에서 周曆의 八月인 遯卦로 본 何氏의 설과 夏曆의 八月인 觀卦로 본 褚氏의 설을 나란히 소개하고 있다. 그리고 『주역사전』의 「계사전」의 注에서는 "八月有凶"을 <臨卦-觀卦>의 관계는 反易의 관계로 설명한 적도 있다.("交易反對之義.【如臨觀倒, 則八月有凶.】"; 『周易四箋 II』, 『定本』 第16卷, p.284) 그러나 두 경우가 모두 이론적으로는 성립가능하다고 하더라도 다산은 <臨卦-遯卦> 즉 周曆의 八月을 가리키는 것으로 보는 것이 옳다고 보았다. 왜냐하면 만약 胡炳文이나 褚氏처럼 夏曆의 八月인 觀卦로 볼 경우에는 臨卦의 「象傳」에 나오는 "消不久"를 해석하기 힘들기 때문이다. 뿐만 아니라 臨卦의 「象傳」에 나오는 "浸而長"이 遯卦의 「象傳」에도 나오는 文句라는 것을 볼 때, <臨卦-遯卦>의 관계 즉 周曆의 八月로 보는 것이 더 설득력이 있다.

해서 순서를 헤아린다.[22] 다산은 「설괘전」의 문왕후천방위文王後天方位는 인정하였으나 복희선천괘위伏義先天卦位는 부정하였다. 「설괘전」의 방위에 의거하여 점칠 때, 장구한 사안(永貞)에 대해서는 「설괘전」의 한 개의 궁宮을 한 해로 치고 가까운 일(近事)에 대해서는 한 개의 궁을 하루로 친다. 『주역』의 결정론적 예언은 대부분 「설괘전」의 방위方位에 의존한다. 「설괘전」의 방위는 중국의 지형地形과 시간이라는 두 가지 요소가 결합된 것으로서 결정론적 이해방식을 반영하고 있다.

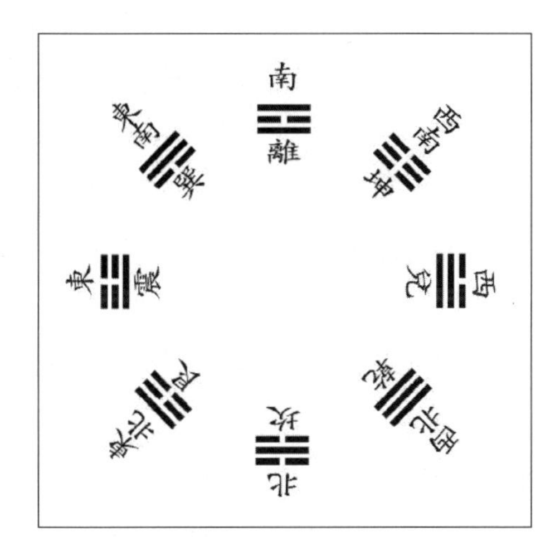

설괘방위도說卦方位圖

이처럼 수數를 이용하여 월수月數・연수年數・일수日數 등을 예측하는 방법은 수리적數理的 결정론(numerological determinism)에 속한다. 결정론에서는 만약 어떤 사건이 다른 사건의 필연적 원인이라면 전자가 발생했을 때 후자의 발생은 피할 수 없는 것이 된다. 『주역』에는 자연현상과 관련된

22) “易例, 占歲占日, 皆以「說卦」方位, 順序數之.”(『周易四箋 I』, 『定本』 第15卷, p.345; 『譯註周易四箋』 제4권, p.175)

명제에 결정론적 의미를 함축한 것이 많다. 예를 들면 곤坤 초육初六의 "이상견빙지履霜堅氷至"는 "서리를 밟으면 단단한 얼음이 어는 때가 이르게 된다"는 뜻으로서 결정론적 의미를 포함하고 있다. 24절기 가운데 서리가 내리기 시작하는 시기는 상강霜降으로, 대략 10월 23일~24일 쯤에 해당된다. 상강이 지나면 입동立冬 · 소설小雪 · 대설大雪 등이 잇달아 오기 때문에 얼음이 얼게 되는 시기가 다가온다는 것은 틀림없는 사실이다. 반면에 소축小畜 괘사卦辭의 "밀운불우密雲不雨"는 "짙은 구름이 끼여 있으나 비가 오지 않는다"는 뜻인데, 이것은 필연적으로 발생할 사태를 예측한 것은 아니다. 왜냐하면 짙은 구름이 끼여 있을 때 비가 오지 않는 경우도 있지만 비가 올 수도 있기 때문이다. 따라서 "밀운불우密雲不雨"에는 "이상견빙지履霜堅氷至"의 경우와는 달리 우연성이 개입되어 있다. 우연성의 요소가 전혀 없으면 강한 결정론(hard determinism)이 되고, 우연성이 많아질수록 결정론은 약화된다.

『주역』의 기호모형에서 14벽괘는 자연의 질서 있는 변화를 상징하며, 50연괘는 자연의 영향을 받아 형성되는 인간사의 길흉화복과 흥망성쇠를 상징한다. 14벽괘의 변화는 질서 있고 순차적이지만 50연괘의 변화는 천변만화하고 복잡다기하다. 우연성과의 관계에서 본다면, 14벽괘의 단계에서는 변화가 순차적이고 질서 있게 진행되기 때문에 우연성이 제한되어 있으나, 50연괘의 단계에서는 변화가 복잡한 방식으로 일어나면서 우연성이 증가한다. 「계사하전繫辭下傳」 제8장에서 언급한 '누천屢遷'(여러 단계의 변화) · '변동불거變動不居'(변동하여 잠시도 머무르지 않음) · '주류육허周流六虛'(변화가 어느 특정한 방향을 취하지 않음) · '상하무상上下無常'(상승하거나 하강하는 데에 일정한 규칙이 없음) · '강유상역剛柔相易'(음과 양이 서로 반대방향으로 바뀜) 등은 50연괘의 단계에서 발생하는 변화를 표현하는 용어들이다. 이 단계의 변화에서는 '고정된 패턴(典要)을 찾을 수 없으며'(不可爲典要) '오직 변화를 좇을 뿐'(唯變所適)이다.[23] 다산은 이 구절을 해석하면서 변화의 과정을 <벽괘로부터의 추이→본괘의 생성→본괘로부터의 효변→변괘의 생성←추이에 의한 변괘의 생성근원의 소급>의 단계로 설명하고 있다.[24] 이 과정을 도표로 표시하면 다음과 같다.[25]

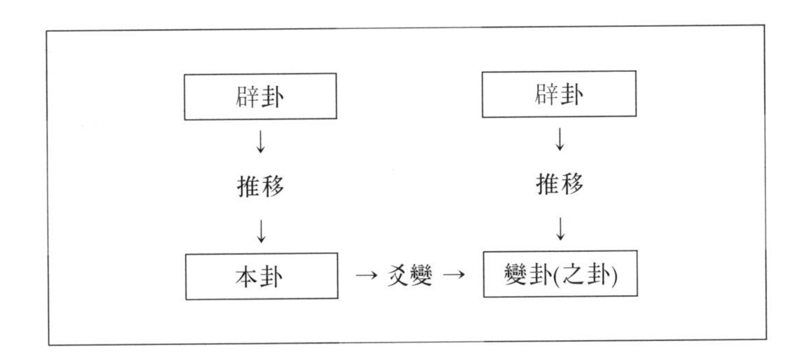

14벽괘 중에서 12벽괘의 변화는 순차적이고 질서정연한 방식으로 일어난다. 재윤지괘再閏之卦에서 나타나는 변화의 양상은 12벽괘의 추이에 비교하면 상대적으로 복잡하지만 규칙성에서 벗어난 것은 아니기 때문에 결정론의 법칙이 적용된다. 우연성의 측면에서 본다면, 방이유취괘方以類聚卦인

---

23) "『주역』이란 책은 멀리할 수 없으니, 그 道는 자주 變遷함에 있다. 변동하여 한 자리에 머물지 않으며, 六虛에 두루 흐르고, 오르고 내림에 일정한 규칙(常)이 없고, 剛과 柔가 서로 자리를 바꾸니, 고정된 패턴(典要)이 없으니, 오직 변화를 따르는 것이다."(易之爲書也, 不可遠. 爲道也, 屢遷. 變動不居, 周流六虛, 上下無常. 剛柔相易, 不可爲典要, 唯變所適; 『周易四箋 II』, 『定本』 第16卷, p.294; 『譯註 周易四箋』 제8권, pp.108~109)

24) "乾道變化, 爲姤爲坤爲復爲乾. 卽十二辟卦, 旣又遷之. 以爲衍卦. 屯蒙等, 又一遷動. 爻變爲卦. 如乾之姤等. 又於變卦之中, 泝其推移, 如屯之比. 又自復剝來, 以觀物象, 此之謂, 變動不居, 上下無常也. 屢遷不已, 陰陽奇偶, 互換交翻, 此, 剛柔相易也. 卦不推移, 爻不變動者. 非易也. 死法也."(『周易四箋 II』, 『定本』 第16卷, p.294; 『譯註 周易四箋』 제8권, p.109)

25) 일반적으로 推移의 과정은 [辟卦]→推移→[衍卦]의 단계로 변화한다.(각주 24 참조) 圖表에서 [辟卦]→推移→[本卦] 혹은 [辟卦]→推移→[變卦(之卦)]로 표시한 것은 12벽괘 자체의 내부적 순환에 의해서 [本卦] 혹은 [變卦(之卦)]가 衍卦가 아닌 辟卦가 되는 가능성을 고려했기 때문이다. 만약에 12벽괘의 내부적 추이가 아니라면 [本卦] 혹은 [變卦(之卦)]는 당연히 衍卦가 된다.

14벽괘의 단계에서는 우연성의 정도가 제한되어 있다. 방이유취괘에서는 같은 종류끼리 모여 있을 뿐 아니라 변화가 시간적 순서에 따라 순차적으로 발생하기 때문에 연속성을 지닌다. 동일한 종류는 동일한 특징을 공유共有하기 때문에 유형화類型化가 가능해지게 된다. 뿐만 아니라 시간의 순환적 질서는 예측을 가능하게 해주는 요소가 된다. 그러나 14벽괘에서 50연괘의 단계로 옮아가게 되면 시간의 순환적 질서로부터 벗어나며, 변화는 더 이상 항구적 패턴을 따르지 않고, 우발적 방식으로 일어난다. 물이군분괘物以群分卦에서는 방이유취괘에서의 순환적 질서로부터 벗어나게 되면서 변화의 연속성은 단절되며 파괴된다. 뿐만 아니라 동일한 종류끼리 모여 있던 것이 분산됨에 따라 변화의 양상이 다양하고 복잡해지며 우연성이 증가하게 된다. 우연성의 증가는 예측불가능성을 확대시키기 때문에 유형을 형성하는 것을 방해한다. 만약에 우연성이 무한정으로 증가한다면 변화를 예측하는 것이 불가능해지며, 결정론은 아무런 의미도 갖지 못하게 될 것이다. 그러나 우연성이 무한대로 증가하는 상황은 상상하기 어렵기 때문에 대부분의 경우에는 우연성이 증가한다고 하더라도 결정론의 법칙으로부터 완전히 벗어나는 것은 아니며, 단지 변수變數가 증가하면서 정확한 예측이 어려워질 뿐이다.

3. 도덕적 자율성과 결정론의 관계

『중용』에 "천명지위성天命之謂性"이라고 했으니, 성性과 명命의 개념은 밀접하게 연관되어 있다. 하늘이 명命한 것이 성性이므로 명命이 결정론을 함축한다면 성性도 또한 결정론적 요소를 지니게 된다는 것은 당연한 이치이다. 명命을 상제로부터 받은 명령으로 이해하는 다산의 관점은 결정론적 관념을 내포한다. 왜냐하면 명命이 상제천上帝天으로부터 주어진 것이라면, 상제의 명령을 변경하거나 거역한다는 것은 상상하기 어렵기 때문이다. 다산의 기호지성嗜好之性의 개념도 역시 천天으로부터 부여받은 내재적 성품이라는 점에서 역시 결정론을 전제로 한다. 만약에 다산의 주장이 거기에서 멈추었다면 그는 결정론자로 간주되어야 할 것이다. 그러나 다산은 명命 개념과 더불어 자주지권自主之權과 권형權衡의 개념을 주장하였다. 자주지권과 권형은 다산 경학에서 자유의지에 해당되는 개념이다. 자주지권은 선善과 악惡 가운데 선택을 할 수 있는 권한을 가리키기 때문에 도덕적 자율성을 필요로 한다. 다산은 『맹자요의』에서 자주지권을 선택의 자유를 갖는 권리로 정의한다.

하늘은 사람에게 자주지권自主之權을 주었다. 선을 행하고 싶으면 선을 행하고, 악을 행하고 싶으면 악을 행할 수 있어 방향이 유동적이고 정해지지 않아 그 권능이 자신에게 있어 금수禽獸에게 정定해진 마음이 있는 것과 같지 않다. 그러므로 선을 행하면 실제로 자신의 공功이 되고 악을 행하면 실제로 자기의 죄罪가 된다. 이것은 마음의 권능(心之權)이지 성性(의 권능)이 아니다.[26]

다산의 경학체계에서 권형權衡은 자주지권自主之權의 개념과 밀접하게 연계되어 있는 또 다른 개념이다. 권형이란 선악을 판단하기 위해 균형을 재는 저울추(權)와 저울대(衡)를 의미한다. 다산은 『심경밀험心經密驗』에서 권형을 다음과 같이 정의한다.

하늘은 이미 사람에게 선할 수도 있고 악할 수도 있는 권형을 주었다. 그리고 아래로는 또 선을 행하기는 어렵고 악을 행하기는 쉬운 육체를 부여하였으며, 위로는 또

26) "天之於人, 予之以自主之權, 使其欲善則爲善, 欲惡則爲惡, 遊移不定, 其權在己, 不似禽獸之定心, 故爲善則實爲己功, 爲惡則實爲己罪, 此心之權也. 非所謂性也."(『孟子要義』, 「滕文公第三」, 『定本』 第7卷, p.94)

> 선을 즐거워하고 악을 부끄러워하는 성性을 부여하였다. 만약 이 성이 없었다면 인간 가운데서 예로부터 아주 조그마한 선이라도 행할 수 있는 사람이 없었을 것이다. 그러므로 "성을 따른다"(率性)라고 하고, "덕성을 받든다"(尊德性)라고 하였다. 성인이 성性을 보배로 여겨 감히 떨어트려 잃어버리지 않은 것도 이때문이다.[27]

위의 인용문을 통해 자주지권自主之權과 권형權衡이 모두 선택가능성이라는 개념을 포함하고 있으며, 사실상 두 개념은 같은 개념이라는 것을 알 수 있다. 선악을 판단하고 선택하기 위해서 사용하는 저울이 바로 권형이며, 또한 자주지권이다. 상제의 주재권主宰權과 인간의 자주지권이라는 개념은 서로 모순 관계에 있는 것처럼 보인다.[28] 만약 다산이 자주지권과 권형을 성性에 배속시켰더라면 성性이 명命 혹은 천명과 연계되어 있기 때문에 명백한 모순을 피할 수 없었을 것이다. 그러나 다산은 자주지권을 성이 아니라 심지권心之權에 배속시킴으로써 개념적 충돌을 피해 나가고자 했다.[29] 저울추(權)와 저울대(衡)가 어느 한쪽으로 기울어져 있으면 선과 악 사이에서 계량計量하는 기능을 할 수 없다. 따라서 다산은 자주지권自主之權과 권형權衡을 어느 한 방향으로 기울어져 있지 않은 중립지대에 배치한 것이다. 다산의 관점에서 본다면 자주지권은 상제로부터 자율권과 책임을 함께 위임받은 권리이다. 기호지성嗜好之性과 자주지권自主之權은 모두 하늘에 의해 부여된 것이지만, 양자兩者의 성격은 근본적으로 다르다. 기호지성에는 형구지기호形軀之嗜好와 영명지기호靈明之嗜好의 구별이 있어서, 전자는 악으로도 향할 수 있지만, 후자는 오로지 선으로 향한 가치지향성을 지닌다.

27) "天既予人以可善可惡之權衡, 於是就其下面, 又予之以難善易惡之具, 就其上面, 又予之以樂善恥惡之性."(『心經密驗』, 『定本』 第6卷, pp.199~200; 이광호 外 역, 『大學公議・大學講義・小學枝言・心經密驗』, pp.470~471)

28) 이희평, 「다산의 천인상관에 관한 일고 – 상제의 주재권과 인간의 자주지권을 중심으로」, 『한국철학논집』 제3집(한국철학사연구회, 1993).

29) "天之於人, 予之以自主之權,……此心之權也, 非所謂性也."(『孟子要義』, 「滕文公第三」, 『定本』 第7卷, p.94)

반면에 자주지권은 선을 선택할 수도 있고, 악을 선택할 수도 있기 때문에 가치중립적이다. 자주지권과 관련하여 상제와 인간 사이의 관계를 고려해 보면 상제가 억지로 인간에게 도덕적 실천을 하도록 강요할 수는 없다. 인간은 형구의 기호와 영명의 기호를 둘 다 갖추고 있으나, 그 가운데 어떤 것을 선택하는가 하는 것은 상제가 인간에게 위임한 권형權衡이다. 상제가 인간에게 권형을 위임한 이상 인간이 어떤 선택을 할지라도 상제는 어찌할 수 없으며, 그에 따른 책임은 전적으로 인간이 진다. 상제의 주재권主宰權은 선을 행하면 복을 주고 악을 행하면 벌을 줌으로써 신상필벌信賞必罰을 시행하는 것이지만, 인간은 자주지권을 가지고 선 또는 악을 선택할 수 있는 선택가능성의 자유를 갖는다. 곧 자주지권은 자신의 운명을 좋은 방향이든 나쁜 방향이든 스스로 결정하는 권형이다.

그렇다면 자주지권과 권형이 『주역』의 해석에서 하는 역할은 무엇인가? 앞서 밝힌 것처럼 다산은 복서를 행하기 위해서는 우연성이 전제되어야 한다고 보았다. 그런데 선과 악이 아직 결정되어 있지 않고 단지 가능성으로만 있는 상태에서 자유의지를 행사하기 때문에 자주지권과 권형도 역시 우연성을 전제로 하는 개념이다. 가능성으로서의 우연 개념은 예측불가능성으로서의 우연보다도 더 근원적 개념이다.[30] 자유는 가능성으로서의 우연 개념으로부터 나온 가장 중요한 철학적 파생물이다. 우연은 그 자체로 자유를 의미하는 것은 아니지만 희망·꿈·해방 등의 가능성으로 열려 있는 기회를 제공한다.[31] 또한 우연성의 개념은 자주지권과 권형이 도덕적 판단에 개입할 요소를 확보해준다. 다산에 따르면 성인이 『역』을 만든 이유는 허물을 고쳐서 의義로 나아가기 위한 것, 즉 개과천선改過遷善에 있다.[32] 인간은 허물을 범할 수도 있고, 허물을 뉘우치고 의義로 나갈

---

30) 최성철, 『역사와 우연』(도서출판 길, 2016), p.480.
31) 같은 책, p.482.

수도 있는 존재이다. 『주역』이란 책은 회悔·인吝을 위주로 한다. 과거의 잘못된 허물을 고치는 것을 '회悔'라고 하고, 허물이 있는데도 고치지 않는 것을 '인吝'이라고 한다.[33] 허물을 뉘우치고 고쳐서 의義로 나아갈 것인지 아니면 허물을 고치는 데 인색함에 머무를 것인지는 전적으로 자유의지의 결단에 달려 있다. 만약에 허물을 뉘우쳐서 고치면 더 이상 '인吝'함이 없게 되는데, 이것을 '무구無咎'라고 한다. 『논어論語』「술이述而」에서 "나에게 몇 년의 나이를 빌려 주어 오십의 나이에 『주역』을 배울 수 있다면 큰 허물이 없을 것이다"(加我數年, 五十以學易, 可以無大過矣: 『論語』, 「述而」)라고 한 공자의 발언을 통해서도 학역學易의 궁극적 목표로 삼은 것이 허물없는 삶이었음을 깨달을 수 있다.[34]

그러면 다산이 도덕성을 강조한 이유는 무엇인가? 다산에 따르면 점서占筮는 미래의 상황이 불확실할 경우에만 행할 수 있다. 그러나 다산의 관점에서 본다면 점사의 효력은 오직 점치는 사람의 도덕성과 부합하는 경우에만 한정된다. 따라서 아무리 점사가 길한 내용으로 되어 있더라도 점치는 사람이 그에 합당한 도덕성을 갖추고 있지 못하다면 그 점사는 효력을 갖지 못한다. "길하다"라는 점사는 "좋은 결과를 얻게 될 것이다"를 의미하는 명제이지만, 거기에는 "만약에 도덕성을 갖추고 있다면"이라는 전제가 요구된다. 『좌전』에 나오는 남괴南蒯와 목강穆姜의 서례筮例는, 비록 점사가

32) "易者, 聖人所以改過而遷義也. 故孔子曰, 假我數年, 卒以學易, 庶無大過矣. 斯可驗也. 改過曰悔, 不改過曰吝, 悔吝者, 易家之大義也."(『周易四箋 I』, 『定本』 第15卷, p.84; 『譯註 周易四箋』 제1권, p.183)

33) '悔'자는 '每'와 '心'자가 합쳐진 글자로서 마음에 늘 잊지 않는 것을 뜻한다. 그리고 '吝'이란 그 허물을 고치는 데 인색한 것이다. '吝'은 '文'과 '口'가 합쳐진 글자로서 口舌로써 허물을 文飾하는 것을 가리킨다.("每心不忘曰悔, 口舌文過曰吝"; 『周易四箋 I』, 『定本』 第15卷, p.61)

34) "補曰, 易之爲書, 主於悔吝. 悔者, 改過也, 吝者, 不改過也. 能悔則改過不吝, 故曰, 學易則可以無大過."(『論語古今註』, 『定本』 第8卷, p.269; 이지형 역주, 『譯註 論語古今註』 제2권, pp.202~203)

분명히 매우 길한 의미를 포함하고 있지만 남괴와 목강이 도덕성을 갖추지 못했기 때문에 그 점사가 적용되지 않았던 경우이다. 그러면 『주역사전』의 「춘추관점보주」의 '남괴지서南蒯之筮'와 '목강동궁지서穆姜東宮之筮'를 통해 도덕성과 결정론의 관계를 해명해 보기로 하자.

첫째, 남괴의 서례는 「춘추관점보주」의 '남괴지서南蒯之筮'에 나온다. 남괴는 노魯나라 계손씨季孫氏의 가신家臣으로서 춘추시대 비읍費邑에서 읍재宰邑를 지냈다. 그런데 계평자季平子 즉 계손의여季孫意如가 후계자가 되면서 남괴를 예우하지 않자 남괴는 소공昭公 12년(기원전 530)에 비성費城에서 반란을 일으켰다. 남괴가 반란이 성공할지 궁금해서 『주역』으로 점을 쳤는데, '곤지비坤之比'가 나왔다. 이것은 곤괘坤卦 육오六五에 해당되는데, 그 효사에 "황상원길黃裳元吉"이라는 말이 나온다. "황상黃裳"은 군주가 입는 의상衣裳이고 제5위는 군주의 지위에 해당되기 때문에, 남괴는 역모가 성공할 것이라고 생각하고 매우 기뻐하였다. 남괴가 노나라 대부大夫였던 자복혜백子服惠伯에게 의견을 물었더니, 자복혜백은 다음과 같이 말하였다.

> 나는 일찍이 이렇게 배웠거니와, 충성스럽고 신의가 있는 일은 잘될 것이고 그렇지 않으면 반드시 실패할 것입니다. 밖으로 강직하지만 안으로는 온유한 것이 충忠이며, 화목하면서도 곧음을 행하는 것이 신信입니다. 이것을 가리켜 "황상원길黃裳元吉"이라고 한 것입니다.…… 무릇 『주역』은 도리에 어긋나는 위험한 일을 놓고 점칠 수는 없는 것인데, 장차 어떤 일을 하려고 하십니까? 속마음(中)이 아름다워야 (선의 으뜸인) '황黃'의 덕에 해당될 수 있고, (아랫사람에 대해) 윗사람의 역할이 아름다워야 '원元'이 될 수 있으며, (윗사람에 대해) 아랫사람의 역할이 아름다워야 곧 '상裳'의 덕에 해당될 것이니, (이처럼 黃·元·裳의) 세 가지가 갖추어져야 점괘대로 이루어질 것입니다. 만약 (이 중에서 하나라도) 빠진 것이 있으면 점쳐서 비록 길하다고 나와도 그렇게 되지 못할 것입니다.[35]

35) "惠伯曰, 吾嘗學此矣. 忠信之事則可, 不然, 必敗. 外強內溫, 忠也. 和以率貞, 信也, 故曰 黃裳元吉.……且夫易, 不可以占險, 將何事也? 中美能黃, 上美爲元, 下美則裳, 參成可筮. 猶有闕也,

자복혜백은 역모逆謀를 꾀하고 있는 남괴의 심중을 꿰뚫어 보았기 때문에 이렇게 말한 것이다. 남괴는 자복혜백의 충고를 듣지 않고 반란을 일으켰다가 실패하고 제齊나라로 도망갔다. 결과적으로 자복혜백의 점괘 풀이는 실제로 맞아떨어진 셈이 되었다.

둘째, 목강의 서례는 「춘추관점보주」의 '목강동궁지서穆姜東宮之筮'에 나온다. 목강은 춘추시대에 노선공魯宣公의 부인으로, 성공成公의 어머니이자 양공襄公의 조모였다. 목강의 출생 연대는 알 수 없으나 공자(BC.551~BC.479)가 태어나기 13년 전인 양공 9년(기원전 564)에 사망했다는 것은 분명하다. 노나라의 재상 숙손교여叔孫喬如가 대부인 계문자季文子와 맹헌자孟獻子를 제거하고 성공成公을 폐위시키려는 음모를 꾸몄는데, 목강은 숙손교여와 정을 통하는 관계였기 때문에 음모에 함께 가담하였다. 그러나 역모가 실패하면서 숙손교여는 쫓겨나게 되고 목강은 성공 16년(기원전 575)에 동궁東宮에 유폐되었다. 목강은 자신이 언제 동궁에서 풀려나게 될지 궁금하여 시초蓍草로 점을 쳤는데, '간지팔艮之八'을 얻었다. 태사太史가 말하기를 "이것은 '간지수艮之隨', 즉 '간괘艮卦가 수괘隨卦로 변하는 것'에 해당되는데, 수괘隨卦에는 '나간다'(出)는 의미가 있습니다. 그러므로 마마께서는 틀림없이 곧 나가게 될 것입니다"(是謂艮之隨, 隨其出也, 君必速出)라고 하였다. 그러나 목강은 사관의 해석에 동의하지 않고 다음과 같이 말했다.

> 그런 일은 없을 것이다. 이에 대해 『주역』에서 말하기를, "수隨, 원형이정元亨利貞, 무구無咎"라고 하였으니, '원元'은 (덕을) 체현함이 으뜸인 것이요, '형亨'은 (예에 맞게) 즐겁게 만남이요, '이利'는 의로움이 조화를 이룬 것이요, '정貞'은 일(事)을 처리함의 근간이다. 인仁을 체현해야만 사람들의 우두머리(長人)가 될 수 있고, 훌륭한 모임(嘉會)이라야 예禮에 부합될 수 있으며, 만물을 이롭도록 해야 의로움(義)이 조화를 이룰 수 있고, (마음이) 바르고 굳건해야 일을 잘 처리할 수 있는 것이다. 이러한

筮雖吉, 未也."(「周易四箋 II」, 『定本』 第16卷, pp.238~239; 『譯註 周易四箋』 제7권, pp.262~268)

까닭에 (그런 덕을 갖춘 사람에 대해서는) 모함을 하거나 업신여길 수가 없는 것이다. (실제로 원형이정의 덕을 갖추는) 이런 때에만 비록 수괘隨卦라 할지라도 허물이 없는 것(無咎)이 된다. 지금 나는 부인婦人의 몸으로 난亂에 가담하였고 오로지 미천한 신분에 있었던 데다가 더구나 착하지도 못하니, '원元'이라고 할 수 없다. (혼란을 조성하여) 나라를 평안平安하게 못했으니 '형亨'이라고도 할 수 없고, (난을) 일으켜서 자신의 몸마저 망쳤으니 '이利'라고 할 수도 없으며, (군주의 부인이라는) 지위를 팽개치고 음란한 짓을 일삼았으니 '정貞'이라 할 수도 없다. 네 가지 덕을 갖춘 사람이라야만 수괘隨卦를 얻어서 허물이 없음(無咎)이 될 터인데, 나에게는 (사덕이 모두) 없으니 어찌 수괘(의 덕)에 해당한다고 하겠는가! 내가 추악한 짓을 일삼았으니, 어찌 허물이 없을 수가 있으리오? 반드시 여기서 죽게 되지, (동궁에서) 나가지는 못할 것이다.[36]

이렇게 해서 목강은 동궁에 그대로 머물렀고, 마침내 양공 9년(기원전 564)에 죽었다. 목강은 숙손교여와 간통했을 뿐만 아니라 아들 성공을 폐위시키려고까지 했기 때문에 그녀의 행위는 도덕적으로 비난받아 마땅하다. 그러나 다산은 목강이 비도덕적 행위를 했다고 해서 목강의 발언에 포함된 의미마저 평가절하되어서는 안 된다고 생각했다. 목강이 시초점에 대해서 전문적 지식을 갖고 있었던 것은 아니었지만, 다산은 목강의 발언이 역리易理에 심오하게 부합한다고 평가하였다.

목강의 발언은 『역易』의 이치에 심오하게 부합한다. (그녀가) 음란한 행동을 했다고 해서 (그녀의 발언을) 사소하게 여겨서는 안 된다. 남괴南蒯의 점서占筮에서 길하다고 나온 것을 도리어 흉하다고 한 것도 역시 이와 같은 뜻이다.[37]

---

36) "姜曰, 亡, 是於周易, 曰, 隨元亨利貞, 無咎, 元, 體之長也, 亨, 嘉之會也, 利, 義之和也, 貞, 事之幹也, 體仁足以長人, 嘉德足以合禮, 利物足以和義, 貞固足以幹事, 然故不可誣也, 是以雖隨無咎, 今我婦人而與於亂, 固在下位, 而有不仁, 不可謂元, 不靖國家, 不可謂亨, 作而害身, 不可謂利, 棄位而姣, 不可謂貞, 有四德者, 隨而無咎, 我皆無之, 豈隨也哉, 我則取惡, 能無咎乎, 必死於此, 弗得出矣."(「周易四箋 II」, 『定本』 第16卷, pp.231~232; 『譯註 周易四箋』 제7권, pp.226~230)

위의 주를 통해 다산이 남괴와 목강의 서례를 동일한 맥락에서 파악하고 있음을 알 수 있다. 두 사례 모두 점사는 크게 길한 것으로 나왔으나 그에 부합하는 도덕성을 갖추지 못했기 때문에 도리어 흉하게 된 경우이다. 이러한 경우 점사는 운명을 점단해 주는 기능을 전혀 하지 못한다. 점사의 의미를 문자 그대로 이해하지 않고 거기에 도덕성이라는 조건을 부가한다면, 운명을 판정해 주는 예측기제로서의 『주역』의 효용성을 의심할 수밖에 없게 된다. 왜냐하면 진정으로 예측의 신통력을 발휘한다면 우회적으로 말하는 대신에 나쁜 결과가 예상된다고 직설적으로 말할 수도 있었을 것이기 때문이다. 만약에 점사가 지시하는 방향과 정반대로 해석되거나 행동한다면, 그것은 운명의 지배를 거부한다는 의미로 해석될 수 있는 것일까? 필자의 견해로는 점사의 명시적明示的 의미를 부정한다고 해서 그것이 운명을 부정한다는 의미가 되는 것은 아니다. 왜냐하면 남괴와 목강이 점사를 어떻게 해석하든지 간에 다가오는 운명을 피할 수 있었던 것은 아니기 때문이다. 남괴와 목강이 점사의 유효성을 의심했던 이유는 자신들이 도덕적 자격을 갖추지 못했다는 데 있었다. 점사가 점치는 사람에게 해당되는지 않는지를 판단하기 위해서는 도덕적 자율성이 필요하다. 이 경우 도덕적 자율성은 운명을 스스로 결정한다는 의미라기보다는 오히려 도덕적 판단력을 주체적으로 내릴 수 있다는 의미이다.

그렇다면 점사占辭의 해석에 도덕성이 개입되어야 하는 이유는 무엇인가? 필자의 견해로 그것은 유가의 명命 개념과 관계가 있다. 유가는 천명을 받아들이지만 그렇다고 해서 운명이 우연적으로 결정된다는 부조리不條理마저 수용한 것은 아니었다. 『맹자孟子』 「진심상盡心上」에서 "명命을 아는 자는 위태로운 담장 밑에 서지 않는다"(知命者, 不立乎巖牆之下)라고 한 것은 우연적으로

---

37) "穆姜之言, 深合易理, 不可以其淫姣, 而少之也. 南蒯之筮, 以吉爲凶, 亦此義也."(「周易四箋 II」, 『定本』 第16卷, p.232; 『譯註 周易四箋』 제7권, pp.230~231)

결정되는 의미 없는 죽음을 거부한다는 뜻이다. 죽어야 할 이유가 없는데 단지 담장 밑에 서 있었기 때문에 죽는다면 그것은 정명正命이 아니다. 유가의 군자가 천명을 알려고 노력하는 것은 삶의 올바른 의미를 찾으려고 하기 때문이다. 명命은 주어지는 대로 받아들여야 하지만, 거기에는 합당한 명분이 있어야 한다. 만약 남괴와 목강이 도덕적으로 결함이 있었는데도 불구하고 성공을 거두었다면 그것은 단지 요행에 불과하다. 남괴는 계손씨의 가신이면서도 군주를 배반하고 정변을 일으켜서 성공하는 요행을 바랐다. 그러나 목강은 자신의 부도덕성을 자각했기 때문에 동궁에서 나갈 수 있을 것이라는 점사의 판단을 믿지 않았다. 목강은 운명을 거부한 것이 아니라 납득할 수 없는 우연성을 거부한 것이다.

자복혜백과 목강이 『주역』의 점사를 문자 그대로 해석하지 않았던 것은 운명이 단지 우연적 원인에 의해서 결정된다는 관점을 수용할 수 없었기 때문이다. 그렇다면 운명을 형성하는 원인은 과연 무엇일까? 유가의 명命은 오로지 선천적 원인 혹은 초월적 절대자에 의해서 결정되는 것이 아니라 도덕적 주체의 후천적 행위에 의해서도 형성된다. 목강은 "내가 추악한 짓을 일삼았으니 어찌 허물이 없을 수가 있으리오? 반드시 여기서 죽게 될 것이며, 동궁에서 나가지 못할 것이다"(我則取惡, 能無咎乎, 必死於此, 弗得出矣)라고 하였다. 목강은 결국 자신에게 닥쳐온 불행의 원인이 바로 자기 자신에 있다고 본 것이다. 그러나, 비록 화와 복을 불러오는 원인을 제공하는 것이 개인의 도덕적 행위라고 하더라도 그 화와 복을 판정하고 결정하는 주체는 결국 천天이다. 『서경書經』의 「상서商書·탕고湯誥」에 "천도天道는 선한 자에게 복을 내리고, 음탕한 자에게 화를 내린다"(天道福善禍淫)라는 말이 나온다. 이처럼 하늘이 인간의 덕에 따라 복을 내린다는 복덕일치福德一致의 관념은 중국 고대 운명관의 기본 전제를 형성했다. 이 경우 복과 화를 내리는 것은 하늘이지만 하늘이 복과 화를 결정하는 기준은 인간에게 달려 있기 때문에, 결국 인간의 운명을 결정하는 원인을 제공하는 것은 인간 자신이다. 따라서 이러한 복선화음론福善禍淫論에서는 자유의지와 운명은 서로 모순되지 않는다.[38]

『주역』의 해석에서 고려해야 할 또 하나의 문제는 해석의 주관성의 문제이다. 『주역』의 점사는 상징이기 때문에 무엇을 지시하는지가 분명치 않은 경우가 많다. 상징의 해석은 항상 애매성을 수반할 뿐 아니라 그 의미를 풀어내는 작업에는 해석자의 주관이 필연적으로 개입된다. 어떤 사태에 대해 점을 쳐서 얻은 점괘에 대해, 어떤 해석자는 길하다고 풀이할 수도 있고 또 다른 해석자는 흉하다고 풀이할 수도 있다. 예를 들어 「춘추관점보주」의 최저취강지서崔杼取姜之筮의 경우를 통해 이 문제를 다루어 보기로 하자. 『좌전』 양공襄公 25년에 제齊나라 당읍棠邑을 맡아 다스리던 관리가 죽자 최저崔杼가 조문을 하였는데, 상가喪家에서 그 처妻인 강씨姜氏를 보고 한눈에 반하였다. 마침 상처喪妻하여 홀아비로 있던 최저는 그녀를 재취再娶로 맞으려고 하였지만, 그녀의 동생이면서 최저의 가신이었던 동곽언東郭偃이 강하게 반대하였다. 이에 점을 쳐서 곤괘困卦가 대과괘大過卦로 변하는 괘를 얻었는데, 사관史官들이 모두 길하다고 하였다. 최저가 진문자陳文子에게 그 점괘를 보이자 진문자는 반대하면서 다음과 같이 말하였다.

> 지아비가 바람을 따르고 바람이 그 처妻를 떨어뜨리는 형국이니, 그녀를 아내로 맞을 수 없습니다. 곤괘困卦 육삼六三에 "돌에 걸려 곤경을 당하며 가시덤불에 의지하는지라, 그 집에 들어가더라도 아내를 보지 못하니 흉하다"(困於石, 據於蒺藜, 入於其宮, 不見其妻, 凶)라고 하였으니, 여기서 "곤우석困於石"이란 가더라도 물을 건너가지 못함을 가리키며, "거우질려據於蒺藜"란 믿는 것에 상해를 당할 것을 가리키며, "입우기궁入於其宮, 불견기처不見其妻, 흉凶"이라 한 것은 돌아갈 곳이 없음을 가리키는 것입니다.[39]

---

38) 이택용, 『중국 고대의 운명론』(도서출판 문사철, 2014), p.128.

39) "文子曰, '夫從風, 風隕妻, 不可娶也.' 且其繇曰, '困於石, 據於蒺藜, 入於其宮, 不見其妻,

그러나 최저는 강씨의 죽은 남편이 이미 흉사를 당했기 때문에 자기에게는 해당되지 않는다는 논리를 펴면서 마침내 그녀를 아내로 맞아들여 취하였다.[40] 이러한 예는 역사易詞가 해석자의 주관에 따라 얼마든지 달리 해석될 수 있다는 점을 보여 준다. 상징어는 본질적으로 다의어多義語(polysemi)이다. 상징은 때로는 그 지시대상이 분명치 않으며, 그 해석은 애매성을 동반한다. 따라서 상징의 다의성으로 말미암아 개방적 해석이 용인되게 된다. 일반적으로 『주역』은 결정론으로 이해되고 있으나, 만약 해석자의 주관에 따라 점사의 해석이 여러 가지로 달라질 수 있는 것이라면, 그것은 결코 결정론이 될 수 없을 것이다. 그리고 다양한 해석가능성이 있는 한에서 점사에 대한 판단은 결정되지 않은 채로 있게 된다. 이처럼 점사의 해석에는 항상 자의적 해석의 문제가 생긴다. 이것은 해석을 고정시킬 수 없는 불확정성(indeterminacy)의 문제에 해당된다. 점사의 의미를 확정할 수 없다면 점사를 통해서 결정된 운명을 알아낸다는 것도 불가능하다. 따라서 결정론은 의미를 상실하게 된다.

4. 우연성과 복서의 관계

다산의 경학사상에서 상제의 주재권主宰權은 결정론과 연관된 개념이다. 반면에 자주지권自主之權과 권형權衡은 자유의지에 해당되는 개념이다. 선행 연구자들은 상제의 주재와 상제가 인간에게 부여한 자주지권이 서로 충돌을 일으킨다는 점에 주목하고, 이처럼 서로 상충되는 것처럼 보이는 두

凶.' '困於石', 往不濟也. '據於蒺藜', 所恃傷也. '入於其宮, 不見其妻, 凶', 無所歸也."(「周易四箋 II」, 『定本』 第16卷, p.232; 『譯註 周易四箋』 제7권, pp.231~234)

40) "崔子曰, 嫠也. 何害? 先夫當之矣. 遂取之."(「周易四箋 II」, 『定本』 第16卷, p.233; 『譯註 周易四箋』 제7권, pp.235)

요소가 어떻게 다산의 사유체계 내에서 양립가능한지의 문제를 해명하고자 하였다. 필자는 선행 연구자들에 의해 이미 다루어진 바 있는 결정론과 자유의지의 양립가능성 문제를 다산역의 분야로 가져와서 분석을 시도하였다. 필자는 결정론과 자유의지의 관계를 해명하기 위해 우연성을 매개개념으로 도입하였다. 다산은 복서卜筮를 행하기 위해서는 미래의 불확실한 상황이 전제되어야 한다고 보았는데, 이것이 바로 우연성의 개념이다. 인간의 운명은 예측불가능성에 노출되어 있으나, 다산은 인간의 운명을 판정해 주는 상제의 존재를 가정하였다. 우연성은 복서가 행해지기 위한 전제조건을 형성하지만, 동시에 결정론을 약화시키는 요소로 작용하여 자유의지가 활동할 공간을 형성해 준다. 다산은 『주역』을 천명을 품부받는 수단으로 보고 있는데, 이러한 관점에서 본다면 『주역』은 결정론적 성격이 강하다. 필자는 다산의 결정론적 관점이 상수학의 해석방법론에 어떻게 반영되어 있는지를 분석하였다. 다산의 추이론은 14벽괘와 50연괘라는 두 부분으로 구성된 기호모형으로서, 결정론적 예측을 위한 기제로 쓰인다. 14벽괘가 표상하는 것은 천도의 변화이며, 50연괘가 표상하는 것은 천도의 영향을 받아 형성되는 만물의 변화이다.

일반적으로 점사占辭는 결정론적 예언을 담고 있지만 해석자의 주관이 개입되게 되면 결정론적 의미가 약화되게 된다. 더구나 도덕적 판단은 자유의지를 전제로 하는 개념이기 때문에 도덕적 판단이 개입되게 되면 결정론으로부터는 더욱 멀어지게 된다. 『좌전』에 나오는 남괴와 목강의 서례에서 점사는 매우 길한 의미를 포함하고 있었으나 유감스럽게도 두 사람은 그 점사의 의미에 합당한 도덕성을 갖추지 못했기 때문에 점사의 예언은 적용되지 못했다. 그런데 도덕성을 갖추고 있는지에 대한 판단은 도덕적 행위자의 자율성에 의지한다. 다산 경학에서 자주지권自主之權과 권형權衡은 도덕적 자율성에 해당하는 개념이다. 도덕적 자율성을 갖고 있다는 것은 자유의지를 갖고 있다는 것과 같은 의미이며, 자유의지는 우연적 상황에서의 선택가능성을 전제로 한다. 복서를 행하기 위한 전제조건으로 요구되었던 것은 예측불가능성으로서의 우연성의 개념이었으나, 자유의지를 가능하기 위한 전제로서 요구되는 것은 가능성으로서의 우연성의 개념이다. 그리고 후자는 전자보다 더욱 근원적 개념이다. 따라서 우연성은 복서를 행하기 위해서 필요한 전제일 뿐 아니라, 적극적 의미의 도덕적 실천을 위해서도 요청되는 개념이 된다.

다산은 복서를 행하기 위한 조건으로 우연성과 더불어 도덕성을 언급했는데, 도덕성은 자유의지와 관련되는 문제이다. 문제는 점사의 해석에서 도덕성의 문제가 개입하게 되면 그 점사는 더 이상 결정론적 의미를 갖지 못하게 된다는 데 있다. 도덕적 판단은 자유의지를 전제로 하는 개념이기 때문에 도덕적 판단이 개입되면 결정론으로부터 더욱 멀어지게 된다. 뿐만 아니라 점사의 해석에서 해석자의 주관이 개입된다면 자의적 해석의 문제가 발생한다. 해석의 자의성은 해석의 비결정성(indeterminacy)의 문제와 밀접하게 연관되어 있다. 해석이 비결정적이라면 점사의 의미가 확정될 수 없다. 만약에 점사의 의미가 불확정적이라면 그것은 결정론(determinism)이 될 수 없다. 불확정성은 우연성(contingency)의 또 다른 이름이다. 우연성은 복서卜筮가 행해지기 위한 전제조건을 형성하지만, 결정론을 약화시키는 요소로 작용하여 자유의지가 활동할 공간을 형성해 준다.

제2부

춘추관점에서 『주역』 서법의 원형을 찾다

제3장 「춘추관점보주」의 하상지구법설

1. 『연산』과 『귀장』의 서법에 대한 의문

『주역사전』 무진본戊辰本 제20권에 있는 「춘추관점보주春秋官占補註」는 다산이 『좌전』과 『국어』에 기재된 춘추시대의 서례筮例를 분석하기 위하여 저술한 글이다.[1] 『좌전』과 『국어』에 실린 서례들은 『주역』과 관련된 가장 오래된 자료들로서 춘추시대의 고점법古占法의 자취를 보여 준다는 점에서 매우 중요하다.

『좌전』과 『국어』에는 '모괘지모괘某卦之某卦'의 유형이 빈번하게 나타나는데, 이러한 유형은 고대의 서법筮法과 깊은 관련이 있다. 여기서 '모괘지모괘'란 '모괘某卦가 모괘某卦로 변한다'는 뜻이니, 이것은 본괘本卦에서 지괘之卦(즉 變卦)로의 변화가 일어난다는 것을 의미한다. 본괘에서 지괘로

1) 다산의 「春秋官占補註」는 『左傳』과 『國語』에 나오는 占筮例를 해석한 것으로서, 『左傳』에서 17개, 『國語』에서 3개, 모두 20개의 점서례를 풀이하고 있다. ① 陳敬仲之筮에서 ⑰ 陽虎救鄭之筮까지는 『左傳』의 점서례이고, ⑱ 重耳反國之筮에서 ⑳ 成公歸晉之筮까지는 『國語』의 점서례이다. 다산의 역학해석방법론 가운데 가장 혁신적이고 독창적인 의의를 지니고 있는 것은 효변해석법이라고 할 수 있는데, 효변설의 근거도 역시 『좌전』으로 소급된다. 뿐만 아니라, 易理四法 중의 하나인 互體도 그 근거를 『좌전』에 두고 있다. 『좌전』은 『주역』에 관한 문헌 가운데 가장 오래된 문헌이기 때문에, 역학해석방법론의 근거를 『좌전』에서 확보하는 것은 매우 중요한 일이라고 생각된다. 따라서 다산은 자신이 개발한 해석방법론의 정당성을 확보하기 위한 수단으로 「춘추관점보주」를 저술했다고 보아야 할 것이다.

의 변화가 발생하기 위해서는 효爻가 변동해야 하니, 이것이 바로 효변爻變이다. 『주역』의 서법은 기본적으로 일효변一爻變을 원칙으로 한다. 물론 용구用九와 용육用六의 용례 같은 경우는 한 괘를 구성하는 여섯 효가 모두 변하게 되어 전효변全爻變에 해당되지만, 그것은 건괘乾卦와 곤괘坤卦에만 한정되어 있으므로 일종의 특례特例로 간주된다. 다효변多爻變의 서례筮例는 『좌전』에 한 개, 『국어』에 세 개 등 모두 네 가지 경우가 있는데, 다산은 네 경우가 일효변의 서법을 따르지 않고 있기 때문에 『주역』과는 상관이 없는 "하상지구법夏商之舊法"이라고 말한다. 여기서 "하상지구법"이라고 한 것은 하역夏易인 『연산連山』과 상역商易인 『귀장歸藏』을 가리킨다. 과연 다산이 주장한 것처럼 하역夏易과 상역商易에서는 다효변多爻變의 서법筮法을 채택하였는지를 확인하기 위해서는 하역과 상역에 대한 실체 규명이 선행되어야 한다.

『주례周禮』의 「춘관春官·태복太卜」에 하역과 상역에 대한 언급이 나온다. 즉 "삼역三易의 법을 관장하니, 첫째를 『연산連山』이라 하고, 둘째를 『귀장歸藏』이라 하며, 셋째를 『주역周易』이라 한다"라고 한 것이 그것이다. 『예기禮記』「예운禮運」에는 공자가 말한 것으로 전해지는 "내가 은殷나라의 도를 보고자 하여 송宋나라에 갔는데, 징험徵驗하기에 부족하였으나 나는 『곤건坤乾』을 얻었다"라는 말이 있다. 그런데 정현鄭玄은 『곤건坤乾』이 『귀장』을 가리키는 것이라고 보았다.[2] 『태평어람太平御覽』 권180에서는 환담桓譚(BC.24~AD.56)의 『신론新論』을 인용하여, "『연산』은 8만 언言이고, 『귀장』은 4천 3백 언이다"(連山八萬言, 歸藏四千三百言)라고 하고, 또 "『연산』은 난대蘭臺에 간직해 두었고, 『귀장』은 태복太卜에 간직해 두었다"(連山藏於蘭臺, 歸藏藏於太卜)라고 하였다. 이러한 자료들에 의한다면 『귀장』은 후한 때에도 여전히 존재했던

2) "孔子曰, 我欲觀殷道, 是故之宋而不足徵也. 吾得坤乾焉."(『禮記正義』, 十三經注疏整理本 卷13 [北京大學出版社, 2000], p.776)

것이 된다. 하지만 유향劉向(BC.77~BC.6)과 유흠劉歆(BC.53~AD.23)은 『연산』과 『귀장』에 대하여 언급하지 않았으며, 『한서』「예문지」에도 저록著錄되어 있지 않다.

청대에 마국한馬國翰이 편찬한 『옥함산방집일서玉函山房輯佚書』에 『귀장歸藏』(1권)이 전해지고 있으나 그것이 위서僞書라는 주장이 끊이지 않았는데, 최근 많은 출토역학出土易學 자료들이 발굴되면서 『귀장』에 대해서도 실체적 접근이 가능해졌다. 특히 1993년에 호북성湖北省 강릉현江陵縣 왕가대王家臺 15호묘에서 발견된 죽간竹簡은 『귀장』이 역사적으로 실재했을 가능성을 시사해 주기 때문에 학계의 비상한 주목을 받아 왔다. 왕가대 죽간의 내용은 『옥함산방집일서』에 포함된 『귀장』의 내용과 거의 일치한다. 일반적으로 왕가대본 『귀장』을 진간秦簡 『귀장』 혹은 죽간본竹簡本 『귀장』이라고 하고, 『옥함산방집일서』의 『귀장』을 집본輯本 『귀장』 혹은 전본傳本 『귀장』이라고 한다. 이학근李學勤을 비롯한 일부 학자들은 출토자료에 근거해서 『귀장』이 『주역』보다 결코 이른 시기에 형성된 것이 아니라는 새로운 가설을 제안하고 있다. 그러나 현대 학자들 중에도 임충군林忠軍과 같은 학자는 『귀장』이 『주역』보다 앞서 존재했던 것이라고 추정하는 기존의 통설을 여전히 지지하고 있다. 이 두 입장 중에서 전자가 옳다면 『좌전』과 『국어』에 나오는 다효변多爻變의 서례筮例들이 "하상지구법夏商之舊法"에 속한다는 보는 기존의 통설과 이에 근거를 둔 다산의 학설은 심각한 도전에 부딪치게 될 것이다. 물론 다산의 사후에 간행되고 출토된 자료들을 가지고 다산을 비판하는 것은 방법론적으로 온당하지 않다는 비판이 제기될 수 있다. 왜냐하면 다산은 20세기에 출토된 출토본 『귀장』을 볼 수 없었던 것은 물론이고, 1870년(同治 9)에 간행된 마국한의 『옥함산방집일서』조차도 볼 수 없었기 때문이다. 그렇다고 하더라도 새로운 출토자료의 출현은 통행본 『주역』에 근거를 둔 학설의 문제점과 진위를 따져볼 수 있는 계기를 제공해 준다.

2. 『좌전』과 『국어』의 하상지구법

『주역』은 변화의 서書이기 때문에 그 서법筮法은 효변을 위주로 한다. 다산에 따른다면, 『주역』의 서법은 일효변一爻變을 원칙으로 하는 반면에 『연산』과 『귀장』에서는 다효변多爻變을 원칙으로 한다. 물론 『주역』에도 다효변의 경우가 전혀 없는 것은 아니다. 왜냐하면 건괘乾卦의 용구用九와 곤괘坤卦의 용육用六에서는 여섯 효가 모두 변하기 때문이다. 그러나 이처럼 여러 효가 변하는 경우는 『주역』 전편全篇에 걸쳐 오직 두 경우 밖에 없기 때문에 일종의 특례特例로 간주된다.

다산은 『주역』의 서법에서는 육六과 구九를 써서 점을 쳤지만, 『연산』과 『귀장』의 서법에서는 칠七과 팔八을 써서 점을 쳤다고 주장하였다. 아울러 다산은 『주역』의 서법은 일효변을 원칙으로 하지만, 『연산』과 『귀장』에서는 다효변이 원칙이었다고 추정하였다. 다산이 이렇게 추론한 근거는 『좌전』과 『국어』에 『주역』의 일효변의 서법에 맞지 않는 서례筮例가 있기 때문이었다. 즉 ① 『좌전』의 목강동궁지서穆姜東宮之筮, ② 『국어』 「진어晉語」의 중이반국지서重耳反國之筮, ③ 『국어』 「진어晉語」의 동인영공지서董因迎公之筮, ④ 『국어』 「주어周語」의 성공귀진지서成公歸晉之筮가 그것이다. 네 가지 서례 중에서 ①, ②, ③의 서례에서는 모두 '팔八'자가 언급되어 있는데, 그 의미는 아직까지도 명확하게 밝혀져 있지 않다.[3] 다산은 이 네 경우가 모두 『주역』의 일효변의 서법을 따르고 있지 않기 때문에 『주역』과는 상관이 없는 "하상지구법夏商之舊法", 즉 『연산』과 『귀장』의 서법이라고 주장하였다. 이들 서례들이 "하상지구법"을 따른 것이라는 주장은 물론 다산이 처음으로 제기한 것이 아니다. 진대晉代의 경학가인 두예杜預(222~284)가 이미 "(『연산』과 『귀장』의) 두 가지

---

3) 『좌전』 襄公 9년의 '穆姜東宮之筮'에서는 "艮之八"이 나오며, 『國語』 「晉語」의 '重耳反國之筮'에서는 "貞屯悔豫皆八"이 나오고, 『國語』 「晉語」의 '董因迎公之筮'에서는 "泰之八"이라는 말이 나온다.

『역易』은 칠七과 팔八의 숫자로써 점을 쳤다"(二易, 皆以七八爲占)라고 말한 바 있다. 두예의 『좌전』 주注는 당대唐代 공영달孔穎達의 소疏를 거쳐서 후세의 관방판본官方版本이 될 정도로 권위를 인정받아 왔다.[4] 그러면 네 경우의 서례筮例를 차례로 분석해 보기로 하자.

1) 간지팔艮之八: 『좌전』의 목강동궁지서穆姜東宮之筮

다효변多爻變의 첫 번째 서례筮例는 『좌전』의 목강동궁지서穆姜東宮之筮이다. 양공襄公 9년에 목강穆姜[5]이 동궁東宮으로 유폐되어 시초점을 쳤는데, '간지팔艮之八'을 얻었다.[6] '간지팔艮之八'은 '간지수艮之隨', 즉 간괘艮卦가 수괘隨卦로 변하는 경우에 해당된다. 그런데 간괘艮卦에서 수괘隨卦로 변하기 위해서는 1·3·4·5·6의 다섯 효가 변동해야 한다.[7]

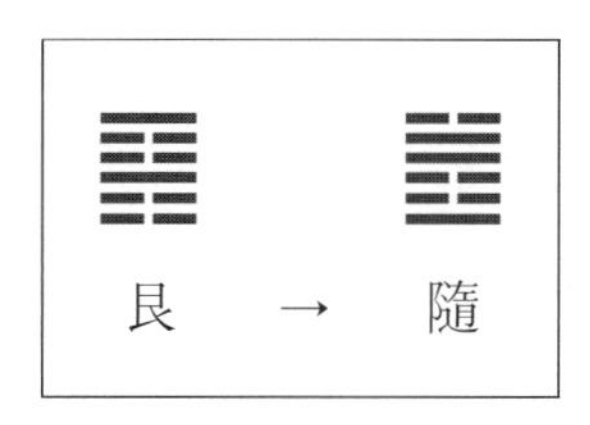

4) 韓慧英, 「『左傳』·『國語』筮數"八"之初探」, 『周易硏究』 第5期(2002), p.44.

5) 穆姜은 齊나라 제후의 딸로서, 魯나라 宣公의 부인이자 成公의 모친이며 襄公의 조모가 된다. 총명하고 슬기로웠으나 행실이 음란하여 叔孫僑如와 간통하였다. 僑如와 모의하여 季孟을 제거하고 노나라 정치를 멋대로 擅斷하려고 하였으나, 성공하지 못하고 오히려 東宮으로 내쫓기게 되었다.

6) "穆姜薨於東宮. 始往而筮之, 遇艮之八. 史曰: '是謂艮之隨. 隨, 其出也. 君必速出!' 姜曰: '亡! 是於『周易』曰: 隨. 元, 亨, 利, 貞. 無咎. 元, 體之長也. 亨, 嘉之會也. 利, 義之和也. 貞, 事之幹也. 體仁足以長人, 嘉德足以合禮, 利物足以和義, 貞固足以幹事. 然, 故不可誣也. 是以雖隨無咎. 今我婦人而與於亂. 固在下位, 而有不仁, 不可謂元. 不靖國家, 不可謂亨. 作而害身, 不可謂利. 棄位而姣, 不可謂貞. 有四德者, 隨而無咎. 我皆無之, 豈隨也哉? 我則取惡, 能無咎乎? 必死於此, 弗得出矣.'"(『春秋左傳正義』, 十三經注疏 整理本 卷18, pp.997~999)

7) 變卦인 隨卦로부터 艮卦 各爻의 營數를 逆으로 추산하면, 初六은 6이 되며, 六二는 8이 되며, 九三은 9가 되며, 六四는 6이 되며, 六五는 6이 되며, 上九는 9가 된다.

두예杜預(222~284)는 목강동궁지서穆姜東宮之筮의 주注에서 "(『연산』과 『귀장』의) 두 가지 『역易』은 칠七과 팔八의 숫자로써 점을 쳤다"(二易, 皆以七八爲占)라고 주장하였다.[8] 다산이 7과 8로써 점치는 서법이 다효변을 허용하는 『연산』과 『귀장』의 서법이라고 주장한 것은 두예의 주를 근거로 삼은 것이었다. 그러나 공영달은 두예의 주장을 정면으로 반박하며 다음과 같이 말하였다.

> 두 종류의 『역』의 실존 여부도 알 수 없거니와, 세상에 『귀장역』이라고 하는 것도 위서僞書에 불과하니 은殷나라 『역易』은 아닌 것이다. 가령 두 종류의 『역』이 모두 칠七과 팔八로 점을 쳤다고 하더라도, 그것이 『연산』과 『귀장』의 방법을 썼는지 알 수 있는 것은 아니다. 이른바 '간지팔艮之八'을 만났다고 한 것도 무엇을 말하는지 알 길이 없으니, 그것을 선대先代의 『역』이라고 하는 것도 그 근거가 없는 것이다.[9]

공영달이 주장한 것처럼 사실 7과 8을 써서 점을 쳤다고 하더라도 그것이 곧 『연산』과 『귀장』의 서법을 사용하였음을 의미하는 것은 아니다. 따라서 공영달이 두예의 견해를 부정한 데에는 충분한 이유가 있다고 보아야 한다. 두예는 7과 8을 사용한 것이 다효변을 허용하였음을 뜻한다고 보았지만, 이러한 견해에 모두가 동의한 것은 아니었다. 정현鄭玄과 가공언賈公彦과 공영달은 『연산』과 『귀장』에서 7과 8을 쓴 것은 불변효不變爻로써 점을 친 증거라고 주장하였다.[10] 이들이 7과 8을 불변효로 해석한 것은, 이

---

8) "杜預曰, 周禮大卜掌三易, 然則雜用連山歸藏周易.……二易皆以七八占, 故號艮之八.……震下兌上, 隨, 史疑古易遇八爲不利, 故更以周易占變爻得隨卦而論之."(『周禮』에 大卜이 三易을 관장한다고 하였으니, 그렇다면 『連山』과 『歸藏』과 『周易』을 섞어 썼을 것이다. 『連山』과 『歸藏』의 두 종류의 易은 七과 八로써 점을 쳤으므로 '艮之八'이라고 부른 것이다. 震下兌上은 隨이니, 史가 古易의 방법을 써서 八을 만나자 불리하므로 다시 『周易』의 變爻로써 점을 쳐서 隨卦를 얻어 논한 것이다.)

9) "二易並亡, 不知實然以否. 世有歸藏易者. 僞妄之書, 非殷易也. 假令二易俱占七八, 亦不知此筮爲用連山爲用歸藏, 所云'遇艮之八', 不知意何所道. 以爲先代之易, 其言亦無所據."(『春秋左傳正義』, 十三經注疏 整理本 卷18, p.997)

10) 『周禮』「春官」에서 "太卜이 三易의 법을 管掌하였으니, 첫째는 『連山』이요, 둘째는 『歸藏』이

숫자가 각각 소양少陽과 소음少陰을 가리키는 숫자이기 때문이다. 그러나 '간지팔艮之八'의 '팔八'이 소음수 8을 가리키는 것이라면 왜 다섯 효나 변했는지를 설명하는 것이 불가능해진다. 왜냐하면 소음수 8은 효를 변화시키지 않는 것을 표시하는 부호이기 때문이다.[11] 따라서 다산은 '간지팔艮之八'의 '팔八'을 소음수 8을 가리키는 것으로 간주하지 않은 것이다.

2) 정준회예개팔貞屯悔豫皆八: 『국어』의 중이반국지서重耳反國之筮

다효변의 두 번째 서례는 『국어』 「진어晉語」의 중이반국지서重耳反國之筮에 나타난다. 진문공晉文公 중이重耳가 귀국하면서 시초점을 쳤는데, "정준회예貞屯悔豫, 개팔皆八"을 얻었다.[12] 여기서 준괘屯卦에서 예괘豫卦로 변화되는데, 이렇게 변하기 위해서는 1·4·5의 세 효爻가 변동해야 한다.

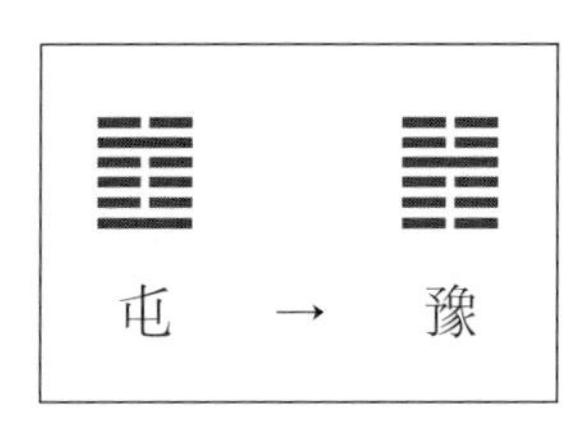

이러한 서법도 역시 『주역』에는 존재하지 않는 방식이다. 그런데 서사筮史

요, 셋째는 『周易』이다"(太卜掌三易之法,一曰連山,二曰歸藏,三曰周易)라고 하였지만, 과연 『연산』과 『귀장』에서 7과 8을 주로 사용했는지는 보다 철저히 검증을 거쳐야 할 문제이다.

11) 韓慧英, 「『左傳』·『國語』筮數"八"之初探」, 『周易研究』 第5期(2002), p.44.

12) "公子親筮之, 曰: '尙有晉國?' 得貞屯悔豫, 皆八也. 筮史占之, 皆曰, '不吉, 閉而不通, 爻無爲也', 司空季子曰: '吉. 是在周易, 皆利建侯. 不有晉國, 以輔王室, 安能建侯?……震, 雷也, 車也. 坎, 勞也, 水也, 衆也. 主雷與車, 而尙水與衆. 車有震武, 衆順文也. 文武具, 厚之至也. 故曰屯. 其繇曰: 元亨利貞, 勿用有攸往, 利建侯. 主震雷, 長也. 故曰, 元.衆而順, 嘉也. 故曰, 亨, 內有震雷, 故曰, 利貞. 車上水下, 必伯. 小事不濟, 壅也. 故曰, 勿用有攸往. 一夫之行也. 衆順而有威武, 故曰, 利建侯. 坤, 母也. 震, 長男也. 母老子強, 故曰, 豫, 其繇曰: 利建侯行師. 居樂出威之謂也! 是二者,得國之卦也.'"(『國語』, 「晉語」)

가 점괘를 풀이하여, 모두 불길하다고 하였다. 사공계자司空季子는 그 풀이에 만족하지 않고 다시 『주역』으로 해석하여 "길吉! 시재주역是在周易"이라고 하였다.[13] 현존하는 『국어』 주석본 중에서 가장 오래된 주를 남긴 삼국시대의 경학가 위소韋昭(204~273)는 "개왈皆曰"을 『연산』과 『귀장』의 두 가지 서법을 모두 사용하였다는 의미로 간주하였다.[14] 위소에 따르면, "정준회예貞屯悔豫, 개팔皆八"에서 '정貞'과 '회悔'는 각각 내괘內卦(즉 下卦)와 외괘外卦(즉 上卦)를 가리키는 말이며,[15] "개팔皆八"이라고 한 것은 준괘屯卦의 정괘貞卦(즉 內卦)와 예괘豫卦의 회괘悔卦(즉 外卦)가 모두 진震인데 그 진의 두 개의 음이 모두 움직이지 않았음을 나타낸다.[16]

---

13) "司空季子曰, 吉! 是在周易, 皆利建侯. 不有晉國, 安能建侯, 得國之務也."

14) 韋昭는 "筮史占之, 皆曰, 不吉"에 나오는 "筮史"의 下注에서, "筮人掌以三易辨九筮之名. 一夏連山, 二殷歸藏, 三周易. 以連山歸藏, 占此兩卦, 皆言不吉"(筮人은 三易으로써 九筮의 이름을 분별하는 일을 관장하니, 첫째는 夏의 連山이며, 둘째는 殷의 歸藏이며, 셋째는 周易이다. 筮人은 連山과 歸藏으로 이 두 괘를 점쳤기 때문에 모두 불길하다고 한 것이다)이라고 하였다. 韋昭는 "皆曰"의 의미를 『연산』과 『귀장』의 두 가지 筮法을 모두 사용한 것으로 이해하였던 것이다. 그러나 이와 달리 "皆曰"은 『연산』·『귀장』을 모두 썼다는 뜻이 아니라 筮·史의 두 職官이 모두 불길함을 말했다는 것이라는 견해도 있다.

15) 위소뿐 아니라 두예도 貞·悔를 內卦(下卦)·外卦(上卦)를 가리키는 것으로 보았으며, 西漢 武帝 때 孔安國은 이 설에 의하여 『尙書』「洪範」을 풀이하였다. 그러나 "貞屯悔豫"가 貞屯과 悔豫가 서로 待對되어 있는 형식을 취하고 있기 때문에 貞·悔가 단순히 內卦·外卦를 의미하는 것이 아닐 수 있다. 그래서 南宋의 程逈과 淸의 錢大昕은 貞과 悔를 本卦와 之卦(變卦)의 명칭으로 보았던 것이다.

16) 韋昭의 설명은 다음과 같다. "內卦를 貞이라 하고, 外卦를 悔라고 한다. 震이 下卦에 있고 坎이 上卦에 있는 것이 屯卦이다. 坤이 下卦에 있고 震이 上卦에 있는 것이 豫卦이다. 이 두 괘를 얻어서, 震은 屯卦에 있어서는 貞이 되고 豫卦에 있어서는 悔가 된다. 八이라고 한 것은 震의 두 개의 陰이 변동하지 않아서, 內卦(貞)에 있어서나 外卦(悔)에 있어서나 모두 변동이 없는 까닭에 '皆八'이라고 한 것이니, '爻無爲也'라고 말한 것이다."(韋昭曰, 內曰貞, 外曰悔. 震下坎上, 屯. 坤下震上, 豫. 得此兩卦, 震在屯爲貞, 在豫爲悔. 八, 謂震兩陰爻不動, 在貞在悔皆不動, 故曰, 皆八. 謂爻無爲也.) 즉 '屯之豫'에서 屯卦의 內卦(貞)와 豫卦의 外卦(悔)에 모두 震이 있는데, 그 震의 두 음효가 內卦(貞)에 있거나 外卦(悔)에 있거나 간에 모두 변하지 않은 채로 있으므로 "皆八"이라고 한 것이다. 얼핏 보면 屯卦의 內卦(貞)와 豫卦의 外卦(悔)에 모두 震이 있고 그 震의 두 陰이 변하지 않고 그대로 있으므로 韋昭의 설명이 맞는 것 같지만, 따져 보면 그렇지 않다. 本卦인 屯卦의 六二와 六三은 之卦(變卦)인 豫卦에서도 역시 음효로 있으니, 그것이 八이기 때문에 변하지 않은 것이라는 韋昭의

만약에 위소의 주장처럼 "정준회예貞屯悔豫, 개팔皆八"을 얻은 것이 『연산』과 『귀장』의 두 가지 서법에 의거한 것이라면 왜 "길吉! 시재주역是在周易"이라고 한 것일까? 다산의 견해에 따른다면, 사공계자의 말은 『연산』과 『귀장』의 서법으로 점을 치고 다시 『주역』으로 점을 쳤다는 뜻이 아니다. 사공계자는 준괘屯卦와 예괘豫卦의 괘명과 의미만을 잠시 빌려와 『주역』의 점사에 의거해서 점괘의 뜻을 보다 넓게 살핀 것일 뿐이다.[17]

한편 남송의 사수沙隨 정형程迥은 『주역고점법周易古占法』에서, "정준회예貞屯悔豫"란 준괘屯卦에서 예괘豫卦로 변하는 경우인데 "개팔皆八"이라고 한 것은 두 괘에서 공통적으로 2·3·6획의 세 효가 변하지 않기 때문이라고 보았다. 요컨대, 위소와 정형은 '팔八'의 의미를 '변화하지 않음'에서 찾은 것이다. 8이 원래 소음少陰의 숫자라는 점을 고려한다면 이러한 해석은 크게 무리가 없다.[18] 그러나 다산은 반대로 8은 변동變動을 나타내는 기호라고 보았다. 앞서 "간지팔艮之八"의 경우에서 본 것처럼 '팔八'이 들어가면 여러 효가 난동亂動하게 되기 때문이다. 준괘屯卦에서 예괘豫卦로 변하면 1·4·5의 세 개의 효가 변동하게 된다.[19] 그래서 "정준회예貞屯悔豫,

---

설명은 맞다. 그렇지만 之卦(變卦)인 豫卦의 六五는 본래 본괘인 屯卦 九五의 老陽이 음으로 변한 것이므로 八이 아니다.

17) 『주역』의 筮法에 따라 점을 쳤다는 사실을 강조한 것은 모두 네 곳이다. 즉 ① 『좌전』 昭公 5년 叔孫豹의 筮, ② 『좌전』 昭公 7년 衛靈公의 筮, ③ 『좌전』 哀公 9년 陽虎의 筮, ④ 『국어』 僖公 24년 重耳의 筮가 그것이다. 『좌전』의 세 가지 사례에서는 모두 "『주역』으로써 시초점을 치니"(以周易筮之)라고 되어 있고, 『국어』에서는 "이것이 『주역』에 있으니"(是在周易)라고 되어 있다.

18) "貞屯悔豫皆八"에서 "皆八"을 "皆半"의 의미로 보는 견해도 있다. 戰國시대의 문자에서 "八"과 "半"은 서로 통하는 글자였다. 本卦인 屯卦에서 變卦인 豫卦로 변하기 위해서는 屯卦의 初爻·四爻·五爻가 變爻가 되고, 二爻·三爻·上爻는 不變爻가 되어야 한다. 따라서 본괘에서 변효와 불변효가 각각 半이 된다는 의미로 "皆八"이라고 했다는 것이다. (兪志慧, 「國語·晉語四"貞屯悔豫皆八"爲宜變之爻與不變之爻皆半說」, 『學燈』 第19期, 2011) 그러나 이러한 해석을 穆姜東宮之筮의 경우에 적용하면 잘 들어맞지 않는다. 왜냐하면, 거기에서는 '艮之隨' 즉 艮卦가 隨卦로 변하는 경우를 얻었는데, 艮卦에서 隨卦로 변하기 위해서는 그 半이 아닌 1·3·4·5·6의 다섯 효가 변동해야 하기 때문이다.

개팔皆八"이라고 한 것이다. 그러나 이처럼 여러 효가 어지럽게 변하는 방식(諸爻亂動)의 서법은 용구用九와 용육用六의 경우를 제외한다면 『주역』에는 존재하지 않는다. 따라서 공자公子 중이重耳의 점괘에 대한 해석은 하夏·상商의 구법으로 점을 풀이하고, 그것을 사공계자가 다시 『주역』의 방식으로 풀이했기에 "시재역是在易" 즉 "『주역』에서는"이라고 말했던 것이다. 만약 중이가 이때에 『주역』의 방식으로 점쳤다면 "시재역是在易"이라는 말은 쓸데없는 말이 되어 버린다. 다산은 '여러 효가 어지럽게 변하는 방식'(諸爻亂動)을 "하상지구법"에 귀속시킨 것은 선유先儒의 정론定論이라고 말한다.[20] 왜냐하면 두예가 이미 '간지팔艮之八'을 『연산』과 『귀장』의 구법이라고 하였고, 위소도 역시 "정준회예개팔貞屯悔豫皆八"을 『연산』과 『귀장』의 서법이라고 하였기 때문이다.

3) 태지팔泰之八: 『국어』의 동인영공지서董因迎公之筮

『국어』「진어晉語」의 동인영공지서董因迎公之筮는 진晉나라 대부 동인董因이 진나라 문공文公 중이重耳를 맞이하면서 행한 시초점으로, 변효變爻와 관련하여 역학사적으로 논쟁이 많은 서례筮例이다.[21] 이 시초점을 통해 "태지팔泰之八"을 얻었는데, 위소는 이것이 태괘泰卦의 음효가 변동하지 않았기 때문에 그 수가 팔八이 되는 것으로 해석하였다.[22] 반면에 남송의 사수沙隨 정형程迥

---

19) "貞屯悔豫皆八"은 三爻가 변동한 경우이다. 朱熹는 三爻가 변동하는 경우에는 本卦와 之卦의 彖辭로 점을 친다고 보고 있다. 이때 본괘는 貞卦가 되고, 지괘는 悔卦가 된다. '屯之豫'의 점괘에서는 屯卦와 豫卦의 彖辭에 공통적으로 "利建侯"라는 문구가 존재하고, 司空季子가 이를 풀이할 때에도 屯卦와 豫卦의 兩卦를 모두 활용하였으므로 주자가 『역학계몽』에서 설명한 점법과 부합한다.

20) "杜氏以艮之隨爲『連山』·『歸藏』之舊法, 韋氏於此, 其說亦同, 此先儒之定論也. 後來諸家, 欲以此法混於『周易』, 不亦惑歟!"(重耳反國之筮, 「春秋官占補註」, 『周易四箋』, 『定本』 第16卷, p.241.)

21) "董因迎公於河. 公問焉曰, 吾其濟乎? 對曰, 臣筮之, 得泰之八. 曰, 是謂天地配, 亨, 小往大來. 今及之矣, 何不濟之有?"(『國語』, 「晉語」)

은 1·2·3위는 구九이지만 팔八로 변하고 4·5·6위는 변하지 않기 때문에 원래 팔八이라고 주장하였다. 그런데 다산은 정형의 학설 가운데 4·5·6위는 변하지 않기 때문에 원래 팔八이라는 주장은 수용하였지만, 1·2·3위가 노양이기 때문에 팔八로 변한다는 주장은 받아들이지 않았다. 더구나 태괘泰卦의 하괘에 있는 삼양三陽이 모두 노양이어야 할 이유는 없다. 요컨대, 다산에 따르면, '태지팔泰之八'이라고 한 것은 "하상지구법夏商之舊法"이며 『주역』에는 이런 서법이 존재하지 않는다. 특히 동인이 "천지배형天地配亨"이라고 한 것은 『주역』에서는 발견되지 않는 문구이기 때문에 "하상지구문夏商之舊文"임이 틀림없다는 것이다.

그러나 동인영공지서董因迎公之筮가 『연산』과 『귀장』의 서법을 쓰고 있다는 다산의 주장은 과연 옳은 것일까? 어쨌든 다산이 이 경우를 『연산』과 『귀장』의 서법을 쓰고 있는 것으로 본 것은 그가 "태지팔泰之八"을 다효변의 경우로 간주하고 있음을 보여 준다.[23] 다산에 따르면 '팔八'은 변동變動을

22) "韋昭曰, 遇泰無動爻,筮爲侯,泰三至五震, 爲侯. 陰爻不動, 其數皆八, 故得泰之八."(泰卦에 動爻가 없음을 만나, 筮하여 侯가 된다고 하였다. 泰卦의 3·4·5가 震이니, 侯가 된다. 陰爻가 動하지 않기에 그 數가 모두 八이 된다. 그러므로 '泰之八'이라고 한 것이다.)

23) 다산은 이 경우가 '夏商之舊法'에 속한다고 하였지, 그 變卦가 어떤 것인지를 밝히지는 않았다. 그러나 '하상지구법'이란 곧 多爻變을 허용하는 경우를 가리키므로, 다효변의 變卦가 있어야 한다. 다산이 韋昭와 程迥의 注를 인용하고 있으므로 이를 통해 그 變卦를 짐작해 볼 수 있다. 董因迎公之筮에서 '泰之八'이라고 한 것은 '泰之坤', 즉 泰卦가 坤卦로 변한 것에 해당된다. 泰卦가 坤卦로 변하게 되면, 上卦에는 변화가 일어나지 않고, 下卦에서만 세 개의 陽이 모두 陰으로 변하게 된다. 위소는 이것을 설명하기 위해 "陰爻不動, 其數皆八"이라고 하였다. 즉 泰卦의 上卦에서 세 개의 음효가 변화를 일으키지 않은 것은 그 수가 老陰數 六이 아니라 少陰數 八이기 때문이라는 것이다. 정형은 泰卦의 上卦에 있는 456은 不變이므로 八이라고 했으므로 이 점에 있어서 정형은 위소와 견해가 같다. 다산은 泰卦의 456효가 八이기 때문에 변화를 일으키지 않았다는 정형의 견해에 동의하였다. 그러나 泰卦의 下卦에 있는 123의 陽爻가 왜 모두 변하여 陰으로 변했는가에 대해서는 정형과 견해를 달리 하였다. 정형에 따르면 泰卦의 下卦의 123효가 모두 음으로 변한 까닭은 그것이 老陽이기 때문이다. 만약에 老陽이라면 당연히 변화를 일으켜서 음으로 변하는 것은 맞다. 그러나 『國語』에서는 '泰之八'이라고 했지, '泰之九'라고는 하지 않았다. 분명히 '八'이라고 써 있는 것을 정형이 억지로 九로 만든 것은 옳지 않다. 『주역』에서는 '八'이 되면 효가 변하지 않아야 하는데, '泰之八'에서는 '八'이기

나타내는 기호이다. 앞서 '간지팔艮之八'의 경우에서 볼 수 있었듯이 '모괘지팔某卦之八'의 형태는 여러 효가 난동亂動하는 경우를 나타낸다.[24] 준괘屯卦에서 예괘豫卦로 변하면 1·4·5의 세 개의 효가 변동하게 된다.[25] 청대의 학자 이도평李道平도 "태지팔泰之八"을 "간지팔艮之八"과 마찬가지로 변효의 서례로 취급하였다. 즉 이도평은 "태지팔泰之八"이 곧 '태지곤泰之坤'에 해당된다고 보고 있다.[26] 그러나 동인董因이 "태지팔泰之八"을 얻은 뒤의 점사풀이를 보면, 태괘泰卦의 괘사인 "소왕대래小往大來"를 인용하여 해석하고

때문에 세 개의 효가 모두 변했다. 이것만 보더라도 이것이 『주역』의 筮法이 아니라 夏商之舊法이라는 것을 알 수 있다.

24) 劉大鈞의 견해도 다산의 견해와 다르지 않다. 유대균에 따르면, 『左傳』과 『國語』의 筮例 중에서 變爻가 없는 경우는 모두 "其卦遇某"의 형태를 취하고 있다. 즉 『左傳』 僖公 15년의 秦伯伐晉之筮에서 "其卦遇蠱"라고 한 경우, 그리고 『左傳』「成公 16년」의 晉侯鄢陵之筮에서 "其卦遇復"이라고 한 경우 등이 그 예들이다. 『左傳』 昭公 7년의 衛靈公之筮는 두 번 筮占을 쳐서 변효가 없는 경우와 변효가 있는 경우를 모두 얻은 예에 해당된다. 변효가 없는 경우에는 "遇屯"이라고 하였지만, 변효가 있는 경우에는 "遇屯之比"라고 하였다. 반면에 "艮之八"과 "貞屯悔豫皆八"의 경우처럼 숫자 八이 들어간 경우는 變爻가 있는 경우였다. 그러므로 韋昭가 "泰之八"에 變爻가 없다고 한 것은 옳지 않으며, "泰之八"도 역시 變爻가 있는 경우에 해당된다고 유대균은 주장하였다.(劉大鈞, 『周易概論』, 齊魯書社, 1988)

25) "貞屯悔豫皆八"은 三爻가 변동한 경우이다. 朱熹에 따르면 三爻가 변동하는 경우에는 本卦와 之卦의 彖辭로 점을 친다고 보고 있다. 이때 본괘는 貞卦가 되고, 지괘는 悔卦가 된다. '屯之豫'의 점괘에서는 屯卦와 豫卦의 彖辭에 공통적으로 "利建侯"라는 문구가 존재하고, 司空季子가 이를 풀이할 때에도 屯卦와 豫卦의 兩卦를 모두 활용하였으므로 주자가 『역학계몽』에서 설명한 점법과 부합한다.

26) 董因迎公之筮에 대한 『역주 주역사전』의 卦圖와 해석은 李道平의 관점에 의거한 것이다. 즉 "泰之八"이 '泰之坤'에 해당된다고 보고 있다.(『역주 주역사전』 제7권, 소명출판, 2007, pp.287~290) 그러나 다산은 沙隨 程逈이 '泰之八'을 해석하면서, 泰卦의 下卦에 있는 三陽이 모두 老陽數 九를 취한다고 본 것을 반박하였으므로, 다산이 '泰之八'을 '泰之坤'에 해당된다고 본 것은 아니다. 즉 下卦의 三陽이 모두 九를 취해야 할 필연성은 없다. 모두 九를 취할 수도 있지만 그 중 일부는 九가 아니라 七을 취할 수도 있다고 본 것이다. 다산의 주장을 정리해 보자면, 그는 '泰之八'을 上卦는 변하지 않은 채로 下卦의 일부 혹은 전부가 변해서 형성되는 것으로 본 것이다. 만약 하괘의 세 개의 陽 중에서 한 개의 陽이 변한다면 그 가능한 變卦는 臨, 明夷, 升이 된다. 만약 그 중에서 두 개의 陽이 변한다면 가능한 變卦는 復, 師, 謙이 된다. 만약 세 개의 양이 모두 변한다면 變卦는 坤이 된다. 즉 '泰之八'은 '泰之臨', '泰之明夷', '泰之升', '泰之復', '泰之師', '泰之謙', '泰之坤' 중 하나가 된다.

있을 뿐이며, 다른 괘로 변화시키고 있지 않다. 이것은 "간지팔艮之八"의 경우에 "간지수艮之隨"와 동일시하여, 본괘本卦와 지괘之卦를 함께 운용하고 있는 서법과는 크게 차이가 난다.27) 따라서 이것은 동효動爻가 전혀 없는 괘이기 때문에 효변을 취하지 않은 것으로 보아야 한다. 위소가 "음효부동陰爻不動, 기수개팔其數皆八"이라고 한 것은 "태지팔泰之八"의 의미를 정확히 이해한 것이다.28) 이 경우 팔八은 소음수少陰數 8이 되므로 태괘泰卦의 4·5·6 위의 세 효가 음효이면서 변하지 않는 것이 된다. 따라서 이 경우는 여러 효가 변동한 것이 아니라 오히려 여섯 효가 모두 변하지 않는 경우에 해당된다. 이처럼 동효動爻가 전혀 없는 경우에는 괘사로써 해석하는 것이 서법의 원칙이다. 실제로 위소는 태괘泰卦를 효변시키지 않고 태괘의 괘사로써 풀이하고 있다.

그리고 다산은 "천지배형天地配亨"이 『주역』에 나오지 않는 문구라는 이유로 그것을 "하상지구문夏商之舊文"이라고 주장하였으나, 이것도 역시 근거가 미약하다. "천지배형天地配亨"은 태괘泰卦의 괘상에 입각하여 그 뜻을 풀이한 것이지 점사의 일부라고 볼 수 없다. 즉 "천지배天地配"란 태괘의 상괘와 하괘가 지地와 천天의 배열을 취하고 있음을 가리킨 것이다. 그리고 "형亨"은 아래에 있던 건乾의 양기가 위로 상승하고 위에 있던 곤坤의 음기가 아래로 하강함으로써 음양의 이기二氣가 왕래하여 각각 그 올바름을 얻었으므로 "형亨"이라고 한 것이다. 이렇게 보면, "천지배형天地配亨"은 태괘의 괘사인 "소왕대래小往大來"를 다시 한 번 뜻풀이를 한 것에 지나지 않는다.

---

27) 劉大鈞은 '八'을 쓰는 경우는 變爻가 있으며, "某卦之八"의 형태도 역시 그러하다고 주장하였다. 그러나 그는 왜 "艮之八"의 경우는 '艮之隨'가 되어 本卦와 之卦를 함께 운용하지만 "泰之八"의 경우는 그렇지 못한지에 관해 설득력 있는 이유를 제시하지 못하고 있다.

28) 그러나 韋昭의 설명처럼 陰爻가 動하지 않았으므로 그 數가 모두 八이라고 한다면, 왜 泰卦의 內卦의 三陽도 역시 動하지 않았는데 '泰之七'이라고는 하지 않았는가 하는 의문이 제기된다.

4) 건지비乾之否: 『국어』의 성공귀진지서成公歸晉之筮

네 번째 서례筮例인 『국어國語』 「주어周語」의 성공귀진지서成公歸晉之筮는 성공成公이 진晉나라로 귀국하려고 할 때 친 시초점이다. 여기에서 그는 '건지비乾之否', 즉 건괘乾卦가 비괘否卦로 변하는 점괘를 얻었다.

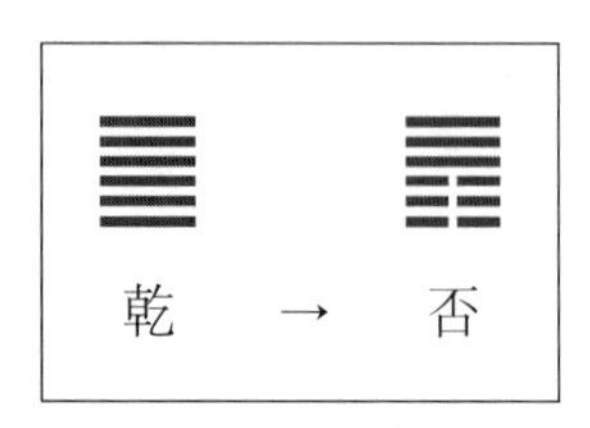

그런데 건괘乾卦에서 비괘否卦로 변하기 위해서는 건괘의 세 효가 변동해야 한다.[29] 위소는 세 효가 변동한 경우로 보았는데, 이것은 건괘乾卦 하괘의 세 효가 모두 변함으로써 비괘否卦가 된 것으로 본 것을 의미한다. 그러나 이처럼 세 개의 효가 변하는 서법은 『주역』에는 없기 때문에 다산은 이 경우도 역시 "하상지구법夏商之舊法"이라고 주장하였다.

위의 네 가지 서례筮例를 "하상지구법夏商之舊法"에 귀속시킨 것을 다산의 독창적 견해로 볼 수는 없다. 이미 두예와 위소가 "간지팔艮之八", "정준회예개팔貞屯悔豫皆八" 등의 예를 『연산』과 『귀장』의 구법에 속하는 것으로 보았기 때문이다. 그렇다면 이러한 서례들이 연산·귀장의 서법에 의한 것이라는 주장은 정당화될 수 있는 것일까? 다효변의 첫 번째 서례인 목강동궁지서穆姜東宮之筮의 경우를 통해 이 문제를 고찰해 보기로 하자. 만약에 '간지수艮之隨'가 『연산』과 『귀장』의 서법을 써서 얻은 것이라면 그 괘명이 『연산』과 『귀장』에 존재해야 한다. 그러나 주자의 『역학계몽周易啓蒙』에 수집되어

29) 두 번째 筮例에서 "貞屯悔豫皆八"의 경우도 삼효가 변동한 경우에 해당된다.

있는 『귀장』 64괘의 괘명들 중에는 흔괘很卦는 있어도 간괘艮卦는 없으며[30] 수괘隨卦라는 괘명도 나오지 않는다.[31] 사실 '간지수艮之隨'의 간艮과 수隨가 이미 『주역』의 괘명이고, 목강이 점괘를 풀이하면서 인용하고 있는 "수隨, 원형이정元亨利貞, 무구無咎"도 역시 『주역』의 괘사이다.

만약에 『연산』과 『귀장』이 이미 오래전에 망실된 것이 사실이라면, 그들이 7과 8을 쓰고 9와 6을 쓰지 않았다는 것을 후대의 사람들이 어떻게 알 수 있단 말인가?[32] 『연산』과 『귀장』에서 7과 8을 썼다고 가정한다면, 왜 '모괘지팔某卦之八'의 형식은 나타나는데 '모괘지칠某卦之七'의 형식은 나타나지 않는 것일까?[33] 다시 말해서, 만약 위소의 주장처럼 음효가 변동하지 않는 경우에 소음수 8을 썼다고 한다면 왜 양효가 변동하지 않은 경우에는 소양수 7을 쓰지 않은 것일까? 설령 이러한 서례들이 『연산』과 『귀장』의 서법에 속한다는 점을 인정하더라도 '모괘지팔某卦之八'의 형식이 무엇을 의미하는지 정확히 알기는 힘들다. '팔八'자는 『좌전』과 『국어』에서 "간지팔艮之八", "태지팔泰之八", "정준회예개팔貞屯悔豫皆八" 등 세 차례에 걸쳐 나타난다. 그렇다면 '모괘지팔某卦之八'이라고 했을 때와 "정준회예개팔貞屯悔豫皆八"이라고 했을 때의 '팔八'은 같은 용법으로 쓰이고 있는 것일까?[34]

---

30) 很과 艮이 同音假借의 경우일 수는 있다.

31) 饒宗頤는 「殷代易卦及有關占卜問題」에서 『歸藏』 가운데 隨卦와 같은 卦象이 있음을 발견하였는데, 그 괘명은 "馬徒"였다.(『文史』 第20輯, 1983年 9月)

32) "連山歸藏, 久已亡佚失傳, 後人何以會知道其用七八而不用九六?"(劉大鈞, 『周易概論』, 成都, 巴蜀書社, 2010, p.65)

33) 韓慧英, 「『左傳』·『國語』筮數"八"之初探」, 『周易研究』 2002年 第5期, p.44.

34) "艮之八", "泰之八" "貞屯悔豫皆八"의 세 경우에 공통되는 八의 의미를 찾을 수 있는 유일한 방법은 '八'을 不變爻를 나타내는 기호로 간주하는 것이다. "艮之八"에서는 艮卦의 六二가 불변효이다. "泰之八"의 경우는 확실치는 않지만 泰卦의 彖辭로 해석하고 있는 것으로 볼 때, 泰卦의 여섯 효 전부를 불변효로 간주한 것으로 보인다. "艮之八"은 不變爻가 한 개 있는 경우이며 "泰之八"은 불변효가 여섯 개 있는 경우이지만, 어쨌든 "某卦之八"의 형식은 최소한 한 개 이상의 불변효가 있음을 나타낸다고 보면 모순이 발생하지 않는다. 아울러 "艮之八"과 "泰之八"이 같은 형식인데도 왜 "艮之八"에서는 本卦와 之卦를 함께 운용하고 "泰之八"에서는 本卦만 운용하는지에 관한 의문도 자연스럽

다산은 '모괘지팔某卦之八'의 형식이 다효변多爻變을 허용하는 서법이라고 주장하였지만, 동인영공지서董因迎公之筮의 "태지팔泰之八"의 경우에는 오히려 어떤 동효動爻도 취하고 있지 않다. 뿐만 아니라, 다산은 변화하지 않는 상태를 가리키는 부호인 소음수 8이 어떻게 해서 다효변多爻變을 허용하는 부호로 전환된 것인지에 관해서도 명확한 설명을 하지 못하고 있다. 물론 다산의 설명에서는 그것이 『주역』의 서법이 아니라 『연산』과 『귀장』의 구법에 속하는 것이기 때문에 팔八은 소음수 8이 아니라고 주장할 수 있다. 그러나 다산이 '태지팔泰之八'에 관해 설명하고 있는 것을 보면, 그것은 『주역』에서 소음수 8을 얻을 때 실행하는 서법과 전혀 다르지 않다. 즉 두 번은 천수天數 3을 얻고 한 번은 지수地數 2를 얻어서 그 둘을 합한 숫자 8이 되는 것이다.({3×2}+{2×1}=6+2=8) 이것은 그가 『연산』과 『귀장』의 구법을 해석하기 위해 사용하고 있는 술어가 『주역』의 계통에서 벗어난 것이 아니라는 점을 보여 준다.

3. 출토역학 자료의 관점에서 본 『연산』과 『귀장』의 서법

『연산』과 『귀장』에 관한 정보가 거의 남아 있지 않은 상황에서 단지 몇 개의 단편적 문구에 의존해서 옛날의 서법筮法이 어떠했다고 주장하는

게 해소된다. 즉 "艮之八"은 變爻가 다섯 개이니 之卦가 생기는 것은 당연한 것이고, "泰之八"은 變爻가 하나도 없으니 之卦가 형성되지 않는 것도 역시 당연한 이치이다. "貞屯悔豫皆八"의 경우는 不變爻가 屯卦의 六二·六三·上六이다. 여기서 六二와 六三은 內卦에 있는 불변효이고 上六은 外卦에 있는 불변효이다. 따라서 "皆八"을 貞卦(즉 內卦)와 悔卦(즉 外卦)에 모두 불변효가 있다는 의미로 받아들인다면 역시 모순이 발생하지 않는다. 그리고 "艮之八"이라고 하고 "貞艮悔隨皆八"이라고는 하지 않은 이유도 역시 설명이 된다. 이 경우는 불변효가 오직 艮卦의 內卦인 六二에서만 발생했기 때문에 "皆八"이라고 하지 않은 것이다.

것은 망문생의望文生義의 차원을 벗어나기 힘든 것이 사실이다. 따라서 그 진위를 밝히기 위해서는 고대의 서법을 밝혀 줄 수 있는 보다 확실한 증거가 나오지 않으면 안 된다. 그런데 1993년에 호북성湖北省 강릉현江陵縣 형주진荊州鎭 왕가대王家臺 15호묘號墓에서 진간秦簡 『귀장歸藏』이 출토되면서 『귀장』에 접근할 수 있는 획기적 계기가 마련되었다. 이가호李家浩는 「왕가대진간역점위귀장고王家臺秦簡易占爲歸藏考」라는 논문에서 왕가대 진간과 『귀장』의 일문佚文을 대감對勘하여, 그것이 바로 망실되었던 『귀장』임이 틀림없다고 단정하였다. 그리고 그는 진간 『귀장』이 전국시대 후기의 진秦나라 사람에 의해 만들어진 초본抄本일 가능성이 있다고 추정하였다.[35] 이학근李學勤도 우리가 보는 『귀장』은 『주역』과 『역전』으로부터 나온 것이며, 그것도 전국시대 후기에 출현한 것이라고 주장하였다.[36] 만약 『귀장』이 『주역』보다 더 뒤에 나타난 것이라면, 동일한 근거에 입각하여 『연산』도 역시 그렇다고 보아야 한다. 이영李零은 왕가대 진간 『귀장』과 마국한馬國翰의 『옥함산방집일서玉函山房輯佚書』에 포함된 『귀장』의 주사繇詞에서 주무왕周武王과 주목왕周穆王이 언급되고 있는 것을 근거로 그것이 상대商代의 것일 수는 없다고 주장하였다.[37] 만일 이러한 주장이 옳다면 『연산』·『귀장』을 하대夏代와 상대商代의 문헌으로 간주하던 기존의 통설은 심각한 도전에 부딪치게 된다.[38] 그리고 『국어國語』「진어晉語」의 "정준회예개팔貞屯悔豫皆八" 등의 서

35) 李家浩, 「王家臺秦簡'易占'爲歸藏考」(『江陵王家臺15號秦墓』 簡報), 『文物』, 1995年 第1期, p.51.

36) 簡本 『귀장』과 輯本 『귀장』에는 신화전설에 나오는 인물과 역사적 인물이 모두 있는데, 이들 인명을 통해서 그 성립시기를 추측해 볼 수 있다. 즉 女媧, 黃帝, 蚩尤, 豊隆, 舜, 鯀, 夏後啟, 羿, 嫦娥, 河伯, 桀, 殷王, 伊小臣, 周武王, 穆天子, 赤烏, 宋君, 平公 등이 그것이다. 역사상 유명한 平公으로는 宋平公(BC.575~BC.532)과 晉平公(BC.557~BC.532)이 있는데, 모두 기원전 6세기 후반의 인물이다. 따라서 일단 『귀장』의 성립시기는 아무리 소급해 잡아도 이보다 더 올라갈 수는 없다. 따라서 『귀장』이 商나라에 성립된 것이라는 주장은 일단 배제된다.(李學勤, 「出土文物與周易研究」, 『齊魯學刊』, 2005年 第2期, p.9)

37) 李零, 『中國方術考』, 第四章 "早期卜筮的新發現", 東方出版社, 2000, p.259.

법이 『귀장』과 무관한 것이라면 역시 마찬가지 이유로 『연산』의 서법도 아니라고 보아야 한다.

그러나 임충군林忠軍은 현대 학자이면서도 이들과는 반대로 『귀장』이 『주역』보다 먼저 성립되었다고 보았다.[39] 통행본 『주역』과 죽간본 『귀장』과 전본傳本 『귀장』을 비교해 보면 동일하거나 유사한 괘명이 다수 발견된다. 예를 들면, 죽간본 『귀장』의 '항아恒我'는 통행본 『주역』에서는 '항恒'으로 되어 있다. 죽간 『귀장』의 '아我'는 결코 연문衍文이 아니며, '항아恒我'가 시간이 경과함에 따라 '항恒'으로 단순화되는 과정을 거쳤다고 보는 것이 합리적이다. 또 죽간본 『귀장』의 괘명 '무망毋亡'은 통행본 『주역』의 괘명 '무망無妄'보다 문자학적으로 볼 때 더 원시적 형태이다. 은대 갑골문에 '무毋'와 '망亡'이 있었으며, '무망無妄'의 '무無'자는 더 뒤에 나온 글자이다. 마찬가지로 진간 『귀장』의 '산散'괘가 집본 『귀장』에는 '산가인散家人'괘로 되어 있는데, 이때 '산散'자는 진간과 집본에 다 나타나기 때문에 연문으로 보기 힘들다. 따라서 가인괘家人卦의 괘명은 진간의 '산散'과 집본輯本의 '산가인散家人'이 간소화되면서 나타낸 형태로 보아야 한다. 양위현梁韋弦은 진간 역점易占의 괘명이 『주역』의 괘명보다 앞서 존재했다고 주장함으로써

38) 蔡運章은 商周 시대 筮術에 대한 연구를 통해 다음과 같이 주장하였다. 즉 『연산』과 『귀장』은 『漢書』「藝文志」에 나오지 않는다. 그리고 劉炫本 『連山』과 『郡齋讀書志·三墳』本 『連山』은 後人의 僞作으로 보인다. 今本 『귀장』과 秦簡 『귀장』에는 武王이 紂를 정벌한 사건과 穆王 西遊에 관한 故事 등이 포함되어 있는데, 이는 『귀장』이 은나라 사람의 작품이 아니라는 것을 말해 준다. 특히 馬國翰의 『玉函山房輯佚書』에 수집되어 있는 『귀장』의 佚文에 나오는 女媧·黃帝·炎帝·蚩尤·崇伯鯀·禹·羿·姮娥·西王母·夏啟 등의 인물은 今本 및 秦簡 『歸藏』에 포함된 故事와 상당히 유사하며, 대부분 전국시대 문헌 중에도 나오는 이야기들이다. 따라서 『周禮』「太卜」에 설해진 『연산』·『귀장』은 西漢시대 揚雄이 지은 『太玄經』과 마찬가지로 전국시대 사람이 춘추전국시대의 저작에 나오는 인물과 고사에 의탁하여 『易經』을 본떠서 편찬한 역학 저작일 가능성이 높다. 漢儒들은 이렇게 해서 만들어진 『연산』·『귀장』에 夏·商시대의 인물과 故事가 많이 포함된 것을 보고 그것을 夏·商시대의 저술로 誤認하게 되었다는 것이다.(蔡運章, 『商周筮數易卦釋例』, 『考古學報』 第2期, 2004, p.153)

39) 林忠軍, 「王家臺秦簡歸藏出土的易學價值」, 『周易研究』 2001年 第2期, pp.6~9

임충군의 주장에 찬동하였다. 진간의 능괘陵卦는 『주역』의 겸괘謙卦에 해당되는 괘로서, 능陵은 산릉山陵의 능陵이니 이것은 「설괘전」에서 "간위산艮爲山"이라고 한 것에 부합된다. 『주역』의 괘명과 괘상의 관계는 진간 『귀장』에 비해 보다 정교하게 발전하였다.[40] 임충군과 양위현의 관점에서 본다면 『귀장』이 『주역』보다 더 늦게 형성된 것이라고 단정 짓는 것은 성급한 결론이다.

이처럼 양 진영의 입장이 첨예하게 맞서고 있어 『귀장』과 『주역』의 선후관계를 쉽사리 단정하기 어렵다. 다만 한 가지 염두에 두어야 할 점은, 다산이 『연산』·『귀장』 혹은 "하상지구문夏商之舊文"이라고 지적한 글의 원문에서 하·상시기의 『연산』과 『귀장』에 관한 언급을 찾을 수 없다는 사실이다. 또한 『좌전』에서도 장공莊公 21년에서 애공哀公 9년 사이에 10여 차례의 점서占筮를 통해 18개의 괘명卦名을 언급하고 있지만 모두 통행본 『주역』의 괘명과 일치할 뿐이며, 『연산』과 『귀장』에만 속하는 괘명은 한 번도 나타나지 않는다. 따라서 이러한 서법이 하·상의 구문에 속한다고 주장하는 것은 그야말로 막연한 추측의 범위를 벗어나지 못한다.

4. 숫자 '팔八'의 의미에 대한 의문

다산은 「춘추관점보주」에서 춘추시대의 서례筮例에 대한 분석을 통해 일효변一爻變의 서례는 『주역』에 속하는 효변법이고 다효변多爻變의 경우는 "하상지구법夏商之舊法"에 속한다는 결론에 도달하였다. 즉 구九와 육六의 숫자를 변효變爻의 부호로 사용하는 것은 주나라 『주역』의 서법筮法이지만,

40) 梁韋弦, 「王家臺秦簡"易占"與殷易『歸藏』」, 『周易研究』 2002年 第3期, p.39

칠七과 팔八의 숫자를 사용하는 것은 하왕조의 『연산』과 상왕조의 『귀장』에 속하는 서법이라는 것이 그 요점이다. 다산이 「춘추관점보주」에서 매우 정밀한 논리를 전개하고 있음에도 불구하고 완벽하게 정합적이며 무결점의 논리를 구성하는 데 성공한 것은 아니다. 그는 주나라의 『역』이 오직 한 개의 동효動爻만을 사용한다는 것을 강조했으나, 『연산』과 『귀장』의 서법이 어떤 것이었는지를 적극적으로 밝히려고 하지는 않았다.

역학계의 논의는 『좌전』과 『국어』에서 세 차례나 등장하는 팔八자가 어떤 의미를 지니는지에 초점이 모여지고 있다. 즉 팔八자는 『좌전』과 『국어』에서 "간지팔艮之八", "태지팔泰之八" "정준회예개팔貞屯悔豫皆八" 등 모두 세 번에 걸쳐 나오는데, 팔八의 의미와 관련하여 견해는 두 가지 상반된 방향으로 나뉘고 있다. 즉 한쪽 진영에서는 팔八이 변화를 나타내는 부호라고 보는 반면, 다른 쪽 진영에서는 팔八은 소음수少陰數이기 때문에 불변화不變化를 나타내는 부호라고 보고 있다. 다산은 숫자 팔八이 여러 효가 변동하는 것을 나타내는 부호라고 보았기 때문에 전자의 진영에 속한다. 다산은 두예杜預와 위소韋昭의 학설에 의거하여 '팔八'자가 쓰인 서례들이 "하상지구법", 즉 『연산』과 『귀장』의 서법에 속한다고 주장하였다. 그러나 "모괘지팔某卦之八"의 형태를 취하더라도, "간지팔艮之八"에서는 다섯 효가 변동하는 반면에 "태지팔泰之八"의 경우에는 변효를 취했다는 증거가 발견되지 않는다. 그래서 다산은 "태지팔泰之八"의 경우에 태괘泰卦의 4·5·6효가 불변효이므로 팔八을 썼다는 사수沙隨 정형程迥의 학설을 수용하였다. 이처럼 다산은 팔八을 어떤 경우에는 변효의 기호로 간주하고, 또 어떤 경우에는 불변효의 기호로 간주하고 있다. 따라서 다산은 스스로 부정합성을 노출하고 있으며 모순을 면하지 못한다.

제4장 출토문헌의 시각에서 본 다산의 춘추관점 이해

1. 『좌전』과 『국어』의 서례

다산의 『주역』 연구는 그가 강진의 유배 시절 초기에 읽었던 『좌전』에 실린 춘추시대 관점官占에 대해 관심을 갖게 되면서 본격적으로 시작되었다. 다산은 『좌전』과 『국어』에 기재된 춘추시대 관점의 점서占筮 기록들을 정밀하게 검토함으로써 『주역』 연구의 새로운 돌파구를 열 수 있었다. 그는 『좌전』과 『국어』에 실려 있는 춘추시대 관점의 서례筮例를 풀이해서 그 서법筮法을 밝혀내었는데, 그 내용은 「춘추관점보주」에 서술되어 있다. 관점이란 춘추시대에 관청에서 사관史官이 공식적으로 국가의 중대사에 관해 점을 쳤던 기록을 가리키는데, 이러한 점서의 기록들은 『주역』의 성립 시기로부터 가장 가까운 기록들이기 때문에 『주역』 연구에 있어 중요한 가치가 있다. 이때 점서의 사례들을 서례筮例라고 부르는데, 이러한 서례들은 『좌전』에 17개, 『국어』에 3개가 기재되어 있다.[1] 춘추시대의 관점

1) 「춘추관점보주」는 『주역사전』에 포함되어 있다. 「춘추관점보주」에 기재되어 있는 춘추시대 관점의 서례는 모두 20개이다. 『좌전』에는 『주역』의 卦名을 인용해서 卦義를 설명한 경우가 있는데, 다산은 이것을 서례로 보지 않았기 때문에 포함시키지 않았다. 『左傳』 昭公 元年(BC.541)에 醫和가 晉平公의 병세를 논하면서 『주역』의 蠱卦를 인용하여 증세를 설명하였는데, 이때 醫和는 『주역』의 蠱卦를 인용한 것에 불과하고 '某卦之某卦'의 형태도 나타나지 않았으므로 다산이 언급하지 않은 것으로 보인다.

중에서 가장 오래된 것은 노장공魯莊公 22년(BC.672)의 진경중지서陳敬仲之筮이며, 가장 늦은 것은 노애공魯哀公 9년(BC.486)의 양호구정지서陽虎救鄭之筮이다. 따라서 최고最古와 최근最近의 서례 사이의 간격이 186년이나 된다. 그런데 진경중지서에 관괘觀卦 육사六四의 효사인 "관국지광觀國之光, 이용빈우왕利用賓於王"이 인용되어 있는 것으로 볼 때, 기원전 672년 무렵에 『주역』을 이용하여 점을 쳤다는 것이 확인된다.[2] 춘추시대의 관점을 「춘추관점보주」에 서술된 순서대로 열거하면 다음과 같다.

출전	서례筮例 및 괘례卦例	연표	연대
좌전	① 진경중지서陳敬仲之筮	魯莊公 22年	BC.672
	② 필만지서畢萬之筮	魯閔公 元年	BC.661
	③ 성계지서成季之筮	魯閔公 2年	BC.660
	④ 진백벌진지서秦伯伐晉之筮	魯僖公 15年	BC.645
	⑤ 백희가진지서伯姬嫁秦之筮	魯僖公 15年	BC.645
	⑥ 진후납왕지서晉侯納王之筮	魯僖公 25年	BC.635
	⑦ 왕자백료지어王子伯廖之語	魯宣公 6年	BC.603
	⑧ 지장자지어知莊子之語	魯宣公 12年	BC.597
	⑨ 진후언릉지서晉侯鄢陵之筮	魯成公 16年	BC.575
	⑩ 목강동궁지서穆姜東宮之筮	魯襄公 9年	BC.564
	⑪ 최저취강지서崔杼取姜之筮	魯襄公 25年	BC.548
	⑫ 유길여초지어游吉如楚之語	魯襄公 28年	BC.545
	⑬ 숙손표지서叔孫豹之筮	魯昭公 5年	BC.537
	⑭ 위령공지서衛靈公之筮	魯昭公 7年	BC.535
	⑮ 남괴지서南蒯之筮	魯昭公 12年	BC.530
	⑯ 채묵대룡지언蔡墨對龍之言	魯昭公 29年	BC.513
	⑰ 양호구정지서陽虎救鄭之筮	魯哀公 9年	BC.486
국어	⑱ 중이반국지서重耳反國之筮	魯僖公 24年	BC.636
	⑲ 동인영공지서董因迎公之筮	魯僖公 23年	BC.637
	⑳ 성공귀진지서成公歸晉之筮	魯宣公 2年	BC.607

2) 蒙傳銘, 「周易成書年代考」, 『周易研究論文集』 第1卷, 北京師範大學出版社, 1987, p.377.

『좌전』과 『국어』의 서례를 통행본 『주역』과 비교해 볼 때 뚜렷하게 대조되는 특징은, 통행본 『주역』에 보이는 초구初九·구이九二·상구上九 등의 효제爻題가 『좌전』과 『국어』의 서례에서는 보이지 않는다는 점이다. 이러한 형태의 효제爻題는 전국시대의 것으로 추정되는 상박초간上博楚簡 『주역』에 이르러 비로소 출현한다.3)

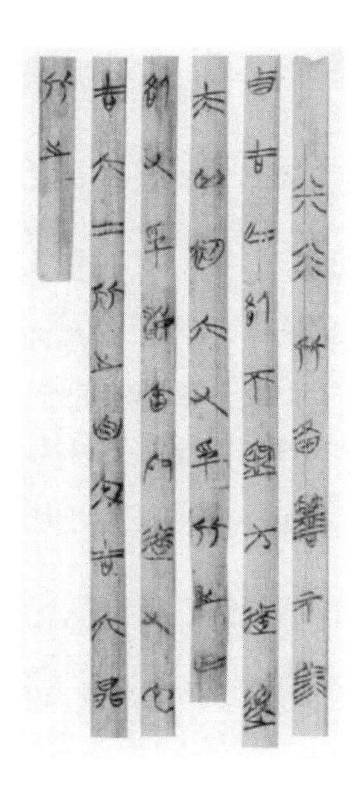

반면에 『좌전』과 『국어』의 서례에서는 '모괘지모괘某卦之某卦'의 형태가 빈번하게 나타나는데, 이러한 형태의 서례는 『주역』에서는 보이지 않는다.4) 여기서 '지之'자는 '가다'(往), 즉 '변화한다'는 것을 뜻한다.5) 전자의 모괘某卦

3) 上博簡 『周易』에서는 爻題가 출현한다. 比卦의 爻辭에 初六, 六二 등의 爻題가 보인다.(馬承源 主編, 『上海博物館藏 戰國楚竹書』 3, 上海古籍出版社, 2003, p.21)

4) 劉大鈞은 春秋시대에는 九·六의 명칭을 사용하지 않았다고 주장하였다.(劉大鈞, 『周易概論』, 巴蜀書社, 2008, p.74)

5) Kidder Smith에 따르면, '之'는 西周시대에는 문자 그대로 '가다', '…로 변화하다'의

를 본괘本卦라고 하고, 후자를 지괘之卦 혹은 변괘變卦라고 한다. 서점筮占을 치면 효가 변동하는 경우와 변동하지 않는 경우가 생기는데, 괘효가 변동하여 본괘와 지괘가 형성되는 것을 효변이라고 한다. 그런데 '모괘지모괘'의 형태는 서례에만 나타나는 것이 아니라 서례가 아닌 경우에도 마찬가지로 나타난다. 따라서 다산은 '모괘지모괘'의 형태가 서법에만 관계된 것이고 역사易詞와는 무관하다는 논리를 수용하지 않았다.

> 세상에 『좌전』을 읽는 사람들은 "관지비觀之否"와 "준지비屯之比" 등을 서법筮法에 귀속시키면서도, (易詞 자체가) 변효變爻를 위주로 한다는 것을 조금도 알지 못하였다. 만약 그렇다면(그것이 서법에만 관련될 뿐이고, 역사와는 무관한 것이라고 한다면) 백료伯廖가 말한 "풍지리豐之離", 순수荀首가 말한 "사지임師之臨", 유길遊吉이 말한 "복지이復之頤", 채묵蔡墨이 말한 "건지구乾之姤"의 경우는 모두 일찍이 (직접) 점을 친 적이 없는 사례들인데, 또한 어째서 (그 변괘인) 리괘離卦를 말하고, 임괘臨卦를 말하고, 이괘頤卦를 말하고, 구괘姤卦를 말한 것인가? (이렇게 볼 때 "觀之否"와 "屯之比" 등이 서법에만 관련되며 역사와는 무관하다는 논리는 그) 미혹됨이 심한 것이다.[6]

서점을 치지 않았음에도 불구하고 '모괘지모괘某卦之某卦'의 형태를 취하는 이유는 점사 자체가 괘상의 변동과 연계되어 만들어졌기 때문이다.[7]

의미로 사용되었다. 예를 들면, 『좌전』에서 '大有之乾'은 '大有卦가 乾卦로 변했다'의 뜻으로 읽힌다. 후대로 가면 '之卦'는 변화된 괘를 가리키는 용어로 쓰이게 되었다.(Kidder Smith, *Zhouyi Interpretation from Accounts in the Zuozhuan*, p.425, Harvard Journal of Asiatic Studies, Vol.49, Issue 2, 1989) 그러나 Edward Shaugnessy(中國名: 夏含夷)는 『좌전』의 '之'가 變卦를 의미하는 것이 아니라, 단지 효사의 위치를 지정해 주는 기능을 할 뿐이라고 주장하였다. 춘추시대에는 아직 初九, 九二 등의 爻題가 없었기 때문에 효제의 기능을 대신해주는 표현이 필요했다는 것이다. 그 경우 '之'자는 현대 중국어 白話文에서처럼 '的'의 의미를 지닌다. 그러나 Shaugnessy의 주장이 얼마나 설득력을 가질 수 있는지는 의문이다.

6) "世之讀左傳者, 以觀之否, 屯之比, 歸之筮法, 而易詞之主乎變, 未之或知也. 雖然, 伯廖之云, 豐之離, 荀首之云, 師之臨, 遊吉之云, 復之頤, 蔡墨之云, 乾之姤, 皆未嘗筮也. 又何以曰離·曰臨·曰頤·曰姤也. 惑之甚矣."(『譯註 周易四箋』 제7권, p.208; 『周易四箋 II』, 『定本』 第16卷, p.227)

7) 임재규는 통행본 『주역』이 一爻變 위주로 되어 있는 것으로 볼 때, 周公이 爻辭를

따라서 서점을 친 경우가 아니더라도 마치 서점을 행해서 점괘를 얻은 것처럼 가정하고 역사를 해석하지 않으면 안 된다. 『좌전』과 『국어』에 수록된 서례 및 비서례를 변효變爻의 개수에 따라 구분하면 다음 쪽 별표와 같다.

이 표에서 빈도수가 가장 높은 것은 일효변一爻變으로, 모두 14개에 달한다. 그 중에서 [7], [8], [12], [16]은 서점을 치지 않고서 길흉을 점친 경우(不筮而占吉凶)에 속하므로[8] 일효변 가운데 순수한 서례는 10개가 된다. 원리적으로 본다면 다효변의 경우는 변효가 두 개에서 여섯 개까지 생길 수 있다. 그러나 『좌전』과 『국어』에서 변효가 두 개와 네 개가 생기는 경우는 나오지 않으며, 변효가 세 개 생기는 경우가 세 번, 변효가 다섯 개 생기는 경우가 한 번, 여섯 효가 모두 변하는 경우가 한 번 나온다.

다산에 따르면 『주역』의 서법은 오직 일효변一爻變을 원칙으로 한다. 용구用九·용육用六처럼 여섯 효가 모두 변하는 경우도 있지만 두 경우는 단지 특례特例에 해당될 뿐이다. 『좌전』의 [10] 목강동궁지서穆姜東宮之筮[9]와 『국어』

지을 때 일효변의 서법을 적용했다는 것은 분명해 보인다고 하였다. 다산이 『주역』의 해석에 一爻變의 서법을 적용한 것은 爻辭 형성과 筮法의 논리를 일치시켰기 때문이다. 그러나 임재규는 爻辭 형성의 원리와 筮法을 분리시켜 볼 필요가 있다고 주장하였는데, 필자로서는 이러한 관점에 동의하기 어렵다.(임재규, 「정약용 효변론에 대한 비판적 고찰－「춘추관점보주」의 효변설을 중심으로」, 『종교와 문화』 제24호, 서울대학교 종교문제연구소, 2013, p.72)

8) 다산은 非筮例의 경우에는 '語' 혹은 '言' 등으로 표기하였다.

9) 杜預는 穆姜東宮之筮와 관련하여 "太史가 古易의 방식에 따라 八이 나오는 경우를 얻으면 不利할까 의심하여 다시 『주역』으로 점을 쳐서 艮之隨를 얻었다"(史疑古易, 遇八爲不利,故更以周易占變爻, 得隨卦而論之)라고 하였다. 따라서 杜預의 설에 따르면 '艮之八'과 '艮之隨'는 각각 다른 筮占의 체계에 의해 얻어진 것이 된다. 임재규는 다산이 杜預의 학설을 잘못 이해했을 수도 있다고 보았다.(임재규, 「정약용 효변론에 대한 비판적 고찰－춘추관점보주의 효변설을 중심으로」, 『종교와 문화』 제24호, 서울대학교 종교문제연구소, 2013, p.71) 그러나 필자의 견해로는 杜預의 注가 명확하게 서술되어 있어서 오해할 소지는 없어 보이며, 단지 다산의 견해가 두예와 달랐던 것으로 보인다. 다산은 여러 곳에서 두예의 학설을 비판하고 있는 것으로 볼 때, 杜預의 注를 참고한 것이지 추종했던 것은 아니다.

〈『좌전』과 『국어』에 나타난 서점의 유형들〉

變爻의 양상	筮例 및 卦例	變爻例
無變爻	[4] 秦伯伐晉之筮	蠱卦(卦不變)
	[9] 晉侯鄢陵之筮	復卦(卦不變)
	[14-1] 衛靈公之筮	屯卦(卦不變)
一個變爻★	[1] 陳敬仲之筮	觀之否(六四變)
	[2] 畢萬之筮	屯之比(初九變)
	[3] 成季之筮	大有之乾(六五變)
	[5] 伯姬嫁秦之筮	歸妹之睽(上六變)
	[6] 晉侯納王之筮	大有之睽(九三變)
	[7] 王子伯廖之語※	豐之離(上六變)
	[8] 知莊子之語※	師之臨(初六變)
	[11] 崔杼取姜之筮	困之大過(六三變)
	[12] 游吉如楚之語※	復之頤(上六變)
	[13] 叔孫豹之筮	明夷之謙(初九變)
	[14-2] 衛靈公之筮	屯之比(初九變)
	[15] 南蒯之筮	坤之比(六五變)
	[16-1] 蔡墨對龍之言※	乾之姤(初九變)
		乾之同人(九二變)
		乾之大有(九五變)
		乾之夬(上九變)
		坤之剝(上六變)
	[17] 陽虎救鄭之筮	泰之需(六五變)
三個變爻♠	[18] 重耳反國之筮	貞屯悔豫, 皆八也. (1·4·5爻變)
	[19] 董因迎公之筮	泰之八(1·2·3爻變)
	[20] 成公歸晉之筮	乾之否(1·2·3爻變)
五個變爻♠	[10] 穆姜東宮之筮	艮之八=艮之隨 (1·3·4·5·6爻變)
六個變爻★◎	[16-2] 蔡墨對龍之言※	乾之坤(六爻皆變)

★: 모두 『주역』의 서법에 속하는 경우이다. 無變爻, 一個變爻, 六個變爻가 이 경우에 속한다.
※: 서점을 치지 않고서도 길흉을 점친 것(不筮而占吉凶)으로, 非筮例에 속하는 경우이다.
♠: 一爻變이 아니라 多爻變에 속하기 때문에 다산이 『주역』의 서법에 속하지 않고 『연산』과 『귀장』에 속한다고 본 경우이다.
◎: 『주역』의 서법에 속하지만 一爻變이 아니라 六爻가 모두 변하는 경우이다. 乾卦의 用九와 坤卦의 用六이 여기에 속한다. 여기에는 乾卦의 用九, 즉 乾之坤의 경우만 예시되어 있다.

의 [18] 중이반국지서重耳反國之筮, [19] 동인영공지서董因迎公之筮, [20] 성공귀진지서成公歸晉之筮는 다효변多爻變의 경우에 속한다. 그런데 다산은 이러한 서례들이 『주역』과는 상관이 없고, 모두 하상지구법에 속한다고 주장하였다.[10] [10], [18], [19]의 경우에는 모두 '팔八'이 등장하는 것이 특징이다. '팔八'이 나타나는 경우는 예외 없이 다효변의 서례가 되며 하상지구법에 속한다. 그러나 [20]의 경우는 '팔八'이 나오지 않았음에도 불구하고 다효변의 경우이기 때문에 다산은 하상지구법으로 간주하였다.[11]

반면에 주자는 다효변의 서법 규칙을 수립하였으나, 『주역』의 경문經文을 통해 모든 예증을 제시할 수 있었던 것은 아니었다. 예를 들면 주자는 "두 효가 변하는 경우에 본괘의 두 변효로 점을 치는데, 위에 있는 효가 주효主爻가 된다"(二爻變, 則以本卦二變爻辭占, 仍以上爻爲主)라고 하였으나, 『좌전』과 『국어』에는 그러한 서례가 존재하지 않는다.[12] 마찬가지로 주자는 "네 효가 변하는 경우에 지괘之卦의 두 개의 변하지 않는 효로 점을 치는데, 아래 있는 효를 주효로 한다"(四爻變, 則以之卦二不變爻占, 仍以下爻爲主)라고 하였으나, 역시 『좌전』과 『국어』에는 그러한 서례가 존재하지 않는다.[13] 그리고 주자는 "다섯 효가 변하는 경우에는 지괘之卦의 변하지 않는 효로 점을 친다"(五爻變, 則以之卦不變爻占)라고 하였다.[14] 그러나 목강동궁지서穆姜東宮之筮에서 간지수艮之隨는 다섯 효가 변하는 경우임에도 불구하고 수괘隨卦의 불변효不變爻인

10) 明末의 經學家 黃道周는 『左傳』에서 [10]穆姜東宮之筮의 "艮之八"과 『國語』에서 [18]重耳反國之筮의 "貞屯悔豫, 皆八也", [19]董因迎公之筮의 "泰之八", [20]成公歸晉之筮의 "乾之否" 등이 夏商之舊法이 아니라 『周易』의 筮例에 속한다고 보았다.(임재규, 「정약용 효변론에 대한 비판적 고찰–춘추관점보주의 효변설을 중심으로」, 『종교와 문화』 제24호, 서울대학교 종교문제연구소, 2013, p.68)

11) 임재규는 [20]成公歸晉之筮의 경우에는 '八'을 쓰지 않았는데도 夏商之舊法으로 분류한 것에 대한 다산의 근거 제시가 부족하다고 보았다. 그는 다산이 『주역』에서 多爻變을 인정하지 않은 것은 用九와 用六을 제외하면 多爻變의 사례가 『주역』에 나타나지 않기 때문이라고 보았다.(임재규, 「정약용 효변론에 대한 비판적 고찰–「춘추관점보주」의 효변설을 중심으로」, 『종교와 문화』 제24호, 서울대학교 종교문제연구소, 2013, p.71)

12) 朱熹 著, 김진근 譯, 『完譯 易學啓蒙』, 청계, 2008, p.361.

13) 같은 책, p.365.

14) 같은 책, p.366.

제2효로 점을 치지 않고 괘사卦辭로 점을 쳤다. 따라서 주자의 서례 규칙은 경문에 근거를 둔 것이 아니라 단지 추론에 의지할 뿐이다.[15]

만약에 다효변이 『주역』의 서법이라면 그러한 서례가 『주역』의 경문을 통해서 확증되어야 한다. 그렇지만 용구·용육의 두 경우를 제외한다면 그러한 예를 확인할 수 없으므로 다효변은 『주역』의 서법에 속하지 않는다는 것이 다산의 주장이다.

> 『주역』에는 여러 효가 어지럽게 변동하는 그런 법이 없다. 여러 효가 어지럽게 변동하면 물상物象이 복잡하여, 비록 주공이나 공자의 지혜라고 하더라도 조화롭게 엮어 낼 수가 없을 것이다. 예컨대 『좌전』이나 『국어』에 기록된 것은 하夏·상商의 법이고 『주역』의 점법과는 매우 다른 것이어서 지금은 고증할 수 없거니와, 만약 『주역』에 이런 법이 있다면 반드시 『주역』에 이런 사례가 있어야 하는데 단사와 효사를 일일이 다 보아도 어디에 이런 방식의 사례가 나온 것이 있는가?[16]

만약에 다효변이 『주역』과 상관이 없다면 왜 용구用九·용육用六의 경우에는 여섯 효가 모두 변하는 것을 허용했는가? 건괘乾卦와 곤괘坤卦에서 여섯 효가 모두 변하는 것이 허용된다면 다른 괘에도 그러한 서례가 적용되지 못할 이유도 없다.[17] 실제로 주자의 서법에서는 그러한 경우를 허용하고 있기도 하다. 그러나 다산은 용구·용육은 특례에 불과하며, 예외적으로 허용된 특례를 일반적으로 적용될 수는 없다고 주장한다.

---

15) 劉大鈞, 『周易概論』, 巴蜀書社, 2008, pp.91~92.

16) "周易無此法也. 諸爻亂動, 則物象雜糅. 雖以姬孔之智, 亦無以化而裁之矣. 若, 左傳國語之所記, 是夏商之法, 與『周易』占法逈殊, 今不可考. 若周易有此法, 則必周易有此例. 歷觀乎彖詞爻詞, 有曾發例於此法者乎?"(「周易答客難」, 『易學緒言』, 『定本』 第17卷, p.299)

17) 用九와 用六처럼 多爻變에 속하는 경우가 분명히 있기 때문에 임재규는 『주역』이 一爻變을 위주로 한다는 다산의 주장에 대해 의문을 가질 수밖에 없다고 주장하였다.(임재규, 「정약용 효변론에 대한 비판적 고찰–「춘추관점보주」의 효변설을 중심으로」, 『종교와 문화』 제24호, 서울대학교 종교문제연구소, 2013, p.69)

(첫째 여러 개의 효가 亂動하는 사례로써 언급한) 건乾·곤坤의 경우는 여섯 위位가 모두 순일純一하기 때문에, 용구用九와 용육用六의 방법론을 적용한 것이다.【상세한 것은 시괘법蓍卦法의 해석 (즉 「蓍卦傳」)을 보라.】 다른 괘의 경우는 그렇게 할 수가 없다. 만약 주공이 특별히 건乾·곤坤에서 (용구·용육의) 사례를 제시하여 후세 사람들로 하여금 (그런 諸爻亂動의 방법을) 유추하게끔 했다고 말한다면, 어째서 그 건·곤괘의 안에서 두 개 혹은 세 개의 효가 동시에 변동하거나 네 개 혹은 다섯 개의 효가 동시에 변동하는 경우에 대해서도 사례를 들어 후세에 보이지 않았겠는가?【(이로 볼 때) 제효諸爻가 난동亂動하는 것은 비록 건괘乾卦나 곤괘坤卦라고 해도 역시 불가능한 것이다.】[18]

요컨대 다산의 설명에 따르면 건괘乾卦와 곤괘坤卦의 경우에는 여섯 효가 모두 같은 종류로 이루어져 있어서 전부 동시에 변화시키더라도 복잡할 것이 없다. 반면에 그 밖의 경우에는 너무 복잡해지기 때문에 규칙을 적용하는 데 어려움이 있다고 본 것이다.

2. 『주역』에 나오지 않는 점사

『주례周禮』「춘관春官·태복太卜」에 따르면, "(태복이) 세 가지 역을 관장했는데, 첫째가 『연산』이고 둘째가 『귀장』이고 셋째가 『주역』이었다"(掌三易之法, 一曰連山, 二曰歸藏, 三曰周易)라고 한다. 이것은 주대에 『주역』이 『연산』·『귀장』과 함께 사용되었음을 말해 준다. 공영달孔穎達은 『예기禮記』「제의祭義」의 소疏에서 정현鄭玄의 설을 인용하여 "하나라에서는 『연산』이라고 했고,

18) "乾坤則六位俱純, 故用九用六.【詳見蓍卦解】 他卦, 不能然矣. 若云, 周公 特於乾坤示例, 使後人而推類焉. 卽乾坤之內, 或二三爻同動, 或四五爻同動者, 周公 又何不揭例, 以示後哉.【諸爻亂動 則雖乾坤 亦不能】"(『周易四箋 II』, 『定本』 第16卷, p.230; 『譯註 周易四箋』 제7권, pp.224~225)

은나라에서는 『귀장』이라고 했고, 주나라에서는 『주역』이라고 했다"(夏曰連山, 殷曰歸藏, 周曰周易)라고 하였다. 다산이 '하상지구법夏商之舊法'이라고 한 것은 바로 이것을 가리킨다. 만약 주대에 『주역』과 더불어 『연산』과 『귀장』이 사용되었다면 그 점법이나 점사 가운데 전승되어 내려온 것은 없을까? 여기서 주목되는 것이 『좌전』과 『국어』의 기록이다. 『좌전』과 『국어』에는 통행본 『주역』에는 없는 점사들이 발견되는데, 그러한 예들을 열거하면 다음과 같다.

『좌전』 희공僖公 15년, 진백벌진지서秦伯伐晉之筮(④): 고괘蠱卦, "천 대의 전차를 세 번 물리치고, 세 번 물리친 이후 그 숫여우를 잡을 것이다."(千乘三去, 三去之餘, 獲其雄狐)

『좌전』 성공成公 16년, 진후언릉지서晉侯鄢陵之筮(⑨): 복괘復卦, "남쪽나라의 국토는 줄어들 것이고, 그 원왕元王을 화살로 쏘니, 그 눈을 맞출 것이다."(南國蹙, 射其元王, 中厥目)

『국어』 「진어晉語」(魯僖公 23年), 동인영공지서董因迎公之筮(⑲): 태지팔泰之八, "하늘과 땅이 짝이 되어 형통하다."(天地配亨)

『좌전』의 주석가인 두예杜預는 희공僖公 15년의 진백벌진지서秦伯伐晉之筮에서 "천승삼거千乘三去, 삼거지여三去之餘, 획기웅호獲其雄狐"를 잡점雜占의 잡사雜詞라고 추정하였다.[19] 그러나 다산은 두예가 무슨 근거에서 그렇게 추정한 것인지 모르겠다고 의심하였다.[20] 다산의 견해에 따르면, 『주역』에 없는 말이라고 해서 곧바로 『연산』·『귀장』의 점사라든가 혹은 잡점의

19) "杜預曰, 徒父, 秦之掌龜卜者, 卜人而用筮, 不能通三易之占, 故據其所見雜占而言之,……今此所言, 蓋卜筮書雜辭."(『春秋左傳正義』, 十三經注疏整理本 17, 北京大學出版社, 2000, pp.428~429)

20) "杜氏, 直歸之雜詞, 何據矣."(『周易四箋 II』, 『定本』 第16卷, p.220; 『譯註 周易四箋』 제7권, pp.176~177)

점사라고 단정하는 것은 옳지 않다.21) 물론 이러한 점사가 『연산』과 『귀장』의 구문舊文일 가능성은 분명히 있지만, 반드시 그렇다고 단정해서는 안 된다는 것이다.22) 복서卜筮에는 점치는 자가 스스로 점사를 짓는 관례가 있다. 따라서 기존의 점사를 반드시 사용해야 하는 것은 아니다.23) 게다가 [4]와 [9]는 『주역』의 서법 규칙과도 어긋나지 않았기 때문에 구태여 『연산』·『귀장』의 점사라고 볼 필요는 없다.24) 반면에 다산은 [19] 동인영공지서董因迎公之筮의 "천지배형天地配亨"이 '하상지구문夏商之舊文'에 속한다고 보았다.25) 그러나 다산의 주장을 단정적 주장으로 볼 필요는 없다. 이미 그는 『주역』에 나오지 않는 문구라고 해서 그것을 곧바로 『연산』과 『귀장』의 문구로 볼 필요는 없다고 주장한 바 있기 때문이다.26)

---

21) 淸代에 顧炎武는 『日知錄』에서 「三易」에 대해서 논하면서 [4]와 [9]의 점사가 『연산』 혹은 『귀장』에 속한 것일 가능성을 언급하였다.("左傳, 僖十五年, 戰於韓, 卜徒父筮之曰吉, 其卦遇蠱, 曰, '千乘三去, 三去之餘, 獲其雄狐.' 成十六年戰於鄢陵, 公筮之, 史曰吉, 其卦遇復, 曰, '南國蹙, 射其元王, 中厥目.' 此皆不用周易, 而別有引據之辭, 即所謂三易之法也. 而傳不言易."; 顧炎武 著, 黃汝成 集釋, 『日知錄集釋[全校本]』, 上卷, 上海古籍出版社, 2010, pp.2~3)

22) "三去雄狐之詞, 或係連山, 歸藏之舊文, 亦未可知."(『周易四箋 II』, 『定本』 第16卷, p.220; 『譯註 周易四箋』 제7권, pp.176~177)

23) "卜筮之法, 占者, 本自立詞, 不必舊繇是用也."(『周易四箋 II』, 『定本』 第16卷, p.220; 『譯註 周易四箋』 제7권, pp.176~177)

24) 『주역』의 筮法에 따르면, 變爻가 없는 경우에는 卦辭, 즉 彖辭로써 점을 친다.

25) 원용준은 『國語』 「晉語」, '董因迎公之筮'의 "天地配亨"을 『연산』, 『귀장』의 문장이라고 단정지을 수는 없다고 주장하였다. 왜냐하면 『주역』에 없는 占辭라고 해서 즉각적으로 『連山』·『歸藏』의 문장이 되는 것은 아니기 때문이다. 원용준은 다산이 "天地配亨"을 『연산』·『귀장』의 문장이라고 한 것은 아마도 '泰之八'과의 관계를 아울러 고려하였기 때문일 것이라고 추정하였다.(元勇準, 「茶山의 '夏商之舊法'설에 대한 再檢討: 易類出土文獻과의 비교고찰」, 『中韓易學高端論壇 論文集』, 다산학술문화재단, 2015, p.263)

26) 阜陽漢簡 『周易』에도 통행본 『주역』에 없는卜辭가 있다.(韓自強, 『阜陽漢簡《周易》研究』, 上海: 上海古籍出版社, 2004, pp.45~46)

3. 하상지구법설에 대한 재검토

다산은 『주역사전』에서 효변설을 『주역』의 근본적 해석법으로 삼고 있으며, 그 근거를 『좌전』과 『국어』의 서법으로부터 끌어왔다. 다산은 『좌전』과 『국어』에 실려 있는 춘추시대 관점의 서례를 풀이해서 그 서법을 밝혀내었는데, 이것이 바로 「춘추관점보주」이다. 다산은 「춘추관점보주」에서 춘추시대의 서례 분석을 통해 일효변은 『주역』에 속하는 서법이지만 다효변은 하상지구법夏商之舊法에 속하는 서법이라고 주장하였다. 다시 말해서, 구九·육六을 변효變爻의 부호로 사용하는 것은 『주역』의 서법이고, 칠七·팔八을 사용하는 것은 『연산』과 『귀장』의 서법이라는 것이 요점이다. 다산의 주장은 독창적 학설이 아니라 『좌전』의 주석가 두예와 『국어』의 주석가 위소의 학설에 근거를 두고 있다. 그러나 다산은 물론이고 두예와 위소도 『연산』과 『귀장』을 실물로 확인한 것이 아니고 단지 추론에 근거해서 논리를 전개하고 있는 것에 불과하다. 이것이 하상지구법설이 갖는 근본적 한계이다.

이처럼 고대 서법에 관한 자료가 희소한 상황에서 출토문헌의 출현은 빈약한 정보의 공간을 메꿔 줄 수 있다는 점에서 학계의 비상한 관심을 받고 있다. 역류易類 출토문헌은 최근에 집중적으로 발굴되고 있지만, 과거에도 출토된 사례들이 있었다. 북송 중화重和 원년(1118)에 호북湖北 효감현孝感縣에서 출토된 중방정中方鼎의 명문銘文에서 <칠팔육육육육七八六六六六>과 <팔칠육육육육八七六六六六>이라는 숫자괘數字卦가 발견되었다.[27]

중방정中方鼎은 서주西周 소왕昭王 18년(BC.978)의 유물로 고증되었는데,[28] 춘추시대에 가장 오래된 서점筮占으로서 『좌전』에 기록되어 있는 노장공魯莊

27) 中方鼎이란 北宋시대 重和 元年(1118)에 湖北 孝感縣에서 出土된 安州六器 가운데 하나로서 南宮中鼎을 가리키며, 宋朝에서 編纂된 『宣和博古圖錄』에 수록되어 있다. 아래 圖面은 中方鼎 도면의 模本이다. 도면의 왼쪽 아래에 數字卦가 보인다.

28) 李學勤, 『周易經傳溯源』, 中國社會科學出版社, 北京, 2007, p.151.

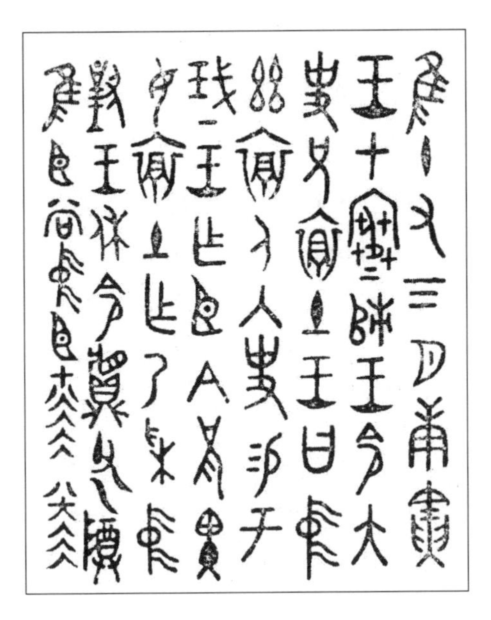

중방정 명문의 숫자괘

公 22년(BC.672)의 진경중지서陳敬仲之筮와 비교해 보면 306년이나 앞선다.

장정랑張政烺은 이 중방정 명문의 숫자괘를 <박괘剝卦–비괘比卦>의 배열이라고 보았는데, 이것을 본괘本卦와 지괘之卦의 순서로 좌우로 배치하면 다음과 같이 된다.[29]

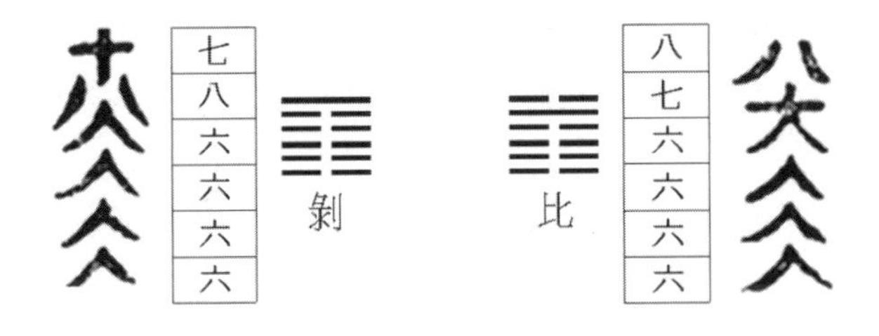

29) 張政烺, 「試釋周初青銅器銘文中的易卦」, 『中國哲學』 14輯(李學勤, 『周易經傳溯源』, 中國社會科學出版社, 北京, 2007, p.153)

장정랑은 중방정의 숫자괘가 『주역』의 괘라고 보고, 여기에 『주역』의 괘를 대입시킨 것이다. 그러나 이것이 『주역』의 괘를 가리킨 것이라는 것은 단지 가설에 불과하다. 그리고 설령 두 개의 숫자괘가 『주역』의 괘라고 하더라도, 이것은 두 괘를 나란히 붙여 놓았을 뿐이지 '모괘지모괘某卦之某卦'의 형식에서처럼 '지之'자에 의해 연결되어 있는 것도 아니다. 따라서 중방정의 숫자괘가 『주역』의 괘를 표현하고 있다는 것도 확실치 않고, 더구나 효변을 나타내고 있다는 것도 역시 추론에 불과하다. 만약에 이것이 효변이라면 '박지비剝之比'가 되어, 박괘剝卦의 육오六五와 상구上九가 변동한 이효변二爻變의 경우에 해당된다.[30] 그러나 『좌전』과 『국어』에는 이처럼 두 개의 효가 변동하는 서례가 나오지 않는다. 주자의 『역학계몽』에 따르면 "두 효가 변하는 경우에는 본괘의 두 변효로 점을 치는데, 위에 있는 효가 주효가 된다"(二爻變, 則以本卦二變爻辭占, 仍以上爻爲主)라고 되어 있다.[31] 이학근은 박괘 육오와 상구의 효사를 모두 참고하여 판단하였다. 이학근은 박괘 육오에서 군주의 은총을 입는다고 했으니 크게 이로우며, 상구에서도 역시 군자가 수레를 얻는다고 했으니 크게 길한 괘로 보았다.[32] 이학근은 중방정의 명문에 『주역』에 대한 언급이 없기 때문에 중방정의 숫자괘를 역괘易卦라고 확언할 수는 없으나, 명문의 내용이 『주역』 박괘의 효사와 부합한다는 사실은 결코 우연이 아닐 것이라고 주장하였다. 따라서 그는 『주역』의 경문이 서주 초기에 이미 존재하고 있었을 것이라고 추정하였다. 임재규도 역시 중방정의 숫자괘가 서주 초기에 다효변을 허용하는 『주역』의

30) 李學勤, 『周易經傳溯源』, 中國社會科學出版社, 北京, 2007, p.154.

31) 朱熹 著, 김진근 譯, 『完譯 易學啓蒙』, 청계, 2008, p.361.

32) 剝卦 六五의 효사에는 "물고기를 꿰어 둡이니, 宮人의 신분이었으나 (君主의) 총애를 받게 되니, 이롭지 않음이 없을 것이다"(貫魚, 以宮人寵, 無不利)라고 되어 있다. 그리고 剝卦 上九에 "(마지막으로 남아 있는) 큰 과일을 먹지 않는다. 군자는 수레를 얻을 것이나, 소인은 오두막이 벗겨짐을 당할 것이다"(碩果不食, 君子得輿, 小人剝廬)라고 되어 있다.

서법이 있었다는 증거라고 주장하였다.[33] 심지어 그는 다효변이 『주역』의 고유한 방식임을 중방정의 사례를 통해 명확하게 확인할 수 있다고 보았다.[34] 이학근과 임재규의 학설은 중방정의 명문을 숫자괘에 대응시켜 『주역』의 문자로 인증한 사례로서, 장정랑의 숫자괘 가설을 적용한 것이다. 그러나 앞서 언급한 것처럼 이효변의 서례는 『주역』뿐 아니라 『좌전』과 『국어』에서도 발견되지 않는다. 따라서 중방정의 숫자괘가 『주역』의 효변의 서법에 의해 얻어진 것이며, '박지비剝之比'에 상응한다는 것은 아직까지는 확증되지 않은 가설에 불과하다.[35]

중방정은 북송시대에 출토된 유물이지만, 현대에 이르러서는 더욱 많은 역류易類 자료가 출토되었다. 1993년에 호북성 강릉현 왕가대王家臺 15호묘에서 발견된 죽간이 청대 마국한馬國翰의 『옥함산방집일서玉函山房輯佚書』에 수록된 전본傳本 『귀장』과 거의 일치한다는 사실이 밝혀지면서, 『귀장』이 전설이 아니라 역사적으로 실재했을 것이라는 추정이 설득력을 얻게 되었다. 이처럼 정체가 확인되지 않았던 『귀장』의 역사적 실체에 접근할 수 있는 길이 비로소 열렸다는 점은 『주역』 연구와 관련해서도 매우 중요하다. 뿐만 아니라 전국시대 초국楚國 지역에서 출토된 숫자괘는 고대 서법과 관련해서 새로운 정보를 전해 주고 있다.[36] 포산초간包山楚簡[37] · 신채갈릉

33) 임재규, 「정약용 효변론에 대한 비판적 고찰-춘추관점보주의 효변설을 중심으로」, 『종교와 문화』 제24호, 서울대학교 종교문제연구소, 2013, p.73.

34) 임재규, 『다산 정약용의 역학이론』, 심산, 2019, p.252

35) 만약에 '剝之比'가 爻變이 아니라 卦變에 해당되는 것이라면 아무런 모순도 발생하지 않는다. 卦變의 규칙에 따른다면, 剝卦와 比卦는 모두 一陰卦이고, 剝卦는 一陰卦의 辟卦가 된다. 만약에 [剝卦-比卦]의 배열이 卦變에 해당된다면, 이것은 '比自剝來', 즉 比卦가 剝卦로부터 변하는 경우가 될 것이다. 그러나 數字卦를 卦變과 관련시킨 先例가 없고, 卦變이란 筮法의 절차가 끝난 후에 易詞를 해석하는 방법이므로 여기에서는 고려하지 않는다.

36) 楚國의 故都 紀南城 부근의 天星觀에서 1978년에 출토된 유물 가운데 數字卦가 다수 발견되었다. 그리고 包山楚簡, 新蔡葛陵楚簡 등에서도 卜筮祭禱記錄이 다량으로 발견되었다. 卜筮祭禱란 卜筮와 祭禱를 합쳐 부르는 말로서 卜筮는 貞人이 점을 쳐서 神의 뜻을

초간新蔡葛陵楚簡[38]·천성관초간天星觀楚簡[39]에는 모두 숫자괘의 괘획이 있다. 그리고 강릉江陵 망산望山 1호 초묘楚墓의 초간에는 괘획은 없으나 그 격식과 내용이 앞의 세 종류의 초간과 같다.[40]

최근의 출토문헌 중에서 학계의 특별한 주목을 끈 것은 청화간淸華簡『서법筮法』의 출현이었다.[41]

묻는 것이고, 祭禱란 神靈에 대한 祭祀와 祈禱를 일컫는 말이다. 복서제도기록은 天星觀·望山·包山·秦家嘴·新蔡葛陵 등의 楚墓에서 출토된 竹簡에 수록되어 있다.(李承律, 『죽간·목간·백서, 중국고대간백자료의 세계 1』, 예문서원, 2013, pp.487~491) 이들 죽간에서는 數字卦가 발견되었는데, 六爻로 되어 있으나, 卦名이 없으며, 『주역』의 괘효사를 인용하고 있지도 않다. 卦劃은 一(1), ×(5), ∧(6), 八(8)의 4가지가 사용되고 있어 같은 전국 시기의 上博楚簡『周易』의 괘획과 확연한 차이를 보인다. 뿐만 아니라 卦名이 없으며 卦爻辭를 인용하고 있지도 않다. 따라서 包山楚簡 등의 복서제도기록의 筮占은 괘획부터 『주역』과 다르기 때문에 『주역』과는 관련이 없는 것으로 보아야 한다.(元勇準, 「茶山의 하상지구법설에 대한 재검토:易類출토문헌과의 비교고찰」, 『中韓易學高端論壇論文集』, 山東大學周易硏究中心·茶山學術文化財團 공동학술대회, 2015, p.262.)

37) 包山楚簡은 1987년에 湖北省 荊門市 戰國시대의 楚墓인 包山 2호에서 출토되었으며, 竹簡의 내용이 풍부하고, 紀年이 명확하다. 그 書寫 시기는 기원전 322년에서 기원전 316년 사이로 추정된다. 모두 278매의 竹簡과 1매의 竹牘으로 되어 있으며, 司法文書와 卜筮祭禱記錄과 遣策의 세 종류로 되어 있다. 包山楚簡에는 모두 兩卦一組로 된 6例의 數字卦가 있으며, 筮人·筮具·命辭 등이 기록되어 있다.

38) 新蔡葛陵楚簡은 1994년 8월 16일에 河南省 新蔡에 있는 葛陵의 故城 楚墓에서 1500여枚의 죽간이 발굴되었다. 楚簡은 楚國文字로 書寫되어 있으며, 그 書寫 시기는 기원전 340년 전후의 戰國시대 中期로 추정된다. 여기서 출토된 卜筮祭禱記錄 등은 風俗 방면의 귀중한 연구자료가 된다. 新蔡葛陵楚簡에는 모두 14組의 數字卦가 있는데, 前辭·命辭·占辭 등으로 이루어져 있으며, 簡文의 격식이 包山楚簡과 상당히 유사하다.

39) 天星觀楚簡은 1978년에 湖北省 天星觀 1호묘에서 출토된 竹簡으로서, 그 성립시기는 기원전 340년 전후로 추정된다. 그 내용은 卜筮祭禱簡과 遣策으로 이루어져 있으며, 楚國의 封君制, 葬制 등과 관련하여 중요한 연구자료가 된다.

40) 望山楚簡은 1965년과 1966년에 湖北省 江陵 望山 1호묘와 2호묘에서 출토된 竹簡이다. 越王 勾踐의 劍이 望山 1호묘에서 출토되었다. 그 성립시기는 戰國시대 中期 후반으로 추정된다. 望山 1호묘에서는 卜筮祭禱記錄이 출토되었고, 望山 2호묘에서 출토된 遣策은 楚國의 器物·葬制·習俗 등을 연구하는 데 귀중한 자료이다.

41) 淸華簡『筮法』은 2008年 7月 淸華大學의 校友가 골동품 시장에서 구매해서 모교에 기증한 戰國시대 竹簡이다. 죽간은 모두 2500매이고, 抄寫시대는 BC.305年 전후의 戰國시대 中晩期 무렵으로 추정된다. 그 중에서 『尙書』『紀年』類에 속하는 부류는 先秦 시대 珍貴한 經史典籍이다. 『周易』에 관련되는 것으로는 『筮法』과 『別卦』가 있다. 淸華簡 筮法에는 모두 63支의 竹簡이 組成되어 있으며, 每支의 竹簡 아래에는 모두 編號가

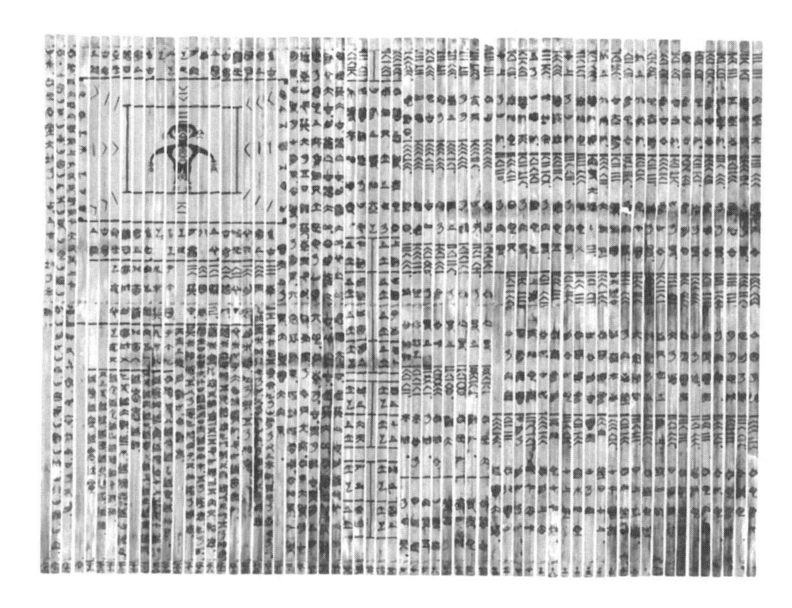

청화간 『서법』

청화간 『서법』이 초사抄寫된 시기는 대략 기원전 305년 전후의 전국시대 중만기中晩期로 추정된다.[42] 청화간 『서법』은 『주역』과 매우 다르며, 오히려 경괘經卦의 괘명은 『귀장』과 유사한 측면이 있다.[43] 청화간 『서법』에서는 일一(—)·사四(ᗜ)·오五(×)·육六(∧)·팔八(八)·구九(⟶)의 여섯 개의 서수筮數가 사용되고 있는데, 이것은 포산초간 등의 복서제도기록卜筮祭禱記錄과 비교할 때 두 종류가 더 많다.[44] 그 중에서 가장 높은 빈도로 출현하는

적혀 있다. 2008年 9月 이후로 清華大學에서는 出土文獻硏究與保護中心에서 保存과 整理 작업을 시작하여 2011年에 정리본을 출판하기 시작하였다. 『筮法』과 『別卦』은 第四集에 收錄되어 있으며, 2014년에 출판되었다. 그 내용은 古代의 數字卦의 占筮法과 관련이 있으므로 整理者가 『筮法』이라는 名稱을 부여하였다.

42) 『좌전』의 점서 기록 중에서 가장 늦은 자료에 해당하는 陽虎救鄭之筮인데, 그 점서가 행해진 시기는 기원전 486년 魯 哀公 9년이다. 따라서 청화간 『서법』이 抄寫된 시기는 陽虎救鄭之筮와 비교한다면 대략 180년 정도 이후가 된다.

43) 李學勤, 「清華簡筮法與數字卦問題」, 『文物』, 2013년 제8기, p.68.

44) 淸華簡 『筮法』의 筮數는 包山楚簡 등과 비교할 때, 四(ᗜ)와 九(⟶)가 더 많다.

서수는 일一과 육六이다.[45]

반면에 『주역』의 서법에서는 육六·칠七·팔八·구九 등 4개의 서수만 사용된다. 청화간 『서법』의 서수는 『주역』의 서수와 일치하지 않을 뿐 아니라, 이전에 고고학적 유물로 발견된 숫자괘와도 일치하지 않는다. 장정랑에 따르면 숫자괘에서 사용된 숫자는 일一·오五·육六·칠七·팔八로 되어 있고 사四는 거의 보이지 않으며, 구九는 서주시대 중기에 이르러서야 출현하였다고 한다.[46] 그런데 청화간 『서법』의 죽간에서는 사四와 구九가 매우 높은 빈도로 출현하고 있다. 이처럼 서수의 체계는 『주역』과 청화간 『서법』에서 서로 다르게 나타난다. 뿐만 아니라 청화간 『서법』에는 64괘의 괘명이나 괘효사가 전혀 언급되지 않고 있다.[47] 이러한 사실로 미루어 볼 때 『주역』과 청화간 『서법』은 처음부터 서로 다른 서술筮術을 택하고 있었을 가능성이 높다. 청화간 『서법』의 팔괘八卦의 괘명이 『귀장』과 유사한 점 등을 들어서 『귀장』과 밀접한 관계에 있다고 보는 견해도 있다.[48] 따라서 점서占筮의 방법을 달리하는 여러 종류의 서술체계가 공존하고 있었을 것이라는 추론이 가능해진다.[49]

출토문헌에서 발견되는 숫자괘는 좌우의 두 괘가 병렬되어 양괘일조兩卦一組의 배열을 취하고 있다. 필자는 이러한 배열방식에서 앞의 괘가 본괘本卦이고 뒤의 괘가 변괘變卦 즉 지괘之卦일 가능성이 높다고 주장한 바 있다.[50]

---

45) 清華大學藏戰國竹簡 上冊(肆) 上冊, 『筮法』 圖面, 中西書局, 2013, pp.4~5.

46) 張政烺의 학설에 관해서는 다음의 책을 참조할 것.(김상섭, 『춘추점서역』, 성균관대학교출판부, 2015, pp.42~46)

47) 劉震, 「清華簡『筮法』與『左傳』『國語』筮例比較研究」, 『周易研究』, 2015年 3期, p.49.

48) 李學勤, 「清華簡『筮法』與數字卦問題」, 『文物』, 2013년 제8기, p.68; 元勇準, 「茶山의 '夏商之舊法'설에 대한 再檢討: 易類出土文獻과의 비교고찰」, 『中韓易學高端論壇論文集』, 다산학술문화재단, 2015, p.263.

49) 夏含夷(Edward Shaughnessy), 「是筮法還是釋法 — 由清華簡『筮法』重新考慮『左傳』筮例」, 『周易研究』, 2015年 3期, p.35.

50) 拙著, 『다산 정약용의 『주역사전』, 기호학으로 읽다』, 예문서원, 2014.

그러나 원용준은 출토문헌에 보이는 괘획의 배열이 <본괘-지괘>의 형식을 의미하는 것은 아니라고 주장하였다. 원용준은 청화간『서법』의 제7호간과 제8호간에 서사書寫되어 있는 제2절 '득得'의 "삼남동녀三男同女, 내득乃得"이라는 주사繇辭를 근거로 제시하였다.51)

청화간『서법』제7~8간 '得'절

위의 숫자괘를 위에서부터 아래 방향으로 읽어서 숫자로 치환하면, 왼쪽 괘는 <육육일구일육六六一九一六>이 되고, 오른쪽 괘는 <육일육육육일六一六六六一>이 된다. 일반적으로 숫자괘를 괘획으로 치환하기 위해서는 기수奇數를 양획으로 바꾸고 우수偶數를 음획으로 바꾸는 방법을 쓴다. 따라서 왼쪽 괘는 상괘인 진震(六六一)과 하괘인 손巽(九一六)의 조합이 되고, 오른쪽 괘는 상괘인 감坎(六一六)과 하괘인 진震(六六一)의 조합이 된다. 이학근에 따르면 장남長男인 진震이 두 개 있고 중남中男인 감坎이 한 개 있으며 장녀長女인 손괘巽卦가 한 개 있으므로 "삼남동녀三男同女"가 된다.

제2절 '득得'의 괘획들은 양괘일조의 배열을 취하고 있는 것처럼 보인다.

---

51) 清華大學出土文獻硏究與保護中心 編, 李學勤 主編,『清華大學藏戰國竹簡』, 肆, 下冊, 中西書局, 2013, p.82.

그러나 원용준은 이러한 배열이 진震·손巽·감坎·진震의 삼획괘 네 개를 상하좌우로 배열해 놓은 것에 불과하다고 주장하였다. 아울러 그는 육획괘의 괘명이 없는 것으로 보아서 『서법』의 체제는 육획괘가 아니라 팔괘 중심이라고 했다. 이러한 원용준의 주장은 청화간 『서법』이 "사위四位" 분석의 방법을 사용하고 있다고 한 정호程浩의 주장과 일치한다.[52] 필자의 견해로는 청화간 『서법』에서 적용되는 "사위四位" 분석의 방법이 숫자괘에 일반적으로 적용된다고 볼 근거는 아직 발견되지 않았다.[53] 아마도 원용준이 청화간 『서법』 제2절 '득得'의 숫자괘 배열을 삼획괘 네 개의 조합으로 본 것은 상괘와 하괘 사이에 간격이 있기 때문일 것이다. 그러나 상괘와 하괘 사이의 간격이 있다고 해서 그것이 육획괘가 아니라는 증거는 되지 못한다. 왜냐하면 상박초간 『주역』에서는 육획괘의 경우에도 상괘와 하괘 사이에 간격이 있기 때문이다. 원용준이 '득得'의 숫자괘의 배열을 삼획괘 네 개의 조합으로 본 또 다른 이유는 진·손·감·진의 삼획괘 네 개의 배치가 "삼남동녀三男同女"의 주사繇辭와 부합하기 때문이다. 그러나 규괘睽卦 「단전」의 "이녀동거二女同居"라는 문구는 두 개의 삼획괘의 조합으로써 중녀中女·소녀少女의 동거를 설명하고 있지만 육획괘에 속한다. 더구나 "이녀동거"에 이어지는 "유진이상행柔進而上行"이라는 문구는 괘변을 적용하지 않는다면 해석이 불가능하다. 따라서 상괘와 하괘의 조합이 괘의 변화를 가로막는 원인은 되지 못한다는 것을 알 수 있다.

그렇다면 청화간 『서법』 '득得'절의 숫자괘를 『주역』의 괘로 변환시키는 방법은 타당한 것일까? 사실 『주역』의 괘획도 원래는 숫자괘로부터 나왔다

52) 四位分析法은 『筮法』 제24절 四位表에 의거한 것이다.(程浩, 「清華簡『筮法』與周代占筮系統」, 『周易研究』, 2013年 6期, p.14)

53) 원용준은 청화간 『서법』이 四位 분석에 바탕을 두고 있다는 견해를 固守하였다. 그는 청화간 『서법』 譯註를 곧 출간할 예정이다. 그는 이 분야의 전문가이기 때문에, 충분한 근거가 제시된다면 필자는 그 견해에 따르려고 한다.

고 볼 수 있다. 왜냐하면 『주역』의 괘획은 육六·칠七·팔八·구九의 서수筮數를 통해서 확정되기 때문이다.[54] 그러나 서수를 운용하는 방식에는 여러 가지 방식이 있기 때문에 숫자괘를 『주역』의 괘로 변환시키기 위해서는 『주역』의 서법과 관련이 있다는 전제가 필요하다.[55] 청화간 『서법』의 '득得' 절의 숫자괘를 역괘로 바꾼다면 왼쪽의 <육육일구일육六六一九一六>은 항괘恒卦가 되고 오른쪽의 <육일육육육일六一六六六一>은 준괘屯卦가 되니, 이것은 '항지준恒之屯', 즉 항괘恒卦가 준괘屯卦로 변하는 경우가 된다.[56] 이 경우 초효에서 제5효까지 모두 다섯 효가 변하지 않으면 안 된다. 다산의 관점에 따른다면 이것은 일효변을 위주로 하는 『주역』의 서법과는 완전히 다르다. 이제까지 출토된 숫자괘가 『주역』의 서법과 관련이 있다는 어떠한 단서도 발견된 적이 없다.

왕화평王化平은 장정랑 이후 대다수의 학자들이 『좌전』과 『국어』에 나타나는 <본괘-지괘>의 서례를 숫자괘數字卦에 적용해 왔으나 전국시대 초간의 숫자괘와 『주역』의 서법 사이에는 본질적 차이가 있다는 점을 지적하고, 신채갈릉초간新蔡葛陵楚簡의 숫자괘를 증거로 제시했다. 거기에서 제2조는 <육육육육일육六六六六一六, 육육육육일일六六六六一一>이고 제6조는 <육육

54) 예를 들면 屯之比를 數字卦로 표현하면, [八七八八八九]가 된다.(張朋, 『春秋易學研究-以周易卦爻辭的卦象解說方法爲中心』, 上海人民出版社, 2012, p.397)

55) 만약 여섯 개의 연속된 숫자를 "奇數는 양이 되고, 偶數는 음이 된다"(奇數爲陽, 偶數爲陰)라는 원칙에 의거해서 陰과 陽으로 변환하면, 『주역』의 괘로 변환할 수 있다. 『包山楚簡』의 숫자괘 [六六六八一一, 一六六八一一]을 『주역』의 괘로 변환시키면 '臨之損'이 되어 一爻變에 해당된다. 그리고 전국시대 天星觀 楚簡에서 발굴된 數字卦 [八一一一六六, 一一一六七六]을 『주역』의 괘로 변환시키면 '咸之訟'이 되는데, 이것은 三爻變에 해당된다. 그러나 李承律은 之'자가 없는데 효변으로 보는 것은 문제가 있다고 지적하였다. 그리고 많은 선행연구들이 괘획을 현행본 『주역』의 괘획으로 바꾼 다음 卦名을 붙이고 있는 것에 대해서 元勇準은 죽간 자체에 괘명이 없는데, 『주역』의 괘명을 붙여도 되는지는 의문이라고 주장하였다.(元勇準, 「茶山의 '夏商之舊法'설에 대한 再檢討:易類出土文獻과의 비교고찰」, 『中韓易學高端論壇論文集』, 다산학술문화재단, 2015, p.262)

56) 程浩, 「清華簡『筮法』與周代占筮系統」, 『周易研究』, 2013年 6期, p.14.

육육일육六六六六一六, 오육오육육육五六五六六六>으로 되어 있는데, 제2조와 제6조의 왼쪽 괘는 <육육육육일육六六六六一六>으로 서로 같다. 만약에 본괘가 같다면 지괘도 같아야 하는데, 이 경우는 그렇지 않다.[57] 따라서 왕화평은 이것이 <본괘-지괘>의 서법을 따른 것이 아니라고 주장하였다. 이처럼 최근에 이르러 『좌전』과 『국어』의 서법과 역류易類 출토자료의 숫자괘의 서법이 근본적으로 다른 계통에 속한다는 주장은 많은 지지를 얻고 있다. 그러나 『좌전』과 『국어』의 서법이라고 해서 모두 동일한 계통에 속하는 것이 아니며, 상商·서주西周 이후에서부터 전국시기에 이르기까지의 숫자괘가 모두 동일한 서법 계통에 속한다고 볼 근거도 없다.[58] 포산초간, 신채갈릉초간, 천성관초간, 청화간 『서법』 등은 모두 전국시대에 속하는 출토자료이기 때문에 춘추시대의 서법과는 다를 수 있다. 다만 『연산』·『귀장』의 서법과 상대 복골卜骨의 숫자괘 사이에는 관련이 있을 가능성이 있다. 왜냐하면 『연산』·『귀장』에서 칠七과 팔八의 서수가 사용되었다고 전해져 내려오고 있고, 상대 복골의 숫자괘에서도 역시 칠과 팔의 숫자가 많이 발견되기 때문이다.

---

57) 王化平, 「左傳和國語之筮例與戰國楚簡數字卦畫的比較」,『考古』, 2011年, 第10期, p.64.

58) 1950년에는 河南省 安陽의 四盤磨에서 商代의 卜骨이 출토되었는데, "七八七六七六曰隗", "七五七六六六曰魁"이라고 쓰인 數字卦가 나왔다. 그리고 1956년에는 陝西省 長安의 張家坡에서 西周 시대의 卜骨이 출토되었는데, 兩組로 된 數字卦가 나왔다.

제3부

한역에서 추이설과 효변설의 계보를 추적하다

제5장 「한위유의론」의 역학 비평

1. 『주역집해』와 『주역정의』의 자료적 가치

종래에 한역漢易에 관한 연구자료로 가장 중시되어 온 것은 이정조李鼎祚의 『주역집해』였다. 다산에 따르면 『주역집해』의 의의는 무엇보다도 거의 망실되어 버릴 위기에 처해 있던 한漢·위魏 제가諸家의 역설易說 중에서 명론名論을 광범위하게 채록採錄하여 세상에 남긴 데 있다.[1] 다산은 『역』을 배우고자 하는 학인學人들에게 이정조李鼎祚의 『주역집해周易集解』 십권十卷을 마치 옥구슬(拱璧)처럼 진귀한 보물로 여길 것을 권장한다. 왜냐하면 만약에 『주역집해』에서 인용된 제가의 역설易說 중에서 좋은 것을 택하여 확고하게 지켜 나갈 수 있다면 『역』의 정수를 거의 터득할 수 있을 것이기 때문이다.[2] 다산이 『역학서언』의 첫머리에 「이정조집해론」을 배치한 것도 그만큼 이정조의 『주역집해』가 갖는 가치를 높이 평가했기 때문이었다.

다산은 이정조의 『주역집해』와 공영달孔穎達의 『주역정의周易正義』를 비교하여 평가하였다. 그에 따르면, 자료적 가치라는 측면에서 본다면 이정조의

---

1) "當時, 漢魏諸儒之說, 猶有存者; 李鼎祚, 懼其彌久而彌泯也. 於是, 抄採名論, 爲此集解十卷, 以貽後世, 其功誠大矣."(「李鼎祚集解論」, 『易學緒言』, 『定本』 第17卷, pp.52~53)

2) "今之學者, 誠欲學『易』, 唯取李鼎祚『集解』十卷, 以爲拱璧, 又就其中, 擇善而固執之, 則庶乎其得之矣."(「李鼎祚集解論」, 『易學緒言』, 『定本』 第17卷, p.53)

『주역집해』는 그 자체로 완서完書로서 기획된 것이고 명론名論만을 초록抄錄하고 있다는 점에서 더 가치가 있다. 그러나 한역 연구에 있어서 지니는 자료적 중요성에도 불구하고 『주역집해』에는 선유들의 제설이 간혹 누락된 부분이 있다. 따라서 공영달의 『주역정의』 등에서 그 누락된 부분을 채록하여 집록輯錄함으로써 그 결핍된 부분을 보완하고자 한 것이 「한위유의론漢魏遺義論」의 저술 동기이다.[3] 실제로 「한위유의론」의 역주易注는 대부분 공영달의 『주역정의』에서 채록한 것이다. 다만 다산의 견해에 따르면 공영달의 『주역정의』에는 좋은 것과 나쁜 것이 섞여 있기 때문에 옥석을 가려내는 비판적 안목이 필요하다.[4]

2. 한위삼십육가에 대한 평가

『역학서언』에서 한역과 관련된 평론은 「이정조집해론」, 「정강성역주론」, 「반고예문지론」, 「한위유의론」, 「왕보사역주론」, 「한강백현담고」, 「공소백일평」, 「당서괘기론」 등 모두 여덟 편이다. 『역학서언』이 총21편으로 이루어져 있다는 점을 고려하면 한역漢易이 상당한 비중으로 다루어지고 있음을 알 수 있다.[5] 여덟 편의 평론 가운데 「한위유의론」은 한漢·위魏시대의

3) "漢魏諸家之說, 今皆亡軼. 李鼎祚『集解』之外, 唯孔穎達『正義』, 時引先儒馬融王肅等諸說. 以視『集解』, 或載或漏, 今採掇零文, 錄爲一篇."(「漢魏遺義論」, 『易學緖言』, 『定本』 第17卷, p.79)

4) "『集解』自爲完書. 故抄取名論. 此篇就孔疏中抄取. 故善惡皆錄之."(「漢魏遺義論」, 『易學緖言』, 『定本』 第17卷, p.79)

5) 다산의 한역에 대한 견해를 파악하기 위해서는 위에서 언급한 여덟 개의 역학 평론에 대하여 개별적 연구를 진행한 뒤에, 다시 그 연구성과를 종합함으로써 다산의 한역관을 총체적으로 구성해낼 수 있을 것이다. 『역학서언』 가운데 한역과 관련된 여덟 개의 역학 평론 가운데 「왕보사역주론」과 「한강백현담고」, 「반고예문지론」에 대해서는 각각 다음과 같은 譯註가 발표된 바 있다. (1)장정욱, 「王輔嗣易注論 評釋」(『다산학』 제13호, 2008), (2)장정욱, 「다산의 韓康伯玄談考에 대한 評釋」(『동서사상』 제7집, 2009), (3)장정욱,

여러 역설에 대한 다산의 역학 평론이다. 한·위시대의 역학자들은 크게 한위삼십육가漢魏三十六家와 강남의소江南義疏로 나뉜다. 한위삼십육가란 바로 이정조의 『주역집해』에 수록되어 있는 한·위의 역학가들을 가리키며, 강남의소란 공영달이 『주역정의』를 저술하였을 무렵에 왕필의 현학玄學에 의거하여 『주역』을 해석한 강좌江左학파의 의소義疏를 가리킨다.

그러면 먼저 한위삼십육가에 대해 고찰해 보기로 하자. 한위삼십육가란 이정조의 『주역집해』에 수록되어 있는 한·위의 역학가를 가리키는 명칭이다. 이정조는 『주역집해』 「자서自序」에서 "우번虞翻과 순상荀爽 등 삼십여 가의 학설을 수집하였다"(集虞翻荀爽三十餘家)라고 말하고 있는데, 그 삼십여 가에는 한·위시대뿐 아니라 위진남북조로부터 수·당에 이르기까지의 역학가들이 총망라되어 있어 그 범위가 매우 광범위하다.[6] 다산은 「한위유의론」에서 "『주역집해』에서 열거한 삼십육가"(集解所列漢魏三十六家)라고 하였지만, 막상 「이정조집해론」에서는 삼십육가에 대해 언급하고 있지 않다. 한위삼십육가라는 명칭은 「공소백일평孔疏百一評」과 「주자본의발미朱子本義發微」에서 다시 언급된다. 그렇다면 삼십육가란 구체적으로 누구를 말하는가? 다산이 삼십육가를 열거하고 있지 않기 때문에 그들이 누구를 가리키는지 정확히는 알 수 없다. 다만 다산이 「이정조집해론」에서 송대에 조공무晁公武가 지은 『군재독서지君齋讀書志』[7]를 인용하여 삼십가三十家를 열거하고 있기 때문에 그들이 삼십육가에 포함된다고 보면 될 것이다.[8] 명대의

「반고의 예문지에 대한 논평」(『동서사상』 제15집, 2013)

6) "臣少慕玄風, 遊心墳籍, 歷觀炎漢迄今巨唐, 採羣賢之遺言, 議三聖之幽賾, 集虞翻荀爽三十餘家."([唐] 李鼎祚 撰, 『周易集解』, 上冊, 九州出版社, 2006, p.18)

7) 『君齋讀書志』(四卷)는 宋의 晁公武가 撰한 책이다. 四川 轉運使인 井憲孟이 가지고 있던 장서를 조공무에게 보냈는데, 조공무가 그 大略을 서술한 것이다.(狩野直喜 저, 吳二煥 역, 『중국철학사』, 을유문화사, 1986, p.39)

8) 『군재독서지』에서 열거하고 있는 三十家는 다음과 같다. 1)子夏, 2)孟喜, 3)京房, 4)馬融, 5)荀爽, 6)鄭玄, 7)劉表, 8)何晏, 9)宋衷, 10)虞翻, 11)陸績, 12)干寶, 13)王肅, 14)王弼, 15)姚信, 16)王廙, 17)張璠, 18)向秀, 19)王凱沖, 20)侯果, 21)蜀才, 22)翟玄, 23)韓康伯, 24)劉瓛, 25)

호진형胡震亨은 『군재독서지』에서 거론된 역학가 중에서 복만용伏曼容·요규姚規·주앙지朱仰之의 세 사람이 빠져 있음을 발견하고 이를 추가하였다.[9] 그 밖에 『중흥서목中興書目』에서는 『주역집해』에서 삼십이가三十二家를 인용하였다고 하였다.[10] 그런데 『수서隋書』「경적지經籍志」에 따르면, 『주역집해』에서 삼십오가三十五家의 역주易注를 채집하였다고 하였으며, 주이준朱彝尊은 『경의고經義考』에서 삼십오가의 이름을 거론하였다.[11] 따라서 다산이 말한 '한위삼십육가漢魏三十六家'란 『수서』「경적지」와 주이준의 『경의고』에 언급된 삼십오가에 다시 한 사람을 추가한 것일 가능성이 높다. 다만 새롭게 추가된 한 사람이 누구인지는 알 수 없다.

그러면 이제 한위삼십육가에 대한 다산의 평가에 대해 알아보기로 하자. 『주역집해』에서 수집한 역학가들의 주注는 순상荀爽·우번虞翻 등의 상수파가 가장 많고, 왕필王弼·하안何晏·한강백韓康伯 등의 의리파의 주도 포함되어 있다. 다산은 한위삼십육가 중에서 상수학파에 대해서는 대체적으로 긍정적 평가를 내리고 있다. 다산이 이들에게 호의적인 태도를 보인 까닭은,

---

何妥, 26)崔憬, 27)沈驎士, 28)盧氏, 즉 盧景裕, 29)崔覲, 30)孔穎達.(「李鼎祚集解論」, 『易學緖言』, 『定本』 第17卷, p.51)

9) "胡震亨按所集, 又有伏曼容·姚規·朱仰之三家."(「李鼎祚集解論」, 『易學緖言』, 『定本』 第17卷, p.51)

10) 『中興書目』은 趙士煒가 집록한 『中興館閣書目』을 가리킨다.(廖名春·康學偉·梁韋弦 著, 심경호 譯, 『주역철학사』, 예문서원, 1994, p.359) 三十二家의 이름은 明代의 朱睦㮮의 序에도 언급되어 있는데, 열거하면 다음과 같다.; 1)子夏, 2)孟喜, 3)焦贛, 4)京房, 5)馬融, 6)荀爽, 7)鄭玄, 8)劉表, 9)何晏, 10)宋衷, 11)虞翻, 12)陸績, 13)干寶, 14)王肅, 15)王弼, 16)姚信, 17)王廙, 18)張璠, 19)向秀, 20)王凱沖, 21)侯果, 22)蜀才, 23)翟玄, 24)韓康伯, 25)劉巘, 26)何妥, 27)崔憬, 28)沈驎士, 29)盧氏, 30)崔覲, 31)伏曼容, 32)孔穎達.(張文智, 『周易集解導讀』, 齊魯書社, 2005, p.16)

11) 三十五家는 다음과 같다.; 1)子夏, 2)孟喜, 3)焦贛, 4)京房, 5)馬融, 6)荀爽, 7)鄭玄, 8)劉表, 9)何晏, 10)宋衷, 11)虞翻, 12)陸績, 13)干寶, 14)王肅, 15)王弼, 16)姚信, 17)王廙, 18)張璠, 19)向秀, 20)王凱沖, 21)侯果, 22)蜀才, 23)翟元, 24)韓康伯, 25)劉巘, 26)何妥, 27)崔憬, 28)沈驎士, 29)盧氏, 30)崔覲, 31)伏曼容, 32)孔穎達, 33)姚規, 34)朱仰之, 35)蔡景君.(張文智, 『周易集解導讀』, 齊魯書社, 2005, pp.16~17)

이들 상수학파는 다산이 『주역』의 올바른 해석법으로 간주하고 있는 추이推移 즉 괘변卦變의 해석방법을 전승했기 때문이다. 다산의 견해에 따르면 한위삼십육가 가운데 집대성자集大成者는 순구가荀九家이며,[12] 순구가 중의 집대성자는 순상荀爽·우번虞翻의 이가二家이다.[13] 다산은 순상과 우번의 역주易注가 『역경』의 경지經旨에 부합하는 해석을 하였다고 보았는데,[14] 그 중에서도 우번이 특히 탁월하다고 평가하였다.

이처럼 우번을 역가의 종가宗家로 본 까닭은 다산이 『주역』 해석방법론의 주축으로 삼고 있는 추이와 효변에 관련하여 우번의 학설이 가장 핵심에 근접했다고 보았기 때문이다. 먼저 추이설과 관련해서 보면, 다산의 추이설은 우번의 괘변설을 근간으로 해서 발전된 것이라고 해도 과언이 아니다. 다산은 괘변설이 한위삼십육가에 속하는 우번·순상·요규姚規·후과侯果·촉재蜀才 등에 의하여 전승되어 내려온 것에 주목하였다.[15] 다산은 「주자본의발미朱子本義發微」에서 정이천程伊川의 괘변법은 한위삼십육가가 사용한 추이의 구법舊法이지 다른 것이 아니라고 단언하였다.[16]

이에 반해서 효변爻變에 대해서는 한위삼십육가조차도 대부분 무지하였다고 보고 있다. 요컨대 다산은 한·위의 제가가 괘변과 효변에 관해서는 반 정도 알았지만 나머지 반에 대해서는 어두워서, 간혹 『주역』의 뜻에

12) 荀九家란 ①京房, ②馬融, ③鄭玄, ④宋衷, ⑤虞翻, ⑥陸績, ⑦姚信, ⑧翟子玄, ⑨荀爽을 가리킨다. 荀九家라고 부르는 것은 荀爽을 포함한 九家라는 의미이다.(張善文 撰, 『周易辭典』, 中國大百科全書出版社, 2005, p.17)

13) "蓋易學三十餘家, 其集大成者九家也. 九家之中, 其集大成者, 二家也."(「李鼎祚集解論」, 『易學緖言』, 『定本』 第17卷, p.53)

14) "其中荀爽·虞翻二家之說, 多合經旨."(「李鼎祚集解論」, 『易學緖言』, 『定本』 第17卷, p.53)

15) "卦變之說, 不自虞翻始也. 孔子「彖傳」, 明白如彼, 何咎於虞翻也. 荀爽·姚規·侯果·蜀才之等, 皆用推移. 此其傳授, 必自高遠, 非今人之所得議也."(「來氏易註駁」, 『易學緖言』, 『定本』 第17卷, p.207)

16) "程子所言, 卽漢魏三十六家推移之舊法, 非有他也."(「朱子本義發微」, 『易學緖言』, 『定本』 第17卷, p.133)

통하는 적도 있지만 간혹 막히는 적도 있었다고 평가하고 있다.[17] 그렇지만 우번이 「계사전」의 "효자爻者, 언호변자야言乎變者也"를 구육九六의 변화로 풀이한 것은 효변을 이해하고 있었음을 보여 주는 명백한 증거라고 보았다.[18] 따라서 "우중상虞仲翔의 학문이 (『역』의) 심오한 경지(扃奧)에 거의 다다랐음이 모두 이와 같다"라고 한 발언은 다산이 역학 대가에게 바친 최고의 헌사였다.[19]

반면에 의리학파에 대한 다산의 평가는 대체로 부정적이다. 의리학파 중에서도 특히 왕필王弼에 대한 평가가 가장 혹독하다. 다산에 따르면, 왕필의 학문은 전혀 사승師承도 없고, 또 사숙私淑한 바도 없다.[20] 천박한 지식으로 괘변卦變을 없애고 효변爻變을 무시하였으며 호체互體를 떼어내고 물상物象을 제거하였으니, 이로 말미암아 상구商瞿 이래로 전승되어 오던 백가百家의 설들이 모두 사라지게 되었다. 실로 역학계의 공적公敵이라 부를 만하다.[21] 그런데도 불구하고 공영달이 『주역정의』에서 왕필의 주注를 "독관고금獨冠古今"이라고 부르고 정의正義로 삼은 것에 대해 다산은 실망감을 감추지 못하였다. 이정조의 『주역집해』에서 거론된 삼십육가가 비록 서로 간에 장점과 단점이 모두 있기는 하지만 왕필에 비교한다면 모두 다락 위(樓上)에 모시고 높이 받들 만한 인물들이다.[22]

---

17) "漢魏諸家之說, 亦於卦變爻變之法, 半知半昧, 或通或塞."(「漢魏遺義論」, 『易學緖言』, 『定本』 第17卷, p.79)

18) 다산의 이러한 평가는 「계사전」의 "爻는 변한다는 것을 말한 것이다"(爻者, 言乎變者也)라는 句에 대해 우번이 "효에 육획이 있으니, 九와 六이 변화하니, 그러므로 '변한다는 것을 말한 것'이라고 한 것이다"(爻有六畫, 九六變化, 故言乎變者也)라고 한 발언을 두고 이루어진 것이다.

19) "仲翔之學, 幾乎幾乎, 達於扃奧, 皆如此."(「李氏折中鈔」, 『易學緖言』, 『定本』 第17卷, p.227)

20) "王弼之學, 絶無師承, 亦無私淑."(「漢魏遺義論」, 『易學緖言』, 『定本』 第17卷, p.86)

21) "有所謂王弼者, 起以私意小智, 埽蕩百家. 凡自商瞿以來, 相承相傳之說, 盡行殄滅. 滅卦變, 滅爻變, 滅互體, 滅物象, 滅交易變易, 滅反對牉合. 塞衆妙之竇, 開純濁之源, 以陰售其玄虛沖漠之學, 而擧世混混, 奉爲至言, 豈不嗟哉!"(「李鼎祚集解論」, 『易學緖言』, 『定本』 第17卷, p.52)

22) "集解所列三十六家, 雖胥有得失, 而較諸王氏之易, 皆足以臥於樓上."(「漢魏遺義論」, 『易學緖

3. 강남의소에 대한 평가

공영달이 『주역정의』를 저술할 무렵에 유가儒家는 남학南學과 북학北學의 양파로 분립해 있었다. 공영달이 당태종의 명에 따라 『오경정의五經正義』를 편찬한 동기는 남북조시대 이후로 남학과 북학의 양파로 분열된 유학의 문호를 통일하기 위한 데 있었다. 『주역』과 관련시켜 본다면 하河·락洛의 북학에서는 정현鄭玄의 훈고학을 계승하였고, 강좌의 남학에서는 왕필王弼의 현학玄學을 계승하였다.[23] 『주역정의』「서序」에 따르면 강좌江左에는 "강남의소江南義疏, 십유여가十有餘家"가 있었다고 하는데, 이들은 왕필의 주를 바탕으로 삼아 의소를 저술하였다. 의소란 불교에서 경經과 논論을 다시 주해하여 소疏를 만든 것에 영향을 받아 성립한 저술형식을 가리키는데, 강소講疏라고도 한다.[24] 이러한 저술체제는 남조의 송대宋代 때 시작해서 양대梁代에 이르러 흥성하게 된다.[25] 강남의소의 학풍은 기본적으로 유·불·

言』, 『定本』 第17卷, p.80)

23) 皮錫瑞 저, 李鴻鎭 역, 『中國經學史』, 형설출판사, 1995, p.130.

24) 六朝 시대에는 漢·魏 시대의 注에 疏를 더하여 경전의 의미를 부연하는 일이 성행하면서 講疏 혹은 義疏라는 저술체제가 유행하게 되었다. 講疏란 불교에서 升座說法하여 먼저 經義를 설명하고, 그 뒤에 문자의 의미를 풀이하는 방식을 모방한 것이다. 梁나라에서는 武帝가 撰한 『周易講疏』(三十五卷)가 있었고, 五經博士 褚仲都가 撰한 『周易講疏』(十六卷)가 있었다. 그리고 義疏도 역시 불교에서 經과 論을 다시 주해하여 疏를 만든 것에 영향을 받아 형성된 양식이다. 義疏란 傳 또는 注를 다시 주해한 것을 뜻하며, 疏 혹은 正義라고도 한다. 疏란 통하다는 뜻이니, 원문 혹은 原注에서 잘 통하지 않는 부분을 다시 주해하여 그 문맥들을 소통시키는 注解 형식을 가리킨다. 梁의 皇侃의 『論語義疏』가 이러한 양식에 의하여 지어진 저술이다. 講疏 혹은 義疏의 저술형식은 漢代의 傳注 혹은 集解의 형식과 달라서 經文의 名物을 풀이하는 데 치중하지 않으며, 경문의 大意를 疏通시키는 데 주력하였다.(任繼愈 主編, 『中國哲學發展史－魏晉南北朝』, 人民出版社, 1988, pp.637~638)

25) 『隋書』「經籍志」에 著錄되어 있는 南朝의 『주역』 義疏로는 다음과 같은 것들이 있다.(張帥·曾凡朝, 「南朝易類義疏體式考」, 『周易硏究』 第2期, 2012, pp.84~85 참조)
[齊]: 『齊永明國學講周易講疏』(26卷). [梁]: 『國子講易議』(6卷), 『宋明帝集群臣講易義疏』(20卷), 『周易講疏』(35卷; 武帝 撰), 『周易講疏』(16卷; 五經博士 褚仲都 撰, 『周易義疏』(14卷; 都官尙書 蕭子政 撰), 『周易繫辭義疏』(3卷; 蕭子政 撰), 『擬周易義疏』(13卷). [陳]: 『周易講疏』(30卷; 咨議參軍 張譏 撰), 『周易義疏』(16卷; 尙書左僕射 周弘正 撰).

도 삼교三敎를 회통하는 삼현三玄사상에 바탕을 두고 있었다. 강남 지역에서는 반불反佛의 경향이 강했던 북방 지역과는 대조적으로 불교와 『주역』의 사상적 융합이 시도되었다. 공영달은 『주역정의』의 서문에서 강남의소가 "주내住內·주외住外의 공空"과 "취능就能·취소就所" 등의 학설로써 『주역』을 해석하였다고 하였으니, 이러한 서술은 삼교회통을 추구하던 강남 학풍의 특징을 잘 표현하고 있다.[26]

이러한 상황에서 공영달은 『주역정의』의 서문에서 왕필을 "독관고금獨冠古今"이라고 평가함으로써 왕필의 역주를 역가易家의 종주宗主로 삼겠다는 뜻을 분명히 밝혔다.[27] '정의正義'란 전주傳注에 대한 소疏의 성격을 지니기 때문에 종주로 삼은 주가 같지 않으면 그 소疏도 역시 다르게 된다.[28] 공영달은 정현의 주는 따르지 않았으며, 왕필의 『주역주周易注』를 저본底本으로 삼아 번잡한 장구를 정리하려고 하였다. 그러나 공영달은 강좌의 강남의 소에 대해서는 거리를 두고자 했다. 그가 강좌의 역학 저술을 비난하여 "공허하고 현묘한 말을 숭상하여, 부박浮薄하고 탄망誕妄한 말이 많다"(辭尙虛玄, 義多浮誕)라고 한 것은 강남의소가 불교적 관점에 의거해서 『주역』을 해석한 태도를 비난한 것이었다. 공영달의 관점에 따르면, 강남의소의 학설은 석가釋迦의 불교에 관련될지언정 공문孔門의 유가 학설은 되지 못하므로 수용해서는 안 된다.[29] 이렇게 해서 공영달은 유학을 본원으로 삼으면서 양梁·진陳 이래의 불교적 『주역』 해석을 배척하는 한편, 위·진의 현학을

---

26) 여기서 "住內住外의 空"이란 『大般若波羅蜜多經』에서 언급한 十八空에 포섭되는 內空·外空의 개념을 지칭하고 있는 것으로 보인다.(『불교학대사전』, 홍법원, 1992, p.85) 그리고 就能·就所란 唯識學의 용어로서 인식주관인 能取와 인식객관인 所取의 설을 가리킨다.(智冠 편저, 『가산불교대사림』 제3권, 가산불교문화연구원, 2000, p.711)

27) "唯魏世王輔嗣之注, 獨冠古今, 所以江左諸儒, 並傳其學, 河北學者, 罕能及之."(魏 王弼 注, 唐 孔穎達 疏, 『周易正義』, 十三經注疏 整理本[1], 北京大學出版社, 2000, p.3)

28) 皮錫瑞 저, 李鴻鎭 역, 『中國經學史』, 형설출판사, 1995, p.160.

29) "江南義疏十有餘家, 皆辭尙虛玄, 義多浮誕.……斯乃義涉於釋氏, 非爲教於孔門也."(魏 王弼 注, 唐 孔穎達 疏, 『周易正義』, 十三經注疏 整理本[1],北京大學出版社, 2000, p.3)

계승하는 '통현배불通玄排佛'의 방향으로 나아갔다. 반면에 그는 『주역』의 도가적 해석에 대해서는 관용적 태도를 취했는데, 이 점은 그가 종주로 삼고자 했던 왕필의 현학적 경향을 고려하면 충분히 이해가 된다. 공영달에 따르면 도가적 해석은 수범작칙垂範作則(범례를 보임으로써 원칙을 제시함)으로써 현묘해서 통하기 어려운 역리를 이해가능한 수준으로 만들어 주는 데 기여했다.[30]

그러나 다산은 공영달이 취한 '통현배불通玄排佛'의 위선적 태도를 공격한다. 공영달이 이단을 공격하고 유가의 정통성을 수호하려는 태도는 다산도 공감한다. 그러나 석가에 가까우면 이단이 되고, 노자에 의거하면 도를 어지럽히지 않는가? 다산은 공영달의 발언이 공론公論이 될 수 없을 뿐 아니라, 강남의소에 대한 공격은 심히 부당하기까지 하다고 비난한다.[31] 설령 강남의소에 "사상현허辭尙玄虛"의 경향이 있다는 것을 인정한다고 하더라도 그 학풍의 진원지는 왕필이다. 따라서 굳이 그 허물을 따지자면 어디까지나 왕필의 허물이지 그를 추종한 제자들의 죄라고 볼 수 없다.[32] 오히려 왕필의 『주역주周易注』야말로 오로지 노자에 의지하였으므로 "사상현허辭尙玄虛"의 전형적 사례라고 볼 수 있다. 예컨대 왕필은 건괘乾卦에서 천天의 유형有形함을 천天이 물物에 얽혀 있는 것(累)이라고 풀이하였고, 복괘復卦에서는 적연寂然한 무無로 돌아감으로써 천지지심天地之心을 삼았다고 하였다. 그 밖에 왕필이 대역大易의 종지로 삼았던 여러 설들은 곧 자검유약慈儉柔弱(자애롭고 검박하며 부드러움)·불여물쟁不與物爭(남과 다투지 않음)·불위인선不爲人先(남에 앞서지 않음) 등이니, 모두 도가

30) 原夫易理難窮, 雖復"玄之又玄", 至於垂範作則, 便是有而教有.(같은 책, p.3)

31) 近於釋氏, 則爲異端. 依於老氏, 獨非亂道乎? 不可曰公論也.(「漢魏遺義論」, 『易學緒言』, 『易學緒言』, 『定本』 第17卷, p.80)

32) 先生如此, 弟子安得免矣. "辭尙玄虛"者, 輔嗣之咎, 非諸生之罪也.(「漢魏遺義論」, 『易學緒言』, 『定本』 第17卷, p.80)

의 철학에서 나온 것임을 알 수 있다.[33]

오늘날 강남의소는 공영달의 『주역정의』에 남아 있는 주석을 통해서 그 편린을 짐작할 수 있을 뿐이다. 그러나 공영달이 『주역정의』를 지을 적에는 『주역집해』에 수록되어 있는 36가의 역설뿐 아니라 강남의소의 십유여가十有餘家도 역시 존재하고 있었다. 공영달은 그 중에서 왕필의 관점이 가장 탁월하다고 평가하였고, 강남의소에 대해서는 비난하였다. 그러나 다산은 이러한 공영달의 관점에 찬동하지 않았다. 다산은 왕필을 맹렬히 비난하였을 뿐 아니라, 강남의소에 대해서는 심지어 옹호하기까지 하였다. 다산은 만약 공영달이 강남의소의 고주古注들을 치밀하게 살펴보았더라면 공영달의 깊은 학문적 수준으로 볼 때 왕필의 오류를 충분히 간파할 수 있었을 것이고, 왕필의 학學을 정학正學으로 간주하는 데까지 이르지 않았을 것이라고 아쉬워하였다.[34]

4. 복괘復卦의 "칠일래복七日來復"에 관한 해석

공영달은 『주역정의』의 서문에서 왕필의 『주역주』를 중심으로 이단을 공격하고 유가의 정통성을 수호하려고 한 관점을 분명하게 드러내었다. 그는 왕필의 주를 강남의소 및 정현의 주와 대비시킴으로써 궁극적으로 왕필의 관점이 가장 탁월하다는 것을 설득시키고자 하는 전략을 폈다. 그러나 다산은 이러한 공영달의 관점에 찬동하지 않고, 왕필을 맹렬히

33) "以餘觀之, 王氏之註, 專用老子. 論乾卦則以天之有形爲天之物累. 論復卦則以寂然反無爲天地之心. 其餘諸說, 亦皆以慈儉柔弱・不與物爭・不爲人先爲大易之宗旨.【詳見下篇】"(「漢魏遺義論」, 『易學緖言』, 『定本』 第17卷, p.80)

34) "孔穎達之時, 集解所錄三十六家易說具存. 以若精識, 必不至以王輔嗣爲正學."(「孔疏百一評」, 『易學緖言』, 『定本』 第17卷, p.111)

비난하였다. 심지어 그는 공영달이 비판하였던 강남의소에 대해서는 오히려 부분적으로 옹호하려는 태도를 보이고 있다. 공영달이 자신의 논지를 입증하기 위해 들고 있는 예는 복괘復卦의 "반복기도反復其道, 칠일래복七日來復"과 고괘蠱卦의 "선갑삼일先甲三日, 후갑삼일後甲三日"의 괘사이다.

그러면 먼저 복괘復卦의 괘사에 관한 공영달의 견해와 이에 대한 다산의 비판을 검토해 보기로 하자. 앞서 밝힌 바와 같이 공영달은 『주역정의』 「서序」에서 강남의소의 견해를 "공허하고 현묘한 말을 숭상하여, 부박浮薄하고 탄망誕妄한 말이 많다"(辭尙虛玄, 義多浮誕)라고 비판한 바 있는데, 그 구체적 사례로 든 것이 바로 복괘復卦의 괘사에 대한 해석이다. 그런데 『주역정의』 「서」만으로는 논란이 벌어지고 있는 이유와 근거를 이해하기 충분치 않으므로, 복괘의 괘사 및 「단전」에 나타난 왕필의 주, 강남의소, 그리고 정현의 주를 비교해서 그 내용을 분석해 보기로 하자.

復卦 卦辭: 反復其道. 七日來復.

그 도道를 반복해서, 7일 만에 다시 회복한다.

왕필 주: 양기陽氣가 거의 소진되기 시작하여 회복回復에 이르기까지 대략 7일이 걸린다.【陽氣始剝盡, 至來復時, 凡七日.】

『주역정의』 「서」: 복괘復卦에서 "칠일래복七日來復"이라 하였다. 함께 풀이하여 말하였다. "칠일七日은 당연히 칠월七月이 되어야 한다. 이는 양기陽氣가 5월 건오建午에서부터 소멸하기 시작하여, 11월 건자建子에 이르면 다시 회복하는데, 7진辰을 지나는 까닭에 칠일七日을 '칠월七月'이라고 한 것이다.【復卦云, "七日來復". 並解云, "七日當爲七月, 謂陽氣從五月建午而消. 至十一月建子始復. 所歷七辰", 故云, "七月".】

복괘 「단전」의 저씨·장씨주: 저씨褚氏와 장씨莊氏가 함께 말하였다. "오월五月이면 일음一陰이 생겨나서, 십일월十一月이 되면 일양一陽이 생겨난다." 【褚氏莊氏並云, "五月一陰生, 至十一月一陽生."】

복괘 「단전」의 정현 주: 건술建戌의 달(9月, 剝卦)에는 양기陽氣가 이미 거의 소멸하고, 건해建亥의 달(10월, 坤卦)에는 순음純陰이 일을 주관하며(用事), 건자建子의 달에 이르러 양기陽氣가 비로소 다시 생성하니, (양陽이 결국) 이런 순음純陰인 한 괘를 사이에 두고 떨어져 있으며, 하나의 괘卦는 육일칠분六日七分을 주관하는데, 그 성수成數를 들어 말함에 "칠일래복七日來復"이라고 한 것이다. 【建戌之月, 以陽氣既盡, 建亥之月, 純陰用事, 至建子之月, 陽氣始生, 隔此純陰一卦, 卦主六日七分, 擧其成數言之, 而云 "七日來復."】

『주역정의』 「서」에서는 복괘復卦의 "칠일래복七日來復"에서 "칠일七日"을 칠월七月로 풀이한 주注의 저자를 단지 "병해운並解云"이라고 하였을 뿐 그것이 누구의 것인지를 밝히지 않았다. 그렇지만 복괘復卦 괘사卦辭 및 「단전彖傳」의 주注를 대조해 보면 "병해운並解云"의 발언자가 다름 아닌 저씨褚氏와 장씨莊氏라는 사실이 드러난다. 앞서 언급한 것처럼 저씨와 장씨는 "강남의소江南義疏, 십유여가十有餘家"에 속하는 인물이다. 그 가운데 저씨는 남조 양梁나라의 거유였던 저중도褚仲都[35]로 추정되지만, 장씨가 어떤 인물인지는 밝혀져 있지 않다.[36] 문제는 저씨와 장씨가 "칠일七日"을 이레가 아닌 7개월로 간주하고 있는 데서 비롯된다. 이들의 견해는 한유漢儒들이

---

35) 褚仲都: 南朝 梁나라 吳郡 錢塘 절강성 杭州 사람. 양무제 天監 연간에 五經博士를 지냈다. 저서로 『周易講疏』(十六卷)이 있었다고 하는데, 隋·唐 이후 散佚되었다. 淸의 馬國翰의 『玉函山房輯佚書』에 『周易褚氏講疏』(一卷)이 있으며, 淸의 黃奭의 『漢學堂叢書』에 『易注』(一卷)이 있다.(『中華易學大辭典』, 下卷, 上海古籍出版社, 2008, p.745)

36) "江南義疏, 十有餘家"에 포함되는 인물로는 楮氏·張氏·何氏·莊氏·周氏 등이 포함된다. 이 가운데 楮氏는 南朝의 大儒 褚仲都로 추정되며, 周氏는 周弘正으로 추정된다. 그러나 莊氏가 어느 시대의 누구를 가리키는지는 아직 밝혀져 있지 않다. 淸代의 馬國翰은 莊氏가 南朝의 梁代의 저명한 역학가인 褚仲都 이후에 義疏를 지은 인물로 추정하고 있다. 莊氏의 易注는 오로지 『周易正義』 이외에는 보이지 않는다. 공영달은 莊氏의 易注를 중시하여 『周易正義』에서 20번 이상 인용하고 있다. 그런데 "褚氏莊氏並云"이라고 한 사례에서 볼 수 있듯이, 공영달은 종종 莊氏를 褚氏, 즉 褚仲都와 함께 언급하고 있다.(劉玉建 著, 『周易正義導讀』, 齊魯書社, 2005, pp.12~13)

주장한 소식설消息說에 의거하고 있으므로 이해를 돕기 위해 십이벽괘十二辟卦와 12월건月建의 배당관계를 도표로 표시하면 다음과 같다.[37)]

月	1	2	3	4	5	6	7	8	9	10	11	12
卦名	泰	大壯	夬	乾	姤	遯	否	觀	剝	坤	復	臨
地支	寅	卯	辰	巳	午	未	辛	酉	戌	亥	子	丑
	夏正										周正	殷正

위의 도표에 따르면 양기陽氣는 오월五月 건오建午에 해당되는 구괘姤卦 이후로 소진되기 시작한다. 그 후로 시월十月 건해建亥의 곤괘坤卦에 완전히 소진되었다가 십일월十一月 건자建子의 복괘復卦에 이르러 다시 회복된다. 이것을 지지地支로 환산하면 칠진七辰 즉 "칠월七月"을 경과한 것이 된다.([①姤]⇒[②遯]⇒[③否]⇒[④觀]⇒[⑤剝]⇒[⑥坤]⇒[⑦復]) 저씨褚氏·장씨莊氏에 따르면 양기가 회복되는 데 걸리는 시간은 실제로는 "칠월七月" 즉 7개월이다. 그럼에도 불구하고 복괘復卦의 괘사에서 "칠일七日"이라고 한 까닭은 양이 빨리 회복되기를 바랐기 때문이라고 주장하였다. 공영달은 이러한 논리의 허술함을 재빨리 알아차렸다. 만약 양이 자라나는 괘로 말하자면 임괘臨卦도 마찬가지인데, 왜 임괘의 괘사에서는 "팔일八日"이라고는 하지 않고 "팔월八月"이라고 하였는가? 따라서 공영달은 "칠일래복七日來復"의 "칠일七日"을 7개월로 간주한 저씨와 장씨의 주장을 받아들이지 않았고, 문자 그대로 7일로 해석한 왕필의 견해를 수용하였다. 왕필이 말한 것처럼 "반복기도反復其道, 칠일래복七日來復"은 양기가 소진되었다가 다시 회복에 이르기까지 걸리는 시간이다. 만약 양기가 소진되었다가 회복되는 시기를 계산하려면

37) 月建은 月에 부여되는 干支를 말한다. 월건은 음력으로 11, 12, 1, 2, …, 8, 9, 10월에 각각 子, 丑, 寅, 卯, …, 酉, 戌, 亥월로 부여한다.

양기가 완전히 소진된 시점부터 시작해야 맞지만, 구괘姤卦 즉 오월五月에는 아직 오양五陽이 남아 있고, 박괘剝卦 즉 건술建戌의 달 구월九月에도 아직 일양一陽이 남아 있다. 따라서 왕필이 말한 박진剝盡의 때에는 아직 이르지 않은 시기이다.

한편 공영달은 『주역정의』 「서序」에서 정현의 견해는 『역위』의 학설에 근거를 두고 있는 것이라고 말한다. 공영달은 복괘復卦 괘사 및 「단전」의 주注에서 그 출처를 보다 상세히 밝히고 있다. 즉 정현의 육일칠분六日七分의 학설은 『역위계람도易緯稽覽圖』에 근거를 둔 것이다. 분괘직일법分卦直日法에 의거해서 괘기설을 도표로 표시하면 다음과 같다.

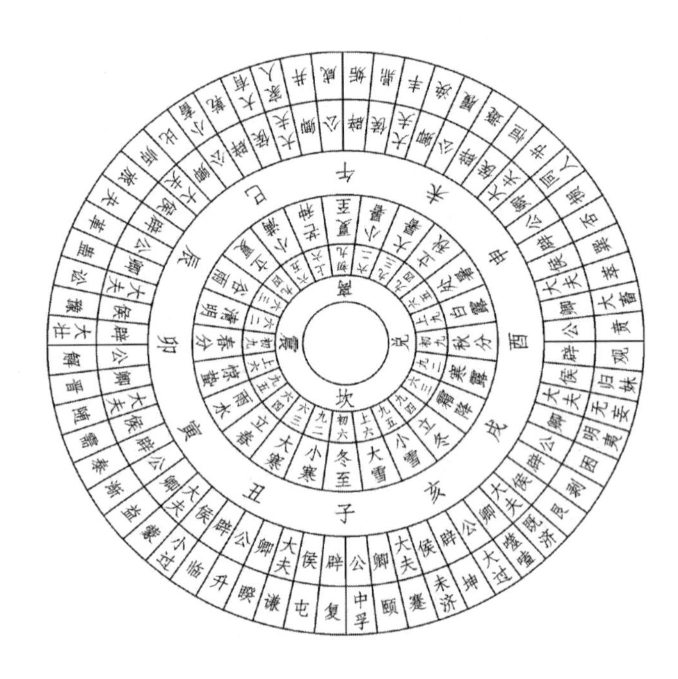

『역위계람도』에서 "괘기는 중부괘로부터 일어난다"(卦氣起中孚)라고 하였다. 그런데 중앙에 있는 리離·감坎·진震·태兌의 네 괘가 각각 사방을 주관한

다. 64괘에서 리離·감坎·진震·태兌의 4괘를 빼면 나머지는 60괘가 된다. 60괘에 각각 6효가 있으니 모두 360효가 되는데, 각 효로 하여금 1일씩 주관하게 하면 360일을 주관한다.(60×60=360) 1년에서 360일을 빼면 5일과 4분의 1이 남는다.[38] 1일을 분分으로 환산하면 80분이니 5일은 400분이 되고(5×80=400), 4분의 1을 분으로 환산하면 20분이 된다.(80×1/4=20) 따라서 5일과 4분의 1을 합산하면 모두 420분이 된다.(400+20=420) 420분을 60괘로 나누면 각 괘마다 7분이 배당된다.(420/60=7) 따라서 매 괘卦에 육일칠분六日七分이 배당된다.[39] 박괘剝卦에서 양기가 소진되는 것은 구월말九月末이며, 곤괘坤卦가 끝난 뒤에는 복괘復卦의 양陽이 온다. 이것이 박진剝盡으로부터 양기가 회복되는 것에 해당된다. 박괘剝卦와 복괘復卦는 그 사이에 곤괘坤卦를 두고 있는데, 곤괘坤卦에도 육일칠분六日七分이 있다. 육일칠분六日七分을 성수成數로써 말하면 왕필이 말한 "대략 7일"(凡七日)이 된다. 여기서 성수란 정수整數를 가리키는 용어이다. 여기까지가 공영달의 견해에 따라 정현의 학설을 풀이한 것이다. 그렇다면 정현의 학설은 왕필의 학설과 다르지 않은 것이 된다. 왕필은 비록 한대 역학의 괘기설에 찬성하지는 않았지만, 정현의 관점을 이용하여 "칠일래복七日來復"을 해석하였다.[40] 정현은 『역위』의 학설에 근거를 두고 있고 왕필은 한유들의 상수 이론을 배척하였으니 아주 거리가 먼 것 같지만, 공영달은 정현의 학설이 결국 왕필의 학설에 수렴한다고 본 것이다. 다산이 "왕필의 견해가 정현의 견해와 같다"(王義同鄭)

---

38) 1년은 대략 365.2422일이므로, 여기서 360일을 빼면 5.2422일이 된다. 5.2422일은 대략 5.25이므로 5일에 1/4을 더한 것이 된다.

39) 『易緯稽覽圖』云, "卦氣起中孚. 故離坎震兌, 各主其一方, 其餘六十卦, 卦有六爻, 爻別主一日, 凡主三百六十日. 餘有五日四分日之一者, 每日分爲八十分. 五日分爲四百分. 四分日之一又爲二十分, 是四百二十分. 六十卦分之, 六七四十二卦, 別各得七分, 是每卦得六日七分也."(魏 王弼 注, 唐 孔穎達 疏, 『周易正義』, 十三經注疏 整理本[1], 北京大學出版社, 2000, pp.131~132)

40) 朱伯崑 저, 『역학철학사』 제1권, 소명출판, 2012, p.335.

라고 한 취지도 역시 이런 관점에서 이해될 수 있다.[41)]

그렇다면 왕필과 정현의 견해에 대한 다산의 평가는 어떠한가? 다산은 "정현과 왕필의 견해가 모두 잘못된 것이다"(鄭王皆非也)라고 비판하였다.

> 분괘직일법分卦直日法에 따르면, 소설小雪의 순곤純坤 이후에 또한 미제未濟·건蹇·이頤·중부中孚 네 개의 괘가 있으니 4에 7을 곱하면 28일이나 되고, 이렇게 여러 개의 양陽이 교란交亂하다가 이것을 복괘復卦로 잇게 되는데, 어찌 "칠일래복七日來復"이라고 할 수 있겠는가?[42)]

정현과 왕필은 곤괘坤卦를 한 달에 배당시킴으로써 결국 1개월이 7일이 되어 버리는 잘못을 범하였다. 앞에서는 순곤純坤을 7일에 배당하더니 여기서는 순곤을 한 달에 배당하여, 결국 한 달을 7일로 보는 셈이니 이것이 과연 옳겠는가? 정현의 학설이 근거로 삼고 있는 분괘직일법分卦直日法에 의거해서 본다면, 양기가 완전히 소진된 곤괘로부터 양기가 처음으로 회복된 복괘에 이르는 시기는 소설小雪로부터 동지冬至에 이르는 시기이다. 그런데 순곤의 소설小雪과 복괘 사이에는 대설大雪이 끼여 있고, 곤괘와 복괘 사이에 끼여 있는 괘는 미제未濟·건蹇·이頤·중부中孚 등 4개의 괘이다. 앞서 매 괘에 육일칠분六日七分이 배당되는데 육일칠분을 성수成數로써 말하면 "대략 7일"(凡七日)이 된다고 하였으므로, 네 개의 괘에 7일을 곱하면 28일이 된다.(4×7=28) 이처럼 곤괘와 복괘 사이에 28일이 끼어 있는데 "칠일래복七日來復"이라고 하면 말이 되지 않는다. 뿐만 아니라 곤괘와 복괘 사이에 미제·건·이·중부의 네 개가 끼여 있으니, 이것은 순음純陰의 상태

---

41) 案, 王義同鄭.(「漢魏遺義論」, 『易學緒言』, 『定本』 第17卷, p.81)

42) 分卦直日之法, 小雪純坤之後, 尙有未濟·蹇·頤·中孚等四卦, 四七二十八日. 羣陽交亂, 繼之以復卦, 何得云, "七日來復"? 前以純坤當七日. 今以純坤當一月. 遂以一月爲七日, 可乎? 鄭·王皆非也. 以"七日"爲'建午以後七月', 亦本先儒之說, 江南之疏, 未可非也.(「漢魏遺義論」, 『易學緒言』, 『定本』 第17卷, p.81)

에서 일양一陽이 생겨나는 것이 아니라 여러 개의 양에 의하여 교란되어 있는 상태이다.

이처럼 다산은 왕필과 정현의 견해에 대해서는 모두 부정하였으나, 강남의소에 대해서는 수용적 태도를 보였다. 그는 "칠일七日"을 이레가 아니라 '건오建午의 달'(5월, 姤卦) 이후의 7개월로 간주한 것은 강남학자들에 의하여 처음으로 제기된 학설이 아니라 선유의 설에 근거를 둔 것이므로 강남의소의 학설이 틀렸다고 볼 수는 없다고 하였다. 그는 「당서괘기론」에서도 "고인古人은 일괘一卦를 일월一月에 배당하였고, 일월一月을 일일一日로 보았다"라고 말한 바 있다.[43] 따라서 선유先儒와 고인古人은 같은 대상을 가리킨다. 그렇다면 여기서 선유 혹은 고인은 과연 누구일까? 이정조의 『주역집해』에서는 이러한 견해의 주장자로 당唐의 역학자 후과侯果를 언급하였다.[44] 후과는 『시경』의 「빈풍豳風·칠월七月」에 "일지일필발一之日觱發,, 이지일율렬二之日栗烈", 즉 "동짓달에 찬바람 불고, 섣달에는 매섭게 추워진다"라고 한 것을 인용하여, 이 시에서 "일지일一之日"이라고 한 것은 주나라의 정월이고 "이지일二之日"이라고 한 것은 주나라의 2월이니, 옛사람들이 월月을 일日이라고 불렀음이 명백하다고 주장하였다.[45] 그런데 이러한 사고방식이 『시경』에서도 보이는 것이라면 그것은 매우 오래된 연원을 가진 학설임이 분명하다. 다산은 강남의소의 저씨褚氏와 장씨莊氏의 견해가 선유의 설에 근거를 두고 있다고 주장하였다. 그렇다면 그들은 적어도 남조南朝(420~589) 이전의 학자들이어야 할 것이다.

---

43) 古人, 以一卦當一月, 以一月爲一日.(「唐書卦氣論」, 『易學緒言』, 『定本』 第17卷, p.125)

44) "侯果曰, 五月天行至午陽復而陰升也. 十一月天行至子, 陰復而陽升也. 天地運往, 陰陽升復, 凡曆七月, 故曰, '七日來復'. 此天之運行也."(李鼎祚 撰, 『周易集解』, 上冊, 九州出版社, 2006., p.236)

45) "侯果曰, …… 豳詩曰, '一之日觱發, 二之日栗烈', 一之日, 周之正月也. 二之日, 周之二月也. 則古人呼月爲日明矣."([唐] 李鼎祚 撰, 『周易集解』, 上冊, 九州出版社, 2006 p.236)

5. 고괘蠱卦의 "선갑삼일先甲三日 후갑삼일後甲三日"에 관한 해석

그 다음으로 고찰할 것은 고괘蠱卦 괘사의 "선갑삼일先甲三日, 후갑삼일後甲三日"에 대한 논란이다. 종래 이 구절에 대해 두 가지 해석법이 있었는데, 하나는 왕필의 해석법이고 다른 하나는 정현의 해석법이다.

먼저 왕필의 해석법에 대해 살펴보면, 왕필은 그 주에서 "갑자甲者, 창제지령創制之令"이라고 하였다.[46] 왕필에 따르면, 갑甲자의 용례는 한대의 갑령甲令·을령乙令이라고 할 때와 같은 용례와 같다. 옛날에 새로 법령을 반포하게 되면 반포하는 날을 기준으로 앞으로 삼일三日과 뒤로 삼일三日 동안 법령을 익히게 한 후에야 그것을 지키지 않은 자를 처벌하는 관례가 있었는데, 왕필은 이 괘사도 바로 그러한 관습에서 비롯된 것이라고 주장하였다. 뿐만 아니라, 왕필은 손괘巽卦 구오九五의 "선경삼일先庚三日, 후경삼일後庚三日"도 역시 이러한 관례와 연관된 것으로 보았다. 즉 그는 "명령을 펴는 것을 경庚이라고 한다"(申命令謂之庚)라고 하였으며, 또 "갑甲과 경庚은 모두 명령을 펴는 것을 말한다"(甲庚皆申命之謂也)라고 하였다.[47]

반면에 정현은 "선갑삼일先甲三日"은 신辛일이니 개신改新의 뜻을 취한 것이요, "후갑삼일後甲三日"은 정丁일이니 정녕丁寧의 뜻을 취한 것이라고 하였다. 십간十幹은 갑甲·을乙·병丙·정丁·무戊·기己·경庚·신辛·임壬·계癸의 순서로 되어 있으므로, 갑甲에서 계癸까지 나아간 뒤에 다시 순환하게 된다. 그러므로 갑甲 이전의 삼일三日은 [신辛]⇒[임壬]⇒[계癸]⇒[갑甲]의 순서로 본다면 신辛일이 되고, 갑甲 이후의 삼일三日은 [갑甲]⇒[을乙]⇒[병丙]⇒[정丁]의 순서로 본다면 정丁일이 된다.

---

46) 왕필 저, 임채우 역, 『주역 왕필주』, 도서출판 길, 1998, p.160.
47) 같은 책, p.437.

辛	壬	癸	甲	乙	丙	丁
3	2	1		1	2	3

『정전程傳』은 왕필의 해석법을 따랐던 반면에, 주자의 『주역본의』에서는 정현의 해석법을 취하였다. 공영달은 정현의 학설을 따르는 자들이 왕필 주注의 의도를 살피지도 않고 망령되게 이단의 학설을 지어내었다고 비난하였다.48) 그러나 다산에 따르면, 정현과 왕필의 설은 모두 『역경』의 본래 취지를 상실하였으니 누구의 설이 맞는지 굳이 다툴 필요조차 없다.49) 그렇지만 다산은 「한위유의론」에서는 두 사람의 주장이 왜 『역경』의 본지本旨에 어긋나는지 그 이유를 밝히지 않았다. 따라서 그 이유를 알기 위해서는 『주역사전』에 실린 고괘蠱卦의 다산의 주注를 통해 그 근거를 추적해 볼 필요가 있다.

> "(先甲三日, 後甲三日이란) 새로운 제도나 법률(甲)을 시행하기에 앞서서 반드시 시행령을 내리기 이전 3일 동안, 그리고 시행령을 내린 이후 3일 동안 알려서 (백성들로부터) 믿음을 얻는 것이다."[또 (정현은 말하였다.) "(갑일이 되기) 이전의 3일은 신일辛日이 되니 갱신更新의 뜻을 취함이고, (갑일이 된) 이후의 3일은 정일丁日이 되니 정녕丁寧의 뜻을 취한 것이다."] (한편) 한대의 학자들은 (이의 해석을) 모두 납갑설納甲說에 근거하였으며,[이는 위서緯書의 사설邪說이다.] (이후 이를 이어) 왕필은 선갑先甲·후갑後甲을 한나라 법제法制의 영갑令甲·영을令乙 같은 법령을 가리키는 것이라고 보았다. 그러나 영갑令甲 등의 명칭은 한대에 나온 것이니[한나라 무제武帝는 (5년) 동짓날에 감천甘泉에 태치泰畤를 세우고 조서詔書를 내려 말하기를 "……(『주역』에) '선갑삼일先甲三日, 후갑삼일後甲三日'이라고

---

48) 諸儒同於鄭氏之說, 以爲甲者宣令之日, 先之三日而用辛也. 欲取改新之義, 後之三日而用丁也. 取其丁寧之義. 王氏注意, 本不如此, 而又不顧其注, 妄作異端.(魏 王弼 注, 唐 孔穎達 疏, 『周易正義』, 十三經注疏 整理本[1], 北京大學出版社, 2000, pp.3~4)

49) 鄭說王說, 皆失經旨, 不必爭也.(「漢魏遺義論」, 『易學緖言』, 『定本』 第17卷, p.81)

했거니와, 짐은 올 한해의 농사가 두루 잘되지 못함을 우려함에, 삼가 내 자신을 재계하여 (그 후갑삼일에 해당하는) 정유일丁酉日에 '교郊'에서 참배하고 축복을 받고자 하노라"라고 하였다.] (주나라 시대의) 『주역』이 (그보다 후대에 성립한) 한나라 법제를 응용할 수는 없었을 것이다.50)

다산이 왕필과 정현의 해석을 배척한 이유는 다음과 같다.

첫째, 왕필은 선갑先甲·후갑後甲 등의 명칭이 한漢나라 법제法制에서 유래된 것이라고 보았다. 한대漢代에 조령詔令을 발포發布한 순서에 따라 영갑令甲·영을令乙·영병令丙이라고 하였으니, 영갑令甲이란 법령法令의 제일령第一令에 해당된다. 그러나 왕필의 주장은 곧 주대周代에 성립한 『주역』이 그보다 더 후대에 성립한 한漢나라 법제法制를 응용했다는 것이 되므로 말이 되지 않는다.

둘째, 정현은 십간十幹의 순서에 의거해서 선갑삼일先甲三日은 신일辛日이니, 갱신更新의 뜻을 취한 것이고, 후갑삼일後甲三日은 정일丁日이니 정녕丁寧의 뜻을 취한 것이라고 주장하였다. 이것은 납갑설納甲說51)에 근거를 둔 것으로 위서緯書의 사설邪說에 불과하다.

그렇다면 "선갑삼일先甲三日"과 "후갑삼일後甲三日"에 대한 올바른 해석법은 과연 무엇인가? 다산에 따르면, 『주역』의 일수日數 계산법은 모두 「설괘전說卦傳」에 나오는 문왕팔괘방위文王八卦方位의 괘위卦位에 따라야

50) "先甲後甲之義, 先儒解之不同.……鄭玄云, '令甲之首, 必先令三日, 後令三日, 以示取信.[又云, '前三用辛, 取更新之義. 後三用丁, 取丁寧之義.']' 漢儒, 皆主納甲之說,[此, 緯書邪說.] 而王弼以'先甲'·'後甲', 爲漢制甲乙之令. 然 令甲之名, 起於漢,[漢武帝, 冬至, 立泰畤於甘泉, 詔曰, '先甲三日, 後甲三日', 朕, 念年歲未咸登, 飭躬齊戒, 丁酉, 拜況於郊.] 未必周易用漢制也."(『周易四箋 I』, 『定本』 第15卷, p.242; 『역주 주역사전』 제3권, pp.122~123)

51) 납갑설은 京房이 주장한 학설로서 팔궁괘를 각각 십간十幹에 배당하고 또한 그 각각의 爻를 12支에 배당한 것이다. 甲이 十幹의 첫머리이므로 納甲이라 하고 또 12支에 배당하므로 "納支"라고도 하는데 통칭하여 "納甲"이라고 한다.(朱伯崑 저, 『역학철학사』 제1권, 소명출판, 2012, p.296)

한다.[52] 예컨대, 명이괘明夷卦 초구初九의 "삼일불식三日不食"이나 진괘震卦 육이六二 및 기제괘旣濟卦 육이六二의 "칠일득七日得" 같은 용례가 모두 그러하다. 선갑先甲·후갑後甲의 경우도 물론 예외가 아니다.

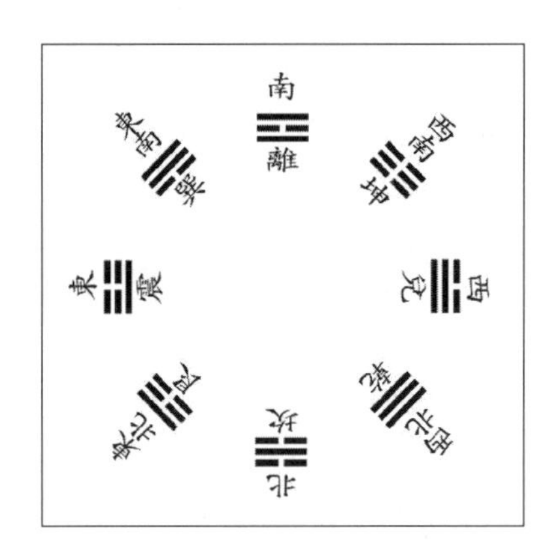

문왕팔괘방위도文王八卦方位圖

乾	坎	艮	**震**	巽	離	**坤**
3	2	1	**甲**	1	2	3

갑甲은 오행五行으로는 목木, 팔괘八卦로는 진震에 해당된다. <건乾→감坎→간艮→진震→손巽→리離→곤坤>의 순서로 보면 진震보다 삼일 앞에 있는 것은 건乾이 되며, 진震보다 삼일 뒤에 있는 것은 곤坤이 된다. 이러한 방법에 따라 계산하면 "선갑삼일"은 건乾이 되며, "후갑삼일"은 곤坤이 된다.

甲	乙	丙	丁	戊	己	庚	辛	壬	癸
木		火				金		水	
震		離				兌		坎	
東		南				西		北	

52) 以占法, 則凡所謂'三日不食'【明夷之初九.】·'七日得'【震, 旣濟.】之類, 皆以文王卦位, 推定日數【詳本卦.】, 則'先甲'·'先庚', 又所以揭六十四卦三百八十四爻之通例也.(『周易四箋 I』, 『定本』 第15卷, p.242; 『역주 주역사전』 제3권, p.121)

같은 방식으로 계산하면, 태兌는 곧 경庚이 되는데, "선경삼일先庚三日"은 손巽이 되고, "후경삼일後庚三日"은 간艮이 된다.

巽	離	坤	兌	乾	坎	艮
3	2	1	庚	1	2	3

그리고 "선갑삼일先甲三日, 후갑삼일後甲三日"의 대의大義는 "시작을 근심하는 것과 끝을 신중하게 하는 것"(慮始愼終)에 있다. 다시 말해서 "일을 처리하는 법은 반드시 먼저 일을 처리하기에 앞서서 그 근원을 생각해 보고, 또한 일을 처리한 뒤에는 그 끝마침을 신중히 해야 한다"(幹事之法, 必先事而慮始, 後事而愼終)는 것이 근본 취지가 된다.[53] "선경삼일先庚三日, 후경삼일後庚三日"의 뜻도 이와 다르지 않다. 손괘巽卦가 거듭 명을 내려 일을 진행시키는 괘이기 때문에 그 취지는 고괘蠱卦의 경우와 마찬가지로 "시작을 근심하며, 끝을 신중하게 하는 것"(慮始而愼終)에 있다.[54]

6.『역위건착도』에 대한 비판

『역위易緯』는 서한 말기에 유행한 신비주의적 철학사조를 바탕으로 출현한 『주역』에 관한 위서緯書이다. 한대漢代에는 『주역』뿐만 아니라 육경六經 전부에 대해서 위서가 존재할 정도로 위緯라는 저술형식이 유행하였다. 위緯는 경經에 대한 상대적 개념인데, 경經이 책을 묶는 날줄을 의미한다면

53)『周易四箋 I』,『定本』第15卷, p.241;『역주 주역사전』제3권, p.121.
54)『周易四箋 II』,『定本』第16卷, p.168;『역주 주역사전』제6권, p.326.

위緯는 씨줄을 의미한다. 위서緯書는 그 저자로 공자孔子를 내세우고 있으나, 그것은 방술方術을 일삼는 무리들이 유가경전을 도용하여 제멋대로 꾸며낸 잡서에 불과하다. 그러나 『역위』는 한대 역학사상사의 전개과정에서 지대한 영향력을 미쳤을 뿐 아니라 거기에는 천문天文·역수曆數·지리地理·박물博物에 관련된 지식이 많이 포함되어 있고 아울러 과학적 사유의 맹아도 발견되기 때문에, 그것을 모두 미신이라고 부정해 버리는 것은 바람직하지 않다.

「한위유의론」에서 『역위』와 관련된 부분은 대략 전체의 1/4 이상의 분량을 차지할 정도로 상당히 비중 있게 다루어지고 있다. 『주역』에 관한 위서로 대표적인 것은 『건착도乾鑿度』이며, 그 밖에도 『건곤착도乾坤鑿度』, 『계람도稽覽圖』, 『통괘험通卦驗』, 『시류모是類謨』, 『곤령도坤靈圖』 등이 있다. 『건착도』는 괘기설의 관점에서 『주역』을 해석하고 있는 것이 특징인데, 한대 역학의 통론이라고 해도 과언이 아닐 정도로 한대 역학의 주요 내용들을 모두 포괄하고 있다. 다산의 『역위』 사상에 관한 고찰도 주로 『건착도』에 집중되어 있는데, 하도河圖·낙서洛書와 관련해서 『예위禮緯』를 다루고 있기도 하다. 「한위유의론」에서 『건착도』와 관련하여 다루고 있는 주제는 1) 삼역설三易說, 2) 태역설太易說, 3) 제기상상설制器尙象說, 4) 중괘重卦의 저자, 5) 『연산連山』과 『귀장歸藏』, 6) 괘사卦辭와 효사爻辭의 저자, 7) 『주역』 상하편上下篇의 괘 배치 등으로서 『주역』과 관련된 매우 다양한 주제를 다루고 있다. 여기서는 지면관계상 모두 포괄하지 못하므로, 앞의 두 주제에 대해서만 서술하기로 한다.[55]

---

55) 『易緯』의 制器尙象說과 관련해서 필자는 이미 이전의 논문에서 다룬 바 있으므로 여기서는 再論하지 않는다. 이와 관련해서는 필자의 다음 논문을 참조할 것.(졸고, 「다산역의 기호론적 세계관」, 『대동철학』 제20집, 대동철학회, 2003, pp.72~75)

1) 삼역설三易說

삼역설三易說이란 『역위건착도易緯乾鑿度』에서 "역易의 이름은 하나지만, 세 가지 뜻을 포함한다"(易一名而含三義)라고 한 것에서 비롯된다. 여기서 세 가지 뜻(三義)이란 '역易'·'변역變易'·'불역不易'의 세 가지를 말하는데, 동한東漢의 정현鄭玄(127~200)은 『건착도』의 삼역설을 수정하여 '이간易簡'·'변역變易'·'불역不易'의 삼역설三易說을 주장하였다. 『건착도』의 삼역설은 그 이후로도 상당한 영향력을 미쳤다. 공영달은 『주역정의』 「서」에서 『건착도』의 관점을 받아들였고, 송·명·청대의 학자들도 대부분 이를 수용하였다. 그러나 다산은 삼역설 중에서 오직 변역變易만을 취하고 이간易簡과 불역不易의 뜻은 취하지 않았다. 먼저 '이간易簡'의 '이易'는 '난이難易'의 '이易'와 같은 의미로서 간편하고 용이容易함을 뜻하니, 이 경우 '이易'는 '역易'의 변화의 이념과는 아무런 상관이 없다. 그 다음으로 불역不易은 변하지 않는다는 뜻이니, 이것은 변화의 서書로서의 『주역』이 지닌 근본적 이념에 합치하지 않는다. 아래의 인용문에서 다산은 '이간易簡'과 '불역不易'은 '위가緯家의 거짓된 설'(緯家之謬說)에 속할 뿐이라고 비난하고 있다.

> '역易'은 (그 자형으로 볼 때) '일日'과 '월月'을 합친 글자이며, '일월日月'이란 곧 음陰·양陽이다. 괘변卦變의 법에 양이 가면 음이 오고 음이 가면 양이 오니, 이는 해와 달이 (밤낮으로) 서로 바뀌는 것이다. 효변爻變의 법에서도 양이 순수하면 음이 되고 음이 순수하면 양이 되니, 이것도 해와 달이 (밤낮으로) 서로 바뀌는 것이다. 교역交易의 법에 함괘咸卦가 교역交易하여 손괘損卦가 되고 항괘恒卦가 교역하여 익괘益卦가 되니, 이는 상괘上卦와 하괘下卦가 서로 바뀌는 것이다. 변역變易의 법은 건乾이 변하여 곤坤으로 되고 감坎이 변하여 리離로 되는 것이니, 이는 강剛과 유柔가 서로 바뀌는 것이다. 경문經文에서 "누천屢遷"·"주류周流"라고 한 것은 이 의미를 따르는 것이니, 이른바 '이간易簡'·'불역不易'은 위가緯家의 거짓된 설(謬說)로서 언급할 필요도 없다. (어렵거나 쉽다는 뜻의) '난이難易'의 '이易'가

『역』의 이념과 무슨 관계가 있겠는가?[56]

위의 인용문에서 다산은 역易의 자의字義를 일월상역日月相易에서 찾는데, 이것은 역易이라는 글자의 윗부분은 일日이고 아랫부분은 월月이라고 본 것이다.[57] 그런데 이것은 『건곤착도乾坤鑿度』에서 유래한 관점으로서 『건착도』의 '역유삼의易有三義'에 일월이 서로 왕래함이라는 한 가지 뜻을 추가한 것이다. 일월日月이 역易이 된다는 관점은 괘기설卦氣說의 산물로서 동한의 경학가들의 『주역』 해석에도 상당한 영향을 미친 학설이다.[58] 그런데 『건곤착도』도 역시 위가緯家의 학설이니, 다산이 위가의 거짓된 학설(緯家之謬說)을 반박하기 위해 내세운 학설도 또한 위가로부터 유래된 것이라는 사실은 매우 역설적이다. 다산은 『주역사전』에서 위가의 삼역설 대신에 자신의 삼역설을 주장하고 있는데, 그의 삼역설은 교역交易·변역變易·반역反易의 세 가지로 구성되어 있다. 교역交易이란 상괘上卦와 하괘下卦가 서로 바뀌는 것이며, 변역變易이란 한 괘에서 음은 양으로 변하고 양은 음으로 변한다는 것이며, 반역反易이란 괘를 뒤집어서 위아래가 바뀌는 것이다. 다산의 삼역설은 모기령毛奇齡의 오역설五易說을 연상케 한다. 모기령은 『중씨역仲氏易』에서 변역變易·교역交易·반역反易·대역對易·이역移易의 다섯 가지를 역오의易五義로 주장한 바 있다. 이 중에서 변역變易·교역交易·반역反易은 다산의 삼역三易에 해당되고, 또 이역移易은 다산의 추이推移에 해당된다. 따라서 『건착도』로부터 시작된 삼역설은 일단 모기령에 의해 비판적으로 고찰되었

---

56) 易者, 日月也. 日月者, 陰陽也. 卦變之法, 陽往則陰來, 陰往則陽來; 此, 日月相易也. 爻變之法, 陽純則爲陰, 陰純則爲陽. 此, 日月相易也. 交易之法, 咸交爲損, 恒交爲益. 此, 上下相易也. 變易之法, 乾變爲坤, 坎變爲離. 此, 剛柔相易也. 經所云, "屢遷·周流", 委是此義. 若所謂簡易·不易者, 緯家之謬說, 不足述也. 難易之易, 於易何干?(「漢魏遺義論」, 『易學緒言』, 『定本』 第17卷, p.82)

57) 易之爲字, 包函日月.(「漢魏遺義論」, 『易學緒言』, 『定本』 第17卷, p.82)

58) 朱伯崑 저, 『역학철학사』 제1권, 소명출판, 2012, p.361.

고, 다산은 모기령의 오역설五易說의 영향을 받아 자신의 삼역설을 제창한 것이라는 추정이 가능하다.

2) 태역설太易說

한대 이후로 태극太極 개념에 우주발생의 최초의 근원이라는 우주론적 의미를 부여하게 된 데에는 『건착도』가 큰 영향을 미쳤다. 『건착도』의 우주생성론에 따르면 우주생성의 시초에는 태역太易이 있었는데, 이로부터 태초太初·태시太始·태소太素가 차례로 생성되었다. 태역太易이란 기氣가 아직 형성되지 않은 단계로서 「계사전」에서 "역유태극易有太極"이라고 했을 때의 '역易'에 해당되는 개념이다. 우주생성론에 관한 『건착도』의 언급을 소개하면 다음과 같다.

> 『건착도』에서 말하였다. "무릇 형체가 있는 것은 형체가 없는 것에서 생겨난다. 그렇다면 건乾·곤坤은 어디에서 생겨났는가? 그러므로 태역太易이 있고, 태초太初가 있고, 태시太始가 있고, 태소太素가 있다고 말한 것이다. 태역太易이란 기氣가 아직 나타나지 않은 단계이다. 태초太初란 기氣의 시원始原이다. 태시太始란 하늘의 형상(形)의 시원이다. 태소太素란 땅의 질(質)의 시원이다. 원기元氣에서 형形과 질質이 갖추어졌지만 나뉘지 않았으므로 혼돈渾沌이라고 한다. (혼돈이란) 만물이 서로 뒤얽혀 아직 서로 분리되지 않음을 말하는 것이니, 보고자 해도 보지 못하고 듣고자 해도 듣지 못하며 좇아도 얻지 못하는 까닭에 (그것을) '역易'이라 말하는 것이다."[59]

『건착도』에서 "원기에서 형과 질이 갖추어졌지만 나뉘지 않았다"(氣形質具而未相離)라고 한 것은 후대에 태극太極에 대한 설명으로 받아들여졌다. 왜냐하

---

59) 『乾鑿度』云, "夫有形者生於無形, 則乾坤安從而生? 故有太易, 有太初, 有太始, 有太素. 太易者, 未見氣也. 太初者, 氣之始也. 太始者, 形之始也. 太素者, 質之始也. 氣形質具而未相離, 謂之渾沌. 渾沌者, 言萬物, 相渾沌, 而未相離也. 視之不見, 聽之不聞, 循之不得, 故曰易也."(「漢魏遺義論」, 『易學緒言』, 『定本』 第17卷, p.82)

면 태극이야말로 천지天地의 형질形質을 갖추었지만 아직 분리되지 않은 상태로 간주되고 있기 때문이다. 그런데 천지의 형질을 갖추고 있다면, 이것은 이미 무형無形의 것이라고 보기는 힘들다. 만약 『건착도』의 우주생성론이 "유형有形은 무형無形으로부터 생겨난 것이다"라는 전제에서 출발한 것이라면, 태역太易의 개념을 천지의 형질을 갖추고 있는 것으로 설정하는 것은 자기모순적이다. 따라서 다산은 『건착도』의 태역 개념에 내포된 논리적 모순을 지적하고, 송대 진단陳摶의 「태극도太極圖」도 역시 이러한 종류의 논리적 모순을 범하고 있다고 말한다.

> 역易의 자형字形은 일日과 월月을 포함하니, 이것은 또한 기氣의 시원始原이라는 의미를 함축하고 있다. (그런데) 어째서 (태역을) "기氣가 아직 나타나지 않았다"(未見氣)라고 말하는 것인가? 평소 진희이陳希夷(陳摶)의 「태극도」를 괴이하게 여겼는데, 감坎·리離의 상象이 서로 교섭하여 음·양이 이미 나타나 있는데도 그것을 떠받들어 "무형지도無形之道"라고 하니 그 설說은 아마도 (『건착도』의) 태역太易의 개념에 근거를 둔 것 같다. 한편 대저 "유형有形은 무형無形으로부터 생겨난 것이다"라고 하는 말은 조화造化를 일컫는 것이다. 그런데 여기서 태역太易을 만물을 낳는 근본이라고 하니, 옳은 것인가? 왕필王弼이 "제帝는 만물을 낳는 주主이다"라고 하였다. 위가緯家의 학설은 언급할 필요조차 없다.60)

위의 인용문에서 다산은 태역太易을 생물지본生物之本으로 삼는 『건착도』의 논리에 의문을 나타낸다. 『건착도』에서는 "유형은 무형으로부터 생겨난 것이다"(夫有形者, 生於無形)라는 전제에 의거해서 우주생성론을 전개하고 있지만, 태역太易이 과연 무형의 존재자인지부터가 의문시된다는 것이다. 그렇

60) 易之爲字, 包函日月, 是亦含氣之始, 何謂"未見氣"乎? 常怪陳希夷「太極圖」, 坎離相交, 陰陽已著, 而尊之爲'無形之道'. 其說蓋本於'太易'矣. 夫謂"有形生於無形"者, 造化之謂也. 今以'太易'爲生物之本, 可乎? 王弼云, "帝者, 生物之主", 緯家之說, 不足述也.(「漢魏遺義論」, 『易學緖言』, 『定本』 第17卷, p.82)

다면 다산은 『건착도』에서 전개하고 있는 우주생성론의 전제인 "유형은 무형으로부터 생겨난 것이다"(夫有形者, 生於無形)라는 명제에 대하여 반대한 것인가? 얼핏 생각하면 다산은 『건착도』의 주장을 반박하고 있는 것처럼 보인다. 왜냐하면 다산이 "위가의 학설은 언급할 필요조차 없다"(緯家之說, 不足述也)라고 했기 때문이다. 그러나 필자의 생각은 다르다. 다산은 『건착도』의 주장이 "유형은 무형으로부터 생겨난 것이다"(夫有形者, 生於無形)라는 전제에서 출발하고 있지만 우주생성의 최초의 실재로 간주되고 있는 태역이 무형의 존재는 아니기 때문에 자기모순을 범하고 있다는 점을 지적하고 있을 뿐이다. 필자의 견해로는 다산은 『건착도』의 전제를 반대하기는커녕 오히려 수용하고 있다.[61] 왜냐하면 "유형은 무형으로부터 생겨난 것이다"라는 명제는 다산이 생각하는 '조화'의 개념에 정확히 부합하기 때문이다.[62] 만약 '조화'가 무형으로부터 유형의 존재를 생성하는 것으로 정의될 수 있다면, 조화는 바로 상제에게 부여된 권능이라고 말할 수 있다. 따라서 유신론자인 다산의 관점에서 본다면 상제가 '조화'의 권능을 갖지 못했다고 생각했을 리는 없다.[63]

---

61) 여기서 필자가 다산이 『건착도』를 수용했다는 것은 오로지 『건착도』의 우주생성론의 前提에만 해당된다. 다산은 "緯家의 說은 언급할 필요조차 없다"(緯家之說, 不足述也)라고 단정적으로 말하고 있으므로 『건착도』의 철학에 대해서 대체적으로 부정하는 태도를 취하였음을 알 수 있다. 그럼에도 불구하고 다산의 관점에서 본다면 上帝는 造化를 통해 無에서 有를 창조하였기 때문에, 그러한 관념은 『건착도』의 철학과 어긋나기는커녕 오히려 『건착도』의 우주생성론의 근본전제, 즉 "유형은 무형으로부터 생겨난 것이다"(夫有形者, 生於無形)라는 명제와 부합한다는 점을 지적하고자 한 것이다.

62) 夫謂"有形生於無形"者, 造化之謂也.(「漢魏遺義論」, 『易學緒言』, 『定本』 第17卷, p.82)

63) 柳初夏는 그의 학위논문 『정약용의 우주관』에서 "조화의 권능을 상제에 귀속시키는 다산의 입론방식"에 대해 언급하고 있다. 유초하도 필자와 마찬가지로 다산이 "유형의 것은 무형의 것에서 나온다"는 명제를 수용한 것으로 보았다. 그는 '조화'의 의미 내용은 이미 존재하고 있는 것에 대한 주재主宰만이 아니라 아직 존재하지 않는 것에 대한 創造까지도 포함하며, 상제가 주재의 기능뿐 아니라 無로부터의 존재의 창출, 곧 창조의 권능까지를 지니고 있다는 논점이야말로 다산 철학의 정점을 이루는 것이라고 주장하였다.(柳初夏, 『정약용의 우주관』, 고려대학교 대학원, 1990, pp.193~197)

그런데 위의 인용문에서 다산은 "제帝는 만물을 낳는 주主이다"(帝者, 生物之主)라고 한 왕필의 발언을 소개한 다음에 이어서 곧바로 "위가의 설은 언급할 필요조차 없다"(緯家之說, 不足述也)라고 단정적으로 말하고 있다. 따라서 왕필의 학설을 『역위』와 같은 부류로 간주하고 있다는 인상을 받게 된다. 실제로 "유형의 것은 무형의 것에서 비롯된다"(有形生於無形)는 『건착도』의 구절과 이에 대한 정현의 주석은 명백히 왕필의 역학이 받아들이고 있는 부분이기도 하다. 그러나 왕필은 태극원기설을 부정하고 『역위』의 상수역학도 배제하고 있기 때문에 왕필의 학설을 『역위』의 주장과 동일시하는 것은 옳지 않다.[64]

그렇다면 다산은 "제帝는 만물을 낳는 주主이다"라고 하는 왕필의 명제를 반대한 것일까? 위의 인용문의 맥락에서 본다면 다산이 왕필의 명제를 배척하고 있는 듯한 인상을 받게 된다. 그럼에도 불구하고 필자는 다산이 왕필의 명제를 배척한 것은 아니라고 본다. 다산은 「설괘전」의 "제출호진帝出乎震"에 대한 주注에서 "하늘이 만물을 낳을 때 반드시 진震의 덕으로써 한다"(天之生物, 必出之以震德也)라고 풀이한 바 있다. 만약에 천天이 만물을 낳는 권능을 가지고 있으며 또 그 천이 바로 만물을 생성시키는 조화造化의 능력을 지닌 천제天帝라고 본다면, 두 사람의 견해는 완전히 같은 것이 된다.

7. 소경지례疏經之例, 유주시순唯注是順

「한위유의론」은 다산역의 연원과 독창성을 뚜렷하게 보여 주고 있는 글이다. 필자는 이 글을 통해 다산이 「한위유의론」에서 한위삼십육가와

---

64) 주백곤 저, 『역학철학사』 제2권, 소명출판, 2012, pp.15~16.

강남의소 및 『역위』의 학설에 대해 어떠한 평가 태도를 취했는지를 밝히고자 하였다. 다산의 비평은 『주역정의』에 수록된 한·위시대의 역주易注를 바탕으로 이루어지고 있으나, 공영달과는 사뭇 다른 시각으로 역학사를 바라보았다. 공영달은 왕필을 종주로 삼고 정현의 설은 취하지 않았으나, 다산은 정현과 왕필의 설이 모두 『역경』의 근본 취지를 상실하였다고 보았다. 한편 강남의소에 대해서 공영달은 "공허하고 현묘한 말을 숭상하여, 부박浮薄하고 탄망誕妄한 말이 많다"(辭尙虛玄, 義多浮誕)고 비난하였으나, 다산은 그 중 일부 견해에 대해서는 수용적 태도를 취하기도 하였다. 비록 그들이 왕필을 추종한 것은 분명 잘못된 것이지만 그래도 그들의 학설 중에서도 취할 만한 것이 있으면 취하였다.

한편 한대 역학의 중요한 흐름을 형성했던 『역위』에 대해 '위가의 거짓된 학설'(緯家之謬說)이라고 비판한 데에서도 다산의 합리주의적 태도가 잘 드러난다. 기본적으로 다산은 한대의 주류였던 상수역학의 전통을 존중하였지만, 왕필로 대표되는 위·진의 의리역학에 대해서는 맞서는 태도를 취하고 있다. 그러나 그는 상수를 근본으로 삼으면서도 상수를 맹종하지 않았고, 왕필의 의리역을 혹독하게 비판하면서도 의리를 포기하지도 않았다. "소경지례疏經之例, 유주시순唯注是順", 즉 "경을 주석하는 예는 오직 올바른 것을 따를 뿐이다"라는 명제는 다산의 학문정신을 잘 표현하고 있다.

제6장 「당서괘기론」을 통해서 본 벽괘설의 근원

1. 해배기의 다산 역학 연구를 위한 예비적 고찰

다산의 경학사상을 대표하는 저술들은 대부분 유배流配 시기에 나온 것인데, 역학사상의 경우도 예외가 아니다. 다산의 역학사상을 대표하는 저술은 『주역사전』인데, 1804년에서부터 1808년까지 5년에 걸쳐 다섯 번 잇달아 낼 정도로 심혈을 기울여서 펴낸 노작勞作이다. 반면에 1818년 9월에 유배에서 풀려나서 고향으로 돌아온 이후로 1836년 2월에 세상을 떠나기까지는 해배기解配期에 해당하는데, 이 시기의 역학사상을 대표하는 저술은 『역학서언』이다.[1] 『역학서언』 가운데 일부는 『주역사전』 무진본이 나온 1808년에 이미 쓰여 있었던 것으로 보이지만,[2] 그 체재가 갖추어져 있었던

1) 다산의 유배 생활은 순조 원년 신유년(1801) 3월에 경상도 장기에서 시작되었다. 같은 해 9월에 황사영 백서 사건이 터져서 한양으로 압송되었다가 11월 23일에 전라도 강진으로 유배되었다. 다산이 유배에서 풀려나 고향 馬峴으로 돌아온 것은 1818년 9월 14일이며, 그가 세상을 떠난 것은 1836년 2월 22일이다. 따라서 유배가 시작된 1801년 3월에서부터 1818년 8월까지를 유배기라고 하고, 고향인 경기도 마현으로 돌아온 1818년 9월 14일에서부터 생을 마친 1836년 2월 22일까지를 해배기라고 부른다. 1801년 3월부터 1818년 9월까지 대략 17년 6개월이며, 1818년 9월 14일부터 1836년 2월 22일까지도 대략 17년 6개월이다. 우연의 일치이겠으나, 유배기와 해배기가 거의 같은 기간 지속되었음을 알 수 있다.

2) 丁奎英의 『俟菴先生年譜』의 1808년 條에 『주역』의 뜻을 가지고 서로 더불어 어려운 점을 물어 「茶山問答」 1권을 지었다고 하는 언급이 있는데 「다산문답」은 『역학서언』의 마지막 편에 들어있다. 그밖에 丁若銓은 편지에서 「賸言」·「緖言」·「答客難」 등에 대해

것은 아니었다.[3] 『역학서언』 가운데 「이정조집해론李鼎祚集解論」·「정강성역주론鄭康成易注論」·「내씨역주박來氏易註駁」·「이씨절중초李氏折中鈔」의 네 편은 다산이 해배 이후에 쓰였다는 것을 분명히 기록하고 있다.[4] 「이정조집해

언급하고 있다. 『周易四箋』의 「說卦傳」의 "八卦相錯"에 대한 注에서 "錯之爲言, 摩也, 雜也. 先儒以此爲先天卦位, 殆不然也. 詳見零言.라는 말이 있다.(『周易四箋 II』, 『定本』, 16권, p.325) 만약에 『周易四箋』 戊辰本에서 언급한 『零言』과 『賸言』이 동일한 저술을 가리키는 명칭이라면, 『賸言』도 역시 1808년에는 완성되어 있던 것으로 볼 수 있다. 「答客難」은 『易學緖言』의 한 篇名이다. 정약전은 1816년에 유배지인 흑산도에서 죽었기 때문에 巽庵이 언급한 「茶山問答」·「答客難」·「朱子本義發微」는 다산의 유배기 저술이 될 수밖에 없다. 그리고 「玆山易柬」은 다산이 아니라 丁若銓의 저술이지만 역시 유배기의 저술에 속한다. 「玆山易柬」에 "甲子冬, 餘以周易四解, 寄示仲氏, 過蒙印可. 每有書至. 抄取其說易諸條. 久而成編. 名之曰玆山易柬."이라고 하였다. 이 글로 미루어 볼 때, 다산은 1804년 『周易四解』 甲子本이 나왔을 때부터 원고를 巽庵에게 보냈고, 巽庵이 보낸 답장 중에서 몇 조목을 취하여 한편으로 묶은 것이 「玆山易柬」이라는 것을 알 수 있다. 따라서 『易學緖言』에서 유배기의 저술이 확실한 것은 「茶山問答」·「答客難」·「朱子本義發微」·「玆山易柬」의 4편이 된다.

3) 「自撰墓誌銘」(集中本)에 『易學緖言』 12권을 언급하고 있으나, 『與猶堂集』의 卷次에는 『역학서언』이 들어갈 위치가 3권밖에 존재하지 않는다. 따라서 김보름은 『역학서언』이 원래는 3권 분량의 草稿本 형태로 존재하고 있었을 것으로 추론하였다. 「自撰墓誌銘」 이후에 『與猶堂集』이 만들어진 것이 아니라, 반대로 『여유당집』 이후에 「자찬묘지명」이 만들어졌을 것으로 추론된다. 丁丑년 1817년 4월 27일 다산초암에서 申永老에게 들려 보낸 편지 「書贈申永老」에서 저서 목록을 보내면서 후손들이 잘 보존해 나가도록 당부하고 있는데, 거기에는 『역학서언』은 포함도 되어 있지 않았다.(김보름, 「『與猶堂集』의 성립에 관한 고찰」, 『다산학』 18호, 2011, pp.210~211) 다산 고택에 닥친 을축년 홍수 피해에 관해 1925년 7월 30일부터 8월 9일까지 시대일보사에서는 11회에 걸쳐 「茶山遺跡埋沒」라는 제목으로 르포 형식으로 보도했는데, 그에 따르면 『與猶堂集』은 다산의 유배 중이던 강진에서 이미 있었던 것으로 되어 있다.(김보름, 「여유당전서 간행 경위 일고찰」, 『한국한문학연구』 第57輯, 2015, pp.419~420)

4) 丁奎英의 『俟菴先生年譜』에 "諸家의 注說을 취하여 차례대로 조리에 맞게 논해놓고 이름하여 『周易緖言』이라 하였는데 모두 12권이다"라는 기록이 있다. 『易學緖言』의 原題가 『周易緖言』이었다는 것은 이로 미루어 알 수 있다. 그러나 『周易緖言』의 卷數가 자금의 『易學緖言』과 마찬가지로 12卷이었다는 丁奎英의 발언은 의심의 여지가 있다. 「茶山問答」·「答客難」·「朱子本義發微」 등이 이미 존재해 있었다고 하더라도 현재 奎章本의 卷數로 볼 때 12권 가운데 2권에 그칠 것이기 때문이다. 더구나 「李鼎祚集解論」·「鄭康成易注論」·「來氏易註駁」·「李氏折中鈔」의 네 편의 완성은 해배 이후에 이루어졌다고 기록되어 있으며, 「唐書卦氣論」과 「邵子先天論」도 역시 해배 이후의 저술로 추정된다. 따라서 「李鼎祚集解論」·「鄭康成易注論」·「來氏易註駁」·「李氏折中鈔」·「唐書卦氣論」·「邵子先天論」의 여섯 편은 해배기에 속하는 저술이라는 것이 확실하다. 그런데 여섯 편의

론」과 「정강성역주론」은 1820년(純祖 20, 嘉慶 25年 庚辰) 여름에 쓰였다고 기록하였고, 「내씨역주박」과 「이씨절중초」는 1821년(純祖 21, 道光 元年 辛巳) 겨울에 쓰였다고 기록하였다. 다산은 「자찬묘지명」(集中本)에서 경집經集 232권에 달하는 저서 목록을 열거하고 있는데, 그 중에는 『역학서언』 12권도 포함되어 있다. 「자찬묘지명」은 다산이 1822년 6월 16일에 회갑을 맞아 쓴 글이다. 따라서 「당서괘기론」은 1822년 정월 초하루부터 1822년 6월 16일 사이에 최종적으로 완성된 것으로 추정된다.

그 밖에 『역학서언』에 그 성립연대가 나와 있지 않으나, 「당서괘기론唐書卦氣論」도 역시 해배기의 저술로 추정된다. 그 이유는 석천石泉 신작申綽[5])이 1821년 제일除日에 다산에게 보낸 답장의 일부가 「당서괘기론」에 신응교申應教의 설로 인용되어 있기 때문이다.[6]) 석천이 다산에게 편지를 쓴 날자가 제일除日이었으므로 다산이 그 편지를 「당서괘기론」에 옮겨 쓴 것은 1821년 섣달 그믐날 다음날인 1822년 정월 초하루 이후가 될 것이다.[7]) 그리고 「소자선천론」도 『역학서언』에 그 성립연대가 명시되어 있지 않으나 역시 해배기의 저술로 추정된다. 왜냐하면 다산은 「소자선천론」의 한 구절에서 "내가 강진에 유배되어 있을 시절에 그 지방 사람인 강풍姜風이 역시 해도海島

분량이 대략 4권 이상 되기 때문에 『周易緖言』 12卷이 完備되어 있었다는 것은 맞지 않는다. 더구나 丁若銓의 書簡에 「賸言」·「緖言」·「答客難」 등이 열거되어 있다는 점도 의문이다. 만약 「緖言」이 『周易緖言』을 가리키는 것이라면, 書名에 해당되는 「緖言」과 篇名에 해당되는 「잉언」과 「답객난」이 함께 열거되어 있다는 점도 이해가 되지 않는다.

5) 조선 후기의 학자로, 다산과 친분이 두터웠다. 저서로 『詩次故』, 『尙次故』, 『易次故』, 『老子旨略』, 『春秋左氏傳例』 등이 있다.

6) 石泉은 申綽의 號이며, 應敎는 석천에게 내려졌던 官職의 이름이다.

7) 편지가 아니라 석천의 『易次故』라는 『주역』 관련서로부터 인용했을 가능성도 배제할 수 없지만, 심경호는 석천이 다산에게 편지를 보낸 1821년 겨울의 편지에서 "『역』에 대해서는 아직 공부하고 싶을 따름입니다"라고 한 것을 근거로 그 이전에는 아직 『주역』에 관한 專著를 집필하지 않았다고 추론하였다. 심경호의 추정에 따르면, 『易次故』의 저술시기는 1821년 겨울에서부터 1828년 5월 25일 세상을 떠날 때까지의 사이가 된다.(심경호, 『강화학파의 문학과 사상(4)』, 한국정신문화연구원, 1999, p.459)

로 유배되었다"[8]라고 말한 구절이 있기 때문이다. 여기에서 다산은 강진 유배 시절을 회상하고 있기 때문에 이 글을 쓰고 있던 시점에서는 해배解配되어 있었음이 틀림없다.

정리해 보자면, 『역학서언』의 21편의 역학 평론은 유배기와 해배기의 저술로 구분된다. 먼저 유배기의 저술에 속하는 것으로는 「다산문답茶山問答」·「답객난答客難」·「주자본의발미朱子本義發微」·「현산역간玆山易柬」의 네 편이 있다. 그리고 해배기의 저술로 추정되는 것은 「이정조집해론李鼎祚集解論」·「정강성역주론鄭康成易注論」·「내씨역주박來氏易註駁」·「이씨절중초李氏折中鈔」·「당서괘기론唐書卦氣論」·「소자선천론邵子先天論」의 여섯 편이다.

그 다음으로 『정본 여유당전서보유』(III)에 수록되어 있는 「사고역의四庫易議」도 역시 해배기의 글로 추정된다.[9] 「사고역의」는 『사고전서총목제요』의 총론을 읽고 비평을 가한 글이다. 「사고역의」는 『보유補遺』편에 수록되어 있는 까닭에 큰 주목을 받지 못했으나 다산역의 이해에 있어 매우 중요한 자료이다. 「사고역의」의 저술연대는 확실치는 않으나 김언종에 의해 해배 이후의 저술로 추정된 바 있다.[10] 필자도 역시 「사고역의」를 해배기의 저술로 보는데, 그 근거는 「당서괘기론」에 있다. 다산은 「당서괘기론」에서 『사고전서총목제요四庫全書總目提要』의 『계람도稽覽圖』 해제解題를 인용하고 있다. 만약 다산이 『계람도』 해제를 읽었다면, 『사고전서총목제요』의 가장 앞에 나오는 총론總論을 읽지 않았을 리 없다. 「당서괘기론」이 1822년 정월 초하루부터 1822년 6월 16일 사이에 최종적으로 완성된 것으로 추정되므로 「사고역의」의 성립도 대략 그 전후에 이루어진 것으로 볼 수 있다. 『사고전서총목제요』에서는 역학사를 양파육종兩派六宗에 의해 전개된 것으로 정의한다. 여기서 양파兩

---

8) "餘謫康津之年, 土人姜風亦配海島."(「邵子先天論」, 『易學緖言』, 『定本』 第17卷, p.165)
9) 『與猶堂全書補遺』 III, 『定本』 第37卷, pp.257~258.
10) 김언종, 「여유당전서보유의 저작별 진위문제에 관하여(상)」, 『다산학』, 9호, 2006, p.152.

派란 상수파象數派와 의리파義理派를 가리키며, 육종六宗이란 상수파와 의리파가 각각 삼변三變한 것을 가리킨다. 다산 역학의 학문적 계보를 둘러싸고 논란이 끊이지 않았던 이유는 『주역사전』이나 『역학서언』에 명시적 언급이 없었기 때문이었다. 『주역사전』의 해석방법인 추이推移·효변爻變·호체互體·물상物象은 모두 상수학의 전통에서 유래된 것이기 때문에, 다산역이 상수학의 계통에 속한다는 것은 의심의 여지가 없다. 그러나 「사고역의」를 통해서 다산이 상象을 역학의 본질로 간주한 반면에 수數에 대해서는 그다지 중요하게 생각하지 않았다는 점이 드러난다.

그 밖에 『여유당전서』에 수록되지 않은 간찰簡札에도 해배기 역학사상과 관련된 자료들이 있다.[11] 다산은 해배 이후에 김매순金邁淳·신작申綽·이재의李載毅·홍석주洪奭周·홍현주洪顯周·김정희金正喜 등과 간찰을 주고받았다. 다산이 64세 때인 1825년 11월 5일에 파릉巴陵 즉 경기도 양천陽川에서 현감縣監으로 있던 대산臺山 김매순金邁淳에게 보낸 편지는 그 시절 다산의 관심사가 어디에 있었는지를 보여 준다.

> 조용히 기다리면서 귀 기울인 지 오래되었는데, 근래에 과연 파릉巴陵현감이 고을을 잘 다스린다는 소리로 떠들썩하다는 소문이 점점 들려왔습니다. 그러나 그 자세한 내용을 모르니 기뻐하는 일이 무엇인지 몰라 너무 답답합니다. 부모님 곁으로 돌아가 정신이 맑은 때 혹시 역설易說을 보셨습니까? 파릉 이후로는 역설을 비평한 소지가 오지 않는데, 이것이 혹시 옛날에 떡을 팔던 아이가 다시는 위성곡渭城曲을 부르지 않았다는 고사와 유사한 것 아닙니까? 함괘咸卦와 항괘恒卦 이후로는 틀리고 뒤집어진 뜻이 더욱 많고 시괘蓍卦에 관한 논의는 또 외람되고 비루한 점이 많은데, 모두 신경 써 보셨습니까? 겨울이라 문을 닫고 조용히 그 잘못된 곳을 고치려고 합니다. 앞뒤로 보내주신 첨시籤視 또한 교정하려고 합니다. 나머지 부분은 돌려보내 주셔서 책 전체를 완성할 수 있도록 해 주십시오.[12]

11) 다산학술문화재단에서는 『여유당전서』 미수록 간찰을 모아서 譯註本 『다산간찰집』을 간행한 바 있다.(정약용, 『다산간찰집』, 다산학술문화재단, 사암, 2012)

이 편지에서 역학과 관련하여 언급된 중요한 사안은 다음과 같다.

첫째, 다산은 김매순에게 역설易說을 보내서 검토해 달라는 요청을 하였다. 다산이 검토를 부탁한 '역설'이 무엇을 가리키는지 확실치 않다. 다만 전후의 맥락으로 볼 때 역주易注를 수정해서 새로운 저서를 기획했던 것으로 보인다. 그때는 『주역사전』 무진본이 완성된 이후로 17년이 지난 때였지만, 다산은 여전히 역주를 수정하려는 의지를 내보이고 있다. 특히 함괘咸卦와 항괘恒卦 이후의 역주에 틀리고 뒤집어진 뜻이 많아 고치려고 했다는 언급은 주목할 만하다.

둘째, 다산은 시괘蓍卦에 대한 학설에 외람되고 비루한 점이 많다고 하면서 김매순의 질정質正을 청하였다. 다산은 『주역사전』에서 「계사전」 가운데 시괘蓍卦에 관한 부분만을 따로 떼어내어 「시괘전蓍卦傳」이라는 제목을 붙여 독립시킨 바 있었다. 다산의 중형仲兄 정약전丁若銓이 「시괘전」을 읽고 극찬을 아끼지 않았던 점을 생각하면 "시괘에 관한 이론은 외람되고 비루하다"(蓍卦之論, 亦多猥陋)라는 표현은 의외로 다가온다.

다산은 66세 때인 1827년 1월 12일과 13일에 김매순金邁淳에게 보낸 편지에서 『망계집望溪集』을 읽은 소감을 밝히고 있다. 『망계집』은 청나라 학자 방포方苞(1668~1749)의 문집인데, 김매순은 이 책을 다산에게 보내서 그에 대한 평가를 청했다. 다산은 1월 13일의 편지에서 「선천도」에 대한 방포의 견해가 잘못된 것임을 밝혔다.

> 「선천도」는 진단陳摶 이래로 전해 오는 역법易法이라고들 하니, 복희씨가 지은 것이 아님은 자명합니다. 또한 방위方位와 명물名物이 모두 『역경』과 합치된다는 것이

12) "還侍淸寂之時, 或畢繙易說耶? 自巴陵以後, 評易小紙, 不及來, 此或無近於古之賣餠兒不復唱渭城耶? 咸恒以後, 反對顚倒之義益多, 蓍卦之論, 亦多猥陋, 並皆留神省覽否? 冬日閉戶, 欲默改其疵纇, 前後籤示, 亦欲校正. 餘卷 賜還, 俾成完帙何如."(정약용, 『다산간찰집』, 다산학술문화재단, 사암, 2012, pp.227~228)

무슨 말입니까? 이것은 전연 고증해서 증험한 말이 아닙니다. 『주역』 상·하 두 편의 경문經文과 십익十翼의 전傳은 모두 주문왕周文王의 괘방위를 사용하고 있는데, 무엇을 근거로 이런 말을 하는 것입니까? 망계望溪뿐 아니라 오늘날 학자들 가운데도 이런 논의를 하는 사람이 많습니다. 경문 상하의 두 편과 십익 가운데 어떤 구절과 어떤 장이 선천역과 부합하고 후천역과 어긋난다는 것인지 모르겠습니다. 이것은 내가 심히 의문스럽게 여겼던 바입니다. 노형께서도 일찍이 이 점에 대해 의문을 가졌던 적이 있는지요? 상세히 가르쳐 주기 바랍니다.[1827년 1월 13일][13)]

다산은 『망계집』의 문장의 기세가 뛰어나다고 하면서도 방포를 그렇게 대단한 학자로 평가하지는 않았다.[14)] 「선천도」는 송대 초기의 도사道士인 진단陳搏 등에 의해 만들어진 것이기 때문에 문왕文王의 방위에 의거하고 있는 『주역』과는 아무런 관계가 없다는 것이다. 소옹邵雍의 선천역학에 대한 비판은 『주역사전』에 이미 나타났던 것으로서 해배기에도 다산이 유배기에 지녔던 관점이 일관되게 유지되고 있음을 보여 준다.

이상에서 해배기에 속하는 몇 가지 역학 자료를 소개하였다. 필자는 석천石泉 신작申綽과 주고받은 간찰 자료와 『역학서언』의 「당서괘기론」에 의거해서 해배 초기에 다산의 관심사가 어디에 있었는지를 분석할 것이다. 이러한 분석을 통해 해배 초기의 다산의 관심이 벽괘설의 근원을 찾는 데 있었음이 드러날 것이다. 다산의 관점에서 본다면 벽괘설은 괘변설과 밀접하게 연관되어 있다. 다산은 「이씨절중초」에서 문헌을 통해 증거를 제시하는 대신에 64괘의 괘명을 분석하는 방법을 통해 괘명에 괘변의 원리가 반영되어 있다는 것을 입증하려고 시도하였다. 다산에 따르면 작역자作易者

13) "先天圖, 謂是希夷以來相傳之法, 則其非伏羲所作明矣. 又何云, "方位名物悉與經合也?", 此是全不考驗之言也. 周易二篇之經十翼之傳, 悉用周文王卦位, 何以有此言也? 不唯望溪而已. 今之君子亦多此論. 未知二篇十翼中, 何句何章與先天合, 而與後天違也. 此愚迷之所嘗滋惑者. 老兄亦嘗有疑於是耶? 詳敎之.[丁亥, 正月, 十三日.]"(丁若鏞·金邁淳 外, 『臺山·淵泉의 경학논쟁』, 實是學舍 經學硏究會, 한길사, 2000, pp.121~122)

14) 김언종, 『與猶堂全書補遺』의 저작별 眞僞 문제에 대하여(上), 『다산학』 9호, 2006.

가 64괘에 괘명卦名을 부여할 때 괘변의 원리가 적용되었으며, 벽괘의 명칭도 역시 존재하였다고 주장하였다. 그런데 괘변이란 벽괘를 주축主軸으로 전개되는 이론이기 때문에, 만약 괘변이 상고시대에 적용되었다면 벽괘도 그때에 이미 존재했던 것이 된다. 요컨대 다산의 주장에 따르면 벽괘와 괘변은 모두 『주역』의 제작원리에서 나온 것이 된다. 그러나 『주역』의 제작원리를 전거典據를 통해서 고증한다는 것은 사실상 불가능하기 때문에 다산의 주장은 검증 혹은 반증이 불가능한 가설적 추론의 영역에 있다.

2. 석천 신작의 간찰을 통해서 본 「당서괘기론」의 성립시기

석천石泉 신작申綽(1760~1828)은 다산이 유배에서 풀려난 그 다음해인 1819년부터 친교를 맺게 된 학자이다. 석천은 조선 후기에 양명학을 일으킨 하곡霞谷 정제두鄭齊斗의 외증손外曾孫이다. 남인 출신인 다산과 소론 출신의 석천이 당파에 구애되지 않고 학술을 교류한 것은 조선학술사의 큰 사건이었다.[15] 두 사람 사이의 친교는 1819년 8월 21일에 다산이 광주 사마루(社村)에 사는 석천을 찾아가 『상례사전喪禮四箋』과 『매씨서평梅氏書平』에 대해 논평을 부탁하면서 시작되었다. 석천은 다산을 처음 만나고 나서 평소에 칭송해 왔는데 뜻하지 않게 만나 뵙고 정겹게 담소를 나누게 되니 기쁨이 기대 이상이라고 표현하였다.[16] 그리고 자신의 큰 형인 신진申縉에게 쓴 편지에서는 다산에 대하여 "재주가 뛰어나고 문장도 역시 체제를 얻었으며 경전 주석에 대단히 박식하면서도 정밀하여, 내가 알고 지내는 지식인 가운데 그보다 더 나은 사람은 없을 듯합니다"라고 평가하였다. 특히 석천은 다산의

15) 심경호, 『강화학파의 문학과 사상(4)』, 한국정신문화연구원, 1999, p.321.
16) 차벽, 『다산의 후반생』, 돌베개, 2010, p.290.

“『역』·『예』에 관한 몇 가지 설만으로도 온 솥의 맛있는 진미珍味를 헤아리기에 충분하다”(足揣全鼎之珍)라고 평하였다.[17] 이처럼 상대방에 대한 존중은 진지한 학술 교류를 가능케 한 원천이 되었다. 다산과 석천은 조선의 지배적 학술담론이었던 주자학에 대해 일정한 거리를 두었다는 점에서 공통점을 지닌다.[18] 그럼에도 불구하고 두 사람의 학풍은 근본적으로 달랐기 때문에 더 이상 좁혀지기 어려운 거리가 있었다. 석천은 다산의 학풍에 대해 다음과 같이 비판한다.

> 지금 그대의 논증은 이미 해박하여 분별이 매우 조리 있고 밝아서 허물이 될 만한 것이 없습니다. 그러나 재주가 높고 식견이 투철한 까닭에 함부로 선배들을 비난하는 혐의가 있습니다. 후세 사람들이 이를 본다면 이것으로 그대의 단점과 장점을 헤아릴 수 있을 것입니다.[19]

위당爲堂 정인보鄭寅普가 박학樸學의 종장이라고 평가할 정도로[20] 석천의 학문은 훈고訓詁를 중시하는 한학漢學에 경도되어 있었다.[21] 반면에 다산은 석천이 한학에 대해 무비판적으로 경도되어 있다고 보았으며, 특히 정현鄭玄의 학설을 추종하려는 석천에 대해서 비판적이었다. 다산은 정약전丁若銓에게 보낸 편지에서 “정현의 주는 열에 여섯 일곱은 오류인데도 선유들은 정현을 맹신하였으니, 이것이 한스러울 따름이다”라고 평한 바 있다.[22]

---

17) 丁若鏞·申綽, 『茶山과 石泉의 經學論爭』, 한길사, 2000, p.73.

18) 이영호, 「다산과 석천의 詩經學과 易經學에 관한 일고찰」, 『동양철학연구』 76권, 동양철학연구회, 2013, p.57.

19) “今高明之證援. 旣已淹該. 分數極爲綜明. 無可疵議. 但以才高識透之故. 有輕非先達之嫌. 使後人見之. 有足以此窺高明之淺深也.”(『石泉遺稿』, 卷3, 「答丁承旨」)

20) “石泉揣門之業, 羽翼古經, 後之治國朝學術史者, 於儒門樸學, 當推石泉爲宗, 其功亦豈淺哉? 且治經典者, 得石泉而知古人爲學之軌, 剗浮蕩誣, 芳風遠扇, 則其陶範後學, 非流俗所能髣髴, 惟深於經者知之耳”(『石泉遺稿』, 「石泉遺稿敍」)

21) 서근식은 석천이 『주역』 해석에서 漢代의 古學을 숭상하였지만, 象數易을 수용하지는 않았으며, 오히려 義理的 측면이 강하게 나타난다고 하였다.(서근식, 「석천 신작의 주역해석 방법에 관한 연구」, 『퇴계학논집』, 통권 119호, 퇴계학연구원, 2006, p.219)

다산은 석천에게 보내는 편지에서 정현을 독신篤信하는 석천의 태도에 대해 비판하며, 서로 간에 좁혀지기 어려운 거리가 있음을 확인하고 있다.

> 노형께서는 정현鄭玄의 설을 돈독히 믿는 까닭에 다른 사람의 글을 보거나 들을 때에 먼저 하나의 방패를 마음속에 세워두었다가 정현의 설에 위배되는 것이 있으면 거부하고 오직 정현의 설만을 굳게 지키려고 하는 것 같습니다. 이것은 내가 일찍이 흠모하고 기꺼워했던 바입니다. 그러나 지나치게 굳고 고집스러움에 이르러서는 막히고 답답함을 감당할 수 없으니, 이것은 허명하고 공평한 태도가 사람의 마음을 활짝 열어 기쁘게 하는 것만 같지 못합니다. 내가 문득 이렇게 함부로 말을 하니 노형은 껄껄 한바탕 웃으며, 망령되고 경솔하게 남을 범하는 태도를 걱정하겠지요. 그러나 정현의 주注라고 해서 반드시 다 옳은 것은 아니니, 그 규모를 마땅히 좀 고쳐야 할 것 같습니다. 그것이 노형에게 받아들여지지 않을 것임을 잘 알고 있으므로 또한 달리 다툴 뜻은 없습니다. 이만 줄이겠습니다.[임오년 6월 10일][23]

다산이 석천에게 보낸 7통의 편지는 『여유당전서』 시문집詩文集에 「답신재중答申在中」이라는 제목으로 수록되어 있다.[24] 반면에 석천이 다산에게 보낸 편지는 모두 19통인데, 『석천유집』 후집後集 권6에 「답정승지答丁承旨」라는 제목으로 18통이 실려 있으며, 1통의 편지는 『여유당전서보유』 2책에 「석천서石泉書」라는 제목으로 수록되어 있다.[25] 두 사람이 주고받은 간찰 중에서 역학易學과 관련된 것은 다산이 석천에게 보낸 두 번째 편지[26]와 석천이

---

22) "鄭玄之注, 十誤六七, 而先儒兼信鄭玄, 是可恨也."(「答仲氏」, 『定本』 第4卷, p.194)

23) "老兄篤信康成, 凡看人文字, 聽人談論, 先設一部干盾, 立之於心內,凡有與康成違者,卽拒之堅而守之固, 此愚昧之所嘗愛慕而欽悅者也. 至其太堅固處, 又使人悶塞不堪, 未若虛明公平之爲磨豁可喜. 輒玆狂譟如此, 伏惟老兄, 輾然一笑, 而又以憂其妄率而輕犯也. 然鄭註未必盡是, 規模宜若小改然也. 明知其不賜開納, 故亦殊無爭氣耳. 不宣.[壬午六月十日]"(丁若鏞, 『定本』, 4, 『文集 III』, 2012, pp.183~184; 丁若鏞·申綽, 『茶山과 石泉의 經學論爭』, 한길사, 2000, pp.53~54)

24) 『定本』 第4卷, pp.176~188; 丁若鏞·申綽, 『茶山과 石泉의 經學論爭』, 한길사, 2000, p.7.

25) 丁若鏞·申綽, 『茶山과 石泉의 經學論爭』, 한길사, 2000, p.8.

26) 같은 책, pp.30~37.

다산에 보낸 여덟 번째 편지이다. 다산의 두 번째 편지는 그 말미에 적힌 기묘己卯 십일월十一月이라는 기록을 통해 1819년 11월에 보냈다는 것을 알 수 있다.[27] 반면에 석천의 여덟 번째 편지에 "신사辛巳 제일除日"이라고 적혀 있으므로 1821년 섣달 그믐날에 보낸 답장이라는 것을 알 수 있다. 여기서 중요한 것은 석천의 여덟 번째 편지 「답정승지答丁承旨」의 일부가 『역학서언』의 「당서괘기론」에 그대로 인용되어 있다는 사실이다.

「答丁承旨」	『魏書』, 「律曆志」, 先已有此說稍詳. 然, 不言傳授, 所自『五代史』·「司天考」·爻象圖, 亦有此法. 與『唐志』, 互有詳略耳.(辛巳除日)
「唐書卦氣論」	申應敎(綽)云, 『魏書』, 「律曆志」, 亦有此說稍詳. 然, 不言傳授, 所自『五代史』·「司天考」·爻象圖, 亦有此法. 與『唐志』, 互有詳略

「답정승지」와 「당서괘기론」를 대조해서 보면 몇 글자를 제외하면 그 내용이 거의 같다. 따라서 다산이 「답정승지」의 일부 내용을 「당서괘기론」에 그대로 전재轉載했다는 사실을 알 수 있다. 다산이 석천의 역학 관련 저술인 『역차고易次故』로부터 인용했을 가능성도 배제할 수는 없으나, 『역차고』는 이 시기에는 아직 완성되지 않았던 것으로 보인다.[28] 만약에 석천의 「답정승지」의 내용 가운데 일부가 「당서괘기론」에 옮겨져서 인용되었다는 것이 사실이라면 이로부터 「당서괘기론」의 성립 시기를 추론하는 것이 가능해진다. 앞서 언급한 것처럼 「답정승지」는 1821년 섣달 그믐날에 쓰였다. 그런데 「답정승지」의 일부가 「당서괘기론」에 그대로 옮겨져 있는 것으로 미루어

27) 「答申在中」, 『定本』 第4卷, pp.177~179.

28) 심경호는 『易次故』의 저술시기를 1821년 겨울에서부터 石泉이 세상을 떠난 순조 28년(1828) 5월 25일 사이라고 추정하였다. 그렇게 추정할 수 있는 근거는 순조 21년(1821) 겨울에 石泉이 茶山에게 보낸 편지에 있다. 石泉은 그 편지에서 "『易』에 대해서는 공부하고 싶어했을 따름입니다"라고 하였는데, 이로 미루어 볼 때, 1821년 겨울 무렵에는 『易』에 대한 專著를 아직 집필하지 않은 상태였음을 알 수 있다는 것이다.(심경호, 『강화학파의 문학과 사상(4)』, 한국정신문화연구원, 1999, p.459)

볼 때, 「당서괘기론」은 적어도 1821년 섣달 그믐날 이후에 쓰인 것이 된다. 그런데 「자찬묘지명」(집중본)에 『역학서언』 12권이 이미 완성된 것으로 되어 있다는 사실로 미루어 볼 때, 「당서괘기론」도 역시 다산의 회갑 이전에 완성되어 있어야 한다. 다산의 회갑은 1822년 6월 16일이므로, 「당서괘기론」의 최종적 성서成書 시기는 1821년 정월 초하루에서부터 1822년 6월 16일 사이가 된다. 그러나 인용된 석천의 글을 제외한다면 「당서괘기론」의 나머지 부분은 그 이전에 이미 쓰여 있었을 수도 있다. 왜냐하면 다산은 1818년 11월에 석천에게 보낸 「답신재중答申在中」에서 『당서唐書』 「역지曆志」의 전문全文을 열람했다고 말하였기 때문이다. 어쨌든 「당서괘기론」이 1822년 정월 초하루부터 1822년 6월 16일 사이에 완성되었다는 추론이 옳다면, 「당서괘기론」이야말로 『역학서언』 가운데 최후로 완성된 저술일 가능성이 매우 높다.

3. 『역위』의 벽괘설에 대한 추구

「당서괘기론」의 주제는 『당서唐書』 「역지曆志」의 괘기설卦氣說이다. 다산은 1819년에 석천 신작에게 보낸 편지에서 『당서』 「역지」의 전문全文을 모두 열람했다고 밝혔는데, 그 내용은 승려 일행一行이 만든 『대연력大衍曆』과 밀접하게 연관되어 있다.[29] 일행이 『대연력』을 만들면서 참조한 것은 서한西漢의 경방京房(BC.77~BC.37)이 만든 분괘직일법分卦直日法이었다. 경방의 분괘직일법에서는 64괘를 벽辟·공公·후侯·경卿·대부大夫의 품계에 따라 분류해서 춘분春分·추분秋分 등의 절기에 배당하였다. 경방은 맹희孟喜의 십이월괘十二月卦를 자신의 이론체계에 편입시켜 벽괘辟卦라는 명칭을 부여하였다. 그러나

29) 丁若鏞·申綽, 『茶山과 石泉의 經學論爭』, 한길사, 2000, p.31.

다산에게는 여전히 근본적으로 풀리지 않는 의문이 있었다. 만약 벽괘설이 경방의 이론이라면 왜 이정조李鼎祚의 『주역집해』에서 '벽辟'자가 한 번도 언급도 되지 않은 것일까? 아무리 생각해도 풀리지 않는 의문은 다산으로 하여금 '벽辟' 한 글자의 기원에 대해 더욱 천착하도록 만들었다. 다산이 『당서』「역지」 전문을 샅샅이 열람했던 것도 분괘직일법에 관심이 있어서가 아니라 단지 벽辟자 한 글자를 찾고자 하는 목적에서였다. 다산은 공·후·경·대부가 일행一行에 의해 부여된 명칭일 것이라고 인정했지만, 벽괘辟卦의 명칭만은 아주 오래된 기원을 가진 것으로 추정했다. 다산은 하나를 알고 나면 또 하나를 알고 싶은 자신의 욕심을 '망촉望蜀'에 비유했을 정도로 '벽'자 한 글자의 출처를 찾는 데 집착했다.[30] 1819년 11월 편지에서 다산은 석천에게 양한에서부터 남북조에 이르기까지 「유림전儒林傳」·「경적지經籍志」·「율력지律曆志」 등 사서史書를 샅샅이 뒤지다 보면 혹시라도 '벽辟'자 한 글자가 불쑥 튀어 나올지도 모르니, 창에 밝은 빛이 비치는 한가로운 시간에 '벽辟'자의 전거를 찾는 일에 관심을 가져달라고 요청하였다.

다산의 편지를 받은 석천은 그로부터 2년 뒤인 1821년 섣달 그믐날에 답장을 보냈다. 사서史書를 샅샅이 뒤져서 벽괘설에 대한 언급을 찾아달라고 한 다산의 부탁은 아무리 생각해도 무리한 부탁이었다. 그럼에도 석천은 『위서魏書』「율력지律曆志」와 『오대사五代史』「사천고司天考」의 「효상도爻象圖」 등을 뒤지는 노력을 아끼지 않았다. 석천은 벽괘설이 경방의 학설임은 알고 있었지만 『경씨역전京氏易傳』을 갖고 있지는 않았다. 궁여지책으로 석천은 『한서漢書』「경방전京房傳」을 뒤져 맹강孟康[31]의 주注에 경방이 소식괘

---

30) 望蜀: 得隴望蜀을 줄인 말이다. 이것은 漢의 光武帝가 隴의 영토를 정복한 뒤에 蜀나라를 차지하기를 바랐다는 데서 유래된 故事成語로서 만족할 줄 모르는 인간의 끝없는 욕심을 풍자하는 말이다.

31) 孟康은 삼국시대 曹魏 집권 시기의 인물. 訓詁와 考據에 정통하였으며, 『漢書音義』를 저술하였으나, 현재 전하지 않는다. 顔師古의 『漢書集注』, 酈道元의 『水經注』, 李善의

消息卦를 벽괘라고 명명했다는 것을 찾아내었다.[32] 석천은 『건착도乾鑿度』에 대해서도 언급하고 있는데, 『건착도』의 구관九宮의 설은 팔괘八卦와 중앙中央을 합친 것으로서 벽괘설과는 관계가 없다고 결론을 내렸다.

그러나 석천의 설은 『건착도』로부터의 직접 인용이 아니기 때문에 근본적으로 한계를 갖는다. 사마루 마을의 서재에 4천여 권이 있었다고 알려질 정도로 대단한 장서가였으나 석천은 『경씨역전』은 물론이고 『건착도』도 갖고 있지 않았다. 『건착도』와 『계람도』는 모두 『역위』에 속하는 문헌으로서 그 당시 매우 진귀하고 희귀한 서적에 속했다. 석천은 1821년 섣달 그믐날 다산에게 보낸 편지에서 어떤 사람이 연경燕京에 가서 여러 종류의 위서緯書를 보았는데, 모두 산일散逸된 것을 집성集成한 것이지 전서全書는 아니었다고 말한다. 따라서 석천이 『건착도』와 벽괘설의 관련성을 찾아내지 못했던 것에는 제한된 자료에 의존할 수밖에 없었던 한계가 있었음을 감안해야 한다. 벽괘설에 대한 언급은 「당서괘기론」의 "혹왈或曰" 이하에 나온다.[33]

> 『역위건착도』: 1년은 365일과 4분의 1이니, 괘卦로써 용사用事하면, 한 괘에 여섯 효爻가 있고 한 효는 하루에 해당되니 한 괘는 6일에 해당된다.【7분分은 윤월閏月에 귀속시킨다.】 처음에 용사用事한 일일一日은 천왕天王과 제후諸侯에 속한다. 두 번째는 대부大夫에 속하고, 세 번째는 경卿에 속하고, 네 번째는 삼공三公이며, 다섯 번째는 벽辟이며, 여섯 번째는 종묘宗廟이다.[34]

『역위』의 문헌 가운데 벽괘辟卦라는 용어가 나오는 것은 『건원서제기乾元

『文選注』 등에 그의 注解가 인용되고 있다.

32) "『漢書』「京房傳」, 孟康注云, 房, 以消息卦爲辟. 辟, 君也. 息卦曰太陰, 消卦曰太陽, 其餘卦曰少陰少陽, 謂臣下也."(「唐書卦氣論」, 『易學緒言』, 『定本』 第17卷, p.120)

33) 「唐書卦氣論」의 인용은 『易緯乾鑿度』의 원문의 전부가 아니라 일부 생략된 것이다. "或曰, 『易緯』有六日七分之法. 而五曰辟, 六曰宗廟."이라고만 되어 있다.

34) "『易緯乾鑿度』曰, 歲三百六十五日四分日之一,以卦用事,一卦六爻,爻一日,凡六日【七分歸閏】 初用事一日, 天王諸侯也, 二日大夫也, 三日卿也, 四日三公也, 五日辟也, 六日宗廟."

序制記』이지만 다산은 그것까지는 알지 못했던 것으로 보인다.[35] 다산은 경방이 사용했던 벽괘라는 용어의 전거典據를 찾기 위해 한대漢代의 문헌을 샅샅이 뒤졌지만 출처를 찾는 데 성공하지 못했다. 그것은 아마도 다산이 『역위』 문헌을 전부 가지고 있지 않았기 때문이었을 것이다. 당시만 하더라도 『역위』는 매우 희귀한 문헌이었기 때문에 연행사燕行使를 통해 북경의 유리창琉璃場에서 구해 오기도 하였다. 어쨌든 벽괘라는 용어가 『역위』 문헌에 나온다는 것은 경방 역학과 『역위』 문헌이 밀접한 관련을 맺고 있다는 것을 시사해 주기 때문에 중요한 의미를 지닌다.

「당서괘기론」에서 인용한 『건착도』의 원문에는 벽괘辟卦라는 용어는 나오지 않지만 천왕제후天王諸侯·대부大夫·경卿·삼공三公·벽辟·종묘宗廟의 여섯 범주에 괘를 배속시키고 있다. 「당서괘기론」에서 다산이 인용한 "혹왈或曰"의 혹자或者는 벽괘설에 대한 일반적 견해를 대변한다. 여기서 혹자는 『당서唐書』 「역지曆志」의 『대연력』은 『건착도』에 나오는 분괘직일법을 조금 변화시켜서 만든 것이라고 주장하였다. 그에 따르면 『대연력』은 『건착도』의 분괘직일법을 역법曆法에 적용한 최초의 사례이다.[36] 『건착도』에서는 1년을 365일과 4분의 1, 즉 365.25일로 정하고, 육일칠분법六日七分法에 따라 천왕제후天王諸侯·대부大夫·경卿·삼공三公·벽辟·종묘宗廟의 여섯 범주에 괘를 배속시켰다. 『대연력』과 『역위건착도』의 공통점은 분괘직일법에 의거하고 있다는 데 있다. 그러나 『건착도』에서는 종묘를 언급하였지만 『대연력』에는 종묘가 없다는 것은 차이점이다. 그런데 혹자는 벽辟은 군주君主를 뜻하기 때문에 군주의 일을 점치는 데 사용된다고 주장한다.

---

35) "辟卦, 溫氣不效, 六卦陽物不生."(『乾元序制記』, 『七緯』 上, 趙在翰 輯, 鐘肇鵬·蕭文郁 點校, 北京: 中華書局, 2012, p.120)

36) "或曰, 『易緯』有六日七分之法. 而五曰辟, 六曰宗廟. 康成注以爲辟天子也. 一行『大衍曆』, 卽昉於六日七分之法, 而大衍則又無宗廟, 其分等相配者, 又稍變於易緯之法矣."(「唐書卦氣論」, 『易學緖言』, 『定本』 第17卷, p.120)

> 대체로 '벽괘辟卦'의 '벽辟'자는 12괘를 군주에게 속하게 하여 군주의 일을 점친 까닭에 벽괘라고 부른 것이지, 12괘로써 군주를 삼아 여러 괘를 통제한다는 의미가 아니다. 경방도 역시 소식괘消息卦를 벽괘에 속하게 하여 길흉을 추험推驗하였다.[37]

혹자의 견해는 정현의 설에 근거를 두고 있다. 왜냐하면 정현도 역시 벽辟을 천자로 보고, 벽괘의 길흉吉凶은 오직 천자에만 적용된다고 주장했기 때문이다.[38] 그러나 벽辟의 의미를 신분적 품계로 이해하는 관점은 다산의 주장과는 정면으로 배치된다. 혹자는 여러 괘 가운데 12괘를 군주괘로 삼아 나머지 다른 괘들을 통제한다는 의미가 아니라고 보았는데, 여기서 혹자가 배척하고 있는 견해야말로 바로 다산이 주장하고 있는 견해이다. 다산은 분괘직일법의 문제점을 지적하면서 벽괘의 명칭이 상고시대에 기원을 두고 있다고 주장하였다.

> 천자天子에서부터 서인庶人에 이르기까지 64괘를 통용하여 그 길흉을 점친다. 천자는 벽괘辟卦를 사용하고 상공上公은 공괘公卦를 사용하고 대부大夫는 대부의 괘를 사용하는 이런 이치가 있겠는가? 점서占筮하여 다른 괘를 얻으면 그것을 버리고 다시 점을 친다는 것인가? 환괘渙卦의 괘사에 "왕격유묘王假有廟"라고 하였고,[39] 췌괘萃卦의 괘사에 "왕격유묘王假有廟"라고 하였으며,[40] 가인괘家人卦 구오九五에 "왕격유가王假有家"라고 하였거니와,[41] 이것들은 (분괘직일법에 따르면) 모두 소위 경卿·대부大夫의 괘인데 어떻게 천왕天王이 이를 사용하였는가? 진괘震卦에 "진경백리震驚百里"라고 하였고, 진괘晉卦의 괘사에 "강후용석마康侯用錫馬"라고 하였고,[42] 풍괘豐卦 초구初九

---

37) "或曰, 『易緯』, 有六日七分之法. 而五曰辟, 六曰宗廟. 康成注, 以爲辟天子也. 一行『大衍曆』, 卽昉於六日七分之法, 而大衍則又無宗廟, 其分等相配者, 又稍變於易緯之法矣. 大抵, '辟卦'之'辟'字, 以此十二卦, 屬之於君, 而以占君之事, 故謂之辟卦, 非於諸卦之中, 以此十二卦爲辟而統之也. 京房亦以消息卦, 屬之於辟, 推驗吉凶."(「唐書卦氣論」, 『易學緖言』, 『定本』 第17卷, p.120)

38) "辟, 天子也,天王諸侯者,言諸侯受其吉凶者惟天子而已."

39) 分卦直日法에 따르면, 渙卦는 卿卦에 해당된다.

40) 分卦直日法에 따르면, 萃卦는 大夫卦에 해당된다.

41) 分卦直日法에 따르면 家人卦는 大夫卦에 해당된다.

에 "우기배주遇其配主"라고 하였는데,[43] 이는 (분괘직일법에 따르면) 모두 이른바 경·대부에 해당되는 괘이다.[44] 어떻게 제후諸侯가 이것을 사용하겠는가? 사시四時·양윤괘兩閏卦는 50연괘衍卦의 근본이다. 그러므로 벽괘라는 명칭은 예전부터 있으면서 여러 괘들을 통제하였던 것인데, 초공焦贛과 경방京房 등이 불필요한 말들을 덧붙여서 공·후·경·대부의 설을 꾸며내었을 따름인 것이다.[45]

다산은 『건착도』에 이어서 『계람도稽覽圖』에서도 '벽辟'자의 근원을 찾는 데 나서서, 마침내 공公·후侯·경卿·대부大夫에 대한 언급을 발견하였다. 『계람도』는 일행一行이 『대연력』을 만들 때 영향을 미친 문헌이다. 『후한서後漢書』「번영전樊英傳」의 이현李賢의 주注에서 칠위七緯를 거론하면서 『역위』의 가장 앞에 두었을 정도로 『계람도』는 그 중요성을 인정받아 왔다.[46] 청淸의 혜동惠棟은 『역한학易漢學』에서 괘기설이 『역위계람도』에서 나온 것임을 밝힌 바 있다.[47] 다산도 「당서괘기론」에서 경방의 분괘직일법의 체계가 『계람도』에서 나온 것이라고 밝히고 있다.

12벽괘 이외에도 여러 괘들을 배열하여 공公·후侯·경卿·대부大夫로 삼았는데, 이런 법은 역시 경방에게서 기원하였으나 그 설은 『계람도』에 나온다.[48]

---

42) 分卦直日法에 따르면, 晉卦는 卿卦에 해당된다.

43) 分卦直日法에 따르면, 豐卦는 大夫卦에 해당된다.

44) 晉卦는 卿卦에 해당되고, 豐卦는 大夫卦에 해당된다. 孟康의 『漢書』 注에 "震·離·兌·坎를 方伯·監司의 관리로 삼는다"라고 하였다.

45) "自天子達於庶人, 通用六十四卦, 以占其吉凶. 天子用辟卦; 上公用公卦; 大夫用大夫之卦, 有是理乎? 筮遇他卦, 其將棄之, 而改筮乎? 渙曰'王假有廟', 萃曰'王假有廟', 家人曰'王假有家', 是皆所謂卿·大夫之卦也. 何天王用之乎? 震曰, '震驚百里', 晉曰, '康侯用錫馬', 豐曰, '遇其配主', 是皆所謂, 卿·大夫之卦也. 何諸侯用之乎? 四時兩閏之卦, 爲五十衍卦之本. 故辟卦之名, 自古有之, 以統諸卦. 而焦贛·京房之等, 添出贅疣, 爲公·侯·卿·大夫之說耳."(「唐書卦氣論」, 『易學緖言』, 『定本』 第17卷, p.121)

46) "七緯者, 易緯·『稽覽圖』·『乾鑿度』·『坤靈圖』·『通卦驗』·『是類謀』·『辨終備』也."(『後漢書』, 十, 傳[九], 方術列傳, 樊英傳, 第七十二上, p.2721)

47) "易緯·稽覽圖曰, '甲子卦氣起中孚, 六日八十分日之七', 鄭康成注云, '六以候也, 八十分爲一日之七者, 一卦六日七分也."(惠棟, 『易漢學』, 『中國古代易學叢書』, 卷47, p.302)

다산은 『계람도』에 대한 지식을 『사고전서총목제요』를 통해 획득한 것으로 보인다. 『사고전서총목제요』의 「역류목록易類目錄」에 나오는 『계람도』의 해제解題는 「당서괘기론」에도 인용되어 있는데, 그 원문을 인용하면 다음과 같다.

> 괘기卦氣는 중부中孚로부터 일어난다. (그리고) 감坎·리離·진震·태兌를 사정괘四正卦로 삼는다. 60괘가 육일칠분六日七分을 주관한다. 또 복괘復卦에서 곤괘坤卦에 이르는 12괘를 소식괘消息卦로 삼고, 나머지 잡괘雜卦는 공公·후侯·경卿·대부大夫괘로 삼는다. 후候는 풍風·우雨·한寒·온溫으로써 표징表徵으로 삼았다. 즉 맹희孟喜와 경방京房의 학문이 이로부터 나온 것이다. 한漢의 대유大儒들의 역설易說이 모두 여기에 바탕을 두고 있다.[49]

『계람도』 처음에 나오는 "괘기卦氣는 중부中孚로부터 일어난다"(卦氣起中孚)라는 명제는 괘기설의 핵심적 주장을 형성하였다. 『사고전서총목제요』에서는 맹희·경방의 괘기설이 『계람도』로부터 유래된 것이라고 주장하였다. 『계람도』의 괘기설, 『통괘험通卦驗』과 『시류모是類謀』의 십이월괘十二月卦, 『건착도』의 육일칠분六日七分의 설은 맹희의 설에서 나오는 것과 동일하다.[50] 『사고전서총목제요』에서는 『역위』가 금문今文경학과 같은 시기에 성립되었으며, 동중서董仲舒(BC.179~BC.104)의 『춘추번로春秋繁露』의 문체가 위서緯書와 유사하다고 보았다.[51] 반면에 강학위康學偉는 『역위』가 대체로 서한말 애제哀帝(BC.25~BC.1) 이후 왕망王莽의 찬탈 이전 사이에 성립되었다고 주장하였다.[52]

---

48) "十二辟卦之外, 又以諸卦列之, 以公·侯·卿·大夫, 其法, 亦起於京房, 其說, 槩見於『稽覽圖』."(「唐書卦氣論」, 『易學緒言』, 『定本』 第17卷, p.119)

49) "卦氣起中孚, 而以坎離震兌爲四正卦, 六十卦主六日七分. 又以自復至坤, 十二卦爲消息, 餘雜卦主公·侯·卿·大夫, 候風雨寒溫, 以爲徵應, 蓋卽孟喜京房之學, 所自出, 漢世大儒言易者, 悉本於此."(『四庫全書總目提要』, 「易類目錄」, 『稽覽圖』 解題)

50) 王亭之, 『周易象數例解』, 復旦大學出版社, 2014, p.83.

51) 『四庫全書總目提要』, 易類 六, 附錄, 「易緯」, '案語'.

52) 康學偉는 『易緯』의 성립시기에 관한 학설을 세 가지로 정리하고 있다. 첫째, 緯書가 西漢 前期에 형성되었다고 보는 견해로서 漢初 혹은 秦末에 讖語가 있었다는 것을 근거로 삼고 있다. 둘째, 유협의 『文心雕龍』에서 "緯起哀平"이라고 한 것에 근거해서

그는 맹희·경방의 괘기설이 『계람도』로부터 영향 받은 것이 아니라 오히려 『계람도』가 맹희·경방의 학설을 발전시킨 것이라고 주장하였다.[53] 그밖에 맹희·경방의 일파가 『역위』의 학설을 전개했다는 주장도 있다.

이처럼 맹희·경방의 학설과 『역위』 문헌의 선후관계는 쉽게 단정하기 어려운 문제이다. 뿐만 아니라 『역위』의 성립 시기에 대해서도 명확하게 밝혀진 바가 없다.[54] 다산은 경방 이전부터 있었던 벽괘설의 증거를 찾고자 했으므로, 맹희·경방의 괘기설이 『계람도』부터 유래된 것이라고 본 『사고전서총목제요』의 설에 의지했다.[55] 이 주장이 옳다면 『역위』 학설의 성립

緯書가 漢의 哀帝와 平帝 시기(기원전 7년~기원후 5년)에 형성되었다고 본다. 劉向과 劉歆이 『七略』에 위서를 기록하지 않았다는 것도 역시 그 근거로 삼고 있다. 셋째, 緯書가 王莽 시대에 형성되었다고 보는 견해로서 荀悅이 『申鑑』「俗嫌」에서 終張의 무리가 만들었다고 한 기록에 근거하고 있다. 范文瀾의 고증에 따르면 終張은 왕망을 도와 符命을 만든 田終術이다.(廖名春·康學偉·梁韋弦, 『周易哲學史』, 예문서원, p.198)

53) 廖名春·康學偉·梁韋弦, 『周易哲學史』, 예문서원, p.211.

54) 後漢의 章帝가 79년에 소집한 白虎觀 회의의 내용을 기록한 『白虎通義』에는 『乾鑿度』로부터 인용한 구절이 있다. 따라서 『역위』 문헌은 아무리 늦어도 AD.79년 以前에 성립되어 있었을 것으로 추정할 수 있다. 『漢書』「李尋傳」(卷七十五)에 따르면, 李尋이 대사마 王根에게 올리는 上疏文의 "五經六緯, 尊術顯士"라는 구절에서 六緯를 처음으로 언급했다. (班固 撰, 顏師古 注, 『漢書』「李尋傳」, 卷七十五, 中華書局, 北京 1962, p.3179) 만약 이심이 언급한 六緯에 『易緯』가 포함된다면, 成帝(기원전33년~기원전7년) 시기에 『역위』가 이미 완성된 서적으로서 존재했던 것이 된다. 劉歆이 成帝의 명을 받아 도서를 기록한 것은 成帝 원년인 기원전 32년의 일이고, 이심이 상소를 올린 것은 성제가 죽기 4년 전 사이의 일이다. 따라서 劉歆이 도서의 감수 작업을 시작한 기원전 32년에서부터 李尋이 上疏를 올린 시기 사이에 『역위』가 책으로 형성되었을 가능성이 있다.

55) 다산은 『周易四箋』의 旅卦의 卦辭의 注에서 『乾鑿度』가 東漢의 緯書이며, 鄭玄이 自作自註한 것이라고 주장하였다.(乾鑿度者, 東漢之緯書也. 鄭玄好怪, 疑自作而自註之, 『周易四箋』, 『定本』, 第16卷, p.156; 『譯註 周易四箋』, 6권, p.271) 그러나 앞서 보았듯이, AD.79년 後漢의 章帝가 소집한 白虎觀 회의의 내용을 기록한 『白虎通義』에 『乾鑿度』의 구절이 인용되어 있으므로 『易緯』는 아무리 늦어도 AD.79년 以前에 성립되어 있었을 것이다. 따라서 『乾鑿度』는 鄭玄이 태어나기도 전에 성립해 있었던 것이 된다. 그런데 『四庫全書總目提要』에서는 孟喜와 京房의 卦氣說이 『易緯』로부터 유래되었던 것으로 보고 있고, 다산도 『사고전서총목제요』의 학설을 추종하고 있다. 孟喜와 京房은 西漢 시기의 인물이므로, 이렇게 보면 『易緯』는 東漢이 아니라 西漢 시기에 성립된 것이 된다. 『周易四箋』이 유배 중인 강진에서 1808년에 출간된 것이고, 「唐書卦氣論」은 1822년 해배 이후의 저술이라는 것을 고려한다면, 다산의 견해에도 그 사이에 변화가 생겼을 수 있다.

시기는 경방京房(BC.77~BC.37) 이전으로 소급될 수 있을 것이다. 『사기史記』 「태사공자서太史公自序」에 나오는 "역왈易曰, 실지호리失之毫厘, 차지천리差之千里"라는 문장이 『통괘험通卦驗』에도 나오는 것으로 보아서, 『역위』는 사마천司馬遷(BC.145~BC.90)의 시대에 이미 존재하고 있었을 가능성이 있다. 그런데 다산은 벽괘설의 전거를 『역위』 문헌에서 찾아내는 데 만족하지 않고, 마침내 벽괘라는 명칭이 상고시대부터 존재하고 있었다는 과감한 주장을 제출하기에 이르렀다. 다시 말해서 벽괘의 명칭이 고대로부터 전승되어 왔는데 한유들이 여기에 소식괘消息卦라는 명칭을 부여하였다는 것이다.

다산의 이러한 주장은 『한서』 「경방전京房傳」의 맹강孟康의 주注와는 정반대의 주장이다. 왜냐하면 맹강에 따르면 원래 소식괘가 있었는데 경방이 소식괘를 벽괘라고 명명하였을 뿐이기 때문이다. 그렇다면 벽괘라는 명칭이 상고시대 이후로 전승되어 내려왔다는 다산의 주장은 과연 타당한 주장일까? 벽괘라는 명칭이 상고시대에 존재했다는 것을 입증하는 것은 사실상 불가능하다. 벽辟자 한 글자의 근원을 찾고자 하는 자신의 욕망을 득롱망촉得隴望蜀에 비유했다는 것은 다산 스스로도 이것이 거의 실현불가능하다는 것을 깨닫고 있었음을 말해 준다. 여기서 우리는 12월괘의 존재와 명칭의 문제를 분리해서 생각할 필요가 있다. 12월괘가 상고시대부터 존재했을 것이라는 추정은 나름대로 근거를 갖고 있다.[56] 그러나 12월괘가 상고시대부터 존재했다고 해서 그 명칭이 반드시 벽괘가 되어야 할 이유는 없다. 오히려 소식괘가 벽괘보다 더 오래된 근원을 가진 용어일 가능성이 있다. 왜냐하면 '벽'자는 『주역』의 경문 혹은 『역전』에 나오지 않지만 '소식'이라는 두 글자는 「단전」에 나타나기 때문이다.

---

56) 干寶의 『周禮注』에 『歸藏』을 인용했는데, 거기에 "復子, 臨丑, 泰寅, 大壯卯, 夬辰, 乾巳, 姤午, 遯未, 否申, 觀酉, 剝戌, 坤亥"라는 구절이 있다. 이것은 十二月卦가 『周易』뿐 아니라 『歸藏』에서도 중요하게 사용된 괘라는 것을 말해주는 근거로 제시된다.(王亭之, 『周易象數例解』, 復旦大學出版社, 2014, p.89)

4. 해배기의 다산 역학이 갖는 의의

다산의 유배기 역학이 『주역사전』이라는 독창적 저술을 통해 방법론적 실험을 한 데서 그 의의를 찾을 수 있다면, 해배기의 역학은 『주역사전』에서 적용했던 네 가지 해석방법의 정당성을 역학사의 문헌들을 통해서 검증을 시도하였다는 점에서 그 의미를 찾을 수 있다. 해배 이후 다산의 역학은 유배기 저술에서 나타나는 특징들을 반복적으로 보여 주며, 유배기로부터 본질적으로 구별되는 특징은 발견되지 않는다. 따라서 해배기의 다산 역학은 유배기의 다산 역학의 연장선상에서 파악된다.

다산이 석천 신작과 주고받은 간찰은 벽괘설의 근원을 찾으려는 집요한 노력을 보여 준다. 「당서괘기론」에서 다산의 관심은 『당서唐書』 「역지曆志」 자체에 있는 것이 아니라 벽괘辟卦의 '벽辟'자 한 글자의 근원을 추적하는 데 있었다. 다산이 경방의 벽괘설에 대해 관심을 가졌던 이유는 『주역사전』에서 벽괘가 추이설推移說에서 추뉴樞紐의 기능을 하기 때문이었다. 역학사에서 벽괘설의 창시자는 경방으로 알려져 있으나, 다산은 벽괘라는 명칭의 기원이 경방 이전으로 소급된다고 굳게 믿었다. 다산이 『역위』 계열의 문헌에 속하는 『건착도』와 『계람도』 등을 뒤졌던 것도 결국 벽괘설의 근원을 찾기 위해서였다. 이러한 『역위』 문헌들은 한대에 성립된 문헌이지만 다산은 벽괘의 명칭을 한대에서 찾는 데 만족하지 않고, 『주역』이 제작된 상고시대로 거슬러 올라가 벽괘설의 기원을 찾으려고 시도하였다. 벽괘설의 기원을 찾으려는 노력은 「이씨절중초李氏折中鈔」에서도 이어진다. 「이씨절중초」는 1821년 겨울에 완성되었고 「당서괘기론」은 1822년 정월 초하루에서 1822년 6월 16일 사이에 완성되었으므로, 순서상으로 본다면 「이씨절중초」가 먼저 완성되고 이어서 「당서괘기론」이 완성된 것으로 볼 수 있다. 어쨌든 두 편의 저술 시기가 거의 맞닿아 있는 만큼 벽괘설의 기원을 찾으려는

노력은 연속적으로 나타난다.[57]

해배기의 역학 자료는 대부분 회갑 이전의 시기에 집중되어 있고, 1822년의 회갑 이후로는 주목할 만한 저술이 거의 발견되지 않는다. 1825년 겨울에는 김매순金邁淳에게 보낸 편지에서 자신의 역설易說에 대해 수정 의사를 나타내기도 하였으나, 나중에 저서로 결실을 맺지는 못했다. 이것은 회갑 이후로도 수정과 보완을 거듭했던 상서학尙書學의 경우와 대비가 된다.[58] 손암巽庵 정약전丁若銓이나 아암兒庵 혜장惠藏처럼 다산역의 독창성에 환호하던 유배기 시절의 지지자들은 이미 저세상으로 가고 없었다. 해배 이후 다산이 친교를 나누었던 석천石泉 신작申綽은 한역漢易에 대한 다산의 비판이 지나치다고 경계할 정도였으니, 다산역에 열광하는 것과는 거리가 멀었다. 『주역사전』은 "하늘의 도움을 얻은 글"(天助之文字)이라고 자부하던 유배기 시절의 역작이었지만, 이상하게도 다산은 세상의 이목으로부터 숨기려는 의도마저 드러낸다. 다산은 1813년에 제자 이강회李綱會를 통해 추사秋史 김정희金正喜에게 『주역사전周易四箋』의 구본舊本을 보내면서, 별로 문제될 것이 없어 보이는 「괄례표括例表」·「독역요지讀易要旨」 등에 대해서도 "남에게 보이지 말라"(勿示人)고 신신당부했다고 한다.[59]

그렇다면 다산이 『주역사전』의 독창성을 홍보하기는커녕 오히려 은폐하기에 급급했던 것은 무슨 까닭일까? 다산은 현세에서 시대와의 불화를 감내했지만, 자신의 저술이 후세에 전수되지 못할 것에 대해서는 심각하게 우려했다.[60]

---

57) 「이씨절중초」의 벽괘설에 대해서는 필자의 다른 논문에서 상세히 서술한 바가 있기 때문에, 이 글에서는 다시 논하지 않는다.(拙稿, 「경방의 벽괘설에 대한 정약용의 비판」, 『철학사상』 제54권, 서울대 철학사상연구소, 2014.)

58) 다산은 회갑 이후에도 1827년에 『매씨서평』을 1차로 수정하였고, 1834년에는 2차 수정을 끝냈다.

59) 정민, 『다산의 재발견』, 휴머니스트, 2011, pp.550~558.

60) 다산은 시대와의 不和를 숙명으로 받아들이고, 이를 평생토록 감내하였다. 다산은 1800년도 초에 엄습해 오는 위기를 예감하고 與猶堂이라는 堂號를 짓는다. '與猶'라는 말은 『도덕경』 15장의 "머뭇거림이여! 겨울에 시내를 건너듯 하고, 주춤거림이여! 사방의

자신의 저술이 후세에 전수되기 위해서는 필화筆禍를 입는 일만큼은 피해야 했다.[61] 실제로 다산은 『목민심서』가 유통됨으로 인해서 화를 입게 될 가능성을 심각하게 우려했다. 따라서 『주역사전』에 대해서도 비슷한 우려를 품고 있었다고 볼 수 있다. 다산은 『주역사전』의 「사전소인四箋小引」에서 "주자지의야朱子之義也"라는 말을 네 번씩이나 반복함으로써 추이推移·효변爻變·호체互體·물상物象 등의 학설이 주자와 일치한다는 것을 강조했다. 그러나 눈 밝은 사람이 혹시라도 『주역사전』을 자세히 읽는다면 주자의 학설과 크게 다르다는 것이 탄로가 날 위험이 있었다. 사실 네 가지 해석방법 가운데 주자의 학설과 일치하는 것은 그다지 많지 않다. 다산은 주자의 학설과 조금이라도 일치하는 점이 있으면 과장해서 표현했고, 설령 주자의 학설에 대해 불만이 있더라도 직접 공격하는 것은 가능하면 피하고자 했다.

이처럼 위험을 초래하는 원인을 가급적 회피하고자 하는 또 하나의 사례는 「이씨절중초」에서 발견된다. 이광지李光地는 『주역절중周易折中』에서

이웃을 두려워하듯 한다"(與兮若冬涉川, 猶兮若畏四隣)에서 나왔다. '與'와 '猶'의 정확한 의미에 관해서는 논란이 있으나, 경계와 두려움의 정서를 표현하는 단어라고 보면 될 것 같다. 해배 이후로 다산이 즐겨 썼던 俟菴이라는 호를 통해서도 역시 시대와의 불화를 읽을 수 있다. '사암'은 『중용』의 "百世以俟聖人而不惑"이라는 말에서 유래한 말로서, 백세 이후에 성인이 다시 나타난다고 하더라도 미혹됨이 없을 것이라는 확고한 자부심을 표현한다. 그러나 뒤집어 보면 자신의 시대에 대해서는 기대할 것이 없다는 뜻도 숨어 있다. 따라서 與猶堂과 俟菴은 모두 시대와의 不和를 표현한다. 與猶堂이 유배기의 불안한 경계심을 표현하는 것이라면, 俟菴은 해배기의 끝없는 기다림을 표현한다. 시대와의 불화를 묵묵히 참아낼 수 있었던 것은 미래의 어느 시점에 자신의 眞價를 알아줄 사람이 나타날 것을 확신하였기 때문이었다.

61) 다산이 秋史에게 편지를 보내서 "남에게 보이지 말라"(勿示人)고 당부했던 시기는 1813년이다. 다산은 이 편지를 자신의 이름이 아니라 제자 李綱會의 이름으로 보냈는데, 정민은 그 이유를 다음과 같이 설명하였다. "더욱이 1813년 당시 다산은 1810년 정학연의 격쟁으로 석방의 논의가 있은 후 후속조치를 기다리고 있던 때였다. 주자의 학설에 反旗를 들고, 漢儒의 諸說을 정면 비판한 내용이 자칫 공론화될 경우, 다산이 귀양지에서 異端邪說에 물들어 주자를 배척하는 괴이한 주장을 펼친다는 오해를 받기 쉬웠다. 당시 다산의 입장에서는 이 일로 공연한 구설을 만들고 싶지 않았을 것이다. 이것이 다산이 제자 이강회의 이름을 빌려서 추사에게 편지를 보낸 이유다."(정민, 『다산의 재발견』, 휴머니스트, 2011, p.556)

조화造化의 근원과 관련하여 『주역』의 사정괘설四正卦說과 도가道家·석씨釋氏·서인西人의 설을 비교한 바 있었다.[62] 서양철학의 4원소설과 불교의 지地·수水·화火·풍風의 사대四大이론 등과 『주역』의 4정괘설을 비교하는 것은 비교철학의 관점에서 매우 흥미로운 주제가 될 수 있다. 그러나 다산은 「이씨절중초」에서 천天·지地·수水·화火 사원四元의 교호交互작용에 관한 이광지의 학설에 대해 비평하였을 뿐이며, 서학西學의 사원소설과 『주역』의 4정괘설을 비교하는 데로 나아가지는 않았다. 다산은 단지 "용촌榕村이 천·지·수·화를 조화의 근원으로 삼은 것은 얻은 바가 있다"라고 짧은 평을 남겼을 뿐이다.[63] 이것은 동서철학의 비교에 관심 있는 현대의 독자들에게는 매우 아쉬운 대목이 아닐 수 없다. 그러나 1790년 과거시험에서 정약전이 서학西學의 사행설四行說을 답안에 썼다가 오행설五行說을 비판했다는 혐의로 곤욕을 치른 일이 있었기 때문에 다산으로서는 논란의 여지를 남겨놓지 않으려고 했을 수도 있다.

62) 道家는 天·地·日·月을 주장했고, 釋氏는 地·水·火·風을 주장했고, 西人은 水·火·土·氣를 주장했다.여기서 釋氏의 설은 釋迦牟尼가 주장한 四大의 학설을 가리키며, 西人의 설은 고대 그리스의 철학자 엠페도클레스(Empedocles)가 주장한 물(水)·불(火)·흙(土)·공기(氣)의 四元說을 가리킨다.

63) "榕村, 以天地水火爲造化之元者, 得之矣."(「李氏折中鈔」, 『易學緖言』, 『定本』 第17卷, p.240)

제7장 다산역의 관점에서 본 경방의 벽괘설

1. 경방 역학의 특징과 그 역학사적 지위

전한시대의 역학자 경방京房(BC.77~BC.37)은 다양한 『주역』 해석방법을 개발함으로써 상수역의 이론적 발전에 심대한 영향을 미친 인물이다. 다산의 『주역』 해석방법론은 한대漢代의 상수역에 연원을 두고 있기 때문에 그 역학사적 기원을 밝히기 위해서는 경방역京房易과의 관계가 명확히 해명될 필요가 있다. 다산의 역리사법易理四法 가운데 하나인 추이설推移說은 벽괘설을 기반으로 전개되는 이론인데, 경방은 역학사에서 벽괘辟卦라는 용어를 최초로 사용한 인물로 알려져 있다. 다산의 추이설에서 근간이 되는 14벽괘는 경방의 12벽괘에 소과小過와 중부中孚의 두 괘를 추가한 것이다. 따라서 다산역과 경방역의 관계를 해명하기 위해서는 다산이 경방역으로부터 영향 받은 요소는 무엇인지, 그리고 만약 다산역의 벽괘설이 경방역의 벽괘설과 다르다면 그 차이점은 무엇인지 등이 구체적으로 밝혀져야 할 것이다.

다산의 저술 중에서 경방역에 대한 언급은 『주역사전』과 『역학서언』에 흩어져 있다. 다산은 경방역으로부터 벽괘라는 용어를 차용하였으나, 경방의 벽괘설에 대하여 대체적으로 비판적 관점을 유지했다. 경방의 벽괘설에 대한 다산의 비판은 『역학서언』의 「한위유의론漢魏遺義論」·「당서괘기론唐書卦氣論」·「반고예문지론班固藝文志論」 등에서 행해지고 있다. 그 가운데서도 특히 「당서괘기론」은 분괘직일법分卦直日法에 대해 상세한 비평을 가하고 있어서, 다산역과 경방역의 관계를 해명함에 있어 매우 중요한 자료로 평가된다.

역학사에는 경방京房이란 이름을 가진 인물이 두 사람 등장한다.[1] 한 사람은 한나라 소제昭帝 때 사람으로 양하楊何의 제자이면서 양구하梁丘賀의 스승이다. 또 다른 사람은 한나라 원제元帝 때 초연수焦延壽의 제자로서 본성本姓이 이씨李氏이며 자字가 군명君明이다. 두 사람은 모두 서한시기의 인물로서 역학을 전공하였기 때문에 양자를 혼동하지 않도록 주의할 필요가 있다. 역학사에서 빈번하게 언급되고 또 다산에 의해 언급되고 있는 인물은 후자이다. 『한서漢書』에는 경방에 관한 두 개의 전기傳記가 있는데, 하나는 「유림전儒林傳」에 있고 다른 하나는 「경방전京房傳」에 있다. 두 개의 전기자료는 『역학서언』에서 각각 「반고예문지론」과 「당서괘기론」에서 인용되고 있다. 여기서는 이 두 자료를 중심으로 경방역에 대한 다산의 평가를 고찰해 보기로 하자.

> 경방京房은 양梁나라 사람 초연수焦延壽에게 『역』을 배웠는데, 초연수는 "일찍이 맹희孟喜에게 『역』을 문의하여 배웠다"라고 하였다. 마침내 맹희가 죽자, 경방은 자신의 스승인 초연수의 역학이 맹희의 역학이라고 주장하였는데, 적목翟牧과 백생白生은 수긍하지 않고 같지 않다고 하였다. 성제成帝 때 유향劉向이 교서校書를 하면서 여러 역설易說을 고증하였는데, 제가諸家의 역설이 모두 전하田何, 양숙(원)楊叔(元), 양하楊何, 정장군丁將軍을 시조로 하고 있어 그 대의大誼가 대략적으로 동일하였지만 오직 경방의 역설만 이와 다르다고 하였다. 아마도 초연수가 어느 은사隱士의 역설을 홀로 얻어 익히고는 그것을 맹희에 가탁假託하였기에 서로 다르게 된 것이라고

1) 고회민, 『상수역학』, 신지서원, 1994, pp.167~168.

보았다. 경방은 재이災異에 밝아 임금의 총애를 받았으나, 석현石顯의 참소를 받아서 주살되었다.(『漢書』, 「儒林傳」)[2]

경방은 자가 군명君明이다. 역학을 공부함에 양나라 출신인 초연수를 모시고 배웠다. 초연수는 자字가 공贛인데,…… 항상 말하기를 "나의 도道를 배워 몸을 망칠 자는 반드시 경방일 것이다"라고 하였다. 초연수의 역설易說은 재앙이나 변괴를 예언하는 데 뛰어났고, 64괘를 나누어 곧바로 직일용사直日用事하는 데 적용하였다. 그렇게 함으로써 풍風・우雨・한寒・온溫을 후候로 삼아 각각 점험占驗이 있게 하였다.[3] 경방은 초연수의 설을 이용하여 그것을 더욱 정밀하게 만들었다.…… (변방의 반란과 일식이 있었는데) 여러 번 상소를 올려 장차에도 그런 일이 있을 것이라 예언하였는데, 가까이는 몇 달, 멀리는 일 년 뒤까지 예언한 것이 여러 차례 적중하여 천자가 기뻐하였다.(『漢書』, 「京房傳」)[4]

위에서 인용한 『한서』의 전기에서는 경방을 초연수焦延壽 즉 초공焦贛의 제자라고 서술하고 있다. 다만 「유림전」에서는 초연수가 맹희孟喜로부터 실제로 『역』을 전수받았는지에 관해서는 의문을 제기하고 있다. 왜냐하면 맹희로부터 『역』을 배웠다고 초연수가 스스로 주장하였고 그 제자인 경방이 여기에 동조하였음에도 불구하고, 맹희의 제자인 적목翟牧과 백생白生은 그 주장을 승인하지 않았기 때문이다. 아울러 「유림전」에서는 유향劉向이 천록각天祿閣에서 교서校書를 할 적에 역서易書를 고증하였는데, 제가의 역설

2) "京房受易梁人焦延壽, 延壽云, 嘗從孟喜問易. 會喜死, 房以爲延壽易卽孟氏學, 翟牧白生不肯, 皆曰非也. 至成帝時, 劉向校書考易說, 以爲諸易家說皆祖田何・楊叔元・丁將軍, 大誼略同, 唯京氏爲異, 黨焦延壽獨得隱士之說, 託之孟氏, 不相與同. 房以明災異得幸, 爲石顯所譖誅."(『漢書』, 「儒林傳」 11, 傳五, 中華書局, pp.3601~3602; 「班固藝文志論」, 『易學緖言』, 『定本』 第17卷, pp.77~78)

3) 고회민, 『상수역학』, 신지서원, 1994, p.156.

4) "京房, 字, 君明. 治易, 事梁人焦延壽. 延壽, 字, 贛, 常曰, 得我道以亡身者, 必京生也. 其說, 長於災變. 分六十四卦, 更直日用事. 以風雨寒溫, 爲候, 各有占驗. 房, 用之尤精, 數上疏, 先言其將然, 近數月, 遠一歲, 所言屢中, 天子說之."(『漢書』, 10, 傳四, 中華書局, p.3160; 「唐書卦氣論」, 『易學緖言』, 『定本』 第17卷, p.119)

이 모두 전하田何·양하楊何·정장군丁將軍을 조종으로 삼고 있어 그 대의가 대략적으로 동일하였으나 오로지 경방은 이와 달랐다고 말했다는 점에 주목하였다. 이처럼 경방역이 차별적 특징을 보이게 된 이유를 「유림전」에서는 경방의 스승인 초연수의 특이한 학문적 계보에서 찾았다. 「유림전」에 따르면, 초연수는 자신이 맹희의 제자라고 말했으나 실제로는 어느 은사隱士의 역설을 홀로 얻어 익히고서는 그것을 맹희의 학설인 것처럼 가탁한 것에 불과하다. 여기서 은사의 정체에 대해서는 밝혀진 바가 없으나, 어쨌든 경방 학설의 독자적 계보를 설명할 수 있는 근거가 될 수 있다.

다산은 「유림전」의 설을 좇아서 초연수가 맹희의 학설을 가탁한 것이라고 보았다. 경방 역학의 특징은 분괘직일법分卦直日法에 있는데, 그 중심에 12벽괘가 놓여 있다. 12벽괘는 원래 맹희의 『맹씨장구孟氏章句』에 십이월괘十二月卦를 12월에 배당한 것에서 유래한 것이다.[5] 그러나 분괘직일법은 비록 맹희에 가탁하고 있기는 하지만 맹희로부터 시작된 것이 아니며,[6] 경방과 초공焦贛 즉 초연수焦延壽로부터 나온 설이다.[7] 따라서 다산은 분괘직일법이 전하田何와 정관丁寬의 구법舊法으로부터 나온 것이 아니라고 보고,[8] 수사洙泗의 적전嫡傳이 될 수 없다고 주장하였다.[9]

이제 경방역의 특징에 대해 살펴보자. 경방역의 특징은 음양재변설陰陽災變說에 있는데, 음양재변이란 『주역』을 활용하여 재앙과 변고를 점치는 것이다. 경방은 천문을 관측하여 절기의 변화와 일월성신日月星辰의 운행을

5) "唐一行『卦議』曰, 十二月卦出於『孟氏章句』. 其說易本於氣,而後以人事明之."(『新唐書』, 卷二十七; 「唐書卦氣論」, 『易學緒言』, 『定本』 第17卷, p.123)

6) "京房之學, 假託孟喜, 直日之法, 不自孟喜始."(「唐書卦氣論」, 『易學緒言』, 『定本』 第17卷, p.120)

7) "分卦直日之法, 本出於焦贛京房."(「唐書卦氣論」, 『易學緒言』, 『定本』 第17卷, p.119)

8) "京氏之易, 分卦直日, 以占災異, 非田何丁寬之舊法也."(「班固藝文志論」, 『易學緒言』, 『定本』 第17卷, p.78)

9) "京房之學, 亦傅會爲說, 非洙泗之嫡傳也."(「唐書卦氣論」, 『易學緒言』, 『定本』 第17卷, p.121)

인간사의 길흉과 밀접하게 연결시켜 재이災異를 예언하였다. 실제로 경방은 낭중郎中이 되어 금중禁中에 있을 때 재변災變이 있을 것을 여러 번 예측하여 원제元帝의 총애를 받기도 하였다. 그리고 경방은 권신權臣 석현石顯을 제거하려다 실패하고 지방수령으로 좌천되면서 추위와 홍수가 있을 것이라고 예언했는데, 실제로 홍수가 있게 되자 글을 올려 그 재변을 막기 위해서는 자신이 지방의 수령으로 내려가서는 안 된다고 청하기도 하였다.[10] 이것은 『주역』을 미래를 점치는 점후占候의 수단으로 활용한 것이다. 다산은 경방역의 특성에 대해 다음과 같이 서술하고 있다.

> 음양재변陰陽災變이란 「경방전」에서 거론된 바처럼 몽기蒙氣[11]와 햇무리(日煇)로써 인사人事를 점치는 것이나 소식괘消息卦와 신하괘臣下卦의 상호작용으로써 재앙(孼)을 판단하는 것 따위를 말한다. 이런 점술은 본래 맹희로부터 생겨나서 경방이 증식增飾시켰을 뿐이다. 이는 역가易家의 이단이니, 경방이 이로 말미암아 그 몸을 망친 것도 당연하지 않겠는가?[12]

다산은 「당서괘기론」에서 분괘직일법分卦直日法을 역가易家의 부장蔀障, 즉 참된 진실을 덮고 가로막는 것에 불과하다고 혹평하였다.[13] 만약 그 이치가 근거가 없는데도 그 점술에 효험이 있었다고 한다면, 그 술수는

---

10) 『漢書』, 卷75, 「京房傳」

11) 蒙氣: 지구를 둘러싸고 있는 대류권의 공기를 가리킨다. 경방은 음기가 지나치게 성하여 생긴 안개 같은 종류를 몽기라고 불렀다. 郎顗는 이를 "궂은 날만 오래될 뿐 비가 오지 않는 것이 亂氣인데, 안개와 비슷하다"라고 풀이하였다. 卦氣說에서 안개가 끼어서 기후가 평상시와 달라지는 것은 雜卦가 消息卦의 쓰임을 막는 상태이며, 인간사로 말하면, 신하들이 힘을 모아 군주와 싸워 군주가 이길 수 없는 상태이다.(주백곤, 『역학철학사』 제1권, 소명출판, 2012, p.330)

12) "陰陽災變者, 如京房傳所論, 蒙氣日煇, 以占人事, 而消息卦臣下卦, 相乘爲孼者也. 其術本起於孟喜, 而京房增飾之耳. 此, 易家之異端. 房以此殺身, 宜哉?"(「班固藝文志論」, 『易學緖言』, 『定本』 第17卷, p.77)

13) "『唐書』「曆志」, 有分卦直日之法, 斯亦易家之蔀障."(「唐書卦氣論」, 『易學緖言』, 『定本』 第17卷, p.119)

좌도左道와 사벽邪僻임이 분명하다. 경방은 초연수에게 일찍이 역학을 배웠는데, 초연수가 항상 말하기를 "내 역학의 도를 터득하고, 그 때문에 몸을 망치는 자는 경방일 것이다"(得我道以亡身者, 必京生也)라고 하였다고 한다. 실제로 경방은 국정을 농단한다는 이유로 중서령中書令 석현石顯을 탄핵했다가 오히려 석현의 참소를 당해 41세의 나이로 기시棄市의 형에 처해지게 된다. 경방의 순탄치 못했던 인생역정은 그의 음양재변설과 무관하다고 할 수 없을 것이니, 다산은 경방이 이처럼 비참한 최후를 맞게 된 것은 스스로 자초한 결과일 뿐이라고 조롱하였다.[14)]

2. 벽괘설의 기원에 대한 고찰

다산의 추이설推移說은 이른바 벽괘설辟卦說을 바탕으로 전개되는 학설이다. 역학사적으로 경방은 벽괘辟卦라는 명칭을 최초로 사용한 인물로 알려져 있다. 안사고顏師古는 『한서漢書』「경방전京房傳」의 주注에서 맹강孟康[15)]의 설을 인용하여, 소식괘消息卦를 벽괘辟卦라고 명명한 최초의 인물이 경방이었다고 밝힌 바 있다.[16)] 그러나 다산은 벽괘라는 명칭이 경방에 의해서 비롯되었다는 통설에 대하여 다음과 같이 의문을 제기하고 있다.

『역』의 도道는 십이벽괘의 추이推移일 따름이다. 만약에 십이벽괘의 추이법이 없었다

14) "理無所據, 占乃有驗, 明其術爲左道邪僻, 房以此亡身, 宜哉!"(「唐書卦氣論」, 『易學緖言』, 『定本』 第17卷, p.119)

15) 孟康은 삼국시대 曹魏 집권 시기의 인물. 訓詁와 考據에 정통하였으며, 『漢書音義』를 저술하였으나, 현재 전하지 않는다. 顏師古의 『漢書集注』, 酈道元의 『水經注』, 李善의 『文選注』 등에 그의 注解가 인용되고 있다.

16) "漢書京房傳孟康注云, 房, 以消息卦爲辟. 辟, 君也. 息卦曰太陰, 消卦曰太陽, 其餘卦曰少陰少陽, 謂臣下也."(『易學緖言』, 「唐書卦氣論」, 『定本』 第17卷, p.120)

면 포희씨庖犧氏가 애초에 획괘畫卦할 필요도 없었거니와, 설령 어떤 사람이 획괘를 했다 하더라도 아무 소용이 없었을 것이다. 따라서 벽괘라는 명칭은 아득한 옛날부터 우뚝 솟은 듯 분명하였으니, 반드시 삼고三古시대부터 이미 이 벽괘라는 명칭이 있었을 것이며 한유漢儒가 새롭게 내세운 것이 아니다.[50연괘衍卦의 이름에서 예컨대 수隨·고蠱·건蹇·해解·손損·익益 등은 모두 추이의 의미에 입각하여 괘명을 지은 것인데, 이름 짓는 처음부터 이미 이러했다면 벽괘라는 명칭도 반드시 옛날부터 우뚝했을 것이다.][17]

다산에 따르면, 벽괘라는 명칭은 한유漢儒들에 의해 새롭게 정립된 명칭이 아니다. 그는 벽괘라는 명칭이 삼고三古시대 이후로 이미 있었을 뿐 아니라, 벽괘가 다른 나머지 괘들의 변화를 통제한다는 개념도 역시 유포되어 있었다고 주장하였다.[18] 그러나 다산이 자신의 주장을 정당화시켜 주는 문헌적 증거를 제시할 수 있었던 것은 아니다. 그는 다만 추이법이 『주역』 획괘畫卦의 원리이기 때문에 추이법의 근간이 되는 벽괘도 당연히 『주역』의 성립과 동시에 성립되어 있었을 수밖에 없다고 추정하고 있을 뿐이다. 흥미롭게도 다산은 괘명에 대한 고찰을 통해 자신의 주장을 정당화하고 있다. 즉 복희씨가 괘명을 처음으로 부여하였을 때, 벽괘로부터 추이되어 다른 괘들이 성립되는 이치가 괘명에 반영되었다는 것이다. 그 사례로 「당서괘기론」에서는 수隨·고蠱·건蹇·해解·손損·익益 등의 괘명을 거론하였고, 「이씨절중초」에서는 수隨·송訟·건蹇·환渙·절節·손損·익益·승升·췌萃 등의 괘명을 그 예로 제시하고 있다. 그러면 보다 포괄적 논리를 전개하고 있는 「이씨절중초」을 통해 다산의 견해를 살펴보기로 하자.

---

17) "易之爲道, 十二辟推移而已. 若無此法, 庖犧氏, 原不必畫卦. 何者畫卦, 無所用耳. 然則, 辟卦之名, 遙遙巍巍, 必自三古之時, 已有此名, 非漢儒之所新立也.[五十衍卦之名, 若隨·蠱·蹇·解·損·益之等, 皆以推移之義而立名. 立名之初, 已然, 則辟卦之名, 必高古在昔矣.]"(「唐書卦氣論」, 『易學緖言』, 『定本』 第17卷, p.124)

18) "辟卦之名, 自古有之, 以統諸卦."(「唐書卦氣論」, 『易學緖言』, 『定本』 第17卷, p.121)

하사下士는 무지한 까닭에 괘변卦變의 설이 우번虞翻으로부터 일어났다고 말하고, 중사中士는 조금 아는 것이 있어 괘변의 뜻이 본래 공자로부터 비롯된다고 말하고, 상사上士만이 홀로 깨달은 바가 있어 괘변의 방법은 이미 복희씨가 괘를 명명하기 이전에 존재했다고 말한다. 그것은 왜 그러한가? 따를 수(隨)자와 떨어질 타(墮)자는 본래 서로 통하니, 수隨자는 높은 데에서 떨어지는 것을 뜻한다. 수괘隨卦는 비괘否卦로부터 왔는데, 높은 산꼭대기로부터 떨어져 지극히 낮은 땅에 이르니[상上이 일一로 감] 이것을 일러 '수隨'라고 한다. 추追와 수隨의 두 글자는 또한 본래 서로 통하는데, 만약 세 사람이 같이 길을 떠났다가 그 중 제일 앞에 있던 사람이 뒤로 떨어져 갑자기 몇 발자국 뒤에 있으니[상上이 일一로 감] 이것을 곧 이름하여 추追라고 하고 또한 수隨라고 한다. 이 역시 떨어짐의 뜻인 것이다. 복희씨가 괘를 처음으로 이름지을 적에 원래 괘변의 뜻을 위주로 명명했던 것이다. 그런데 이에 저 아득한 교역交易의 설을 가지고 하늘이다 땅이다 말하고 있으니, 그 때늦음은 어찌된 일인가! 그런데 괘변설이 어찌 수괘隨卦의 경우에만 해당하겠는가? 송괘訟卦는 두 입이 서로 마주보고 분별하는 형상이니, 만일 (송괘가) 중부괘中孚卦로부터 오지 않았으면 송訟이라고 명명되지 않았을 것이다. 건괘蹇卦는 다리 한쪽이 못쓰게 된 것을 가리키니, 만일 (건괘가) 소과괘小過卦로부터 오지 않았으면 건蹇이라고 명명되지 않았을 것이다. (또) 건乾의 얼음이 변하여 물이 되는 것을 이름하여 환渙이라고 한 것이니, (환괘가) 비괘否卦로부터 오지 않았다면 (건의) 얼음이 있을 리 없을 것이다. (그리고) 진震의 다님(行)을 위로 뽑는 것을 이름하여 절節이라고 한 것이니, (절괘가) 태괘泰卦로부터 온 것이 아니라면 대나무(竹)가 있을 리 없을 것이다. 손괘損卦와 익괘益卦와 승괘升卦와 췌괘萃卦 등 그렇지 않은 경우가 없으니 복희씨가 괘를 명명할 때에도 모두 괘변으로 말미암아 이렇게 한 것인데, 성급하게 승복하지 않고 오히려 왕필을 장자長者로 삼으니 또한 어리석지 않은가![19]

---

19) "下士無知, 謂卦變之說起於虞翻. 中士有知, 謂卦變之義本諸孔子. 上士獨見謂卦變之法已起於伏羲氏名卦之先. 何也? '隋'·'隨'·'墮'字, 本相通. 隨者自高而墮落也. 卦自否來, 則自至高之巓, 墮到至卑之地,[上之一] 斯之謂'隨'也. '追'·'隨'二字, 亦本相通. 有若三人並行, 其最居前者, 落後卻在數武之後,[上之一] 則是名爲追, 亦名爲隨, 亦墮落之義也. 伏羲名卦之初, 原主卦變之義而命之爲名, 乃執蒼蒼交易之說, 曰'天'曰'地', 何其晩也? 豈唯隨矣! 訟者兩口對辨也. 不自中孚則卦不可以名訟也. 蹇者一足偏廢也, 不自小過, 則卦不可以名蹇也. 乾冰化水, 是名爲渙. 不自否, 則無冰矣. 震行上抽, 是名爲節. 不自泰, 則無竹矣. 損·益·升·萃, 無不然者, 伏羲名卦, 悉由卦變如此而悍然不服, 猶云, 王弼爲長者, 不亦愚哉!"(「李氏折中鈔」, 『易學

요컨대, 다산은 벽괘의 명칭이 경방에게서 비롯되었다는 주장을 부정할 뿐 아니라 괘변설이 우번虞翻에게서 시작되었다는 주장도 역시 부정하고 있다. 다시 말해서, 벽괘와 괘변은 『주역』이 성립될 때 동시에 성립된 것이지, 한유漢儒들에 의하여 후대에 만들어진 것이 아니라는 주장이다. 즉 복희씨가 괘명을 지을 때 이미 추이推移 즉 괘변의 원리에 의거했다는 것이다. 다산역의 체계에서 벽괘설은 추이설에 포함되는 한 부분이기 때문에 다산이 이러한 논리를 펴는 것은 당연하다. 만약 괘변의 원리에 입각해서 괘명을 지었다면 그 근거가 되는 벽괘도 당연히 존재해야 한다. 따라서 다산은 벽괘의 명칭도 『주역』의 64괘가 성립되었을 때 이미 존재했음이 틀림없다고 추정하였다. 그러나 이러한 논리에는 허점이 있다. 설령 추이가 64괘의 형성원리라는 다산의 주장을 승인한다고 하더라도 그로부터 벽괘라는 명칭이 『주역』의 성립과 동시에 있었다는 결론이 도출되는 것은 아니다. 경방은 중심괘들을 벽괘라고 불렀으나, 맹희는 소식괘消息卦라고 불렀다. 이 괘들이 이러한 명칭으로 불리기 이전에는 다른 이름으로 불렸을 가능성도 있다. 더구나 괘변설이 『주역』의 성립원리라는 것도 다산이 내세우고 있는 일방적 주장일 뿐이다.

3. 분괘직일법에 대한 비판

경방 역학은 한대의 정치사회적 환경과 불가분의 관계에 있으며, 한대 관방官方철학의 발현으로 간주된다.[20] 경방 학설의 상세한 체계는 당唐의

緖言』, 『定本』 第17卷, pp.222~223)

20) 朱伯崑 저, 김학권·김진근·김연재·주광호·윤석민 역, 『역학철학사』 제1권, 소명출판, 2012, p.284

승려 일행一行(683~727)이 지은 『개원대연력開元大衍曆』에 수록되어 있어서 그 개요를 알 수 있다.[21] 『대연력大衍曆』은 당 현종玄宗이 승려 일행一行을 시켜 729년에 만든 역법曆法으로서 체제가 완비되어 당력唐曆을 대표하는 좋은 역으로 간주되고 있다. 727년에 초고가 이루어졌으나 일행이 중간에 죽자, 현종은 장열張說과 진현경陳玄景에게 조칙을 내려 이를 완성하도록 하였다. 「역술曆術」 7편, 「약례略例」 1편, 「역의曆議」 10편 등으로 이루어져 있으며, 다산이 말한 『당서唐書』 「역지曆志」의 설이란 이것을 가리킨다.[22] 신작申綽에 따르면 『위서魏書』의 「율력지律曆志」와 『오대사五代史』[23] 「사천고司天考」의 「효상도爻象圖」에도 이와 유사한 내용이 수록되어 있는데, 『당서』 「역지」의 설과는 약간의 차이가 있다.[24]

벽괘설辟卦說은 경방 학설을 구성하는 중요한 요소이다. 경방의 벽괘는 12월에 배당되는 십이월괘十二月卦로 구성되어 있는데, 일행一行이 저술한 『괘의卦議』에 따르면 십이월괘는 원래 맹희의 『맹씨장구孟氏章句』로부터 나온 것이다.[25] 『전한서前漢書』 「오행지五行志」의 『경방역전京房易傳』에 대한 맹강孟康의 주注에 "벽辟은 군주이다"(辟, 君也)라고 그 뜻을 풀이하였다.[26] 그리고 『전한서前漢書』 「경방전京房傳」의 맹강 주注에서는, 벽辟은 군주에 해당되고 그 밖의 나머지 괘들은 신하에 속하는데 신분에 따라 공公·후侯·

21) "至唐一行大衍曆其說最詳."(「唐書卦氣論」, 『易學緖言』, 『定本』 第17卷, p.122)

22) "開元九年, 詔僧一行, 作新曆, 推大衍數, 立術以應之, 十五年草成, 而一行卒, 詔張說與曆官陳玄景等, 次爲曆術七篇, 略例一篇, 曆議十篇."(「唐書卦氣論」, 『易學緖言』, 『定本』 第17卷, p.123)

23) 『五代史』에는 『舊五代史』와 『新五代史』가 있는데, 여기서 언급되고 있는 것은 후자를 가리킨다,.

24) "申應教[綽]云, 魏書律曆志, 亦有此說, 稍詳. 然, 不言傳授, 所自五代史司天考爻象圖, 亦有此法. 與唐志互有詳略."(「唐書卦氣論」, 『易學緖言』, 『定本』 第17卷, p.121)

25) "唐一行卦議曰, 十二月卦出於孟氏章句. 其說易本於氣,而後以人事明之."(『新唐書』, 卷二十七; 「唐書卦氣論」, 『易學緖言』, 『定本』 第17卷, p.123)

26) "『漢書』「五行志」引『易傳』曰, 辟譽公行, 玆謂不伸. 孟康註云, '辟'君也."(『漢書』, 卷二十七下之下, 「五行志」, 第七下之下.; 「唐書卦氣論」, 『易學緖言』, 『定本』 第17卷, p.121)

경卿·대부大夫의 품계로 분류된다고 설명하였다.[27] 당승唐僧 일행一行은 『대연력』에서 경방 벽괘설의 대략적 체계를 제시하였는데,[28] 다산은 「당서괘기론唐書卦氣論」에서 그 내용을 다음과 같은 도표로 소개하고 있다.

常氣	四正卦	始卦	中卦	終卦	常氣	四正卦	始卦	中卦	終卦
冬至	坎初六	公 中孚	辟 復	侯 屯 內	夏至	離初九	公 咸	辟 姤	侯 鼎 內
小寒	坎九二	侯 屯 外	大夫 謙	卿 睽	小暑	離六二	侯 鼎 外	大夫 豐	卿 渙
大寒	坎六三	公 升	辟 臨	侯 小過 內	大暑	離九三	公 履	辟 遯	侯 恒 內
立春	坎六四	侯 小過 外	大夫 蒙	卿 益	立秋	離九四	侯 恒 外	大夫 節	卿 同人
雨水	坎九五	公 漸	辟 泰	侯 需 內	處暑	離六五	公 損	辟 否	侯 巽 內
驚蟄	坎上六	侯 需 外	大夫 隨	卿 晉	白露	離上九	侯 巽 外	大夫 萃	卿 大畜
春分	震初九	公 解	辟 大壯	侯 豫 內	秋分	兌初九	公 賁	辟 觀	侯 歸妹 內
清明	震六二	侯 豫 外	大夫 訟	卿 蠱	寒露	兌九二	侯 歸妹 外	大夫 无妄	卿 明夷
穀雨	震六三	公 革	辟 夬	侯 旅 內	霜降	兌六三	公 困	辟 剝	侯 艮 內
立夏	震九四	侯 旅 外	大夫 師	卿 比	立冬	兌九四	侯 艮 外	大夫 既濟	卿 噬嗑
小滿	震六五	公 小畜	辟 乾	侯 大有 內	小雪	兌九五	公 大過	辟 坤	侯 未濟 內
芒種	震上六	侯 大有 外	大夫 家人	卿 井	大雪	兌上六	侯 未濟 外	大夫 蹇	卿 頤

이처럼 『주역』의 64괘를 신분적 질서에 맞춰 구분한 것은 봉건제를 구축하였던 서한시대의 정치질서를 반영한 것이다.[29] 이러한 전제적 봉건제에서 그 중심에 있는 것은 군주君主이다. 경방은 벽괘를 군주의 품계에 상응하는 괘의 범주로 설정하였다. 경방에 따르면, 벽괘는 군주에 속한 괘이기 때문에 오직 천자만이 벽괘를 사용할 수 있는 배타적 권리를 갖는다.

27) "『漢書』「京房傳」孟康註云, 房, 以消息卦, 爲辟. 辟, 君也. 息卦, 曰太陰; 消卦, 曰太陽; 其餘, 少陰少陽, 謂臣下也.[其云, 臣下者, 蓋謂公·侯·卿·大夫也.]"(「唐書卦氣論」, 『易學緖言』, 『定本』 第17卷, p.120)

28) "十二辟卦之外, 又以諸卦列之, 以公·侯·卿·大夫, 其法亦起於京房, 其說槩見於『稽覽圖』." (「唐書卦氣論」, 『易學緖言』, 『定本』 第17卷, p.119)

29) 廖名春·康學偉·梁韋弦 저, 『주역철학사』, 예문서원, 1994, p.183.

다산이 「당서괘기론」에서 소개하고 있는 '혹자或者'의 견해는 경방의 견해를 대변한다고 볼 수 있다.

> 혹자가 말하였다. "벽괘의 벽辟자는 이 12괘를 군주에게 배속하여 군주의 일을 점치는 까닭에 벽괘라고 부르는 것이지, 여러 괘의 가운데 이 12괘를 군주로 삼아 나머지 괘들을 통섭한다는 의미가 아닌 것이다. 경방도 역시 소식괘消息卦를 벽괘에 속하게 하여 길흉을 추험하였다."[30]

위의 인용문에서 혹자는 경방과 마찬가지로 '벽괘'의 '벽辟'자에 신분계급의 의미를 부여하고 있다. 그러나 다산에 따르면, 벽괘라는 명칭이 부여된 것은 군주만이 벽괘를 전용할 수 있는 권리를 갖기 때문이 아니다. '벽괘'를 군주괘로서 설정한 것에는 단지 상징적 혹은 비유적 의미밖에 포함되어 있지 않다. 벽괘를 군주의 괘라고 하는 것은 천자만이 벽괘를 전용할 수 있기 때문이 아니라, 군주괘로서 자신을 제외한 신하괘를 통솔하는 기능을 하기 때문이다. 마치 군주가 신하를 통치하듯이, 벽괘는 64괘 중에서 벽괘를 제외한 그 밖의 다른 괘들의 변화를 통제한다. 『이아爾雅』 「석고釋詁」에서 "임林·증烝·천天·제帝·황皇·왕王·후后·벽辟·공公·후侯는 군君의 뜻이다"라고 하였다. 그런데 형병邢昺은 『이아소爾雅疏』에서 "천天·제帝·황皇·왕王은 오로지 천자에 대해서만 쓸 수 있는 말이고, 공公·후侯는 오로지 제후에 대해서 쓸 수 있는 말이며, 그 밖의 나머지는 모두 통칭通稱이다"라고 하였다.[31] '벽辟'자는 군주에 대한 통칭으로 사용될 뿐이지, 천자의 전명專名으로 쓰이는 것은 아니다. 자서字書나 운서韻書에 모두 벽辟자를 천자와 제후의 통칭으로 썼고, 그 밖의 다른 훈고가 없다. 그런데도 경방이 벽괘를

30) "或曰, 大抵, 辟卦之辟字, 以此十二卦, 屬之於君, 而以占君之事, 故謂之辟卦, 非於諸卦之中, 以此十二卦爲辟而統之也. 京房亦以消息卦, 屬之於辟, 推驗吉凶."(「唐書卦氣論」, 『易學緖言』, 『定本』 第17卷, p.121)

31) 『爾雅注疏』 1, 소명출판, 2004, pp.105~108

천자의 괘로 삼고 공·후·경·대부의 괘를 그 하위에 배열하였으니 정명正名이라고 볼 수 없다.[32] 공·후·경·대부의 괘라는 것은 한유들이 교활하게 쓸데없는 이야기를 만들어 내어 역가易家의 부혹蔀惑이 되었을 뿐이다.[33] 벽괘라는 명칭이야 옛적부터 있었지만, 벽괘설을 공·후·경·대부의 품급과 연계시켜 견강부회한 것은 마치 몸에 붙어있는 사마귀(贅疣)처럼 쓸데없는 군더더기를 덧붙인 것이요,[34] 뱀을 그려놓은 뒤에 있지도 않은 사족을 첨가한 것과 같다. 다산은 초공과 경방이 벽辟을 존숭하여 제帝로 삼고 이와 별도로 공公·후侯 등의 괘를 배열한 것은 그들이 망령되이 조작해 낸 것이지 수사洙泗의 고법古法이 아니라고 주장한다.[35] 따라서 다산은 초공과 경방의 학설을 '역도지자정易道之紫鄭'[36] 즉 역도의 순수성을 더럽힌 것으로 간주하여 논변하지 않을 수 없다고 말한다.[37]

이러한 이유로 다산은 벽괘의 지위를 나머지 괘들의 변화를 지배하는 것으로 설정하였다. 다산은 벽괘를 제외한 나머지 괘들을 연괘衍卦라고

32) "辟之爲字, 只是君稱, 本非天子之專名.『爾雅』云, '皇·王·後·辟·公·侯, 君也'. 邢氏疏曰, '皇·王', 唯謂天子. 公·侯唯謂諸侯, 餘皆通稱. 故字書韻書, 並云, 天子·諸侯, 通稱曰辟, 無異訓也. 今以辟卦爲天子之卦, 而別以公·侯, 列於下位, 豈所謂正名乎?"(「唐書卦氣論」,『易學緒言』,『定本』第17卷, p.127)

33) "唯所謂公·侯·卿·大夫之卦, 是漢儒狡獪, 別生贅疣, 以爲易家之蔀惑者."(「唐書卦氣論」,『易學緒言』,『定本』第17卷, p.124)

34) "辟卦之名, 自古有之, 以統諸卦. 而焦贛·京房之等, 添出贅疣, 爲公·侯·卿·大夫之說耳."(「唐書卦氣論」,『易學緒言』,『定本』第17卷, p.122)

35) "尊辟爲帝, 又列公侯之卦, 明是焦贛京房之妄造, 非洙泗之古法也."(「唐書卦氣論」,『易學緒言』,『定本』第17卷, p.128)

36) '紫鄭'이란『論語』「陽貨篇」에 "子曰, 惡紫之奪朱也, 惡鄭聲之亂雅樂也"(자주빛이 붉은 빛을 빼앗는 것을 미워하고, 정나라의 소리가 아악을 어지럽히는 것을 미워한다)라고 한 데서 유래된 말이다. 紫色은 間色이며, 朱色은 正色인데, 요염한 紫色이 담백한 朱色을 빼앗는다. 鄭聲은 鄭나라의 음란한 俗樂이며, 雅聲은 正樂이니, 雅聲과 鄭聲을 같이 연주하면 정성이 아성을 압도하게 된다. 즉 '紫鄭'이란 正道를 어지럽히는 것을 가리키는 말이다.

37) "辟卦之名, 自古有之. 焦贛·京房之等, 妄爲此說, 附會分排, 畵蛇添足, 爲易道之紫鄭, 不得不辨. [京房之學, 假託孟喜, 直日之法, 不自孟喜始.]"(「唐書卦氣論」,『易學緒言』,『定本』第17卷, p.120)

불렀는데, 이것은 경방역의 잡괘雜卦에 해당된다. 다산역의 체계에서 연괘는 공·후·경·대부의 신하괘 전부를 통틀어 일컫는 명칭이다. 다산은 경방의 12벽괘에 소과小過·중부中孚의 2괘를 재윤지괘再閏之卦로 추가하였으므로, 벽괘는 14괘가 되고, 64괘에서 14벽괘를 제한 나머지는 오십연괘五十衍卦가 된다. 50연괘는 12개의 사시지괘四時之卦와 2개의 재윤지괘再閏之卦로부터 변화를 받아서 된 것으로서 모두 서로 동등한 지위를 지닌다. 따라서 연괘들 사이에 다시 공·후·경·대부라는 품급의 차별이 있다는 것은 옳지 않다.[38] 다산은 경방 학설에 내포된 불합리성을 다음과 같이 지적한다.

> 천자에서부터 서인에 이르기까지 64괘를 통용하여 그 길흉을 점친다. 천자는 벽괘辟卦를 사용하고, 상공上公은 공괘公卦를 사용하고, 대부大夫는 대부괘를 사용한다는 이런 이치가 있겠는가? 점서占筮하여 다른 괘를 얻으면 그것을 버리고 다시 점서한다는 것인가? 환괘渙卦에 "왕격유묘王假有廟"라고 하였고, 췌괘萃卦에 "왕격유묘王假有廟"라고 하였으며, 가인괘家人卦에 "왕격유가王假有家"라고 하였거니와, 이것들은 모두 소위 경·대부괘인데 어떻게 천왕이 이를 사용하였는가? 진괘震卦에 "진경백리震驚百里"라 하였고, 진괘晉卦에 "강후용석마康侯用錫馬"라고 하였고, 풍괘豐卦 초구初九에 "우기배주遇其配主"라고 하였는데, 이는 모두 이른바 경·대부에 해당하는 괘인데 어떻게 제후가 이것을 사용하였는가? 사시四時·양윤괘兩閏卦는 오십연괘五十衍卦의 근본이다. 그러므로 벽괘라는 명칭은 예전부터 있어 나머지 다른 괘들을 통섭하였던 것인데, 초공과 경방등이 쓸데없이 덧붙여 공·후·경·대부의 설을 꾸며내었을 따름이다.[39]

---

38) "四時之卦, 十二也. 再閏之卦, 二也. 於此乎受衍者, 其位相等, 又安得有公·侯·卿·大夫之品級乎?"(「唐書卦氣論」, 『易學緖言』, 『定本』 第17卷, p.120)

39) "自天子達於庶人, 通用六十四卦, 以占其吉凶. 天子用辟卦, 上公用公卦, 大夫用大夫之卦, 有是理乎? 筮遇他卦, 其將棄之, 而改筮乎? 渙曰'王假有廟', 萃曰'王假有廟', 家人曰'王假有家', 是皆所謂卿·大夫之卦也, 何天王用之乎? 震曰'震驚百里', 晉曰'康侯用錫馬', 豐曰'遇其配主', 是皆所謂卿·大夫之卦也, 何諸侯用之乎? 四時·兩閏之卦, 爲五十衍卦之本. 故辟卦之名自古有之, 以統諸卦, 而焦贛·京房之等, 添出贅疣, 爲公·侯·卿·大夫之說耳."(「唐書卦氣論」, 『易學緖言』, 『定本』 第17卷, p.121)

다산은 경방의 분괘직일법分卦直日法에 따라 분류한 괘의 품계와 그 괘에 상응되는 역사易詞의 내용이 서로 부합되지 않는다는 점을 지적하였다. 환괘渙卦와 췌괘萃卦의 괘사에 나오는 "왕격유묘王假有廟"는 명백히 천자에 속하는 역사이지만, 경방의 분괘직일법에서는 환괘를 경괘卿卦로 분류하였고 또 췌괘를 대부괘大夫卦로 분류하였다. 다시 말해 경방이 부여한 품계는 역사의 내용과도 일치하지 않는다. 이것을 도표로 정리하면 다음과 같다.

卦名	品階	易詞
渙	卿	"王假有廟"(卦辭)
萃	大夫	"王假有廟"(卦辭)
家人	大夫	"王假有家"(九五)
震	方伯·監司	"震驚百里"(卦辭)
晉	卿	"康侯用錫馬"(卦辭)
豐	大夫	"遇其配主"(初九)

다산은 경방이 이처럼 신분의 품계에 따라 64괘를 분류한 데에는 나름대로 근거가 있었을 것이라고 추론하였다. 경방의 분류에 자의적 부분이 많지만 그 전거가 아주 없는 것은 아니다. 다만 경방은 자신의 체계가 의거하는 바를 은밀하게 숨기고 있을 뿐이다. 『좌전』에 필만畢萬이 점서占筮하여 '준지비屯之比'를 얻었는데, 신료辛廖가 이를 풀이하기를 공후公侯의 괘라고 하였다. 그리고 숙손표叔孫豹의 점서에서 명이지겸明夷之謙을 얻었는데, 복초구卜楚丘가 풀이하여 경위卿位에 해당된다고 하였다. 경방이 이러한 종류의 풀이를 은연중에 끌어온 까닭에, 경방의 분류체계를 보면 준괘屯卦는 과연 후괘侯卦의 서열에 있고, 명이괘明夷卦는 과연 경괘卿卦의 서열에 있다. 그러나 경방의 분류가 『좌전』의 서례筮例와 일치하지 않는 경우도 셀 수

없을 정도로 많다. 예를 들면, 비괘比卦는 천자친후지괘天子親侯之卦인데도 경위卿位에 놓았으며, 익괘益卦는 왕용향제지괘王用享帝之卦인데도 불구하고 경위卿位의 서열에 놓았으니, 경방의 방법을 준거로 삼을 수 없는 이유가 여기에 있다.[40]

그 다음으로 경방이 소식괘消息卦를 사상四象의 체계와 연관지어 분류한 것에 대해서도 다산은 그 부당함을 지적하고 있다. 『한서』 「경방전」의 주에서 맹강은 사상의 용어를 써서 64괘를 재분류하였는데, 벽괘는 식괘息卦인 태음太陰과 소괘消卦인 태양太陽으로 이루어져 있으며 신하괘臣下卦는 소음少陰과 소양少陽으로 이루어져 있다.

> 안사고顔師古가 고주古注에서 맹강을 인용하여 말하였다. "경방은 소식괘消息卦로써 벽괘辟卦를 삼았는데, 벽辟은 군주라는 뜻이다. 식괘息卦를 가리켜 태음太陰이라고 하고, 소괘消卦를 가리켜 태양太陽이라고 했다. 그 나머지 괘들은 신하臣下가 된다."[41]

<table>
<tr><td rowspan="2">辟卦</td><td>息卦 = 太陰</td><td>復·臨·泰·大壯·夬·乾</td></tr>
<tr><td>消卦 = 太陽</td><td>姤·遯·否·觀·剝·坤</td></tr>
</table>

다산의 관점에서 본다면, 이러한 분류체계는 완전히 잘못된 명명법에 의거하고 있다. 복復·임臨·태泰·대장大壯·쾌夬·건乾을 식괘息卦로 부르고 구姤·둔遯·비否·관觀·박剝·곤坤을 소괘消卦라고 부르는 것은 한유들의 전

40) "然且, 依俙憑據, 隱有所靠, 『春秋傳』, 畢萬筮仕, 遇屯之比, 辛廖占之曰, 公侯之卦, 叔孫豹筮命, 遇明夷之謙, 卜楚丘占之, 曰, 明而未融, 法當卿位. 若此之類, 隱然援引, 故今觀所列, 屯卦果在侯列, 明夷果在卿列, 若使回護者, 見之, 必以爲言, 審如是也. 晉文公, 遇大有, 卜偃謂之, 公用享王之卦, 今何列之於侯卦乎? 秦穆公遇蠱, 卜徒父, 謂之, 千乘護侯之象, 今何列之於卿卦乎? 比者, 天子親侯之卦, 列於卿位, 益者, 王用享帝之卦, 列於卿位, 如此之類, 不可勝數, 其法豈可準耶?" (「唐書卦氣論」, 『易學緖言』, 『定本』 第17卷, pp.124~125)

41) "顔師古注引孟康曰, 房, 以消息卦爲辟. 辟, 君也. 息卦曰太陰, 消卦曰太陽. 其餘卦曰, 少陰少陽, 謂臣下也."(『漢書』 「京房傳」)

통적 명명 방식에 의거한 것이기 때문에 잘못된 것이라고 할 수 없다. 그렇지만 식괘息卦를 태음太陰이라 하고 소괘消卦를 태양太陽이라 한 것은 도저히 이해할 수 없다. 식괘에서는 양이 점차로 증가하는데 왜 태음이 되며, 소괘에서는 음이 점차로 증가하는데 왜 태양이라고 하는가? 다산에 따르면, 경방이 이러한 과오를 범하게 된 까닭은 노양老陽·노음老陰·소양少陽·소음少陰이 설시법揲蓍法에서 유래된 명칭임을 알지 못했기 때문이다.

벽괘라는 이름은 예전부터 있었던 것인데, 한유들이 벽괘를 소괘消卦와 식괘息卦로 나누었다. 식괘는 복復·임臨·태泰·대장大壯·쾌夬·건乾이며, 소괘는 구姤·둔遯·비否·관觀·박剝·곤坤이다. (그런데 경방은) 식괘는 양陽이 성장하는 것인데 어찌 태음이라고 말하는가? 소괘는 음陰이 성장하는 것인데 어떻게 태양이라고 말하는가? 역가易家에 노음老陰·노양老陽이라는 이름이 있으니, 18변變할 때 3설揲하여 모두 기수奇數를 얻은 경우 노양 구九가 되고(3+3+3=9), 3설揲하여 모두 우수偶數를 얻은 경우 노음 육六이 되는데(2+2+2=6), 아무런 까닭도 없이 명명하여 이것은 태양이고 저것은 태음이라고 하니 (과연) 옳은 것인가? 소양과 소음도 역시 칠七과 팔八에 대해 정해진 명칭이니, 오십연괘五十衍卦를 무슨 까닭에 소양과 소음으로 부르겠는가?[42)]

그러면 이제 경방의 분괘직일법分卦直日法에 대해 다루어 보기로 하자. 분괘직일법이란 경방 혹은 그의 스승인 초연수가 괘기설에 의거해서 새롭게 창안한 점법이다. 괘기설에서는 『주역』의 64괘를 일 년의 절기와 시일時日에 배당하여 그 괘상으로 절기의 변화를 설명한다. 괘기설에 따른다면, 사시四時에는 각각 전담하여 주관하는 기氣가 있으며 각 괘에는 주관하는 시時가 있다. 따라서 매일每日을 어느 괘, 어느 효의 날이라고 정하여 그

42) "辟卦之名, 自古有之. 漢儒就分消息, 息卦者, 復·臨·泰·大壯·夬·乾也, 消卦者, 姤·遯·否·觀·剝·坤也. 息卦陽長, 何以謂之太陰? 消卦陰長, 何以謂之太陽? 易家之有老陰老陽之名者, 以十有八變之時, 三揲皆奇者爲老陽九[三三三] 三揲皆偶者爲老陰六[二二二] 無故命之曰, '爾是太陽, 爾是太陰', 可乎? 少陽少陰, 亦七八之定名, 五十衍卦, 何以謂之少陽少陰也? 京房之學, 亦傅會爲說, 非洙泗之嫡傳也."(「唐書卦氣論」, 『易學緖言』, 『定本』 第17卷, pp.120~121)

길흉을 살피게 된다. 『한서』 「경방전」의 맹강 주에서는 분괘직일법을 다음과 같이 설명하고 있다.

> 맹강이 말하였다. "분괘직일법에서는 한 개의 효로써 하루를 주관하게 하고, 64괘 중에서 60괘를 360일에 배당한다. 64괘의 나머지 4괘 즉 진震·리離·태兌·감坎을 방백方伯과 감사監司의 관리로 삼아서 (동지와 하지의) 이지二至와 (춘분과 추분의) 이분二分의 용사지일用事之日을 주관한다.…… 또한 사시에는 각각 전담하여 주관하는 기가 있으며, 각 괘에는 주관하는 시가 있다. 그 점법은 각각 그 날(日)에 따라 그 좋고 나쁨을 살핀다."[43]

분괘직일법의 대략적 체계는 『역위계람도易緯稽覽圖』에서도 제시되어 있는데, 『사고전서총목제요』에서는 그 대략적 내용을 다음과 같이 소개하고 있다.

> 이 책은 먼저 괘기卦氣가 중부中孚에서 시작됨을 말하고, 감坎·리離·진震·태兌를 사정괘四正卦로 삼았으며, 60괘로 하여금 6일 7분을 주관하게 하였다. 또 복괘復卦에서 곤괘坤卦에 이르는 12괘를 소식괘로 삼고, 나머지 잡괘雜卦가 공·후·경·대부의 후候를 주관하는데 풍風·우雨·한寒·온溫을 그에 대응되는 표징表徵으로 삼았으니, 즉 맹희孟喜와 경방京房의 학學이 그것이다.【지금 『사고전서』의 서적목록에 기록된 것도 역시 이와 동일하다.】[44]

두 문헌에서 설명한 것을 종합하면 분괘직일법의 개요는 다음과 같다.

(1) 『역위계람도』에서 "괘기는 중부괘로부터 일어난다"(卦氣起中孚)라고 하

43) "孟康曰, 分卦直日之法, 一爻主一日. 六十四卦爲三百六十日. 餘四卦, 震離兌坎, 爲方伯監司之官. 是, 二至二分用事之日. 又是四時, 各專主之氣. 各卦主時, 其占法, 各以其日, 觀其善惡也." (『漢書』, 10, p.3160.; 「唐書卦氣論」, 『易學緖言』, 『定本』 第17卷, p.119)

44) "卦氣起中孚, 而以坎離震兌爲四正卦, 六十卦主六日七分. 又以自復至坤, 十二卦爲消息, 餘雜卦主公·侯·卿·大夫候, 風雨寒溫, 以爲徵應, 卽孟喜·京房之學.【今『四庫全書』, 書目所記, 亦如此.】"(「唐書卦氣論」, 『易學緖言』, 『定本』 第17卷, pp.119~120)

였다. 이것은 동지로부터 첫 절후가 시작하는데, 중부괘가 이에 배속된다는 것을 뜻한다.

(2) 사시에는 각각 전담하여 주관하는 기가 있으며, 각 괘에는 주관하는 시가 있다. 감坎·진震·리離·태兌는 북·동·남·서의 사방에 배당되어 방백方伯과 감사監司의 역할을 맡는다. 네 괘는 사정괘四正卦로서 각각 24절기 중의 6절기를 주관한다. 즉 동지에서 경칩까지는 감괘가 쓰이고, 춘분에서 망종까지는 진괘가 쓰이고, 하지에서 백로까지는 리괘가 쓰이고, 추분에서 대설까지는 태괘가 쓰인다.

(3) 네 괘의 24효는 절기를 순서대로 주관하니, 즉 한 괘의 여섯 효에서 매 효가 한 절기씩을 주관한다. 감괘坎卦를 예로 들면, 초육初六은 동지가 되고, 구이九二는 소한이 되고, 육삼六三은 대한이 되고, 육사六四는 입춘이 되고, 구오九五는 우수가 되고, 상육上六은 경칩이 된다.

(4) 복괘復卦에서 곤괘坤卦에 이르는 12괘를 소식괘로 삼고 나머지 잡괘를 공·후·경·대부의 품계로 분류한다.

(5) 64괘에서 진震·태兌·리離·감坎의 4괘를 빼면 나머지는 60괘가 된다. 60괘는 12개조로 나누어져 5개의 괘가 한 조가 되며, 각 조는 12달에 배치된다. 60괘의 360효를 360일에 배당하여 1효로써 1일을 주관하게 한다.

(6) 1년에서 360일을 빼면 5와 1/4일이 남는다.(365－360=5.25)[45] 매일每日을 분分으로 환산하면 80분이 되므로 5일은 400분이 되고(5×80=400), 1/4일을 분으로 환산하면 20분이 된다(80×1/4=20). 따라서 5일과 4분의 1을 합산하면 모두 420분이 된다.(400+20=420) 420분을 60괘로 나누면 각 괘마다 7분이 배당된다.(420÷60=7) 따라서 매 괘에 육일칠분六日七分이 배당된다.[46] 결국

45) 1년은 대략 365.2422일이므로, 여기서 360일을 빼면 5.2422일이 된다. 5.2422일은 대략 5.25이므로 5일에 1/4을 더한 것이 된다.

46) "『易緯稽覽圖』云, 卦氣起中孚. 故離坎震兌, 各主其一方, 其餘六十卦, 卦有六爻, 爻別主一日, 凡主三百六十日. 餘有五日四分日之一者, 每日分爲八十分. 五日分爲四百分. 四分日之一又爲

육일칠분은 역의 64괘 중 60괘를 1년 365일과 4분의 1에 적용시켜서 각 괘마다 6일과 80분의 7을 배당한 것이 된다. 80분의 7은 0.0875가 되므로 6일과 80분의 7은 6.0875가 되며, 그 숫자에 60괘를 곱하면 365.25일이 된다.($7 \div 80 = 0.0875$, $6 + 0.0875 = 6.0875$, $6.0875 \times 60 = 365.25$)

다산은 경방의 분괘직일법을 다음과 같이 비판한다.

첫째, 분괘직일법은 지나치게 복잡하고 파쇄破碎된 이론이다. 경방은 자질구레한(磊落) 학설을 이리저리 끌어다 붙여 분괘직일分卦直日·육일칠분六日七分 등의 설을 만들어 내었으나, 어느 것 하나도 이치에 합당한 것이 없다.47) 만약 경방이 하는 방식처럼 384효를 365일과 4분의 1일에 배당하고 나면 반드시 어긋나서 맞지 않게 된다.48) 64괘와 72후候는 그 수부터 다르니, 본래 서로 짝지을 수 있는 것이 아니다. 반드시 네 괘를 제외하고 거기에 12괘를 보태어야만 비로소 짝지을 수 있다. 이에 감坎·진震·리離·태兌는 사정괘四正卦라고 정하여 밖으로 쫓아놓고 그 6효를 네 괘에 곱하여 24기氣에 배당한 것이다.49)

둘째, 일효一爻를 일기一氣에 배당하는 것은 옳지 않다. 「계사전」에서 "효는 변화된 것을 말한 것이다"(爻者, 言乎變者也)라고 하였으니, 효란 변괘變卦의 명칭이다. 육효六爻는 육획六畫이 아닌데, 그 변화를 고려하지 않는다면 맞지 않는다.50)

二十分, 是四百二十分. 六十卦分之, 六七四十二卦, 別各得七分, 是每卦得六日七分也."(魏 王弼 注, 唐 孔穎達 疏, 『周易正義』, 十三經注疏 整理本 [1], 北京大學出版社, 2000, pp.131~132)

47) "破碎牽纏, 無一而當乎理者也."(「唐書卦氣論」, 『易學緒言』, 『定本』 第17卷, p.125)

48) "誠以三百八十四爻, 配之於三百六十五日, 四分日之一, 必齟齬而不合, 自餘, 不必硏究."(「唐書卦氣論」, 『易學緒言』, 『定本』 第17卷, p.125)

49) "六十四卦, 七十二侯, 厥數不同, 本非搭配之物; 必去四卦, 加增十二, 迺可相配. 於是, 坎離震兌, 黜之爲四正, 以其六爻, 配之於二十四氣."(「唐書卦氣論」, 『易學緒言』, 『定本』 第17卷, p.126)

50) "況爻之爲字, 本是變卦之名, 非一畫二畫之謂也. 以畫爲爻, 原是失實, 餘不必言. 經曰, 爻者, 言乎變者也. 爻豈是畫耶?"(「唐書卦氣論」, 『易學緒言』, 『定本』 第17卷, p.125)

셋째, 감坎·진震·리離·태兌가 팔괘八卦일 때에는 북·동·남·서의 사방을 주관하지만, 이미 중괘重卦로 된 뒤에는 더 이상 사방괘라고 불릴 수 없다. 그리고 이 네 괘를 제외한 다른 괘가 사시를 주관한다는 것도 역시 이미 이치에 맞지 않는다.[51]

넷째, 역曆이란 일월오성日月五星의 질서(紀)이다. 조금이라도 차이가 있으면 사시가 어긋나게 된다. "『주역』으로써 천체의 운행질서를 상징한다"(以易象曆)는 것은 가능하지만, "천체의 운행질서로써 『주역』을 상징하는 것"(以曆象易)은 가능하지 않다.[52] 그럼에도 불구하고 한漢·진晉 이래로 "이력상역以曆象易" 하였으니 통할 리가 없다는 것이 다산의 비판이다. 이러한 비판의 배후에는 "『역易』이란 곧 상象이다"라는 다산의 신념이 자리잡고 있다. 상象이란 성인이 '방불지사髣髴之似' 즉 '그 대상을 그럴듯하게 닮은 형태를 취해서 만든 상징'일 뿐이다.[53] 따라서 상이란 대상을 모사하여 만든 상징기호이다. 대상을 모사하여 상징기호를 만든다는 말은 옳지만, 상징기호를 모사하여 대상을 거기에 맞춘다는 것은 이치에 맞지 않다.

이처럼 다산은 분괘직일법을 비판하면서 대신에 보다 단순한 방법을 제안하였다. 즉 12벽괘로써 1년의 12개월을 상징하게 하고, 소과小過·중부中孚의 재윤지괘再閏之卦로써 윤달을 상징하고, 건乾·곤坤의 두 괘로써 천天·지地를 상징하였다. 이렇게 해서 64괘 중 건·곤을 제외한 나머지 62괘로써 "오세재윤五歲再閏"을 상징한 것이다.(64卦−乾·坤=62卦, 12個月×5=60個月, 六十個月+兩閏月=62卦)[54]

---

51) "坎離震兌, 其在八卦之時, 雖主四方. 旣爲重卦, 不得復以四方之卦名之. 除此四卦, 使主四時, 已屬非理. 況爻者變卦也, 六爻非六畫, 安得以一爻, 配一氣哉?"(「唐書卦氣論」, 『易學緖言』, 『定本』 第17卷, p.120)

52) "以易象曆, 可也. 漢晉以降, 以曆象易, 豈可通乎? 曆也者, 日月五星之紀也. 毫髮有差, 四時乖舛. 奚暇象易而爲之哉!"(「唐書卦氣論」, 『易學緖言』, 『定本』 第17卷, p.127)

53) "聖人於此, 亦取其髣髴之似而已."(「唐書卦氣論」, 『易學緖言』, 『定本』 第17卷, p.127)

54) "大抵, 易之爲道, 象而已. 故十二辟卦, 以象四時. 中孚·小過, 以象兩閏. 於是, 乾坤二卦,

4. 경방역에 대한 종합적 평가

다산의 역리사법의 하나인 추이설은 벽괘설을 기반으로 전개되는 이론이다. 역학사에서 경방은 벽괘라는 용어를 사용한 최초의 인물로 알려져 있다. 다산의 벽괘설은 경방의 12벽괘에 소과小過·중부中孚의 두 괘를 추가하여 14벽괘설을 주장했기 때문에 경방의 벽괘설과 완전히 같은 것은 아니다. 경방은 64괘를 한대의 신분제적 질서에 상응하는 벽辟·공公·후侯·경卿·대부大夫의 품계에 따라 분류하였다. 그러나 다산에 따르면 벽괘가 군주괘라는 의미는 천자만이 벽괘를 전용할 수 있다는 뜻이 아니다. 벽괘를 군주괘로 설정한 것은, 마치 군주가 신하를 통치하는 것처럼 벽괘가 중심괘가 되어 그 밖의 나머지 괘들의 변화를 통제한다는 의미를 지니고 있다. 그렇다고 하더라도 12벽괘를 중심으로 수립된 음양소식설陰陽消息說의 기본 구조는 다산역의 체계에서도 그대로 유지되고 있다. 다산은 벽괘설의 기원을 경방 이전의 『주역』의 성립시기로 소급시키고 있으나, 이러한 추정을 뒷받침할 만한 충분한 문헌적 증거를 제시하지 못하고 있다.

다산은 경방역에 대해 대체로 비판적 관점을 유지했다. 그는 경방의 분괘직일법에 대해 자질구레한 학설을 이리저리 끌어다 붙여 만들어 낸 지나치게 복잡하고 파쇄破碎된 이론이라고 비판하였다. 그리고 경방의 음양재변설陰陽災變說에 대해서도 역가易家의 이단이며 좌도左道와 사벽邪僻에 빠진 술수라고 평가하였다.

以象天地; 餘六十二卦, 以象五歲再閏, 六十二月之數. 聖人, 於此, 亦取其髣髴之似而已."(「唐書卦氣論」, 『易學緒言』, 『定本』 第17卷, p.127)

제8장 다산역의 관점에서 본 경방의 효변설

1. 효변설의 전승사에서 경방의 효변설이 갖는 의의

효변설은 다산이 자신의 가장 독창적인 업적으로 자부했던 이론인데, 다산은 『좌전』의 '모괘지모괘某卦之某卦'라는 형태에서 그 이론적 근거를 발견하였다. 역학사에서 뚜렷한 계보를 지니면서 전승되어 내려온 추이설 즉 괘변설과는 달리 효변설은 『좌전』을 제외하고는 역학사에서 그 뚜렷한 자취를 발견할 수 없었다. 『좌전』에 나타난 효변 가운데 가장 이른 시기의 것은 노장공魯莊公 22년(기원전 672)에 있었던, 진경중陳敬仲의 출생을 맞이하여 쳤던 관지비觀之否의 서례이며, 가장 늦은 것은 노소공魯昭公 29년(기원전 513)에 진晉나라 도읍인 강絳의 교외에 용이 출현했을 때 채묵蔡墨이 건괘乾卦의 효사를 언급하면서 '건지구乾之姤', '건지동인乾之同人' 등의 형식으로 말한 것이다. 『좌전』의 서례에 서주(BC.1121~BC.771) 시대의 것은 전혀 없으며, 동주(BC.770~BC.249) 시대의 것만 남아 있다. 유감스럽게도 전국시대(BC.403~BC.221)에서 진秦(BC.221~BC.206)에 이르기까지의 역학사는 거의 알려져 있지 않고, 전한시대(BC202.~AD.8)에 이르러서야 비로소 명확한 형태로 역학사의 전개를 파악할 수 있다. 다산은 건乾 초구初九 "잠룡물용潛龍勿用"의 주注에서, 가의賈誼(BC.200~BC.168)와 경방京房(BC.77~BC.37) "두 사람이 효변을 알았던 것처럼 보인다"(二家, 似知爻變)라고 추정하였다. 다산이 추론했던 것처럼 가의의 시대에 효변설이 알려져 있었음을 말해 주는 유력한 증거로 마왕퇴 백서본 『주역』이 있다. 마왕퇴본 『주역』에서는 '겸지명이謙之明夷'의 형식이 나타나는데, 이것은 의심할 바 없이 『좌전』에 나타나는 "모괘지모괘某卦之某卦"의 형식의 사례이다. 가의가 세상을 떠난 기원전 168년은 공교롭게도 백서본 『주역』이 출토된 장사長沙 마왕퇴 3호 한묘漢墓 묘주墓主의 묘장墓葬 연대와 같다. 따라서 적어도 기원전 168년 이전에 "모괘지모괘"의 형식이 널리 유행하고 있었음이 확실하다. 그렇다면 노소공魯昭公 29년 즉 기원전 513년에 채묵蔡墨이 효변을 말한 이후 기원전 168년에 이르기까지 345년 사이에 효변설은 명맥을 유지하면서 전승되어 내려왔다는 추정이 가능하게 된다.

가의가 세상을 떠난 후 경방이 나타나 『주역』 건괘乾卦 초구의 "잠룡물용潛龍勿用"을 해석하면서 효변을 취한 것처럼 보이는 해석을 하였다. 경방은 다양한 해석방법을 개발함으로써 상수역의 이론적 발전과정에 심대한 영향을 미친 인물이다. 다산역의 해석방법론은 상수역에 연원을 두고 있기 때문에, 그 역학사적 기원을 밝히기 위해서는 경방역과의 관계가 명확히 해명될 필요가 있다. 경방은 가의가 죽고 나서 91년 뒤에 출생한 서한시대의 역학자이다. 만약 가의가 효변을 이해하고 있었고 대략 백여 년 뒤의 경방이 효변을 이해하고 있었다는 다산의 추정이 옳다면, 『좌전』에서 마지막으로 채묵이 기원전 513년에 건지구乾之姤 등의 효변의 형식을 언급한 이후에 다시 가의가 효변으로써 역사易詞를 해석할 때까지 대략 3백 년 이상 효변설이 전승되어 왔고, 그 이후 다시 경방이 건괘乾卦의 잠룡물용潛龍勿用을 효변으로써 해석할 때까지 대략 백 년 정도 전승되어 왔다는 추정이 가능하다. 이상에서 언급한 사례들은 효변의 초기 전승사에서 대단히 중요한 의미를 지니는 사건들이다.

① 【기원전 672년(魯莊公 22)】 진경중陳敬仲의 서례筮例: 관지비觀之否
② 【노장공 22년 이후 159년 경과 : 기원전 513년(魯昭公 29)】 채묵蔡墨이 용의 출현에 언급한 건괘乾卦의 효사: 건지구乾之姤 등
③ 【노소공 29년 이후 345년 경과 : 기원전 168년】 가의賈誼의 사망과 마왕퇴 3호 한묘漢墓 묘주墓主의 묘장墓葬 연대
④ 【가의 사망 후 91년 이상 경과】 경방京房(BC.77~BC.37)의 『주역』 건괘乾卦 해석

만약 이러한 추론에 대해 설득력 있는 증거를 제시할 수 있다면, 이것은 역학사적으로 중요한 발견이 될 뿐 아니라 다산역의 핵심적 이론을 확증해 주는 증거로도 활용될 수 있을 것이다. 다산은 가의가 건乾 초구初九의 "잠룡물용潛龍勿用"을 해석한 것을 효변의 사례로 보았으나, 다른 학자들의 경우에는 그렇게 주장한 것을 보지 못했다. 그러나 가의와 동시대에 유행했던 마왕퇴본 『주역』에 나오는 "겸지명이謙之明夷"가 효변 해석의 사례임은 확실하다. 게다가 가의는 마왕퇴본이 출토된 장사長沙에 살았던 인물이다. 비록 다산이 마왕퇴본의 존재를 알 수 없었지만, 가의가 마왕퇴본이 유행하고 있었던 것과 같은 시대에, 같은 장소에 살았다는 사실은 가의가 효변 해석을 했을 것이라는 추정을 강화시켜 준다.

따라서 이 글에서는 일단 경방이 효변설을 알고 있었다는 다산의 주장에 대해서 알아보고, 그러한 주장이 정당한 근거를 갖고 있는지에 대해 따져 볼 것이다. 다산은 역사易詞 해석에서 경방이 효변을 취했다는 증거로 세 가지 사례를 제시하였다. 첫째 건괘乾卦 초구初九의 "잠룡물용潛龍勿用", 둘째 관괘觀卦 상구上九의 "관기생觀其生", 셋째 박괘剝卦 상구上九의 "소인박려小人剝廬"에 대한 경방의 역주易注가 그것이다. 아래에서는 이 세 가지 사례에 대한 분석에 이어 경방이 효변설의 전승사에서 갖는 의미를 검토할 것이다.

2. 경방의 효변설 적용의 세 가지 사례

1) 건괘乾卦 초구初九의 "잠룡물용潛龍勿用"

다산은 경방이 효변에 대해서 알고 있었다고 주장하고, 그 근거로 세 가지 효사에 대한 경방의 역주易注를 제시하였다. 다산이 『주역사전』에서 인용하고 있는 역주의 출처는 『경씨역전京氏易傳』[1]이 아니라 『한서漢書』 「오행지五行志」이다.[2] 그 첫째 사례는 건괘乾卦 초구初九의 "잠룡물용潛龍勿用"이다. 『한서』 「오행지」에서 인용하고 있는 경방의 역주를 소개하면 다음과 같다.

이공釐公 16년 정월에 여섯 마리의 익조鷁鳥[3]가 뒤로 날아가서[4] 송宋의 도읍을

1) 경방의 저서로 전해지는 것으로 『京氏易傳』(三卷)이 있는데, 이것은 경방에 의해 직접 저술된 것이 아니고 후대의 학자들이 각종 문헌에서 수집하여 편집한 것이다. 『京氏易傳』은 삼국시대 오나라의 육적陸績의 注와 송나라 晁公武의 跋文으로 되어 있는데, 주요 판본으로는 『漢魏叢書』, 『景萬曆』, 『津逮秘書』, 『續修四庫全書』 등이 있다. 淸代의 張惠言의 『易義別傳』에는 『周易京氏章句』(一卷)이 있고, 孫堂의 『漢魏二十一家易注』에 『京房周易章句』(一卷)가 있고, 馬國翰의 『玉函山房輯逸書』에 『周易京氏章句』(一卷)이 전해지고 있다. 그리고 王謨가 淸 仁宗 嘉慶 3년에 『京房易傳』과 『京房易飛候』를 편집하였고, 중화민국 23년(1934년)에 黃奭은 『京房易章句』를 편집하였고, 徐昂은 『京氏易傳箋』을 편찬하였다. 그 후 徐昂은 이 책과 王謨와 黃奭의 편집본을 합쳐서 王謨를 편자로 하여 『京房易傳』을 출간하였다.(윤태현, 『경방역의 연구』, 동국대, 2000, pp.6~7)

2) 경방의 『한서』 「오행지」에서는 "京房易傳曰"이라고 하였는데, 이것을 "『경방역전』에서 말하기를"이라고 옮겨야 하는지, 아니면 "경방의 『역전』에서 말하기를"이라고 옮겨야 하는지 확실치 않다. 어쨌든 삼국시대 오나라의 陸積의 注가 있는 경방의 易注의 書名은 『京房易傳』이 아니라 『京氏易傳』이다. 여기서는 그 서명을 확실히 알 수 없으므로 단지 '京房의 『易傳』'이라고 부르기로 한다.

3) 鷁鳥의 다른 명칭은 鶂鳥이다. 鶂鳥는 水鳥의 명칭인데, 높이 나는 새의 한 종류이다. 『좌전』에서는 六鶂을 "鷁"이라고 하였다.

4) 六鶂退蜚: 여섯 마리의 익조가 뒤로 날아감. 『사기』의 「宋微子世家」에 "양공 7년, 송나라의 땅에 유성이 비처럼 떨어졌고, 빗방울도 뒤섞여 함께 떨어졌다. 여섯 마리의 鷁鳥가 뒤로 날아가니, 그것은 바람이 너무 세고 빨랐기 때문이다"(襄公七年, 宋地霣星如雨, 與雨偕下, 六鶂退蜚, 風疾也)라고 함.(『史記』, 卷三十八, 「宋微子世家」)

지나갔다. 『좌전』에 말하기를 "그것은 바람 때문이다"라고 하였다. 유흠劉歆이 (이 사건을 두고 해석하기를) 바람이 다른 곳에서 불어와 송나라를 지날 때 높아짐에, 익조가 높이 날아 바람을 맞아 뒤로 물러난 것으로 여겼다. 『경經』에서는 보이는 대로 글을 썼으므로 "뒤로 날아갔다"(退蜚)라고 한 것이다. 『전傳』에서는 실제로 그 작용을 표현하여 "바람 때문"(風)이라고 말한 것이니, 평상시의 바람이 벌罰을 준 것으로 본 것이다. 송양공宋襄公이 혼매昏昧하여 남의 말을 듣지 않고 자기 생각대로만 하고 신하를 용납하지 않더니, 사마자어司馬子魚가 간諫하는 것을 거스르고 강성한 초楚와 더불어 맹주의 지위를 다투다가 그 뒤 6년이 지나서 초楚에 붙잡히게 되었는데, 이를 여섯 익조(六鶂)의 수數에 상응하는 사건으로 상징한 것이다. 경방의 『역전易傳』에서 다음과 같이 말하였다. "'잠룡물용潛龍勿用'이라고 하였으니, 무리가 같은 뜻을 거스르고 지극한 덕이 이에 잠기게 되어 그 달라진 바람을 맞은 것이다. 그 바람으로 말미암아 나아감이 원활하지 못하고, 사물은 자라지 않으며, 비가 적게 내려 손상되게 된다."[5]

다산은 『한서』 「오행지」에 인용된 경방 『역전』의 원문을 모두 인용하지 않고, 필요한 부분만 축약하고 있다. 즉 다산이 『주역사전』에서 인용하고 있는 부분은 "잠룡물용潛龍勿用, 중역동지衆逆同志, 지덕내잠至德乃潛, 궐이풍厥異風. 기풍야其風也, 행불해行不解, 물부장物不長, 우소이상雨小而傷" 중에서 밑줄을 친 부분이다. 인용구만을 취하여 그 뜻을 풀이한다면 다음과 같다.

"잠룡물용潛龍勿用"이라고 하였으니, 그 달라진 바람으로 말미암아 나아감이 원활하지 못하다.

---

5) "釐公十六年, 正月, 六鶂退蜚, 過宋都. 左氏傳曰, 風也. 劉歆以爲風發於它所, 至宋而高, 鶂高蜚而逢之, 則退. 經以見者爲文, 故記退蜚; 傳以實應著, 言風, 常風之罰也. 象宋襄公區霿自用, 不容臣下, 逆司馬子魚之諫, 而與彊楚爭盟, 後六年爲楚所執, 應六鶂之數云. 京房易傳曰, '潛龍勿用, 衆逆同志, 至德乃潛, 厥異風. 其風也, 行不解, 物不長, 雨小而傷.'"(『漢書』 第27卷, 「五行志」, 第七下之上.; 『漢書』 五, 志二, 中華書局, p.1443)

여기서 경방이 효변을 취했다고 다산이 보는 근거는 "궐이풍厥異風"이라는 구句에 있다.[6] 건괘乾卦는 여섯 개의 양획으로 이루어진 괘라서 거기에는 바람(風)을 상징하는 손巽의 괘상이 존재하지 않는다. 그렇지만 건괘乾卦의 초구初九가 변하여 구괘姤卦가 되면, 하괘에 바람(風)을 상징하는 손巽이 형성되므로 "궐이풍厥異風"의 문구를 해석할 수가 있게 된다.

이것은 '건지구乾之姤'이며, 건乾 초구初九에 해당된다. 요컨대 경방이 효변설을 몰랐다면 이러한 해석은 나올 수 없다.

2) 관괘觀卦 상구上九의 "관기생觀其生"

두 번째 사례는 관괘觀卦 상구上九의 "관기생觀其生"에 대한 경방의 역주易注인데, 『한서』에 실린 양선楊宣의 「대책對策」에 인용되어 있다. 전한의 애제哀帝(재위 BC. 6~AD.1)가 외척인 정씨丁氏를 작위에 봉했을 때 누런 구름이 사방을 뒤덮는 일이 발생하였는데, 양선은 이를 불길하게 여겼기 때문에 「대책」을

6) 『한서』에서는 『경씨역전』의 "厥異風"을 釐公, 즉 僖公 16년에 불었던 바람과 연계시키고 있다. 魯나라 僖公 16년은 기원전 644년에 해당되는데, 그 해 正月에 바람이 세차게 불어서 여섯 마리의 鷁鳥가 뒤로 날려가 宋나라 도읍을 지나가는 것이 목격되는 일이 있었다. 이 사건은 『사기』의 「宋微子世家」에도 언급되어 있으며, 『좌전』의 僖公 16년에도 기록되어 있다. 그 해 봄에 隕石 다섯 개가 송나라에 떨어졌기 때문에 송나라 襄公은 혹시 이러한 일련의 사건들이 혹시 흉조가 아닌지 불안하게 여겼다. 주나라 內史 叔興은 이것을 흉조라고 보고하였으나, 또 다른 사람은 이것이 자연현상에 불과한 것이라고 말하였다. 그러나 『漢書』 「五行志」에서는 宋襄公이 楚와 盟主의 지위를 다투다가 六年만에 楚에 붙잡히게 된 사건과 여섯 익조가 뒤로 날려간 사건을 비교하면서 六年과 六鷁의 數를 대응시켰다. 이것은 災異思想에 밝았던 京房이 이 사건을 讖緯說의 관점에서 풀이하였음을 보여준다.

올려서 간언하였다. 그런데 성제成帝(재위 BC.33~BC.7)가 외척인 왕씨王氏 일족 다섯을 제후에 봉했을 때에도 이처럼 불길한 사태가 벌어졌던 전례가 있었다. 양선은 이러한 불길한 징조들이 잇달아 일어난 까닭을 조정에서 현인을 천거해서 올리지 않고 외척에 의지했다는 데에서 찾았다. 이 사건에 관련된 『한서』의 문장을 소개하면 다음과 같다.

> 성제 건시建始 원년 4월 신축辛丑일 밤에 서북쪽에 화광火光이 있었다. 임인壬寅일 새벽에 대풍大風이 서북쪽으로부터 불어왔다. 적황색 운기雲氣가 사방에 가득 차더니, 하루 종일 밤늦게까지 땅에 황토먼지가 내려앉았다. 이해에 성제의 외삼촌(元舅) 대사마大司馬 대장군大將軍 왕봉王鳳이 권력을 행사하기 시작하였다. 그리고 태후의 동모제同母弟인 왕숭王崇을 안성후安成侯에 봉하고 식읍食邑 만호萬戶를 내렸다. (왕봉의 異母弟였던) 서제庶弟 왕담王譚 등 5인에게 관내후關內侯의 작위와 식읍 삼천 호를 내렸다. 다시 왕봉에게 오천 호를 더하고 왕담 등을 열후列侯에 봉했으니, 이것이 오후五侯이다. 애제가 즉위하자, 외척 정씨丁氏, 부씨傅氏, 주씨周氏, 정씨鄭氏 등을 봉하여 모두 6인이 열후가 되었다. 양선이 대책을 올려 말하기를, "오후五侯를 봉한 날에 천기가 적황색을 띄고, 정씨와 부씨를 봉한 날에도 또한 그러했다. 이것은 작위를 위태롭게 하여 땅이 그 적절함을 지나쳐 토기土氣를 어지럽히고 손상시킨 징조(祥)이다"라고 하였다. 경방의 『역전』에서 다음과 같이 말하였다. "『역경』에서 "관기생觀其生"이라고 하였으니, "(조정에 몸담고 있는) 대신의 도리는 마땅히 (재야에 있는) 현인의 성품과 행실을 살펴서 (탁월한 인물이 있으면) 조정에 천거해야 하는 데 있다. 만일에 그렇게 하지 않는다면 선善을 듣고도 참여하지 않는 것이니, 이것을 가리켜 '지혜롭지 못함'(不知)이라고 한다. 이에 그 이변이 황색으로 나타나고 그 재앙은 귀머거리가 되는 것으로 나타나니, 그 재앙이 후사後嗣를 잇지 못하는 것이 된다. 황색은 햇빛 위에 누런 빛이 흩어지지 않아 화광火光처럼 보이는 것이니, 누렇고 혼탁한 기운이 사방천하를 뒤덮어서 현자를 덮어 도道를 끊어 버리는 까닭에 재이가 세상을 끊어버리는 데 이르는 것이다. 『역경』(의 대축괘 구삼효)에 이르기를 "양마축良馬逐"이라고 하였으니, '축逐'이란 추천하여 '나아감'(進)의 뜻이다. 대신은 현자를 얻어 정사를 의논하고 마땅히 그 사람으로 하여금 추천해서 나아가게 해야 한다. 그렇게 하지 않는다면 아래로 선善을 서로 물리치게 되니, 이것을 가리켜

‘밝음을 도적질하는 것’(盜明)이라고 하는 것이다. 그 재앙은 또한 후사를 잇지 못하는 데 미치니, 몸이 욕을 보고 집안의 대가 끊기게 된다.”[7]

관괘 상구에는 분명히 “관기생觀其生”이라고 되어 있지만 경방은 이것을 “관기성觀其性”으로 고쳐서 해석하였다. 이것은 『맹자』에 나오는 고자告子의 견해처럼 생生을 성性, 즉 타고 태어난 기질로 본 것이다. 경방의 견해를 따라 풀이하면, “관기생”의 뜻은 “대신이 현인의 성性을 관觀해서 조정에 천거한다”는 것이 된다. 이것은 “관기생”을 ‘공사貢士’ 즉 ‘선비를 천거함’의 뜻으로 풀이한 것이다. 그러나 이러한 경방의 해석을 뒷받침할 수 있는 근거는 고경古經에서 발견되지 않는다. 만약 다산의 견해를 따라 “관기생觀其生”을 풀이하게 되면, “(군자인) 그가 (백성들을) 살려내는 것을 본다”라는 뜻이 된다.

그러면 관괘觀卦 상구上九의 “관기생觀其生”에 대한 풀이에서 경방이 효변을 취했다고 보는 근거는 어디에 있는가? 다산은 경방의 “궐이황厥異黃, 궐구농厥咎聾” 즉 “그 이변은 황색으로 나타나고 그 재앙은 귀머거리가 된다”라는 주注를 근거로 제시하였다. 관괘 상구에서 효변을 취하면 ‘관지비觀之比’ 즉 ‘관괘觀卦가 비괘比卦로 변하는 경우’가 된다.

먼저 “궐구농厥咎聾”과 관련하여 다산은 농聾의 괘상을 비괘比卦의 상괘에 있는 감坎으로부터 도출하고 있다. ‘농’이란 귀머거리 즉 귀에 생긴 병통이다.

---

7) “成帝建始元年, 四月辛丑夜, 西北有如火光. 壬寅晨, 大風從西北起, 雲氣赤黃, 四塞天下, 終日夜下著地者 黃土塵也. 是歲, 帝元舅大司馬大將軍 王鳳始用事; 又封鳳母弟崇爲安成侯, 食邑萬戶; 庶弟譚等五人賜爵關內侯, 食邑三千戶. 復益封鳳五千戶, 悉封譚等爲列侯, 是爲五侯. 哀帝即位, 封外屬丁氏, 傅氏, 周氏, 鄭氏 凡六人爲列侯. 楊宣對曰, ‘五侯封日, 天氣赤黃, 丁, 傅復然. 此殆爵土過制, 傷亂土氣之祥也.」 京房易傳曰: 經稱觀其生, 言大臣之義, 當觀賢人, 知其性行, 推而貢之, 否則爲聞善不與, 茲謂不知, 厥異黃, 厥咎聾, 厥災不嗣. 黃者, 日上黃光不散如火然, 有黃濁氣 四塞天下. 蔽賢絕道, 故災異至絕世也. 經曰良馬逐. 逐, 進也, 言大臣得賢者謀, 當顯進其人, 否則爲下相攘善, 茲謂盜明, 厥咎亦不嗣, 至於身僇家絕.’”(『漢書』, 五, 志二, 中華書局, p.1450)

「설괘전」에 감坎을 이통耳痛이라고 하였으니, 감의 괘상이 여기에 해당된다.

그 다음으로 "궐이황厥異黃"과 관련하여 다산은 '황黃'의 괘상을 도출하기 위하여 괘변을 적용하였다. 괘변의 규칙에 의하면, 비괘比卦는 일양지괘一陽之卦이므로 복괘復卦 혹은 박괘剝卦로부터 변화된 괘이다.(즉 比自復來 혹은 比自剝來) 이 두 가지 경로 중에서 비괘比卦가 복괘復卦로부터 변화된 방식을 취하면 황색의 괘상을 도출할 수 있다.

위 그림에서 볼 수 있듯이, 비괘比卦의 제5위에 있는 양획은 복괘復卦의 초위에 있는 양획이 옮겨온 것이다.[8] 그런데 그 양획은 원래 복괘에서는 하괘에 있는 진震의 한 부분이었다. 「설괘전」에 진은 현황玄黃이라고 했으니, 진의 색채는 현색玄色과 황색黃色이 혼합된 잡색雜色이다. 따라서 진에 원래 황색이 포함되어 있었으며, 그 황색이 옮겨간 것이라는 해석이 가능해진다.

다산의 해석에서 문제가 되는 것은 효변뿐 아니라 괘변까지 적용했다는 것이다. 두 번째 사례에서는 괘변설과 결합되지 않는다면 효변만으로는 '황黃'의 괘상이 도출될 수 없다. 따라서 두 번째 사례가 경방이 효변을 취했다는 증거로 채택되기 위해서는 그가 괘변에 대한 이해까지 갖고 있었다는 것도 승인되어야 한다. 그렇지만 경방이 효변을 알았다고 치더라도 괘변까지 적용했던 것일까? 괘변설은 삼국시대 우번虞翻(164~233)에 이르러서야 그 체제가 완비된 학설이다. 따라서 경방에게는 아직 괘변설의

8) 다산은 '坤之比'와 '觀之比'에 공통적으로 黃色이 언급되고 있다는데 주목하였다. 즉 坤六五는 효변해서 '坤之比'가 되는데, 거기에 "黃裳元吉"이라는 문구가 있다. 다시 말해서 '坤之比'와 '觀之比'는 괘변에 의해 황색이 형성된 것으로 설명될 수 있는 동일한 경우이다.

체제가 완비되지 않았다고 보는 것이 옳다.[9] 그럼에도 불구하고 경방이 괘변에 대한 기본적 이해를 갖고 있었음을 보여 주는 증거가 있다. 예를 들면, 비괘賁卦 「단전彖傳」의 "유래이문강柔來而文剛"을 풀이하여 『경씨역전』에서 "태취상泰取象, 상육유래반강上六柔來反[10]剛, 구이강상문유九二剛上文柔, 성비지체成賁之體"[11]라고 한 것은 '비자태래賁自泰來'라는 괘변의 법칙을 따른 것이다. 모광생冒廣生은 이를 근거로 경방에게 괘변법이 있었다고 보았다.[12] 다산은 효변과 관련해서는 경방이 효변을 알았던 것처럼 보인다고 추정하였으나, 괘변과 관련해서는 어느 정도의 이해를 갖고 있었는지 전혀 언급하지 않았다. 물론 다산은 관괘 상구의 역주에서 경방이 효변은 물론이고 괘변에 대해서도 알고 있었다는 암묵적 전제 아래 논리를 전개하고 있다. 그렇지만 설령 경방이 괘변설에 대한 어느 정도의 이해는 갖고 있었다고 하더라도 어느 범위에서 적용했는지 확실히 알 수 없다. 따라서 두 번째 사례는 경방이 효변설을 취했다는 증거가 되기에 설득력이 부족하다.

3) 박괘剝卦 상구上九의 "소인박려小人剝廬"

세 번째 사례는 박괘剝卦 상구上九의 "소인박려小人剝廬"와 관련된 경방의 주注에 나타난다. 『한서』 「오행지」에서 경방의 주注가 인용된 맥락은 다음과 같다.[13]

9) 경방의 괘변설은 팔궁설과 납갑에 영향을 미치는 건후설과 세응의 변화로 이루어져 있다. 우번의 괘변설은 경방의 괘변설을 발전시킨 것이다.(윤태현, 「경방역의 역학사적 고찰」, 『주역철학과 문화』, 창간호, 2003, p.302)

10) 冒廣生에 따르면, '反'은 마땅히 '文'으로 고쳐야 한다. 泰卦의 제6위에 있는 陰은 賁卦의 제2획으로 내려가고, 제2위에 있는 陽은 賁卦의 上位로 올라갔으니, "柔來而文剛"이 된다.(冒廣生 撰述, 冒懷辛・毛景華 整理, 『冒鶴亭京氏易三種』, 四川出版集團,巴蜀書社, 2009, p.73)

11) 盧央 著, 『京房易傳解讀』, 下, 九州出版社, 北京, 2006, p.474.

12) 冒廣生 撰述, 冒懷辛・毛景華 整理, 『冒鶴亭京氏易三種』, 四川出版集團,巴蜀書社, 2009, p.305.

이공釐公 14년, "가을 8월 신묘辛卯일에 사록沙麓[14]이 무너졌다." 『곡량전』에 말하기를, "숲이 산에 속한 것을 록麓이라고 하고, 사沙는 그 이름이다"라고 하였다. 유향劉向이 이 사건에 대해 말하기를 "신하가 배반하니, 사방으로 흩어져 떨어지는 것(散落)은 아랫사람이 윗사람을 섬기지 않는 상象이다"라고 하였다. 이보다 앞서 제환공齊桓公이 패도霸道를 행하여, 제후를 소집하여 주실周室을 섬겼다. 관중管仲이 이미 죽자 환공桓公의 덕이 날로 쇠하게 되니, 천계약天戒若이 말하기를, "제환공의 패도가 장차 무너질 것이며, 제후들이 사방으로 흩어질 것이다"라고 하였다. 정사政事가 대부大夫에게 미치고 배신陪臣[15]이 국명國命을 잡으면 신하가 윗사람을 섬기지 아니할 것이다. 환공이 깨어 있지 못하고 천자의 총명이 가려져서 어두웠다.[16] 이에 제환공이 죽으니 천하가 흩어져 초楚를 따랐다. 왕차자王劄子[17]가 두 대부를 죽이고, 진晉이 천자의 군대를 패배시킴에 정벌하여 토벌할 수 없으니, 이로부터 서서히 쇠하여 가게 된 것이다.[18] 『공양전』에서는 사록沙麓이 하천의 위쪽에 있는 읍명邑名이라고 하였고, 동중서의 설도 대략 이와 같다. 일설에 말하기를, 하河는 대천大川의 상象이라고 하였다. 제齊는 대국大國이니, 환공의 덕이 쇠하여 패도가 장차 진문공晉文公에게로 옮겨가므로 하河로써 옮겨 감의 뜻을 나타낸 것이다. 『좌전』에 사록沙麓은 진晉의 지명이니, 사沙는 산명山名이라고 하였다. 지진이 나서 산록山麓이 붕괴된 것이니, 지진에 대해 기록하지 않은 것은 더 중요한 사건에 대해서만 적었기 때문이다. 백양보伯陽甫는 다음과 같이 말하였다. "나라는 반드시 산천에 의지하는데, 산이 무너지고 하천의 물이 마르는 것은 나라가 망할 징조이다. 십년이 지나지 않을 것이니, 수數의 질서(紀)이다." 24년에 진회공晉懷公이 고량高梁에서 죽임을 당했으니, 경방의 『역전』에 다음과 같이 말하였다. "(박괘 상구의 효사에) '소인이 오두막을 벗김을 당한다'(小人剝廬)라고

---

13) 小人剝廬 厥妖山崩: 『前漢書』(卷27, 下之上), 「五行志」(第7, 下之上)에서도 그대로 인용되고 있다. 剝卦 上九와 연관해서 『한서』 「오행지」에서 인용하고 있는 『경씨역전』의 구절은 "小人剝廬, 厥妖山崩, 兹謂陰乘陽, 弱勝強."이다. 다산은 그 중에서 "小人剝廬, 厥妖山崩"까지만 인용하고 있다.

14) 沙麓: 춘추시대 晉나라에 있던 土山의 이름.

15) 陪臣:제후의 신하인 大夫가 천자를 대할 때의 자칭.(『左傳』, 僖公 十二年)

16) 蔽晦: 顏師古의 注에 "가리어 어둡게 됨"(被掩蔽而暗也)이라고 함.

17) 王劄子: 춘추전국시대 魯나라 宣公 때의 무인이었던 王子捷을 가리킨다. 경대부 王孫蘇의 부하로서, 당시 왕손소와 정치적으로 대립하고 있는 召伯과 毛伯을 살해하게 된다.

18) 陵遲: 처음에는 성하다가 점차 쇠하여 감.

하였으니, 그 재앙은 산이 붕괴되는 것이다. 이것을 가리켜 '음이 양을 올라타고 약함이 강함을 이긴다'라고 한 것이다."[19]

만약 다산의 견해에 따라 경방이 효변설을 취했다고 보면, 박괘 상구는 '박지곤剝之坤' 즉 '박괘剝卦가 곤괘坤卦로 변하는 경우'가 된다.

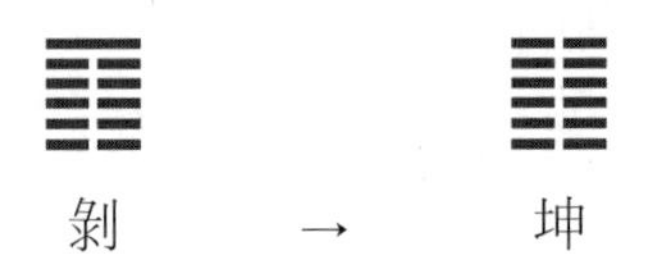

"소인박려小人剝廬"는 소인이 거처하는 오두막의 천장이 벗겨진 것을 뜻한다. 그런데 『경씨역전』에서는 이 구절을 풀이하여, "소인박려小人剝廬, 궐요산붕厥妖山崩", 즉 "소인이 오두막을 벗김을 당하니, 그 재앙은 산이 붕괴되는 것이다"라고 풀이하였다. 경방이 "궐요산붕厥妖山崩"이라고 표현한 사건은 『좌전』 노희공魯僖公[20] 14년(기원전 646)에 "가을, 팔월 신묘일에 사록이 무너졌다"(秋, 八月辛卯, 沙鹿崩)라고 기록되어 있다. 사록沙鹿은 진晉나라의 평양平陽 원성현元城縣, 지금의 하북성河北省 대명현大名縣 동쪽에 있던 토산土山인데, 이때 지진이 나서 산사태가 발생하였다고 기록되어 있다. 『한서』에서는 사록의 산사태를 나라가 망할 징조와 연관 지어, 희공 24년(기

19) "釐公十四年, '秋八月辛卯, 沙麓崩'. 穀梁傳曰, '林屬於山曰麓, 沙其名也'. 劉向以爲臣下背叛, 散落不事上之象也. 先是, 齊桓行伯道, 會諸侯, 事周室. 管仲既死, 桓德日衰, 天戒若曰, '伯道將廢, 諸侯散落. 政逮大夫, 陪臣執命, 臣下不事上矣. 桓公不寤, 天子蔽晦. 及齊桓死, 天下散而從楚. 王札子殺二大夫, 晉敗天子之師, 莫能征討, 從是陵遲. 公羊以爲, 沙麓, 河上邑也. 董仲舒說略同. 一曰, 河, 大川象. 齊, 大國. 桓德衰, 伯道將移於晉文, 故河爲徙也. 左氏以爲, 沙麓, 晉地. 沙,山名也. 地震而麓崩, 不書震,擧重者也. 伯陽甫所謂"國必依山川, 山崩川竭, 亡之徵也. 不過十年, 數之紀也.' 至二十四年, 晉懷公殺於高梁. 京房易傳曰, '小人剝廬, 厥妖山崩, 玆謂陰乘陽, 弱勝強.'"(『漢書』五, 「志」二, 中華書局, p.1455)

20) 釐公 14년은 곧 僖公 14년이다. 『좌전』에서는 僖公이라고 하였지만, 『史記』에서는 釐公으로 적고 있다.

원전 636)에 진회공晉懷公이 고량高梁에서 죽임을 당한 사건을 상기시키고 있다.[21]

그렇다면 "궐요산붕厥妖山崩"을 괘상으로 풀이해 보기로 하자. 「설괘전」에 간艮은 산山이라고 하였고, 소인小人과 초려草廬도 역시 간의 괘상이다. 그런데 박괘剝卦 상구上九가 효변하게 되면 간의 괘상이 소멸된다. 반면에 효변을 취하지 않을 경우에는 상괘의 간艮이 그대로 남아 있으므로 산이 무너지는 등의 사태는 발생하지 않을 것이다. 따라서 경방이 "궐요산붕厥妖山崩"이라는 문구를 박괘 상구에 연계시켰다는 것은 그가 효변설을 이해하고 있었음을 분명하게 보여 준다. 다산은 경방이 참위설에 빠져 음양재이陰陽災異로써 재앙과 상서로움을 예견하는 황당한 학설을 지어낸 것에 대해서는 매우 비판적이었다. 그러나 다산은 경방의 학설이 비록 정도正道는 아니라고 하더라도 효변을 취하는 방법에 대해서는 알고 있었다고 보았다.[22]

3. 경방의 효변설에 대한 반성적 재검토

앞에서 경방이 효변설을 적용한 것으로 간주할 수 있는 세 가지 사례를

---

21) 춘추시대 僖公 24년(기원전 636)에 公子 重耳가 高梁에서 晉懷公을 죽인 사건을 가리킨다. 晉懷公은 춘추시대 晉惠公의 아들이며, 이름은 圉이다. 秦나라에 인질로 갔다가 혜공이 병든 소식을 듣고 달아나 돌아와서 즉위하였다. 새 임금이 된 晉懷公은 공자 중이가 국외에서 변란을 일으키지나 않을까 걱정하며, 중이를 따르는 가신들을 모두 진나라로 불러들이라 명령하였다. 중이의 외할아버지인 원로대신 호돌狐突은 두 자식을 공자 중이의 가신家臣으로 보냈는데, 晉懷公은 호돌에게도 자식들을 불러들이라는 명령을 내렸으나, 이를 거절하자 화가 난 회공은 호돌을 죽이게 된다. 이 소식이 秦나라에 전해지자, 중이는 秦穆公의 군사적 지원을 얻어 晉나라로 쳐들어갔다. 마침내 重耳가 高梁에서 회공을 죽이니, 晉懷公의 재위 기간은 고작 5개월에 불과했다. 그리고 중이가 즉위하니, 그가 바로 晉文公이다.

22) "雖祇祥之占, 不經, 而爻變則知之矣."(『周易四箋 I』, 『定本』 第15卷, p.280; 『역주 주역사전』 제3권, p.298)

검토하였다. 경방이 효변에 대해 알고 있었다는 증거로 제출한 세 가지 사례 중에서 첫 번째 사례와 세 번째 사례는 대단히 설득력이 있었다. 즉 건乾 초구初九와 박剝 상구上九에 대한 경방의 역주易注는 그가 효변을 이해하고 있었음을 보여 주는 매우 강력한 증거이다. 반면에 관觀 상구上九와 관련해서 다산이 제출한 두 번째 사례는 상대적으로 설득력이 약하다. 두 번째 사례에서는 경방이 효변설뿐 아니라 괘변설까지도 적용했다는 것이 전제되어 있다. 그러나 두 번째 사례에서 경방이 괘변을 실제로 적용했는지는 확실치 않다. 왜냐하면, 앞서 지적하였듯이, 경방은 괘변설에 대한 기본적 이해는 갖고 있었던 것처럼 보이기는 하지만 체계적 이론의 형성에는 도달하지 못하고 있었기 때문이다.

그렇다면 이제 논의의 초점을 "경방은 효변에 대한 이해를 가지고 있었는가?"라는 문제에 집중해 보기로 하자. 효변설의 연원은 『좌전』의 관점官占에 있다. 『좌전』에는 '모괘지모괘某卦之某卦'라는 특이한 서점筮占 방식이 빈번하게 나타나는데, 이것은 '모괘某卦가 모괘某卦로 간다'는 것을 의미한다. 이때 앞의 괘를 본괘本卦라고 하고 뒤의 괘를 지괘之卦라고 한다. 효변에 의해 변괘變卦가 형성되니, 변괘란 지괘의 다른 이름이다. 그러나 변괘와 괘변卦變은 엄연히 다르므로 양자를 혼동하지 않도록 주의해야 한다.[23] 지괘의

---

23) 變卦란 효의 성질이 질적으로 변화되어, 음에서 양으로 혹은 양에서 음으로 변화되는 것을 가리키는 명칭이요, 卦變이란 괘와 괘 사이의 변화규칙을 가리키는 명칭이다. 따라서 변괘(즉 효변)과 괘변은 엄연히 다른 계통의 이론이다. 그럼에도 불구하고, 학계에서는 종종 양자를 효변(즉 변괘)을 괘변에 포함시켜 같은 범주에 포괄하고 있다. 예컨대, 윤태현은 그의 학위논문에서 다음과 같이 말하고 있다. "卦變이란 爻나, 卦와 卦 사이 상호변화 관계를 설명하는 이론으로 '어떤 괘는 어느 괘에서 왔다'(某卦自某卦來)는 등의 괘의 변화를 나타내는 말이다. 『좌전』과 『국어』의 점서례에 따르면, 어떤 괘가 어느 괘로 가는 것(某卦之某卦), 즉 觀之否, 屯之比 등의 기록들이 보이는데, 이는 괘변의 초기형태이다. 그러나 전국시대에 보이는 之卦의 이론은 오직 筮占의 결과를 해설하기 위해 만들어진 이론으로 變卦나 之卦가 바로 괘변이다. 『주역』의 「단전」에는 剛柔의 往來上下를 가지고 卦義를 설명한 글들이 많다. 예를 들면 訟卦의 「단전」에 "剛이 와서 中을 얻었다"(剛來而得中)라든가, 咸卦의 「단전」에 보이는 "柔가 올라가고,

'지之'는 '갈 지'(之)자이니, '간다'는 것은 '변화한다'는 뜻이다. 지괘란 본괘의 효가 변함으로 말미암아 형성된 괘이다. 이러한 해석방법을 취하면 건 초구는 곧 건지구乾之姤가 되니, 건괘乾卦의 초구初九가 효변함으로써 구괘姤卦로 변해 가는 것이 된다. 마찬가지 방식으로 건 구이九二는 곧 건지동인乾之同人이 되고, 건 구오九五는 곧 건지대유乾之大有가 된다. 경방역을 전공한 모광생冒廣生은 경방이 『좌전』의 효변설을 계승했다고 보았다.[24] 만약 경방이 효변법을 알았다면, 아마도 그것은 초공焦贛 즉 초연수焦延壽의 학술과 연관을 갖고 있을 가능성이 높다. 왜냐하면 『한서』「유림전」에서 "경방이 양梁나라 사람 초연수로부터 『주역』을 전수받았다"(京房受易梁人焦延壽)라고 말하고 있기 때문이다.

그러나 비록 경방이 초공으로부터 역학을 전수받았다고 하더라도 두 사람의 학설을 완전히 같은 것으로 볼 수는 없다. 초공의 저서인 『역림易林』에 나타나는 효변법의 가장 큰 특징은 다효변多爻變을 허용하고 있는 데 있다. 어떤 하나의 괘가 있을 때, 변하는 효가 전혀 없을 수도 있고 여러 효가 동시에 변할 수도 있다. 따라서 일효변一爻變·이효변二爻變·삼효변三爻變·사효변四爻變·오효변五爻變·육효변六爻變 등 모든 경우가 가능하다. 이처럼 64괘의 각각의 괘가 효변하여 다시 64괘로 변하게 되면, 효변에 의해 형성되는 괘는 모두 4,096괘가 된다.(64×64=4,096)[25] 반면에

剛이 내려온다"(柔上而剛下) 등의 이론이다."(윤태현, 『경방역의 연구』, 동국대, 2000, p.38) 위의 인용문에서 윤태현은 『좌전』의 효변설을 괘변의 초기형태라고 보고, 효변과 괘변을 동일시하고 있다. 그러나 다산의 관점에서 본다면, 이것은 잘못된 용어 사용이 되므로 양자를 혼동하면 안 된다.

24) 冒廣生 撰述, 冒懷辛·毛景華 整理, 『冒鶴亭京氏易三種』, 四川出版集團,巴蜀書社, 2009, p.300.

25) 焦贛도 之卦를 사용하였다. 『焦氏易林』에서는 乾之第一, 坤之第二, 屯之第三 등으로 표제를 삼고, 그 뒤에 표제괘로부터 변화되는 之卦를 열거하고 있다.(윤태현, 『경방역의 연구』, 동국대, 2000, p.47) 그러나 다산은 효변과 괘변을 엄격하게 구분해서 다루고 있으므로, 다산의 관점에서 본다면, 초공의 이론은 괘변설이 아니라 효변설로 부르는 것이 옳다.

경방의 효변설은 팔궁괘八宮卦를 본궁괘本宮卦로 삼아서, 본궁괘로부터 한 효씩 순차적으로 변화시키는 방식을 취하고 있다. 이때 본궁괘의 초효를 변화시킨 것을 일세괘一世卦라고 하고, 제2효를 변화시킨 것을 이세괘二世卦라 하고, 제3효를 변화시킨 것을 삼세괘三世卦라 하고, 제4효를 변화시킨 것을 사세괘四世卦라 하고, 제5효를 변화시킨 것을 오세괘五世卦라 한다. 그리고 그 다음으로 오세괘의 제4효를 효변시킨 것을 유혼괘遊魂卦라 하고, 유혼괘의 하괘가 본궁괘로 돌아간 것을 귀혼괘歸魂卦라고 한다. 초공은 여러 효가 동시에 변하는 것을 허용했지만, 경방은 팔궁괘로부터 효를 하나씩 순차적으로 변화시킨 것이 차이점이다. 경방이 괘를 변화시킨 방식을 도표로 정리하면 다음과 같다.[26]

	八宮卦							
八純上世	乾	震	坎	艮	坤	巽	離	兊
一世	姤	豫	節	賁	復	小畜	旅	困
二世	遯	解	屯	大畜	臨	家人	鼎	萃
三世	否	恒	旣濟	損	泰	益	未濟	咸
四世	觀	升	革	睽	大壯	无妄	蒙	蹇
五世	剝	井	豐	履	夬	噬嗑	渙	謙
遊魂	晉	大過	明夷	中孚	需	頤	訟	小過
歸魂	大有	隨	師	漸	比	蠱	同人	歸妹

이상에서 초공과 경방의 효변법을 대략적으로 설명하였다. 이러한 검토를 통해서 명확해지는 사실은, 설령 초공과 경방에게 효변법이 있었다고

26) 위의 도표를 八宮卦次圖라고 한다. 이 도표는 청대의 혜동이 『역한학』에서 경방의 관점에 의거해서 만든 것이다.(주백곤, 『역학철학사』 제1권, 소명출판, 2012, p.286)

하더라도 다산의 효변법과는 근본적으로 다르다는 점이다. 초공은 여러 효가 동시에 변하는 것을 허용했으나, 다산은 한 개 효만 변하는 것을 원칙으로 삼았다. 단 용구用九와 용육用六의 두 경우는 여섯 효가 모두 변하는데, 다산은 이 두 경우에 한해서는 예외를 허용하였다. 그 다음으로 다산은 팔궁괘로부터 한 효씩 변화하는 경방의 방식을 인정하지 않았다. 다만 경방이 효변을 알았다는 증거로 제시된 건乾 초구初九와 박剝 상구上九의 경우는 다산과 경방의 효변법이 완전히 동일하다. 특히 건 초구는 건지구乾之姤에 해당되니, 위의 「팔궁괘차도八宮卦次圖」와도 잘 부합한다. 반면에 박 상구는 박지곤剝之坤이니, 「팔궁괘차도」와 부합되는 바가 없다. 그리고 관觀 상구上九의 경우에 다산은 경방이 일단 효변을 취하여 관지비觀之比를 만든 다음에 다시 비자복래比自復來라는 괘변의 법칙을 적용시켰다고 보았다. 그러나 이처럼 효변과 괘변의 방식을 결합시켜 설명하는 것은 어디까지나 다산의 방식이지, 경방이 다산의 방식을 그대로 채택했을 가능성은 지극히 희박하다. 어쨌든, 비록 다산과 경방의 효변설의 체계가 매우 다른 것은 틀림없음에도 불구하고, 적어도 건 초구와 박 상구의 두 경우에만 국한해서 본다면 경방은 다산의 효변법과 다르지 않은 해석방법을 사용하고 있다고 하겠다.

4. 마왕퇴 백서 주역과 효변설 전승과의 관계

이상에서 보았듯이 적어도 건乾 초구初九와 박剝 상구上九의 두 경우에 한정해서 볼 경우 경방이 효변을 적용하여 효사爻辭를 풀이하였을 개연성은 매우 높다. 그런데 다산은 한대 역학의 전승 과정에서 경방과 더불어 효변을 이해하고 있었던 인물로 가의賈誼를 언급한다. 그는 『주역사전』의 건 초구 "잠룡물용潛龍勿用"의 주注에서 가의와 경방의 "두 역학가易學家가 효변의 방법을 이미 알고 있었던 것처럼 보인다"라고 하였다.[27] 가의의 "잠룡물용潛龍勿用" 풀이는 그의 저서 『신서新書』에 보인다.

잠긴 용이 들어가서 나오지 않는 까닭에 "물용勿用"이라고 하였다.(潛龍, 入而不能出, 故曰, "勿用")[28]

다산에 따르면, "들어가서 나오지 않는다"(入而不能出)라고 한 가의의 역주는 그가 효변을 취해서 해석했음을 보여 준다. 왜냐하면 효변을 취하게 되면 건乾이 손巽으로 변하게 되어, 「설괘전」의 "손巽은 들어감이다"(巽, 入也)라고 한 설명을 적용할 수 있게 된다.

역학사에서 보면, 가의(BC.201~BC.168)는 경방(BC.77~BC.37)보다 대략 백여 년을 앞선 인물이다. 만약 가의와 경방의 해석이 모두 효변에 근거한 것이라는 다산의 추론이 옳다면, 효변설은 가의로부터 경방에로 전수되는 과정을 거쳤다는 가설이 성립된다. 실제로 다산은 관괘觀卦 상구上九의 "관기생觀其生"의 주注에서 효변법은 고학古學에 사승師承이 있어 경방에게까지 계승된 것이라고 하였다.[29]

그렇다면 가의가 효변법을 알았다는 것은 사실일까? 여기서 가의의 시대에 효변설이 알려져 있었음을 말해 주는 명백한 증거가 있다는 사실에

---

27) "二家, 似知爻變."(『周易四箋 I』, 『定本』 第15卷, p.107; 『역주 주역사전』 제1권, 소명출판, p.251)

28) "龍也者, 人主之辟也. 亢龍往而不返, 故易曰, '有悔'. 悔者, 凶也. 潛龍入而不能出, 故曰, '勿用'. 勿用者, 不可也. 龍之神也, 其惟蜚龍乎! 能與細細, 能與巨巨, 能與高高, 能與下下. 吾故曰, '龍變無常, 能幽能章.' 故至人者, 在小不寶, 在大不窕, 狎而不能作, 習而不能順, 姚不惛, 卒不妄, 饒裕不贏, 迫不自喪, 明是審非, 察中居宜, 此之謂有威儀."(賈誼 저, 박미라 역, 『新書』, 卷六 兵車之容, 소명출판, 2007, pp.268~269)

29) "其說主於爻變, 此, 古學之有師承者也."(『周易四箋 I』, 『定本』 第15卷, p.259; 『역주 주역사전』 제3권, p.202)

주목해야 한다. 가의가 세상을 떠난 기원전 168년은 공교롭게도 백서본 『주역』이 출토된 장사 마왕퇴 3호 한묘漢墓 묘주墓主의 묘장墓葬 연대와 같다.[30] 그런데 효변설의 근거가 되는 『좌전』에 나타나는 "모괘지모괘某卦之某卦"의 형식은 마왕퇴 백서 『주역』에서도 발견된다. 백서본 『역전易傳』의 「목화繆和」 편에는 "겸지초육嗛之初六, 겸지명이야嗛之明夷也"라는 구절이 나온다.[31] 그런데 백서본의 겸嗛괘는 통행본의 겸謙괘에 해당되니, '겸지명이嗛之明夷'는 곧 '겸지명이謙之明夷'가 된다.[32] 이때 본괘本卦는 겸謙괘가 되고, 지괘之卦는 명이明夷괘가 된다.[33] 이러한 서법은 『좌전』과 『국어』에 나타난 '모괘지모괘某卦之某卦'와 같은 유형의 서법임이 분명하다.[34] 마왕퇴 백서본 『주역』에 나타난 효변설은 틀림없이 가의에게도 알려져 있었을 것이다. 따라서 『좌전』에 기재된 '모괘지모괘'의 서법이 백서본 『주역』에로 전승되었다는 가설이 성립된다.[35] 만약 경방이 효변설을 취했다고 본 다산의

30) 馬王堆 漢墓는 西漢 초기에 長沙國 승상을 지낸 利倉과 그 家屬의 묘장으로서 湖南省 長沙市에 위치하고 있다. 이곳은 일찍이 五代十國시대에 楚王 馬殷의 묘지라고 잘못 알려지는 바람에 馬王堆라고 불렸다. 1호묘의 묘주는 이창의 부인인 辛追이며, 2호묘의 묘주는 제1대후인 이창으로 惠帝 2년(BC.193)에 졸했다. 3호묘의 묘주는 확실하지는 않으나, 이창의 아들이자 제2대후로서 文帝 12년(BC.168)에 下葬되었을 것으로 추정된다. 마왕퇴 3호묘의 조성연대는 대략 文帝 12년 무렵으로 추정된다.

31) 『儒藏』, 精華編 第281冊, 出土文獻類, 北京大學 儒藏編纂中心, 2007, p.304.

32) 「繆和」는 '목화'로 읽기도 하고, '무화'로 읽기도 하는데, 이승율 교수에 따르면 목화로 읽는 것이 옳다. 왜냐하면 '繆'는 '穆'과 통용되는 글자이고, 인명이나 왕명에 쓰일 경우에는 '목'으로 읽기 때문이다.

33) 廖名春은 이때 本卦는 謙괘이고 初六이 효변을 발생시켜 明夷괘를 만든 것이니, 명이괘는 之卦가 된다는 점을 지적하였다.(廖名春, 『帛書易傳初探』, 文史哲出版社, 臺北市, 中華民國 八十七年, p.202)

34) 김상섭, 『마왕퇴출토 백서주역』, 下卷, 비봉출판사, 2012, p.437.

35) 만약 『좌전』이 서한 말의 劉歆(?~AD.23)에 의해 僞撰된 것이라고 본다면 『좌전』의 成書 시기는 기원전 168년 이전에 筆寫된 마왕퇴 백서본 『주역』보다 오히려 더 늦어지게 되지만, 유흠이 『좌전』에 기재된 춘추시대의 占筮例들을 위조해 내는 일은 불가능했을 것이다. 『춘추』를 주석한 『좌전』의 편찬자는 左丘明으로 알려져 있으나, 그 저자 및 성립시기와 관련하여 많은 의혹이 있다. 현대에 와서는 유흠의 좌전위작설은 거의 부정되고 있으나 『좌전』의 신빙성에 대해서는 논란이 계속되고 있다.(김언종, 「정다산의

견해가 타당하다면, 이것은 가의 사후 대략 백 년 뒤까지도 효변설이 전승되고 있었음을 입증해 주는 증거가 될 것이다.[36] 당연한 말이지만 다산은 마왕퇴 백서본 『주역』의 존재를 알 수 없었다. 그러나 백서본 『주역』에 효변의 명백한 증거가 나타난다는 사실은 너무나 중요하다. 이것은 『좌전』의 효변설이 역학사적으로 전승되어 내려가고 있었다는 것을 입증해 주는 증거가 된다. 그런데 다산은 이처럼 스승에서 제자로 면면히 이어져 내려온 효변설이 역학사에서 망각된 원인을 마융·정현·순상·우번 등의 탓으로 돌린다.

> 한대에 경방이 『주역』을 해석한 것에 관해서 말해 본다면, 비록 참위설讖緯說에 미혹되어 길조와 흉조를 터무니없이 꾸며대기는 하였지만 효사가 (괘획의) 변화에 의거한 것임을 몰랐던 적은 없었다.[모두 해당 괘 아래에 나타난다.] 그런데 마융馬融, 정현鄭玄, 순상荀爽, 우번虞翻 이래로 무슨 까닭인지는 모르겠으나 결국 이런 사실이 잊히고 무시되어 천 년의 길고 어두운 밤이 됨에, 세 분 성인聖人의 본래 취지를 회복할 길이 없게 되었으니 또한 슬프지 아니한가? 효가 변하지 않으면 물상이 부합하지 않고, 물상이 부합하지 않으면 「설괘전」도 따라서 폐기되니, 『주역』을 해독할 수가 없게 된 것이다.[37]

요컨대 효변설의 망각은 역학사에서 천년장야千年長夜의 깊은 잠을 불러왔으니, 이로 말미암아 『주역』은 더욱 해독 불가능하게 되었다는 것이다.

주자 논어집주 비판 4」, 『어문논집』 제47집, 민족어문학회, 2003, pp.467~468)

36) 拙著, 『다산 정약용의 주역사전, 기호학으로 읽다』, 예문서원, 2014, pp.405~407.

37) "至漢京房之說易也, 雖讖緯誕妄, 曲成禎咎, 而爻詞之主乎變, 未嘗不知之[並見諸卦下]. 一自馬融·鄭玄·荀爽·虞翻以來, 不知何故, 遂遭泯昧, 千年長夜, 無復三聖之舊義, 不亦悲哉! 爻不變, 則象不合. 象不合, 則「說卦」從而廢, 而易不可讀矣!"(『周易四箋 I』, 『定本』 第15卷, p.278; 『역주 주역사전』 제8권, p.45)

5. 경방의 효변설이 갖는 역학사적 의미

지금까지 다산역과 경방역과의 관계를 해명하기 위하여 다산이 효변설과 관련하여 경방에 대해 어떠한 평가를 내렸는지의 문제를 고찰하였다. 효변설이란 효의 변화에 의하여 변괘變卦 즉 지괘之卦가 형성된다는 이론이다. 다산은 경방의 『역전』에서 효변이 취해진 사례를 발견하고, 이를 효변설의 선구로 높이 평가하였다. 다산은 경방이 역사易詞를 풀이함에 있어 효변설을 적용하였던 것으로 판단되는 증거를 건괘乾卦 초구初九, 관괘觀卦 상구上九, 박괘剝卦 상구上九의 세 곳에서 찾았다. 다산이 제시한 증거를 통해서 본다면 건 초구와 박 상구는 효변을 취한 명백한 증거로 보이는 반면에 관괘 상구는 증거로 채택하기에 의심스러운 점이 있다. 그러나 설령 두 곳에서 경방이 효변을 적용한 것이 명백하다고 하더라도 두 사람의 효변설이 같은 것이라고 볼 근거는 없다. 오히려 상세히 비교해 보면 두 사람의 효변설은 서로 계통을 달리하고 있다는 것이 드러난다.

그 다음으로 다산은 경방과 더불어 효변을 이해했던 인물로 가의賈誼를 언급하였다. 가의는 경방보다 대략 백여 년 전에 활동했던 인물인데, 만약 가의가 효변설에 대해 이해하고 있었음이 밝혀진다면 역학사에서 자취가 끊어진 것처럼 보였던 효변설은 가의 이후로 백여 년 동안 전승되어 내려온 것이 된다. 효변설의 근거로 제시되어 온 『좌전』의 '모괘지모괘某卦之某卦'의 형식은 마왕퇴 백서본 『주역』에서도 나타난다. 마왕퇴 3호 한묘 묘주의 묘장 연대는 기원전 168년인데, 이 연대는 가의가 세상을 떠난 해와 같다. 이로써 미루어 본다면, 기원전 168년 무렵과 그 이전에 '모괘지모괘'의 형식이 널리 유행하고 있었음이 확실해진다. 따라서 효변설이 가의의 시대에 유행하였고, 그 이후로 백여 년 뒤의 인물인 경방에 이르기까지 전승되었을 것이라는 추론이 가능해진다. 만약 이러한 추론에 대해 설득력 있는 증거를 제시할 수 있다면, 이것은 역학사적으로 중요한 발견이 될 뿐 아니라 다산역의 이론을 확증해 주는 증거로도 활용될 수 있을 것이다.

제9장 우번의 괘변설과 다산의 추이설의 비교

1. 다산의 우번에 대한 평가

중국역학사에서 우번虞翻은 맹희孟喜·경방京房 등과 더불어 역학 대가로 평가받고 있는 인물이다. 다산도 우번을 "역가위종易家爲宗", 즉 가장 뛰어난 역학 이론가로 존중하였다.[1] 특히 우번이 「계사전」의 "효자爻者, 언호변자야言乎變者也"에 대한 주注에서 "구九와 육六이 변화하는 까닭에 '언호변자야言乎變者也'라고 하였다"(九六變化, 故言乎變者也)라고 한 것에 대해서 거의 경오扃奧에 이르렀다고 평가하였다.[2] 경오扃奧란 문빗장 안쪽을 뜻하니, 이것은 성인의 가르침의 가장 심오한 경지에 도달했다는 의미로 쓰이는 말이다. 뿐만 아니라 「계사전」의 "천리지외응지千里之外應之"에 대한 우번의 주에 대해서는 '결정정미潔靜精微'에 도달하였다고 평가하였다.[3] '결정정미潔靜精微'란 구절은 원래 『예기禮記』 「경해經解」편에서 공자가 『역』의 가르침을 '결정정미潔靜精微'라는 네 글자로 요약한 데에서 유래되었다.[4] '결정정미'란 인식의 순수함과 정밀함을 뜻하는데, 우번이 이처럼 순수하고 정밀한 인식 수준에

---

1) "虞仲翔,……易家爲宗."(「李氏折中鈔」, 『易學緖言』, 『定本』 第17卷, p.230)
2) "仲翔之學, 幾乎! 幾乎! 達於扃奧, 皆如此."(「李氏折中鈔」, 『易學緖言』, 『定本』 第17卷, p.227)
3) "此解極是, 眞所謂"潔靜精微, 易敎也."(「李鼎祚集解論」, 『易學緖言』, 『定本』 第17卷, p.46)
4) "潔靜精微, 易敎也."(『禮記正義』, 十三經注疏 整理本, 第15卷, 鄭玄 注, 孔穎達 疏, p.1597, 北京大學出版社, 2000)

도달하였다고 본 것이다. 이처럼 다산은 그가 바칠 수 있는 최고의 찬사를 우번에게 헌정하였다. 그러나 다산이 우번을 무조건적으로 추종한 것은 아니었다. "괘일掛一"과 "귀기어륵歸奇於扐"에 대한 해석에서는 "우중상虞仲翔이 아무리 역가易家에서 종장이라고 하더라도 이 뜻에 있어서는 따를 수 없다"라고 하였다.[5] 요컨대 다산은 우번을 맹목적으로 추종한 것이 아니었고, 비판적 지지에 가까웠다.

2. 다산의 추이설과 우번의 괘변설의 관계

『주역사전』의 네 가지 해석방법 중에서 다산이 우번으로부터 가장 영향을 많이 받은 부분은 추이설이다. 다산은 자신의 역리사법易理四法이 모두 주자朱子로부터 나온 것이라고 하였고, 추이설에 대해서도 마찬가지로 주자의 「괘변도卦變圖」와 일치한다고 말했다. 그러나 주자의 역학 이론들은 대부분 한역漢易의 이론으로부터 나온 것이기 때문에 추이설의 기원도 한역으로 소급된다. 역학사에서 추이설의 근간이 되는 벽괘辟卦라는 용어를 최초로 사용한 인물은 전한시기의 경방이다. 경방은 12벽괘를 근간으로 이론으로 전개했는데, 이것은 맹희孟喜가 말한 12소식괘와 동일하다.

다산은 『주역사전』의 「사전소인四箋小引」에서 추이설이 주자의 「괘변도」의 괘변설과 다르지 않다는 것을 밝혔다. 그러나 다산의 추이설과 주자의 괘변설 사이에는 중요한 차이점이 존재한다. 「사전소인」에 따르면 다산 추이설의 특징은 기존의 12벽괘에 중부中孚와 소과小過의 두 괘를 추가하여 14벽괘설을 주장하였다는 데 있다. 다산이 중부와 소과의 두 괘를 벽괘에

---

5) "虞仲翔, 雖於易家爲宗, 此義未可從也."(「李氏折中鈔」, 『易學緖言』, 『定本』 第17卷, p.230)

편입시킨 것은 다산 추이설의 독창적 요소로 평가된다.

그런데 그가 왜 괘변설의 일반적 형태에 만족하지 못하고 그러한 변화를 시도해야 했는지에 관해서는 잘 알려져 있지 않다. 아마도 다산은 추이설의 기본 모형을 만들 때 괘변설의 역학사적 전개 과정을 상세히 검토했을 것이다. 그리고 주자의 괘변설의 문제점을 알게 되면서, 괘변설의 모태가 되는 한유들의 괘변설에 대해서도 정밀한 검토를 거쳤을 것으로 보인다. 필자의 견해로는 다산이 가장 집중적으로 분석한 것은 우번의 괘변설이었을 것으로 본다. 「이정조집해론」에서 다산은 『주역집해周易集解』에 수록된 제가諸家의 역주易注를 평론하고 있는데, 우번의 주注가 상당한 비중을 차지하고 있다. 우번의 괘변설과 다산의 추이설을 비교해 보면, 우번의 괘변설이 다산의 추이설에 미친 영향이 확연히 드러난다.

3. 우번의 괘변설

1) 우번의 괘변설의 규칙

괘변설은 우번 역학에서 가장 특징적인 이론 가운데 하나이다. 우번은 맹희孟喜와 경방京房의 괘기설卦氣說에 순상荀爽의 승강설升降說을 결합시켜 괘변설을 만들어 내었다. 괘기설에서는 1년의 12개월에 각각 한 개의 괘를 배당하고 이것을 12월괘라고 하는데, 복復·임臨·태泰·대장大壯·쾌夬·건乾·구姤·둔遯·비否·관觀·박剝·곤坤이 여기에 속한다. 12월괘는 음양의 소식消息을 나타내므로 소식괘라고도 부르는데, 소식괘는 다시 식괘息卦와 소괘消卦의 두 부분으로 나뉜다. 식괘란 양陽은 점차로 자라나고 음陰은 점차로 소멸하는 과정에 있는 괘들을 가리킨다. 그리고 소괘란 양이 점차로 소멸하고 음은 점차로 자라나는 과정에 있는 괘들을 가리킨다. 12월괘는 나머지 괘들의 변화를 통제하는 역할을 하므로, 경방은 이것을 12벽괘라고 불렀다. 벽괘辟卦란 군주괘君主卦란 뜻으로서, 벽괘를 제외한 나머지 괘들은 신하괘臣下卦가 된다. 벽괘를 제외한 나머지 괘들을 잡괘雜卦라고도 한다. 그러나 다산은 잡괘 대신에 연괘衍卦라는 용어를 쓰고 있는데, 연괘는 「계사상繫辭上」의 "대연지수오십大衍之數五十"에서 유래된 명칭으로서 벽괘로부터 펼쳐져 나온 괘라는 의미를 지닌다.

우번의 괘변설에는 두 가지 유형이 있다.[6)]

첫째, 태극太極에서 양의兩儀가 생성되니, 건乾·곤坤은 태일太一로부터 생겨난 양의에 해당된다. 건·곤의 2효와 5효가 변역變易되면 감坎·리離가 된다. 리離의 2효에서 4효까지가 손巽이 되고, 3효에서 5효까지는 태兌가 된다. 감坎의 2효에서 4효까지는 진震이 되고, 3효에서 5효까지는 간艮이 된다. 이렇게 해서 건·곤의 두 괘를 부모로 삼아 감坎·리離·진震·손巽·간艮·태兌의 육자六子가 생성된다.

둘째, 건乾·곤坤의 추이推移에 의하여 12벽괘가 형성되고, 12벽괘가 중심이 되어 나머지 괘들을 변화시킨다. 복復에서 쾌夬에 이르는 단계는 건乾이 곤坤을 밀어내는 과정으로서 식괘息卦의 변화를 나타낸다. 그리고 구姤에서 박剝에 이르는 단계는 곤이 건을 변화시키는 과정으로서 소괘消卦의 변화를 나타낸다. 12벽괘에서 건·곤을 제외한 나머지가 10벽괘인데, 복復·임臨·태泰·대장大壯·쾌夬·구姤·둔遯·비否·관觀·박剝이 여기에 해당된다. 우번에게 괘변은 10벽괘로부터 건·곤을 제외한 나머지 52괘가 변화되는 방식을 가리킨다.

그런데 박剝과 쾌夬를 벽괘에 포함시킨 것은 원래 우번의 이론이 아니라

6) 廖名春·康學偉·梁韋弦 著, 심경호 譯, 『주역철학사』, 예문서원, 1994, pp.221~222.

팽성彭城 채경군蔡景君의 설이었다. 팽성은 지금의 강소성江蘇省 서주시徐州市의 옛 지명이고, 채경군蔡景君은 서한 초기의 하남성 낙양 사람으로서 주왕손周王孫의 제자이다.[7] 일반적으로 괘변설은 순상荀爽의 승강설升降說을 바탕으로 우번이 만들어낸 이론으로 알려져 있으나, 채경군이 겸괘謙卦의 주에서 "박상래지삼剝上來之三"이라고 한 것은 괘변설을 적용한 사례임이 틀림없다.[8] 우번은 채경군이 겸괘의 괘변의 모괘母卦로 박괘剝卦를 취하였던 것을 알고 있었지만, 그 설을 따르지는 않았다. 만약 10벽괘에서 박剝·쾌夬를 제외하면 우번의 괘변설에서 모괘母卦가 되는 벽괘는 모두 여덟 괘가 된다. 『주역집해』에 나오는 우번의 괘변설의 사례를 종합하면 다음과 같은 규칙이 도출된다.[9]

"같은 수의 양획과 음획으로 구성된 잡괘雜卦와 벽괘辟卦의 관계에서 잡괘는 벽괘로부터 변한다."

우번의 괘변설의 규칙을 도표로 표시하면 다음과 같다.[10]

	辟卦	雜卦
一陽五陰卦	復	師·比·謙·豫·剝
一陰五陽卦	姤	小畜·履·同人·大有·夬
二陽四陰卦	臨	屯·蒙·頤·坎·明夷·解·升·震
	觀	屯·蒙·頤·坎·蹇·萃·晉·艮
二陰四陽卦	遯	訟·无妄·大過·離·家人·革·鼎·巽
	大壯	需·大畜·大過·離·睽·革·鼎·兌
三陰三陽卦	否	隨·噬嗑·咸·益·困·漸·旅·渙·未濟
	泰	蠱·賁·恒·損·井·歸妹·豊·節·旣濟

7) 文平, 『虞翻易學思想研究』, 光明日報出版社, 2013, p.78.
8) 앞의 책, p.78.
9) 朱伯崑 著, 김학권·김진근·김연재·주광호·윤석민 譯, 『易學哲學史』 제1권, 소명출판, 2005, p.453
10) 文平, 『虞翻易學思想研究』, 光明日報出版社, 2013, p.106.

이상에서 우번의 괘변설에 대해 검토하였다. 일반적으로 괘변설이라고 하면 12소식괘를 중심으로 하는 괘변설을 가리킨다. 그러나 우번은 12소식괘 계통의 괘변설 이외에도 방통旁通·양상역兩象易·반상反象 등 다양한 방식의 괘의 변화방식을 활용하고 있는데, 넓은 의미에서 본다면 괘변설에 포섭된다.

첫째, 방통旁通[11]은 육획으로 구성된 두 괘에서 음과 양이 모두 상반相反되는 두 괘의 관계를 가리키는데, 다산의 삼역설에서는 변역變易에 해당된다. 예를 들면 사師와 동인同人은 여섯 획이 모두 상반되므로 서로 방통旁通의 관계에 있다.

> 우번이 말하기를 "동인同人과 사師는 서로 반대되는 까닭에 사師라고 칭하였다"라고 하였다.[육획이 모두 상반됨] 이것이 이른바 (음이 양으로, 또는 양이 음으로 변하는 관계인) '변역變易'이라는 것이다.[12]

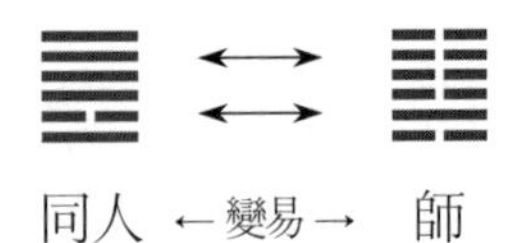

同人 ←變易→ 師

마찬가지로 임臨과 둔遯도 방통의 관계에 있다. 임괘臨卦의 여섯 획은 둔괘遯卦에 이르게 되면 음은 양으로, 양은 음으로 바뀌게 된다.

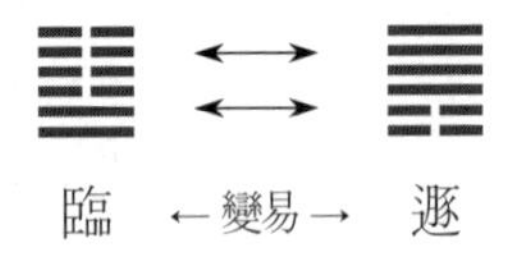

臨 ←變易→ 遯

11) 旁通은 원래 乾卦「文言」의 "六爻發揮, 旁通情也"에 나오는 말이다.

12) "虞翻曰, 同人與師反, 故亦稱師.[六畫皆相反] 此所謂, 變易也."(『周易四箋 I』, 『定本』 第15卷, p.212)

"임臨, 팔월유흉八月有凶." ㅇ우번이 말하였다. "임괘臨卦는 둔괘遯卦와 방통旁通의 관계에 있다. 임괘가 (泰·大壯·乾 등을 거쳐서) 둔괘에서 소멸하니, (둔괘는 하나라 역법에서는) 6월괘이다. 그런데 (하나라 역법의 6월괘는) 주나라 역법에서는 8월이 된다. 둔遯에서 군부君父를 시해하는 일이 있었으므로 '흉함이 있다'(有凶)라고 한 것이다."13)

임괘臨卦는 하력夏曆으로는 12월괘이며, 주력周曆으로는 2월괘이다. 반면에 둔괘遯卦는 하력으로는 6월괘이며, 주력으로는 8월괘이다.

	息卦						消卦					
辟卦	復	臨	泰	大壯	夬	乾	姤	遯	否	觀	剝	坤
卦象	䷗	䷒	䷊	䷡	䷪	䷀	䷫	䷠	䷋	䷓	䷖	䷁
周曆	정월	2월	3월	4월	5월	6월	7월	8월	9월	10월	11월	12월
殷曆	12월	1월	2월	3월	4월	5월	6월	7월	8월	9월	10월	11월
夏曆	11월	12월	정월	2월	3월	4월	5월	6월	7월	8월	9월	10월
月建	子	丑	寅	卯	辰	巳	午	未	辛	酉	戌	亥

그런데 임괘는 2월괘인데 왜 6개월 뒤인 8월괘의 상황을 언급한 것일까? 이 점을 이해하기 위해서는 『주역사전』 임괘의 역주易注를 참조할 필요가 있다.14) 임괘에서는 두 개의 양이 자라나고 있어 바야흐로 장성할 기세처럼 보이지만 둔괘의 8월에 이르면 그 두 개의 양이 소멸하여 없어지게 되므로 "팔월유흉八月有凶"이라고 한 것이다.15) 따라서 "팔월유흉"은 임괘의 점사이

13) "臨. 八月有凶. ○虞云, 與遯旁通. 臨消於遯, 六月卦也. 於周爲八月. 遯弑君父, 故'有凶'."(「李鼎祚集解論」, 『易學緖言』, 『定本』 第17卷, p.38)

14) "變易, 如, 臨之變爲遯也.【六畫皆變者】 臨之二陽, 今雖浸長, 若至遯卦之月【卽周正八月】 則二陽消亡矣.【遯二陰】 故曰, '至於八月, 有凶.'"(『周易四箋 I』, 『定本』 第15卷, p.249)

15) 다산은 『주역사전』의 臨卦의 注에서는 "八月有凶"의 八月이 遯卦의 달에 해당한다고 보았다. 그러나 동시에 胡炳文이 八月을 觀卦의 달이라고 한 주장도 소개하고 있다.

지만 당장 눈앞에 벌어지는 현실에 대해서 언급하고 있는 것이 아니라, 앞으로 6개월 뒤인 둔괘의 달에 벌어질 상황에 대해서 언급한 것으로 이해되어야 한다.[16] 성인은 임괘의 왕성한 기세가 오래가지 못하고 꺼질 것을 미리 내다보았기 때문에 앞으로 벌어질 일에 대하여 미리 경계한 것이다.[17] 다산에 따르면 우번도 역시 "팔월유흉"에 함축된 의미를 정확히 파악하고 있었다. 다산은 우번의 해석이 지극히 옳다고 평하고, 다만 이처럼 올바른 해석이 지금에 와서 다시 어두워졌을 뿐이라고 하였다.[18]

둘째, 양상역兩象易은 상괘와 하괘를 환위換位시키는 방법을 가리킨다. 다산은 양상역을 축약해서 양역兩易이라고 부르고 있으며,[19] 그의 삼역설에서는 교역交易에 해당된다. 우번은 「계사하」의 "상고혈거上古穴居"를 해석하면서 양역의 방법을 적용하였다. 대장大壯괘는 상괘가 진震이고 하괘가 건乾인데, 양괘의 상을 서로 교차시켜 자리를 바꾸면 무망無妄이 된다. 따라서 무망과 대장은 서로 양역兩易의 관계에 있다.

周曆에서는 八月이 遯卦의 달에 해당되지만, 夏曆에서는 八月이 觀卦의 달에 해당된다. [臨卦-遯卦]의 관계는 變易의 관계이지만, [臨卦-觀卦]의 관계는 反易의 관계가 된다. 이론적으로는 어느 설을 취해도 모순이 되는 것은 아니다. 실제로 다산은 『역학서언』의 「孔疏百一評」에서 周曆의 八月인 遯卦로 본 何氏의 학설과 夏曆의 八月인 觀卦로 본 褚氏의 학설을 나란히 소개하고 있다. 그리고 『주역사전』의 「계사전」의 "八月有凶"의 注에서는 [臨卦-觀卦]의 反易의 관계로 설명한 적도 있다.(『周易四箋 II』, 『定本』 第16卷, p.284; 交易反對之義【如臨觀倒, 則"八月有凶"】) 그러나 두 경우가 모두 이론적으로는 성립 가능하다고 하더라도 다산은 [臨卦-遯卦], 즉 周曆의 八月을 가리키는 것으로 보는 것이 옳다고 보았다. 왜냐하면 만약 胡炳文이나 褚氏처럼 夏曆의 八月인 觀卦로 볼 경우에는 臨卦의 「彖傳」에 나오는 "消不久"를 해석하기 힘들기 때문이다. 뿐만 아니라 臨卦의 「彖傳」에 나오는 "浸而長"이 遯卦의 「彖傳」에도 나오는 文句라는 것을 볼 때, [臨卦-遯卦]의 관계, 즉 周曆의 八月로 보는 것이 옳다고 보고 있다.

16) "孔子於遯之「彖」亦云, 浸而長【陰之長】 文相照也. 八月之爲遯卦之月, 審矣."(『周易四箋 I』, 『定本』 第15卷, p.249)

17) "消不久者, 指遯以爲戒也. 方長之勢, 而知其消之不久, 非聖人, 其孰能與於是乎?"(『周易四箋 I』, 『定本』 第15卷, p.249)

18) "此解, 極是. 今復晦矣."(「李鼎祚集解論」, 『易學緖言』, 『定本』 第17卷, p.38)

19) 兩象易說을 上下象易說이라고도 부른다.(王新春, 『周易虞氏學』, 上卷, 頂淵文化事業有限公司, 臺北, 1999, p.123)

大壯 →兩易→ 无妄

그러나 다산은 "상고혈거上古穴居"의 경우에는 교역交易보다는 오히려 반역反易을 적용하는 것이 타당하다고 보았다. 그리고 "상고上古"가 무망괘의 상괘에 있는 건乾을 가리킨다는 우번의 설명에 대해서도 동의하지 않았다.[20] 뿐만 아니라 다산은 벽괘가 아니라면 굳이 교역을 적용할 필요는 없다고 주장하였다. 예를 들면, 「계사하」 "고지장자古之葬者"의 주에서 우번은 양역兩易의 관점을 적용해서 중부中孚의 상괘와 하괘가 환위되어 대과大過가 된 것이라고 설명하였다. 그러나 대과는 벽괘가 아니기 때문에 굳이 교역을 취할 필요가 없다.[21]

셋째, 반상反象은 한 괘를 전도顚倒시켜 괘를 취하는 방법을 가리키는데, 다산의 삼역설에서는 반역反易에 해당된다. 반상을 반괘反卦 혹은 복괘覆卦라고도 하며, 명대의 내지덕來知德은 이것을 종괘綜卦라고 불렀다.[22] 우번이 반상을 취한 예로는 <태泰-비否>, <임臨-관觀>, <명이明夷-진晉>, <점漸-귀매歸妹>, <손損-익益>, <함咸-항恒> 등이 있다.[23]

우번역에서의 방통旁通·양상역兩象易·반상反象은 다산의 삼역설三易說에서는 각각 변역變易·교역交易·반역反易에 해당된다. 삼역설은 다산의 독창적 이론이라기보다는 우번으로부터 유래된 학설이다. 다산의 관점에서 본다면 삼역설은 추이설의 보조이론으로 활용된다. 추이설은 연괘衍卦가

20) "兩易者, 交易之謂也. 辟卦, 無所從來, 故多取交易·反易之象. 然, 以乾爲上古, 恐未必然."(「李鼎祚集解論」, 『易學緖言』, 『定本』 第17卷, p.49)

21) "大過, 非辟卦. 不必取交易象."(「李鼎祚集解論」, 『易學緖言』, 『定本』 第17卷, p.49)

22) 徐芹庭, 『虞氏易述解』, 五洲出版社, 中華民國 63年. 1974, p.48.

23) 王新春, 『周易虞氏學』, 上卷, 頂淵文化事業有限公司, 臺北, 1999, pp.117~118.

벽괘辟卦로부터 변화되는 것을 기본원칙으로 한다. 그런데 벽괘의 경우에는 벽괘 내부에서 자체적인 순환과정을 거쳐 변화할 뿐, 소종래所從來로 삼을 만한 모괘母卦가 별도로 존재하지 않는다. 따라서 다산은 벽괘의 경우에는 삼역설을 보조적 수단으로 활용해서 괘상을 설명하고 있다.

2) 우번의 괘변설의 문제

다산은 『역학서언』에서 이정조李鼎祚 · 정현鄭玄 · 왕필王弼 · 한강백韓康伯 · 공영달孔穎達 · 주자朱子 · 소옹邵雍 · 오징吳澄 · 내지덕來知德 · 이광지李光地 등의 역학 대가들에 대해서 독립된 장을 마련하여 평론을 남겼다. 그러나 우번에 대해서는 「이정조집해론」에 포함시켜 논했을 뿐이다. 「이정조집해론」은 이정조의 『주역집해』에 수록된 제가諸家의 역주易注에 대한 평론이다. 다산은 이정조가 『주역집해』에서 거의 망실되어 버릴 위기에 처해 있던 한漢 · 위魏의 제가의 역주를 채록하여 세상에 남긴 공로를 높이 평가하였다. 왜냐하면 『주역집해』에서 인용된 역설 중에서 좋은 것을 택하여 확고하게 지켜나갈 수 있다면 『역』의 정수를 거의 터득할 수 있다고 보았기 때문이다. 그는 학인學人들에게 『역』을 배우고자 한다면 『주역집해』를 마치 옥구슬(拱璧)처럼 진귀한 보물로 여길 것을 권장한다.

이처럼 다산은 『주역집해』의 가치를 높이 평가하였으나, 동시에 『주역집해』의 문제점도 지적하였다. 괘변설과 관련해서 본다면, 『주역집해』의 역주들은 이리저리 잘게 부서져서 전체를 드러내지 못하는 한계를 드러낸다.[24] 『주역집해』에서는 괘변설에서 어떤 때는 후과侯果를 인용했다가 또 다른 경우에는 촉재蜀才를 인용하다 보니, 일종의 '안례지학按例之學'처럼

24) "而此爻用侯果說, 彼爻用蜀才說, 破碎離析, 未有全體."(「李鼎祚集解論」, 『易學緒言』, 『定本』 第17卷, p.53)

되어 버렸다.[25] '안례按例'란 사례事例를 뜻하니, '안례지학'이란 일관된 원칙을 수립하지 않고 각각의 경우를 사례별로 제시하는 것을 가리킨다. 이정조의 의도는 물론 제가의 학설을 집록함으로써 모두를 보존하는 데 있었겠지만, 오히려 모두를 망치는 결과를 낳았다.[26] 이정조가 순상과 우번의 학설을 중심으로 문호를 확립하고 그 원본을 파악하였더라면 순구가荀九家의 역학이 후세에 길이 남을 수 있었을 것이기에, 다산은 이 점을 매우 아쉬워하였다. 그러나 우번의 괘변설에서 정합적 체계가 일관되게 유지되지 못한 책임을 모두 이정조에게로 돌린다면 그것은 부당하다. 왜냐하면 우번의 괘변설에서 체계의 정합성이 유지되지 못한 원인을 제공한 것은 사실 우번 자신이기 때문이다.

그러면 우번의 괘변설의 문제점을 지적해 보기로 하자.

첫째, 괘변설에서는 벽괘를 제외한 나머지 괘들은 모두 벽괘로부터 변한다는 것을 원칙으로 삼는다. 우번은 이 원칙을 대체로 지키고 있는 편이지만, 종종 잡괘의 변화를 또 다른 잡괘로부터 이끌어 내고 있어 혼란을 자초하고 있다. 예를 들어 ① 이자진래頤自晉來, ② 규자무망래睽自無妄來, ③ 중부자송래中孚自訟來, ④ 준자감래屯自坎來, ⑤ 몽자간래蒙自艮來, ⑥ 소과자진래小過自晉來 등은 잡괘로부터 또 다른 잡괘가 변화되는 것으로 설명하고 있는 사례들이다. ①과 ②의 경우를 예로 들어 설명하면 다음과 같다.

① 이괘頤卦 초구初九 "사이영귀舍爾靈龜"(너의 영험한 거북을 버리고): 우번이 말하였다. "진괘晉卦의 (상괘인) 리離는 귀龜를 상징하는데, 진괘의 사四가 초初로 가니, 그러므로 '사이영귀舍爾靈龜'가 된다."[27]

---

25) "若使李氏, 廣取二家之說, 以建門戶, 略存諸家之舊, 以知源本, 則九家之學, 眞得不亡於後世. 今也不然, 同一按例之學."(「李鼎祚集解論」, 『易學緖言』, 『定本』 第17卷, p.53)

26) "本欲諸家之並存, 實令諸家而盡破, 斯可恨也!"(「李鼎祚集解論」, 『易學緖言』, 『定本』 第17卷, p.53)

27) "虞云, 晉離爲龜, 四之初, 故'舍爾靈龜'."(「李鼎祚集解論」, 『易學緖言』, 『定本』 第17卷, p.40)

② 규괘睽卦 「단전彖傳」, "유진이상행柔進而上行": ㅇ우번이 말하였다. "규睽는 대장大壯의 상上이 삼三으로 가고 무망無妄의 이二가 오五로 간 것이다." ㅇ또 말하였다. "무망의 이가 오로 갔으므로 (규괘의 「단전」에서) '유진이상행柔進而上行'이라고 한 것이다."28)

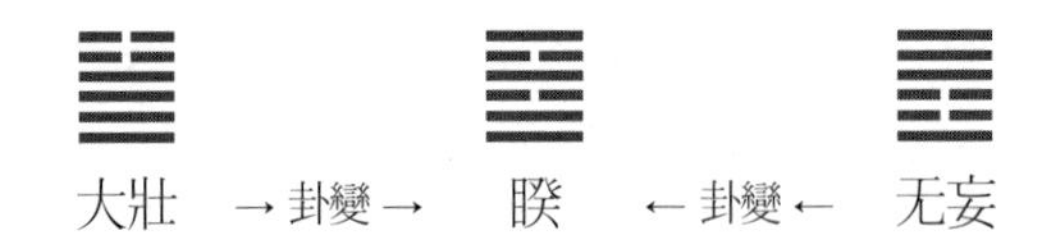

위의 두 경우에서 우번은 벽괘를 제외한 나머지 괘들은 벽괘로부터 변해야 한다는 원칙을 지키지 않고 있다. 괘변의 규칙을 따르면, 이괘頤卦는 이양사음괘二陽四陰卦이므로 임괘臨卦와 관괘觀卦로부터 변해야 하고, 규괘睽卦는 이음사양괘二陰四陽卦이므로 대장大壯과 둔遯으로부터 변해야 한다. 그러나 우번은 자신이 수립한 규칙조차 지키지 않았다.29) 따라서 다산은 우번의 괘변설이 혼란스럽다고 비난하였다.

우번의 추이법은 혼란스럽다. 만약 이괘頤卦가 진괘晉卦에서 나왔다면, 연괘衍卦가 모두 벽괘辟卦로 되는 것이니 어찌 옳겠는가?30)

(규괘 「단전」에서) "유진이상행柔進而上行"이라고 한 것은 중부中孚의 사四가 오五로

---

28) "虞云, 大壯, 上之三; 無妄, 二之五也. ○又云, 無妄, 二之五 故'柔進而上行'."(「李鼎祚集解論」, 『易學緖言』, 『定本』 第17卷, p.42)

29) 林忠軍, 「다산의 漢代 象數易學에 대한 검토와 평가」, 『다산학』 26호, 다산학술문화재단, 2014, p.205

30) "虞氏, 推移之法, 亂矣. 頤自晉來, 則衍卦, 皆辟卦也. 而可乎?"(「李鼎祚集解論」, 『易學緖言』, 『定本』 第17卷, p.41)

간 것이다. 우씨虞氏는 "무망無妄의 이二가 오五로 간 것"이라고 하니, 그 추이법이 혼란스럽다.[31]

둘째, 우번은 일양오음괘一陽五陰卦와 일음오양괘一陰五陽卦에서 복復과 구姤를 괘변의 모괘母卦로 취하였으나, 박剝과 쾌夬를 제외하였다. 이정조의 『주역집해』에서는 겸괘謙卦의 변화를 설명하면서 "박괘剝卦의 상上이 와서 제3위로 간다"(剝上來之三)라는 규칙이 소개되어 있다.[32] 우번에 따르면, 이것은 팽성彭城 채경군蔡景君의 설이다.[33] 그러나 우번은 채경군의 설을 따르지는 않았다. 아마도 우번은 하나의 잡괘의 변화를 두 개의 벽괘로부터 도출하는 것이 형식적으로 가능하다고 하더라도 구태여 그럴 필요를 느끼지 못했던 것 같다. 그러나 우번 이후의 괘변설은 박괘剝卦와 쾌괘夬卦를 괘변의 모괘母卦에 포함시키는 방향으로 발전해 갔다. 서진西晉시대의 촉재蜀才는 범장생范長生(219~318)으로도 불리는 인물인데,[34] 우번이 괘변의 모괘母卦에서 제외시켰던 박괘와 쾌괘를 포함시켰다. 즉 사괘師卦가 박괘로부터 변한다고 하였고, 동인괘同人卦가 쾌괘로부터 변한다고 하였다. 그러나 촉재가 괘변설의 규칙을 일관성 있게 적용했던 것 같지는 않다. 촉재는 사괘의 괘변에서 박괘로부터의 변화는 설명하였으나, 복괘復卦는 언급하지

---

31) "'柔進而上行'者, 中孚四之五也. 虞氏謂, '無妄二之五', 其推移之法, 亂矣."(「李鼎祚集解論」, 『易學緒言』, 『定本』 第17卷, p.42)

32) "虞翻曰, 乾上九來之坤, 與履旁通, 彭城蔡景君說剝上來之三."(李道平 撰, 潘雨廷 點校, 『周易集解纂疏』, 中華書局, 2004, p.193)

33) 彭城 蔡京君의 설을 소개하고 있는 우번의 주는 다산의 「이정조집해론」에도 인용되어 있다.("謙, 亨. ○虞云, 彭城蔡京君說, '剝上來之三'.(「李鼎祚集解論」, 『易學緒言』, 『定本』 第17卷, p.37) 그러나 다산이 彭城 蔡京君의 설에 특별히 주목했던 것으로는 보이지 않는다.

34) 蜀才(219~318)는 西晉 시기의 豪族 출신으로서 道士로 이름이 높았다. 일명 范長生이라고 한다. 다산은 「이정조집해론」에서 "蜀才라는 인물은 사람들이 대부분 잘 알지 못하는데, 顔之推에 따르면, 范長生이라는 인물이다"(蜀才者, 人多不知, 按顔之推云, 范長生也)라고 하였다.

않았다. 그리고 동인괘의 괘변에서 쾌괘로부터의 변화는 언급하였으나, 구괘姤卦를 제외하였다. 다산은 이러한 예들을 언급하면서 범씨范氏의 역학을 소략疏略하다고 평하였다.

동인同人 (「단전」), "유柔가 위位를 얻고 중中을 얻었다."(柔得位得中): ○촉재가 말하였다. "동인괘는 본래 쾌괘夬卦로부터 변화된 것인데, 쾌괘의 구이九二가 상위上位로 올라오고, 상육上六이 제2위로 내려갔다." ○ 생각건대, 단지 쾌괘夬卦만 말하고 구괘姤卦를 언급치 않았으니, 범씨范氏의 역학은 역시 소략하다.35)

다산이 범씨范氏의 역학을 소략하다고 비평한 것은 그 괘변설에 결함이 있다고 보았기 때문이다. 어쨌든 괘변설은 순상과 우번 이후로 보완을 거쳐서 완정한 형태로 발전해 나가게 된다. 괘변설의 계승자로는 요신姚信·간보干寶·촉재蜀才(범장생)·노씨盧氏·후과侯果·이정조李鼎祚·주자朱子·주승朱升·풍의馮椅 등이 있다. 다산은 이들 괘변설의 지지자들이 '추이지정맥推移之正脈'을 형성하고 있다고 보았다.36)

셋째, 우번은 중부中孚와 소과小過의 예를 변례變例로 간주하고 있다. 변례란 괘변설의 일반규칙에 포섭되지 않는 예외적 경우로서 일종의 특례特例에 해당된다. 우번의 괘변설에 따르면, 이음사양괘는 둔遯과 대장大壯으로부터 변하고 이양사음괘는 임臨과 관觀으로부터 변한다. 이러한 규칙을 따르자면 중부는 둔遯 혹은 대장大壯으로부터 변해야 하고, 소과는 임臨과 관觀으로부

35) "同人. 柔得位得中. ○蜀才云, 此本夬卦, 九二升上, 上六降二. ○案. 但言夬卦, 不言姤卦; 范氏易學, 亦疏矣."(「李鼎祚集解論」, 『易學緖言』, 『定本』 第17卷, p.36)

36) "虞翻·侯果·盧氏之易, 並云, '卦從否來'. 此, 推移之正脈也."(『周易四箋 I』, 『定本』 第15卷, p.260)

터 변해야 한다. 그러나 이 경우 두 개의 효가 변동하기 때문에 괘변설의 기본원칙에 위배되는 것을 피할 수 없다. 황종희黃宗羲가 『역학상수론易學象數論』에서 말한 것처럼, 괘변의 원칙은 "두 효가 서로 자리를 바꾸되, 변화의 중심괘의 관점에서 보면 움직이는 것은 한 효에 그친다"(以兩爻相易, 主變之卦, 動者止一爻)는 것에 있다.[37]

우번은 이러한 난점을 피하기 위해서 중부와 소과를 벽괘로부터 변화시키지 않고 잡괘로부터 변화시키는 방법을 택했다. 즉 이음사양괘인 중부는 송訟으로부터 변한다고 하였고[38] 이양사음괘인 소과는 진晉으로부터 변한다고 주장하였다.[39] 중부와 소과를 벽괘로부터 변화시키지 않고, 잡괘에 속하는 송괘와 진괘로부터 변화를 이끌어낸 것이다. 이것은 벽괘로부터 나머지 괘들의 변화를 이끌어내야 한다는 괘변설의 기본원칙을 명백히 어긴 것이 된다.

따라서 우번의 괘변설에서 중부괘와 소과괘의 경우는 변례로 간주된

37) 黃宗羲, 『易學象數論』, 中華書局, 2010, p.69.
38) "虞翻曰, 訟四之初也.……此當從四陽二陰之例, 遯陰未及三, 而大壯陽已至四, 故從訟來."(李道平 撰, 潘雨廷 點校, 『周易集解纂疏』, 中華書局, 2004, p.515)
39) "虞翻曰, 晉上之三, 當從四陰二陽臨觀之例, 臨陽未至三, 而觀四已消也. 又有飛鳥之象, 故知從晉來."(李鼎祚 撰, 王豐先 點校, 『周易集解』, 中華書局, 2016, pp.372~373)

다. 우번의 입장에서 본다면 변례를 취한 것은 일종의 고육책이었다. 왜냐하면 중부와 소과를 벽괘로부터 변화시킬 경우에는 일왕일래一往一來라는 괘변설의 기본원칙에 위배되기 때문이다. 따라서 우번은 중부와 소과를 벽괘로부터 변화시키는 대신에 잡괘로부터 변하게 하는 방식을 취했다. 어쨌든 우번은 중부와 소과를 벽괘로부터 변화시키는 것을 포기하는 대신에 일왕일래의 원칙을 지킬 수 있었다.

4. 다산의 추이설

1) 다산의 추이설의 규칙

다산은 『주역사전』에서 『주역』의 해석을 위해 추이推移·물상物象·호체互體·효변爻變의 네 가지 방법을 활용하였다. 이 네 가지 해석방법은 일반적으로 역리사법易理四法이라는 이름으로 불리고 있다. 그런데 다산은 『주역사전』의 「사전소인四箋小引」에서 이 네 가지 해석방법이 모두 "주자지의야朱子之義也"라고 하였다. 이러한 다산의 발언은 다산역의 학술적 기원이 주자에 있다는 관념을 확산시켰다. 이처럼 주자 학설과의 일치점을 부각시키려는 다산의 의도가 어디에 있든지 간에, 이러한 발언은 다산 역학의 연원이 오로지 주자에 있다는 잘못된 편견을 조장할 우려가 있다. 설령 다산 역학이 주자 역학과 일치하는 점이 있다고 하더라도 그 이론의 뿌리는 한역漢易에까지 거슬러 올라간다. 다산은 「추이표직설推移表直說」에서 추이설의 연원이 궁극적으로는 한유漢儒에게로 소급되며, 후대의 괘변설은 모두 순상荀爽과 우번虞翻의 괘변설을 계승해서 발전시킨 것이라는 점을 정확하게 지적하고 있다.

추이의 의미는 한유漢儒라도 모두 말할 수 있었던 것이니, 주자朱子의 「괘변도卦變圖」는 곧 그런 이론을 이어 받은 것이다. 순상이나 우번 등도 모두 추이를 중심으로 삼았거니와, 역대로 그 이론을 서로 계승하였으나 다른 견해로 나누어지지 않았다. 주자의 「괘변도」는 (이처럼) 모두 근본하는 바가 있는 것인데, 그러나 오직 소과와 중부는 빼버리고 괘변에서 취급하지 않았다.[『주역본의』에서 나타난 추이의 의미는 간혹 「괘변도」와 부합하지 않는데, 아마 『주역본의』가 (「괘변도」에 비해서) 앞서 나온 것이기 때문일 것이다.][40]

다산은 자신의 추이설이 주자의 「괘변도」에 나타난 괘변설과 일치한다고 주장하였다. 아울러 그는 주자의 괘변설도 역시 한유漢儒의 괘변설을 계승하였다는 점을 분명히 밝혔다. 다산의 추이설의 가장 큰 특징은 벽괘에 중부와 소과를 추가하였다는 데 있다.[41] 일반적으로 괘변설에서는 12벽괘로부터 잡괘를 변화시키는 것을 원칙으로 삼으나, 다산은 기본적으로 12벽괘에 중부와 소과를 추가한 14벽괘설을 채택하고 있다.

그렇다면 다산이 중부와 소과를 벽괘에 추가한 이유는 무엇인가? 우번의 괘변설에서는 중부와 소과를 벽괘에 포함시킨 것은 아니었으나, 변례로 취급하였다. 괘변설의 일반적 규칙에 따르면 잡괘는 벽괘로부터 변화시켜야 하지만, 우번은 중부와 소과를 잡괘로 설정했음에도 불구하고 또 다른 잡괘로부터 변화시켰다. 우번이 중부와 소과를 벽괘로부터 변화시키지 않았던 이유는 그 경우 일효왕래一爻往來라는 괘변설의 일반적 원칙이 무너지기 때문이었다. 그러나 다산의 경우에는 중부와 소과를 잡괘 즉 연괘衍卦에 포함시키지 않고 벽괘로 설정하였다. 만약에 중부와 소과를 벽괘에 포함시키게 되면 적어도 벽괘와 연괘 사이에는 일효왕래의 규칙에 위배되는

---

40) "推移之義, 漢儒皆能言之, 朱子「卦變圖」, 卽其遺也. 荀爽虞翻之等, 皆主推移. 歷世相承, 未有岐貳. 朱子「卦變圖」, 皆有所本. 唯小過中孚, 闕而不收也.[『本義』所著推移之義, 或與「卦變圖」不合, 蓋『本義』先成也.]"(『周易四箋 I』, 『定本』 第15卷, p.40)

41) 林在圭, 「丁若鏞推移論新探」, 『종교연구』 제70집, 한국종교학회, 2013, p.306.

문제가 발생하지 않는다. 소과와 중부가 벽괘에 편입됨으로써 다산의 괘변설의 규칙은 다음과 같은 체계를 취하게 된다.

	辟卦	衍卦
一陽卦	復・剝	師・謙・豫・比
一陰卦	姤・夬	同人・履・小畜・大有
二陽卦	臨・觀	屯・蒙・頤・坎
	臨・小過	明夷・解・升・震
	觀・小過	蹇・萃・晉・艮
二陰卦	遯・大壯	大過・離・革・鼎
	遯・中孚	訟・无妄・家人・巽
	大壯・中孚	需・大畜・睽・兌
三陽卦	泰	蠱・賁・恒・損・井・歸妹・豐・節・旣濟
三陰卦	否	隨・噬嗑・咸・益・困・漸・旅・渙・未濟

다산의 괘변설은 기본적으로 우번의 괘변설을 바탕으로 여기에 수정을 가해서 만들어진 것인데, 다산이 수정을 가한 요소는 다음과 같다.

첫째, 일양괘一陽卦와 일음괘一陰卦의 경우 우번은 박괘剝卦와 쾌괘夬卦를 벽괘에서 제외시켰으나, 다산은 벽괘에 포함시켰다. 즉 다산의 괘변설에서는 일양괘는 복괘復卦와 박괘剝卦로부터 변하고, 일음괘는 구괘姤卦와 쾌괘夬卦로부터 변하는 것이 된다.

둘째, 다산은 중부와 소과를 벽괘에 편입시켰다. 우번은 중부와 소과를 변례變例로 취급하였으나, 벽괘로 설정한 것은 아니었다.[42] 변례란 예외적 경우를 가리키니, 중부와 소과의 경우에 일왕일래一往一來라는 괘변설의 일반적 규칙을 적용할 수 없었음을 의미한다. 다산의 추이설은 우번의

42) "中孚・小過, 卒無用之者."(「李鼎祚集解論」, 『易學緖言』, 『定本』第17卷, p.42)

괘변설의 문제점에 대한 해결방안으로 제시된 것이었으나, 우번의 방식과는 매우 달랐다. 다산의 해결방안은 중부와 소과를 잡괘雜卦 즉 연괘衍卦로 설정하는 대신에 벽괘에 포함시키는 것이었다. 이처럼 중부와 소과를 벽괘에 편입시키게 되면 벽괘와 연괘의 관계에서 일왕일래一往一來의 규칙에 위배되는 문제는 발생하지 않게 된다.

셋째, 우번의 괘 분류를 다시 정비하여 최대한 단순화시켰다. 우번이 일양오음괘一陽五陰卦·일음오양괘一陰五陽卦·이양사음괘二陽四陰卦·이음사양괘二陰四陽卦·삼음삼양괘三陰三陽卦로 분류하였던 것을 다산은 일양괘一陽卦·일음괘一陰卦·이양괘二陽卦·이음괘二陰卦·삼음괘三陰卦·삼양괘三陽卦로 재분류하였다. 삼음삼양괘三陰三陽卦의 경우, 하괘에서 양획이 2/3 이상을 차지하면 삼양괘三陽卦라고 하고, 음획이 2/3 이상을 차지하면 삼음괘라고 명명하였다. 따라서 삼양괘와 삼음괘가 중복되는 문제는 발생하지 않는다.

2) 다산의 추이설의 문제

추이설은 효변설과 더불어 역리사법의 핵심방법론을 형성한다. 다산은 자신의 추이설이 주자의 괘변설과 근본적으로 일치한다는 것을 강조하였지만, 사실은 주자의 괘변설과의 일치점은 제한된 범위 내에서만 타당하다. 다산은 괘변설의 역학사적 기원이 우번의 괘변설에로 소급된다는 사실을 잘 알고 있었기 때문에 우번의 괘변설에 대해 관심을 가졌다. 다산의 추이설은 우번의 괘변설에 내포된 문제점을 해결해 보려는 과정에서 성립된 것이다.

다산이 우번의 학설에 수정을 가한 요소는 크게 두 가지이다. 첫째, 우번이 벽괘의 범주에서 제외시켰던 박괘剝卦와 쾌괘夬卦를 포함시켰다.

둘째, 우번이 변례變例로 취급했던 중부와 소과를 벽괘에 편입시켰다. 중부와 소과를 벽괘에 포함시킴으로써 이음괘二陰卦와 이양괘二陽卦의 변화가 정합적으로 설명될 수 있었다. 이렇게 해서 모든 연괘衍卦 즉 잡괘雜卦는 벽괘로부터 변한다는 공식이 예외 없이 성립하게 되었다. 그리고 삼양괘와 삼음괘를 제외한 나머지 경우에는 괘변에서 균등하게 두 개의 벽괘를 모괘母卦로 취하게 되었다.

그렇다면 다산의 추이설은 완전히 정합적 체계에 도달한 것일까? 필자의 견해로는 그렇지 않다. 문제는 다산이 벽괘에 편입시킨 중부와 소과에 있다. 중부와 소과를 벽괘에 편입시킨다면, 중부와 소과는 어디로부터 변화되는가? 다산의 추이설에 따르면 연괘는 벽괘로부터 변화되지만, 벽괘는 벽괘의 순환에 따라 변화하게 된다. 12벽괘의 경우에는 음양의 진퇴소장進退消長에 의하여 <복復→ 임臨→ 태泰→ 대장大壯→ 쾌夬→ 건乾→ 구姤→ 둔遯→ 비否→ 관觀→ 박剝→ 곤坤>의 12괘가 순환하며, 곤坤에서부터 다시 복復으로 이어져서 순환을 반복하게 되는 것이다. 그런데 중부와 소과는 벽괘이기는 하지만 <양-음-양> 혹은 <음-양-음>의 형태를 취하고 있기 때문에 음양의 순차적 소식消息 과정에 포섭되지 않는다. 따라서 중부와 소과의 변화를 설명하기 위해서는 별도의 방식이 필요하게 된다. 다산은 중부와 소과의 괘변卦變을 설명하기 위하여 두 개의 변화방식을 제안하였다.

<유형 A> 벽괘의 변화는 교역交易의 방식을 종종 취한다. 중부는 대과大過의 교역交易이며, 소과는 이頤의 교역이다.

<유형 B> 중부는 중리괘重離卦로부터 변하며, 소과는 습감괘習坎卦로부터 변한다.

<유형 A>는 벽괘의 추이에 교역交易을 적용한 경우이다. 여기서 다산은 중부와 소과의 변화를 벽괘로부터 도출하지 않고, 연괘인 대과大過와 이頤로부터 도출하는 방식을 택했다. 다산에 따르면, 복희씨가 8괘로부터 64괘를 만들었을 때 팔괘를 중괘重卦시키는 방법 이외에 별다른 방법이 없었다. 따라서 상괘와 하괘를 교차시키는 방법을 사용하였다. 다산에 따르면 연괘 즉 잡괘는 벽괘로부터 변하지만, 벽괘는 벽괘 자체의 내부적 순환과정에 따라 변하거나 혹은 교역의 방식을 취한다.

<유형 B>에서는 중부中孚가 리離로부터 변하고, 소과小過가 감坎으로부터 변한다. 다산의 추이설에 따르면 벽괘가 연괘로부터 변하는 경우는 없어야 한다. 그러나 <유형 B>는 명백히 벽괘가 연괘로부터 변하는 경우이기 때문에 일반적 원칙에 어긋난다. 뿐만 아니라 일효왕래一爻往來의 원칙까지도 어기게 된다. 따라서 괘변설의 정합성이 심각하게 훼손되는 결과를 가져왔다.

그렇다면 괘변설의 정합성을 파괴하는 것을 감수하면서 예외를 허용한 이유는 어디에 있는가? 다산에 따르면, 두 경우는 성인의 마음씀씀이가 기기묘묘奇奇妙妙하여 그야말로 특특비상지례特特非常之例에 해당된다. 중부와 소과는 오세재윤五歲再閏을 상징하는 재윤괘再閏卦에 해당된다. '오세재윤'이란 5년에 두 번 윤달을 두는 방법을 가리키는 치윤법置閏法의 용어이다. 윤달은 일日 · 월月의 기영氣盈과 삭허朔虛에 의해서 발생하는 현상으로 간주

되고 있다. 리離와 감坎은 각각 일日과 월月을 상징하는 괘이므로, 중부는 리로부터 변하고 소과는 감으로부터 변하는 방식을 취한 것이다. 다산의 추이설은 경방의 12벽괘를 채택했다는 점에서는 한대의 이론을 계승한 것이지만, 중부와 소과를 재윤지괘再閏之卦로 설정하고 벽괘에 편입시킨 것은 다산역의 독특한 특징이다.[43]

5. 다산의 추이설에 대한 반성적 재검토

추이推移는 역학사에서는 일반적으로 괘변卦變이라는 용어로 통용되는 이론이다. 다산의 추이설의 가장 큰 특징은 중부와 소과를 벽괘에 포함시켜 14벽괘설을 주장한 데 있다. 역학사를 통해 볼 때 중부와 소과를 벽괘에 포함시킨 사례는 발견되지 않는다. 다산은 추이설이 주자의 「괘변도」에 나타난 괘변설과 일치한다는 점을 의도적으로 강조하였다. 그러나 주자의 괘변설의 근원은 한역漢易의 괘변설로 소급되기 때문에 추이설의 근원도 역시 한역의 괘변설에로 소급된다.

다산의 추이설은 대체로 우번의 괘변설을 수용한 것이지만, 중요한 차이도 존재한다. 첫째는 우번이 벽괘에 포함시키지 않았던 박괘剝卦와 쾌괘夬卦를 벽괘로 취한 것이고, 둘째는 중부와 소과를 벽괘에 편입시킨 것이다. 박괘와 쾌괘를 벽괘로 취한 것은 주자의 「괘변도」에서도 마찬가지이지만, 중부와 소과는 우번에게서나 주자에게서나 모두 벽괘에 포함되지 않았다.

다산이 중부와 소과를 벽괘에 편입시키게 된 배경에는 우번의 영향이

43) 林在圭, 「丁若鏞推移論新探」, 『종교연구』 제70집, 한국종교학회, 2013, p.295.

있었던 것으로 보인다. 우번은 중부와 소과를 변례變例로 설정하였는데, 우번이 중부와 소과를 변례로 설정할 수밖에 없었던 까닭은 일왕일래一往一來라는 괘변의 일반적 규칙을 적용할 수 없었기 때문이었다. 그러나 예외적 경우를 허용하게 되면 결국 체계의 정합성을 파괴하는 데 이르게 된다.

다산이 중부와 소과를 연괘가 아닌 벽괘로 설정한 것은 발상의 전환을 시도한 것이다. 다산은 중부와 소과를 벽괘에 편입시킴으로써 연괘는 벽괘로부터 변한다는 원칙을 관철시킬 수 있었다. 그러나 괘변설을 완정한 체계로 만들려고 시도했던 다산의 노력에도 불구하고 이러한 방식은 완전한 해결책과는 거리가 멀다. 왜냐하면 중부와 소과를 리離와 감坎으로부터 변화시킨 것은 벽괘는 연괘로부터 변하지 않는다는 괘변설의 원칙을 어긴 것이 될 뿐 아니라 일왕일래의 원칙까지도 어긴 것이 되기 때문이다. 이것은 우번의 괘변설에서 그랬던 것처럼 다산의 추이설에서도 중부와 소과가 정합성을 파괴하는 요소로 작용하고 있음을 보여 준다.

제4부

역학사의 이단자들을 꾸짖다

제10장 왕필과 그 후계자들의 잘못을 나무라다

1. 서론

일반적으로 도가역학道家易學이라고 하면, 철학사상으로서 도가역을 지칭하며, 이는 종교사상으로서의 도교역학道敎易學과는 구별되는 것으로 이해된다. 도가역학이란 철학적 측면에서 노장사상에 바탕을 둔 『역경』 해석을 가리키는데, 도가역학의 새로운 장을 연 인물은 왕필王弼이었다. 왕필은 현학적玄學的 해석을 『역경』에 적용시켜 『주역주周易注』와 『주역약례周易略例』 같은 저술을 남겼다. 왕필 역학의 본지本旨는 "상을 잊고 의미를 구함"(忘象求意)에 있는데, 왕필은 "의미를 얻었으면 상을 잊을 것"(得意忘象)이며 또 "상象을 얻었으면 언어를 잊을 것"(得象忘言)을 주장하였다. 왕필의 역학사상사적 의의는 한역漢易의 상수학적 방법론인 호체互體, 괘기卦氣, 괘변卦變, 납갑納甲 등의 이론을 제거하고 또 괘기설卦氣說을 중심으로 하는 맹희, 경방 등의 상수학에 반대하여, 이를 현학파玄學派의 의리학적 역학으로 대체하였다는 데 있다. 왕필의 의리역은 이후 유가적 의리역이 등장하는 토대가 되었으며, 그러한 경향성은 그 이후에도 상당 기간 역학사에 지대한 영향을 미치게 된다.[1] 왕필의 도가역학은 진晉의 한강백韓康伯에게로 계승되었는데, 한강백은 왕필

1) 정해왕, 「前철학사와의 유비관계에서 본 왕필역학개념과 그 역학적 의미」, 『대동철학』 제41집, 대동철학회, 2007, p.2.

이 주注를 남기지 않은 「계사전」에 대하여 주석을 남겼다.

왕필과 한강백은 위진魏晋의 도가역학의 계보의 중심에 서 있는 인물들로서, 이들의 철학적 해석은 종교적 도교역학과는 차별성을 지닌다. 즉 연단가 갈홍葛洪이나 『주역참동계周易參同契』의 저자 위백양魏伯陽 같은 동진東晋의 신선술가神仙術家들은 괘기설卦氣說, 납갑설納甲說 등의 한역 상수학의 이론을 응용하여 신선금단도神仙金丹道의 이론을 전개하였다. 다시 말해서, 도교역학 이론가들은 한대의 상수역학의 이론을 부정하기는커녕 오히려 더욱 적극적으로 이용하였다고 볼 수 있는 반면에, 왕필이나 한강백 같은 철학적 계열의 도가이론가들은 종교적 도교 계열의 신선술가와는 달리 상수象數를 철저히 배격하여 이를 역학이론에서 소제掃除해 내기에 이르렀던 것이다. 다산의 도가역 비판은 이처럼 종교적 도교가 아닌 철학적 도가 계열의 역학적 측면과 관련되어 있는데, 다산은 선진유학의 정통성을 수호한다는 관점에서 노장사상에 바탕을 둔 왕필과 한강백의 역주易注를 맹렬히 비난하고 있다. 양자 중에서도 특히 왕필은 도가역 계열의 중심에 서 있는 인물로서, 다산의 역학관을 이해함에 있어서도 매우 중요한 인물이다.

역학관의 측면에서 본다면, 왕필은 다산과는 거의 모든 측면에서 대척점에 서 있다. 왕필은 한대 고문경학의 전통을 계승하면서도, 한대 상수학의 방법론을 부정하고 도가적 이념에 바탕을 둔 의리역학을 창시하였다. 반면에 다산은 기본적으로 한대 상수학의 방법론을 계승하고 있으며, 역경에 대한 도가적 해석을 경계하고 유가정통주의를 옹호하는 입장에서 있다. 왕필은 득의망상론을 내세워 상象의 의미 해독이 계사 해석을 위해 필수적인 것은 아니라는 입장을 취하면서 상수학에 속하는 대부분의 방법론을 제거하여 버렸다. 따라서 역은 상이라는 입장을 고수하고 있는 다산의 관점에서 본다면 상수학의 소제掃除를 감행해 버린 왕필의 입장은 도저히 수용할 수 없는 것이었다. 그래서 다산은 역학사의 올바른 전통이 왕필 이전에는 올바로 전승되어 내려왔으나 왕필에 의해 그 전통이 단절되어 버렸다고 맹렬하게 비판하고 있는 것이다.

다산의 왕필 비판은 주로 『역학서언』의 「왕보사역주론王輔嗣易注論」을 통해 전개되고 있다. 그 밖에, 왕필 역학의 계승자라고 할 수 있는 한강백에 대한 비판인 「한강백현담고韓康伯玄談考」, 공영달孔穎達이 왕필·한강백의 주注에 자신의 소疏를 덧붙여 편찬한 『주역정의周易正義』에 대한 비평인 「공소백일평孔疏百一評」, 한위漢魏 제가諸家의 학설에 대한 비평인 「한위유의론漢魏遺義論」, 정현鄭玄에 대한 비평인 「정강성역주론鄭康成易注論」 등에도 다산의 왕필 비판이 산재해 있다. 따라서 이 글에서는 「왕보사역주론」을 중심으로 다산의 왕필관을 살펴보고, 「한강백현담고」, 「공소백일평」, 「한위유의론」, 「정강성역주론」을 보조적으로 활용하고자 한다. 뿐만 아니라, 다산의 역학관련 주저인 『주역사전』에도 다산의 왕필 비판이 적지 않게 산재해 있으므로 역시 활용할 것이다.

2. 정현역과 왕필역의 대립

다산은 「정강성역주론」에서 남송의 왕응린王應麟(1223~1296)[2]이 쓴 『주역정강성주周易鄭康成注』 「서序」를 인용함으로써 왕필역王弼易이 흥기하게 된 사정을 소상하게 밝히고 있다. 왕응린은 제齊나라 육징陸澄[3]이 왕검王儉에게 보낸 편지를 인용하여, 『역』은 상구商瞿 이후로 비록 이가異家의 학이 있었다고

---

2) 王應麟(1223~1296): 南宋末의 경학가, 여조겸의 학문을 계승하였으며, 주자, 육구연의 학문 및 永嘉학파의 事功之學에도 연원을 두고 있다. 저서로 『困學紀聞』, 『周易鄭康成注』 등이 있다.(최석기, 『중국경학가사전』, 경인문화사, 2002, p.128)

3) 陸澄(425~494): 南齊시대 오나라 사람. 자는 彦淵. 어려서부터 박학다식하여 당시에 陸公書廚라 불리었다. 『남제서』(권39)에 「陸澄傳」이 있다.

하더라도 한결같이 상수象數를 근본으로 하고 있었다고 말한다. 순숭荀崧이 전하는 바에 따르면, 송宋의 좨주祭酒로 있던 안연지顔延之가 정학鄭學을 축출하고 왕학王學을 세우게 되면서 왕필의 주가 성행하게 되었다. 그래서 양자강 동쪽 지역에 해당되는 강좌江左지역에서는 왕필의 학이 유행한 반면에, 황하와 낙수 지역을 중심으로 하는 하북河北지역에서는 여전히 비직費直의 역학을 전승한 정현의 역주易注를 추종하고 있었다. 『북사北史』「유림전儒林傳」에서는 이러한 상황을 "강좌江左는 주역에 왕보사王輔嗣요, 하락河洛은 주역에 정강성鄭康成이다"라는 말로써 전하고 있다. 이처럼 역학파가 강좌와 하북으로 양분하게 된 상황에 대해서는 공영달의 『주역정의』의 서序에서도 상세히 묘사되고 있는데, 이는 다산의 「한위유의론」에서도 논의의 발단으로 삼고 있으므로 여기에서도 인용하여 보기로 하자.

> 한나라가 발흥함에 『주역』을 전수傳授한 자로 (전한 즉 서한의) 서도西都 즉 장안長安에서는 정관丁寬·맹희孟喜·경방京房·전왕손田王孫이 있었으며, (후한 즉 동한의) 동도東都 즉 낙양洛陽에서는 순상荀爽·유표劉表·마융馬融·정현鄭玄이 있었다. 대체적으로 본다면, 이들은 선인先人의 설을 근본으로 삼아 전승하기를 거듭한 것이지 특별히 탁월한 것은 없었다. 그런데 오직 위魏의 왕보사王輔嗣의 주만이 홀로 고금을 통틀어 가장 탁월하였다. 따라서 강좌의 여러 유학자들은 왕필의 학을 아울러 전수하였던 반면에 하북의 학자들은 그것을 잘 이해하는 자가 드물었다.[4]

왕필 역학과 정현 역학은 지역적 분포에 있어서 대립될 뿐 아니라 해석방법론에 있어서도 근본적으로 상반된다. 즉, 정현은 상수학적 방법론에 주로 의거하고 있지만, 왕필은 상수역학의 방법론을 역학 이론에서 제거하

4) "漢興, 其傳易者, 西都則, 有丁·孟·京·田. 東都則, 有荀·劉·馬·鄭. 大體, 更相祖述, 非有絶倫. 唯魏世, 王輔嗣之注, 獨冠古今. 所以江左諸儒, 並傳其學, 河北學者, 罕能及之."(「漢魏遺義論」, 『易學緖言』, 『定本』 第17卷, p.79; 李學勤 主編, 『周易正義, 十三經注疏整理本』, 上經, 台灣古籍出版有限公司, p.3)

고 도가적 이념에 바탕을 둔 의리역학을 제창하였다. 뿐만 아니라, 역 해석의 취지에 있어서도 양자의 관점은 확연히 다르다. 당대唐代의 역학자 이정조李鼎祚는 두 사람의 역학관의 차이점을 설명하면서, 정현은 천상天象을 많이 참구參究한 반면에 왕필은 전적으로 인사人事를 위주로 해석하였다고 하였다. 그런데 역도易道는 천상과 인사 모두를 포괄하는 것이며, 그 중 어느 한편에 치우쳐서는 안 되기 때문에 정현과 왕필 양자가 모두 한계를 드러내고 있다는 것이 이정조의 견해이다.5) 여기서 천상이란 단순히 정현 자신의 관점뿐 아니라 오행五行·납갑설納甲說·천문역법天文曆法 등 한역의 방법론을 포괄하는 용어라고 본다면, 왕필은 한대의 천인감응설에 입각한 상수학적 방법론을 반대하고 평범한 일상사를 중심으로 한 해석으로 전환한 것이라고 볼 수 있을 것이다.6)

해석방법론의 측면에서 보더라도, 정현과 왕필이 모두 괘사 해석을 위해 필수적인 괘변卦變과 효변爻變의 방법론을 전혀 활용하지 않고 있기 때문에 다산은 양자 모두 근본적인 한계를 지니고 있다고 본다. 다만 다산의 관점에서 볼 때 왕필의 과오는 훨씬 더 심각하다. 왜냐하면 다산이 『주역사전』에서 4대방법론으로 활용하고 있는 ① 추이推移=괘변卦變, ② 효변爻變, ③ 호체互體, ④ 물상物象 중에서 정현은 물상과 호체를 활용하고 있는 반면에 왕필은 어느 것 하나도 채택하지 않고 있기 때문이다. 따라서 정현에 있어서는 상수학의 근본정신이 아직 말살된 것은 아니지만, 왕필은 이를 완전히 청소해 버리고자 한 점이 양자 사이에서의 차이점이다.

---

5) "李鼎祚가 말하기를, '鄭玄은 (역을 해석함에) 天象을 주로 참구하였고, 王弼은 오로지 人事를 위주로 하였다. (그렇지만) 易道가 어찌 天道나 人事 그 하나의 측면에만 결부되는 것이겠는가?'라고 하였다."("李鼎祚云, 鄭多參天象. 王全釋人事. 易道, 豈偏廢於天人哉? 今鄭注不傳, 其說間見於鼎祚『集解』及『釋文』·『詩』·『三禮』·『春秋』義疏, 『後漢書』·『文選』注, 因綴而錄之. 先儒象數之學, 於此, 猶有考云.":「鄭康成易注論」, 『易學緖言』, 『定本』 第17卷, p.54)

6) 임채우, 『왕필의 역철학연구—以簡禦繁사상을 중심으로』, 연세대학교 철학과, 1995, p.160.

정현과 왕필의 두 사람이 모두 괘변卦變과 효변爻變에 대해 언급하지 않았으니, (양자가 모두) 역의 원래 취지에 부합하지 않는다. 그러나 정현은 그래도 물상物象과 호체互體를 활용하였지만, 왕필은 이 두 가지를 모두 폐기하였으니 더욱 맹랑하다. 그렇지만 오늘날 학자들은 다시 정현을 존숭하여 대개 정현이 말한 것이면 감히 한 글자도 따져 비판하지 못할 것으로 여기니,[7] 이 역시 하나의 폐단이다. 이제 준의浚儀 왕씨王氏[8] 왕응린王應麟이 편집한 책을 가지고, 정학鄭學의 득실을 평가하고자 하니, 아는 자를 기다린다. 가경嘉慶 경신庚辰[9] 여름에 쓰다.[10]

이처럼 다산은 정현과 왕필에 대해서 양비론적兩非論的 비판을 가하면서도 정현에 대해서는 상대적으로 우호적 관점을 유지하고 있다. 정현의 역주는 상구商瞿 이래의 상수학적 전통을 계승하고 있으므로, 다산은 정현의 역주를 통해 선유先儒의 상수학의 원형을 복구할 수도 있지 않을까 하는 자신의 희망을 피력하기도 한다.[11] 그러나 유감스럽게도 정현의 역주易注는 전해지지 않고 있기 때문에, 이정조李鼎祚의 『주역집해周易集解』, 육덕명陸德明의 『경전석문經典釋文』, 그리고 『시경詩經』과 삼례三禮와 『춘추春秋』의 의소義疏, 또 『후한서後漢書』와 『문선文選』 등에 산재되어 있는 정현의 주를 수집하여 그 대략적인 윤곽을 짐작해 볼 수밖에 없다.

그런데 다산은 정현설에 대해 우호적인 관점을 유지함과 동시에 정현에

---

7) "寧道孔孟誤, 諱言鄭服非"(차라리 孔子나 孟子의 잘못을 말할지언정, 鄭玄이나 服虔의 잘못을 말하기를 꺼리는 것)이 학계의 병폐였다.(皮錫瑞 著, 李鴻鎭 譯, 『中國經學史』, 형설출판사, 1995, p.219)

8) 浚儀 王氏: 王應麟을 가리킴. 浚儀는 지금의 河南 開封을 가리킨다.

9) 嘉慶 庚辰: 嘉慶은 嘉慶 25년, 庚辰은 純祖 20년, 즉 1820년을 가리킨다. 1820년은 다산이 고향으로 돌아온 그 다음 해이며, 다산의 나이 59세에 해당된다.

10) "鄭·王二家, 皆不言卦變·爻變, 將無同矣. 然, 鄭氏, 猶用物象·互體, 王氏, 並二者而廢之, 益孟浪矣. 今之學者, 還尊鄭氏, 凡鄭所言, 謂不敢訾議一字, 亦一蔽也. 今取浚儀王氏綴錄之本, 議其得失, 以俟知者. 嘉慶, 庚辰, 夏, 書."(「鄭康成易注論」, 『易學緖言』, 『定本』 第17卷, pp.54~55)

11) "今鄭注不傳, 其說間見於鼎祚『集解』及『釋文』·『詩』·『三禮』·『春秋』義疏, 『後漢書』·『文選』注, 因綴而錄之. 先儒象數之學, 於此, 猶有考云." (「鄭康成易注論」, 『易學緖言』, 『定本』 第17卷, pp.54)

대한 학계의 무비판적인 맹신에 대해서도 경계하고 있다. 피석서皮錫瑞가 말한 것처럼, "차라리 공자나 맹자의 과오를 말할지언정, 정현鄭玄이나 복건服虔[12]의 과오를 말하기를 꺼리는 것"(寧道孔孟誤, 諱言鄭服非)이 한학을 추존하던 학계의 병폐였다.[13] 「정강성역주론鄭康成易注論」의 제3론인 '천상天象'에서 다산은 정현이 "비초육효比初六爻, 진래상치동정辰來上値東井, 정지수입소급용부井之水入所汲用缶"라고 한 것에 대하여, 음양의 육효를 자子, 축丑, 인寅, 묘卯 등의 십이시진十二時辰에 배당시키고 다시 12시진을 천상天上의 여러 별들에 배당시켜서 물상物象으로 삼은 것은 황당한 이론에 불과하다고 신랄하게 비판하고 있다. 정현이 효진설爻辰說과 별자리를 결합하여 괘효사를 해석한 것은 이정조가 "다참천상多參天象"이라고 평했던 측면에 해당된다. 다산은 정현이 황당무계한 이론을 펴게 된 것은 괘변도 모르고 효변도 몰랐기 때문에 초래된 결과라고 본다. 정현이 '육효六爻'라고 부른 것은 실제로는 '육획六畫'에 지나지 않기 때문에 그가 효변을 알았다고 볼 수는 없을 것이다. 이런 이유에서 다산은 정현을 순구가荀九家 중에서 가장 하승下乘이라고 혹평하고, 역학사에 있어 정현의 출현은 커다란 재앙이었다고 개탄하고 있다.[14] 심지어 다산은 만약 정현처럼 해석할 바에야, 왕필에 의해 물상의 소제掃除를 당하는 편이 차라리 낫겠다고 말한다.

왕학과 정학의 양파로 나뉘어 대치해 오던 역학의 두 갈래 흐름은 수나라가 중국을 통일하면서 또 한 번 변화의 전기를 맞게 된다. 수나라 학자들이

---

12) 服虔: 후한 때 경학가. 190년경에 활약. 고문경학을 숭상하여 금문경학가인 何休의 설을 비판하였다. 동진 때 그의 주석이 북방에 성행하였다. 저술로는 『春秋左傳解義가 있는데, 東晉 때 그의 춘추좌씨학이 學官에 세워졌으며, 남북조시대에는 그의 주석이 북방에 성행하였다. 그러나 공영달이 『春秋正義』를 저술할 때 좌전은 杜預의 注만 채용함으로써 그의 주석은 없어지고 말았다.(최석기, 『중국경학가사전』, 경인문화사, 2002, p.62)

13) 皮錫瑞 저, 李鴻鎭 역, 『중국경학사』, 형설출판사, 1995, p.219,

14) "哀哉! 周易, 一遭鄭玄, 旣大厄矣."(「李氏折中鈔」, 『易學緖言』, 『定本』 第17卷, pp.221~222)

왕필을 중원지사中原之師로 떠받드니, 마침내 북쪽의 정현파의 역학은 남쪽의 왕필을 추종하는 의리파에 의해서 흡수·통합됨으로써 그 사승이 거의 단절되고 말았다. 정현의 역학에 결함이 있다는 것은 부인할 수 없는 사실이지만, 그럼에도 불구하고 정현역의 퇴출은 역학의 발전을 위해서도 참으로 안타까운 일이다. 왕응린은 『주역정강성주』「서」에서 왕제王濟와 조열지晁說之(1059~1129)[15]의 설을 빌려 정현의 역주가 폐지된 것에 대한 개탄의 감정을 토로하고 있는데, 다산은 「정강성역주론」에서 이를 재인용함으로써 당시의 정황을 전하고 있다.

> 왕응린이 다음과 같이 말하였다. "정강성鄭康成은 비직費直의 『역』을 배워 『역주易注』 9권을 지었다.…… (왕학의 본거지인) 강좌江左에서도 (처음에는) 정현의 학과 왕필의 학이 병립하였다. 순숭荀崧[16]이 말하기를, '정강성의 책은 (역학의) 근원이다. 그런데 안연지顔延之[17]가 좨주祭酒[18]가 되어 정학을 축출하고 왕학을 세웠다'라고 하였다. 제齊나라 육징陸澄이 왕검王儉에게 보낸 편지에서 말하기를, '『역』은 상구商瞿 이후로 비록 이가異家의 학이 있었으나 한결같이 상수象數를 근본으로 하였다. 몇 년 뒤에 바로 왕필의 설이 나왔다'라고 하였다. 왕제王濟가 말하였다. '왕필의 해석에 틀린 것이 많다. 어찌 선유先儒의 설을 갑자기 폐기할 수 있겠는가? 오늘날 만약 유가儒家의 도道를 널리 펴고자 한다면 정현의 주注를 폐지해서는 안 된다. 하북의 여러 유학자들은 (원래) 정현의 역설을 오로지 중심으로 삼았지만, 수隋나라가 일어남에 학자들이

---

15) 晁說之(1059~1129): 북송의 경학가. 字는 以道. 號는 景迂. 司馬光에게 『太玄經』을 전수받았으며, 邵雍의 제자 楊賢寶에게 역학을 배움. 六經에 불가, 도가, 법가 등의 설이 섞여 있어 순전하지 않다는 견해를 갖고 있었으며, 이에 근거하여 육경을 연구할 때는 회의적 관점으로 문헌비평이 필요하다고 주장하였다.(최석기, 『중국경학가사전』, 경인문화사, 2002, p.207)

16) 荀崧(262~328): 晉나라 때 경학가로서 江左의 학자이다. 晉문제 때 정현의 주역, 의례, 춘추공양전, 춘추곡량전에 박사 한 사람씩을 세울 것을 상소하였으나 실행되지 못하였다. 『晉書』(卷75)에 「荀崧傳」이 있다.(최석기, 『중국경학가사전』, 경인문화사, 2002, p.91)

17) 顔延之(384~456): 중국 六朝時代 宋나라의 문인, 陶淵明과의 친교로 유명하다.

18) 祭酒: 饗宴 등의 행사에 앞서 먼저 술로 땅에 제사지내는 예를 치렀는데, 이 일을 맡은 나이가 많고 덕망이 높은 尊長子를 가리킨다. 이로부터 學政의 우두머리를 일컫는 말로 쓰이게 되었다.

왕필의 학을 흠모하여 결국 (왕필이) 중원中原의 사표師表가 되었다.' 이는 조열지晁說之가 개탄한 바이다."[19]

앞서 인용된 두 글을 통해 우리는 왕학王學과 정학鄭學에 대한 후세의 평가가 상반됨을 알 수 있다. 우선 왕제王濟는 왕필의 주注에 오류가 많음을 지적하면서 정현의 주를 폐지함이 옳지 않다고 주장하였고, 북송의 조열지晁說之(1059~1129)도 역시 왕필을 중원의 사표로 떠받드는 세태를 개탄한 바 있다. 그러나 이와는 정반대로 공영달은 왕필의 역주에 대하여 "독관고금獨冠古今"이라는 찬사를 바치고 있다. 이 때문에 다산은 공영달이 그 학식의 심오함과 정밀함에 있어서 "천고에 독보적인 존재"(獨步千古)였음을 인정하면서도 그가 전대前代에 확립된 권위만을 무비판적으로 추종하는 한계를 벗어나지 못했다고 평가한다. 공영달의 시대에는 이정조의 『주역집해』에 수록되어 있는 36가家의 역설이 고스란히 남아 있었기 때문에, 그것만 정밀하게 고찰하였더라도 왕필을 정학正學으로 추존하는 데까지 이르지는 않았을 것이라는 것이 다산의 견해이다.[20] 다산은 왕필을 혹평하여 말하기를, 한대漢代와 진대晉代에 걸쳐 역학자가 수백 명이 넘지만 그 중에서도 가장 형편없는 자가 왕필이라고 평하고 있다. 다산은 「한위유의론」에서 공영달에 대한 불만을 노골적으로 드러낸다.

공영달은 깊은 학문으로 왕필의 천박함을 충분히 알 수 있었는데도 지금 왕필의 주注에 대하여 소疏를 지었으며 왕필을 추존하여 심지어 그의 학學을 "독관고금獨冠古

19) "王應麟云, 鄭康成, 學費氏易, 爲注九卷,……江左, 鄭學與王學並立. 荀崧謂, '康成書根源. 顔延之爲祭酒, 黜鄭置王'. 齊, 陸澄, 「貽王儉書」云, '易自商瞿之後, 雖有異家之學, 同以象數爲宗. 數年後, 乃有王弼之說', 王濟云, '弼所誤者, 多. 何必能頓廢先儒? 今若弘儒, 鄭注不可廢. 河北諸儒, 專主鄭氏, 隋興, 學者慕弼之學, 遂爲中原之師'. 此, 景迂晁氏所慨歎也."(「鄭康成易注論」, 『易學緖言』, 『定本』 第17卷, p.54)

20) "孔穎達之時, 『集解』所錄三十六家易說, 具存. 以若精識, 必不至以王輔嗣爲正學."(「孔疏百一評」, 『易學緖言』, 『定本』 第17卷, p.111)

今"이라고까지 말하니, 어떻게 이런 잘못을 범한 것인가? (이정조의) 『주역집해』에 거론된 36가家가 비록 모두 장단점이 있겠으나 왕필의 역에 비교한다면 모두 (높은) 다락 위에 오를 만한 것인데, 오호라! 이 무슨 말인가?[21]

공영달은 기존에 확립된 권위만을 무비판적으로 추종하였으므로 그 주석에 있어서도 종종 일관성을 상실하는 결과를 낳았다. 따라서 사람들은 공영달에 대하여 "(같은 사안에 대하여) 이 경우와 저 경우의 해석이 서로 다르다"(彼此互異)라고 비난하기에 이르렀다.[22] 예컨대, 공영달은 『예기』의 소疏에서는 정현을 성사聖師로 여겨 그 잘못까지도 비호하더니, 『상서』와 『주역』의 소를 지을 때에는 오히려 매색梅賾의 상서 해석과 왕필의 주역 해석만을 존중하여 떠받들면서 정현의 해석을 곁가지(旁支) 혹은 이단으로 배척하는 모순적인 태도를 보였다.[23] 그 결과 공영달은 매색의 『상서』가 위작僞作임을 알면서도 옹호하였고, 『주역』에 있어서도 왕필의 과오를 알면서도 "거직조왕擧直錯枉"하지 않고 오히려 "거왕조직擧枉錯直"하는 태도를 보였던 것이다.[24]

---

21) "孔氏邃學, 足知王氏之陋, 而今以撰疏之, 故推尊王氏, 至謂之'獨冠古今', 何其謬也? 『集解』所列三十六家, 雖胥有得失, 而較諸王氏之易, 皆足以臥於樓上. 嗚呼, 是何說也?"(「漢魏遺義論」, 『易學緖言』, 『定本』 第17卷, pp.79~80)

22) 皮錫瑞 저, 李鴻鎭 역, 『중국경학사』, 형설출판사, 1995, p.158.

23) 다산은 공영달의 이러한 태도에 대해서 오히려 옹호하는 태도를 드러내기도 한다. "孔穎達의 眞情이 여기서 드러난다. 經을 주석하는 예는 오직 옳은 것을 따라서 주석할 뿐이다. 옳은 것이 鄭氏이면, 鄭氏를 존중하고, 옳은 것이 梅氏이면 梅氏를 존중하니, 法例가 본래 그러한 것이다. 공영달을 허물할 것이 없다."(孔氏之眞情, 於是乎發見矣. 疏經之例, 唯注是順, 是鄭則尊鄭, 是梅則尊梅, 法例本然, 不可以咎孔也.: 「孔疏百一評」, 『易學緖言』, 『定本』 第17卷, p.118)

24) "孔穎達, 邃學精識, 獨步千古, 唯其撰疏之法, 奉注爲經, 無敢置疑. 於『書』, 則明知梅賾之僞, 而訟贗爲眞. 於易, 則明知王弼之謬, 而擧枉措直. 方其禮疏之撰進也, 以鄭爲聖, 曲護其失; 而至撰書易之疏, 斥鄭爲旁支, 擯鄭爲異端, 唯梅與王, 是尊是崇, 豈不惜哉!,"(「李鼎祚集解論」, 『易學緖言』, 『定本』 第17卷, p.52)

3. 왕필 역학의 전승과정

왕필 역학의 계승자로 나선 것은 이른바 "강남의소江南義疏 십유여가十有餘家"였다. 왕필의 주注는 하북지역에서는 행해지지 않았기 때문에 주로 강남의 학자들에 의해 연구되어졌다. 공영달은 『주역정의』「서」에서 저씨楮氏·장씨張氏·하씨何氏·장씨莊氏·주씨周氏 등의 주석가들을 거론하고 있는데, 이들이 바로 "강남의소 십유여가"이다.[25] 공영달은 이들이 구체적으로 누구를 가리키는지 밝히지는 않았는데, 청대의 마국한馬國翰은 『옥함산방집일서玉函山房輯佚書』에서 이들에 대한 고증을 시도하고 있다. 그에 따르면, 주씨周氏는 진陳의 주홍정周弘正[26]이고 저씨褚氏는 양梁의 저중도褚仲都[27]이며 장씨張氏는 진陳의 장기張譏[28]이고 하씨何氏는 수隋의 하타何妥[29]를 가리키는데, 다만 장씨莊氏에 대해서는 알 수가 없다.[30] 이들의 역학은 하안何晏(?~249)과 마찬가지로 왕필의 현학을 계승하면서 동시에 상수역의 내용을 겸하고 있다는 데 그 특색이 있다. 강남의소는 기본적으로는 도가의 현허玄虛의 이념을 숭상하였지만, 때로는 주내공住內空·주외공住外空과 능취能取·소취所取 등의 불교적 해석도

25) "論曰, 江南義疏, 十有餘家者, 王註之義疏也. 楮氏·張氏·何氏·莊氏·周氏之等, 今孔氏『正義』, 時有提掇, 卽所謂江南義疏也."(「漢魏遺義論」, 『易學緖言』, 『定本』 第17卷, p.80)

26) 周弘正: 南朝의 陳나라의 경학가. 저서로는 『周易講疏』, 『論語疏』, 『莊子疏』, 『老子疏』 등이 있다.

27) 褚仲都: 남북조시대 남조 梁나라의 경학가로 天監 年間(502~519)에 오경박사를 지냄. 저서로 『周易講疏』, 『論語義疏』가 있다.(최석기, 『중국경학가사전』, 경인문화사, 2002, p.188)

28) 張譏: 남북조시대 남조 陳나라의 경학가로 國子博士 등을 지냄. 저서로 『周易張氏講疏』, 『周易義』, 『老子義』, 『莊子義』 등이 있다.(최석기, 『중국경학가사전』, 경인문화사, 2002, p.176)

29) 何妥: 隋나라의 경학가로 北周에서 태학박사를 지내고, 수나라에서 國子祭酒를 지냄. 저서로 『周易講疏』 등이 있었으나 모두 없어졌다. (최석기, 『중국경학가사전』, 경인문화사, 2002, p.253)

30) "正義稱何氏, 其說每與張氏周氏褚氏莊氏並引, 莊氏不詳何人, 周爲周弘正, 張爲張譏, 褚爲褚仲都, 何卽何妥."(馬國翰, 『玉函山房輯佚書』, 文海出版社. 臺灣, 1967, p.250)

혼용하고 있다. 따라서 다산은 「왕보사역주론」에서 주씨周氏·저씨褚氏·장씨張氏·장씨莊氏 등을 '이석교해以釋敎解' 즉 불교의 관점에서 역주易注한 인물들로 거론하고 있다. 공영달은 현허의 이념을 숭상(辭尙玄虛)하는 강남 학자들의 해석이 들뜨고 허망한 것이 많다고 비판하면서도, "그 모범을 제시하고 준칙을 세운다"(垂範作則)는 도덕적 규범의 측면에서는 그 필요성을 인정하고 있다. 이처럼 공영달은 강남 학자들의 도가적 학풍에 관해서는 비판과 동시에 수용하는 양가적兩價的 태도를 보이고 있으나, 불교적 관점을 혼용하는 것에 대해서는 단호하게 거부의 태도를 보이고 있다. 『주역정의』 「서」를 통해 강남의소에 대한 공영달의 태도를 살펴보기로 하자.

> (왕필을 계승한) 강남지역의 의소義疏에는 10여 가가 있는데, 모두 그 언사가 현허를 숭상하여 해석이 들뜨고 허망한 것이 많다. 대저 역리易理도 원래 궁구하기가 어렵거니와, (이들이) 비록 거듭 "현지우현玄之又玄"하기는 하였지만 모범을 보이고(垂範) 원칙을 제시함(作則)에 이르러서는 곧 이런 해석(是)이 있기에 가르침(敎)이 있는 것이다. 그렇지만 주내住內·주외住外의 공空과 능취能取·소취所取의 설說의 경우, 이는 그 뜻이 석씨釋氏와 교섭하는 것이고 공문孔門의 가르침이 되지 못한다.[31]

공영달은 강남의소에 나오는 "주내·주외"의 공空과 "능취·소취"의 설說은 석가로부터 나온 것이지 결코 공자의 가르침은 될 수 없다고 보고 있다. 그렇지만 도가적 해석은 허용하면서도 불교적 해석은 용납하지 않는 공영달의 태도는 이중적 기준을 적용하고 있다는 비판으로부터 자유롭기 힘들 것이다. 왜냐하면 『역경』에 대한 도가적 해석이 불교적 해석보다 상대적으로 덜 이단적이라는 견해는 아무런 타당성도 갖고 있지 않기 때문이다. 그러므로 다산은 공영달이 왕필을 비난하지 않은 채로 오직 강남의 현학가들만을

31) "江南義疏, 十有餘家, 皆辭尙虛玄, 義多浮誕. 原夫易理難窮, 雖復玄之又玄, 至於垂範作則, 便是有而敎有. 若論住內住外之空, 就能就所之說, 斯乃義涉於釋氏, 非爲敎於孔門也."(「漢魏遺義論」, 『易學緖言』, 『定本』 第17卷, p.80)

비난하고 있는 것은 결코 공정한 논평(公論)이라고 할 수는 없을 것이라고 강한 어조로 비판한다. 강남 학자들이 신비적이고도 허무적인 담론을 즐긴 것(辭尙玄虛)은 사실이지만, 왕필을 스승으로 받들었던 제자들이 그 스승을 모방한 것은 어찌 보면 당연한 일이 아니었겠는가?[32] 왜냐하면, 선생부터 잘못을 범하고 있을 때 그 제자들이 허물을 피한다는 것은 결코 쉽지 않기 때문이다. 그러면 다산의 공영달 비판의 관점을 들어 보기로 하자.

> "강남의소江南義疏 십유여가十有餘家"란 왕필의 주註에 대한 의소義疏이다. 저씨楮氏·장씨張氏·하씨何氏·장씨莊氏·주씨周氏 등이 지금 공영달의 『주역정의』에서 때때로 인용되고 있는데, (이것이) 바로 이른바 "강남의소"인 것이다. 내가 보기에 왕필의 주는 전적으로 노자를 활용하고 있다. 예컨대 건괘乾卦를 논하면서 천天의 유형有形함을 천이 사물에 얽매인 것(物累)이라고 하였고, 복괘復卦를 논하면서 고요히(寂然) 무無로 돌아감을 천지지심天地之心이라 하였다. 그 밖의 여러 설들도 역시 모두 '자검慈儉', '유약柔弱', '남과 더불어 다투지 않음'(不與物爭), '남보다 앞서려고 하지 않음'(不爲人先) 등의 설을 대역大易의 종지로 삼았다. 선생이 이러하니 그 제자가 어찌 오류를 면할 수 있겠는가! 공영달의 말에서 "사상현허辭尙玄虛"라는 것은 왕보사王輔嗣의 허물이지 (의소를 지은) 여러 유생들의 죄가 아니다. 석가에 가까우면 이단이 되고, 노자에 의거하면 유독 도道를 어지럽히지 않는다는 것이 된다는 말인가? (따라서 공영달의 말은) 공정한 논평(公論)이라고 할 수 없다.[33]

공영달은 『주역정의』를 편찬하면서 강남의소의 도가적 "해석이 들뜨고 허황된 것이 많다"(義多浮誕)는 이유로 취하지 않았고, 오로지 그가 "독관고금獨

32) 皮錫瑞 저, 李鴻鎭 역, 『中國經學史』, 형설출판사, 1995, p.160

33) "論曰, '江南義疏, 十有餘家'者, 王註之義疏也. 楮氏·張氏·何氏·莊氏·周氏之等, 今, 孔氏正義, 時有提援, 卽所謂'江南義疏'也. 以餘觀之, 王氏之註, 專用老子. 論乾卦, 則以天之有形, 爲天之物累. 論復卦, 則以寂然反無, 爲天地之心. 其餘諸說, 亦皆以慈儉, 柔弱, 不與物爭, 不爲人先, 爲大易之宗旨. 先生如此, 弟子安得免矣. '辭尙玄虛'者, 輔嗣之咎, 非諸生之罪也. 近於釋氏, 則爲異端, 依於老氏, 獨非亂道乎? 不可曰, 公論也."(「漢魏遺義論」, 『易學緖言』, 『定本』 第17卷, p.80)

冠古今"이라고 평한 바 있는 왕필의 주를 근본으로 삼았다. 그리고 왕필이 주를 남기지 않은 「계사전」, 「설괘전」, 「서괘전」, 「잡괘전」 등에 관해서는 한강백韓康伯(332~380)의 소疏로써 보충하였다. 한강백은 동진東晉시대의 인물로서 왕필(226~249)을 사숙한 제자이다. 공영달은 「계사전」의 '대연大衍' 장에 대한 소疏에서 한강백이 왕필로부터 직접 수업을 받았다(韓氏親受業於王弼, 承王弼之旨, 故引王弼云, 以證成其義)고 기록하고 있으나, 두 사람의 생존연대를 비교해 볼 때 이것은 불가능하다. 다산은 한강백의 역학이 전적으로 왕필 역학을 답습하고 있기 때문에 괘효사의 해석에 있어서 아무런 독창적인 해석이 없다고 폄하하고 있다. 다산의 관점에서 본다면, 한강백에게는 독창성이 결여되어 있을 뿐 아니라 도가적 해석과 유가적 해석을 뒤섞어 수사洙泗의 원류源流를 혼탁하게 만든 중대한 과오가 있다. 다산은 「한강백현담고」에서, 송宋의 진단陳摶과 양시楊時(1053~1135) 등에 의하여 전개된 혼융적 해석의 기원도 소급한다면 왕필과 한강백의 도가적 해석에까지 거슬러 올라갈 수 있음을 상기시키고 있다.

> 한강백이란 인물은 왕필의 제자이다. (한강백은 왕필이 주해하지 않은) 「계사전」(大傳)을 주석하였으나, 괘상과 효상의 의미에 있어서는 하나도 발명한 바가 없다. 역설易說을 끌어다가 노장老莊과 결부시켜서 노장의 현허충막玄虛沖漠한 학술을 밝히고자 하였다. 아울러 (유불도) 삼교三敎의 논지를 혼합하여, 아주 옛날부터 하나(千古一轍)라는 것을 입증하고자 하였다. 지금 여기서는 열 가지 중에서 그 한둘을 예로 든 것일 뿐이지만, 그 취지가 분명함이 이와 같다. 그 학술은 오로지 태극太極을 도체道體의 대본大本으로 삼고, 청정무위淸淨無爲와 좌망유조坐忘遺照[34]를 마음을 다스리는 오묘한 도리로 간주하였다. (송대에) 희이希夷[35] 진단陳摶이 그린 흑백도黑白圖[36]의 그

34) 坐忘遺照: 『莊子』 「大宗師」편에 나오는 말로서, 고요히 앉아 그 비춰보는 바의 생각을 잊는 것을 뜻한다.

35) 希夷: 陳摶의 號.

36) "黑白之圖"란 진단의 「太極圖」를 위시한 여러 圖象을 가리키는 말이다.

원류가 여기에 있으며, 양귀산楊龜山[37]의 반관지학反觀之學의 인증印證이 여기에 있다. 수사洙泗의 물길을 되돌려서 진흙탕으로 바꾸니, 그 도도한 물결을 되돌릴 길이 없다. 만약 그 기원을 찾는다면 왕필과 한강백이 있을 따름이다.[38]

왕필과 한강백에 의해 도가적 역학 해석이 유행하게 됨에 따라 초래된 중요한 변화는, 의리학이 더욱 발전하게 된 반면에 상수학은 퇴조하게 되었다는 사실에 있다. 공영달은 『주역정의』에서 왕필과 한강백의 역주를 중심으로 논지를 전개하면서 의리파의 역학 이념을 전면에 내세웠다. 공영달이 『주역정의』의 「서」에서, "먼저 왕보사王輔嗣로써 근본을 삼아, 그 화려함을 버리고 그 실속을 취한다"(先以輔嗣爲本, 去其華而取其實)라고 한 것도 이러한 사정을 말하는 것이다. 그러나 공영달의 역학은 의리학의 요소뿐만 아니라 상수학의 요소도 포함하고 있으며, 도가적 해석과 유가적 해석의 과도기적인 단계에 위치하고 있다. 그런데, 남송 때에 이르러 『십삼경주소十三經注疏』가 공영달의 『오경정의五經正義』를 위주로 편찬됨에 따라 왕필과 한강백의 주만이 정설로 채택되고 여타 학자들의 역설은 모두 폐기되기에 이르렀다. 그 결과 오직 왕필의 역학만이 독점적으로 후세에 전수되게 되었으니, 다산은 이야말로 "우리 유학의 액운"(吾道之厄運)이라고 한탄하고 있다.[39] 그러나 공영달의 『주역정의』 이후에 나온 최경崔憬의 『역탐현易探玄』에서는 천지만물이 괘효와 괘상을 통해서 표현된다고 봄으로써 상수파의

---

37) 楊龜山(1053~1135): 北宋의 학자인 楊時를 가리킨다. 字가 中立. 만년에 龜山에 은거하면서 龜山先生이라 일컬어졌다. 謝良佐·遊酢·呂大臨과 더불어 程門四先生이라 불렸다.(최석기, 『중국경학가사전』, 경인문화사, 2002, p.101)

38) "韓康伯者, 王弼弟子也. 其注「大傳」, 凡卦象·爻象之義, 一無所發明. 意欲引易, 以合於老莊, 以證其玄虛沖漠之學, 與屠隆混合三敎之論, 千古一轍. 今十擧一二已, 公然如此矣. 其術專以太極, 立爲道體之大本, 而淸淨無爲, 坐忘遺照, 爲治心之妙詮. 希夷黑白之圖, 其源頭在是, 而龜山反觀之學, 其印證在是矣. 回洙泗而改塗流, 濤瀾而莫收, 苟求其首, 王韓有焉."(「韓康伯玄談考」, 『易學緖言』, 『定本』 第17卷, p.106)

39) "漢·晉說易之家, 不下百數. 而其最無狀者, 王弼. 至於後世, 諸家盡廢, 唯王學獨傳, 斯亦吾道之厄運."(『周易四箋 II』, 『定本』 第16卷, p.278)

역학에 근거하여 입론을 펼치고 있다. 그리고 이정조의 『주역집해』에서는 한역漢易 상수파의 주석을 수집하는 한편, 공영달의 편벽된 태도를 규탄하고 귀무貴無의 도가적 이념으로써 『역』을 해석한 왕필의 태도를 부정하기에 이르렀던 것이다. 우리는 이러한 사실을 통해 당대唐代에는 상수학파와 의리학파의 역학이 서로 충돌하면서 공존하였음을 알 수 있다.

4. 왕필 역학의 해석방법론에 대한 비판

왕필은 한대의 상수학象數學에 맞서서 현학의 의리학義理學을 제창하였는데, 그가 상수학에 대항하기 위해 동원한 방법론적 전략은 소위 득의망상설得意忘象說이었다.[40] 그가 『주역약례周易略例』「명상明象」에서 전개하고 있는 득의망상설은 장자莊子의 득의망언得意忘言의 개념을 발전적으로 역학 해석에 적용시킨 산물로서, 「계사전繫辭傳」의 "서부진언書不盡言, 언부진의言不盡意"에 그 이론적 근거를 두고 있다. 그는 역학 이해의 방법으로 ① "언어를 통해서 상을 관찰한다"(尋言以觀象), ② "상을 통해서 의미를 관찰한다"(尋象以觀意), ③ "상을 얻었으면 언어를 잊어도 된다"(得象而忘言), ④ "의미를 얻었으면 상을 잊어도 된다"(得意而忘象) 등의 명제를 제시하고 있다. 언言·상象·의意는 각각 괘효사卦爻辭·괘효상卦爻象·괘효의卦爻意라는 역학 해석의 3요소에 해당되는 것인데,[41] 왕필은 역 해석의 궁극적 목적으로 득의得意의 중요성을 특별히 강조하고 있다. 상象의 이해는 의미 획득을 위한 수단이기는 하지만, 수단은 목적에 도달한 뒤에는 버려져야 한다. 즉, 왕필은 "상에 집착하는

40) 田漢雲, 『六朝經學與玄學』, 南京出版社, 2003, p.247.
41) 윤석민, 「왕필『주역주』해경방법론과 그 연원에 관하여」, 『동양철학』 제26집, 한국동양철학회, 2006, p.195.

자는 의미를 얻지 못한다"(存象者, 非得意者也)라는 명제와 "상을 잊은 자는 바로 의미를 얻은 자이다"(忘象者, 乃得意者也)라는 명제를 통해 상象은 의미 획득을 위한 수단에 불과하다는 것을 강조하고 있다. 의미(意)와 상象의 관계는 마치 불교에서 말하는 달과 손가락의 관계와도 같아서, 달을 가리키기 위해 손가락을 사용하지만 일단 달을 본 뒤에는 손가락은 잊혀야 하는 것과 같다. 그러면 왕필이 『주역약례周易略例』 「명상明象」에서 서술하고 있는 득의망상설得意忘象說에 대해 알아보기로 하자.

> 상象은 의미(意)를 드러내는 것이고, 언어(言)는 상象을 분명하게 하는 것이다. 의미를 표현하기 위한 수단으로는 상보다 더 나은 것이 없고, 상을 표현하기 위한 수단으로는 언어만한 것이 없다. 언어는 상에서 생겨나므로, 언어를 통해서 상을 관찰한다. 상은 의미에서 생겨나므로, 상을 통해서 의미를 관찰한다. 의미는 상을 통해 완벽하게 드러나고, 상은 언어를 통해 드러난다. 그러므로 언어란 상을 밝히기 위한 수단일 뿐이니, 상을 얻었으면 언어를 잊어도 된다. 상이란 의미를 간직하기 위한 수단일 뿐이니, 의미를 얻었으면 상을 잊어도 된다. 이는 마치 올무는 토끼를 잡기 위한 도구에 불과하므로 일단 토끼를 잡았으면 올무를 잊어버려도 되고, 통발은 물고기를 잡기 위한 도구에 불과하므로 일단 물고기를 잡았으면 통발을 잊어버려도 되는 것과 같다. 그러므로 언어란 상의 올무(蹄)이고 상이란 의미의 통발(筌)이다. 언어에 집착하는 자는 상을 얻지 못하고, 상에 집착하는 자는 의미를 얻지 못한다. 상은 의미에서 생겼으니 상을 얻었으면 간직해야 할 것은 그 상이 아니요, 언어가 상에서 나왔으니 언어를 얻었으면 간직해야 할 것은 그 언어가 아니다. 그러므로 상을 잊은 자는 바로 의미를 얻은 자이며, 언어를 잊은 자는 상을 얻은 자이다. 의미를 얻음은 상을 잊음에 있고, 상을 얻음은 의미를 잊음에 있다. 그러므로, 상을 세워서 의미를 남김없이 표현하되 상은 잊을 수 있어야 하고, 획畫을 겹쳐서 정情을 남김없이 표현하되 그 획을 잊을 수 있어야 한다.[42]

42) "夫象者, 出意者也. 言者, 明象者也. 盡意莫若象, 盡象莫若言. 言生於象, 故可尋言以觀象. 象生於意, 故可尋象以觀意. 意以象盡, 象以言著. 故言者所以明象, 得象而忘言. 象者, 所以存意, 得意而忘象. 猶蹄者所以在兎, 得兎而忘蹄. 筌者所以在魚, 得魚而忘筌也. 然則, 言者, 象之蹄也. 象者, 意之筌也. 是故, 存言者, 非得象者也. 存象者, 非得意者也. 象生於意 而存象焉, 則所存者乃

왕필은 의미(意)와 상象의 대응관계는 인정하지만, 양자 사이의 필연적 일치를 주장하고 있지는 않다. 「설괘전說卦傳」에 따르면 건장함(健)과 말(馬)의 의미에 상응하는 것은 건乾의 상이며, 유순함(順)과 소(牛)의 의미에 상응하는 것은 곤坤의 상이다. 말은 건장한 동물이고 소는 유순한 동물이기 때문에, 말/건장함은 건乾의 상에 함께 묶이고 소/유순함은 곤坤의 상에 함께 묶인다. 그렇지만 왕필의 관점에서 본다면 상이란 어차피 의미를 드러내기 위해 사용되는 수단에 불과하기 때문에, 그 의미만 드러낼 수 있다면 어떤 상을 취하든 상관이 없다. 즉 건장함이라는 의미만 충족시킬 수 있다면 건乾 이외의 어떤 괘라도 말(馬)을 상징하는 것으로 삼을 수 있다. 마찬가지로 유순함/소라는 의미가 반드시 곤坤의 괘상에만 대응되어야 할 아무런 필연성도 없다. 따라서 왕필은 괘효사의 의義를 파악하면 더 이상 언言과 상象에 구애될 필요가 없다고 본다. 왕필은 역학 해석의 본지가 상을 잊음으로써 그 의미를 구해야 함(忘象以求其意)에 있다고 하면서, 한대의 역학은 상만 남고 그 뜻은 잊어버린 존상망의存象忘義의 잘못을 저질렀다고 비판하였다.[43]

그러나 주자는 일찍이 이러한 왕필의 득의망상론得意忘象論이 상의 본질적 의의를 훼손시키는 것이라고 비판한 바 있다. 주자의 왕필 비판의 관점은 다산에 의해서도 그대로 수용되고 있으므로, 다산의 관점을 고찰하기 전에 먼저 주자의 왕필 비판에 대해 살펴보기로 하자.

주자가 다음과 같이 말했다. "왕필은 '그 뜻이 진실로 건장함(健)에 상응한다면 어찌 반드시 건乾만이 말(馬)이 되겠으며, 효爻가 참으로 유순함(順)에 부합한다면 하필 곤坤만이 곧 소(牛)가 되겠는가'라고 하였지만, 이런 발언의 뜻을 잘 따져 보면 곧

非其象也. 言生於象而存言焉, 則所存者乃非其言也. 然則, 忘象者, 乃得意者也. 忘言者, 乃得象者也. 得意在忘象, 得象在忘言. 故立象以盡意, 而象可忘也. 重畫以盡情, 而畫可忘也."(『周易略例』, 「明象」; 왕필 저, 임채우 역, 『주역 왕필주』, 도서출판 길, 2008, pp.630~631)

43) 왕필 저, 임채우 역, 『주역왕필주』, 도서출판 길, 2008, pp.652~654.

『주역』에서 상象을 취함이 유래한 바가 없게 되어 단지 『시경』에서 쓰이는 비比·흥興의 체體나 『맹자』에 나오는 비유와 같은 것이 될 따름이다. 그렇다면 「설괘전」의 제작이 『주역』과 무관한 것이 될 것이며, (「계사전」의) '가까이는 몸에서 취하고, 멀리는 사물에서 취한다'라는 말도 또한 쓸데없는 이야기가 될 것이다."[44]

위의 인용문에서 주자는 왕필의 득의망상론이 「계사전」에서 언급한 "근취저신近取諸身, 원취저물遠取諸物"이라는 취상取象의 근본원리와 어긋난다는 것을 주장하고 있다. 왕필의 관점을 따른다면 상象이란 그저 대상을 표현하기 위해 동원된 비유에 불과한 것이 되고 말 것이기 때문에, 이 경우 상象의 의미가 반드시 대상으로부터 유래되어야 할 필연성은 소멸되어 버리고 말 것이다. 즉 대상을 모사하고 그 대상을 대표하거나 상징하는 상象의 기호로서의 본질적 기능은 무시되어 버리고, 상象이란 상상력에 의해 아무렇게나 만들어질 수 있는 것이 되고 말 것이다. 다산은 『주역사전』의 「계사전」의 주에서 "주자의 말씀이 엄정하다"(朱子之說, 嚴矣)라는 말로써 주자의 관점에 적극적으로 찬동하면서 다음과 같이 주장하고 있다.

주자의 말씀이 엄정하다. 대저 10벽괘辟卦가 추이하지 않으면 물상物象이 부합하지 않고, (효변을 적용하지 않아) 육효六爻가 변하지 않게 되면 물상이 부합하지 않으며, 호체互體를 활용하지 않으면 물상이 부합하지 않거니와, (한대의) 순구가荀九家의 역설에서는 육효가 변하지 않기 때문에 비록 나머지 여러 방법을 갖추고는 있으나 물상이 부합하지 못하는 것이다. 이에 왕보사나 한강백이 (「설괘전」의) 물상에 따르지 않고 노장의 현의玄義를 전적으로 채용함에, 『주역』을 해석하는 여러 방법들이 모두 폐기되어 「설괘전」(의 물상)도 또한 적용되지 않게 된 것이다.[45]

---

44) "朱子曰, 王弼以爲義苟應健, 何必乾乃爲馬, 爻苟合順, 何必坤乃爲牛, 觀其意, 直以易之取象, 無所自來, 但如詩之比興, 孟子之譬諭而已. 如此, 則是說卦之作爲無與於易, 而'近取諸身, 遠取諸物, 亦賸語矣."(『周易四箋 II』, 『定本』 第16卷, p.296)

45) "朱子之說, 嚴矣. 大抵, 十辟不推, 則物象不合. 六爻不變, 則物象不合. 互體不用, 則物象不合. 而九家之易, 六爻不變, 故諸法雖備, 而物象不合. 於是, 王輔嗣·韓康伯, 不以物象, 而全用老莊

다산의 관점에서 본다면, 왕필이 물상을 폐기하게 된 것은 결국 괘변·효변·호체 등의 이론에 대하여 무지했기 때문이다. 이 방법론들은 서로 밀접하게 연관되어 있어서, 어느 하나라도 결여되면 괘사에 대한 정확한 해석을 도출해 낼 수 없다. 예컨대 한대의 순구가荀九家도 다른 방법은 알았으나 효변에 대해서 몰랐기 때문에 정확한 물상 해석을 이끌어 내지 못했다. 순구가의 실패는 상수학적 방법론에 대한 신뢰를 전반적으로 약화시켰고, 결국 왕필이 나와서 이를 폐기하기에 이르렀다. 즉 왕필은 상수학의 중요방법론인 ① 괘변卦變, ② 효변爻變, ③ 호체互體, ④ 물상物象, ⑤ 교역交易, ⑥ 변역變易, ⑦ 반대反對, ⑧ 반합牉合의 이론을 모두 폐기하였다. 이 중에서 ① 괘변, ② 효변, ③ 호체, ④ 물상은 다산의 역학 해석을 위한 4대 방법론에 속하는 것이며, ⑤ 교역, ⑥ 변역, ⑦ 반대는 소위 다산의 삼역지의三易之義에 속하는 것이다. 다산은 ①~④를 핵심적 방법론으로, ⑤~⑦을 보조적 방법론으로 사용하였지만, 왕필은 이를 모두 배척하였다.[46] 물상과 관련해서 왕필은 8괘의 물상 자체를 부정한 것은 아니었으나, 「설괘전」에서 설명된 8괘의 의미를 괘효사에 적용해서 일치하는 해석을 얻어내는 데 실패하였기 때문에 괘효사의 내재적 의미를 문맥 속에서 파악하는 방식을 채택하였다. 다산은 「이정조집해론」에서 자신이 왕필에 반대할 수밖에 없는 이유를 다음과 같이 열거하고 있다.

『주역』은 진화秦火를 모면하여 경문經文에 누락된 것이 없다. 『한서』에 논한 것에 의거한다면, 상구商瞿 이래 그 (전승의) 사승師承관계가 단절되지 않았으며, 순구가荀九家에 이르러 그 명성이 화려하게 꽃피었다. (그러므로) 그 훈고訓詁와 의리義理에는

之旨, 諸法悉廢, 而「說卦」亦不收矣."(『周易四箋 II』, 『定本』 第16卷, p.296)

46) 物象과 관련해서 왕필은 8괘의 물상 자체를 부정한 것은 아니었으나, 「설괘전」에서 설명된 8괘의 의미를 괘효사에 적용해서 일치하는 해석을 얻어내는데 실패하였기 때문에, 괘효사의 내재적 의미를 문맥속에서 파악하는 방식을 채택하였다. (구미숙, 「왕필의 득의망상에 관한 연구」, 『대동철학』제42집, 대동철학회, 2008, p.24)

오류가 없어야 마땅하지만, 어찌 된 일인지 전수받은 것이 각각 다르고 그 주장하는 바가 서로 어긋나게 되어 견강부회와 천착이 심해져서 (그 이론이) 잘게 부서지고 뒤얽히니, 진실로 후세에 하나의 통일적 계통을 수립하기에는 부족하였다. 그러나 다른 한편으로 보면, 역학의 여러 갈래를 통해 탐구한다면 그 문호가 많아서 심오한 진리를 통달할 수도 있었을 것이다. 그런데, 역학의 불행은 이른바 왕필이라는 자가 나와 사적私的인 의견과 얄팍한 지혜를 일으켜서 백가百家를 소탕해 버렸다는 데 있으니, 무릇 상구商瞿 이래로 전승되어 내려온 설들은 모두 없어져 버리게 된 것이다. (왕필은) 괘변卦變・효변爻變・호체互體・물상物象의 이론을 제거하였을 뿐만 아니라, 교역交易・변역變易・반대反對・반합牉合 등의 설을 제거하였다. (이렇게 해서) 여러 갈래의 묘妙한 물길(竇)을 막아 버리는 한편 (다른 한편으로) 온통 혼탁한 것 밖에 없는 원천을 열어 젖혀서 은밀히 그 현허충막지학玄虛沖漠之學을 퍼뜨리니, 세상을 혼탁하게 하고 (잘못된 학설을) 지극한 학설이라고 받들고 있으니 어찌 탄식하지 않겠는가![47]

그러나 왕필의 상수학 배제는 결코 성공할 수 없었다. 다산은 그 증거로 괘변의 예를 들고 있다. 즉, 왕필은 괘변을 부정하고 이를 제거하려고 했으나 비괘賁卦의 주에 가서는 갑자기 괘변으로써 해석하고 있으니, 이것은 사의私意로써 괘변을 없앨 수 없음을 보여 주는 사례라는 것이다.[48] 사실 왕필이 괘변설에 따라 비괘賁卦의 「단전」을 해석하고 있음은 다산 이전에도 송대의 경학가 주진朱震(1072~1138)이 이미 지적한 바 있다.[49] 왕필의 한대

---

47) "『周易』免於秦火, 經文無缺. 據漢書所論, 商瞿以降, 師承不絶. 降及九家, 名聞韡燁. 其訓詁義理, 宜若無謬, 胡乃傳聞各殊, 秉執相舛, 傅會穿鑿, 破碎纏繞, 誠不足以建一統於來世. 然, 因其蹊徑尋, 其門戶庶, 可以達於扃奧. 而斯文不幸, 有所謂王弼者, 起以私意小智, 掃蕩百家. 凡自商瞿以來, 相承相傳之說, 盡行殄滅, 滅卦變, 滅爻變, 滅互體, 滅物象, 滅交易變易, 滅反對牉合, 塞衆妙之竇, 開純濁之源, 以陰售其玄虛沖漠之學, 而擧世混混, 奉爲至言. 豈不嗟哉!"(「李鼎祚集解論」, 『易學緖言』, 『定本』 第17卷, p.52)

48) "王弼, 雖不用卦變, 至賁卦之註, 忽用推移之法, 曰, '坤之上六, 來居二位. 乾之九二, 分居上位.' 孔疏謂, '本泰卦', 則眞實無妄之義, 非私意之所能滅也."(「王輔嗣易注論」, 『易學緖言』, 『定本』 第17卷, p.104.

49) 임채우, 『왕필의 『역』 철학연구－以簡禦繁사상을 중심으로』, 연세대학교 철학과, 1995, p.178.

역학에의 의존은 단지 괘변설에 그치지 않는다. 왕필의 이전해경以傳解經의 태도는 비직費直의 고문역학의 영향을 받은 것으로 간주되고 있다. 또 왕필은 자신이 배격했던 오행설도 여러 곳에서 암묵적으로 용인하고 있으며, 우빈의 방통설을 사용하여 해석하기도 하였다. 이처럼 왕필 사상에는 한역의 비판과 계승이라는 두 측면이 모두 존재한다.[50] 따라서 한역의 성과가 없었다면 왕필의 역학도 또한 성립되지 못했을 것이라는 말은 정당성을 획득한다고 하겠다.

5. 현학의 철학적 원리에 대한 비판

위진남북조시대의 죽림칠현竹林七賢은 『노자』·『장자』·『주역』이라는 이른바 삼현三玄을 중심으로 현학玄學을 유행시켰다. 송宋·제齊·양梁·진陳 등 역대의 남조에서는 노장사상과 불교가 성행하면서 청담淸談의 풍류가 크게 일어나게 되었다. 그런데 우리가 주목해야 할 것은 현학과 불교 사이에는 무無 개념을 매개로 한 친연성親緣性이 존재한다는 사실이다. 우리는 『도덕경』의 "상무욕이관기묘常無欲而觀其妙"에 나오는 무욕無欲의 사상을 『원각경圓覺經』·『기신론起信論』·『반야경般若經』·『법화경法華經』 등의 불교 경전에서 어렵지 않게 발견할 수 있다. 이러한 사상적 친연성의 기원이 과연 불교에 있는 것인지, 아니면 현학에 있는지는 분명하지 않다.[51] 다산은

50) 같은 책, pp.178~179.

51) 불교의 영향으로 현학이 발생되었다는 직접적인 증거는 아직 없다. 일반적으로 중국학계에서는 현학의 발생에 대한 불교의 영향을 부정하고 있다. 그러나 呂澂과 같은 중국학자는 현학의 발생에 반야학의 영향이 있었을 것이라고 가설을 제기하였다. 그는 왕필이 得意忘言을 제시할 때, 당시에 유행한 반야학의 영향을 받았을 것으로 추측한다. 그리고 여징은 『大明度經』1권의 "법의 뜻을 얻음으로 증명함"(得法意以爲證)과 그에 대한 지겸의 주석인 "말로써 증명하였다면 마땅히 본무로 돌아가야 한다"(由言證已, 當還本無)는

이 문제에 관하여 명확한 언급을 하고 있지는 않지만 진晋·송宋·제齊·양梁에서 청담淸談과 현담玄談을 즐기던 학인學人들이 불경의 유행에도 깊숙이 관여하였다고 보고 있다.

다산에 따르면, 유불도儒佛道 삼교三敎의 중심원리(樞紐)를 혼합하여 하나로 일치시키려는 혼융적 풍조의 기원은 왕필의 역주易注에까지 소급될 수 있다. 왕필은 노자에 깊이 빠져 『역경』의 일자일구一字一句를 모두 도가의 현허충막玄虛沖漠의 종지로써 해석하였으니, 이는 복희伏羲·문왕文王·공자孔子의 세 성인이 천하를 다스리고 국가를 경영하던 정의대법精義大法을 이단으로 오염시킨 것이다. 왕필은 『역경』에 대한 도가적 해석의 기원을 열었으며, 한강백은 이를 계승하였다. 그러므로 다산은 진실로 이단을 물리칠 생각이 있는 사람이라면 반드시 왕필의 역주易注에서부터 시작해야 한다고 말한다.

(한강백이 말하기를) "인자仁者나 지자知者는 그 소견所見에서 막힌다"라고 하였으니, 이것은 한유韓愈가 『원도原道』에서 말한 바 '노자가 인의仁義를 하찮게 여긴다'는 것과 같다. "상무욕이관기묘常無欲而觀其妙"는 본래는 (『도덕경』 중의) 『도경道經』에 나오는 구절이지만, 지금 『원각경』·『기신론』·『반야경』·『법화경』의 천언만어千言萬語가 모두 이 설이다. 그러므로 중국의 불경이 본래 진晋·송宋·제齊·양梁의 청담·현담의 학인들이 관여한 것이며, 왕필의 『역주易注』가 삼교의 중심원리(樞紐)를 혼합하여 하나로 만들기 위한 것임을 알 수 있다. 진실로 이단을 물리칠 생각이 있는 사람이라면 반드시 왕필의 『역주』에서 시작해야 한다.[52]

구절이 왕필의 "象을 얻음은 말을 잊는 데 있고, 뜻을 얻음은 象을 잊는 데 있다"(得象在忘言, 得意在忘象)는 것과 대단히 유사하다는데 주목하였다. 支謙의 『대명도경』은 바로 支讖의 『道行般若經』의 重譯이다. 지참은 諸法性空을 諸法本無로 번역하였는데, 지겸도 역시 本無라는 용어를 사용하고 있다. 본무라는 용어는 현학의 개창자인 何晏, 王弼의 貴無論에 있어서 핵심적인 명제인 '以無爲本'과 관계가 있을 것으로 추측된다. 왕필의 得意忘言과 유사한 논리가 배어있음을 볼 때, 그리고 지겸이 이 序를 撰述한 시기가 바로 하안, 왕필의 正始 연간 보다 십여 년 빠른 것임을 볼 때, 현학을 開創한 왕필이 득의망언을 제시함에 분명히 불교의 '언의지변'의 영향을 받았을 것이라고 본다.

52) "以仁知爲滯於所見. 此韓愈所云, '老子之小仁義'也. '常無欲而觀其妙', 雖本『道經』之文, 今『圓

이처럼 왕필은 노장사상에 근거한 『역경』 해석의 단초를 연 인물이었으니, 조열지晁說之가 "노자의 유무有無를 통해 『역』을 논의한 것은 왕필로부터 시작되었다"라고 한 것은 왕필에 대한 적절한 평가라고 하겠다.[53] 그런데 왕필의 『주역주』와 『주역약례』에서 표현된 해석을 한 단계 더 발전시켜서 그 현학적 원리에 대한 체계화를 시도한 것은 한강백이었다. 한강백은 왕필보다 더 적극적으로 상수학을 배제시킴으로써 역학의 현학화를 더욱 더 가속화시켰다. 다산은 「왕보사역주론王輔嗣易注論」과는 별도로 「한강백현담고韓康伯玄談考」를 집필하여 한강백을 독립적으로 다루고 있는데, 이는 한강백이 그만큼 『역경』 철학의 현학적 전개에 있어서 중요한 위치를 차지하고 있기 때문일 것이다. 왕필이 64괘에 대한 주해만 하고 십익에 대해서는 주를 남기지 않았기 때문에, 한강백은 「계사전繫辭傳」, 「설괘전說卦傳」, 「서괘전序卦傳」, 「잡괘전雜卦傳」 등에 대해서도 왕필 『주역주』의 결여된 부분을 보완함으로써 의리파 역학의 이론적 기초를 더욱 굳건히 하였다. 그런데 특히 주목해 보아야할 부분은 「계사전」의 "일음일양지위도一陰一陽之謂道"에 대한 한강백의 주이다. 이 문구는 후대 학자들의 형이상학적 사유의 전개에 있어 입론의 출발점이 되었던 구절로서, 『역전』의 도道에 관한 논의 가운데 가장 중요한 부분을 형성하고 있다. 그러면 한강백의 주를 통해 그의 현학적 관점을 파악해 보기로 하자.

한강백이 말하였다. "도道란 무엇인가? 무無의 호칭이다. (그것으로) 통하지 않는 것이 없으며 (그로부터) 유래되지 않는 것이 없으니, 그것을 비유하여 도道라고 한다. 적연寂然히 형체形體가 없어 어떻게 형용할(象) 수가 없다. 유有의 작용이 극極에

覺經』, 『起信論』, 『般若經』, 『法華經』所說, 千言萬語, 都是此說. 故知中國佛經, 本係晉・宋・齊・梁, 淸談玄談之士所撰, 而王弼『易注』爲混一三敎之樞紐. 誠有闢異之意者, 必自易注始也."(「韓康伯玄談考」, 『易學緖言』, 『定本』 第17卷, p.108)

53) 林麗眞, 김백희 옮김, 『왕필의 철학』, 청계, 2001, p.210.

달하면 무無의 공능이 반드시 드러난다. 그러므로 "신무방이역무체神無方而易無體"라고 한 것이다."[54]

한강백에 따르면 도는 존재의 본체를 가리키는 명칭이다. 존재의 근원에는 표상될 수 있는 어떠한 것도 없으며, 단지 적연한 무가 있을 뿐이다. 이처럼 무명무형無名無形의 존재를 억지로 도라고 칭할 뿐이지만, 모든 존재가 그로부터 말미암지 않는 바가 없고 그로부터 통하지 않는 바가 없다. 따라서 도는 만물의 형성원리이며, 동시에 운동변화의 원리가 된다. 이 무명무형의 도는 곧 천지만물의 본원이기 때문에 태극과 동일한 존재이지만, 언어와 형상을 초월하기 때문에 형이상학적 존재이기도 하다. 만물의 운동과 변화는 비실체적 무로부터 발생되는 과정이지만, 그 과정은 신비로워서 도저히 측량할 수 없다. 따라서 "신무방이역무체神無方而易無體"라고 한 것이다. 한강백의 이러한 해석은 허무虛無를 모든 존재의 근본으로 보고 적정寂靜을 모든 운동변화의 근원으로 보는 노자의 『도덕경』의 철학을 『역경』 해석에 적용한 것이기도 하다.

공영달은 한강백의 주석에서 한 걸음 더 나아가 "일음일양지위도一陰一陽之謂道"의 일一이 곧 무無를 가리킨다고 주장한다. 따라서 "일음일양지위도"는 곧 "무음무양지위도無陰無陽乃謂之道"와 같은 뜻이 된다. 즉, 근원적 존재로서의 도는 일자一者이며 동시에 무이다. 그것은 근원적 존재이기 때문에 동시에 태극太極이며, 일자一者이기 때문에 불가분할적이다. 일자적 존재는 불가분할적이기 때문에 무한공간 그 자체이며, 거기에는 아무런 공간적 경계도 없다. 왜냐하면 공간적 한계를 인정하는 순간, 그것은 무한공간임을 그치고 상대적 공간으로 전락해 버리고 말 것이기 때문이다. 공간적 한계를

54) "韓云, 道者何? 無之稱也, 無不通也, 無不由也. 況之曰道, 寂然無體, 不可爲象. 必有之用極, 而無之功顯. 故至乎神無方而易無體"(「韓康伯玄談考」, 『易學緖言』, 『定本』 第17卷, p.107)

갖는다면 그때에는 벌써 이 공간에 대한 저 공간의 존재를 인정하게 되는 것이며, 그 순간 일자성一者性을 상실하고 말 것이다.

> 공영달이 말하였다. "여기서 일一은 무無를 가리킨다. 음도 없고 양도 없는 것을 바로 도道라고 한다. 일이 곧 무로 되는 이유는, 무는 허무虛無이며 허무는 곧 태극太極인데, 이는 나눌 수가 없으며 오직 일一일 뿐이다. 그러므로 일一을 무라고 하는 것이다. 만약 그것에 공간적 제한(境 혹은 境界)이 있다면 이것(此)에 대한 저것(彼)이 상대적으로 형성되어 둘이 되고 셋이 되니, 일一이 될 수는 없을 것이다."[55]

그러나 공영달의 이러한 해석은 다산으로서는 도저히 수용할 수 없는 괴이한 해석에 불과하다. 일음일양一陰一陽이라고 말하는 것은 일주일야一晝一夜나 일한일서一寒一暑라고 말하는 것과 마찬가지로 음과 양의 운동이 번갈아 이루어지기 때문에 그렇게 부르는 것일 뿐이다. 즉 자연의 운행은 한 번 낮이 되고 한 번 밤이 되는 것처럼 음양의 교체작용을 통해 움직인다는 것을 말한 것이다. 더욱이 공영달이 일음일양을 무음무양無陰無陽으로 간주한 것은 해석상 매우 곤란한 문제를 야기시킨다. 일반적으로 일음일양을 해석할 때는 일一을 '한 번'의 뜻으로 해석하는 것이 자연스럽다. 하지만 공영달은 일一이 무無를 뜻한다고 보았기 때문에, 일一은 '한 번'이라는 수사가 아닌 일자一者라는 명사로 쓰이게 된다. 그 경우 일음일양一陰一陽의 뜻은 일자一者인 음과 일자一者인 양이 되어 버리고 만다. 그런데, 공영달은 일자를 무無로써 정의하고 있으므로 일자인 음과 일자인 양은 무無인 음과 무無인 양이 된다. 이로부터 <일자=무=음=양>이라는 추론이 가능하게 된다. 이 경우 일자가 무이면서 동시에 양陽이 되어 버려서 필연적으로 모순에 부딪히게 된다. 이러한 논리적 모순은 모두 공영달이 일一을 명사적

---

55) "孔云, 一謂無也. 無陰無陽乃謂之道. 一得爲無者, 無是虛無, 虛無是太極, 不可分別, 唯一而已. 故以一爲無也. 若其有境, 則彼此相形, 有二有三, 不得爲一."(「韓康伯玄談考」, 『易學緖言』, 『定本』 第17卷, p.107)

으로, 즉 <일자=무>로서 해석한 데서 비롯된 것이다.

이렇게 일음일양一陰一陽을 <일자一者=음>과 <일자一者=양>으로 해석하는 것은 한문의 일반적 독법과도 어긋난다. 다산은 공영달의 한문해석법이 부자연스러운 억지해석이라는 것을 천도天道와 인정人政의 예를 들어 입증하려고 한다. 천도天道에서 앞 글자 천天은 뒤 글자 도道를 꾸미고 있으므로, 천도天道는 천지도天之道로 읽혀야 한다. 마찬가지로 인정人政에서 앞 글자인 인人은 뒤 글자인 정政을 꾸미고 있으므로, 인정人政은 인지정人之政으로 읽혀야 한다. 그럼에도 불구하고 <천天=도道> 혹은 <인人=정政>을 뜻하는 것으로 이해한다면, 이것은 분명 오독이 아니겠는가? 만일 그런 독해를 용인한다면, 일음일양은 <일자一者=무無>와 <일자一者=양陽>을 뜻하는 것이 될 것이다. 이러한 독해방식에 따라 <일음일양一陰一陽=무음무양無陰無陽>으로 독해한다면, 그 결과 일자一者는 무無이면서 동시에 양陽이 되는 모순적 논리를 허용하게 되고 만다.

> 일음일양지위도一陰一陽之謂道라는 것은 하늘이 만물을 낳고 길러내는 방식이니, 그 신비로운 조화와 오묘한 작용은 단지 한 번 낮이 되었다가 (다시) 한 번 밤이 되며, 한 번 추워졌다가 (다시) 한 번 더워지는 것에 있을 뿐이다. 초목금수를 비롯한 모든 생명체들이 이처럼 일음일양一陰一陽하는 운동변화에 의해 덥혀지거나 적셔지고, 안으로 온축되다가 밖으로 드러나게 된다. 그리고 사람이 법도를 세우고 기강紀綱을 폄으로써 하늘을 대신하여 만물을 다스리는 방식도 또한 오직 어두움과 밝음의 절기에 따르고 겨울과 여름의 규율에 화합하는 것일 뿐이다. 이런 이치를 아울러 이름붙인 것이 곧 일음일양이니, 『역』이 『역』이 되는 까닭도 바로 이것을 본받은 것일 따름이다. (그런데) 이 일음일양이 양의兩儀나 태극太極과 도대체 무슨 관계가 있다는 말인가? (여기서 말하는) 도道란 천지도天之道이며, 정政이란 인지정人之政이다. (人政의) 인人을 정政이라 부르는 법은 없으니, (天道의) 천天을 도道라고 하는 것도 역시 이치에 어긋나는 것이 아니겠는가?[56]

---

56) "論曰, '一陰一陽之謂道'者, 天之所以生育萬物. 其神化妙用, 只是一晝一夜, 一寒一暑而已.

공영달이 일음일양一陰一陽을 무음무양無陰無陽과 동일시하려는 의도는 음양보다 상위에 <태극太極=도道=무無>의 개념을 설정하고자 하는 데 있었다. 만일 일음일양을 음양의 활동으로 해석하고 동시에 그것을 도라고 한다면, 그 경우 음양과 도는 동일한 차원에 있는 것으로 간주될 것이다. 그러나 공영달은 음양의 활동이란 어디까지나 현상계 내부의 운동이며, 도는 본체론적 개념으로서 음양의 운동변화를 근저에서 가능케 해 주는 <태극=무>라고 생각하였다. 공영달의 사유는 근본적으로 형이상학적이며, 초월론적이다. 다산은 공영달의 이러한 사유방식에 근본적 문제점이 있다고 보고 공격에 나선다.

> 지금 경문經文에서 일음일양一陰一陽이라고 한 것을 무음무양無陰無陽이라고 해석하는 것은 태극을 추존推尊하여 도체道體의 근본으로 설정하고자 했기 때문이다. 일음일양이 그 태극 가운데 포함된다면 태극의 체모體貌가 존귀하게 되지 못하므로, 음양을 분리시키고 그 상위에 (태극을) 초월적으로 설정하고자 한 것이 틀림없다. 그래서 일一을 무無로 고침으로써 스스로 그 현허玄虛의 뜻을 펼치고자 한 것이니, 어찌 괴이하지 않겠는가? 천도天道가 지극히 건장健壯하여 계속 이어지며 단절되지 않는 것은 본래 만물을 생성하는 성격에 바탕을 둔 것이므로 "계지자繼之者, 선야善也"라고 한 것이다. 일단 생육生育된 이후에는 덥혀지고 적셔지거나 품었다가 내보내는 등의 과정을 거쳐서 반드시 만물을 완성시킨 다음에야 (비로소) 그치니, 이것은 만물을 길러내는 성性에 바탕을 둔 것이므로 "성지자成之者, 성야性也"라고 한 것이다. (이처럼) 일음일양의 위에 만물을 주재하여 다스리는 하늘(宰制之天)이 분명히 있는데도 불구하고 지금 마침내 일음일양을 도체의 근본으로 삼으려 하니, 옳겠는가?[57]

艸木禽獸, 含生蠢動之倫, 於是乎, 煦濡蓄發, 而人之所以立經陳紀, 代天理物, 亦唯順晦明之節, 協冬夏之紀而已. 合而名之, 則一陰一陽, 易之所以爲易, 法此而已. 此與兩儀·太極, 何干何涉? 道者天之道也. 政者人之政也. 號人爲政, 必無是理. 名天爲道, 不亦乖?"(「韓康伯玄談考」, 『易學緒言』, 『定本』 第17卷, p.107)

57) "當經云, 一陰一陽, 解之曰, 無陰無陽者, 方欲推尊太極, 爲道體之本. 而一陰一陽, 包函其中, 則體貌不尊, 必欲離陰陽, 超於其上, 故改一爲無, 以自伸其虛玄之義也. 豈不怪哉! 天道至健, 接續不斷者, 本乎生物之德, 故曰, '繼之者, 善也'. 旣生旣育, 煦濡蓄發, 必至成物, 而後已者,

여기서 흥미로운 것은 공영달뿐 아니라 공영달을 비판하는 다산 자신의 사유도 역시 형이상학적이며 초월적이라는 사실이다. 다산은 공영달의 초월적 사유를 공격했다기보다는 천지만물의 주재자를 허무의 존재로 설정한 도가적 사유방식을 공격한 것으로 보아야 옳다. 공영달은 음양의 상위에 <태극太極=도道=무無>가 있다고 보았으나, 다산은 그 위치에 재제지천宰制之天을 설정하였다. 여기서 다산이 재제지천이라는 용어를 상제에 대한 별칭으로 사용했다는 것은 너무나 분명하다. 왜냐하면 다산은 『춘추고징春秋考徵』에서 상제를 정의하여, 천지만물을 조화造化·재제宰制·안양安養하는 존재라고 말하고 있기 때문이다.[58] 『춘추고징』에서의 상제에 대한 다산의 정의가 마테오 리치의 『천주실의』 제1편(首篇)에 있는 '천주天主'에 대한 정의(天主始制天地萬物而主宰安養之)와 정확히 일치한다는 사실은 매우 흥미롭다.[59] 어쨌든 다산은 허무虛無를 궁극적 존재로 삼는 도가의 존재론에 맞서서 절대자인 상제를 정점으로 삼는 신학적 존재론을 제창하였다고 볼 수 있다.

이상에서 현학玄學의 존재론적 측면에 대한 다산의 비판을 고찰하였다. 그러면 이번에는 현학적 원리의 윤리적 측면에 대한 다산의 비판을 고찰해 보기로 하자. 다산은 「왕보사역주론」의 「현담玄談」에서 유가와 도가의 실천 윤리를 대비시키면서, 유가적 관점에서 노장의 허무주의적 처세술의 논리를 용납할 수 없는 이유를 다음과 같이 설명하고 있다.

> 노자의 도는 허무虛無를 모든 존재의 근본으로 보고, 적정寂靜을 모든 운동의 근원으로 본다. 자애롭고 검소함(慈儉)으로써 행동하고, 남보다 앞서지 않음으로써 자신의 본분을 지킨다. 그 도는 안으로는 밝으나 밖으로는 어둡게 보이며 안으로는 강건하지

本乎成物之性. 故曰, '成之者, 性也.' 一陰一陽之上, 明有宰制之天, 而今遂以一陰一陽, 爲道體之本, 可乎?"(「韓康伯玄談考」, 『易學緖言』, 『定本』 第17卷, p.107)

58) "上帝者何? 是於天地神人之外, 造化天地神人萬物之類. 而宰制安養之者也."(『春秋考徵』, 『定本』 第14卷, p.301)

59) 마테오 리치 저, 송영배 역, 『천주실의』, 서울대학교출판부, 2001, p.39.

만 겉으로는 유순하여 사물을 그 사물의 있는 그대로 맡겨 두고 그것에 관여하여 다투지 않으니, 말하지 않아도 깨우치고 움직이지 않아도 교화한다. 신체가 있음을 자신의 커다란 누累로 여기고, 무위無爲로써 만물을 제어하는 대권大權으로 삼는다. 성격이 까다롭거나 고집스럽지 않아서 (적절한) 시기時機를 따르며, 비천하고 유약하게 처신함으로써 자신을 지킨다. 현허충막玄虛沖漠함으로써 예악禮樂을 티끌이나 쭉정이처럼 여겨서 스스로 그 현현지문玄玄之門을 은밀히 보전하고자 하니, 이것이 노씨老氏의 술術이다. 이것으로써 자기의 이해利害를 도모한다면 참으로 지극한 도가 되겠으나, 만약에 천하와 국가를 위하여 어떤 일을 하고자 하는 자라면 더불어 의론해서는 안 될 것이다.[60]

요컨대 노자가 중시하는 무위의 처세술은 자신을 온전하게 보전함에 있어서는 탁월한 방법이 될 수도 있겠으나, 국가경영과 같은 중대한 문제에 있어서는 비현실적인 방안에 불과할 수밖에 없다는 것이 다산의 견해이다. 이어서 다산은 「계사상전」(1장)의 "이간이천하지리득의易簡而天下之理得矣"에 대한 공영달의 주注를 근거로 그의 실천윤리적 관점에 대한 공격에 나선다. 여기서 공영달은 『열자列子』·『도덕경道德經』·『장자莊子』를 인용하면서, 이간易簡의 이치를 실행해야 할 이유를 다음과 같이 설명하고 있다.

공영달이 말하였다. 『열자』에서 말하기를, "불생이물자생不生而物自生, 불화이물자화不化而物自化", 즉 "낳지 않아도 물物은 스스로 생겨나고, (억지로) 변화시키지 않아도 물物은 스스로 변화된다"라고 하였다.[61] 만약에 이렇게 쉽고 간단한 이치(易簡)를 실행하지 않고 법령이 더욱 많아진다면 물物은 그 본성을 상실할 것이다."

60) "老子之道, 以虛無, 爲萬有之本, 以寂靜, 爲羣動之根. 行之以慈儉, 守之以不爲人先. 其道也, 內明而外晦, 內剛而外柔. 物各付物, 不與之爭, 不言而喻, 不動而化. 以有身爲吾身之大累. 以無爲爲禦物之大權. 不強愎以蹈機. 處卑弱以存身. 玄虛沖漠, 塵秕禮樂, 以自葆其玄玄之門, 此, 老氏之術也. 以之謀一己之利害, 誠爲至道, 乃若爲天下國家者, 所不可與議也."(「王輔嗣易注論」, 『易學緖言』, 『定本』 第17卷, p.103)

61) 『列子』「天瑞」(第一)에 "故生物者不生,化物者不化. 自生自化"라는 말이 나온다.(김학주 역, 『列子』, 을유문화사, p.24)

노자가 말하기를, "물이 지나치게 맑으면 고기가 없고, 사람이 지나치게 따지면 따르는 무리가 적다"라고 하였고, 또 장자가 말하기를, "말(馬)이 고삐를 끊으려고 하다가 다치는 경우가 많다"라고 하였으니, 이는 천하의 이치를 바로 체득하지 못한 것이다.[62]

공영달이 "법령자장法令滋章, 물실기성物失其性"이라고 주注한 것은 그 자신이 도가철학에 깊이 물들어 있음을 보여 준다. 공영달은 「계사전」에 나오는 이간易簡의 개념을 도가적으로 해석함으로써 인위적인 노력을 가하지 않고 자연적인 흐름에 맡겨 두는 것으로 이해하고자 하였다.[63]

그러나 다산은 허무와 무위에서 안정을 찾으려는 도가의 윤리설이 성실성을 추구하는 유가의 이론과는 근본적으로 양립불가능하다고 생각한다. 이런 점에서 볼 때, 다산의 공영달 비판은 도가의 무위설과 자연관에 대한 비판을 함유하고 있다.

천도天道는 지극히 건실하여 한순간도 정지하는 일이 없으니, 해와 달이 운행하고 추위와 더위가 변화함에 초목草木과 금수禽獸 등 모든 생명체들이 그로 말미암아 생육生育되며 성장成長한다. 성인은 하늘을 본받아 힘써 공업功業을 발양發揚하니, (심신이) 피곤할 정도로 열심히 일하여 감히 편안할 겨를이 없다. 예악형정禮樂刑政이 이에 따라 정비되며, 전장법도典章法度가 이에 따라 명확하게 세워진다. 그런데 지금 여기서는 "법령자장法令滋章, 물실기성物失其性"이라고 하며, 불생불화不生不化로써 천하를 다스리는 묘도妙道로 삼으니, 어찌 이치에 어긋나는 말이 아니겠는가? 천하를 혼란에 빠뜨려 인류를 야만인이나 짐승에 이르게 한 이후에야 그만둘 자가 (바로) 노장老莊의 설이다.[64]

---

62) "孔云, 『列子』云, '不生而物自生, 不化而物自化'. 若不行易簡, 法令滋章, 則物失其性也. 老子云, '水至淸則無魚, 人至察則無徒'. 又, 莊子云, '馬翦剔羈絆, 所傷多矣.' 是, 天下之理, 未得也."(『周易正義 下經』, 十三經注疏整理本, 李學勤 主篇, 台灣古籍出版有限公社, 2001, p.306,)

63) 易簡을 중시하는 공영달의 사유는 一者로서 繁多함을 제어하려는 왕필의 사유를 계승한 것으로서, 簡易의 추구는 왕필의 철학적 문제의식을 형성하고 있을 뿐 아니라, 魏晉玄學의 보편적 문제의식이 되고 있다.

앞서 공영달은 자연의 본질은 불생불화不生不化 즉 생성과 변화를 일으키지 않는 것에 있다고 보았다. 설령 자연현상의 배후에 그것을 생성시키고 변화시키는 절대적 존재가 있지 않다고 하더라도, 사물은 얼마든지 자기 스스로 생성되고 변화될 수 있다고 본 것이다. 그러나 다산이 이해하는 한에 있어서의 자연은 결코 도가들이 생각한 것처럼, 되는 대로 내버려 두어도 저절로 이루어지는 그런 종류의 자연이 아니다. 자연은 하늘을 운행하는 해와 달처럼 한순간도 정지하는 일이 없기 때문에, 성인은 이러한 천도의 건장함을 본받아 한순간도 쉬지 않고 부지런히 일하려고 한다. 따라서 유가윤리의 본질은 하늘의 근면함과 성실함을 본받으려는 데 있다. 공영달은 이간易簡의 개념을 문명비판을 위해 활용하고 있다. 즉 복잡해지고 늘어나는 법령은 본성을 상실해 가는 문명의 모습을 반영하고 있을 뿐이므로, 일체의 인위적인 노력을 중지하고 그저 자연의 흐름에 우리 자신을 내맡김으로써 소박한 자연에로 회귀해야 한다는 것이 공영달의 주장이다. 따라서 그는 우리를 반문명反文明의 관점에 서도록 요구하고 있다. 반면에 다산은 예악형정禮樂刑政과 전장법도典章法度의 건립을 문명발전의 필연적 결과로 간주하고자 한다. 모든 것을 쉽고 간단한 상태(易簡)로 되돌리려는 것은 퇴행적 행동에 불과한 것으로서, 노장의 윤리설을 현실에 그대로 적용하게 된다면 천하는 큰 혼란에 빠져들게 되고 결국 문명은 야만의 수준으로 떨어지고 말 것이라는 것이 다산의 주장이다.

64) "天道至健, 一息不停. 日月運行, 寒暑以變, 而草木禽獸, 含生蠢動之屬, 以生以育, 以長以成. 聖人法天, 奮庸熙載, 至於倦勤, 罔敢皇寧, 禮樂刑政, 以之修擧, 典章法度, 以之建明. 今曰, '法令滋章, 物失其性', 遂以不生不化, 爲理天下之妙道, 豈不悖哉? 亂天下, 而使至於夷狄禽獸, 而後已者, 老・莊之說也."(「韓康伯玄談考」, 『易學緖言』, 『定本』 第17卷, pp.106~107)

6. 유가 정통주의의 옹호

다산은 『역학서언』의 「왕보사역주론」의 말미에서, 정조正祖가 친히 쓴 『오자수권五子手圈』의 의례義例를 인용하고 있는데, 이는 특히 주목할 만하다. 왜냐하면, 다산은 여기서 정조의 도통관道統觀을 옹호하고 유가의 정통주의적 관점을 내세움으로써 왕필 등의 혼융주의적 해석을 배척하고 있기 때문이다. 정조는 1798년(정조 23)에 경經·사史·자子·집集의 사부四部 가운데 스스로 중요하다고 여긴 책들을 뽑아 직접 비점批點과 권점圈點을 쳐서 『사부수권四部手圈』을 완간한 바 있다.[65] 정조는 사부四部의 문장 중에서 뛰어난 구절에 청색 먹으로 비점批點을 치고, 그 중에서도 더욱 핵심적인 구절에는 붉은 먹으로 권점圈點을 쳐서 『사부수권』의 발간 작업을 주도했던 것이다. 『사부수권』 안에는 『오자수권五子手圈』[66]이란 것이 있는데, 이것은 주돈이周敦頤·정호程顥·정이程頤·장재張載·주자朱子 등 5인의 문집 중에서 중요하다고 생각되는 글을 정조가 직접 선정하여 편집한 소책자를 가리킨다. 이처럼 정조가 오자五子에 관심을 두고 『오자수권』을 편찬하게 된 것은

---

65) 『四部手圈』은 1798년(정조 22)부터 1799년(정조 23)에 이르기까지 2년여에 걸쳐, 正祖가 經·史·子·集의 四部에 속하는 서적의 중요한 구절을 뽑아 편집한 것이다. 이 책은 25권 12책으로, 經部에서 三禮(『儀禮』·『周禮』·『禮記』)를, 史部에서 『史記』·『漢書』·『後漢書』를, 子部에서 周敦頤·程顥·程頤·張橫渠·朱熹 등의 宋代 五子의 저술을, 集部에서는 陸贄와 唐宋八家文의 문집을 선택하여, 그 중에서 중요한 부분을 뽑아 직접 批點과 圈點을 더하여 편찬한 것이다. 正祖는 『사부수권』을 간행하기 以前에도 經書와 朱子書의 주요부분을 간추린 選本을 많이 편찬하였는데, 간행된 시기별로 주요 선집을 살펴보면 『唐宋八子百選』(1781), 『朱書百選』(1794), 『朱書分類』(1794년경), 『史記英選』(1796) 등이 있다. 『四部手圈』은 정조가 편찬한 選本의 마지막 결실로서 정조의 학문적 바탕을 이해하는 데 중요한 자료이다. 『四部手圈』은 2002년 서울대학교 규장각에서 규장각자료총서 儒學篇의 일부로 全3권(上·中·下)으로 간행된 바 있다.

66) 1798년에 정조가 경·사·자·집에서 선별, 편집한 『四部手圈』 시리즈 안에 『五子手圈』이란 책이 있다. 五子란 周敦頤·程顥·程頤·張載·朱子 등 성리학을 창시하고 완성한 다섯 학자를 가리킨다. 정조가 이들의 문집에서 중요하다고 생각되는 글을 뽑아 편집한 것이 바로 『오자수권』이다.

그의 도통관과 밀접한 관계를 갖고 있다. 정조는 공자와 맹자 이후의 도맥道脈이 주돈이·정호·정이·장재 등을 거쳐 주자에 이른다고 보았다. 그러면, 다산의 인용을 통해서 정조의 도통관을 살펴보기로 하자.

> 정조대왕께옵서 친히 『오자수권』에 대한 의례를 지으며 말씀하시기를, "성인이 나오지 않아 이단이 날로 번성하였다. 비로소 송대에 이르러 우리 유도儒道가 크게 천명되었지만, 여전히 의심을 버리지 못하니 개탄스러운 일이다. (예를 들면) 유작游酢이 선禪으로 『논어』를 해석하였고, 여거인呂居仁은 선으로 『대학』을 풀이하였으며, 소식蘇軾은 선으로 『역』을 해석하였으며, 왕안석王安石과 장구성張九成도 선으로 오경五經을 해석하였다. 이렇듯 입을 벌리고 무리지어 시끄럽게 떠드니, 얼핏 보기에는 이치에 가까운 것 같지만 실제로는 진실을 어지럽히는 것이다"라고 하셨다.[67]

다산이 인용한 원문은 『오자수권』에 대해 정조가 친히 쓴 「시오자수권등본교정제학사示五子手圈謄本校正諸學士」라는 글 중의 한 부분이다.[68] 이것은 『오자수권』의 교정을 맡은 규장각 학사들에게 정조가 직접 내린 의례義例인데, 우리는 이 글을 통해서 정조의 학문관을 엿볼 수 있다. 즉, 요堯·순舜·우禹로부터 공자에까지 전해온 유학의 도통은 양주楊朱·묵적墨翟에 의해 위태로워졌으나 맹자孟子가 이를 바로잡았다. 맹자 이후 이천여 년간 성인이 나타나지 않아서 이단의 설이 더욱 심해졌는데, 송대에 이르러 주돈이周敦頤(1017~1073)·정호程顥(1032~1085)·정이程頤(1037~1107)·장재張載(1020~1077)·주자朱子(1130~1200) 등의 오자五子가 나와서 유학의 도통道統을 다시 일으켜 세웠다. 유작游酢(1053~1123)[69]의 『논어』 해석, 여본중呂本中(1084~

---

67) "正宗大王, 親撰『五子手圈』義例曰, '聖人不作, 異端日滋. 及至有宋, 斯道大闡, 而猶有聽瑩之歎. 游酢以禪解『論語』. 呂居仁以禪解『大學』. 蘇軾以禪解易. 王安石·張九成以禪解五經. 喙喙羣鳴, 近理而亂眞.'"(「王輔嗣易注論」, 『易學緖言』, 『定本』 第17卷, p.103)

68) 다산이 인용하고 있는 글의 原文은 「示五子手圈謄本校正諸學士」에 나온다.(『四部手圈』, 中, 서울대학교 규장각자료총서, 2002, p.5)

69) 游酢(1053~1123): 북송 때의 경학가. 謝良佐, 楊時, 呂大臨 등과 더불어 程門四弟子의

1145)[70]의 『대학』 해석, 소식蘇軾(1036~1131)의 『역경』 해석, 왕안석王安石(1021~1086)과 장구성張九成(1092~1159)[71]의 오경五經 해석 등은 이러한 도통의 순수성을 오염시킨 이단의 예로서, 모두 선불교의 관점에 서서 유학의 경서를 해석한 혼융주의적 해석이다. 이것은 "근리이난진近理而亂眞", 즉 "이치에 가까운 것 같지만 실제로는 진실을 어지럽히는 것"에 불과하다. 이단異端을 물리치고 정학正學을 옹호하고자 했던 이러한 정조의 학문정신을 계승한 다산은 이를 『역경』의 경우에도 관철시키려고 한다. 즉, 정조의 재위기간 동안에 잘못된 『십삼경주소十三經注疏』를 폐기하고 새롭게 정경正經을 편찬하는 사업을 실현할 수 있었더라면 얼마나 좋았을까 하는 아쉬움과 한탄을 다산은 쏟아내고 있다.

> 오호라! 나는 선대왕先大王의 세상에 살았거니와, 태양이 바야흐로 중천에 떠오르게 되면 반딧불이나 횃불 따위는 엎드려 숨어버리는 법이다. 만약에 (내가 대왕의) 원대한 계획을 힘써 도와서 (그) 대업을 빛내고 펼칠 수 있었더라면! (그랬다면) 『십삼경주소』를 취함에 있어 왕필의 『역주』를 몰아내고 이정조의 『주역집해』를 별도로 취하여 역주易注를 (새롭게) 만들 수 있었을 것이다. (그리고) 학식이 넓고 성품이 단아한 선비들을 불러 모아 의소義疏를 편찬하도록 하여 그 부족한 점을 보완하게 하였더라면, 어찌 성왕聖王의 대훈大勳이 아니었겠는가! 그렇게 좋은 시기가 있었음에도 불구하고 그 때를 놓쳐 버렸으니, (이제 와서) 탄식한들 무슨 소용이

한 사람이며, 특히 『주역』을 중요시하였다. 저서로는 『易說』, 『中庸義』, 『論語孟子雜解』, 『孟子雜解』등이 있으나, 현존하지 않는다. (최석기, 『중국경학가사전』, 경인문화사, 2002, p.154)

70) 呂本中(1084~1145): 字는 居仁이며, 호는 東萊先生이다. 楊時와 遊酢을 사사하였으며, 灑掃應對의 일이 訓詁보다 우선된다며, 下學上達의 학문을 강조하였다. 또한 유학과 불교의 사상적 요지가 크게는 같다고 보아 양자의 조화를 주장하였다. (최석기, 『중국경학가사전』, 경인문화사, 2002, p.106)

71) 張九成(1092~1159): 남송때의 경학가. 程子의 문인인 楊時를 사사하여 二程의 이학을 전수받았으며, 禪僧인 大慧 宗杲의 영향으로 불교의 心外無法 사상을 받아들여 心學化한 경향을 보인다. 후대에 정주의 이학과 육구연 심학의 교량역할을 한 인물로 평가된다.(최석기, 『중국경학가사전』, 경인문화사, 2002, p.176.

있겠는가! 이는 내가 (죽어도) 눈을 감지 못할 한이로다.[72]

다산이 『십삼경주소』의 주소에 문제가 있다고 생각한 것은 그것이 유학의 정통적인 계통을 반영하고 있지 않다고 보기 때문이다. 남송 말에 간행된 『십삼경주소』의 『역경』 주소注疏는, 위魏 왕필 및 진晉 한강백의 주注와 당唐 공영달의 소疏로 이루어져 있다. 그런데, 공영달의 『주역정의』가 추종하고 있는 왕필의 역주는 노자에 깊이 빠져 있어 한 글자 한 구절이 모두 현허충막玄虛沖漠의 종지에 오염되어 있으므로 폐기하지 않으면 안 된다는 것이 다산의 주장이다. 여기서 대표적으로 거론되고 있는 것은 왕필이지만 한강백의 주 역시 왕필을 추종하는 아류에 불과하므로 제거되어야 할 대상이 되며, 공영달의 소 또한 왕필을 추종하고 있는 한 도가적 경향을 완전히 떨쳐버리지 못하고 있으므로 역시 제거되어야 할 대상이 될 것이다. 다산은 왕필 이후 이단의 계보를 도가와 불교의 두 계통으로 분석하고, 이러한 혼융적 해석의 원인을 소급해 보면 그 근원에 왕필이 있음을 주장하고 있다.

오호라! 천하의 재난에 외도外道의 가르침으로 유가儒家의 성경聖經을 풀이하는 것보다 심한 것은 없었으니, 이것이 (바로) 성인聖人의 근심이었다. 우리 유도儒道의 전적典籍은 육예六藝에서 벗어나지 않으며, 그 육예에 속한 것 중에서 『주역』 이상으로 존중되는 것이 없다. 그런 주역의 본지가 노자에 고요히 합치合致된다면, 노자가 바로 우리 유가의 스승이 될 것이다. (만약에) 노자가 우리의 스승이라면, 자사子思나 맹자孟子는 모두 (이보다) 한 등급 아래인 자로 (단지) 우리의 도를 전승한 것일 뿐이란 말인가? 왕필과 한강백은 노자로써 『역경』을 해석하였고, 이어서 주씨周氏·저씨褚氏·장씨張氏·장씨莊氏 등은 불교로써 『역주易注』를 해석하였다. 이에 위魏·진晉·제齊·양梁나라 사람들은 노자가 부처라고 꾸며 대고,

72) "嗚呼, 餘生先大王之世, 方太陽中天, 燐爝屏伏. 若能力贊鴻猷, 光恢大業; 取十三經注疏, 黜王弼『易注』, 別取李鼎祚『集解』, 以爲易注,召集博雅之儒, 令撰義疏, 以補其缺. 豈非聖王之大勳哉! 時而失之, 何嗟及矣. 此, 餘末瞑之恨也."(「王輔嗣易注論」, 『易學緒言』, 『定本』 第17卷, p.104)

> 또한 인도에서 전래된 『42장경章經』 이외에 『능엄경楞嚴經』·『화엄경華嚴經』·『법화경法華經』·『반야경般若經』 등을 위찬僞撰하고, 마침내 청정본연淸淨本然을 인성人性의 본체로 간주하게까지 되었던 것이다. 이런 흐름이 대세가 되어 당대唐代에 이르니, 진단陳摶·목수穆脩·이지재李之才 등이 단가丹家의 비결秘訣로써 도학의 종지를 삼았다. 이후 송나라 때에 이르러 위로는 희이希夷 즉 진단陳摶의 계통을 계승하고 아래로는 선승禪僧들의 묘론妙論을 답습하여 유작遊酢과 양시楊時 등의 제자諸子들이 마침내 그 허무맹랑한 것에 빠져드는 오류를 면치 못하였으니, 주자도 『중용혹문中庸或問』·『대학혹문大學或問』의 답변에서 이에 대해 자세히 설명하였다. 진실로 이런 오류의 근원을 소급한다면 어찌 『왕필』의 역易이 그 화근을 제공한 근원이 아니라고 않겠는가?[73)]

다산이 '이석교해역주以釋敎解易注'한 인물들로 거론하고 있는 주씨周氏·저씨褚氏·장씨張氏·장씨莊氏 등에 대해서는 필자가 제3장에서 "강남의소江南義疏 십유여가十有餘家"를 언급할 때 이미 설명한 바 있다. 강남의소는 근본적으로는 도가의 현허玄虛의 이념을 숭상(辭尙玄虛)하였지만, 때로는 중관 및 유식불교적 해석도 혼용하고 있는 것이 특징이다. 그러면 유작遊酢(1053~1123)과 양시楊時(1053~1135)는 어떤 인물인가? 유작과 양시는 여대림呂大臨·사양좌謝良佐 등과 더불어 이른바 정문사대제자程門四大弟子에 속하며, 모두 선종의 영향을 깊이 받은 인물들이다. 다산의 설명에 따르면, 이단의 계통은 ① 노자로써 『역경』을 해석한 왕필과 한강백의 계열, ② 노장과 불교를 혼융하여 『역주』를 해석한 주씨周氏·저씨褚氏·장씨張氏·장씨莊氏 등과 이

---

73) "嗚呼! 天下之禍, 未有甚於以外敎而解聖經. 此, 聖人之憂也. 吾道之載, 無出於六藝, 六藝之品, 莫尊於『周易』. 乃其旨沕合於『老子』, 則老子者吾師也. 老子而吾師也, 則子思·孟子皆下此一等者, 而復有吾道哉? 王弼·韓康伯, 以老子解『易經』. 周氏·褚氏·張氏·莊氏之等以釋敎解『易注』. 於是, 魏·晉·齊·梁之人, 演老爲佛. 乃於天竺所來四十二章之外, 僞撰『楞嚴』·『華嚴』·『法華』·『般若』之等. 淸淨本然, 遂爲吾人之性體. 流波浩漫, 以至唐季, 而陳摶·穆脩·李之才等, 以丹家秘訣, 爲道學宗旨. 下逮有宋, 上承希夷之餘緖, 下襲禪和之妙論, 遂使遊楊. 諸子不免陷溺之咎. 朱子於『中庸·大學或問』之答, 說之詳矣. 苟遡其源, 豈非王弼之易爲之禍首耶?"(「王輔嗣易注論」, 『易學緖言』, 『定本』 第17卷, pp.103~104)

에 영향 받은 위진남북조시대의 학풍, ③ 단가의 비결로써 도학의 종지를 삼았던 진단陳摶·목수穆脩·이지재李之才 등의 당대唐代의 학풍, ④ 위로는 진단 등의 도가를 계승하고 아래로는 선승들을 추종한 유작과 양시 등 송대 제자諸子의 계열을 형성하고 있다. 이들 이단의 계열은 어떤 때에는 도가의 영향, 또 어떤 때에는 불교의 영향을 받으면서 유불도 삼교의 일치라는 큰 목표를 향해 나아가고 있다. 이처럼 좌도를 끌어들임으로써 옛 성인이 세운 어세경국御世經國의 정의대법精義大法을 큰 혼란에 빠트린 것은 천고에 용서할 수 없는 사안이다.[74] 그런데, 이러한 이단의 탁류를 소급해 올라가면 결국 그 근원에 왕필이 있기 때문에, 왕필의 주注를 척결해야 한다는 것이 다산의 주장이다.

다산은 「이정조집해론」에서 왕필의 출현은 "사문斯文의 불행"이었을 뿐이라고 한탄한다. 즉, 『주역』은 다행스럽게도 분서갱유를 면하여 상구商瞿 이래의 상수학적 전통이 순구가에 이르기까지 올바로 계승되어 내려왔기 때문에 이러한 전통의 승계를 통해 역학의 심오한 경지가 밝혀질 수도 있었을 텐데도, 왕필이라는 인물이 나와서 백가의 설을 모두 소탕해 버렸으니 애석한 일이 아닐 수 없다는 것이다. 왕필의 주가 역학에서 제거해야 할 대상이라면, 바로 세워야 할 올바른 전통은 무엇인가? 다산은 그것이 이정조李鼎祚의 『주역집해周易集解』라고 주장한다. 앞서 고찰한 바와 같이, 이정조의 『주역집해』에는 한漢·위魏의 36가家의 역설이 수록되어 있기 때문에 이를 통해 상구商瞿 이래 선유들의 상수학의 전통을 복구할 수도 있을 것이라고 다산은 보고 있다.

이상에서 해명한 바처럼, 다산은 정조의 '『오자수권五子手圈』 의례義例'에

74) "王弼之學, 深於老氏, 其注易經, 一字一句, 咸以其所謂'玄虛沖漠'之旨, 揺之染之; 使三聖人, 御世經國之精義大法, 淪之於異端之流, 豈不惜哉!"(「王輔嗣易注論」, 『易學緒言』, 『定本』 第17卷, p.103)

대한 회고를 통해, 이단에 오염된 성경聖經의 본지本旨를 복구하고자 하는 의지를 강하게 천명하였다. 혼융주의적 관점에 의해 물들지 않은 순수한 유학의 본원을 회복하고자 하는 염원에 있어 다산은 정조와 그 뜻을 같이하고 있다. 그러나 여기서 한 가지 짚고 넘어 가야 할 문제는 과연 정조와 다산의 경학관이 일치하느냐 하는 문제이다. 주자학의 부흥을 통해 훼손된 도통의 복구를 꾀한 정조와, 탈성리학적 세계관을 통해 주자를 비판적으로 지양함으로써 수사학洙泗學의 본원을 회복하려 한 다산은, 유학의 정통성 회복이라는 궁극적 목적에 있어서는 일치할지라도 그 방법론에 있어서는 다를 수밖에 없는 것이다.[75]

7. 결론

이 글에서는 왕필과 한강백 등의 도가역학 계열의 역학 이론에 대한 다산의 비판을 주로 다루었다. 특히 왕필은 도가역학이론의 효시를 이루는 인물이므로, 다산은 왕필이 정통적인 역학 계보에서 크게 일탈된 이론을 전개했다는 점을 집중적으로 부각시키고 있다. 왕필 역학이 한강백에게로 계승되고 다시 공영달의 『주역정의』에서 채택됨으로써 도가적 이념에 바탕을 둔 역학 해석이 크게 유행하게 되었는데, 왕필 계열의 역학은 『사고전서총목제요』에서도 양파육종兩派六宗의 한 갈래로 설정될 만큼 중요시되고 있다. 그러나 왕필 계열의 도가역학은 다산의 역학 이론과는 거의 모든 측면에서 대척점에 서 있었으므로, 다산은 왕필 역학의 비판적 극복을

75) 正祖의 경학관에 관해서는 다음의 서적을 참조할 것:①김문식, 『정조의 경학과 주자학』, 문헌과 해석사, 2000; ②김문식, 『조선후기경학사상연구』, 일조각, 1996; ③김문식, 『정조의 제왕학』, 태학사, 2007; ④정옥자, 『정조의 수상록 일득록연구』, 일지사, 2000; ⑤강혜선, 『정조의 시문집편찬』, 문헌과 해석사, 2000.

통해 자신의 역학 이론의 정당성을 확보하려고 시도하고 있다.

이 글에서 다산의 도가역학 비판을 다룸에 있어, 왕필 역학의 성립사적 과정을 먼저 고찰하였고, 그 다음으로 도가역학에 대한 다산의 비판적 관점을 역학해석방법론적 측면과 철학적 측면으로 나누어 분석하였다. 먼저 해석방법론의 측면과 관련하여, 왕필은 득의망상론을 내세워 상象의 의미 해독이 계사 해석을 위해 필수적인 것은 아니라는 입장을 취하고 있다. 왕필은 여기서 더 나아가 한역漢易의 상수학적 방법론인 호체互體, 괘기卦氣, 괘변卦變, 납갑納甲 등의 이론을 제거하고, 괘기설卦氣說을 중심으로 하는 맹희·경방 등의 상수학에 반대하여, 이를 현학파玄學派의 의리학적 역학으로 대체하였다. 그러나 『역』은 상象이라는 입장을 고수하고 있는 다산의 관점에서 본다면, 상수학의 소제掃除를 감행해 버린 왕필의 입장은 도저히 수용할 수 없는 것이었다. 한역의 상수역적 방법론 가운데에는 술수로 치우쳤다는 부정적 측면도 있으나 그 이론의 상당 부분은 고대역학의 원형을 전수해 내려온 것이므로, 왕필이 그것을 모두 제거한 것은 마치 목욕물을 버리려다가 아이까지 버리는 잘못을 범한 것이라고 할 수 있다. 그 다음으로 철학적 측면과 관련하여, 다산은 도가역학 계열의 현학적 해석에서 허무虛無를 모든 존재의 근본으로 간주한 것은 적정寂靜을 모든 운동변화의 근원으로 보는 노자 『도덕경』의 철학을 『역경』 해석에 적용한 것이라고 파악하고 있다. 이처럼 유가경전인 『주역』을 도가적으로 해석하려는 경향은 후세에 혼융주의적 해석을 유행시켜 삼교일치론三敎一致論의 큰 흐름을 형성하게 만들었다. 다산은 이러한 혼융주의적 해석의 근원에 왕필이 있다고 보았기 때문에, 왕필 비판을 통해서 이단적 해석의 뿌리를 제거하고 수사학洙泗學의 본원으로 복귀하고자 했던 것이다.

제11장 소옹의 선천역이 근거가 없음을 비판하다

1. 서론

이 글에서는 「소자선천론邵子先天論」의 내용을 분석하고, 그 철학적 의미를 해명해 보고자 한다.[1] 「소자선천론」은 다산의 역학 평론집인 『역학서언易學緖言』의 한 부분으로, 소옹邵雍의 선천역학先天易學에 대한 비판이 그 주요 내용이다. 모두 팔론八論으로 구성되어 있는데,[2] 필자가 중점적으로 다루려고 하는 것은 그 가운데 앞의 삼론三論이다. 제1론과 제2론은 「선천도」의 차서次序와 방위方位에 관련된 것이며, 제3론은 앞의 내용을 부연한 것이다. 필자는 원래 「소자선천론」의 모든 주제를 포괄적으로 다루려고 기획하였으나, 지면의 한계 때문에 그것이 가능하지 않다는 것을 곧 깨닫게 되었다. 따라서 필자는 이 글의 주제를 소옹의 「선천도」 중에서 가장 기본이 되는

1) 「邵子先天論」은 『역학서언』에 그 성립연대가 명시되어 있지 않으나 해배기의 저술로 추정된다. 왜냐하면 다산은 「소자선천론」의 한 구절에서 "내가 강진에 유배되어 있을 시절에 그 지방 사람인 姜風이 역시 海島로 유배되었다"(餘謫康津之年, 土人姜風亦配海島: 『定本』 第17卷, 『역학서언』, p.165)라고 말한 구절이 있기 때문이다. 여기에서 다산은 강진 유배 시절을 회상하고 있기 때문에 이 글을 쓰고 있던 시점에서는 해배되어 있었음이 틀림없다.

2) 八論은 다음의 여덟 논문으로 구성되어 있다.: (1)「論邵氏八卦次序之圖」, (2)「論邵氏八卦方位之圖」, (3)「論邵氏八卦先天之說」, (4)「論先天橫圖九六七八之說」, (5)「論本義乾坤策數之義」, (6)「論河圖洛書參天兩地之義」, (7)「論河圖老少互藏之法」, (8)「論河圖爲八卦之則」.

「팔괘차서도八卦次序圖」와 「팔괘방위도八卦方位圖」에 한정시키고, 나머지 부분에 관해서는 다음 기회를 기다리고자 한다.[3)]

2. 선천역학 비판의 학술사적 배경

소옹의 선천역학에 대한 다산의 비판적 관점을 이해하는 것은 다산역의 역학사적 지위를 평가하는 데 도움이 될 뿐 아니라, 다산역의 특성을 해명하기 위해서도 필수적으로 요구된다. 소옹은 왕필王弼과 더불어 다산 역학의 대척점에 서 있는 대표적 인물이다. 다산이 왕필을 공격했던 것은 그가 상수역학을 근원적으로 거부하였기 때문이었지만, 왕필과 달리 소옹은 상수역학의 전통을 계승하였음에도 불구하고 다산은 소옹의 선천역학을 완강하게 거부하였다. 그 이유는 소옹의 선천역학이 비록 상수역의 체계라고는 하나, 송대의 도상학적圖象學的 상수학의 계보에 속해 있기 때문이었다.[4)]

송대의 도상학적 상수학은 「선천도先天圖」·「하도河圖」·「낙서洛書」 등에 의거해서 그 체계를 구축하였기 때문에 도서학圖書學이라고도 불린다. 송대의 도서학 혹은 도상학은 비록 고대로부터 전해 내려왔다는 「하도」·「낙서」 등에 근거를 두고 있다고는 하나, 그 도상圖象은 송대 이전에는 전해져 내려온

---

3) 다산의 「소자선천론」과 관련된 국내학계의 연구로는 김왕연과 김인철의 논문이 있다.: (1)김왕연, 「정다산의 소자선천론 비판」, 『철학』 제42집(한국철학회, 1994), (2)김인철, 「다산의 선천역에 대한 비판-「소자선천론」을 중심으로」, 『동양철학연구』 제31집(동양철학연구회, 2002). 그리고 소옹 역학과 관련된 연구로 다음과 같은 논문이 있다.: (1)정해왕, 「소옹의 선천역학에 관한 연구」, 『인문논총』 제42권 1호(부산대학교, 1993), (2)김진근, 「소강절의 선천역학에 대한 청대 역학자들의 비판 고찰」, 『범한철학』 제51집(2008). 그 밖에 소옹에 관한 단행본으로는 이창일의 『소강절의 철학』(심산, 2007)과 고회민의 『소강절의 선천역학』(예문서원, 2011)이 있다.

4) 김왕연은 다산이 소옹의 상수학이 상수의 본의를 해친다고 비판하였다고 보았다.(김왕연, 「정다산의 소자선천론 비판」, 『철학』 제42집, 한국철학회, 1994, p.12.)

것이 없었다. 그런데 「하도」와 「낙서」가 비록 도상으로 전해 오지는 않았지만 한대 이전의 여러 문헌에서 언급되었던 것과 달리 「선천도」는 그 도상이 없었을 뿐 아니라 한대 이전의 문헌에서 언급조차 되지 않았다.5) 「선천도」의 연원은 당말唐末에 화산華山의 도사道士 진단陳摶이 전했다는 「선천도」에까지 거슬러 올라간다. 즉 진단이 「선천도」를 종방種放에게 전해 주었는데, 종방이 그것을 다시 목수穆修에게 전했으며, 목수는 이지재李之才에게 전했고, 이지재가 그것을 다시 소옹에게 전한 것으로 알려져 있다.6) 이처럼 소옹의 선천역학은 선진先秦의 유가 경전 속에서 그 근거를 찾을 수 없고, 오히려 도가로부터 전수되어 온 것이었다. 따라서 공·맹의 정통유학의 복원을 추구하였던 다산이 그것을 수용할 수 없었던 것은 너무나 당연한 일이었다.7)

이처럼 다산의 선천역 비판은 그 학문적 성향에서 비롯된 것이지만, 그러한 비판을 가능케 했던 학술사적 배경도 무시할 수 없는 원인이다. 다산의 역학에 가장 직접적인 영향을 미친 것은 명말청초에 발생한 고증학考

---

5) Don J.Wyatt, *The Recluse of Loyang- Shao Yung and the Moral Evolution of Early Thought*, University of Hawaii Press, 1996, p.198.

6) 朱震에 따르면, 「선천도」의 전수계보는 다음과 같다. "陳摶은 「先天圖」를 種放에게 전하였고, 종방은 다시 穆修에게 전하였으며, 목수는 李之才에게 전하였고, 이지재는 다시 邵雍에게 전수하였다. 종방은 하도와 낙서를 李溉에게 전하였고, 이개는 이를 許堅에게 전하였으며, 허견은 範諤昌에게 전하였고, 범악창은 劉牧에게 전수하였다. 목수는 「태극도」를 주돈이에게 전하였고, 주돈이는 정호와 정이에게 이를 전수하였다. 이 무렵, 장재는 二程과 소옹 사이에서 강학하고 있었다. 그래서 소옹은 『皇極經世書』를 지었고, 유목은 천지지수 55를 배열하였으며, 주돈이는 『통서』를 지었고, 정이는 『역전』을 지었으며, 장재는 「태화」와 「삼양」편을 지었다."(陳摶以先天圖傳種放, 放傳穆修, 穆修傳李之才, 之才傳邵雍. 放以河圖·洛書傳李溉, 溉傳許堅, 許堅傳範諤昌, 諤昌傳劉牧. 穆修以太極圖傳周敦頤, 敦頤傳程顥·程頤. 是時,張載講學於二程·邵雍之間. 故雍著皇極經世書, 牧陳天地五十有五之數, 敦頤作通書, 程頤著易傳, 載造太和·參兩篇.: 『宋史』, 「朱震傳」, 北京: 中華書局, 2000)

7) 다산은 소옹의 선천역에 대해 혹독하게 비판하였지만, 소옹에 속한 모든 것을 거부한 것은 아니었다. 예를 들어 天根과 月窟은 소옹의 "天根月窟閑往來, 三十六宮都是春"이라는 시구詩句에 나오는 용어이지만, 『주역사전』에서는 이 용어를 차용하여 설명하기도 하였다. '天根'과 '月窟'이라는 용어는 『주역사전』에 나온다.

證學의 학풍이었다. 고증학은 경전의 본의本義를 회복하려는 목적으로 일어난 학술운동으로서 다산의 경학 전반에 상당한 영향력을 미쳤다. 고증학파가 역학 분야에서 가장 먼저 공격의 대상으로 삼았던 것은 송대의 도상학圖象學이었는데,[8] 호위胡渭(1633~1714)는 『역도명변易圖明辨』을 지어서 그 역사적 기원을 밝히는 데 크게 공헌하였다. 호위는 송대 도상학의 기원을 소옹과 진단에게로 돌림으로써 「하도」와 「낙서」에 기반을 둔 송대의 도서학에 상당한 타격을 가하였다. 그리고 황종희黃宗羲(1610~1695)도 역시 『역학상수론』을 지어 신유학의 우주론이 유가적 전통에 의거하지 않은 도상圖象들에 그 근거를 두고 있음을 추적하였다. 그러나 이들의 송대 도상학에 대한 비판은 송대 우주론의 토대를 파괴하려는 데 목표를 두었다기보다는 오히려 신유학 전통 내에서 정통과 이단의 흐름을 구별하려는 데 있었다고 보아야 한다.[9] 모기령毛奇齡(1624~1716)도 선천역학에 대해 가장 포괄적인 비판을 하고, 그 이후의 선천역 비판에 큰 영향을 미쳤던 경학가로 평가된다.[10] 모기령은 『중씨역仲氏易』에서 「선천도에 여덟 가지 잘못이 있음」(先天圖其誤有八)이라는 글을 써서 소옹의 선천역학을 비판한 바 있다.[11]

다산이 이들 경학가들의 도상역 비판을 모두 참고했다고는 볼 수 없다. 호위를 1~2회 정도 인용하고 있기 때문에[12] 다산이 그의 존재를 알았다는

---

8) 朱伯崑, 『易學哲學史』 제4권, 臺灣, 藍燈文化事業股份有限公司, 1991, p.261.

9) 존 헨더슨 저, 문중양 역, 『중국의 우주론과 청대의 과학혁명』, 소명출판, 2004, p.185.

10) 예를 들면 호위의 선천역 비판은 모기령의 영향은 받은 것이다.(이창일, 『소강절의 철학』, 심산, 2007, p.202.)

11) 모기령이 지적한 선천도의 여덟 가지 과오는 다음과 같다. ① 획이 번잡하다. ② 네 번째와 다섯 번째 분화단계는 이름이 없다. ③ 세 번째와 여섯 번째는 머무르지 않는 것이다. ④ 삼획괘를 바탕으로 하지 않는다. ⑤ 아비와 아들, 어미와 딸이 나란히 생겨난다. ⑥ 아들이 어미보다 앞서고, 딸이 아들보다 앞서고, 막내가 맏이에 앞선다. ⑦ 卦位가 합치되지 않는다. ⑧ 卦數는 杜撰으로 근거 없는 것이다.(毛奇齡, 『仲氏易』, 中國古代易學叢書, 第36卷, 中國書店, 1998, p.183.)

12) 신원봉, 「다산의 역학관 정립에 미친 청대사상의 영향－모기령을 중심으로」, 『다산학』 제3호, 2002, p.145.

것은 분명하지만, 『역도명변』을 읽었다는 것은 아직 확인되지 않고 있다. 황종희의 경우도 마찬가지이다. 정치사상의 형성이라는 측면에서는 다산이 『명이대방록明夷待訪錄』의 영향을 상당히 받은 것으로 추정되지만, 역학과 관련해서는 『역학상수론易學象數論』의 영향을 거의 찾아볼 수 없다.[13] 다산이 청대 역학자의 학설을 비중있게 검토한 사례로는 『주역절중周易折中』의 이광지李光地의 학설을 비평한 『역학서언』의 「이씨절중초李氏折中鈔」가 있을 뿐이다. 이처럼 청대 역학자들의 저술에 대한 인용이 적은 데에는 강진에 유배 중이던 처지에서 중국으로부터 최신 서적을 수입해서 보기 어려웠던 사정도 분명 작용했을 것이다.[14] 만약 다산의 선천역학 비판이 호위나 황종희의 영향에 의해 형성된 것이 아니라면, 어떻게 해서 이들과 유사한 학설을 제출하게 된 것일까? 필자의 생각으로는 모기령의 영향이 크다고 본다. 다산은 「제모대가자모역괘도설題毛大可子母易卦圖說」이라는 짧은 평론을 지어 표면적으로는 모기령의 역학설을 강력하게 비난하고 있으나,[15] 실제로는 그의 영향을 빼놓고는 다산 경학의 특성을 논하기 어려울 정도로 매우 강력한 영향을 미쳤음이 여러 방면에서 확인되고 있다. 다산이 모기령의 『중씨역』을 읽었다는 사실은 『주역사전』을 통해서 확인이 되고 있기 때문에, 다산의 소옹 비판은 모기령으로부터 영향 받은 것이라고 추정된다.

13) 신원봉은 다산이 漢易과 고증학적 방법을 중시한 점이 황종희와 유사하기는 하지만, 그것은 청대사상의 일반적 경향이었기 때문에 그것을 황종희의 영향이라고 단정할 수 없다고 하였다.(신원봉, 「다산의 역학관 정립에 미친 청대사상의 영향-모기령을 중심으로」, 『다산학』 제3호, 2002, p.146)

14) 黃宗炎(1816~1886)도 역시 다산의 선천역학 비판과 상당히 유사한 경향을 보여주고 있는 경학가이지만, 그로부터 영향을 받았을 가능성은 거의 없다. 왜냐하면 황종염은 다산보다 출생이 50년 이상 늦을 뿐 아니라, 그에 대한 인용도 없기 때문이다.

15) 拙稿, 「다산역학의 방법론적 고찰-모기령과 정약용의 역학방법론의 비교」, 『철학연구』 제94집, 대한철학회, 2005, p.167.

3. 「팔괘차서도」에 대한 비판

소옹의 선천역학에 대한 다산의 비판은 크게 두 가지 관점에서 행해지고 있다. 첫째는 문헌적 타당성의 관점에서 선천역학의 주장을 확증해 주는 전거를 선진의 유가경전에서 찾을 수 없다는 것이고,[16] 둘째는 논리적 타당성의 관점에서 선천역학이 합리적이지 않다는 것이다.[17]

1) 획괘畫卦의 원리

「소자선천론」의 제1론인 「논소씨팔괘차서지도論邵氏八卦次序之圖」는 소옹의 괘도卦圖 중 가장 유명한 「팔괘차서지도八卦次序之圖」에 관해 논의하고 있다.[18] 일반적으로 「팔괘차서지도」를 「횡도橫圖」 혹은 「횡배도橫排圖」라고 부른다. 그러면 먼저 그림을 제시한 다음에 논의를 진행하기로 하자.

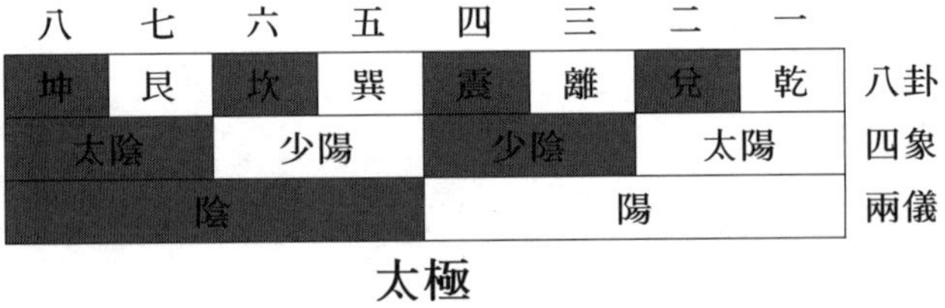

八	七	六	五	四	三	二	一	
坤	艮	坎	巽	震	離	兌	乾	八卦
太陰		少陽		少陰		太陽		四象
陰				陽				兩儀

太極

---

16) "邵子의 先天學은 古經에 전혀 증거가 없다. 그러므로 『주역』에 이 구절을 특별히 취하여 先天之說을 억지로 만들어내었으나 사실은 그렇지 아니하다."(邵子先天之學, 其在古經, 絶無證據. 故特取此經, 屈作先天之說, 其實不然也.: 「邵子先天論」, 『易學緒言』, 『定本』 第17卷, p.163)

17) "그 설이 서로 모순되어, 더 이상 추구할 수 없다. 그런데도 이를 도를 아는 말이라 할 수 있겠는가?"(其說自相矛盾, 不可究詰, 尙可曰知道之言乎?: 「邵子先天論」, 『易學緒言』, 『定本』 第17卷, p.161)

18) 『주역본의』에는 이 그림이 「복희팔괘차서」라는 이름으로 실려 있다.(朱熹 저, 김상섭 역, 『易學啓蒙』, 예문서원, 1994, p.117.)

송대의 유학자 채원정蔡元定은 이 그림을 「복희시획팔괘도伏犧始畫八卦圖」라고 불렀다. 그것은 이 그림이 팔괘를 최초로 제작한 복희씨伏犧氏가 획괘畫卦한 순서를 나타내고 있다고 여겨졌기 때문이다. 그러나 다산은 소옹의 이른바 횡배도橫排圖는 결코 획괘의 본법本法이 아니며,[19] 복희씨가 획괘한 순서가 이 그림에서 제시한 순서와 같았을 것이라는 것은 합리적인 추론이라고 볼 수 없다고 생각하였다.

이 도圖는 이치에 맞지 않는다. 복희가 획괘한 순서도 반드시 이와 같지는 않았을 것이며, 천지음양天地陰陽의 기氣라는 측면에서도 결코 이런 상象은 없다. 어째서 그렇게 말하는가?[20]

2) 부판지리剖判之理

이 그림에서 획괘의 원리는 「계사전」(제11장)의 "역에 태극이 있으니, 이것이 양의를 낳고, 양의가 사상을 낳고, 사상이 팔괘를 낳는다"(易有太極, 是生兩儀, 兩儀生四象, 四象生八卦)라는 구절에 근거하고 있다. 그러나 다산은 이 구절의 의미가 설시揲蓍하여 구괘求卦하는 과정에 대한 서술이라고 보고 있기 때문에 이 그림이 획괘의 과정을 나타낸다는 견해에 동의하지 않는다. 이 그림에서는 하나가 둘이 되고, 둘이 넷이 되고, 넷이 여덟이 되는 과정을 거쳐 획괘가 이루어졌음을 보여 준다. 이것은 근본적으로 하나가 둘이 되는 것의 연속적 과정이기 때문에 곱절씩 더해 가는 방법이라는 의미에서 가일배법加一倍法이라고도 하고, 또는 하나가 나뉘어져서 둘이 된다는 방법이라는 의미에서 '일분위이법一分爲二法' 혹은 '이분법二分

19) "원래 邵子의 이른바 橫排圖는 결코 획괘의 本法이 아니다."(原夫邵子所謂橫排之圖, 斷非畫卦之本法.: 「邵子先天論」, 『易學緒言』, 『定本』 第17卷, p.162)

20) "此圖, 不合於理. 不惟伏羲畫卦之序, 必不如是, 卽天地陰陽之氣, 斷無此象, 何以言之?"(「邵子先天論」, 『易學緒言』, 『定本』 第17卷, p.154)

法'이라고도 한다.[21] 소옹은 <태극太極→양의兩儀→사상四象→팔괘八卦>의 과정을 <1→2→4→8>의 과정으로 이해한다. <태극→양의>는 <1→2>의 과정이며, <양의→사상>은 <2→4>의 과정이며, <사상→팔괘>는 <4→8>의 과정이다. 다산은 <태극→양의→사상→팔괘>의 과정은 <1→2→4→8>로 분화되어 가는 이분화二分化의 과정이라는 데 대해서는 동의한다. 다산은 이 과정을 가일배법加一倍法과 유사한 방식으로 설명한다.

> 지금 태극이 갈라지는(剖判) 이치를 논해 보기로 하자. 원래 일一은 양兩을 포함하고[태극은 천天·지地를 포함한다.], 양은 사四를 포함하며[천天·지地는 천天·지地·수水·화火를 포함한다], 사는 팔八을 포함한다[천天·지地·수水·화火는 천天·지地·수水·화火·뇌雷·풍風·산山·택澤을 포함한다].[22]

다산은 소옹의 설명 중에서 <1→2>의 과정에 대해서는 대체적으로 수긍한다. 태극에서 하나의 음과 하나의 양이 생성된다는 것은 옳다. 왜냐하면 태극 자체가 음양이 혼돈된 그 어떤 것으로 정의되고 있기 때문이다. 문제는 그 다음부터이다.[23] 이렇게 나눠진 일음一陰과 일양一陽은 순음純陰과 순양純陽인데, 순음에서 소양少陽이 생기고 순양에서 소음少陰이 생긴다는 것은 받아들일 수 없는 논리이다. 물론 이러한 공격을 피하기 위해 양 속에 음이 포함되어 있고 음 속에 양이 포함되어 있다고 주장할 수도 있다. 그러나 그 경우에는 그 일음과 일양이 아직 음양이 분화되어 있지

---

21) 가일배법은 선천도의 획괘원리에 해당되는 원리이다.(김진근, 「소강절의 선천역학에 대한 청대 역학자들의 비판 고찰」, 『범한철학』 제51집, 2008, p.108.)

22) "今論太極剖判之理, 原來一包兩[太極包天地.], 兩包四[天地包天地水火.], 四包八[天地水火包天地水火雷風山澤.]."(「邵子先天論」, 『易學緒言』, 『定本』 第17卷, p.173)

23) 김인철은 팔괘차서도의 논리적 문제점이 태극에서 일음일양으로 분화되어지는 최초의 단계에서만 가능한 원리를 사상과 팔괘로까지 무분별하게 적용함으로써 발생하는 것이라고 지적하였다.(김인철, 「다산의 선천역에 대한 비판-소자선천론을 중심으로」, 『동양철학연구』 제31집, 동양철학연구회, 2002, p.36.)

않는 상태여서 여전히 태극의 상태에 머물러 있는 것이 된다.[24]

그 다음으로 가일배법의 이분화 과정은 <1→2→4→8>로 완결되는 것이 아니고, 그 이후에도 진행된다. 그러나 다산에게 있어서는 이분화의 과정이 팔괘의 단계에서 종결되고, 그 이후로 계속 이어지지 않는다. 가일배법의 논리를 따른다면, 건乾·태兌·리離·진震·손巽·감坎·간艮·곤坤이 다시 이분화의 과정을 거쳐야 할 것이다. 그렇다면 건도 나뉘어 하나는 양이 되고 다른 하나는 음이 될 것이며, 곤도 마찬가지로 하나는 음이 되고 다른 하나는 양이 될 것이다. 그렇다면 건도 순양괘純陽卦가 될 수 없고 곤도 순음괘純陰卦가 될 수 없으니, 말이 되지 않는 논리이다.[25]

3) 기호와 명칭

다산이 『주역사전』에서 적용했던 관점, 즉 기호(sign)와 지시체(referent)를 구별하는 기호학적 관점은 「소자선천론」에서도 유지되고 있다. 다산은 「소자선천론」의 제8론 「논하도위팔괘지칙論河圖爲八卦之則」에서 태극·양의·사상·팔괘의 설에 두 가지 종류가 있다고 말한다. 그 중 하나는 천지天地에

24) "태극은 음양이 혼돈된 그 어떤 것이다. 그래서 태극이 나뉘어 하나의 양과 하나의 음을 낳는다는 것까지는 옳다. 그러나 그 一陽이 이미 純陽인데 어떻게 少陰을 낳을 수 있으며, 또 一陰이 이미 純陰인데, 어떻게 少陽을 낳을 수 있겠는가? 만약에 '양 속에 음이 포함되어 있고, 음 속에 양이 포함되어 있다'라고 말한다면, 이는 그 一陽이 여전히 태극인 것이고, 태극이 또한 바로 一陰인 것이니, 아직 (음양이) 뒤섞여 있어 여전히 나뉘지 않은 것이다."(太極者, 陰陽混沌之物. 太極分而生一陽一陰, 可也. 一陽, 旣是純陽, 如何生得少陰? 一陰, 旣是純陰, 如何生得少陽? 若云, '陽中包陰, 陰中包陽', 是一陽, 仍是太極. 太極, 仍是一陰, 混沌, 仍未分矣.: 「邵子先天論」, 『易學緖言』, 『定本』 第17卷, p.154)

25) "「팔괘차서도」에 따르면 태극이 반으로 쪼개져서 음과 양으로 되며, 그 양이 반으로 쪼개져서 太陽과 少陰이 되며, 太陽이 반으로 쪼개져서 乾과 兌가 된다. 이런 방식을 미루어 나가서 따져본다면, 乾이 두 개로 나뉘면 역시 하나는 음이 되고, 하나는 양이 될 것이며, 坤의 경우도 역시 그러하다. 이것은 乾도 純陽卦가 되지 못하고, 坤도 純陰卦가 되지 못하는 것이니 어떻게 통할 수 있겠는가?"(據圖, 太極半破爲陰陽. 陽半破爲太陽少陰. 太陽半破爲乾爲兌. 推此例而求之, 則乾半破, 亦當爲一陰一陽. 坤例亦然. 是, 乾不得爲純陽之卦, 坤不得爲純陰之卦, 而可通乎?: 「邵子先天論」, 『易學緖言』, 『定本』 第17卷, p.154)

존재하는 본물本物이고, 다른 하나는 시괘蓍卦의 법상法象이다.[26] 여기서 본물은 기호학의 지시체의 개념에 해당하고, 시괘의 법상은 설시구괘揲蓍求卦의 과정을 통해 얻은 기호 그 자체가 된다. 법상法象의 '법法'은 '본받다'의 뜻이니, 법상이란 본물을 모사함으로써 만들어진 상징이다. 본물과 상징의 양자를 구별하는 것은 매우 중요하다. 역학사를 통해 본물과 상징의 혼동은 빈번하게 발생하는 현상이었다. 예를 들자면, 일부 역학자들이 양의兩儀를 음양陰陽이라고 한 것이 그 사례이다.[27] 음양은 기호에 불과하며, 본물이라고는 할 수 없다. 양의란 둘(兩)로써 모사하는 것이니, 그 모사하는 바의 대상은 천지天地이다. 그러나 다산은 선유들도 태극과 양의에 대해서는 본물과 시괘의 법상을 대체적으로 구별할 줄 알았다는 것을 인정하였다. 아울러 천天·지地·수水·화火·뇌雷·풍風·산山·택澤이 팔괘의 본물이 된다는 것에 대해서도 선유들은 아무런 이견이 없었다고 말한다. 다만 다산은 사상四象에 대해서는 그 본물이 무엇인지에 관해서는 예부터 지금에 이르기까지 어떤 사람도 정확하게 밝힌 사람이 없었다고 지적하고 있다.[28]

---

26) "원래 태극·양의·사상·팔괘의 설에는 반드시 두 가지 종류가 있다. 하나는 天地에 존재하는 本物이고, 다른 하나는 蓍卦의 상징이다. 先儒들은 태극·양의에 대해서는 거칠게나마 두 개의 종류가 있음을 밝혔으나, 四象·八卦의 本物에 대해서는 그것이 무엇인지 알지 못하였다. 그런데 天·地·水·火·雷·風·山·澤이 곧 팔괘의 本物이라는 것에 대하여는 사람들의 논의에 아무런 이론이 없었다. 그러나 오직 四象이 상징하는 바의 것에 대해서는 옛부터 지금까지 어떤 사람도 (정확하게) 말한 사람이 없었다."(原來太極·兩儀·四象·八卦之說, 須有兩件. 一是天地之本物. 一是蓍卦之法象. 先儒於太極·兩儀, 粗有兩件, 而四象·八卦之本物, 不知爲何物. 然, 天·地·水·火·雷·風·山·澤, 卽八卦之本物. 人苟言之, 可無異論. 惟是四象之所象, 古往今來, 都無言者.: 「邵子先天論」, 『易學緖言』, 『定本』 第17卷, p.172)

27) "양의가 본받는 바의 것은 이것은 곧 천지이며, 혹 말하기를 음양이라고 한다."(兩儀所儀, 旣是天地, 或云陰陽.: 「邵子先天論」, 『易學緖言』, 『定本』 第17卷, p.173)

28) "그런데 天·地·水·火·雷·風·山·澤이 곧 팔괘의 본물이라는 것에 대하여는 사람들의 논의에 아무런 이론이 없었다. 그러나 오직 四象이 상징하는 바의 것에 대해서는 예부터 지금까지 어떤 사람도 (정확하게) 말한 사람이 없었다."(然, 天·地·水·火·雷·風·山·澤, 卽八卦之本物. 人苟言之, 可無異論. 惟是四象之所象, 古往今來, 都無言者.: 「邵子先天論」, 『易學緖言』, 『定本』 第17卷, p.172)

그러면 기호는 어떻게 만들어지는가? 다산은 기호가 '앙관부찰仰觀俯察'에 의하여 만들어졌다고 설명한다. '앙관부찰'이란 천도와 지리를 관찰하였음을 의미하니,[29] 괘상의 기호는 팔괘의 최초의 제작자인 복희씨가 자연의 대상물들을 관찰하여 만들어 낸 것이다.

> 포희씨庖羲氏가 처음 괘를 그릴 적에 전적으로 앙관부찰仰觀俯察에 의존하였다. 앙관부찰을 하여 먼저 양물兩物을 얻었으며, 둘이 나뉘어 넷이 되자 다시 사물四物을 얻었으며, 넷이 변화하여 여덟이 되자 마침내 팔물八物을 얻었다. 팔물이란 천天·지地·수水·화火·뇌雷·풍風·산山·택澤이다. 팔물을 이미 얻고 나서야 비로소 팔괘를 그리게 되었다.[30]

설시법의 과정은 복희씨가 앙관부찰仰觀俯察을 통해 관찰한 자연의 변화과정을 모사해서 재현해 낸다. 태극·양의·사상·팔괘는 설시법에서 사용하는 전문용어들인데, 이러한 용어들은 자연계의 생성변화의 각 단계들을 모사해서 표상해 낸 대상들에 대한 명칭이다. <태극→양의→사상→팔괘>의 과정은 설시법을 통해서 자연계의 생성변화의 과정을 모사해 낸 것일 뿐이다.

그러면 태극이란 무엇인가? 태극이란 곧 천지의 배태胚胎이다.[31] 설시법으로 말한다면, 태극이란 64개의 괘가 아직 각각 구체적으로 발현되지 않고 뒤엉켜 구분이 없는 상태인 것이다. 따라서 50개의 시책蓍策 속에는 64괘의

29) '觀察'이란 용어는 '仰觀'의 '觀'과 '俯察'의 '察'을 결합한 단어이다. 「계사전」에서는 天文을 '觀'하고, 地理를 '察'하는 것으로 서술하고 있다. 즉 관찰의 범위는 자연세계 전체가 된다.(정해왕, 「소옹의 선천역학에 관한 연구」, 『인문논총』 제42권 1호, 부산대학교, 1993, p.194.)

30) "庖羲畫卦之初, 專藉仰觀俯察. 仰觀俯察, 先得兩物. 兩分爲四, 又得四物. 四化爲八, 遂得八物. 八物者, 天地水火雷風山澤也. 八物旣得, 乃畫八卦."(「邵子先天論」, 『易學緖言』, 『定本』 第17卷, p.173)

31) "태극이란 무엇인가? 天地의 胚胎이다."(太極者, 誰也? 天地之胚胎也.: 『周易四箋 II』, 『定本』 第16卷, p.319)

배태가 갖추어져 있다.[32] 태극의 극極은 원래 옥극屋極이라는 뜻인데, 옥극이란 '가옥의 용마루'이다. 하나의 마룻대가 집의 등골이 되어 여러 개의 서까래가 그것에 의지하여 갈라져 나옴이, 마치 대연大衍의 책策이 그 중심(極)이 되어 양의와 사상이 모두 여기서 나뉘어 나오는 것과 같다.[33]

그 다음으로 양의兩儀란 무엇인가? '의儀'라는 것은 '형용함'이고 '본받음'이며 '미루어 헤아림'이니, 어떤 것으로 다른 어떤 것을 모방하는 것이다. 요컨대, '의'는 실재하는 대상의 모습을 본떠서 그 원래의 모습과 비슷하게 만들어 내는 행위를 의미한다. 예를 들면, 혼천의渾天儀라는 기구는 혼천渾天의 형용일 따름이지 바로 혼천 그 자체는 아니며, 황도의黃道儀도 황도黃道의 형용일 뿐이지 바로 황도 그 자체는 아닌 것이다. 시책을 "나누어 두 묶음으로 하는 것"도 천지의 형용일 따름이지 천지 그 자체는 아닌 것이다.[34] 설시법으로 말한다면, 양의는 "나누어서 둘로 함으로써 양兩을 상징"한 것이다.[35] 이때 '양兩'은 음양의 청탁淸濁을 가리킨다.[36] 다산은 『주역사전』에서 '양兩'

---

32) "태극이란 64괘가 뒤엉켜 구분이 없는 상태인 것이다.【50개의 蓍策 속에는 64괘의 胚胎가 갖추어져 있다.】"(太極者, 六十四卦之渾圇無別也.【五十策之中, 具六十四卦之胚胎.】: 『周易四箋 II』, 『定本』 第16卷, p.318)

33) "極이라는 것은 '屋極'이라는 뜻인데, 屋極이란 '가옥의 용마루'이다. 하나의 마룻대가 집의 등골이 되어 여러 개의 서까래가 갈라져 나옴은, 곧 마치 '大衍의 策이 그 중심이 되어, 兩儀와 四象이 모두 여기서 나뉘어 나오는 것'과 같다."(極也者, 屋極之義. 屋極者, 屋脊也. 一棟爲之脊, 而衆桷分出, 亦猶大衍之策爲之極, 而兩儀四象, 皆於是乎分出也.: 『周易四箋 II』, 『定本』 第16卷, p.318)

34) "儀라는 것은 '형용함'이다. 예를 들면 渾天儀라는 기구는 渾天의 형용일 따름이지 바로 渾天 그 자체는 아니며, 黃道儀도 黃道의 형용일 뿐이지 바로 황도 그 자체는 아닌 것이다. 蓍策을 "나누어 두 묶음으로 하는 것"도 천지의 형용일 따름이고 천지 그 자체는 아닌 것이다."(儀也者, 形容也. 如渾天儀爲渾天之形容而已, 非直渾天也. 黃道儀, 爲黃道之形容而已, 非直黃道也. 蓍策之分而爲二者, 爲天地之形容而已, 非直天地也.: 『周易四箋 II』, 『定本』 第16卷, p.318)

35) "이른바 兩儀는 '나누어서 둘로 하여 兩을 상징'한 것이다."(所謂兩儀者, 卽'分而爲二以象兩'者也.: 「邵子先天論」, 『易學緒言』, 『定本』 第17卷, p.155)

36) "兩이란 음양의 淸濁을 가리킨다."(兩者, 陰陽之淸濁也.: 「邵子先天論」, 『易學緒言』, 『定本』 第17卷, p.155)

이란 태극을 형성하고 있던 기氣 가운데 가볍고 맑은 기는 위로 올라가고 무겁고 탁한 기는 아래로 내려가는 것을 가리킨다고 말한 바 있다. 청기淸氣가 위로 올라가 형성된 것이 천天이고, 탁기濁氣가 아래로 내려가 형성된 것이 지地이므로, 양의兩儀란 결국 천지天地를 형용한 것이 된다.[37)]

그 다음으로 사상四象이란 무엇인가? 이때 '상象'은 '의儀'와 마찬가지로 원래의 모습과 비슷하게 모사해 내는 것을 의미한다. '양의'의 '양兩'과 '사상'의 '사四'는 형질이 있는 대상을 흉내 내어 모사함으로써 만들어진 시괘蓍卦의 상징이며, 모사되는 대상은 천지에 존재하는 본물이다. 설시법으로 말한다면, 이것은 "시초蓍草를 네 개씩 헤아려서 사시四時를 상징하는 행위"에 상응된다. 사시가 바로 12벽괘辟卦이며, 혹은 건·곤·감·리 또는 천·지·수·화의 사기四氣가 된다. 다산은 이러한 뜻이 경문에 명확하기 때문에 어떤 사람도 이것을 함부로 바꿀 수 없다고 단언한다.[38)]

> (사상의) 사四는 천天·지地·수水·화火이며, (팔괘의) 팔八은 천天·화火가 풍風·뇌雷를 낳고 지地·수水가 산山·택澤을 낳은 것이다. 이러한 양兩과 사四는 모두 형질形質이 있는 것으로서 볼 수도 있고 만질 수도 있는 물物이니, 어떻게 '의儀'라는 명칭을 얻고 '상象'이라는 명칭을 얻는 것인가? 설시법揲蓍法은 이 (형질이 있는) 양兩을 모방한 것이고, 이 네 가지를 상징한 것인 까닭에 의儀라고 하고 상象이라고 한 것이다.[39)]

그 다음으로 팔괘八卦란 무엇인가? 팔괘란 천天·지地·수水·화火·뇌雷·

---

37) "天地는 兩儀가 본받는 바의 것이다."(天地者, 兩儀之所儀也.: 『周易四箋 II』, 『定本』 第16卷, p.321)

38) "四象이란 곧 '蓍草를 네 개씩 헤아려서 四時를 상징한 것'을 가리킨다. 이처럼 경문에 명확하니, 누가 감히 이것을 바꿀 수 있겠는가?"(四象者, 卽'揲之以四, 以象四'者也. 經文赫然, 誰敢易之?: 「邵子先天論」, 『易學緖言』, 『定本』 第17卷, p.155)

39) "四者, 天地與水火也. 八者, 天火以生風雷, 地水以生山澤也. 此兩此四, 皆有形有質, 可見可摸之物, 何得曰儀而曰象乎? 揲蓍之法, 儀此兩, 而象此四故, 曰儀曰象."(「邵子先天論」, 『易學緖言』, 『定本』 第17卷, p.155)

풍風·산山·택澤의 팔물八物을 형용해서 만들어낸 기호들이다. "역유태극易有太極, 시생양의是生兩儀, 양의생사상兩儀生四象, 사상생팔괘四象生八卦"의 과정은 태극이 변하여 천·지·수·화·뇌·풍·산·택의 팔물로 변화해 가는 과정이다. 태극이 변해서 팔물이 된 것이니, 태극은 팔물의 합合이며, 팔물은 태극의 분分이다. 다산의 설명을 들어 보기로 하자.

> 태극은 팔물八物의 합合이며, 팔물은 태극의 분分이다. (그렇지만) 그 재료材料는 각각 나눠지는 것이 아니며, 그 도수度數는 각각 계산되는 것이 아니다. 비유컨대, 대악大樂이 나눠지더라도 단지 팔음八音이 있을 뿐이며, 팔음이 합쳐지더라도 다시 대악이 있는 것과 같다. (따라서) 대악 이외에 별도로 팔음이 있는 것이 아니며, 팔음 이외에 별도로 대악이 있는 것이 아니다.[40]

태극과 팔물의 관계는 전체와 부분의 관계로서, 팔물은 태극이라는 전체를 구성하는 재료이다. 다산은 전체와 부분의 관계를 설명하기 위하여 <대악大樂↔팔음八音>의 아날로지(analogy)를 사용하였다. 대악은 팔음의 화합으로 이루어진 화음和音이다. 즉 대악은 팔음의 총체이며, 팔음은 대악의 부분인 것이다. 요컨대, 다산은 태극과 팔물의 관계를 일一과 분수分殊의 관계로 설명하고 있다. 다만 태극이 리理가 아니라 기氣의 존재이기 때문에, 리일분수설理一分殊說은 아니고 기일분수설氣一分殊說의 한 유형이라고 보아야 하겠다.

그러면 이제 소옹의 용어사용법과 관련된 다산의 비판을 다루어 보기로 하자. 다산의 소옹 비판은 다음과 같이 요약될 수 있다.

첫째, 소옹은 본물과 상징을 명확하게 구분하지 못함으로써 본물과 상징

---

40) "太極者, 八物之合. 八物者, 太極之分. 其材料, 不是各辦. 其度數, 不可各計. 譬如大樂之分, 只此八音. 八音之會, 還是大樂. 非大樂之外, 別有八音. 八音之外, 別有大樂也."(「邵子先天論」, 『易學緒言』, 『定本』 第17卷, p.173)

사이에 혼동을 불러일으키고 있다. 양의와 사상은 본물 그 자체가 아니라 시괘蓍卦의 법상法象 즉 상징에 불과하다. 양의兩儀란 "나누어 둘로 함으로써 양兩을 상징하는 것"(分而爲二以象兩)이며, 사상四象이란 "넷씩 헤아림으로써 사四를 상징하는 것"(揲之以四, 以象四)이다. 다산은 양의의 '의儀'와 사상의 '의儀'는 모두 흉내 내어 상징함의 뜻이라고 보았다. 그리고 '양兩'과 '사四'는 흉내 내어 모사해야 할 바의 대상으로, 형질이 있으며 가시적可視的이고 가촉적可觸的인 물질이다. 그렇다면 소옹의 사상 개념은 본물에 해당되는가 아니면 상징에 해당되는가? 만일 그것이 본물이라면 소옹이 「횡배도橫排圖」에서 열거한 태양·태음·소양·소음에 해당되는 사물四物이 천지 사이에 존재해야 한다. 그러나 천지 사이에는 이런 명칭을 가진 본물이 존재하지 않는다. 역가曆家의 용어에 태양과 태음이 있는 것은 사실이지만, 그것은 일日과 월月을 각각 가리키는 용어로서 소옹의 용어와는 직접적인 관련이 없다.[41] 만일 사상이 본물이 아니라면 사상에 상응하는 어떤 대상이 있어야 한다. 그러나 소옹의 사상은 종이 위의 흑백黑白의 흔적에 불과하다. 어떻게 종이 위에 찍힌 흑백의 점이 천지를 계승한다는 말인가?[42] 그렇다면 과연 소옹의 사상 개념에 상응하는 본물은 무엇이란 말인가? 사상의 뜻은 경문에 분명하게 밝힌 것처럼 "넷씩 헤아림으로써 사四를 상징하는 것"(揲之以四, 以象四)에 있다. 그런데도 불구하고 소옹은 본물에다 '의儀'니 '상象'이니 하는 이름을 덧씌워 버렸으니, 이 역시 실제로부터 어긋난 것이다.[43]

---

41) "만약에 四象이 원래부터 본물本物의 명칭이 될 수 있고, 太陽·太陰·少陽·少陰이 여기에 해당된다고 생각해보자. (그러나) 천지 사이에 본래 이런 본물도 없으며, 또한 이런 명칭도 없었다.[曆家는 日과 月을 각각 太陽과 太陰이라고 부른다. 그러나 邵子의 太陽과 太陰이라는 명칭이 반드시 日과 月을 가리키는 것은 아니다.]"(若云, 四象原可爲本物之名, 則太陽·太陰·少陽·少陰, 天地間本無此物, 亦無此名.[曆家以日月爲太陽·太陰. 然, 邵子所指, 必非日月.]: 「邵子先天論」, 『易學緖言』, 『定本』 第17卷, p.173)

42) "四象이 상징하는 바의 것에 상응하는 아무런 대상도 없다는 말인가? 종이위에 있는 黑白의 흔적이 어떻게 천지를 떠받드는데 충분하겠는가?"(四象所象, 豈無其物乎! 紙上黑白之痕, 豈足以承天地乎?: 「邵子先天論」, 『易學緖言』, 『定本』 第17卷, p.173)

둘째, 소옹은 사상을 태음太陰·태양太陽·소음少陰·소양少陽의 네 가지라고 정의한다. 태음·태양 등의 용어는 선천역학의 고유한 용어이다. 그런데 '태太'는 순수함을 뜻하고, '소少'는 음양이 섞여 있음을 뜻한다.[44] 따라서 태음은 노음老陰과 동일하고, 태양은 노양老陽과 동일하다. 그러나 소옹이 말하는 태음과 태양은 음과 양이 섞여 있는 상태이니, 이러한 개념적 정의와 어긋난다.[45] 다산의 이러한 비판이 부당한 점도 있다. 왜냐하면, 다산도 태극이 음과 양이 혼재되어 미분화未分化의 상태로 있다는 것을 인정하고 있기 때문이다. 그렇다면, 태극의 태太가 순수한 상태를 가리키는 것은 아닌 것이 된다.

4) 팔괘의 차서次序

「팔괘차서도八卦次序圖」는 팔괘의 생성순서를 표시한 그림으로서 「횡도橫圖」 혹은 「횡배도橫排圖」라고 한다. 그러나 다산은 소옹의 이 「횡도」가 이치에 맞지 않는다고 주장하고 그 근거를 다음과 같이 제시하였다.

(1) 「팔괘차서도」에서는 양획이 많고 음획이 적으면 양괘陽卦로 간주하고, 음획이 많고 양획이 적으면 음괘陰卦로 간주하였다. 즉 손巽·리離를 양괘陽卦로 삼고 진震·감坎을 음괘陰卦로 삼았다. 그러나 「계사전」에서 "양괘는

43) "여기 (邵氏의 경우는) 그 사물 자체를 가리켜 모방이나 상징이니 하는 이름을 거짓으로 덧붙인 것이니, 그 또한 실제와 어긋난다."(今指本物, 冒之以儀象之名, 其亦違於實矣.: 「邵子先天論」, 『易學緖言』, 『定本』 第17卷, p.155)

44) "한편 이른바 太陽은 九이며, 少陽은 七, 太陰은 六, 少陰은 八이다. 순수한 것을 太라고 하고, 음양이 섞여 있는 것을 少라고 한다."(且所謂太陽者, 九也. 少陽者, 七也. 太陰者, 六也. 少陰者, 八也. 純者, 謂之太. 雜者, 謂之少.: 「邵子先天論」, 『易學緖言』, 『定本』 第17卷, p.154)

45) "여기서 소위 太陽은 여전히 一陰을 포함하여, 兌卦를 낳고, 소위 太陰도 여전히 一陽을 포함하여, 艮卦를 낳으니, 본래부터 純物이 아니니, 어찌 이것들을 太라고 하겠는가?"(今所謂太陽者, 仍包一陰, 以生兌卦. 所謂太陰者, 仍包一陽, 以生艮卦. 本非純物, 何以謂之太也?: 「邵子先天論」, 『易學緖言』, 『定本』 第17卷, p.154)

음이 많고, 음괘는 양이 많다"(陽卦多陰, 陰卦多陽)라고 하였다. 양이 많은 것은 음괘라고 부르고 음이 많은 것은 양괘라고 부르는 것을 원칙으로 하는 것은 그 예가 이미 일정하고[46] 경증經證까지 있으니, 함부로 질서를 어지럽혀서는 안 된다.[47] 이러한 역례易例에 따라 진震·감坎·간艮은 각각 장남長男·중남中男·소남少男이 되어 양괘가 되고, 손巽·리離·태兌는 각각 장녀長女·중녀中女·소녀少女가 되어 음괘가 되는 것이다.[48] 반면에 소옹의 명명방식은 「계사전」에서 제시한 역례의 규칙과 어긋난다. 소옹은 리와 태를 이양괘二陽卦로 간주하고 감과 간을 이음괘二陰卦로 간주하니, 양괘와 음괘의 구분 자체에 큰 혼란이 일어나게 된 것이다.[49] 따라서 다산은 소옹의 명명방식이 역도易道를 크게 혼란시키고 있다고 강한 어조로 비난한다.[50] 다산의 비판은

---

46) 다산은 다음과 같은 역례를 제시하였다. "臨卦·觀卦는 二陽卦이며, 四陰卦라고 부를 수 없다. 또한 遯과 大壯은 二陰卦이며, 四陽卦라 부를 수 없다."(臨·觀, 是二陽之卦, 不可名之曰, 四陰之卦. 遯·大壯, 是二陰之卦, 不可名之曰, 四陽之卦.: 「邵子先天論」, 『易學緖言』, 『定本』 第17卷, p.159)

47) "陰이 많은 것은 陽卦라고 부르는 것을 원칙으로 하고, 陽이 많은 것은 陰卦라고 부르는 것을 원칙으로 하기 때문이다. 그 例가 이미 一定하고, 거기에 經證까지 있으니, 함부로 질서가 문란하지 않다."(多陰者, 例爲陽卦, 多陽者, 例爲陰卦. 例旣一定, 厥有經證, 不可以貿亂也.: 「邵子先天論」, 『易學緖言』, 『定本』 第17卷, p.159)

48) "經文에 '陽卦는 陰이 많고, 陰卦는 陽이 많다'(陽卦多陰, 陰卦多陽)라고 하였으니, 震·坎·艮은 陽卦이고, 巽·離·兌는 陰卦이다."(經曰, '陽卦多陰, 陰卦多陽', 則震坎艮, 陽卦也. 巽離兌, 陰卦也.: 「邵子先天論」, 『易學緖言』, 『定本』 第17卷, p.159)

49) "이제 (邵氏는) 이에 離와 兌를 二陽卦로 간주하고, 坎과 艮을 二陰卦로 간주하니, 陰陽이 뒤바뀌고, 男女가 머리를 바꾸니, 복희와 문왕의 舊法과 모두 어긋나서, 易路가 여러 갈래로 갈라지게 된 것이다."(今乃以离兌爲二陽之卦. 坎艮爲二陰之卦, 則陰陽換面, 男女改頭, 與羲文舊法, 悉皆乖錯, 而易路以蓁矣.:「邵子先天論」, 『易學緖言』, 『定本』 第17卷, p.159)

50) "易例에 따르면 수가 적은 것이 '主'가 된다. 그러므로 (「계사전」에) '陽卦는 음이 많고, 陰卦는 양이 많다'(陽卦多陰, 陰卦多陽)라고 한 것이다. 이것이 乾坤 이외에 여섯 개의 자식 괘가 男女로 구별되는 까닭이다. 그런데 이 邵氏의 圖에서는 (각각 長男과 中男인) 震·坎을 陰卦로 삼고, (각각 長女와 中女인) 巽·離를 陽卦로 삼았으니, 陽이 변하여 음으로 되고, 여자가 변하여 남자가 되어, 문왕이 「설괘전」에서 말한 것과는 서로 어긋나게 되니, 易道가 크게 혼란되어 세 분 聖人의 남기신 뜻을 회복할 길이 없다."(且凡易例, 少者爲主. 故曰, "陽卦多陰, 陰卦多陽." 此, 六子之卦, 所以別男女也. 此圖, 以震坎爲陰卦. 巽離爲陽卦. 則陽變爲陰, 女化爲男. 與文王『說卦』之所言, 顯相乖謬. 易道大亂, 無復三聖之遺義也.: 「邵子先天論」, 『易學緖言』, 『定本』 第17卷, pp.154~155)

청대淸代의 황종희黃宗羲가 소옹에 대해 가한 비판과 정확히 일치한다.[51] 그러나 다산이 황종희의 비판을 참고했는지는 분명치 않다.

(2) 소옹의 「횡도橫圖」에 의해 배열된 팔괘의 순서를 차례로 나열하면, ① 일건천一乾天, ② 이태택二兌澤, ③ 삼리화三離火, ④ 사진뢰四震雷, ⑤ 오손풍五巽風, ⑥ 육감수六坎水, ⑦ 칠간산七艮山, ⑧ 팔곤지八坤地의 괘위卦位가 형성된다.

건 乾	태 兌	리 離	진 震	손 巽	감 坎	간 艮	곤 坤
1	2	3	4	5	6	7	8

그러나 다산에 따르면, 소옹이 이태택二兌澤, 삼리화三離火 등의 괘위를 바꿀 수 없는 확정적 명칭(不易之定名)으로 간주하는 것 자체가 잘못된 것이다.[52] 이러한 괘위는 고경古經에서 한 번도 언급된 바가 없기 때문에 다산으로서는 소옹의 선천괘위를 인정할 수 없었다. 고경에서 말한 팔괘의 괘위卦位로는 오로지 두 종류만 있을 뿐이다. 첫째는 부자父子의 서열에 따른 괘위로서, ① 건乾(父), ② 곤坤(母), ③ 진震(長男), ④ 손巽(長女), ⑤ 감坎(中男), ⑥ 리離(中女), ⑦ 간艮(少男), ⑧ 태兌(少女)의 순서로 배열된다. 둘째는 동서東西의 방위에 따른 괘위로서, ① 진震(동), ② 손巽(동남), ③ 리離(남), ④ 곤坤(서남),

---

51) "『주역』에 陽卦는 음이 많고, 陰卦는 양이 많다고 했으니, 艮과 震은 양괘가 되고, 巽과 兌는 음괘가 됨을 의심할 수가 없다, 그런데 이것을 반대로 설정하였으니, 명백하게 경문에 어긋난다. 그런데도 학자들이 그것을 아니라고 못하니, 그것은 무슨 까닭인가?"(易言, 陽卦多陰, 陰卦多陽, 艮震之爲陽卦, 巽兌之爲陰卦, 可無疑矣. 反而置之, 明背經文, 而學者不以爲非, 何也?: 黃宗羲 原本, 黃百家 纂輯, 全祖望 修定, 『百源學案(下)』; 김동휘, 『청대철학』 1권, 신원문화사, 1995, p.202.)

52) "여기서 '二兌澤'·'三離火'처럼 바꿀 수 없는 확정적 명칭으로 간주하는 것도 이미 잘못된 것이다."(今也, 二兌澤三離火爲不易之定名, 亦已差矣.: 「邵子先天論」, 『易學緖言』, 『定本』 第17卷, p.155)

⑤ 태兌(서), ⑥ 건乾(서북), ⑦ 감坎(북), ⑧ 간艮(동북)의 순서로 배열된다.[53] 만약 소옹의 괘위를 인정하게 되면, 첫째 부자의 서열에 따른 괘위와 상반되게 된다. 즉 부모가 생긴 이후에 육자六子가 차례로 태어나게 되어 있는 자연의 이치와 어긋난다. 다산은 소옹의 괘위의 부당성을 다음과 같이 비판한다.

> 「선천도」가 비록 자연스러운 것 같지만 태兌·리離가 이미 생겨났는데도 진震·손巽이 아직 생기지 않고 육자六子가 이미 생겨났는데도 곤모坤母가 여전히 생기지 않으니, 이것은 인륜人倫의 질서와 생물生物의 이치에 모두 부합되지 않는다.[54]

> 비록 소씨邵氏의 도圖에 제시된 일·이·삼·사의 차례에 입각하여 말한다고 해도, 곤모坤母가 아직 생기지 않았는데 여섯 자식이 먼저 생겨나고 진형震兄이 아직 생기지 않았는데 태매兌妹가 먼저 태어나니, 모자母子와 형제兄弟의 차례가 뒤섞여 아무런 질서가 없다. 어찌 "천지의 이치가 본래 이와 같다"고 말할 수 있겠는가?[55]

다산의 비판은 모기령이 『중씨역』에서 '선천도에 여덟 가지 오류가 있음'(先天之圖其誤有八)을 지적한 것 중에서 다섯 번째 "부자모녀병생父子母女並生"의 오류와 여섯 번째 "자선모子先母, 여선남女先男, 소선장少先長"의 오류와 상당히 유사하다. 아비와 어미가 생겨난 뒤에 육자六子가 생겨나는 것이 자연의 이치인데 "부자父子와 모녀母女가 동시에 생성된다"고 주장하고 있으니,

---

53) "팔괘는 父子의 서열에 따라 배열하면, ①乾(父), ②坤(母), ③震(長男), ④巽(長女), ⑤坎(中男), ⑥離(中女), ⑦艮(少男), ⑧兌(少女)이다. 동서의 방위로 보면, ①震(동), ②巽(동남), ③離(남), ④坤(서남), ⑤兌(서), ⑥乾(서북), ⑦坎(북), ⑧艮(동북)이다. 古經에서 말한 바는 오직 이 두 가지 방법뿐이다."(八卦, 以父子之倫序, 則一乾, 二坤, 三震, 四巽, 五坎, 六離, 七艮而八兌也. 以東西之方位, 則一震二巽三離四坤五兌六乾七坎而八艮也. 古經所言, 惟此二法.: 「邵子先天論」, 『易學緖言』, 『定本』 第17卷, p.155)

54) "先天圖, 雖若自然, 兌離已生, 而震巽未生. 六子已生而坤母未生, 則其於人倫之序·生物之理, 俱未翕合."(「邵子先天論」, 『易學緖言』, 『定本』 第17卷, p.159)

55) "雖以其一二三四之序, 言之, 坤母未生而六子先育, 震兄未生而兌妹先産, 母子兄弟之序, 雜亂無統. 何得云'天地之理, 本自如此'乎?"(「邵子先天論」, 『易學緖言』, 『定本』 第17卷, p.155)

이것은 자연의 이치에 어긋난다. 그리고 "자식이 어미보다 앞서는 것"(子先母)과 "여자가 남자보다 앞서는 것"(女先男)과 "나이가 어린 사람이 나이 많은 사람보다 앞서는 것"(少先長)은 강상의 윤리를 뒤집은 것이다.

(3) 태극이 둘로 갈라져서 열리는 이치(剖判之理)는 "일생양一生兩"의 때에 두 개가 일시一時에 함께 생겨나니, 반드시 양이 앞서고 음이 그 다음에 생겨야 하는 이치는 없다. "양생사兩生四"의 경우에도 네 개가 일시에 생성되니, 어느 것이 장자長者가 되고 어느 것이 제자弟子가 되어야 한다는 순서는 없다. "사생팔四生八"의 경우에도 여덟 개가 일시에 함께 생기니, 건乾이 머리가 되고 곤坤이 꼬리가 된다고는 말할 수 없다.[56]

4. 「팔괘방위도」에 대한 비판

「팔괘방위도八卦方位圖」는 「팔괘차서도八卦次序圖」를 원圓으로 만든 그림이다. 소옹의 또 다른 그림인 「육십사괘방위도六十四卦方位圖」를 「대원도大圓圖」라고 하며, 이 그림은 「소원도小圓圖」라고 부른다.[57] 「팔괘차서도」가 팔괘의 시간적 생성 순서를 보여 준다면, 「팔괘방위도」는 팔괘의 공간적 배열을 보여 준다.[58]

---

56) "태극이 둘로 갈라져서 열리는 이치로 논해 본다면, 一生兩의 때에는 두 개가 一時에 함께 생겨나니, 반드시 陽이 앞서고 陰이 그 다음에 생겨야 하는 이치는 없다. 兩生四의 경우에도 네 개가 일시에 생성되니, 어느 것이 長者가 되고, 어느 것이 弟子가 되어야 하는 순서가 없다. 四生八의 경우에도 여덟 개가 一時에 함께 생기니, 乾이 머리가 되고, 坤이 꼬리가 된다고는 말할 수 없다."(論以太極剖判之理, 則一生兩時, 兩個一時並生, 必無陽先陰後之理. 兩生四時, 四個一時並生, 必無孰長孰弟之序. 四生八時, 八個一時並生, 必無乾首坤尾之可言.: 「邵子先天論」, 『易學緖言』, 『定本』 第17卷, p.162)

57) 朱熹 저, 김상섭 역, 『易學啓蒙』, 예문서원, 1994, p.124.

58) 고회민 저, 곽신환 옮김, 『소강절의 선천역학』, 예문서원, 2011, p.80.

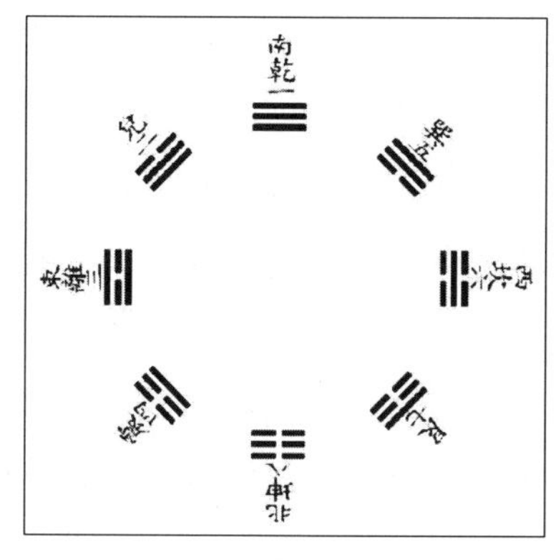

팔괘방위도

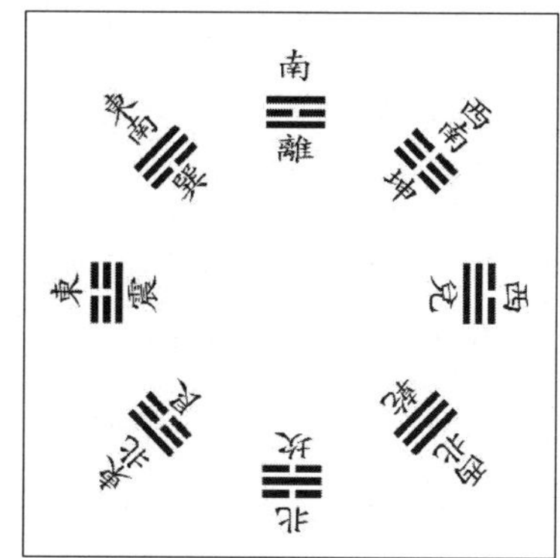

문왕팔괘도

「팔괘방위도」는 「팔괘차서도」를 건乾·태兌·리離·진震과 손巽·감坎·간艮·곤坤의 두 부분으로 나눈 다음에 전자를 좌측에 배치하고, 후자를 우측에 배치함으로써 만들어진다. 소옹은 이 방위도를 복희씨에 의해 정해진 방위를 도상圖象으로 재현한 것이라고 보고, 이것이 이른바 선천학先天學에 해당되는 것이라고 하여 「선천팔괘방위지도先天八卦方位之圖」라고 명명하였다.59) 반면에 「후천팔괘방위지도後天八卦方位之圖」라고 명명된 「문왕팔괘도」는 후천後天의 질서를 표현하고 있는 도상으로, 그 근거는 「설괘전」 제5장의 "제출호진帝出乎震…… 성언호간成言乎艮"의 구절에서 설명한 방위에 바탕을 두고 있다. 복희의 팔괘도가 선천의 체體를 표현하는 것이라면, 문왕의 팔괘도는 후천의 용用을 표현한다.60) 그러나 팔괘도의 <선천도↔후천도>

59) "邵子가 말했다. '이것은 伏羲 八卦의 方位이니, 이른바 先天學이다.'"(邵子曰, 此伏羲八卦之位, 所謂先天之學也.: 「邵子先天論」, 『易學緖言』, 『定本』 第17卷, p.160)

60) 선천역학과 후천역학의 관계를 體와 用의 관계로 이해하는 관점은 소강절에서 비롯된 관점이지만, 선천역은 복희역이고 후천역은 문왕역이라고 함으로써 그 관계를 명확히 설정한 것은 주자였다. 주자는 다음과 같이 말하였다. "소옹의 학설에 의거한다면, 선천은 복희가 획괘한 역이며 후천은 문왕이 연역한 역이다."(據邵氏說, 先天者, 伏犧所畫之易也. 後天者, 文王所演之易也. 「書 問答·答袁機仲」, 『晦庵先生朱文公集(二)』, 卷38; 『朱子全書』 第21冊, 上海古籍出版社, 2002, p.1665.; 宋錫同, 『邵雍易學與新儒學思想研究』, 華東師

혹은 <복희도↔문왕도> 같은 대립 구도는 소옹에 의해 부여된 것이지 『주역』에 원래부터 그러한 대립 구도가 있었던 것은 아니다. 다산은 선천을 체體로 보고 후천을 용用으로 보아 두 범주를 대립시키는 소옹의 논리도 역시 합리성을 결여하고 있는 것으로 보았다. 체와 용을 형체와 작용(혹은 기능)의 개념으로 이해한다면, 그것은 동일한 대상에 적용되는 두 개의 범주이지, 종류가 다른 두 대상에 적용될 수 있는 범주는 아니다. 예를 들면, 수레(車)의 형체에 수레의 기능이 있는 것이지, 형체(體)는 수레인데 배(舟)의 작용(用)을 한다든지 아니면 배(舟)의 형체를 하고 수레의 작용을 한다든지 하는 것은 이치에 닿지 않는 이야기인 것이다.[61]

소옹에 따르면, 「선천팔괘방위도」의 방위를 주장할 수 있는 전거典據는 「설괘전」 제3장의 "천지정위天地定位, 산택통기山澤通氣, 뇌풍상박雷風相薄, 수화불상역水火不相射"과 제4장의 "뇌이동지雷以動之, 풍이산지風以散之, 우이윤지雨以潤之, 일이훤지日以晅之, 간이지지艮以止之, 태이열지兌以說之, 건이군지乾以君之, 곤이장지坤以藏之", 제6장의 "수화상체水火相逮, 뇌풍불상패雷風不相悖, 산택통기山澤通氣"에 있다. 그러면 먼저 일반적으로 '천지정위天地定位'장이라는 이름으로 널리 알려져 있는 제3장의 경문을 검토해 보자.

> 천지天地가 방위를 정함에, 산山과 못(澤)이 기운을 통하며 우레(雷)와 바람(風)이 서로 부딪히며 물(水)과 불(火)이 서로 싫어하지 않아서 팔괘가 서로 섞인다. 지나간 것을

範大學出版社, 2011, p.95.)

61) "先儒들은 先天은 體가 되고, 後天은 用이 된다고 하는데, 이것도 또한 통할 수 없는 이론이다. 수레에는 수레의 體가 있은 이후에야 비로소 수레의 用이 있는 것이고, 배에는 배의 體가 있은 이후에야 비로소 배의 用이 있는 것이다. 형체(體)는 수레인데 배의 기능을 쓴다거나, 형체는 배인데 수레의 기능을 쓴다는 것은 그 이치가 통하지 않는다. (그러므로) 先天이 體가 되고, 後天이 用이 된다고 하니, 이런 이치가 있겠는가?"(先儒以先天爲體, 後天爲用, 是又不通之論也. 車有車體而後, 方有車用. 舟有舟體而後, 方有舟用. 車體而舟用, 舟體而車用者, 理所不通. '先天之體'而'後天之用', 有是理乎?: 「邵子先天論」, 『易學緖言』, 『定本』 第17卷, p.164)

세는 것은 순응하는 것이고 오는 것을 아는 것은 거스르는 것이니, 이렇기 때문에 『역』은 거스르는 수數이다.[62]

소옹에 따른다면, 이 일절一節은 복희팔괘伏羲八卦를 밝힌 것이다.[63] 「설괘전」 제3장의 경문을 분석해 보면, <천天↔지地>, <산山↔택澤>, <뇌雷↔풍風>, <수水↔화火>로 두 괘씩 배대配對시키고 있다. 이러한 배대에 맞는 방위도가 형성되기 위해서는 한 짝을 이루는 두 항이 서로 마주보는 위치에 배치되어야 할 것이다. 그런데 「문왕팔괘도」에서는 이러한 대칭 배열을 찾을 수 없으므로 소옹은 「복희팔괘도」를 새로 설정한 것이다. 소옹은 경문에 "팔괘상착八卦相錯"이라고 한 것이 「문왕팔괘도」의 후천방위와 다른 별개의 순서가 존재함을 암시하고 있는 것이라고 보았다.[64] 그러나 다산은 "팔괘상착"이 선천방위에 대한 언급이라는 소옹의 주장을 정면으로 반박한다. 다산은 다음의 인용문에서 '착錯'자가 기존의 방위와 어긋나는 새로운 방위를 암시하는 것이 아니라, 팔괘로 상징되는 팔물八物이 서로 부딪히고 뒤섞여서 만들어 내는 격렬한 운동변화의 모습을 표현하고 있을 뿐이라고 말한다.

'착錯'은 '영향을 주고받음'(交)이고 '뒤섞임'(雜)이며 '접촉함'(磨)이며 '뒤집힘'(顚)이다. 경經에서 말한 바의 것은 대개 천天·지地·수水·화火·뇌雷·풍風·산山·택澤이 높고 낮고 맑고 탁한 기운이 뭉뚱그려져 섞이며, 부딪혀 출렁거리며, 차고 뜨겁고 마르고 습한 기운이 조화롭게 합치며, 부딪쳐 움직여 변화를 이루고 만물을 낳는다. 그러므로 팔괘의 팔물이 서로 사귀고 서로 섞이며 서로 부딪히고 뒤집혀서 64괘를

62) "天地定位, 山澤通氣, 雷風相薄, 水火不相射, 八卦相錯. 數往者順, 知來者逆. 是故, 易逆數也."(「周易四箋 II」, 『定本』 第16卷, p.325)
63) "邵子가 말했다. 이 一節은 伏羲八卦를 밝힌 것이다."(邵子曰, 此一節, 明伏羲八卦也.: 「邵子先天論」, 『易學緖言』, 『定本』 第17卷, p.161)
64) "八卦相錯이란 팔괘가 교섭하고 서로 섞이어 64괘의 형성을 설명한 것이다."(八卦相錯者, 明交相錯而成六十四也.: 「邵子先天論」, 『易學緖言』, 『定本』 第17卷, p.161)

형성한다. 혹은 정체正體로써, 혹은 호체互體로써 서로 감통하고 서로 부딪치며 모든 변화가 끝이 없어서, 이로써 천지만물의 정情을 상징할 따름이다. 선천방위가 어찌 여기에 끼어들 수 있으리오?[65]

따라서 「설괘전」 제3장의 경문은 선천방위와는 아무런 상관이 없다. 만약 이 경문이 선천방위를 서술한 것이라고 한다면, 먼저 천·지·수·화의 사정괘四正卦의 방위를 우선적으로 설정한 다음에 뇌·풍·산·택의 사편괘四偏卦를 언급하는 것이 순서상 합당하다.[66] 따라서 천·지를 먼저 말한 뒤에 수·화를 언급하고, 다시 뇌·풍을 언급하고, 또 이어서 산·택을 언급하는 것이 맞다. 그런데도 불구하고 순서를 뒤섞어 산택을 말한 뒤 마지막에 수화를 말한 것을 보면, 이것은 방위에 대한 설명과는 별로 관계가 없는 것이고, 물리物理를 관찰하여 괘덕卦德을 증험한 것에 해당된다는 것이다.[67]

「설괘전」 제4장에서는 "뇌이동지雷以動之, 풍이산지風以散之, 우이윤지雨以潤之, 일이훤지日以晅之, 간이지지艮以止之, 태이열지兌以說之, 건이군지乾以君之, 곤이장지坤以藏之"라고 하였으니, 이것은 제3장의 순서와는 다르지만 <뇌→

65) "錯者, 交也, 雜也, 磨也, 顚也. 經所言者, 蓋云天·地·水·火·雷·風·山·澤, 高下淸濁, 渾雜摩盪, 冷熱乾濕, 和合激發, 以成變化, 以生萬物. 故八卦八物, 相交相雜, 相磨相倒, 以成六十四卦. 或以正體, 或以互體, 相通相薄, 萬變不窮, 以象天地萬物之情而已. 先天方位, 何與於是?" (「邵子先天論」, 『易學緖言』, 『定本』 第17卷, p.161)

66) "만약 邵子의 四正·四偏의 위치를 갖고 말한 것이라면 공자는 반드시 乾坤 다음에 水火를 먼저 말하고, 그 다음으로 風雷를 말하며, 그 다음으로 澤山을 말하였을 것인데, 지금 어째서 먼저 山澤을 말하고, 水火를 끝에 말한 것인가?"(若以邵子所謂四正·四偏之位而言之, 則孔子必於乾坤之次, 先言水火, 次言風雷, 次言澤山. 今何以先言山澤, 末言水火乎?: 「邵子先天論」, 『易學緖言』, 『定本』 第17卷, p.160)

67) "만약에 이 경문이 선천의 방위에 대한 설명이라고 한다면, 경에서 당연히 天·地를 먼저 말하고, 그 다음으로 水·火를 말하여 四正卦의 위치를 바로잡았을 것이다. 어째서 이에 그 순서를 이같이 뒤섞어 말하였겠는가? 따라서 이 구절은 곧 物理를 관찰하여 卦德을 증험한 것이지, 방위에 대한 설이 아니다."(此經, 若爲先天之方位, 則經宜先言天地, 次言水火, 以正四正之位. 胡乃錯言之如是哉? 此乃觀物理, 以驗卦德, 非方位之說也.: 「邵子先天論」, 『易學緖言』, 『定本』 第17卷, p.160)

풍>, <수↔화>, <산↔택>, <천↔지>가 짝을 이루고 있어 배대를 이루는 구성요소는 같다. 그리고 육자六子를 앞세우고 건·곤의 부모가 뒤에 나온다는 점이 특징이다. 주자는 제4장도 역시 제3장과 마찬가지로 선천방위를 말한 것이라고 보았으나,[68] 다산은 이 배열에서도 역시 선천방위의 증거를 전혀 찾을 수 없다고 반론하였다.[69]

그 다음으로 「설괘전」 제6장에 "수화상체水火相逮, 뇌풍불상패雷風不相悖, 산택통기山澤通氣"의 경문이 나온다. 이 구절은 제3장의 "천지정위天地定位, 산택통기山澤通氣, 뇌풍상박雷風相薄, 수화불상역水火不相射"과 마찬가지로 <수↔화>, <산↔택>, <뇌↔풍>을 두 괘씩 배대시키고 있다. 그런데 제6장에서는 이 경문 바로 앞에서 "종만물終萬物, 시만물자始萬物者, 막성호간莫盛乎艮"이라고 한 것을 보면, 이것은 간괘艮卦를 동북방에 배치하여 진震의 동방과 연접시키고자 한 저자의 의도를 드러내고 있다. 즉 「문왕팔괘도」에서는 <간-진>이 <동북방-동방>에 연접해 있기 때문에 <종終-시始>의 구도를 형성하지만, 「복희팔괘도」에서는 간을 서북방에 배치하고 진을 동북방에 배치하였기 때문에 두 괘가 연접되지 않아 <종-시>의 구도가 형성되지 않는다. 그러면 다산의 주장을 들어 보기로 하자.

> 「설괘전」 제6장에도 "수화가 서로 미치며, 뇌풍이 서로 거스르지 않으며, 산택이 기氣를 통한다"라고 거듭 부연하였는데, 이것이 바로 소자邵子의 이른바 "선천지학先天之學"의 근거이다. 그러나 경문을 자세히 따져 보면 (이 구절의 바로 위에서) 곧 "만물을 끝내고 만물을 새로 시작하게 하는 것은 간艮보다 성대한 것이 없다"라고

---

68) "주자가 말하였다. '여기의 괘위도 서로 相對되는데, 上章(3장)과 동일하다.'"(朱子曰, "此卦位相對, 與上章同.": 「邵子先天論」, 『易學緒言』, 『定本』 第17卷, p.163)

69) "이 경은 먼저 六子를 말하고, 그 이후에 父母를 말하였다. 그러므로 우뢰와 바람이 서로 짝이 되고, 비와 해가 서로 짝이 되었던 것이다. 어디에 선천의 방위를 말한 적이 있었는가?"(此經先言六子, 後言父母. 故雷風相對, 雨日相配. 何嘗說先天之方位乎?: 「邵子先天論」, 『易學緒言』, 『定本』 第17卷, p.163)

하였다. 따라서 이는 결국 간괘를 동북방에 설정하여 진의 동방의 방위와 서로 연결시켜 종終과 시始로 삼은 것이다. 어떻게 간을 서북쪽이라 말하겠는가?[70]

따라서 다산은 소옹의 「선천방위도」의 전거가 타당성이 없다는 점을 집중적으로 공격하고 있다. 다산은 설령 소옹의 논법으로 비교해 헤아려 보더라도 한 글자 반 구절(一字半句)도 서로 부합되지 않기 때문에 「설괘전」(제3장)의 '천지정위天地定位'장이 선천의 증거로 사용될 수는 없다고 말한다.[71] 호위胡渭도 『역도명변易圖明辨』에서 「설괘전」 제3장 '천지정위'장이 팔괘의 방위와 아무런 상관이 없다는 점을 주장한 바 있다. 예를 들어, "산택통기山澤通氣"라고 하였지만 기를 통하는 것은 산과 택 양자 사이에서만 일어나는 현상이 아니라 천·지·뇌·풍·수·화 사이에서도 일어나는 현상이다.[72] 주자도 「설괘전」 제6장의 "수화상체水火相逮, 산택통기山澤通氣"가 반드시 선천학이 되는 것은 아니라고 의심하였고, 그 뜻을 자세히 알 수 없다고 했다.[73]

다산은 『주역』뿐 아니라 선진시대의 다른 문헌들에서도 복희팔괘의 방위를 언급한 것을 발견할 수 없고, 단지 문왕팔괘의 방위와 합치되는 점을 확인할 뿐이라고 말하였다. 그는 『서경』과 『시경』 등의 문헌에서 태兌, 진震 등의 글자가 쓰인 용례를 분석함으로써 그 자의에 함축된 관념이

---

70) "「說卦」之第六章, 覆說'水火相逮, 雷風不相悖, 山澤通氣', 此, 正邵子所謂'先天之學'而諦觀經文, 則仍云, '終萬物始萬物者, 莫盛乎艮', 仍以艮卦, 處之東北之方, 而與震東相連爲終始, 何謂之艮在西北乎?"(「邵子先天論」, 『易學緒言』, 『定本』 第17卷, p.157)

71) "邵子의 논법으로 비교해 헤아려 보더라도 한 글자 반 구절도 서로 부합되지 않으니, 어떻게 이 「설괘전」(제3장)의 구절을 선천의 증거로 삼는 것인가?"(稽之以邵子之法, 一字半句, 無一相合. 胡以是爲先天之證乎?: 「邵子先天論」, 『易學緒言』, 『定本』 第17卷, p.160)

72) 요명춘·강학위·양위현(심경호 역), 『주역철학사』, 예문서원, 1994, p.671.

73) 朱子도 이에 대해 역시 의문을 제기하였다. "水火相逮, 山澤通氣"가 반드시 先天學이 되는 것은 아니다. 그러므로 그 뜻을 자세히 알 수 없다.(朱子於此亦疑. 水火相逮, 山澤通氣, 未必爲先天之學, 故未詳其義.: 「邵子先天論」, 『易學緒言』, 『定本』 第17卷, p.164)

문왕팔괘의 괘위와 일치한다는 점을 입증하고자 하였다.[74] 따라서 다산은 이러한 근거에서 소옹의 선천방위는 『주역』의 십익十翼, 『춘추春秋』의 관점官占, 제자백가의 제 문헌 등에 아무런 증거가 없다고 주장하였다. 즉 소옹의 선천방위는 문왕의 방위를 변통한 것에 불과하다는 것이다. 다산은 소옹의 복희팔괘방위가 문헌적 증거가 없을 뿐 아니라 이치로 따져 보더라도 합리적이지 않다고 주장하였다.

1) 건남乾南 · 곤북坤北

소옹이 이러한 설을 제출한 것은 남교南郊에서 하늘에 제사지내고 북교北郊에서 땅에 제사지내는 것을 보았기 때문이다. 그러나 "남교에서 하늘에 제사지냈다"라고 함은 본래 경전에 증거가 없다. 그리고 북교에서 땅에 제사를 지내는 것도 또한 예법에 어긋난 일이다. 주자도 인정하였듯이 북교에서 땅에 제사지내는 것은 본래 왕망王莽이 근거 없이 꾸며낸 전례典禮였을 뿐이다. 그러므로 소옹의 건남乾南 · 곤북坤北의 설은 올바른 학설이 아니다.

2) 리동離東 · 감서坎西

『예기』에 "해는 동방에서 나오고, 달은 서방에서 나온다"라고 하였는데, 소옹은 이것에 근거하여 리동離東 · 감서坎西의 위치를 정한 것이다.[75] 그러

---

74) 「虞書 · 舜典」에 "讒說殄行", 즉 "거짓으로 헐뜯는 말과 잔악한 행동"이라는 말이 나온다. 「설괘전」에서 "說言乎兌"라고 하였으니, 그러므로 '說'자가 '兌'에서 나온 것이다. 또한 『시경』의 (주나라의 시조인) 後稷에 대한 詩에서, "載震載夙", 즉 "곧 임신하고 곧 삼가니"라고 하였다. (「설괘전」에 따르면) 만물은 震에서 생겨난다. 그러므로 震이 임신의 의미를 가지게 된 것이다. 이상에서 어느 것 하나라도 문왕의 괘위가 아닌 것이 있는가?(「虞書」曰, "讒說殄行." "說言乎兌", 故說字從兌也. 後稷之詩曰, "載震載夙", 物生乎震, 故震得爲娠也. 有一非文王之卦位者乎?: 「邵子先天論」, 『易學緖言』, 『定本』 第17卷, p.157)

나 '달이 서쪽에서 뜬다'는 것은 사람이 통상적으로 보는 관찰에 근거한 것으로, 이 때문에 옛사람들은 아침해와 저녁달을 동·서쪽에 배당했던 것이다. 그러나 옛사람들은 해와 달에 대해 예배할 때 여전히 「설괘전」의 방위를 따랐다. 그러므로 그 예배의 방법이 『의례儀禮』「근례覲禮」에 "남문 밖에서 해를 예배하고, 북문 밖에서 달을 예배한다"(禮日於南門之外, 禮月於北門之外)라고 하였으니,[76] 이처럼 경문에 분명하거늘 어떻게 '일동日東·월서月西'라고 말할 수 있겠는가? 리동離東과 감서坎西는 정당한 근거가 없다.

3) 손서남巽西南

『상서尙書』「요전堯典」에 "여능용명汝能庸命, 손짐위巽朕位.", 즉 "그대는 나의 명을 잘 받들어 주었거니와, 나의 임금 자리를 그대에게 물려주고자 하노라"라고 하였다. 여기서 "손巽"이란 '사양하여 넘겨주는 것'(讓)이다. 손巽이 양讓의 의미를 가지게 된 것은 무엇 때문인가? 고례에 따르면, 손님(賓)은 서북쪽(乾方)에 앉히고 주인主人은 동남쪽(巽方)에 앉기 때문이다.[『예기』「향음주의鄕飮酒義」에 나온다.] (「설괘전」에 따르면) 동남쪽은 손巽의 방위인데, 주인은 손님에게 (존중하는 의미에서 서북의 자리를) 사양하고 손의 방위인 동남쪽에 자리를 잡는다. 그러므로 '손巽'을 '양讓'이라 하는 것이다. 이런 근거에서 볼 때, 요·순 이전에도 손은 동남쪽이었고 건乾은 서북쪽이었다. 이미 이렇게 확연히 증거가 있는데도 소옹은 동남의 손을 문왕의 괘위에 귀속시키니, 어찌 어긋나지 않겠는가?[77]

---

75) 漢 鄭玄 注, 唐 孔穎達 疏 『禮記正義』, 十三經注疏 整理本 13, 北京大學出版社, 2000, p.879.

76) "禮日於南門之外, 禮月與四瀆於北門之外."(漢 鄭玄 注, 唐 賈公彥 疏 『儀禮注疏』, 十三經注疏 整理本 11, 北京大學出版社, 2000, p.615.)

77) "「堯典」曰, 汝能庸命, 巽朕位. 巽者, 讓也. 巽之爲讓, 何也? 古禮, 坐賓於西北, 主人坐於東南.[見鄕飮酒義.] 東南者, 巽方也. 主人, 讓於賓而坐巽, 故謂之巽讓. 由是觀之, 堯舜之前, 巽爲東南, 乾爲西北, 已確然有證. 而邵子, 以東南之巽, 歸之於文王卦位, 豈不差哉?"(「邵子先天論」, 『易學

4) 이종육횡二縱六橫

소옹은 「선천도」의 배치구도를 이종육횡二縱六橫의 구도로 파악한다. '이종육횡'이란 "건곤乾坤이 종縱으로 있고 육자六子가 횡橫으로 있는 것"(乾坤縱而六子橫)을 가리키는데, 소옹은 이 구도가 역의 근본이라고 말하고 있다. 「팔괘방위지도」는 이종육횡의 구도에 따라 <건곤→풍택→수화→산뢰>의 순서로 배치되어 있다. 그렇지만 「설괘전」 제3장 '천지정위'장에서 설명하고 있는 순서는 <건곤→산택→뇌풍→수화>의 순서로 되어 있다. 그렇다면 왜 「설괘전」에서는 소옹이 말한 '이종육횡'의 구도를 따르지 않은 것인가?[78]

「선천도」를 보면, 일단 종縱으로 건남곤북乾南坤北의 방위를 형성하고 있기 때문에 "건곤이 종으로 있다"(乾坤縱)라고 한 명제는 받아들일 수 있다. 문제는 "육자六子가 횡으로 있다"(六子橫)라고 한 명제를 받아들일 수 있는가에 있다. 엄밀하게 말해서, 횡으로 있는 것은 리동감서離東坎西의 배치 밖에 없다. 만약 "건곤종이육자횡乾坤縱而六子橫"의 명제가 맞는 명제라면, 마찬가지 논리로 "감리횡이육괘종坎離橫而六卦縱"의 명제도 맞는 명제여야 한다.[79] 그렇게 되면 진·태·손·간은 앞에서는 횡에 편입되었다가 이번에는 종에 편입되는 결과가 될 것이다. 따라서 소옹의 "건곤종이육자횡乾坤縱而六子橫"의 명제를 받아들일 수 없다.

緖言』, 『定本』 第17卷, p.156)

78) "만약에 邵子의 이른바 건곤이 세로로 있고, 육자괘가 가로로 있다는 二縱六橫의 설에 입각하여 말한 것이라면 공자는 반드시 乾坤 다음에 風澤을 먼저 말하고, 그 다음으로 水火를 말하고, 그 다음으로 山雷를 말하였을 것인데, 지금 어째서 그렇지 않은가?"(若又以邵子所謂二縱六橫而言之, 則孔子必於乾坤之次, 先言風澤, 次言水火, 次言山雷. 今何以不然乎?: 「邵子先天論」, 『易學緖言』, 『定本』 第17卷, p.160)

79) "만일 어떤 사람이 이를 고쳐서 "坎離가 橫으로 배열되어 있고 (乾坤을 포함한) 나머지 6괘가 縱으로 배열되어 있다."라고 한다면 장차 어떤 말로 이를 반박하겠는가?"(有人改之曰, "坎离橫而六卦縱", 其將何辭以擊之乎?: 「邵子先天論」, 『易學緖言』, 『定本』 第17卷, p.158)

5) 역易, 역수야逆數也

「설괘전」 제3장의 "역易, 역수야逆數也"도 논란이 매우 많은 구절이다. 이 구절은 이른바 천지정위天地定位장에 속해 있는데, 다음과 같다.

> 지나간 것을 세는 것은 순응하는 것이고 오는 것을 아는 것은 거스르는 것이니, 이렇기 때문에 『역』은 거스르는 수數이다.[80]

소옹은 이 문구를 선천역학의 맥락에서 해석하고 있다. 즉 「팔괘차서도」에서 진震·리離·태兌·건乾의 순서로 세는 것은 "수왕자數往者, 순順"에 해당되고, 반면에 손巽·감坎·간艮·곤坤의 순서로 세는 것은 "지래자知來者, 역逆"에 해당된다. 수數의 순서로 보면, <진→리→태→건>은 <4→3→2→1>의 순서이며, <손→감→간→곤>은 <5→6→7→8>의 순서이다.

> "수왕자數往者, 순順"이란 순천順天의 방향에 따라 행行하는 것이니, 좌선左旋이며 모두 이미 생성된 괘들이다. 그러므로 "수왕數往"이라고 한 것이다. "지래자知來者, 역逆"이란 역천逆天의 방향에 따라 행行하는 것이니, 우행右行이며 모두 아직 생성되지 않은 괘들이다. 그러므로 "지래知來"라고 한 것이다.[81]

여기서 먼저 지적할 것은 소옹의 좌선左旋과 우행右行의 개념이 매우 혼란스럽다는 점이다. 소옹은 <진→리→태→건>의 과정을 좌선이라고 하고, <손→감→간→곤>의 과정을 우행이라고 하였다. 여기서 '우행'은 우선右旋과 같은 의미로 사용되고 있다. 그러나 우리가 '좌선'이라는 용어를 '좌로부

---

80)"數往者, 順, 知來者, 逆. 是故, 易, 逆數也."(魏 王弼 注, 唐 孔穎達 疏, 『周易正義』, 十三經注疏 整理本[1], 北京大學出版社, 2000, p.384.)

81) "數往者, 順, 若順天而行, 是左旋也. 皆已生之卦也, 故云, 數往也. 知來者, 逆, 若逆天而行, 是右行也. 皆未生之卦也, 故云, 知來也."(「邵子先天論」, 『易學緒言』, 『定本』 第17卷, p.161)

터 우로 돌아감'(즉 시계방향)이라는 의미로 사용한다면, 「선천방위도」에서 <진→리→태→건>도 좌선이고 <손→감→간→곤>도 좌선이다. 전자가 <일양一陽→이양二陽→삼양三陽>의 과정이라면 후자는 <일음一陰→이음二陰→삼음三陰>의 과정이며, 전체적으로 <진→리→태→건→손→감→간→곤>의 과정이 순환무단循環無端의 구조를 형성하고 있다. 따라서 그 방향은 오직 좌선(즉 시계방향)만이 있을 뿐인데, 어떻게 해서 절반씩 잘라서 왼쪽 절반은 좌선이고 오른쪽 절반은 우선이라고 했는지 이해할 수 없다고 다산은 소옹을 비난한다.[82]

그 다음으로 다산은 소옹이 '순順'과 '역逆'의 순서를 거꾸로 파악하고 있다고 지적한다. 순수順數란 원래, 먼저 생겨난 것을 먼저 헤아리고 뒤에 생겨난 것을 뒤에 헤아리는 것을 가리킨다. 따라서 일·이·삼·사·오·육·칠·팔의 순서로 세어나가는 것을 가리킨다. 갑甲·을乙·병丙·정丁·무戊·기己·경庚·신辛이나 자子·축丑·인寅·묘卯·진辰·사巳·오午·미未, 혹은 각角·항亢·저氐·방房·심心·미尾·기箕·두斗의 순서는 모두 순수順數이지 역수逆數가 아니다.[83] 그런데도 불구하고 소옹은 이것을 거꾸로 정의하고

---

82) "그리고 邵子의 圖를 관찰하면, 震에서 乾에 이르기까지 三陽이 형성되었고, 巽에서 坤에 이르기까지 三陰이 형성되었다. 그 형세가 左旋이 아님이 없으니, 一消一長하면서 循環無端한다. 그런데 어찌하여 震에서 乾에 이르기까지는 左旋이라고 하고, 巽에서 坤에 이르기까지는 右旋이라고 하였는가?"(且觀邵子之圖, 自震至乾, 三陽以成. 自巽至坤, 三陰以成. 其勢, 莫不左旋, 而一消一長, 循環無端. 又何以自震至乾, 爲左旋. 自巽至坤, 爲右旋哉?: 「邵子先天論」, 『易學緖言』, 『定本』 第17卷, p.161)

83) "一·二·三·四·五·六·七·八은 천하의 順數인데, 어떻게 그것을 逆數라고 말하는 것인가? 甲·乙·丙·丁·戊·己·庚·辛도 逆數가 아니며, 子·丑·寅·卯·辰·巳·午·未도 逆數가 아니며, 角·亢·氐·房·心·尾·箕·斗도 逆數가 아니다. 그런데 어찌 유독 一·二·三·四·五·六·七·八만이 逆數가 된다는 것인가? 주나라에 八士가 있었으니, 伯達, 伯适, 仲突, 仲忽, 叔夜, 叔夏, 季隨, 季騧가 그것이다. 이것도 역시 一·二·三·四·五·六·七·八이니, 먼저 생겨난 것을 먼저 헤아리고, 뒤에 생겨난 것을 뒤에 헤아린다. 그것을 장차 逆數라고 할 수 있을 것인가? 나는 이것을 감히 알지 못하겠다."(一·二·三·四·五·六·七·八, 天下之順數也, 何以謂之逆數乎? 甲·乙·丙·丁·戊·己·庚·辛, 非逆數. 子·丑·寅·卯·辰·巳·午·未, 非逆數. 角·亢·氐·房·心·尾·箕·斗, 非逆數.

있다고 다산은 비난하고 있다.

> 동지에서 하지까지가 순順이 된다"라는 것은, 소씨의 도圖에 따르면 <진→리→태→건>으로 진행되어 <4→3→2→1>의 순서로 되는 것이다. 또한 "하지에서 동지까지가 역逆이 된다"라는 것은, (소씨의 도에 따르면) <손→감→간→곤>으로 진행되어 <5→6→7→8>의 순서로 되는 것이다. 무릇 『역』의 도道는 우러러 천문을 관찰하고 굽어서 지리를 관찰하는 데 있으니, 모두 상象을 본받는 바가 있다. 동지에서 하지에 이르는 과정은 순행順行이고, 하지에서 동지에 이르는 과정은 역행逆行이다. 그 상을 본받는 것이 어찌 이태택二兌澤과 사진뢰四震雷에 있겠는가? 이른바 그 음양소장陰陽消長의 형세로써 본다면 위아래가 뒤집힌 것이니, 이로써 그 망령됨을 알 수 있다. 절반은 순이 되고 절반은 역이 된다고 하더라도 올바른 법이 되지 못한다. 또한 <4→3→2→1>로 그 기세가 바로 역逆인데 이를 순順이라 명명하고, <5→6→7→8>로 그 기세가 바로 순順인데 이를 역逆이라 명명하였으니, 모두 명名과 실實이 어긋나서 깊이 따질 것도 없다. 이것이 어찌 포희씨庖犧氏의 옛 모습이겠는가?[84]

만약 경문의 의미를 옳게 파악한다면 "수왕자數往者, 순順"은 <1→2→3→4>의 순서가 되어야 하고 "지래자知來者, 역逆"은 <8→7→6→5>의 순서가 되어야 할 것이다. 즉 전자는 <1(乾)→2(兌)→3(離)→4(震)>의 순서가 되어야 옳고, 후자는 <8(坤)→7(艮)→6(坎)→5(巽)>의 순서가 되어야 옳다.[85] 그런데 소옹은 <4→3→2→

何獨一・二・三・四・五・六・七・八爲逆數乎? 周有八士曰, 伯達・伯适・仲突・仲忽・叔夜・叔夏・季隨・季騧. 此亦是一二三四五六七八. 先生者先數, 後生者後數. 其將曰逆數乎? 吾斯之不敢知也.: 「邵子先天論」, 『易學緖言』, 『定本』 第17卷, pp.162~163)

84) "冬至夏爲順者, 謂震・離・兌・乾, 自四而三而二而一也. 夏至冬爲逆者, 謂巽・坎・艮・坤, 自五而六而七而八也. 凡易之爲道, 仰觀天文, 俯察地理, 皆有所法象者焉. 冬至夏則順行, 夏至冬則逆行, 其法象, 安在乎二兌澤四震雷? 與其所謂陰陽消長之勢, 頭尾倒竪, 斯可以知其妄矣. 半順半逆, 設爲無義之法. 然且, 四三二一, 其勢正逆, 而名之曰"順", 五六七八, 其勢正順, 而名之曰逆. 皆名實乖錯, 不可尋究, 斯豈庖犧氏之舊觀哉?"(「邵子先天論」, 『易學緖言』, 『定本』 第17卷, p.159)

85) "만약에 邵子의 소위 '往順來逆'의 勢에 입각하여 말한다고 해도, 공자는 당연히 먼저 乾兌(一과 二)를 말하고, 그 다음으로 離震(三과 四)를 말하고, 그 다음으로 坤艮(八과 七)을 말하고, 그 다음으로 坎巽(六과 五)을 말할 것인데 지금 여기서는 어째서 그렇지

1>을 '순'이라고 하고 <5→6→7→8>을 '역'이라고 하였다. 그렇게 되면 소옹의 괘도에서 <4(震)→3(離)→2(兌)→1(乾)→5(巽)→6(坎)→7(艮)→8(坤)>은 오로지 한쪽 방향(시계방향)으로만 도는 과정인데도 불구하고, 소옹의 관점에서 볼 때 전반부는 <4(震)→3(離)→2(兌)→1(乾)>의 역행이 되고 후반부는 <5(巽)→6(坎)→7(艮)→8(坤)>의 순행이 된다. 이러한 소옹의 명명법은 명名과 실實이 기본적으로 어긋나 있기 때문에, 다산은 이에 대해 깊이 따질 것조차 없다고 비판하고 있다.[86)]

그렇다면, 「설괘전」 경문의 '순順'과 '역亦'의 의미를 어떻게 이해해야 할 것인가? 다산에 따르면, "수왕자數往者, 순順"은 과거에 지나간 것을 세는 것이며, "지래자知來者, 역逆"은 미래에 다가올 것을 세는 것이다. 예를 들면, 당요唐堯의 갑진甲辰년에서부터 아래로 공자 말년 임술壬戌년까지 세어 내려가면 1879년이 되니, 이것은 수를 순차적으로 헤아리는 것이므로 순수數順가 된다. 그리고 한고조漢高祖 기해己亥년에서부터 위로 공자 말년 임술壬戌년까지 거슬러 가면 278년이 되는데, 공자가 아래로 한나라 고조 이전의 사변을 알 수는 없으니 이것은 수를 거꾸로 헤아리는 것 즉 역수逆數가 된다. "지나간 것을 아는 것은 순順이 되고, 올 것을 아는 것은 역逆이 된다"(往順來逆)라고 한 것은 바로 이것을 말한다.[87)]

않은가?"(若又以邵子所謂'往順來逆'之勢而言之, 則孔子當先言乾兌[一與二], 次言離震[三與四], 次言坤艮[八與七], 次言坎巽[六與五], 今何以不然乎?: 「邵子先天論」, 『易學緒言』, 『定本』 第17卷, p.160)

86) "하물며 1·2·3·4는 1로부터 세어나가니, 그 끝에 가서 생성되는 괘는 5·6·7·8로 더불어 그 情이 다르지 않을 것이다. 그런데 어찌하여 한 번은 逆방향이 되며, 한 번은 順방향이 된다는 말인가? 그 說이 서로 모순되어, 더 이상 추구할 수 없다. 그런데도 이를 道를 아는 말이라 할 수 있겠는가?"(何況一二三四, 自一而數之, 則其爲未生之卦, 與五六七八, 其情不殊. 又何云一逆而一順也? 其說自相矛盾, 不可究詰, 尙可曰知道之言乎?: 「邵子先天論」, 『易學緒言』, 『定本』 第17卷, p.161)

87) "'數往者, 順'이라는 것은 唐堯의 甲辰년에서부터 그 아래로 공자 말년 임술년에 이르기까지 1879년이 됨을 말하는 것이니, 이것이 그 數順이다. '知來者, 逆'이라는 것은 漢나라 高祖 己亥 년에서 위로 공자 말년 임술년까지 278년이 되니, 이것이 그 數가 거꾸로

그런데 다산은 "수왕자數往者, 순順"의 문구를 "지래자知來者, 역逆"의 대설帶說 혹은 객설客說로 파악한다. 대설이란 『대학大學』의 "기묘지석其苗之碩"의 구句가 "기자지악其子之惡"의 대설을 이루고 있는 것과 같으며, 혹은 "언패이출言悖而出"의 구句가 "화패이입貨悖而入"의 대설을 이루고 있는 것과 같다.[88] 이것은 "수왕자數往者, 순順"이 "지래자知來者, 역逆"의 대구로 사용된 것이기 때문에 일종의 수사적 기법일 뿐이며, 전체 문장의 중심은 "지래자知來者, 역逆"에 있다고 파악한 것이다. 따라서 "수왕자數往者, 순順"이라고 한 것은 『역』에 관련된 사안이라고 볼 수 없다.[89] 『역』은 지나간 과거를 알기 위해서 있는 것이 아니라, 미래를 알기 위해 있는 것이다. 이 경문은 본래 역리易理를 논한 것이다. 그런데 역리에 순수順數도 있고 역수逆數도 있는 것이 아니고, 오직 역수만 있을 뿐이다. 그러므로 두 구절을 통결統結하여 "역易, 역수야逆數也"라고 한 것이다.[90]

『역』의 도道는 우러러 천문을 관찰하고 굽어서 지리를 관찰하는 데 있으므로, 모두 상象을 본받는 바가 있다.[91] 「설괘전」 경문의 '순順'과 '역亦'의

헤아리는 것이 된다. 공자가 임술년에 앉아서 위로는 唐堯 이후 年紀를 세었으니, 그 형세가 順이 된다. 공자가 임술년에 앉아서 아래로 한나라 高祖 이전의 事變을 알 수는 없으니, 그 형세가 逆이 된다. '지나간 것을 아는 것은 順이 되고, 올 것을 아는 것은 逆이 된다'라고 한 것은 이것을 말하는 것이 아니겠는가?"("數往者, 順", 謂'唐堯甲辰, 下距, 孔子末年壬戌, 爲一千八百七十九年'. 此其數順也. "知來者, 逆", 謂'自漢高祖己亥, 上距, 孔子末年壬戌, 爲二百七十八年', 此, 其數逆也. 孔子坐於壬戌, 上數唐堯以後之年紀, 其勢順也. 孔子坐於壬戌, 下知漢高以前之事變, 其勢逆也. "往順來逆", 非是之謂乎?: 「邵子先天論」, 『易學緖言』, 『定本』 第17卷, p.163)

88) "'數往者, 順'이라는 一句는 帶說이고, 客說이다. 예컨대 『대학』의 '其苗之碩'의 一句는 '其子之惡'의 帶說이며, '言悖而出'의 一句는 '貨悖而入'의 帶說인 것과 같다."('數往者順'一句, 是帶說, 是客說. 如大學'其苗之碩'一句, 爲'其子之惡'帶說. '言悖而出'一句, 爲'貨悖而入'帶說.: 「邵子先天論」, 『易學緖言』, 『定本』 第17卷, p.162)

89) "'數往者, 順'이라고 한 것은 『역』에 관련된 事案이 아니다."(其云"數往者順", 非『易』之所有事也.: 「邵子先天論」, 『易學緖言』, 『定本』 第17卷, p.162)

90) "이 경문은 본래 易理를 논하는 것으로 역리는 다만 逆數가 있을 뿐이다.…… 그러므로 두 문구를 統結하여 '易, 逆數也.'라고 한 것이다."(此經本論易理. 易理只有逆數而已.……故統結二句曰, "易, 逆數也.": 「邵子先天論」, 『易學緖言』, 『定本』 第17卷, p.162)

의미도 역시 자연을 본받은 데서 유래한 것이다. 즉 사시의 음양소장의 형세를 관찰해 보면, 동지에서 하지에 이르는 과정은 양의 세력이 점차로 자라나고 음의 세력이 점차로 꺼져 가는 과정이다. 그리고 하지에서 동지에 이르는 과정은 양의 세력이 점차로 꺼져 가고 음의 세력이 점차로 자라나는 과정이다. 따라서 전자는 양장음소陽長陰消의 과정이므로 순행順行이 되고, 후자는 음장양소陰長陽消의 과정으로서 전자의 순행 과정을 거슬러 거꾸로 진행되기 때문에 역행逆行이 된다.

이상에서 소옹의 「복희팔괘방위도」에 대한 다산의 비판의 논점을 살펴보았다. 소옹의 「복희팔괘방위도」에 대한 비판적 관점은 주자의 「왕자합王子合[92]에게 답하는 편지」(答王子合書)에서도 나타난다. 여기서 주자는 소옹의 「복희팔괘방위도」에 대한 비판적 견해를 밝히고 있는데, 이 편지는 다산도 「소자선천론」에서 소옹 비판의 자료로 활용하고 있으므로 먼저 편지의 내용을 소개하기로 한다.

> 소강절이 말하기를, "복희팔괘에서는 건위乾位가 본래 남쪽이고 곤위坤位는 본래 북쪽인데, 문왕이 팔괘를 가지고 64괘로 중역重易할 때에 (「설괘전」에 나오는) 이 위치로 수정하였다"라고 하였다. 소강절의 이 설은 매우 탁월한 장점이 있기는 하지만 대개 부회천착附會穿鑿에 가까우므로 심각하게 유의留意할 것까지는 없다. 그러나 「설괘전」에서 설명하는 괘위가 마침내 사람들로 하여금 이해시킬 수 없으니,

91) "옛날에 包犧氏가 천하를 통치할 적에, 우러러서는 하늘의 象을 관찰하였으며, 엎드려서는 땅의 법칙을 관찰하였다. 鳥獸의 문채文彩를 그 땅의 특성과 더불어 관찰하였다. 가까이로는 자신의 신체에서 취하고, 멀리서는 여러 사물들에서 취하였다. 이에 비로소 팔괘를 만들어서 神明의 德에 통하고, 만물의 상황을 유추해서 알 수 있게 하였다."(古者, 包犧氏之王天下也, 仰則觀象於天, 俯則觀法於地, 觀鳥獸之文, 與地之宜, 近取諸身, 遠取諸物, 於是, 始作八卦, 以通神明之德, 以類萬物之情, 作結繩而爲網罟, 以佃以漁, 蓋取諸離."(魏 王弼 注, 唐 孔穎達 疏, 『周易正義』, 十三經注疏 整理本, 北京大學出版社, 2000, pp.350~351)

92) 王子合: 朱熹의 門人이었던 王遇(1142~1211)를 가리킨다. 字는 子合이며, 號는 東湖이다. 저서로 『論孟講義』, 『兩漢博義』 등이 있으나, 모두 失傳되었다.

또한 이 복희팔괘방위에 대한 설을 응당 궐의闕疑하여 둘 것이며, 그 의미를 억지로 통하게 할 필요는 없다.[93]

이 편지에 따르면, 주자는 소옹의 복희팔괘방위에 대한 설이 견강부회와 천착에 가깝고 이해가 분명히 되지 않는 점이 많다고 지적하고 있다. 물론 그 빌미는 「설괘전」에서 설명하는 괘위卦位가 제공한 것은 사실이다. 그러나 그것이 명확하게 이해되지 않더라도 그대로 내버려 두어야지 그 의미를 억지로 통하게 하려고 해서는 안 된다. 따라서 주자는 복희팔괘방위와 관련하여 궐의闕疑의 관점을 유지하였다. 다산이 주자의 편지를 인용한 것은 물론 자신의 주장에 대한 옹호의 세력으로 활용하기 위한 것이었다. 다산은 소옹의 선천방위설이 합리적이지 않을 뿐 아니라 문헌적 증거도 없다고 생각하였다. 『주역』 자체의 역례로 보더라도, 곤괘坤卦 괘사의 "서남득붕西南得朋, 동북상붕東北喪朋", 기제旣濟 구삼의 "벌귀방伐鬼方", 기제 구오의 "동린살우東隣殺牛, 서린약제西鄰禴祭", 승괘升卦 괘사의 "남정길南征吉" 등의 방위는 모두 「설괘전」의 문왕방위를 적용한 것이다.[94] 다산은 이처럼 그 근거가 희박한데도 불구하고 소옹이 선천방위의 설을 주장한 것은 성인의 말씀이 담긴 경전을 존중하는 태도가 아니라고 다음과 같이 비난한다.

소자邵子가 아무리 영통靈通하다고 하더라도 어떻게 복희의 팔괘방위八卦方位가 문왕의 그것과 어긋나 상반된다는 것을 이렇듯 의심할 바 없이 명백하게 알 수 있었겠는

---

93) "朱子答王子合書曰, 康節說伏羲八卦, 乾位本在南, 坤位本在北. 文王重易時, 更定此位. 其說甚長, 大槩近於附會穿鑿. 故不曾深留意. 然, 「說卦」所說卦位, 竟亦不能使人曉然, 且當闕之, 不必強通也."(「答王子合書」, 『晦庵先生朱文公集(三)』, 卷49; 『朱子全書』 第22冊, 上海古籍出版社, 2002, p.2259)

94) "『주역』에 '西南得朋, 東北喪朋'이라고 하였고, 또 '東隣殺牛, 西鄰禴祭'라고 하였으며, '南征吉', '伐鬼方'이라고 하였는데, 이것들은 모두 「설괘전」의 방위를 적용한 것이다."(易曰, "西南得朋, 東北喪朋", 易曰, "東隣殺牛, 西鄰禴祭", 易曰, "南征吉", "伐鬼方", 皆用「說卦」之方位.: 「邵子先天論」, 『易學緖言』, 『定本』 第17卷, p.156)

가?…… 홀연히 수천 년 뒤에 소씨가 제멋대로 말하기를, "이는 문왕이 정한 괘위이고, 복희의 괘위는 이것과는 별개의 것으로 저와 같다(別自如彼)"라고 하는데, 어찌 유자가 경전을 존숭하고 성인을 따르는 태도이겠는가? 비록 그 설이 합리적이라고 하여도 (경전의 성인의 말씀과 다른 설을 따르거나 내세우는 것을) 오히려 어렵게 여기고 삼가야 할 것이거늘, 하물며 그 주장이 이치에도 닿지 않은 경우에 있어서랴?[95]

다산은 소옹의 주장이 일종의 신비주의를 전제하지 않는다면 정당화될 수 없는 것이라고 보았다. 소옹의 선천역학은 복희씨가 지었다는 「선천도」 및 「선천팔괘방위도」에 근거를 두고 있다. 그러나 복희씨는 상고시대의 전설적 인물로서 역사적으로 고증할 수 있는 대상에서 벗어난다. 공자가 옛 전적을 정리하여 『상서』를 산정하였을 때에도 「요전堯典」에서부터 단대斷代하였다. 그것은 요임금 이전의 시대에서는 전적이 망실되어 고증하려고 해도 고증할 수 없기 때문이었다. 이처럼 소옹의 시대에서는 문헌적으로 접근불가능함에도 불구하고, 소옹은 복희씨가 설정한 팔괘의 방위가 문왕이 설정한 팔괘의 방위와 다르다고 주장하면서 복희씨가 지었다는 「선천팔괘방위도」를 제시하였다. 다산은 소옹이 아무리 신비적 인식능력을 지녔다고 하더라도 복희씨의 선천방위가 문왕의 후천방위와 상반된다는 것을 아무런 의심도 없이 알 수는 없었을 것이라고 생각하였다.[96]

과연 『역』을 안다는 것은 무엇을 말하는 것일까? 다산은 가상의 질문자를

95) "邵子雖靈通, 何以知夫伏羲八卦之方位與文王, 錯然相反, 若是其明白無疑也?……忽於數千年之後, 邵氏以其意而言之曰, '此, 文王之卦位, 而伏羲卦位, 別自如彼'. 豈儒者尊經信聖之義哉? 雖其說合理, 猶在難愼, 況違於理乎?"(「邵子先天論」, 『易學緖言』, 『定本』 第17卷, p.155)

96) "복희는 상고시대의 인물이니, 공자도 옛 전적을 정리하여 『상서』를 산정함에 「堯典」에서 斷代를 하여 堯 임금 以上의 시대는 典籍이 散亡되어 고증할 수 없음을 밝혔다. 邵子가 비록 靈通하다고 해도 어떻게 복희의 팔괘방위가 문왕의 그것과 어긋나 상반된다는 것을 이렇듯 의심할 바 없이 명백하게 알 수 있었겠는가?"(伏羲者, 上古之人. 孔子序列古書, 斷自堯典, 明自堯以上, 典籍散亡, 不可考也. 邵子雖靈通, 何以知夫伏羲八卦之方位與文王, 錯然相反, 若是其明白無疑也?: 「邵子先天論」, 『易學緖言』, 『定本』 第17卷, p.155)

내세워 근원적 질문을 제기한다. 질문자는 『역』의 궁극적 목적이 점서占筮를 통해 미래를 예측하는 데 있다고 보았다. 따라서 『역』을 잘 다룰 줄 안다는 것은 미래를 예측하는 능력을 갖고 있다는 것과 의미가 같다. 비록 다산이 추이推移 · 효변爻變 등의 해석방법에 대해서 명확히 설명하고는 있지만, 미래를 예지하는 능력은 없으므로 『역』을 안다고 말할 수는 없다. 반면에 소옹은 미래에 발생할 사건을 예측했던 사람이니, 그는 『역』을 안다고 말할 수 있다. 소옹의 「선천방위도」가 비록 고경古經에 근거가 없다고 해도 그가 미래를 예측할 정도라면 그의 설도 역리에 부합할 것이 아니겠는가 하고 다산에게 질문하였다.[97]

그러나 다산은 이러한 질문자의 논리를 받아들이지 않았다. 다산은 강진 유배시절에 해도海島에 유배되어 왔던 강풍姜風이란 사람의 사례를 들어 질문자의 논리를 반박하고 있다. 강풍은 사람의 관상을 통해 팔괘를 언급하고 관상 본 사람의 선대先代의 분묘墳墓의 좌향坐向[98]을 알아맞혔으며, 또한 분묘 앞 몇 걸음 거리에 어떤 돌이 있는지, 분묘 옆 몇 자의 거리에 어떤 샘물이 있는지를 알아맞혔다. 그러나 다산은 과연 강풍과 같은 인물을 『역』을 안다고 할 수 있겠는가 하고 반문한다.[99] 중국 역사에는 동방삭東方

97) "혹자가 다음과 같이 질문하였다.: 占筮하여 적중하면 『역』을 아는 자이고, 점서하여 맞히지 못하면 『역』을 아는 자가 아니다. 당신이 推移 · 爻變의 뜻에 대해서는 비록 명쾌하게 말하지만, 그대는 장래의 일은 알 수는 없으니, 이는 『역』을 아는 자가 아니다. 邵子의 「선천방위도」가 비록 古經에는 근거가 없다고 해도, 소자는 장래에 닥칠 일을 아니, 이는 『역』을 아는 사람이다. 소자가 이렇게 『역』을 안다면 소자의 설도 응당 易理에 부합할 것이다. 소자가 맞느니 틀리느니 당신이 왈가왈부하더라도 그 누가 당신의 말을 믿겠는가?"([或問曰] 筮而中, 則知易者也. 筮而不中, 則不知易者也. 推移 · 爻變之義, 子雖明言. 子不能知來, 是不知易者也. 先天方位之圖, 雖無古據, 邵子則知來, 是知易者也. 邵子知易, 邵子之說, 應合易理. 曰是曰非, 其孰信之?: 「邵子先天論」, 『易學緒言』, 『定本』 第17卷, p.164)

98) 坐向: 묏자리나 집터 따위의 위치의 등진 방위에서 앞으로 바라보이는 방향

99) "내가 강진에 유배되어 있을 시절에 지방민 姜風이란 자도 역시 海島로 유배되었는데, 그는 사람의 관상을 보고는 꼭 팔괘를 언급하며, 그 사람의 先代의 墳墓의 坐向을 알아맞혔으며, 또한 분묘 앞 몇 걸음 거리에 어떤 돌이 있는지, 분묘 옆 몇 자의 거리에 어떤

朔,[100] 곽박郭璞, 관로管輅, 불도징佛圖澄, 이순풍李淳風 같은 인물들이 있었는데, 그들은 미래를 잘 알아맞히는 사람들이었으나 역학에 대해서는 여전히 무지몽매하였다. 다산은 이들이 아무리 잘 알아맞혔다고 하더라도 모두 기이한 술수를 부린 것에 불과하며, 『역』을 안다는 것과는 아무런 관련이 없다고 주장한다.[101] 다산은 소옹을 곽박이나 관로 같은 술수가의 부류로 분류하고, '『역』을 아는 자'(知易者)로 인정하기를 거부하였다.[102]

5. 결론

소옹의 선천역학은 도상학圖象學에 바탕을 둔 상수학의 체계이다. 다산은 비록 상수학의 계보에 속한 역학자이기는 하였으나 소옹의 선천역학

샘이 있는지를 알았다. 이런 인물도 또한 『역』을 안다고 하겠는가?"(餘謫康津之年, 土人姜風亦配海島. 姜風見人相貌, 必言八卦, 能知其人先世墳墓之坐向, 並知墓前幾步有某石・墓左幾尺有某泉. 將亦知易者乎?: 「邵子先天論」, 『易學緖言』, 『定本』 第17卷, p.165)

100) 東方朔: 前漢 武帝 시기의 인물. 해학과 변설이 능하였다.

101) "[대답] 東方朔은 '射覆'을 함에 신기하게 알아맞혔는데, 곧 또한 『역』을 아는 자라고 할 것인가? 郭璞, 管輅, 佛圖澄, 李淳風 등은 그 말이 우연히 기이하게도 적중하였지만 易學에 대해서는 여전히 무지몽매하였으니, '신기하게 알아맞히는 것'을 가지고 『역』을 아는지 모르는지 따지는 사안을 결정할 수는 없다."([答曰] 東方朔, 射覆奇中, 將亦爲知易者乎? 郭璞・管輅・佛圖澄・李淳風之等, 言多奇中. 仍於易學茫昧. 奇中, 不足以定知易之案也.: 「邵子先天論」, 『易學緖言』, 『定本』 第17卷, pp.164~165)

102) "큰 소리로 점술을 팔고 다니는 소경이 동전을 던져 괘를 뽑음에, 그 말이 우연히 기이하게 들어맞는다면, 이 또한 『역』을 아는 자인가? 邵子는 하늘이 내리신 탁월한 인물이니, 후학이 감히 의론할 바는 아니지만, 그러나 그 술수는 분명 역시 郭璞이나 管輅의 부류에 속하는 것이다. 기이한 술수로 무엇을 알아맞히는 것'을 가지고, 『역』을 안다고 판단하기에는 부족한 것이다. 공자・맹자・顔淵・曾子는 기이한 술수로 무엇을 알아맞힌 적이 없으며, 또한 商瞿・施讎・孟喜 등도 기이한 술수로 무엇을 알아맞히는 짓 따위로 칭송받지는 않았으니, 이 모두 『역』을 모르는 자라는 것인가?"(長聲賣筮之瞽, 擲錢作卦, 言多奇中, 將亦知易者乎? 邵子, 天挺人豪, 後學之所不敢議. 然, 其術, 仍是郭璞・管輅之流. 奇中, 未足以定知易之案也. 孔・孟・顔・曾, 未嘗奇中. 商瞿・施・孟之等, 亦不以奇中見稱, 將皆不知易者乎?: 「邵子先天論」, 『易學緖言』, 『定本』 第17卷, p.165)

을 혹독하게 비판하였다. 다산의 선천역학 비판에 영향을 미친 것은 모기령을 비롯한 명말청초의 고증학자들이었는데, 그들은 송대의 도상圖象 상수학자들의 이론적 근거가 되었던 「선천도」 및 「하도」·「낙서」 등의 도상이 송대에 이르러서야 비로소 나타난 것이라는 점을 집중적으로 부각시켰다. 모기령은 『중씨역』에서 「선천도에 잘못이 여덟 가지가 있음」(先天圖其誤有八)이라는 글을 지어 소옹의 선천역학을 맹렬하게 비난하였다. 다산은 모기령의 『중씨역』을 읽은 것으로 밝혀진 바 있기 때문에, 모기령은 선천역학에 대한 다산의 비판적 견해의 형성에 가장 직접적 영향력을 미친 사상가로 추정된다. 다산이 소옹의 선천역학을 비판했던 이유는, 고경古經에 근거를 갖지 않는다는 점과 논리적 관점에서도 합리적이지 않다는 것으로 요약된다.

제5부

송 · 명 · 청대의 역학 대가들을 비평하다

제12장 역리사법이 마치 주자로부터 온 것처럼 말했으나, 실제로 주자로부터 취한 것은 많지 않다

1. 서론

「주자본의발미朱子本義發微」는 『역학서언』[1]에 실려 있는 다산의 21개의 역학 평론 가운데 한편으로,[2] 다산 역학과 주자 역학의 관계를 해명하기

1) 『易學緖言』은 한 개의 활자본과 세 개의 필사본이 존재한다. 활자본은 鄭寅普·安在鴻의 校閱로 新朝鮮社에서 간행한 『與猶堂全書』 제2집의 제45권~제48권에 수록된 것이며, 이를 '新朝本'이라고 칭한다. 필사본은 12권 4책으로 되어 있으며, 세 종류가 있다. 첫째는 서울대학교 규장각 소장본으로 이를 '奎章本'이라고 칭한다. 둘째는, 일본의 쓰쿠바 대학(築波大學) 소장본으로 '築波大本'이라고 칭한다. 셋째, 미국의 버클리 대학 아사미 문고 소장본이 있는데, 이를 '버클리본'이라고 칭한다.

2) 『易學緖言』은 歷代 역학 대가들의 이론에 대한 역학 평론으로 구성되어 있는데, 각각의 저술시기는 서로 다르다. 『역학서언』 중에서 다산이 그 저술시기를 명확히 밝히고 있는 것은 모두 네 편이다. 그 가운데 「李鼎祚集解論」과 「鄭康成易注論」은 1820년에 완성된 글이며, 「來氏易註駁」과 「李氏折中鈔」는 1821년에 완성한 것이다. 『역학서언』의 제1권 「이정조집해론」의 말미에 "嘉慶庚辰季夏之月"이라고 그 저술시기를 밝히고 있고, 또 「정강성역주론」의 서문에서도 "嘉慶庚辰夏書"라고 쓰고 있어서 두 개의 글이 모두 순조 20년(1820) 여름에 완성되었음을 알 수 있다. 이 해는 다산이 59세가 되는 해이자, 유배생활이 끝난 해인 1818년 이후 2년째 되는 해이다. 그리고 「내씨역주박」과 「이씨절중초」에서 그 저술시기를 "道光元年辛巳"로 적고 있어 1821년에 그 글이 완성되었음을 또한 알 수 있다. 그러나 『역학서언』의 草稿는 『주역사전』 무진본이 나온 1808년에 이미 부분적으로 존재했을 것으로 추정된다. 왜냐하면 다산의 玄孫인 丁圭英이 1921년에 작성한 『俟菴先生年譜』의 순조 8년 戊辰 條에서 『周易緖言』 12권이 이루어졌다고 언급하고 있는데, 이때 『주역서언』은 『역학서언』의 異稱으로 볼 수 있다. 巽庵 若銓은 "『賸言』, 『緖言』, 『答客難』" 등에 대해 말하고 있어 『주역잉언』과 『주역서언』이 『역학서언』의

위해서는 필수적으로 검토해야 하는 문장이다. 「주자본의발미」의 저술 시기에 관해서는 기록이 남아 있지 않아 확실히 알 수 없으나, 「주역답객난周易答客難」보다는 이전의 것으로 추정된다.[3] 『여유당전서보유』 제5책 『주역잉언周易賸言』에는 「본의발미本義發微」[4]가 실려 있는데, 「주자본의발미」와 그 내용이 중복된다.[5] 김언종은 두 개의 글을 비교하여, 전자가 초고草稿이고 후자가 정고定稿에 해당된다고 추정하였다.[6] 이러한 추정이 가능한 것은 후자에는 전자의 전문全文이 대부분 수록되어 있을 뿐 아니라 전자에 없는 부분까지도 상당 부분 추가되어 있기 때문이다.[7] 「주자본의발미」는 그 제목이 말해 주듯이 주자의 『주역본의』에 대한 평론이다.[8] 『주역본의』는

초고로 활용되었음을 추측케 해주고 있다. 따라서 『역학서언』의 성립시기는 대략 1808년에서 1821년 사이에 단계적으로 이루어진 것으로 추정된다. 그리고 그 최종적 완성은 1821년 겨울 이후가 된다.(김인철. 『다산의 주역해석체계』, 경인문화사, 2003, p.24)

3) 「주역답객난」의 말미에 "나머지는 原解와 「본의발미」 등의 글에 자세하다"(餘詳原解及本義發微等書)라는 언급이 있다. 따라서 「주자본의발미」가 「주역답객난」보다 먼저 쓰여진 것으로 추정될 수 있다.

4) 「본의발미」는 『역학서언』의 아홉 번째 평론으로 「주자본의발미」라는 제목으로 수록되어 있으며, 「答客難」은 『역학서언』의 열아홉 번째 평론으로 편입되어 있다.

5) 「본의발미」는 『여유당전서보유』 제5책의 『주역잉언』의 제1권에 실려 있다. (『周易賸言』, 『與猶堂全書補遺』 제5책, pp.379~402)

6) 김언종, 「『여유당전서보유』의 저작별 진위문제에 대하여(下)」, 『다산학』 11호, 다산학술문화재단, 2007. 이와 연계된 김언종의 논문들이 있다.(「『여유당전서보유』의 저작별 진위문제에 대하여(上)」, 『다산학』9호, 다산학술문화재단, 2006; 「『여유당전서보유』의 저작별 진위문제에 대하여(中)」, 『다산학』10호, 다산학술문화재단, 2007)

7) 양자를 비교해 보면, 김언종의 추론에 큰 문제가 없음을 알게 된다. 다만 김언종은 『역학서언』의 原題가 『주역잉언』이었다고 주장하였는데, 필자는 그러한 주장에 동의하기 힘들다. 정규영의 『사암선생연보』의 순조 8년 무진년 條에는 다산의 중형인 손암 정약전의 다음과 같은 발언을 소개하고 있다. 즉 "『잉언』, 『서언』, 「답객난」의 종류 등 여러 편이 있으니, 오호라! 그 갖추어짐이여!"(若賸言・緖言・答客難之類, 尙有多編, 嗚呼備矣!) 여기에서 『주역잉언』과 『역학서언』이 함께 언급되고 있다는 것은 정약전이 이 두 개의 저술을 별개의 저술로 여기고 있음을 보여 준다. 손암이 『잉언』과 『서언』을 함께 열거하였을 때는 나름대로의 이유가 있었을 것이다. 아마도 『잉언』과 『서언』은 「답객난」과 더불어 각각 독립적으로 기획되었다가 지금의 『역학서언』에 통합되는 과정을 거쳤을 가능성이 높다.

8) 『주역본의』는 1186년에 쓰인 『역학계몽』 보다 후기의 작품이지만 그 정확한 成書

원元·명明·청淸 3대를 거치면서 육백여 년 동안 관학官學의 교재로 활용되어 온 문헌이다.[9] 『주역본의』에 대한 다산의 평가도 매우 호의적이다. 그는 주자를 한대 이후의 역학을 집대성한 인물로서 평가하고, 『주역본의』에는 훌륭한 말과 지극한 이치(名言至理)가 많이 포함되어 있는데 다만 속유俗儒들이 통찰하지 못하고 있을 뿐이라고 아쉬워하고 있다.[10]

「주자본의발미」의 저술의 목적은 『주역본의』에 담긴 주자의 역학사상을 객관적으로 이해하는 데 있는 것이 아니라 오히려 역리사법易理四法의 해석 방법이 주자의 역학사상에서도 마찬가지로 활용되고 있다는 것을 확인하려는 데 있다. 역리사법이란 다산이 그의 저술 『주역사전』에서 활용하고 있는 네 가지 해석방법론을 가리키는 용어로, 추이推移(즉 卦變), 물상物象, 호체互體, 효변爻變의 네 가지로 구성되어 있다. 그런데 다산은 「사전소인四箋小引」에서 "주자지의야朱子之義也"라고 네 번이나 반복해서 서술함으로써 자신의 역리사법이 주자 역학과 완벽하게 일치한다는 것을 의도적으로 내세우고 있다. 이러한 발언의 의도는 물론 주자를 빌려서 자신의 역학사상이 갖는 정당성을 강조하기 위한 것이다. 이러한 측면만 본다면 다산을 주자 역학의 비판자가 아니라 오히려 계승자라고 간주할 만하다.[11] 그러나

시기는 아직 알려져 있지 않다. 『주역본의』의 초고가 1188년에 대략 완성되었다고 주자가 언급한 바 있으나, 1192년에 출간된 것은 주자의 허락을 받지 못한 것이었다. 주자는 1197년에도 『주역본의』가 여전히 未定稿의 상태에 있음을 밝힌 바 있다.(이세동, 『주자 『주역본의』연구』, 서울대학교 대학원 박사학위논문, 1996, pp.21~22)

9) 胡一桂, 吳澄, 胡炳文 등 원대元代의 역학자들은 대체로 『본의』를 긍정적으로 평가하고 있다. 明代에 『본의』는 명대 200년간 과거시험의 표준이 되었으며, 그 성과는 胡廣의 『주역전의대전』으로 집약되었다. 명말청초에 이르러 주자역학은 여전히 관학의 지위를 유지하였으나, 이에 대한 비판적인 견해도 많이 제기되었다.(곽신환, 「주희 『주역본의』의 본의」, 『주자서거 800주년기념 주자역학학술대회자료집』, 한국주역학회, 2000, pp.90~91)

10) "自漢而降, 易學大備於朱子. 名言至理, 多在『本義』, 而俗儒不察."(「朱子本義發微」, 『易學緖言』, 『定本』 第17卷, p.129)

11) 김영우, 『정약용의 역학사상 연구』, 서울대학교 대학원 박사학위논문, 2000, p.39.

「주자본의발미」의 내용을 정밀하게 검토한다면 양자의 이론적 유사성은 오직 제한적 범위 내에서만 확인될 뿐이다. 다산의 주장을 액면 그대로 받아들여서는 안 되는 이유가 바로 여기에 있다.

그러면 이제 「주자본의발미」의 체재와 이 글의 구성에 대해 말해 보기로 한다. 「주자본의발미」는 크게 다섯 부분으로 구성되어 있다. 거기에는 각각 작은 제목이 붙어 있는데 그것을 열거하면 다음과 같다. 첫째, '본의언괘변자다本義言卦變者多', 둘째, '본의언물상자다本義言物象者多', 셋째, '주자왈호체불가폐朱子曰互體不可廢', 넷째, '본의입효변지법심다本義立爻變之法甚多', 다섯째, '잡론雜論'이 그것이다. 여기서 첫째에서 넷째에 이르는 서술 순서는 『주역사전』의 「사전소인四箋小引」과 「괄례표括例表」의 서술체제와 일치한다. 이 글의 서술도 이러한 순서를 따라 이루어질 것이다. 그러나 다섯째 '잡론'에 대해서는 이 글에서는 다루지 않을 것이다. 왜냐하면 '잡론'은 자질구레한 몇 개의 주제로 구성되어 있어 체계적인 논술이 되기에 부족하기 때문이다. 그리고 괘변설에 관한 서술에서는 주자의 괘변설에 앞서 정이程頤(號는 伊川)의 괘변설에 대해 먼저 다루게 될 것이다. 그 이유는 주자가 정이의 괘변설에 대해서 서술하고 있고, 다산도 역시 그것을 중요한 주제로 포함시키고 있기 때문이다.

2. 정이의 괘변설

「주자본의발미」의 첫 번째 주제는 괘변설卦變說이다. 정이程頤의 괘변설에 대한 주자의 관점을 단적으로 표현하면, 정이는 괘변설을 취하지 않았다는 것으로 요약된다. 그러면 주자는 왜 정이가 괘변설을 주장했다는 사실 자체를 부인하였던 것일까? 주자는 『주자어류』에서 정이의 괘변설에 대해 다음과 같이 언급하고 있다.

> 이천伊川은 괘변설을 취하지 않았다. "유래이문강柔來而文剛"이나 "강자외래이위주어내剛自外來而爲主於內" 등 여러 곳에서 모두 견강부회를 하였다.12)

위의 인용문에서 "유래이문강柔來而文剛"은 비괘賁卦 「단전彖傳」에 나오며, "강자외래이위주어내剛自外來而爲主於內"는 무망괘無妄卦 「단전」에 나온다. 이러한 종류의 문구들은 "강래剛來"·"유래柔來" 등의 표현을 쓰고 있어서 괘변설이 아니면 해석하기 어렵다는 특징을 가지고 있다. 이러한 이유 때문에 「단전」은 괘변설을 옹호하는 전거로 간주되어 왔다. 그러나 의리역학자의 전형이었던 정이로서는 상수학자들의 핵심방법론 중 하나였던 괘변설을 선뜻 수용할 수 없었다. 주자는 정이가 괘변설을 취하지 않았기 때문에 「단전」의 문구들을 해석함에 있어 견강부회적 해석을 피할 수 없었다고 짐작하였다. 그러나 정이는 건곤괘변설乾坤卦變說이라는 독특한 형태의 괘변설을 주장하고 있기 때문에 괘변설 자체를 원천적으로 거부하였다고 볼 수는 없다. 그렇다면 주자는 왜 정이가 괘변설을 취하지 않았다고 말한 것일까? 그것은 정이가 12벽괘를 근간으로 하는 한유들의 괘변설을 수용하지 않았기 때문이다. 12벽괘란 경방京房이 12소식괘消息卦에 대해 부여한 명칭으로, 한유들의 괘변설은 12소식괘를 근간으로 해서 전개된다. 일반적으로 괘변설이라고 하면, 12벽괘 중심의 벽괘론을 가리키기 때문에 정이가 괘변설을 취하지 않았다는 주자의 발언을 그러한 취지에서 이해할 수 있다. 그러면 정이는 왜 널리 알려진 12벽괘에 근거한 괘변설을 배척했던 것일까? 정이는 그 이유를 비괘賁卦의 주에서 다음과 같이 설명한다.

---

12) "伊川不取卦變之說, 至柔來而文剛, 剛自外來而爲主於內諸處, 皆牽強說了."(黎靖德 編, 王星賢 點校, 『朱子語類』 第5冊, 卷第67, 易三, 綱領 下, 中華書局, p.1666)

괘는 어떤 괘나 모두 건곤乾坤으로부터 변화되는 것인데, 선유先儒들은 이것을 이해하지 못하여 "비괘賁卦는 본래 태괘泰卦에서 왔다"라고 하였다. 건乾과 곤坤이 결합하여 태괘泰卦가 된 것인데, 어찌 그 태괘泰卦로부터 변하여 비괘賁卦가 되는 법이 있겠는가? 비괘賁卦의 하괘인 리離는 본래 건괘의 중효中爻가 변하여 리가 된 것이며, 상괘인 간艮은 곤괘의 상효가 변하여 간으로 된 것이다. 리가 내괘에 있으므로 "유가 왔다"(柔來)라고 한 것이며, 간이 위에 있으므로 "강이 올라간다"(剛上)라고 한 것이다. 아래 괘에서 올라간 것이 아니다.[13]

정이는 의리역학자였기 때문에 한대의 상수학자들이 즐겨 사용하였던 12벽괘설을 취하는 것에 대해서 노골적인 거부감을 드러냈던 것이다.[14] 그러나 「단전」에 나타난 괘변의 명확한 증거를 무시할 수 없었던 정이는 건곤괘변설乾坤卦變說이라는 새로운 형태의 괘변설을 제안하기에 이르렀다. 이에 따르면 괘의 형성 순서는 두 단계로 진행된다.[15] 즉 먼저 부모괘父母卦인 건곤乾坤괘로부터 육자괘六子卦가 산출産出되니, 이로써 팔괘가 형성된다. 그 다음 단계로 팔괘를 중복하여 64괘가 만들어지니, 이로써 괘의 형성 과정이 완결된다. 이렇게 해서 괘의 변화가 이미 완결되었다면, 그로부터 다시 괘의 변화를 논의하는 것은 불합리하다. 정이가 비괘賁卦의 주석에서, "건乾과 곤坤이 결합하여 태괘泰卦가 된 것인데, 어떻게 태괘泰卦에서 변하여 비괘賁卦로 되는 법이 있겠는가?"라고 말한 것도 바로 이런 이유에서이다. 반면에 한유들은 12소식괘로부터 다른 나머지 괘들이 변화되어 나온다고 주장하였다. 경방은 12소식괘를 벽괘라고 불렀는데, 벽괘는 마치 임금(辟)이 신하들을 지배하는 것처럼 괘의 변화를 주도하는 역할을 담당한다. 그러나

---

13) "卦之變, 皆自乾坤, 先儒不達, 故謂賁本是泰卦. 豈有乾坤重而爲泰, 又自泰而變之理? 下離, 本乾中爻, 變而成離, 上艮, 本坤, 上爻變而成艮. 離在內, 故云, 柔來. 艮在上故云. 剛上. 非自下體而上也."(성백효 역주, 『周易傳義』, 上, 전통문화연구회, 1998, p.504).

14) 胡自逢, 『程伊川易學述評』, 台北: 文史哲出版社, 中華民國 84년, p.172.

15) 엄연석, 「정이 『역전』의 역학이론에 관한 연구」, 서울대학교 대학원 박사학위논문, 1999, p.139.

정이의 관점에서 본다면 벽괘라고 할지라도 건곤乾坤으로부터 변화된 다른 괘들과 다를 것이 전혀 없다. 64괘로써 변화가 이미 완결되었는데, 그로부터 다시 변화가 시작된다는 것은 정이로서는 납득할 수 없었다.

그러나 주자는 정이의 이단계 괘변설을 부정한다. 복희씨가 획괘畫卦하였을 때 8괘가 형성되면 64괘가 동시에 갖추어지게 된다. 건곤乾坤괘도 64괘의 나머지 괘들과 동등한 지위를 가지니, 비록 건곤괘라고 하더라도 나머지 다른 괘들을 생성하는 능력을 가진 것은 아니다.[16] 뿐만 아니라, 정이의 논리대로 건곤乾坤이 변하여 육자六子가 된다면, 그 중간의 양의와 사상을 어떻게 설명해야 하는지 분명하지 않다.[17] 주자에 따르면 괘변이란 64괘가 모두 형성된 이후에 괘들 사이의 관계를 설명하는 도식에 불과하다. 그러나 다산은 정이가 괘변설을 취하지 않았다는 주자의 주장에 대해 의심하였다. 설령 정이가 그의 일상적 담론 속에서 괘변이라는 용어를 쓰지 않았다고 하더라도 실제로는 괘변설을 취하고 있었음이 분명하다는 것이 다산의 생각이다.

> 이천의 『역전』의 수隨·고蠱·항恒·비賁 등 여러 괘에서 모두 추이의 방법을 쓰고 있음은 그 글에 분명하다. 그런데도 주자가 매번 말하기를 "이천은 괘변을 취하지 않았다"라고 하니 어찌된 까닭인지 모르겠다. 주자가 평소에 의론하기를 이천의 건곤괘변설乾坤卦變說을 괘변이라고 부르는 것은 부당하다고 하였지만, 나의 생각으로는 추이의 뜻이라면 이천이 일찍이 취하지 않았던 적이 없었다.[18]

---

16) "若論伏羲畫卦, 則六十四卦一時俱了, 雖乾坤亦無能生諸卦之理."(성백효 역주, 『周易傳義』, 上, 전통문화연구회, 1998, p.125)
17) 유문상, 「다산 역학의 특성과 윤리적 함의」, 한국교원대학교 대학원 박사학위논문, 2002, pp.72~73.
18) "伊川『易傳』, 於隨·蠱·恒·賁諸卦, 皆用推移之法, 其文歷然. 朱子每云, '伊川不取卦變', 不知何故. 意其平日議論, 謂不當名之曰卦變, 而推移之義, 則未嘗不取之也."(「朱子本義發微」, 『易學緖言』, 『定本』 第17卷, p.133)

즉 다산은 주자의 주장과는 반대로 정이가 추이를 취하지 않았던 적이 없었다고 주장한다. 추이와 괘변은 동의어이므로, 정이가 추이를 취했다는 말은 곧 괘변을 취했다는 뜻이 된다. 다산의 논리를 따른다면, 정이가 주장한 건곤괘변설이 비록 괘변설의 일반적 형태와 다르다고 하더라도 그것 역시 괘변설에 포섭된다. 다산은 정이의 건곤괘변설이 괘변설에 포함된다고 말하는 것에서 더 나아가, 정이의 괘변설이 추이의 고법古法이며 한위36가의 옛 추이법推移法이라고 주장하였다. 그러나 이것은 지나친 주장이 아닐 수 없다. 왜냐하면 정이의 괘변설은 한위의 괘변설과는 명확한 차이를 드러내고 있기 때문이다. 그러면 다산은 왜 이처럼 무리한 주장을 펼치게 된 것일까? 먼저 다산이 괘변설에 관한 정이의 주장으로 인용하고 있는 다음의 문장들을 살펴보자.

> 정괘鼎卦는 손괘巽卦에서 나온 것인데, 음이 나아가 제5위에 자리하여 아래로 구이九二의 양과 상응한다.[19]

> 점괘漸卦의 괘변은, 환괘渙卦에서 나온 경우는 구九가 위로 나아가 제3위에 머무르고, 려괘旅卦에서 나온 경우는 구九가 위로 나아가 제5위에 머무른 것이다.[20]

위 두 인용문에 나타난 세 가지 괘변의 규칙은 다음과 같다.
"정괘鼎卦는 손괘巽卦로부터 변한 것이다."(鼎自巽來)
"점괘漸卦는 환괘渙卦로부터 변한 것이다."(漸自渙來)
"점괘漸卦는 여괘旅卦로부터 변한 것이다."(漸自旅來)
위의 인용문들은 정이가 비괘賁卦의 주에서 했던 발언과는 사뭇 다르다.

---

19) "程子曰, 鼎卦自巽來. 陰進居五, 而下應九二之陽."(「朱子本義發微」, 『易學緒言』, 『定本』 第17卷, p.134)

20) "程子曰, 漸卦卦變, 自渙而來, 九進居三, 自旅而來, 九進居五."(「朱子本義發微」, 『易學緒言』, 『定本』 第17卷, p.134)

즉 건乾·곤坤에 의거하여 괘변을 설명하던 이전의 사례들과는 달리 이른바 재변지괘再變之卦로부터의 변화를 허용하고 있다. 다산은 이것을 근거로 정이가 괘변을 일찍이 즐겨 관찰하지 않은 적이 없었으며, 정이의 학설에 중대한 변화가 있었다고 확신하게 된다.[21] 즉 비괘賁卦에서의 논의(賁卦下所論)는 어쩌면 초고草稿를 정리하면서 미처 삭제하지 못한 것(草稿之未刪者)일지도 모르겠다고 생각하게 된 것이다. 그렇지만 정작 다산이 정이의 글로 간주했던 위의 두 가지 사례를 『역전』과 『본의』에서 찾아보면, 그것은 정이의 글이 아니라 주자의 글에 나온다.[22] 다산이 어떻게 해서 착각을 일으켰는지는 모르겠으나, 어쨌든 잘못된 가설에 입각하여 잘못된 주장을 한 셈이 된다. 따라서 정이의 괘변설이 일반적인 괘변설과 다를 바 없다는 다산의 주장은 그 논리적 근거를 상실하게 된다.[23]

이에 덧붙여 다산은 정이가 수괘隨卦[24], 고괘蠱卦[25], 항괘恒卦[26], 비괘賁卦[27], 함괘咸卦[28], 손괘損卦[29], 익괘益卦[30] 등에 대해서도 '수자비래隨自否來', '고자

---

21) "伊川每依靠乾坤, 以說卦變. 然, 至於鼎卦漸卦, 則又不依靠乾坤, 而受變於再變之卦. 由是觀之, 伊川未嘗不樂觀卦變耳. 今取二卦之傳, 呈現在左."(「朱子本義發微」, 『易學緒言』, 『定本』 第17卷, p.134)

22) 『주역본의』에 "卦自巽來. 陰進居五, 而下應九二之陽."와 "蓋此卦之變, 自渙而來, 九進居三, 自旅而來, 九進居五."라고 나온다. 다산이 주자의 글을 정이의 것으로 착각하였다는 점은 엄연석의 학위논문에서 이미 밝혀진 바 있다.(엄연석, 앞의 논문, p.139) 이 점은 일 년 뒤에 나온 김영우의 학위논문에서도 역시 분명하게 서술되어 있다.(김영우, 앞의 논문, p.40)

23) 이 점은 엄연석의 논문에서 이미 밝혀진 바 있다.(엄연석, 앞의 논문, p.139)

24) "程子曰, 隨卦, 以卦變言之, 乾之上來, 居坤之下, 坤之初往, 居乾之上."(「朱子本義發微」, 『易學緒言』, 『定本』 第17卷, p.133)

25) "程子曰, 蠱卦, 以卦變及二體之義而言, '剛上而柔下', 謂乾之初九, 上而爲上九, 坤之上六, 下而爲初六也."(「朱子本義發微」, 『易學緒言』, 『定本』 第17卷, p.133)

26) "程子曰, 恒卦, 乾之初, 上居於四, 坤之初, 下居於初. 剛爻上, 而柔爻下也."(「朱子本義發微」, 『易學緒言』, 『定本』 第17卷, p.133)

27) "程子曰, 賁卦, 下體本乾, 柔來文其中, 而爲離, 上體本坤, 剛往文其上, 而爲艮."(「朱子本義發微」, 『易學緒言』, 『定本』 第17卷, p.133)

28) "程子曰, 咸卦, 柔上變剛而成兌, 剛下變柔而成艮."(「朱子本義發微」, 『易學緒言』, 『定本』 第17卷, p.134)

태래蠱自泰來', '항자태래恒自泰來', '비자태래賁自泰來', '함자비래咸自否來', '손자태래損自泰來', '익자비래益自否來'라고 말하지는 않았다고 하더라도 그 취지로 미루어 볼 때 그렇게 말한 것으로 간주해도 좋다고 보았다.[31] 이상 열거된 괘들은 모두 삼양지괘 혹은 삼음지괘들로서, 다산의 추이설에 따르면 태괘泰卦 혹은 비괘否卦로부터 변화된 괘들이다. 정이는 이들 괘들이 태괘나 비괘로부터 변화된 것이라고는 말하지 않고 건·곤으로부터 변화된 것으로 설명하였을 뿐이지만, 다산은 정이가 비록 그렇게 말하지 않았다고 하더라도 실제로는 그렇게 해석해도 좋다고 보았던 것이다. 태괘와 비괘에 건·곤이 이미 포함되어 있기 때문에, 건·곤으로부터 변화하는 것으로 설명하는 것은 실제로는 태괘와 비괘로부터 변화된 것으로 설명한 것과 마찬가지이다. 이러한 논리를 밀고 나가서 다산은 위의 사례들도 정괘鼎卦와 점괘漸卦의 예와 마찬가지로 한위36가의 추이의 옛 방식과 다르지 않다고 보았다. 정이가 괘변을 취했음이 이처럼 너무나 확실한데 누가 추이의 대의는 정·주가 달갑게 여겨 말한 것이 아니라고 하겠는가 라고 다산은 반문하고 있다.[32]

그러나 앞서 예시한 사례들에서 다산이 착각을 일으킨 것이 사실이라면 그의 주장이 더 이상 설득력을 갖지 못한다는 것은 너무나 명백하다. 그럼에도 불구하고 다산이 정이의 괘변의 사례들을 12벽괘설의 범주에 포섭시키려고 한다면 아전인수의 논리라고 비난받지 않을 수 없을 것이다.

---

29) "程子曰, 損卦, 下兌之成兌, 由六三之變也, 上艮之成艮, 自上九之變也. 三, 本剛而成柔, 上, 本柔而成剛, 亦損下益上之義."(「朱子本義發微」, 『易學緖言』, 『定本』 第17卷, p.134)

30) "程子曰, 益卦巽震二卦, 皆由下變而成, 陽變而爲陰者, 損也, 陰變而爲陽者, 益也. 上卦損而下卦益, 所以爲益."(「朱子本義發微」, 『易學緖言』, 『定本』 第17卷, p.134)

31) "伊川雖不言'隨自否來, 蠱自泰來, 恒自泰來, 賁自泰來', 而泰否二卦實具乾坤, 則程子所言, 卽漢·魏三十六家推移之舊法, 非有他也."(「朱子本義發微」, 『易學緖言』, 『定本』 第17卷, p.133)

32) "伊川雖不言'咸自否來, 損自泰來, 益自否來', 而其論卦變之義, 若是眞確, 則推移之古法也. 孰謂推移大義, 非程·朱之所屑言也?"(「朱子本義發微」, 『易學緖言』, 『定本』 第17卷, p.134)

특히 정이가 비괘賁卦의 주에서 종래의 괘변설을 강력한 어조로 비난했음에도 불구하고 다산이 그것을 일반적 괘변설의 범주에 포섭시킨 것은 더욱 납득하기 힘들다고 하겠다.

3. 주자의 괘변설

주자의 괘변설에는 세 가지 형태의 이론이 존재한다. 첫째는 『주역본의』 주문注文에 나오는 괘변설로서, 「단전彖傳」의 문구를 설명하면서 특정한 괘들에 한해 제한적으로 괘변설을 적용시키고 있는 것이 특징이다. 『주역본의』의 주문注文에서 괘변설이 적용되고 있는 괘는 모두 19괘이다. 둘째는 『주역본의』의 권수卷首에 나오는 「괘변도卦變圖」로서, 12벽괘로부터의 괘변법칙을 다섯 장의 도식圖式으로 나타낸 것이다. 셋째로, 『역학계몽易學啓蒙』에 나오는 「괘변도」로서, 하나의 괘가 각각 64괘로 변하는 것을 32장의 도식으로 나타낸 것인데 이를 「변점도變占圖」라고도 한다.[33] 두 번째와 세 번째의 「괘변도」는

---

33) 『주역본의』의 卷首에는 아홉 개의 도표(九圖)가 실려 있는데, 「괘변도」는 그 중 第九圖에 해당된다. 이 九圖를 주자가 직접 手訂한 것인지의 문제는 학계의 오랜 쟁점이었다. 清代에 王懋竑(1668~1741)은 『朱子年譜考異』에서 다음과 같이 주장하고 있다. "『易本義』의 九圖는 주자의 저작이 아니며, 後人들이 『易學啟蒙』을 모방하여 이를 만들어 넣은 것이다.…… 따라서 九圖는 『본의』와 『역학계몽』과 일치하지 않는 점이 많다."(『朱子年譜考異』, 卷二, p.337) 왕무횡은 『본의』와 「괘변도」가 일치하지 않는 이유를 다음과 같이 설명한다. 즉 주자는 「괘변도」에서 12벽괘로부터 다른 괘들이 변화되는 도식을 제시하고 있지만, 『본의』에서 괘변설을 적용하고 있는 괘는 단 19괘에 그치고 있다. 그리고 19괘 중에서 12벽괘로부터 변한 것으로 설명되는 것은 訟卦와 晉卦의 두 괘 밖에 없으며, 나머지 17괘는 모두 「괘변도」와 일치하지 않는다. 그러므로 「괘변도」가 주자의 舊說이 아님을 알 수 있다는 것이다. 왕무횡이 이러한 주장을 편 이후로 대다수의 주자 연구자들이 그의 견해를 따랐다. 白壽彝는 『周易本義考』(1936)에서 왕무횡의 주장을 상세하게 입증하려고 시도하였다. 그러나 주자의 제자인 陳淳이 주자가 작고하기 2개월 전에 동문선배인 廖德明에게 보낸 편지에 따르면, 주자가 살고 있던 考亭에서 진순이 직접 받아온 『주역본의』의 앞부분에 易圖들이 실려 있었다고 한다. 따라서 진순의 서신은

저술 목적과 변화규칙이 근본적으로 다르다.[34] 전자가 '괘 형성의 유래'(成卦之由)를 설명하려는 데 그 목적이 있다고 한다면, 후자는 점을 쳐서 한 괘를 얻은 후에 다른 괘로 어떻게 변화하는가 하는 '변점지법變占之法'을 제시한 것이다. 그 다음으로 변화규칙과 관련해서도, 전자는 "한 효만을 서로 바꾸어서 옮기는 것"(只一爻互換轉移)을 원칙으로 하는 반면에 후자는 하나의 괘가 순차적으로 64괘로 변하는 "점차효변漸次爻變"의 방식을 취한다.[35] 그런데 다산이 「괘변도」에 대해 언급하면서 『주역전의대전』 황제비본黃際飛本에 나온다고 말하고 있으므로, 그가 언급하고 있는 「괘변도」는 전자를 가리키는 것으로 보아야 한다.

다산은 「괘변도」가 주자 만년의 작품이며,[36] 보다 완정한 체제를 갖추고 있다고 보았다. 「괘변도」의 괘변설은 12벽괘를 근원으로 삼아 50연괘衍卦가 모두 그로부터 분화되어 나오는 형태를 취하고 있다. 이러한 이론적 모형은 다산의 14벽괘-50연괘설의 모형과 그 기본적 골격에 있어 일치한다. 바로 이런 이유 때문에 다산은 「괘변도」의 괘변설을 "추이의 정법"(推移之正法)이라고 치켜 올리고 있다.[37] 「괘변도」의 또 다른 장점은 괘변설의 전체적 도식을

『본의』의 卷首에 易圖를 싣는 것이 주자의 의도였으며, 『본의』의 원본에 易圖가 실려 있었음을 말해주는 확실한 증거이다.(이세동, 앞의 논문, 1996) 劉大鈞도 卷首의 九圖와 주자 晩年의 역학사상이 일치한다는데 주목하여, 주자가 직접 手訂했을 가능성을 배제하지 못한다고 주장하였다.(劉大鈞, 『周易概論』, 齊魯書社, 1987, p.187)

34) 양자의 성격이 다르다는 것은 『주자어류』의 편집체제에서도 드러난다. 『본의』의 「卦變圖」는 『주자어류』에서 "卦體卦變"의 분류항목(卷六十七)에 들어가 있고, 「變占圖」는 "卜筮"類의 분류항목 아래 편입되어 있다.

35) 여기에는 효변이 없는 경우(無爻變), 한 개의 효가 변하는 경우(一個爻變), 두 개의 효가 변하는 경우(二個爻變), 세 개의 효가 변하는 경우(三個爻變), 네 개의 효가 변하는 경우(四個爻變), 다섯 개의 효가 변하는 경우(五個爻變), 여섯 개의 효가 모두 변하는 경우(六爻全變) 등으로 나뉜다. 한 개의 효가 변하는 경우를 예로 들면, 姤卦 初六이 변하면 乾卦를 얻고, 구이九二가 변하면 遯卦를 얻고, 九三이 변하면 訟卦를 얻고, 九四가 변하면 巽卦를 얻고, 九五가 변하면 鼎卦를 얻고, 上九가 변하면 大過卦를 얻게 된다.

36) "卦變圖者, 先生晩年所作."(「朱子本義發微」, 『易學緒言』, 『定本』 第17卷, p.129)

37) "朱子卦變圖者, 推移之正法也."(「朱子本義發微」, 『易學緒言』, 『定本』 第17卷, p.135)

총괄적이고도 체계적인 방식으로 제시하였다는 데 있다. 이것은 한위漢魏의 제가들이 몇몇 괘에 한정해서 괘변설을 적용한 것과 좋은 대조가 된다. 반면에 주문注文의 괘변설은 정제整齊되어 있지 않아 혼란스럽기까지 하다.[38] 만약 전자가 후자보다 더 완정한 체제를 갖추고 있다면 당연히 전자가 후자보다 더 후기의 작품이라고 보아야 한다.[39] 따라서 다산은 「괘변도」는 주자 만년의 정설定說일 것이라고 추정한 것이다.[40] 여기서 한 가지 분명히 해 두어야 할 것은, 다산이 언급한 「괘변도」는 『주역본의』의 권수에 실린 구도九圖 중의 하나의 도圖를 가리키는 것이지, 『역학계몽』의 「변점도變占圖」를 가리키는 것은 아니라는 점이다.

그러면 이제 주자의 괘변설에 대한 다산의 견해를 살펴보기로 하자. 다산과 주자는 역학 해석방법론으로서의 괘변설이 어떠한 역할을 하는지에 관해 그 견해를 달리한다. 주자는 괘변설이 '역중지일의易中之一義'이지 '획괘작역지본지畫卦作易之本旨'는 아니라고 하였다.[41] 주자의 관점을 따르면, 괘변은 성인聖人이 이러한 원리에 입각하여 괘를 이처럼 만든 것이

38) "本義之言卦變, 多不齊整."(「朱子本義發微」, 『易學緖言』, 『定本』 第17卷, p.135)

39) 많은 학자들이 『주역본의』의 卷首에 실린 「괘변도」와 『주역본의』의 注文의 괘변설이 일치하지 않는다는 점을 지적하였다. 그러나 이세동은 이러한 견해가 주자 괘변의 體例를 정확하게 이해하지 못한 결과라고 보았다. 그는 양자가 결코 모순되지 않는다고 주장하면서 注文의 괘변설도 卷首의 「괘변도」와 마찬가지로 12벽괘를 괘변의 근거로 삼은 것이라고 그 근거를 제시하였다.(이세동, 앞의 논문, p.98) 그러나 다산이 지적한 바와 같이, 注文의 괘변설은 19괘라는 제한적인 범위 내에서만 적용시키고 있고, 그마저도 12벽괘를 변화의 근원으로 삼는다는 원칙을 엄밀하게 지키지 않고 있다. 따라서 注文과 卷首의 괘변설이 대체적인 틀에 있어서는 일치하더라도 그 세부적인 내용으로 들어가면 일치하지 않는 점이 많다는 것을 인정하는 것이 합당하다. 그리고 논리적 완성도의 측면에서 보더라도 注文의 괘변설은 아직 체제가 정비되어 있지 않으므로 卷首의 괘변설을 晩年定說로 보는 견해가 여전히 타당하다.

40) "十二辟卦, 爲之原本, 而五十衍卦, 皆受分化, 此, 蓋晩年所得, 非復本義之舊也."(「朱子本義發微」, 『易學緖言』, 『定本』 第17卷, p.135)

41) "彖傳或以卦變爲說, 今作此圖以明之. 蓋易中之一義, 非畫卦作易之本旨也."(「朱子本義發微」, 『易學緖言』, 『定本』 第17卷, p.129)

아니라, 이 괘가 성립된 이후에 자연스럽게 이러한 형태가 있게 된 것이다.[42) 주자의 발언은 다음과 같다.

「괘변도」에서 "강이 왔다"(剛來) 혹은 "유가 나아간다"(柔進) 등의 종류는, 역시 괘가 이미 성립한 이후에 마음을 내어 "이 괘는 저 괘로부터 왔다"(此爲自彼卦而來)라고 추론한 것이지, 진실로 먼저 저 괘가 있은 이후에야 비로소 이 괘가 있게 되었다는 것이 아니다.[43)

그러나 다산으로서는 괘변이 '획괘작역지본지畫卦作易之本旨'가 아니라 '역중지일의易中之一義'에 불과하다는 주자의 견해를 수용할 수 없었다. 다산은 괘변이 '역의 제작원리'(作易之大義)라고 말하고 있다. 이것은 주자가 부정했던 '획괘작역지본지畫卦作易之本旨'의 설을 오히려 긍정하고 있음을 보여준다. 다산은 주자가 '역중지일의易中之一義'라고 본 것은 아마도 세밀한 검증을 거치지 않았기 때문일 것이라고 추측한다.

역사易詞에서 상象을 취함은 모두 추이를 사용하였다. 간혹 추이를 사용하지 않은 경우도 있는데, 그것은 오직 12벽괘와 재윤지괘兩閏之卦 뿐이다. 이들 괘는 질박하고 변화가 적어, 이에 교역交易과 변역變易의 상을 이용한다. 나머지 경우에서는 비록 반합牉合이나 호체互體의 종류라고 하더라도, 괘변의 논리에 입각하여 상을 취하지 않은 경우가 어떤 경우도 없다. 이것은 진실로 『역』을 지은 대의이다. 주자가 그것을 단지 여러 개의 가능한 해석원리 중 하나일 뿐이라고 한 것은 아마도 모든 경우를 하나하나 실증적으로 조사해 보지 않았기 때문인 것 같다.[44)

---

42) "非是聖人合下作卦如此, 自是卦成了, 自然有此象."(「朱子本義發微」, 『易學緒言』, 『定本』 第17卷, p.133)

43) "朱子曰, 如「卦變圖」, '剛來柔進'之類, 亦是就卦已成後, 用意推說, 以見'此爲自彼卦而來'耳, 非眞先有彼卦而後, 方有此卦也."(「朱子本義發微」, 『易學緒言』, 『定本』 第17卷, p.132)

44) "易詞取象, 總用推移. 其或不然者, 唯十二辟・兩閏之卦, 質朴少變, 斯用交易・變易之象, 自餘, 雖牉合互體之類, 無一不取象於卦變. 此實作易之大義. 朱子以爲一義, 蓋未及逐一查驗故也."(「朱子本義發微」, 『易學緒言』, 『定本』 第17卷, p.129)

위의 인용문에서 괘변설과 관련하여 주자와 다산의 관점이 첨예하게 대립되고 있음을 볼 수 있다. 주자는 괘변을 '『주역』을 해석하는 여러 가지 방법 중의 하나'(易中之一義)라고 본 반면에 다산은 괘변이야말로 '『주역』의 제작원리'(作易之大義)임이 분명하다고 본 것이다. 주자에 따르면 괘변은 『주역』의 제작원리와는 관계없고, 일단 64괘가 만들어진 다음에 괘와 괘 사이의 관계를 관찰하여 그러한 관계를 도출해 낸 것에 불과하다.

먼저, 주자가 「괘변도」에서 제시한 괘변의 규칙은 다음과 같다.

1) 일음일양괘一陰一陽卦는 각 6인데, 모두 복復과 구姤로부터 온 것이다.[오음오양괘와 같은데, 도圖는 다르다.]
2) 이음이양괘二陰二陽卦는 각 10인데, 모두 임臨과 둔遯으로부터 온 것이다.[사음사양괘와 같은데, 도圖는 다르다.]
3) 삼음삼양괘三陰三陽卦는 각 20인데, 모두 태泰와 비否로부터 온 것이다.
4) 사음사양괘四陰四陽卦는 각 15인데, 모두 대장大壯과 관觀으로부터 온 것이다.[이음이양괘와 같은데, 도圖는 다르다.]
5) 오음오양괘五陰五陽卦는 쾌夬와 박剝으로부터 변한다.[일음일양괘와 같은데, 도圖는 다르다.]

반면에 다산의 괘변설은 다음과 같이 법칙화될 수 있다.

1) 일양괘一陽卦는 복復과 박剝으로부터 변한다.
2) 일음괘一陰卦는 구姤와 쾌夬로부터 변한다.
3) 이양괘二陽卦는 임臨과 관觀과 소과小過로부터 변한다.
4) 이음괘二陰卦는 둔遯과 대장大壯과 중부中孚로부터 변한다.
5) 삼양괘三陽卦는 태泰로부터 변한다.
6) 삼음괘三陰卦는 비否로부터 변한다.

다산은 주자의 「괘변도」에서 제시된 괘변설에 대하여 양가적 평가를 내린다. 즉 「괘변도」의 괘변설을 "추이의 정법"(推移之正法)이라고 치켜 올리면서, 다른 한편으로 주자 괘변설의 문제점을 신랄하게 지적하고 있다. 다산에 따르면 주자의 괘변설에는 다음과 같은 문제점들이 존재한다.

첫째, 주자의 「괘변도」에서는 동일한 괘가 두 번씩 중복된다. 일음일양괘와 오음오양괘는 사실상 동일한 괘로 이루어져 있으며, 이음이양괘와 사음사양괘 역시 동일한 괘로 이루어져 있다. 또 삼음삼양괘에서는 삼음괘와 삼양괘가 두 번씩 중복되어 있다. 이것은 사실상 불필요한 중복이다.[45] 한위漢魏 이래 이렇게 중복배열(重現疊列)한 방식(序列)은 없었으니, 이것은 아마도 고의古義가 아닐 것이다.[46]

둘째, 「괘변도」에서는 괘의 잘못된 명명 방식으로 말미암아 혼란을 초래하고 있다. 「괘변도」의 분류체계에서는 64괘는 일음일양괘, 이음이양괘, 삼음삼양괘, 사음사양괘, 오음오양괘의 다섯 범주로 구성된다. 역례易例에 음이 많은 괘를 양괘라고 하고 양이 많은 괘를 음괘라고 하니, 이러한 명명 방식은 잘못된 것이다. 「계사전」에 "양괘다음陽卦多陰, 음괘다양陰卦多陽"이라고 했으니, 음이 많은 괘를 양괘라고 부르고 양이 많은 괘를 음괘라고 부르는 것은 역가易家의 대의大義이다.[47] 이양과 사음으로 이루어진 괘를 예로 들어 보자. 「계사전」의 정의에 따르면, 이것을 이양괘라고 부를 수는

45) 주자의 괘변설이 불필요한 중복을 범하고 있다는 점에 관해서는 다산 이전에 毛奇齡이 『推易始末』에서 이미 비판한 바 있다. 모기령은 주자의 「괘변도」에서 "一陰一陽之卦"와 "五陰五陽之卦"가 중복되고, "二陰二陽之卦"와 "四陰四陽之卦"가 중복되는 문제점을 지적하고 있다. 다산이 모기령의 영향을 많이 받은 학자임을 감안해 볼 때, 주자 괘변설에 있어 괘의 이중중복의 문제도 역시 모기령의 저서의 영향을 받았을 가능성이 높다.

46) "今重現疊列, 恐亦非古義也."(「朱子本義發微」, 『易學緖言』, 『定本』 第17卷, p.131)

47) 揲蓍法을 예로 들면, 奇數는 陽이며, 偶數는 陰인데, 少陽에서는 음이 양보다 많고, 少陰에서는 양이 음보다 많다. 少陽은 한 번은 奇數이고 두 번이 偶數이니, 음이 양보다 많다.(즉, 3+2+2=7) 少陰은 한번은 偶數이고 두 번은 奇數이니, 양이 음보다 많다.(즉 2+3+3=8) 팔괘로써 예를 들어 보더라도 양괘인 震(☳, 長男), 坎(☵, 中男), 艮(☶, 少男)에서는 음이 양보다 더 많으며, 음괘인 巽(☴, 長女), 離(☲, 中女), 兌(☱, 少女)에서는 양이 음보다 많다.

있어도 사음괘라고 부를 수는 없다. 마찬가지로 이음과 사양으로 이루어진 괘는 음괘가 되니, 이것을 이음괘라고 부를 수는 있어도 사양괘라고 부를 수는 없다. 오음괘와 오양괘 역시 마찬가지이다.

셋째, 주자의 「괘변도」에서는 중부中孚와 소과小過가 벽괘로 취급되지 않고 이음이양괘변도二陰二陽卦變圖에 편입되어 있다. 그리고 이음이양괘 가운데 일부는 이모괘二母卦에서 변하고 또 다른 일부는 일모괘一母卦에서 변하여, 균일하지 못하다.[48] 이러한 혼란은 중부와 소과가 벽괘로 편입되지 않음으로써 초래된 결과이다. 따라서 중부와 소과는 벽괘로 편입되어야 옳다.

넷째, 괘변법에서는 일왕일래一往一來를 원칙으로 한다. '일왕일래'란 한 개의 획이 이동함으로써 그것이 이동하기 이전에 원래 있던 자리와 그것이 옮겨간 자리에 있던 획이 서로 교체되는 것을 의미한다. 그러나 「괘변도」에서는 이러한 원칙이 지켜지고 있지 않다. 즉 중부中孚가 둔遯과 대장大壯에서 변하거나 소과小過가 임臨과 관觀에서 변하기 위해서는 반드시 4획이 모두 움직여야 하는데, 이것은 이왕이래二往二來가 되므로 괘변의 범주 속에 포섭되어서는 안 된다.[49] 따라서 다산은 「괘변도」가 중대한 결함을 내포하고 있다고 보며, 주자가 이러한 도식을 제출한 것은 엄밀한 검증절차(査驗)를 거치지 않았기 때문이라고 보고 있다.[50]

이러한 점들을 종합해 보면 다산과 주자 사이에는 괘변설을 이해하는 근본적 관점에 상당한 차이가 있음을 확인할 수 있었다.

---

48) "唯中孚小過, 混在諸卦之中, 則二陰二陽之卦, 或受變於二母, 或受變於一母, 其義未均, 而中孚小過二卦, 則卒無受變之處."(「朱子本義發微」, 『易學緖言』, 『定本』 第17卷, p.130)

49) 다산의 추이법에서 보면 한 획이 움직여서 다른 자리로 가면 다른 획이 그 자리로 와서 차지하게 되므로, 2획이 변했다는 것은 결국은 4획이 변동한 것이 된다. 즉 "一往一來"는 2개의 획이 상호교차해서 이동하는 것을 원칙으로 삼는 것이다.

50) "原來推移之法, 唯有一往一來, 若云, 中孚受變於遯大壯, 小過受變於臨觀, 則須四晝都動, 乃可受變, 其可曰推移乎? 是其査驗之未密也."(「朱子本義發微」, 『易學緖言』, 『定本』 第17卷, p.130)

4. 주자의 물상론

괘변에 이어서 다산의 논의는 물상론物象論으로 옮아간다. 다산의 『주역』 해석체계에서 물상은 추이 · 호체 · 효변과 함께 역리사법을 구성하고 있다. 물상이란 곧 괘상卦象인데, 어떤 괘가 무엇을 상징하는지는 「설괘전」에 적혀 있다. 따라서 물상론은 「설괘전」이 신뢰할 수 있는 문헌이라는 것을 전제로 한다. 그런데 「설괘전」의 물상에 의거해서 괘효사를 해석할 때, 「설괘전」의 물상과 괘효사에서의 취상取象이 서로 일치하지 않는 문제점이 종종 발생한다. 주자는 이러한 문제점에 대해 다음과 같이 언급하고 있다.

> 여기서 그 일단一端을 들어 논하자면, 건乾이 말이 되고 곤坤이 소가 된다는 것은 「설괘전」에 분명하게 기록되어 있다. 말이 강건強健하고 소가 유순柔順함은 사물에 있는 당연한 이치(常理)이다. 괘효사의 문장을 통해 괘상을 추구하는 경우(案文索卦)에 준괘屯卦의 효사(乘馬班如)에 말을 언급하고 있지만 (괘상에는) 건乾이 없다. 리괘離卦의 효사(畜牝牛吉)에 소를 이야기하고 있지만 (괘상에는) 곤坤이 없다. 건괘乾卦의 육룡六龍은 (「설괘전」에 震이 龍이라고 적혀 있지만 막상 震의 괘상은 건괘에 없으므로) 진震이 아닌가 의심하기도 한다. 곤괘坤卦(의 괘사)에 빈마牝馬가 나오지만, 말은 건乾의 상이다. 이러한 예들은 모두 이해할 수 없는 것들이다. 그러므로 한유들은 「설괘전」을 통해 해석하려고 시도하였으나 통하지 않으므로 마침내 서로 더불어 호체互體 · 변괘變卦 · 오행五行 · 납갑納甲 · 비복飛伏 등의 방법을 창안하여 적용하니, 우연히 맞아떨어지는 경우도 있기는 있었으나 그 통하지 않는 경우는 끝내 통하지 않았고, 그 통하는 경우라고 하더라도 견강부회牽強附會와 천착穿鑿이 많아 (결코) 자연스럽지 않았다.[51]

---

51) "且以一端論之, 乾之爲馬, 坤之爲牛, 說卦有明文矣. 馬之爲健, 牛之爲順, 在物有常理矣. 至於案文索卦, 若屯之有馬而無乾, 離之有牛而無坤, 乾之六龍則或疑於震, 坤之牝馬則當反爲乾, 是皆有不可曉者. 是以漢儒求之說卦而不得, 則遂相與創爲互體變卦五行納甲飛伏之法, 參互以求, 而幸其偶合. 其說雖詳, 然其不可通者, 終不可通; 其可通者, 又皆傅會穿鑿, 而非有自然之勢."(『朱子全書』 第23冊, 晦庵先生朱文公文集(四), 卷67, 易象說, 上海古籍出版社 · 安徽教育出版社, p.3255)

「계사전」에서는 취상取象의 원리를 "근취저신近取諸身, 원취저물遠取諸物"이라는 명제로 설명한다. 이처럼 『주역』의 취상取象이 "가까이로는 몸에서 취하고 멀리는 사물에서 취함"으로써 행해진 것이기 때문에, 주자는 「설괘전」도 틀림없이 그 근거를 갖는다고 확신하였다.[52] 『주례周禮』에 태복太卜이 삼역三易을 관장하였다고 하였으니, 아마도 태복은 「설괘전」에 의거해서 상을 취했을 가능성이 높다. 그런데 문제는 「설괘전」의 괘상을 괘효사에 적용할 때 일치하지 않는 경우가 많이 발생한다는 데 있다. 한유들은 그것을 억지로 뜯어 맞추기 위해 각종의 상수학적 이론을 창안하였으나 견강부회에 빠지고 말았다. 반면에 왕필과 정이는 아예 「설괘전」의 설명에 맞추려는 노력을 중지하고, 괘상과 관계없이 의미만 추구하면 된다고 보았다. 그러나 주자는 왕필과 정이처럼 보면 『역』의 취상이 아무런 근거도 갖지 못할 뿐 아니라, 『시경』의 비比·흥興이나 『맹자』의 비유比喩와 같은 것이 되어 버린다고 비판하였다. 따라서 주자는 「설괘전」의 가치를 인정하면서도 그것이 잘 들어맞지 않는 경우는 '궐의闕疑'의 상태로 두기로 하였다. '궐의'란 『논어』 「위정爲政」의 "다문궐의多聞闕疑"라는 말에서 유래된 용어로서 '의심스러운 것을 버려둔다'는 뜻이다. 주자는 괘효사와 상象의 불일치가 일어난 경우에는 「설괘전」의 설명을 따르지 않고 '괘효사의 상'(辭中之象)에 직접적으로 의거해서 '상에 포함된 의미'(象中之意)를 추구하는 방법을 택했다. 그런데 사중지상辭中之象에 의거해서 상중지의象中之意를 파악하는 주자의 해석방법은 실제적으로는 의리학자들의 해석방법과 크게 다를 바 없다.[53]

다산은 주자가 궐의의 태도를 취한 것에 대해서는 '대군자의 공정한 마음'(大君子公正之心)이라고 칭찬하고, 「설괘전」을 위서僞書라고 배척하는 자들

52) "易之取象, 固必有所自來, 而其爲說, 必已具於太卜之官. 今不可復考."(성백효 역주, 『周易傳義』, 上, 전통문화연구회, 1998, p.48)

53) 이세동, 앞의 논문, p.84.

에 대해서는 '근세의 우둔하고 견문이 좁은 학문'(近世愚陋之學)이라고 비난하고 있다.

> 만약에 역사易詞에서 괘상을 사용하지 않아 왕필의 설과 같다면 그만이지만, 만일 그렇지 않다면 말(馬)·소(牛)·양羊·돼지(豕) 등 어느 것 하나도 괘상이 아닌 것이 없다. 주자가 이미 이 몇 개의 괘에서 역사에 나오는 명칭과 사물들이 괘상에 바탕을 두고 있음을 논하였으니, 450개[54]의 주사繇詞 안에서 무릇 "여러 가지 사물을 뒤섞어 놓고 그 성질을 갖추어 놓은 것"(雜物撰德)이 어느 것 하나도 괘상이 아닌 것이 없다. 주자의 의도는 특별히 물상의 사례를 사람들에게 제시하는 데 있으니, 그 물상이 혹 추이나 효변을 적용해 보아도 「설괘전」과 부합하지 않는 경우에는 그것을 억지로 해석하려 들지 않고 그냥 내버려 두는 궐의의 태도를 취했다. 이는 대군자의 공정한 마음이다. 근세의 우둔하고 견문 좁은 학인들이 오히려 「설괘전」을 배척하면서 그것을 가리켜 위서僞書라고 하니, 또한 어찌 잘못이 아니겠는가![55]

다산이 '근세우루지학近世愚陋之學'이라고 한 것은 「설괘전」을 위서僞書로 의심한 구양수歐陽脩(1007~1072)를 염두에 둔 발언이다.[56] 주자는 「설괘전」이 위서라는 구양수의 주장에 찬성하지 않았을 뿐 아니라, 「설괘전」이 "근취저신近取諸身, 원취저물遠取諸物"이라는 취상의 원리의 근거를 제공하고 있다고 믿었다. 그렇지만 주자는 「설괘전」을 단지 제한적으로 활용하는 태도를 취했을 뿐이며, 실제로 주자가 『주역본의』에서 「설괘전」에 따라

---

54) 450개의 繇辭라고 한 것은 384개의 효사에 卦辭 64개를 더하고, 用九와 用六의 2개를 더한 것이다. 즉 384+64+2=450개가 된다.

55) "使易詞而不用卦象, 如王弼之說, 則已. 如其不然, 凡所謂馬牛羊豕之等, 無一非卦象也. 朱子旣於此數卦, 論其名物之本於卦象, 則四百五十繇之內, 凡'雜物撰德'者, 無一非卦象也. 朱子之意, 特揭例以示人, 其或不以推移, 不以爻變, 而不合於「說卦」者, 姑闕之以存疑. 此, 大君子公正之心也. 近世愚陋之學, 反欲詆排「說卦」, 指爲僞書, 不亦過乎!"(「朱子本義發微」, 『易學緒言』, 『定本』 第17卷, pp.141~142)

56) 구양수는 『易童子問』에서 「繫辭」·「文言」·「說卦」·「序卦」·「雜卦」 등이 공자의 저작이 아니라고 주장하였다.

괘효사의 괘상을 해석한 경우는 그다지 많지 않다. 다산은 "『주역본의』에서 물상을 말한 것이 많다"(本義言物象者多)라는 논제 아래 주자가 물상을 취한 사례를 최대한 제시하려고 노력했음에도 불구하고, 다산이 찾아낸 사례는 다음의 일곱 개에 불과하다.

① 곤괘坤卦 「단전彖傳」 주: 말(馬)은 건괘乾卦의 상이다.[57]
② 대장괘大壯卦 육오六五 "상양우역喪羊於易, 무회無悔"의 주: 대장괘는 그 형체가 태兌와 유사하여, '양羊'의 상이 있다.[58]
③ 곤괘困卦 구사九四 "래서서來徐徐, 곤우금거困於金車"의 주: 감坎에 수레(輪)의 상이 있다.[59]
④ 려괘旅卦 육오六五 "사치일시망射雉一矢亡"의 주: 꿩(雉)은 문채가 화려한 동물이니, 리離의 상이다.[60]
⑤ 절괘節卦 「단전彖傳」 "중정이통中正以通"의 주: 감坎은 통함이 된다.[61]
⑥ 중부괘中孚卦 상구上九 "한음등우천翰音登於天"의 주: 닭(鷄)을 '한음翰音'이라고 하는 것이니, 바로 손괘巽卦의 상이다."[62]
⑦ 항괘恒卦 초육初六 "준항浚恒"의 주: "손巽의 성질은 들어가는 데 힘쓰는 것이다."[63]

주자의 취상 사례를 채록하는 작업과 병행해서, 다산은 호정방胡庭芳[64], 서기徐幾[65], 구부국丘富國[66], 주진朱震(1072~1138)[67], 제각옹齊覺翁[68], 오징吳澄

57) "朱子於坤之「彖」曰, 馬, 乾之象."(「朱子本義發微」, 『易學緖言』, 『定本』 第17卷, p.141)
58) 호병문은 互兌에 羊의 象이 있는 것으로 해석했다.(胡炳文云, "互兌, 有羊象."; 「朱子本義發微」, 『易學緖言』, 『定本』 第17卷, p.141)
59) "於困之九四曰, 坎有輪象."(「朱子本義發微」, 『易學緖言』, 『定本』 第17卷, p.141)
60) "於旅之六五曰, 雉, 文明之物, 離之象."(「朱子本義發微」, 『易學緖言』, 『定本』 第17卷, p.141)
61) "於節之彖曰, 坎爲通."(「朱子本義發微」, 『易學緖言』, 『定本』 第17卷, p.141)
62) "於中孚之上九曰, 鷄曰翰音, 乃巽之象."(「朱子本義發微」, 『易學緖言』, 『定本』 第17卷, p.141)
63) "於恒之初六曰, 巽性務入."(「朱子本義發微」, 『易學緖言』, 『定本』 第17卷, p.141)
64) 胡一桂: 元나라 학자, 雙湖 胡氏로 字는 庭芳이다. 저서로 『易本義附錄纂疏』 등이 있다.
65) 송나라 崇安 사람. 進齋 徐氏로 字는 子與, 號는 進齋이다. 經史에 널리 통하였으며 특히 易에 밝았다.
66) 송나라 때 학자. 字는 行可이며, 朱熹의 再傳弟子이다. 저서로 『周易輯解』(10권), 『易學說約』 등이 있다.

(1249~1333)[69] 등 『영락대전永樂大全』[70]에 수록된 제유諸儒의 학설에서 「설괘전」에 의거한 물상의 사례들을 수집하고 있다.[71] 다산의 견해에 따르면, 이들의 학설은 비록 고학古學과는 같지 않지만 물상을 취한 것이 수두룩하게 널려 있으니 업신여겨서는 안 된다.[72] 아울러 다산은 주자의 적전嫡傳으로 불리는 원대 경학자 호병문胡炳文(1250~1333)[73]의 역설에서도 물상이 적용된 사례를 찾아내어 보완하고 있다.[74] 호병문의 물상론은 비록 효변의 뜻에 있어서는 어둡지만 괘상·괘변·호괘 등에 있어서는 밝혀 낸 바가 많으니, 이 몇 개의 사례만으로도 순구가荀九家의 옛 모습을 회복하기에 충분하다는 것이 다산의 평가이다.[75]

그러면 이제 주자의 물상론에 대한 다산의 견해를 요약해 보기로 하자. 다산은 『주역사전』 「사전소인」에서 "물상이 「설괘전」에 따른다는 것은

---

67) 송나라 때 학자. 字는 子發, 호는 漢上이다. 북송의 이학과 상수학의 전통을 계승하였다. 저서로 『漢上易解』가 있다.

68) 원나라 德興 사람 齊夢龍을 가리킨다. 字는 覺翁이며, 節初 齊氏라고 불린다.

69) 字는 幼淸이다. 저서에 草廬集이 있다.

70) 『주역전의대전』을 가리킨다.

71) "①胡庭芳曰, '坎爲血.'[需六四], ②徐幾曰, '離爲龜.'[頤之象], ③丘富國曰, '坤爲腹.'[明夷六四], ④朱震曰, '兌爲虎.'[革九五], ⑤齊覺翁曰, '離爲科上槁.'[旅上九], ⑥吳澄曰, '巽爲雞.'[中孚上九]"(「朱子本義發微」, 『易學緖言』, 『定本』 第17卷, p.142)

72) "『永樂大全』中諸儒之說, 雖與古學不同, 其取物象, 若是磊落, 不可誣也."(「朱子本義發微」, 『易學緖言』, 『定本』 第17卷, pp.142~143)

73) 元代의 경학자. 字는 仲虎, 號는 雲峰이다.

74) 호병문의 물상의 적용례를 예시하면 다음과 같다. ①師卦 六三; 坤은 수레(輿)이고, 坎은 수레바퀴(車輪)이다. ②履卦 彖辭; 兌는 호랑이(虎)가 된다. ③大有卦 九二; 乾은 큰 수레(大車)가 된다. ④隨卦 上六; 兌(西方)와 艮(山)이 西山으로 된다. ⑤剝卦 上九; 艮이 果蓏, 즉 나무 열매와 풀 열매가 된다. ⑥姤卦 初六; 巽은 밧줄(繩)이 된다. ⑦漸卦 初六; 艮은 小子가 된다. ⑧漸卦 六二; 艮은 돌(石)이 된다. ⑨歸妹卦 上六; 震은 광주리(筐)가 된다. ⑩歸妹 上六; 兌는 羊이 된다. ⑪巽卦 上九; 離는 戈兵, 즉 武器가 된다. ⑫渙卦 彖辭; 艮은 廟, 즉 사당이 된다. ⑬渙卦 上九; 坎은 血, 즉 피가 된다.(「朱子本義發微」, 『易學緖言』, 『定本』 第17卷, p.142)

75) "雲峰胡仲虎之易, 朱子之嫡傳也. 其說於卦變卦象卦互之義, 多所發明, 獨於爻變之義, 尙昧昧耳. 是皆足以恢復九家之舊者."(「朱子本義發微」, 『易學緖言』, 『定本』 第17卷, p.142)

주자의 뜻이다"(物象之從說卦者, 朱子之義也)라고 하고 있다. 이것은 그가 괘변·호체·효변에 대해서 그랬던 것처럼 자신의 해석방법론이 주자와 완전히 일치함을 주장한 것이다. 그렇다면 다산의 이러한 평가는 정당한 것일까? 앞서 살펴본 것처럼, 주자는 「설괘전」을 신뢰하기는 하였지만 『주역본의』에서는 단지 제한적으로 활용하고 있을 뿐이다. 『주역본의』에서 주자가 「설괘전」에 의거해서 괘효사를 해석한 경우는 일곱 개의 사례에 불과해서 결코 많다고 할 수 없다. 그 밖의 경우는 오히려 의리학자들의 해석방법과 크게 다를 바 없다.[76] 따라서 다산의 발언은 비록 틀린 것은 아니라고 할지라도 주자의 발언 중에서 자신의 관점과 일치하는 부분만을 의도적으로 부각시킨 측면이 있다.

5. 주자의 호체설

「주자본의발미」에서도 소제목으로 쓰이고 있는 "주자왈호체불가폐朱子曰互體不可廢"라는 말은 원래 『주자어류』에 나오는 말이다.[77] 이 말은 『주역사전』의 「사전소인」에서도 그대로 나온다. 여기서 주자를 호체설의 강력한 지지자로 끌어들이려는 다산의 의도가 드러난다.

호체互體는 다산의 네 가지 핵심방법론 중 하나로 활용하고 있으며 다산의 역학체계에서 매우 중요한 역할을 한다.[78] 호체란 괘의 중간에서 다시 또 괘를 취하는 것을 가리킨다. 호체를 호괘互卦라고도 하는데, 6획으로

76) 이세동, 앞의 논문, p.84.
77) 黎靖德 編, 王星賢 點校 ,『朱子語類』 第5冊, 第67卷, 易三, 綱領 下, 中華書局, pp.1957~1668.
78) 황병기는 그의 학위논문에서 호체를 "역상 활용의 최적화를 위한 필수원리"라고 부르고 있는데, 매우 적절한 표현이라고 생각된다.(황병기, 다산 정약용의 역상학」, 연세대학교 대학원 박사학위논문, 2004, p.120)

구성된 괘의 중간에서 취하면, 2·3·4위와 3·4·5위에서 두 개의 호괘가 만들어질 수 있다. 주자가 든 예를 보면, 준괘屯卦는 진震의 하괘下卦와 감坎의 상괘上卦가 합쳐져서 만들어진 괘이지만, 그 중간에 있는 4효를 관찰하면 2·3·4위의 곤坤과 3·4·5위의 간艮을 호괘로 취할 수 있다.[79] 일반적으로 호체설의 문헌적 근거로는 「계사전」의 "잡물찬덕雜物撰德"장이 제시되고 있다. 즉 "여러 가지 사물을 뒤섞어 덕을 찬술하고 옳음과 그릇됨을 분별하는 것은 그 중효中爻가 아니면 갖추어지지 않는다"(若夫雜物撰德, 辨是與非, 則非其中爻不備)라고 하였으니, 거기에서 '중효中爻'라고 한 것이 바로 호체에 해당된다.

그러면 호체론에 관련된 주자의 발언을 먼저 소개하고 이를 통해 논의를 전개하기로 하자.

> 호체설互體說은 한유들이 많이 사용하였다. 『좌전』의 한 곳에서 호체를 말하였다. 관괘觀卦를 점쳐서 얻은 곳에서 또한 효변설을 적용한 것이 분명하다. 내 생각으로는 이 설은 또한 폐지할 수 없는 것이다.[80]

주자가 『좌전』에서 호체설이 사용되었다고 한 것은 진경중陳敬仲의 점서占筮를 가리킨 것이다.[81] 이것은 진나라 여공厲公이 아들 경중敬仲을 낳고 그 아이의 장래와 관련하여 점을 쳐서 '관지비觀之否'의 점괘를 얻은 것을 가리킨다. 『좌전』의 원문에 "바람이 땅 위에서 하늘로 변한 것"(風爲天於土上)이라 하고 또 두예杜預의 주注에서 "2에서 4까지 간艮의 상象이 있다"(自二至四, 有艮象)라고 하였으니, 이것은 호체가 사용된 예이다. 문제는 주자의 발언이

---

79) "朱子於「大傳」雜物撰德之章曰, 此爲互體, 如屯卦, 震下坎上, 就中間四爻觀之, 自二至四則爲坤, 自三至五則爲艮."(「朱子本義發微」, 『易學緖言』, 『定本』 第17卷, p.143)

80) "互體說 漢儒多用之 左傳中一處, 說占得觀卦處亦擧得分明. 看來此說亦不可廢."(같은 책, p.1957)

81) 『주역사전』의 「춘추관점보주」의 陳敬仲之筮에 자세히 나온다.

호체설에 대한 강력한 옹호를 보여 준다기보다는 소극적 용인에 그친다는 데 있다. 주자는 호체를 폐지할 수 없다고 하였지만 호체를 적극적으로 사용할 의지를 보여 주지 않았다. 주자는 호체설을 인정하였을 뿐이지, 『주역본의』의 주에서는 그것을 적극적으로 활용하지 않았다. 어쨌든 다산은 비록 주자가 『주역본의』에서 호체를 쓰지 않았다고 하더라도 이미 그에 대해 확고하게 언급한 이상 이의를 제기해서는 안 된다고 말한다.

> 호체설은 한대 이래로 사승師承이 끊어지지 않았다. 주자가 『본의』 중에서 비록 쓴 바가 없었으나, 그가 평소에 논한 바가 이와 같다. 그런데도 여전히 이의異義가 있겠는가?[82]

일반적으로 주자가 『주역본의』의 주에서 호체를 쓰지 않았다는 데 동의하고 있다.[83] 다만 주자가 대장괘大壯卦 육오六五에서 "괘체卦體가 태兌와 비슷하여 양羊의 꼴이 있다"라고 한 것은 호체 사용의 예로 간주될 여지가 있다.[84] 다산은 그것이 겸체兼體를 활용한 것이라고 보는데, 겸체도 호체의 한 종류로 인정될 수 있다. 겸체란 한 괘를 천·지·인 삼재三才로 구성된 것으로 간주하여, 삼등분 한 뒤에 두 획씩 묶어서 관찰하는 것을 가리킨다. 겸체를 적용하면 대장괘는 대태大兌의 형상이 된다.[85] 이 외에도 대체大體, 도체倒體, 복체伏體, 반합牉合, 양호兩互 등 호체의 다양한 종류가 존재한다.[86] 대체大體란 호체의 한 종류로서 3획 이상의 획으로써 취하는 큰 호괘를 가리킨다. 도체倒體란 괘를 뒤집어 놓고 취하는 호체를 말하며, 복체伏體란

82) "互體之說, 自漢以來, 師承不絶. 朱子於本義中, 雖無所用, 其平日所論, 如此, 尙有異義乎?"(「朱子本義發微」, 『易學緖言』, 『定本』 第17卷, p.143)

83) 이세동, 앞의 논문, p.100.

84) "朱子於大壯之六五曰, 卦體似兌, 有羊象."(「朱子本義發微」, 『易學緖言』, 『定本』 第17卷, p.143)

85) "兌者, 羊也. 大壯爻詞, 純用羊象, 大壯非兌乎?"(『周易四箋 I』, 『定本』 第15卷, p.46)

86) 『주역사전』의 「괄례표」의 「호체표」와 「호체표직설」에 다양한 호체의 종류가 제시되고 있다.(『周易四箋 I』, 『定本』 第15卷, pp.43~48)

겉으로는 드러나지 않더라도 하괘에는 리離가, 상괘에는 감坎이 잠복潛伏되어 있음을 가리킨다. 반합牉合은 혼인과 관련된 괘에서 두 괘를 합쳐서 하나의 짝으로 보되, 그 중에서 하나는 뒤집힌 위치에서 관찰하고 다른 하나는 바로세운 위치에서 관찰하는 것을 가리킨다. 그리고 양호兩互란 상호上互와 하호下互를 결합시킴으로써 하나의 새로운 괘를 만들어 내는 것을 가리킨다. 다산은 이처럼 다양한 종류의 호체가 역학사에서 적용된 사례를 다음과 같이 제시하였다.[87]

① 서기徐幾: 이괘頤卦의 전체적 형태가 대리大離의 형태이므로 거기에 거북(龜)의 상象이 있다.(대체의 예)
② 왕언장王彦章: 손괘損卦와 익괘益卦가 전체적으로 리離와 유사하므로 거북(龜)의 상이 있다.(대체의 예)
③ 오징吳澄: 태괘泰卦로부터 양호를 취하면 귀매歸妹괘가 된다.(양호의 예)
④ 호병문胡炳文: 기제旣濟 중에 미제未濟의 호체가 있고, 미제 중에 기제의 호체가 있다.(양호의 예)

유감스럽게도 이러한 호체 사용의 예들은 역학사에서 매우 희귀한 사례에 속한다. 겸체와 대체의 설은 속유들로서는 들어보지도 못한 일이다.[88] 특히 양호성괘兩互成卦의 방법은 역학사를 통틀어서 거의 사용된 적이 없다. 다음의 인용문은 역학사에서 혹시 사라져 버릴지도 모를 양호 사용의 자취를 좇아 그것을 보존하려고 애쓴 다산의 노력을 보여 준다.

이것은 바로 양호괘로 괘를 만드는 방법이다. 『주역』의 미묘한 글과 심오한 뜻은

87) 예를 들면, 徐幾가 頤卦의 卦體를 大離의 형상으로 보아 거기에 거북(龜)의 象으로 본 것과 王彦章이 損卦와 益卦의 괘체가 전체적으로 離와 유사하다고 보아 거북(龜)의 상으로 본 것은 大體의 사례이다.

88) "兼體大體之說, 尤是俗儒之所未聞. 然先儒之說如此, 其可廢乎?"(「朱子本義發微」, 『易學緖言』, 『定本』 第17卷, p.143)

비록 쉽게 보이지 않으나, 천하에는 총명한 사람이 지극히 많고 고금에 걸쳐 영웅호걸도 지극히 많아서, 한두 마디의 짧은 말과 글(片言隻字)이 마치 별빛과 영롱한 구슬처럼 빛나니 끝내 또한 이 빛을 가릴 수는 없다. 진실로 모래를 물에 흔들어 황금을 가려내듯이 하여 천고千古에 이를 집대성할 수만 있다면, 이에 여한이 없을 것이다.[89]

그러면 이제 호체설에 관한 다산과 주자의 관계를 정리해 보기로 하자. 요약하자면, 다산은 "호체를 폐지할 수 없다"(互體不可廢)라는 주자의 발언을 빌미로 주자를 호체설의 강력한 지지자로 끌어들이려고 시도하였다. 그러나 주자는 호체설을 인정하였을 뿐이지, 『주역본의』의 주에서는 적극적으로 활용하지 않았다. 따라서 주자의 발언은 호체설에 대한 강력한 옹호를 보여 준다기보다는 소극적 용인에 그친다.

6. 주자의 효변설

다산은 호체설에 이어 주자의 효변설에 대해 다루고 있다. "본의입효변지법심다本義立爻變之法甚多"라는 소제小題를 통해 주자도 다산과 마찬가지로 효변설을 취하고 있음을 강조하려는 저자의 의도를 읽을 수 있다. 그러면 효변이란 무엇인가? 효변설은 『주역사전』에서도 이미 상세히 제시된 바 있지만 여기에서는 「주자본의발미」에서 제시된 효변 개념을 소개하기로 한다.

시괘법蓍卦法은 "삼천양지參天兩地"의 원칙에 따라, 세 번 (蓍策을) 걸어서(三掛) 모두 천수天數를 얻으면 구九가 되고[노양老陽의 수數] 세 번 걸어서 모두 지수地數를 얻으면

89) "此卽兩互成卦之法也. 周易之微辭奧旨, 雖未易見, 天下之聰明, 至廣, 古今之英豪, 至衆, 片言隻字, 星見珠躍, 終亦有掩不得者, 苟能淘沙得金, 而集大成於千古, 則斯無憾矣!"(「朱子本義發微」, 『易學緒言』, 『定本』 第17卷, p.144)

육六이 된다.【노음老陰의 수數】 초구初九는 초획이 구九를 얻음에 음으로 변하니, 구九라는 글자 속에 이미 음으로 변한다는 의미를 포함하고 있다. 초육初六은 초획이 육六을 얻음에 양으로 변하니, 육六이라는 글자 속에 이미 양으로 변한다는 뜻이 내포되어 있다. (그런데도) 요즘 사람들은 이 의미를 통달하지 못하여, 구九라는 글자를 단지 양을 가리키는 글자로만 보고, 또 육六이라는 글자도 단지 음을 가리키는 글자로만 보니, 이것은 큰 잘못이다. 주자가 말하기를, "노老는 변함을 뜻하는 까닭에 양효를 구九라고 한다"라고 하였다. 효사가 변화를 위주로 한다는 것을 주자도 이렇게 일찍이 말한 바 있는데 세상 사람들은 여전히 깨닫지 못하여, 매번 여섯 효를 나란히 배열해 놓고 (괘사를 포함한) 일곱 개의 주사繇詞를 합쳐서 전체 괘가 형성된다고 여기니, 또한 미혹됨이 아니겠는가?[90]

위의 설명을 통해 알 수 있듯이, 효변은 시괘법蓍卦法과 밀접한 관련을 갖는다. 시괘법이란 곧 시책蓍策을 헤아려 점괘를 뽑아내는 설시揲蓍의 절차를 가리킨다. 다산은 「계사전」에서 설시의 절차와 관련된 부분만을 따로 뽑아내어 이를 「시괘전蓍卦傳」으로 독립시킨 바 있다. 그런데 다산이 고증한 시괘법은 주자의 학설과 다른 점이 많으므로 특별히 주의할 필요가 있다. 다산에 따르면 점서占筮할 때 모두 50개의 시책을 활용하는데, 각각의 시책蓍策에는 '천일天一', '지이地二', '천삼天三', '지사地四', '천오天五', '지육地六', '천칠天七', '지팔地八', '천구天九', '지십地十' 등의 숫자가 새겨져 있다. 그런데 각각의 숫자마다 5매枚씩의 시책이 있으므로 모두 50매의 시책을 쓰게 된다. 한 개의 획을 확정하기 위해서는 시책을 세 번 뽑아내는 절차를 거치는데, 삼천양지參天兩地의 원칙에 따라 천수天數를 얻으면 3으로 계산하고 지수地數를 얻으면 2로 계산한다. 만약에 천수를 세 번 얻으면 3+3+3=9가

---

90) "蓍卦之法, '參天兩地', 故三揲, 皆得天數者, 爲九.【老陽數】 三揲, 皆得地數者, 爲六.【老陰數】 '初九'云者, 謂初畫値九而變陰, 九字之中, 已含變陰之義也. '初六'云者, 謂初畫値六而變陽, 六字之中, 已含變陽之義也. 今人不達此義, 九字只做陽字看, 六字只做陰字看, 此, 大謬也. 朱子謂 '老變, 故謂陽爻爲九', 則爻詞之主乎變, 朱子早已言之, 而世猶不悟, 每欲排比六爻, 合七繇而成全, 不亦惑歟!"(「朱子本義發微」, 『易學緖言』, 『定本』 第17卷, p.144)

되고, 지수를 세 번 얻으면 2+2+2=6이 된다. 이때, 9를 노양의 숫자(老陽數)라고 하고 6을 노음의 숫자(老陰數)라고 한다. 노양의 숫자 구九는 양의 세력이 점차로 강해져 그 변화가 극極에 도달한 뒤에 이미 음으로 전환된 상태를 가리킨다. 반대로 노음의 숫자 육六은 음의 세력이 점차로 강해져 그 변화가 극에 도달한 뒤에 이미 양으로 전환된 상태를 가리킨다. 다른 한편, 천수를 두 번 얻고 지수를 한 번 얻으면 3+3+2=8이 되는데, 8은 소음少陰의 숫자이다. 또 천수를 한 번 얻고 지수를 두 번 얻으면 3+2+2=7이 되는데, 7은 소양少陽의 숫자이다. 노양이나 노음의 경우에는 음양의 상호전환이 일어나 양은 음으로, 음은 양으로 변화된다. 그러나 소양이나 소음의 경우에는 효의 변화가 일어나지 않는다.

주자도 다산과 마찬가지로 효의 식별기호로 사용되는 구九와 육六의 의미를 시괘법과 관련하여 설명하고 있다. 즉 '구九'는 노양수老陽數, '칠七'은 소양수少陽數, '육六'은 노음수老陰數, '팔八'은 소음수少陰數인데, 효의 변화는 '노老'의 단계에서 발생하지만, '소少'의 단계에서는 발생하지 않는다. 주자는 먼저 노양수 구九와 소양수 칠七이 갖는 의미와 기능에 대하여 건괘乾卦 초구初九의 주에서 다음과 같이 설명하고 있다.

> 양수陽數인 '구九'는 '노老'가 되고, '칠七'은 '소少'가 되는데, '노'는 변하고 '소'는 변하지 않는다. 그러므로 양효가 '구九'가 된다고 하는 것이다.…… 무릇 건괘乾卦를 만나 이 효가 변하는 경우 이 상을 보고 그 점을 완미해야 하니, 나머지 다른 효의 경우도 이에 준한다.[91]

여기서 "건괘를 만나 이 효가 변하는 경우"(凡遇乾而此爻變者)라고 한 것은 효변을 취한다는 것을 분명하게 밝힌 것이다. 주자는 건괘 구이九二의

91) "朱子於乾初九曰, 陽數, 九爲老, 七爲少. 老變而少不變, 故謂陽爻爲九. 又曰, 凡遇乾而此爻變者, 當觀此象, 而玩其占也. 餘爻倣此."(「朱子本義發微」, 『易學緖言』, 『定本』 第17卷, p.144)

"이견대인利見大人"에 대한 주에서도 "이 효의 변화를 만난 자는 다만 이 사람을 만남이 이로울 뿐이다"[92]라고 하였으니, 이때 "이 효가 변하는 것을 얻은 경우"(値此爻之變者)라는 표현도 역시 효변을 취했음을 분명히 밝힌 경우라고 할 수 있다. 이어서 주자는 노음수 '육六'과 소음수 '팔八'에 관해서 곤괘坤卦 초육初六의 주에서 다음과 같이 설명하고 있다.

> 무릇 『주역』은 도리에 어긋나는 위험한 일을 놓고 점칠 수는 없는 것인데, 장차 어떤 일을 하려고 하십니까? 속마음(中)이 아름다워야 (선의 으뜸인) '황黃'의 덕에 해당될 수 있고, (아랫사람에 대해) 윗사람의 역할이 아름다워야 '원元'이 될 수 있고, (윗사람에 대해) 아랫사람의 역할이 아름다워야 곧 '상裳'의 덕에 해당될 것이니, (이처럼 황·원·상의) 세 가지가 갖추어져야 점괘대로 이루어질 것입니다. 만약 (이 중에서 하나라도) 빠진 것이 있으면, 점쳐서 비록 길하다고 나와도 그렇게 되지 못할 것입니다.[93]

> 음수陰數는 '육六'이 노老이고 '팔八'이 소少이다. 그러므로 음효가 육六이 된다고 한다.[94]

주자에 따르면, '육六'과 '팔八'이 모두 음수이지만, 그 중에서 음효가 되는 것은 오직 '육六'뿐이다. 그러면 주자는 왜 두 개의 음수 중에서 "음효가 되는 것은 육이다"(陰爻爲六)라고 한 것일까? 다산에 따르면, 거기에는 '근본을 세우려는'(立本) 의도가 있다. 「계사전」(하 1장)에 "강유는 근본을 세우는 것이다"(剛柔者, 立本者也)[95]라고 하였으니, 그 근본취지는 효변의 근본을 세우는

92) "値此爻之變者, 但爲利見此人而已."(백은기 역주, 『주역본의』, 여강출판사, pp.24~25)
93) "且夫易, 不可以占險, 將何事也? 中美能黃, 上美爲元, 下美則裳, 參成可筮. 猶有闕也, 筮雖吉, 未也."(「周易四箋 II」, 『定本』 第16卷, p.239; 『역주 주역사전』 제7권, pp.267~268)
94) "朱子於坤初六曰, 陰數, 六老而八少, 故謂陰爻爲六."(「朱子本義發微」, 『易學緖言』, 『定本』 第17卷, p.147)
95) "剛柔者, 立本者也."(백은기 역주, 『주역본의』, 여강출판사, p.606)

데 있다. 육六'은 노음이니, '노老'의 상태에서는 음으로 표기되어 있어도 그 성질로 본다면 그것은 이미 양이다. 다시 말해서 이미 양으로 전환된 상태이지만 그것을 노음수老陰數 '육六'을 써서 표기한 것은, 양의 상태로 변화되기 이전의 원초적 상태를 밝히기 위한 것이다. 아울러 공자가 건괘 초구의 「소상전小象傳」에서 "잠룡물용潛龍勿用, 양재하야陽在下也"라고 하였는데, 공자가 '구九'를 가리켜 '양陽'이라고 한 것도 또한 근본을 세우기 위한 의도에서 그렇게 한 것이다. 따라서 "양재하야陽在下也"라고 하였을 때, 그 성질은 양이 아니라 이미 음으로 변한 상태이다.96)

이상의 설명에서 나타난 주자의 효변설은 다산의 학설과 기본적으로 일치한다. 다만 "이 상을 보고 그 점을 완미해야 한다"(當觀此象而玩其占)라고 했을 때, "차상此象"이 가리키는 것이 무엇인지 모호한 점이 있다. 효변이 발생하면 본괘本卦의 상(本象)은 지괘之卦의 상(變象)으로 변화된다. 그런데 주자는 다만 "이 상을 본다"(觀此象)라고 했을 뿐 그것이 본상本象인지 아니면 변상變象인지를 명확하게 밝히지는 않았다. 점을 쳐서 획득한 점괘는 지괘이므로 본상이 아닌 변상을 관찰해야 하는 것이 옳다. 만약에 점을 쳐서 변화된 괘를 얻은 뒤에 역사易詞를 그 변화된 괘와 연계시키지 않는다면 효변을 취한 의의가 없게 될 것이다. 유감스럽게도 주자는 변상으로 해석한 예를 구체적으로 제시하지는 않았다. 그렇지만 다산은 주자가 분명히 지괘의 변상을 취해서 해석했다고 보고 있다. 먼저 건괘 초구 "잠룡물용潛龍勿用"의 주자 주에 대한 다산의 논평을 살펴보기로 하자.

> 주자가 "이 효가 변하는 경우는 이 상을 본다"라고 하였으니, 곧 주공이 처음으로 효사를 지었을 때에도 반드시 그 효의 변화한 상을 관찰한 뒤에 (효사에) "여러

---

96) "「大傳」曰, '剛柔者, 立本者也.' 朱子之以六爲陰, 蓋亦立本之意, 若其德已陽矣. 六既老陰, 老無不變, 豈可作陰爻看乎? 孔子曰, '潛龍勿用, 陽在下也' 孔子之指九爲陽, 亦所以立本也.【乾初九】 若其德已陰矣."(「朱子本義發微」, 『易學緒言』, 『定本』 第17卷, p.147)

가지 물상物象과 괘덕卦德을 갖추어 넣은 것"(雜物撰德)이다. 만약에 주공이 단지 건괘乾卦 초획의 본상에만 의거하여 그 효사의 글을 지었다면, 이 획이 변한 다음에는 또한 어떻게 (그 본상에만 의거한) 이 효사(此文)로써 그 (변한) 경우를 점칠 수 있겠는가? 그 물상과 괘덕이 반드시 서로 부합하지 않을 것이니, 그 점이 과연 효험(驗)이 있을 수 있겠는가?【건괘의 초획이 본래 "건천乾天"이었지만 이제 변하여 "손풍巽風"이 되니, 만약 그 "건천"의 본상만을 고수한다면 그 점이 (효사와) 합치하지 않게 된다.】 그러므로 건乾 초구初九라고 함은 건괘乾卦가 구괘姤卦로 변하는 것이지 건괘의 초획이 아니며, 건乾 구이九二라고 함은 건괘乾卦가 동인괘同人卦로 변하는 것이지 건괘의 제2획을 가리키는 것이 아니다.[97]

다산에 따르면 건 초구는 '건지구乾之姤' 즉 '건괘가 구괘로 변하는 경우'이다. 건괘의 초구가 변하면 그 하괘는 건에서 손으로 변하게 된다. 주공이 지은 효사가 본상에 의거해서 지은 것이라면, 효변이 일어난 뒤에는 그 물상과 괘덕이 더 이상 맞지 않게 될 것이다. 건 구이의 경우도 마찬가지이니, 건 구이는 '건지동인乾之同人' 즉 '건괘가 동인괘로 변하는 것'이 된다. 다산은 건괘乾卦 구이九二의 주자 주에 대해 다음과 같이 평하고 있다.

이미 구九가 되었으니 이 일획一畫은 변화하여 음으로 된 것이며, 이미 이렇게 음이 되었으면 이 괘는 변화하여 동인괘同人卦가 된 것이다. 그러므로 주자가 "이 효가 변하는 것을 얻은 경우"(値此爻之變)라고 말한 것이다. 주자의 해석이 이처럼 명확한데도 세상 사람들이 오히려 깨닫지 못하니, 도대체 어찌된 일인가?[98]

---

97) "又案朱子曰, '此爻變者, 觀此象', 卽周公撰詞之初, 亦必觀其旣變之象, 而雜物撰德也. 使周公只據乾初畫之本象, 而立文焉, 則此畫旣變之後, 又豈可以此文而占之乎? 其物象卦德, 必不相合, 占可有驗乎?【乾初畫, 本是乾天, 今變爲巽風, 若守乾天之本象, 則占不合】 故曰, 乾初九者, 乾之姤也, 非乾之初畫也. 乾九二者, 乾之同人也, 非乾之第二畫也."(「朱子本義發微」, 『易學緖言』, 『定本』 第17卷, p.145)

98) "旣已爲九, 則此一畫已變而爲陰矣. 旣已爲陰, 則此一卦已變而爲同人矣. 故曰, 値此爻之變也. 朱子之訓, 明確如此, 而世猶不悟, 何哉?"(「朱子本義發微」, 『易學緖言』, 『定本』 第17卷, p.146)

그 다음으로 주자는 여섯 획 가운데 동효가 발생하지 않는 경우에 대해서 설명한다. 다음은 건괘乾卦의 괘사에 대한 주자의 주이다.

> 무릇 『주역』은 도리에 어긋나는 위험한 일을 놓고 점칠 수는 없는 것인데, 장차 어떤 일을 하려고 하십니까? 속마음(中)이 아름다워야 (선의 으뜸인) '황黃'의 덕에 해당될 수 있고, (아랫사람에 대해) 윗사람의 역할이 아름다워야 '원元'이 될 수 있고, (윗사람에 대해) 아랫사람의 역할이 아름다워야 곧 '상裳'의 덕에 해당될 것이니, (이처럼 황·원·상의] 세 가지가 갖추어져야 점괘대로 이루어질 것입니다. 만약 (이 중에서 하나라도) 빠진 것이 있으면, 점쳐서 비록 길하다고 나와도 그렇게 되지 못할 것입니다.[99]

> 점서占筮하여 이 괘를 얻음에, 여섯 효가 모두 변하지 않는 경우에 그 점이 크게 통함을 얻는다.[100]

위의 인용문을 통해 주자도 다산과 마찬가지로 동효動爻가 없는 경우에 괘사로써 점을 치는 것으로 설명하고 있음을 알 수 있다. 이러한 주자의 해석은 다산의 관점과 완벽하게 합치한다. 만약에 점서를 통해 건괘乾卦를 얻었는데, 여섯 효에서 모두 소양수인 7이 나오면 동효가 하나도 없게 된다. 이 경우에는 괘사(즉 단사)로써 점을 친다.[101] 이때에는 건괘의 괘사인 "건乾, 원형元亨, 이정利貞"으로 점사를 삼는다. 괘사도 다른 효사와 마찬가지로 점을 쳐서 얻게 되는 하나의 점단지사占斷之辭이다. 동효가 발생하는 여섯 효가 각각 독립된 점서례를 형성하는 것은 너무나 당연하지만, 하나의 괘 내부에서 동효가 전혀 발생하지 않는 경우도 역시 또 하나의 독립된 점서례를 형성한다.

---

99) "且夫易, 不可以占險, 將何事也? 中美能黃, 上美爲元, 下美則裳, 參成可筮. 猶有闕也, 筮雖吉, 未也."(「周易四箋 II」, 『定本』 第16卷, p.239)

100) "筮得此卦, 而六爻皆不變者, 其占, 當得大通."(「朱子本義發微」, 『易學緒言』, 『定本』 第17卷, p.144)

101) "蓍卦, 六畫, 皆得少陽者[皆得七] 乾而不變, 占之以象也."(『周易四箋 I』, 『定本』 第15卷, p.101)

즉 하나의 괘는 모두 일곱 개의 독립된 점사로 구성되어 있다.

이러한 관점에 입각해서 다산은 괘사를 마치 한 괘의 통론通論처럼 여기는 견해를 비판한다. 이러한 견해에 따르면, 괘사는 괘의 전체적 성격을 규정하는 통론과도 같으며, 반면에 여섯 개의 효사는 그것을 구성하는 특수한 재료(偏才)와도 같다. 이러한 견해는 대중적으로 널리 확산되어 거의 상식처럼 되어 버렸지만, 다산은 이러한 견해가 괘사와 효사의 관계를 마치 전체-부분의 관계인 것처럼 오해하고 있다고 비판하고 있다.

> 일반적으로는 괘사를 한 괘 전체에 대한 통론으로, 효사를 각각의 획의 특유한 성질(偏才)을 나누어 언급한 것으로 본다. 이에 여섯 효사를 나란히 늘어놓아 (그것을 종합함으로써) 전체 괘를 이해하는 것이다. 그들은 여섯 효가 변하여 각각 하나의 괘를 형성함으로써 본괘의 성격과 완전히 달라진다는 것을 알지 못한다.[102)]

따지고 보면 이러한 오해는 결국 효변을 이해하지 못하기 때문에 생겨난 것이다. 여섯 효사는 각각 효변을 통해 본괘가 지괘로 변화하게 된다. 지괘의 성격은 본괘의 성격과 확연히 다르다. 따라서 여섯 효사는 각각 분리되어 있고, 독립적인 점서의 여섯 경우를 형성하게 된다. 그리고 괘사의 경우도 비록 그것이 효변을 취하지 않는다고 하더라도 점서를 통해 얻게 되는 점사의 성격을 지닌다는 점에서는 다른 여섯 효사와 다를 바가 없다.

그 다음으로 살펴볼 것은 용구用九와 용육用六의 경우이다. '용구'는 건괘乾卦의 여섯 획이 모두 음으로 변화되는 경우이며, '용육'은 곤괘坤卦의 여섯 획이 모두 양으로 변화되는 경우이다. 주자는 건괘乾卦 용구用九의 주에서 다음과 같이 설명한다.

---

102) "世以彖詞, 爲通論一卦之全體, 而以爻詞, 爲分言各畫之偏才. 於是乎, 排比六爻之詞, 以成全卦之觀, 而不知六爻之變, 各成一卦, 與本卦之德, 截然不同也."(「朱子本義發微」, 『易學緒言』, 『定本』 第17卷, p.144)

일반적으로 점서하여 양효를 얻는 경우에는 모두 구九를 사용하고 칠七을 쓰지 않는다.…… 이 괘(즉 乾卦)를 얻어서 여섯 효가 모두 변하는 경우는 곧 이 용구用九에 의하여 점을 친다.[103)]

용구와 용육에 대한 주자의 설명방식도 역시 기본적으로 다산의 관점과 일치한다. 다산은 용구와 용육이 건괘乾卦와 곤괘坤卦의 경우에 대해서만 예외적으로 허용되는 방식임을 밝힌다. 이 두 괘가 특별한 이유는 모두 같은 획으로만 이루어져 있어 '순연무잡純然無雜'하므로 여섯 효가 모두 변하더라도 혼란을 일으키지 않기 때문이다. 나중에 초공焦贛의 『역림易林』과 곽박郭璞의 서법筮法에서는 한 괘가 변하여 64괘의 어떤 괘로도 변화될 수 있는 방식을 제시하였으나, 그것은 『주역』과는 관계없는 그들만의 창작이라는 것이 다산의 견해이다.

옛날의 서법筮法에 따르면 오직 일효一爻만 변하는 것을 원칙으로 한다.【『사전四箋』「시괘전蓍卦箋」에 상세하게 나온다.】 그러나 건괘乾卦와 곤괘坤卦의 두 괘의 경우는 여섯 위位에 걸쳐 모두 변하는 방식이 있다. 일반적으로 다른 괘들의 경우에는 모두 음과 양이 서로 뒤섞여 있어서 그 성기性氣와 재덕才德이 획마다 같지 않으므로, 만약에 여섯 효가 전부 변하게 되면 복잡하고 혼란스러워서 처리할 수가 없다. 그러므로 (다른 괘의 경우에는) 모두 변하는 방식이 없는 것이다. (반면에) 건괘乾卦와 곤괘坤卦의 두 괘의 경우에는 그 성기와 재덕이 순수하고 섞인 것이 없어서 정괘正卦나 호괘互卦가 섞이고 합쳐져서 하나가 되며, 물상과 괘덕이 비록 변하더라도 혼란스럽지 않으므로 여섯 효가 모두 변하는 것이다.【건괘의 여섯 효는 모두 노양이니 변하여 곤괘가 된다.】 이것이 이른바 용구用九와 용육用六이라는 것인데, 그것을 용用이라 말하는 것은 (변효가 한 개 이상 나오면 다시 시책을 헤아려야 하지만 이 경우에는) 만수지책萬數之策을 헤아리지 않고 그대로 그것을 쓰기 때문이다.[104)]

---

103) "凡筮得陽爻者, 皆用九而不用七.……遇此卦, 而六爻皆變者, 卽此占之."(「朱子本義發微」, 『易學緖言』, 『定本』 第17卷, p.146)

104) "古之筮法, 惟一爻有變【詳見「蓍卦箋」】, 而乾坤二卦, 則有六位全變之法. 蓋以他卦, 皆陰陽相

그리고 주공의 방법은 384효를 취함에 모두 구九와 육六의 두 글자로써 표식標式을 삼아 그 이름을 붙였는데, 이것은 바뀌지 않는 규칙이다. 준괘屯卦와 몽괘蒙卦 같은 다른 괘들은 6획이 모두 변할 경우 구九와 육六이 뒤섞여 있어 구九라고 부를 수도 없고 육六이라고 부를 수도 없다. 그러므로 다른 괘들에는 이런 용구와 용육의 방식이 없는 것이다. 그렇다면 오직 건괘와 곤괘에만 용구와 용육의 방식이 있는 것은 무엇 때문인가? 구나 육이라는 명칭이 성립할 수 있기 때문이다. 한편 건·곤의 두 괘가 비록 한 개의 효만 변할 수도 있고 여섯 효가 모두 변할 수도 있지만, 만약 두세 개의 효나 네댓 개의 효가 뒤섞여 변하는 경우에는 아무리 건괘와 곤괘라고 하더라도 또한 가능하지 않다. 『주역』에 이런 규칙이 없으니 주공도 그에 해당하는 글(此詞)을 짓지 못한 것이다. 만약 『주역』에 그런 법이 있었다면 주공이 반드시 역사易詞를 지어 그 사례를 제시하였을 것이다. 이에 초공의 『역림』과 곽박의 서법에서 교활한 방법을 대담하게 만들어서 한 괘가 변하여 마침내 각각 64괘 전부를 얻을 수 있게 했으니, 이러한 상황에 이르러 『주역』이 마침내 광란의 길에 접어들고야 말았다![105]

이상의 설명을 통해 효변의 기본적 정의, 불변효의 경우, 육효변의 경우 등에 대해 다산과 주자의 관점이 합치한다는 것을 알 수 있었다. 다산은 주자역학에서 효변설이 사용된 사례를 수집함으로써 자신의 효변설과

雜, 其性氣才德, 畫畫不同, 若六爻全變, 則雜亂而不可裁, 故無全變之法. 若乾坤二卦, 其性氣才德, 純然無雜, 正卦互卦, 混合爲一, 物象卦德, 雖變不亂, 故六爻可全變.【乾六爻, 皆老陽, 則變而爲坤.】此, 所謂用九用六也. 謂之用者, 不揲萬數之策, 因而用之也."(「朱子本義發微」, 『易學緖言』, 『定本』 第17卷, p.146)

105) "且周公之法, 取三百八十四爻, 皆以九六兩字, 標以名之, 此不易之法也. 屯蒙諸卦, 若六畫俱變, 則九六參錯, 不可名九, 不可名六, 故諸卦無此法. 惟乾坤有之. 何則? 九六之名, 得立也. 且雖乾坤二卦, 能一爻有變. 或六爻全變, 而若夫二三爻, 四五爻之錯雜有變者, 乾坤亦不能也. 周易無此法, 周公無此詞. 如其有法, 則周公必撰詞, 以立例矣. 乃焦氏易林, 郭氏筮法, 大設狡獪之法. 一卦之變, 遂各得六十四卦, 於是乎, 周易狂矣!"(「朱子本義發微」, 『易學緖言』, 『定本』 第17卷, pp.146~147)

주자의 효변설이 완전하게 일치함을 입증하고자 하였다. 그러나 그의 이러한 노력에도 불구하고 주자의 효변설이 과연 다산의 효변설과 완벽하게 일치하는지는 의문이다. 왜냐하면 주자가 점서占筮에서 효변을 취한 것은 틀림없지만, 그가 효사의 해석에서 뚜렷하게 효변을 적용한 예를 찾아보기 힘들기 때문이다.

효변설의 증거를 찾으려는 다산의 노력은 역학사 전반으로 확대된다. 다산은 당송팔대가唐宋八大家의 한 사람이었던 유종원柳宗元(773~819)[106]이 쓴 「여유우석논주역구육설서與劉禹錫論周易九六說書」[107]를 인용하면서, 거기에서 효변과 관련된 논의가 있음에 주목하였다. 이 편지는 유종원이 자신의 친구 유우석劉禹錫[108]에게 보낸 글로서, 그 내용은 『주역』의 구九와 육六의 뜻에 관한 것이다. 유우석은 『변역구육론變易九六論』(1권)이라는 글에서 이미 『주역』의 구·육의 수에 대하여 논의한 바 있었다. 따라서 『변역구육론』은 유종원이 유우석에게 쓴 편지와 동일한 주제를 다루고 있는 것으로 생각된다. 그러면 먼저 이 편지의 내용을 소개하기로 한다.

당신(劉禹錫)이 동생董生과 더불어 『주역』의 구九와 육六의 뜻을 논한 것을 보았습니다. '노老'를 얻으면 변한다는 설이 필중화畢中和가 일행一行이라는 승려를 계승하여 얻은 것이라고 여기며 그 설이 공영달의 소疏와는 달라 신기하다고 생각하시는데, 얼마나 보잘것없는 천박한 지식입니까! 승려 일행이 한강백과 공영달의 설을 계승하였다는 것은 알지 못하고 마침내 신기하다고 여기니, 또한 어찌 가소롭지 않겠습니까! 한강백이 "건乾의 책수策數가 216"이라는 구절에 대해 주하여 말하기를, "건괘의 한 개의 효는 36책"이라고 하였으니, 이는 설시揲蓍를 완료한 것(過揲)을 4등분하여

106) 柳宗元: 唐代人. 字는 子厚.

107) 「與劉禹錫論周易九六說書」는 柳宗元이 劉禹錫에게 보낸 편지로서, "劉禹錫과 더불어 『주역』의 구九·육六에 대해 논변한 편지"라는 뜻이다. 이 글은 淸의 董浩 등이 纂修한 『全唐文』(卷574, 柳宗元 六)에도 수록되어 있으며, 『경의고』 권15에도 실려 있다.(「與劉禹錫論周易九六說書」, 『全唐文』 第3冊, 卷574, 柳宗元[六], p.2569)

108) 劉禹錫(772~842): 中唐시기의 인물. 字는 夢得.

구九가 되는 것(36÷4=9)을 취한 것입니다. "곤坤의 책수가 144"라는 것에 대해서도 (한강백이) "곤괘의 한 효가 24책"이라 하였으니, 이것도 설시를 마친 후(過揲) 4등분하여 육六이 되는 것(24÷4=6)을 취한 것입니다. 공영달 등이 『주역정의』를 지어 논하여 말하기를 구九와 육六이라고 하는 것에는 두 가지 의미가 있다고 하였는데, 그 첫째는 양은 음을 겸할 수 있으나 음은 양을 겸하지 못하는 측면을 말하는 것이고, 둘째는 노양의 수가 구九이고 노음의 수가 육六인데 노음과 노양은 모두 변하여 활용되니 『주역』은 변하는 것으로 점친다고 하였습니다. 정현도 『주역』을 주석하면서 역시 "변하는 것으로 점을 친다"고 하였으며, 그래서 말하기를 "구九·육六이라는 것은 노양이 구가 되고 노음이 육이 되는 까닭이니, 구九는 설시를 마침(過揲)에 노양이 되고 육六은 설시를 마침(過揲)에 노음이 된다"고 하였던 것입니다. 이런 설명은 공영달의 『주역정의』의 건편乾篇 가운데 모두 나옵니다. 주간자周簡子의 설도 역시 이와 같으며 또한 이런 설은 게다가 상세하게 갖추고 있으니, 어찌하여 필중화와 동생은 이런 책들을 보지 못하고 망령되이 '누구에게 계승하였느니'(承之) 어쩌니 말하는 것인지요?[109]

유종원은 유우석에게 쓴 편지에서 유우석이 동생董生과 더불어 『주역』의 구九·육六의 수에 대해 벌인 토론을 기록하고 있다. 그 가운데 필중화畢中和[110]와 일행一行(683~727)[111] 등 역학가의 학설도 언급되어 있다. 동생이 필중화로부터 전해들은 이야기에 따르면, 구九와 육六은 '노'가 되고 칠七과

---

109) "柳宗元「與劉禹錫論周易九六書」曰, 見與董生論周易九六義, 取老而變, 以爲畢中和, 承一行僧, 得此說, 異孔穎達疏, 而以爲新奇, 何膚末也! 不知一行僧承韓氏·孔氏說, 而果以爲新奇, 不亦可笑矣哉! 韓氏注, '乾之策, 二百一十有六', 曰, '乾一爻, 三十有六策', 則是取其過揲四分而九也. '坤之策, 一百四十有四', 曰, '坤一爻, 二十四策', 則是取其過揲四分而六也. 孔穎達等作『正義』, 論云, '九六有二義. 其一者曰, 陽得兼陰, 陰不得兼陽. 其二者曰, 老陽數九, 老陰數六, 二者皆變, 用『周易』以變者占.' 鄭玄注『易』, 亦稱'以變者占', 故云, '九六也, 所以老陽九, 老陰六者, 九過揲得老陽, 六過揲得老陰'. 此具在『正義』「乾篇」中, 周簡子之說亦若此, 而又詳備, 何畢子·董子之不視其書, 而妄以口'承'之也."(「朱子本義發微」, 『易學緒言』, 『定本』 第17卷, pp.145~146)

110) 畢中和: 董生의 스승.

111) 중국 당나라 현종 때의 승려. 俗名은 張遂, 法號는 敬賢, 號는 大慧禪師이다. 현종의 명을 받들어 新曆法인 『大衍曆』을 만들었다.

팔八은 '소少'가 되는데, '노老'는 변효가 된다고 한다.112) 그런데 동생은 필중화의 제자이며, 필중화의 학문은 승려 일행으로부터 계승한 것이다. 그러나 유종원에 따르면, 노양이나 노음을 만나면 변한다는 학설을 필중화가 승려 일행으로부터 계승한 것으로 알고 있는 것은 잘못 전해진 지식이다. 왜냐하면 일행의 학설은 한강백과 공영달의 설을 계승한 것에 불과하기 때문이다. 공영달의 『주역정의』에 "노양의 수가 구九이고 노음의 수가 육六인데, 노음과 노양은 모두 변하여 활용되니 『주역』은 변하는 것으로 점을 친다"라는 말이 이미 나온다.113) 이것은 공영달이 효변설에 대하여 이미 알고 있었음을 말해 준다. 따라서 효변설의 근원은 필중화와 동생이 아니라 공영달에게까지 소급되어야 마땅하다.

그러나 다산은 유종원의 발언이 필중화와 동생의 견해를 폄하하려는 의도에서 행해진 것이라고 말한다. 그들은 역학사에서 은폐된 채로 사장되어 버릴 수도 있었던 효변설을 다시 살려낸 공로가 있다. 설령 공영달의 『주역정의』에 효변설이 언급되어 있다고 하더라도 그것을 구체적인 효사의 해석에 적용하지 않은 이상 대단한 의의를 지니는 것은 아니다. 그러면 다산의 발언을 들어 보기로 하자.

> 공영달의 『주역정의』에 비록 이런 설이 나오지만, 그러나 그가 (구체적으로) 여러 효사를 해석함에 있어서는 여전히 변효를 위주로 하지 않았다. 따라서 필중화와 동생이 은폐되었던 것을 발명함은 바로 또한 역학을 보완한 일이건만, 유종원이 그것을 굳이 폄하하고자 함이 이와 같다.114)

---

112) "九與六爲老,老爲變爻, 七與八爲少."(『全唐文』, 卷607, 『變易九六論』)

113) "九六有二義. 其一者曰, 陽得兼陰, 陰不得兼陽. 其二者曰, 老陽數九, 老陰數六, 二者皆變, 用『周易』以變者占."(「朱子本義發微」, 『易學緒言』, 『定本』 第17卷, pp.145~146)

114) "孔氏『正義』, 雖有此說, 然, 其釋諸爻詞, 仍不主變. 畢氏・董氏之發明隱蔽, 正亦有補於易學, 而柳子必抑遏之, 如此."(「朱子本義發微」, 『易學緒言』, 『定本』 第17卷, p.146)

위의 인용문을 통해 다산은 필중화와 동생의 구육九六에 관한 논변을 상당히 높게 평가하고 있으며, 심지어 유종원이 그들의 공로를 은폐하려 하고 있음을 비난하고 있음을 알 수 있다. 이 밖에도 다산은 역학사에서 효변을 적용한 사례를 찾아 다음과 같이 제시하고 있다.

① 호병문胡炳文 : 예괘豫卦 상육上六은…… (혹자의 말에 따르면) 변하여 곧 진괘晉卦가 된다.[115]; 손괘巽卦 구오九五는 변하여 손하巽下・간상艮上의 고괘蠱卦가 된다.[116]

② 장청자張淸子[117] : 손괘巽卦 구오九五는 곧 고괘蠱卦 육오六五가 변한 것이다.[118]; 둔괘遯卦 구삼九三이 변하면 둔괘遯卦는 비괘否卦가 된다.[119]

③ 성호星湖 이익李瀷 : 곤괘坤卦 육사六四가 변하면 진震이 되는데, 진震은 위는 비어 있고 아래는 막혀 있으니 주머니(囊)의 상象이 있다.[120]

이처럼 다산은 중국과 조선의 문헌을 뒤져 효변의 몇몇 사례를 찾아내는 데 성공하였으나, 어쨌든 그 사례는 매우 희귀하다. 다산은 주자의 적전이라고 평가되는 호병문조차도 괘변・괘상・호괘 등의 학설에서는 밝혀낸 바가 많지만 효변의 뜻에 있어서는 여전히 어두웠다고 평가하고 있다.[121] 그렇지만 어쩌면 역사적으로 사라져 버릴 뻔했던 효변설을 되살려 낸 것은 이들 몇몇 역학자들의 공로이다. 다산은 이들의 존재를 구름과 안개로 둘러싸인 가운데 외롭게 빛나는 한 개의 별에 비유하고 있다.

---

115) "胡炳文云, 豫上六, 變則爲晉."(「朱子本義發微」, 『易學緖言』, 『定本』 第17卷, p.147)
116) "巽九五, 變則爲巽下艮上之蠱."(「朱子本義發微」, 『易學緖言』, 『定本』 第17卷, p.147)
117) 원나라의 학자. 字는 希獻이고 中溪 張氏이다.
118) "張淸子云, 巽九五, 乃蠱六五之變."(「朱子本義發微」, 『易學緖言』, 『定本』 第17卷, p.147).
119) "遯九三變, 則遯其否矣."(「朱子本義發微」, 『易學緖言』, 『定本』 第17卷, p.147)
120) "星湖先生曰, 坤六四, 變則爲震, 震,上虛下實, 有囊象."(「朱子本義發微」, 『易學緖言』, 『定本』 第17卷, p.147)
121) "雲峰胡仲虎之易, 朱子之嫡傳也. 其說於卦變・卦象・卦互之義, 多所發明, 獨於爻變之義, 尙昧昧耳."(「朱子本義發微」, 『易學緖言』, 『定本』 第17卷, p.142)

효변의 뜻은 천고千古의 세월동안 적막하였지만 그것이 지극히 진실한 이치인 까닭에, 여러 유학자들이 주역을 해석할 때 가끔씩 이처럼 효변을 적용한 사례가 있었다. 비유하자면 운무雲霧가 첩첩히 둘러싼 가운데 한 개의 별이 홀로 빛나고 있는 것과 같다. 어찌 기이하지 아니한가![122]

그러면 이제 효변설에 관한 다산과 주자의 관계를 정리해 보자. 다산과 주자의 효변설은 많은 부분에서 일치한다. 노양과 노음, 구와 육, 용구와 용육 등의 의미를 설시법과 연관해서 설명하는 방식 등, 양자는 효변에 대한 기본적 시각을 공유하고 있다. 다만 주자는 효변을 점법에 연관시켜 설명하고 있을 뿐, 그것을 괘효사 해석에 연계시켜 활용하고 있는 것은 아니다. 점을 쳐서 획득한 점괘는 본상이 아닌 변상을 관찰해야 하는 것이 옳다. 만약에 점을 쳐서 변화된 괘를 얻은 뒤에 역사易詞를 그 변화된 괘와 연계시키지 않는다면 효변을 취한 의의가 없게 될 것이다. 유감스럽게도 주자는 변상으로 해석한 예를 구체적으로 제시하지는 않았다. 따라서 주자의 효변설은 다만 원리적으로 구현되어 있을 뿐 실제적 적용은 거의 이루어지지 않았다고 보는 것이 옳다.

7. 결론

「주자본의발미」는 다산의 역학관을 보여 주는 핵심적인 문헌이다. 다산은 그의 역학 관련 주저인 『주역사전』의 서두에서 역리사법易理四法이 모두 "주자지의야朱子之義也"라고 언급함으로써 자신의 역학해석방법론이 주자

122) "爻變之義, 千古寂寥, 而以其爲至眞至實之理也. 故諸儒解易, 往往有此. 譬如重雲疊霧, 一星孤明, 何其奇也!"(「朱子本義發微」, 『易學緖言』, 『定本』 第17卷, p.147)

의 학설과 부합한다는 것을 의도적으로 부각시켰다. 그러나 그 학설의 세부로 들어가서 그 내용을 분석해 보면 두 사람 사이의 일치는 단지 표면적일 뿐이며 세부적 내용에 있어서는 상당한 차이가 있다는 점이 드러난다. 첫째 추이설(괘변설)과 관련해서, 주자는 괘변을 '역중지일의易中之一義'라고 보았으나 다산은 '작역지본의作易之本義'라고 보았다. 아울러 다산은 주자가 괘를 이중으로 중복시킨 것과 중부괘와 소과괘를 벽괘에 포함시키지 않은 것 등을 비판적으로 보고 있다. 둘째 물상론과 관련해서, 주자는 『주역본의』에서 「설괘전」을 단지 제한적으로 활용하고 있을 뿐이지만, 다산은 「설괘전」을 전면적으로 활용하고 있다. 셋째 호체론과 관련해서, 주자는 호체를 폐지할 수 없다고 하면서도 『주역본의』에서는 거의 활용하지 않았는데, 다산은 호체를 전면적으로 활용하고 있다. 넷째 효변설과 관련해서, 주자는 점법에 있어서는 효변을 취해야 한다고 주장했지만 괘효사의 실제 해석에서 효변을 구체적으로 적용한 예는 극히 드물다. 이러한 점들을 종합해 본다면 다산과 주자의 역학이론은 비록 공통점이 없는 것은 아니지만 다산이 그 일치하는 측면을 의도적으로 과장한 측면이 적지 않다고 하겠다.

제13장 내지덕을 역가易家의 하승下乘이라고 혹평하다

1. 『주역집주』의 경학사적 의의

명대의 역학파는 명초明初에서 청초淸初에 이르는 발전과정을 거치면서 한역파漢易派와 송역파宋易派의 두 세력으로 나누어졌다. 그리고 송역파는 다시 상수파象數派와 의리파義理派로 나누어졌다. 의리파 가운데 가장 심오한 철학적 사유를 전개한 인물은 명말청초에 출현한 왕부지王夫之(1619~1692)이고, 상수역학을 집대성한 인물은 내지덕來知德(1525~1604)이다.[1] 내지덕은 사천四川 양산梁山 사람으로서 자는 의선矣鮮이며 호는 구당瞿塘이다. 그는 만현萬縣 구계산求溪山에 은거하여 30년간 역학을 공부한 끝에 마침내

---

1) 내지덕 역학에 관한 국내외의 연구 성과를 소개하면 다음과 같다. ①拙稿, 「다산의 명청역학비판」, 『철학연구』 제84호, 2002. ②김영우, 「다산 정약용의 내지덕 역학 비판」, 『다산학』 26호, 2015. ③김영우, 「조선 후기 래지덕 역학의 수용과 비판」, 『인문논총』 제72권 제1호, 서울대학교 인문학연구원, 2015. ④임재규, 「정약용과 내지덕의 효변설 비교」, 『철학탐구』 38호, 2015. ⑤김동진, 『來知德の易學の硏究』, 京都大, 2017. ⑥김동진, 「내지덕의 괘변설 비판과 괘생성론」, 『철학연구』 제55호, 2017. ⑦김동진, 「來知德 『周易集注』의 판본 연구-張惟任본과 高奣映본의 비교를 중심으로」, 『민족문화연구』 제83호, 2019. ⑧김동진, 「괘서연구의 역학사와 내지덕의 상하경편의」, 『유학연구』 제47호, 2019. 이난숙의 학위논문, 『다산 정약용의 중국역학 비판 연구』(강원대, 2014)에도 다산의 내지덕 비판이 중요한 부분으로 언급되고 있다. 대만에서는 徐芹庭이 『來氏易經象數集注』(中國書店, 2010), 『來氏易經發微』(中國書店, 2010)를 출판하였다. 徐芹庭의 『易經硏究』(五洲出版社, 1970)도 역시 來知德의 역학에 대한 연구이다. 朱伯崑의 『역학철학사』(소명출판, 2012) 제6권, 林忠軍의 『明代易學史』(齊魯書社, 2016)에도 상세한 서술이 있다.

1599년에 『주역집주周易集註』를 완성하였고, 이 책은 그의 친구 곽자장郭子章에 의해 1601년에 최초로 판각되었다.[2)]

康熙二十七年鐫
梁山來瞿塘先生纂註
平山崔蓮生先生重訂
易經來註
寶廉堂藏板　翻刻必究

重刻易經來註序
易也者言數之書也然數立而
象即寓乎其中則易又言象之
書也自河洛兩圖出天地早以
象示聖人而聖人則之以前民

梁山來知德先生易經集註卷之一
平山後學崔華重訂　男　同校
周易上經
周代名易書名卦則伏羲所畫也伏羲仰觀俯
察見陰陽有奇耦之數故畫一奇以象陽畫一
耦以象陰見一陰一陽有各生之象故自下而
上再倍而三以成八卦又于八卦之上各變八
卦以成六十四卦六十四卦皆重而爲六畫者
以陽極于六陰極于六故聖人作易六畫而成

내지덕의 『주역집주』는 관방官房의 정통적 권위에 대한 민간역학의 도전이다. 내지덕은 명조明朝에서 관의 주도 하에 편찬된 『성리대전』과 『주역전의대전周易傳義大傳』에 대해 심한 불만을 갖고 있었다. 그는 『주역전의대전』에 수록된 주소注疏들이 문門 밖의 천박한 것에 지나지 못하며, 『역』의 오묘함을 밝힐 수 있는 수준에 도달하지 못했다고 혹평한다. 『주역전의대전』의 편찬을 주도한 세력은 정주학파였기 때문에 오직 리理만을 강조하였고, 거기에 수록된 주소들은 상象을 의도적으로 무시했다. 이에 따라 상의 본래적 의미는 드러나지 못했으며, 마침내 복희·문왕·주공·공자의 네 성인을 거쳐 완성된 『역』은 기나긴 밤에 묻혀 버렸다. 내지덕은 『주역집주』의 서문에서 다음과 같이 탄식하고 있다.[3)]

> 우리 명나라 조정에서 『역경』과 『성리대전』을 찬수纂修하였는데, 비록 여러 유학자들의 온갖 주석서를 모아 책을 만들었으나 단지 리理로써 말하는 데 그쳤다. 한결같이

---

2) 본문의 사진은 고려대 소장본인 강희년간 崔華본 『易經來註』이다. 사진을 제공해 준 김동진 선생에게 謝意를 표한다.

3) 주백곤, 『역학철학사』 제6권, 소명출판, 2012, p.43.

그 상象을 알지 못하고, 문왕의 「서괘전序卦傳」을 알지 못하고, 공자의 「잡괘전雜卦傳」을 알지 못하고, 후유後儒들의 괘변설卦變說의 잘못됨을 알지 못하였으니, 이 네 가지를 이미 모른다면 『역』에는 그 문門에 들어갈 수 없다. 그렇다면 그 주소註疏에서 말한 바는 곧 문 밖의 조잡하고 천박한 것에 불과하고, 문 안의 오묘한 것이 아니다. 이처럼 공자가 죽은 뒤로부터 『역』이 이미 망해서 오늘날에 이르렀으니, (복희·문왕·주공·공자) 네 성인의 『역』이 기나긴 밤(長夜)에 묻힌 지 이천 년이 넘었다. 길게 탄식할 만하지 않은가![4]

이러한 발언에는 융경隆慶 4년(1571)에서 만력萬曆 26년(1599)에 이르기까지 『주역집주』의 완성을 위해 무려 30년 동안 산중에서 은거하면서 독공篤工을 쌓은 뒤에 나오는 강한 자신감이 묻어 나오고 있다. 『주역집주』(16권)의 출간은 그다지 높은 수준에 도달했다고는 말할 수 없는 명대 상수파의 저술 중에서 가장 독창적인 저술로 평가받았다. 내지덕의 역학은 방이지方以智와 왕부지王夫之 등의 철학에도 상당한 영향을 미쳤다. 그러나 『사고전서총목제요』에 따르면, 내지덕의 『주역집주』 발간 이후 백여 년이 지난 시점에서 볼 때 그의 관점을 공격하는 자들도 역시 많았다.[5]

2. 내지덕을 향한 가시 돋친 발언들

내지덕의 『주역집주』가 조선에 전래된 시기는 명확하게 밝혀지지 않았다. 그러나 『주역집주』가 간행된 후 150년이 지난 18세기 중반 이후부터는

4) "本朝纂修易經[性理大全, 雖會諸儒衆註成書, 然, 不過以理言之而已, 均]不知其象, 不知文王序卦, 不知孔子雜卦, 不知後儒卦變之非, 於此四者, 既不知則, 易不得其門而入, [則]其註疏之所言者, 乃門外之粗淺, 非門內之奧妙. 是自孔子沒而易[已]亡, 至今日矣, 四聖之易, 如長夜者, 二千餘年, [不其可長歎也哉]."(「來氏易註駁」, 『易學緒言』, 『定本』 第17卷, p.205)

5) 주백곤, 『역학철학사』 제6권, 소명출판, 2012, p.91.

조선에서도 내씨역來氏易에 대해 관심을 갖기 시작하였다.[6] 전체적으로 본다면 내씨역에 대한 평가는 중국에서 그랬던 것처럼 조선 학계에서도 호오好惡가 엇갈렸다. 김영우에 따르면 조선의 내지덕 역학에 관한 연구를 주도했던 세력은 주로 서인西人들이었으며, 그들의 영수였던 송시열의 영향을 받아 내지덕의 상수역학에 대해서도 호의적이었다.[7] 그리고 소론과 노론 계열의 학자들 가운데에는 내지덕의 역학을 적극적으로 수용하거나 긍정적 평가를 내리는 경우도 간혹 있었다.[8] 반면 남인계 학자들은 내지덕 역학을 대체로 부정적으로 평가했으며, 견강부회에 가깝다고 생각했다.[9] 1783년과 1784년에 정조가 조정에서 개최한 경사강의經史講義에서도 내지덕의 역학에 관해서 토론되었는데, 이것은 내지덕 역학에 대한 관심이 정조 시기에 이르러 널리 확산되어 있었음을 보여 준다.

다산의 내지덕 비판은 『역학서언』의 「내씨역주박來氏易註駁」에서 본격적으로 전개된다.[10] 다산이 「내씨역주박」을 집필한 시기는 그의 나이 60세가

---

6) 김영우, 「조선 후기 래지덕 역학의 수용과 비판」, 『인문논총』 제72권 제1호, 2015, p.400.

7) 서인들이 내지덕 역학에 관심을 갖게 된 이유는 그들의 領袖였던 송시열이 象數 해석을 중시했던 것과 관계가 있다. 송시열은 『주역』 해석에서 정이천의 『역전』이 아니라 주자의 『주역본의』를 중시했다. 그런데 『주역본의』는 기본적으로 상수 해석에 바탕을 두고 있었기 때문에, 송시열의 門人들도 자연스럽게 상수에 바탕을 둔 내지덕의 역학에도 관심을 갖게 되었다.(김영우, 「조선 후기 래지덕 역학의 수용과 비판」, 『인문논총』 제72권 제1호, 2015, p.400.)

8) 소론 출신의 沈錥(1685~1753), 洪良浩(1724~1802), 桂德海(1708~1775) 등이 내지덕 역학에 대해 언급하거나 혹은 그 이론을 적극적으로 수용하였다. 노론 계열의 학자 가운데에는 朴胤源(1734~1799)과 任聖周(1711~1788) 등이 내지덕 역학에 대해 대체로 긍정적인 평가를 남겼다.(김영우, 「조선 후기 래지덕 역학의 수용과 비판」, 『인문논총』 제72권 제1호, 2015, p.400)

9) 李瀷은 제자인 安鼎福, 愼後聃 등과 함께 내지덕 역학에 대해 토론했으며, 이것은 조선에서 내지덕 역학에 관한 첫번째 기록으로 간주된다.(김영우, 「조선 후기 래지덕 역학의 수용과 비판」, 『인문논총』 제72권 제1호, 2015, p.400)

10) 다산의 來知德에 관한 언급은 貞軒 李家煥(1742~1801)에 대해 쓴 墓地銘에서도 발견된다. 「貞軒墓地銘」에 따르면, 다산은 옛적에 李家煥에게 여러 易學家들의 저술들을 열거하면서 來知德의 『주역집주』에 대해서도 언급하며 이가환의 평가를 구한 바 있었다. 茶山과

되던 해인 "도광道光 원년元年 동冬", 즉 순조 21년(辛巳年)인 1821년 겨울이었다. 다산은 1818년 음력 9월 2일(양력 10월 10일) 무렵 유배에서 풀려나왔으므로 「내씨역주박」은 해배기의 저술에 속한다.[11] 이때는 『주역사전』 무진본戊辰本(1808)이 완성된 지 13년이 지난 해이자, 이광지李光地 역학에 대한 비평인 「이씨절중초李氏折中鈔」가 완성된 해이기도 하다. 「다산은 「내씨역주박」의 서두에서 내지덕의 자서自序를 인용하면서 비판의 포문을 열고 있다.[12] 이러한 신랄한 비판의 배후에는 내지덕의 역학이 불러오고 있는 광범위한 미혹과 혼란에 대한 다산의 우려가 숨어 있다.

> 내지덕은 본래 융경隆慶(1567~1572)과 만력萬曆(1572~1620) 사이의 인물인데, 비록 그 출생의 시기가 늦은 바는 있지만 그 미혹시키고 혼란을 일으킴이 자못 광범위하다. 이제 그 서설序說과 법례法例를 취하여, 그 요점을 들어 간략히 설명하고자 한다. 그 경구經句의 해석들은 이미 한 군데도 옳은 곳이 없어서, 그 해석 상의 수많은

李家煥 사이에 이러한 대화가 오간 것은 정조 23년(1799)의 일이다.(「貞軒墓地銘」, 『定本』 第3卷, p.220.)

11) 이난숙은 「내씨역주박」이 『역학서언』의 평론 가운데 가장 늦게 작성된 비평이라고 주장하였다. 그것은 다산이 「내씨역주박」에서 그 저술 시기를 "道光 元年 冬", 즉 1821년 겨울이라고 밝혀 놓은 것에 근거를 둔 것이다. 그러나 『역학서언』에 그 성립연대를 밝히지 않았으나, 「唐書卦氣論」은 「내씨역주박」보다 더 늦은 시기에 저술된 것이 틀림없다. 그 이유는 石泉 申綽이 1821년 除日에 다산에게 보낸 답장의 일부가 「당서괘기론」에 申應敎의 설로 인용되어 있기 때문이다. 申應敎가 바로 石泉 申綽이며, 신작이 다산에게 편지를 쓴 날자가 除日이었으므로 다산이 그 편지를 「당서괘기론」에 옮겨 쓴 것은 1821년 섣달 그믐날 다음날인 1822년 정월 초하루 이후가 될 것이다. 다산은 「자찬묘지명」 集中本에서 經集 232권에 달하는 저서 목록을 열거하고 있는데 그 중에는 『역학서언』 12권도 있다. 거기에는 「내씨역주박」도 당연히 포함되어 있었을 것이다. 「자찬묘지명」은 다산이 1822년 6월 16일에 회갑을 맞아 쓴 글이다. 따라서 「당서괘기론」은 1822년 정월 초하루부터 1822년 6월 16일 사이에 최종적으로 완성된 것으로 추정된다.

12) 김동진의 연구에 따르면, 청초(강희 연간)에 유행한 『주역집주』 판본은 크게 두 가지인데, 하나는 장유임본 계통인 최화본이고, 다른 하나는 고앵영본 계통이다. 장유임본 계통은 16권본이고, 고앵영본 계통이 15권본에 권말 부도가 첨부되어 있다. 다산은 「내씨역주박」에서 "瞿塘, 來知德[字, 矣鮮]有易經集註, 十六卷"이라고 하였기 때문에 장유임본을 본 것이 확실하고, 그 중에서도 조선에 많이 유입되었던 최화본을 보았을 가능성이 매우 높다.

잘못은 일일이 거론하기조차 힘들다. 여기에서는 모두 생략한다.[13]

다산은 『주역집주』를 역학의 종주로 떠받드는 세간의 평가에 동의하지 않았다. 내지덕은 30년을 산중에서 독학獨學하였다고 자랑하고 마치 깊은 이치라도 깨달은 것처럼 과시하지만, 다산의 관점에서 보면 천박한 학문과 몽매한 지식으로 가득 차 있을 뿐이다. 그는 또 정자程子와 주자朱子의 철학을 뛰어넘으려는 야심을 드러냈으나, 소옹邵雍의 선천설先天說을 약간 변용한 아류에 지나지 않다. 순상荀爽과 우번虞翻은 역사易詞의 물상物象을 복구한 공로가 있는데도 불구하고 그는 순구가의 학설을 소제掃除해 버렸으니, 역가易家의 하승下乘에 불과하다.

그 상수의 근본을 논한 것을 보면, 소자의 선천의 뜻을 준수하면서 그 설을 조금 변화시켜 이에 정자와 주자의 철학을 뛰어넘으려고 하였으며, 순상과 우번의 설을 소제해서 쓸어버리려고 하였으나, 실제로는 역가의 하승下乘에 불과하다.[14]

다산은 역가의 하승下乘이라고 했을 뿐 아니라 역가의 대부大蔀라는 표현도 썼다. 대부大蔀는 큰 덮개 혹은 장막을 가리키는 말이다. 하승下乘이란 그 수준이 높지 않음을 가리킨 것이지만, 대부大蔀란 수준의 높낮이를 떠나서 참된 진리(眞諦)를 가리는 허위虛僞라고 비난한 것이다.

13) "其論象數之本, 仍遵邵子先天之義. 而稍變其說, 乃欲跨越程·朱, 掃蕩荀·虞, 實易家之下乘也. 本係隆慶·萬曆間人, 其生雖晚, 而惑亂頗廣. 今, 取其序說法例, 略行疏理, 若其經句所釋, 旣無一是, 難擧衆非, 今並略之【道光, 元年, 冬】"(「來氏易註駁」, 『易學緒言』, 『定本』 第17卷, p.201)

14) "其論象數之本, 仍遵邵子先天之義. 而稍變其說, 乃欲跨越程·朱, 掃蕩荀·虞, 實易家之下乘也. 本係隆慶·萬曆間人, 其生雖晚, 而惑亂頗廣. 今, 取其序說法例, 略行疏理, 若其經句所釋, 旣無一是, 難擧衆非, 今並略之【道光, 元年, 冬】"(「來氏易註駁」, 『易學緒言』, 『定本』 第17卷, p.201)

특히 그 스스로 찬탄하고 스스로 자랑하기를, 마치 깊이 궁구하여 스스로 깨달은 바가 있는 것처럼 하였다. 그러므로 천박한 학문과 몽매한 지식으로 (혹시라도) 참된 진리(眞諦)가 (여기에) 있는 것이 아닌가 하고 의심하니, 이따금씩 종주宗主로 섬겨 정학正學으로 떠받들지만 이 역시 역가의 대부大蔀에 불과한 것이다.[15]

다산이 내씨역을 역가의 대부라고 공격한 것은 착종설錯綜說이 괘변설卦變說과 경합하는 이론이기 때문이었다. 내씨역에서는 착종설이 주축이 되지만, 다산역에서는 괘변설이 중심이 된다. 다산은 역괘의 배열에 착종의 질서가 있다는 것을 부정하지는 않았으나, 착종설로써 괘변설을 대체할 수 있다고는 결코 생각하지 않았다.

구당瞿塘 내지덕(자는 矣鮮)은 그 저서에 『역경집주易經集註』(16卷)가 있는데, 『대전』에 나오는 "착錯"과 "종綜"이라는 두 글자를 가지고 스스로 훈고訓詁를 하였다. 음과 양이 변환한 것을 "착錯"이라 하고 상하가 전도된 것을 "종綜"이라 하니, 이 두 가지 의미에 입각하여 경지經旨를 해석하였다. 그러나 추이推移와 괘변卦變의 설에 있어서는 준엄한 언사로써 물리쳤지만, 그 상사象詞와 효사爻詞의 뜻에 있어서 한 글자 한 구절도 우연히 맞추지 못하였다.[16]

다산은 내지덕이 착종설錯綜說로써 성경聖經의 이치를 어지럽힌 행위를 강력한 어조로 규탄하였다. 내지덕은 착錯과 종綜의 두 가지 방법으로 『주역』을 해석하면서 이것이야말로 주공이 상象을 세운 취지라고 주장하였는데, 다산에 따르면 이는 성경聖經 외에 별도로 문호를 새롭게 세운 것이다. 그는 내지덕의 과오를 왕필과 비교하였으나, 그가 생각하기에

---

15) "特其自贊自誇, 有若深究而獨悟者, 故淺學蒙識, 疑有眞諦, 往往宗之爲正學. 亦易家之大蔀也."(「來氏易註駁」, 『易學緖言』, 『定本』 第17卷, p.201)

16) "瞿塘, 來知德[字, 矣鮮]有『易經集註』, 十六卷, 專執『大傳』中, '錯綜'二字, 自立詁訓, 陰陽變換曰, '錯', 上下顚倒曰, '綜'. 以此兩義, 解釋經旨. 而推移卦變之說, 嚴詞斥黜, 其於象詞爻詞之旨, 一字一句, 不能偶合."(「來氏易註駁」, 『易學緖言』, 『定本』 第17卷, p.201)

내지덕의 죄가 왕필보다 더 크다고 판단하였다.

> 왕필이 상을 제거한 것은 정말로 망령되고 경솔한 일이었다. 그러나 왕필은 성경 외에 별도로 하나의 문호를 세우지는 않았다. 왕필의 행동은 경經을 어둡게 한 것이기는 하였지만 경을 어지럽힌 것은 아니다. (그렇지만) 내씨來氏는 그 상을 통하게 하고자 하는 욕심에 제가諸家들이 말한 것 외에 별도로 착종錯綜이라는 두 가지 방법을 수립하여, 외람되게도 주공이 상을 세운 것이 본래 이러한 것이라고 주장하니 어찌 미혹시키는 것이 아니겠는가? 거울(鏡)을 가는 법에 비유한다면, 왕필이 수은水銀을 사용하지 않고 단지 깨끗한 물로 씻었을 따름이라면 내씨來氏는 기와가루(瓦屑)를 수은이라 오인하여 갈고 깎고 해서 다시 그 거울이 밝아지기를 바라는 격이니, 그 해가 누가 더 심하며 그 죄가 누가 더 크겠는가? "티끌에 묻히게 되었다"(塵埋)고 이야기한 것은 바로 내지덕 자신의 도를 가리킨 것이다.[17]

마경지법磨鏡之法에 비유한다면, 왕필은 거울을 닦기 위해 수은을 사용하지 않고 단지 깨끗한 물로 씻었을 뿐이지만, 내지덕은 기와가루(瓦屑)를 수은이라 오인하여 기와가루로써 거울을 갈고 깎아 다시 그 거울이 밝아지기를 바라는 격이다. 여기서 다산이 든 수은과 와설瓦屑의 비유를 이해하려면 약간의 설명이 필요하다. 고대 중국에서는 수은으로 도금을 해서 거울을 만들었다. 와설瓦屑이란 기와가루를 가리키는데, 옛적에는 기와 빻은 가루를 짚에 묻혀서 놋그릇을 닦는 용도로 사용했다. 수은과 기와가루는 모두 광택을 내기 위해서 사용하지만 사실은 근본적으로 서로 다른 물질이다. 왕필이 깨끗한 물을 써서 거울을 씻었다고 한다면, 내지덕은 기와가루를 써서 거울에 광택을 내려고 했다. 다산이 이러한 비유를 쓴 까닭은, 정확히는

17) "王弼掃象, 誠爲妄率. 然, 不於聖經之外, 別立一門. 此爲昧經, 不是亂經. 來氏欲通其象, 乃於諸家所言之外, 別立錯綜二法, 猥云, '周公立象, 本自如此', 豈不惑歟! 譬之磨鏡之法, 王弼不用水銀, 但以淸水, 濯之而已. 來氏, 誤以瓦屑, 名爲水銀, 磨之刮之, 冀其復明也, 其害孰甚! 其罪孰大! '塵埋'之說,. 正是自道."(「來氏易註駁」, 『易學緖言』, 『定本』 第17卷, p.205)

모르겠지만 아마도 물로 거울을 씻는다고 해도 거울 자체를 손상시키지는 않겠지만 기와가루를 써서 갈고 깎으면 결국 거울 표면을 손상시키게 된다는 의미인 것 같다. 결국 내지덕은 주공이 상을 설정한 근본원리와 아무런 상관이 없는 '착종'이라는 원리를 도입함으로써 『주역』의 원형을 손상시켰다는 뜻이다.

3. 착종설에 대한 비판

착종설錯綜說은 내지덕 역학의 중심 방법론이다. 착종錯綜이란 말은 본래 「계사전」의 "참오이변參伍以變, 착종기수錯綜其數"라는 문구에 나오는 말인데, 내지덕은 64괘가 배치된 구조적 원리를 '착錯'과 '종綜'이라는 관계를 통해 이해할 수 있다고 주장하였다. 그렇다면 착과 종의 관계란 도대체 무엇을 말하는 것인가? 내지덕은 『주역집주』의 자서自序에서 착종을 다음과 같이 설명하고 있다.

> 육십사괘 가운데에는 착괘錯卦도 있고 종괘綜卦도 있으니, (그 착종의 개념으로써) 음양변화의 이치를 밝히려는 것이다. "착錯"이란 교착交錯·대대對待의 명칭이니, 양이 왼쪽에 있으면 음이 오른쪽에 있고 음이 왼쪽에 있으면 양이 오른쪽에 있는 것을 말한다. "종綜"이란 베를 짤 때 높은 곳과 낮은 곳을 오가면서 직물織物을 짜는 것에 대한 명칭(高低織綜之名)이니, 양이 위에 있으면 음이 아래에 있고 음이 위에 있으면 양이 아래에 있는 것이다.[18]

---

18) "自序云, 六十四卦, 其中有錯有綜, 以明陰陽變化之理. 錯者, 交錯對待之名, 陽左而陰右, 陰左而陽右也. 綜者, 高低織綜之名. 陽上而陰下, 陰上而陽下也."(「來氏易註駁」, 『易學緒言』, 『定本』 第17卷, p.201); 來知德, 『周易集注』, 卷1, p.1, 「周易集註原序」 (『中國古代易學叢書, 卷27, p.3)

요컨대 착괘錯卦란 음과 양이 상호 변환되는 괘를 가리키니, 건괘乾卦와 곤괘坤卦는 상착相錯의 관계에 있다. 그 다음으로 종괘綜卦란 상하를 전도시킨 괘를 가리키니, 준괘屯卦와 몽괘蒙卦는 상종相綜의 관계에 있다.

그런데 내용은 일단 제쳐 놓고라도 우선 따져 보아야 할 것은 착종이라는 용어의 적합성 문제이다. 명말청초에 성행한 고증학의 세례를 받은 다산은 "욕해경지欲解經旨, 선명자의先明字義", 즉 "경지經旨를 해석하려면 먼저 자의를 밝혀야 한다"라는 원칙을 내세웠다. 용어의 의미가 명확히 밝혀지지 않는다면 그것에 기초한 이론은 사상누각에 불과하기 때문이다. 내지덕은 착종이라는 용어를 『주역』 「계사전」의 "참오이변參伍以變, 착종기수錯綜其數"에서 가져왔다. 그는 이 문구를 단서로 삼아서 『주역』의 괘서卦序에 착錯과 종綜의 관계가 있다고 주장하였다. 그러나 다산은 고전에 나오는 어휘의 분석을 통해 '착종'이라는 용어가 잘못 사용되고 있다고 지적한다.

우선 "착錯"자를 보면, 내지덕은 '착錯'을 교차대대交錯對待를 가리키는 명칭이라고 풀이했다. 중국 유가의 고전에서 '착錯'의 용례는 다음과 같다.

① '려鑢', 즉 쇠줄로 쓸다, 줄, 갈다 : 『서경』 「우공禹貢」의 소疏.
② '려礪', 즉 숫돌 : 『시경』 「소아小雅·학명鶴鳴」, "타산지석他山之石, 가이위착可以爲錯."
③ '잡雜' : 『서경』 「우공」의 소.
④ '질迭', 즉 갈마들다 : 『중용』, "사시착행四時錯行."
⑤ '전도顚倒' : 리괘離卦 초구初九, "리착연履錯然."
⑥ '교착交錯' : 「계사전」, "착종기수錯綜其數"; 『예기』, "예악교착禮樂交錯"; 『시전詩傳』, "동서교사행위착東西爲交邪行爲錯"; 『시경』 「소아小雅」, "헌수교착獻酬交錯".

이처럼 다산은 선진시대 고전의 용례를 제시하면서 '착錯'이 음양대대의 상을 가리키는 의미로 사용된 경우는 발견되지 않는다고 주장하였다.

그 다음으로, '종綜'은 본괘本卦와 반괘反卦의 관계를 가리키는 용어이다. 본래의 괘를 정괘正卦라고 한다면, 뒤집힌 괘는 반괘反卦가 된다. 내지덕은 베를 짤 때 높은 곳과 낮은 곳을 오가면서 짜는 것(高低織綜之名)을 '종綜'이라고 하였다. 『열녀전列女傳』에 따르면 '종綜'은 직녀織女가 베를 짤 때 밀었다가 다시 당겨오는 행위(推而往引而來)를 가리키는 단어이다. 그 밖에도 '종綜'에는 ① 실을 잡고 꼬는 것(持絲交; 『玉篇』), ② 전부 모으는 것(總聚; 「繫辭傳」 "錯綜其數"), ③ 실마리를 찾는 것(尋緖) 등의 의미가 있다.[19]

내지덕이 '종綜'의 개념을 베를 짜는 날실에 비유한 것은 흥미롭다.[20] 서괘序卦에서 정괘正卦와 반괘反卦가 반복적으로 되풀이하여 전개되어 나가는 방식은 높은 곳과 낮은 곳을 반복적으로 왕복하면서 베를 짜는 방식과 흡사하다. 내지덕은 베를 짤 때 높은 곳과 낮은 곳을 왕복하면서 짜는 행위에서 바로 갔다가 다시 뒤집어 오는 것을 연상한 것 같다. 그러나 다산은 그것은 단지 왕복을 가리키는 것이지 전도顚倒의 의미는 아니라고 보았다. 따라서 위에서 열거한 선진시대 문헌을 보더라도 상하전도上下顚倒의 세勢를 지칭한 것으로 쓰인 '종綜'자의 용례는 발견되지 않는다.

그렇다면 이번에는 해석방법론으로서의 착종설의 내용에 관해 검토해 보기로 하자. 내지덕에 따르면, 64괘 중에서 건乾·곤坤, 감坎·리離, 대과大過·이頤, 소과小過·중부中孚의 8괘는 상착相錯의 관계를 형성하고, 나머지 56괘

---

19) 「來氏易註駁」, 『易學緖言』, 『定本』 第17卷, pp.201~202.

20) '綜'은 (실로써) 織物을 짜는 것(織縷)을 뜻한다.(『說文解字』에서 그렇게 말함) '綜'은 실을 잡고, 꼬는 것(持絲交)을 뜻하며(玉篇에서 그렇게 말함) '綜'은 모아서 묶는 것(總聚)을 뜻한다.(『易經』의 「계사전」의 "錯綜其數"의 疏) '綜'은 실마리를 찾음(尋緖)이다.(『漢書』의 「宣帝紀贊」에 말하기를, "씨가 있는 과일(核)의 실마리를 찾는 것을 實이라고 한다"고 하였다. 「周本紀」에 말하기를, "그 果實의 실마리를 찾으니, 그렇지 않다"라고 하였다.)

는 모두 상종相綜의 관계를 형성한다. 따라서 상착괘相錯卦 8괘와 상종괘相綜卦 56개를 합치면 64괘가 된다.

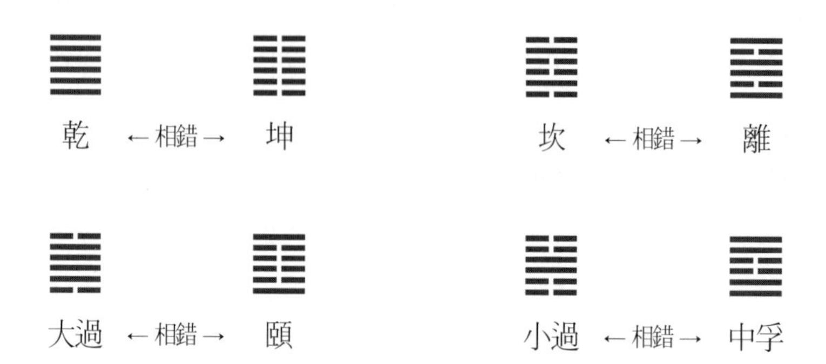

위에서 내지덕이 상착의 관계에 있다고 지목한 건乾·곤坤, 감坎·리離, 이頤·대과大過, 중부中孚·소과小過의 여덟 괘는 위아래를 뒤집더라도 괘상이 변동하지 않고 본괘 그대로의 형태를 유지한다. 내지덕은 상착의 관계에 있는 두 괘를 짝 지워 놓고 대대對待의 체體를 관찰하는 방식을 취한다. 그러나 다산은 이러한 해석방법이 혼란만 일으킬 뿐이라고 지적한다.

> 그런데 내지덕의 방법은 서로 짝이 되는 괘들을 쌍雙으로 배열한 뒤에, 그 대대對待의 상을 관찰하고 나서 기이하다고 외치면서 갈채를 보내고 신묘하다고 가리킨다. (그리고) 이에 말하기를, 혹 이괘頤卦의 괘사는 대과괘大過卦에서 상을 취한 것이라고 하고, 혹 중부괘中孚卦의 괘사는 소과괘小過卦에서 상을 취한 것이라고 하니, 혼란스럽고 어지러운 모습이 전혀 법칙과 기율紀律이 없다. 이른바 상종相綜의 괘와 더불어 모두 이 용례를 사용하고 있으니, 『역경』이 과연 이해하기 어려운 것은 사실이지만 이해하기 어려우면 그냥 놓아두면 될 것이지 어찌자고 이렇게 제멋대로 농락하고 뒤집어 변화시킴으로써 진실을 왜곡하고 기만할 수 있단 말인가![21]

---

21) "乃來氏之法, 雙列配卦, 觀其對待, 叫奇喝采, 指爲神妙, 乃云, '頤卦之詞, 或取象於大過, 中孚之詞, 或取象於小過', 澒洞貿亂, 全無法紀, 並與所謂, 相綜之卦, 而皆用此例. 易固難解, 難解則置之而已, 何爲此舞弄翻變, 以誣以誑哉!"(「來氏易註駁」, 『易學緒言』, 『定本』 第17卷, p.203)

다산에 따르면 건·곤, 감·리, 이·대과, 중부·소과 등 상착의 관계에 있는 여덟 괘는 두 괘씩 짝을 맞춰서 대대의 상을 취할 것이 아니라 각각의 괘를 뒤집어서 관찰하면 된다. 예컨대 「잡괘전雜卦傳」의 "대과大過는 전顚", 이괘 육사六四의 "전도顚頤, 길吉"과 육이六二의 "전도顚頤, 불경拂經", 감괘 초육初六의 "감담坎窞", 리괘 초구初九의 "리착履錯" 등의 용례가 그러하다. 이러한 이유로 다산은 내지덕의 착종이라는 용어가 적합한 맥락에서 사용되지 않았음을 지적하였다.

그러나 다산이 내지덕의 착종설을 반대하는 데에는 더 중요한 이유가 있다. 내지덕은 착종설을 괘변설을 대체하는 이론으로 제안하고 있다. 즉 착종설은 옳고 괘변설은 틀렸다는 것이다. 내지덕은 괘변설은 단지 "착종錯綜"의 이론에 대해 무지하기 때문에 제기된 것이라고 주장하면서 괘변설자들을 공격하고 있다.

> "모괘某卦가 모괘某卦로부터 변한다"라고 하니, 이것은 우번虞翻의 설이다. 후대의 유학자들이 (우번의 설을) 신봉하고 따르니, 예컨대 송괘訟卦의 "강래이득중剛來而得中"의 구절로써 둔괘遯卦에서 (변화되어) 온 증거로 삼지만 (이것은) 종괘綜卦를 몰라서 하는 말이다. 수괘需卦와 송괘訟卦는 상종相綜의 관계에 있으니, 감坎의 양효가 내괘內卦로 와서 중中을 얻은 것이다.[22]

내지덕에 따르면 수괘需卦와 송괘訟卦는 상종괘相綜卦의 관계에 있다. 내지덕은 "강래이득중剛來而得中" 구절의 해석에 괘변설을 적용하지 않고

22) "某卦自某卦變者, 此, 虞翻之說也. 後儒信而從之, 如訟卦'剛來而得中', 乃以爲自遯卦來, 不知乃綜卦也. 需訟相綜, 乃坎之陽爻, 來於內, 而得中也."(來氏易註駁」, 『易學緒言』, 『定本』 第17卷, p.206; 「周易集註原序」, 『中國古代易學叢書, 卷27, p.4)

착종설을 적용하였다. 즉 수괘의 상감上坎이 상하전도上下顚倒로 인해 송괘의 하감下坎으로 된 것을 말하는 것이라고 본 것이다.

여기서 논란의 초점이 되고 있는 것은 송괘訟卦 「단전」의 "강래이득중剛來而得中"이라는 문구이다. 괘변설자들은 「단전」의 문구가 괘변설을 통하지 않고서는 해석할 방도가 없다고 주장한다. 반면에 내지덕은 괘변설자들의 주장을 논박하며, 「단전」의 문구는 괘변설이 아니라 오히려 착종설에 의해서 정확히 해석될 수 있다고 주장하였다. 그렇지만 이것은 다산으로서는 받아들일 수 없는 주장이다. 괘변설이 부정된다면 그와 연계된 효변과 호체와 물상의 해석법도 모두 어긋나게 되기 때문이다. 따라서 다산은 착종설이 결코 괘변설을 대체하는 이론은 될 수 없다고 주장하였다.

> 송괘訟卦가 수괘需卦와 서로 종綜의 관계에 있다고 하더라도 "강래이득중剛來而得中"이 되지 못한다. 그것은 왜 그러한가? 수괘의 때에는 세 개의 강剛이 내괘에 있는데, 종綜의 관계를 통해 송괘가 되어도 여전히 한 개의 강이 남아 있게 되니, 어찌 "강래剛來" 즉 "강剛이 왔다"라고 할 수 있겠는가? 만약 (수괘에 있던) 세 개의 강이 모두 올라가고 감坎이 전체全體로 모두 내려온 것이라고 (가정)한다면, (그 경우에는) 수괘의 때에 강이 (제5위에서) 본래부터 중中을 얻고 있으니, 새로 (송괘에) 와서 중을 얻었다고 말할 수는 없다. (따라서 송괘는) 반드시 둔괘遯卦에서 온 (것으로 가정한) 뒤라야, 강이 본래 밖에 있고 또한 중을 얻지 못하다가 송괘로 추이하여(제3위의 강이 제2위로 옮겨져서) 비로소 "강래이득중剛來而得中"이 되는 것이다.[23]

이처럼 다산은 내지덕의 착종설을 매우 거세게 공격했다. 다산의 공격이 매우 거세기 때문에 착종설을 완전히 거부한 것처럼 비쳐질 수 있다.

---

23) "訟以需綜, 不得爲'剛來而得中', 何也? 需之時, 三剛在內, 綜之爲訟, 一剛猶殘, 豈可謂之'剛來'乎? 若云, 三剛並升, 全坎並來乎, 則需之時, 剛本得中[五亦中]不可曰, '新來而得中'也. 必自遯來, 然後, 剛本在外[下之外] 亦不得中[三非中]移之爲訟[三之二] 始爲'剛來而得中.'"(「來氏易註駁」, 『易學緒言』, 『定本』 第17卷, p.207)

그러나 다산은 서괘序卦의 배열에 "착종錯綜"의 관계가 있다는 것 자체를 부정한 것은 아니다. 음양대대와 상하전도는 내지덕에 의해 창안된 해석방식이 아니라, 64괘의 서괘序卦의 순서를 정할 때 사용된 규칙이다. 따라서 다산은 착종관계를 부정하기는커녕, 오히려 자신의 방법론 속에 적극적으로 포함시켰다. 실제로 다산이 도표를 정리한 방식을 보면 내지덕의 방식을 활용하고 있음이 드러난다. 『주역사전』에는 상경上經과 하경下經 사이에 「괄례표括例表 하下」가 있는데, 거기에 삼역지의三易之義에 관한 도표가 나온다. 삼역三易이란 교역交易・변역變易・반역反易의 세 가지 해석방법을 가리킨다. 다산은 내지덕이 "착錯"이라고 언급한 음양대대의 관계를 "변역變易"이라고 하고, 또 내지덕이 "종綜"이라고 언급한 상하전도의 관계를 "반역反易"이라고 하였다. 내씨역에서의 상착의 관계는 다산역의 변역에 해당되고, 상종의 관계는 반역에 해당된다.

먼저 반역에 대해 살펴보기로 하자. 다산은 반역의 관계를 「상경십팔궁반역표上經十八宮反易表」와 「하경십팔궁반역표下經十八宮反易表」로 설명하고 있다. 『주역』에는 모두 64괘가 있는데, 상경에 30괘, 하경에 34괘가 있다.

먼저 「상경십팔궁반역표」에서는 상경에 있는 <준屯－몽蒙>, <수需－송訟>, <사師－비比>, <소축小畜－리履>, <태泰－비否>, <동인同人－대유大有>, <겸謙－예豫>, <수隨－고蠱>, <임臨－관觀>, <서합噬嗑－비賁>, <박剝－복復>, <무망無妄－대축大畜>의 24괘가 2괘씩 짝을 지어서 반역의 관계에 있는 12조를 이룬다. 두 괘가 한 쌍이 되어 이루는 조합을 궁宮이라고 하므로 24괘는 결국 12궁이 된다. 그리고 뒤집어도 괘형이 변하지 않는 건乾, 곤坤, 이頤, 대과大過, 감坎, 리離의 여섯 괘는 두 괘씩 한 조로 묶으면 서로 변역變易의 관계에 있는 <건乾, 곤坤>, <이頤, 과大過>, <감坎, 리離>의 조합이 되지만, 각각의 괘를 뒤집어서 반역의 방법으로 관찰할 수도 있다. 이 경우에는 하나의 괘가 한 개의 궁으로 간주되므로 6궁이 된다. 따라서

상경의 「반역표」에는 12궁과 6궁을 합쳐서 모두 18궁이 배치되어 있다.[24)]

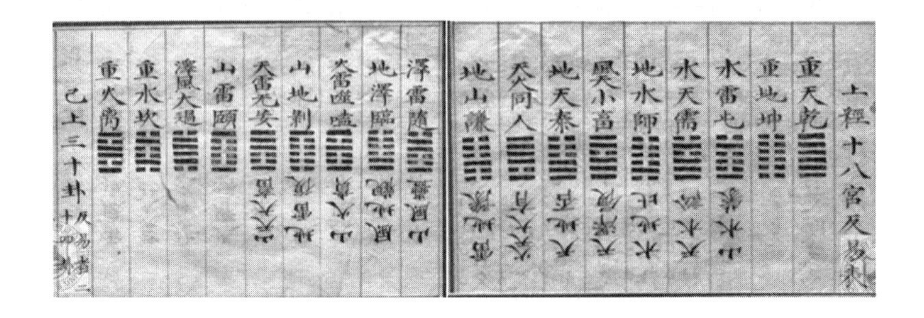
上經十八宮反易表
重天乾
重地坤
水雷屯 山水蒙
水天需 天水訟
地水師 水地比
風天小畜 天澤履
地天泰 天地否
天火同人 火天大有
地山謙 雷地豫
澤雷隨 山風蠱
地澤臨 風地觀
火雷噬嗑 山火賁
山地剝 地雷復
天雷无妄 山天大畜
山雷頤
澤風大過
重水坎
重火離
乙上三十卦

그 다음으로 「하경십팔궁반역표」에서는 <함咸－항恒>, <둔遯－대장大壯>, <진晉－명이明夷>, <가인家人－규睽>, <건蹇－해解>, <손損－익益>, <쾌夬－구姤>, <췌萃－승升>, <곤困－정井>, <혁革－정鼎>, <진震－간艮>, <점漸－귀매歸妹>, <풍豐－여旅>, <손巽－태兌>, <환渙－절節>, <기제旣濟－미제未濟>의 32괘가 서로 반역의 관계에 있는 2괘씩 한 조가 되어 모두 16조를 이루고 있다. 이것을 16궁宮이라고 한다. 그리고 뒤집어도 괘형이 변하지 않는 중부中孚, 소과小過의 2괘를 각각 하나의 궁으로 간주하면 두 개의 궁이 되므로, 앞의 16궁과 합쳐서 모두 18궁이 된다.

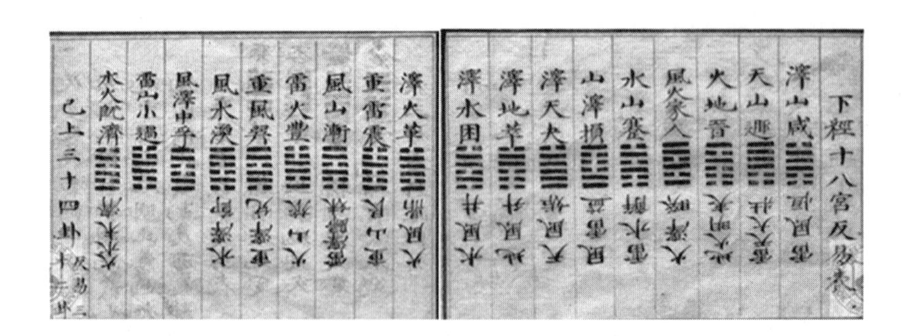
下經十八宮反易表
澤山咸 雷風恒
天山遯 雷天大壯
火地晉 地火明夷
風火家人 火澤睽
水山蹇 雷水解
山澤損 風雷益
澤天夬 天風姤
澤地萃 地風升
澤水困 水風井
澤火革 火風鼎
重雷震 重山艮
風山漸 雷澤歸妹
雷火豐 火山旅
重風巽 重澤兌
風水渙 水澤節
風澤中孚
雷山小過
水火旣濟 火水未濟
乙上三十四卦

24) 본문에 소개된 「上經 十八宮反易表」, 「十八宮反易表」, 「變易表」 등의 도표는 단국대학교 연민도서관 소장본 『주역사전』에서 취한 것이다.

이렇게 해서 상경에 18궁이 있고 하경에도 18궁이 있으므로, 합치면 36궁이 된다.

그 다음으로, 다산은 변역變易의 관계를 다음과 같은 도표로 제시하고 있다. 변역의 관계는 <건乾-곤坤>, <대과大過-이頤>, <감坎-리離>, <소과小過-중부中孚>의 8괘 사이에 존재한다. 그런데 8괘는 두 괘씩 묶어 볼 때는 변역의 관계를 적용한다. 그러나 여덟 개의 괘를 각각 개별적으로 관찰할 수도 있는데, 뒤집어서 보더라도 괘형이 변하지 않는 특징을 가진다. 뒤집어서 보는 것은 반역의 방법이기 때문에 다산은 여덟 괘를 「상경십팔궁반역표上經十八宮反易表」와 「하경십팔궁반역표下經十八宮反易表」에도 포함시켰다.

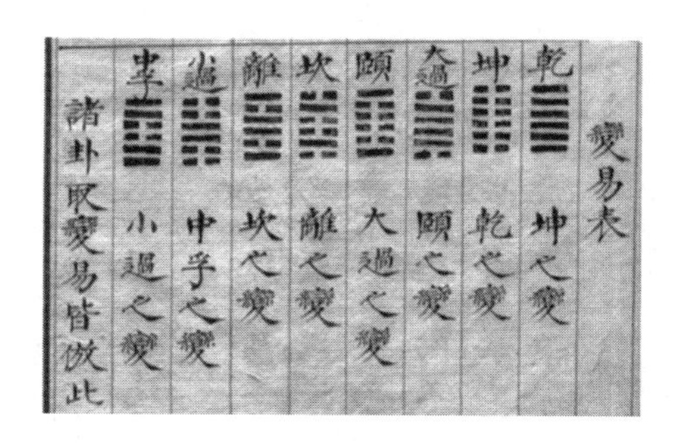
變易表
乾 坤之變
坤 乾之變
大過 頤之變
頤 大過之變
坎 離之變
離 坎之變
小過 中孚之變
中孚 小過之變
諸卦取變易皆倣此

내지덕은 「개정분권도改正分卷圖」에서 착종錯綜의 관계에 의거해서 괘를 분류하였다. 내지덕은 종綜의 관계에 있는 두 괘를 한 조의 상종괘相綜卦로 묶어 마치 한 괘처럼 간주하였다. 상경에는 <준屯-몽蒙>, <수需-송訟>, <사師-비比>, <소축小畜-리履>, <태泰-비否>, <동인同人-대유大有>, <겸謙-예豫>, <수隨-고蠱>, <임臨-관觀>, <서합噬嗑-비賁>, <박剝-복復>, <무망無妄-대축大畜>의 12조의 상종괘가 있고, 하경에는 <함咸-항恒>, <둔遯-대장大壯>, <진晉-명이明夷>, <가인家人-규睽>, <건蹇-해解>,

<손損-익益>, <쾌夬-구姤>, <췌萃-승升>, <곤困-정井>, <혁革-정鼎>, <진震-간艮>, <점漸-귀매歸妹>, <풍豐-여旅>, <손巽-태兌>, <환渙-절節>, <기제旣濟-미제未濟>의 16조의 상종괘가 있다. 그리고 상경에 있는 건乾, 곤坤, 이頤, 대과大過, 감坎, 리離와 하경에 있는 중부中孚, 소과小過를 합치면 여덟 괘가 되는데, 이 괘들은 뒤집어도 괘형이 변하지 않는 불역不易의 특징을 가지고 있다. 만약에 여덟 괘를 <건-곤>, <이-대과>, <감-리>, <중부-소과>의 조합으로 묶어서 보면 상착괘相錯卦의 관계가 성립한다. 내지덕이 "불역자不易者, 착錯, 반역자反易者, 종綜"이라고 한 것이 바로 이 뜻이다. 이렇게 하면 상경에 12조의 상착괘와 6개의 불역괘가 있어서 합치면 18괘가 되고, 하경에는 16조의 상착괘와 2개의 불역괘가 있어서 합치면 18괘가 된다. 그리고 상경의 18괘와 하경의 18괘를 합치면 모두 36괘가 있게 된다.(<六十四卦錯綜之圖>25) 참조)

六十四卦錯綜之圖 不易者錯 反易者綜

上經十八卦		下經十八卦	
乾	錯	恒	咸
坤		大壯	遯
蒙	屯	明夷	晉
訟	需	睽	家人
比	師	解	蹇
履	小畜	益	損
否	泰	姤	夬
大有	同人	升	萃
豫	謙	井	困
蠱	隨	鼎	革
觀	臨	艮	震
賁	噬嗑	歸妹	漸
復	剝	旅	豐
大畜	无妄	兌	巽
頤	錯	節	渙
大過		中孚	錯
坎	錯	小過	
離		未濟	既濟

25) '六十四卦錯綜之圖'는 來知德의 『周易集註』가 아니라 淸나라 王植의 『皇極經世書解』 卷下(淸 王植, 四庫全書本)에 나오는 도표이다. 李尙信은 그의 저서 『卦序與解卦理路』에서 이 도표를 인용하고, 거기에 숫자를 기입해 넣었다.(『卦序與解卦理路』, 巴蜀書社, 2008, p.13)

내지덕은 이러한 서괘序卦의 배치가 문왕의 의도에 따라 배열된 것이라고 하였다. 그는 상착의 관계에 있는 두 괘를 묶어 마치 한 괘처럼 간주하고, 뒤집어도 괘의 형태가 변하지 않는 경우에는 원래의 괘를 그대로 각각 한 괘로 간주했다. 그렇게 하면 상경에 18괘, 하경에 18괘가 있는 것이 된다. 내지덕이 말하는 36괘를 36궁宮이라고 부르기도 한다.[26] 그러나 내지덕은 '36궁'이라는 용어를 사용하지 않고, 단지 '상경 18괘, 하경 18괘'라고만 하였다.[27] 다산의 반역표와 변역표 등을 보면 내지덕의 『주역집주』를 참조한 흔적이 보인다. 왜냐하면 다산도 역시 상경에 18궁이 있고 하경에 18궁이 있다고 하였기 때문이다. 비록 36궁이 내지덕이 직접 쓴 용어는 아니라고 하더라도 그 체계는 내지덕으로부터 온 것이다. 따라서 다산이 내지덕의 학설을 취했다고 보아도 좋을 것 같다. 다산은 이렇게 해서 착종의 개념을 삼역지의의 체계에 편입시켰다. 그렇지만 다산역에서 중심은 여전히 역리사법에 있고, 삼역지의는 단지 보조적 기능을 할 뿐이다.

4. 괘정입상설에 대한 비판

다산이 내지덕을 혹독하게 비판하고 있기 때문에 양자의 차이점만 부각

---

26) 주백곤의 『역학철학사』에서 36괘를 36궁이라고 한다고 하였다.(주백곤, 『역학철학사』 제6권, 소명출판, 2012, p.66)

27) 내지덕 『주역집주』의 한 판본계통인 고앵영본의 권말에 100여개의 附圖가 첨부되어 있는데, 내지덕의 원저에 포함되어 있었던 것은 아니고, 고앵영이 기존 문헌들에서 채집한 것이다 그 가운데 36宮圖가 있는데, 그 도상의 내용은 내지덕이 말한 상하경 18괘와 동일하다. 附圖에 나오는 36宮圖는 『易象抄』(四庫全書本) 卷4에 보이는데, 「四庫全書總目提要」에서는 『易象抄』를 明代 胡居仁의 저작으로 소개하고 있다. 그러나 중국학자 郭彧에 따르면 『易象抄』는 胡居仁이 아니라 明末의 錢一本의 저작이다.(김동진, 「내지덕 『주역집주』의 판본 연구」, pp.394~396, 2019) 이 부분의 고증에 도움을 준 김동진 선생에게 감사의 뜻을 전한다.

되고 공통점은 간과되기가 쉽다. 그러나 다산의 혹독한 내지덕 비판에도 불구하고, 두 사람은 상수학이라는 공통의 기반 위에 서 있다는 점에 주목할 필요가 있다. 우선 다산역의 해석방법인 추이·효변·호체·물상의 역리사법易理四法과 교역·변역·반역의 삼역지의三易之義, 그리고 내씨역의 해석방법인 착종설은 모두 상수학으로부터 유래된 해석방법이다. 두 사람은 상象의 중요성에 대해서 공감하였을 뿐 아니라 득의망상得意忘象을 주장했던 왕필을 비난했다는 점에서도 일치했다. 내지덕은 "『역』에서 상象을 취하는 취지가 마침내 후세에 티끌에 묻히게 된 것"(易中取象之旨, 遂塵埋於後世)을 왕필의 탓으로 돌렸다.

> 왕필이 상象을 제거한 이후로 역易을 주석하는 여러 유학자들이 모두 상의 올바른 전승을 잃어버려 그 상을 말하지 않고 그 리를 말하는 데 그치니, 역 가운데 상을 취하는 취지가 마침내 후세에 티끌에 묻히게 된 것이다.[28)]

왕필을 규탄하는 내지덕의 발언을 보면 다산의 논지와 정확히 일치한다. 설령 그것이 다산의 발언이라고 하더라도 조금도 이상할 것이 없을 정도이다. 다산은 내지덕의 왕필 비판에 동참하면서, 왕필이 상을 한꺼번에 쓸어내어 버린 것은 참으로 망령되고 경솔한 행동이었다고 비난하였다. 왕필을 역학사를 망쳐놓은 죄인으로 보았다는 점에 있어서 두 사람의 견해는 일치한다. 뿐만 아니라 상에 대한 정의가 모사설模寫說의 관점에 서 있다는 점도 중요한 공통점이다. 모사론이란 역상易象의 유래를 모사模寫에서 비롯된 것으로 보는 관점을 가리킨다. "상象은 곧 상像이다"라는 「계사전」의 정의는 모사설적 관점을 가장 명확한 형태로 드러내고 있다. 내지덕은

---

28) "自王弼掃象以後, 註『易』諸儒, 皆以象失其傳, 不言其象, 止言其理, 而易中取象之旨, 遂塵埋於後世."(「來氏易註駁」, 『易學緒言』, 『定本』 第17卷, p.205; 來知德, 『周易集注』, 卷1, p.2, 「周易集註原序」, 『中國古代易學叢書, 卷27, p.3)

상象을 다음과 같이 정의한다.

하늘에서 상象을 이루고 땅에서 형形을 이루는 것은, 역괘의 변화 이전에 이미 (하늘과 땅이) 존재하기 때문에 변화가 드러나게 된다. 성인의 『역』은 천지만물의 상象과 수數를 모사하는 것에 불과한 것이지 마음대로 배열하는 것은 아니다.[29)]

내지덕에 따르면, 상象이 존재하기 이전에 이미 천지만물이 존재하며, 상이란 이미 존재하는 천지만물을 모사하는 것일 뿐이다. 모사설에서는 역상은 대상을 모사한 것에 지나지 않으므로, 일단 지시대상이 존재한 다음에야 비로소 역상이 만들어진다. 인식이란 어디까지나 객관적으로 실재하는 대상을 인식하는 것이지 상상 속의 대상을 인식하는 것이 아니다. 기호(象)는 실재적 사태의 원상原象을 가장 그럴듯하게 재현해 내는 모사물(像)이다. 다산은 비록 모사라는 용어를 쓰지는 않았지만, 그의 상에 대한 정의는 내지덕과 본질적으로 다르지 않다.

상象이란 실재의 모습에 가장 비슷하게 본뜨는 것(倣似)이니, 우맹優孟[30)]이 손숙오孫叔敖[31)]를 본뜨는 것은 손숙오의 비슷한 모습을 모방한 것일 따름이다.[32)]

---

29) "在天成象, 在地成形, 未有易卦之變化, 而變化已見矣. 聖人之易, 不過模寫其象數而已. 非有心安排也."(주백곤, 『역학철학사』 제6권, 소명출판, 2012, p.45)

30) 優孟은 春秋시대의 楚나라의 名優이다. 楚의 莊王때, 孫叔敖가 죽은 뒤에, 그 아들이 貧困했던 까닭에, 우맹이 거짓으로 손숙오가 되어, 그 衣冠을 착용하고, 노래를 부르니, 莊王이 감격하여, 마침내 손숙오의 아들을 封하였다. (『史記』, 「優孟傳」, 126, "優孟卽爲孫叔敖衣冠抵掌談語, 歲餘, 像孫叔敖, 楚王及左右不能別也"; 史馬遷, 『史記列傳(下)』, 南晩星 譯, p. 765~768, 을유문화사) 여기서 '優孟衣冠'이란 말이 나왔다. '우맹의관'이란 우맹이 손숙오의 의관을 착용하고 있다는 뜻으로서, 외형은 거의 비슷한데, 실재와는 다른 것을 가리킨다.

31) 孫叔敖; 春秋시대 楚나라 사람으로, 後에 楚나라 莊王의 宰相이 되어 3개월 만에 楚나라를 크게 확장하고 莊王의 霸業을 이루었다.(『左傳』, 宣, 12, 『史記』, 119)

32) "象也者, 倣似也. 優孟象孫叔敖者, 得孫叔敖之倣似而已"(『周易四箋』, 『定本』 第16卷, p.318)

다산이 우맹優孟과 손숙오孫叔敖의 예를 든 것은 실재하는 대상과 역상의 관계를 설명하기 위해서였다. 우맹은 춘추시대 초나라 장왕 때의 유명한 악사樂師였고, 손숙오는 초나라를 부강한 나라로 만드는 데 큰 공을 세웠던 재상이었다. 평소에 우맹과 친하게 지내던 손숙오는 임종이 다가오자 아들을 불러서 자기가 죽은 후에 우맹을 만나게 되면 손숙오의 아들이라는 것을 밝히라고 말해 두었다. 마침내 손숙오가 죽자, 손숙오는 사람들에게서 잊혀 버렸고 그의 아들은 땔나무를 팔면서 간신히 생계를 유지하는 처지가 되었다. 어느 날 손숙오의 아들이 땔나무를 팔러 장에 가던 때에 우맹과 우연히 마주치게 되었다. 그는 돌아가신 아버지의 말씀이 생각이 나서, 자신이 손숙오의 아들이라는 것을 밝혔다. 이 말을 들은 우맹은 손숙오처럼 의관을 꾸민 다음에 초나라 장왕이 베푼 연회에 참석했다. 이때 나타난 우맹의 모습이 손숙오가 살아 있을 때의 모습과 너무나 똑같아서 장왕은 손숙오가 살아 돌아왔다고 믿고 다시 재상에 임명하려고 했다. 그러자 우맹은 땔나무를 팔아가며 간신히 생계를 유지하고 있는 손숙오의 아들을 언급하면서, 아무리 초나라의 재상 자리라고 하더라도 손숙오처럼 되느니 차라리 사양하는 것이 좋겠다고 했다. 초나라 장왕은 우맹의 말을 듣고 깨닫는 바가 있어서 손숙오의 아들에게 후한 녹봉을 내렸다. 이것이 유명한 우맹의관優孟衣冠이라는 고사의 유래이다.

우맹과 손숙오는 기호적 상징과 지시대상(referent)의 관계를 쉽고도 명확하게 설명해 준다. 손숙오는 기호적 상징으로 모사하려는 지시대상이며, 우맹은 지시대상을 모사한 상징(sign)이다. 모사는 기호에 대응하는 지시체의 모습을 반영하여 만들어지는 것이며, 모사체는 지시체의 모습에 가장 비슷한 형태로 만들어진다. 중요한 것은 모사와 실재를 혼동해서는 안 된다는 사실이다. 모사설에서는 상징 그 자체에 대해서는 어떠한 실재성도 부여하지 않는다.

만일 기호의 의미가 실재와의 관계에 의해 규정되는 것이라고 한다면, 기호의 의미는 궁극적으로는 사실적 세계에로 환원된다.

여기까지만 본다면 다산과 내지덕의 관점은 크게 다를 것이 없어 보인다. 그러나 다산이 내지덕의 착종설을 격렬하게 공격함으로써 두 사람 사이의 연대는 더 이상 유지되지 못한다. 내지덕이 말한 것처럼 왕필에게는 상을 무시해 버린 죄가 있지만, 죄의 경중을 굳이 비교하자면 내지덕의 죄가 왕필의 죄보다 더욱 크다. 왜냐하면 왕필은 경을 어둡게 하였을 뿐, 경을 어지럽힌 것은 아니었기 때문이다. 반면에 내지덕은 주공에 의해서 부여된 상의 의미규정과 관계없이 독자적인 상론象論을 주장함으로써 성경聖經의 본의를 어지럽혔다. 따라서 다산의 관점에서 본다면 취상取象의 이치를 티끌에 묻히게 한 것(塵埋)은 다름 아닌 내지덕 자신이었다.

내지덕은 모사설을 기본으로 삼았지만 상의 개념을 매우 다양하게 설정했다. 『주역집주』의 「역경자의易經字義」에서는 상象의 종류를 모두 여덟 가지로 분류하고 있다. 즉 ① 괘정지상卦情之象, ② 괘획지상卦畫之象, ③ 대상지상大象之象, ④ 중효지상中爻之象, ⑤ 착괘지상錯卦之象, ⑥ 종괘지상綜卦之象, ⑦ 효변지상爻變之象, ⑧ 점중지상占中之象이 그것이다.[33] 여기서 특히 문제가 되는 것은 첫 번째의 괘정지상이다. 내지덕은 괘정지상을 실재적 사물이나 이치에 근거하는 것이 아니라 상상력에 의해 설정된 것이라고 정의한다. 괘정입상론卦情立象論에 따르면, 상의 의미는 실재적 사물과의 연관성 아래 정해지는 것이 아니라 상상력에 의해 만들어진다.[34] 다시 말해서, 상象이란 감정으로 느끼는 대상을 상상력에 의해 만들어 내는 것이기 때문에, 반드시 현실이나

33) 來知德 撰, 王豐先 點校 『周易集注』 上, 中華書局, 2019, p.78.
34) 김영우도 그의 논문 「다산 정약용의 내지덕 역학 비판」(『다산학』 26호), pp.328~334에서 來知德의 卦情立象論에 관해 상세히 다루었다.

실재의 세계에 그 근거를 가질 필요가 없다. 내지덕은 상의 성격을 다음과 같이 정의하고 있다.

> 상象이란 사물과 이치의 그럴듯하고 거의 비슷해서 상상할 수 있는 것을 말하는 것이지, 정말로 실재로 그러한 사물이 있다거나 정말로 그러한 실재의 이치가 있다는 것이 아니다.[35]

내지덕에 따른다면, 함괘咸卦의 효사에 나오는 '무拇'(엄지발가락), '비腓'(장딴지), '고股(허벅다리), 매脢(등살)', '보輔(광대뼈), 협頰(뺨), 설舌(혀)' 등의 단어는 효사의 작자인 주공이 소남少男과 소녀少女가 서로 느끼는 감정을 상상력에 의해 표현한 것이기 때문에, 그러한 단어에 상응해서 괘상이 반드시 존재해야 하는 것은 아니다.[36] 그는 「설괘전」에 건乾은 말(馬)이라고 되어 있는데도 불구하고 건괘乾卦에 말은 나오지 않고 용이 나오는 것에 대해서도 괘정입상설로 설명한다.

> 괘정卦情에 의거해서 상象을 설정하는 경우가 있다. 예컨대 (「설괘전」에 따르면) 건괘乾卦는 본래 말이지만 (그 효사에서는) 용龍을 말하고 있다. 건도乾道는 변화를 말하고자 한 것이고 용은 변화의 물상이므로 용으로 표현한 것이다.[37]

원래 내지덕도 다산과 마찬가지로 모사론자였기 때문에 괘상을 실재하는 대상에 대한 모사로 간주하였다. 그렇지만 괘정지상卦情之象은 모사설로 설명할 수 없다. 아마도 내지덕이 여기서 모사설의 관점을 포기한 것은 「설괘전」의 물상을 적용하더라도 괘상에 맞지 않았기 때문일 것이다. 그러

35) 來知德, 『周易集注』, 卷1, p.2, 「周易集註原序」(『中國古代易學叢書, 卷27, p.3)
36) 來知德, 『周易集注』, 卷1, p.4, 「易經字義」(『中國古代易學叢書, 卷27, p.7)
37) "有自卦情而立象者, 如乾卦本馬, 而言龍, 以乾道變化, 龍乃變化之物, 故以龍言之."(來知德 撰, 王豐先 點校 『周易集注』 上, 中華書局, 2019, p.76.)

나 다산은 건괘에 나오는 용의 물상을 12벽괘의 추이 과정을 통해서 도출할 수 있었기 때문에 그러한 곤란을 느끼지 않았다. 만약 내지덕의 괘정입상론을 허용한다면 「설괘전」과 상관없이 어떠한 물상이라도 자의적으로 설정할 수 있을 것이다. 내지덕과 달리 다산은 모사설의 관점을 철저히 유지한다. 다산의 관점에서 본다면 상징은 객관적인 실재에 대한 모사이기 때문에 결코 허구적 실재나 상상의 산물이 될 수 없다. 상징이 존재하려면 반드시 그 이전에 실재가 존재하지 않으면 안 되기 때문이다. 다산은 내지덕의 괘정입상론을 다음과 같이 반박한다.

> 이러한 이치가 있어서 여기에 이러한 사물이 있고, 이러한 사물이 있어서 여기에 이러한 상이 있다. 만일에 이러한 사물이 없다면 또한 이러한 상도 없을 것이다. 진실로 이러한 이치가 없다면 이러한 사물도 없다. 지금 내지덕의 말에 이르기를 비록 상像이 있다고 하더라도 실재로는 이러한 사물이 없다고 하고, 또 비록 이 상이 있더라도 본래는 이러한 이치가 없다고 하니, 이 몇 마디 말들이 이미 혼탁하여 깨끗하지 않은 것이다.[38]

요컨대, 상징과 실재 사이에는 다음과 같은 상관관계가 성립한다. 리理가 있은 뒤에 사事가 있고, 사가 있은 뒤에 상像이 있다. 리의 법칙은 현상적 존재를 가능하게 하는 존재근거이며, 상징은 현상적 존재에 대한 기호적 모사물이다. 이처럼 상징의 의미가 실재로부터 도출된다고 보는 입장을 객관적 실증주의의 관점이라고 정의할 수 있다.

다산의 모사설模寫說에서는 모사 행위는 어디까지나 실재하는 대상이 먼저 존재해야만 이루어질 수 있다. 그러므로 상징만 존재하고 그 지시대

38) "有此理, 斯有此事. 有此事, 斯有此像. 若無此事, 亦無此像. 苟無此理, 亦無此事. 今來氏之言, 曰, "雖有此像, 實無此事. 雖有此像, 本無此理", 卽此數語, 已渾濁不淸矣."(「來氏易註駁」, 『易學緖言』, 『定本』 第17卷, p.206)

상은 존재하지 않는다는 것은 말이 되지 않는다. 다산은 "역사취상易詞取象, 개합실리皆合實理", 즉 역사易詞가 상象을 취함은 모두 실리實理에 부합한다고 주장하였다.[39] 다시 말해 상을 취하는 것은 실재하는 이치에 근거해야 한다. 다산은 건괘에 나오는 용에 대해서도 그것이 실재하는 동물이라는 것을 조금도 의심하지 않았다. 다산은 건괘의 주에서 용이 현실세계에 존재했던 동물이라고 주장하였다. 다산은 자신의 주장을 입증하기 위하여 『좌전』을 뒤져서 용의 출현에 대한 역사 기록을 찾아내었다. 『좌전』에 따르면 용은 두 번에 걸쳐 출현했다. 소공昭公 19년(BC.523)에 출현했을 때에는 정鄭나라 성문 앞에 나타나 서로 싸웠고, 소공 29년(BC.513)에는 진晉나라 도읍인 강絳의 교외에 출현했다. 그러나 이러한 설명은 좀 억지스러운 데가 있다. 유니콘이나 봉황, 현무, 주작 등 상상력에 의해서 만들어진 신화적 동물들의 경우는 어떻게 설명할 것인가? 인간은 상상력을 동원하여 지시체(referent)가 현실세계에 존재하지 않아도 상징을 만들어 낸다. 다산은 실학자여서 그랬는지 몰라도 『주역』 해석에서도 허구를 철저히 배제하려고 했던 것 같다. 그러나 모사설의 관점을 철저하게 지키려는 태도가 지나치게 협소한 기호학적 관점에 그를 가두어 놓지 않았는가 생각해 본다.

5. 다산의 내씨역 비판이 갖는 의미

명대에 관방官方에서 편찬된 『주역전의대전』의 권위의 해석에 도전하며 『주역』을 재해석한 내지덕의 상수학은 적지 않은 돌풍을 일으켰다. 내지덕

39) "左傳, 龍鬪鄭門[昭十九年], 易詞取象, 皆合實理."(『定本』 第15卷, p.130)

은 비록 사서삼경 전체에 걸쳐 의미 있는 연구 업적을 내놓은 것은 아니었지만 그가 역학사에서 차지하고 있는 비중은 결코 작지 않다. 그는 착종이라는 두 글자로써 『주역』 전체에 관통하는 명확한 해석의 관점을 부여했다. 그러나 『사고전서총목제요』에서 말한 것처럼 내씨역에 대해서는 평판이 엇갈렸다. 중국에서 그랬듯이 조선에서도 내씨역에 대한 수용의 태도에는 호감과 의심이 공존했다. 송시열의 영향을 받은 서인계 학자들과 소론 및 노론 계열의 일부 학자들은 내지덕의 역학에 대해 대체로 호의를 나타냈다. 반면에 이익과 안정복 등의 남인계 학자들은 내씨역에 견강부회가 많다고 생각했다. 다산의 내지덕 비판은 매우 혹독하다. 다산은 내씨역을 역가易家의 하승下乘이라고 했을 뿐 아니라, 심지어 역가의 대부大蔀라는 표현까지 써서 혹독한 비판을 쏟아 부었다. 다산이 왕필을 비난했던 이유는 상수를 제거함으로써 역학사에 큰 해를 미쳤다는 데 있지만, 내지덕은 상수로써 『역』을 해석했음에도 불구하고 오히려 왕필보다 더 심하게 비난받았다.

그러나 다산역과 내씨역의 체계를 상세히 비교해 보면 의외로 두 사람 사이에는 공통적 요소가 적지 않다. 첫째, 두 사람은 다 같이 상象을 중시하는 상수학자였다. 왕필이 득의망상得意忘象을 주장하여 상을 제거한 것을 비난했다는 점에서도 두 사람의 견해는 일치한다. 둘째 다산이 내지덕의 괘정입상설을 비판했지만, 그럼에도 불구하고 내지덕도 다산과 마찬가지로 상의 본질이 모사에 있다고 보았다. 셋째, 다산은 내지덕의 착종설을 심하게 비난했지만, 착종관계 자체를 부정한 것은 아니다. 내지덕의 착종설에서 상착의 관계는 다산역에서 변역에 해당하고, 상종의 관계는 반역에 해당한다. 내지덕은 상종괘 두 괘를 한 조로 묶어 상경에 18괘, 하경에 18괘가 있어서 『주역』 전부를 두고 보면 모두 36괘가 있는 것이 된다고 하였다. 마찬가지로 다산도 반역표에서 상경에 18궁, 하경에 18궁이 있어 모두

36궁이 있다고 했다. 비록 내지덕이 36궁이라는 용어를 직접 쓴 것은 아니지만 그 분석틀은 매우 유사하다. 다산역과 내씨역 사이에 이러한 공통적 토대가 있다는 점은 내지덕을 향한 다산의 혹독한 비난의 언사에 가려져서 간과되기 쉽다.

제14장 이광지가 제왕의 세勢를 끼고 유종의 지위를 차지한 것을 비난하다

1. 청대 사상사에서의 이광지 경학의 지위

명말청초에 흥기한 고증학은 실증적 고전연구를 제창하면서 일어난 학문이다. 명청전환기의 사상가들은 송대 성리학의 리기논쟁이 가져온 소모적 논쟁에 지치고 그 추상적 공허성에 염증을 느끼게 된 나머지, 리기理氣, 심성心性 등의 관념적 형이상학을 기반으로 하는 송학宋學을 배척하고 성운聲韻·문자文字·훈고訓詁를 위주로 하는 한학漢學의 전통에로의 복귀를 시도하게 되었다. 청대 고증학은 철학적 논리를 내세우기에 앞서 그러한 논리를 구성하는 원천인 언어와 문장의 의미를 실증적으로 밝히는 방법론을 중시함으로써 종래의 경서연구방법을 혁신하고자 한 데 그 의의가 있다. 특히 문헌의 진위를 판별함으로써 위서僞書를 가려내는 문헌고증학은 이전의 철학에서 신성시되었던 철학적 이념들의 권위를 무너트리는 데 결정적 역할을 담당하였다. 예컨대, 황종희黃宗羲는 『역학상수론易學象數論』과 『도서변혹圖書辨惑』을 통하여 주돈이와 소옹의 도서학이 근거로 삼고 있던 하도河圖와 낙서洛書가 위작임을 주장하였으며, 호위胡渭는 『역도명변易圖明辨』을 저술하여 하도와 낙서가 도사道士의 위작임을 논증함으로써 하도와 낙서의 위작논쟁에 종지부를 찍은 바 있다.

이처럼, 명말청초에 새롭게 조성되기 시작한 고증학은 영·정조 때 일어난 조선 후기의 실학에도 직접적인 영향을 미치기 시작하였는데, 엄밀한 증거와 철저한 검증을 요구하는 고증학적 정신은 조선 후기의 실학적 경학관을 형성하는 원동력이 되었다고 말할 수 있다. 다산의 실학도 역시 청대 고증학풍의 강력한 영향 아래 형성되었는데, 문헌고증과 훈고를 중시하는 경향은 다산 경학체계의 전반에 걸쳐 관철되고 있다. 그러나 다산의 경학에는 한학으로 복귀를 주장하던 복고적 고증학자들과는 확연히 구분되는 측면이 있다. 다산이 「오학론五學論」에서 지적하였듯이, 한대의 훈고학은 고증에 철저한 반면에 번쇄함에서 벗어나지 못하는 한계를 지니고 있으며, 송대의 성리학은 심오한 리기의 이치를 논하는 것 같으나 공리공담에서 벗어나지 못하는 한계를 지니고 있다. 이처럼 고증과 의리의 절충은 다산의 경학체계 내에서 일관되게 추구되고 있는 학문정신인바, 이 점에서 다산은 청의 대진戴震(1723~1777)에 비견될 수 있는 측면이 많다고 하겠다.

다산은 청대의 역학 대가들에 대하여 어떠한 견해를 가지고 있었을까? 앞서 언급한 황종희의 『역학상수론』이나 호위의 『역도명변』에 대해서는 일언반구 언급한 바가 없기 때문에 다산의 생각을 알 수가 없다. 또 다산과 비슷한 시기를 살다간 초순焦循(1763~1820)은 역학易學에 수학數學을 적용시킨 사상사적 의의를 가지고 있으나, 초순에 대한 언급도 역시 발견되지 않는다. 청대 사상가로서 다산이 비평했던 인물로는 이광지李光地(1642~1718)와 모기령毛奇齡(1623~1716)이 있을 뿐이다. 모기령과 이광지는 명말청초의 경학에서 주자학의 부정과 계승이라는 두 개의 상반된 이념적 학풍을 대변하고 있는 인물이다. 양자의 차이는 역학易學의 방법론에 있어서도 나타나는데, 모기령은 한학의 방법론을 추종하였던 반면에 이광지는 송학의 방법론을 계승하였다. 이광지는 청초淸初의 이른바 전당리학파殿堂理學派

를 대변하는 인물이다.[1] 전당리학이란 만주황제 및 귀족들의 정치적 권위를 빌려서 리학의 독존적 지위를 유지하려고 하였던 청대 초기 학풍의 한 계열을 지칭한다. 정주학적 계열의 계승자로서의 전당리학은 전통을 탈피한 새로운 철학적 이념을 추구하기보다는 관학적 성향을 띠고 있었다. 반면에 같은 시기의 모기령은 반주자학反朱子學의 선봉에 서서 주자학을 맹렬하게 공격하였다.

이처럼 이광지와 모기령은 '정주리학의 계승자'와 '반주자학자'라는 상반된 경학적 성격을 지니고 있었는데, 두 사람의 이러한 상반된 성격은 영·정조 시기의 조선조 지식인 사회에도 그대로 반영되었다. 정주 계열의 성리학을 존숭하는 노론계의 경기학인京畿學人들은 모기령 이하 명청대 고증적 경향의 학자들을 일부러 경시하려는 경향을 취하였으나, 다른 한편으로 이광지의 역학에 대해서는 그 의의를 존중하는 태도를 취하였다.[2] 반면에 이덕무李德懋 등의 북학파 학자들은 모기령이나 고염무顧炎武 같은 고증학자들의 이론을 대체적으로 존중하는 태도를 취하였다. 남인 계열의 다산은 「제모대가자모역괘도설題毛大可子母易卦圖說」을 지어 모기령에 대해 혹독한 비판을 서슴지 않았다. 그러나 내면적으로는 두 사람의 방법론 사이에 공통점도 상당수 발견된다. 거기에 비한다면, 이광지에 대해서는 외형적으로나 실제로나 비판으로 일관하고 있음을 발견할 수 있다. 이광지에 관해서는 『역학서언』의 「이씨절중초李氏折中鈔」에서 상당한 분량의 지면을 할애하여 상세한 비평을 가하고 있다. 최근 학계에서는 다산 경학의

1) 李光地는 字가 晉卿이며, 號는 厚庵이다. 명조 崇禎 15년(1642)에 태어나 康熙 57년(1718)에 사망하였다.

2) 예컨대, 정조 때, 京畿學人으로서 활발한 저술을 하였던 홍석주洪奭周(1774~1842)는 李光地의 역학에 관해서는 "近世說易之士, 惟李光地一人, 可以上下, 餘皆不及也"라고 평가하였던 반면에, 모기령의 『중씨역』을 일부러 거론하지 않음으로써 무시하려고 하였다. (沈慶昊, 「조선후기의 경학연구법 분화와 毛奇齡 비판」, 『東洋學』 第29輯, 단국대학교 동양학연구소, 1999년 6월)

형성에 미친 모기령의 영향과 관련해서 여러 편의 논문이 발표되었으나, 이광지와 다산의 관계에 관해서는 아직 별다른 논의가 전개되고 있지 못한 실정이다.[3] 그러나 이광지가 정주리학의 계승이라는 청대 경학의 또 다른 이념적 축을 형성하고 있는 사상가라는 점을 고려한다면 이광지와 다산의 관련성은 결코 소홀히 다룰 수 없는 주제라고 하겠다.

2. 『주역절중』에 대한 비판

다산은 이광지가 비록 『주역절중周易折中』을 편찬한 공로는 있지만 근본적으로 어용학자로서의 한계를 벗어나지 못한 인물이라고 보았다. 다산이 「이씨절중초李氏折中鈔」에서 이광지가 비록 대학사大學士로 행세하고는 있지만 제왕帝王의 세勢를 끼고 유종儒宗의 지위를 독차지하려고 했던 것에 불과하다고 혹평하면서,[4] 이광지를 평생 관학官學의 한계를 벗어나지 못했던 어용학자의 모습으로 묘사하였다.[5]

그렇지만 이광지가 설령 관학의 한계를 벗어나지 못했던 것이 사실이라

---

3) 다산의 「이씨절중초」에 관한 연구로는 다음과 같은 논문들이 있다. ①拙稿, 다산의 이광지 역학에 대한 비판, 철학연구 90집, 2004. ②이난숙, 「정약용의 이씨절중초 고찰Ⅰ」, 『율곡학연구』 제40집, 2019. 그 밖에 「이씨절중초」에 관해 부분적으로 언급한 논문으로 다음과 같은 논문이 있다. ③신재식, 「조선후기 지식인의 이광지 수용과 비판」, 『한국실학연구』, 34집, 2017. ④김병애, 「절중의례에 보이는 신후담 역학요소의 기념분석과 성호문인의 주역절중 논변」, 『동양철학연구』 99집, 2019.

4) 李光地는 강희황제 때 출세한 인물이었으나, 그 벼슬자리는 다른 사람들의 희생 위에 이루어졌다. 강희13년(1674년)에 三藩의 난이 일어나자, 陳夢雷와 함께 모의하여, 한편으로는 陳夢雷로 하여금 福州에서 난을 일으킨 耿精忠에게 투항하게 하는 한편, 다른 한편으로는 陳夢雷와 李光地의 두 사람의 이름으로 밀서를 강희황제에게 바쳐서 충성을 서약하기로 약속하였다. 그러나 이광지는 陳夢雷의 이름을 빼고, 밀서를 바침으로써 혼자서 입신양명의 길로 나아갔다.

5) 「李氏折中鈔」의 序에 따르면 「李氏折中鈔」의 성립시기는 '道光元年 辛巳冬', 즉 1821년이다.

고 하더라도 그가 경학의 발전을 위해 상당한 공헌을 하였다는 점을 무시할 수는 없다. 특히 이광지가 강희제康熙帝의 칙명을 받들어 편찬한 『주자전서朱子全書』, 『성리정의性理精義』 등의 텍스트는 정밀한 교감작업을 통하여 간행된 것으로서 교과서적 텍스트의 한 전형으로 높이 평가받고 있다. 이광지가 어명에 의해 편찬한 『주역절중』도 역시 『역경』의 원형을 복원시켰다는 점에서 『역경』 텍스트의 변천사에서 중요한 의의를 지닌다.[6] 즉 비직費直 이래 경經의 본문과 전傳의 주석이 혼합되어 통용되고 있던 『영락대전永樂大全』 등의 통행본 체제를 수정하여 경과 전이 분리되어 있던 고경古經의 원형을 복구시킨 것이 『주역절중』이다. 다산은 『주역절중』의 편제의 특징을 다음과 같이 서술한다.

> 강희황제가 대제학 이광지에게 『주역절중』을 편찬하도록 명하고 제호題號를 어찬禦纂이라고 붙이니, 모두 22권이었다. 그 저서의 예를 보면, 주자의 『주역본의』를 제일 앞세워 원주原註로 삼고, 그 다음으로 정자程子의 『역전易傳』을 기록하였다. 또 그 다음으로 「집설集說」에서는 이정조李鼎祚와 육덕명陸德明의 책 중에서 한위漢魏 이래 선유들의 설을 채취하였으며, 『영락대전』 중에서 송원宋元 제유의 설을 취하고 또 거기에 덧붙여 명유明儒들의 말도 첨부하여 삽입하였다. 그리고 그 다음으로 「안案」이라고 한 부분에서 말한 것은 이광지의 자저自著이다. 경經을 해석한 뒤 그 말미에 다시 『계몽부론啓蒙附論』(一卷)과 『서괘잡괘명의序卦雜卦明義』(一卷)를 첨부하였다.[7]

그러나 다산은 『주역절중』이 『영락대전』의 심원深遠함에 비교할 때 크게 못 미치며, 단지 빈 말과 베낀 말로 가득 차 있을 뿐이라고 혹평한다. 『주역절중』

---

6) 廖名春 外, 『주역철학사』, 예문서원, 1994, pp.572~573.

7) "康熙皇帝, 命大學士李光地, 撰周易折中, 而題之曰禦纂 共二十二卷 其書之例 進朱子本義以爲原註 退程子之傳 錄於其次 又次以集說者 就李鼎祚 陸德明書中 抄取漢魏以來 先儒之說 就永樂大全中 抄取宋元諸儒之說 而明儒所言 因亦附入 又次以案說者 李光地自著也 解經之末 又有啓蒙附論一卷 序卦雜卦明義一卷."(「李氏折中鈔」, 『易學緖言』, 『定本』 第17卷, p.216)

은 고주古注와 금주今注 사이의 절충을 시도하고 있으나, 다산의 관점에서 볼 때 이광지가 시도한 '절중折中'은 결코 성공하지 못했다. 다산의 이러한 비평은 지나치게 혹독한 것일 수도 있다. 왜냐하면 『주역절중』은 여러 역학가의 설을 두루 채집하여 취사선택함에 있어 공정성을 유지하였다는 점에서, 명·청대를 통틀어 이 책보다 더 나은 책이 없다는 평가를 받고 있기 때문이다.[8] 그러나, 『주역절중』의 발간 이후로 송역宋易의 학문적 전통이 더 이상 발전하지 못하고 쇠락의 길로 접어들었다는 점을 상기해 본다면 『주역절중』의 발간은 송역의 전개사의 정점에 자리 잡고 있다고 하겠다.

3. 이광지의 괘변설 부정에 대한 반박

구체적인 역학 해석방법론의 영역으로 들어가면 이광지의 한계는 더욱 분명해진다. 다산이 이광지를 못마땅하게 생각하는 가장 큰 이유는 왕필에 대해 호의적 시선을 보내고 있다는 점 때문이다. 이광지가 왕필을 존중한다는 것만 보더라도 그의 학문에 문제가 많다는 사실을 뻔히 알 수 있다. 왜냐하면 누구보다도 역학사를 망쳐 놓은 인물이 왕필이기 때문이다. 한대 역학에서 성행하였던 납갑納甲, 비복飛伏, 호체互體, 괘변卦變 등의 이론들이 모조리 폐기된 것도 왕필의 영향에서 비롯된 것이었다. 비록 납갑과 비복 등의 설이 술수術數를 위한 잡설에 불과한 것이 사실이라 하더라도, 그것을 미워한 나머지 괘변卦變과 물상物象의 이론마저 버린다면 그것은 어불성설일 것이다.[9] 한역의 이론에는 순수함과 잡박함이 뒤섞여 있으니,

---

8) 廖名春, 『주역철학사』, 예문서원, p.573.

9) "易亡於王弼而尊之如此 其學可知 納甲飛伏 固可惡也 卦變物象 豈宜棄之."(「李氏折中鈔」, 『易學緒言』, 『定本』 第17卷, p.217)

옥석을 가리지 않고 전부 배척하는 것이 과연 옳겠는가?

다산에 따르면, 이광지의 잘못은 헤아릴 수 없이 많지만 그 중에서도 가장 큰 과오는 괘변설을 폐지한 데 있다. 괘변설은 우번虞翻과 촉재蜀才 등에 의하여 계승되어 내려왔으니, 역학사로 보더라도 그 전승의 계보가 분명한 이론이다. 이광지는 왕필의 영향으로 괘변설을 폐지하였으나, 정작 왕필 본인은 비괘賁卦의 주注에 이르러 돌연 괘변설을 채택하고 있다. 정이천程伊川도 역시 괘변설을 배척하였으나 수隨, 고蠱, 서합噬嗑, 비賁, 함咸, 항恒, 손損, 익益 등의 괘에 이르러서는 괘변설을 취하지 않을 수 없었다. 그렇다면 왕필과 정이천처럼 어떤 특정한 괘에는 괘변설을 취하고 그 외의 괘에는 괘변설을 적용하지 않아도 되는 것일까? 다산은 그런 가능성을 부정하면서 그 이유를 다음과 같이 밝힌다.

> 우번과 촉재가 모두 이 괘변설을 수용했으니 어찌 짧은 한 편의 문장으로써 단정하여 무고하게 속일 것인가? 왕필이 애써서 괘변을 제거해 버리려고 하였으나 비괘賁卦의 주에 이르러서는 어쩔 수 없이 괘변의 뜻을 따를 수밖에 없었고, 이천이 괘변을 취하지 않았으나 수괘隨卦, 고괘蠱卦, 서합괘噬嗑卦, 비괘賁卦, 함괘咸卦, 항괘恒卦, 손괘損卦, 익괘益卦의 「단전」에 이르러서는 괘변의 뜻을 따르지 않을 수 없었다. (그런데) 용촌榕村이 어째서 무리하게 이처럼 단정하였는가? 63괘가 모두 괘변을 취하지 않다가 오직 비괘의 한 괘에서만 이런 상이 우연하게 있을 리는 없다. 56괘가 모두 괘변을 취하지 않다가 오직 수괘, 고괘, 서합괘, 비괘, 함괘, 항괘, 손괘, 익괘의 경우에만 우연하게 이런 상이 있겠는가? 세상에 그럴 리는 없다.[10]

그러면 이광지가 괘변설을 폐지하려고 했던 주된 근거는 무엇일까?

---

10) "虞翻 蜀才 咸有所受 安得一筆句斷 歸之於誣罔乎 王弼 力掃卦變 而於賁卦之註 不得不遵義 伊川 不取卦變而隨・蠱・噬・賁・咸・恒・損・益之傳 不得不勉從 榕村 何得硬定 如是 六十三卦 皆無卦變 而唯賁一卦 偶有此象 無是理也 五十六卦 皆無卦變 而唯隨・蠱・噬・賁・咸・恒・損・益 偶有此象 無是理也."(「李氏折中鈔」, 『易學緖言』, 『定本』 第17卷, p.221)

이광지는 「단전」의 특정 문구가 괘변설자들에 의해 강력한 논거로 사용되고 있지만, 그러한 표현들은 단지 허상虛像에 불과하다고 주장한다. 예컨대 "강유剛柔가 오고 간다" 혹은 "강유가 오르고 내린다" 등의 표현은 실제로는 아무것도 의미하지 않는다.[11] 그러나 이광지처럼 경의 표현이 허상이라는 것을 인정한다면 곧 경의 저자인 성인의 말씀을 부정하는 결과를 맞게 된다. 옛적에 복희씨 등은 자연에 대한 관찰을 바탕으로 『역경』을 저술하였지, 허상에 의거해서 문구를 배치하지는 않았을 것이다. 괘변의 이치도 이광지의 생각처럼 선유들이 조작해 낸 것이 아니라, 자연의 실제 이치에서 비롯된 것이다. 천지간에는 사물이 소종래所從來도 없이 홀연히 눈앞에 나타나는 법이란 없다. 따라서 성인이 귀신에 홀린 것이 아니라면 허상을 볼 리 없는 것이다. 만일 허상을 본 것이 아니라면 왜 경문에 쓸데없는 문구를 배치하였겠는가?[12] 「단전」의 저자가 "강유왕래剛柔往來"의 구절을 삽입함으로써 의도했던 것은 훗날 해석자들로 하여금 괘에서 어떤 변화가 발생하고 있음을 알아차리도록 하는 것이었다.

이런 관점에서 본다면, 다산은 '역중무일자허설易中無一字虛設'이라는 상수학의 제1원칙을 철저히 따르고 있다. 즉 『역경』 가운데에는 어떤 글자도 헛되이 배치된 것이 없다는 것이다. 이광지는 태괘泰卦와 비괘否卦의 "소왕대래小往大來", "대왕소래大往小來" 등의 표현이 괘변설을 지지하는 증거가 될 수 없다고 주장하였지만, 다산의 관점에 따르면 이광지의 공격은 논점을 일탈하고 있다. 왜냐하면 사시지괘四時之卦와 재윤지괘再閏之卦의 경우에는 괘변이 아니라 교역交易 혹은 변역變易을 취하는데, 태괘泰卦와 비괘否卦는 사시지괘四時之卦에 속하기 때문이다.

---

11) "彖傳中有言剛柔往來上下者 皆虛象也"(「李氏折中鈔」, 『易學緖言』, 『定本』 第17卷, p.221)
12) "經云 往來 都是虛象 則是聖人所觀 本虛像也 不中鬼魅而眼見虛象乎"(「李氏折中鈔」, 『易學緖言』, 『定本』 第17卷, p.221)

태괘泰卦와 비괘否卦는 교역交易의 관계에 있다. "소왕대래小往大來", "대왕소래大往小來"라고 한 것은 천지비괘天地否卦와 지천태괘地天泰卦가 서로 교역의 관계에 있음을 말한다. 사시의 괘와 재윤의 괘는 (어떤 괘로부터도) 변화를 받는 것이 없는 까닭에 대부분 교역으로써 상象을 취하거나 혹은 변역變易으로써 상象을 취한다. (臨卦에서 '八月有凶'이라고 한 경우) 용촌榕村이 오직 태괘와 비괘의 효사만을 가지고 괘변의 뜻을 격파하고자 하였으니 뜻을 이룰 수 있었겠는가? 천지간에는 사물이 소종래도 없이 홀연히 눈앞에 나타나는 일이 없다. 이미 강래剛來라고 하였으니 그것은 상체上體로부터 왔다는 것을 분명히 말한 것이며, 이미 상체上體로부터 아래로 왔다고 하였으니 그것은 어떤 한 괘가 지금 있는 괘의 옛 본체가 됨을 분명히 밝힌 것이다. 그런데 이미 (그 소종래가 되는) 한 괘가 있다고 하였으니, 곧 십이벽괘十二辟卦만이 거기에 해당될 수 있다. 이것을 일러 괘변이라고 한 것이니, 괘변설은 결코 선유들이 조작해서 만들어 낸 것이 아니다.[13]

이처럼 다산은 이광지가 괘변설을 폐기시킨 것을 집중적으로 공격하고 있으나, 그의 비난은 단지 괘변설에 한정되지 않는다. 이광지의 역학의 과오는 비단 괘변설을 믿지 않은 것에 그치지 않는다. 이광지는 효변설에 대해서도 알지 못했고, 역학의 근본 토대라고 할 수 있는 물상物象마저도 채택하지 않았다. 이광지는 정주학을 계승하고 있음을 내세우고 있으나, 주자가 채택하고 있는 괘변설도 취하지 않았으니 그 학문적 내용은 주자의 학문으로부터 거리가 멀다.

종합적으로 말해서, 용촌榕村의 학문은 괘변을 믿지 않았고 효변도 알지 못했으며 호체를 쓰지 않았고 물상도 쓰지 않았다. 비록 스스로는 주자를 독실하게 믿는다고 말하고 있으나, 괘변을 믿지를 않았으니 이미 주자의 학문이 아니다. 비록 스스로는

13) "泰否者 交易也 小往大來 大往小來者 天地地天之交易也 四時兩閏之卦 無所受變 故多以交易取象 或以變易取象 (臨八月有凶) 榕村 單執泰否之詞 以擊卦變之義 得乎 天地間 物無無所從來而忽現於目前者 既云 剛來 明自上體下來 既云 自上體下來 則明有一卦爲今卦之舊體 既有一卦則唯十二辟卦 可以當此 此之謂 卦變 卦變 非先儒之設造也."(「李氏折中鈔」, 『易學緖言』, 『定本』第17卷, p.221)

> 고금을 넓게 종합하였다고 말하고 있으나, 괘변과 물상의 흔적은 모두 도태되어 버렸다. 오로지 빈 말과 베낀 말을 취하였을 뿐이다. 의리의 이론을 부연한 것이 왕필의 적전嫡傳으로 조잡하였으니, 『영락대전』의 심원함에는 미치지 못하였다.[14]

마침내 다산은 이광지를 주역사의 정통성을 훼손시킨 인물로 묘사하고 있다. 역학사의 훼손은 이미 정현鄭玄에 의해 시작되었지만, 왕필의 등장에 의하여 결정적 타격을 입은 바 있다. 순상荀爽, 우번虞翻, 이정조李鼎祚, 주자朱子는 하마터면 멸실될 뻔한 괘변설을 위기에서 건져 올렸다. 그런데 이제 겨우 회복되려고 하는 괘변설의 명맥에 이광지가 다시 치명적인 타격을 입히고 말았으니, 이것이야말로 이미 한 번 망한 『주역』을 또 다시 멸망시킨 것이 아니고 무엇이겠는가? 결국 이광지의 학문도 알고 보면 제왕의 위세를 끼고 유종儒宗의 지위를 차지한 것에 불과하다는 것이다.[15] 다산이 이광지를 비판하고 있는 진정한 이유도 역시 한역에 근거를 둔 괘변설 등을 채택하지 않았기 때문이지, 이광지가 주자설을 추종하지 않았기 때문은 아닐 것이다. 여기에는 표면적 명분과 실제적 이유 사이의 괴리가 확실히 존재한다. 즉 표면적으로는 이광지가 주자설을 추종하지 않은 것을 비난하고 있는 것 같으나, 실제적으로는 주자도 계승했던 한역의 방법론을 이광지가 일방적으로 폐기한 데 그 비난이 향해지고 있다고 하겠다.

그 다음으로 괘변설과 관련하여 「이씨절중초」에서 주목해야 할 부분은 괘변설의 기원과 관련된 다산의 주장이다. 다산은 「이씨절중초」에서 괘변

---

14) "總之, 榕村之學 不信卦變 不知爻變 不用互體 不用物象 雖自以爲篤信朱子 而不信卦變 則已非朱子之學 雖自以爲博綜古今 而漢魏儒說 及宋元儒說 其有卦變物象之跡者 悉行淘汰 唯取其空言謄說敷衍義理之論者 以爲粗雜大較王弼之嫡傳 其不及永樂大全."(「李氏折中鈔」, 『易學緖言』, 『定本』 第17卷, p.216)

15) "哀哉! 『周易』! 一遭鄭玄. 旣大厄矣. 虞翻・荀爽, 僅僅扶顚, 而王弼起矣. 再遭王弼, 其大厄矣. 李鼎祚・朱晦菴, 綿綿延脈, 而李光地又作矣. 挾帝王之勢, 據儒宗之位,【李光地, 文廟配享.】以滅此旣亡之『周易』, 抑獨何哉!"(「李氏折中鈔」, 『易學緖言』, 『定本』 第17卷, pp.221~222)

설에 대한 이해의 관점을 하사下士·중사中士·상사上士의 세 관점으로 분류하고 다음과 같이 주장하였다.

> 하사下士는 무지한 까닭에 괘변의 설이 우번으로부터 일어났다고 말하고, 중사中士는 조금 아는 것이 있어서 괘변의 뜻이 본래 공자로부터 비롯된다고 말하고, 상사上士만이 홀로 깨달은 바가 있어서 괘변의 법이 이미 복희씨가 괘를 명명하기 이전에 존재했다고 말한다.[16]

첫째, 하사는 괘변설의 기원을 우번에게서 찾는다. 이것은 역학사에서 상식처럼 되어 있는 견해이며, 일반적으로 승인되고 있는 관점이다. 둘째, 중사는 괘변설의 근거를 「단전」의 "강래이득중剛來而得中", "유래이문강柔來而文剛" 등의 문구에서 찾는다. 셋째, 상사는 복희씨가 괘를 명명할 때 괘변설이 이미 적용되었다고 주장한다. 상사의 견해는 일반적으로 인정받는 것은 아니지만, 그럼에도 불구하고 매우 독창적인 견해(獨見)이다.

이상의 논의를 종합해 보면, 괘변설의 기원과 관련하여 세 가지 관점이 성립한다. 첫째, 괘변설은 우번에게서 시작된 것으로 보는 관점이다. 둘째, 괘변이 「단전」에 나타난다는 것을 근거로 괘변설은 「단전」의 저자인 공자에 의해서 시작되었다고 보는 관점이다. 셋째, 괘변설을 『주역』을 해석하는 가능한 많은 관점 가운데 하나가 아니라 오히려 작역자作易者가 『주역』을 저술할 때 괘획卦畫과 역사易辭를 연계시켰던 원리로 보는 관점이다.

첫 번째 견해는 역학사에서 승인되고 있는 매우 일반적 견해이지만, 다산은 이러한 관점이 무지에서 비롯된 천박한 견해에 불과하다고 보았다. 다산은 『주역사전』의 「사전소인」에서 추이推移[17]가 주자朱子의 학설이라고

---

16) "下士無知, 謂卦變之說, 起於虞翻. 中士有知, 謂卦變之義, 本諸孔子. 上士獨見謂卦變之法, 已起於伏羲氏名卦之先."(「李氏折中鈔」, 『易學緒言』, 『定本』 第17卷, p.222)

17) 다산은 卦變이라는 일반적 용어 대신에 推移라는 용어를 주로 사용하였다. 그러나 추이는 卦變의 다른 이름에 불과하다. 따라서 일반적인 경우에는 괘변이라는 용어를

밝혔다. 그런데 주자 학설은 우번의 학설을 발전시킨 이론이기 때문에 괘변설의 기원은 결국 우번에게로 소급된다.

두 번째 견해는 대부분의 괘변설자들의 지지를 받는 이론으로서, 다산은 중사의 견해에 대해 조금 "아는 것이 있다"(有知)라고 평가하였다. 이들이 괘변의 근거로 삼고 있는 것은 괘획의 이동에 관해서 언급하고 있는 「단전」의 문구이다. 그런데 「단전」의 저자는 공자로 알려져 있으므로, 괘변설의 기원은 우번을 넘어서서 공자에게까지 소급된다. 그러나 엄밀히 말한다면 「단전」은 『주역』의 경문을 해설하는 십익의 일부일 뿐 경문은 아니다. 따라서 「단전」에 나타난 문구를 근거로 해서 괘변이 작역자의 저술원리라고 주장한다면 논리적 비약이 따르게 된다.[18] 두 번째 견해를 주장하는 대표적 인물로서 주자가 있다. 주자는 괘변설을 '역중지일의易中之一義'일 뿐이지 '획괘작역지본지畫卦作易之本旨'는 아니라고 주장하였다. 이러한 관점에 따르면, 괘변설은 『주역』 이해를 위한 다양한 해석의 관점 중 하나일 뿐이며 『주역』의 제작원리는 아니다. 그러나 다산은 추이가 "주자지의야朱子之義也" 라고 말함으로써 주자도 괘변설을 주장했다는 사실을 상기시켰으나 괘변설의 기원에 관해서는 주자의 견해에 동조하지 않았다.

세 번째 견해는 괘변설이 우번에게서 시작된 것도 아니고 공자에 의해서 만들어진 것도 아니며, 『주역』의 괘획과 동시에 성립된 것이라고 주장한다. 모기령은 괘변을 '연획계사지본지演畫繫辭之本旨'라고 주장하였는데, 이러한 주장이 세 번째 유형에 속한다고 볼 수 있다. '연획계사지본지'란 『주역』의

사용하기로 하고, 추이라는 용어는 다산의 괘변설에 한정해서 사용하기로 한다.

18) 林在圭는 「彖傳」의 卦變說을 근거로 해서 『周易』에 원래부터 괘변설이 있었다는 것을 추론할 결정적 근거는 되지 못한다고 주장하였다. 왜냐하면 十翼 중에서 漢代 初期에 존재했던 것은 「계사전」과 「설괘전」의 일부분에 지나지 않고, 「단전」은 그것이 존재했는지 여부도 분명치 않기 때문이다.(林在圭, 「丁若鏞推移論新探」, 『종교연구』 제70집, 한국종교학회, 2013, p.305)

저자가 괘획을 그려 놓은 다음에 그것을 경문과 연계시킬 때 적용했던 원리를 가리킨다. 모기령의 '연획계사지본지'란 곧 주자의 '획괘작역지본지畫卦作易之本旨'에 해당된다. 다산의 관점은 괘변을 '연획계사지본지'로 보는 모기령의 주장과 일치한다. 이것은 주자가 부정하였던 획괘작역지본지畫卦作易之本旨를 다산은 오히려 긍정하였음을 의미한다.[19] 다산이 이러한 견해를 형성함에 모기령의 영향을 받았다는 명확한 증거를 그의 저술에서 확인할 수는 없다. 다산은 「제모대가자모역괘도설題毛大可子母易卦圖說」을 지어서 모기령의 추이설을 강력하게 비난하였고[20] 『매씨서평』에서도 역시 모기령의 역학을 비난한 바 있다.[21] 그러나 모기령에 대한 다산의 맹렬한 비난에도 불구하고 모기령의 영향은 다산의 역학관 형성에 은밀히, 그리고 깊숙이 침투해 있다. 다산이 모기령의 『중씨역』을 읽고 그 견해를 여러 방면에서 수용하고 있었다는 것은 부인할 수 없는 사실이다. 따라서 다산이 모기령의 저서로부터 영향 받았을 것이라고 추정하는 것은 매우 합리적인 추론이 된다.

그러나 세 번째 상사의 견해는 역학사를 통해 공인되지도 않았을 뿐 아니라 괘변설의 주장자들 사이에서도 전폭적 지지를 받지 못했다. 그렇다면 다산은 무슨 근거에서 괘변설이 우번에게서 시작된 것이 아니라 『주역』의 괘획과 동시에 성립된 것이라고 주장하는 것일까? 「이씨절중초」를 통해 그 근거를 살펴보기로 하자.

그것은 왜 그러한가? '떨어질 수'(隋)와 '따를 수'(隨)와 '떨어질 타'(墮)와 '무너질 휴'(隳)의

---

19) 임재규에 따르면 다산의 괘변설에서 볼 수 있는 "畫卦作易之本旨說'은 멀리는 荀爽의 괘변설에서 가까이는 吳澄의 괘변설에서 그 원류를 찾아볼 수 있다.(林在圭, 「괘변설의 변천과정에서 본 다산의 추이론」, 『다산학』 26호, 다산학술문화재단, 2015, p.252)

20) 「題毛大可子母易卦圖說」(『定本』 第3卷, p.166)

21) "蕭山 毛奇齡, 字大可,……其爲易學, 則不知爻變, 膠固木強而十二辟推移之外, 自刱子母易之法, 義例喎戾, 無一中理"(『梅氏書平』, 『定本』 第13卷, p.90)

> 글자는 본래 서로 통하니, '수隨'는 높은 데에서 떨어지는 것을 뜻한다. 수괘隨卦는 비괘否卦로부터 왔으니, 높은 산꼭대기(巓)로부터 떨어져 지극히 낮은 땅에 이르는 것[상上이 일一로 감]을 일러 '수隨'라고 한다. '쫓을 추'(追)와 '따를 수'(隨)의 두 글자는 또한 본래 서로 통한다. 만약 세 사람이 같이 길을 떠났으면 그 중 제일 앞에 있던 사람이 뒤로 떨어져서 갑자기 몇 발자국(數武) 뒤에 있는 것[상上이 일一로 감]을 이름하여 '추追'라고 하고 또한 '수隨'라고 하니, 이 역시 떨어짐(墮落)의 뜻이다. 복희씨가 괘를 처음으로 이름 지을 적에, 원래 괘변의 뜻을 위주로 명명했던 것이다. 그런데 이에 저 어두운 교역交易의 설을 가지고 하늘(天)이다 땅(地)이다 말하고 있으니, 그 때늦음은 어찌된 일인가! 또한 괘변설이 어찌 수괘隨卦의 경우에만 해당하겠는가? 송괘訟卦는 두 개의 입(兩口)이 서로 마주보고 분별하는 형상이니, 만일 (송괘가) 중부괘中孚卦로부터 오지 않았으면 송訟이라고 명명되지 않았을 것이다. 건괘蹇卦는 다리 한쪽이 못쓰게 된 것(偏廢)을 가리키니, 만일 (건괘가) 소과괘小過卦로부터 오지 않았다면 건蹇이라고 명명되지 않았을 것이다. (또) 건乾의 얼음(冰)이 변하여 물이 되는 것을 이름하여 환渙이라고 한 것이니, (환괘가) 비괘否卦로부터 오지 않았다면 (건의) 얼음이 있을 리 없을 것이다. (그리고) 진震의 다님(行)을 위로 뽑는 것을 이름하여 절節이라고 한 것이니, (절괘가) 태괘泰卦로부터 온 것이 아니라면 대나무(竹)가 있을 리 없을 것이다. 손괘損卦와 익괘益卦와 승괘升卦와 췌괘萃卦 등 그렇지 않은 경우가 없다. 복희씨가 괘를 명명할 때에도 모두 괘변으로 말미암아 이렇게 한 것인데, 성급하게 승복하지 않고 오히려 왕필을 장자長者로 삼으니 또한 어리석지 않은가![22]

위의 인용문을 통해 다산의 관점이 상사의 견해와 일치한다는 것을 어렵지 않게 짐작할 수 있다. 다산이 괘명에 괘변의 원리가 반영되어

---

22) "何也? 隋·隨·墮·隳字, 本相通. 隨者, 自高而墮落也. 卦自否來, 則自至高之巓, 墮到至卑之地[上之一] 斯之謂, 隨也. 追, 隨, 二字, 亦本相通. 有若三人並行, 其最居前者, 落後卻在數武之後[上之一] 則是名爲追, 亦名爲隨, 亦墮落之義也. 伏羲名卦之初, 原主卦變之義, 而命之爲名, 乃執蒼蒼交易之說, 曰天曰地, 何其晩也? 豈唯隨矣! 訟者, 兩口對辨也. 不自中孚, 則卦不可以名訟也. 蹇者, 一足偏廢也, 不自小過, 則卦不可以名蹇也. 乾冰化水, 是, 名爲渙. 不自否, 則無冰矣. 震行上抽, 是名爲節. 不自泰, 則無竹矣. 損·益·升·萃, 無不然者, 伏羲名卦, 悉由卦變如此, 而悍然不服, 猶云, 王弼爲長者, 不亦愚哉!"(「李氏折中鈔」, 『易學緒言』, 『定本』 第17卷, pp.222～223)

있다고 제시한 사례는 수隨·송訟·건蹇·환渙·절節·손損·익益·승升·췌萃 등 9괘의 사례이다. 이처럼 64괘의 괘명이 괘변의 증거가 된다는 주장은 매우 흥미롭다. 문제는 그 주장을 뒷받침하는 증거가 되는 것이 오로지 괘명밖에 없다는 데 있는데, 괘명을 괘변설의 근거로 삼기 위해서는 다음의 세 가지 조건이 충족되어야 한다. 첫째, 괘변의 원리가 괘명에 반영되어 있음이 명백히 증명되어야 한다. 둘째, 괘명은 64괘의 기호가 처음으로 제작되었을 때 동시에 부여된 것이다. 셋째, 기호가 처음으로 제작됨과 동시에 괘명이 부여되었을 뿐 아니라, 그 이후로도 괘명은 변경되지 않았다. 따라서 통행본 『주역』의 64괘의 괘명은 64괘가 최초로 만들어졌을 때 부여되었던 괘명과 일치한다. 만약 세 가지 조건이 충족된다면, 우리는 괘변설의 근거를 우번과 공자를 넘어서 『주역』의 저자에게로 소급시킬 수 있을 것이다.

이러한 문제를 고찰하기 위해서는 통행본 『주역』 이전의 시대로 거슬러 올라가 『주역』의 원형에 접근해야 한다. 『주역』의 원형이 어떠했는지를 알 수 있는 충분한 정보는 우리에게 주어져 있지 않다. 그럼에도 불구하고 마왕퇴馬王堆 백서본帛書本과 상해박물관上海博物館 소장 전국시대 초간본楚簡本 『주역』 등의 최근 출토문헌들은 통행본 이전의 『주역』의 원형에 접근하는 단서를 제공해 준다. 백서본·초간본·통행본의 세 가지 형태에서 괘명을 비교해 보면 괘명이 일치하지 않는다는 점이 드러난다. 팔괘의 괘명은 마왕퇴 백서본과 통행본 『주역』에서 서로 다르게 나타난다.[23] 그러나 비록 글자가 서로 다르다고 하더라도 통가通假의 관계가 인정된다면 동일한 의미를 나타내는 글자로 간주될 수 있다.

23) 通行本(즉 今本)과 馬王堆 帛書本의 八卦의 명칭을 비교하면 다음과 같다.

今本	乾	坤	艮	兌	坎	離	震	巽
帛書	鍵	川	根	奪	贛	羅	辰	筭

「이씨절중초」에서 다산은 괘명에 괘변이 적용된 경우로 수괘隨卦를 예로 들고 있다. 수괘의 괘명은 백서본에는 '수隋'로 되어 있고, 초간본에서는 '휴陸'로 되어 있다.[24] 육덕명의 『경전석문』에 "수隨는 따르는 것이다"(隨, 從也)라고 하였으니, 통행본 수괘隨卦의 괘명인 '수隨'에는 '따르다' 혹은 '좇다'의 의미가 있다. 백서본에는 '수隋'로 되어 있는데, 여기에는 '떨어지다'의 의미가 있다. 그리고 『설문』에 "무너진 성의 언덕을 가리켜 '휴陸'라고 한다"(敗城阜曰陸) 하였으니, '휴陸'에는 '무너지다'의 의미가 있다.[25] 휴陸의 속체자俗體字가 휴隳이다. 다산에 따르면 '떨어질 수'(隋)와 '따를 수'(隨)와 '떨어질 타'(墮)와 '무너질 휴'(隳)의 글자는 본래 서로 통한다고 하였다. 이 경우 글자가 다르다고 해서 그 의미가 근본적으로 달라지는 것은 아니다. 만약 통가通假의 관계가 인정된다면, 매우 다른 글자처럼 보이더라도 사실은 같은 의미로 통용된다. 통행본의 '따를 수'(隨)와 백서본의 '떨어질 수'(隋)와 초간본의 '무너질 휴'(陸)도 역시 통가의 관계에 있다. 다산은 물론 마왕퇴 백서본과 초간본 『주역』의 존재를 알지 못했다. 그러나 그가 '수隋', '수隨', '타墮', '휴隳'의 네 글자가 통한다고 보고 그 의미의 연관을 분석한 것은 탁월한 견해라고 하겠다.[26]

그 다음으로 통행본과 백서본에서 '몽蒙'은 초간본에서는 '방尨'으로 되어 있는데, '방尨'과 '몽蒙'은 상고음上古音 체계에서 명뉴동부明紐東部에 속하기

24) 丁四新, 『楚竹書與漢帛書周易校注』, 上海古籍出版社, 2011, p.416.

25) 앞의 책, p.49.

26) 필자의 원고를 검토한 이승율의 견해에 따르면 다산의 괘변설을 출토본과 연결시켜 논의하려고 한다면, 다음의 세 가지 문제가 고려돼야 한다. 첫째, 隨卦에서 '隨'의 의미는 원래 하나의 의미만을 지니고 있었는지, 아니면 多義的이었는지의 문제이다. 둘째, 만약 하나의 의미만을 지니고 있었다고 한다면, 그것은 '따르다', '떨어지다', '무너지다' 가운데 어느 의미에 해당되는지의 문제이다. '隨'·'隋'·'陸'·'隳'·'墮'가 通假 관계에 있는 것은 사실이지만, 그렇다고 해서 隨卦의 '隨'가 세 가지 의미를 모두 지니고 있다고 할 수는 없을 것이다. 셋째 다산은 이들 글자가 통한다고는 했지만, 通假 관계에 있기 때문에 통한다고 하지는 않았다.

때문에 통가가 될 수 있다.[27] 그리고 통행본의 예豫는 백서본에서는 여餘이지만 초간본에서는 여餘이다. 여餘·여餘·예豫의 세 글자는 유뉴어부喩紐魚部에 속하므로 역시 통가의 관계가 적용된다.[28] 이처럼 통행본·백서본·초간본에서 괘명이 다르더라도 통가가 적용되는 경우가 많다.

그러나 통가의 관계가 적용된다고 하더라도 그것을 근거로 해서 『주역』의 성립 이후로 괘의卦義에 아무런 변화가 없었다고 단정하는 것은 매우 위험하다. 음운의 변천에 관해서는 여러 이설이 존재한다. 통행본 『주역』의 괘명이 언제 형성된 것인지 확실히 고증할 수 없으며, 그 괘명에 몇 차례 변화가 있었을 수도 있다. 따라서 통행본 『주역』의 괘명을 근거로 『주역』의 역사易詞에 괘변의 원리가 적용되었다고 단정하는 것은 상당히 무모한 발상이다. 따라서 괘변설의 기원과 관련하여 다산이 가장 천박한 견해라고 보았던 하사의 주장에서 출발하는 것이 일단은 가장 바람직하다.[29] 왜냐하면,

---

27) 앞의 책, p.248.

28) 앞의 책, p.41.

29) 이난숙은 필자의 주장에 대하여 다음과 같은 반론을 제시하였다. “방인은 「다산의 명청역학 비판」에서 “다산이 荀爽과 虞翻을 높이 평가하는 이유는 卦變說에 있다고 하였다. 괘변설은 순상에 의해 시작되고, 우번에 의해 골격이 갖추어진 이론이라고 보고, 다산의 추이설은 우번의 설을 근거로 하여 변용된 이론이므로 결국 순상과 우번의 계승이라고 말할 수 있다”고 하였다. 그러나 『역학서언』을 살펴본 결과 방인의 주장과 다른 점들을 발견할 수 있었다. 방인은 다산이 순상과 우번을 계승하고 있다고 판단하였는데, 이것은 다산의 주장과는 분명한 차이가 있다고 본다. 다산은 「이씨절중초」를 통해 괘변설을 우번이 시작한 학설로 판단하는 것은 下士이며, 공자의 학설도 卦變을 말하고 있고, 卦變의 의미는 이미 作卦 과정에 들어 있는 것으로 복희로부터 시작되었다고 주장하였기 때문이다. 「이씨절중초」의 다산의 발언으로 볼 때, 다산은 순상과 우번의 학설을 계승하였다기 보다는 스스로 괘변이 복희의 작역원리였다는 점을 추론한 것으로 판단된다. 우번은 괘변이 작역의 원리라고 하지 않았고, 해석법으로 활용하였을 뿐이지만, 다산은 작역원리로써의 방법에 대한 이론체계를 세웠기 때문이다.”(이난숙, 『다산 정약용의 중국역학 비판 연구-『역학서언』을 중심으로』, 강원대, 2014, pp.190~191) 이난숙이 필자의 견해에 대해 반론을 제시했기 때문에 필자도 견해를 밝히지 않을 수 없다. 다산이 「이씨절중초」에서 말한 上士, 中士, 下士의 관점은 卦變說에 관하여 제시할 수 있는 세 가지 관점이다. 다산이 上士의 관점을 지지하고 있음은 「이씨절중초」의 인용문에서 보듯이 명확하다. 다만 필자의 견해로는 상사, 중사, 하사의 견해가 진리

우번이 괘변설을 최초로 체계화시킨 인물이라는 것은 역학사에서 승인된 사실인 데 반해서, 상사의 주장은 결코 입증될 수 없는 가설을 근거로 삼고 있으며 중사의 주장은 오로지 괘변설의 지지자들 사이에서만 승인될 수 있기 때문이다.

4. 이광지의 기하학적 해석에 대한 비판

이광지의 역학은 비록 청대 역학을 대표할 정도는 아니지만 청대 초기에 형성되기 시작한 새로운 경향성의 한 단면을 보여 준다.[30] 16세기 말 즉 명조明朝 중후기 이후 천주교와 더불어 유입되기 시작한 서학西學은 청초淸初

주장이기도 하지만 세 가지 담론형식이기도 하다. 다산이 上士의 관점을 주장하고 있기는 하지만 그렇다고 中士와 下士의 관점을 부정하는 것도 아니다. 下士의 관점은 역학사에서 일반적으로 승인되고 있는 관점이며, 다산도 이를 부정하지 않는다. 다만 담론의 낮은 층위에서 인정된다는 뜻이다. 상사는 괘변설이 『주역』의 원래 저자가 획괘를 할 당시에 이미 반영되어 있었다고 본다. 다산도 역시 괘변설이 획괘할 때부터 이미 作易의 원리였다는 점을 강하게 믿고 있었으며, 이것을 입증하려고 했다. 「당서괘기론」에서 보면 다산은 京房이 벽괘라는 명칭을 쓰기 이전에 이미 그 용어가 아주 오래 전부터 있었다는 점을 입증하고 싶어 했다. 그러나 그는 문헌을 샅샅이 뒤졌음에도 불구하고 이를 입증하는 데 실패했다. 괘변설자들의 대부분은 中士의 견해에 머물고 있으며, 주자의 입장이 여기에 속한다. 그러나 이러한 견해는 입증되지 않은 괘변설자들의 주장에 머물고 있다. 中士의 견해가 그러하니 上士의 견해는 더욱 말할 것도 없다. 다산도 이러한 점을 모를 리 없다. 따라서 다산이 上士의 견해를 이야기 할 때는 진리 주장으로 내세우고 있는 것이 아니라 단지 강한 신념을 발설하고 있을 뿐이다. 필자의 견해로는 다산도 세 가지 주장을 넘나들고 있고, 상황에 따라 담론의 형식을 달리 쓰고 있다. 역학사에서 일반적으로 승인되고 있는 사실을 말할 때는 다산도 下士의 관점에서 이야기 하고 있는 것이고, 다른 사람과 공유되지는 않지만 자신의 강한 믿음을 내세우는 차원에서는 上士의 관점에서 이야기하고 있는 것이다. 따라서 다산의 발언의 眞意를 파악하기 위해서는 다산이 말하고 있는 문맥을 정확히 이해하는 것이 필요하다고 본다.

30) 이광지는 『周易通論』(4권), 『周易觀象』(12권) 등 역학관련 전문적 저술을 남기고 있는데, 그의 역학의 특징은 한편으로 왕필 역학의 영향을 강하게 받으면서 또 다른 한편으로 程朱의 역학전승을 계승하고 있는 데 있다.

에 이르게 되면 천문·역법·수학 등에 이르기까지 청대 철학에 직접적인 영향을 주는 세력으로 등장하였다.[31] 명말청초에 서양의 선교사들이 중국에 진출하면서 천문·지리·수학·의학 등의 서양 학문도 함께 유입되었는데, 그 중에는 기하학幾何學도 포함되어 있었다. 서구의 기하학이 중국에 수입된 것은 17세기 초 명나라 말기 때의 일로서, 명말에 서학을 수용한 대표적 중국학자였던 서광계徐光啓(1562~1633)는 기하학을 전통학문에 접목시키려는 시도를 하게 된다.

서광계는 전통적 역학의 방법론이었던 상수학을 중시하였는데, 그에게 상수象數란 물리적으로 실측 가능한 도수度數를 의미하였다. 서광계는 기하학을 이러한 도수학度數學에 대한 근본적 원리를 제공해 주는 학문으로 간주하였다. 기하학의 고전으로서 당시에 가장 중요시되었던 것은 희랍의 유클리드(BC.280년 전후)의 저술을 번역한 『기하원본幾何原本』인데, 이 책은 『숭정역서』(137권) 속에 포함되어 있었다. 물론 이질적인 서구적 사유기반 위에서 성장한 기하학이 중국의 지성인들에게 결코 쉽게 이해될 수 있는 것은 아니었다. 마테오 리치(Matteo Ricci)가 서광계에게 기하학의 원리를 열심히 설명하였으나, 아무리 설명하여도 서광계는 그냥 "얼마나"(幾何)라는 질문만 되풀이할 뿐이었다. 서광계는 후에 마테오 리치와 함께 유클리드의 『기하원본』을 중국어로 번역하면서 '기하幾何'라는 용어를 처음으로 사용하였는데, 이것이 '기하학'이라는 용어가 처음으로 사용된 유래라고 한다. 서광계는 『기하원본』의 서문에서, 이 책은 도수度數의 종주이므로 만일 이 책을 번역하지 않는다면 다른 책은 논할 여지조차 없다고 말한다.[32]

강희제는 특히 수학을 좋아하여, 『수리정온數理精蘊』(53권)을 편찬케 함으로써 유럽의 과학적 사유를 청대의 지식인 사회에 유포시키는 데 공헌하였

31) 王茂 등 共著, 『청대철학』 1, 신원문화사, 1995, p.261
32) 위의 책, p.296

다. 청대 초기에 기하학을 역학에 적용하기 시작한 것도 서양수학의 도입에 의해 영향 받은 것이다. 이것은 서구의 수학이론이 산학가算學家들의 역학이론 형성에 영향을 미치기 시작했음을 의미한다.[33] 이러한 사실은 서양의 천문학이 청조의 이념에 위배된다는 이유로 문자옥文字獄의 대상이 되기도 하였던 점을 상기해 본다면 좋은 대조가 될 것이다.

이리하여 다산과 동년배인 초순焦循(1763~1820)의 시대에 이르면 많은 고증학자들이 수학數學을 학문방법으로 채택하게 된다.[34] 어쨌든 『기하원본』의 번역은 중국지식인들로 하여금 수학에 기초한 형식논리적 사유를 개발시키는 데 크게 기여하였다.[35] 이윽고 연역적 사유에 기초한 기하학의 논리는 청대 경학에도 상당한 영향력을 발휘하기 시작하였다. 대진戴震은 『기하원본』을 숙독한 뒤, 수학에 관한 저서를 출판하기까지 하였으며, 『맹자자의소증孟子字義疏證』에서는 공리화公理化의 방법에 기초한 논리적 사유를 전개하고 있다. 또 초순焦循은 엄밀한 사유규칙과 단계적인 추리법칙을 추구하여, 이를 역학易學에 적용하려고 시도하였다. 초순의 시대는 유클리드의 평면기하학이 도입된 시점으로부터 상당한 기간이 경과한 뒤였으나, 아직 해석기하학은 소개되지는 않고 있었다. 그러나 초순의 사고방식에는 해석기하학적 이해까지도 반영되어 있다고 평가되고 있다.[36]

---

33) 明朝 만력 연간부터 淸朝 건륭 연간까지 200 년 사이에 중국에 온 선교사들이 번역한 서적은 대략 370 여종에 달하는데, 그 중 과학기술 분야의 서적이 약 120 여종에 달한다. 특히 Adam Schall, Matteo Ricci 등은 중국학자 서광계 등과 함께 『숭정역서』 137권을 완성하였는데, 그 중에는 『幾何原本』도 포함되어 있었다. 청조의 강희황제는 특히 數學을 좋아하였고, 『數理精蘊』(53권)을 편찬토록 하였다.(王茂 등 共著, 『청대철학』 1, p.263)

34) 劉欣雨, 『焦循 『易』철학에 관한 연구』, 동국대학교 대학원, 1995, p.64,

35) 중국의 수학자들은 계산술에는 능숙하였으나 증명의 이론에는 무관심하였다. 유럽의 기하학이 본질 규명에서 발달한 데 비해 중국의 대수학 발달은 기능적인 효과의 추구에서 비롯되었다. 이것은 존재론에 집중하였던 서양철학과, 생성론을 기본적 입장으로 삼은 동양철학의 차이와도 관련이 된다. 천명사상을 배경으로 한 상고주의적 가치관은 수학에서도 권위주의를 낳게 하였다. 옛 算書를 算經이라 명칭하여 경전화시키는 경향이 짙었다.

이러한 청대 초기의 산학가算學家들의 영향이 이광지의 역학 해석에도 침투되고 있음은 매우 흥미로운 사실인데, 관학자였던 이광지는 서구의 이론을 접하는 데 있어서도 상대적으로 유리한 위치에 있지 않았나 짐작된다. 예컨대 이광지는 곤괘坤卦에서 "직방대直方大"의 문구를 해석할 때 기하학의 선線·면面·체體의 이론을 적용하고 있다.

> 수학數學에는 이른바 선線·면面·체體라는 것이 있으니, 직선(線)이 없으면 평면(面)의 넓이(方)가 형성될 수 없으며, 평면의 넓이를 쌓아서 입체(體)의 체적(大)이 형성되는 것이다.[37]

이광지가 말하는 선·면·체의 이론이란 다름 아닌 직육면체의 부피를 구하는 공식이다. 곤괘坤卦 "직방대直方大"의 구절에서, 직直, 방方, 대大는 각각 직선, 평면, 입체를 가리킨다. '직直'은 바로 수학의 직선에 해당되는 개념으로, 직선과 직선이 곱해지면 평면의 넓이를 형성하게 되는데 이것을 '방方'이라 한다. 평면에 다시 높이가 곱해지면 입체의 부피를 형성하게 되는데, 이것을 '대大'라고 한다. 이 수학적 관계는 다음과 같이 정리될 수 있다.

a) 선線 : 직선(直)
b) 면面 : 가로×세로 = 평면(方)
c) 체體 : 가로×세로×높이 = 부피(大)

그러나 산학가의 기하학을 역학에 도입하려는 이광지의 견해를 다산은 조목조목 반박한다. 우선 이광지가 곤괘坤卦의 "직방대直方大"의 구절을

36) 같은 책, pp.142~143
37) "李光地云, 數學有所謂線面體者, 非線之直不能成面之方, 因面之方, 而積之則能成體之大."(「李氏折中鈔」, 『易學緖言』, 『定本』 第17卷, p.217)

끊어 읽는 방식은 잘못된 것이라고 지적한다. 음운의 규칙으로 보더라도 곤괘의 6효는 모두 양운陽韻을 따르고 있으므로 "직방대直方大"를 한 구절로 삼아 끊어 읽을 수는 없다는 것이다. 다산은 이광지가 『주역절중』의 부론附論으로 삽입한 여러 도표들에 대해서도 모두 산수가의 지류枝流에 불과한 것이라고 평가절하하고 있다. 마침내 다산은 이렇게 반문한다.

도대체 기하가幾何家의 선·면·체의 이론이 『주역』과 무슨 상관이란 말인가?[38]

비록 기하가의 이론이 일세를 풍미하고 있으나 그들의 이론은 『주역』과는 전혀 관계가 없다. 그럼에도 불구하고 지금 사람들이 때때로 역학易學의 공의公議로 삼으니, 그런 것들은 단지 세상을 미혹케 할 뿐이다.[39] 수학적 방법론을 응용해서 역학을 해석하고자 하는 모든 시도들은 단지 견강부회에 불과하다.[40] 기하학이나 산학算學의 이론은 역학과 관련이 없을 뿐 아니라 오히려 역학의 올바른 이해를 방해한다. 왜냐하면, 수학적 방법론은 역학을 추상적 형식화하는 데 기여할 뿐이기 때문이다.

5. 이광지의 자연철학에 대한 비판

전통적으로 동양인의 자연관의 근거를 형성하여 온 것은 음양오행설陰陽五行說이었으나, 이러한 전통적 사유방식도 서구적 자연관이 유입되면서

38) "幾何家之線面體, 何干於周易."(「李氏折中鈔」, 『易學緖言』, 『定本』 第17卷, pp.217~218)
39) "遠甚附論所繪諸圖, 又皆算數家之枝流, 與周易一部, 毫髮無涉, 今人往往以爲易學之公議, 則蓓惑深矣."(「李氏折中鈔」, 『易學緖言』, 『定本』 第17卷, p.216)
40) "榕村之學 深於算數 而以之解易 則皆傅會也."(「李氏折中鈔」, 『易學緖言』, 『定本』 第17卷, p.233)

변화를 보이기 시작하였다. 마테오 리치는 1603년 중국에서 출간한 『천주실의天主實義』에서 만물은 수水(water) · 화火(fire) · 토土(earth) · 기氣(air), 즉 지地 · 수水 · 화火 · 풍風의 사행四行의 결합에 의해 형성되어 있다는 아리스토텔레스의 자연철학의 이론을 소개한 바 있는데,[41] 서구의 사원소설四元素說을 접하게 된 중국의 사상가들은 자연스럽게 사원소의 개념을 음양오행설의 오행五行의 개념과 비교하게 되었을 것이다. 이러한 현상은 실제로 역학의 분야에서도 나타나게 되었는데, 이광지가 『주역절중』에서 『역』의 천지수화를 서양의 사원소설과 비교하고 있는 것이 그 예이다. 중국사상계의 이러한 동향은 17~8세기 조선에도 그대로 전해졌으며, 조선의 유학자들도 사원소설의 유입으로 말미암아 전통적 음양오행설에 대해 다시 생각해 보는 계기를 갖게 되었다고 생각된다.[42]

그런데 사원소설은 주로 선교사들에 의해서 전해졌다는 바로 그 사실로 인해 아리스토텔레스 자연철학의 본래적인 맥락보다는 기독교의 종교적 교리와 동일시되었다. 그러므로 사원소설이 일차적으로는 천주교에 대해 우호적 태도를 지녔던 선비들에 의해서 수용되었던 것은 너무나 당연한 일이었다. 천주교를 신봉한 이유로 나중에 유배되는 운명에 처해졌던 다산의 중형仲兄 정약전丁若銓의 경우가 이러한 전형적 사례에 속한다. 정약전은 1790년 여름 증광별시增廣別試에서 「오행五行」이란 책문策文에 대하여 사행설四行說을 답안으로 제출하여 일등으로 선발된 적도 있었다. 이 사건에

---

41) 박성래, 「정약용의 과학사상」, 『다산서거150주년기념 다산학논총』, 다산학연구원, p.883.
42) 박성래, 「정약용의 과학사상」, 『다산학보』1, 다산학보간행위원회, 1978.
박성래, 「한국근세의 서양과학수용」, 『동방학지』20, 1978.
박성래, 「홍대용의 과학사상」, 『한국학보』23, 1981.
박성래, 「동서의 과학사상」, 『동서문화』, 한양대 동서문화연구소.
김인규, 「성리학파와 실학파의 음양오행에 대한 인식」, 『동양고전연구』1, 동양고전학회, 1993.
허남진, 「홍대용의 철학사상」, 『진단학보』79, 진단학회, 1995.

대한 기록은 다산의 「선중씨정약전묘지명先仲氏丁若詮墓地銘」에서도 상세히 기록되어 있다.[43] 분명히 이 사건은 전통적 자연관을 변화시킬 중요한 계기가 될 수도 있었으나, 불행하게도 사행설이 서학의 설을 채용했다는 이유로 격렬한 공격을 받아 좌초되기에 이르렀다. 자신의 형님이 연루된 이 사건을 계기로 다산은 전통적 오행설에 대비되는 사행설로 간주되는 서구의 사원소설에 지대한 관심을 갖게 되었을 것이다.

서양의 사원설四元說에 대한 다산의 기본적 지식은 그 당시 조선의 지식인 사회에 유포되어 있던 『천주실의』 등의 문헌을 통하여 얻어졌을 것으로 추정되거니와,[44] 사행설에 대한 다산의 관심은 일단 잠복해 있다가 『역학서언』 「이씨절중초」의, 이광지의 견해를 비평하는 대목에서 다시 표출되고 있다. 다음은 이광지가 사원소설에 대한 동서철학의 제 관점을 비교·서술한 것을 다산이 재인용한 것이다.

> 도가에서는 천天·지地·일日·월月을 (四元으로) 말하였고, 불교에서는 지地·수水·화火·풍風을 (四元으로) 말하였고, 서양 사람들(西人)은 수水·화火·토土·기氣를 (四元

43) 을묘년 가을에 朴長卨이 睦萬中의 사주를 받아 상소를 올려 李家煥(1742~1801 영조 18~순조 1)을 공격하였는데 말하기를 "李家煥이 主試로 策文을 냈는데 解元의 답변내용이 西說을 전적으로 주장하여 五行으로써 사행이 되게 해버렸는데도 가환이 발탁하여 第一位로 삼아 음험하게 자기의 문도를 합격시켰다"고 하였으니 말뜻이 참혹하고 각박했다. 임금께서 시험답안지를 가져다 읽어보시고 傳敎를 내리시기를 "시험답안 중 四行이라고 한 것은 한 번 조사해서 판단할 수 없다. 오늘 과거답안지 전체를 보았다. 위아래로 여러 번 구절마다 자세히 보았지만 말한 것처럼 애초부터 의심할 바는 없고 그럴싸하기만 했다. 五行으로부터 말을 시작하여 다음에 金木 二行을 말하고 그 다음에 水火土 三行을 말하고 다시 土를 말해 四行에 붙이고 또 오행으로써 결론을 맺음으로써 二行, 三行이라고 할 수도 있어 만약에 망발을 했다고 한다면 혹 그렇게 말할 수도 있겠다. 唐나라 一行은 온 세상이 같은 문명의 혜택을 받을 수 있도록 통일되어 있지 않은 세상에 있어서도 大衍歷을 만들어 내어 팔백 년 만에 하루의 차이가 나는 잘못까지를 시정할 수 있었다. 그렇다면 일행의 학문도 邪學으로 몰아붙이고 일행의 역법까지도 또한 西法으로 몰아붙일 수 있단 말인가? 유식한 선비들이니 어디 더 변명해 보라" 하셨다. (금장태, 『동서교섭과 근대한국사상』, 성균관대학교출판부, 1984, p.100)

44) 금장태, 『동서교섭과 근대한국사상』, 성균관대학교출판부, 1984, p.99.

으로) 말하였으니, 천지조화天地造化가 네 가지 것(四物)을 떠나지 않음을 볼 수 있다.[45]

이광지의 서술을 요약해 본다면, 동양철학과 서양철학의 제 유파는 자연의 근본적 형성원리를 네 가지로 파악했다는 점에서 공통점을 보이고 있다는 것이다. 그래서 다산은 천天·지地·수水·화火를 우주생성의 근원적 요소(造化之元)로 보는 이광지의 관점에 전적으로 동의한다.

용촌榕村이 천天·지地·수水·화火로써 조화造化의 근본으로 삼은 것은 (옳음을) 획득한 것이다.[46]

천·지·수·화를 우주생성의 근원적 질료, 즉 일종의 아르케(arche)로 제시한다는 점에서 이광지와 다산의 입장은 근원적으로 같다. 다산 역학의 체계 내에서 천·지·수·화는 뇌雷·풍風·산山·택澤을 생성하는 근원적 세력이다. 따라서 천·지·수·화는 만물이 생성되고 변화되어 나오는 원천이라고 말할 수 있다. 그러나 다산은, 천·지·수·화를 "조화지원造化之元"으로 보는 이광지의 견해에 동조하면서도 사원四元 혹은 사행四行이라는 용어를 적극적으로 사용하지는 않고 있다. 다산은 『역학서언』의 「주역답객난周易答客難」에서 천·지·수·화를 사원四元이라는 용어 대신에 사유四維라는 명칭으로 부르고 있을 뿐이다. 만일 건·곤·감·리가 실제로 자연의 4원소를 지칭한다면 왜 다산은 적극적으로 사정괘설四正卦說을 사원소설로 제시하지 않았을까? 아마도 그 해답은 조선 후기의 정치적 상황과 연관시켜 찾아야 할 것 같다. 사원소설이 전통적인 오행설에 대립되는 사행설로 간주될 수밖에 없던 상황에서 사원소설에 대한 옹호는 곧 천주교에 대한

45) "道家言 天地日月 釋氏言 地水火風 西人言 水火土氣 可見 造化之不離乎四物也."(「李氏折中鈔」, 『易學緖言』, 『定本』 第17卷, p.240)
46) "榕村 以天地水火爲造化之元者 得之矣."(「李氏折中鈔」, 『易學緖言』, 『定本』 第17卷, p.240)

신봉으로 간주되었다. 이런 첨예한 상황에서 다산이 일부러 시비를 자초하고 싶지는 않았을 것이다.[47)]

그러나 이 문제에 관한 다산의 침묵이 사원소설의 부정을 의미하는 것은 아니다. 오히려, 다산은 사정괘설을 역학의 중심이론으로 부각시킴으로써 자신이 사원소설의 암묵적인 지지자임을 드러내고 있다. 다산이 이광지 및 서인西人들의 사원소 개념을 "조화지원造化之元"으로 보는 데 동의할 수 있었던 것은, 그것이 『주역』의 건·곤·감·리의 개념과 모순되지 않을 뿐 아니라 오히려 일치하는 개념이라는 전제가 깔려 있었을 것이다. 그러나, 서양철학의 사원소 개념과 『주역』의 건·곤·감·리 개념이 외형적으로 일치하는 것처럼 보임에도 불구하고 근본적으로 그 둘이 이질적인 토양에서 생산된 개념이라는 점은 분명하다. 사정괘설의 건·곤·감·리가 자연의 원초적 형성동인 혹은 자연의 근원적 생성력이라는 의미를 지니는 데 반해서, 서양의 사원소설은 자연계의 근본물질을 구성하는 원소로서의 의미가 강하다고 볼 수 있다. 이광지와 다산은 모두 이 점에 관해서는 충분히 주목하지 않았을 수 있다.

어쨌든 다산과 이광지는 역의 건·곤·감·리가 자연의 근원적 생성원인이라고 보는 점에서는 견해를 같이한다. 그러나 자연의 일차적 원질原質이 어떻게 상호작용을 통해서 자연의 이차적 요소를 산출해 내는지 그 과정에 관해서는 두 사람은 견해를 달리하고 있다. 먼저 이광지는 천·지·수·화로부터 뇌雷·풍風·산山·택澤이 산출되어 나오는 과정에 대해 다음과 같이 설명하고 있다.

---

47) 서양의 사원소설과 동양의 오행설을 비교한 논문으로는 다음을 참조할 것. ①박성래, 「동서의 과학사상」, 『동서문화』, pp.47~50; ②Joseph Needham, 이석호·이철주·임정대 역, 『중국의 과학과 문명』 II(을유문화사, 1986, pp.344~347).

조화造化를 조화이게끔 하는 것은 천天·지地·수水·화火일 뿐이다. 역괘易卦에 비록 팔괘가 있다고는 해도 실제로는 오직 사괘만이 있을 뿐이다. 왜 그러한가? 바람(風)은 하늘의 공기(天氣)가 불어서 아래로 땅(地)과 그 교호交互작용을 하는 것이다. 산山은 곧 지형地形이 융기하여 위로 하늘(天)과 교호작용을 하는 것이다. 우레(雷)는 곧 불(火)이 땅(地) 속에 막혀 통하지 않고 있다가 모여서 부딪쳐 떨치고 나온 것이다. 못(澤)은 곧 물(水)이 땅(地)에 모여 있다가 넓게 흩어져서 불어나 있는 것(滋潤)이다.[48]

즉 이광지의 가설에 따르면 자연의 생성과정은 다음과 같다.

(1) 풍風과 산山은 천天과 지地의 상호작용에 의하여 형성된다.
(2) 뇌雷는 화火와 지地의 상호작용에 의하여 생성된다.
(3) 택澤은 수水와 지地의 상호작용에 의해 생성된다.

그러나 다산은 이광지의 이 설명이 명백히 오류를 범하고 있다고 주장한다. 여기서 옳은 것은 (3)의 가설밖에 없다. (1)과 (2)는 사리에 맞지 않는 틀린 설명일 뿐 아니라 획괘畫卦의 본지와도 어긋난다. 너무나도 분명한 자연현상(形顯易知之物)에 대해서조차도 잘못된 설명을 한다면, 이로부터 파생되는 설명 역시 어그러지게 될 것은 불문가지의 사실이 아닌가?

풍風과 산山이 천天과 지地의 교호작용을 통해서 생겨나고 뇌雷가 화火와 지地의 교호작용을 통해서 생겨나며 택澤이 수水와 지地의 교호작용을 통해서 생겨난다고 한 설은 사리에 맞지 않는 잘못된 이론이니, 획괘의 본지가 아니다. 뇌와 풍은 천과 화(의 교호작용)에서 나온 것이며, 산과 택은 수와 토土(의 교호작용)에서 나온 것이다. (이러한 예들은) 형체가 명백히 드러나서 쉽게 알 수 있는 사물(形顯易知之物)인데도 그 어그러져 잘못됨이 이와 같으니, 그 나머지는 하물며 어떻겠는가![49]

---

48) "造化, 所以爲造化者, 天地水火而已矣, 易卦, 雖有八而實唯四, 何則, 風則天氣之吹噓, 而下交於地者也, 山則地形之隆起, 而上交於天者也, 雷卽火之鬱於地中, 而搏擊奮發者也, 澤卽水之聚於地上, 而布散滋潤者也."(「李氏折中鈔」, 『易學緖言』, 『定本』 第17卷, p.240)

그러면 천·지·수·화의 사유四維로부터 어떻게 뇌·풍·산·택이 생성되는 것인가?

> 천·지·수·화의 네 요소가 이미 성립되니, (그 이후) 천화天火가 서로 더불어 뇌풍雷風이 생겨나고[천이 화를 둘러싸면 뇌가 되고, 화가 천과 더불면 풍이 된다], 지수地水가 서로 친하여 산택山澤이 생겨난다[수가 토를 깎아내면 산이 되고, 토가 수를 에워싸면 택이 된다]. 이것이 바로 사四가 팔八을 생성하는 이치이니, 팔괘가 팔이 되는 소이所以가 바로 여기에 있다.[50]

천·지·수·화의 사상四象으로부터 팔괘八卦가 생겨나는 사생팔四生八의 과정은 다름 아닌 자연의 원질原質로부터 자연의 나머지 요소들이 파생되어 나오는 자연의 생성과정이다. 다산에 따르면, 이 과정은 두 개의 과정으로 정리된다.

1) 천天과 화火의 세력의 결합에 의해서 뇌雷와 풍風이 생성된다.
2) 지地와 수水의 세력의 결합에 의해서 산山과 택澤이 생성된다.

보다 구체적으로 뇌·풍·산·택의 개별적 요소의 생성과정을 설명한다면 다음과 같이 될 것이다.

1) 천天이 화火를 둘러싸면 뇌雷가 생성된다.
2) 화火가 천天과 합세하면 풍風이 생성된다.

---

49) "然 以風山爲天下之交 以雷澤爲火地水地之交則 喎戾不正 非畫卦之本旨也 雷風之出於天火 山澤之生於水土 卽形顯易知之物而舛誤如此 況其餘乎"(「李氏折中鈔」, 『易學緖言』, 『定本』 第17卷, p.240)

50) "四者旣立, 天火相與而雷風以生[天包火爲雷 又火與天爲風], 地水相比而山澤以成[水削土爲山, 又土圍水爲澤], 此四之所以生八而八卦之所以八在是也."(「周易四箋 II」, 『定本』 第16卷, pp.319~320)

3) 수水가 토土를 깎아내면 산山이 생성된다.

4) 토土가 수水를 에워싸면 택澤이 생성된다.

이것이 곧 사생팔四生八의 생성구조이다. 다산은 「주역답객난周易答客難」에서 천지수화를 역의 사유四維라고 부르고 있는데, 이 사유四維는 뇌·풍·산·택을 생성시키는 원인이 된다. 따라서 사유四維를 팔괘의 나머지 사괘四卦와 병렬하여 늘어놓는 것은 온당치 않다. 사유四維는 결코 나머지 네 괘와 동일한 존재론적 지위를 지니는 것이 아니기 때문이다.[51] 천·지·수·화가 일차적 생성력이라면, 뇌·풍·산·택은 어디까지나 그에 의해서 생성된 이차적 소산所產이다.

이상에서 다산과 이광지의 사원소설에 대한 견해를 비교하여 보았다. 『주역』의 「계사상전」(제11장)에서는 자연세계의 생성원리를 "역유태극易有太極, 시생양의是生兩儀, 양의생사상兩儀生四象, 사상생팔괘四象生八卦"의 과정으로 설명한 바 있다. 다산과 이광지는 "양의생사상兩儀生四象"의 단계에 이르기까지의 자연의 변화과정에 대해서는 견해를 같이하다가 "사상생팔괘四象生八卦"의 과정에 관해서는 견해를 달리한 셈이 된다. 다산이 이광지를 혹독하게 비판하고 있는 것은 사실이나, 이광지가 건·곤·감·리가 사원소와 개념적 연관을 가질 수 있다는 점을 상기시켜 준 것은 "조화지원造化之元"에 대한 논의를 전개시킴에 있어 중요한 계기를 제공해 주었다고 볼 수 있다. 그렇지만, 양 개념이 연관되는 개념임을 주목했다고 해서 다산이 사정괘설을 형성함에 있어 서구적 사유의 영향을 받았다고 보는 것은 지나친 추측이라고 해야 할 것이다. 오히려 다산은 전통적 사유에 근거해서 논의를 전개하고 있으며, 특히 전통적 사유원리인 오행설과 관련해서도 긍정의

51) "答 天地水火 易之四維也 風雷山澤 皆於是乎受變 不可以並列爲八而平等看之也."(「周易答客難」, 『易學緒言』, 『定本』 第17卷, p.299)

태도를 취하고 있다. 즉 다산은 사정괘설을 주장함으로써 천·지·수·화를 자연의 원질로 생각한 것이 사실이지만, 건·곤·감·리의 개념이 전통적 오행 개념과 충돌한다고는 생각하지 않았다. 그는 『주역사전』의 여러 곳에서 빈번하게 오행의 상생相生과 상극相克의 원리를 적용하고 있거니와, 이것은 다산이 오행설을 부정한 것이 아니라 오히려 수용하고 있음을 시사해 준다. 물론, 이것이 다산이 술수학적 잡술로 변질되어 온 음양오행설의 지엽말단적 이론까지 긍정했다는 의미는 결코 아니다.

6. 이광지 경학의 한계

다산은 이광지를 만주황제의 정치적 권위를 빌려서 정주리학의 독존적 지위를 유지하려고 하였던 어용학자로, 따라서 평생 관학이라는 근본적 한계를 벗어날 수 없었던 인물로 보았다. 이광지는 정주학 계열의 계승자로서 이른바 전당리학에 속한 인물이었으나, 다산은 이광지의 경학을 "주자지학朱子之學"이 아니라고 비난하였다. 다산은 이광지가 비록 정주학의 계승자임을 표방하였지만 실제로는 주자의 주요 이론으로부터 괴리를 보이고 있다고 보고 있다. 예컨대 괘변설은 주자 역학의 중심이론인데도 불구하고 이를 폐기하였으니, 비록 이광지가 스스로는 주자를 독실하게 믿는다고 말하고 있더라도 더 이상 그 학문을 주자의 학문으로 볼 수 없다는 것이다. 이러한 사실은 이광지가 주자의 독신자篤信者임을 자처하였던 점을 상기해 본다면 참으로 아이러니가 아닐 수 없다.

제6부

역학 선배들로부터 한 수 배우다

第15장 오징으로부터 양호작괘법을 배워서 실험하다

1. 서론

다산 『주역사전周易四箋』에서의 '사전四箋'은 추이推移 · 효변爻變 · 호체互體 · 물상物象의 네 가지 해석방법을 가리킨다. 네 가지 해석방법은 모두 역사易詞를 해석하기 위해 사용되었던 상수학의 해석방법이다. 추이와 효변은 괘상의 변동을 설명하기 위한 이론이며, 물상은 팔괘의 상징을 설명하는 이론이다. 그리고 호체는 호괘互卦라고도 하는데, 상괘上卦와 하괘下卦가 아닌 위치에서 괘상을 취하는 방법을 가리킨다. 양호兩互는 다산이 활용하고 있는 다양한 호체법 중에서도 가장 독특한 해석법으로서 양호작괘법兩互作卦法이라고 불린다.[1] 양호작괘법은 3·4·5의 상호괘와 2·3·4의 하호괘를 위아래로 연결하여 별괘別卦를 형성하는 방법을 가리킨다. 그러나 『주역사전』에서 양호작괘법이 처음부터 적용되었던 것은 아니었다. 『주역사전』은 1804년의 갑자본 이후로 을축본·병인본·정묘본을 거쳐 1808년에 최종적으로 무진본이 나왔다. 5년 동안 다섯 번에 걸쳐 나온 필사본 중에서

---

1) 兩互를 단지 두 개의 互體라는 의미로 사용하는 경우도 있다. 그러나 兩互作卦法의 의미로 쓰일 때는 3·4·5의 上互卦와 2·3·4의 下互卦의 두 개의 互卦를 組合해서 新卦를 合成해내는 방법을 가리킨다. 『易學緖言』의 「茶山問答」에서는 兩互成卦法 혹은 兩互法이라고도 부르고 있다.(「茶山問答」, 『易學緖言』, 『定本』 第17卷, p.314)

양호법이 적용되기 시작한 것은 1806년 병인본 이후의 일이다.

역학사에서 호체는 한역漢易에서 광범위하게 사용되었던 상수학의 방법이었다. 양호해석법의 기원은 정현鄭玄과 우번虞翻의 연호법連互法으로 소급될 수 있다. 한역의 연호법에서도 다산의 양호작괘법兩互作卦法과 마찬가지로 두 개의 호체를 조합하여 별괘를 만들어 내는 방법을 사용한다. 그러나 둘 사이에는 중요한 차이가 있다. 한역의 연호법에서는 양호를 취하는 범위를 중효中爻에 한정시키지 않으며, 초효初爻와 상효上爻도 포함한다. 반면에 다산의 양호작괘법에서는 양호를 취하는 범위를 오로지 중효에만 한정한다. 『주역사전』에서는 한역의 연호법에 대하여 아무런 언급을 하고 있지 않기 때문에 다산의 양호작괘법이 한역으로부터 영향을 받았다고 추정할 수 있는 근거가 없다. 다산이 양호작괘법의 선행 사례로 언급하고 있는 것은 두 가지 경우이다. 첫 번째는 태괘泰卦 육오六五 효사의 "제을귀매帝乙歸妹"에 대한 오징吳澄의 주注이며, 두 번째는 완안량完顔亮(1122~1161)의 입구入寇에 관한 서례筮例이다. 완안량의 입구란 금金의 군주 완안량이 남송을 침공한 사건을 가리키는데, 이때 완안량의 운명에 관해 회계會稽의 선비가 점을 친 서례가 정형程迥의 『주역고점법周易古占法』에 실려 있다. 이 고사는 명대 하해何楷의 『고주역정고古周易訂詁』와 청대 모기령毛奇齡의 『중씨역仲氏易』 및 『춘추점서서春秋占筮書』에 다시 소개되어 있다. 양호해석법은 정형의 『주역고점법』에서는 적용되지 않았으며, 하해의 『고주역정고』 및 모기령의 『중씨역』과 『춘추점서서』에서 적용되었다.

그러나 완안량의 입구入寇에 관한 서례에 양호법이 적용되었다고 하더라도 다산이 이러한 단편적 서례를 참조하여 곧바로 양호작괘법의 체계를 구상하게 되었을 가능성은 희박하다. 필자의 견해로는 다산의 양호법의 체계의 형성에 가장 큰 영향을 미친 것은 오징의 호체론이다. 양호해석법은 정현과 우번 이후로는 거의 쓰이지 않다가 원대의 오징에 의하여 다시 체계적 이론으로 등장하였다. 『주역사전』의 「호체표직설互體表直說」에는 태괘泰卦 육오六五의 "제을귀매帝乙歸妹"에 대한 오징의 주가 인용되어 있다. 오징은 "제을귀매"의 구절이 태괘 육오와 귀매괘歸妹卦 육오에 공통적으로 나타난다는 것에 착안하여 두 괘 사이에 양호 관계를 적용하였다. 오징의 「호괘도互卦圖」와 「오초려호선천도吳草廬互先天圖」를 통해서 드러난 양호법의 체계는 다산의 양호작괘법과 대체로 일치한다. 그러나 오징이 양호법을 적용하여 역사를 해석한 것은 태괘 육오의 경우에 그쳤으며, 양호를 다른 괘효에 확대해서 적용하지는 않았다. 이것은 양호작괘법을 『주역』 전편에 걸쳐 광범위하게 적용한 다산의 경우와 확연하게 대비된다. 오징의 양호법은 소옹의 선천역학의 토대 위에 성립된 것이지만, 다산은 오징의 양호법에서 선천역학을 제거하고 오직 양호관계만을 채택하였다.

그러면 양호작괘법을 취해야 하는 이유는 무엇인가? 다산은 양호작괘법을 취하는 이유로 전민용前民用과 금민사禁民邪의 두 가지를 들고 있다. 첫 번째 전민용은 점서占筮를 백성들의 일상생활에서 필요한 다양한 용도에 쓰기 위한 것을 뜻한다. 만약 혼인을 앞둔 집안에서 시초점을 쳤는데 태괘泰卦가 나왔다면 거기에는 혼인의 상이 없기 때문에 불편을 겪게 될 것이다. 이런 경우 태괘로부터 양호괘를 취하면 귀매괘歸妹卦가 되고, 귀매괘에 혼인과 관련된 상이 있기 때문에 문제를 해결할 수 있게 된다. 두 번째 금민사는 사악한 목적을 위한 점서의 악용을 금지하는 것을 뜻한다. 만약 부정不正한 일로 점을 쳤는데 좋은 점괘가 나왔다면 본괘의 상을 취하면 안 된다. 그런 경우에는 양호괘로 새로운 괘를 만들어서 불길한 징조를 취한다. 전자가 실용적 이유에 해당된다면, 후자는 윤리적 혹은 도덕적 이유에 해당된다. 요컨대 양호작괘법은 본괘에 의한 해석이 실용적 용도에 적합지 않거나 도덕적 목적에 부합하지 않을 때 사용되는 대안적 해석법이다. 대안적 해석법의 사용은 정상적 사용법을 적용할 수 없는 특수한 경우에 한정해서 사용해야 옳다. 그럼에도 불구하고 다산은 『주역사전』에서 양호작괘법을 너무나도 빈번하게 사용하고 있다. 대안적 해석법의 무분별한 남용은 기본적 해석법에 대한 신뢰도를 약화시킬 수 있는 위험성을 지닌다. 다산은 양호작괘법이 자연스럽게 형성되는 것이지 공교로운 조작이 아니라고 주장하였지만, 그럼에도 불구하고 양호작괘법의 작위성에 대한 의심을 완전히 떨쳐버리기는 힘들다.

2. 양호작괘법의 선례

1) 완안량의 입구入寇에 관한 서례

양호작괘법은 『주역사전』에서 매우 빈번하게 사용되는 해석법인데도 불구하고 그 유래는 잘 알려져 있지 않다. 『주역사전』의 「호체표직설」에서 양호작괘법의 선례로 제시되고 있는 것은 두 가지이다. 첫째는 완안량完顏亮의 입구入寇에 관한 서례筮例이며, 둘째는 태괘泰卦 육오六五의 "제을귀매帝乙歸妹"에 대한 오징吳澄의 주注이다. 완안량의 입구에 관한 서례는 『주역사전』의 「호체표직설」에 소개되어 있다.

> 송나라 때 완안량의 입구入寇를 당해 서점筮占을 쳤는데 수괘隨卦를 얻었다. 점자占者가 말하기를 "양호괘가 점괘漸卦가 된다"라고 하였으니, 이것도 역시 양호작괘법에 해당된다.[2]

완안량完顏亮(1122~1161)의 입구入寇란 금金의 제4대 군주 완안량이 남송을

2) "宋時, 金主, 完顏亮, 入寇, 筮之, 遇隨卦. 占者曰, 兩互爲漸, 亦此法也."(『周易四箋 I』, 『定本』 第15卷, p.48)

침공한 사건을 가리킨다. 완안량은 1149년 28세의 나이로 당숙인 희종熙宗 완안단完顔亶을 살해하고 황위를 찬탈해서 금의 제4대 황제가 된 인물이다. 남송의 재상 진회秦檜(1090~1155)가 죽은 후에 완안량은 여러 차례 남송을 침공하였으나 번번이 실패하였다. 소흥紹興 31년(1161)에 거란인(契丹人)이 북서쪽 지방에서 반란을 일으키고 종제從弟인 오록烏祿(뒤의 世宗)도 반란을 일으켰는데, 완안량은 반란을 진압하기는커녕 오히려 남송의 정벌에 나섰다. 이때 회계會稽에 사는 어떤 선비가 서점筮占을 쳐서 완안량의 목이 떨어질 것이라고 예언하였다. 완안량은 남송을 공격하는 도중에 양주揚州에서 자신의 부장에 의해 막사에서 살해되었다. 결국 점괘의 예언이 현실에서 실현된 것이다. 완안량은 사후에 폐위되어 해릉왕海陵王(재위 1149~1161)으로 강등되었다. 완안량의 고사는 정형程迥[3]의 『주역고점법周易古占法』에 처음으로 나타나는데, 그 서례를 소개하면 다음과 같다.

완안량이 남송으로 쳐들어왔을 때 회계의 어떤 선비가 서점을 쳐서 고괘蠱卦를 얻었다. 이에 그 점괘를 풀이하여 다음과 같이 말했다. 고괘의 내괘內卦는 손巽이다. (손의 괘상을 보면) 손巽 초육初六은 유손柔巽함이 두 개의 강剛 아래에 있다. 오로지 유손해야 발發하여 비로소 강剛이 될 수 있기 때문에 손 초육에서 "이무인지정利武人之貞"이라고 한 것이다. 그리고 손 육사六四에 "전획삼품田獲三品"이라고 했으니, 획득함이 있다. (여기서) 획득함이 있다고 한 것은 무력武力을 써서 공을 세우는 바가 있음을 말한다. 고괘蠱卦의 외괘外卦는 간艮이니, 상하上下가 서로 돕지 않으면서 강剛으로 상위上位에 있으니 궁窮한 처지가 된다. 이에 고괘가 (육획이 전부) 변화를 일으켜 수괘隨卦가 된다. 수괘의 내괘는 진震이니, 움직임(動)이 되고 위력威力을 써서 진노震怒함이 된다. 수괘의 외괘는 태兌이니, 훼절毁折의 뜻이 된다. 수괘는 비괘否卦로부터 왔으니, 비괘否卦의 상괘에 있는 건乾의 머리(首)가 지하地下로 떨어지

3) 程迥: 字는 可久이며, 號는 沙隨이다. 그의 生卒 年代는 알려져 있지 않다. 隆興 元年인 1163년에 進士가 되었다고 한다. 『주역』의 揲蓍法에 대해 깊이 연구하였으며, 朱子 학설에도 영향을 미쳤다.

게 되니, (이것은) 완안량이 살해를 당한 것에 해당된다.[4)]

완안량이 남송을 침공했을 때 회계의 선비가 서점을 쳐서 얻은 점괘는 고지수蠱之隨였다. 이것은 고괘蠱卦의 여섯 효가 모두 변하여 수괘隨卦가 되는 경우에 해당된다.

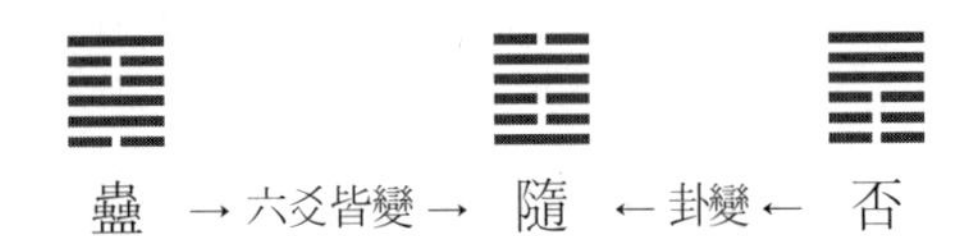

고괘蠱卦는 상괘인 간艮과 하괘인 손巽으로 이루어져 있다. 손괘巽卦 초육初六에 "이무인지정利武人之貞"이라고 하였고 손괘 육사六四에 "전획삼품田獲三品"이라고 하였으니, 손巽에는 무공武功을 세운다는 의미가 있다. 따라서 고괘의 하괘에 있는 손은 금나라 군대의 무력을 상징한다.[5)] 그러나 아무리 아래에서 무공을 세우더라도 고괘의 상괘에 있는 간艮의 강剛이 위에서 돕지 않는다면 이길 수가 없다. 고괘에서 수괘隨卦로 변하면 수괘의 외괘는 태兌가 된다. 태에는 훼절毁折의 뜻이 있으므로 금나라 군대의 무력은 마침내 부딪쳐서 꺾이게 된다. 그 다음으로 점자占者는 괘변을 적용하여 풀이하고 있다. 괘변의 관계로 보면 수괘隨卦는 비괘否卦로부터 변화된 괘이다. 비괘의 상괘는 건乾이고, 건은 머리(首)를 상징한다. 비괘로부터 수괘로 괘변하게 되면 비괘의 상위에 있는 강剛이 수괘의 초위로 내려오게 된다. 이제 건의 머리가 지하地下로 떨어졌으니, 이것은 완안량의 죽음을 상징한다.

---

4) "完顔亮入寇, 會稽士夫筮之, 遇蠱……占之曰, 內卦, 巽初六, 巽於二剛, 惟柔巽者, 能發爲剛故, 初六 利武人之貞, 至四則田有獲矣. 有獲者, 用武而有功也. 外卦, 艮上下不相與以剛上窮其變, 隨, 隨, 內震爲動爲威怒, 外兌爲毁折. 隨自否卦中來, 斷乾之首, 墜於地下, 當殺亮."(程逈, 『周易古占法』, 『中國古代易學叢書』 第6卷, pp.609~610)

5) 占者의 설명은 자연스럽지 않고 억지로 꿰맞추었다는 느낌을 준다. 왜냐하면 蠱卦의 下卦에 있는 것은 八卦의 巽이지 64괘의 巽卦가 아니기 때문이다.

완안량의 고사는 정형程迥의 『주역고점법周易古占法』에 처음으로 소개되어 있지만, 여기에는 양호법과 관련된 내용이 나오지 않는다. 양호법의 서례는 하해何楷의 『고주역정고古周易訂詁』와 모기령毛奇齡의 『중씨역仲氏易』 및 『춘추점서서春秋占筮書』에서 비로소 출현한다. 이 가운데 『고주역정고』의 양호법의 서례는 매우 소략하다.[6] 반면에 모기령의 『중씨역』과 『춘추점서서』의 서례에서는 양호법이 비교적 상세하게 소개되어 있다. 『춘추점서서』에 소개된 완안량의 서례는 『중씨역』과 크게 다르지 않다.[7] 다산이 『중씨역』을 읽었다는 것은 확실하지만 『춘추점서서』를 읽었다는 것은 확인되지 않고 있다.[8] 따라서 여기에서는 『중씨역』의 서례를 참조하여 양호법의 사례를 살펴보기로 하자.

송나라 때 금나라 군주 완안량이 군사를 일으켜 쳐들어왔다. (이때 회계의 어떤 선비가) 서점을 쳐서 고지수蠱之隨를 얻었다.[고괘(䷑)와 수괘(䷐)는 상반된 괘이다. 여섯 효가 모두 변동을 일으킨 것이다.] 점자占者가 말하기를, 나에게는 진震의 위력이 있고[진震은 위력을 일으키는 것이 된다. 『국어國語』에 나온다.] 외괘外卦는 훼절毁折함이 되니[태兌가 훼절의 뜻이 되는 것은 「설괘전說卦傳」에 나온다.], 적이 패하는 상이다.[내괘는 아군이 되고,

---

6) “程氏『古占法』, 載完顔亮入寇, 會稽士夫筮之遇蠱. 迥爲占之曰, 內卦, 巽初六, 巽於二剛, 唯柔巽者, 能發爲剛, 故初六利武人之貞, 至四則田有獲矣. 田有獲者, 用武而有功也. 外卦, 艮上下不相與, 以剛上窮, 其變隨, 隨, 內震爲動, 爲威怒, 外斷爲毁折, 隨自否卦中來, 斷乾之首, 墜於地下, 當殺亮. 後果驗. 巽上艮下爲漸.”(何楷, 『古周易訂詁』, 『中國古代易學叢書』 31, p.101)

7) “宋時, 金擧兵來侵, 筮之, 遇蠱之隨[此, 正相反之卦, 六爻俱動, 然, 仍占遇之兩卦「象」. 朱氏謂六爻皆動, 則占遇卦大謀] 朱氏謂六爻皆動, 則占遇卦大謀. 占者曰, 我有震威[震爲出威, 見『國語』] 而外當毁拆. 兌爲毁拆, 敵敗之象也. 內我外敵. 蓋隨自否來又自益來, 皆以上剛塡下柔, 皆三陽推易法, 而蠱之所變, 亦復如是. 艮上變柔[蠱, 艮上九, 變隨, 兌上六] 巽初變剛[蠱, 巽初六變, 隨, 震初九] 乾元往上, 下塡坤初, 斷敵兵之首, 而墜於地矣. 且兩互爲漸[三五互巽, 二四互艮, 合之爲風山漸] 漸之辭曰, 夫征不復, 其何能返. 此倣漢魏諸家斷法而爲說者. 其後果驗.”(毛奇齡, 『春秋占筮書』, 『中國古代易學叢書』 第36卷, p.525)

8) 『春秋占筮書』는 『仲氏易』과 『推易始末』이 출판된 이후의 저술로서 『西河全集』 속에는 포함되어 있지 않고 『四庫全書』에만 포함되어 있다. 따라서 康津에 流配당해 있던 처지에서 다산이 구해 읽기 쉽지 않았을 수도 있다.(拙稿, 「다산역학의 방법론적 고찰—毛奇齡과 丁若鏞의 易學方法論의 비교」, 『철학연구』 제94집, pp.180~181)

외괘는 적군이 된다.〕 수괘隨卦는 비괘否卦(䷋) 혹은 익괘益卦(䷩)로부터 괘변된 것이다. 어느 경우이든지 모두 상강上剛이 하유下柔가 있던 곳을 메꾸는 것이 된다. 그리고 고괘蠱卦의 변화도 이와 같다. 고괘의 상괘는 간艮인데 변하여 유柔가 된다.〔고괘에 있는 간艮은 상구가 변하여 수괘隨卦에서 상육의 태兌가 된다.〕 고괘의 하괘는 손巽인데, 초효가 변하여 강剛이 된다.〔고괘에서 손巽의 초육이 변하면 수괘에서 진震의 초구가 된다.〕 건원乾元이 위에 있었는데 아래에서 곤坤의 초위를 메꾸니, 금의 군주의 머리가 땅에 떨어진 것이 된다. 한편 수괘에서 양호괘를 취하면 점괘漸卦가 된다.〔수괘의 3·4·5의 호괘는 손이 되고, 2·3·4의 호괘는 간이 된다. 손과 간을 합치면 풍산점괘風山漸卦가 된다.〕 점괘漸卦 구삼九三의 효사에 "부정불복夫征不復" 즉 "지아비가 정벌에 나섰으나 돌아오지 못한다"라고 하였으니, 어찌 돌아올 수 있겠는가? 나중에 과연 결과로써 증험되었다.[9]

완안량의 침공을 맞아 회계의 선비가 서점을 쳐서 얻은 점괘는 고지수蠱之隨였다. 이것은 본괘인 고괘蠱卦(䷑)가 지괘인 수괘隨卦(䷐)로 변하는 경우에 해당된다. 그런데 수괘를 얻기 위해서는 고괘에 있는 여섯 효가 모두 변해야 한다. 고괘와 수괘는 상반지괘相反之卦의 관계에 있다. 수괘에서 내괘의 진震은 아군이 되고, 외괘의 태兌는 적군이 된다. 그런데 진震은 위력威力을 상징하고, 태兌는 훼절毁折의 의미를 지니고 있다. 따라서 남송의 아군은 금의 적군을 무력으로 꺾을 수 있다.

다음으로, 수괘隨卦는 삼역괘三易卦로서 비괘否卦 혹은 익괘益卦로부터 변한다. 수괘가 비괘로부터 변한다는 것은 괘변설의 일반적 규칙을 따른 것이지만, 수괘가 익괘로부터 변한다는 것은 모기령의 괘변설을 따른 것이다.

---

9) "宋時, 金主完顔亮入寇, 筮蠱之隨〔此, 正相反之卦, 六爻俱動〕 占者曰, 我有震威〔震爲出威, 見『國語』〕 而外當毁拆〔兌爲毁拆見「說卦」〕 敵敗之象也.〔內我外敵〕 蓋隨自否來, 又自益來. 皆以上剛塡下柔, 而蠱之所變, 亦復如是. 艮上變柔〔蠱艮上九變, 隨兌上六〕 巽初變剛〔蠱, 巽初六變, 隨, 震初九〕 乾元在上, 下塡坤初, 斷金主之首, 而墜於地矣. 且兩互爲漸〔三五互爲巽, 二四互爲艮, 合之爲風山漸〕 漸之辭曰, 夫征不復, 其何能返, 後果驗."(毛奇齡, 『仲氏易』,『中國古代易學叢書』 第36卷, p.260)

어느 경우이든지 간에 모두 상강上剛이 하유下柔가 있던 곳을 메꾸게 된다. 고괘에서 수괘로 변할 때 초위의 유柔가 있던 자리가 메꿔져서 강剛으로 바뀌게 된다. 위에 있던 건원乾元이 아래로 떨어져 곤坤의 초위를 메꾸게 되니, 이것은 금의 군주의 머리가 땅에 떨어지는 것이 된다. 그 다음으로 수괘로부터 양호괘를 만들면 점괘漸卦가 생성된다. 이것은 수괘의 3·4·5의 손巽을 상호上互로 삼고 2·3·4의 간艮을 하호下互로 삼아, 두 개의 호괘를 합성하여 점괘를 만들어 낸 것이다.

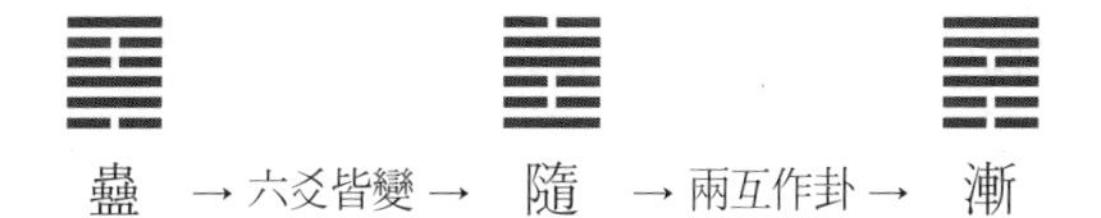

그런데 점괘漸卦 구삼九三의 효사에 "부정불복夫征不復" 즉 "지아비가 정벌에 나섰으나 돌아오지 못한다"라는 말이 나온다. 완안량이 남송 정벌에 나섰다가 적지에서 살해되어 살아 돌아오지 못하게 되었으니, 이로써 점사占辭의 예언은 현실에서 증험되었다. 『중씨역』의 서례에서는 양호법이 모기령의 괘변설과 함께 적용되고 있어서, 과연 이러한 양호법이 회계의 선비가 쳤다는 서례로부터 전승되어 내려온 해석법인지 아니면 모기령의 학설과 결합된 해석인지 분명치 않다. 어쨌든 『중씨역』의 서례에서 사용된 방식, 즉 수괘隨卦에서 2·3·4·5의 중효中爻를 사용하여 점괘漸卦를 만들어내는 방식은 다산의 양호작괘법과 완전히 일치한다.

2) 오징의 양호법

오징吳澄은 원대元代를 대표하는 경학사상가 가운데 한 사람이다. 오징의 역학은 송대의 도서상수학圖書象數學의 전통을 계승하였다.[10] 송대 도서상수학의 기초를 확립한 인물은 소옹邵雍인데, 오징에 따르면 소옹의 가장 큰 공헌은 『역』의 원천이 문왕文王과 주공周公에 있지 않고 복희伏羲에 있다는 것을 밝혔다는 데 있다. 오징의 역학 저서로는 『역찬언易纂言』과 『역찬언외익易纂言外翼』이 있다. 이 가운데 『역찬언』은 지금까지 전해져 내려오고 있지만 『역찬언외익』은 오직 서문序文만 남아 있다. 그러나 황종희黃宗羲의 『역학상수론』에 일부가 보존되어 있어 그 대략적 내용을 엿볼 수 있다. 『역학상수론』에 보존되어 있는 「호괘도互卦圖」와 「오초려호선천도吳草廬互先天圖」는 오징의 양호법兩互法의 체계를 보여 주는 매우 중요한 자료이다.

오징의 호체설은 그의 상수학 이론에서 매우 중요한 지위를 차지한다. 호체설은 한유漢儒들에 의해 개발된 이론이지만, 오징에 따르면 한유들의 호체설은 "상象 체계의 핵심을 자세히 밝히지 못했다"(未詳法象之精也)는 문제가 있다.[11] 오징은 한유들의 호체설에 소옹의 선천역학先天易學을 결합시켜 호체설을 새로운 형태로 발전시켰다. 오징은 호체가 복희역과 문왕역의 관계를 해명해 주는 열쇠가 된다고 보았다. 오징이 호체를 취하는 범위를 중효中爻에 한정한 것도 역시 한유의 호체설과 다른 점이다. 오징은 『역찬언외익』의 서문에서 호체를 다음과 같이 정의하고 있다.[12]

중괘重卦에는 상하上下의 이체二體가 있다. 그리고 괘 가운데 4획을 교호交互시켜

---

10) 廖名春・康學偉・梁韋弦 著, 沈慶昊 譯, 『周易哲學史』, 예문서원, 1994, p.555.

11) "吳草廬曰, 自昔言互體者, 不過以六畫之四畫互二卦而已. 未詳法象之精也."(黃宗羲, 『易學象數論』, 中華書局, p.99)

12) 章偉文, 「略析吳澄的易學象數思想」, 『百年易學菁華集成－易學史(伍)』, 上海科學技術文獻出版社, 2010, p.2191.

취하는데, 2·3·4는 하체下體가 되고 3·4·5는 상체上體가 된다.[13)]

오징은 호체를 중효中爻에서만 취하고 초효初爻와 상효上爻에서는 취하지 않는 것을 원칙으로 삼았다.[14)] 중효란 괘체卦體의 중간에 있는 2·3·4·5의 네 개의 획을 가리키는 명칭이다. 오징은 2·3·4·5의 4획에서 3·4·5의 상호上互와 2·3·4의 하호下互를 결합하여 양호괘를 만들어 내었다. 이러한 오징의 호체법은 다산의 양호작괘법兩互作卦法의 선례가 된다. 이렇게 두 개의 호체를 연결하여 새로운 괘를 만들어 내는 방법의 기원은 한유들의 연호법連互法으로 소급된다. 그러나 정현鄭玄과 우번虞翻은 중효뿐 아니라 초효와 상효에서도 연호連互를 취하였기 때문에 오징의 호체법과 같지 않다. 오징은 양호괘의 체계를 「호괘도互卦圖」로 제시하였는데, 이것은 황종희의 『역학상수론』에 수록되어 있다.[15)]

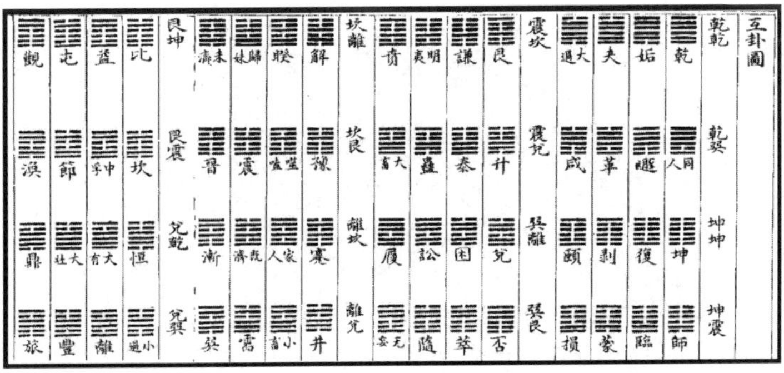

互卦圖

互				
乾乾	乾	姤	夬	大過
乾巽	同人	睽	革	咸
坤坤	坤	復	剝	頤
坤震	師	臨	蒙	損
震坎	艮	謙	明夷	賁
震兌	升	泰	蠱	大畜
巽離	兌	困	訟	履
巽艮	否	萃	隨	无妄
坎離	解	睽	歸妹	未濟
坎艮	豫	噬嗑	震	晉
離坎	蹇	家人	既濟	漸
離兌	井	小畜	需	巽
艮坤	比	益	屯	觀
艮震	坎	中孚	節	渙
兌乾	恒	大有	大壯	鼎
兌巽	小過	離	豐	旅

〈互卦圖〉

13) "重卦有上下二體, 又以卦中四畫交互取之, 二三四成下體, 三四五成上體."(吳澄, 『易纂言外翼』「十二篇原序」, 『中國古代易學叢書』 第17卷, p.645)

14) "吳草廬曰, 自昔言互體者, 不過以六畫之四畫互二卦而已.……今以先天圓圖觀之, 互體所成十六卦,……左右各二卦互一卦,合六十四卦互體, 只成十六卦,又合十六卦互體, 只成四卦, 乾, 坤, 旣, 未濟也."(黃宗羲, 『易學象數論』, 中華書局, p.99)

15) 「互卦圖」에 따르면, 2·3·4·5의 괘획이 동일한 네 개의 괘로부터 하나의 양호괘가 만들어지니, 中爻가 같은 네 괘는 하나의 양호괘를 공유한다. 예를 들면 艮·謙·明夷·賁괘는 上互인 震과 下互인 坎이 공통적으로 포함되어 있으므로 양호괘는 雷水 解卦가 된다.

그 다음으로 오징의 호체설과 관련하여 중요한 자료로 「오초려호선천도吳草廬互先天圖」가 있다.[16] 오징의 「오초려호선천도」는 소옹의 「복희선천육십사괘원도伏羲先天六十四卦圓圖」에 근거해서 만든 도표이다. 「오초려호선천도」는 외환外環 · 중환中環 · 내환內環의 세 개의 원환圓環으로 이루어져 있다. 외환에는 64괘가 배열되어 있는데, 이것은 소옹의 「복희선천육십사괘원도」의 배열과 동일하다. 그 다음으로 중환의 좌반권左半圈과 우반권右半圈에는 동일한 괘명을 가진 16괘가 위에서 아래 방향으로 같은 순서로 배치되어 있는데, 합쳐서 32괘가 된다. 중환의 16괘는 외환의 64괘로부터 만들어지는 16양호괘와 동일하다. 마지막으로 내환에 16괘가 배열되어 있는데, 여기에 있는 건乾 · 곤坤 · 기제旣濟 · 미제未濟의 네 괘는 중환의 16괘로부터 만들어지는 양호괘이다.

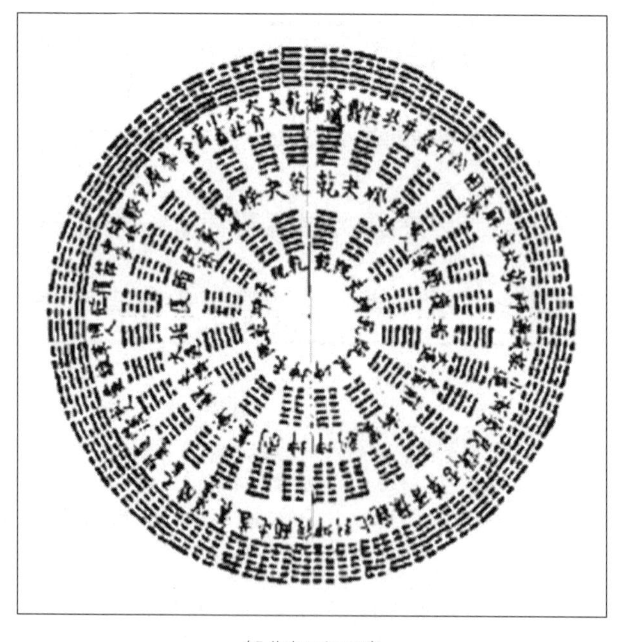

〈吳草廬互先天圖〉

오징은 세 개의 원환에 배치된 괘들의 관계를 “격팔이득隔八而得”과 “축사이일縮四而一”의 용어를 써서 설명하였다.[17] “격팔이득隔八而得”은 외환에서 여덟 괘를 거쳐서 만난 두 괘를 중환에 배치하는 방법을 가리키는데, 이것을 줄여서 “격팔隔八”이라고 부른다. 예를 들면 외환의 좌변에서 <건乾 · 쾌夬>로부터 여덟 괘를 지나면 <규睽 · 귀매歸妹>가 되고, 다시 여덟 괘를 지나면 <가인家人 · 기제旣濟>가 되고, 다시 여덟 괘를 지나면 <이頤 · 복復>이 된다.[18] 우변에서는 <구姤 · 대과大過>로부터 여덟 괘를 지나면 <미제未濟 · 해解>가 되고, 다시 여덟 괘를 지나면 <점漸 · 건蹇>이 되고, 다시 여덟 괘를 지나면 <박剝 · 곤坤>이 된다.[19] 이러한 방식을 통해 건乾 · 쾌夬 · 규睽 · 귀매歸妹 · 가인家人 · 기제旣濟 · 이頤 · 복復 · 구姤 · 대과大過 · 미제未濟 · 해解 · 점漸 · 건蹇 · 박剝 · 복坤의 16괘가 차례대로 얻어진다.[20] 외환의 좌변과 우변에서 순차적으로 양호괘를 취하더라도 마찬가지로 동일한 16괘가 얻어진다. 이렇게 해서 얻은 16괘는 중환에 차례대로 배치된다.[21] 외환의 64괘와 중환의 16괘의 관계를 도표로 표시하면 다음과 같다.[22]

---

16) 黃宗羲, 『易學象數論』, 中華書局, p.98.

17) “先天互體之例用圓圖,創作隔八縮四諸法,以六十四卦互體成十六卦,以十六卦互成四卦而止.” (『宋元學案』, 草廬學案)

18) <乾 · 夬> → ① 大有 · ② 大壯 · ③ 小畜 · ④ 需 · ⑤ 大畜 · ⑥ 泰 · ⑦ 履 · ⑧ 兌 → <睽 · 歸妹> → ❶ 中孚 · ❷ 節 · ❸ 損 · ❹ 臨 · ❺ 同人 · ❻ 革 · ❼ 離 · ❽ 豐→ <家人 · 旣濟> → ㊀ 賁 · ㊁ 明夷 · ㊂ 無妄 · ㊃ 隨 · ㊄ 噬嗑 · ㊅ 震 · ㊆ 益 · ㊇ 屯 → <頤 · 復>

19) <姤 · 大過> → (1) 鼎 · (2) 恒 · (3) 巽 · (4) 井 · (5) 蠱 · (6) 升 · (7) 訟 · (8) 困 → <未濟 · 解> → ■1 渙 · ■2 坎 · ■3 蒙 · ■4 師 · ■5 遯 · ■6 咸 · ■7 旅 · ■8 小過 → <漸 · 蹇>→ [一] 艮 · [二] 謙 · [三] 否 · [四] 萃 · [五] 晉 · [六] 豫 · [七] 觀 · [八] 比 → <剝 · 坤>

20) “今以先天圖觀之, 互體所成十六卦, 皆隔八而得[外一層隔八卦得兩卦, 卽中一層互體之卦名]” (黃宗羲, 『易學象數論』, 中華書局, p.99)

21) 吳澄에 따르면 外環의 16괘는 “隔八而得”의 원리에 따라 배치되어 있다. 즉 外環에서 兩互卦에 속하는 兩卦로부터 8괘를 거쳐서 다시 兩互卦에 속하는 兩卦를 만나게 된다. 이것을 오징은 “隔八而得”이라고 하였다.

22) 圖表에서 左半圈과 右半圈의 괘들은 邵雍의 『伏羲先天六十四卦圓圖』의 順序에 따라 배열하였다. 吳澄의 『吳草廬互先天圖』에서는 外環에 배열되어 있다. 兩互卦는 吳澄의 『吳草廬互先天圖』의 中環에 배치된 괘이다.

	左半圓(外環)		右半圓(外環)		兩互卦(中環)
1	[乾]	[夬]	[姤]	[大過]	乾
2	①大有	②大壯	(1)鼎	(2)恒	夬
3	③小畜	④需	(3)巽	(4)井	睽
4	⑤大畜	⑥泰	(5)蠱	(6)升	歸妹
5	⑦履	⑧兌	(7)訟	(8)困	家人
6	[睽]	[歸妹]	[未濟]	[解]	旣濟
7	❶中孚	❷節	■1渙	■2坎	頤
8	❸損	❹臨	■3蒙	■4師	復
9	❺同人	❻革	■5遯	■6咸	姤
10	❼離	❽豊	■7旅	■8小過	大過
11	[家人]	[旣濟]	[漸]	[蹇]	未濟
12	㊀賁	㊁明夷	一⃞艮	二⃞謙	解
13	㊂无妄	㊃隨	三⃞否	四⃞萃	漸
14	㊄噬嗑	㊅震	五⃞晉	六⃞豫	蹇
15	㊆益	㊇屯	七⃞觀	八⃞比	剝
16	[頤]	[復]	[剝]	[坤]	坤

※ 대괄호 [ ]는 外環에 있으면서 中環에서 兩互卦로 배치된 괘들을 나타냄.

그 다음으로 "축사이일縮四而一"은 네 괘를 축약시켜 한 개의 양호괘로 만드는 방법인데, 이것을 "축사縮四"라고도 부른다.[23] 예를 들면 도표에서 건乾·쾌夬·구姤·대과大過의 4괘를 4분의 1로 축약하면 건乾이 되고, 대유大有·대장大壯·정鼎·항恒의 4괘를 4분의 1로 축약하면 쾌夬가 된다. 이것은 네 괘로부터 생성되는 양호괘는 모두 동일하다는 뜻이다. 외환의 64괘가 4분의 1로 축약되면 16괘가 되는데, 16괘의 양호괘는 중환에 배치된다. 그 다음으로 중환의 16괘를 4분의 1로 축약시키면 건乾·곤坤·기제旣濟·미

23) "今以先天圓圖觀之, 互體所成十六卦, 縮四而一."(黃宗羲, 『易學象數論』, 中華書局, p.99)

제未濟의 4괘가 되는데, 네 개의 양호괘는 내환에 배치된다. 이 관계를 도표로 표시하면 다음과 같다.

外環	乾 夬 姤 大過	大有 大壯 鼎 恒	同人 革 遯 咸	離 豐 旅 小過	小畜 需 巽 井	大畜 泰 蠱 升	家人 既濟 漸 蹇	賁 明夷 艮 謙	履 兌 訟 困	睽 歸妹 未濟 解	无妄 隨 否 萃	噬嗑 震 晉 豫	中孚 節 渙 坎	損 臨 蒙 師	益 屯 觀 比	頤 復 剝 坤
中環	乾	夬	姤	大過	睽	歸妹	未濟	解	家人	既濟	漸	蹇	頤	復	剝	坤
內環	乾				既濟				未濟				坤			

오징은 호체를 복희역과 문왕역의 관계를 해명하기 위한 수단으로 삼았다. 「선천도」의 64괘는 복희역의 수리적 질서를 표현한다. 소옹 「선천도」의 64괘는 오징의 「오초려호선천도」에서는 16괘의 양호괘로 축약되고, 다시 건·곤·기제·미제의 4괘로 축약된다. 문왕역인 『주역』에서 건·곤은 64괘의 가장 앞에 배치되어 만물의 시초를 상징하며, 기제·미제는 가장 뒤에 배치되어 만물의 종결을 상징한다.[24] 오징의 관점에서 보면 『주역』의 후천학은 복희씨의 선천학을 함축하고 있다. 요컨대, 오징은 호체를 매개로 해서 선천역과 후천역이 내재적 일치의 관계에 있다는 것을 밝히고자 했던 것이다.

24) "周易始乾坤,終既未濟,以此歟!"(黃宗羲, 『易學象數論』, 中華書局, p.99)

3. 다산의 양호작괘법

1) 『주역사전』의 양호작괘법

다산은 『주역사전』에서 추이·효변·호체·물상의 네 가지 해석방법을 활용하여 역사易詞를 해석하고 있다. 이 가운데 호체는 상괘와 하괘가 아닌 위치에서 괘상을 취하는 방법을 가리킨다. 『주역사전』의 「괄례표」에서는 이러한 기본적 호체법 이외에도 대체大體·겸체兼體·도체倒體·복체伏體·반합牉合·양호兩互 등 다양한 호체법을 활용하고 있다.[25] 이 가운데 양호는 양호작괘법兩互作卦法이라고도 불린다. 양호작괘법은 3·4·5의 상호괘와 2·3·4의 하호괘를 조합하여 새로운 괘를 만들어 내는 방법을 가리킨다. 호체는 『주역사전』의 초간본인 갑자본에서도 이미 나타나지만, 양호작괘법은 병인본에 이르러서야 처음으로 출현하였다.[26] 『주역사전』의 「제무진본題戊辰本」에서는 그 사정을 다음과 같이 전하고 있다.

을축년 겨울에 학가學稼[27]가 와서 보은산방寶恩山房에서 같이 머물렀다. 그런데 이전

---

25) 大體는 3획보다 더 큰 4획·5획·6획 등의 大互를 취해 卦象의 전체적 형상을 관찰하는 방법을 가리킨다. 兼體는 "兼三才而兩之"의 원칙에 의거하여 兼畫하여 전체적 괘상을 관찰하는 방법을 가리키며, 兼互라고도 한다. 倒體는 괘를 뒤집어서 관찰하는 방법으로서 倒互라고도 한다. 倒互는 上卦와 下卦에서 취할 수도 있고, 2·3·4 혹은 3·4·5의 中爻에서 취할 수도 있다. 伏體는 上卦와 下卦에서 취하지만 겉으로 드러나 있는 괘를 취하지 않고, 卦位에 潛伏되어 있는 伏卦를 취한다. 下卦의 1·2·3은 奇·偶·奇의 자리이기 때문에 거기에 무슨 괘가 있든지간에 離가 伏卦가 된다. 그리고 上卦의 4·5·6는 偶·奇·奇의 자리이기 때문에 거기에 무슨 괘가 있든지간에 坎이 伏卦가 된다. 牉合은 上卦와 下卦 중에서 어느 한 쪽을 倒體를 취하는 방법을 가리킨다.

26) 『周易四箋』은 1804년에서부터 1808년에 이르기까지 5년 연속으로 다섯 번에 걸쳐 간행하였다. 이것을 각각 甲子本·乙丑本·丙寅本·丁卯本·戊辰本이라고 한다.

27) 學稼는 다산의 長男 丁學淵(1783~1859)을 가리킨다. 정학연은 을축년인 1805년 10월 5일에 와서 寶恩山房(지금의 高聲寺)에 머물렀다가, 병인년인 1806년 4월 5일(음력 2월 16일)에 고향 초천으로 되돌아 갔다. 병인본은 廣州에 있다고 하였는데, 여기서 광주는 경기도 馬峴에 있는 고향집을 가리키는 것으로 보인다. 아마도 정학연이 병인본 작업이

의 갑자본과 을축본의 필사본에서는 양호괘兩互卦와 교역交易의 상象을 취하지 않았기 때문에 모두 개정하였다.【병인본은 16권이다.】 그 이듬해 봄에 완료하였으니, 이것이 병인본이다.【이 필사본은 광주廣州에 있다.】[28)]

「제무진본」을 통해 갑자본과 을축본에서는 양호兩互·삼역三易의 해석방법은 적용되지 않았으며, 병인본 이후로 비로소 적용되기 시작했다는 사실을 알 수 있다.[29)] 새로운 해석법이 추가되면서 병인본(16권)의 분량은 갑자본·을축본(8권)에 비해서 두 배로 늘어나게 되었고, 정묘본·무진본(24권)에서는 세 배로 늘어나게 되었다. 양호법을 사용했다는 사실 이상으로 중요한 것은 그 사용 빈도이다. 『주역사전』에서 양호법은 30회도 넘게 사용되고 있는데, 이것은 그의 방법론적 실험이 『주역』 전편에 걸쳐 광범위하게 이루어졌음을 말해 준다. 이처럼 양호법은 『주역사전』에서 활용 빈도가 매우 높은 해석법임에도 불구하고 이에 대한 다산의 설명은 매우 소략하다. 다산이 양호법의 역학사적 선례로 언급하고 있는 것은 완안량完顔亮의 입구入寇에 관한 서례筮例와, 태괘泰卦 육오六五의 "제을귀매帝乙歸妹"에 대한 오징吳澄의 주注 등 두 가지뿐이다. 두 가지 선례 중에서 다산의 양호작괘법의 형성에 가장 직접적인 영향을 미친 것은 오징의 양호법이다. 다산은 『주역사전』의 「호체표직설互體表直說」에서 오징이 태괘泰卦 육오六五의 "제을귀매"에 대한 주注에서 양호법을 취하고 있음을 인용하고 있다.[30)]

끝난 후에 고향집으로 가지고 갔던 것으로 보인다. 다산은 병인본이 廣州에 있다고 하였으나, 戊辰本 以前의 갑자본·을축본·병인본·정묘본은 현재 남아 있지 않다.(趙誠乙, 『年譜로 본 茶山 丁若鏞』, 지식산업사, pp.607~608)

28) "乙丑冬, 學稼至, 偕棲寶恩山房. 以前本, 不取兩互及交易之象, 悉改之【十六卷】 至春而畢. 此, 丙寅本也.【此本在廣州】"(『周易四箋 I』, 『定本』 第15卷, p.31)

29) 交易은 三易의 해석법 가운데 하나이다. 三易이란 交易·變易·反易의 세 가지 괘의 변화방식을 가리킨다. 다산은 「제무진본」에서 交易만을 언급했으나 그것을 三易을 대표해서 거론한 것으로 보아야 한다. 따라서 병인본에서부터는 交易·變易·反易의 三易이 함께 적용되기 시작한 것으로 보아야 한다.

30) 다산은 「互體表直說」에서 "吳幼淸云, 泰之兩互爲歸妹, 故六五曰, '帝乙歸妹'.【『見『大全』】"이

오유청吳幼淸이 말하였다. "태괘泰卦의 양호괘가 귀매괘歸妹卦가 되므로, (태괘와 귀매괘의) 육오六五의 효사에서 (공통적으로) '제을귀매'라고 한 것이다."【『주역전의대전周易傳義大全』에 나온다.】[31]

"제을귀매" 구절에 대한 오징의 주注는 단편적 사례에 불과하기 때문에 그것만으로는 오징의 학설이 다산의 양호작괘법의 형성에 큰 영향을 미쳤다고 볼 수 있는 충분한 단서는 되지 못한다. 그러나 양자의 양호법을 상세히 비교해 보면 두 사람의 양호법의 체계가 대체적으로 일치한다는 점이 드러난다. 만약에 다산이 오징의 학설에 의해 영향을 받았다고 가정하지 않는다면 이러한 공통점을 설명하기 어려울 것이다. 다산의 양호작괘법이 오징의 영향을 받아 형성된 것이라고 보는 이유는 다음과 같다.

첫째, 다산이 양호를 취하는 방법은 기본적으로 오징의 양호법과 같다.[32] 오징은 호체를 중효에서만 취하고 초효와 상효에서는 취하지 않는 것을 원칙으로 삼았다.[33] 이러한 오징의 관점은 다산의 양호작괘법과 정확하게 일치한다.[34] 다산도 역시 양호는 네 개의 중효에서 취하는 것이지 초효와

라는 句를 『周易傳義大全』으로부터 인용하였다고 하였다. 그러나 『周易傳義大全』에는 이러한 句가 나오지 않으며, 그 대신에 "臨川吳氏曰, 六五, 以柔中應在下之剛中, 帝女下嫁從夫之象, 泰卦, 互體及卦變, 皆成歸妹卦故, 以歸妹爲辭"라고 되어 있다.(『易纂言』, 『中國古代易學叢書』 第17卷, p.473)

31) "吳幼淸云, 泰之兩互爲歸妹, 故六五曰, '帝乙歸妹'.【見『大全』】"(『周易四箋 I』, 『定本』 第15卷, p.48)

32) 林在圭, 「丁若鏞與吳澄的周易解釋方法比較」, 『周易硏究』, 2016, 第2期, p.53

33) "吳草廬曰. 自昔言互體者, 不過以六畫之四畫互二卦而已.……今以先天圓圖觀之, 互體所成十六卦,……左右各二卦互一卦,合六十四卦互體, 只成十六卦,又合十六卦互體, 只成四卦, 乾, 坤, 旣, 未濟也."(黃宗羲, 『易學象數論』, 中華書局, p.99)

34) 다산은 양호작괘법에서는 中爻만을 사용하였지만 그 밖의 大體·兼體·倒體·伏體·牉合의 경우에는 호체를 취하는 범위를 중효에 한정하지 않았다. 2·3·4·5의 중효에서 취하는 것을 호체의 기본적 정의라고 한다면, 初爻와 上爻를 포함시킨 범위에서 취하는 것은 확장된 정의에 해당된다. 호체의 기본적 정의와 확장된 정의가 서로 충돌하는 개념이라는 것은 분명하다. 그러나 다산은 兩互의 경우에는 오로지 기본적 정의만 적용함으로써 모순을 피해 나가고 있다.

상효에서는 취하지 않는다고 주장하였다.[35] 『역학서언』의 「이씨절중초李氏折中鈔」에서 다산은 이광지李光地의 호체론을 비판하면서 "세상에 초획과 상획의 두 획을 취하여 호괘로 삼는 경우는 없다"라고 주장하였다.[36] 정현과 우번의 연호법에서는 호체를 취하는 범위를 중효에 한정시키지 않고 상효와 초효도 포함시키고 있으므로,[37] 양호를 취하는 범위를 중효에 한정시킨 것은 한역漢易의 연호법連互法과는 확실히 다른 점이다.[38]

둘째, 다산의 양호작괘법에서는 "양호로 만들어지는 괘는 모두 16괘이며, 16괘는 각각 4괘에 포섭된다"(兩互作卦, 只此十六, 各攝四卦)라고 하였는데, 이것은

---

35) "唯中四爻, 取兩互[雜物撰德, 非中爻不備] 初與上, 不取也."(『周易四箋』, 『定本』 第15卷, p.48)

36) "天下, 無初上二畫, 取以爲互者."(「李氏折中鈔」, 『易學緖言』, 『定本』 第17卷, p.248)

37) 鄭玄은 大畜卦 「象傳」의 "不家食吉, 養賢也"의 注에서 "九三에서 上九에 이르기까지 頤卦의 象이 있다"(自九三至上九, 有頤象)라고 했다. 이것은 大畜卦의 4·5·上의 艮을 上互로 삼고 3·4·5의 震을 下互로 삼아 頤卦의 象을 합성해 낸 것으로, 3·4·5·上의 4획을 활용하는 上四畫 연호법에 해당된다. 虞翻도 『주역』을 해석할 때 연호법을 즐겨 사용하였다. 예를 들면 蒙卦 「象傳」의 "蒙以養正, 聖功也"의 注에서 虞翻은 "體頤故養"이라고 했는데, 이것은 蒙卦의 2·3·4·5·上의 5획을 連互로 취하여 頤卦를 合成해 낸 것이다. 頤卦에는 養育의 뜻이 있으므로 "蒙以養正"의 '養'자의 의미가 해석된다. 그 다음으로 우번은 蒙卦 卦辭의 "匪我求童蒙, 童蒙求我"에 대한 注에서 "二體師象"이라고 하였다. 이것은 蒙卦의 初·2·3·4·5의 5획을 連互로 취하여 師卦의 상을 합성해 낸 것이다. 蒙卦의 3·4·5의 坤과 初·2·3의 坎을 상하로 연결시키면 師卦의 象이 만들어진다. 우번은 泰卦 六五의 "帝乙歸妹"의 효사에서도 4획 연호법을 사용하여 歸妹卦를 합성해 내었다.(廖名春·康學偉·梁韋弦 著, 沈慶昊 譯, 『주역철학사』, 예문서원, 1994, p.228.) "帝乙歸妹"의 句는 泰卦 六五와 歸妹卦 六五의 효사에 동시에 나타나기 때문에 연호법의 관계를 적용하여 설명할 수 있는 적절한 사례가 된다. 元代의 吳澄도 역시 泰卦의 兩互卦가 歸妹卦가 된다고 하였는데, 이러한 해석의 先例는 우번에게서 이미 발견된다.

38) 호체는 2·3·4 혹은 3·4·5의 中爻에서 세 개의 효를 취하는 것이 원칙이다. 그러나 漢代의 象數學者들은 이러한 원칙에 구애받지 않고 初爻와 上爻도 포함시켜 호체를 취하였다. 뿐만 아니라 卦體에서 두 개의 互卦를 취한 뒤에 다시 두 호괘를 連接시켜서 새로운 괘를 만들어 내는 방법도 사용하는데, 이러한 방법을 連互法이라 한다. 연호법에는 4획연호법과 5획연호법이 있다. 4효연호법은 하나의 卦體에서 네 개의 획을 連互로 사용하는 방법을 가리킨다. 이것은 다시 初·2·3·4의 4획을 활용하는 下四畫연호법, 2·3·4·5의 4획을 활용하는 中四畫연호법, 3·4·5·上의 4획을 활용하는 上四畫연호법으로 나뉜다. 다음으로, 5획연호법은 하나의 卦體에서 다섯 개의 획을 連互로 사용하여 새로운 重卦를 만들어 내는 방법이다.(廖名春·康學偉·梁韋弦 著, 沈慶昊 譯, 『주역철학사』, 예문서원, 1994, pp.225~226) 다산의 양호법은 漢易의 中四畫연호법에 해당된다.

오징의 "축시縮四"의 방법과 같다.[39] 왜냐하면 오징의 호체법에서도 "축시縮四"의 방법을 통해 64괘가 4분의 1로 축약되어 16괘가 되기 때문이다. 『주역사전』의 「양호작괘표兩互作卦表」에 따라 양호괘의 체계를 도표로 표시하면 다음과 같다.[40]

	兩互卦	本卦(64卦)			
1	乾	乾	大過	姤	夬
2	坤	坤	頤★	復	剝
3	大過	離★	小過	豐	旅★
4	頤	坎	中孚★	渙	節★
5	復	蒙	師	臨	損★
6	剝	屯★	比★	觀	益★
7	姤	同人	遯★	革★	咸
8	夬	大有	大壯	鼎	恒
9	解	謙★	艮	明夷	賁
10	蹇	豫	震	晉	噬嗑
11	家人	訟	履★	困	兌
12	睽	需	小畜★	井★	巽
13	歸妹	泰★	蠱★	大畜	升★
14	漸	否★	隨★	无妄★	萃★
15	旣濟	解	睽	歸妹★	未濟
16	未濟	蹇	家人	漸	旣濟

'★' 기호는 『주역사전』에서 兩互 관계가 易注에 반영된 경우를 나타냄.

39) 兩互作卦는 2·3·4·5의 中爻의 괘획을 써서 만들어진다. 다산과 오징은 모두 3·4·5의 上互와 2·3·4의 下互를 합성해서 別卦를 만들어내는 방법을 사용한다. 만약 中爻의 괘획이 같다면 그로부터 만들어지는 兩互卦도 같다.

上爻	陽(—)	陰(--)	陽(—)	陰(--)
中爻	共有	共有	共有	共有
初爻	陽(—)	陽(—)	陰(--)	陰(--)

2·3·4·5의 中爻에서 괘획이 확정되면 初位와 上位에서만 음(--)과 양(—)의 배치가 변경될 수 있다. 따라서 中爻를 共有하는 괘는 모두 네 괘가 성립된다. 네 개의 本卦로부터 한 개의 兩互卦가 만들어지므로 양호괘의 總數는 모두 16괘가 된다.(64÷4=16)

40) 圖表는 『周易四箋』의 「兩互作卦表」를 참조하였음.(『周易四箋 I』, 『定本』 第15卷, p.45)

오징은 「오초려호선천도」에서 16괘의 양호괘를 중환中環의 좌반권左半圈과 우반권右半圈에 각각 배치하였다. 오징이 소옹의 「복희선천육십사괘원도」에서 16괘의 양호괘를 도출하기 위하여 사용한 방법은 "격팔隔八"과 "축사縮四"의 방법이었다. 다산의 "각섭사괘各攝四卦"는 오징의 "축사이일縮四而一"의 방법과 다르지 않다.41) 그러나 다산에게는 오징의 "격팔이득隔八而得"에 해당되는 방법이 없다. 왜냐하면 "격팔"의 방법은 소옹의 「선천도」에서 괘획이 배치된 순서를 전제로 한 것이지만, 다산은 소옹의 선천역학을 근본적으로 불신하였기 때문이다. 다산의 관점에서 본다면 16개의 양호괘는 "축사"의 방법을 통해서도 충분히 얻어질 수 있는 것이기 때문에 굳이 "격팔"의 방법에 의존할 필요는 없었다. 그러나 오징의 「오초려호선천도」에서 양호괘의 배치가 질서정연한 규칙성을 나타내는 데 반해서, 다산의 「양호작괘표」에서는 아무런 규칙성도 발견할 수 없다.42) 이것은 오징의 양호법에서 단지 "축사"의 방법만을 취하고 선천역학의 논리를 제거해 버렸기 때문에 생긴 불가피한 결과이다.

다산이 오징과 다른 또 한 가지는 이러한 양호의 관계를 실제로 역주易注에 적용하여 해석하였다는 점이다. 오징은 양호법에 질서정연한 규칙을 부여함으로써 체계적 이론을 형성하는 데 성공하였으나, 양호를 실제로 역주에 적용한 경우는 태괘泰卦 육오六五의 "제을귀매"의 주에 그쳤다. 이것은 오징에게 양호법이 단지 형식적 체계 이상의 의미를 지니지 못하고, 괘효사의 실제적 해석과 관련을 갖기 어렵다는 것을 보여 준다. 그러나 다산은 23개의 양호 관계를 적용하였는데, 이것은 적용 가능한 양호관계의 삼분의 일을 넘는다. 그리고 여러 효사에서 동일한 양호관계

41) "兩互作卦, 只此十六, 右十六卦, 各攝四卦"(『周易四箋 I』, 『定本』 第15卷, p.45)

42) 『兩互作卦表』에서 양호괘는 乾·坤·大過·頤·復·剝·姤·夬·解·蹇·家人·睽·歸妹·漸·旣濟·未濟의 순서로 배열되어 있다. 이러한 배열에서 어떠한 규칙성도 발견할 수 없다.

를 중복해서 적용한 경우까지 포함하면 전체 횟수는 30번도 넘는다. 이것은 다산이 양호를 『주역』 전편에 광범위하게 적용하였음을 보여준다. 『주역사전』의 주에서 양호법을 적용해서 해석하고 있는 사례를 열거하면 다음과 같다.

1) 屯 六二 : 屯如邅如, 乘馬班如, 匪寇婚媾, 女子, 貞, 不字, 十年乃字. <茶山注> 此, 屯之節也. … **兩互爲頤**[節兩互] 自艮至震, 又重始之[八卦方位之序] 周而復始, 厥數滿十[艮至震, 二年. 又巽至震, 八年] “十年乃字”也.[43]

2) 屯 六三 : 卽鹿無虞, 惟入於林中. 君子幾, 不如舍, 往吝. <茶山注> 此 屯之既濟也. … **屯之兩互, 其卦剝也.**[下坤而上艮] 剝之六三, 是爲重艮.[44]

3) 比 彖辭 : 比吉. 原筮, 元永貞, 無咎. 不寧方來. 後夫凶. <茶山注> 此, 比之不變者也. ○**比之兩互, 其卦剝也.** 比匪其匹,[艮之配, 兌也.] 後夫凶也.[45]

4) 小畜 九三 : 輿說輻 夫妻反目. <茶山注> 此, 小畜之中孚也. … **小畜之卦, 兩互成睽.**[46]

5) 小畜 六四 : 有孚血, [句]去惕出, 無咎. <茶山注> 此, 小畜之乾也. … **兩互作卦, 其卦爲睽.**[47]

6) 小畜 九五 : 有孚攣如, 富以其鄰. <茶山注> 此, 小畜之大畜也. … **小畜兩互, 其卦睽也.** 睽之五爻, 其卦履也.[48]

7) 履 六三 : 眇能視, 跛能履. 履虎尾, 咥人, 凶, 武人爲於大君. <茶山注> 此, 履之乾也.

---

43) 『周易四箋 I』, 『定本』 第15卷, p.138~139.
44) 같은 책, p.139.
45) 같은 책, pp.170~171.
46) 같은 책, p.179.
47) 같은 책, p.181.
48) 같은 책, p.182.

履之兩互, 卽成家人.[49]

8) 泰 彖傳 : "泰, 小往大來, 吉, 亨", 則是天地交而萬物通也, 上下交而其志同也. <茶山注> 此, "上下交而其志同也".〔**兩互, 歸妹也,** 坎離爲志.〕[50]

9) 泰 九三 : 無平不陂, 無往不復. 艱貞, 無咎, 勿恤其孚, 〔句〕於食有福. <茶山注> 此, 泰之臨也. … **泰之兩互, 卽成歸妹.**[51]

10) 泰 六四 : 翩翩, 〔句〕不富以其鄰, 不戒以孚. <茶山注> 此, 泰之大壯也. **兩互作卦, 是成歸妹.**[52]

11) 泰 六五 : 帝乙歸妹, 以祉, 元吉. <茶山注> 此, 泰之需也. **兩互, 歸妹也.**[53]

12) 否 九四 : 有命, 無咎, 疇離祉. <茶山注> 此, 否之觀也. ○**兩互爲漸, 離於福也.**〔漸互離〕 時當否塞, 旣以巽退, 惟有治田爲農, 可以受福也. 於四言之者, 四爲漸主也.[54]

13) 謙 六五 : 不富以其鄰, 利用侵伐, 無不利. <茶山注> 此, 謙之蹇也. **謙之兩互, 其卦爲解.**〔下水而上雷〕 解五之動, 又成困卦.[55]

14) 隨 九五 : 孚於嘉, 吉. <茶山注> 此, 隨之震也. **隨之兩互, 卽成漸卦.**[56]

15) 蠱 九三 : 幹父之蠱, 小有悔, 無大咎. <茶山注> 此, 蠱之蒙也. **蠱之兩互, 卽成歸妹**[57]

---

49) 같은 책, p.188.
50) 같은 책, pp.192~193.
51) 같은 책, p.196.
52) 같은 책, p.197.
53) 같은 책, p.198.
54) 같은 책, pp.203~204.
55) 같은 책, p.224.
56) 같은 책, p.238.
57) 같은 책, p.245.

16) 賁 九三 : 賁如濡如, 永貞, 吉. <茶山注> 此, 賁之頤也. … **頤之兩互, 卽成兩坤.**[58]

17) 賁 六四 : 賁如皤如, 白馬翰如, 匪寇婚媾. <茶山注> 此, 賁之離也. ○學圃云, "**離之兩互, 寔爲大過.** 故有再婚之象".[59]

18) 無妄 彖辭 : 無妄, 元亨, 利貞, 其匪正, 有眚, 不利有攸往. <茶山注> 此, 無妄之不變者也. ○"其非正"者, 互卦之謂也.【互卦, 非正卦.】 **卦之兩互【艮而巽】 其卦爲漸.**[60]

19) 遯 九三 : 繫遯, 有疾, 厲. 畜臣妾, 吉. <茶山注> 此, 遯之否也. **遯之兩互, 其卦姤也.** 姤之九三, 其卦訟也.[61]

20) 損 六三 : 三人行, 則損一人, 一人行, 則得其友. <茶山注> 此, 損之大畜也. ○**損之兩互, 其卦爲復. 一人行也.**【只一陽】 復之六三, 又成明夷.[62]

21) 損 六五 : 或益之,【句】 十朋之龜,【句】 弗克違, 元吉. <茶山注> 此, 損之中孚也. **損之兩互, 其卦復也.** 復之六五, 其卦屯也.[63]

22) 益 六二 : 或益之,【句】 十朋之龜, 弗克違. 永貞, 吉, 王用享於帝, 吉. ○象曰: "或益之", 自外來也. <茶山注> 此, 益之中孚也. **益之兩互, 其卦剝也.** 剝之六二, 其卦蒙也. ○"自外來"者, 蒙自觀來也.【五之二】 不以兩互, 則不自外來【卦中無此象】 不可讀也. 損之六五, 益之上九, 宜參看.[64]

23) 萃 彖辭 : 萃, 亨, 王假有廟, 利見大人, 亨, 利貞, 用大牲, 吉, 利有攸往. <茶山注> 此, 萃之不變者也. ○"萃亨"者, 萃卦之本德也.【正卦象】 "亨利貞"者, **兩互爲漸之占**

---

58) 같은 책, p.270.
59) 같은 책, p.271.
60) 같은 책, pp.287~288.
61) 같은 책, p.367.
62) 『周易四箋 II』, 『定本』 第16卷, p.44.
63) 같은 책, p.45.
64) 같은 책, p.50~51.

例也.【互卦象】 再言亨, 非衍文也. ○**萃之兩互, 其卦爲漸.**65)

24) 萃 六二 : 引吉, 無咎, 孚, 乃利用禴. <茶山注> 此, 萃之困也. **萃之兩互, 其卦漸也.** 漸二之動, 其卦巽也.66)

25) 升 彖辭 : 升, 元亨, 用見大人, 勿恤, 南征吉. <茶山注> 此, 升之不變者也. ○**升之兩互, 是成歸妹.**67)

26) 升 九二 : 孚乃利用禴, 無咎. <茶山注> 此, 升之謙也. **升之兩互, 是成歸妹.**68)

27) 井 彖辭 : 井, 改邑, 不改井, 無喪無得, 往來井井. 汔至, 亦未繘井, 羸其瓶, 凶. <茶山注> 此, 井之不變者也. … **井之兩互, 其卦睽也.**69)

28) 革 九四 : 悔亡. 有孚. 改命, 吉. <茶山注> 此, 革之既濟也. **兩互, 姤也.**【已見「彖」】 姤之九四, 其卦, 巽也.70)

29) 歸妹 九二 : 眇能視, 利幽人之貞. <茶山注> 此, 歸妹之震也. **歸妹之體, 兩互成卦**【法見「表」】 **其卦, 旣濟也.**71)

30) 旅 九三 : 旅焚其次, 喪其童僕, 貞厲. <茶山注> 此, 旅之晉也. ○"貞厲"者, **旅之兩互, 卽成大過.**【澤風卦】 大過九三, 又成困卦.72)

31) 旅 九四 : 旅於處, 得其資斧, 我心不快. <茶山注> 此, 旅之艮也. **旅之兩互, 卽成大過**【澤與風】 大過九四, 又成井卦.73)

---

65) 같은 책, p.71~72.
66) 같은 책, p.74.
67) 같은 책, p.78.
68) 같은 책, p.80.
69) 같은 책, pp.92~93.
70) 같은 책, p.104.
71) 같은 책, p.141.
72) 같은 책, p.158.

32) 中孚 六三 : 得敵, 或鼓或罷, 或泣或歌. <茶山注> 此, 中孚之小畜也. ○**卦之兩互, 即成頤卦**[山雷卦] 頤之六三, 其卦, 賁也.[74]

그 다음으로, 다산의 양호작괘법의 해석체계에 대해서 알아보기로 하자. 양호작괘법을 취할 경우 괘의 변화는 삼단계를 거친다. 제1단계는 본괘本卦(A)의 단계이며, 제2단계는 양호괘兩互卦(B)의 단계이며, 제3단계는 지괘之卦(C)의 단계이다. 양호괘를 취할 경우에는 본괘로부터 효변爻變을 취해 만들어진 지괘는 고려하지 않는다. 양호작괘법의 변화 방식을 도표로 표시하면 다음과 같이 된다.[75]

① 본괘 A, 양호괘 B, 지괘 C가 일양괘一陽卦·일음괘一陰卦·이양괘二陽卦·이음괘二陰卦에 속하는 연괘衍卦인 경우에는 추이推移할 때 두 개의 벽괘辟卦를 모괘母卦로 취한다.
② 본괘 A, 양호괘 B, 지괘 C가 삼양괘三陽卦 혹은 삼음괘三陰卦에 속하는 연괘衍卦인 경우에는 추이推移할 때 한 개의 벽괘를 모괘母卦로 취한다.
③ 양호괘 B에서 효변을 취할 때는 본괘 A의 효爻가 있던 원래 위치에서 효변을 시킨다.

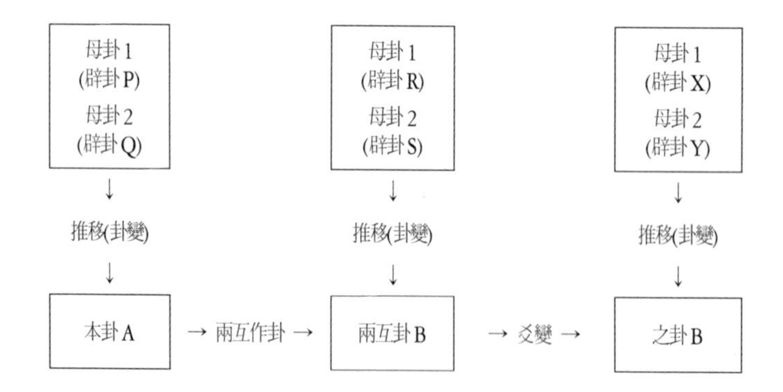

73) 같은 책, p.159.
74) 같은 책, p.193.
75) 拙著, 『다산 정약용의 주역사전 기호학으로 읽다』, 예문서원, 2014, p.418.

추이推移 즉 괘변卦變의 규칙은 양호를 취하더라도 마찬가지로 세 단계에서 모두 적용할 수 있다. 그리고 효변爻變은 본괘에서 곧바로 취하는 것이 아니라 일단 양호괘를 만든 이후에 실행한다. 예를 들면 고괘蠱卦 구삼九三은 고지몽蠱之蒙이 되지만 효변은 고괘蠱卦의 양호괘인 귀매괘歸妹卦 구삼九三의 위치에서 실행하여 귀매지대장歸妹之大壯이 된다.

이상에서 다산의 양호법을 『주역사전』을 중심으로 살펴보았다. 양호법에 관한 논의는 『역학서언』에서도 찾아볼 수 있다. 『주역사전』에서 양호법의 선례로 제시되었던 태괘泰卦 육오六五의 "제을귀매帝乙歸妹"에 대한 오징의 주는 『역학서언』의 「오초려찬언론吳草廬纂言論」에서 다시 한 번 인용되고 있다. 다만 「오초려찬언론」에서는 태괘와 귀매괘에 양호뿐 아니라 괘변의 관계도 적용할 수 있다고 한 오징의 견해를 소개하고 있다.[76] 그러나 다산에 따르면, 비록 양호와 괘변의 관계를 모두 적용하는 것이 가능하더라도 양호의 관계를 적용해서 해석하는 것이 옳다. 왜냐하면 태괘 구오와 귀매괘 육오에 "제을귀매帝乙歸妹"가 공통적으로 나타난다는 사실 자체가 두 괘 사이에 매우 특별한 관계가 있음을 드러내기 때문이다.[77] 더 나아가서 다산은 태괘泰卦 육사六四의 "편편翩翩, 불부이기린不富以其鄰"에도 마찬가지로 양호법을 적용하여 해석할 수 있다고 주장하였다.[78] 태괘 육사의 다산의 주는 양호작괘법을 적용해서 해석해 낸 매우 탁월한 예이다. 여기에서는 지면관계상 "편편翩翩"에 관한 해석에 대해서만 소개하기로 한다.

---

76) "六五'帝乙歸妹', 解曰, 泰卦互體及卦變, 皆成歸妹, 故以歸妹爲辭."(「吳草廬纂言論」, 『易學緒言』, 『定本』 第17卷, p.197)

77) "評曰, 不須作卦變說, 歸妹六五曰'帝乙歸妹', 此六五亦曰'帝乙歸妹', 則但當以兩互看也."(「吳草廬纂言論」, 『易學緒言』, 『定本』 第17卷, p.197)

78) "六五旣然, 則翩翩不富, 亦當作歸妹看."(「吳草廬纂言論」, 『易學緒言』, 『定本』 第17卷, p.197)

六四: 翩翩[句] 不富以其鄰, 不戒以孚.

(새가) 훨훨 날아왔다가 (또 다시) 날아가듯이, 그 이웃을 (일시적으로 부유하게 할 수 있을지는 몰라도 궁극적으로) 부유하게 만들지는 못할 것이다. 훈계하지 않아도, (백성들이) 믿고 따를 것이다.

<다산 注> 이것은 태괘泰卦가 대장괘大壯卦로 변하는 경우이다. 태괘로부터 양호괘를 만들면 귀매괘歸妹卦가 된다. 그런데 귀매괘는 본래 태괘로부터 왔으니[3이 4로 감] 양陽이 제 위치를 떠나[제3위에서 떠남] 마침내 리離로써 날아올라[귀매괘의 2·3·4의 호괘] 다른 나무로 옮겨가니[귀매괘의 상진上震이 나무가 됨] 새가 날아간 것이 된다. 귀매괘의 제4효가 이미 변하니[귀매괘가 변함] 앞서 태괘의 (제3위에 있던) 하나의 양이 옮겨와서 날아온 것인데 (그것이) 갑자기 보이지 않으니[(귀매괘의) 제4위의 강剛이 지금 (臨卦로 되면서) 없어짐] 날아왔다가 또 다시 날아가 버린 것이다.[순구가荀九家는 리離가 비조飛鳥가 된다고 하였다.] 이것을 일러 "편편翩翩"이라고 표현한 것이다.["편편翩翩"은 새가 날아가는 모습이다.][79]

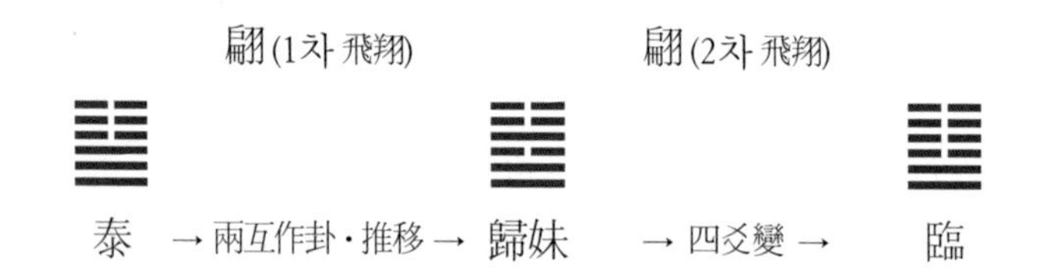

위의 주注에서 다산은 "편편翩翩"을 "새가 날아가는 모습"(鳥飛貌)을 가리킨다고 하였다. 순구가荀九家에 따르면 리離는 날아가는 새(飛鳥)를 상징한다. 다산은 순구가의 설을 취하여 귀매괘歸妹卦 2·3·4효로 얻은 호괘互卦의 리離를 비조飛鳥로 보았다. 그런데 "편편翩翩"은 중첩어이기 때문에 새의 비상飛翔은 1회가 아니라 2회의 동작으로 이루어진다. 제1차 비상飛翔은

---

79) "此, 泰之大壯也. 兩互作卦, 是成歸妹. 歸妹之卦, 本自泰來[三之四] 陽離其位[離於三] 遂以離飛[二四互] 移於他木[上震木] 鳥之飛也. 四之旣變[歸妹變] 一陽之移爲飛者, 因忽不見[四之剛, 今亡] 飛又飛也.[荀九家, 離爲飛鳥.] 此之謂,'翩翩'.[鳥飛貌.]"(『周易四箋 I』, 『定本』 第15卷, p.197)

태괘泰卦로부터 귀매괘로 이동하면서 이루어진다. 그런데 귀매괘의 제4효가 효변해서 임괘臨卦로 되면 리의 비조도 사라지게 되니, 이로써 제2차 비상이 이루어졌음을 알 수 있다.

그 다음으로 『역학서언』 「다산문답」의 제22문답에 성호星湖 이익李瀷(1681~1763)의 양호법에 관한 토론이 있다. 이것은 이익의 『역경질서易經疾書』 중 태괘泰卦 주注에서 인용한 것이다.[80]

<문問> 성옹星翁이 말했다. "태괘泰卦와 비괘否卦의 양호괘는 (각각) 귀매괘歸妹卦와 점괘漸卦가 된다.[양호법兩互法이다.] 귀매괘歸妹卦와 점괘漸卦로부터 다시 양호괘를 취하면 (각각) 기제괘旣濟卦와 미제괘未濟卦가 된다. (양호괘가) 기제괘와 미제괘의 경우에 그 근원이 되는 것은 6괘인데, ①가인家人, ②규睽, ③건蹇, ④해解, ⑤점漸, ⑥귀매歸妹가 그것이다. (양호괘가) 점괘와 귀매괘의 경우에 그 본괘는 8괘인데, ①태泰, ②비否, ③수隨, ④고蠱, ⑤무망無妄, ⑥대축大畜, ⑦췌萃, ⑧승升이 그것이다. 이것은 양호성괘법兩互成卦法인가 아닌가? 만일 그렇다면 기제괘와 미제괘의 본괘는 왜 6괘에 그치는가?

<답答> 기제괘에서 양호괘를 취하면 미제괘가 되고, 미제괘에서 양호괘를 취하면 (다시) 기제괘가 된다. 따라서 (기제괘와 미제괘의 두 괘를) 계산에 포함시키지 않은 것이다. 그러나 소론所論에 미비未備한 바가 있다.[81]

이것은 이익李瀷의 호체론이 양호법兩互法에 해당되는지에 관해 문답한 것이다. 질문자는 귀매歸妹와 점漸이 양호괘가 되는 경우에는 본괘本卦가

80) "乾坤互體, 不動乾坤, 變而爲泰否, 泰否互體爲漸歸妹, 漸歸妹互體爲旣未濟. 旣未濟互體相易, 亦不動, 所以爲始終也. 其互體自旣未濟來者, 六卦, 家人・睽・蹇・解・漸・歸妹, 是也. 家人・蹇・漸, 自未濟來, 睽・解・歸妹, 自旣濟來, 互體自漸歸妹來者, 八卦, 泰・否・隨・蠱・無妄・大畜・萃・升, 是也."(李瀷, 『易經疾書』, 『韓國易學大系』 第15卷, 韓美文化社, 1998, pp.97~98)

81) "[問]星翁曰, 泰否互體, 爲漸歸妹[兩互法] 漸歸妹互體, 爲旣未濟. 其自旣未濟來者, 六卦, 家人, 睽, 蹇, 解, 漸, 歸妹, 是也. 其自漸歸妹來者, 八卦, 泰, 否, 隨, 蠱, 無妄, 大畜, 萃, 升, 是也. 此是兩互成卦之法否? 若然, 其自旣未濟者, 何止六卦? [答]旣濟之互, 爲未濟. 未濟之互, 爲旣濟. 故不在計中. 然, 所論未備也."(「茶山問答」, 『易學緖言』, 『定本』 第17卷, p.314)

8괘인 데 비해 왜 기제既濟와 미제未濟가 양호괘가 되는 경우에는 본괘가 6괘에 그치는지 묻고 있다. 이에 대해 다산은 기제에서 양호괘를 취하면 미제가 되고, 미제에서 양호괘를 취하면 기제가 되므로 중복되는 두 괘를 계산에 포함시키지 않은 것이라고 대답하였다. 『주역사전』의 「양호작괘표兩互作卦表」를 참조하여 양호괘와 본괘의 관계를 도표로 표시하면 다음과 같다.[82]

귀매歸妹	태泰 · 고蠱 · 대축大畜 · 승升의 양호괘
점漸	비否 · 수隨 · 무망无妄 · 췌萃의 양호괘
기제旣濟	해解 · 규睽 · 귀매歸妹 · 미제未濟의 양호괘
미제未濟	건蹇 · 가인家人 · 점漸 · 기제旣濟의 양호괘

「다산문답」에서 성호星湖의 "소론所論에 미비未備한 바가 있다"(所論未備也)라고 한 것으로 미루어 볼 때, 다산은 이익의 양호론을 참조하기는 하였으나 완성도에 있어서 부족한 바가 있는 이론으로 평가하였음을 알 수 있다.

2) 양호작괘법의 옹호 논리

『역경』 주석사註釋史에서 호체를 적용하여 경문經文을 해석한 최초의 사례는 『좌전』 장공莊公 22년의 진경중지서陳敬仲之筮에서 발견된다. 장공 22년에 진陳나라 여공厲公이 아들 진경중陳敬仲의 장래에 관해 알고 싶어 주周나라 태사太史로 하여금 점을 치게 해서 관지비觀之否를 얻었다. 태사가 말하기를 "바람이 땅위에서 하늘이 되고 산이 되었다"(風爲天於土上, 山也)라고 하였다.[83] 관지비에서 관괘觀卦는 손巽과 곤坤으로 이루어진 괘이고 비괘否卦

82) 『周易四箋 I』, 『定本』 第15卷, p.45

는 건乾과 곤坤으로 이루어진 괘이니, 이로부터 바람(風)과 땅(地)과 하늘(天)의 괘상을 이끌어 낼 수 있다. 그러나 산은 호괘互卦를 취하지 않는다면 설명할 방법이 없다. 서진西晉의 두예杜預(222~284)가 『춘추좌씨경전집해春秋左氏經傳集解』에서 "2·3·4에 간艮의 상이 있다"(自二至四有艮象)라고 하였으니, 이것은 비괘否卦에서 호체互體를 취하여 산의 괘상을 이끌어 낸 것이다.[84] 어쨌든 두예杜預가 주注에서 호체로써 해석했던 것은 『좌전』의 원문에 그 근거가 분명히 있었기 때문이었다.

왕응린王應麟의 『곤학기문困學紀聞』에 따르면, 호체라는 용어를 최초로 사용한 인물은 전한前漢시대의 경방京房(BC.77~BC.37)이었다. 그는 2·3·4를 호체互體라고 부르고, 3·4·5를 약상約象이라고 불렀다.[85] 경방은 호체와 약상을 구별했으나, 일반적으로 2·3·4와 3·4·5의 획을 모두 호체라고 부른다. 상수역학자들 중에서 호체를 특히 많이 사용한 사람은 정현鄭玄(127~200)과 우번虞翻(164~233)이었다. 정현이 삼효三爻의 호체를 취한 회수는 33회에 달하며, 우번의 경우에는 무려 5백 회가 넘는다.[86] 그 밖에도 마융馬融·순상荀爽·초연수焦延壽 등이 호체를 사용하면서 호체는 한역漢易에서 해석 방법으로서의 지위를 확고하게 굳히게 되었다.

상수학자들이 호체를 취했던 가장 중요한 이유는 역사易詞의 해석 가능성을 확대하기 위한 데 있었다. 호체를 취하면 괘의 중간에서도 괘상을 취할 수 있어서 취상取象의 범위가 크게 확대되고, 이에 따라 역사의 해석가

---

83) "風爲天於土上, 山也. 有山之材, 而照之以天光. 於是乎, 居土上, 故曰, 觀國之光, 利用賓於王."(『春秋左傳正義』, 十三經注疏整理本, 16, 北京大學出版社, 2000, p.310)

84) "杜氏曰, 自二至四, 有艮象."(『春秋左傳正義』, 十三經注疏整理本, 16, 北京大學出版社, 2000, p.310)

85) "京氏謂二至四爲互體, 三至五爲約象."(宋 王應麟 撰 翁元圻 注, 『困學紀聞』, 臺北: 世界書局, 1963, p.50)

86) 陳伯適, 「虞翻取象表意的易學思維 – 從歷史性的意義下開展」, 『第六屆漢代文學與思想學術研討會論文集』, 2008, pp.78~79.

능성도 높아지게 된다. 그러나 호체의 사용은 역학사에서 항상 논란을 불러오던 문제였다. 호체의 반대론자들은 상괘上卦와 하괘下卦가 합쳐져서 이미 중괘重卦가 되었는데, 왜 다시 중간에서 호괘互卦를 취해야 하는지 이해하지 못했다. 위魏의 종회鍾會(225~264)는 『주역무호체론周易無互體論』(3권)을 지어서 호체를 폐지할 것을 주장하였다. 그리고 왕필王弼(226~249)은 상수역학자들이 "호체를 써도 해석이 잘 되지 않으므로 괘변을 취하기에 이르렀고, 괘변을 썼는데도 불구하고 여전히 해석이 잘 되지 않으므로 오행五行의 이론으로 유추하기에 이르렀다"라고 비난하였다.[87] 요컨대, 왕필에 따르면 호체·괘변·오행 등은 해석이 난관에 부딪히자 억지로 꿰맞추기 위해 조작해 낸 상수학적 이론들에 불과하다.

다산은 『주역사전』에서 호체를 거의 모든 괘효에서 사용했다. 다산의 해석체계에서 호체는 추이推移·물상物象·효변爻變과 함께 역리사법易理四法을 구성한다. 이 네 가지 해석방법 가운데 어느 하나라도 빠진다면 해석의 체계가 원활하게 작동하지 않게 된다. 다산은 네 가지 해석방법이 모두 주자의 학설(朱子之義)에 속한다고 주장하였다. 주자가 "호체를 폐지할 수 없다"(互體不可廢)라고 말했고, 그 이후로 호병문胡炳文(1250~1333)과 홍매洪邁(1123~1202) 등도 호체를 사용했다는 것이다. 그러나 엄밀하게 말한다면, 주자는 『좌전』에 호체가 사용된 적이 있기 때문에 호체를 폐지할 필요는 없다고 말했을 뿐이다. 주자는 호체를 적용하면 맞지 않는 경우도 많다고 하였는데, 이것은 호체를 실제로 사용하는 것에 대해서는 유보적 태도를 지니고 있었음을 보여 준다.[88] 주자의 『주역본의』에서 호체를 적용한 예로는 대장大壯 육오六五의 "상양우역喪羊於易, 무회無悔"에 대한 주注가 있을

87) "互體不足, 遂及卦變, 變又不足, 推致五行."(王弼 撰, 樓宇烈 點校, 『周易注』, 中華書局, 2011, p.415.

88) "互體自左氏已言, 亦有道理. 只是今推不合處多."(宋 黎靖德 編, 王星賢 點校, 『朱子語類』 第五冊, 卷67, 中華書局, p.1668)

뿐이다. 즉 "괘체卦體가 태兌와 비슷한 모습을 하고 있으니, 양羊의 형상이 있다"(卦體似兌, 有羊象焉)라고 하였는데, 대장괘大壯卦의 3·4·5에 태兌의 상이 있으므로 이것은 호괘를 취한 것이라고 볼 수도 있다.[89)]

그렇다면 다산이 호체를 옹호하는 논리는 무엇인가? 『주역사전』의 「호체표직설互體表直說」에서 다산은 호체를 사용해야 하는 논리를 다음과 같이 설명한다.

> 중괘重卦가 이미 성립하면 육획이 서로 연결되어 이때 호괘가 생겨난다. 팔괘의 때에는 비록 각각 형체를 이루더라도 중괘가 되면 2·3·4·5획이 서로 연결되어 한계가 없어지니, 이것이 호괘가 생기는 이유이다.[90)]

괘상을 해석하는 가장 일반적 관점은 중괘를 상괘와 하괘의 두 부분으로 나누어 보는 방법이다.[91)] 그러나 호체론자들은 중괘가 일단 성립된 이후에는 상괘와 하괘 사이에 한계가 없어지기 때문에 중간에서 호괘를 취할 수 있다고 주장한다. 다산은 「계사전」에서 "두루 (천지사방의) 육허六虛에 유전流轉하고, 위와 아래로 오르내려서 일정한 것이 없다"(周流六虛, 上下無常)라고 한 구절을 호체설을 옹호하는 근거로 삼았다.[92)]

그런데 양호작괘법의 경우에는 단지 중괘의 중간에서 호괘를 취하는 것에 그치지 않고, 상호上互와 하호下互의 두 개의 호괘를 조합하여 별괘別卦를 만들어 내는 방법을 사용한다. 이렇게 해서 만들어 낸 별괘는 본괘에 없었던 신괘新卦이다. 예를 들면 태괘泰卦에서 상호인 진震과 하호인 태兌의 양호괘를 취해서 조합하면 귀매괘가 생성된다. 따라서 본괘인 태괘泰卦에

---

89) "卦體似兌, 有羊象焉."(朱熹 撰, 廖名春 點校, 『周易本義』, 中華書局, 2009, p.138)

90) "重卦旣成, 六畫相連, 於是乎, 互卦, 起焉. 八卦之時, 雖各成形, 旣成重卦, 則二三四五, 直相連綴, 漫無界限. 此, 互卦之所以起也."(『周易四箋 I』, 『定本』 第15卷, p.45)

91) "世以重卦, 分作兩截看【上下卦】"(『周易四箋 I』, 『定本』 第15卷, p.46)

92) "周流六虛, 上下無常【大傳文】 故互體大體, 唯象是取."(『周易四箋 I』, 『定本』 第15卷, p.46)

없던 신괘新卦인 귀매괘를 만들어 낸 것이 된다. 양호괘를 쓰면 취상取象의 범위가 확대되기 때문에 역사易詞의 해석가능성도 높아진다. 그러나 이러한 테크닉(technique)의 사용에는 인위적 조작에 대한 의혹이 따라다닌다. 양호괘는 본괘가 아닌데 왜 양호괘로써 본괘의 괘효사를 해석하는가? 양호괘를 취하는 실제적 이유는 다른 해석법들이 모두 실패했기 때문인가? 양호괘를 사용함으로써 원하는 방향으로 해석을 이끌기 위해 의도적 조작이 행해지는 것은 아닐까? 이러한 의혹에 맞서서 다산은, 양호작괘법은 자연스럽게 이루어지는 것이지 결코 작위적 조작이 아니라고 변호한다.

> 양호로써 괘를 만드는 방법은 이미 호체를 취하게 되면 자연스럽게 괘가 형성되는 것이지, 억지로 공교工巧롭게 꾸며낸 것이 아니다.93)

양호작괘법은 본괘의 요소를 활용하여 새로운 괘를 만들어 내는 방법이므로 매우 놀라운 기교임이 틀림없다. 그럼에도 불구하고 다산은 양호작괘법이 공교工巧가 아니며, 이미 호체를 취하면 자연스럽게 양호괘도 이루어지는 것이라고 주장하였다. 공교工巧는 인위적 기교技巧를 가리키는 용어이다. 따라서 공교가 아니라는 것은 의도적 조작이 아니라는 것과 같은 의미이다. 그렇다면 이러한 해석법이 정당화될 수 있는 근거는 무엇인가? 다산은 양호작괘법을 취하는 이유로 전민용前民用과 금민사禁民邪의 두 가지를 들고 있다.

첫째, 전민용前民用이란 성인이 백성들로 하여금 편히 이용할 수 있도록 예비豫備하기 위한 것을 가리킨다. 이것은 해석의 편리를 위한 것으로서 실용적 이유에 해당된다. 만약 어떤 특정한 관심을 갖고 점을 쳤는데, 그렇게 해서 얻은 점사占辭에 관심사에 부합되는 내용이 없다면 당황할

---

93) "兩互作卦者, 旣取互體, 自然成卦, 非苟爲是工巧也."(『周易四箋 I』, 『定本』 第15卷, p.48)

것이다. 『주역』을 지은 성인聖人은 이러한 사태를 당하더라도 대비할 수 있도록 점사에 대안적 해석법을 숨겨 놓았다는 것이다. 만약에 혼인에 관하여 시초점을 쳤는데 태괘泰卦가 나왔다고 가정해 보자. 태괘의 괘상에는 혼인에 관련된 내용이 없기 때문에 점자占者는 당황하게 될 것이다. 양호괘는 이러한 상황에 대처할 수 있는 대안이 된다. 태괘泰卦의 상호와 하호를 합성하여 양호괘를 만들면 귀매괘歸妹卦가 되는데, 다행스럽게도 귀매괘에 혼인과 관련되는 상이 있기 때문에 점을 칠 수 있게 된다.

泰 → 兩互作卦 → 歸妹

둘째, 금민사禁民邪란 백성들이 사악한 짓을 저지르지 못하도록 하기 위한 것을 가리킨다. 이것은 점술占術을 선한 목적을 위해 활용하도록 한 것으로서 도덕적 이유에 해당한다. 만일 바르지 못한 일로 점을 쳤는데 좋은 괘가 나왔다면 이것은 도리에 맞지 않는다. 이런 경우에는 양호괘로 새로운 괘를 만들어 보고, 거기에서 불길한 징조가 있으면 취한다. 예를 들어 무망無妄은 문자 그대로 '망령됨이 없다'는 뜻이니, 천명을 거스르지 않고 지성至誠으로 받아들이는 것을 의미한다. 그런데 옳지 않은 일의 경우에는 무망無妄과 정반대의 상황이 되므로 정괘正卦를 취하지 않고 양호괘를 취한다. 무망괘의 단사는 "무망은 군주가 형통하고, 일을 처리함에 이로울 것이다"(無妄, 元亨, 利貞)와 "그 옳지 않은 일(其匪正)을 하면 재앙이 있을 것이니, 가는 바를 둠에 이롭지 못함이 있을 것이다"(其匪正, 有眚, 不利有攸往)의 두 부분으로 되어 있다. 전자는 정괘의 상황을 가리키는 반면에 후자는 양호괘의 상황을 가리킨다. 후자에서 "기비정其匪正"은 "도덕적으로 옳지 않은 경우"와 "정괘正卦가 아닌 경우"의 두 가지 의미를 모두 지니고 있다.

无妄 → 兩互作卦 → 漸

무망괘로부터 양호괘를 취하면 점괘漸卦가 되는데, 점괘에서는 간艮의 소인이 위험하게 좁은 길을 따라가니 손巽의 천명이 돕지 않는 상황이 된다. 무망괘의 단사에 "기비정其匪正"이라는 구句를 넣어둠으로써 양호괘의 해석으로 유도한 이유는, 백성들이 사악한 마음으로 행할 경우에 재앙이 있을 것이라고 경고하기 위한 것이다.[94] 이와 유사한 경우로 목강동궁지서穆姜東宮之筮가 있다. 목강穆姜은 숙손교여叔孫喬如와 모의하여 성공成公을 폐위廢位하려고 하다가 동궁東宮에 유폐되었다. 목강이 동궁에서 풀려날 수 있을지 궁금하여 점을 쳤는데 간지수艮之隨가 나왔다. 수괘隨卦에는 원형이정元亨利貞이라는 점사가 있으므로 사관은 대길大吉한 괘로 해석하고, 목강이 곧 석방될 것이라고 풀이하였다. 그러나 목강은 원형이정의 덕을 갖추지 못했다고 자책하며 그 점사는 자기에게 해당된다고 믿지 않았다. 다산은 이 경우에도 수괘隨卦로 점을 칠 것이 아니라 수괘隨卦의 양호괘인 점괘漸卦로 점을 쳤어야 옳다고 말한다.

4. 결론

『주역사전』에서 활용하고 있는 추이·효변·호체·물상의 네 가지 해석 방법 가운데 양호작괘법은 호체에 속하는 이론이다. 양호작괘법은 3·4·5

94) "無妄之卦, 順受天命[中無阻] 漸乃不然, 本以小人[艮之象] 行險由徑[坎而艮] 雖有巽命[上猶巽] 自我阻梗[艮拒之] 命之不佑, 何以行矣?"(『周易四箋 I』, 『定本』 第15卷, p.288)

의 상호괘와 2·3·4의 하호괘를 위아래로 연결하여 별괘別卦를 형성하는 방법이다. 역학사에서 양호법의 유래는 정현과 우번의 연호법連互法으로 소급된다. 그러나 한유漢儒의 연호법은 호체를 중효中爻뿐 아니라 초효初爻와 상효上爻에서도 취하기 때문에 다산의 양호법과는 다르다. 양호작괘법은 완안량의 입구入寇 때에 회계의 선비가 행한 서례에서도 발견되지만, 단편적 사례에 불과하다. 역학사에서 거의 사장될 위기에서 양호법을 구출한 것은 오징吳澄이었다. 오징은 태괘泰卦 육오六五 효사 "제을귀매帝乙歸妹"의 주注에서 양호법을 취하고 있는데, 오징의 주는 다산에 의해서도 인용되고 있다. 오징의 「호괘도互卦圖」와 다산의 「양호작괘표」를 비교해 보면 양자의 체계가 대체적으로 일치한다는 것이 밝혀진다. 다산이 호체를 중효에서 취한 것과 네 괘가 한 개의 양호괘에 포섭된다고 한 것도 역시 오징의 영향에 의한 것으로 보인다. 그러나 다산과 오징의 양호법에는 중요한 차이가 있다. 첫째, 오징의 「오초려호선천도吳草廬互先天圖」에서 양호괘의 배열이 소옹의 「선천도」에 의존하고 있는 반면에 다산의 양호법은 소옹의 선천역학과 아무런 관련이 없다. 오징의 양호괘가 질서정연한 규칙에 따라 배치되어 있는 데 반해서, 다산의 양호작괘법에서는 그러한 규칙성을 발견할 수 없다. 이것은 오징의 양호법에서 선천역학의 질서를 제거해 버렸기 때문에 생긴 불가피한 결과이다. 둘째, 오징은 태괘泰卦 육오六五의 주에서 양호법을 적용하였을 뿐이고, 다른 괘효에까지 확대하지 않았다. 그러나 다산은 양호작괘법을 『주역』 전편에 걸쳐 역주易注에 광범위하게 적용하였다. 오징에게 양호법은 복희역의 질서가 문왕역인 『주역』에 내장되어 있다는 것을 입증하기 위한 수단이었으나, 다산은 양호작괘법을 점사 해석을 위한 도구로서 활용하였다.

그러나 다산의 양호작괘법에 비판적으로 따져 보아야 할 문제가 있다. 양호작괘법은 본괘에 의한 해석이 실용적 목적에 적합하지 않거나 혹은 도덕적 목적에 부합하지 않을 때 사용되는 대안적 해석법이다. 다산은 양호작괘법이 자연성괘自然成卦되는 것이며 공교로운 조작이 아니라고 강조하였다. 그럼에도 불구하고 양호작괘법의 작위성에 대한 의심을 완전히 떨쳐버리기는 힘들다. 대안적 해석법은 정상적 해석법을 적용할 수 없는 특수한 경우에 한정되어야 옳다. 대안적 해석법의 무분별한 남용은 기본적 해석법에 대한 신뢰도를 약화시킬 수 있는 위험성을 지닌다.

제16장 모기령을 심하게 비난하였으나 몇 가지 중요한 개념들을 빌려 오다

1. 서론

모기령毛奇齡(1623~1716)은 청대 초기 건가학파乾嘉學派의 대표적 학자이다. 건가학파는 청대 건륭乾隆과 가경嘉慶(1736~1820)의 시기에 증거 없는 억견臆見을 배척하고 확실한 문헌적 근거를 중시하는 고증학考證學을 유행시켰다. 모기령은 건가학파의 선봉에 서서 주자를 맹렬히 공격함으로써 정주학의 학문적 기초를 뒤흔드는 역할을 스스로 떠맡았다. 명대의 학풍이 기본적으로 송학宋學의 계승의 연장선 속에 있었다고 한다면, 명대 말기의 정치적 격변기를 거친 청초의 학계에서는 송학의 한계에 대한 반성이 높아지면서 그에 대한 개혁이 절실히 요구되던 실정에 놓여 있었다. 『사고전서총목제요四庫全書總目提要』에서는 "명대 이후로 한유漢儒의 역학을 밝히고 유가로 하여금 공리공담으로 경經을 논설하지 못하게 한 것은 사실은 모기령이 그 첫길을 열었다"라고 평하였다.[1] 역학에 관련한 모기령의 저서로는 『중씨역仲氏易』(30권)·『추역시말推易始末』(4권)·『춘추점서서春秋占筮書』(3권)·『역소첩易小帖』(5권)·『역운易韻』(4권)·『하도낙서원천편河圖洛書原

1) "自明以來, 申明漢儒之學 , 使儒者不敢以空言說經 , 實奇齡開其先路."(毛奇齡 撰, 鄭萬耕 點校, 『毛奇齡易著四種』, 北京: 中國書店, 2010, p.205)

外編』(1권)·『태극도설유의太極圖說遺議』(1권) 등이 있다. 그 중에서도 대표적인 저술은 『중씨역』인데, 모기령의 중형仲兄 모석령毛錫齡이 저자로 되어 있으나 사실은 모기령의 저술이다.

모기령의 학설은 18세기 중엽에 조선에도 소개되었고, 이후 18세기 후반에 이르러 조선 후기의 경학계에 상당한 파문을 일으키게 된다. 모기령의 과감한 주자 비판은 정주리학程朱理學을 신봉하던 조선의 성리학자들에게 엄청난 충격을 주었으며, 주자학의 재평가 작업에도 영향을 주게 된다. 그러나 18세기 말에서 19세기 초에 이르기까지 조선 경학계의 주류는 대체로 모기령을 명물훈고名物訓詁의 번쇄한 학문에 치우쳐 있으며 당파의식이 강하고 편파적인 의론을 좋아하는 인물로 평가하였다. 정조正祖는 경사강의經史講義를 주최하면서 모기령의 학설에 관하여 집중적으로 토론하였다. 그러나 정조에게 모기령의 고거변증考據辨證의 학문은 주자학의 정통성을 훼손하고 있어서 극복되지 않으면 안 되는 속학俗學의 한 부류에 불과하였다. 경사강의에서 『주역』 강의는 1783년에서부터 1784년에 걸쳐 진행되었으며, 주자뿐 아니라 모기령의 학설도 집중적으로 검토되었다.[2] 정조는 『군서표기群書標記』에서 모기령이 새로운 괘변설卦變說을 제출하였으나 사실은 한유漢儒의 여서餘緖를 훔쳐서 정程·주朱를 매도한 것에 지나지 않는다고 혹평하였다.

다산은 28세 때인 1789년(己酉, 正祖 13)에 규장각의 초계문신抄啓文臣으로

2) 『주역강의』는 正祖가 규장각의 문신들과 더불어 진행한 經史講義 중에서 『주역』에 관한 부분을 편집하여 간행한 책으로서, 1783년(정조 7)에 내린 임금의 條問과 그것에 대한 답변을 1785년에 규장각신 金熹에게 맡겨 편집한 것과 1784년의 조문과 답변은 1791년에 초계문신 徐有榘에게 편집하게 해서 합친 것이다. 정조는 1783년(계묘)과 1784년(갑진)에 각각 그 해 선발된 초계문신에게 주역에 관한 조문 183개조와 33개조의 조문을 각각 내려주고 이에 대해 답변하도록 하였다. 순조대에 간행된 정조의 문집 『弘齋全書』에 『경사강의』의 일부가 권101에서 권105에 걸쳐 수록되어 있다.(주역강의, 『한국민족문화대백과사전』)

발탁되었기 때문에 『주역』 강의에 직접 참여한 것은 아니었다.[3] 그러나 『주역』 강의가 끝났다고 하더라도 모기령에 대한 성토는 그 후로도 계속 이어졌고, 그러한 분위기는 다산에게도 고스란히 전해졌을 것으로 보인다. 다산은 1795년(乙卯, 正祖 19) 34세에 지은 「고시이십사수古詩二十四首」의 제21수에서 모기령을 "천하에 망령된 남자"(天下妄男子)라고 부르며 "이리저리 날뛰는 원숭이"(踴躍如猴挺) 혹은 "큰 나무를 흔들어 대는 왕개미"(蚍蜉撼大樹)와 같다고 조롱하였다.[4] 다산이 청년기에 지녔던 모기령에 대한 부정적 인상은 말년에 이르러서도 변하지 않았다. 다산은 73세 되던 해 1834년(甲午, 純祖 34)에 저술한 『매씨서평梅氏書平』에서 모기령을 "어투가 난폭하고 오만한 것이 놀랍고 가증스럽다"(辭氣暴慢, 可驚可惡)라고 평하고, 이어서 자모역괘설子母易卦說의 의례義例가 어느 것 하나도 이치에 맞는 것이 없다고 비판하였다.[5] 그리고 「제모대가자모역괘도설題毛大可子母易卦圖說」을 지어 모기령의 자모역괘설子母易卦說이 12벽괘를 중심으로 한 괘변설에 큰 혼란을 야기하였다고 비난하였다. 이처럼 모기령에 대한 다산의 평가를 보면 부정적 평가가 대부분이다. 그러나 다산의 모기령 비판은 조선 후기 학계의 분위기에 비추어 볼 때 전혀 이상하지 않다. 왜냐하면 당대의 대부분의 학자들이 모기령의 박식함을 인정하면서도 주자학에 대한 무차별적 비난에 대해서는 성토하는 분위기가 지배적이었기 때문이다.

그러나 다산의 모기령에 대한 비판적인 평가에도 불구하고 두 사람의 역학사상에는 공통점도 상당히 존재한다. 다산의 실학사상은 근본적으로 탈성리학적 근본유학을 추구하는 경향성을 지닌 것이었고, 이러한 경향성의 단초는 모기령이 이미 제공하였기 때문이다. 모기령과 다산의 역학사상

---

3) 辛源俸, 「正祖의 주역관」, 『동양문화연구』 제3집, 영산대학교 동양문화연구원, 2009.

4) "天下妄男子, 我見毛奇齡. 突兀起壁壘, 關弓對考亭. 窮搜摘一疵, 踴躍如猴挺. 平心遜其詞, 獨不能談經. 蚍蜉撼大樹, 一葉何曾零.(詩集, 『定本』 第1卷, p.284.)

5) 『梅氏書平』, 『定本』 第13卷, p.90.

에 존재하는 공통점을 열거하면 다음과 같다.

첫째, 두 사람은 모두 기본적으로는 송역宋易보다는 한역漢易에 경도되어 있다. 다산은 『주역사전』에서 추이推移・효변爻變・호체互體・물상物象 등의 네 가지 해석방법이 모두 주자로부터 온 것처럼 말하고 있으나, 그 해석법의 역학사적 기원은 한역으로 소급된다. 두 사람은 모두 한역의 상수학적 전통을 계승하면서도 그것을 답습하지 않고 창의적으로 변형시키고 있다는 점에서도 일치한다.

둘째, 모기령과 다산의 도서상수학 비판은 고증에 의해 경전의 진위를 판별해 내려는 고증학의 정신과 부합한다. 청대 초기에 황종희黃宗羲・황종염黃宗炎・고염무顧炎武 등이 송대의 도서상수학圖書象數學을 비판하였는데, 모기령이 그 뒤를 이어서 송대의 도서학을 맹렬히 공격하였다. 모기령은 『하도낙서원천편河圖洛書原舛編』에서 하도・낙서는 송대에 도사들에 의해 만들어진 위작으로, 진단陳摶이 "대연지수오십유오大衍之數五十有五"에 대한 정현鄭玄의 주注를 근거로 하도를 만들었다는 것을 논증하였다.[6] 다산도 역시 하도・낙서를 바탕으로 한 진단 계열의 도서지학圖書之學에 대해 반대하는 태도를 취했는데, 이 점에서 모기령과 다산의 관점은 동일하다.

셋째, 모기령은 소옹邵雍의 선천역에 대하여 비판하였는데, 이것은 다산도 마찬가지이다. 모기령과 다산은 다 같이 소옹의 「선천괘서도先天卦序圖」가 『주역』과는 아무런 관계도 없다고 보았다.

넷째, 두 사람은 왕필王弼의 의리학적 방법론에 반대하고, 왕필이 주역의 올바른 전통을 훼손시킨 데 대해 큰 책임이 있는 것으로 보았다. 두 사람은 송대의 관념론이나 위진의 도가사상에 의해 훼손되기 이전의 고대 역학의 원형을 밝히려고 시도하였다는 점에서도 일치한다.

---

6) 『주역철학사』, 廖名春・康學偉・梁韋弦 저, 심경호 역, 예문서원, pp.664~665,

2. 모기령이 다산의 추이설에 미친 영향

다산의 모기령에 대한 평가는 부정적인 것이 대부분이다. 다산의 발언에 의존할 경우, 그는 모기령에 대해서 지극히 부정적으로 보고 있을 뿐 아니라 심지어 무시하고 있는 듯한 인상을 받게 된다. 다산은 『역학서언』에서 이광지李光地의 『주역절중周易折中』에 대해 상세히 비평하면서도 모기령에 관해서는 전혀 언급하지 않았다. 그러나 다산은 모기령을 비난하면서도 『중씨역仲氏易』 가운데서 탁월한 견해가 있으면 적극적으로 수용하였다. 『중씨역』과 『주역사전周易四箋』의 체계를 대조해보면 다산의 견해가 적어도 부분적으로는 모기령의 영향을 받아 형성되었다는 점이 확연하게 드러난다. 다산에게 미친 모기령의 영향을 보여 주는 단서는 다산이 사용하는 용어에 있다. 다산의 『주역사전』에서 네 가지 해석방법 가운데 하나인 추이推移는 모기령의 『중씨역』에도 나오는 용어이다.[7] 모기령은 전통적으로 쓰이던 괘변卦變이라는 용어 대신에 이역移易이라는 용어를 사용하였는데, 추이推移 혹은 추역推易은 그 동의어로 사용되고 있다. 추이는 '밀어서 옮긴다'라는 뜻으로서 「계사상전繫辭上傳」(제2장)의 "강剛과 유柔가 서로 밀어 옮기면서 변화를 만들어 낸다"(剛柔相推而生變化)라는 말에서 유래하였다. 다산은 추이라는 용어를 사용하였을 뿐 아니라 모기령의 추이설의 사례를 인용하기도 하였다. 예를 들면 『주역사전』의 리괘履卦 구오九五에서 모신毛甡의 주를 인용하고 있는데, 모신은 바로 모기령의 별명別名이다.

모신毛甡이 말하였다. "리괘履卦는 쾌괘夬卦로부터 왔는데, 지금의 중강中剛[제5위의

---

7) "所謂, 剛柔相推則移之也, 推者, 移也, 而總以二語概之曰, 方以類聚, 物以群分, 然後 推移之旨全焉."(毛奇齡, 『推易始末』, 卷1, p.3)

강剛]은 쾌괘夬卦의 일음一陰이 밟고 있던 것[6이 5를 타고 있다.]이다."[8]

이것은 모기령의 이역설移易說에서 일음오양괘一陰五陽卦의 괘변에 해당된다. 리괘履卦는 구괘姤卦 혹은 쾌괘夬卦로부터 변한 괘인데, 리괘의 제3효는 쾌괘의 상위에 있던 음이 제3위로 내려와서 형성된 것이다. 리괘 구오의 효사에 나오는 "쾌리夬履"는 리괘가 쾌괘로부터 변했다는 것을 보여 주는 단서가 된다. 다산은 모기령의 주에 관해 평가를 하지 않았으나, 그것을 인용한 것은 취할 만한 가치가 있다고 보았기 때문일 것이다. 『주역사전』에는 중씨仲氏의 발언을 인용한 부분도 나오는데 다음과 같다.

중씨仲氏가 말하였다. "『역』에는 두 가지 관점이 있다. 첫째는 유취類聚이며, 둘째는 군분群分이다."(仲氏曰, 易有二觀, 一曰類聚, 二曰群分.) 12벽괘는 유취이므로, 그 본체 속에 모두 건乾과 곤坤이 들어 있다.[감坎과 리離는 없다.] 50연괘는 군분에 속하므로, 그 본체 속에 모두 감坎과 리離가 들어 있다.[어느 한 괘라도 감과 리가 없는 것이 없다.] (양쪽 바깥에 있는) 두 개의 유柔가 날개가 되고, 그 가운데가 차 있으면 감坎이 된다. (양쪽 바깥에 있는) 두 개의 강剛이 빗장(扃)이 되고, 그 가운데가 비어 있으면 리離가 된다.[대리大離를 가리킨다.][9]

여기서 중씨仲氏를 인용한 것은 "역유이관易有二觀, 일왈유취一曰類聚, 이왈군분二曰群分"의 구절이다. 그렇다면 중씨仲氏는 『중씨역』의 중씨를 가리키는 것일까? 신원봉은 이것이 『중씨역』으로부터 직접 인용한 것이라고 주장하였다. 그러나 김영우는 여기서의 중씨는 다산의 중형仲兄인 정약전丁若銓을

8) "毛甡云, 卦自夬來, 今之中剛[五之剛] 夬一陰之所履也[六乘五]."(『周易四箋 I』, 『定本』 第16卷, p.190.)

9) "仲氏曰, '易有二觀. 一曰, 類聚. 二曰, 羣分.' 十二辟卦, 其聚者也. 故其本體之內, 皆有乾坤. [無坎離] 五十衍卦, 其分者也, 故其本體之內, 皆有坎離.[無一卦無坎離者] 兩柔爲之翼, 而實其中, 則坎也.[謂大坎] 兩剛爲之扃, 而虛其中, 則離也.[謂大離]"(「周易四箋 I」, 『定本』 第15卷, pp.45~46)

가리키는 호칭이라고 주장하였다. 왜냐하면 다산은 정약전을 중씨라고 부른 경우가 많고, 『역학서언』에 정약전의 저술인 「현산역간玆山易柬」이 수록되어 있기 때문이다.[10] 『주역사전』의 역주譯註에서는 이 문구를 정약전의 발언으로 보았으나, 모기령의 발언일 가능성을 배제하지 않았다.[11] 어느 견해가 옳은지를 밝히기 위해서는 모기령의 『중씨역』과 정약전의 「현산역간」에 해당 문구가 나오는지를 조사해 보면 될 것이다. 문제는 "중씨왈"의 문구가 『중씨역』에 나오지 않을 뿐 아니라 「현산역간」에도 나오지 않는다는 데 있다. 그러나 정확하게 동일한 문구는 아니지만 유취類聚·군분群分의 구분은 『중씨역』에 나올 뿐 아니라 「현산역간」에도 나온다. 어쨌든 다산이 요지要旨를 축약해서 썼을 가능성도 있기 때문에 원문과 인용구가 정확히 일치해야 하는 것은 아니다. 필자는 예전에는 이 문구가 정약전의 견해를 인용한 것이라고 생각하였으나, 지금에 와서는 『중씨역』의 인용이라고 확신하게 되었다. 설령 「현산역간」에 비슷한 구절이 나온다고 하더라도 그것은 『주역사전』에 나오는 다산의 견해를 요약한 것에 불과하다. 역괘易卦를 유취類聚·군분群分의 관점에 따라 분류한 사례는 모기령 이전에는 발견되지 않는다. 따라서 이것을 모기령의 독창적 견해로 보아도 좋을 것이다.

유취類聚와 군분群分은 「계사전」의 "방이유취方以類聚, 물이군분物以群分"에서 나온 용어이다. 유취란 음과 양이 각각 종류별로 모여 있음을 가리키고, 군분은 모여 있던 음양의 군집群集이 헤쳐져서 분산分散되었음을 가리킨다. 모기령은 유취와 군분의 관점에 의하여 64괘를 불역괘不易卦·취괘聚卦·반취괘半聚卦·자모취괘子母聚卦·분괘分卦의 다섯 유형으로 분류하였는데, 그것을 도표로 표시하면 다음과 같다.

10) 김영우, 「정약용과 모기령의 역학사상 비교 연구」, 『東方學志』 제127집, 연세대학교 국학연구원, 2004, p.290.
11) 方仁·張正郁, 『譯註 周易四箋』 第8卷, 소명출판, 2007, p.76.

不易卦	乾, 坤 (2卦)
聚卦	復, 臨, 泰, 大壯, 夬, 姤, 遯, 否, 觀, 剝 (10辟卦)
半聚卦	小過, 中孚 (2卦)
子母聚卦	无妄, 大畜, 頤, 大過, 咸, 恒, 損, 益, 萃, 升 (10卦)
分卦	不易卦, 聚卦, 半聚卦, 子母聚卦를 제외한 나머지 괘 (40卦)

반면에 다산은 64괘를 유취와 군분의 관점에 의거하여 14벽괘와 50연괘로 나누었다. 유형적 특성으로 볼 때, 14벽괘는 방이유취方以類聚의 특성을 지니며, 50연괘는 물이군분物以群分의 특성을 지닌다. 14벽괘는 다시 건乾·곤坤, 10벽괘, 중부中孚·소과小過의 재윤괘再閏卦의 세 부분으로 나뉘는데, 각각 모기령의 불역괘不易卦·취괘聚卦·반취괘半聚卦에 상응한다. 모기령의 분괘分卦에 상응하는 괘념은 다산의 연괘衍卦인데, 모기령과 다산의 체계에서 모두 물이군분의 유형으로 분류된다. 모기령의 분류체계에서 가장 특징적인 부분은 자모취괘子母聚卦인데, 다산의 체계에서는 여기에 상응되는 부분이 없다. 다산의 64괘의 분류체계를 도표로 표시하면 다음과 같다.

14벽괘 (方以類聚)	부모괘	乾·坤 (2괘)
	10벽괘	復·臨·泰·大壯·夬·姤·遯·否·觀·剝 (10괘)
	재윤괘	中孚·小過 (2괘)
50연괘 (物以群分)	14벽괘를 제외한 나머지 50괘	

모기령과 다산의 괘의 분류방식을 대조해 보면 양자의 유사성은 쉽게 드러난다. 다산의 벽괘·재윤괘·연괘는 각각 모기령의 취괘·반취괘·분

괘에 상응된다. 자모취괘의 경우를 제외하면 양자의 체계는 대체로 유사하다. 이러한 유사성에 최초로 주목한 것은 김승동이었다. 김승동은 "다산에게도 역시 생성시키는 괘와 생성되는 괘의 분류에는 취聚와 분分의 개념이 개입되어 있다"라고 지적하였다.[12] 그러나 김승동은 이러한 유사성이 모기령으로부터 영향을 받은 결과라고 추정하는 데까지는 나아가지 않았다. 필자의 견해로는 다산이 역괘를 유취·군분의 관점에서 분류한 것은 모기령의 영향에 의한 것일 가능성이 높다. 만약 다산이 중씨의 발언을 『중씨역』으로부터 직접 인용한 것이라면, 이것은 다산 스스로 모기령 역학의 영향을 긍정적 측면에서 인정한 중요한 사례가 될 것이다. 그러면 이제 각각의 유형에 관해 모기령과 다산의 견해를 비교해 보기로 하자.

불역괘不易卦　불역괘는 건乾·곤坤의 두 괘를 가리키는 명칭인데, 모기령은 「계사전」의 "건곤성열乾坤成列"을 전거로 제시하였다. 불역괘라는 명칭은 본래 『역건착도易乾鑿度』로부터 유래되었다. 『역건착도』에 따르면, 모든 괘들은 건·곤으로부터 변화된 것이지만 건·곤 그 자체는 다른 괘들로부터 변화되지 않는다. 모기령이 건·곤을 불역괘로 설정한 까닭은 다른 괘로 추이하지 않기 때문이다. 모기령에 따르면 건·곤도 취괘聚卦의 한 종류로 분류된다. 그러나 이 경우 취괘와 불역괘의 개념이 서로 모순을 일으키는 것을 피할 수 없다. 왜냐하면 취괘는 추이를 기다리는 괘로 정의되는 반면에 불역괘는 추이에 관여하지 않고 독립적으로 존재하기 때문이다.

모기령과 다산은 건乾·곤坤에 관하여 다음의 세 가지 관점을 공유하고 있다.

첫째, 건·곤은 제괘諸卦의 근원에 해당된다.

둘째, 건·곤은 방이유취方以類聚의 유형에 속한다.

---

12) 김승동, 「모기령과 정약용의 역괘해석에 관한 비교연구」, 『인문논총』 제36집, 부산대, 1990, p.227.

셋째, 건·곤은 방이유취의 벽괘의 단계로부터 물이군분의 분괘分卦 혹은 연괘衍卦의 단계로 추이하는 과정에 개입하지 않는다.

그러나 양자의 근본적 차이점은 모기령이 건·곤을 불역괘로 설정한 반면에 다산은 건·곤을 12벽괘의 추이에 포함시켰다는 데 있다. 다산의 관점에서 본다면 건·곤도 다른 10벽괘와 마찬가지로 추이하기 때문에 불역괘가 될 수 없다. 다산의 12벽괘론은 한유漢儒의 12소식괘消息卦의 이론을 계승하고 있다. 한유들은 십벽괘에 건·곤 2괘를 추가하여 12개월에 배당하였는데, 이것을 소식괘라고 한다. 소식괘는 다시 소괘消卦와 식괘息卦로 나뉜다. 식괘息卦는 복괘復卦에서 건괘乾卦로 변천하는 과정에 속한 괘로서, 이 과정에서는 양은 점차로 증가하고 음은 점차로 감소한다. 반면에 소괘消卦는 구괘姤卦에서 곤괘坤卦로 변천하는 과정에 속한 괘로서, 이 과정에서는 음은 점차로 증가하고 양은 점차로 감소한다. 경방京房은 12벽괘를 12개월의 괘주卦主로 설정하고 12지支에 배속시켰는데, 이 관계를 도표로 표시하면 다음과 같다.

消息	息卦						消卦					
辟卦	復	臨	泰	大壯	夬	乾	姤	遯	否	觀	剝	坤
卦象	䷗	䷒	䷊	䷡	䷪	䷀	䷫	䷠	䷋	䷓	䷖	䷁
月曆	11月	12月	正月	2月	3月	4月	5月	6月	7月	8月	9月	10月
12支	子	丑	寅	卯	辰	巳	午	未	辛	酉	戌	亥

괘기설卦氣說의 관점에서 보면 건괘乾卦와 곤괘坤卦도 1년의 순환주기의 구성요소이다. 간보干寶(?~336)는 12개월과 12벽괘의 상응관계를 다음과 같이 설명한다.

乾初九: 陽在初九, 十一月之時, 自復來也.

乾九二: 陽在九二, 十二月之時, 自臨來也.

乾九三: 陽在九三, 正月之時, 自泰來也.

乾九四: 陽氣在四, 二月之時, 自大壯來也.

乾九五: 陽在九五, 三月之時, 自夬來也.

乾上九: 陽在上九, 四月之時也.…… 乾體既備, 上位既終.

坤初六: 陰氣在初, 五月之時, 自姤來也.

坤六二: 陰氣在二, 六月之時, 自遯來也.

坤六三: 陰氣在三, 七月之時, 自否來也.

坤六四: 陰氣在四, 八月之時, 自觀來也.

坤六五: 陰氣在五, 九月之時, 自剝來也.

坤上六: 陰在上六, 十月之時也.

모기령은 『추역시말推易始末』에서 간보의 설을 십벽괘생건곤지설十辟卦生乾坤之說로 정의하였다. 모기령의 관점에서 보면 간보의 주장은 전도顚倒되고 이치에 맞지 않는다. 왜냐하면 10벽괘는 건乾·곤坤으로부터 생성된 것인데, 그 십벽괘로부터 다시 건·곤이 생성된다고 하였기 때문이다.[13] 따라서 모기령은 간보의 설은 괘기설의 분괘직일법分卦直日法에 해당될 수 있어도 추이상생지의推移相生之義가 될 수 없다고 비판하였다. 그러나 다산의 견해는 오히려 간보의 주장과 부합한다. 12벽괘의 순환 과정에서 건乾은 <쾌夬→건乾→구姤>로 변하며, 곤坤은 <박剝→곤坤→복復>으로 변하는 추이에 참여한다. 그러므로 다산의 관점에서 본다면 건乾·곤坤은 불역괘不易卦가 아니다. 아무리 건·곤이 비록 제괘諸卦의 부모가 된다고 해도 12벽괘의 추이에

13) "干寶謂, 乾坤從十辟卦來, 更轉倒無理."(『推易始末』, 卷一, pp.9~11.)

참여하면 다른 괘와 마찬가지로 변할 수밖에 없기 때문이다. 다만 벽괘에서 연괘로 추이하는 과정에 건·곤이 개입하지 않는다고 본 것은 모기령이 취괘에서 분괘分卦로 추이하는 과정에 건·곤이 개입하지 않는다고 본 것과 같다.

취괘聚卦 모기령의 체계에서 취괘聚卦는 유취類聚의 특성을 온전히 갖고 있는 괘이다. 유취類聚란 종류별로 모여 있다는 뜻이니, 음은 음끼리, 양은 양끼리 모여 있는 상태를 가리킨다. 『중씨역』에서는 취괘를 "음양의 효가 각각 한쪽 방향으로 모여 있으면서 추이推移됨을 기다리고 있는 것"(陰陽爻各聚一方以待移)으로 정의하였다. 취괘에는 복復·임臨·태泰·대장大壯·쾌夬·구姤·둔遯·비否·관觀·박剝이 속하는데, 이것을 10벽괘라고 한다. 10벽괘에 관한 모기령과 다산의 관점은 완전히 일치한다. 모기령이 10벽괘를 유취의 특성을 갖는 것으로 분류하였듯이, 다산도 십벽괘를 방이유취方以類聚의 특성을 갖는 것으로 보았다.

반취괘半聚卦 반취괘는 중부中孚와 소과小過의 두 괘를 가리키는 명칭이다. 반취괘에서는 양이 가운데 모여 있어서 음을 양분하거나, 음이 가운데 모여 있어서 양을 양분한다.(陽聚於中, 則陰兩分; 陰聚於中, 則陽兩分) 상하 양쪽에서 중간을 둘러싸고 있는 형태를 취하고 있기 때문에 환취괘環聚卦라고도 한다. 중부와 소과는 중간에 유취類聚를 가로막는 간격間隔이 있으므로 취괘聚卦와 다르다.[14] 그래서 모기령은 『추역시말』에서 반취괘는 취괘가 아니라고 하였으나, 『중씨역』에서는 취괘에 포함시켰다. 취괘는 상경에 태泰·비否·임臨·관觀·박剝·복復의 6괘가 있고 하경에 둔遯·대장大壯·구姤·쾌夬·소과小過·중부中孚의 6괘가 있어, 모두 12괘가 된다. 모기령은 중부와 소과의 두 괘를 벽괘라고 부르지 않았으나, 실제적으로 이 두

14) "中孚本二陰間四陽之卦, 小過本二陽間四陰之卦, 既有所間, 非聚卦矣."(『推易始末』, p.56.)

괘는 벽괘와 같은 기능을 한다. 모기령이 반취괘를 분괘分卦라고 부르지 않는 이유는, 이역移易하여 다른 괘로 될 수는 있으나 다른 괘로부터 변화되지는 않기 때문이다. 이처럼 중부와 소과에 벽괘의 기능을 부여한 것은 괘변설의 전개과정에 있어서 새로운 발전이라고 할 수 있다.

다산의 분류체계에서 반취괘에 상응하는 개념은 재윤괘再閏卦이다. 다산의 재윤괘가 모기령의 반취괘와 다른 점은 역법曆法에 관여한다는 데 있다. 중부와 소과가 재윤괘라고 불리는 이유는 오세재윤五歲再閏의 원리를 통해서 5년에 두 번 윤달을 추가하는 것에 관여하기 때문이다. 다산은 중부와 소과를 벽괘에 편입하여 추이의 중심괘로 삼았다. 비록 모기령이 중부와 소과를 벽괘라고 부르지 않았다고 하더라도 두 괘가 추이에서 맡은 역할은 같다. 원래 전통적 벽괘설에서는 소과와 중부는 벽괘에 편입되어 있지 않다. 중부와 소과는 단지 괘의 형태가 특이할 뿐 아니라, 괘변설의 일반적 규칙에도 포섭되지 않는다. 우번虞翻의 경우에도 소과와 중부를 변례變例로 취급하기는 하였으나 벽괘로 간주하지는 않았다. 우번은 중부괘는 송괘訟卦로부터 변하고, 소과괘는 진괘晉卦로부터 변한다고 하였다. 우번의 학설에서 문제되는 것은 벽괘를 제외한 다른 모든 괘들은 벽괘로부터 변해야 한다는 괘변설의 규칙을 위반하였기 때문이다.[15] 모기령은 우번의 학설을 비판하여, 만약 이러한 방식을 허용한다면 모든 이음사양괘二陰四陽卦는 변해서 중부괘가 될 수 있어야 하고, 모든 이양사음괘二陽四陰卦는 변해서 소과괘가 될 수 있어야 한다고 지적하였다. 주자는 「괘변도」에서 중부는 둔遯과 대장大壯에서 오고, 소과小過는 관觀과 임臨으로부터 온다고 하였다. 그러나 이 경우 두 개의 효가 이동해야 하기 때문에 오직 한 개의 효의 이동을 허용하는 추이설의 일반적 원칙과 맞지 않게 된다. 모기령의 이역설

15) 拙稿, 「우번의 괘변설과 정약용의 추이설의 비교」, 『다산학』, 27호, 2015, p.24

移易說에서 중부와 소과는 이음사양괘 혹은 이양사음괘의 괘변을 주도하는 중심괘가 된다. 모기령에 따르면 반취괘는 다른 괘로부터 변하지는 않지만, 변해서 다른 괘가 될 수는 있다.[16] 소과괘는 관觀과 임臨과 함께 이양사음괘의 변모變母가 되고, 중부괘는 둔괘遯卦와 대장괘大壯卦와 함께 사양이음괘의 변모가 된다.

다산의 추이설에서 중부는 대장大壯과 더불어 이음괘二陰卦의 벽괘가 되며, 소과는 임臨과 더불어 이양괘二陽卦의 벽괘가 된다. 이것은 모기령의 이역설에서 중부와 소과괘에 부여된 역할과 같다. 따라서 다산이 추이를 주도하는 12벽괘에 중부·소과를 포함시킨 데에는 모기령의 영향이 있었다고 추정해 볼 수 있다. 그러나 모기령이 반취괘가 다른 괘로부터 변할 수 없다고 한 것과 달리 다산은 재윤괘가 다른 괘로부터 올 수 있다고 보았다. 정약용에 따르면 중부와 소과는 교역交易과 괘변卦變의 두 가지 방식에 의해 변화한다. 첫째 교역의 방식을 적용하면 중부는 대과괘大過卦의 교역을 통해서 변하며[17] 소과는 이괘頤卦의 교역을 통해서 변한다.[18] 둘째, 괘변卦變의 방식을 적용하면 중부中孚는 중리重離로부터 변한 것이며 소과小過는 중감重坎으로부터 변한 것이다. 이것은 원대 주승朱升의 「육자괘변도六子卦變圖」에서 중부와 소과의 괘변 방식과 같다.[19] 다산이 주승의 「육자괘변도」를 참조해서 중부와 소과의 괘변 규칙을 세운 것인지는 확실치 않다. 그러나 『주역사전』에서 주승의 괘변설을 여러 차례 인용하고 있기 때문에 그 가능성을 배제할 수는 없다. 문제는 다산의 방식을 따를 경우 괘변설의

16) "陽聚於中, 則陰兩分, 陰聚於中, 則陽兩分, 祇半聚而半實分焉, 然, 不名分卦者, 以其卦祇可分移與他卦, 而不受他卦所分移故也."(『仲氏易』, 卷二, 九)
17) "中孚, 大過之交, 重離之移."(『周易四箋 II』, 『定本』 第16卷, p.188)
18) "小過, 頤之交, 重坎之移."(『周易四箋 II』, 『定本』 第16卷, p.196)
19) "小過, 坎二與四相易三與五相易,……中孚, 離二與四相易五與三相易."(『毛奇齡易著四種』, pp.46~47.) "若六子卦變謂中孚從離易, 小過從坎易."(『毛奇齡易著四種』, p.56)

일반적 규칙을 어기게 된다는 데 있다. 다산은 중부와 소과의 경우를 제외한 다른 경우에서는 벽괘는 연괘로부터 변하지 않는다는 규칙을 철저히 지키고 있다. 그런데 중부와 소과는 벽괘인데도 불구하고 연괘인 리괘離卦와 감괘坎卦로부터 변하게 되어 규칙을 어기게 된다. 그리고 괘변에 일효왕래一爻往來의 규칙이 있는데, 이 규칙에 따르면 주효主爻는 오직 한 효만이 이동해야 한다. 만약에 양효가 이동하면 음효가 양효가 있던 자리로 이동하고, 음효가 이동하면 양효가 음효가 있던 자리로 이동한다. 따라서 양효와 음효가 서로 자리를 교환하는 것이지만, 주효의 관점에서 보면 양효 혹은 음효 중 어느 하나가 이동하는 것이 된다. 그러나 중부가 리괘로부터 변하고 소과가 감괘로부터 변하면 이효왕래二爻往來가 되어 이 규칙마저 어기게 된다. 다산은 중부와 소과의 사례가 특특비상지례特特非常之例이며, 그 정의묘지精義妙旨는 말로써 전할 수 없다고 주장한다.[20] 아마도 다산이 이러한 변화방식을 취한 이유는, 건乾·곤坤과 10벽괘를 합친 12벽괘는 십이월十二月에 배당함으로써 추이를 설명할 수 있었으나 순환적 추이의 과정에 포함되지 않는 소과와 중부에 대해서는 별도의 설명방식이 필요했기 때문일 것이다.

자모취괘子母聚卦 모기령의 이역설에 있어서 가장 독특한 것은 자모취괘이다. 모기령은 「계사전」에서 "분음분양分陰分陽, 질용유강迭用柔剛"이라고 한 것을 자모취괘설의 근거로 제시하였다. 자모취괘를 자모역괘子母易卦라고도 하는데, 그렇게 부르는 이유는 모괘母卦가 될 수도 있고 자괘子卦로 될 수도 있기 때문이다. 자모역괘는 본괘本卦가 다른 괘로부터 추이된 것이면서, 동시에 다른 괘의 추이를 지배하는 괘를 지칭한다. 다시 말해서 다른 괘로부터 추이되었다는 점에서는 자子가 되지만 또 다시 추이하여

---

20) "至於中孚之以離變, 小過之以坎變, 此, 特特非常之例, 其精義妙旨, 不可以言傳也."(「朱子本義發微」, 『易學緖言』, 『定本』 第17卷, p.138)

다른 괘로 된다는 점에서 보면 모母가 된다. 예를 들면 비괘否卦의 상구上九를 구삼九三으로 옮기면 함괘咸卦가 된다. 이것은 함괘가 비괘의 자子가 된 것이다. 그런데 함괘의 구오九五를 구이九二로 옮기면 항괘恒卦가 된다. 이것은 함괘가 항괘의 모母가 된 것이다. 자모취괘에 속하는 괘로는 이頤·췌萃·승升·함咸·항恒·손損·익益·대과大過·대축大畜·무망無妄 등의 10괘가 있다. 그 가운데 이·췌·승은 이양사음괘二陽四陰卦이고, 함·항·손·익은 삼음삼양괘三陰三陽卦이며, 대과·대축·무망은 이음사양괘二陰四陽卦이다. 그러나 일양오음괘一陽五陰卦와 일음오양괘一陰五陽卦 가운데에는 자모역괘가 없다.

다산의 모기령 비판은 자모역괘설에 집중되어 있다. 다산은 『매씨서평梅氏書平』에서도 모기령의 자모역괘설은 그 의례義例가 서로 맞지 않아 어느 것 하나도 이치에 맞는 것이 없다고 비판하였다.[21] 다산은 특히 「제모대가자모역괘도설題毛大可子母易卦圖說」을 지어서 자모역괘설에 초점을 맞추어 비판하였다.

> 추이설推移說은 한漢나라 학자들도 다 말하였고, 또 우중상虞仲翔·순자명荀慈明·후과侯果·촉재蜀才 등이 모두 명확하게 지적한 일이었다. 다만 그 학설이 한편으로 치중하여 완벽하지 못하였었는데, 주자朱子의 괘변도卦變圖에 이르러서야 그 대의大義와 대례大例가 비로소 사람의 눈에 드러나게 되었다. 다만 중부괘中孚卦와 소과괘小過卦가 12벽괘 가운데 수록되지 않았다. 그러나 오르내리고 오가는 자취와 옮아가고 변통하는 묘리妙理는 마침내 추구할 수가 있다. 모기령이란 자는 옛사람의 편언척자片言隻字를 주워 모아 주자朱子의 큰 공을 가렸으니, 그 마음가짐이 진실로 공평하지 못하다. 또 옛사람이 이야기한 것 외에 스스로 자모역子母易이란 이름을 창작하여, 이頤·췌萃·승升(二陽卦), 함咸·항恒·손損·익益(三陽卦), 대과大過·대축大畜·무망無妄(二陰卦) 등 10괘를 가지고 자모역괘子母易卦라고 명명하여 여러 괘들의 모괘母卦로

---

21) "蕭山 毛奇齡, 字大可,……其爲易學, 則不知爻變, 膠固木強而十二辟推移之外, 自粉子母易之法, 義例喎戾, 無一中理."(『梅氏書平』, 『定本』 第13卷, p.90)

> 삼았다. 그렇게 되자 12벽괘의 추이에 대한 의의가 크게 혼란하게 되어, 세상에서 근원을 헤아리지 않은 자들이 드디어 추이의 대의를 공격하였다. 모기령은 효변爻變을 알지 못하고서 상象에 맞는 역사易詞를 구하다 보니, 좌우로 끌어 붙이고 상하로 멋대로 단정하여 이리저리 극도로 부연 설명을 하였으나, 역시 역사를 상에 합치게 할 수가 없었다. 그래서 자모역괘의 학설이 나오게 된 것이다. 그러나 육효가 변하지 않으면 비록 10괘 외에 다시 10괘를 더 늘리더라도 역사易詞와 역상易象은 끝내 부합될 수가 없는 것인데, 무엇 때문에 애써 함부로 손질하여 (복희·문왕·공자의) 삼성三聖의 옛 뜻을 어지럽혔는가.22)

다산의 비판의 요점은, 모기령이 효변을 이해하지 못했기 때문에 역사易詞에 부합되는 방법론을 만드는 데 실패하였다는 것이다. 그러나 이것은 자모역괘설이 역사易詞 해석을 위한 효과적 방법이 되지 못한다는 것을 지적한 것이지, 자모역괘설의 논리적 문제점을 지적한 것은 아니다. 그렇다면 다산은 왜 자모역괘설이 잘못된 이론이라고 생각한 것일까? 다산이 이 문제에 대해 직접적으로 설명한 바는 없으나, 다산의 관점에서 본다면 자모역괘는 결코 받아들일 수 없는 개념이다. 모기령은 자모역괘를 본괘本卦가 다른 괘로부터 추이된 것이면서 동시에 다른 괘의 추이를 지배하는 괘로 정의하였다. 그러나 다산에 따르면 연괘는 오직 벽괘로부터 변하며, 벽괘로부터 변하여 생성된 연괘가 다시 또 다른 연괘로 변화되는 일은 발생하지 않는다. 그런데 자모역괘설에서는 벽괘로부터 추이된 자괘子卦가

22) "推移之說, 漢儒皆能言之, 又如虞仲翔, 荀慈明, 侯果, 蜀才之倫, 皆有確指, 但其說偏畸不完, 至朱子卦變之圖, 而其大義大例, 始章顯人目矣. 唯中孚·小過, 不見收於辟卦之列. 然, 升降往來之跡, 推移變通之妙, 遂亦可推, 乃毛奇齡者, 掇拾古人之零言, 以掩朱子之大功, 其心術固已不公矣, 而又於古人言議之外, 自刱子母易之名, 以頤·萃·升[此二陽之卦]咸·恒·損·益[此三陽之卦]大過·大畜·無妄[此二陰之卦]等十卦命之爲子母易卦. 以爲諸卦之母 則於是乎十二辟推移之義, 大晦大亂, 而世之不揆本不泝原者, 遂攻推移之大義矣. 奇齡不知爻變 而求易詞之合於象則左右牽掣, 上下橫決, 傅會支離, 靡不用極而猶不能以詞合象, 於是乎子母卦之說生焉, 然, 六爻不無則雖十卦之外, 復增十卦, 易詞易象, 終不可以沕合矣. 何苦作妄心妄焓, 以亂三聖之舊義哉."(「題毛大可子母易卦圖說」, 『定本』 第3卷, pp.166~167)

다시 모괘母卦가 되어 또 다른 자괘를 생성하는 것이 되므로 괘변설의 대원칙을 무너트리게 된다. 모기령이 자모역괘로 분류한 괘들은 다산의 추이설의 관점에서 보면 연괘이지 벽괘가 될 수는 없다. 뿐만 아니라 연괘가 다시 벽괘를 낳는다는 것은 있을 수 없는 일이다. 다산은 『역학서언』의 「주자본의발미朱子本義發微」에서 벽괘와 연괘의 관계를 부모父母와 아녀兒女의 관계에 비유하였다.

> 「계사전」에 "방이유취方以類聚, 물이군분物以羣分"이라고 하였거니와, 12벽괘는 "방이유취"【음과 양이 서로 섞이지 않음】이고 50연괘라는 것은 "물이군분"【음과 양이 서로 뒤섞여 있음】이다. 승升·해解·점漸·환渙은 애초에 "유취類聚"괘가 아니니, 무리(物)가 나뉠 수 없는 것이다.【모인 이후에 나누어짐(分)이 있는 것이다.】 한편 연괘가 벽괘로부터 변화하는 것은 예를 들면 어린 아이가 부모로부터 생명을 받는 것과 같다. 지금 어떤 사람이 말하기를 "을乙은 갑甲의 자식(子)"이라고 말하고는 다시 그들에 대해 말하기를 "갑이 을의 자식"이라고 한다면, 천하에 이런 윤리는 없다. 승괘升卦가 해괘解卦에서 나왔는데 다시 해괘가 승괘에서 나왔다고 하니, 어찌 합당하겠는가?[23]

다산이 벽괘와 연괘의 관계를 부모父母와 아녀兒女의 관계에 비유한 것은 모기령이 모괘母卦와 자괘子卦의 관계에 비유를 써서 자모역괘의 지위를 설명한 것을 연상시킨다. 모기령이 모-자의 비유를 사용한 목적은 자모역괘의 지위가 고정되어 있지 않고, 상대적이라는 것을 설명하기 위해서였다. 자모역괘는 다른 괘로부터 추이되었다는 점에서는 자子가 되지만 또 다시 추이하여 다른 괘로 된다는 점에서 보면 모母가 된다. 이것은 마치 자기를 낳아 준 부모에 대해서는 자식이 된다고 하더라도

---

23) "「大傳」曰, '方以類聚, 物以羣分.' 十二辟卦者, 方以類聚也.【陰陽不相糅】 五十衍卦者, 物以羣分也.【陰陽不相合】 升·解·漸·渙, 旣非類聚之卦, 則物無可分也.【聚而後有分】 且衍卦之受變於辟卦, 如兒女之受生於父母. 今有人曰, '乙爲甲子', 又從而爲之說, 曰, '甲爲乙子', 天下無此倫也. 升自解來, 而解自升來, 豈理也哉?"(「朱子本義發微」, 『易學緖言』(「朱子本義發微」, 『易學緖言』, 『定本』 第17卷, p.136)

자기가 낳은 자식에 대해서는 부모가 되는 것과 같다. 반대로 다산은 벽괘와 연괘가 불가역적不可逆的 관계에 있다는 것을 설명하기 위해 부모-아녀의 관계를 비유로 사용하였다. <벽괘辟卦-연괘衍卦>의 관계는 <부모父母-아녀兒女>의 관계와 같다. 마치 부모로부터 아녀가 생명을 받듯이, 벽괘로부터 연괘가 생성된다. 부모가 아녀를 낳을 수는 있어도 아녀가 부모를 낳을 수는 없으므로, 부모와 아녀는 서로 불가역적 관계에 있다. "을은 갑의 자식이다"라는 명제와 "갑은 을의 자식이다"라는 명제는 양립불가능한 명제이다. 다산의 체계에서 벽괘와 연괘는 그 존재론적 지위가 같지 않다. 벽괘의 추이는 자연의 순환으로서 인간사에 영향을 미치는 상위上位의 세력이다. 반면에 벽괘로부터 연괘로 추이되는 과정은 자연의 순환적 세력이 분화를 거치면서 만물의 생성에 영향을 미치는 단계이다. 따라서 벽괘는 연괘보다 존재론적으로 상위에 있으며 <벽괘-연괘>의 관계는 역전될 수 없다.

분괘分卦 모기령은 분괘分卦를 분역괘分易卦 혹은 분추괘分推卦로 부른다. 「계사전」의 물이군분物以群分이 분괘의 유형적 특성이다. 다산의 체계에서 분괘에 상응하는 것은 연괘衍卦이다. 그러나 모기령의 분괘는 모두 40괘이지만, 다산의 연괘는 모두 50괘이다. 이렇게 차이가 나는 것은 모기령이 10괘의 자모취괘를 설정하였기 때문이다. 다산의 관점에서 본다면 자모취괘는 모두 연괘에 소속되어야 한다. 따라서 모기령의 분괘 40괘와 자모취괘 10괘를 합친 50괘가 다산의 연괘의 수가 된다.

중국 학자 임충군林忠軍은 모기령의 이역설이 다산 추이설의 중요한 사상적 원천이 된다고 하면서도, 다산의 추이설은 모기령의 사상을 그대로 답습한 것이 아니라 창의적인 부분이 있다고 지적하였다.[24] 그가 모기령과

24) 林忠軍, 「다산의 추이설과 한漢·송宋 역학」, 『다산학』 25호, 2014, p.47.

다산 사이의 유사성으로 지적한 것은 다음과 같다.

첫째, 다산은 「계사전」의 "방이유취, 물이군분"을 근거로 추이의 개념을 제시했는데, 이것은 모기령에게서도 마찬가지이다.

둘째, 다산의 추이설에서는 12벽괘와 소과·중부를 합쳐서 14벽괘를 기본적인 틀로 삼고 있는데, 모기령의 이역설에서도 건·곤과 10벽괘와 반취괘를 중심으로 삼고 있어 그 이론적 구조가 유사하다.

셋째, 모기령은 한대와 송대의 괘변설을 수정하여 이역설을 만들었는데, 다산도 역시 한대와 송대의 괘변설을 수정해서 추이설을 주장했다.

넷째, 모기령은 이역移易이 역사易詞와 역상易象을 연계시키는 연역계사演易繫辭의 원리라고 보았는데, 다산도 역시 추이설을 계사繫辭의 근본원리라고 보았다.

반면에 다산 학설의 독창적 요소로 언급된 부분은 다음과 같다.

첫째, 다산의 추이설은 모기령의 이역설의 체계와 근본적 차이가 있다. 다산은 소과와 중부를 재윤괘로 취해서 12벽괘에 편입시켰으며, 벽괘로부터 생성되는 50괘를 연괘라고 명명하였다. 그리고 대연大衍의 서법筮法이 추이설에 근거해서 이루어졌다고 보았다. 이러한 특징들은 모기령의 이역설에는 없는 요소이다.

둘째, 다산의 추이설에서는 12벽괘와 소과·중부로부터 나머지 50괘가 변화되는 것으로 보았는데, 모기령의 이역설에 비해 설명이 매우 합리적이고 분명하다.

셋째, 모기령은 문왕과 주공이 『주역』을 지을 때 연역계사演易繫辭하던 원리가 이역移易이라고 보았는데, 다산은 복희·신농·요·순의 시기에 제기상상制器尙象할 때도 역시 추이推移의 원리에 의거했다고 주장하였다.

3. 모기령이 다산의 삼역설에 미친 영향

다산의 체계에서 삼역三易은 교역交易·변역變易·반역反易의 세 가지로 구성된 이론이다. 삼역은 추이와 마찬가지로 괘상卦象의 변화를 설명하기 위해 쓰이는 이론이라는 점에서 같은 범주에 속한다. 그러나 두 이론이 다산의 역학체계에서 차지하는 위상은 같지 않다. 다산의 관점에 따르면 삼역설은 추이설만큼 중요한 이론은 아니다. 『역』의 도道는 오로지 변화를 따를 뿐이기 때문에 추이뿐 아니라 삼역도 때에 따라서 쓰이는 것은 사실이지만, 그렇게 시급하게 다루어야 할 만큼 중요성을 지닌 것은 아니다. 따라서 다산은 추이를 상경의 서두에 배치하여 추이정의推移正義라고 부르고, 반면에 삼역은 하경의 서두에 배치하였다. 그것은 삼역지의三易之義가 추이의 이론과 뒤섞이는 것을 원하지 않았기 때문이다. 이것은 모기령이 변역變易·교역交易·반역反易·대역對易·이역移易을 묶어서 오역설五易說의 체계로 다루고 있는 것과 대조가 된다.

다산의 추이설과 삼역설은 모기령의 오역설과 상당히 비슷하기 때문에 그 관계를 명확히 밝힐 필요가 있다. 모기령의 오역五易은 변역·교역의 양역兩易과 반역·대역·이역의 삼역三易의 두 부류로 나누어진다. 모기령에 따르면, 양역은 복희역에 속하고 삼역은 문왕과 주공의 역에 속한다. 모기령의 오역설에서 이역移易을 제외한 나머지는 대부분 한유들로부터 유래한 것이다. 이것은 모기령 자신이 인정한 것이다. 따라서 설령 다산의 학설에 있는 것이 모기령에게서 발견된다고 해서, 그것이 모기령의 영향이라고 단정하는 것은 위험하다.

모기령의 오역설을 다산과 비교해 보면 다음과 같다.

첫째, 변역變易은 양이 음으로 변하거나 음이 양으로 변하는 것이다. 예를 들면 건乾이 변하여 곤坤이 되고 감坎이 변하여 리離가 되는 것과 같은 종류이다.

모기령에 따르면, 변역은 복희씨가 팔괘를 만들 때 사용하였던 획괘畫卦의 원리이다. 복희씨가 팔괘를 만들 때 먼저 건괘乾卦를 그린 다음에 이것을 변역시켜 곤괘坤卦를 만들었다. 그 다음에 곤괘의 초획을 변화시켜 진괘震卦를 만들고, 건괘의 초획을 변화시켜 손괘巽卦를 만들었다. 이런 식으로 해서 감坎, 리離, 간艮, 태兌를 차례대로 만들었다. 다산도 삼역설에서 변역이라는 용어를 썼으나, 다산은 팔괘에 변역을 적용하지 않고 64괘에 적용하였다. 다산에게 변역의 관계에 있는 것은 <건乾↔곤坤>, <대과大過↔이頤>, <감坎↔리離>, <소과小過↔중부中孚>의 네 쌍 여덟 괘이다.

둘째, 교역交易은 하괘와 상괘를 서로 교환하는 방법이다. 모기령은 복희씨가 8괘로부터 64괘를 만들어 내던 중괘重卦의 방법이 바로 교역이라고 하였다. 모기령은 팔괘에서 64괘를 만들 때, 하괘는 정靜이 되고 상괘는 동動이 된다고 하였다. 즉 하괘에 건乾·곤坤·진震·손巽·감坎·리離·간艮·태兌를 고정시킨 뒤 그 위에 상괘를 차례로 더하여 64괘를 만들어 내는 방식을 취하였다. 다산도 모기령과 마찬가지로 교역은 복희씨가 획괘할 때 팔괘를 중괘하던 방법이라고 하면서, 태괘泰卦와 비괘否卦, 익괘益卦와 항괘恒卦의 경우를 그 예로 들었다.(庖羲畫卦之初, 因八爲重, 泰交爲否, 益交爲恒, 此之謂, 交易也.) 그러나 다산은 교역을 취함에 있어 하괘는 고정되고 상괘만 변동한다는 제한을 두지는 않았다.

셋째, 반역反易은 순역順逆을 살피고 향배向背를 심사審査하여 뒤집어 관찰하는 것인데, 전역轉易이라고도 한다. 「서괘전序卦傳」의 순서는 반역을 취한 것이 많은데, 예를 들면 준괘屯卦를 뒤집으면 몽괘蒙卦가 되고 함괘咸卦를 뒤집으면 항괘恒卦가 되는 것과 같은 종류이다.(謂相其順逆審其向背而反見之, 如屯轉爲蒙咸轉爲恒之類) 반역反易은 한유漢儒들에게도 있었던 것으로, 우번과 왕필의 반대反對나 공영달의 복괘覆卦 등과 같다. 다산의 반역은 모기령의 반역과 완전히 일치한다.

넷째, 대역對易은 그 음양陰陽을 견주고 그 강유剛柔를 헤아려서, 서로 상대相對하여 관찰하는 방법(對易謂比其陰陽, 絜其剛柔,而對觀之)을 가리킨다. 모기령에 따르면 대역은 상하의 두 편으로 분편할 때 적용하였던 원리이다. 예를 들면 상경의 수需와 송訟은 하경의 진晉과 명이明夷와 짝을 이루고 있다. 그런데 수괘需卦와 진괘晉卦, 그리고 송괘訟卦와 명이괘明夷卦 사이에는 여섯 효의 음양이 서로 반대로 되어 있다. 이처럼 여섯 획의 음과 양을 서로 반대로 전환시켜 상대괘를 만드는 방법은 우번의 방통旁通과 같다. 다산의 변역變易도 여섯 획을 변화시킨다는 점에서는 대역對易과 같으나, 다산의 변역에는 상경과 하경의 두 괘를 대응시켜서 변역의 관계가 형성된다는 관념은 없다.

다섯째, 이역移易은 64괘를 취괘聚卦와 분괘分卦로 나누어, 취괘로부터 분괘로 변하는 것을 가리킨다. 취괘란 음과 양이 어느 한 방향으로 모여 있는 괘를 가리키며, 분괘는 취괘로부터 변화되어 음과 양이 분산된 괘를 가리킨다. 예를 들면, 복괘復卦와 박괘剝卦에서 음과 양이 같은 종류끼리 서로 모여 있다. 모기령의 이역설은 괘변설의 변형된 형태의 하나로 볼 수 있다. 괘변설은 순상과 우번 등에 의해 주장된 이후로 상당한 변화를 겪어 왔다. 모기령의 이역설에서 자모역괘의 이론은 괘변설의 역사에서 한 번도 등장한 적이 없었던 이론이다. 따라서 모기령의 독창성을 인정할 수 있으나, 충분한 설득력을 갖지는 못했다. 다산의 추이설도 모기령의 이역설의 영향을 보여 주고 있다. 우선 역괘를 취괘와 분괘로 나누는 방식은 「계사전」의 "방이유취, 물이군분"에 근거를 둔 것인데, 다산도 이러한 분류방식을 따르고 있다. 그리고 모기령에게 소과와 중부는 반취괘로 분류되는데, 이것은 다산에게서는 재윤괘로 분류된다. 모기령은 소과와 중부가 괘변의 모괘母卦의 기능을 한다고 보았는데, 다산의 추이설에서도 역시 마찬가지 기능을 한다. 그러나 다산은 모기령의 자모역괘설에 대해서 맹렬한 공격을 가했다. 이것은 괘변설의 전통을 심하게 왜곡시켰을 뿐 아니라 괘사 해석에 들어맞지도 않는 이론이라는 것이다.

삼역三易 중에서 다산과 모기령이 같은 의미로 사용하고 있는 것은 반역反易뿐이다. 그러나 반역도 우번의 반대反對로 소급되는 이론이므로 굳이 모기령에게서 연원을 찾을 것은 아니다.

4. 모기령이 다산의 호체설에 미친 영향

호체설은 『좌전』에 전거를 두고 있는 이론으로서, 한역漢易에서 경방京房, 우번虞翻, 정현鄭玄 등을 거쳐서 발전된 이론이다. 역학사에서 호체법은 종회鍾會와 왕필王弼에 의하여 강력한 반대에 부딪혔다. 종회는 『주역무호체론周易無互體論』을 써서 호체 폐지를 주장하였고, 왕필은 호체가 역의 왜곡된 해석의 원인이 된다고 공격하였다. 송대에 이르러 주자는 호체를 거의 사용하지는 않았으나, 호체를 폐지하는 것에 대해서는 반대하였다. 다산은 『주역사전』에서 호체를 매우 빈번하게 사용하였는데, 그는 주자가 호체설을 옹호했다는 것을 호체 사용의 명분으로 삼았다. 그러나 호체가 주자에 의해 시작된 것이 아닐 뿐 아니라 주자는 호체를 거의 사용하지 않았기 때문에, 다산의 호체설의 역학사적 기원은 주자보다는 오히려 한역에서 찾아야 한다. 다산의 호체설 중 상당 부분은 우번의 설에 기원을 두고 있다. 예를 들면 다산은 우번의 반상설半象說을 부분적으로 수용하였다. 그리고 다산의 양호작괘법兩互作卦法은 오징의 양호법兩互法의 영향을 받았으나, 양호법의 기원은 우번의 연호법連互法으로 소급된다. 우번이 사용한 연호법에는 4획연호법과 5획연호법이 있는데, 다산의 양호법은 4획연호법에 속한다고 볼 수 있다.[25] 모기령도 호체를 사용하고 있는데, 모기령의 호체법도 역시 다산의 호체법에 부분적으로 영향을 미친 것으로 보인다. 따라서 여기서는 다산과 모기령의 호체법을 비교해 보기로 하자.

대체大體 다산의 체계에서 대체大體란 4획괘, 5획괘, 6획괘 중에 포함되어 있는 감坎 혹은 리離의 호괘를 가리키는 명칭이다. 대체는 3획괘의 호체보다 크기 때문에 대호大互라고도 한다. 이처럼 4효 혹은 5효를 연결해서 호체를 취하는 방법은 한유들의 연호법에서 비롯된 것이다. 우번은 4효 혹은 5효를 연체連體로 삼아 호체를 취하였는데, 이를 연호법이라고 한다. 2·3·4 혹은 3·4·5의 중효中爻에서 호체를 취하는 일반적 호체법과는 달리 연호법에 호체를 취하는 범위에는 초初와 상上의 위치도 포함된다.[26] 대호大互의 괘형卦形이 정확하게 감坎 혹은 리離의 형태와 일치하지 않더라도 양효가 가운데 있으면 감坎으로 간주하고, 음효가 가운데 있으면 리離의 호체로 간주한다. 다산의 추이설의 체계로 본다면 50연괘 가운데 어떤 괘에도 대감大坎 혹은 대리大離의 호괘互卦가 포함되어 있다.[27] 그런데 다산은 대체 개념을 설명하면서 중씨仲氏의 발언을 인용하였다.[28] 여기서 중씨를 『중씨역』의 중씨로 본다면 다산은 대체大體 개념은 모기령의 『중씨역』의 영향을 받은 것이 될 것이다. 그러나 엄밀히 말한다면 다산의 대체는 모기령의 대체와 같은 것이 아니다. 모기령은 6획괘 전체에서 호체를 취하는 것을 대체大體라고 하였고, 4획괘, 혹은 5획괘에서 호체를 취하는 것을 소체小體라고 하였다. 따라서 모기령에게 대체에 해당되는 것은 오직 6획괘뿐이며,[29]

---

25) 廖名春·康學偉·梁韋弦 著, 沈慶昊 譯, 『周易哲學史』, 예문서원, 1994, pp.225~228.
26) "大體者, 互體之大者也. 唯坎離取焉."(『周易四箋』, 『定本』 第15卷, p.45)
27) "凡剛中者爲坎, 虛中者爲離, 故十二辟卦之外, 皆有此坎離."(『周易四箋』, 『定本』 第15卷, p.43)
28) "仲氏曰, 易有二觀. 一曰, 類聚. 二曰, 羣分. 十二辟卦, 其聚者也. 故其本體之內, 皆有乾坤.【無坎離】五十衍卦, 其分者也, 故其本體之內, 皆有坎離.【無一卦無坎離者】 兩柔爲之翼, 而實其中, 則坎也.【謂大坎】 兩剛爲之扃, 而虛其中, 則離也.【謂大離】"(『周易四箋』, 『定本』 第15卷, pp.45~46)
29) 모기령은 大體의 예로서 益卦와 大過卦를 들었다. 괘의 전체적 형태로 볼 때 益卦는 大離의 형태이며, 大過卦는 大坎의 형태가 된다.

감坎과 리離뿐만 다른 괘들도 대체가 될 수 있다. 반면 다산에게서 대체는 4획괘, 5획괘, 6획괘에서 모두 취할 수 있으며, 대체가 될 수 있는 것은 오직 감坎과 리離에 한정된다.

겸체兼體 한 괘 전체에서 호괘를 취하는 것이다. 1·2, 3·4, 5·6효를 각각 하나로 묶어 6획괘를 마치 3획괘처럼 관찰하는 것이다. 이 경우 임괘臨卦는 대진大震이 되고, 둔괘遯卦는 대손大巽이 되고, 소과小過는 대감大坎이 되고, 중부中孚는 대리大離가 된다. 모기령도 역시 대체를 취하였다. 예를 들면 임괘 「단전」의 주에서 "이것은 괘체가 대진大震에 해당되니, 진震을 겸획兼畫한 형태이다"(是卦體當大震, 兼畫之震)라고 한 것이 그 예이다.

도체倒體 전도顚倒된 호체를 의미하며, 도호倒互라고도 한다. 도체는 감坎·리離·대과大過·이頤·소과小過·중부中孚의 여섯 괘에서 취한다. 여섯 괘는 뒤집어도 형태가 같기 때문에 반대괘가 생성되지 않는다. 모기령도 대과괘 구이九二의 주에서 건乾·곤坤·감坎·리離·대과大過·이頤·소과小過·중부中孚의 8괘가 갖는 독특한 성격에 대해 언급하였다. 『주역』의 다른 괘들은 두 괘씩 짝을 이루어 한 괘를 뒤집으면 상대괘相對卦가 된다. 모기령도 도체倒體를 취했는데, 소과괘의 상괘上卦를 도간倒艮으로 본 것이 그 예이다.

복체伏體 복체란 비록 외형적으로는 나타나지 않지만 괘형卦形에 본래적으로 잠복되어 있는 것을 가리킨다. 다산에 따르면 상괘는 본래 감坎의 자리이며, 하괘는 리離의 자리이다.30) 6획괘에서 일一·삼三·오五는 기수奇數이므로 본래 양의 위치이며, 이二·사四·육六은 우수偶數이므로 본래 음의 위치이다. 이렇게 음양을 순서대로 배치하면, 하괘는 리가 되고 상괘는 감이 된다. 복체의 설은 모기령에게서도 볼 수 있다. 모기령은 건괘乾卦 구이九二의 "천하문명天下文明"의 주에서 다음과 같이 말하였다.

30) "雖不現於其外, 坎離之數, 實伏其中."(『周易四箋』, 『定本』 第15卷, p.47)

6위의 수는 홀수와 짝수로 서로 이어져 있다. 하괘의 삼위三位는 1·2·3으로 양수－음수－양수이니 리離에 해당된다. 다른 괘는 6효가 순수하지 못해 위수位數가 드러나지 않는다. 오직 건곤乾坤만이 순수함을 갖추어, 상괘는 감坎이 되고 하괘下卦는 리離가 되어 서로 뚜렷이 대비된다…… 리離는 화火가 되고 고움麗이 되니, 문명文明의 상이다. 구이九二의 위位가 리離 가운데 있으므로 이와 같이 취한 것이다.[31]

모기령은 하괘는 리위離位이며 상괘는 감위坎位이지만 다른 괘의 경우에는 그 위수位數가 드러나지 않으며 오직 건곤乾坤에서만 드러난다고 하였다. 그러나 다산은 복체伏體의 위수位數가 건·곤에만 적용되는 것이 아니라 모든 괘에 적용된다고 보았다. 다산은 「독역요지讀易要旨」의 제13칙 건유建維에서, 64괘의 상괘는 모두 감위坎位에 자리잡고 있고 하괘는 모두 리위離位에 자리잡고 있다고 주장하였다. 리는 해(日)가 되고 감坎은 곧 달(月)이 된다. 역례易例에 건乾은 원圓이니, 건乾이 감위坎位에 있으면 월정망月正望이 되고 태兌가 감위坎位에 있으면 월기망月幾望이 된다.[32]

반합牉合　반합은 반쪽과 반쪽이 서로 합치는 것, 즉 남녀의 혼배婚配 혹은 혼구婚媾를 가리킨다. 함咸·항恒·점漸·귀매歸妹 등은 모두 남녀가 짝을 이루어 만나는 괘에 해당된다. 그런데 다산은 혼구괘婚媾卦에서는 한쪽은 정괘正卦를 취하지만 상대 쪽은 도괘倒卦를 취한다고 보았다. 이것은 혼구의 경우에 서로 만나기 위해서는 청혼하는 쪽에서 상대방을 향해서 와야 하기 때문이다. 예를 들면 귀매괘는 간艮의 사위가 태兌의 소녀少女의 배필이 되는데, 이것은 상괘의 진震을 뒤집어서 도간倒艮을 취한 것이다. 그럼에도 불구하고 다산은 여러 주석가들이 귀매괘에서 태의 소녀의 배필

---

31) "六位之數, 奇偶相間, 下三位, 一二三卽陽陰陽, 離位也, 他卦六爻不純, 則位數不見, 惟乾坤俱純, 則上坎下離, 相對顯然.……離爲火, 爲麗, 文明之象, 九二離中, 故取諸此."(『仲氏易』, 卷三, p.68)

32) "坎則爲月【說卦文】 乾則爲圓【說卦文】 故易例, 乾在坎位【四五六】 則爲月正望【望月圓】 兌在坎位, 【四五六】爲月幾望【見歸妹】"(『周易四箋』, 『定本』 第15卷, p.183)

로 진의 장남을 배정한 것에 대해 비판하였다. 모기령도 다른 주석가들과 다르지 않았으므로, 다산이 모기령의 영향을 받았다고 볼 수 없다.

양호작괘兩互作卦 양호작괘법은 3·4·5의 상호괘上互卦와 2·3·4의 하호괘下互卦의 두 호괘를 조합하여 새로운 괘를 만들어 내는 방법을 가리키는 명칭이다. 양호작괘법은 『주역사전』에서 매우 빈번하게 사용되는 해석법인데도 불구하고 그 유래는 잘 알려져 있지 않다. 『주역사전』의 「호체표직설互體表直說」에서 양호작괘법의 선례로 제시되고 있는 것은 두 가지이다. 첫째는 완안량完顔亮의 입구入寇에 관한 서례이며, 둘째는 태괘泰卦 육오六五의 "제을귀매帝乙歸妹"에 대한 오징吳澄의 주注이다. 완안량의 입구에 관한 서례는 「호체표직설」에 소개되어 있다. 완안량의 입구란 금金의 제4대 군주 완안량이 남송을 침공한 사건을 가리킨다. 완안량은 28세의 나이로 당숙인 희종熙宗 완안단完顔亶을 살해하고 황위를 찬탈해서 1149년에 금의 제4대 황제가 된 인물이다. 남송의 재상 진회秦檜(1090~1155)가 죽은 후에 완안량은 여러 차례 남송을 침공하였으나 번번이 실패하였다. 소흥紹興 31년(1161)에 거란인이 북서쪽 지방에서 반란을 일으켰으며, 종제從弟인 오록烏祿 즉 뒤의 세종世宗도 반란을 일으켰는데, 완안량은 반란을 진압하기는커녕 오히려 남송의 정벌에 나섰다. 이때 회계에 사는 어떤 선비가 서점을 쳐서 완안량의 목이 떨어질 것이라고 예언하였다. 완안량은 남송을 공격하는 도중에 양주揚州에서 자신의 부장에 의해 막사에서 살해되었다. 결국 점괘의 예언은 현실에서 실현된 것이다. 완안량은 사후에 폐위되어 해릉왕海陵王으로 강등되었다. 완안량의 고사는 정형程逈의 『주역고점법周易古占法』에 처음으로 소개되어 있지만, 여기에는 양호법과 관련된 내용이 나오지 않는다. 양호법의 서례는 하해何楷의 『고주역정고古周易訂詁』와 모기령의 『중씨역』 및 『춘추점서서春秋占筮書』에서 비로소 출현한다. 이 가운데 『고주역정고』의 양호법의 서례는 매우 소략하다. 반면에 모기령의 『중씨역』

과 『춘추점서서』의 서례에서는 양호법이 비교적 상세하게 소개되어 있다. 『중씨역』의 서례에서는 양호법이 모기령의 괘변설과 함께 적용되고 있어서, 과연 이러한 양호법이 회계의 선비가 쳤다는 서례로부터 전승되어 내려온 해석법인지 아니면 모기령의 학설과 결합된 해석인지 분명치 않다. 어쨌든 『중씨역』의 서례에서 사용된 방식, 즉 수괘隨卦에서 2·3·4·5의 중효를 사용하여 점괘漸卦를 만들어 내는 방식은 다산의 양호작괘법과 완전히 일치한다.

5. 모기령의 효변설에 관한 다산의 비판

모기령 역학에 대한 다산의 비판은 크게 두 가지로 요약된다. 첫째, 모기령은 자모역괘설子母易卦說을 창안하여 역사易詞와 역상易象을 부합시키려고 노력하였으나 끝내 실패했다. 둘째, 모기령이 역사 해석에서 오류를 범하게 된 것은 효변을 알지 못했기 때문이다. 요컨대 모기령의 자모역괘설의 오류의 궁극적 원인은 "모기령이 효변을 알지 못했다"(奇齡不知爻變)는 데 있다. 다산은 「제모대가자모역괘도설題毛大可子母易卦圖說」과 『매씨서평梅氏書平』에서 모기령 역학의 가장 큰 문제점을 효변을 알지 못했다는 것에서 찾고 있다. 『주역사전』의 태괘泰卦 초구初九 "발모여拔茅茹, 이기휘以其彙"의 주에서 다산은 모기령이 효변을 취하지 않음으로 말미암아 생기게 된 오류의 구체적 사례를 제시하였다.

泰卦 初九:拔茅茹, 以其彙,【句】征吉. ○象曰: "拔茅, 征吉", 志在外也.

태괘泰卦 초구初九: 띠풀의 뿌리를 뽑을 때, 그 뿌리가 (같은 종류끼리) 따라서 올라온다. 정벌함이 길하다. ○「상전象傳」: "발모拔茅, 정길征吉"이라고 한 것은 뜻한 바가 (안에 있지 않고) 밖에 있음을 말한 것이다.

<정주丁注> 무릇 '삼척三脊'은 건괘乾卦를 가리킨다. 「설괘전」에서 감坎은 아름다운 등마루(美脊)가 된다고 하였으니[감坎의 가운데 강剛을 '등뼈'(脊)로 간주함], 삼양三陽은 곧 '삼척三脊'을 가리킨다. 만일 손巽이 건乾을 얻지 못한다면 어떻게 '띠풀'(茅)이 될 수 있겠는가? 모기령은 또한 초효로써 '도손倒巽'이 '띠풀'이 된다고 하였는데, 모기령의 견해는 효변을 알지 못했기 때문에 비롯된 것이다.[33]

다산은 모기령이 "발모여拔茅茹"를 해석하면서 도손倒巽의 상을 취한 것은 효변에 대해서 알지 못했기 때문이라고 주장하였다. 모기령의 주는 다음과 같다.

<모주毛注> 삼양三陽과 더불어 삼음三陰이 사귐에 삼양이 잇달아 무리를 이루어 나아가므로 음陰이 편편翩翩히 여기에 응하는 것이 띠풀의 뿌리의 모습(茅茹)과 같다. 그러나 괘에 호태互兌가 있으니, 곧 도손倒巽이다. 손巽이 띠풀(茅)이 된다.[제가의 『역』에 그렇게 나온다.] 비록 호괘가 2·3·4에 있어서 초효와 관련이 없더라도 띠풀의 뿌리(茅根)가 '여茹'가 되고[우번이 "여茹는 뿌리(根)를 뜻한다" 하였다.] 뿌리는 반드시 아래를 향하여 내려가므로, 띠풀이 제2효에 있으면 뿌리는 초효에 있다.[34]

태괘泰卦에는 손巽이 없음에도 불구하고 모기령이 2·3·4의 호체의 태兌를 뒤집어서 억지로 손의 괘상을 도출한 까닭은, 손이 띠풀(茅)의 괘상에

33) "夫三脊者, 乾卦也. 「說卦」云, 坎爲美脊[以坎之中剛爲脊], 三陽者, 三脊也. 巽不得乾, 安能爲茅? 毛氏又以此爻, 爲倒巽之茅, 由不知爻變也."(『周易四箋』, 『定本』 第15卷, p.194)

34) "三陽與三陰爲交, 故三陽連類以進, 而陰卽翩翩以應之, 如茅茹, 然, 蓋卦有互兌, 卽倒巽也. 巽爲茅, 雖互在二四, 與初無涉, 而茅根爲茹. 根必下生, 茅在二則根在初矣."(『欽定四庫全書』, 『仲氏易』, 卷七, 二~三, 上海古籍出版社, 1990, p.68)

해당된다고 보았기 때문이다. 모기령이 그러한 해석을 취한 데에는 나름대로 근거가 있다. 예를 들면 우번은 대과괘大過卦 초육初六의 "자용백모藉用白茅"를 해석하면서 손巽을 백모白茅 즉 흰 띠풀로 보았다. 따라서 손을 띠풀(茅)의 괘상으로 풀이한 해석에 큰 문제가 있는 것은 아니다. 다산이 비판하고 있는 것은 태괘에 손이 없는데도 2·3·4에서 호태互兌의 도상倒象을 취해서 손의 괘상을 억지로 도출해 낸 데 있다. 만약 모기령이 효변을 취했다면 태괘泰卦의 초효가 변해서 승괘升卦가 되므로, 도손을 취하지 않더라도 손의 괘상을 자연스럽게 이끌어낼 수 있었을 것이다. 다산에 따르면 손巽뿐만 아니라 진震도 역시 풀(草)이 된다. 진과 손이 띠풀이 될 수 있는 것은 두 괘가 모두 건괘乾卦로부터 나왔기 때문이다. 건괘에는 세 개의 양획이 있으니, 이것은 띠풀에 있는 세 가닥의 등줄기(三脊)를 표현한다. 다산은 괘변과 효변을 결합해서 다음과 같은 해석을 제시하였다.

<정주丁注> 이것은 태괘泰卦가 승괘升卦로 가는 경우이다. 승괘는 임괘臨卦로부터 왔다.[1이 3으로 감] 대진大震의 풀(草)에[임괘臨卦를 겸획하면 진震] 건乾의 세 가닥 등줄기가 있으니[괘가 본래 태괘泰卦이므로 건乾이 있음] 그 상이 (세 가닥의 등줄기를 가진) 띠풀(茅)이 된다.[뜻이 아래에 나타난다.] 임괘로부터 추이하여 승괘가 되면 대진의 풀이 갑자기 한 치 높아지니[임괘에서 승괘로 되면서 전체 괘가 지금 높이 들어 올려짐] 띠풀을 뽑아 올린 것이다.[뽑아서 들어 올린 것이다.] 땅 밑으로부터 나와서[1과 2는 땅의 위치가 됨] 그 뿌리가 마침내 드러나게 되었으므로[승괘升卦의 제일 밑에 있는 일음一陰은 뿌리가 됨] "발모여拔茅茹", 즉 "띠풀의 뿌리를 뽑는다"라고 한 것이다.['여茹'는 띠풀의 뿌리를 가리킨다.] 한편 승괘升卦의 하괘下卦는 곧 손巽이니[임괘臨卦의 3이 1로 감] 손巽도 역시 풀이다. 진의 풀을 뽑을 때에 손의 풀도 잇달아 일어나니[풀이 서로 연결되어 있음], 뽑을 때에 그 무리를 통째로 뽑은 것이다.['휘彙'는 같은 종류끼리 모인 것을 가리킨다.] 한편 승괘升卦는 소과괘小過卦로부터 왔다.[4가 2로 간 것이다.] 소과괘에는 본래 간艮의 손이 있으니[소과괘의 하괘下卦는 간艮], 그 손으로써 뽑은 것이다. 띠풀(茅)이란 물건은 뿌리와 뿌리가 서로 연결되어 있어서[서로 맺어지고 묶여져 있음] 그것을 뽑을 때에도

다 함께 뽑혀 일어나게 되니, 군자가 같은 무리끼리 서로 천거하고 선발해 올리는 경우에도 이러한 상이 있다고 할 수 있다.[35]

다산은 위 해석에서 먼저 초효를 효변시켜 승괘升卦를 만든 다음에 다시 승괘에 대해 괘변을 적용하고 있다. 승괘는 이음괘二陰卦인데, 벽괘辟卦로 임臨과 소과小過를 취하고 있다. 다산의 추이설에서 소과와 중부는 재윤괘로서 벽괘가 되어 괘변에 참여한다. 이것은 모기령의 이역설移易說에서 소과와 중부가 반취괘로서 괘변의 모괘母卦가 되는 것과 마찬가지이다. 중요한 것은 효변과 괘변의 두 가지 해석법이 항상 결합되어 해석되어야 한다는 점이다. 만약 어느 한쪽만 적용될 경우에는 괘상과 역사가 부합되지 않아 해석이 어긋나게 된다.

모기령이 효변을 취하지 않았기 때문에 물상物象이 맞지 않는 사례는 또 있다. 다산은 관괘觀卦 육이六二의 "규관闚觀, 이여정利女貞"의 주에서 모기령의 물상론을 비판한다.

모신毛甡이 말하기를, "곤坤은 (「계사전」에 나오듯이) 문을 닫음(闔戶)이 되며[호병문도 역시 이렇게 말했다.] 그래서 몰래 엿봄이 된다"라고 하였는데, 이 해석은 그릇된 것이다.[곤坤의 괘형에는 가운데 막힌 것이 없다.] 역례易例에 (따르면) 진震은 닫힌 문이

35) "此, 泰之升也. 升自臨來[一之三] 大震之草[兼畫震] 有乾三脊[卦本泰有乾] 其象茅也.[義見下] 移之爲升, 則大震之草, 忽高一寸[全卦今高擧] 茅之拔也.[拔, 擧之.] 出自地底[一二爲地位] 其根遂露[下一陰爲根] 拔茅茹也.["茹"者, 茅根也.] 下乃爲巽[三之一] 巽亦草也. 震草之拔, 巽草連起[草相連] 拔以其彙也.[彙, 類也.] 升自小過.[四之二.] 本有艮手[下本艮.] 所以拔也. 茅之爲物, 根荄相連[相結綿] 拔則同起, 君子之以類薦拔, 有是象也."(『周易四箋』, 『定本』 第15卷, pp.193~194)

되는데[이런 상은 예괘豫卦와 복괘復卦에 보임], 환괘渙卦에 호진互震이 있으니 닫힌 문틈으로 엿보는 것이 된다.[36]

이것은 모기령의 물상론에 대한 비판이지만 사실은 효변과 연관되어 있다. 관괘觀卦 육이六二의 "규관闚觀"은 여자가 문틈으로 몰래 엿보는 것을 뜻한다. 문틈으로 엿보기 위해서는 일단 문이 닫혀 있어야 한다. 모기령은 곤坤이 닫힌 문(闔戶)이 된다고 보았다. 이것은 건乾의 벽호闢戶(열린 문)에 대해서 곤坤의 합호闔戶(닫힌 문)를 대비시킨 것이다. 원대의 경학가 호병문胡炳文이 이미 비슷한 주장을 하였기 때문에 모기령이 호병문의 설을 취한 것이라고 볼 수도 있다.[37] 그러나 다산은 호병문과 모기령의 주장이 이치에 맞지 않는다고 반박하였다. 곤坤의 괘형에는 가운데 막힌 것이 없어서 닫힌 문이 되지 못하며, 닫힌 문이 아니라면 어디 숨어서 틈새로 몰래 엿본다는 뜻도 성립될 수 없다.[38] 역례에 따르면 닫힌 문이 되는 것은 곤이 아니라 진震이다. 관괘 자체에는 진震이 없으나, 관괘 육이六二가 효변하여 관지환觀之渙이 되면 2·3·4의 호괘에 진震이 형성된다. 진에 폐문閉門의 상이 있으므로 호진互震의 닫힌 문틈으로 엿보는 것이 된다.

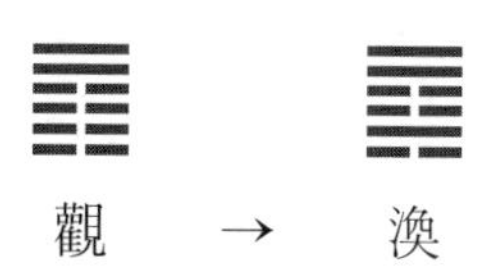

觀 → 渙

이러한 상象은 예괘豫卦와 복괘復卦에 보인다. 복괘의 「대상전大象傳」에 "지일폐관至日閉關"이라 하였다. 곤괘坤卦 육사六四의 「문언」에서도 "천지폐天

36) "毛甡云, '坤爲闔戶[胡炳文亦云.] 故爲闚觀其義', 非也.[坤之卦形, 中無阻.] 易例, 震爲閉門[見豫·復] 渙有互震, 所以闚也."(『欽定四庫全書』, 『仲氏易』, 卷九, 十八, 上海古籍出版社, 1990, p.95)

37) "雲峯胡氏曰, 闚, 坤闔戶象柔居內, 而觀乎外, 有闚觀象."(備旨本 『周易傳義大全』, p.410)

38) "坤之卦形, 中無阻."(『周易四箋』, 『定本』 第15卷, pp.256)

地閉"라는 말이 나온다. 다산은 곤괘坤卦의 제4효가 효변하여 예괘豫卦로 되므로, 진震으로 폐문하여 혼란에 예비하는 것이 예괘豫卦의 한 가지 뜻이라 하였다. 결국 모기령이 관괘 육이에서 닫힌 문에 해당되는 진震의 괘상을 도출하지 못한 것도 효변을 취하지 않았기 때문임을 알 수 있다.

이상의 사례를 통해서 다산은 모기령이 효변에 대해서 알지 못했다는 주장을 일관되게 펴고 있다. 모기령이 역사易詞 해석에 착오를 범할 수밖에 없었던 것은 효변에 대해서 알지 못했기 때문이라는 것이다. 효변은 모기령의 오역설五易說에 포함되어 있지 않기 때문에 모기령의 역사 해석 방법에 속하지 않는다. 그러나 엄밀히 말한다면 효변을 취하지 않았다는 것과 효변에 대해서 알지 못한다는 것은 별개의 문제이다. 왜냐하면 효변이 무엇인지 알고 있다고 하더라도 그것을 자신의 해석방법으로 활용하지 않을 수 있기 때문이다. 그렇다면 모기령은 효변에 대해 정확한 이해를 갖고 있었을까? 효변이란 본래 점서占筮의 과정에서 발생하는 것이므로 설시법揲蓍法과 밀접한 관련을 맺고 있다. 따라서 설시법에 대한 모기령의 관점을 분석하면 이에 대한 의문도 해소될 수 있다.

괘효에 붙어 있는 구九는 노양老陽을 표시하는 숫자이며, 육六은 노음老陰을 표시하는 숫자이다. 노양은 양의 운동이 극에 도달해서 음의 상태로 전환하는 것을 가리키며, 노음은 음의 운동이 극에 도달해서 양의 상태로 전환되는 것을 가리킨다. 따라서 효에 구가 붙어 있으면 양이 이미 음으로 전환된 상태를 가리키며, 육이 붙어 있으면 음이 이미 양으로 전환된 상태를 가리킨다. 반면에 칠七은 소양少陽을 가리키고 팔八은 소음少陰을 가리키는데, 소양 혹은 소음의 상태에서는 변화의 정도가 미약하기 때문에 반대 상태로의 전환이 발생하지 않는다. 이처럼 6·7·8·9의 수는 각각 노음·소양·소음·노양에 상응한다. 다산은 효변이란 아무 때나 발생하는 것이 아니라 노음 혹은 노양의 상태에서만 발생한다고 본다. 흥미로운 사실은 모기령도 역시 다산과 동일한 견해를 펼치고 있다는 것이다. 모기령은 이정조의 『주역집해』에 실려 있는 당나라 최경崔憬의 설에 의거하여, 노양과 노음은 변하되 소양과 소음은 변하지 않는다고 주장한다.

> 음陰·양陽·노老·소少의 설을 상고해 보면, 이것은 바로 설시에 쓰이는 것이니 획괘畫卦의 과정과는 아무 관계가 없다. 생각건대 괘에는 동動·정靜이 있고 효爻에는 정貞·변變이 있다. 노老라는 말은 움직이는 상태를 가리키며, 소少라는 말은 고요한 상태를 가리킨다. 따라서 노양 혹은 노음은 변화하지만 소양 혹은 소음은 변하지 않는다. 그러므로 이렇게 (노음·소양·소음·노양을 지칭하는 수로써 6·7·8·9의) 수를 배치한 것이다[39]

이것이 다산이 말하는 효변에 해당된다는 것은 분명하다. 모기령은 최경崔憬의 설에 의거하여 음양·노소의 원의가 설시법을 설명하는 데 있다고 보았으며, 소옹이 말한 괘상의 분화 과정과는 아무런 관계가 없다고 주장하였다.[40]

그 다음으로 검토해야 할 자료는 모기령의 『춘추점서서』이다. 모기령의 『춘추점서서』는 다산의 「춘추관점보주」와 그 성격이 매우 유사한 저서이다. 「춘추관점보주」에서 다산은 『좌전』과 『국어』의 서례에 자주 나타나는 '모괘지모괘某卦之某卦'의 형식이 바로 효변에 해당된다고 주장하였다. 따라서 모기령이 『춘추점서서』에서 '모괘지모괘'의 서례를 어떻게 해석하였는지를 검토해 본다면 그가 효변설에 대해 알지 못했는지의 여부가 밝혀질 수 있을 것이다. 첫 번째 나오는 진경중陳敬仲의 서례를 통해 모기령의 해석을 확인해 보기로 하자. 먼저 『좌전』의 원문은 다음과 같다.

---

39) 毛奇齡, 『仲氏易』, 『中國古代易學叢書』, 36, 中國書店出版, 1998 p.443,

40) "考陰陽老少仍是揲蓍所用, 與畫卦不同. 惟卦有動靜, 爻有貞變, 老動少靜, 老變少不變, 故立此數."(『仲氏易』, 卷28, p.18)

> 진경중陳敬仲의 서筮, 장공莊公 22년: 진陳나라 여공厲公이 경중敬仲을 낳았다.……경중이 어렸을 때에 주周나라 태사가 『주역』으로써 (진경중의 장래에 대해) 점치는 일과 관련하여 진후陳侯를 알현한 적이 있었다. 진후 즉 여공厲公이 태사로 하여금 점을 치게 하였더니 관괘觀卦가 비괘否卦로 변하는 경우가 나왔다. (태사가) 말하기를, "이 괘는 (관괘 六四의) 이른바 "관국지광觀國之光, 이용빈우왕利用賓於王", 즉 "나라의 빛을 볼 것이요, 왕의 빈객이 됨에 이롭다"라고 한 것을 가리킵니다. 이는 그가 진나라 대신에 (어떤 다른) 나라를 차지하게 될 징조이니, (그는) 이곳이 아니라 다른 나라에서 살게 될 것이며 그 자신이 하는 것이 아니라 그 자손이 그렇게 할 것이옵니다. 빛(光)은 멀리 다른 곳으로부터 빛나는 것입니다. 곤坤은 땅이며, 손巽은 바람이고, 건乾은 하늘인데, (관지비의 경우는) 바람이 땅 위에서 하늘로 변한 것이고 (또한 땅 위에) 산이 있는 것입니다. 산에는 재물財物이 있어 그것을 하늘의 광명으로써 비추는데, 이런 상황에서 땅 위에 머물고 있는 것입니다. 그러므로 "관국지광觀國之光, 이용빈우왕利用賓於王"이라고 한 것입니다. 뜰에 예물禮物 즉 정실庭實이 수백 가지 가득 차고 옥과 비단으로써 받치는 형국이오니, 천지의 귀한 것(美)이 (모두) 갖추어진 것입니다. (이는 제후가 천자를 알현하는 형국인데) 그러므로 "이용빈우왕利用賓於王"이라고 한 것입니다.[41]

"진후사서지우관지비陳侯使筮之遇觀之否"라는 예에서 볼 수 있듯이, 『춘추전春秋傳』의 점서례占筮例들은 모두 '모괘지모괘某卦之某卦'의 형태를 취하고 있다. 다산은 이러한 예들이 '모괘가 모괘로 간다'는 의미로 해석되어야 한다고 주장한다. 즉, '관지비觀之否'는 '관괘가 비괘로 간다'는 의미로 해석되어야 한다. 그런데 관괘가 비괘로 변하기 위해서는 제4위의 음이 양으로 전환되지 않으면 안 된다. 이것을 다산은 효변이라고 부른다. 그러면 다산과 마찬가지로 모기령도 효변을 취하고 있는 것일까? 『춘추점서서』의 모기령

---

41) "陳厲公……生敬仲, 其少也, 周史, 有以周易, 見陳侯者, 陳侯, 使筮之, 遇觀之否曰, 是謂, 觀國之光, 利用賓於王, 此, 其代陳有國乎, 不在此, 其在異國 非此其身, 在其子孫, 光, 遠而自他有耀者也, 坤, 土也, 巽, 風也, 乾, 天也, 風爲天於土上, 山也, 有山之材而照之以天光, 於是乎, 居土上, 故曰, 觀國之光, 利用賓於王, 庭實旅百, 奉之以玉帛, 天地之美, 具焉, 故曰, 利用賓於王."(「春秋官占補註」, 『周易四箋 II』, 『定本』 第16卷, pp.216~217)

의 주를 보면 모기령도 역시 효변을 인정하고 있음을 알 수 있다.

점을 쳐서 나온 괘가 곧 관괘觀卦인데, 관괘의 제4효가 변동하여 변화된 까닭에 육사六四가 변하여 구사九四로 된 것이다. 손巽이 변하여 건乾으로 된 것을 "지之"라고 한다. "지之"란 '간다'는 뜻이다. 뒤에 나오는 경우도 모두 이 경우를 따른다.[42]

이 주를 통해서 모기령 또한 효변을 취하고 있을 뿐만 아니라 그 방식도 다산과 전혀 다르지 않다는 사실을 알 수 있다. 모기령은 "지자之者, 왕야往也." 라고 함으로써 '모괘지모괘某卦之某卦'의 형식에서 '지之'자의 의미가 '간다'는 뜻임을 명확하게 밝히고 있다. 그러면 모기령이 효변을 구체적으로 어떻게 적용하고 있는지 살펴보기로 하자.

옥玉과 비단(帛)으로써 관찰한다면, 건乾은 금옥金玉이 되고 곤坤은 포백布帛이 된다. 관괘觀卦가 변하지 않았을 때에는 곤坤은 있으나 건乾은 없고, 지地는 있으나 천天은 없다. (따라서) 포백은 있으나 금옥은 없는 상황인데, 지금에 이르러 (효변하여 否卦가 되면) 천지의 물건이 모두 훌륭하게 다 갖추어진 것이다.[43]

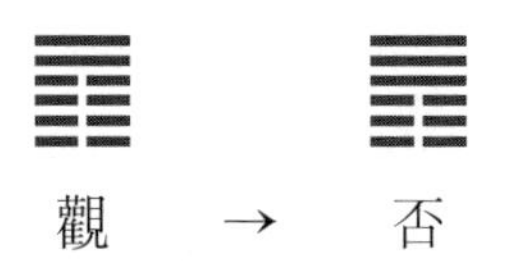

"건위금옥乾爲金玉, 곤위포백坤爲布帛"은 『좌전』의 "봉지이옥백奉之以玉帛, 천지지미구언天地之美具焉"에 대한 해석이다. 이 문구는 두예杜預의 주에도 나오며[44] 다산도 「춘추관점보주」에서 인용하고 있다. 모기령은 관괘觀卦

42) "所遇是觀卦, 以四爻動當變故, 以六四變九四, 以巽變乾, 謂之之, 之者, 往也, 後倣此."(『春秋占筮書』, 『中國古代易學叢書』, 36, 中國書店, 1998, p.510,)

43) "以玉帛觀之, 乾爲金玉, 坤爲布帛, 向使觀未變則 有坤無乾, 有地無天, 有布帛而無金玉 而今則, 天地之物, 旣美具備."(『春秋占筮書』, 『中國古代易學叢書』, 36, 中國書店, 1998)

44) "杜氏曰, 艮爲門庭 乾爲金玉 坤爲布帛 諸侯朝王 陳贄幣之象."(『春秋』, 1, 학민출판사, p.358)

육사六四에서 효변을 취하여 관지비觀之否로 변화시켜 "건위금옥"을 해석해 낸다. 관괘에서는 곤은 있으나 건은 없기 때문에 금옥金玉의 상을 도출해 낼 수 없다. 그러나 제4효가 변하여 비괘否卦로 되면 건의 금옥도 갖추어지게 된다. 따라서 『좌전』의 "봉지이옥백奉之以玉帛, 천지지미구언天地之美具焉"의 의미가 통할 수 있게 된다. 진경중지서陳敬仲之筮에 대한 모기령의 주를 통해 모기령이 효변설을 취하고 있음을 확실히 알게 되었다. 모기령은 "후방차後倣此" 즉 "뒤에 나오는 경우도 모두 이 경우를 따른다"라고 말하고 있기 때문에, 이것은 진경중의 점서뿐 아니라 다른 『춘추전』의 서례에도 적용될 수 있는 규칙이 된다. 이처럼 모기령의 『춘추점서서』와 다산의 「춘추관점보주」에 나타나는 효변 해석은 대체로 일치한다.

이상의 예들은 모기령이 효변에 대해 기본적 지식을 갖고 있었음을 보여준다. 따라서 다산이 주장했던 것처럼 모기령이 효변에 대해서 알지 못했다는 것은 사실이 아니다. 엄밀히 말한다면 모기령은 효변에 대해서 알지 못했던 것이 아니라 다산과 다른 방식의 이해를 갖고 있었다. 모기령은 효변이라는 용어를 사용하지 않았고, 그 대신에 점변占變 혹은 괘변卦變이라는 용어를 사용하였다. 점변이란 춘추시대의 서례에 나타나는 '모괘지모괘某卦之某卦'의 유형을 가리킨다. 이러한 모기령의 용어법은 매우 혼란스럽다. 일반적으로 괘변卦變과 변괘變卦는 서로 다른 이론이다. 괘변은 '모괘자모괘래某卦自某卦來'의 형태를 가리키며, 변괘는 '모괘지모괘某卦之某卦'의 형태에서 본괘의 효가 변하여 지괘로 변하는 것을 가리킨다. 그런데 모기령은 추역推易을 괘변으로 분류하지 않았을 뿐 아니라 변괘와 괘변을 구별하지 않았기 때문에 혼란을 피할 수 없었다. 모기령은 오직 추역에 의지하여 『주역』을 해석하였을 뿐이고, 『춘추전』에 나타나는 '모괘지모괘'의 해석법을 사용하지 않았다.

모기령에게 『주역』의 올바른 해석법은 어디까지나 추역이었으며, 점변과 추역은 뒤섞여서는 안 되는 서로 다른 계통의 이론이었다. 모기령은 점변과 추역이 서로 다른 이론임에도 불구하고 초연수焦延壽의 『역림易林』 이후로 두 이론이 뒤섞여서 엄청난 혼란이 발생하게 되었다고 주장하였다. 모기령에 따르면 초연수의 『역림』에는 점변과 추역의 두 가지 계통의 이론이 모두 있었다. 『역림』은 64괘가 4,096괘로 변하는 서법筮法을 기본적으로 채택하고 있기 때문에 점변이 초연수의 해석법이라는 데 이견이 있을 수 없다. 문제는 모기령이 초연수의 학설이라고 주장하는 "일음일양지괘一陰一陽之卦는 구괘姤卦와 복괘復卦로부터 변하고, 오음오양지괘五陰五陽之卦는 박괘剝卦와 쾌괘夬卦로부터 변한다"(一陰一陽之卦, 自姤復來. 五陰五陽之卦, 自剝夬來)라는 문구가 『역림』에 보이지 않는다는 데 있다.[45] 따라서 추역의 해석법이 초연수에게 있었다고 주장하는 근거가 무엇인지 확실치 않다. 그러나 모기령과 교유하고 『모서하전집毛西河全集』의 편찬에도 관여하였던 이공李塨(1659~1733)은 『주역전주周易傳註』의 송괘訟卦 주에서, 이것은 초연수의 학설인데 여기에 의거하여 송인宋人은 괘변卦變이라고 하였고 『중씨역』에서는 추역推易을 주장하였다고 하였다.[46] 이것은 괘변설의 기원을 순상荀爽과 우번虞翻 등 후한의 역학자들에게서 찾고 있는 통설과 달리 전한의 초연수로 소급해서 설정하고 있음을 의미한다.

6. 결론

필자는 이 글에서 모기령이 다산의 역학사상의 형성에 미친 영향을 집중적으로 분석하였다. 다산은 모기령 역학의 문제점에 대해서는 통렬하

45) "焦贑有云, '一陰一陽之卦, 自姤復來. 五陰五陽之卦, 自剝夬來', 正指此也."(『仲氏易』, 卷二, p.9)

46) "按, 漢, 焦延壽, 有一陰一陽自姤復, 五陰五陽自夬剝之說, 宋人因之爲卦變, 仲氏易, 因之爲推易."(李塨, 『周易傳註』, 『四庫全書本』, 卷1, 維基文庫 , 自由的圖書館)

게 비판하였으나 긍정적 측면에 대해서는 거의 언급하지 않았다. 그러나 다산은 한편으로 모기령에 대해 비판하면서도 다른 한편으로는 그 학설의 장점을 취하려고 노력하였다. 최근 학계에서는 모기령이 다산역에 미친 영향에 주목하는 논문이 잇따라 발표되었다. 그러나 다산에게 미친 모기령의 영향을 인정하더라도 그 영향의 정도와 관련해서는 상당한 이견이 존재한다. 신원봉은 다산의 역학을 구성하는 이론 가운데서 효변을 제외한 나머지 이론들이 대부분 모기령의 영향에 의해 형성된 것으로 볼 수 있다고 주장하였다. 이러한 파격적인 주장에 맞서서 김영우·방인 등은 모기령 역학에 있는 요소가 다산 역학에 있다고 해서 그것을 모두 모기령의 영향으로 보는 것은 위험하다고 주장하였다. 다산과 모기령 역학의 상관관계를 정확히 분석하기 위해서는 그 이론의 세부로 들어가서 정밀하게 분석할 필요가 있다.

추이는 다산의 『주역사전』에서 역리사법의 핵심이론 가운데 하나이지만, 모기령의 『중씨역』에서 이미 사용되었던 용어이다. 뿐만 아니라 역괘를 방이유취方以類聚와 물이군분物以群分의 두 유형으로 구분하는 관점과 소과小過·중부中孚를 벽괘로 취한 점에서 다산은 모기령의 영향을 받은 것으로 보인다. 그러나 다산은 「제모대가자모역괘도설題毛大可子母易卦圖說」에서 모기령의 자모역괘설子母易卦說을 맹렬히 비난하였다. 모기령의 자모역괘설에 대한 다산의 비판은 대체로 합리적이며 상당한 설득력을 지니고 있다. 모기령 학설의 영향과 관련하여 가장 논란이 되는 부분은 효변이다. 다산은 모기령이 효변에 대해 알지 못했기 때문에 역사 해석에 착오를 범할 수밖에 없었다고 주장하였다. 그러나 『춘추점서서』에서 보이는 모기령의 효변 이해는 다산의 효변 이해와 크게 다르지 않다. 따라서 모기령이 효변에 대해서 알지 못했다는 주장은 다산의 일방적 주장이다. 다만 모기령이 효변에 대해 알고 있었다는 것과 효변을 해석방법으로 취했다는 것은 전혀 다른 문제이다. 모기령은 효변에 대해서 정확하게 이해하고 있었음에도 불구하고 그것을 역사 해석을 위한 도구로 사용하지 않았다. 호체설의 경우 다산의 호체설은 모기령의 호체설과 상당한 유사성을 보여 준다. 그러나 호체설은 경방·우번·정현 등을 거치면서 발전된 이론이며, 모기령의 호체설도 역시 한대 상수역학에 그 뿌리를 두고 있다. 다산의 호체설 중 상당 부분은 우번의 설에 기원을 두고 있는 것이 많다. 예를 들면 다산의 양호작괘법은 원대 오징의 영향을 받아 형성된 이론이지만, 그 역학사적 기원은 우번의 연호법連互法으로 소급된다.[47] 뿐만 아니라 다산은 우번이 주장한 반상설半象說도 역시 수용하였다. 따라서 다산에게 있는 요소가 모기령에게 있다고 해서, 그것이 모기령의 영향을 받은 것이라고 추정한다면 잘못된 주장이 되고 만다.

47) 連互法에는 4획 連互法과 5획 連互法이 있는데, 다산의 兩互法은 그 중에서 4획 連互法과 관련이 있는 것으로 보인다.(廖名春·康學偉·梁韋弦 著, 沈慶昊 譯, 『周易哲學史』, 예문서원, 1994, pp.224~228)

제7부

동서를 가로질러 역리를 논하다

제17장 유럽 예수회 선교사들의 『주역』 이해
–유클리드의 기하학과 서양수학이 『주역』 해석에 미친 영향

1. 서론

명·청시기에 중국에 파견된 예수회 선교사들의 『주역』 해석은 동서양의 문화 교류 속에서 『주역』이 세계화(globalization)되어 가는 과정에서 나타났던 중요한 국면을 보여 준다.[1] 예수회 선교사로서 명대에 중국에 와서 기독교 선교의 초석을 놓은 마테오 리치(Matteo Ricci)는 기독교가 유교와 모순되지 않을 뿐 아니라, 오히려 유교의 부족한 점을 보완해 줄 수 있다고 주장하였다. 이러한 주장을 보유론補儒論이라고 하는데, 이것은 선교지역의 문화적 특성을 존중함으로써 기독교의 수용에 대한 반발을 최소화시키려는 예수회의 적응주의(accomodationism) 정책에서 비롯되었다. 리치는 적응주의에 의거해서 상고시대의 유가경전에서 유일신론唯一神論의 흔적을 발견하려고 시도하였다. 리치는 선진시대의 유가경전에서 공자 이전의 원유原儒의 가르침을 발견하려고 시도하였으며, 유가사상이 기독교와 충분히 조화될 수 있다고 주장했다. 리치에 따르면 선진시대의 유가경전에 나오는 상제와 기독교의 천주는 명칭만 다를 뿐이며(上帝與天主, 特異以名也), “서양에서 천주라고 부르는

1) Richard J. Smith, *Jesuit Interpretation of the Yijing in Historical and Comparative Prespective*, 2002, p.2.

것이 곧 중국의 상제에 해당된다."(吾國天主卽華言上帝)

선진시대의 유가경전에서 하느님의 계시를 발견하려는 예수회 선교사들의 노력은 마테오 리치 이후로도 계속되었다. 청대에 조아킴 부베(Joachim Bouvet, 白晉, 1656~1730)는 리치와 마찬가지로 선진시대의 유가경전에서 기독교의 교리와 상통하는 요소를 찾으려고 노력하였다. 이 점에서 부베는 리치의 적응주의를 계승했다고 볼 수 있으나, 그는 단순히 기독교와 유가사상이 서로 모순되지 않는다는 차원을 넘어서서 고대의 유가경전에 기독교의 교리가 포함되어 있다고 주장하였다.[2] 부베에 따르면 『주역』에는 성육신成肉身(incarnation), 구세주의 삶과 죽음 등이 상징 혹은 비유의 형태로 표현되어 있다. 그리고 중국 고대의 유가경전과 기독교의 이론은 완전히 일치하며, 중국인의 선조들은 예수가 태어나기도 전에 이미 기독교에 대한 인식을 갖고 있었던 초기 기독교인들이었다.[3] 이러한 주장을 색은주의索隱主義(figurism)라고 부르는데,[4] 부베가 창시한 색은주의 사상은 예수회의 동료 신부인 프레마르(Joseph Henry Marie de Premare, 馬若瑟), 푸케(Jean Françoise Foucquet, 傅聖澤), 골레(Jean Alexis de Gollet, 郭中傳) 등의 호응을 불러 일으켰다.[5] 색은주의자

---

2) 원시유교가 기독교와 일치한다는 주장은 프랑스 예수회 신부인 Charles Le Gobien(郭弼恩, 1653~1708)과 Louis-Daniel Le Comte(李明, 1655~1728) 등에게서도 나타난다. 그들은 고대 중국인들이 上主(Shangzhu, the Supreme Master)에 대한 믿음이 있었기 때문에 원시유교는 사실상 기독교와 동일한 종교였다고 주장하였다.(Sophie Ling-chia Wei, *Trans-Textual Dialogue in the Jesuit Missionary-Intra-Lingual Translation of the Yijing*, University of Pennsylvania, 2015, p.13)

3) 吳淳邦, 「청대 초기 예수회 신부 조아킴 부베의 索隱派 사상과 『易經』 연구」, 『中國語文論譯叢刊』 第31輯. 2012, pp.126~127.

4) 全洪奭, 「17~18세기 프랑스 예수회의 '색은주의 천학' 논고」, 『동서철학연구』 제82호, 한국동서철학회, 2016, pp.272~280.

5) 프랑스 출신 예수회원 가운데 색은주의자로 분류될 수 있는 인물은 3분의 1 가량이나 되었다. 색은주의자에 속하는 인물로는 샤바냑(Emeric Langlois de Chavagnac, 沙守信, 1670~1717), 포르케(Louis Porquet, 卜文氣, 1671~1752), 에르비에(Julien-Placide Hervieu, 赫蒼璧, 1671~1746), 쿠텔르(Etienne Joseph Le Couteulx, 顧鐸澤, 1667~1737), 노엘(François Noël, 衛方濟, 1651~1729), 노엘라스(Jean-François Noëlas, 聶若翰, 1669~1740), 바야르

들에게 『주역』은 기독교문명권과 중국문명 사이의 간극을 연결해 주는 다리였다. 이 다리를 통하여 『성서』에 관한 지식이 중국으로 전해졌고, 중국의 가장 오래된 지혜가 서구에 알려졌다. 1697년에 파리의 퐁텐블로(Fontainebleau)에서 행한 강연에서 부베는 『주역』을 플라톤이나 아리스토텔레스의 철학과 비교할 수 있는 합리적인 철학이라고 소개했다.[6] 부베는 『주역』을 중국뿐 아니라 세계적으로도 가장 오래된 문헌이며, 중국인들에게 지혜와 관습을 끊임없이 제공해 온 참된 원천이라고 평가했다.[7] 다만 그는 『주역』의 점술에 대해서는 위대한 지혜로부터 변질되고 오염된 불완전한 잔해이며, 미신에 불과하다고 지적하는 것을 잊지 않았다.[8]

그러나 중국의 역사와 전통에 이미 기독교가 있었다면 왜 중국인들에게 기독교를 전파해야 하느냐 하는 의문이 자연스럽게 생겨났다. 뿐만 아니라 색은주의자들의 견해를 수용할 경우에 전례논쟁典禮論爭(Rites Controversy)에서 예수회의 입장을 약화시킬 수도 있다는 우려가 제기되었다. 이 때문에 색은주의자들의 주장은 가톨릭 교단 내부에서 공식적인 승인을 받지는 못하였다.[9] 색은주의는 예수회 내부에서도 비스들루(Claude de Visdelou, 劉應),

(Jean-Simon Bayard, 樊西元), 샤르메(Alexander de la Charme, 孫璋), 퀘글러(Ignatius Kögler, 戴進賢, 1680~1746), 슬라비체크(Karl Slavíček, 嚴嘉樂, 1668~1735), 시보(Pierre Martial Cibot. 韓國英, 1727~1780), Jean Joseph Marie Amiot(錢德明, 1718~1793) 등이 있다.(Nicolas Standaert, *Handbook of Christianity in China*, Brill, 2001, p.671)

6) Sophie Ling-chia Wei, *Trans-Textual Dialogue in the Jesuit Missionary-Intra-Lingual Translation of the Yijing*, University of Pennsylvania, 2015, p.9; 林金水, 「易經傳入西方考略」, 『文史』 第29期, 1988, p.367.

7) Richard M.Swiderski, *Bouvet and Leibniz: A Scholarly Correspondence*, Eighteenth-Century Studies, Vol.14, No.2, 1980, p.139.

8) Richard M.Swiderski, *Bouvet and Leibniz: A Scholarly Correspondence*, Eighteenth-Century Studies, Vol.14, No.2, 1980, p.139.

9) 부베의 색은주의는 그의 생전에는 중국 지식인들로부터 큰 호응을 불러일으키지 못했으나, 死後에 呂立本이 『易經本旨』를 지어서 부베의 색은주의의 관점을 계승했다. 呂立本에 대해서는 알려진 것이 거의 없으며, 『역경본지』에 대한 연구도 거의 되어 있는 것이 없다. 여립본의 『역경본지』는 2013년에 臺北利氏學社(Taipei Ricci Institute)에 의해 徐家匯藏

마이야(Joseph Marie Anne de Moyriac de Mailla, 馮秉正), 타르트르(Pierre Vincent de Tartre, 湯尙賢), 레기스(Jean Baptiste Régis, 雷孝思)[10], 길리안 스툼프(Kilian Stumph, 紀理安, 1655~1720) 등에 의해 비판받기에 이르렀다. 특히 독일 출신의 예수회 선교사 스툼프는 강희제의 면전에서 부베가 지나치게 『주역』에 빠져 있다고 비판하였는데, 타르트르와 마이야와 레기스 등이 스툼프를 지지하였다.[11] 비스들루는 부베와 마찬가지로 루이 14세가 중국에 파견한 국왕수학자國王數學者(Mathématiciens du Roy) 가운데 한 사람이었으나, 강희제의 황태자 윤잉胤礽과 대화하면서 『주역』은 완전히 미신에 불과하다고 주장하였다.[12] 설상가상으로 예수회의 중국선교구장은 부베와 푸케(Jean Françoise Foucquet, 傅聖澤)가 『주역』을 연구한 성과 중에서 천주교와 관련된 부분을 강희제에게 상주上奏하기 전에 미리 심사하겠다는 방침을 전달하였다.[13] 그러나 중국 황제에게 상주하는 문건을 예수회 수장이 먼저 심의하겠다는 것은 중국 황제의 권위에 대한 명백한 도전이었기 때문에 강희제는 이러한 행동을 용납하지 않겠다는 의사를 명백히 밝혔다.[14] 그런 가운데 1658년 설립된 파리외방전

書樓(The Sequel to the Chinese Christian Texts from the Zikawei Library), 『明淸天主教文獻續編』(全34冊)의 제1책으로 간행되었다. 이 책의 내용에 대한 기초적 연구로는 다음의 논문이 있다. John T.P.Lai and Jochebed Hin Ming Wu, *The Catholic Yijing: The Catholic Yijing: Lü Liben's Passion Narratives in the Context of the Qing Prohibition of Christianity*, Religions 10(7), 2019)

10) Régis의 『주역』 해석의 특징이 색은주의에 있다고 보는 견해도 있다.(安在源・문수정, 「레기스 신부의 라틴어 『易經』에 대하여」, 『中國文學』, Vol.9. 2018, p.125) 그러나 Richard Rutt는 레기스 신부가 라틴어 『주역』 번역본의 序文에서 색은주의에 대해서 비판적 관점을 드러냈다고 주장하였다.(Richard Rutt, *Zhouyi: With New Translation and Commentary*, Routledge Curzon, 2002, p.65) Mungello도 역시 Régis는 색은주의자가 아니라고 하였다.(David E. Mungello, *Leibniz and Confucianism: The Search for Accord*, p.44.)

11) Nicolas Standaert, *Handbook of Christianity in China*, Brill, 2001, p.671.

12) John W Witek, *Understanding the Chinese: A Comparison of Matteo Ricci and the French Jesuit Mathematician Sent by Louis XIV*, (Charles E.Ronan and Bonnie B.C.Oh, *The Jesuits in China, 1582~1773*, Loyola University Press, Chicago, 1988), p.83.

13) "爾等所備禦覽書內, 凡有關天教處, 未進呈之前, 先當請求旨請皇上俞允其先查詳悉."(方豪, 『中國天主教史人物傳』, 宗教文化出版社, 2011, p.420.)

교회(Missions étrangères de Paris)의 중국 책임자이며 교황대리감목구장教皇代理監牧區長(Vicar Apostolic)으로 파견된 샤를르 매그로(Charles Maigrot, 顔璫)는 1693년 3월에 상제와 태극 등의 용어를 기독교의 하느님을 가리키는 단어로 사용해서는 안 되며, 『주역』같은 미신적인 유가경전의 연구에 쓸데없이 시간을 낭비해서는 안 된다는 지침을 내렸다. 이에 강희제는 크게 분노해서 매그로를 중국에서 추방시켜 버렸다.

예수회의 선교전략에서 또 다른 중요한 측면은 과학선교에 있다. 예수회 선교사들은 선교에 나서기에 앞서 중국인들의 환심을 사기 위해서 자명종自鳴鐘과 세계지도世界地圖와 천문역법天文曆法 등 서양의 최신 과학기술을 중국 사대부들에게 소개하였다. 수학과 기하학은 하느님이 창조한 세계의 구조를 이해하도록 돕는 천학天學의 중요한 구성요소로 포함되었다. 이런 이유 때문에 예수회에서는 중국에 선교사를 파견할 때에는 수학 실력이 우수한 사람을 우선적으로 선발하였다. 당시 유럽에서 가장 탁월한 수학자 가운데 한 사람이었던 클라비우스(Christoph Clavius)는 예수회의 교육기관인 콜레지오 로마노(Collegio Romano)에 수학 아카데미를 설립하였는데, 리치와 우르시스(Sabatino de Ursis, 熊三拔)와 알레니(Giulio Aleni, 艾儒略) 등이 모두 여기에서 수학 교육을 받았다.[15] 리치가 클라비우스로부터 철저한 수학 교육을 받아 탁월한 수학적 지식을 지니고 있었다는 사실은 예수회의 동료 선교사 트리고(Nicolaus Trigault, 金尼閣)의 증언에 의해서도 확인된다.[16]

예수회에서 중국에 선교사를 파견할 때 수학자들을 우선적으로 선발하

14) 吳淳邦, 「청대 초기 예수회 신부 조아킴 부베의 索隱派 사상과 易經 연구」, 『中國語文論譯叢刊』 第31輯. 2012, p.110.

15) Catherine Jami, *The Emperor's New Mathematics*, Oxford, 2012, p.23.; 심종혁, 「예수회의 교육과 마테오 리치의 선교활동」, 『신학과 철학』 제18호, 서강대학교 신학연구소, 2011, p.83.

16) 송영배, 「마테오 리치가 소개한 서양학문관의 의미」, 『인간환경미래』, 인제대학교 인간환경미래연구원, 가을 3호, 2009, p.17.

는 정책은 청대에 이르러서도 계속되었다. 색은주의를 전파시킨 부베는 루이 14세가 중국 선교를 위해 파견한 6명의 국왕수학자 가운데 한 사람이었다. 부베는 서양수학의 지식을 적극적으로 『주역』 해석에 응용하였으며, 부베의 서양수학에 대한 정보는 강희제를 통해서 이광지李光地에게 전달되어 『주역절중』에 반영되었다. 그 후로 대략 백 년이 지난 후에 초순焦循(1763~1820)이 등장하여 수학을 『주역』 해석에 더욱 적극적으로 활용하였다. 반면에 초순과 같은 시대에 활동했던 조선의 실학사상가 정약용은 수학이 『주역』과 아무런 관련이 없다고 생각했다. 그는 『주역』에 수학적 해석을 적용하는 것이 『주역』의 원의原義를 왜곡할 위험이 있음을 우려했다.

예수회 선교사들의 사상에 대한 선행 연구는 대부분 보유론과 색은주의에 집중되어 있다. 리치의 사상은 주로 『천주실의』를 통해 파악할 수 있기 때문에 큰 문제가 없었으나, 색은주의자들의 저술은 대부분 유럽의 도서관에 소장되어 있어서 접근이 쉽지 않았다.[17] 최근에 발표된 진흔우陳欣雨[18]와 소피 링차 웨이(Sophie Ling-chia Wei, 魏伶珈)[19]의 연구는 바티칸 교황청 도서관(Bibliotheca Apostolica Vaticana)에 소장되어 있는 부베의 저서를 활용하였다는 점에서 중요한 의의가 있다. 단행본으로는 클라우디아 폰 콜라니(Claudia

---

17) 부베의 『주역』에 관한 저서는 대부분 手稿로 남아있고, 생전에 출판될 기회를 얻지 못했다. 그의 저서는 바티칸 교황청 도서관(Biblioteca Apostolica Vaticana)에 藏書番號 Borgia Cinese 317의 編號에 소장되어 있다. 『易學外篇』(317-10). 『易鑰』(317), 『易稿』(317-7), 『易經總說稿』(317-3), 『易考』,(317-4). 『易引原稿』(317-6). 『易學外篇』(317-10) 등이 있고, 361-6의 編號에 『易學外編原稿』』가 있다. 그밖에도 로마 예수회 기록보관소(Roman Jesuit Archives), 프랑스 국립 도서관(Bibliothèque nationale de France), 파리 생뜨 쥬느비에브 도서관(Bibliothèque Sainte-Geneviève), 파리 觀象臺 도서관(Bibliothèque de l'Observatoire de Paris), 모스크바 루만체프 박물관 도서관(Moscow Rumyantsev Museum Library), 이탈리아 브레시아(Brescia) 도서관, 독일 뮌헨 도서관(München Library) 등에 소장되어 있다. 그리고 프레마르의 저서는 프랑스 국립 도서관(Bibliothèque nationale de France)에 소장되어 있다.

18) 陳欣雨, 『白晉易學思想硏究』, 人民出版社, 2016

19) Sophie Ling-chia Wei, *Trans-Textual Dialogue in the Jesuit Missionary-Intra-Lingual Translation of the Yijing*, University of Pensylvania, 2015.

von Collani)가 부베(Joachim Bouvet)의 사상에 대해 다루었고,[20] 크누드 룬드백(Knud Lundbaek)이 프레마르(Joseph Prémare)의 색은주의에 대하여 다루었다.[21] 그리고 리차드 스미스(Richard J. Smith)는 예수회 선교사들의 『주역』 해석을 역사-비교적 관점에서 고찰하였다.[22] 중국어권 연구자들에 의한 개별논문으로는 장서평張西平[23], 장부운張涪云[24], 악봉嶽峰 · 임풍林風[25], 장용張湧 · 장덕양張德讓[26], 양평楊平[27], 한기韓琦[28], 허유평許維萍[29] 등의 연구가 있다. 국내에서는 이연승李妍承[30], 박동천朴東泉 · 홍순용洪淳鏞[31], 전홍석全洪奭[32] 등이 예수회 선교사들의 색은주의적 관점에 대해 분석하였다. 반면에 안재원安在源[33]과 오순방吳淳邦[34]의 논문은 예수회 선교사들의 『주역』 해석에 초점을

---

20) Claudia von Collani, *Joachim Bouvet: Sein Leben und Sein Werk,* Steyler Verlag, 1985

21) Knud Lundbaek, *Joseph De Prémare-Chinese Philology and Figurism,* Aarhus University Press, 1991.

22) Richard J. Smith, *Jesuit Interpretation of the Yijing in Historical and Comparative Prespective,* 2002.

23) 張西平, 「易經研究－康熙和法國傳教士白晉的文化對話」, 『文化雜誌』, 14號, 2005.
張西平, 「中西文化的一次對話: 清初傳教士與『易經』研究」, 『歷史研究』 3 (北京: 2006)
張西平, 「梵蒂岡圖書館藏白晉讀易經文獻初探」, 『基督宗教研究』, 2003.

24) 張涪云 · 陳欣雨, 「白晉研易方法論析」, 四川師範大學學報, 第43卷, 第3期, 2016.

25) 嶽峰 · 林風, 在索隱與文本之間: 鴉片戰爭前耶穌會士對『易經』的譯介, 『中國文化研究』, 2016.

26) 張湧 · 張德讓, 「索隱派傳教士對中國經典的詮譯研究」, 『中國外語』 第12卷, 2015.

27) 楊平, 「耶穌會傳教士『易經』的索隱法詮釋」, 『周易研究』 第120期, 2013.

28) 韓琦, 「白晉的『易經』研究和康熙時代的西學中原說」, 『漢學研究』 第16卷, 第1期, 臺灣, 1998.
韓琦, 「科學與宗教之間 : 耶蘇會士白晉的易經研究」, 『東亞基督教再詮釋』, 崇基學院神學院, 2004.

29) 許維萍, 「法國傳教士白晉與易圖－以梵蒂岡圖書館館藏易經手稿爲中心」, 『東亞漢學研究』 第6號, 東亞漢學研究學會, 長崎大學 多文化社會學部, 2016.
許維萍, 「法國傳教士白晉的讀《易》筆記－以梵蒂岡圖書館 Borgia No. Cinese 317, 496 檔案爲中心」, 茶與文化學術研討會, 淡江大學 中國文學系 · 中國文學研究所, 2015.

30) 李妍承, 「예수회 색은주의 선교사들의 유교 이해」. 『종교와 문화』 17권, 서울대학교 종교문제연구소, 2009.

31) 朴東泉 · 洪淳鏞, 「라이프니츠의 이신론적 기독교관과 색은주의 유교관의 상호영향」, 『정치사상연구』, 20(1), 2014.

32) 全洪奭, 「17~18세기 프랑스 예수회의 '색은주의 천학' 논고－ 유교문헌에 대한 색은주의의 문화동일적 해석」, 『동서철학연구』 제82호, 2016.

맞추고 있다. 안재원은 예수회 선교사 쿠플레(Philippe Couplet, 柏應理, 1623~1693)와 레기스(Jean-Baptiste Régis, 雷孝思, 1663~1738)의 『주역』 이해를 라틴어 번역을 중심으로 다루었고, 오순방吳淳邦은 『강희조만문주비주절회편康熙朝滿文朱批奏折匯編』 등의 청대 사료를 이용해서 부베와 강희제의 관계를 상세히 다루었다. 그리고 이종화李鐘華는 『중국 옛 문헌에 나타난 기독교의 흔적』(*Selecta quaedam vestigia Praecipuorum religionis christianae dogmatum ex antiquis sinarum Libris*)이라는 프레마르(Joseph De Prémare)의 저서를 『중국 고전에서 그리스도를 찾다』라는 제목으로 번역하였다.[35]

이 글은 유클리드의 기하학과 서양수학이 『주역』 해석에 미친 영향을 중심으로 해서 유럽 예수회 선교사들의 『주역』 이해를 밝히는 데 목적이 있다.[36] 글의 주제가 수학과 관련되어 있는 만큼 서양수학이 명·청대에

---

33) 安在源, 「쿠플레의 『역경』 이해: 謙卦의 라틴어 번역을 중심으로」, 『인문과학논총』 제67집, 서울대학교 인문학연구원, 2012.
安在源·문수정, 「레기스 신부의 라틴어 『易經』에 대하여」, 『中國文學』, Vol.9. 2018.

34) 吳淳邦, 「청대 초기 예수회 신부 조아킴 부베의 索隱派 사상과 易經 연구」, 『中國語文論譯叢刊』 第31輯. 2012.

35) 李鐘華, 『중국 고전에서 그리스도를 찾다』, 루하서원, 2018.

36) 여기서 논문 제목의 副題에 사용된 기하학이라는 용어에 대해서는 약간의 설명이 필요하다. 원래 마테오 리치와 서광계가 유클리드의 『기하원본』을 번역할 때 생각한 幾何의 개념은 오늘날의 기하학(geometry)을 의미하는 것이 아니었다. 리치와 더불어 『기하원본』을 번역한 서광계는 『기하원본』의 서문에서 "『기하원본』은 度數之學 중에서 祖宗이 되는 책이다"(幾何原本者, 度數之宗)라고 하였고, 이어서 도수를 十府의 분류 체계에서 幾何府에 속하는 개념이라고 설명하였다. Engelfriet에 따르면 십부란 아리스토텔레스의 10범주를 가리키는 용어이다. 십범주 가운데 두 번째 범주가 '포손'(poson)인데, 이것은 數量(quantity)의 범주인 기하의 범주(幾何府)에 해당된다.(Engelfriet, 『*Euclid in China*』, p.139) 그리스어에서 '포손'(poson)은 '얼마', '어느 만큼', '어느 정도'를 뜻하는 副詞인데, 리치와 서광계는 이것을 '幾何'라고 번역하였다. 중국어에서 '幾何'라는 말은 원래 多寡, 多少, 若干을 의미하는 副詞로서 數量을 셀 때 사용하던 용어였다. 중국의 고대 수학서인 『九章算術』에는 "…은 얼마인가?"(幾何)와 같은 유형의 문제가 자주 나온다. 수량은 다시 連續數量(continuous quantity)과 離散數量(discrete quantity)으로 나누어진다. 전자는 연속체를 이루고 있어서 낱개로는 셀 수 없고, 자나 저울을 써서 측량해야 하는 수량을 가리킨다. 반면에 후자는 각각 개체로 분리되어 있어서 낱 개로 셀 수 있는 수량을 가리킨다. 서광계는 전자를 度(magnitude)에 대응시키고, 후자를 數(number)

중국에 수용된 과정에 대한 이해가 필수적으로 요구된다. 이 분야에는 피터 엥겔프리트(Peter M. Engelfriet)[37], 캐서린 제이미(Catherine Jami)[38], 안대옥安大玉[39] 등에 의한 선구적 업적이 있다. 그리고 초순 역학에 대해서는 뢰귀삼賴貴三[40]과 진거연陳居淵[41]과 유흔우劉欣雨[42]의 연구가 있다. 이 글을 위해 필자는 가능한 범위 내에서 많은 자료를 수집하였으나, 바티칸 교황청 도서관(Bibliotheca Apostolica Vaticana)에 소장되어 있는 부베의 저서를 활용할 수가 없어서 부베 역학과 관련된 부분에서는 바티칸 자료를 활용한 진흔우陳欣雨, 소피 링차 웨이(Sophie Ling-chia Wei, 魏伶珈), 허유평許維萍, 장서평張西平, 한기韓琦 등의 선행 연구에 의존할 수밖에 없었다.

2. 마테오 리치와 조아킴 부베의 태극 이해

서양수학은 중국에 파견된 예수회 선교사들이 『주역』을 이해하는 관점에도 적지 않은 영향을 미쳤다. 리치는 『천주실의』에서 주돈이周敦頤의 「태극도

에 대응시켰다. 따라서 『기하원본』이 뜻하는 것은 『數量學原論(*Elements of Quantity*)』 혹은 『度數學原論(*Basic Theory of Magnitudes and Numbers*)』 정도의 뜻이 된다. 幾何가 오늘날처럼 기하학(geometry)을 가리키는 용어로 쓰이게 된 것은 청대 이후였다. 그러나 리치의 『기하원본』을 '기하학 원론'(Elements of Geometry)이라는 의미로 이해하더라도 무슨 문제가 생기는 것은 아니다. 왜냐하면 리치가 유클리드의 『기하원본』에서 번역한 부분은 실제로 圖形과 관련된 부분이었기 때문이다. 따라서 필자는 본 논문에서 기하를 '지오메트리'(geometry)를 가리키는 용어로 사용하고자 한다.

37) Peter M. Engelfreit, *Euclid in China,* Brill, 1998.

38) Catherine Jami, *The Emperor's New Mathematics*, Oxford, 2011.

39) 安大玉, 「周髀算經과 西學中原說」, 『韓國實學硏究』 제18권, 2009.
安大玉, 「청대 전기 서학 수용의 형식과 외연」, 『中國史硏究』 제65집, 2010.
安大玉, 「滿文 算法原本과 유클리드 初等整數論의 東傳」. 『中國史硏究』 제69집, 2010.

40) 賴貴三, 『焦循雕菰樓易學硏究』, 花木蘭文化出版社, 2008.

41) 陳居淵, 『焦循儒學思想與易學硏究』, 上海人民出版社, 2016.

42) 劉欣雨, 『焦循 易철학에 관한 연구』, 동국대학교 대학원, 1995.

설太極圖說」에 나타난 태극 개념을 비판하였는데, 그 배경에는 콜레지오 로마노(Collegio Romano)에서 받은 수학과 철학 교육의 영향이 있었다. 송대의 성리학자들은 『주역』의 「계사전」에 나오는 태극을 우주만물을 생성하는 근원으로 간주하였다. 그러나 이러한 견해를 용납하게 되면 태극이 궁극적 존재가 되기 때문에 하느님(God)의 지위가 위협받을 수밖에 없다. 리치가 「태극도설」의 비판에 나섰던 까닭은 이 그림이 성리학자들의 이론적 근거가 된다고 보았기 때문이다. 리치는 『천주실의』에서 태극에 관한 자신의 견해를 다음과 같이 밝혔다.

> 저는 비록 나이 들어 중국에 들어왔지만 옛 (중국의) 경서經書 읽기를 게을리하지 않았습니다. 그러나 저는 고대 (중국의) 옛날 군자들이 천지의 하느님(上帝)을 공경했다는 말은 들어 보았으나 태극을 높이 받들었다는 말은 아직 듣지 못했습니다. 만약 태극이 하느님(上帝)이요 (천지)만물의 시조라면 옛 성인들이 무엇 때문에 그런 이론을 숨겨 두고 말하지 않았겠습니까?[43]

『주역』의 「계사전」에서는 만물의 생성과 변화가 모두 태극으로부터 발생한다고 말한다. 송대의 성리학자들은 태극은 만물의 변화를 주재하는 리理라고 주장하였다. 그런데 송대 성리학자들의 주장의 근거가 된 것은 주돈이의 「태극도설」이었다. 주돈이의 「태극도설」에서 태극太極과 음양陰陽은 도圖와 수數로 표현되어 있다. 리치는 바로 이 점에 주목하여 이 그림이 단지 기수奇數와 우수偶數의 형상(form)을 취한 것에 지나지 않는다고 주장하였다.[44] 리치는 태극을 허상虛象이라고 주장하였는데, 그것은 태극이 음양

---

43) "西士曰, 余雖末年入中華, 然竊視古經書不怠. 但聞古先君子敬恭於天地之上帝, 未聞有尊奉太極, 如太極爲上帝一萬物之祖, 古聖何隱其說乎?"(마테오 리치 저, 송영배 역, 『천주실의』, 서울대학교 출판부, 2001, pp.81~82.)

44) "吾視夫無極而太極之圖. 不過取奇偶之象言. 而其象何在? 太極非生天之實, 可知已."(같은 책, p.83)

과 마찬가지로 수의 범주에 속한다고 보았기 때문이다.

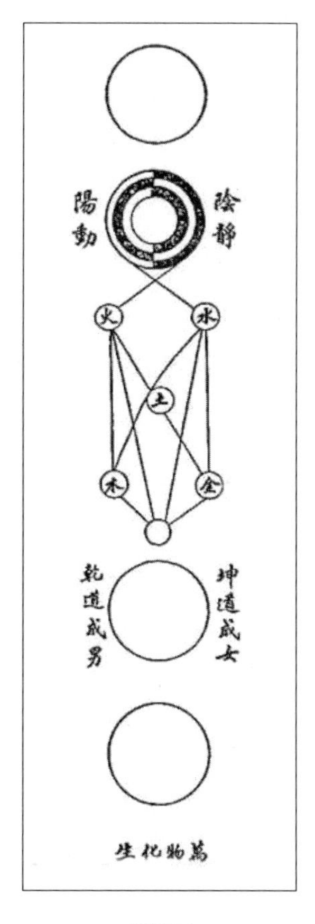

태극도

> 태극에 대한 풀이는 아마도 도리에 합당하다고 말하기가 어렵지 않을까 합니다. 제가 보기에 "무극이태극無極而太極"의 그림은 단지 기수奇數와 우수偶數를 취하여 형상한 말에 지나지 않습니다. 그 (실제적인) 형상이 어느 사물에 존재하고 있습니까? (만약 사물에 종속되어 있다면) 태극은 하늘과 땅의 실체를 창조하지 못함을 알 수 있을 뿐입니다.…… 하물며 (태극은) 추상적 관념(虛象)이기에 실제적 내용(實)이 없는데, (천지만물의 근원으로서) 믿을 만한 이치(理)가 있겠습니까?[45]

『주역』의 설시법揲蓍法에서 양은 기수奇數로, 음은 우수偶數로 표현된다. 따라서 리치가 음양이 홀수와 짝수로 표현된다고 한 것은 전통적 견해와 일치한다. 다만 리치가 음양을 소이연所以然으로 간주한 것과 수數는 독립적으로 존재하지 못하고 구체적 사물 속에 깃들어 있는 속성이라고 본 것은 아리스토텔레스의 관점이 반영된 것이다.[46] 리치가 수의 성격을 이해함에 있어 플라톤의 관점이 아니라 아리스토텔레스의 관점을 취하게 된 것은 콜레지오 로마노에서 클라비우스로부터 받은 수학 교육의 영향이었을 가능성이 높다. 클라비우스의 수학은 유클리

45) "太極之解, 恐難謂合理也. 吾視夫無極而太極之圖, 不過取奇偶之象言, 而其象何在? 太極非生天地之實可知已.……況虛象無實, 理之可依耶?"(같은 책, p.83)

46) "所以然者, 有在物之內分, 如陰陽是也."(같은 책, p.208)

드의 기하학에 바탕을 두고 있었으며, 유클리드의 기하학은 아리스토텔레스의 논리학과 마찬가지로 연역적 추리에 의존한다.[47] 따라서 클리비우스의 제자였던 리치가 아리스토텔레스의 관점을 취하여 수의 관념을 이해했던 것은 매우 자연스러웠다.

아리스토텔레스가 수와 도형을 이해하는 관점은 플라톤의 관점과는 근본적으로 다르다.[48] 플라톤의 철학에서는 수와 기하학의 대상들은 완전하기 때문에 불완전한 대상으로부터 떨어져 이데아의 영역에서 독립적으로 존재한다. 반면에 아리스토텔레스는 수학적 대상이 사물로부터 분리되어 독립적 존재를 갖는다는 것을 부정하였다.[49] 아리스토텔레스는 『형이상학』에서 기하학적 대상은 질료적으로 감각대상 안에 존재한다고 주장하였다. 여기서 질료적으로 존재한다는 말은, 감각대상 안에 실체적으로 존재한다는 의미가 아니라 부수적으로 존재한다는 의미로 이해되어야 한다.[50] 수학적 대상은 감각에 의해 지각되는 질료(sensible matter: materia sensibilis)가 아니라 오로지 이성에 의해 파악되는 질료(intelligible matter: materia intelligibilis)이다. 수와 형태에 대한 지식은 감각적 대상으로부터 추상抽象을 통해서 얻어지지만, 그 경우에도 여전히 어떤 것의 속성이어야 한다.[51] 아리스토텔레스의 철학에서 속성은 감각적 사물로부터 분리되어 자립적으로 존재할 수 없다.[52] 태극과 음양은 수의 범주에 속하기 때문에 실체에 의존해서만 존재할 수 있는 속성에 불과하다. 따라서 속성에 불과한 태극으로부터

47) Engelfriet, 『*Euclid in China*』, p.53.
48) 같은 책, p.42.
49) 같은 책, p.42.
50) 유재민, 「아리스토텔레스에서 기하학적 대상의 존재론적 위상과 경계적 성격」, 『철학논집』 18집, 서강대학교 철학연구소, 2009, p.269
51) Peter M. Engelfreit, *Euclid in China*, p.42.
52) 조영기,「아리스토텔레스의 수학적 소박실재론과 고대 그리스의 천문학」, 『철학논집』 제27집, 2011, p.182

우주만물이 생성되어 나온다는 것은 불가능하다.[53)]

그러나 『천주실의』가 출간되고 1년이 지난 뒤인 1604년에 리치는 예수회 총장 아쿠아비바(Claudio Acquaviva)에게 보낸 편지에서 『천주실의』에서와 달리 매우 유연한 태도를 보였다. 만약 태극을 지성과 무한성이 부여된 제1원리로 간주한다면, 그는 태극을 하느님으로 간주하는 데 더 이상 반대하지 않을 것임을 밝혔다.

> 만약 그들이 마침내 태극을 실체적(substantial)이고 지성적(intelligent)이며 무한한(infinite) 제1원리(first principle)로 이해한다면, 우리는 이것이 다름 아닌 하느님(God)이라고 말하는 데 동의할 것입니다.[54)]

앞서 리치가 태극 개념을 비판하면서 내세웠던 논증은 "만약에 태극이 수數라면, 그것은 실체가 될 수 없다"라는 것이었다.(제1논증) 그런데 이번에 리치가 태극 개념을 용인하면서 제시한 논증은 "만약에 태극이 실체이며 제1원리라면, 그것은 하느님이다"라는 것이었다.(제2논증) 제2논증도 제1논증과 마찬가지로 아리스토텔레스의 형이상학에 바탕을 두고 있다.

리치가 『천주실의』에서 태극을 리理로 보는 성리학의 관점을 받아들이는 것을 주저했던 까닭은 무신론을 용인하게 되는 결과를 초래할까 우려했기 때문이었다. 그러나 부베에게는 송대 성리학자의 관점을 수용하더라도 그것이 기독교의 유일신론을 유지하는 데 더 이상 방해가 되지 않았다.[55)] 태일太一은 태극의 또 다른 명칭이다. 일一은 역수易數의 근본이며, 천지만물과 만민의 부모를 표현하는 수이다.[56)] 기독교의 관점에서 본다면 일一은

---

53) "況虛象無實, 理之可依耶?(마테오 리치 저, 송영배 역, 『천주실의』, p.84)

54) Lionel M.Jensen, *Manufacturing Confucianism*, Duke University Press, 1997, p.97.

55) "太極, 謂至極無上. 以主宰萬化之理言, 易固生生不已, 變化無端矣. 然必有至一不變之理, 主宰於中, 以爲生生之本, 太極是也."(白晉, 「古今敬天鑒」, 『明末淸初耶蘇會思想文獻彙編』 第2卷, 北京大學宗教硏究所, 2003, p.236.)

성부聖父 · 성자聖子 · 성신聖神으로 이루어진 삼위일체의 본체를 표현하며, 거기에는 우주의 유일한 궁극적 주재자라는 의미가 함축되어 있다. 마침내 부베는 『역약易鑰』에서 태극이 조물주라고 거리낌 없이 선언하였다.

> 앞서 언급했던 것처럼 태일太一이 태극太極이며 바로 조물주造物主이다. 태일은 『주역』에서 기수와 우수의 책수策數의 근본이다. 태극은 『역』의 양의兩儀와 방원方圓과 만상萬象의 근본이다.…… 그러므로 태극은 태일에 근본을 두고 있으며, 『역』의 생생변화生生變化와 만수만상萬數萬象은 원래 태일로부터 나온 것일 뿐이다.[57]

요약하자면 리치와 부베의 태극에 관한 견해가 달랐던 근본적 이유는 태극의 존재론적 지위에 관한 관점이 달랐던 데 있었다. 리치와 부베는 태극이 수로 표현된다고 보았다는 점에서는 견해가 일치한다. 그러나 그들의 수에 대한 이해방식은 근본적으로 달랐다. 리치는 태극이 수로 표현되기 때문에 실체가 아니라 속성에 불과하다고 보았던 반면에, 부베는 수는 상象보다 더 근원적 존재이며 상은 수에 의지한다고 주장했다.[58] 만약에 수의 다과多寡(분량)를 알지 못한다면 상의 기하幾何(형태)를 알 수 없다.[59] 부베는 태극에 우주의 유일한 궁극적 주재자이자 조물주라는 의미를 부여했다.[60] 이러한 부베의 관점을 받아들인다면 태극은 당연히

---

56) 陳欣雨, 『白晉易學思想研究』, 人民出版社, 2017, p.117.

57) "據前論太一太極乃造物主, 太一乃易奇偶第數之本, 太極乃易兩儀方圓萬象之本,……故太極本於一, 則易之生生變化, 萬數萬象, 原從而畫歸於太一而已."(白晉, 『易鑰』, Borg.317.: Sophie Ling-chia Wei의 논문, p.156에서 再引用)

58) 부베의 이러한 관점은 리치와 다를 뿐 아니라 전통적 상수학의 관점과도 다르다. 『좌전』 僖公 15년에 韓簡은 數에서 象이 나오는 것이 아니라, 象에서 數가 나온다고 하였다. "만물이 생겨난 후에 象이 있고, 象이 있은 후에 번식함이 있으며, 번식한 후에 數가 있다("物生而後有象, 象而後有滋, 滋而後有數.", 『春秋左傳正義』, 北京大學出版社, 2000, 卷17, p.439)

59) "本然考之於理, 數先於象, 象倚於數, 非知數之多寡, 則無以知象之幾何,"(『易鑰』, Borg.317: Sophie Ling-chia Wei의 논문, p.156에서 再引用)

60) 바티칸 도서관의 Borg. Cinese 317(5)에 『太極略說』이라는 문헌이 있다. 張西平의 「梵蒂岡圖

실체가 되고, 이것은 리치가 예수회 총장 아쿠아비바에게 보낸 편지에서 제시했던 제2논증으로 더 나아간 것이었다.

부베의 태극 이해에는 카발라(Kabbalah)의 신비주의가 강력한 영향을 미치고 있다.[61] 부베가 계승하려고 했던 것은 르네상스 이후에 퇴락한 기독교 카발라가 아니라 모세(Moses)와 족장들이 하느님으로부터 직접 계시를 받아서 전승했다고 전해지는 고대 히브루 전통의 카발라였다.[62]

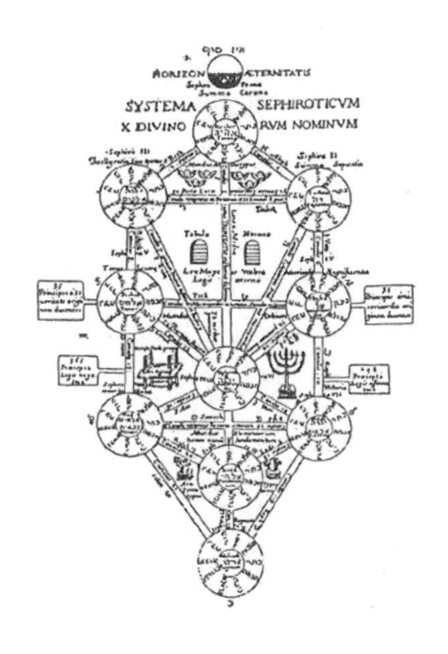

書館藏白晉讀易經文獻初探」(『基督宗教研究』, 2003)과 餘東의 『梵蒂岡圖書館藏早期傳教士中文文獻目錄(Yu Dong, *Catalogo Delle Opere Cineseesi Missionarie Della Biblioteca Apostolica Vaticana*)』과 高田時雄(Takata Tokio)의 『梵蒂岡圖書館所藏漢籍目錄』(中華書局, 2006)에서는 펠리오(Paul Pelliot, 伯希和)의 목록에 근거해서 『太極略說』을 부베의 저술로 보았다. 그러나 韓琦는 그것이 예수회 신부 프레마르(Prémare)의 손에서 나왔을 가능성이 있다고 보았다. 그것은 『태극략설』에 江西 南豐 지역의 문인 劉凝의 『주역』 및 문자학에 관한 연구가 인용되어 있고, 프레마르가 일찍이 강서에서 오랫동안 체류하면서 유응의 저작에 대해 높이 평가하였기 때문이다.(許維萍, 「法國傳教士白晉的讀易筆記」, 2015, p.16) 그러나 『太極略說』에 부베의 저술로 알려진 『天尊地卑圖』가 인용되어 있기 때문에 부베의 저술일 가능성도 있다.

카발라에 따르면 천국에 세피로트(sephiroth)의 나무라고 불리는 생명의 나무가 있는데, 거기에 1에서 10까지 숫자가 부여되어 있는 열 개의 둥근 원이 그려져 있다. 열 개의 숫자는 곧 절대자의 열 가지 속성으로, 태초의 무한한 빛의 에너지가 세상을 창조해 가는 열 단계의 과정을 나타낸다. 「태극도설」에서 태극은 원圓으로 상징되는데, 카발라에서도 아인 소프(ain suph)는 중심(center)과 원주(circumference)가 모든 곳에 존재하는 원圓으로 간주된다.[63] 부베는 태극을 카발라에 나오는 아인 소프(ain suph)[64]의 개념과 동일시하였다. 카발라에 따르면 아인(ain)은 아무것도 없는 무無(nothing, nothingness)를 뜻하며, 소프(suph)는 명칭을 갖지 않는 존재(the nameless being)를 뜻한다. 아인 소프는 끝이 없는 일자(the endless One), 즉 무제한적(the unlimited)이고 무차별적(the undifferentiated)인 존재인 신神이다. 아인 소프에는 원래 어떠한 속성도 존재하지 않고 욕구, 사고, 언어, 행위도 존재하지 않기 때문에 그로부터 어떠한 것도 포착되지 않는다. 그러나 아인 소프가 깨어나서 활동적인 것으로 변하게 되면 그로부터 무한한 빛이 나오며 창조가 이루어진다. 「태극도설」에서는 무극이 무차별적이며 비활동적인 무한의 상태로 있는데, 이것이 태극과 다른 존재가 아니라고 한다. 부베의 관점에서

61) 'kabbalah'는 'kabala', 'cabbalah', 'cabbala', 'cabala', 'cabbala', 'quabala' 등으로도 표기된다.

62) 본문의 그림은 Athanasius Kircher(1602~1680)의 *Oedipus Aegyptiacus*(1652)에 나오는 세피로트의 나무(tree of sephiroth) 그림이다. 키르허는 부베와 동시대 사람으로, 저명한 예수회원 소속의 학자였으며, 헤르메티즘에 관한 글을 발표했다. 부베는 키르허의 책을 읽고 영향을 받았다.(Claudia von Collani, *Joachim Bouvet: Sein Leben und Sein Werk*, Steyler Verlag, 1985, p.170) 카발라에 관한 부베의 견해는 *Pro expositione figurae sephiroticae Kabalae Hebraeorum*라는 manuscript에서 나타난다. 이 자료는 프랑스 Chantilly에 있는 예수회 문서보관서에 보관되어 있었다.(François Secret, *Quand la Kabbale expliquait le Yi King ou un aspect oublié du figuratisme du P. Joachim Bouvet,* Revue de l'histoire des religions, 1979)

63) Roman Malek, *From Kaifeng to Shanghai: Jews in China*, Routledge, 2000, p.536.

64) "ain suph"는 "ain soph", "ayn sof", "ein sof", "eyn sof" 등으로도 표기된다.(Wikipedia. "ein sof" 항목 참조)

본다면 "무극이태극無極而太極"은 존재와 비존재가 일자一者로 통합되어 있는 상태 즉 대립의 일치(coincidentia oppositorum)를 표현하며, 아인 소프의 개념과 다르지 않다. 따라서 부베는 중국인들이 유대기독교적 신의 개념을 이미 알고 있었다는 결론에 도달하였다.65)

부베는 태극을 해석하면서 주돈이의 「태극도설」뿐 아니라 노자의 『도덕경』도 활용하였다. 도道는 천지만물에 공통적으로 적용되는 일반적 법칙(vulgo ratio)으로, 태극보다 이전에 존재하였고 태극보다 더 초월적인 존재이지만 종종 태극과 동일시된다. 음陰은 덜 완전한 땅의 기운이고, 양陽은 완전한 하늘의 기운이며 빛의 근원이다. 태극은 음과 양의 상반된 두 개의 요소를 모두 자신 안에 포함하고 있으나(一陰一陽之謂道) 음양으로 측량되지 않기 때문에, 전능한 숨겨진 신(deus absconditus)의 상징이다.(陰陽不測之謂神) 『도덕경』의 "유물혼성有物混成"이 바로 이러한 상태를 표현한다.66)

3. 조아킴 부베의 기하학적 해석이 이광지의 『주역절중』에 미친 영향

마테오 리치가 펴낸 20여 권의 저술 가운데 가장 중요한 저술은 『천주실의天主實義』와 『기하원본幾何原本』이다. 『천주실의』가 천주교의 교리를 중국의 유학자들에게 소개해 준 의미를 갖는다면, 『기하원본』은 엄밀한 논증에 바탕을 둔 연역적 사유방식의 중요성을 일깨워 주었다. 리치가 『기하원본』을 번역한 근본적 이유는 예수회의 적응주의 전략에서 찾을 수 있다. 예수회 선교사들이 중국인들에게 소개한 서양의 자연과학 중에서 가장 중요한 것은 수학이었다. 리치는 서양의 수학을 이해하지 못한다면 어떤

---

65) Nicolas Standaert, *Handbook of Christianity in China*, Brill, 2001, p.673.
66) Roman Malek, *From Kaifeng to Shanghai: Jews in China*, Routledge, 2000, p.542.

자연과학적 지식도 충분히 이해할 수 없을 것이라고 생각하였다. 왜냐하면 수학은 서양의 자연과학적 지식의 근본원리를 제공해 주는 기초학문으로 인식되었기 때문이었다.

명나라 만력萬曆 35년(1607)에 마테오 리치가 펴낸 『기하원본』은 중국의 지식인 사회로부터 광범위한 호응을 이끌어 내었다. 어쩌면 『기하원본』이 당시 중국인 사회에 미친 영향은 『성서聖書』보다 훨씬 더 컸다. 왜냐하면 마테오 리치 당시에 『성서』는 중국어로 완전하게 번역도 되어 있지 않았기 때문이었다. 줄리오 알레니(Giulio Aleni, 艾儒略)가 지은 『대서서태리선생행적大西西泰利先生行跡』에 따르면 리치가 북경의 호화로운 묘지에 묻힐 수 있었던 것은 오로지 『기하원본』 덕택이었다. 1610년 5월 리치가 병으로 북경에서 사망하자 판토하(Diego de Pantoja, 龐迪我)와 우르시스(Sabatino de Ursis, 熊三拔)는 명나라 신종神宗 황제에게 장지葬地를 하사해 줄 것을 청원하였다. 이때에 어느 내관內官이 상국相國 섭향고葉向高를 향하여 지금까지 중국 황제가 외국 사신에게 장지를 하사한 적이 결코 없다고 반대하였다. 이에 대해 섭향고는 이렇게 대답하였다.

> 그때 한 내관이 상국 섭문충葉文忠(葉向高)에게 물었다. "머나먼 외국에서 온 외국인 치고 옛날부터 후한 장례를 치러 본 적이 없었는데, 오직 리치 선생에게만 후한 장례를 치러 주는 이유가 무엇입니까?" 문충공이 말하였다. "그대는 예로부터 외국에서 온 사람들 중 리치 선생만큼 덕과 학문을 겸비한 사람을 본 적이 있는가? 다른 것은 그만두더라도 그가 번역한 『기하원본』 한 권만으로도 황상께서 장지를 하사하신 것은 당연한 일이네."[67]

---

67) "時內官言於相國葉文忠曰, 諸遠方來賓者, 從古皆無賜葬, 何獨厚於利子(即利瑪竇)? 文忠曰, 從古來賓, 其道德學問, 有一如利子乎? 姑毋論其他,即其所譯幾何原本一書,即宜賜葬地矣."(鐘鳴旦, 杜鼎克 主編, 『耶穌會羅馬檔案館明清天主教文獻』 제12책, 艾儒略 述, 「大西西泰利先生行跡」. 台北利氏學社, 2002, p.221~222)

이로써『기하원본』이라는 책 한 권이 당시 사대부들 마음속에 차지했던 위상을 알 수 있다.

청대에 이르러『기하원본』은 제4대 황제 강희제康熙帝(1654~1722)에 의하여 확고한 권위를 부여받았다. 강희제에게 수학을 공부하도록 동기를 부여한 사건은 그가 12세 때인 1665년 1월에 발생하였다. 그 당시에는 아랍으로부터 들어온 회회력回回曆, 명나라 때 제정된 대통력大統曆, 그리고 아담 샬(Adam Schall)이 만든 시헌력時憲曆 등 세 종류의 역법曆法이 서로 경쟁하고 있었다. 아담 샬은 이미 1623년과 1624년에 월식月食을 정확하게 예측하였고, 1629년과 1644년에는 일식日食을 정확하게 예측한 바 있었다. 마침내 청나라 조정은 아담 샬이 만든 시헌력을 국가의 역법으로 공식적으로 인정했다. 그러자 흠천감欽天監의 한관漢官 양광선楊光先은 그 당시 막강한 권력을 휘두르고 있던 섭정攝政 오보이(Oboi, 鰲拜)의 권력에 기대어서 아담 샬의 탄핵을 시도했다. 이때 양광선이 아담 샬의 탄핵의 명분으로 내세웠던 것은 시헌력에 있는 '의서양신법依西洋新法'이라는 표현이 전통적 역법과 국가의 권위를 존중하지 않는다는 것이었다.[68] 이러한 상황에서 일식이 발생하는 시간을 정확하게 예측하는 것은 이해당사자들의 정치적 운명을 결정짓는 중요한 사건이었다. 이때 세 종류의 역법에서 각각 예측한 일식 시간의 정확성을 검증하기 위하여 모든 관료들이 1665년 1월 16일에 오문午門 밖에 모였다. 강희제는 바로 이 사건이 그로 하여금 수학에 관심을 갖게 된 계기가 되었다고 회고하였다.

> 너희들은 단지 짐朕이 산술算術에 정통한 점만을 알지 내가 왜 산학算學을 배우게 되었는지 알지 못할 것이다. 짐이 어릴 적에 흠천감의 한관漢官과 서양인이 대립하여 서로 탄핵하였고, 그 결과 죄가 대벽大辟(死刑)에 가깝게 이르렀다. 양광선楊光先과

68) Catherine Jami, *The Emperor's New Mathematics*, p.50.

> 아담 샬(Adam Schall, 湯若望)이 오문午門 밖 구경九卿 앞에 당면當面하여 해 그림자(日影)를 관측하게 되었지만, 구경 가운데 그 법을 아는 자가 아무도 없었다. 짐은 자신이 알지 못하는데 어찌 남의 시비를 가릴 수 있겠는가 생각하여 그 후 스스로 발분發憤하여 공부하였다.[69)]

어쨌든 결과적으로 그날 일식의 발생 시간을 가장 근접하게 맞춘 것은 아담 샬이었다. 이 사건은 어린 강희제의 마음에 강한 인상을 남겼음이 틀림없다. 이 사건을 계기로 강희제는 서양의 천문학을 알기 위해서는 먼저 그 기초가 되는 수학부터 공부해야겠다는 결심을 하게 된다.

강희제는 유클리드의 『기하원본』이 서양수학의 기초를 형성한다는 말을 듣고 곧바로 그것을 배우기를 원했다. 강희제는 1675년부터 자금성 안에 있는 양심전養心殿에서 벨기에 출신의 예수회 선교사 페르비스트(Ferdinand Verbiest)로부터 수학을 배우기 시작하였다.[70)] 이때 교재로 사용한 것은 리치와 서광계가 1607년에 번역한 『기하원본』이었다. 강희제는 두세 시간 강의를 들은 후에는 다시 그것을 혼자서 복습하는 열의까지 보였으며, 선교사들에게 『기하원본』을 적어도 스무 번은 읽었다고 말했다. 강희제의 수학에 대한 관심을 잘 알고 있었던 페르비스트는 루이 14세에게 수학을 전공한 선교사들을 더 보내 줄 것을 요청하였다. 루이 14세는 이 요청에 응해서 6명의 수학자들을 파견하였는데, 그들을 국왕수학자國王數學者(les mathématiciens du Roy)라고 부른다.[71)] 이들 가운데 샴(Siam) 국왕의 요청으로

---

69) "爾等惟知朕算術之精, 卻不知朕學算之故. 朕幼時, 欽天監漢官與西洋人不睦, 互相參劾, 幾至大辟. 楊光先, 湯若望於午門外九卿前當面賭測日影, 奈九卿中無一知其法者. 朕思: 己不知, 焉能斷人之是非? 因自憤而學焉."(康熙, 『庭訓格言: 康熙家教大全』, 中國對外翻譯出版公司, 2003, p.240.)

70) Catherine Jami & Han Qi, *The Reconstruction of Imperial Mathematics*, p.91.

71) 왕의 수학자에 속하는 인물로는 ①장 드 폰타네(Jean De Fontaney, 1643~1710, 洪若翰), ②조아킴 부베(Joachim Bouvet, 1656~1730, 白晉, 혹은 白進), ③장 프랑스와 제르비용(Jean François Gerbillon, 1654~1707, 張誠), ④루이 르 콩트(Louis Le Comte, 1655~1728, 李明),

도중에 샴에 남게 된 타샤르(Guy Tachard)를 제외한 5명이 강희 27년(1688)에 북경에 도착하였는데, 그들이 도착하기 며칠 전에 페르비스트는 세상을 떠났다. 색은주의의 창시자 조아킴 부베는 루이 14세가 파견한 여섯 명의 국왕수학자 가운데 한 사람이었다. 제르비용(Gerbillon)의 일기에 따르면, 1690년 3월 8일부터 강희제는 새로 도착한 프랑스 선교사 제르비용과 부베로부터 유클리드의 『기하원본』을 다시 배우기 시작하였다.[72] 그러나 강희제가 『기하원본』이 너무 어렵다고 불평하였기 때문에, 1690년 3월 13일 여섯 번째 수업부터는 교재를 파르디(Gaston Ignace Pardies)의 『기하원론』(*Éléments de Géométrie*)으로 바꾸었다. 이 책은 프랑스 출신의 예수회 학자가 『기하원본』을 요약하여 서술 식으로 설명해 놓은 책으로서 프랑스어로 쓰여 있어서 프랑스 출신 선교사들에게 안성맞춤이었다.

강희제는 부베로부터 수학을 배웠을 뿐 아니라, 부베로 하여금 『주역』을 연구하도록 독려했다.[73] 강희제의 관점에서 보면 수학과 『주역』은 밀접한 관계에 있는 것이었다. 강희제는 산법算法의 이치는 모두 『주역』에서 나왔고, 서양의 산법은 원래 중국으로부터 전수된 것이라고 믿었다.[74] 강희제가

---

⑤클로드 드 비수드루(Claude de Visdelou, 1656~1737, 劉應), ⑥귀 타샤르(Guy Tachard, 1648~1712) 등이 있었다.(안대옥, 「청대 전기 서학 수용의 형식과 외연」, 『중국사연구』 제65집, 2010.p.157) 그 밖에도 강희제에게 수학을 가르치던 예수회 선교사로는 포르투갈 출신의 토마스 페레이라(Tomás Pereira, 徐日昇, 1645~1708)와 벨기에 출신의 앙트완 토마스(Antoine Thomas, 安多, 1644~1709)가 있었다. 앙트완 토마스는 강희제에게 주로 算術(arithmetic)과 代數學(algebra)를 가르쳤다. 강희제는 1723년에 『數理精蘊(Shuli jingyun, *Essential Principles of Mathematics*)』을 편찬하게 하였는데, 그 대부분은 예수회 선교사들의 日講을 수록한 것이고, 그 가운데서도 상당 부분은 앙트완 토마스에 의해 쓰여졌다.(Catherine Jami & Han Qi, *The Reconstruction of Imperial Mathematics During the Kangxi Reign (1662~1722)*, Early Science and Medicine, Vol. 8, Issue 2, 2003, pp.91~106)

72) 安大玉, 「滿文 算法原本과 유클리드 初等整數論의 東傳」, p.369.

73) 강희제가 부베의 『주역』 연구를 독려한 기간은 강희50년(1711)에서 강희 55년(1716) 사이 5년간이다.

74) "算法之理, 皆出於易經. 卽西洋算法亦善, 原系中國算法, 被稱爲阿爾朱巴爾. 阿爾朱巴爾者, 傳自東方之謂也."(王先謙, 『東華錄』, 卷21, 康熙 五十年 二月, p.348)

부베로 하여금 『주역』을 연구하도록 권했던 이유도 아마 여기에 있었을 것이다. 바티칸 교황청 도서관에 소장된 문헌 중에는 부베가 강희제의 일정표와 강희제가 부베의 연구 논문을 읽은 후에 내린 어비御批가 적혀 있는 것이 있는데, 그 주요 내용은 서양수학의 관점에서 『주역』을 해석하는 것과 관련된 것이었다.[75] 강희제는 부베의 『주역』 연구를 오랫동안 후원했으며, 부베가 서양수학의 지식을 활용하여 『주역』의 상징 속에 숨어 있는 원리를 드러내 주기를 원했다.[76]

어쨌든 강희제는 부베의 요청을 받아들여 강희 50년(1711) 4월에 강서성江西省 순무巡撫 낭정극郞廷極에게 교지를 내려서 강서성에서 선교활동을 하고 있던 푸케(Foucquet, 傅聖澤)를 불러들여 부베의 『주역』 연구를 돕도록 하라고 명령하였다.[77] 푸케는 부베의 색은주의에 공감하였을 뿐 아니라 『주역』을 매우 좋아하였기 때문에, 두 사람은 곧바로 의기투합할 수 있었다.[78] 부베는 푸케와 함께 『주역』을 연구한 뒤에 양심전養心殿의 총감조總監造 왕도화王道化[79]를 통해서 강희제에게 다음과 같이 상주하였다.[80]

---

75) 張西平, 「易經硏究－康熙和法國傳敎士白晉的文化對話」, 『文化雜誌』, 14號, 2005, p.87.

76) 부베가 쓴 강희제 전기, 『중국황제에 대한 역사적 초상화(*Historical Portrait of the Emperor of China*)』에 따르면, 강희제는 부베와 제르비용에게 서양철학에 대해서도 강의해 달라고 요청하였다. 이때 강의교재로 준비한 것은 프랑스 왕립 과학 아카데미(Academie Royale des Sciences)에 소속된 자연철학자 장 밥티스트 두하멜(Jean-Baptiste Du Hamel, 杜哈梅爾, 1624~1706)이 쓴 『고금철학(古今哲學: *Philosophia Vetus et Nova*)』이었다. 이 책은 당시 프랑스에서 가장 인기있고, 영향력이 있던 서적 가운데 하나였다. 그러나 강희제의 병환으로 말미암아 서양철학 강의는 실제로 진행되지는 못했다.(Catherine Jami, *The Emperor's New Mathematics*, p.144)

77) Jean Françoise Foucquet(傅聖澤): 중국 이름은 傅聖澤이며, 字는 方濟이며, 『康熙朝滿文朱批奏折全譯』에는 富生哲로 되어 있다. 프랑스에서 1663년에 태어나, 康熙 三十八年(1699)에 중국에 입국하였고, 그 후 福建과 江西 등에서 선교 활동을 하였다. 그는 중국의 경서 속에서 구세주의 예언이 나타나 있다고 믿었으며, 중국의 상형문자 가운데 천주교의 교리의 흔적을 발견하려고 하였다. 이러한 관점은 부베의 관점과 매우 유사하며, 부베가 푸케를 강희제에게 추천한 이유도 아마 여기에 있었을 것으로 보인다.

78) 부베과 푸케와 더불어 『주역』을 해설한 저서는 바티칸 교황청 도서관에 Borg.cin.439의 編號에 10건이 소장되어 있다.(方豪, 『中國天主敎史人物傳』, 宗敎文化出版社, 2011, p.418.)

신臣 두 사람은 오랫동안 『주역』의 심오한 뜻을 집중적으로 연구하여 서양 학자의 비학고전秘學古傳과 서로 비교해 보았습니다. 그리하여 신들의 소견을 『역고易稿』로 지었는데, 그리스도교(天敎)와 합치되지 않음이 없었습니다.[81]

위의 인용문에서 언급된 서양의 비학고전秘學古傳이란, 프리스카 테올로기아(prisca theologia)로 지칭되는 헤르메스주의(Hermeticism, 秘傳主義)를 가리킨다.[82] 부베와 푸케는 빈번하게 카발라(Kabbalah)에 관해 언급하였다. 색은주의자들은 창세 이후로 인간에게 전해진 자연의 법칙이 카발라에 담겨 있다고 믿었다.[83] 아담(Adam)이 원죄를 지은 이후로 그를 위로하기 위하여 천사가 카발라의 가르침을 아담에게 전해 주었는데, 그 계시는 아담의 막내아들 세스(Seth)에게 전해졌고, 다시 아담의 10대 후손인 노아(Noah)에게 전해졌다. 노아의 대홍수 이후에 그의 막내아들 셈(Shem)은 카발라의 가르침을 전수받아 중국인들에게 그것을 전해 주었다. 따라서 고대의 중국 역사로 되돌아간다면 중국이 하나님의 가르침으로부터 갈라져 나온 역사적 시점을 발견할 수 있을 것이다. 중국인들에게 요임금으로 알려진 인물이 바로 노아이며, 노아의 후손에 의하여 중국인들에게 전해진 카발라의 비전秘傳은

---

79) 王道化는 강희제 후기에 養心殿의 總監造를 맡고 있었던 主事였다. 그는 청조의 조정에서 출판물의 제작 및 편집 등도 역시 맡고 있었던 것으로 보인다.

80) 강희 50년인 1711년에도 부베가 『주역』에 관해 쓴 五篇과 圖 一張을 합쳐서 강희제에게 올렸다는 기록이 나온다.(康熙五十年六月初十日, 武英殿總監造和素報西洋人奏言並進書折……本月初九日戌時, 王道化送來博津所著易經五篇, 圖一張, 一併謹奏.)

81) "臣二人日久曾專究易等書奧意, 與西士秘學古傳相考, 故將已所見, 以作『易稿』, 無不合於天教."(方豪, 『中國天主教史人物傳』, 宗教文化出版社, 2011, p.420.)

82) 헤르메스주의(Hermeticism)는 코르푸스 헤르메티쿰(Corpus Hermeticum)이라는 문헌에 바탕을 둔 신비주의로서 서양의 서양의 秘教(Western esotericism) 전통의 형성에 심대한 영향을 미쳤으며, 14~16세기의 르네상스시대에 크게 중요시되었다. 이에 따르면 헤르메스 트리스메기스투스(Hermes Trismegistus)는 그리스어로 "세 배로 위대한 헤르메스"라는 의미로서 이집트 신화에 나오는 지혜의 신 토트(Thoth)와 그리스 신화에 나오는 헤르메스(Hermes)가 결합되어 형성된 그레코-이집트 형태의 반인반신의 존재이다.

83) Roman Malek, *From Kaifeng to Shanghai: Jews in China*, Routledge, 2000, p.534.

『주역』과 하도·낙서 등에 보존되어 있다.[84] 복희씨가 만든 부호의 체계는 헤르메스 트리스메기스투스(Hermes Trismegistus)가 만들어 낸 우주의 상징과 같다.[85] 복희씨가 바로 헤르메스 트리스메기스투스이며, 동시에 구약성서에 나오는 에녹(Enoch)과 동일한 인물이다.[86] 에녹은 하느님으로부터 수학과 천문학에 관한 특별한 지식을 전수받았는데, 그것은 『에녹서』(*Book of Enoch*)에 적혀 있었다. 『에녹서』는 그 후에 사라져 버렸으나 그 지식은 『주역』에 보존되어 있다.[87] 『주역』의 괘상은 암호화된 비밀의 형태로 간직되어 있는 표징(figure)이며, 도상들은 기독교의 삼위일체의 교리와 연관되어 있다. 따라서 수리와 도상의 연구를 통해서 괘상의 상징 속에 숨겨져 있는 비의秘義에 접근할 수 있다. 부베는 강희제에게 올린 『역학총지易學總旨』와 『역경고易經稿』[88]에서 『주역』과 기독교의 교리가 근본적으로 일치한다는 주장을 펴고 있다.[89]

『주역』 해석사의 측면에서 보면 부베는 도상圖象을 중시한다는 점에서 송대의 도상학적 상수학의 계통을 계승하고 있다. 그러나 부베는 역학의 궁극적 목적을 도道와 리理를 밝히는 데 두었다는 점에서 의리학적 측면도 지니고 있다. 그는 『역경총설고易經總說稿』에서 다음과 같이 말하였다.

> 『주역』에는 리理가 있고 수數가 있으며 상象이 있고 도圖가 있다. 도는 상을 떠날 수 없고, 상은 수를 떠날 수 없으며, 수는 리를 떠날 수 없다. 리는 수를 낳고,

84) 같은 책, p.535.
85) 데이비드 문젤로, 『진기한 나라, 중국: 예수회 적응주의와 중국학의 기원』, pp.507~508
86) Nicolas Standaert, *Handbook of Christianity in China*, Brill, 2001, p.670.
87) 같은 책, pp.672~673.
88) 『易經稿』는 부베(白晉, Bouvet)와 푸케(傅聖澤, Foucquet)의 共著이다. "臣傅聖澤在江西聆聽聖旨, 命臣進京相助臣白晉同草『易經稿』."(方豪, 『中國天主教史人物傳』, 宗教文化出版社, 2011, p.419.)
89) "臣白晉前進呈禦覽『易學總旨』, 即易經之內意與天教大有相同, 故臣前奉旨初作『易經稿』內, 有與天教相關之語."(方豪, 『中國天主教史人物傳』, 宗教文化出版社, 2011, p.420.)

> 수는 상을 낳으며, 상은 도를 낳는다. 도가 갖추어지면 상이 드러나고, 상이 세워지면 수가 드러나며, 수가 나타나면 리가 밝아진다. 그러므로 리를 알고자 하는 데는 수에 밝은 것만한 것이 없고, 수에 밝히고자 하는 데는 상을 관찰하는 것만한 것이 없으며, 상을 관찰하고자 하는 데는 도를 가지고 노는 것만한 것이 없다. (理·數·象·圖의) 네 가지 가운데 오직 리理가 요점이 된다. 『역』이 『역』이 된 것은 도道 때문이다. 수數와 상象과 도圖는 물고기를 잡는 통발(筌)이나 토끼를 잡는 올가미(蹄)와 같은 도구일 뿐이며, 그 도道와 그 리理는 물고기(魚)와 같고 토끼(兎)와 같다. 토끼를 얻으면 올가미를 잊고, 물고기를 잡으면 통발을 잊는다. 상象을 얻으면 도圖를 잊고, 수數를 얻으면 상을 잊으며, 도道를 얻으면 수數를 잊으니, (그 道가) 지극하다.[90]

인용문에서 "토끼를 잡으면 올가미를 잊고(得兎而忘蹄), 물고기를 잡으면 통발을 잊는다"(得魚而忘筌)라는 표현은 원래 왕필王弼이 사용했던 비유이다. 왕필은 의리학의 입장에서 상수가 『주역』 해석을 위한 필수적 도구가 아니라고 주장하기 위해 이 비유를 사용했으나, 부베는 상수와 의리의 관점을 교묘하게 융합시켰다. 부베에 따르면, 통발(筌)과 올가미(蹄)가 되는 것은 도圖와 상象과 수數이며, 물고기(魚)와 토끼(兎)가 되는 것은 리理와 도道이다. 『역』의 궁극적 목적은 도道를 밝히는 데 있다. 그런데 리·수·상·도圖는 서로 떼려야 뗄 수 없는 관계에 있다.[91] 도圖는 상象을 드러내기 위한 수단이며, 상은 수數를 드러내기 위한 수단이며, 수는 리理를 밝히기

90) "易之爲經也, 有理焉, 有數焉, 有象焉, 有圖焉. 圖不離象, 象不離數, 數不離理. 理生數, 數生象, 象生圖. 圖備而象顯, 象立而數著, 數出而理明. 是故, 凡欲知理者, 莫若明數, 欲明數者, 莫若觀象, 欲觀象者, 莫若玩圖. 四者之中, 惟理爲要. 蓋易之所爲易者, 道也. 其數, 象, 圖, 如筌如蹄. 其道其理, 如魚如兎. 得兎而忘蹄, 得魚而忘筌. 得象而忘圖, 得數而忘象, 得道而忘數, 至矣."(『易經總說稿』, Borg. Cin. 317-3, p.1~2: Sophie Ling-chia Wei, *Trans-Textual Dialogue in the Jesuit Missionary-Intra-Lingual Translation of the Yijing*, University of Pennsylvania, 2015, pp.153~154)

91) "易之理數象圖, 相關不離, 誠哉! 斯言也. 蓋言理莫如數, 明數莫如象."(白晉, 『易學外篇』, Borg.Cinese 317-10, p.1)

위한 수단이다. 그리고 리는 수를 낳고, 수는 상을 낳으며, 상은 도圖를 낳는다. 이러한 관계를 표시하면 다음과 같다.[92)]

理	목적 (兎·魚)
數	수단 (蹄·筌)
象	
圖	

생성 순서: 理 → 數 → 象 → 圖
해석 순서: 圖 → 象 → 數 → 理

부베는 『역학외편易學外篇』에서 만약 상象과 수數로도 미치지 못하는 바가 있으면 그 경우에는 도圖를 통해 나타내야 한다고 하였다.[93)] 이처럼 그는 도圖와 상象과 수數의 세 가지 방법 가운데에서도 도圖에 특별한 의미를 부여하였다. 부베의 저서로 추정되는 다음 자료는 그의 도상圖象에 대한 관심을 보여 준다.[94)]

92) 許維萍에 따르면 부베의 역학관은 "易圖→易象→易數→易理"로 서술될 수 있다.(許維萍, 「法國傳教士白晉與易圖－以梵蒂岡圖書館館藏易經手稿爲中心」, 『東亞漢學硏究』 第6號, 東亞漢學硏究學會, 長崎大學多文化社會學部, 2016, p.432) 필자는 許維萍이 제시한 圖式에 근거하여 圖表를 작성하였다.

93) "象數所不及者, 莫如圖以示之."(白晉, 『易學外篇』, Borg.Cinese 317-10, p.1.)

94) 이 자료는 프랑스 파리 근교의 방브(Vanves)의 예수회 아카이브(Archives jésuites)에 소장되어 있는 자료로서 프랑스 국립극동연구원(EFEO: Ecole française d'Extrême-Orient)의 알랭 아로(Alain Arrault) 교수가 제공한 것이다. 이 문서에는 젖어 있는 흔적이 있는데, 이것은 페스트가 유행하던 18세기에 세관원이 뿌렸던 향수 자국이라고 한다. 향수는 주성분이 알코올이기 때문에 나쁜 냄새를 없앨 뿐 아니라 병균의 소독을 위해서도 사용되었다. 실제로 1720년 5월 25일에 프랑스의 항구도시 마르세유(Marseille)에 입항한 그랑 생 앙트완(Grand-Saint-Antoine) 호가 페스트균을 가져와서 1722년 8월까지 10만 명이 사망한 적이 있다. 예수회 소속의 학자이며 司書였던 브로티에르(Brotier)는 이 문헌의 저자를 장 알렉시 드 골레(Jean Alexis de Gollet, 郭中傳, 1664~1741)로 보았으나, 호주 멜버른 대학(University of Melbourne)의 교수이며 *K'ung-tzu or Confucius?: The Jesuit interpretation of Confucius* (Allen and Unwin, 1986)의 저자인 Paul A Rule(1937~)은 이 문헌을 열람하고, 저자가 조아킴 부베(Joachim Bouvet)가 틀림없다고 주장했다. 장 알렉시 드 골레는 조아킴 부베와 더불어 같은 시기에 중국에 파견되었던 예수회 선교사였으며, 부베의 영향을

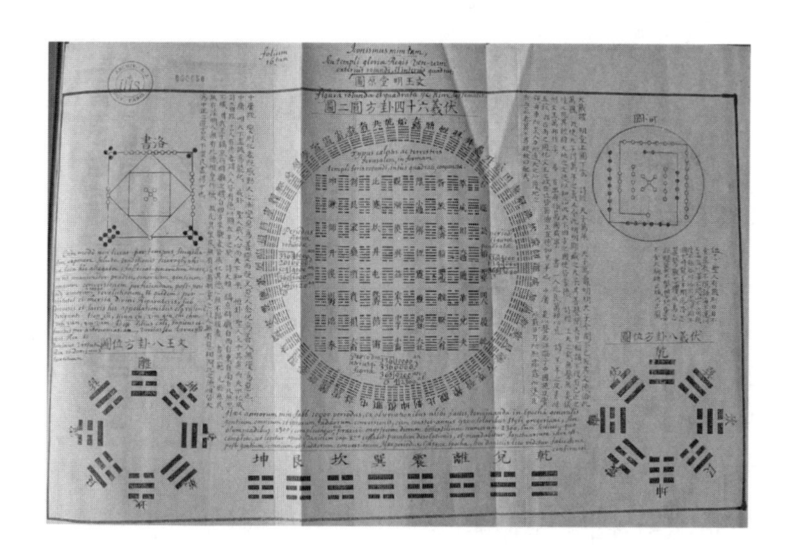

부베는 하도河圖와 낙서洛書뿐 아니라 서양의 도표도 이용하였는데, 그 해석에는 기독교의 관점이 깊이 침투되어 있다.[95] 그러나 중국 고전인 『주역』을 서양 종교의 관점에서 해석하려는 부베의 시도는 쉽게 공감을 불러일으키지 못했다. 저명한 번역가였던 무영전武英殿 총감

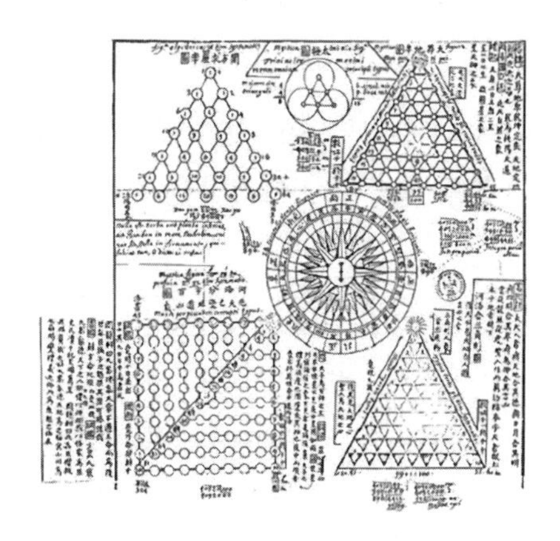

부베가 그린 각종 도표들

받았던 색은주의자였기 때문에 이 자료가 실제로 장 알렉시 드 골레의 것일 수도 있다. 그러나 그 당시 부베만큼 주역에 대해서 전문적 식견을 가지고 있었던 인물은 없었기 때문에 Rule의 견해처럼 이 자료는 부베의 것일 가능성이 매우 높다.

95) 본문의 우측 도표는 Claudia von Collani의 책에 나와 있는 도표로부터 인용한 것이다.(Claudia von Collani, *Joachim Bouvet: Sein Leben und Sein Werk*, p.169)

조總監造 화소和素는 강희 50년(1711) 6월 19일에 부베가 만든 도표에 관해 지극히 비판적인 보고서를 강희제에게 올렸다.[96]

> 부베(Bouvet, 博津)[97]가 지은 『주역』의 도표圖表를 보니, 그 뜻을 잘 모르겠고, 더욱이 도표는 귀신을 모방한 것도 있고 또한 그림 같은 것도 있습니다. 비록 저희가 그것에 담긴 오묘함을 알지 못하지만 이를 보니 대단히 가소롭습니다. 게다가 전후前後로 인용된 문장은 모두 중국 책에서 나온 것인데 도리어 서양의 종교라고 합니다. 황상께서는 이 책의 가소롭고 엉터리로 된 편집을 통감하옵소서.[98]

강희제도 화소和素의 견해에 동의하면서, 부베의 글을 읽어 보니 점점 복잡하고 혼란해져서 비록 여러 책을 인용하고는 있지만 거기에는 홍유鴻儒의 대의大義가 없다고 평가하였다.[99] 강희제는 부베가 단장취의斷章取義하여 자신의 색은주의적 관점을 부연하는 것에 대해 경계하였다.[100] 강희제의 질책을 받은 부베는 분발하여 끊임없이 노력함으로써 마침내 강희제의 인정을 받기에 이르렀다.[101]

---

96) 和素(1652~1718)는 武英殿 總監造의 직책을 맡고 있었던 滿洲人 관리였다. 그는 『西廂記』, 『金瓶梅』 등의 중국 문학작품을 만주어로 번역하였던 저명한 번역가였다.

97) 『康熙朝滿文朱批奏折全譯』에서는 Bouvet를 '博津'으로 音譯하였다.

98) "再看博津所著易經及其圖, 意不明白, 且視其圖, 有倣鬼神者, 亦有似畵者. 雖我不知其奧秘, 視之甚可笑. 再者, 先後來文援引皆中國書, 反稱系西洋敎. 皇上洞鑑其可笑胡編."(『康熙朝滿文朱批奏摺全譯』, pp. 722~723; 吳淳邦, 「淸代初期 예수회신부 조아킴 부베의 索隱派思想과 『易經』 硏究」, p.125)

99) "覽博津書, 漸漸雜亂,彼祇是自以爲是, 零星援引群書而已, 竟無鴻儒早定之大義."(『康熙朝滿文朱批奏折全譯』, 中國社會科學出版社, 1996, p.722)

100) 강희제는 강희 55년(1716) 3월에 내린 교지에서는 부베가 『주역』 연구를 계속해도 좋고, 계속하지 않아도 좋다고 하였는데, 이 시기에 이르러서 부베의 『주역』 연구에 대한 강희제의 관심이 현저하게 줄었다는 것을 보여준다.("白晉他作的易經, 作亦可, 不作亦可. 他若要作, 著他自己作, 不必用一個別人, 亦不必忙. 俟他作全完時, 再奏聞."; 方豪, 『中國天主敎史人物傳』. 宗敎文化出版社, 1988, p.422)

101) 이때 부베의 『주역』 연구를 도운 인물로는 陸若翰이 있었다.(韓琦, 「科學與宗敎之間:耶蘇會士白晉的易經研究」, 『東亞基督敎再詮釋』, 崇基學院神學院, 2004, p.419)

종교적 측면과 관련된 부베의 역학 연구가 무시당했던 것에 반해서 수학적 관점에 바탕을 둔 부베의 역학 연구는 대체로 환영을 받았다. 강희제는 부베의 수학자로서의 전문적 식견을 존중하였고, 그의 학문적 자유를 최대한 보장하였다. 부베는 『주역』의 도상 가운데 역수易數와 관련된 것을 강희제에게 보냈는데, 강희제는 이것을 다시 이광지에게 보내어 평가를 부탁했다.

> 이 책에 포함된 도상은 원래 짐朕으로부터 나온 것은 아니고, 대부분 서양인들의 옛날 서적(西洋人之舊書察)으로부터 나온 것이다. 만약 여기서 수數를 논한 것 가운데 취할 것이 있다고 하더라도 나로서는 요즈음 어떤 것을 택할지 어려우므로, 역수易數와 관련된 것을 경에게 보낼 터이니 평가해 주기 바란다.[102]

위의 인용문에서 강희제가 언급한 '서양 사람의 옛날 책'(西洋人之舊書察)이 무엇을 가리키는지는 분명치 않다. 강희제가 부베로부터 받은 서양의 도상을 이광지에게 보낸 것은 한 번에 그치지 않았다. 강희제는 강희 42년(1703)에도 제르비용과 부베가 가져온 『기하원본幾何原本』과 『산법원본算法原本』의 사본을 이광지에게 전달했던 적이 있었다. 이광지는 서양의 수학책을 읽은 후에 완전히 이해하지 못한다고 솔직히 고백하였다.[103] 이광지가 서양인의 도설圖說을 읽은 뒤에 강희제에게 밝힌 견해는 다음과 같다.

> 신 이광지가 삼가 아뢰옵니다.…… 황상께서 보내주신 서양의 세 폭의 도圖와 한 편의 도설圖說을 읽어보도록 명을 받고 살펴보았습니다. 신이 그것을 반복해서 여러 날에 걸쳐 그 의미를 대략적으로 파악하였습니다. 그것은 비례수比例數와

102) "此書原非朕本意, 多是問西洋人之舊書察來, 若論數有可取者. 近日也就爲難, 但各處有關易數者, 總發到卿處酌量."(『榕村集』, 卷29, 四庫全書本, 維基文庫, 自由的圖書館.)

103) Catherine Jami, *The Emperor's New Mathematics*, p.247.

더불어 그 근원이 같고, (소옹의) 선천先天 가배지법加倍之法을 사용하는 데 이르러서는 이전에 들어보지 못하던 것이었습니다. 팔괘八卦와 육십사괘六十四卦의 위位를 상응시키는 것은 더욱 기이하고 교묘합니다. 서양인들은 공수空數(0)를 음으로 간주하였는데, 이것은 "양이 없는 것이 바로 음이다"라고 말한 주자의 학설과도 부합합니다. 그리하여 곤괘坤卦는 모두 공수空數로 이루어진 것이 됩니다. 결국 이것은 소옹의 "곤坤이 무극無極이 된다"는 것과 다르지 않은 이론이 됩니다.[104]

아마도 이때 강희제는 이광지에게 서양인들의 도표를 보내면서, 그 가운데 괜찮은 것을 몇 개 골라서 『주역절중』에 포함시켜 달라고 요청했던 것 같다.[105] 실제로 『주역절중』의 「계몽부론啓蒙附論」에는 많은 도형들이

---

104) "臣 李光地謹奏: ……蒙皇上發出西洋圖樣三幅,圖說一篇,命臣觀看,欽此. 臣反復累日,粗得意旨,大抵與比例數同根,而用先天加倍之法,則從前所未聞,其與八卦, 六十四卦之位相應處,尤爲奇巧. 其以空數爲陰, 則與朱子無陽便是陰之說相合, 而以全空當坤卦, 又與邵子坤爲無極之說不異也."(『康熙朝滿文朱批奏折匯編』,第8冊,北京檔案出版社, 1985, p.1171)

105) 위의 인용구는 매우 중요하다. 왜냐하면 그것은 라이프니츠(Leibniz)의 보편기호법과 관련이 있는 것으로 보이기 때문이다. 부베가 라이프니츠와 친교를 맺게 된 것은 1697년에 자신의 저술 『康熙皇帝傳』을 라이프니츠에게 보내고, 라이프니츠가 발간한 *Novissima Sinca*(『中國近況』)의 1699년판에 그것을 소개한 것이 계기가 되었다. 부베는 1701년에 라이프니츠에게 보낸 書信에서 邵雍의 「先天圖」를 소개하고, 라이프니츠의 二進法의 산술 체계가 『주역』의 64괘에서도 발견될 수 있다는 견해를 제시하였다.(Nicolas Stadaert, *Handbook of Christinaity in China*, Brill, 2001, p.670) 라이프니츠는 부베가 보내준 邵雍의 卦圖에 근거해서 1703년에 「오직 0과 1의 글자를 사용하는 이진법적 산술에 관해, 그 유용성에 관한 언급을 첨부한 설명–고대 중국의 伏羲의 卦圖에 비추어서 응용하여 해석함」("Explication de l'arithmétique Binaire, qui se sert des seuls caractères 0 et 1 avec des remarques sur son utilité et sur ce qu'elle donne le sens des anciennes figures chinoises de Fohy")이라는 논문을 발표하였다. 라이프니츠는 이 논문에서 邵雍의 「先天圖」에 나타난 陰陽의 기호를 모두 0과 1의 숫자로 置換하는 방법을 써서 二進法의 부호 체계를 구성하였다. 이러한 방식을 취하면, 坤卦는 모두 空數로 치환되어, [000000]이 되고, 乾卦는 모두 숫자 一로 치환되어 [111111]이 된다. 그런데 이러한 이진법에 기초한 라이프니츠의 부호 논리가 이제 이광지에게까지 알려지게 된 것이다. 이광지는 坤卦는 空數(0)로 이루어진 것으로 보는 서양인들의 관점이 "坤이 無極이 된다"는 邵雍의 학설과 다르지 않다고 이해하였다. 邵雍이 "坤이 無極이 된다"(坤爲無極)라고 말했는지는 확인되지 않으나, 『朱子語類』에 邵雍이 復과 坤의 사이가 無極이라고 말한 것이 나온다.("問, 邵先生說'無極之前'. 無極如何說前? 曰: 邵子就圖上說循環之意. 自姤至坤,是陰含陽, 自復至乾, 是陽分陰. 復坤之間乃無極, 自坤反姤是無極之前."; 『朱子語類』, 卷65, 易一, 綱領上之上; 黎靖德

실려 있는데, 거기에는 부베가 보내 준 도표도 포함되어 있었을 가능성이 있다.[106)]

위의 인용문에서 이광지가 언급한 "비례수比例數"에서의 '비례'(ratio and proportion)는 원래 유클리드의 『기하원본』에 나오는 용어이다. 강희제의 서양수학에 대한 관심을 잘 알고 있었던 이광지로서는 강희제의 요청을 무시하기 어려웠을 것이다.[107)] 강희제가 부베에게 『주역』을 연구하도록 명령한 것은 강희 49년(1710) 혹은 50년(1711)이었다. 그리고 이광지가 문연각文淵閣 대학사大學士에 임명된 것은 강희 51년(1712)이었고, 어명에 따라 『주역절중』의 편찬에 관여한 시기는 강희 52년(1713)에서 강희 54년(1715) 사이였다. 따라서 그들 사이에는 강희제를 매개로 해서 『주역』에 관하여 견해를 교환할 수 있는 충분한 기회와 시간이 있었다. 이광지는 강희제가 보내 준 서양인들의 여러 개의 도표(西人諸圖)를 검토한 뒤에 다음과 같이 강희제에게 보고하였다.

> 오늘 신 이광지는 폐하께서 개정하라고 하신 교지를 받들어서 서양 사람 부베(白晉)가 만든 여러 개의 도圖를 살펴보았습니다. 서양 사람이 만든 도에서 이루어진 산술算術은 모두 자연의 이치에 부합하지 않는 바가 없었습니다. 서양 사람이 여기까지 추론한 과정을 보니, 요즈음 상象을 말하는 자들이 이치에 닿지도 않는 쓸모없는 말들만 늘어놓는 것과는 달랐습니다. 신 이광지는 단지 그 가운데 가장 중요한 것(綱要)만 보존하고 군더더기는 남겨놓지 않았으니, 서양 사람의 도에서 더 이상 산삭刪削해야 하는 일은 없을 듯합니다.[108)]

編, 王星賢 點校, 『朱子語類』 第4冊, 中華書局, 1986, p.1615)

106) Sophie Ling-chia Wei, *Trans-Textual Dialogue in the Jesuit Missionary-Intra-Lingual Translation of the Yijing*, University of Pensylvania, 2015, p.28.

107) "韓琦는 부베와의 교류가 이광지가 『주역절중』을 편찬하면서 많은 수학적 도형을 거기에 포함시킨 계기가 되었을 것이라고 추정하였다."(韓琦, 「白晉的『易經』研究和康熙時代的西學中源說」, 『漢學研究』 第16卷 第1期, 1998, p.195)

108) "今遵旨改正, 至於西人諸圖. 其算恰合處, 無非自然之理, 推原到此, 非如近代譚(談)象者, 附贅

위의 글에서 알 수 있듯이 이광지의 부베에 대한 평가는 상당히 우호적이다. 이광지는 부베의 수학에 대한 전문적 지식을 존중하면서, 그의 산술算術이 모두 자연의 이치에 부합한다고 평가하였다. 강희제는 이광지의 부베의 평가를 들은 이후에, 이번에는 다시 부베에게 이광지에 대한 평가를 요청했다. 자신에 대한 이광지의 호평에 대하여 이미 알고 있었던 부베는 다음과 같이 화답하였다.

> 왕도화王道化가 삼가 아뢰옵니다. 초9일에 황상께서 말씀하신 것을 접하고서는 대학사 이광지가 올린 한 건과 원도原圖 한 폭과 책 한 절節을 부베(白晉)와 함께 보았습니다. 부베는 그것을 읽고 난 뒤에 깊이 감동해서 말하기를 "대학사 이광지는 역리易理에 정통하고 역법曆法도 통달하여 환하게 알고 있다"라고 말하였습니다.[109]

앞서 이광지가 서양 사람의 도표 가운데 중요한 것(綱要)을 보존하였다고 하였는데, 그 가운데에는 부베의 「천존지비도天尊地卑圖」도 포함되어 있었던 것으로 보인다.[110] 강희제는 특히 「천존지비도」를 높이 평가했다.[111] 부베가 「천존지비도」를 지은 시기는 대략 강희 50년, 즉 1711년으로 추정된다.[112] 부베는 「천존지비도」가 명나라 수학자 정대위程大位(1533~1606)의

懸疣全無理致也. 臣又只存其綱要, 寥寥無多, 似不用多加刪削."(李光地, 『榕村集』, 卷二十九, Chinese Text Project, https://ctext.org/wiki.pl?if=en&chapter=645057)

109) "王道化謹奏, 初九日恭接得上發下大學士李光地奏折一件, 並原圖一幅, 說冊一節, 即與白晉看. 據白晉捧讀之下, 稱深服大學士李光地, 精通易理, 通曉曆法."(Vatican 도서관, Borg. Cinese 317-4, p.22~24)

110) Paul Pelliot에 따르면 부베의 「天尊地卑圖」는 1711년에 지어진 작품이다.([法] 伯希和 編, *Inventaire sommaire des manuscrits et impreimes chinois de la Bibliotheque Vaticane* [『梵蒂岡圖書館所藏漢籍目錄], 中華書局, 2006, p.36.) Claudia von Collani에 따르면 이 그림은 프랑스 국립도서관 수장본인 라틴어 친필원고 1173, f.136의 일부를 확대한 것이다.

111) "白晉作的數, 甚是明白……將新作的釋天尊地卑圖, 得先天未變始終之全數."(Borgia Cinese 317(4) fol.22. 韓琦, 「白晉的易經研究和康熙時代的西學中源說」, 『漢學研究』 第16卷 第1期, 1998, p.193).

112) 許維萍, 「法國傳教士白晉與易圖 – 以梵蒂岡圖書館館藏易經手稿爲中心」, 『東亞漢學研究』

저서인 『산법통종算法統宗』의 「개방구렴률작법본원도開方求廉率作法本源圖」로부터 나온 것이라고 밝혔다. 『산법통종』은 명나라 만력萬曆 25년(1592)에 출간한 응용수학서로서 당시의 수학계에서 사서오경四書五經에 견줄 정도의 지위를 가지고 있었다. 강희제 시대에도 사해四海 내에 주판籌板을 가진 선비라면 이 책 하나 가지고 있지 않은 집이 없다고 할 정도로 유행하였다. 강희제 자신도 역시 『산법통종』이 매우 유용한 책이라고 여겨서 그것을 출판하도록 조정에 명령한 적도 있었다.113) 이광지는 『주역절중』을 편찬할 때 『산법통종』에서 정대위의 도표를 취하여 「가배변법도加倍變法圖」로 이름을 고쳐서 「계몽부론啓蒙附論」에 첨부하였다. 따라서 정대위와 부베와 이광지의 세 개의 도표는 비록 이름은 다르지만 그것이 다루고 있는 내용은 사실상 동일하다.

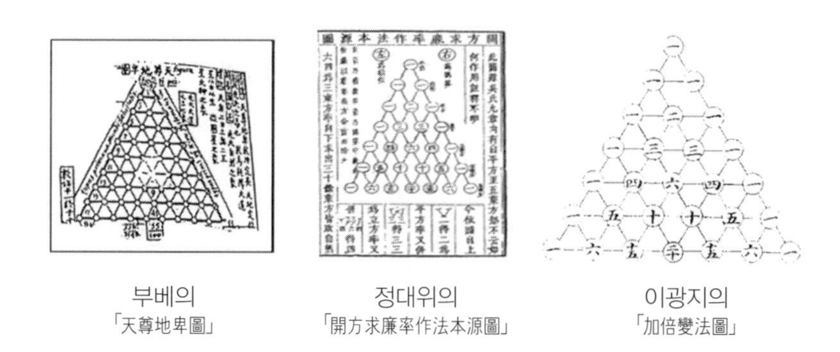

부베의 「天尊地卑圖」　　정대위의 「開方求廉率作法本源圖」　　이광지의 「加倍變法圖」

부베가 정대위程大位의 도표에 특별히 관심을 갖게 된 것은 이 도표가 파스칼(Blaise Pascal, 1623~1662)의 삼각형과 유사하다고 생각하였기 때문이다.114) 아마도 부베는 그가 태어나기 바로 이전 시대에 활약했던 수학자

第6號, 2016, p.439.

113) Benjamin Elman, *On Their Own Terms*, p.170

114) 같은 책, p.170.

파스칼에 대하여 잘 알고 있었을 것이다. 파스칼의 삼각형(Pascal's triangle)은 그가 죽은 후 1665년에 출판된 『산수삼각형론算數三角形論』(*Traité du triangle arithmétique*)에 실려 있다. 조셉 니덤(Joseph Needham)에 따르면, 이 삼각형은 비록 파스칼의 삼각형으로 이름이 붙여졌으나 파스칼에 의해 처음으로 발견된 것은 결코 아니며, 그보다 1세기 앞선 16세기에 독일의 인문학자 아피아누스(Petrus Apianus, 1495~1552)의 『산술』(*Arithmetic*)에 의해 이미 널리 알려져 있었다.[115] 파스칼의 삼각형은 원나라 수학자 주세걸朱世傑(1249~1314)이 1303년에 출판한 저서 『사원옥감四元玉鑑』에 나오는 「고법칠승방도古法七乘方圖」와 동일하다. 조셉 니덤은 만약 파스칼과 아피아누스가 주세걸의 『사원옥감』을 보았더라면 상당히 놀랐을 것이라고 말한다.[116] 주세걸은 이것을 고법古法이라고 부르고 있는데, 이것은 이 삼각형의 기원이 훨씬 더 오래된 것이라는 것을 말해 준다.

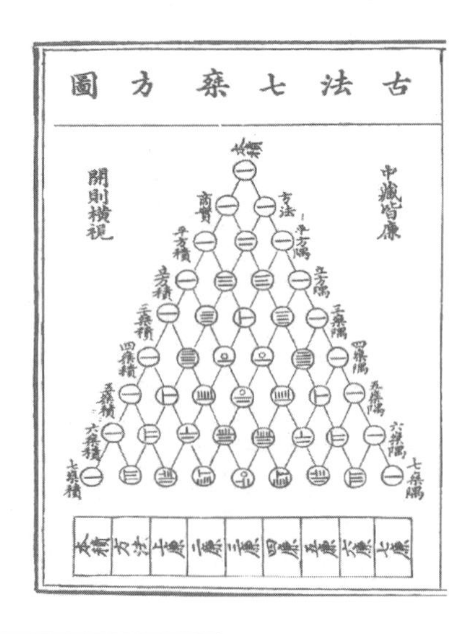

115) 조셉 니덤, 이면우 역, 『중국의 과학과 문명-수학, 하늘과 땅의 과학, 물리학』, 까치, 2000, p.69.

116) 같은 책, p.69

현존하는 중국 문헌들 가운데 파스칼의 삼각형에 관하여 언급하고 있는 가장 오래된 책은 남송시대에 1261년에 출판된 양휘揚輝(1238~1289)의 『상해구장산법詳解九章算法』이다. 그런데 그보다 더 이른 시기인 11세기에 이미 북송의 수학자 가헌賈憲(1010~1070)과 유여해劉汝諧에 의해 이 삼각형이 사용된 적이 있었다. 페르시아의 수학자 오마르 카이얌(Omar Khayyam, 1048~1131)도 1100년경에 파스칼의 삼각형을 간접적으로 다룬 적이 있는데, 그가 중국으로부터 전승한 것인지 아니면 독자적으로 그 원리를 발견한 것인지는 알 수 없다.[117] 어쨌든 정대위의 삼각형은 파스칼의 삼각형보다 더 이른 시기에 성립된 것이었으며, 정대위 이전에는 또 주세걸과 양휘가 있었고, 그 이전에는 가헌과 유여해 등이 있었다. 그래서 강희제는 「어제삼각형추산법론禦制三角形推算法論」을 써서 서학西學이 중국으로부터 건너간 것이라고 주장하였다. 강희제의 서학중원설은 이 글을 통해서 처음으로 나타났다.[118] 만약 그 범위를 파스칼의 삼각형에 한정해서 말한다면 강희제의 주장을 황당한 것으로만 할 수는 없을 것이다. 조셉 니덤도 역시 파스칼 삼각형의 기원이 중국에 있다고 보는 것이 타당하다는 견해를 제시하였다.[119] 그러나 이러한 종류의 삼각형이 중국에서 최초로 만들어졌다는 것을 인정한다고 하더라도, 그것이 실제로 서양에 전해져서 파스칼 삼각형의 출현에 영향을 주었는지에 대해서는 알 수 없다.

파스칼의 삼각형은 이항계수二項係數(binomial coefficients)를 삼각형의 형태로 배열한 것이다.

---

117) 로버트 템플 저, 과학세대 옮김, 『그림으로 보는 중국의 과학과 문명』, 까치, 1993, p.248

118) 安大玉, 「周髀算經과 西學中原說」, 『韓國實學硏究』 제18권, 2009, p.713.

119) 조셉 니덤, 『중국의 과학과 문명-수학, 하늘과 땅의 과학, 물리학』, 까치, p.71.

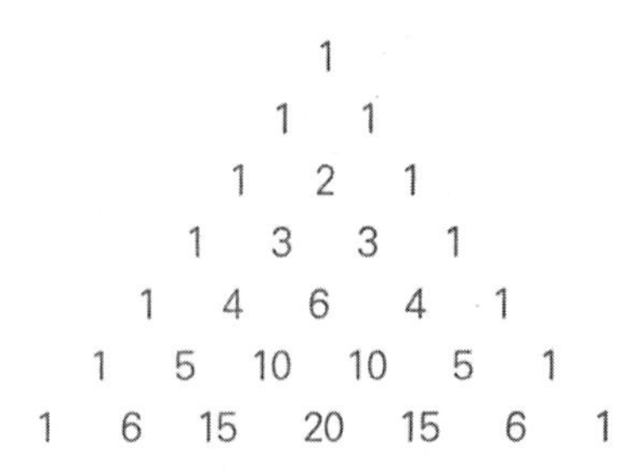

이 도형은 (x+a)n의 이항二項의 제곱의 n의 차수를 증가시킬 때, 중간항의 계수係數를 발견하는 장치가 된다. 예를 들면 (x+a)의 형태로 나타난 이항의 제곱의 각 항의 계수를 나타내는 표를 만들면 다음과 같다.[120]

$(x+1)^2 = x^2 + 2x + 1$	1 2 1
$(x+1)^3 = x^3 + 3x^2 + 1$	1 3 3 1
$(x+1)^4 = x^4 + 4x^3 + 6x^2 + 4x + 1$	1 4 6 4 1
$(x+1)^5 = x^5 + 5x^4 + 10x^3 + 10x^2 + 5x + 1$	1 5 10 10 5 1

위에서 아래로 각각의 줄에 있는 수의 합계는 1, 2, 4, 8, 16, 32, 64가 되는데, 이것은 $(1+1)^0$, $(1+1)^1$, $(1+1)^2$, $(1+1)^3$, $(1+1)^4$, $(1+1)^5$, $(1+1)^6$과 같다.

1	1	1	$(1+1)^0=1$
1 1	2	1 + 1 = 2	$(1+1)^1=2$
1 2 1	4	1 + 2 + 1 = 4	$(1+1)^2=4$
1 3 3 1	8	1 + 3 + 3 + 1 = 8	$(1+1)^3=8$
1 4 6 4 1	16	1 + 4 + 6 + 4 + 1 = 16	$(1+1)^4=16$
1 5 10 10 5 1	32	1 + 5 + 10 + 10 + 5 + 1 = 32	$(1+1)^5=32$
1 6 15 20 15 6 1	64	1 + 6 + 15 + 20 + 15 + 6 + 1 = 64	$(1+1)^6=64$

k번째 수數는 (n-1)행의 (k-1)번째 수와 k번째 수의 합계가 된다. 다시 말해서, 각 항렬에 중간에 있는 수는 그 바로 위에 있는 두 개의 수의

120) 같은 책, p.69.

합이 된다. 예를 들면 3번째 줄의 2는 두 번째 줄의 1과 1의 합이며, 네 번째 줄의 3은 세 번째 줄의 1과 2의 합이다. 이것을 수식數式으로 표현하면 다음과 같다.

$$\binom{n}{k} = \binom{n-1}{k-1} + \binom{n-1}{k}$$

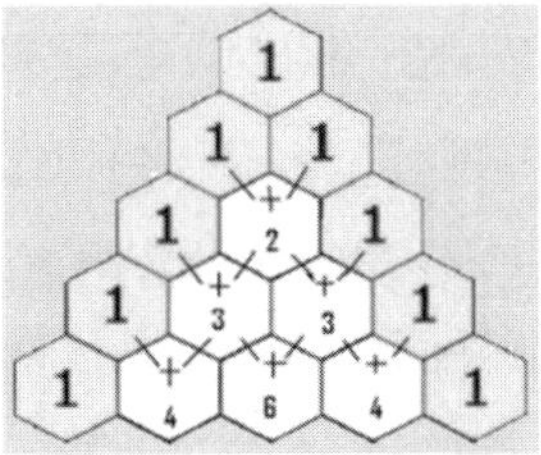

아마도 이광지는 파스칼의 삼각형에 대해 이미 알고 있었던 것 같다. 앞서 본 것처럼 강희제가 「어제삼각형추산법론禦制三角形推算法論」을 써서 서학西學이 중국으로부터 건너간 것이라고 주장한 예에서도 알 수 있듯이, 당시 조정에서는 서양의 삼각형 이론에 관한 관심이 매우 높았다. 한기韓琦는 이광지가 『주역절중』의 「계몽부론」에 수학과 관련된 내용을 대거 포함시킨 이유를 여기에서 찾고 있다.[121] 이공李塨(1659~1733)이 이광지의 제자 양명시楊名時(1661~1737)에게 준 글에서 그 직접적 증거를 발견할 수 있다.

> 내가 일찍이 듣건대, 공公(李光地)께서 (자금성의) 남서방南書房(의 書室)에 계실 적에 조정에서 서양의 삼각형의 산법算法에 관련된 문제를 공에게 물었다고 한다. 『주역』에 그것을 첨부한 후에 공께서 말씀하시기를, "서양의 (수학적) 방법이 진실로 엄밀하다. 다만 세 성인의 『역』과 같이 붙여 놓을 필요는 없다"라고 하였다.[122]

---

121) 韓琦, 「科學與宗教之間:耶蘇會士白晉的『易經』硏究」, 『東亞基督敎再詮釋』, 崇基學院神學院, 2004, p.424.

122) "吾嘗知公在南書房, 朝廷出西洋三角算, 問公, 將附『周易』後. 公曰:西洋法誠密, 然, 與三聖人易不必比附."(『楊氏全書』 第10冊, p.29: 韓琦, 「科學與宗教之間:耶蘇會士白晉的『易經』硏究」, 『東亞基督敎再詮釋』, 崇基學院神學院, 2004, p.424.)

한기는 여기서 언급된 "서양삼각산西洋三角算"이 파스칼의 삼각형을 가리키는 것이라고 보고 있다. 그런데 이광지가 관심을 가졌던 서양의 삼각형에는 파스칼의 삼각형만 있었던 것이 아니라 피타고라스의 삼각형도 있다. 「계몽부론」에는 「대연구고지원大衍句股之原」이라는 도표가 실려 있다. 여기에서 구고句股란 직각삼각형의 밑변(句)과 높이(股)를 가리키는 용어이다. 직각삼각형에서 밑변과 높이를 알고 있으면 빗변(弦)의 길이를 구할 수 있는데, 이러한 방법을 구고법句股法이라고 한다. 구고법은 피타고라스의 정리와 완전히 동일하다. 즉 직각을 끼고 있는 두 변(句, 股)의 제곱의 합은 빗변(弦)의 제곱과 같다.

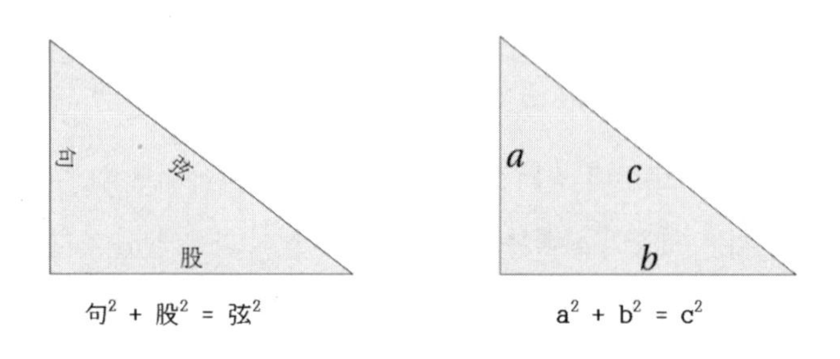

이광지는 구고법을 대연지수大衍之數 오십五十의 숫자를 도출하기 위해 활용하였다. 대연지수는 「계사전繫辭傳」 상편의 "대연지수오십, 기용사십유구大衍之數五十, 其用四十有九"라는 문장에서 나오는 용어이다. 그리고 오십五十이란 숫자는 점칠 때 사용되는 시초蓍草 혹은 서죽筮竹의 전체 개수를 가리킨다. 그에 대한 이광지의 설명은 다음과 같다.

> 구句가 3이면 그 제곱(積)은 9가 되고, 고股가 4면 그 제곱은 16이 된다. 그 현弦이 5이면 그 제곱은 25가 된다. 9와 16과 25를 합하면 50이 되니, 이것이 대연지수大衍之數이다. 대연지수 50은 구고현句股弦 세 면적의 합合과 같다.[123]

따라서 “대연지수大衍之數 오십五十”은 구句의 제곱과 고股의 제곱과 현弦의 제곱을 더한 숫자의 총계와 같다.(大衍之數=句^2+股^2+弦^2) 「계몽부론啓蒙附論」에 실려 있는 「대연구고지원大衍句股之原」과 『역약易鑰』에 실린 「구고정의句股定義」를 비교해 보면 두 개의 도표가 근본적으로 같다는 것을 알 수 있다.[124]

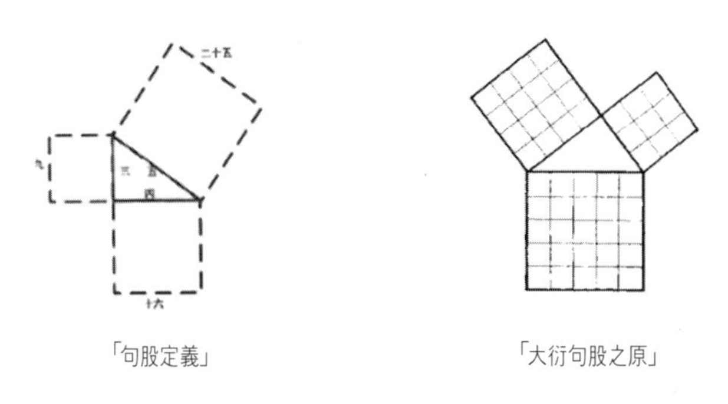

「句股定義」　　「大衍句股之原」

그렇다면 이광지는 부베로부터 피타고라스의 정리에 대한 정보를 얻어서 그것을 대연지수大衍之數에 적용한 것일까? 아마도 중국인들은 리치와 서광계가 번역한 유클리드의 『기하원본』으로부터 피타고라스의 정리에 관한 기본적 정보를 얻었을 것이다. 그러나 동일한 내용이 중국 최고最古의 천문역산天文曆算 서적인 『주비산경周髀算經』에도 나와 있다. 『주비산경』에서는 주대周代에 비髀(gnomon)라고 하는 8척의 막대를 사용하여 해의 그림자를 측정하였는데, 이때 적용된 원리가 구고법句股法이다.

『주비산경』에는 구고현句股弦의 평면삼각법이 상고정리商高定理 혹은 구고현정리勾股弦定理라는 명칭으로 소개되어 있는데, 이것을 명제로 표현하면 다음과 같다. “구와 고의 제곱(冪)의 합은 현의 제곱을 이룬다.”(勾股冪合以成弦

123) “句三, 其積九, 股四. 其積十六. 弦五, 其積二十五, 合之五十. 是大衍之數. 函句股弦三面積.”(『禦纂周易折中』, 卷第二十一, 「啓蒙附論」 四十一)

124) 陳欣雨, 『白晉易學思想研究』, 人民出版社, 2016, p.120.

冪) 다시 말해, "직각삼각형에 있어서 빗변을 한 변으로 하는 정방형正方形의 면적은 다른 두 변을 각각 한 변으로 하는 두 개의 정방형의 면적의 합과 같다." 예를 들면 구가 3이고 고가 4인 경우에 현은 5가 된다.(9+16=25)[125)]

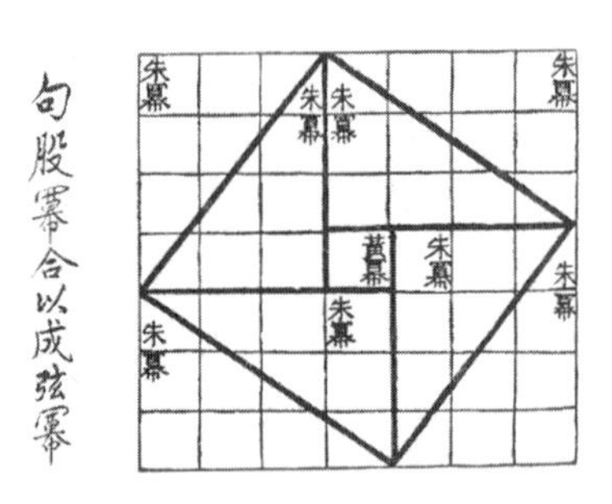

『주비산경』은 주나라 주공周公과 상商나라 대부 상고商高가 대화하는 형식을 취하고 있기 때문에 주대周代의 유법遺法을 전하고 있는 저술로 믿어져 왔다. 이러한 설을 실제로 믿는다면 『주비산경』은 상대 말기에서 주대 초기(BC.1100~BC.1000) 사이의 저술이 되는데, 이는 피타고라스(BC.570~BC.495) 보다 대략 5백 년 앞선 것이 된다. 그러나 주비周髀라는 명칭은 서한시기에 출현하였기 때문에, 서한시대 말기, 대략 기원전 1세기 무렵에 성립되었다고 보는 것이 합리적이다.[126)] 어쨌든 청대에는

125) "故折矩, 以爲句廣三, 股修四, 徑隅五."(『周髀算經』, Chinese Text Project: https://ctext.org/zhou-bi-suan-jing/ens)

126) 『주비산경』의 成書 시기에 대해서는 아직 정설이 없다. 揚雄과 蔡邕이 『주비』를 언급하였다는 것을 근거로 『주비산경』이 대략 기원전 1세기에서 (기원후) 1세기 즉 서한 말에서 동한 초에 成書되었을 것이라고 보는 견해가 있다.(李儼·杜石然, 안대옥 옮김, 『중국수학사』, 서울: 예문서원, 2019, p.47) 그러나 孫宏安은 『주비산경』에 나오는 '啓蟄'이라는 용어가 漢景帝(기원전 157년~기원전 141년 재위) 劉啓의 이름을 避諱하기 위해 驚蟄으로 고쳐 사용되었으므로, 그 주요 내용은 기원전 157년 이전에 작성되었다고 보아야 한다고 추정하였다.(孫宏安, 『中國古代數學思想』, 大連: 大連理工大學出版社, 2008, p.33) 吳文俊은 『주비산경』의 형성과정을 그 내용에 따라 3가지 역사시기, 즉 서주초기·춘추전국·서한 초기로 나누기도 한다.(吳文俊 主編, 『中國數學史大系』, 第1卷, 北京: 北京師範大學出版社, 1998, pp.386~390)

피타고라스의 정리를 포함한 서양의 수학과 과학이 사실은 고대에 중국으로부터 전래된 것이라는 견해가 널리 퍼져 있었는데, 이러한 주장을 서학중원설西學中原說이라고 한다. 청대에는 방이지方以智, 왕부지王夫之, 왕석천王錫闡, 황종희黃宗羲 등이 서학중원설을 주장하였다. 뿐만 아니라 강희제 자신도 「어제삼각형추산법론禦制三角形推算法論」을 써서 서학중원설을 지지하였다.127)

> 고금의 역법曆法을 말하는 자들이 그 같지 않은 점에 대하여 말하였으나, 그 역법(의 근원)에 대하여 깊이 알지 못하였다. 역법은 원래 중국으로부터 나와서 극서極西로 간 것인데, 서양 사람들은 그것을 잘 지키고 잃지 않았다. 그들은 측량을 멈추지 않았기 때문에 해가 거듭될수록 역법을 정밀하게 유지할 수 있었다. 그 밖에 다른 방법이 있었던 것은 아니다.128)

수학자였던 매문정梅文鼎도 서학중원설에 근거하여 『주비산경』을 서양 과학의 원류로 재평가하였는데, 그 근거가 되었던 것은 사마천司馬遷의 『사기史記』의 기록이었다. 『사기』에 따르면 서주西周시대 말기에 천문역산天文曆算을 담당하던 주인疇人의 자제들이 흩어져서 고대 중국 성인들의 문헌과 의기儀器들을 가지고 이적夷狄의 땅으로 갔다.129) 마침내 중국 고대의 천문과학이 서역으로 전파되었고, 그 결과 서역에서 천문학과 종교가 발전하게 되었다는 것이다.130)

---

127) 安大玉, 「周髀算經과 西學中原說」, 『韓國實學硏究』 제18권, 2009, p.713.

128) "論者, 以古法今法之不同, 深不知曆, 曆原出自中國, 傳及於極西, 西人守之不失, 測量不已, 歲歲增修, 所以得其差分之疏密, 非有他術也."(『康熙禦制文集』, 卷19, 「三角形推算法論」: 王揚宗, 「康熙「三角形推算法論」簡論」, 『或問』, No.12, 2006, pp.117~123)

129) "幽厲之後, 周室微, 陪臣執政, 史不記時, 君不告朔, 故疇人子弟分散, 或在諸夏, 或在夷狄. 是以其禨祥廢而不統."(『史記』, 「曆書」)

130) 임종태, 「이방의 과학과 고전적 전통-17세기 서구과학에 대한 중국적 이해와 그 변천」, 『동양철학』 제22집, 2004, p.213.

4. 초순의 수학적 방법의 계승과 다산의 기하학적 해석에 대한 거부

『기하원본』은 청대에 이르러서도 그 권위를 여전히 인정받았다. 『사고전서총목제요』에서 "처음부터 끝까지 터럭만큼도 하자가 없다"(自始至終, 毫無疵纇)라고 했을 정도로 『기하원본』의 권위는 거의 절대적이었다.[131] 명말청초로부터 건가乾嘉시기에 이르기까지 강소성江蘇省과 안휘성安徽省 등에서 서양수학의 연구가 성행하였고, 기하학의 연역적 방법을 경학에 도입하려는 시도가 활발히 일어났다. 이에 따라 수학을 역학에 접목시키려는 시도도 행해졌는데, 그 대표적 경우가 초순焦循(1763~1820)이었다.

초순 역학의 목적은 역학을 수학처럼 엄밀한 원리에 바탕을 둔 보편적 학문으로 체계화시키는 데 있었다. 초순은 『주역』을 일종의 수학책처럼 간주하였다.[132] 초순에게 『주역』의 괘상卦象은 일종의 수학적 부호였고, 괘명卦名은 개념이었으며, 괘효사卦爻辭는 판단이었다. 초순은 수학적 방법론을 받아들여 『주역』을 부호에 의존하는 형식논리의 체계로 변모시켰다. 이러한 형식논리는 초순이 『주역』 해석에서 가장 중시한 방법이었다.[133]

초순은 『주역』을 읽는 자는 수학을 공부하는 자가 갑甲·을乙·병丙·정丁에서 법칙을 구하는 것처럼 해야 한다고 말한다.[134] 갑·을·병·정 등의 부호를 사용하면 순수한 형식논리가 가능해진다. 양효陽爻를 갑으로 치환하고 음효陰爻를 을로 치환하면 64괘는 갑과 을의 조합으로 이루어진 체계로 전환된다.[135] 이러한 방식을 사용하면, 건괘乾卦는 갑갑갑갑갑갑甲甲甲甲甲甲

131) 『四庫全書總目提要』, 卷107, 子部17, 天文演算法類(二). (維基文庫,自由的圖書館)
132) 劉欣雨, 『焦循 易철학에 관한 연구』, 동국대학교 대학원, 1995, p.135.
133) 같은 책, p.141.
134) "讀易者, 當如學算者之求其法於甲乙丙丁."(焦循, 『雕菰樓易學五種』, 鳳凰出版社, 2012, p.1013)
135) 賴貴三, 『焦循雕菰樓易學研究』, 花木蘭文化出版社, 2008, p.168.

이 되고 곤괘坤卦는 을을을을을을ZZZZZZ이 된다.[136] 이것은 라이프니츠가 건괘를 111111로 표시하고 곤괘를 000000으로 표시했던 방식을 연상시킨다. 요컨대 초순과 라이프니츠는 모두 음과 양을 치환가능한 부호로 간주했던 것이다.

초순의 저술에서 수학과 가장 밀접한 관계를 갖는 저서는 『역통석易通釋』이다. 초순은 여러 가지 역례易例를 비교하여 일정한 규칙을 찾아내고 그로부터 다시 연역적으로 추론해 나가는 방법을 사용하였는데, 이것은 일종의 귀납-연역적 방법이다. 초순은 역례의 비교를 통해 일관된 법칙을 추론해 내는 것을 비례比例라고 하였다.[137] 비례(ratio and proportion)라는 용어도 『기하원본』에 나오는 용어이다.[138] 이처럼 개념과 범주를 명확하게 정의하고, 다시 그로부터 연역하여 나가는 방법은 초순이 유클리드의 기하학으로부터 배운 방법이었다. 초순은 「가감승제석加減乘除釋」에서 유클리드의 기하학에 대하여 다음과 같이 언급하였다.

> 서양사람 유클리드의 『기하원본』이라는 책은 형形을 말하는 데 정밀하다. 매문정梅文鼎은 구고句股의 이치로써 그 원리를 밝혔다. 형을 논하면서 구고에 근본하지 않는 경우가 없는 것은 수數를 논하면서 가加・감減・승乘・제除에 근본하지 않는 경우가 없는 것과 같다. 학자는 수로 말미암아 형을 알게 되고, 형으로 말미암아 수를 쓰게 된다. 가・감・승・제의 이치를 다하면 방方・원圓・멱冪・적積의 묘를 알 수 있다.[139]

초순은 「가감승제석」에서 유클리드의 기하학과 매문정梅文鼎의 구고법

---

136) 劉欣雨, 『焦循 易철학에 관한 연구』, 동국대학교 대학원, 1995, p.146.
137) 같은 책, p.49.
138) 陳居淵, 『焦循儒學思想與易學硏究』, 上海人民出版社, 2016, p.151
139) "西人薩幾里得幾何原本一書, 精於說形, 梅勿菴明以句股之理. 夫論形, 未有不本諸句股. 猶論數, 未有不本諸句股, 猶論數未有不本諸 加減乘除也. 學者由數知形,由形以用數,悉諸加減乘除之理, 自可識方圓冪積之妙."(焦循, 『雕菰樓算學六種』, 鳳凰出版社, 2019, p.117)

句股法을 비교하였다. 유클리드가 도형으로서 나타낸 것을 구고법에서는 수치로 표현하였다. 수치로 표현하면 구태여 도형으로 표현할 필요가 없다.[140] 초순은 도형을 수치화해서 표현하는 방법을 연구했다. 피타고라스의 정리를 구고법으로 표현하면, 구句^2+고股^2=현弦^{2}이 된다. 동일한 숫자를 거듭 제곱하는 것을 멱冪(power)이라 하고, 그렇게 제곱해서 얻은 수를 승방乘方(square number)이라고 한다. 멱을 하면 형체가 생기고, 계속하면 입체와 원圓이 형성된다.[141] 따라서 형상形相은 가·감·승·제의 사칙연산에 의해 만들어지는 최종 산물일 뿐이다. 수數는 형形보다 앞서 존재한다. 그러므로 학자學者는 수로 말미암아 형을 알고, 형으로 말미암아 수를 안다.(由數知形, 由形以用數.) 이러한 사상은 전통적 상수학의 관점과는 정반대이다. 『좌전』 희공僖公 15년에 한간韓簡은 수數에서 상象이 나오는 것이 아니라 상에서 수가 나온다고 하였다.[142] 진거연陳居淵이 초순의 수선형후數先形後의 사상은 유클리드의 『기하원본』의 영향을 받은 것이라고 본 것은 바로 이 때문이다.[143]

그러면 이제 눈을 돌려서 초순과 동시대의 인물이었던 조선 후기의 실학자 다산 정약용의 경우를 살펴보기로 하자. 18세기로부터 19세기에 이르기까지 조선 후기에는 유학자들 사이에 서양수학에 대한 강한 지적 추구가 있었다. 이러한 시대적 분위기 때문에 다산은 수학과 기하학의 중요성을 잘 알고 있었다. 그러나 그는 『주역』과 기하학 사이에 어떤 연관성이 있다고 생각하지 않았으며, 기하학의 방법을 써서 『주역』을 해석하려는 시도에 대해서도 매우 비판적이었다. 다산은 『주역절중』에 나오는 여러

140) 劉欣雨, 『焦循 易철학에 관한 연구』, 동국대학교 대학원, 1995, p.141.
141) 같은 책, p.140.
142) "物生而後有象, 象而後有滋, 滋而後有數."(『春秋左傳正義』, 北京大學出版社, 2000, 卷17, p.439)
143) 陳居淵, 『焦循儒學思想與易學研究』, 上海人民出版社, 2016, p.152.

도형들에 대해서도 산수가算數家의 지류에 불과한 것이라고 평가절하 하였다. 다산은 이러한 부류의 해석가들을 기하가幾何家라고 부르면서, 이들의 해석이 『주역』과 도대체 무슨 관계가 있는가 반문한다.

> 기하가의 선線・면面・체體의 이론이 도대체 『주역』과 무슨 상관이란 말인가?[144]

여기서 다산이 비판하고 있는 것은 이광지의 선・면・체의 이론이다. 이것은 유클리드의 기하학에서 나오는 직선・평면・체적의 개념에 해당된다. 이광지는 이것을 곤괘坤卦의 "직방대直方大"의 구절을 해석하는 데 적용하였다. 이광지에 따르면, 곤괘 "직방대直方大"의 구절에서 직直・방方・대大는 각각 직선・평면・입체를 가리킨다. 이광지는 이것을 직육면체의 부피를 구하는 공식으로 제시하였다.

> 수학數學에는 이른바 선線・면面・체體라는 것이 있으니, 직선直線이 아니면 평면(面)의 넓이(方)를 만들 수 없으며, 평면(面)의 넓이를 쌓아서 입체(體)의 크기(大)를 형성하는 것이다.[145]

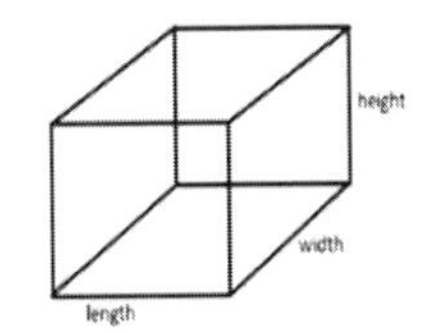

直：線 (直線: straight line)
方：面 (平面: plane) = width × length
大：體 (體積: volume) = width × length × height

> 무릇 수는 점으로부터 시작된다. 처음에는 단지 한 개의 점밖에 없었는데, 그것을 연장하면 선이 된다. 이 선으로 네 곳의 둘레를 에워싸서 사방을 만들면 그것은 면이 된다. 다시 면을 첩첩이 쌓아서 높은 데까지 이르게 하면 그것은 체가 된다.

---

144) "幾何家之線面體 何干於周易."(「李氏折中鈔」, 『易學緖言』, 『定本』 第17卷, pp.217～218)

145) "李光地云, 數學有所謂線面體者, 非線之直不能成面之方, 因面之方, 而積之則能成體之大."(『禦纂周易折中』, 卷一, 十六, 坤卦 六二 注)

"직방대直方大"라고 함은 바로 이 뜻이다. 직直은 곧 직선을 가리키며, 방方은 곧 평면을 가리키며, 대大는 곧 입체를 가리킨다. 오직 직直이 있은 이후에 방方이 있을 수 있고, 오직 방方이 있은 이후에 대大가 있을 수 있다. 그러므로 「상전象傳」에 말하기를 "직이방야直以方也"라고 한 것이다.146)

그러나 다산은 산학가들의 기하학을 역학에 도입하려는 이광지의 시도에 대하여 강하게 반박하였다. 무엇보다도 이광지가 곤괘坤卦의 "직방대直方大"의 구절을 끊어 읽는 방식에 문제가 있다. 음운규칙으로 보더라도 곤괘 초육初六의 "이상履霜"의 "상霜"과 육삼六三의 "함장含章"의 "장章"과 육사六四의 "괄낭括囊"의 "낭囊"이 모두 양운陽韻을 따르고 있다. 따라서 육이六二의 경우에도 "직방直方"을 한 구절로 삼아서 끊어 읽어야 나머지 효사와 협운協韻이 맞게 된다.147) 곤괘 육이의 효사의 의미는 도덕적 수양과 관련된 것이며, 수학과 아무런 관련이 없다. 따라서 저자가 원래 갖고 있지 않았던 관념을 덧씌워서 그 원의를 왜곡시키는 것은 분명 잘못이다. 이광지가 산수算數로써 『주역』을 해석하려고 하지만, 견강부회에 불과하다.148) 이들의 이론이 산학가의 곁가지에 불과한데도 불구하고 지금 사람들이 때때로 역학의 공의公議로 삼으니, 단지 세상을 미혹되게 할 뿐이다. 요컨대 다산은 역학의 수학적 해석에서 의리義理의 해명이 이차적인 것이 되어 버린 것에 대해 비판한 것이다.

---

146) "凡數起於點, 當初止有一點, 引而長之則爲線, 將此線四圍而周方之則爲面, 又復疊之教高則成體. 直方大, 卽是此意, 直則線, 方則面, 大則體. 惟直而後可方, 惟方而後能大, 故象曰, 直以方也."([淸] 李光地 著, 陳祖武 點校, 『榕村語錄 · 榕村續語錄』, 上冊, 北京, 中華書局, 1995, p.166)

147) 다산은 坤卦 六二의 爻辭를 "直方, 【句】大不習, 【句】無不利"로 끊어 읽는다. 그리고 그 의미는 "(敬으로써) 곧게 하고, (義로써 方正하게 하면) 강직함이 거듭되지 않으니, 불리할 것이 없을 것이다"라는 것이 된다.

148) "榕村之學, 深於算數, 而以之解易, 則皆傅會也."(「李氏折中鈔」, 『易學緖言』, 『定本』 第17卷, p.233)

5. 결론

예수회 선교사들의 『주역』 연구는 동양문화와 서양문화의 충돌과 융합의 산물이었다. 예수회 선교사들은 색은주의와 서양수학이라는 두 가지 관점을 통해 『주역』을 이해하려고 하였는데, 두 가지 관점은 모두 서양문화에 바탕을 두고 있다. 색은주의는 기독교적 세계관의 기초 위에서 『주역』을 이해하려는 시도였으나, 예수회 내부에서도 승인되지 못하는 고립된 이념으로 머물렀다.[149] 반면에 유클리드의 『기하원본』의 번역은 중국의 경학가들에게도 상당한 반향을 일으켰다. 마테오 리치가 태극과 음양을 실체가 아니라 속성에 불과하다고 주장했던 것은 그것을 수數와 기하학적 도형의

149) 필자는 이 논문을 출판하기 전에 독일 뷔르츠부르크 대학(University of Würzburg)의 클라우디아 폰 콜라니(Claudia von Collani) 교수에게 이메일을 통해 그녀의 견해를 요청했다. 필자의 논문에 대한 클라우디아 폰 콜라니 교수의 의견은 다음과 같다. "선생님의 논문은 매우 흥미롭고 좋습니다. 그러나 내가 선생님께서 내린 결론에 동의하지 못하는 부분도 있습니다. 數學과 색은주의(figurism)는 두 개의 다른 목적을 가진 서로 다른 문제이기 때문에 그것을 비교하는 것은 적절치 않습니다. 수학은 과학이며, 색은주의는 (이데올로기-ideology-가 아니라) 신학(theology)입니다. 부베와 그의 제자들은 易經과 道德經을 중국인들을 改宗시키기 위하여 사용하였는데, 그것은 神學입니다. 그 밖에 선교사들은 신학을 위해 수학을 사용했을 뿐입니다. 선생님께서는 索隱主義가 고립된 이념이었다고 쓰셨으나, 거기에 대해서도 동의하지 않습니다. 부베는 색은주의 연구를 위해 개인적으로 중국 내에서 소규모의 아카데미를 설립했는데, 거기에는 대략 9명 정도의 제자가 있었으며, 그들과 중국내에서 편지를 교환했습니다. 색은주의는 易經뿐만 아니라 道德經, 張載의 사상 및 그 밖의 것들에 대해서도 다루고 있습니다. 나는 내가 펴낸 소책자에서 그 문제에 대해 썼으니, 참조하시기 바랍니다.: Eine wissenschaftliche Akademie für China. Briefe des Chinamissionars Joachim Bouvet S.J. an Gottfried Wilhelm von Leibniz und Jean-Paul Bignon über die Erforschung der chinesischen Kultur, Sprache und Geschichte (Studia Leibnitiana Sonderheft 18) (Stuttgart 1989). 클라우디아 폰 콜라니(Claudia von Collani) 교수는 조아킴 부베(Joachim Bouvet)의 사상에 대한 세계적 전문가이며, 필자는 당연히 그녀의 의견을 존중한다. 다만 필자가 색은주의가 고립된 이념이라고 말했던 것은 색은주의가 카톨릭 내부에서 공식적 승인을 얻지 못했을 뿐 아니라 중국의 유학자들로부터도 반발을 불러 일으켰다는 점을 지적한 것이다. 필자는 그녀가 이 메일을 보내 주기 전에도 그녀의 논문 – *The First Encounter of the West with the Yijing*, Monumenta Serica 55, 2007 – PDF 파일을 메일을 통해 보내준 것과 필자의 논문에 대해 논평을 보내주신 것에 대해 이 기회를 빌려서 진심으로 감사를 표한다.

범주로 간주했기 때문이었다. 아리스토텔레스의 범주론에 따르면 수와 기하학적 도형은 실체가 아니라 속성에 속하기 때문에, 태극은 우주의 궁극적 존재가 될 수 없었다.

수학적 관점을 『주역』 해석에 적용한 사례는 리치의 경우에 그치지 않았다. 조아킴 부베는 루이 14세가 파견한 6명의 왕의 수학자 가운데 한 사람이었는데, 『주역』 연구에 기하학적 도형을 즐겨 사용하였다. 부베로부터 유클리드의 기하학을 배운 강희제는 부베의 서양수학에 대한 지식이 이광지가 편찬하던 『주역절중』에도 반영되기를 원했다. 실제로 『주역절중』에는 부베의 영향을 받은 것으로 보이는 많은 도표가 포함되어 있다. 부베는 「선천도」가 복희의 창작임을 조금도 의심하지 않았으나, 같은 시대의 호위胡渭는 『역도명변易圖明辨』을 지어 「선천도」가 송대의 도사 진단으로부터 유래된 것임을 주장하였다. 부베는 청대 초기에 유행했던 고증학에 대해서 아무런 언급도 하지 않았다.[150] 이것은 부베가 청대 초기에 유행했던 고증학의 학풍으로부터 철저히 소외되어 있었음을 보여 준다.

그 후로 『주역』에 대한 기하학적 해석은 초순의 역학에 영향을 미쳤다. 초순은 유클리드의 기하학과 매문정의 영향을 받았으며. 수학의 방법을 『주역』의 해석에 적극적으로 활용하였다. 이에 반해 조선의 실학사상가 정약용은 초순과 동시대의 학자였으나 기하학적 해석을 『주역』 연구에 도입하는 것에 대해 반대하였다. 다산은 기하학의 학문적 중요성을 잘 알고 있었으나, 『주역』과 기하학이 어떤 본질적 관계를 갖고 있다고 생각하지 않았다. 초순이 『주역』에 대한 기하학적 해석의 계승의 사례라고 한다면, 다산의 경우는 비판의 사례라고 할 수 있다.

---

150) David E. Mungello, *Leibniz and Confucianism: The Search for Accord*, The University Press of Hawaii, Honolulu, 1977, p.65.

第18장 다산의 우주발생론에 미친 마테오 리치의 영향
—창조론과 생성론의 절충

1. 서론

이 글의 목적은 마테오 리치의 『천주실의天主實義』가 다산 정약용의 우주발생론(cosmogony)의 형성에 미친 영향을 밝히려는 데 있다.[1)]

마테오 리치의 사상은 다산에게 광범위하고 심층적 영향을 미쳤다. 다산에게 『천주실의』라는 책을 소개해 주고 서학의 새로운 세계관으로 인도해 준 인물은 이벽李檗이었다. 1784년 4월 15일에 23세의 청년 정약용은 맏형수의 기일忌日에 제사를 지낸 뒤에 서울로 돌아오는 배 위에서 이벽으로부터 천지조화의 시초(天地造化之始)에 대해 처음으로 듣게 된다. 아마도 이때 이벽이 다산에게 들려준 것은 기독교의 『성경』에 나오는 천지창조와 관련된 이야기였을 것이다. 훗날 「선중씨묘지명先仲氏墓誌銘」에서 "황홀하고 놀라워 마치 끝없이 광대한 은하수를 보게 된 것 같았다"(惝怳驚疑, 若河漢之無極)라고 서술하였을 정도로 이때 다산이 받은 지적 충격은 엄청나게 컸다.[2)] 다산은

---

1) 우주가 어떻게 생겨났는가를 밝히는 이론을 'cosmogony'라고 한다. 이 용어에 대한 譯語로는 宇宙發生論, 宇宙生成論, 宇宙起源論, 宇宙進化論 등이 있다. 필자는 이 용어 가운데 우주발생론이라는 용어를 선택하였는데, 그것은 이 용어가 창조론과 진화론의 어느 한 쪽으로 기울어지지 않은 중립적 용어라고 여겨졌기 때문이다.

2) "甲辰四月之望, 旣祭丘嫂之忌, 餘兄弟與李德操, 同舟順流, 舟中聞天地造化之始, 形神生死

서울로 돌아온 뒤 곧바로 이벽으로부터 『천주실의』를 구해서 읽고, 수표교水標橋 근처에 있는 이벽의 집에서 매형 이승훈李承薰으로부터 '사도使徒(Apostle) 요한(John, 若望)'이라는 세례명으로 영세를 받게 된다.3)

그러나 1791년에 전라도 진산珍山에서 윤지충尹持忠이 모친상을 맞아 조상의 위패를 불태우고 제사를 거부한 사건이 발생한 이후에는 다산도 천주교와 거리를 두지 않을 수 없었다. 다산은 1797년에는 동부승지同副承旨를 사직하기를 청원하는 소疏를 올려서 천주교와 연루되어 있다는 의혹에 대해 해명하고, 천주교와의 관계를 완전히 끊었다고 선언하였다. 김상홍金相洪은 「자찬묘지명」에 나오는 다산의 발언을 근거로 1791년 이후 다산은 천주교 신앙을 완전히 포기하였다고 보았다.4) 그러나 청년 시절에 뿌리를 내렸던 서학西學사상이 다산의 마음속에서 완전히 지워져 버린 것 같지는 않다. 다산이 스스로 고백했던 것처럼 서양사설西洋邪說은 스스로 깨닫지 못하는 사이에 기름이 스며들고 물이 젖어드는 것처럼 무의식의 심층에 침투하여 가지가 얽히듯이 뿌리를 내렸다.5)

필자의 견해로는 다산이 천주교에 대한 종교적 신앙을 유지했는가 하는 문제와 『천주실의』가 다산의 철학적 견해에 계속 영향을 미쳤는가 하는 문제를 구별할 필요가 있다. 다산이 종교로서의 천주교를 버렸다고 하더라도 『천주실의』가 다산의 철학사상의 형성에 지속적으로 영향을 미쳤다는 것은 유배기 이후의 저술을 통해서도 확인된다. 다산은 1784년에 정조가 『중용』 80조문에 대하여 질의하였을 때 리理를 의부지품依附之品이라고 하고

之理, 惝怳驚疑, 若河漢之無極. 入京, 又從德操見實義七克等數卷, 始欣然傾嚮."(「先仲氏墓誌銘」, 『定本』 第3卷, p.247)

3) "曾於甲辰年間, 與若鏞會於李蘗家, 而若鏞蠱惑於此術, 請數領洗於矣身."(김옥희, 『曠菴 李蘗의 西學思想』, 가톨릭출판사, 1979, p.29)

4) 김상홍, 『다산문학의 재조명』, 단국대학교 출판부, 2004, p.148.

5) "其於本源心術之地, 蓋嘗如膏漬水染, 根據枝縈而不自覺矣."(「辨謗辭同副承旨疏」, 『定本』 第2卷, p.169)

기氣를 자유지물自有之物이라고 하였는데, 이러한 용어는 『천주실의』에 나오는 의뢰자依賴者와 자립자自立者라는 개념을 빌려 온 것이었다. 다산은 1814년에 유배지 강진에서 『중용강의보中庸講義補』를 펴내면서 『천주실의』와 관련된 부분을 삭제하지 않고 그대로 남겨 두었다. 뿐만 아니라 같은 해 저술된 『맹자요의』에서는 서학사상의 영향이 현저하게 나타난다. 『춘추고징春秋考徵』에서는 상제를 천지와 신과 인간과 만물을 조화造化·재제宰制·안양安養하는 존재로 정의하였는데, 이러한 정의는 『천주실의』에 나오는 천주의 정의와 놀라울 정도로 일치한다.[6] 『춘추고징』은 강진 유배 이후인 1808년에 초본草本이 나오고 1818년에 완성되었으며 1833년에 최종적으로 증보增補된 서적이다. 따라서 『천주실의』의 영향은 다산의 노년에 이르기까지 지속되었음을 알 수 있다.

마테오 리치의 『천주실의』는 다산의 세계관에 근본적 변화를 가져왔다. 다산은 리理·기氣·태극太極·무극無極·음양陰陽·오행五行 등의 철학적 범주들에 대하여 성리학과 상당히 다른 관점을 제시하였는데, 이러한 견해의 형성에 『천주실의』가 결정적 영향을 미쳤다는 것은 널리 인정되고 있다. 그러나 『천주실의』의 가장 핵심적 교리라 할 수 있는 창조설을 다산이 수용하였는지에 관해서는 회의적인 의견이 지배적이다. 논란의 쟁점은 『춘추고징』에 나오는 '조화造化'라는 용어가 창조의 의미를 함축하고 있는지에 있다. 정순우는 다산이 사용한 조화의 의미가 만물을 생성하고 소멸하게 하는 대자연의 이치라는 전통적 맥락에서 벗어난 것은 아니라고 주장하였다.[7] 백민정도 역시 다산의 조화의 개념은 무無의 상태로부터 유有를 창조한다는 뜻이 아니라, 무형無形의 상제가 만물발생의 근본적

6) 『천주실의』 上卷 제1편의 제목은 "천주가 천지만물을 최초로 만들고 主宰하며 安養함을 논함"(論天主始制天地萬物而主宰安養之)이다.(마테오 리치 저, 송영배 역, 『천주실의』, 서울대학교 출판부, 2001, p.9)

7) 정순우, 「다산에 있어서의 천과 상제」, 『다산학』 제9호, 2006, p.29

원인이라는 뜻일 뿐이라고 주장하였다. 다시 말해서 상제는 창조에 관여하지 않으며, 상제의 역할은 변화와 생성을 주재하는 측면에 한정된다는 것이다.[8] 김선희는 다산의 조화 개념이 창조론의 관점에서 해석될 수 있는 가능성을 인정하였으나, 그것이 유일신에 의한 일회적 창조를 의미하는 것은 아니라고 주장하였다.[9] 이러한 견해들은 다산의 조화 개념을 자연적 생성론의 관점에서 해석한 부류에 속한다. 반면에 유초하는 『춘추고징』과 「한위유의론」에 나오는 '조화'라는 용어가 창조의 개념을 내포하고 있다고 주장하였다. 유초하에 따르면 상제는 태극을 창조하였으나, 일단 태극이 창조된 이후로 우주는 상제가 부여한 기제機制(mechanism)에 따라 자율적으로 운행한다.[10] 유초하는 다산의 조화 개념을 창조론의 관점에서 해석하였으나, 그 논리를 뒷받침할 수 있는 근거를 다산의 발언에서 찾아내지는 못했다.

이처럼 다산의 조화 개념이 창조의 개념을 함축하고 있다고 보지 않는 것이 학계의 지배적 견해이다. 그러나 『천주실의』가 다산의 철학적 개념에 심층적이고 다면적인 영향을 미쳤는데 유독 『천주실의』에서 가장 핵심적 이론에 속하는 창조의 관념만을 받아들이지 못했다는 견해도 역시 설득력이 부족하다. 다산은 이벽으로부터 『천주실의』에 나오는 천지조화의 시초(天地造化之始)에 관한 이야기를 처음 들었을 때 끝없이 광대한 은하수를 본 것 같은 황홀하고 놀라운 경험을 하였다고 회고하였다. 이 정도로 강렬한 지적 충격이었다면, 그 경험은 다산 사상에도 지속적으로 영향을 미쳤을 것이라고 보는 것이 오히려 합리적 추론이 된다. 다산은 『역학서언』의 「육덕명석문초陸德明釋文鈔」에서 '천지창조지초天地創造之初'와 '홍조지리洪造

8) 백민정, 『정약용의 철학』, 이학사, 2007, pp.176~181.
9) 김선희, 『마테오 리치와 주희 그리고 정약용』, 심산, 2012, p.485.
10) 유초하, 「정약용 철학에서 본 영혼불멸과 우주창조의 문제」, 『한국실학연구』, 6호, 2003, p.151

之理'에 대해서 언급하였다. 그러나 이러한 용어들은 이상하게도 학계의 주목을 거의 끌지 못했다. 만약에 다산이 창조론의 관점을 갖지 않았다면 '천지창조天地創造', '홍조洪造' 등과 같이 창조론의 맥락에서 사용되는 이러한 단어들을 특별히 쓸 이유가 없었을 것이다.

따라서 필자는 창조론의 관점에서 다산의 조화 개념을 해석하는 것이 여전히 의미를 갖는다고 본다. 다산의 철학적 과제는 근본적으로 다른 전제 위에서 성립된 두 종류의 우주발생론을 절충하는 데에 있었다. 『천주실의』에서는 『성경』 「창세기」 제1장에 나오는 "태초에 하느님이 천지를 창조하시니라"라는 구절에 근거해서 하느님이 세계를 "무로부터 창조"(creatio ex nihilo)하였다고 말한다. 반면에 『주역』 「계사전」에서는 우주발생의 최초의 근원을 태극太極이라고 하였다. 일반적으로 『주역』 「계사전」의 "역유태극易有太極" 구절은 우주의 발생이 창조주의 개입이 없더라도 자기원인(causa sui)에 의해 이루어진다는 의미로 해석된다. 다산은 이처럼 근본적으로 성격을 달리하는 두 종류의 우주발생론을 절충하려고 시도하였다. 다산의 우주발생론은 『주역』의 「계사전」에 바탕을 두고 전개되고 있지만 부분적으로 『천주실의』의 영향을 받았음을 보여 준다.

이 글의 본론은 크게 세 부분으로 구성된다.

제2절에서는 다산이 『천주실의』의, 천주天主를 공장工匠으로 비유한 관점에 영향을 받았다는 점에 대하여 서술하였다. 다산은 『역학서언』의 「육덕명석문초」에서 태극에서 천지가 생성되는 과정을 전식지가塼埴之家가 옹기甕器를 만드는 과정에 비유하였다. 이것은 마테오 리치가 『천주실의』에서 천주를 우주를 제작한 공장工匠에 비유한 것을 연상시킨다. 이것은 무無로부터의 창조보다는 오히려 플라톤의 『티마이오스』(*Timaios*)에 나오는 데미우르고스(Demiourgos)의 '제작制作' 개념에 더 가깝다. 데미우르고스는 주어진 재료를 활용하여 거기에 질서와 형태를 부여하는 것이지,

재료를 새롭게 창조하는 것은 아니다.

제3절에서는 다산이 도가의 자연적 생성론과 『천주실의』의 "무로부터의 창조"(creatio ex nihilo)의 관점을 대비시키고 있다는 점을 서술하였다. 다산의 관점에서 본다면 도가와 『천주실의』는 다같이 "유형의 존재가 무형으로부터 생성된다"(夫謂有形生於無形者)라고 주장하는 이론 계통에 속한다. 그러나 도가의 우주생성론에 결정적으로 결여되어 있는 것은 주재자에 의한 창조의 개념이다.

제4절에서는 다산이 수박 모형을 통해 천지의 자연적 생성 과정을 설명하였다는 것에 대하여 서술하였다. 수박씨로부터 수박이 성장하는 과정은 자연적 생성의 과정이며, 제작자를 필요로 하지 않는다. 제2절의 옹기의 비유와 제4절의 수박의 비유는 근본적으로 서로 다른 전제 위에 바탕을 둔 설명 모형이다. 옹기의 비유가 창조론(creationism)의 관점에서 이해되는 반면에 수박의 비유는 생성론(evolutionism)의 관점에서 이해된다. 다산은 태극으로부터 천지가 생성되는 과정을 설명하기 위해 두 개의 설명 모형을 동시에 적용하였다. 일반적으로 두 개의 설명 모형은 서로 충돌하는 것처럼 간주된다. 그러나 필자는 다산이 두 개의 설명 모형을 동시에 허용함으로써 모순을 범했다고는 보지 않는다. 만약 창조를 일회적 사건이 아니라 태극으로부터 천지가 생성되는 과정 전체라고 간주한다면, 자연의 생성 과정 전체를 천지창조의 과정으로 볼 수 있다. 이것은 점진적 창조론(progressive creationism)의 한 형태가 된다. 이러한 형태의 우주발생론에서는 창조론과 생성론이 서로 충돌을 일으키지 않고 결합된다. 따라서 필자는 다산이 옹기와 수박이라는 두 가지 설명 모델을 동시에 허용함으로써 창조론과 생성론의 절묘한 절충을 시도하였다고 보았다.

2. 신성한 공장工匠(divine artisan)의 개념

다산은 『춘추고징』에서 상제를 천지만물을 조화造化·재제宰制·안양安養하는 존재로 정의하였다. 『천주실의』 상권 제1편의 제목은 "천주가 만물을 창조하고, 주재하며, 안양하심을 논함"(論天主始制天地萬物而主宰安養之)이다. 『춘추고징』의 조화·재제·안양의 개념은 『천주실의』의 시제始制·주재主宰·안양安養의 개념과 대략 일치한다. 이것은 다산이 상제 개념을 형성하면서 『천주실의』로부터 영향을 받았음을 보여 준다. 문제는 여기에서 조화가 창조와 같은 맥락에서 사용되었는지에 있다.

조화라는 용어는 『천주실의』에서도 사용되고 있으나 리치가 그 단어를 선호했던 것은 아니었다. 『천주실의』에서는 중국 선비(中士)가 서양 선비(西士)에게 질문하면서 조화라는 단어 앞에 '원제原制'라는 말을 덧붙여 '원제조화原制造化'라고 표현하였다.[11] '원제原制'는 창제創制를 뜻하니, '원제조화原制造化'는 결국 창조를 의미한다. 아마도 리치가 조화라는 단어를 단독으로 사용하는 것을 꺼렸던 이유는 중국인의 언어 관습에서 조화가 자연적 생성을 뜻하는 맥락의 단어이기 때문이었을 것이다. 창조의 의미를 온전하게 표현할 수 있도록 적합한 단어를 선택하는 것은 중국에서 활동했던 예수회 선교사들이 고심한 문제였다.[12] 1584년에 미켈레 루지에리(Michele Ruggieri)는 『천주성교실록天主聖教實錄』의 제4장에서 "천주가 천지와 사람과 사물을 제작하였다"(天主制作天地人物)는 것에 대하여 서술하였다.[13] 그로부터

11) "中士曰, 天地間物, 至煩至賾, 信有主宰. 然其原制造化萬物, 何以徵也?"(마테오 리치 저, 송영배 역, 『천주실의』, 서울대학교 출판부, 2001, p.49)

12) 페르비스트(Ferdinand Verbiest, 南懷仁, 1623~1688)는 『教要序論』에서 造化라는 용어를 사용하는 것을 의도적으로 피하고, 生·造·造作·造成·化成 등의 용어를 사용하였다. 그리고 알레니(Aleni, 艾儒略, 1582~1649)는 『萬物眞原』의 제10장 「論天主造成天地」에서 造成이라는 단어를 써서 天主가 천지를 창조하였다는 것을 말하였다. 『만물진원』은 杭州에서 초판본이 출판된 이후 1628년, 1694년, 1791년에 北京에서 간행되었다.

10년 뒤에 리치는 『천주실의』에서 루지에리가 썼던 '제작制作'이라는 용어를 그대로 사용하였다.[14] '제작'은 공장工匠이 기물器物을 제작하는 경우에 쓰이는 용어이다. 엄청난 크기의 하늘과 땅을 만들어 낸다는 것은 중국인들의 상상력의 범위를 뛰어넘는 것이었으나, 리치는 누대樓臺처럼 작은 건축물을 만들기 위해서도 공장工匠의 솜씨가 필요한데 하물며 우주가 저절로 생성될 수는 없다는 논리로써 중국인들을 설득해 나갔다.

> 누대樓臺나 가옥家屋은 저절로 세워질 수 없으며, 언제나 공장工匠의 손에 의해 완성됩니다. 이 점을 이해한다면 천지는 스스로 이루어질 수 없으며, 제작자制作者가 반드시 있다는 것을 알 수 있으니, 바로 우리들이 천주天主라고 일컫는 존재입니다.[15]

이러한 공장신工匠神(artisan God)의 개념은 『천주실의』에 나오는 것이기는 하지만 기독교의 하느님(God)보다는 오히려 플라톤(Platon)의 『티마이오스』(*Timaios*)편에 나오는 데미우르고스(Demiourgos)에 가깝다.[16] 데미우르고스는 아무것도 없는 완전한 무無로부터 사물을 창조하는 것이 아니라 주어진 재료를 가공하여 사물을 제작해 낸다. 장인에게 요구되는 것은 정밀한 측정의 기술과 높은 수준의 지성이다. 고대 그리스에는 토기장이·조각가·화가·선박건조가·요리사 등 다양한 부류의 장인이 있었는데, 이들이 하는 작업은 기존의 재료에 형태를 부여해서 무질서한 상태로 있는 것을 질서 있는 상태로 변화시키는 것이었다. 사물의 형태에 질서를 부여하기

---

13) 『동서양 문명의 만남, 도전과 기회 – 예수회 선교사 리치 서거 400주년을 기념하여』, 서강대학교 신학대학원, 국제학술심포지엄, 2010, p.80.

14) "西士曰, 子欲先詢, 所謂始制作天地萬物, 而時主宰之者."(마테오 리치 저, 송영배 역, 『천주실의』, 서울대학교 출판부, 2001, p.45)

15) "樓臺房屋不能自起, 恒成於工匠之手. 知此則識: 天地不能自成, 定有所爲制作者, 即吾所謂天主也."(같은 책, p.50)

16) 김선희도 알레니와 아담 샬 등이 말하는 造物主는 데미우르고스와 비슷하다는 점을 지적하였다.(김선희, 『마테오 리치와 주희, 그리고 정약용』, 심산, 2012, p.146)

위해서는 정확한 비율比率(ratio)을 맞추는 것이 중요하였고, 장인이 수학적 비율을 맞추기 위해 필요한 것은 기하학적 이성이었다. 리치는 영재靈才라는 용어를 써서 우주를 창조할 때 기하학적 이성이 사용되었다는 것을 강조하였다. 리치에 따르면 영재란 시비是非를 판별하고 진위眞僞를 구별하는 능력이다.[17] 영재는 아니마(anima)가 가진 영혼의 능력 가운데 이성적 인식과 관련된 기능이다.[18] 리치는 우주가 정확한 수학적 비율에 따라 창조되었다는 것을 보여 주기 위하여 도수度數라는 천문역법天文曆法의 용어를 사용하였다. 천체가 조금의 착오도 없이 정해진 도수에 따라 운행된다는 사실로부터 하느님이 우주를 창조할 때 기하학적 이성을 사용하였다는 것을 추론할 수 있다.

> 혼魂도 없고 지각知覺도 없는 사물은 자기 자리에 있을 뿐이며, 스스로의 움직임이 일정한 도수度數에 맞을 수가 결코 없습니다. (일정한) 도수에 따라 움직이려면 반드시 영재靈才의 힘을 빌려서 운동을 도와야 합니다.…… 지금 위를 바라보면 하늘은 동쪽에서부터 움직이지만 해, 달, 별들은 서쪽으로부터 거꾸로 좇아가며, 도수度數는 각각 그 법칙을 따르고 머무는 자리도 각각 그 위치에 편안하게 머물며 일찍이 조금의 착오도 없습니다. 만약 그것들 사이를 주재하는 높으신 천주天主가 없다면 오차가 없을 수 있겠습니까?[19]

---

17) "靈才는 是非와 眞僞를 분별하는 능력입니다."(靈才者, 能辯是非別眞僞.: 마테오 리치 저, 송영배 역, 『천주실의』, 서울대학교 출판부, 2001, p.42)

18) 삼비아시(Francesco Sambiasi)의 『靈言蠡勺』에 따르면 사람의 아니마(anima)에는 生魂과 覺魂과 靈魂이 있다. 생혼과 각혼은 초목과 금수도 가지고 있지만 영혼은 오직 인간만 가지고 있다. 영혼에는 세 가지 기관이 있는데, 첫 번째가 기억(記含)이며, 두 번째가 이성(明悟)이며, 세 번째가 욕구(愛欲)이다. 이성(ratio)은 영혼의 능력 가운데서 이성적 인식과 관련된 기능이다.(프란체스코 삼비아시, 『영언여작』, 일조각, 2007, pp.51~52)

19) "物之無魂, 無知覺者, 必不能於本處所自有所移動, 而中度數. 使以度數動, 則必藉外靈才以助之.……今觀上天自東運行,而日月星辰之天,自西循逆之,度數各依其則 次舍各安其位, 曾無纖忽差忒焉者. 倘無尊主斡旋主宰其間, 能免無悖乎哉?"(마테오 리치 저, 송영배 역, 『천주실의』, 서울대학교 출판부, 2001, pp.46~47)

『천주실의』가 조선에 소개되면서 공장신工匠神과 제작의 관념은 자연적 생성의 관점과 정면으로 충돌하였다. 연암燕巖 박지원朴趾源은 『열하일기熱河日記』에서 주자朱子로부터 맷돌의 비유를 빌려 와서 『천주실의』의 설을 비판하였다. 맷돌이 돌면서 곡식을 갈아낼 때, 그 중에는 거친 것도 있고 고운 것도 있다. 마찬가지로 만물은 무질서하게 자연적으로 발생하는 것이지, 하늘이 장인처럼 만물을 질서 있게 창조한 것은 아니다.[20] 신후담愼後聃도 상제는 천지를 주재할 뿐이며 제작한 것은 아니라고 주장하였다. 상제가 천지를 만들어내지 못하는 것은 마치 인간의 마음이 몸을 주재하지만 몸을 만들어내지는 못하는 것과 같다. 따라서 천지의 생성은 목수가 집을 만드는 방식으로 이루어지는 것은 결코 아니다.

> 천지가 천주天主의 제작으로 말미암아 만들어졌다고 말하는 데 이르러서는, 이는 이치상으로도 징험할 것이 없고 경전에도 나타나지 않으니 다만 억측에서 튀어나온 이론이다. 저들은 비록 목수가 집을 만드는 일을 끌어다 증명하고 있지만, 그러나 나는 천지의 개벽이 사람의 행위로부터 집이 만들어지는 것과는 같지 않다고 생각한다. 저 위대한 상제上帝는 또한 목수에 비교될 수 없다. 개벽開闢에 관한 일은 진실로 말하기 어렵다.[21]

신후담은 천주가 도수로써 우주를 제작했다는 주장에 대해서도 비판하였다. 그는 예수가 강생降生해서 머물렀던 33년 동안 하늘을 운행하는 도수가 어떻게 어긋나지 않고 유지될 수 있었겠는가 하고 의심하였다.

---

20) 박지원 지음, 김혈조 옮김, 『열하일기』 2, 돌베개, 2009, p.511.

21) "至謂天地之成由於天主之制作, 則此乃於理無徵, 於經無稽, 而特出於臆度之論也. 彼雖引工匠成房屋之事以證之, 然, 吾恐天地之開闢, 不如房屋之出於人爲也. 而彼惟皇之帝亦不如比之於工匠也. 開闢之事, 固難言也."(신후담 저, 김선희 역, 『하빈 신후담의 돈와서학변』, 사람의무늬, 2014, p.216)

(천주교를 믿는) 저 사람들은 일찍이 말하였습니다. "하늘의 도수度數가 각각 그 법칙에 의거하고 하늘이 머무는 바(次舍)도 각각 그 자리에 편안하여 조금의 어긋남도 없는 것은 천주가 하늘을 주재하기 때문이다." 그렇다면 천주가 하루라도 하늘을 떠날 수 없다는 것은 역시 분명하다. 그런데 지금은 곧 인간세상에 강생한 지 33년이나 되었다고 하니, 이 33년 동안 하늘은 주재자가 없는 한가로운 물건이 되어 버린 것이다. 하늘이 머무는 바(次舍)와 운행의 도수度數에 조금도 어긋날 염려가 없을 수 있겠는가?[22)]

이처럼 자연적 생성의 관점에 익숙해져 있는 지식인들은 만물에 주재자 혹은 제작자가 있다는 주장을 받아들이는 것을 완강하게 거부했다. 그러나 천주교에 새롭게 입문한 신자들에게 공장신工匠神의 개념은 자연 이해의 새로운 패러다임(paradigm)으로 받아들여졌다. 『천주실의』가 조선에 유포되면서 공장신의 관념은 천주교 신자들 사이에 급속하게 전파되었다. 1801년 신유박해 때에 순교했던 정약종丁若鍾은 『주교요지主教要旨』에서 창조주를 목수에 비유하였는데, 이것은 물론 『천주실의』의 영향을 받은 것이었다.

여기 큰 집이 있으니, 아래에 기둥을 세우고 위에 들보를 얹고 사면에 벽을 맞추고 앞에 문을 내어 풍우風雨를 가려야 사람이 몸을 담아 평안히 있을 수 있는데, 이 집을 보면 어찌 저절로 되었다 하리요? 반드시 목수가 있어 만들었다 할 것이다. 만일 한 사람이 이 집을 보고 이르되, "기둥과 들보와 흙으로 만든 벽과 문과 창문이 저절로 합쳐서 되었다"라고 하면 반드시 이 사람을 "지각이 없다"라고 이를 것이다. 천지도 또한 이 집과 같아서, 하늘로 덮고 땅으로 실으며 일월日月로 밝히고 비와 이슬로 윤택하게 하여 기르며 물로 축이고 불로 덥히며 나는 새는 공중에 날고 기는 짐승은 땅에 기어서, 만물을 다 배포하고 마련하였기에 사람이 그 중에 있어

22) "彼嘗謂上天之度數, 各依其則, 次舍, 各安其位, 而無所差忒者, 由天主之主宰乎天, 則天主之不可一日離天也, 明矣. 而今乃降生於民間, 至於三十三年之久, 則是其三十三年之間, 天固爲無主之一閑物矣. 度數次舍能無差忒之患乎."(같은 책, p.223)

하늘을 이고 땅을 밟고 만물을 쓰고 평안히 사는 것이 마치 집을 짓고 평안히 있음과 같으니, 작은 집도 저절로 되지는 못하고 반드시 공교한 솜씨 좋은 장인匠人이 있어야 하거늘 이런 천지 같은 큰 집이 어찌 저절로 되리요? 반드시 지극히 신통하시고 능하신 이가 계셔서 만들어야 할 것이니, 장인을 보지 못하여도 집을 보면 집을 지은 장인이 있는 것으로 알 것이요, 천주를 보지 못하여도 천지를 보면 천지를 만드신 임자(主)가 있다고 알 것이니라.[23]

이러한 공장신의 관념을 조선에 널리 전파시킨 인물들은 다름 아닌 다산의 가족과 친척들이었다.[24] 이러한 제작의 관념은 다산 자신에게도 영향을 주었던 것으로 보인다. 필자의 견해로는 다산이 『춘추고징』에서 상제를 정의하면서 사용한 재제宰制라는 용어는 제작의 개념을 포함한다.[25] 유초하는 재제宰制가 주재主宰와 통제統制를 뜻한다고 보고, 성리학에서 주재主宰와 거의 같은 개념으로 사용된 것으로 보았다. 유초하가 주장한 것처럼 재제는 전통적 문맥에서 통할統轄 혹은 지배支配의 의미로 사용되었던 단어이다. 『사기史記』 「예서禮書」에서 "제제만물宰制萬物, 역사군중役使群衆"이라고 하였을 때, 재제는 만물을 주재하고 군중을 영도해 나가는 것을 뜻하였다. 그러나 『춘추고징』에서 쓰인 '제제'는 『천주실의』의 제1편 제목(天

---

23) 丁若鍾, 『主敎要旨』, 한국고등신학연구원, 2012, pp.137~138.

24) 丁夏祥의 『上宰相書』에서도 비슷한 논리가 전개되고 있다. "천지만물은 집에 비유할 수 있습니다. 집에는 기둥과 주춧돌이 있으며, 대들보와 서까래가 있고, 또한 집으로 들어가는 문이 있고, 담과 벽이 이어져서 그 사이와 틈이 한 치도 어긋남이 없고, 모남과 둥글음에 있어 각각 일정한 규칙이 있습니다. 만일 누군가가 기둥과 주춧돌과 대들보와 서까래와 집으로 들어가는 문과 담과 벽이 우연히 맞추어져서 저절로 우뚝 세워졌다고 말한다면 사람들은 분명히 미친 사람이라고 할 것입니다."(萬物, 請以房屋喩之. 彼房屋也. 有柱石, 有樑椽, 有門戶, 有墻壁・間架, 不失尺寸, 方圓, 各有制度. 若曰, 柱石・樑椽・門戶・墻壁, 渾然相合, 兀然自立, 必曰, 狂人之言也.: 丁夏祥 지음, 尹敏求 번역, 『上宰相書』, 성황석두루가서원, 1999, pp.13~14)

25) 宰制는 『춘추고징』뿐 아니라 『역학서언』의 「한강백현담고」에도 나온다. 「한강백현담고」에서는 一陰一陽의 위에 宰制之天이 분명히 존재한다고 하였는데, 여기에서 宰制之天은 上帝와 같은 의미로 쓰이고 있다.

主始制天地萬物而主宰安養之)에 있는, “시제始制”의 ‘제制’와 “주재主宰”의 ‘재宰’를 취하여 합성한 단어로 보인다. 여기서 ‘시始’는 시작을 표현하며, ‘제制’는 제작을 의미한다. 따라서 『춘추고징』에서의 재제宰制는 주재와 제작의 의미를 함께 가지고 있는 것으로 보아야 한다.

다산은 「육덕명석문초」에서 태극으로부터 천지가 생성되는 과정을 전식지가塼埴之家가 흙을 구워서 옹기를 제작하는 과정에 비유하였다.

> 천지창조의 시초에도 그 법이 반드시 이와 같았을 것이다.…… 지금 토기를 굽는 사람(塼埴之家)이 항아리를 만들 때, 먼저 한 덩어리 흙을 둥글게 뭉쳐서 그것을 회전시켜 점점 펼쳐서 원형으로 만들고, 다시 그것을 거두어들여서 그릇으로 만드니, 우주를 만드는 이치도 반드시 그러할 것이다.[26]

위의 인용문은 태극으로부터 천지가 생성되는 과정을 수박이 생성되는 과정에 비유한 것에 이어서 나온다. 수박은 저절로 성장해 가기 때문에 제작자를 반드시 필요로 하는 것은 아니다. 그러나 옹기를 만들어 내기 위해서는 제작자가 필요하다. 다산의 우주발생론에서는 창조론과 생성론의 두 관점이 절묘하게 결합되어 있다. 만약에 수박 모형을 통해 설명한다면 제작자를 개입시키지 않고도 우주발생을 설명할 수 있다. 그러나 다산이 ‘천지창조天地創造’를 분명하게 언급하였기 때문에 그의 우주발생론을 생성론 즉 자연발생론의 관점에서만 해석하는 것은 합당하지 않은 것으로 보인다. 다산이 창조론의 관점을 갖고 있다고 하더라도 그것은 ‘무無로부터의 창조’를 뜻하는 것은 아니다. 옹기를 만들 때 옹기장甕器匠은 흙을 만들어 내는 것이 아니라, 주어져 있는 흙을 재료로 활용할 뿐이다. 만약에 다산이

26) “天地創造之初, 其法亦必如此,……今塼埴之家, 其作甕盎缾罌, 亦必先摶一凷, 乃回乃轉, 漸舒爲圓形, 末復收小, 以成其器, 此亦洪造之理, 不得不然者矣.”(「陸德明釋文鈔」, 『易學緒言』, 『定本』 第17卷, p.261)

상제를 데미우르고스와 같은 존재로 간주하였다면, 상제가 태극을 창조할 필요는 없다.

3. 무로부터의 창조(creatio ex nihilo)의 문제

다산은 『춘추고징』에서 상제를 천지와 신과 인간과 만물을 조화造化·재제宰制·안양安養하는 존재로 정의하였고,[27] 『역학서언』의 「한위유의론漢魏遺義論」에서는 "유형의 존재가 무형으로부터 생성되는 것을 조화라고 한다."라고 하였다.[28] 이러한 조화의 정의는 하느님이 세계를 "무로부터 창조"(creatio ex nihilo)하였다는 기독교 신학의 명제를 연상시킨다.[29] 그러나 이것은 원래 노장사상의 영향을 강하게 받은 『역위건착도易緯乾鑿度』에 나오는 명제이다. 『건착도』의 명제는 『도덕경道德經』에 나오는 "유생어무有生於無"의 명제의 영향을 받은 것이다. 『건착도』에서는 우주생성의 과정을 다음과 같이 설명한다.

> 유형有形이 무형無形에서 생겨난다면 건乾·곤坤은 어디에서 생겨나는가? 그러므로 태역太易이 있고, 태초太初가 있고, 태시太始가 있고, 태소太素가 있다고 하였다. 태역은 아직 기氣가 드러나지 않는 것이다. 태초는 기가 시작되는 것이다. 태시는 형形이 시작되는 것이다. 태소는 질質이 시작되는 것이다. 기氣·형形·질質이 갖추어졌지만 아직 분리되지 않은 것을 혼륜渾淪이라고 한다. 혼륜은 만물이 서로 섞여 있으며 아직 서로 분리되지 않은 상태를 말한다. 그것을 보아도 보이지 않고 들어도 들리지

27) "上帝者何? 是於天地神人之外, 造化天地神人萬物之類. 而宰制安養之者也."(『春秋考徵』, 『定本』 第14卷, p.301)

28) "夫謂有形生於無形者. 造化之謂也."(「漢魏遺義論」, 『易學緒言』, 『定本』, 第17卷, p.82)

29) "若天主造物, 則以無而爲有."(마테오 리치 저, 송영배 역, 『천주실의』, 서울대학교 출판부, 2001, p.197)

않으며 좇아도 얻을 수 없으므로 역易이라고 한다. 역易은 형체가 없고 경계가 없다.[30)]

『건착도』에 따르면 우주생성의 과정은 태역太易→태초太初→태시太始→태소太素의 네 단계의 과정을 거쳐서 진행된다. 제1단계는 기氣가 아직 나타나지 않은 태역太易의 단계이며, 제2단계는 기가 시작되는 태초太初의 단계이며, 제3단계는 형形이 시작되는 태시太始의 단계이며, 제4단계는 질質이 시작되는 태소太素의 단계이다. 기氣·형形·질質의 세 가지 요소가 갖추어지면 태극太極이 형성된다. 태극에서는 만물이 서로 분리되지 않은 상태로 존재하기 때문에 혼륜渾淪이라고도 한다. 마지막으로 태극으로부터 건乾·곤坤 즉 천지天地가 생성된다. 이것을 도표로 표시하면 다음과 같다.

太易	太初	太始	太素	渾淪(太極)	乾·坤
未見氣	氣之始	形之始	質之始	氣·形·質	天·地
無形		有形			

다산은 『건착도』의 우주생성론이 믿을 만한 이론이 되지 못한다고 주장한다. 다산의 비판은 『건착도』에서 우주생성의 최초 단계로 설정한 태역太易에로 향한다. 태역의 단계에서는 "기가 보이지 않는다"(未見氣)라고 주장하였으나, 기가 보이지 않는다고 하더라도 잠재된 상태로 존재할 수 있다. 엄밀히 말한다면 태역은 '형태가 없는 것'(無形)일 뿐이지, 절대적 무無는 아니다.[31)]

30) "夫有形生於無形, 乾坤安從生. 故曰有太易, 有太初, 有太始, 有太素也. 太易者, 未見氣也. 太初者, 氣之始也. 太始者, 形之始也. 太素者, 質之始也. 氣形質具而未離, 故曰渾淪. 渾淪者, 言萬物相渾成, 而未相離. 視之不見,聽之不聞,循之不得,故曰易也."(「漢魏遺義論」, 『易學緖言』, 『定本』 第17卷, p.82)

31) 『天主實義』에서는 "無形과 無는 마치 하늘과 땅처럼 큰 차이가 있는 것이다"(無形者之於無也, 隔霄壤矣)라고 주장하였다.(마테오 리치 저, 송영배 역, 『천주실의』, 서울대학교 출판부, 2001, p.81)

다산은 이러한 이유로 『건착도』의 우주생성론이 조화의 정의를 충족시키는 것인지에 대해 의문을 던진다.

> '역易'이라는 글자는 일日·월月을 포함하고 있다. (『건착도』에서 말하는 '태역'의) 역易은 이미 기氣의 시원始原을 품고 있는데, 어찌하여 "기가 드러나지 않는다"(未見氣)라고 말하는 것인가? 평소에 진단陳摶의 「태극도」에서 감坎과 리離가 서로 교섭하여 음과 양이 이미 나타나 있는데도 불구하고 그것을 무형의 도道로 존중하는 것을 이상하게 생각하였는데, 그 설이 아마도 (『건착도』의) 태역으로부터 나온 것 같다. 무릇 "유형은 무형으로부터 생긴다"라고 말하는 것은 조화造化를 말하는 것이니, 이제 태역을 만물의 근본이라고 말하는 것이 옳겠는가? 왕필이 제帝는 만물을 낳는 근본(生物之本)이라고 하였으니, 위가緯家의 설은 믿을 것이 못된다.[32]

다산의 관점에서 본다면 『건착도』와 주돈이의 「태극도설」은 모두 자연적 생성론의 계통에 속하는 이론이다. 그런데 주돈이의 「태극도설」은 진단의 「태극도」로부터 나왔으며 진단의 「태극도」는 다시 『역위건착도』로부터 나온 것이기 때문에, 주돈이의 「태극도설」의 기원은 결국 『건착도』에 있는 것이 된다. 다산에 따르면 「태극도설」에 나오는 "무극이태극無極而太極"은 노자로부터 나온 학설이기는 하지만 그 의미하는 바는 같지 않다. 노자의 "도생일道生一"에서는 조화의 근본(造化之本)은 태극이 아니라 도道가 된다. 반면에 "무극이태극"에서 태극은 자연적으로 생성되기 때문에 생성의 근본(本)이 별도로 존재하는 것은 아니다.[33]

---

32) "易之爲字, 包函日月. 是亦含氣之始, 何謂未見氣乎? 常怪陳希夷太極圖, 坎離相交, 陰陽已著, 而尊之爲無形之道. 其說蓋本於太易矣. 夫謂有形生於無形者, 造化之謂也. 今以太易爲生物之本, 可乎? 王弼云, '帝者, 生物之主', 緯家之說, 不足述也."(「漢魏遺義論」, 『易學緒言』, 『定本』 第17卷, p.82)

33) "無極而太極, 則是其義, 雖本出於道生一三字. 彼云道生一, 是於太極之上, 明有造化之本. 若云, 無極而太極, 則所謂太極者, 是又自然而生, 無所爲本也, 未論經旨得失, 而老子之意, 亦一變而爲異說矣."(「韓康伯玄談考」, 『易學緒言』, 『定本』 第17卷, p.110)

다산은 『건착도』의 태역太易 개념을 비판한 뒤에 왕필의 "제帝는 만물을 낳는 주재이다"(帝者, 生物之主)라는 명제를 인용하면서 위가緯家의 설은 믿을 것이 못된다고 말한다. 여기서 다산이 갑자기 왕필의 견해를 인용한 목적은 무엇일까? 왕필의 견해는 위가의 견해와 일치하는 것인가, 아니면 반대되는 것인가? 이러한 의문을 풀기 위해서는 왕필의 견해가 나오는 원문을 검토할 필요가 있다. 이 명제는 익괘益卦 육이六二의 "왕용향어제王用享於帝"(왕이 상제께 제사를 드리다)에 대한 왕필의 주注에 나온다.

> 제帝는 만물을 낳는 주재主宰이며, 이로움(益)을 일으키는 종조宗祖이다. 제帝는 진震의 동쪽으로부터 나와서 손巽의 동남쪽에서 가지런히 한다.[34]

왕필에 따르면 제帝는 만물을 생성한 존재이며, 진震에서 나와서 손巽에서 만물을 가지런히 하고 만물에 이로움을 일으킨다. 공영달은 『주역정의』에서 제帝는 천天을 뜻한다고 하였다. 이것은 제帝를 천제天帝 즉 상제上帝를 가리키는 것으로 본 것이다. 따라서 왕필은 상제를 만물을 생성한 주재자로 본 것이다.[35] 반면에 『역위건착도』에서는 만물이 무형의 존재로부터 자연적으로 생성된 것으로 보았으므로 왕필의 견해와 충돌한다.

---

34) "帝者, 生物之主, 興益之宗, 出震而齊巽者也."(『周易正義』, 十三經注疏整理本, p.208)

35) 백민정에 따르면 왕필이 "만물을 낳는다"(生物)라고 한 것은 인격적 창조주에 의한 창조 행위를 드러내기 위한 것이 아니라 자연세계의 생성을 표현한 것일 뿐이다. 다산이 말한 상제의 조화도 창조를 의미하는 것이 아니라 생성을 주재한다는 측면을 강조하는 것에 지나지 않는다고 주장하였다. 다산의 조화 개념은 無의 상태로부터 有의 발생이라는 창조의 과정을 뜻하는 것이 아니라 무형의 상제가 만물발생의 근본적 원인이라는 것을 보여줄 뿐이라고 하였다.(백민정, 『정약용의 철학』, 이학사, 2007, p.181) 그러나 필자는 백민정의 견해에 동의하기 어렵다. 만물발생의 근본적 원인이라는 개념은 철학적 본체 개념에 지나지 않는다. 상제가 主宰와 安養의 역할을 할 때는 인격적 존재가 되지만, 조화의 역할을 할 때는 인격성을 상실하고 철학적 본체가 된다는 것인가? 만약에 상제가 창조하지 않으면서 만물 발생의 근본적 원인이 된다면 그것은 상제가 아니라 단지 태극이라고 불려야 할 것이다.

여기에서 다산이 왕필을 인용한 의도가 분명히 드러난다. 왕필은 노장의 관점에서 『주역』을 해석한 인물이지만, 어쨌든 여기에서는 자연적 생성이 아니라 주재자에 의한 창조의 관점을 주장하고 있다. 『역위易緯』의 우주발생론은 도가의 우주발생론의 계통에 속하는 이론이며, 다산의 관점에서는 자연적 생성론의 유형으로 간주되고 있다. 따라서 다산은 『역위』의 자연적 생성론을 반박하기 위해서 왕필의 발언을 인용한 것이다.

다산의 관점에서 본다면 도가와 『천주실의』는 "유형의 존재가 무형으로부터 생성된다"(夫謂有形生於無形者)라고 주장한다는 점에서 견해가 일치한다. 그런데 도가의 우주생성론에서 결정적으로 결여되어 있는 것은 주재자에 의한 창조의 개념이다. 다산이 「한강백현담고韓康伯玄談考」에서 조화에 관한 도가의 견해를 비판하였을 때, 암묵적으로 비교의 대상으로 삼은 것은 『천주실의』의 창조론이었다.

> 도道란 무엇인가? 그것은 영지靈知를 가진 것인가? 아니면 영지를 가지고 있지만 그 작용은 없는 것인가? 이미 (공영달이) "도에는 마음(心)과 작용(跡)이 모두 없다"(道則心跡俱無)라고 하였으므로 (공영달이 말하는) 도에는 영지가 없을 뿐 아니라 조화의 작용(造化之跡)도 없다고 보아야 한다. 그렇다면 그들이 말하는 도는 궁극적으로 어떤 것인가? 『상서尙書』의 「주서周書·여형呂刑」에 "하늘(天)이 중도中道로 대하지 않는 것이 아니라, 다만 사람들이 (스스로 잘못을 저질러) 천명(에 의한 천벌)을 받을 뿐이다"(非天不中, 惟人在命)라고 하였으니, 이것이 근본을 아는 말이다. (한강백과 공영달은) 지금 무無를 도道라고 칭하며 그것을 떠받들어 성인의 윗자리에 놓으니, 이단의 가르침이 아니겠는가?[36]

다산은 『맹자요의』에서 영靈이 없는 사물이나 리理는 천지만물을 주재하

36) "論曰, 道是何物? 是有靈知者乎? 並與靈知而無之者乎? 旣云心跡俱無, 則是無靈知, 亦無造化之跡. 究竟, 道是何物? 書曰, 非天不中, 惟人在命, 此知本之說也. 今指無爲道, 戴之於聖人之上, 非異敎乎?"(「韓康伯玄談考」, 『易學緖言』 『定本』 第17卷, p.108)

는 근본이 될 수 없다고 주장하였다. 가정이나 고을을 다스리는 데에도 지혜가 필요한데, 천지만물을 주재하기 위해서 영지靈知가 필요한 것은 너무나 당연하다.[37]

천하에 영靈이 없는 사물은 주재主宰가 될 수 없다. 그러므로 한 집안의 어른이 혼매하고 지혜롭지 못하면 집안의 만사가 다스려지지 않고, 한 고을의 어른이 혼매하고 지혜롭지 못하면 그 고을의 만사가 다스려지지 않는다. 그런데 하물며 텅 비어 있는 태허太虛의 하나의 리理로써 천지만물을 주재하는 근본으로 삼는다면 천지 사이의 일이 어떻게 이루어질 수 있겠는가?[38]

다산은 영지靈知뿐 아니라 영명靈明·영식靈識·영지靈知·영혼靈魂·성령性靈 등 '영靈'자가 포함된 다양한 용어를 사용하였다. '영靈'자는 『천주실의』에서 많이 쓰이던 글자였기 때문에 다산은 『천주실의』의 영향을 강하게 받았다고 볼 수 있다. 실제로 다산의 영지靈知 개념은 『천주실의』의 영각靈覺 개념과 상당히 유사하다.

선비님, 건곤乾坤 안에 있는 사물을 잘 관찰해 보십시오. 오직 영靈이 있는 존재만이 영을 만들어 낼 수 있고 각覺이 있는 존재만이 각을 만들어 낼 수 있습니다. 영각靈覺이 있는 존재로부터 영각이 없는 존재가 나오는 일은 있습니다. 그러나 영각이 없는 존재가 영각이 있는 존재를 만들어 낸다는 말은 듣지를 못했습니다.[39]

성리학자들은 리에 사물의 질서를 부여하는 능력이 있다고 생각하였으

---

37) "況以空蕩蕩之太虛一理爲天地萬物主宰根本?"(『孟子要義』, 『定本』 第7卷, p.228)

38) "凡天下無靈之物, 不能爲主宰. 故一家之長, 昏愚不慧, 則家中萬事不理, 一縣之長, 昏愚不慧, 則縣中萬事不理. 況以空蕩蕩之太虛一理, 爲天地萬物主宰根本, 天地間事, 其有濟乎?"(『孟子要義』, 『定本』 第7卷, p.228)

39) "請子察乾坤之內, 惟是靈者生靈, 覺者生覺耳. 自靈覺而出不靈覺者, 則有之矣. 未聞有自不靈覺而生有靈覺者也."(마테오 리치 저, 송영배 역, 『천주실의』, 서울대학교 출판부, 2001, p.93)

나, 『천주실의』에서는 리는 속성에 불과하기 때문에 스스로 자립할 수도 없고 영각을 갖지 않는다고 주장하였다.[40] 사물은 영靈을 갖지 않기 때문에 질서 있게 배열되기 위해서는 거기에 질서를 부여하는 자가 있지 않으면 안 된다. 따라서 세상 만물들이 질서 있게 배치되어 있다면 그것을 통해서 지극히 영명한 주재자(至靈之主)가 그 배후에 존재한다는 것을 추론할 수 있다.[41] 지각이 없는 사물이 도수에 맞게 운동하는 일은 있을 수 없기 때문에 천체가 일정한 도수에 따라 운동하기 위해서는 반드시 영재靈才의 도움을 받아야 한다.[42] 이것은 리치가 토마스 아퀴나스의 『신학대전』(*Summa Theologiae*)으로부터 빌려 온 신존재 논증의 방법이었다.

『성경』「창세기」에서는 하느님이 인간을 자신의 형상과 똑같이 창조하였다고 하였다. 인간에게 영명을 부여한 것은 하느님의 창조 행위에서 가장 중요한 부분이다. 하느님의 형상을 "이마고 데이"(Imago Dei)라고 하는데, 다산의 영명靈明 개념도 "이마고 데이"와 비슷하다. 『중용강의보』에서는 하늘은 초목과 금수에게 종種을 보존할 수 있는 생식의 능력을 부여하였지만, 인간에게는 영명을 나누어 줌으로써 만물을 초월하여 향유享有하도록 하였다고 주장하였다.[43] 그리고 『맹자요의』에서는 하늘이 인간에게 부여한 영명한 성性을 가리켜 성령性靈이라고 하였다.[44] 하늘이 자신의 영명을 인간에게

---

40) "理也者, 則大異焉, 是乃依賴之類, 自不能立, 何能包含靈覺, 爲自立之類乎?"(『天主實義』, p.96)

41) "此世間物安排布置, 有次有常, 非初有至靈之主, 賦予其質, 豈能優遊於宇下, 各得其所哉."(『天主實義』, p.55)

42) "物之無魂, 無知覺者,必不能於本處所自有所移動,而中度數. 使以度數動,則必藉外靈才以助之."(『天主實義』, p.46)

43) "草木禽獸, 天於化生之初, 賦以生生之理, 以種傳種, 各全性命而已, 人則不然, 天下萬民, 各於胚胎之初, 賦此靈明, 超越萬類, 享用萬物."(『中庸講義補』, 『定本』 第6卷, p.284)

44) "性理家, 每以性爲理. 故『集注』謂, '人物之生, 同得天地之理以爲性', 此所謂本然之性也. 本然之性, 無有大小尊卑之差等, 特因所稟形質, 有淸有濁有偏有正. 故理寓於氣, 不得不隨而不同. 『集注』曰, '人於其間, 獨得形氣之正爲小異', 亦此說也. 審如是也, 人之所以異於禽獸者, 在於形氣, 不在於性靈. 庶民去形氣, 君子存形氣, 豈孟子之本旨乎?"(『孟子要義』, 『定本』 第7卷, p.145)

주었으므로 하늘이 부여한 천명에 따라 살아야 한다는 것은 당연한 요청이다. 다산은 『중용자잠』에서 천도天道를 배워 하늘을 본받고자 하는 성인의 노력을 '초천肖天'이라는 말로 표현하였다.[45] 인간이 초월자와 관계를 맺을 수 있는 것은 초월자의 영명이 자기 자신에게도 있기 때문이다.

4. 태극과 수박 모형

1784년 4월 15일에 이벽李蘗으로부터 천지조화의 시초(天地造化之始)에 대해 처음으로 듣게 된 다산은 한양으로 돌아온 이후에 이벽으로부터 『천주실의』를 구해서 읽게 되었다. 그 뒤 얼마 지나지 않아 정조가 『중용』 80조문에 대하여 질의하자 다산은 『천주실의』로부터 얻은 지식을 활용하여 리기理氣의 개념을 설명하였다.[46] 다산은 리를 의부지품依附之品이라 하고 기를 자유지물自有之物이라고 하였는데, 이러한 용어는 『천주실의』에 나오는 의뢰자依賴者와 자립자自立者라는 개념을 적용한 것이었다.[47] 다산은 이러한 용어의 유래에 대해서 정확한 지식을 갖고 있지 않았으나, 그 용어들은 토마스 아퀴나스(Thomas Aquinas)와 아리스토텔레스(Aristoteles)로부터 온 것이었다. 아리스토텔레스의 철학에서 의뢰자는 속성(accidens)이며, 자립자는 실체(substantia)이다.

리치가 리를 의뢰자로 정의하였을 때, 그는 신유학에서 가장 중요한

45) "箴曰, 至誠無息者, 天也. 聖人學天旣久. 其德至於肖天, 則其功化亦肖天. 故能不見而章. 天動而變. 無爲而成也. 篇末七引詩. 亦言功化之肖天."(『中庸自箴』 『定本』 第6卷, p.268)

46) "夫物之宗品有二. 有自立者有依賴者."(마테오 리치 저, 송영배 역, 『천주실의』, 서울대학교 출판부, 2001, p.85.)

47) 『천주실의』에 소개된 아퀴나스의 신존재 증명과 아리스토텔레스의 四原因說 등에 대한 지식은 丁夏祥의 『上宰相書』와 丁若鍾의 『主敎要旨』 등에 소개될 정도로 확산되어 있었다.

개념이었던 리의 지위를 끌어내리려는 의도를 갖고 있었다. 의뢰자는 속성이기 때문에 리는 독립적으로는 존재할 수 없고, 실체에 의존해서만 존재할 수 있다.[48] 뿐만 아니라 리는 이성(靈)과 지각(覺)과 자율적 의지를 갖지 않으므로 사물을 생성할 수 있는 능력을 갖지 않는다. 신유학자들은 태극의 본질을 리라고 보았기 때문에, 리치는 태극도 역시 공격의 목표로 삼았다. 리치는 태극을 만물의 시조로 삼으려는 태도를 다음과 같이 비판하였다.

> 옛날에 군자들이 천지의 상제를 공경했다는 말은 들었으나, 태극을 높이 받들었다는 말은 듣지 못했습니다. 만약 태극이 상제요 천지만물의 시조始祖라면, 어찌하여 옛 성인들은 그 이야기를 숨겨 두고 말하지 않았겠습니까?[49]

중국 고대의 유가경전에서 태극이 언급된 것은 『주역』 「계사전」에서 "역유태극易有太極"이라고 한 것이 유일하다.[50] 태극은 설시법揲蓍法과 관련된 용어이었기 때문에 처음부터 우주생성론과 관련하여 설명된 것은 아니었다. 그러다가 송대에 주돈이가 「태극도설」에서 음양과 오행의 도식으로 우주생성의 과정을 설명한 이후로 태극은 만물의 생성의 근원으로 중요시되기에 이르렀다. 그러나 리치의 입장에서 보면, 이러한 주장을 용인한다면 하느님(God)의 지위가 위태로워지게 된다. 리치가 태극을 "허상虛象이고 아무런 실체가 없는 것"(虛象無實)이기 때문에 천지만물의 근원이 될 수 없다고

---

48) "若太極者, 止解之以所謂理, 則不能爲天地萬物之原矣. 蓋理亦依賴之類, 自不能立, 何立他物哉?"(마테오 리치 저, 송영배 역, 『천주실의』, 서울대학교 출판부, 2001, p.87)

49) "但聞古先君子敬恭於天地之上帝, 未聞有尊奉太極者. 如太極爲上帝萬物之祖, 古聖何隱其說乎?"(같은 책, p.82)

50) 太極이라는 단어는 先秦의 유가문헌에서 그 용례가 거의 나오지 않는다. 반면에 道家의 문헌인 『莊子』 「大宗師」편에서는 道를 설명하면서 太極을 언급하였다. 즉 "道는 太極보다 더 위에 있는 존재이며, 천지를 낳았으며, 천지보다 먼저 생겼다"(道…, 生天生地, 在太極之上…, 先天地生)고 하였다. 그러나 『老子』에서는 '太極'이란 용어가 나오지 않는다.

공격한 것은 바로 이 때문이었다.[51]

태극을 궁극적 존재로 떠받드는 것을 반대하는 태도는 다산에게서도 나타난다. 다산은 「자찬묘지명」에서 "태극을 헛되이 높이는 것"(虛尊太極)에 대하여 비난하였다. 높이 받들어야 하는 것은 태극이 아니라 상제이며, 하늘(天)이다.

> 두려워하고 경계하며 삼가고 상제를 밝게 섬기면 인仁이 될 수 있다. (그러나) 헛되이 태극을 높이고 리理를 천天이라 하면 인仁이 될 수 없다. (따라서 우리가 높이 받들어야 하는 것은) 하늘을 섬기는 데로 돌아가는 데 있을 뿐이다.[52]

다산과 마테오 리치는 태극보다 더 근원적 존재가 있다고 주장하였다는 점에서 견해가 일치한다. 그러나 엄밀히 말한다면 두 사람의 태극에 대한 견해에는 상당한 차이가 있다.

리치가 태극을 허상虛象으로 보았던 이유는 태극을 수數로 보았기 때문이다. 리치는 주돈이의 「태극도설」에서 태극이 음양陰陽의 형상으로 표현되어 있다는 점에 주목하였다.[53] 『주역』의 설시법揲蓍法에서 양은 기수奇數로, 음은 우수偶數로 표현된다. 따라서 리치는 음양을 수에 속하며 소이연所以然에 속한다고 보았다.[54] 리치의 관점에서 본다면 음양뿐 아니라 태극도 수가 된다. 아리스토텔레스의 범주론에 따르면 수는 속성에 속하기 때문에 독립적으로 존재할 수 없고, 오직 실체에 의존해서만 존재할 수 있다.[55]

---

51) "若虛象無實, 理之可依耶?"(마테오 리치 저, 송영배 역, 『천주실의』, 서울대학교 출판부, 2001, p.84)

52) "恐懼戒愼, 昭事上帝則可以爲仁. 虛尊太極, 以理爲天則不可以爲仁. 歸事天而已."(「自撰墓誌銘」 集中本, 『定本』 第3卷, p.277)

53) "吾視夫無極而太極之圖. 不過取奇偶之象言. 而其象何在? 太極非生天之實, 可知已."(마테오 리치 저, 송영배 역, 『천주실의』, 서울대학교 출판부, 2001, p.83)

54) "所以然者, 有在物之內分, 如陰陽是也."(같은 책, p.208)

55) "況虛象無實, 理之可依耶?"(같은 책, p.84)

태극은 허상이기 때문에 기氣와 아무런 관련을 맺지 않는다. 성리학자들은 기를 물체를 살아서 움직이게 하는 근본(生活之本)으로 보았으나, 리치에게 기는 단지 호흡할 때 들이키고 내뱉는 공기空氣에 불과하였다.

반면에 다산은 상제를 높였기 때문에 태극의 지위가 상대적으로 낮아진 것은 사실이지만 태극을 허상虛象으로 본 것은 아니었다. 태극은 우주의 최초의 상태를 구성하고 있던 원기元氣이기 때문에 결코 허상이 될 수 없다. 극極은 사물의 중앙이며 중심을 의미하는 용어이다. 극極은 원래 '가옥의 용마루'(屋極)를 가리키는 말이었다. 가옥에서는 용마루가 중앙에 있어서, 용마루를 중심으로 문지도리·문기둥·문빗장·문설주 등이 뻗어 나간다.[56] 하늘에서는 북극성을 중심으로 뭇 별들이 함께 회전한다.[57] 우주생성은 태극이 시원始原이 되어 팽창과 수렴을 통해서 진행되는 과정이다. 우주가 처음으로 생성되었을 때 태극을 중심으로 확장되어 나가는 운동이 시작된다. 태극을 형성하고 있던 원초적 물질은 원기元氣인데, 원기는 스스로 움직여서 진화해 나간다. 다산은 「육덕명석문초陸德明釋文鈔」에서 천지창조를 수박(西瓜)의 성장 과정을 비유로 들어 설명하였다.

> 조물造物과 생물生物의 법이 비록 광대한 것 같으나, 실제로는 모두 동일한 예를 사용한다. 수박이 처음 생길 때에는 좁쌀(粟)처럼 작다. 그 몸통에서부터 점점 커져 가는 과정을 보면, 먼저 꼭지(蔕)부터 조금씩 펴지기 시작하여 둥그런 모양이 되고, 다시 오므라들어서 (꼭지 반대편에서) 배꼽(花臍)이 된다.[꽃받침(花跗)이 되어 떨어진다.] 이에 속이 들어차고, 점점 커져서 마침내 큰 수박이 된다. 천지가 창조되던 시초始初에도 그 방법도 틀림없이 이와 같았을 것이다. 북극(北辰)은 수박의 꼭지(瓜之蔕)가 되며, 점점 펼쳐져서 둥근 모양이 되었다가 다시 오므라들어서 남극南極이

56) "原夫極者, 屋極也. 中隆而受四聚者謂之極. 故皇極居中以受八疇之聚. 商邑居中以爲四方之極, 建其有極, 歸其有極, 以爲民極. 凡古經用極字, 皆此一義, 未有以混淪溟涬之氣, 沖漠玄妙之理, 名之曰, 極者也."(「陸德明釋文鈔」, 『易學緖言』, 『定本』 第17卷, p.260)

57) "北辰居其所而衆星共之."(『論語』, 「爲政」; 『論語古今註 I』, 『定本』 第8卷, p.53)

되니, 남극은 수박의 배꼽(瓜之臍)에 해당된다. 초목이 열매를 맺고 곡식을 생산하는 예가 모두 이와 같다. 우주가 처음으로 생겼을 때, 그 방법이 마땅히 그러했을 것이다.[58]

다산은 천지가 창조되던 시초에도 그 방법은 틀림없이 이와 같았을 것이라고 주장한다. 다산의 우주론은 '우주는 시간이 지나면서 팽창한다'는 팽창이론(inflation theory)의 한 유형으로 볼 수 있다. 현재 팽창해 있는 우주를 과거로 거꾸로 돌리면 최초의 시점에서 우주는 좁쌀만한 크기로 축소된다.[59] 수박씨는 좁쌀처럼 작지만 점점 커져서 마침내 커다랗고 둥근 수박이 된다. 우주는 스스로 팽창하고 수축하면서 자신의 형태를 만들어 나간다. 다산이 우주를 수박 모형으로 설명했다는 것은 우주 모형을 원구圓球로 생각했다는 것을 의미한다.

다산이 제시한 스스로 진화하는 우주의 개념은 현대 물리학이 제시하는 관점에 더 가깝다. 반면에 리치는 우주가 하느님에 의해서 6일 만에 창조되었다고 설명한 『성경』의 우주론에 의존하였기 때문에 진화론의 관점을 수용하지 않았다. 리치는 우주가 하느님에 의해 처음부터 완전한 상태로 만들어진 것으로 간주했기 때문에 진화가 필요하다고 생각하지 않았던 것이다.

---

58) "造物生物之法, 雖若廣大, 其實皆用一例. 西瓜之始生也, 其小如粟, 而就其體中, 求其所以漸大之故, 則先自蒂始, 小舒爲圓形, 復收爲花臍[花跗之所落] 乃實乃脹, 以成大瓜. 天地創造之初, 其法亦必如此. 北辰者, 瓜之蒂也. 漸舒爲圓形, 復收爲南極, 南極者. 瓜之臍也. 草木瓜蓏, 百果百穀, 其例皆同. 則洪造之初. 其法應然."(「陸德明釋文鈔」, 『易學緖言』, 『定本』 第17卷, pp.260~261)

59) 성태용은 "西瓜之始生也, 其小如粟"을 "수박이 처음 열릴 때는 밤톨만 하다"로 번역하였다. (성태용, 「다산 철학에 있어서 계시없는 상제」, 『다산학』 5호, 2004, p.108) 백민정도 이 번역을 따랐다.(백민정, 『정약용의 철학』, 2007, p.178) 그러나 필자의 견해로는 이 구절은 "수박은 처음 생겼을 때, 좁쌀처럼 작다"로 번역되어야 한다. 원문에는 '밤 율'(栗: chestnut)자가 아니라 '조 속'(粟: chinese millet)자로 되어 있다. 아마도 성태용과 백민정은 두 글자의 字形이 비슷해서 착각을 일으킨 것 같다. 일반적으로 수박씨는 8mm에서 15mm 정도의 크기로서 대략 1cm 정도이다. 반면에 밤톨은 대략 지름이 2cm에서 3cm 정도이며, 수박씨에 비해서 2배 내지 3배 정도 크다.

다산은 우주발생론의 관념을 형성함에 있어 마테오 리치의 영향을 상당히 받았으나, 두 사람 사이에 견해가 다른 점도 분명히 존재한다. 다산이 태극을 형성하고 있던 원기元氣가 스스로 움직여서 천지를 생성하였다고 본 것은 마테오 리치와 견해가 확실하게 다른 부분이다.

5. 결론

다산은 『천주실의』에서 제시된 『성경』의 창조론의 관점과 『주역』의 「계사전」에 나오는 생성론의 관점을 절충시키려고 시도하였다. 다산의 우주발생론은 기본적으로는 『주역』의 「계사전」을 중심으로 전개되지만, 부분적으로 『천주실의』의 영향도 있었다. 전자가 생성론의 관점이라면, 후자는 창조론의 관점에 속한다.

먼저 『역학서언』의 「육덕명석문초陸德明釋文鈔」에서 다산은 '천지창조天地創造'에 대해서 언급하였다. 다산은 천지창조의 과정을 전식지가塼埴之家가 흙을 구워서 옹기를 만드는 것에 비유하였다. 이것은 마테오 리치가 『천주실의』에서 천주天主를 유능한 공장工匠으로 비유한 것을 연상시킨다. 이를 통해 다산이 『천주실의』의 창조론의 관점에 의하여 영향을 받았음을 알 수 있다. 그러나 이것은 무無로부터의 창조라기보다는 오히려 플라톤의 『티마이오스』(*Timaios*)에 나오는 데미우르고스(Demiourgos)의 '제작制作' 개념에 더 가깝다. 데미우르고스는 주어진 재료에 질서와 형태를 부여하는 것이지, 재료를 창조하는 것은 아니다. 한편 다산은 「육덕명석문초」에서 태극을 수박씨처럼 작은 원초적 실재가 진화해서 천지를 형성한다고 주장하였다. 다산에 따르면, 태초의 순간에 수박씨처럼 작은 크기의 태극 속에 잠재되어 있던 원기元氣가 움직여서 천지를 생성하게 된다.

옹기의 제작에는 반드시 전식지가塼埴之家가 있어야 하지만, 수박의 생성을 위해서는 제작자가 필요하지 않다. 그러나 다산의 경우에 전식지가와 수박의 비유가 반드시 모순된다고 볼 수는 없다. 여기서 비유는 창조 행위를 설명하기 위해 도입된 우의적 기법에 불과하다. 만약 창조를 일회적 사건이 아니라 태극으로부터 천지가 생성되는 과정 전체로 간주한다면, 수박의 생성 과정 전체를 천지창조의 과정으로 볼 수 있을 것이다. 그 경우 이것은 점진적 창조론(progressive creationism)의 한 형태가 된다. 다산의 우주발생론에 있어서 창조론(creationism)과 생성론(evolutionism)은 서로 충돌을 일으키지 않는다. 따라서 천지창조의 과정이 동시에 우주진화의 과정이 된다. 전식지가가 옹기를 제작하는 과정과 수박씨로부터 성숙된 수박으로 성장하는 과정은 서로 다른 것이 아니다. 상제上帝는 태극이라는 원초적 물질을 창조하지는 않았지만, 태극으로부터 만물로 전개되는 전체 과정에 관여한다. 전식지가가 바로 상제이며, 상제는 수박씨가 수박으로 성장하는 안양安養의 과정을 주재함으로써 조화를 완성하는 것이다.

제8부

다산역의 변증법과 토폴로지

제19장 다산역의 변증법

1. 서론

다산 경학체계의 곳곳에는 새로운 시대의 문을 연 창조적 사상가로서의 면모가 다양하게 깃들여 있다. 그러나 그의 수많은 경학저술 중에서도 『주역사전』처럼 코페르니쿠스적 의의를 지니고 있는 것도 드물다. 그것은 다산의 새로운 방법론이 도입됨으로써 이천 년 이상 어둠에 싸여 있던 역학해석방법론에 새로운 돌파구를 제공했기 때문이다.[1] 역리사법易理四法이 도입되기 이전에는 정이천程伊川이나 주자朱子 등의 역설易說이 역학이론의 주류를 형성하였거니와, 그들의 괘사卦辭 해석은 중中·부중不中, 정正·부정不正, 응應·불응不應 등의 단조로운 방법에 의존하는 것 이외에는 별다른 해석의 묘책을 발견하지 못하고 있었다.[2] 이러한 무미건조한

---

1) 이원명, 「다산의 주역관」, 『태동고전연구』 제10집, 1993, p.718

2) 易理四法은 다산이 그의 『周易四箋』에서 역해석을 위해 도입한 방법론으로서 1) 爻變 2) 推移 3) 互體 4) 物象의 네 가지 해석법을 말한다. 다산은 『周易四箋』의 서두에서 이들 네 가지 방법론이 모두 朱子의 방법론과 일치하고 있다고 말한다. 그러나 엄밀히 말한다면, 다산의 易理四法과 朱子의 방법론 사이에는 커다란 차이가 있다. 특히 효변과 추이의 해석법에 있어서는 兩者는 결코 동일하지 않다. 추측컨대, 다산이 易理四法이 모두 朱子之義라고 말한 것은 당시의 완고한 학계의 분위기를 감안한 자기보호책의 일환이 아닌가 한다.

방법론은 괘사에 서술되어 있는 사태를 마치 정물화의 한 장면처럼 묘사할 뿐이다. 그러나 다산이 제공하고 있는 역리사법은 정물화 속의 정태적 요소들에 숨을 불어넣어 소생시키는 역할을 하고 있다. 언뜻 정물화 속의 정지된 것처럼 보이던 상황은 역리사법의 방법론에 의해 괘상卦象이 변동하기 시작하고, 이에 따라 괘상은 마치 영화 속의 장면들처럼 생생하게 변화되는 것이다. 다산의 역 해석은 이처럼 베일에 가려있던 비밀의 문을 열어젖히고 내면을 여실하게 보여 주는 데 성공하고 있다. 이것이야말로 변증법적 방법론의 위력이다. 역리사법을 변증법적 방법론이라고 부를 수 있는 것은, 이를 통해 역易의 변증법적 정신이 구체적으로 표현될 수 있기 때문이다.

역의 변증법적 정신이란 세계의 본질을 생성과 변화에서 찾는 관점이다. 역의 철학을 변증법적 철학이라고 부르는 이유는 역의 근본정신이 변화의 개념에 기초해 있기 때문이다. 이처럼 역의 철학은 근원적으로 변증법적이다. 그러나 문제는 이 변증법적 정신을 파악할 수 있는 구체적 수단이 없이는 결국 공허한 구호에 그치고 만다는 점이다. 역학사에서 볼 때, 변화를 역의 궁극적 목표로 추구하지 않은 역학자는 없었다. 그러나 그것은 대부분 구두선口頭禪에 그치고, 구체적 역 해석에로까지는 연결되지 못했다. 이것은 그 이념적 표방과는 달리 역학 이론의 전개가 지극히 비변증법적으로 전개되어 왔다는 것을 말해 주고 있다. 변증법적 이해는 실제로 괘사의 구체적 해석에서 목격할 수 있고 확인할 수 있는 것이지 않으면 안 된다. 다산역을 진정한 의미에서의 변증법적 역학이라고 부를 수 있는 것은 그가 변화의 실상을 확인할 수 있는 효과적 수단을 제공했기 때문인 것이다.

2. 효변의 변증법적 함의

역의 철학은 변증법적 철학이다. 변증법적 철학에서는 존재의 실상을 끊임없는 유동流動 속에서 파악하고자 한다. 그런데 이러한 변화의 모습을 표현하기 위해서는 역의 방법론적 도구도 역시 역의 변증법적 성격을 가장 잘 드러낼 수 있는 형태와 기능을 갖추고 있어야 한다. 그런데 다산의 역리사법 중에서도 효변은 역의 변증법적 이해의 출발점이자 열쇠이다. 이것을 열쇠라고 부르는 것은 이 방법을 통과하지 않고서는 어떤 역사易辭도 제대로 해석될 수 없기 때문이다.

그러면 효변爻變이란 무엇인가? 효변이란 문자 그대로 효爻가 변한다는 뜻이다. 효爻와 획畫은 전혀 다른 개념인데도 불구하고, 너무나 쉽게 혼동되어 왔다. 획에는 선線의 의미 이외에는 아무것도 없다. 반면에 효에는 변화의 개념이 들어 있다. 양효陽爻는 양이 음으로 변화하는 역동적 과정을 표시하는 것이며, 음효陰爻는 음이 양으로 변화하는 역동적 과정을 표시하는 것이다. 『주역』의 모든 효에는 구九 아니면 육六이라는 숫자가 표시되어 있다. 그런데 구九는 노양老陽, 육六은 노음老陰을 표시한다. 노양과 노음은 물론 소양少陽과 소음少陰에 대한 상대적 개념으로서, 양과 음의 변화가 극에 달해 있음을 나타내는 것이다. 음양은 왕복의 변증법적 운동을 취하기 때문에, 운동이 진행되어 그 상태가 극한에 이르면 반대의 상태로 전환한다. 즉 양적 축적은 질적 변환을 일으키는 것이다. 그래서 노양은 양의 극한에 도달해 정반대의 상태인 음으로 전환하며, 반대로 노음은 음의 운동이 극한에 도달하였기 때문에 그 반대의 상태인 양의 상태로 전환하는 것이다. 따라서 노양은 양의 극한에서 음의 상태로 전환하는 역동적 사태를 그리고, 노음은 음의 극한에서 양의 상태로 전환하는 과도기적 과정을 표현하는 것이다.

결국 역 해석의 올바른 통로는 반드시 효변에서부터 시작되어야 한다. 그것은 효변설을 통해서만 역의 괘상을 정지된 것이 아닌 운동하는 것으로 파악할 수 있기 때문이다. 정지된 역은 죽어 있는 역이다. 현실의 세계가 끊임없이 변동하는 것이라면, 이 변동하는 현실의 모습을 기호로 치환한 것이 역상易象이다. 역의 진정한 해석방법론이라면, 언뜻 정지된 것처럼 보이는 역상을 다시 움직이게 만들지 않으면 안 된다. 역괘사의 구九와 육六이 단지 정지된 양획과 음획을 의미하는 것이 아니라는 것은 너무나 간단하면서도 아무도 생각할 수 없었던 획기적인 발견이었다. 이런 점에서 효변법의 발견은 일종의 콜럼버스의 달걀과도 같은 발상의 전환이었다. 『주역』의 모든 다른 방법론들은 효변법과의 결합을 통해서만 방법론적 위력을 발휘할 수 있다. 이것이 필자가 효변을 진정한 변증법적 방법론의 출발이라고 부르는 이유인 것이다.

3. 질적 변환의 원리: "잠화위아蠶化爲蛾"와 "조화위선螬化爲蟬"

효변爻變은 다산이 『주역』 해석을 위해 수립한 네 개의 해석방법 가운데 하나이다. 따라서 효변은 역리사법易理四法의 나머지 세 개의 해석방법과 마찬가지로 역사易詞를 해석하기 위한 도구로 사용된다. 효변은 점법占法과 밀접한 관련을 갖고 있으며, 시괘법蓍卦法을 구성하는 요소이기도 하다. 시괘법이란 점치는 절차를 규정해 놓은 규칙을 의미하지만, 단순히 도구적 의미만을 지니는 것은 아니다. 고대의 점법은 고대의 종교의례에 바탕을 두고 있으며, 점법의 절차는 우주의 원리와 자연의 생성과정을 모사함으로써 만들어졌기 때문이다. 따라서 시괘법은 자연의 원리를 흉내 낸 것인 동시에 우주질서의 재현이기도 하다. 다산은 "시괘지법蓍卦之法, 의어물리

依於物理"라고 하였는데, 이것은 시괘법이 물리적 세계에 의존해 있다는 것을 의미한다. 다시 말해서 시괘법은 단순히 점치는 절차를 규정해 놓은 규칙에 그치지 않고, 그것 자체가 물리적 세계의 본성에 대한 표현인 것이다.

그렇다면 과연 효변이 의거하고 있는 물리物理란 무엇인가? 물리가 사물의 법칙 혹은 존재의 질서를 뜻한다고 한다면, 물리를 밝힌다는 것은 결국 세계의 본성을 해명하는 것 이외의 것일 수 없다. 그러면 다산이 생각하는 세계의 본성이란 어떤 것인가? 그것은 질적 변환의 원리이다. 다산은 「계사전繫辭傳」의 "정기위물精氣爲物, 유혼위변遊魂爲變"의 구절이 질적 변환의 원리에 대한 비유적 표현이라고 이해한다. 이 구절은 종종 『역경』에 샤머니즘적 해석이나 원시종교적 연관성을 부여하는 자료로 사용되어 왔다.[3] 그러나 다산은 이러한 주술적 이해에 의해 역학사가 심하게 오염되어 왔음을 한탄하면서, 이 구절은 오히려 심령적 세계가 아닌 객관적 현실세계가 지니는 변증법적 특성을 표현하고 있는 것이라고 보는 것이다.

> 물物이라고 한 것은 물의 본체本體를 가리키며, 변變이라고 한 것은 물의 변체變體를 가리킨다. 누에가 나방이 되고 매미유충이 매미가 되니 이것이 곧 "정기위물精氣爲物, 유혼위변遊魂爲變"의 이치이다. 시괘蓍卦의 방법은 물리物理에 의존하는 것이니, 괘를 괘의 본체라고 한다면 효는 괘의 변체가 된다. 건乾이 변해서 구姤가 되며 곤坤이 변해서 복復이 되니, 이것이 이른바 "정기위물, 유혼위변"이다.[4]

---

3) 예컨대 遊魂八卦와 歸魂八卦와 같은 이론이 그 예이다.(이을호, 『다산의 역학』, 민음사, 1993, pp.220~221)

4) "物者, 物之本體也. 變者, 物之變體也. 蠶化爲蛾, 螬化爲蟬, 卽'精氣爲物, 遊魂爲變也.' 蓍卦之法, 依於物理. 卦者, 卦之本體也. 爻者, 卦之變體也. 乾變爲姤, 坤變爲復, 亦所謂'精氣爲物, 遊魂爲變'也."(「鄭康成易注論」, 『易學緖言』, 『定本』 第17卷, p.67)

위의 해석에서, 다산은 「계사전」의 "정기위물精氣爲物, 유혼위변遊魂爲變"의 개념을 "잠화위아蠶化爲蛾"와 "조화위선螬化爲蟬"의 개념으로 바꾸어 이해한다. "잠화위아蠶化爲蛾"는 누에가 나방으로 변하는 것을 가리키며, "조화위선螬化爲蟬"은 매미의 유충이 매미로 변하는 것을 가리킨다. 우리는 '잠화위아'와 '조화위선'의 개념이 변증법적 질적 변환의 원리를 표현하고 있다는 것을 쉽게 간파할 수 있다. '정기위물精氣爲物, 유혼위변遊魂爲變'의 개념을 변증법적으로 이해하고 있는 것은 다산의 탁견이다. 그렇지만 문제는 '정기위물, 유혼위변'이 효변설을 언급한 것이라는 다산의 주장 자체이다. 그것은 효변설 자체가 일반적으로 승인되지 못한 이론인 데다가, 이 구절에 대한 이해가 미신적이고 주술적인 종교이론에 의해 채색되어 왔기 때문일 것이다. 그러나 다산은 오히려 자신의 이해가 역학사의 전통에 근거를 두고 있는 것이라고 주장하고 있다. 그러면 다산의 발언을 들어보기로 하자.

> 그런즉 정현鄭玄이 정기精氣로써 칠七과 팔八을 삼고 유혼遊魂으로써 구九와 육六을 삼은 것은 반드시 상구商瞿와 비직費直 이래로 상승상전相承相傳해 온 고훈古訓인 것이다.[5]

다산에 따르면, 정현鄭玄의 설은 역학사의 정통적인 사승을 계승하고 있으면서도 다른 한편으로는 위가緯家의 설에 의하여 심하게 오염되어 있다. 일단 다산은 정현이 정기위물精氣爲物의 정기精氣를 칠七·팔八로 보고 유혼위변遊魂爲變의 유혼遊魂을 구九·육六으로 간주한 것은 역학사의 정통적인 맥을 계승하고 있는 것이라고 말한다. 정현의 이러한 견해는 그의 창견創見이라기보다는 오히려 상구와 비직 이래로 상승상전相承相傳해 온

5) "然則鄭以精氣爲七八, 遊魂爲九六, 必是商瞿·費直以來, 相承相傳之古訓."(「鄭康成易注論」, 『易學緒言』, 『定本』 第17卷, p.67)

고훈古訓에 속한다는 것이다. 반면에 정현이 칠七·팔八은 목화지정木火之精이요 구九·육六은 금수지수金水之數라고 한 것 등은 위가의 설에 오염되어 있는 예에 해당된다.

> 정현이 말하기를 "칠七·팔八은 목木·화火의 정精이요, 구九·육六은 금金·수水의 수數이다"라고 하였다. 그 이후에 이어지는 것은 모두 위가緯家의 사설邪說일 뿐이다. 애석하도다! "초부족구미속貂不足狗尾續"이니, 담비의 꼬리가 부족하여 개의 꼬리로 장식하는 격이다.[6] 정기유혼精氣遊魂이라는 바르지 못한 설이 분출奔出함에, 위진 이래로 불교佛教에 깊이 빠져들어 버린 자들이 정기유혼을 윤회輪回의 설로 간주하게 되었다. 그러나 윤회가 어찌 작역자作易者의 의려意慮가 닿는 바이겠는가?[7]

다산은 정현이 대유학자로서의 자질을 충분히 갖추고 있음에도 불구하고 이단異端의 사설邪說에 빠져 있다는 데 대해 안타까움을 표명한다. 사실 "정기위물精氣爲物, 유혼위변遊魂爲變"의 구절처럼『역』이해를 관념적이거나 샤머니즘적인 방향으로 몰고 간 구절도 없었다. 심지어 이 구절은 불교의 윤회설에 해당되는 이론으로 간주되기도 하였다. 그렇지만 아무리 생각해 보아도 작역자作易者의 생각이 불교의 윤회설에까지 미치고 있다고 보는 것은 지나친 억측이다. 이러한 황당무계한 설들의 범람은 모두 위진 이래 위가緯家로부터 연유하는 것으로서 다산은 이를 단호하게 사설로 규정한다. 그러면 다산은 현실에 대한 합리적 해석으로써 역학의 전당殿堂에서 귀신을

6) 貂不足狗尾續: 晉나라 趙王倫의 黨이 모두 卿相이 되어 奴卒에 이르기까지 모두 작위를 타게 되자 侍仲, 中常侍 등의 冠을 장식하는 데 쓰이는 담비의 꼬리가 부족하여 개의 꼬리로 장식하였다는 故事에서 비롯하여, 官爵을 함부로 수여하여 君子가 小人과 同席하게 되었음을 의미한다.

7) "其云: '七八, 木火之數, 九六, 金水之數.' 自此以下, 皆緯家之邪說. 惜乎! 其續貂也. 精氣遊魂之說, 汎濫橫出. 魏·晉以降, 浸淫佛教者, 執之爲輪回之說, 豈作易者意慮之所及乎?"(「鄭康成易注論」,『易學緒言』,『定本』第17卷, p.67)

몰아낸 것일까? 우리는 그렇게 생각하고 싶어진다. 그러나 위의 구절에 이어서 계속되는 다산의 설명에 귀신이 다시 등장하기 때문에 조금은 의아해진다.

> 고인古人이 귀서龜筮로써 귀신鬼神으로부터 수명受命한 까닭에 귀서龜筮로써 고하는 것을 귀모鬼謀라고 하였다. 경經에서 "인모귀모人謀鬼謀, 백성여능百姓與能"이라고 하고, 또 "성변화이행귀신成變化而行鬼神"이라 하였다. 그리고 이 장에서는 "지귀신지정상知鬼神之情狀"이라고 하였으니, 모두 이 설을 가리킨다. 그런데 요즘 사람들이 매번 유혼으로써 귀신을 삼으니 어찌 어긋나지 않겠는가? 칠팔七八로써 근본을 삼고 구육九六으로써 변變을 삼아 귀신에게 수명하는 까닭에 "지귀신지정상知鬼神之情狀"이라고 한 것이니, 이것이 어찌 유괴幽怪함을 보는 것을 가리키는 것이겠는가? 「계사」의 상전上傳에서 "역여천지준易與天地準"이라 하고 하전下傳에서 "역여천지상사易與天地相似"라고 하였으니 모두 괘효의 설을 말한 것인데, 홀로 중간 일단一段에서 갑자기 생물변화生物變化의 설이 출현하니 이런 이치가 있겠는가? 오직 정주鄭注의 이구二句가 있을 뿐이다. 이제 표장表章하여 세인世人의 의혹을 부수어야 할 것이다.[8]

다산이 귀신을 배척하기는커녕 오히려 수명受命의 대상으로 보았다는 것은 분명 우리를 당혹시키는 요소일지도 모른다. 그러나 다산의 귀신설과 위가緯家의 귀신설은 분명히 다르다. 위가의 설에서는 귀신이 사후의 영혼인 유혼遊魂을 의미하고 있다. 그러나 다산은 원시유학적 귀신 개념에 근거하고 있다. 본래 중국의 고대종교에서 귀신은 신 개념의 총체로서 사용되었으며, 거기에는 상제, 토지신, 조상신 등의 개념이 모두 포함되어

8) "古人以龜筮, 受命於鬼神, 故龜筮所告, 謂之鬼謀, 經曰: '人謀・鬼謀, 百姓與能.' 經曰: '成變化而行鬼神.' 此章云: '知鬼神之情狀.' 皆是此說. 今人每以遊魂爲鬼神, 豈不謬哉? 以七八爲本, 以九六爲變, 以之受命於鬼神, 故曰知鬼神之情狀. 豈察見幽怪之謂乎? 上云'易與天地準', 下云, '易與天地相似', 皆是卦爻之說. 獨其中間一段, 忽爲生物變化之說, 有是理乎? 唯鄭注上二句, 今宜表章, 以破世人之惑也."(「鄭康成易注論」, 『易學緖言』, 『定本』 第17卷, p.67)

있다. 여기서 우리는 다산이 주역을 복서卜筮의 서書로 간주했음을 다시 한 번 상기할 필요가 있다. 복서卜筮란 귀신을 통해서 수명受命하는 행위이다. 즉 고대인들의 복서는 초월적 존재인 귀신이 불확실성 속에서 고뇌하는 인간에게 운명을 계시해주기를 청하던 지극히 종교적인 행위였다. 이것이 "지귀신지정상知鬼神之情狀"의 의미이다. 물론 다산은 복서의 종교적 숭배 대상은 귀신 중에서도 최고의 존재인 상제라고 보았다. 이러한 고찰을 통해서 우리는 다산 역학의 체계가 계시의 개념에 의존하고 있는 신학적 체계라는 것을 알 수 있다. 바로 이 점에 있어 그의 역학은 유물론적 변증법과 다르다.[9] 사실 다산 역학에서 신학적 전제만 없다면 그것은 일종의 유물변증법과 동일시될 수도 있을 것이다. 그러나 다산은 인간에게 운명을 계시해 주는 신적 존재가 없다면 『역』의 기호체계는 무의미한 것이 된다고 봄으로써 신학적 변증법에로의 길을 택했다고 하겠다.

4. 순환과 반복

역학사에서 추이推移는 괘변卦變이라는 용어로 더욱 널리 알려져 있다. 추이설에 있어서 이론 전개의 기축이 되고 있는 것은 벽괘辟卦이다. 역학사에서 벽괘라는 명칭을 처음 쓴 사람은 경방京房으로 알려져 있다. 다른

9) 최익한은 다산 역학이 무신론적 변증법에 가까운 것이라고 보았다. "無形無氣한 신이나 조물주를 만물의 부모로 인정하는 종교적 관념에 비교해서는 그것이 도리어 무신론적이며 변증법적 견해에 가까운 것이라고 하겠다."(최익한, 『실학파와 정다산』, 청년사, 1989, p.299) 만일 최익한의 의도가 다른 관념적 경향에 대한 상대적 의미로 무신론적 변증법이라고 규정한 것이라면 동의할 수 있다. 그러나 필자가 본고에서 밝힌 바와 같이, 다산은 宰制之天의 존재를 인정하고 있다. 따라서 최익한의 견해에는 동의할 수 없다.

명칭으로 소식괘消息卦라고도 불리기도 하는 벽괘는 『역』의 의미구조에서 중요한 역할을 담당한다. 벽괘는 문자 그대로 군주괘를 의미하므로, 자신보다 하위下位에 있는 모든 괘의 운동을 통제한다. 즉 『역』의 형태적 구조는 크게 상부구조와 하부구조로 양분된다. 다산에 따르면 『역』의 상부구조를 형성하고 있는 것이 벽괘辟卦이고, 하부구조를 형성하고 있는 것이 연괘衍卦이다. 『역』의 육십사괘는 14벽괘와 50연괘로 구성된다. 그러면 먼저 『역』의 상부구조를 형성하고 있는 벽괘의 특징에 대해서 살펴보자.

벽괘가 상징하는 것은 천도天道의 운동이다. 그런데 천도의 운동방식이란 춘하추동의 순환과 반복에 의해 표현된다. 따라서 다산은 14벽괘란 결국 사시의 순환을 뜻하는 것이라고 말한다. 여기서 우리는 동양의 전통적 자연관이 재현되고 있음을 본다. 그것은 벽괘론을 통해 자연은 순환적이고 주기적인 방식으로 운동하는 것으로 이해되고 있기 때문이다. 이러한 자연관의 근저에 있는 것은 원환적 시간관이다. 시간은 흐르지만, 그것은 흘러가 버리는 것이 아니라 주기적으로 반복된다. 이것은 역학적 시간관의 특징이 순환과 반복에 있음을 보여 준다. 그러면 이 순환과 반복을 『역』의 괘상으로는 어떻게 표현할 수 있을 것인가? 춘하추동의 계절적 질서처럼 자연의 순환운동을 명확하게 드러내 주는 것도 없다. 이 순환적 질서를 지극히 단순화시켜 본다면 그것은 따뜻해지고 추워지는 두 가지 과정으로 구성될 것이다. 그렇다면 문제는 이 따뜻해지고 추워지는 과정을 어떻게 괘상으로 표현할 것인가 하는 점이다. 이것도 역시 단순화시켜 생각한다면 어려운 일이 아니다. 왜냐하면, 따뜻해지는 과정은 양陽이 증가하는 과정으로, 추워지는 과정은 음陰이 증가하는 과정으로 생각될 수 있기 때문이다. 괘로써 양자를 표시한다면, 전자는 복復, 임臨, 태泰, 대장大壯, 쾌夬, 건乾의 벽괘가 되고 후자는 구姤, 둔遯,

비否, 관觀, 박剝, 곤坤의 벽괘가 된다. 이렇게 해서 12개의 벽괘가 형성되거니와, 12벽괘는 각각 일 년의 열두 달에 배당되게 된다. 12벽괘는 주자朱子의 「괘변도卦變圖」에서도 중심이 되는 괘이지만, 다산은 여기에 소과小過와 중부中孚의 두 괘를 추가시키고 있다. 소과와 중부를 벽괘에 추가시킨 것은 두 괘가 각각 대감大坎과 대리大離의 형상을 취하고 있어서 수화水火 혹은 일월日月을 상징하는 괘이기 때문이다. 다산은 건곤감리乾坤坎離 혹은 천지수화天地水火를 우주의 근원적 원질原質로 여겼다. 따라서 앞의 12벽괘가 모두 건곤괘乾坤卦에서 유래한 괘인 것과 마찬가지로, 감리坎離를 상징하는 소과와 중부 또한 벽괘에 보충적으로 편입되어야 한다는 것이다. 이렇게 해서 14벽괘가 완결된다.

그러면 연괘는 어떻게 형성되는가? 연괘는 벽괘가 변화됨으로써 형성된다. 이것이 '펼쳐진 괘' 즉 '벽괘로부터 변화되어 전개된 괘'로서의 연괘衍卦의 의미인 것이다. 『주역』의 괘는 모두 64괘이므로, 여기서 14개의 벽괘를 뺀 나머지가 50개의 연괘로 되는 것이다.

이렇게 해서 벽괘와 연괘가 성립되는데, 양자 사이의 관계를 정립하는 법칙이 추이推移이다. 다산이 말하는 추이의 법칙은 전통적 역학방법론에서는 괘변卦變에 해당된다. 추이는 벽괘와 연괘의 관계를 규정하는 법칙이다. 다산은 벽괘와 연괘에 결코 동등한 존재론적 지위를 부여하지 않았다. 즉 벽괘는 연괘보다 존재론적 지위가 우월하다. 이것은 주자의 괘변설에서는 발견할 수 없는 다산 추이설의 뚜렷한 특징이다. 만일 벽괘와 연괘가 서로 다른 존재범주에 속하는 것이라면 양자의 존재양상도 차별적일 수밖에 없다. 다산은 양자의 유형적 특징을 명확히 드러내 주는 용어를 「계사전」에서 발견할 수 있다고 말한다. 그것은 바로 방이유취方以類聚와 물이군분物以群分이다. 전자는 벽괘에 대한 지칭이고, 후자는 연괘에 대한 지칭이다. 사전적 의미에서 해석한다면, 방이유취는 동일한 종류끼리 집합해서 방위가 형성된다는 뜻이 되고, 물이군분은 군집이 분산되면서 사물이 형성된다는 뜻이 된다. 이러한 축자적 해석을 통해 두 용어가 집합과 분산이라는 개념을 중심으로 형성된 개념이라는 것을 알 수 있다.

그러면 집합과 분산을 일으키는 운동의 주체는 무엇인가? 괘를 구성하는 것은 단지 음양일 뿐이라는 것을 생각한다면 곧 해답에 도달하게 된다. 즉 집합과 분산의 주체는 음양의 세력이다. 결국 음양은 집합과 분산의 두 작용을 통해 운동과 변화를 일으키게 된다. 방이유취괘는 음양의 세력이 끼리끼리 뭉쳐 형성된 괘이므로, 그 형태적 특성은 음양의 분화가 아직 이루어져 있지 않은 데 있다. 반면에 물이군분괘는 음양의 집합이 해체되어 분산된 괘이다. 전자가 자연의 순수한 생성력을 상징한다면, 후자는 그 자연의 생성력에 의해 생성되고 변화된 구체적 사물의 세계를 상징한다. 이렇게 본다면 양자가 엄격한 존재론적 위계를 갖는 것은 너무나 당연하다. 만물이 자연의 생성력에 의해 종속되고 지배된다고 보는 것은 동양의 오래된 자연관에서 유래된 견해이다. 『역』의 세계관적 모형이 이러한 존재론적 질서를 모사함으로써 그려진다는 것은 당연한 이치이다.

5. 결론

『역』 철학의 본질은 변증법이며, 다산 역학은 역의 변증법적 정신에 철저하다. 다산의 『역』 해석방법론인 역리사법은 이러한 역의 변증법적 정신을 구체적으로 포착해 낼 수 있는 방법론이다. 특히 효변과 추이는 다산 역리사법 가운데서도 가장 변증법적인 방법론이라고 할 수 있다.

이 글에서는 다루지 않았지만, 역리사법의 보조적 방법론이라 할 수 있는 삼역지의三易之義도 역시 변증법적 방법론의 일종이다. 다산의 삼역지의는 변역變易·교역交易·반역反易의 세 가지 해석방법으로 구성되어 있다. 다산의 삼역설三易說에 대한 상세한 서술을 위해서는 또 다른 지면을 필요로 할 것이므로, 여기서는 삼역설이 지니는 변증법적 의의만 점검해 보기로 하자.

전통적으로 역학계에서 정론으로 통용되고 있던 삼역지의는 정현에 의해 정립된 이간易簡·변역變易·불역不易의 설이었다는 것을 고려해 보면 다산의 삼역설은 통설에 대한 수정의 의미를 지닌다. 다산 삼역설의 의의는 기존의 통설에서 불역과 이간을 삭제하고 교역交易과 반역反易을 추가한 데 있다. 그렇다면 다산은 왜 불역과 이간을 삭제하고 대신에 교역과 반역을 추가하였을까? 다산의 관점에서 본다면 이간의 개념은 변증법적 정신과 아무런 관계도 없으며, 불역의 개념은 변화를 제일원리로 삼는 『역』의 철학적 이념에 정면으로 위배된다. 따라서 이러한 수정은 단순한 해석 테크닉의 변경 이상의 의미를 지닌다.[10] 전통적 역철학에서 불역의 개념을 삼역에 포함시켰던 이유는 변역의 현상도 불역의 본체가 있음으로써만 가능하다고 생각했기 때문이다. 그러나 이러한 사고방식은 적연한 본체와 같은 형이상학적 개념의 설정으로 이끌고 갈 위험이 있다. 이러한 개념들은 유가의 이념이 아니라 오히려 불교 혹은 도가의 이념에 더 가깝다. 뿐만 아니라 변화를 근본으로 삼는 역철학의 이념과 정면으로 충돌한다. 이 때문에 다산은 불역과 이간처럼 『역』의 철학적 이념과 충돌하는 요소를 제거하고, 변화의 이념 위에 역철학을 정립하려고 시도했던 것이다. 요컨대,

10) 다산의 三易之義에 관한 보다 자세한 정보는 다음의 논문을 참조:; 정해왕, 「주역의 해석방법에 관한 연구-정약용의 역학을 중심으로」, 부산대학교 대학원 박사학위논문, 1990, pp.68~72.

삼역지의는 역리사법과 더불어 다산의 역 해석을 위한 방법론적 도구인바, 그 요체는 역의 변증법적 특색을 포착하기 위한 수단에 있다는 것을 알 수 있다.

제20장 『주역』과 풍수 담론을 통해서 본 다산의 토폴로지

1. 서론

『주역』과 풍수風水의 공간 담론은 주로 괘위卦位 혹은 방위方位를 중심으로 전개된다. 『주역』은 길흉화복을 예언하는 점서占書이고 풍수는 지기地氣에 의하여 발복發福을 얻으려는 장례 및 주거에 관한 이론이므로 둘 사이에는 아무런 관계가 없는 것처럼 보인다. 그러나 『주역』과 풍수는 공간에 관한 공통적 표상에 의존한다. 중국 고대에 공동체의 구성원들은 특정한 방위에 대하여 상징적 의미를 부여하고, 특정한 방위를 향한 지향(orientation)을 통해 의미 있는 질서를 구현하려고 시도하였다. 중국 고대인들은 사계절의 자연적 질서가 방위와 밀접하게 연관되어 있다고 생각하였다. 봄은 동방, 여름은 남방, 가을은 서방, 겨울은 북방과 관계되어 있다. 자연에 이러한 질서가 있기 때문에 고대인들은 이러한 질서를 종교적 의례儀禮를 통해서 구현하려고 하였다.[1] 따라서 의례는 방위를 통해서 질서의 구현을 시도하였던 고대인들의 종교적 세계관의 표현이었다. 『주역』에서 「설괘전」의 방위는 신화적 공간 개념에 바탕을 두고 있으며, 공간적 장소를 가리킬 뿐 아니라 질서화된 종교적 세계관을 표현한다.

1) 葛兆光, 『중국사상사』, 일빛, 2013, p.273.

『주역』과 풍수의 괘위 혹은 방위에 공통되는 것은 위位의 관념이다. 풍수의 방위 관념은 『주역』의 방위 관념과 밀접한 관련을 갖고 있다. 지사地師들이 사용하는 나경羅經은 『주역』의 방위 관념에 의존하고 있다. 위位는 근본적으로 공간 속의 위치 혹은 장소와 관련된 개념이다. 다만 괘위가 인공적으로 만들어진 괘획卦劃이라는 기호 속에 자리잡은 추상공간이라면, 방위는 구체적 생활공간과 연계되어 있다는 점에서 차이가 있을 뿐이다. 그러나 『주역』의 괘위는 비록 실제적 공간을 직접적으로 지시하지는 않는다고 하더라도 군君·신臣 등 사회적 신분과 지위, 천天·지地·인人 등 자연과 인간과의 관계, 우호적 혹은 적대적 관계, 상황의 이로움과 불리함 등 다양한 관계를 표현함으로써 생활세계와 관계를 맺게 된다.

풍수는 전통사회의 장례 및 주거 문화에 상당한 영향을 미쳐왔을 뿐 아니라 오늘날까지도 지속적으로 영향을 미치고 있는 동아시아의 대표적인 공간 담론이다. 풍수에서는 무덤의 지형과 방위가 현재 거주하고 있는 사람들의 주거환경에 영향을 미칠 뿐 아니라 미래의 후손들의 길흉화복을 결정하는 원인이 된다고 간주한다. 조상의 장례를 치를 때에 적합한 방위에 있는 좋은 장소에 무덤의 장소를 정하려고 노력하는 것은 현재 거주하고 있는 사람들의 주거환경에 영향을 미칠 뿐 아니라 미래의 그 후손들에게 복을 가져다주는 원인이 된다고 보기 때문이다.

이처럼 위位는 공간적 장소에 바탕을 둔 개념이지만 다양한 정치·사회·문화적 함의를 가진다. 이것은 현대의 토폴로지(topology)에서 토포스(topos) 개념과 유사한 측면이 있다.[2] 토폴로지는 원래 공간 내의 점·선·면에

---

2) 토포스는 기하학·물리학·건축학·지리학·기호학·도시공학·조경학·주거학·교육학·심리학·정치학·사회학·생태학·문화이론·공간예술론 등에서 중요한 논제를 형성하고 있다. 아울러 현대철학에서도 토포스라는 주제는 구조주의·실존주의·포스트구조주의·현상학,·미학 등의 분야에서 전개되는 탈근대적 공간담론 가운데 중요한 위치를 차지한다.(강학순, 『존재와 공간』, 한길사, 2011, p.22.; pp.204~205.)

대해서 위치와 형상에 대해 연구하는 수학의 위상기하학位相幾何學을 가리키는 명칭이었다. 위상기하학에서 위상位相이란 어떤 사물이 다른 사물과의 관계 속에서 가지는 위치나 상태를 의미한다. 위상학에서는 대상의 형태 그 자체에는 관심을 두지 않고 관계에 초점을 맞춘다. 위상학의 관점에서는 공간을 3차원적 존재나 형태적인 단위로 파악하는 대신에 상관적으로 규정되는 여러 국면들과의 관계 속에서 이해한다.[3] 따라서 위상의 구조를 이해하기 위해서는 형태를 넘어선 관계 그 자체를 보아야 한다. 여기서 공간은 더 이상 삼차원적 존재, 형태, 장소 등으로 이해되는 것이 아니라 문화적 생활방식 혹은 사회적 관계를 아우르는 장場의 개념이 된다. 토폴로지의 관점에서는 공간을 '상관적으로 규정되는 여러 국면들의 관계의 구조'로 보며, 이러한 관점은 『주역』과 『풍수』를 이해하는 데도 매우 유용한 관점이 된다. 토폴로지가 비록 현대 서구에서 생성된 용어이기는 하지만 공간에 바탕을 둔 다양한 문화적 함의를 표현하는 데 있어서 이보다 더 적합한 용어는 찾기 어렵다. 토폴로지에서 토포스는 구체적 체험의 기반이면서 자연이 문화와 기능적으로 맞물려 있는 공간 표상을 의미한다.[4] 토포스는 단순히 물리적 공간 속에서의 장소가 아니라 사건이나 행위가 발생하는 세계 속에서 의미나 질서를 찾아낼 수 있는 특정한 장소를 가리킨다.

필자는 이 글에서 『주역』과 풍수에 관한 담론을 중심으로 다산의 공간에 대한 견해를 분석하고자 한다. 『주역』과 관련된 다산의 저서로는 『주역사전周易四箋』과 『역학서언易學緖言』이 있고, 풍수와 관련해서는 『풍수집의風水集議』가 있다.[5] 『주역사전』에서는 괘효사卦爻辭의 의미를 해석하기 위하여

3) 스테판 귄첼(Stephan Günzel), 이기흥 역, 『토폴로지(Topologie), 부산대학교 한국민족문화연구소, 에코 리브르, 2010, p.16.

4) 신지영, 「도시문화에 대한 위상학적 이해」, 『도시인문학연구』 제3권 2호, p.179.

5) 『풍수집의』는 박종천에 의해 번역되어 『다산 정약용의 풍수집의』(사람의무늬, 2015)라는 제목으로 실시학사 실학번역총서 제8권으로 출판되었다.

추이推移·효변爻變·호체互體·물상物象이라는 네 가지 해석방법을 사용하였지만, 모든 해석법의 출발점이 되는 것은 괘위卦位이다. 만약에 괘위가 없다면 네 가지 해석방법 가운데 어떤 것도 운용될 수 없을 것이다. 『풍수집의』는 당나라부터 청나라에 이르기까지 선유들의 풍수론 28가지를 집성集成하고, 여기에 다산 자신의 설명을 안설案說로 추가하고, 끝부분에 다산 자신의 독창적 풍수론인 「사암풍수론俟菴風水論」을 부록으로 덧붙였다. 다산이 『풍수집의』를 집필한 가장 중요한 동기는 당시에 큰 사회적 문제로 대두된 산송山訟의 폐해를 비판하고 합리적 대안을 제시하기 위한 데에 있었다. 산송은 조선 후기 최대의 법적 분쟁이었는데, 그 원인은 조상의 무덤을 명당明堂에 모셔서 그 음덕蔭德으로 복을 누리고자 하는 기복적祈福的 욕망에 있었다. 다산은 『풍수집의』에서 "근세의 이름난 가문 중에는 그 조상의 무덤을 일곱 번이나 파낸 경우도 있다"라고 비판했는데, 실제로 다산의 외가인 해남윤씨 가문에서 공재恭齋 윤두서尹斗緖의 무덤을 일곱 번 이장한 일이 발생한 적이 있다. 이러한 사태의 배후에는 공간에 좋은 공간과 나쁜 공간이 있고 방위에 길한 방위와 흉한 방위가 있어서, 그 차이가 재화災禍와 복록福祿의 운명을 결정하는 원인이 된다는 검증되지 않은 잘못된 믿음이 자리잡고 있다.

풍수가들은 방위에 대한 이론적 근거를 『주역』의 방위론에서 찾고 있는데, 양자의 이론은 밀접하게 관련되어 있다. 다산은 『주역』의 「설괘전說卦傳」에 나오는 문왕팔괘방위文王八卦方位를 인정하고 그것을 『주역』 해석의 기초로 삼았다. 풍수에서 많이 인용되는 "좌청룡左青龍, 우백호右白虎"의 설은 『예기禮記』 「곡례曲禮」 편에 나오는 것으로서, 다산은 리괘履卦 단사彖辭의 해석에서도 여기에 근거해서 주해하고 있다. 다산의 『주역』과 풍수에 관한 해석은 공통적으로 「설괘전」의 방위 관념에 근거해서 이루어지고 있다. 그러나 다산이 자신의 시대에서도 이러한 방위 개념이 지켜져야 한다고 생각한 것은 아니다. 다산은 풍수와 관련하여 주거住居 혹은 안장安葬의 공간으로 좋은 땅이 존재한다는 사실을 부정하지 않았지만, 산의 형태 혹은 묘지의 방위를 보고 후손의 직업·부귀·흉사를 판단하는 것은 지사地師들이 혹세무민하는 행위에 불과하다고 비판하였다. 다산은 특정한 지형과 방위가 복을 불러온다는 풍수설의 견해가 결코 검증될 수 없는 것이라는 점을 지적하고 산송의 폐해를 바로잡으려 했으며, 유교적 장례법을 합리적인 대안으로 제시하였다.

2. 『주역』의 토폴로지

『주역』의 기호체계에서 각각의 괘획은 괘의 전체적 형태 속에서 상대적 위치를 갖는데 이것을 괘위卦位라고 한다. 『주역』에서 위位가 중요한 이유는 모든 관계가 괘위를 통해서 정립되기 때문이다. 괘위는 그 자체로는 현실에 존재하는 공간이 아니라 기호로 구성된 추상공간 속에 존재하는 토포스에 불과하다. 그러나 괘의 기호가 대상을 지시하는 기능을 통해서 괘위는 자연과 사회 등 현실의 구체적 영역에 존재하는 다양한 관계를 나타내게 된다. 따라서 괘위에 의미를 부여하는 것은 그 위치가 아니라 기호가 지시하는 대상과의 관계이다.

역학사에서 괘위의 중요성을 강조하기 시작한 것은 『역전易傳』에 이르러서이다. 『주역』의 괘사에서 위位라는 단어는 전혀 나오지 않으며, 효사에서는 단지 한 번 나올 뿐이다.[6] 그러나 「단전彖傳」·「문언전文言傳」·「상전象傳」·「계사전繫辭傳」·「설괘전說卦傳」 등에 이르게 되면 무려 47회에 걸쳐 나온다.[7]

6) 卦辭에서 位는 전혀 나오지 않으며, 爻辭에 位는 萃卦 九五에 "萃有位"라고 나오는 것이 유일한 경우이다.

“천존지비天尊地卑”로 시작되는 「계사전」의 첫 구절은 괘위론을 전개하기 위한 논리적 근거로 제시되고 있다.

> 하늘은 높고 땅은 낮으니, 건乾과 곤坤이 정해진다. 낮은 곳으로부터 높은 곳까지 (여섯 효를) 늘어놓으니, 존귀함과 비천함의 위位가 정해진다. 움직임과 고요함에 일정한 법칙이 있으니, 이에 따라 강剛과 유柔가 갈라진다.[8]

「계사전」의 저자는 자연적 세계에 존재하는 질서는 사회적 신분질서를 정당화하기 위한 이유가 된다고 주장하였다. 사회의 구성원들은 각각 사회적 지위를 지니고 있으며, 그러한 지위에 적합한 행동을 요구받게 된다. 『주역』에서는 주어진 지위에 합당한 자격을 갖추고 있으면 “위정당位正當”이라고 하고, 그렇지 못하면 “위부당位不當”이라고 한다. 가인괘家人卦 「단전彖傳」에서 “아버지는 아버지다워야 하고, 아들은 아들다워야 하고, 형은 형다워야 하고, 아우는 아우다워야 하고, 지아비는 지아비다워야 하고, 지어미는 지어미다워야 한다”(父父子子兄兄弟弟夫夫婦婦)라고 한 것은 가족의 구성원들이 자신의

---

7) (1)六位時成.(乾彖), (2)居上位而不驕.(乾文三), (3)在下位而不憂.(乾文三), (4)貴而無位.(乾文上, 繫上八), (5)在下位而無輔.(乾文上, 繫上八), (6)乃位乎天德.(乾文五), (7)正位居體.(坤文五), (8)位乎天位.(需彖), (9)雖不當位, 未大失也.(需上象), (10)位正中也.(比五象, 隨五象, 巽五象), (11)柔得位而上下應之曰小畜.(小畜彖), (12)剛中正履帝位而不疚.(履彖), (13)咥人之凶, 位不當也.(履三象), (14)夬履貞厲, 位不當也.(履五象), (15)柔得位得中而應乎乾曰同人.(同人彖), (16)柔得尊位中中而上下應之曰大有.(大有彖), (17)至臨, 無咎, 位當也.(臨四象), (18)久非其位.(恒四象), (19)剛當位而應.(遯彖), (20)女正位乎內, 男正位乎外.(家人彖), (21)順在位也.(家人四象), (22)解而拇, 未當位也.(解四象), (23)萃有位.(萃五, 萃五象), (24)正位凝命.(鼎象), (25)思不出其位.(艮象), (26)進得位, 往有功也.(漸彖), (27)其位, 剛得中也.(漸彖), (28)其位在中.(歸妹五象), (29)旅於處, 未得位也.(旅四象), (30)柔得位乎外而上同.(渙彖), (31)王居無咎, 正位也.(渙五象), (32)居位中也.(節五象), (33)剛失位而不中.(小過彖), (34)剛柔正而位當也.(旣濟彖), (35)貴賤位矣.(繫上一), (36)成位乎其中矣.(繫上一), (37)列貴賤者, 存乎位.(繫上三), (38)天地設位.(繫上七, 繫下十二), (39)致恭以存其位者也.(繫上八), (40)五位相得.(繫上九), (41)聖人之大寶曰位.(繫下一), (42)何以守位曰仁.(繫下一), (43)危者, 安其位者也.(繫下五), (44)德薄而位尊.(繫下五), (45)同功而異位.(繫下九), (46)故六位而成章.(說二), (47)天地定位.(說三).

8) “天尊地卑, 乾坤定矣. 卑高以陳, 貴賤位矣. 動靜有常, 剛柔斷矣.”(王弼 注, 孔穎達 疏, 『周易正義』, 十三經注疏 整理本 1, 北京大學出版社, 2000, p.302)

역할을 충실히 다할 때에 "가정의 질서가 바로잡힐 것"(家道正)이기 때문이다. 이것은 명칭과 실재의 일치를 주장하는 유가 정명론正名論의 관점을 잘 보여 주고 있다. 다산은 「계사전」의 첫 구절에 대한 주석에서 괘위가 갖는 의미를 인륜의 질서와 연관시켜 설명하였다.

> 황제黃帝와 요堯임금과 순舜임금이 의상衣裳을 드리우고 천하를 잘 다스렸던 것은 다른 것이 아니라 그 위位를 분명하게 밝힌 것일 따름이다. 임금은 임금답고 신하는 신하다우며 아비는 아비답고 자식은 자식다우며 지아비는 지아비답고 지어미는 지어미다움에 천하가 평안한 것은, 다름이 아니라 그 위位를 바로잡은 것일 따름이다. 무수한 사물이 승강升降·왕래往來·진퇴進退·출입出入을 거듭하면서 굴신屈伸과 영욕榮辱을 겪는 것은, 다름이 아니라 그 귀貴·천賤의 지위(의 차별)에 말미암은 것이다. 공자孔子는 「단전彖傳」과 「상전象傳」에서 길吉·흉凶·회悔·린吝을 판단할 때 모두 (괘효의) 위位를 관찰하였다. 즉 "위가 부당하다"(位不當), "위가 정당하다"(位正當), "그 머물러 있는 위가 의심스럽다"(當位疑), "가서 위를 얻었다"(得位) 등을 언급하였다. 무릇 비천한 자가 존귀한 자를 침범해서는 안 되며, 윗사람도 아랫사람을 핍박해서는 안 된다. 음은 양을 간섭해서는 안 되며, 남자가 여자를 따를 수 없는 것이다. 그러므로 「대전大傳」의 첫머리에 먼저 위位에 대해 말한 것이다.[9]

다산은 『역학서언』의 「주역답객난周易答客難」에서 괘덕卦德과 괘위卦位라는 두 가지 해석 관점을 제시하였다.[10] 『주역』의 해석학에서 괘위가 중요한 이유는 다른 모든 해석법의 토대이자 동시에 출발점이 되기 때문이다. 『주역사전』에서 괘위는 역사易詞를 설명하기 위한 네 가지 해석방법에 포함되지 않는다. 그러나 추이·효변·호체·물상의 네 가지 방법들은 일단

9) "黃帝堯舜垂衣裳而天下治, 無他, 明其位而已. 君君臣臣父父子子夫夫婦婦而天下平, 無他, 正其位而已. 芸芸蔥蔥, 以升以降, 以往以來, 進退出入, 屈伸榮辱, 無他, 由其有貴賤之位也. 孔子之爲「彖傳」「象傳」, 其吉凶悔吝, 皆以位觀. 曰'位不當', '位正當', '當位疑', '往得位'之類, 蓋以卑不可以侵尊, 上不可以偪下, 陰不可以干陽, 男不可以從婦也. 故「大傳」之首, 先言位." (『周易四箋』, 『定本』 第16卷, pp.272~273)

10) "易有二觀, 曰德曰位."(「周易答客難」, 『易學緒言』, 『定本』 第17卷, p.299)

괘위가 설정된 다음에 성립될 수 있기 때문에, 괘위는 모든 해석법의 기초가 된다. 다산은 「단전」과 「상전」에서 공자가 길·흉·회·린에 대해 판단을 내렸을 때도 그 준거가 된 것은 괘위였다고 주장하였다.

역학사에서 괘위가 갖는 중요성을 강조했던 사상가는 왕필王弼이었다. 왕필은 『주역약례周易略例』의 「변위辨位」에서 괘위가 갖는 의미에 대해 다음과 같이 설명하였다.

> 위位에는 존귀함(尊)과 비천함(卑)이 있으며, 효爻에는 음陰과 양陽이 있다. 존귀한 자리는 양이 머무르는 자리이며, 비천한 자리는 음이 밟고 있는 자리이다. 그러므로 존귀하게 여기는 것은 양의 자리이며, 비천하게 여기는 것은 음의 자리이다.…… 초효初爻와 상효上爻는 체體의 시작(始)과 끝(終)에 해당되기 때문에…… 음양으로 위位를 정할 수 없다. 존귀함과 비천함에는 정해진 차례가 있되 시작과 끝에는 정해진 주체가 없다. 그러므로 「계사전」에서는 (중간에 있는) 네 개의 효의 공위功位의 통례通例만 논했고, 초효와 상효의 정위定位에 대해서는 언급하지 않았다.…… 통합해서 논하면, 효爻가 머무르는 곳을 위位라고 하고, 괘는 여섯 개의 효爻로 이루어지니 곧 "여섯 위位가 때에 따라 이루어진다"(六位時成)라고 하지 않을 수 없다.[11]

왕필이 『주역약례』의 「변위」에서 괘위의 문제를 다루었던 것처럼 다산도 「독역요지讀易要旨」의 제14칙에서 변위라는 제목으로 위位 개념을 다루었다. 그러나 왕필이 초효와 상효를 괘위에서 제외시켰던 것과 달리 다산은 육효 전체에 대해 괘위를 배정하였다. 다산에 따르면 괘위는 자연과 인간의 관계, 사회적 신분의 귀천 등 자연과 사회의 다양한 관계를 표현한다.

---

11) "位有尊卑,爻有陰陽. 尊者, 陽之所處,卑者,陰之所履也. 故以尊爲陽位,卑爲陰位.……初上者, 體之終始,……非可以陰陽定也. 尊卑有常序, 終始無常主. 故繫辭但論四爻功位之通例,而不及初上之定位也.……統而論之,爻之所處則謂之位,卦以六爻爲成,則不得不謂之六位時成也." (왕필 저, 임채우 역, 『주역 왕필주』, 도서출판 길, 1999, pp.633~635)

다산은 「독역요지」에서 위位를 네 가지로 분석하였다.

첫째, 삼재지위三才之位는 천天·지地·인人의 관계를 표현한다. 육획괘 중에서 일一·이二는 지위地位이며, 삼三·사四는 인위人位이며, 오五·육六은 천위天位이다.

둘째, 이기지위二氣之位는 음양의 이기二氣를 표현한다. 일·삼·오는 홀수로서 강剛·양陽에 배당되며, 이·사·육은 짝수로서 유柔·음陰에 배당된다.

셋째, 귀천지위貴賤之位는 사회적 신분을 나타낸다. 일·이는 백성(民)의 자리이며, 삼·사는 신하(臣)의 자리이며, 오는 임금(君)의 자리이다. 다만 육六은 사회적 신분을 나타내는 것이 아니라 천天의 자리라고 보았다.

넷째, 내외지위內外之位란 아我와 적敵의 관계를 표현한다. 일·이·삼은 아가 되고, 사·오·육은 적이 된다.

다산의 괘위론의 특징은 물상物象을 철저히 괘위와 연계하여 해석하였다는 데 있다. 예를 들어 "월기망月幾望"의 구절은 괘위와 밀접한 관련을 맺고 있다. 이 구절은 소축괘小畜卦 상구上九, 귀매괘歸妹卦 육오六五, 중부괘中孚卦 육사六四 등 세 경우에 나온다. 다산은 하괘는 원래 리위離位에 해당하므로 해를 상징하고, 상괘는 감위坎位에 해당하므로 달을 상징한다고 보았다.[12] 왜냐하면 하괘의 일·이·삼은 기奇·우偶·기奇의 위치이므로 리離가 본래의 괘위가 되고, 상괘의 사·오·육은 우偶·기奇·우偶의 위치이므로 감坎이 본래의 괘위가 된다. 그렇다면 "보름달이 되었다"(月正望)라고 하지 않고 "달이 거의 보름달에 가까워졌다"(月幾望)라고 한 이유는 무엇인가? 그것은 달(月)을 상징하는 감위에 태兌가 있기 때문이다. 소축괘는 쾌괘夬卦에서 왔는데, 상괘가 태兌이다. 귀매괘 육오六五에서는 효변하여 태괘兌卦가 되므

12) 『주역』의 卦位로 볼 때 一·二·三은 離位로서 日에 해당되고, 四·五·六은 坎位로서 月에 해당된다.

로 상괘가 태兌가 된다. 중부괘 육사六四에서는 효변하여 리괘履卦가 되는데, 리괘履卦가 쾌괘夬卦로부터 추이한 것이므로 쾌괘의 상괘에 원래 태兌가 있었다. 태兌의 괘상은 상획이 깨져 있어서 건乾의 원형圓形이 되지 못하기 때문에 월기망月幾望"이라고 한 것이다.[13]

『주역』을 해석할 때 물상이 같은데도 불구하고 그 역사易詞가 다른 경우가 있는데, 그러한 경우도 괘위가 다르기 때문에 발생한다. 예를 들어 건괘乾卦에서는 용龍이 여러 번 나오지만, 초구初九에서는 잠룡潛龍이 되고 구이九二에서는 현룡見龍이 되고 구오九五에서는 비룡飛龍이 된다. 초구初九에서 "잠룡물용潛龍勿用"이라고 한 것은 초위初位가 지하地下이기 때문이고, 구이九二에서 "현룡재전見龍在田"이라고 한 것은 제2위가 지면地面에 해당되기 때문이다.[14] 그리고 구오九五에서 "비룡재천飛龍在天"이라고 한 것은 제5위가 천위天位이기 때문이다. 심지어 물상뿐 아니라 역사易詞까지도 같은데도 불구하고 그 길흉이 달라지는 경우도 있다. 이러한 사례들은 전적으로 그 괘위가 다르기 때문에 의미가 달라지는 경우들이다. 『주역』을 해석할 때 특히 그 괘위에 유의해서 살피지 않으면 안 되는 이유가 바로 여기에 있다.[15] 괘위론의 이론적 근거는 『주역』의 「계사전」에 있고, 주석가들은 대부분 괘위를 중시하였다. 그러나 「독역요지」에서 볼 수 있듯이, 다산의 괘위에 대한 관점은 왕필 등 이전의 경학가들과는 상당한 차이를 보이고 있다.

『주역』의 토폴로지에서 괘위와 더불어 중요한 것은 방위方位이다. 인간

---

13) "小畜上九, 歸妹六五, 中孚六四, 皆云, '月幾望'者, 三卦皆坎月之位,【四五六】兌缺未盈, 而幾乎至於乾圓也."(『周易四箋』, 『定本』 第15卷, p.57)

14) "三才之位, 二爲地面,【鄭玄云, '初在地下, 二在地上.'】地面曰, '田'.【在地上】'見龍在田'也."(『周易四箋』, 『定本』 第15卷, p.108)

15) "物象雖同, 而其詞不同. 其詞亦同, 而其吉凶不同者, 專由其位之不同, 所宜精察也."(『周易四箋』, 『定本』 第15卷, p.59)

은 기본적으로 자기가 서 있는 장소를 중심으로 전前·후後·좌左·우右라는 기본적 방향감각을 갖고 대상을 바라본다. 그리고 지구상의 모든 방위는 북쪽과 남쪽, 그리고 해가 뜨고 지는 방향인 동쪽과 서쪽의 네 개의 방위를 기본적 방위로 설정한다. 이처럼 우리가 우리를 둘러싸고 있는 주변을 네 개의 장場으로 구분하는 것은 매우 자연적이다.[16] 중국 고대에 방위는 주거를 정할 때 가장 우선적으로 고려해야 할 요소였다. 미제괘未濟卦 「대상전大象傳」에서 "군자는 사물을 변별하고 거처의 방위를 정할 때에 신중하게 처신한다"(君子以愼辨物居方)라고 한 것은 그만큼 방위를 중요하게 여겼다는 것을 보여 준다. "변물거방辨物居方"에서 쓰인 방方과 물物이라는 단어는 「계사전」의 "방이유취方以類聚, 물이군분物以群分"에서 다시 한 번 나타난다. 방이유취方以類聚의 방方은 동방지괘東方之卦·남방지괘南方之卦·서방지괘西方之卦·북방지괘北方之卦라고 하는 것처럼 방위를 표현하는 단어이다.[17] 그리고 물이군분物以群分에서의 물物은 괘상이 지시하는 대상을 가리킨다.[18] 괘상은 반드시 구체적 사물에 의지해서 취하기 때문에 괘상이 곧 물상이 된다. "방이유취"는 사물이 같은 종류끼리 모여서 방위를 형성하는 것을 가리키며, "물이군분"은 모여서 형성되었던 무리의 군집이 다시 흩어지는 것을 가리킨다. 『역』의 원리는 유취類聚와 군분群分이라는 두 가지 원리에서 벗어나지 않는다. 건乾과 곤坤은 같은 종류끼리 모여서 무리를 형성하는 유취의 대표적 경우이고, 기제旣濟와 미제未濟는 모였던 무리가 다시 흩어지는 군분의 대표적 경우이다. 다산의

16) 나이젤 페닉, 『서양의 고대 풍수학』(민음사, 1979), p.124
17) "方者, 卦之德也. 故東方之卦, 南方之卦, 西方之卦, 正北方之卦."(『周易四箋』, 『定本』 第16卷, p.273)
18) "易之爲道, 分聚而已. 乾坤者, 聚之至也. 旣未者, 分之極也. '物以羣分', 分則有辨也. '方以類聚', 聚則爲居也.【『史記』云, '一年成聚'】 辨物居方, 卽六十四卦分聚之大經. 而未濟爲六十四卦之終, 君子之道, 愼終而已. 故於六十四卦之終, 曰愼."(『周易四箋』, 『定本』 第16卷, p.269)

역학의 범주로 말하면 12벽괘는 방이유취괘이며, 50연괘는 물이군분괘이다. 12벽괘를 도표로 설명하면 다음과 같다.

12辟卦	復	臨	泰	大壯	夬	乾	姤	遯	否	觀	剝	坤
卦象	䷗	䷒	䷊	䷡	䷪	䷀	䷫	䷠	䷋	䷓	䷖	䷁

그렇다면 팔괘의 방위는 어떻게 정해지는가? 『주역』에서 팔괘 방위에 관해 설명하고 있는 것은 「설괘전說卦傳」이다.19) 「설괘전」은 서한시대에 발견된 문헌이지만 거기에 나타난 방위 관념은 서주시대의 문화적 환경에서 배태된 것일 가능성이 높다. 설령 「설괘전」이 서한시기에 성립된 것이라고 하더라도 방위와 결부된 문화적 관념은 상당 부분 선진시대의 옛 전통을 이어받고 있는 것으로 보아야 한다.20) 다산은 「설괘전」의 방위가 요순시대 이후로 변한 바가 없다고 주장한다.21) 『서경』의 「우서虞書 · 순전舜典」에 나타나 있는, 순임금이 사방을 순수巡守하는 순서도 역시 「설괘전」의 방위와 일치한다.22) 뿐만 아니라 「우서 · 요전」에 따르면 희씨羲氏와 화씨和氏가 동작東作 · 남와南訛 · 서성西成 · 삭역朔易의 순서로 직무를 수행하였다고 하는데, 이 순서는 「설괘전」의 진震(東方) · 리離(南方) · 태兌(西方) · 감坎(北方)의 방위와 일치한다.

---

19) "「說卦」, 主乎方而立說[如, '震東方'類]."(『周易四箋』, 『定本』 第16卷, p.269)

20) 拙著, 『다산 정약용의 주역사전 기호학으로 읽다』(예문서원, 2014), p.627.

21) "「說卦」方位之序, 唐 · 虞之所不易. 堯典羲和之職, 東作南訛西成朔易, 恰與四方卦之方位相順, 舜典巡守之序, 亦然可見. 「說卦」之書, 自前世而固有也. 離東坎西之說, 於古經無據."(『周易四箋』, 『定本』 第15卷, p.42)

22) "歲二月, 東巡守, 至於岱宗,……五月, 南巡守, 至於南嶽,……八月, 西巡守, 至於西嶽,……十有一月朔巡守, 至於北嶽."(「堯典」, 『尙書古訓』, 『定本』 第11卷, pp.178~190)

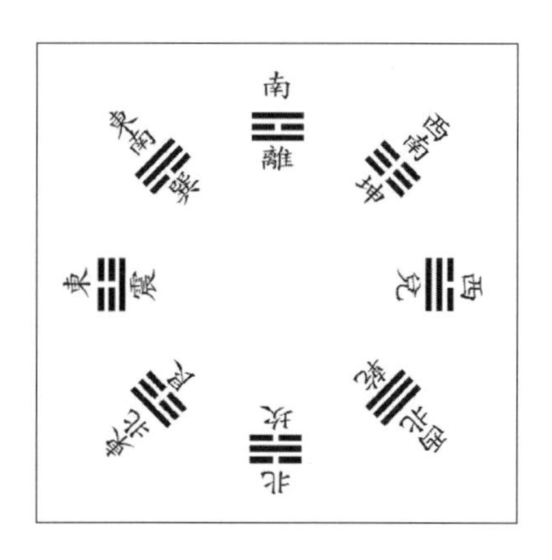

說卦方位圖

여기서 볼 수 있듯이 「설괘전」의 공간 개념은 시간적 질서와 분리되지 않는다. 동작東作은 봄에 동쪽에서 농사를 짓는 것이며, 남와南訛는 여름에 남쪽에서 만물이 성장하는 것이며, 서성西成은 가을에 서쪽에서 농사를 수확하는 것이며, 삭역朔易은 겨울에 북쪽의 삭방朔方에서 만물이 죽었다가 동지冬至가 되면 다시 소생하는 것이다. 이렇게 해서 동서남북의 사방에서 춘하추동의 사시의 질서가 순차적으로 이루어진다. 아울러 「설괘전」의 방위는 신화적 공간 개념에 바탕을 두고 있다. 「설괘전」에서 "제출호진帝出乎震"이라고 하였으니, 진震은 만물의 생성이 시작되는 동쪽 방위이다.[23] 「설괘전」에서 "상제가 진에서 나온다"(帝出乎震)라고 한 까닭은 고대 중국에서 만물은 동방에서 나온다고 생각하였기 때문이다. 왕필은 익괘益卦 육이六二의 "왕용향우제王用享於帝"의 주에서 "제帝는 만물을 낳는 주재主宰이고 (만물에) 이로움을 일으키는 종주宗主이니, 진震으로부터 나와서 손巽에서 가지런히 하는 자이다"(帝者, 生物之主, 興益之宗, 出震而齊巽者也)라고 하였다. 이를 통해

23) "震者, 東方生物之卦, 其德爲仁也."(『周易四箋』, 『定本』 第16卷, p.280); "太始者, 震也. 故曰, '帝出乎震', 又曰, '萬物出乎震.'"(『周易四箋』, 『定本』 第16卷, p.275)

왕필이 제帝를 천제天帝로 여겼음을 알 수 있다.[24] 주자도 『주역본의』에서 제帝를 천지주재天之主宰로 풀이하였다.[25] 이것은 "제자帝者, 제출호진帝出乎震"이라고 한 왕필의 주와 기본적으로 일치하는 것이지만, 주자는 제帝를 리理와 동일시함으로써 그 신화적 의미를 제거하려고 하였다. 다산도 제가 천의 장자인 상제上帝를 가리키며,[26] 성인이 남면南面하여 다스리는 것은 밝음을 상징하는 리離가 「설괘전」에서 남쪽 방향에 있기 때문이라고 하였다.[27] 이처럼 공동체의 구성원들은 특정한 방위를 향한 지향(orientation)을 통해 질서를 구현하려고 시도한다. 따라서 「설괘전」에서 방위는 단순한 공간분할의 수단일 뿐만 아니라, 질서화된 종교적 세계관을 표현한다.

그 밖에도 방위와 관련하여 「선천팔괘방위도先天八卦方位圖」가 있는데, 이것은 송대에 소옹이 도가의 도사들로부터 전수받았다고 하는 것이다.

伏羲八卦方位圖

---

24) 王弼 注, 孔穎達 疏, 『周易正義』, 十三經注疏 整理本(1), 北京大學出版社, 2000, p.206.

25) "朱子曰, 帝者, 天之主宰.【『本義』云】"(朱熹 撰, 廖名春 點校, 『周易本義』, 北京: 中華書局, 2009, p.263)

26) "震者, 天之長子, 所以爲帝【爲天子】 帝出乎震, 亦以爲上帝也.【豫「大象」】"(『周易四箋』, 『定本』 第16卷, p.338)

27) "離者, 聖人所以南面, 而出治也.【見「說卦」】 故易凡言治, 皆以離也."(『周易四箋』, 『定本』 第16卷, p.279)

소옹은 「설괘방위도」는 주나라 문왕文王의 작품이지만, 「복희(선천)팔괘방위도」는 복희씨伏羲氏가 그린 것이라고 주장하였다. 소옹은 전자를 「후천도」라고 부르고, 후자를 「선천도」라고 불렀다. 그러나 다산은 옛 경전에 근거가 없다는 것을 이유로 설괘 방위 이외에 별도로 복희의 방위가 있었다는 것을 부정하였다.[28] 소옹에 따르면 리離는 동방이 되고 감坎은 서방이 되지만, 다산은 그러한 설은 옛 경전에 근거가 없다고 반박하였다.[29] 설령 복희씨의 때에 또 다른 괘도卦圖가 있었다고 하더라도 그것을 본 사람이라도 있다는 말인가?[30] 북송대 이전에는 「선천도」가 존재한 적이 없었기 때문에 엄밀히 말한다면 이것은 주나라 『역』이 아니라 송나라 『역』이다. 뿐만 아니라 이 괘도는 생태적 자연질서를 반영하는 것이 아니라 단지 팔괘가 연역되어 나오는 논리적 순서를 표현하고 있을 뿐이다.

3. 풍수의 토폴로지

풍수란 인간의 길흉화복과 지리를 연관시켜 설명하는 전통적 인문지리학의 한 분야이다.[31] 『장서葬書』에 따르면 음양陰陽의 기氣가 바람이 되었다가 하늘로 올라가서는 구름이 되고, 다시 비가 되어 내렸다가 땅속을 흐르는데, 이것을 생기生氣라고 한다.[32] 이처럼 땅속에 흐르는 에너지가 있다는 믿음은

28) "文王卦位, 受之伏羲."(『周易四箋』, 『定本』 第16卷, p.327)

29) "離東坎西之說"이란 邵雍의 伏羲八卦方位說을 말한다. 소옹에 따르면 「說卦傳」은 文王八卦方位로 後天學이고, 伏羲八卦方位는 先天學이라 한다.

30) "孰見伏羲之時, 果有此先天方位耶."(『周易四箋』, 『定本』 第16卷, pp.327~328)

31) 한국에서 풍수와 지리를 합쳐서 風水地理라고 부르는 것은 풍수를 지리와 연계된 이론으로 간주했기 때문이다.

32) "음양의 기는 불어내면 바람이 되고, 공중으로 올라가서는 구름으로 되었다가 떨어져 내리면 비가 되고, 땅속으로 돌아다니면서 생기로 된다"(夫陰陽之氣, 噫而爲風, 升而爲雲, 降而爲雨, 行乎地中, 而爲生氣)라고 하였다.(郭璞 撰, 許燦九 譯註, 『葬書譯註』, 비봉출판사,

고대에 동아시아뿐 아니라 전 세계적으로 확산되어 있던 관념이었다. 고대 그리스에서는 땅속에 흐르는 에너지를 이용하여 미래를 예언하는 점술이 유행하였는데, 이것을 지오맨시(geomancy)라고 한다.[33] 동아시아의 풍수사상에서 독특한 점은 땅속을 흐르는 지기地氣가 현재의 주거환경뿐 아니라 현재 거주하고 있는 사람과 미래의 그 후손들의 운명에도 영향을 미친다고 보는 데 있다.

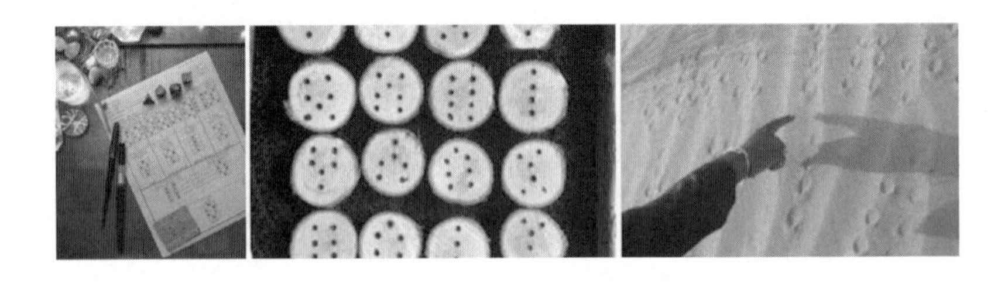

지기地氣와 더불어 생활환경에 커다란 영향을 미치는 요소로 중요하게 여겼던 것은 방위方位였다. 중국 고대에 공간적 방위는 주거를 정할 때에 가장 우선적으로 고려해야 할 요소였다. 미제괘未濟卦 「대상전大象傳」에서 "군자는 사물을 변별하고 거처의 방위를 정할 때에 신중하게 처신한다"(君子以愼辨物居方)라고 한 것은 방위를 매우 중요하게 여겼다는 것을 보여 준다. 좌청룡左青龍·우백호右白虎·전주작前朱雀·후현무後玄武 혹은 배산임수背山臨水 등은 풍수설 중에서 방위에 관한 이론이다. 풍수에서는 무덤의 좌향坐向을 정하기 위하여 나경羅經을 사용하는데, 거기에는 9층의 동심원을 따라 방위가 표시되어 있다.

2005, pp.105~106)

33) 'geomancy'라는 단어는 고대 그리스어 geōmanteía에서 유래되었으며, 문자적으로는 땅으로 미래를 내다보는 것(foresight by earth), 땅으로 점치는 것(earth divining)을 의미한다.

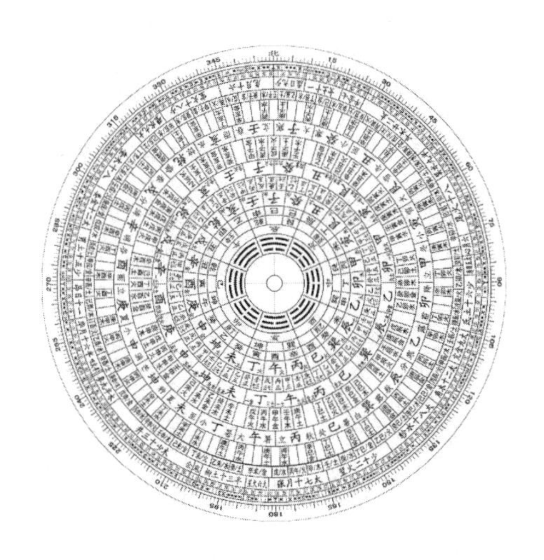

풍수이론에서는 방위를 자子·오午·묘卯·유酉 혹은 건乾·곤坤·간艮·손巽 등으로 표시하고, 이 방위에 상충相衝되느냐 상합相合되느냐에 따라서 재앙災殃과 상서祥瑞가 결정된다고 본다.[34] 풍수설에서는 지기와 방위와 더불어 산수의 형세 등을 종합적으로 판단하여 주거住居 혹은 장지葬地를 정할 때 활용하였다. 풍수사상은 크게 양택풍수陽宅風水와 음택풍수陰宅風水로 나뉜다. 양택이란 살아 있는 사람의 주거지를 가리키고, 음택은 죽은 사람의 안장지를 가리킨다. 이처럼 풍수론은 주거와 장지를 모두 포괄하는 이론이기 때문에 어느 하나에 한정된 논의는 바람직하지 못하다.

풍수사상과 관련된 다산의 대표적인 저술은 『풍수집의風水集議』이다. 『풍수집의』는 다산이 유배에서 풀려난 뒤인 1825년 을유년의 저서이다. 『풍수집의』는 서건학徐乾學(1631~1694)이 쓴 『독례통고讀禮通考』의 권82~권94 「장고葬考」 가운데 권83 「장고 2」를 본문으로 삼고, 거기에 자신의 견해를 주석으로 덧붙인 것이다. 다산은 『풍수집의』에서 풍수에 관한 이전의 대표

34) 「風水論」(三), 『定本』 第2卷, p.317.

적 유학자들의 견해를 집성하고, 끝부분의 「사암풍수론俟菴風水論」에서 풍수에 대한 다산 자신의 견해를 덧붙였다. 『독례통고』에 실린 역대 유학자들의 장론葬論에서는 대체로 풍수사상의 밑바닥에 깔린 비합리성을 비판하면서 유교적 예법을 따를 것을 주장하고 있다. 서건학의 「장고」가 갖는 사상적 의의는 유교적 풍수론을 체계화함으로써 장례문화의 전범典範을 제시하였다는 데 있다.[35] 서건학은 「장고」에서 택일擇日·택지擇地의 문제에서 비합리적 풍수지리를 철저하게 비판하고, 『주례』의 족장법을 좇아서 묘지를 쓸 것을 대안으로 제시하였다. 서건학의 견해는 음택풍수陰宅風水가 유행하면서 산송山訟 문제로 심각한 사회적 갈등을 겪고 있던 조선조 후기 사회에 합리적 대안으로 받아들여졌다.[36] 『목민심서』에 따르면 그 당시 발생한 살상 사건의 절반 정도가 산송 때문이었을 정도로 그 폐해가 심각하였다. 다산은 정한봉鄭漢奉의 『경지수언逕地粹言』에 대한 안설案說에서 풍수설의 폐해를 다음과 같이 지적하였다.

> 생각건대 근세의 이름난 가문 중에는 그 조상의 무덤을 일곱 번이나 파낸 경우도 있다. 그 뒤로는 문호門戶가 나날이 점차 병들어서 시들어 가고 자손이 나날이 점차 드물어지며 재앙과 변고가 마구 생겨나지만 아무도 치료할 수 없게 되었다. 이로부터 살펴보건대, 풍수의 미혹은 하늘이 깊이 미워하는 것이다.[37]

다산은 산송의 원인을 잘못된 풍수설에 대한 맹신에서 찾고 있다. 사람들은 지사地師가 기가 막히게 적중시키는 것을 보고 풍수에 관한 지사의 능력을 신뢰하게 된다. 그러나 지사가 과거를 알아맞힐지는 몰라도 미래까

---

35) 박종천, 「조선후기 讀禮通考의 수용과 영향」(『한국실학연구』, 20, 2010, pp.499~500).
36) 山訟이란 明堂을 차지하기 위하여 다른 사람의 무덤자리를 빼앗으려고 함으로써 발생하는 분쟁을 가리킨다.
37) 박종천, 『다산 정약용의 풍수집의』, p.152.; 『風水集議』, 『定本』 第22卷, p.375.

지도 알아맞히는 것은 아니다. 왜냐하면 미래의 일은 귀신조차도 알 수 없는 것이기 때문이다.[38] 중국에서는 지사地師를 장무葬巫라고 하는데, 그 명칭 자체가 무당이라는 것을 나타낸다. 장무는 어떤 지식에 의거해서 말하는 것이 아니라 영감靈感에 의지한다.[39] 술사 가운데는 낫 놓고 기역자도 모를 정도로 무식한 자도 있다.[40] 장무가 터무니없이 이야기하는 것은 마치 새무賽巫(shaman)가 말하는 것과 같다.[41]

다산은 풍수론에 관하여 강한 반대의 관점에 서 있다. 풍수의 내용도 물론 문제이지만 풍수라는 용어도 적합한 용어는 아니다. 풍수가들이 이야기하는 것은 주로 산山인데도 불구하고 풍수라고 하는 것을 이해할 수 없다. 풍수 중에서 물(水)은 그래도 형체라도 있지만 바람(風)은 본래 형체도 없기 때문이다. 다산은 풍수에 대해 애매모호하게 얼버무리지 않고 단호하게 반대 입장을 표명하였다. 『풍수집의』에 실린 정한봉의 『경지수언』에 따르면, 명나라 학자인 이몽양李夢陽은 풍수에 대한 이치는 있기도 하고 없기도 하다고 주장하였다. 그러나 다산은 이처럼 두루뭉술한 화법을 좋아하지 않았다. 있으면 있는 것이고 없으면 없는 것이지, 애매하게 그 중간은 없다. 풍수에 이치가 있다고도 할 수 없고 없다고도 할 수 없다고 말하는 사람들은 선비가 될 자격조차 없는 사람이다.[42] 다산은 경전을 보지 않으면 그만이지만 옛 경전을 즐겨보면 풍수는 본래 물리치지 않을 수 없는 것이라고 주장하였다.[43] 다산은 안설案說에서 자신이 반풍수反風水

38) 박종천, 『다산 정약용의 풍수집의』, p.116.; 『風水集議』, 『定本』 第22卷, p.377.
39) 박종천, 『다산 정약용의 풍수집의』, p.145.; 『風水集議』, 『定本』 第22卷, p.372.
40) 박종천, 『다산 정약용의 풍수집의』, p.101.; 『風水集議』, 『定本』 第22卷, p.353.
41) 박종천, 『다산 정약용의 풍수집의』, p.118.; 『風水集議』, 『定本』 第22卷, p.360.
42) "嗚呼! 折訟如此, 其亦難乎其爲士矣."(「風水論(五)」, 『定本』 第2卷, 茶山學術文化財團, 2012, p.318.)
43) 박종천, 『다산 정약용의 풍수집의』, p.68.; 『風水集議』, 『定本』 第22卷, 茶山學術文化財團, 2012, p.339.

의 관점에 서 있다는 것을 명확히 선언하였다.

> 생각건대 요즘 세상의 사람들은 그 스스로 두루 통하여 막힘이 없고 이치에 밝으며 사물에 통한 자라고 자처하는데, 모두 이런 논의였다. 아! 있으면 있는 것이요 없으면 없는 것이지, 있는 것과 없는 것 사이에 다시 한 자리를 차지하고 있는데, 이것은 과연 어떤 물건인가? 의학의 이치를 묻는 자가 있어서 그에게 대답했다. "있어도 되고 없어도 된다." 산학算學에 대해 묻는 자가 있어서 그에게 대답했다. "있어도 되고, 없어도 된다." 그것을 통사通士의 통달한 논의라고 할 수 있겠는가? 여기에 어떤 사람이 있어서 그 백 마디 말이 모두 믿음직하더라도 한 마디만 허튼 소리가 있다면 남에게 거짓말을 한 것과 같거늘, 하물며 백 마디 말이 백 가지 거짓인 경우야 말할 것이 있겠는가? 풍수가 세상에서 행해지는 데에는 두 가지 길이 있으니, 하나는 귀물鬼物들이 홀리는 것이고 하나는 사람들의 허튼소리이다. 그 이른바 기이한 적중과 신묘한 징험은 모두 여기에 지나지 않는다.[44]

풍수설의 이론적 전제가 되는 것은 동기감응설同氣感應說로서, 그 근거가 되는 것은 『주역』 건괘乾卦 구오九五의 "같은 소리는 서로 응하고 같은 기는 서로 구한다"(同聲相應, 同氣相求)라고 한 공자의 발언이다. 동기감응의 사상은 『여씨춘추』와 『춘추번로』를 거쳐서 모든 사물 사이에 동기감응의 현상이 발생한다는 이론으로 발전하였다. 풍수사상에서 동기감응에 대해 최초로 언급한 문헌은 『청오경靑烏經』이다. 『청오경』에서는 "동산東山에서 더운 기운을 토해 내면 서산西山에서 구름이 일어나는 것"(東山吐焰, 西山起雲)처럼 동기감응은 자연스러운 이치라고 설명한다. 그리고 "사람이 죽게 되면 정精과 신神은 하늘로 올라가고 뼈(骨骸)는 땅속으로 들어간다. 좋은 기운이 서로 감응하여 귀신과 사람에게 미치게 된다"(百年幻化, 離形歸真. 精神入門, 骨骸反根. 吉氣感應, 鬼神及人)라고 하였다. 정이천程伊川이 "부모 · 조부모 · 자손은 같은

---

44) 박종천, 『다산 정약용의 풍수집의』, p.157.; 『風水集議』, 『定本』 第22卷, 茶山學術文化財團, 2012, p.377.

기를 가지고 있기 때문에 저쪽이 편안하면 이쪽도 편안하고 저쪽이 위태로우면 이쪽도 위태롭다"(父祖子孫同氣, 彼安則此安, 彼危則此危, 亦其理也)라고 한 것은 동기감응설의 관점을 잘 보여 준다. 다산은 정이천의 「장론葬論」에 대한 안설案說에서, 정이천의 발언은 "군자가 사모하는 지극한 뜻"이라고 하였다. 만약 다산의 발언만 떼어놓고 본다면 마치 동기감응설을 인정한 것처럼 보인다. 그러나 다산은 오초려吳草廬의 「장론」에 대한 안설에서는 조상으로부터 나온 생기가 그 자손에게 음덕蔭德을 입힌다는 것은 징험되지 않은 말이라고 하였다.[45] 그는 정이천의 「장론」에 대한 안설에서도 죽은 이와 후손 사이에 감응이 이루어진다는 사실 자체를 의심하고 있기 때문에 동기감응설을 수용하지 않았음을 알 수 있다.

> 생각건대 저쪽이 편안해야 이쪽이 편안해진다는 이치는 본래 군자가 사모하는 지극한 뜻이다. 만약 살아 있을 때에 의거하여 말하자면, 부모님은 복된 땅에 거주하여 건강하고 평안하게 지냈어도 자손이 요절하는 경우가 있으며, 부조가 나쁜 섬에서 유배되어 몹시 고생하며 궁핍하여 시름겨운데도 집안에서 태어난 아이가 장차 경상卿相이나 대관大官이 되는 경우도 있다. 하물며 자신이 죽은 뒤에는 무엇으로써 그 필연의 응應을 유지하겠는가?[46]

다산이 말하고자 한 바는 자식된 도리로서 부모님을 복지福地에 편안하게 모시고 싶은 심정은 군자라면 당연히 따라야 하는 도리라는 것이다. 그렇다면 복지福地 즉 명당明堂은 존재하지 않는 것인가? 다산은 주자의 「장설葬說」에 대한 안설에서 다음과 같이 말하였다.

---

45) "乘生氣而蔭其子孫者, 不驗之言也.……其發蔭之說, 不可信也."(박종천, 『다산 정약용의 풍수집의』, p.84.; 『風水集議』, 『定本』 第22卷, 茶山學術文化財團, 2012, p.345).

46) 박종천, 『다산 정약용의 풍수집의』, p.48.; 『風水集議』, 『定本』 第22卷, 茶山學術文化財團, 2012, p.332.

생각건대 산과 물이 빙 둘러싸서 풍기風氣가 쌓이면 사는 사람이 안온安穩하기 때문에 사람들이 저절로 나아가게 된다. 이는 땅이 좋아서 사람이 나아가는 것이지, 사람이 나아가서 땅이 음덕을 발하는 것이 아니다. 이것은 사람이 먼저 그 효과를 누리는 것이 마치 기러기가 따뜻한 양지를 좇고 물고기가 깊은 곳으로 나아가는 것과 같으니, 어찌 지력地力이 음덕을 발하는 것이겠는가? 대저 땅을 골라서 장사지내는 것은 인정人情이다. 지금 다만 산과 물이 빙 둘러싸고 풍기가 쌓인 곳에 그 어버이를 장사지내는 것이 마땅하다고 명한다면 그 누가 안 된다고 하겠는가? 그 책을 살펴보니, 갑·을·병·정과 건·곤·간·손은 끝까지 따져 물을 수 없는 부분이 있다. 이것이 바로 인정 밖에 별도로 있는 사욕私欲이다.[47]

다산은 주거 혹은 안장의 공간으로 좋은 땅이 존재한다는 사실을 부정하지 않는다. 길지吉地를 골라서 어버이를 장사지내고 싶은 것은 당연한 인정人情이다. 산과 물이 빙 둘러싸서 풍기風氣가 쌓이면 거기에 사는 사람이 안온安穩하게 되니, 그곳이 좋은 땅이다. 높은 봉우리와 가파른 절벽에 사방으로 통하고 팔방으로 닿는 땅이 아니면 그 풍기는 유순하고, 나쁜 돌과 거친 자갈로 푸석푸석 마르고 울퉁불퉁한 땅이 아니면 그 토양은 윤택하고 두텁다. 쓸쓸하게 외로운 무덤이 깊은 산속에 있는데 곁에 초목이 없으면 효자가 서글퍼서 초목이 무성한 땅을 구하는 것도 역시 인정이다.[48] 좋은 땅을 찾는 것은 기러기가 따뜻한 양지를 좇고 물고기가 깊은 곳으로 나아가는 것과 같이 인간으로서의 자연스러운 감정의 표현일 뿐이지, 땅이 음덕蔭德을 가졌다는 것과는 아무런 관련이 없다. 산의 형태에 따라 후손의 직업·부귀·흉사를 판단하는 것은 혹세무민에 불과하다. 뿐만 아니라 다산은 「풍수론 (3)」에서 묘지의 방위를 보고 길흉화복을 판단하는

47) 박종천, 『다산 정약용의 풍수집의』, pp.53~54.; 『風水集議』, 『定本』 第22卷, 茶山學術文化財團, 2012, pp.333~334.

48) "案, 伊川所論, 皆人情也. 非高峯絶巘四通八達之地, 則其風氣柔順, 非惡石巃礫焦枯犖確之地, 則其土壤膩厚. 伊川所求者, 人情也. 孑然孤墳, 在於深山之中, 而旁無草木, 則孝子悽愴, 其求草木茂盛之地, 亦人情也."(『風水集議』, 『定本』 第22卷, 茶山學術文化財團, 2012, p.334)

것도 지사들의 어리석은 행위라고 꾸짖고 있다.[49] 중국의 기주冀州와 연주兗州는 들판이 끝없이 넓어서 언덕이라고는 없기 때문에 용호龍虎[50]나 사각砂角[51] 같은 혈처穴處[52]가 형성될 수 없지만 그럼에도 불구하고 부귀가 여전히 유지되었기 때문에 별도로 길지吉地를 구할 필요가 없었다.[53] 만약 방위의 차이가 수명·귀천·빈부의 차이를 만들어 내는 것이라면, 모든 사람들의 이목구비耳目口鼻의 방위는 모두 같은데 왜 그런 차이가 발생했는지를 설명할 도리가 없다. 무릇 방위란 동해東海와 서해西海처럼 고정적인 것이 아니라 상대적 위치에 불과하다.[54]

그러나 다산이 풍수에 반대하는 입장이 평생토록 유지되었는지에 관해서 의심하는 시각도 있다. 이경식과 천인호는 다산이 「자찬묘지명自撰墓誌銘」에서 신후지지身後之地를 자좌오향子坐午向[55]으로 할 것을 당부하였는데,[56] 이처럼 신후지지의 좌향坐向에 강한 애착을 보인 것은 평소의 소신과 다르다고 지적하였다. 아울러 다산이 말년에 남긴 「자신의 장사지낼 땅을 보다」(觀己葬地)라는 시는 풍수를 단호하게 거부하지 못하는 실존적 고민을 보여 준다고 주장하였다.[57] 실제로 그 시에서는 풍수에 대한 긍정과 부정 사이에서 고민하는 시인의 심정이 다음과 같이 표현되고 있다.

---

49) "執方位以求其交鬼者也. 愚哉愚哉."(「風水論」(三), 『定本』 第2卷, 茶山學術文化財團, 2012, p.317.

50) 龍虎: 左山을 靑龍이라고 하고, 右山을 白虎라고 함.

51) 穴處의 주변에 있는 산이나 산봉우리들을 풍수의 용어로 '砂'라고 한다. 砂角이란 혈처를 둘러싸고 있는 前後·左右의 산을 말한다. 즉 玄武=주산·朱雀=안산·左靑龍·右白虎의 四神砂를 가리킨다.

52) 穴處: 산맥이나 물을 따라 내려온 氣가 응집된 곳, 즉 明堂을 가리킨다.

53) "冀兗之野, 曠無陵阜. 今之葬者, 皆周垣爲域. 正昭穆如周禮, 無龍虎砂角之觀. 其富貴固自如也. 奚爲而求吉地也."(「風水論」(一), 『定本』 第2卷, 茶山學術文化財團, 2012, p.315.)

54) "東海西海, 隨地易名, 是無定名也."(「問東西南北」, 『定本』 第2卷, 茶山學術文化財團, 2012, p.98.

55) 子坐午向은 子方을 등지고 午方을 향한 자리, 즉 정남방으로 앉은 자리를 말함.

56) "卜兆於家園之北子坐之原, 尙能如願."(「自撰墓誌銘[壙中本]」, 『定本』 第3卷, 茶山學術文化財團, 2012, p.252)

57) 이경식·천인호, 「다산 정약용의 풍수관」, 『한국민족문화』 64, 2017, p.268.

장지葬地를 경영하여 죽기를 기다렸네. 先營葬地待歸眞
뼈 묻는 뒷일을 어찌 남에게 맡긴단 말인가! 埋骨他年豈與人
청오靑烏를 찾아서 소원을 펴는 것이 부끄러워라. 羞訪靑烏所願伸
어느 것이 나의 참인 줄 알 수가 없네. 不知何物是吾眞

그러나 김언종에 따르면, 이 시의 출처인 『우세화시집又細和詩集』은 다산이 아니라 다산과 동시대 인물인 이면백李勉伯(1767~1840)의 저작이다.[58] 그리고 다산이 좌향을 자좌오향子坐午向으로 했다는 것은 결국 머리를 북쪽으로 향하게 했다는 것을 의미한다. 「사암풍수론」에서 다산은 주공周公의 족장법族葬法에서도 북방에 장사지낼 때 머리를 북쪽으로 두었고, 특별히 방위나 좌향을 다르게 지정하지는 않았다고 하였다.[59] 따라서 다산이 좌향을 자좌오향으로 정한 것은 고례古禮의 방위 관념에 따른 것이지, 풍수의 방위를 따른 것이 아니었음을 알 수 있다. 『사암선생연보』에 따르면 다산은 자신이 죽은 뒤 무덤을 쓸 때 지사地師를 찾지 말고 가원家園에 묻으라고 유언을 남겼으며, 실제로도 경기도 마재의 생가 뒷산에 묻혔다.[60]

4. 결론

이 글에서 필자는 『주역』과 풍수 담론을 중심으로 다산의 공간에 관한 담론을 분석하였다. 『주역』과 풍수의 토폴로지에서 공간 개념은 위位 개념을 통해서 표출된다. 위位는 기본적으로는 공간의 토포스를 가리키지만, 동시

58) 김언종, 「여유당전서보유의 저작별 진위 문제에 대하여(上)」, 『다산학』 9(2006), pp.123~124.
59) "周公制族葬之法,……葬於北方北首, 無方位坐向之殊."(박종천, 『다산 정약용의 풍수집의』, p.173.; 『風水集議』, 『定本』 第22卷, 茶山學術文化財團, 2012, p.385.)
60) "葬於家園, 勿詢於地師."(丁奎英, 『俟菴先生年譜』, 正文社, 1984, p.239); "四月一日, 葬於家園, 治遺命也."(같은 책, p.240)

에 정치·사회·문화적 함의를 가진다. 『주역』의 기호체계에서 괘위卦位는 기호로 구성된 추상공간 속의 장소를 가리키는 개념이다. 그러나 『주역』의 해석학에서 괘위는 단지 괘획의 위치를 나타낼 뿐 아니라 자연과 사회의 영역에 존재하는 다양한 관계를 나타낸다. 그 다음으로, 풍수는 땅이 인간의 운명에 미치는 영향에 관하여 설명하는 이론으로서 전통사회에서 주거와 장례 문화에서 상당한 영향을 미쳐 왔을 뿐 아니라 지금까지도 지속적으로 영향을 미치고 있는 공간 담론이다. 방위는 『주역』과 풍수에서 공통적으로 매우 중요하게 다루어진다. 고대문화에서는 특정한 방위에 대하여 상징적 의미를 부여하는 의례를 통하여 의미 있는 질서를 구현하려고 노력하였다. 따라서 의례는 방위를 통해서 혼돈된 세계에 질서를 부여하고자 하던 고대인들의 종교적 세계관의 표현이었다.

다산은 전통적 가치와 동시대적 가치 사이에서 어떤 가치를 택할 것인지 고민했던 사상가였다. 다산은 『주역사전』에서 고대의 의례에 나타난 방위 개념을 존중하고 그 권위를 인정하는 태도를 보였다. 그러나 다산은 자신의 시대에 다시 복서를 실행하는 것에 대해서는 단호하게 반대하였다. 다산에 따르면 점술은 중국 고대에서 상제上帝를 섬기던 종교 의례로부터 비롯되었다. 다산의 관점에서 본다면 상제에 대한 종교적 신앙심이 없으면서 점술만을 실행한다면 그것은 신성모독이 된다. 서주시대 이전에는 복서로써 천명을 이어받았으나, 전국시대 이후에는 복서로 사람들을 의심케 하면 죽였다. 따라서 다산은 전심으로 『주역』을 연구하였으나 스스로 한 번도 시초점을 친 적이 없었다고 말한다.[61] 정전제井田制 등의 주나라 제도가 이제 더 이상 시행되지 않는 상황에서 점술을 그대로 유지할 필요성은

61) "案, 西周以前, 卜筮以紹天明, 戰國以後, 卜筮以疑衆殺, 餘故專心治易, 而未嘗一筮."(박종천, 『다산 정약용의 풍수집의』, p.64.; 『風水集議』, 『定本』 第22卷, 茶山學術文化財團, 2012, p.338.)

없다. 그러나 다산은 점술을 행하지 않더라도 『주역』에는 성인聖人의 도덕적 가르침이 담겨 있기 때문에 『주역』을 공부해야 할 이유는 충분하다고 생각하였다.

반면에 다산은 풍수에 대해서는 단호히 반대하는 태도를 취했다. 다산의 시대는 이미 잘못된 풍수 관습으로 말미암아 현실적으로 많은 폐해가 발생하고 있는 상황이었다. 아무리 관습이 된 하비투스(habitus)라도 합리적 근거를 결여하고 있다면 지속가능한 것이 아니다. 다산은 전통적 풍수이론에 담긴 이론적 전제에 대한 합리적 의심을 품고 이에 도전하였다. 그는 풍수가 유가의 정통사상에 속하지 않을 뿐 아니라 길흉의 인과관계를 증명할 수 없다고 보았다. 이것은 경험적 증거와 합리적 근거를 진리의 판단기준으로 삼던 실학의 학문관을 드러낸 것이다.

<보론> 초의 수초본 『주역사전』의 『여유당집』 권수卷數의 문제

초의艸衣(1786~1866)는 자字가 중부中孚이고 당호堂號는 일지암一枝庵이며 속명俗名은 장의순張意恂이다. 1807년에 전남 화순의 쌍봉사雙峰寺에서 수행하다가 1809년에 해남 대둔사大芚寺로 옮겨 왔다. 초의가 다산을 처음 만난 것이 언제인지는 확실히 알려져 있지 않으나, 초의가 24세 때 다산에게 바친 「봉정탁옹선생奉呈籜翁先生」을 보면 초의는 이미 그 이전부터 다산으로부터 가르침을 받고 있었다.[1] 초의가 1809년에 다산초당을 찾았을 때 다산의 나이는 48세였고, 초의는 24세였다. 다산은 1808년 봄에 거처를 강진 고성사高聲寺 보은산방寶恩山房에서 윤단尹慱(1744~1821)의 산정山亭인 귤동의 초당으로 거처를 옮겼는데, 이곳이 바로 다산초당이다. 초의가 그린 「다산초당도」는 다산초당의 옛 모습을 보여 준다.[2]

---

1) 김미선, 「艸衣의 儒佛不二 사상」, 『동양철학연구』 제52집, 2007, p.230.

2) 「다산초당도」는 가로 27cm, 세로 19.5cm의 한지에 그린 산수화로서 다산의 『白雲帖』에 포함되어 있다.(사진출처: 다산연구소; http://www.edasan.org) '다산초당도'는 草堂과 東庵, 연못과 松竹이 어우러진 고아한 정취를 세밀하게 묘사하고 있다. 『백운첩』은 다산이 1812년 음력 9월 초의와 함께 월출산을 구경하고 인근 백운동(현 전남 강진군 성전면 월하리)에서 하룻밤 머문 뒤에 만든 20쪽짜리 시화첩이다. 여기에는 「다산초당도」를 포함한 초의선사의 그림 2점과 다산의 한시 12수 등이 실려 있다. 다산은 跋文에서 "승려 意恂이 '백운동도'와 '다산초당도'를 그려 두 곳의 우열을 비교할 수 있게 했다"라고 적었다. 백운첩은 강진 사람이 소장하고 있다가 서울 인사동의 通文館 주인 李謙魯의 수중으로 넘어갔고, 다시 고미술수집가 이재환 씨에게 팔렸다. 백운첩은 소장자가 2001년 4월에 언론에 공개함으로써 세상에 알려졌다.(출처: 2001.06.11, 현대불교신문; http://www.hyunbulnews.com)

다산의 『주역사전』 무진본은 1808년에 다산초당에서 완성된 것이므로, 아마도 초의가 다산초당을 찾았을 1809년에 두 사람은 자연스럽게 『주역사전』을 화제로 삼아 대화를 나눴을 것이다. 초의는 다산으로부터 『주역』을 배웠고, 『주역』의 61번째 괘명인 중부中孚를 호로 받았다. 초의는 「상정승지서上丁承旨書」를 써서 다산을 존경하는 심정을 토로하고, 다산의 역학을 계승하려는 의지를 드러냈다.[3] 초의의 제자 서암恕庵(?~1876)이 작성한 『일지암서책목록一支庵書冊目錄』에 따르면 초의의 서책 목록에는 『주역』에 관한 것도 있었다.[4] 2011년에 동국대학교 불교학술원 불교기록문화유산

---

3) 김상홍, 「다산학이 초의선사에게 끼친 영향」, 『한문교육연구』 제19호, 2002, p.517.
4) 『一支庵書冊目錄』은 초의가 입적한 후 제자인 서암 스님에 의해 기록된 초의 서책 목록집으로, 가로 15.5㎝, 세로 31.5㎝ 크기로 총 15매로 이루어져 있다. 『일지암서책목록』은 초의의 장서 총 91본을 수록하고 있으며, 『금강경』 등 불교 경전과 조사어록은 물론 『주역』, 『논어』, 굴원의 『초사』와 당송대 시문, 운율사전, 시에 대한 비평서, 역사서, 지리서, 『艸衣禪果』, 『선문사변만어』, 『다신전』 등이 포함되어 있다. 박동춘이 박사학위논문 「초의선사의 다문화관 연구」(동국대학교 선학과, 2010)에서 공개했다.(출처: 법보신문; http://www.beopbo.com)

아카이브 구축 사업단은 전남 담양에 있는 용흥사龍興寺에서 초의선사의 친필 수초본手抄本 19권을 포함해서 고서 및 조선 후기 불교 사료 851점을 발굴하고 공개했는데, 거기에서 『주역』 관련 서적도 발견되었다. 여기서 『주역』 관련 서적이라고 한 것은 아마도 초의 수초본手抄本 『주역사전』을 가리키는 것으로 보인다.5) 초의 수초본은 『주역사전』 전부를 필사한 것은 아니고, 「대상전」, 「계사전」, 「시괘전」, 「설괘전」 부분만을 필사한 것이다.6) 그 필사 시기는 알 수 없으나, 1809년 초의가 다산을 방문했을 무렵이었을 가능성이 있다.

초의 수초본 『주역사전』의 필체는 단정하고 우아하다. 그런데 필체보다 주목해서 보아야 할 부분은 『여유당집』 권수卷數이다. 『주역사전』의 『여유당집』 권수가 기록된 것으로는 규장각본이 있는데, 현존하는 규장각본 『주역

---

5) 동국대학교 불교학술원 불교기록문화유산 아카이브 구축 사업단은 2011년 11월4일 전남 담양에 있는 용흥사에서 초의선사의 친필 手抄本 19권을 포함해서 고서 및 조선후기 불교 사료 851점을 발굴하고 공개했다. 이종수 동국대 불교학술원 HK연구교수는 '용흥사의 역사와 소장 불교전적의 학술적 가치' 제하의 발제를 통해 용흥사 소장 자료는 1937년부터 1954년까지 대흥사 주지를 역임했던 대흥사 응송 스님(1893~1990)이 해방 후에 대흥사를 떠나면서 수집 자료를 가지고 나왔고, 그 유품이 제자인 용흥사의 백운 스님에게 전해진 것이라고 밝혔다. 수초본은 초의 스님이 직접 기록한 것으로 대부분 중국 시집 관련 책자였으며, 『주역』 관련 서적도 포함돼 있었다. 여기서 『주역』 관련 서적이라고 한 것은 아마도 초의 수초본 『주역사전』을 가리키는 것으로 보인다.(법보신문, 2011.11.04; http://www.beopbo.com)

6) 필자가 艸衣 手抄本 『주역사전』의 존재에 대해서 알게 된 것은 정민 교수를 통해서였다. 정민 교수는 한국학중앙연구원에서 "세계사 속의 다산학"이라는 공동연구과제를 수행한 적이 있었는데 그를 통해 초의 수초본이 있다는 것을 알게 되었다. 필자는 다산학술문화재단에서 다산 필사본 가운데 『주역사전』에 관한 연구를 맡아 『주역사전』 필사본에 대해서 두 편의 논문까지 썼지만 『주역사전』 초의 수초본에 대해서는 들어본 적이 없었다. 필자는 수소문 끝에 김문식 교수의 지인을 통해 초의 수초본 『주역사전』을 영인한 사진 파일을 얻을 수 있었다. 필자는 입수한 초의 수초본에 관한 정보를 다산학술문화재단에 전했고, 다산학술문화재단은 다시 그것을 프린트물로 출력 제본해서 정민 교수에게도 보내 드리고, 다산 역학 연구자들과 함께 나누어 가졌다. 이 자리를 빌려 정민 교수와 김문식 교수, 김문식 교수에게 파일을 제공해 주신 분, 그리고 다산학술문화재단에 감사드린다.

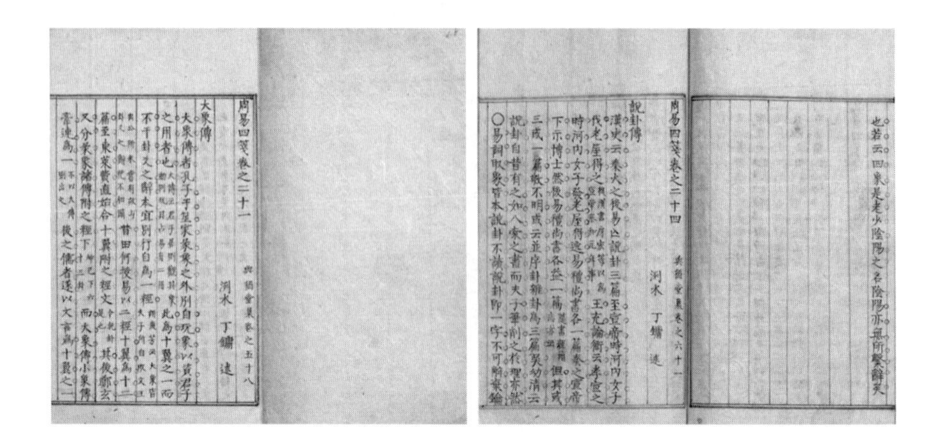
周易四箋 卷之二十一　與猶堂集 卷之五十八
洌水 丁鏞 述
大象傳
大象傳者孔子手筆彖象之外別自玩象以資君子
之用者也 此爲十翼之一而
不干卦爻之辭本宜別行自爲一經
昔田何授易以二經十翼爲十二
篇至東萊費直始合十翼附之經文 其後鄭玄
又分彖象諸傳附之經下 而大象傳小象傳
竟連爲一 後之儒者遂以文言爲十翼之一

周易四箋 卷之二十四　與猶堂集 卷之六十一
洌水 丁鏞 述
說卦傳
漢史云秦火之後易亡說卦三篇至宣帝時河內女子
伐老屋得之 王充論衡云孝宣之
時河內女子發老屋得逸易禮尚書各一篇奏之宣帝
下示博士然後易禮尚書各益一篇 但其或
三或一篇數不明或云並序卦雜卦爲三篇
說卦自昔有之如八索之書而夫子筆削之於理亦然
○易詞取象皆本說卦不讀說卦即一字不可解

也若云四象是老少陰陽之名陰陽亦無所繫辭矣

사전』에는 『여유당집』 권수가 매권每卷에 다 표시된 것은 아니고, 몇 곳에만 표시되어 있다. 장동우는 규장각본 『주역사전』의 『여유당집』 권수를 조사하였는데, 이를 통해 규장각본 『여유당집』에서 『주역사전』이 배치되었던 대략의 체제를 알 수 있다.[7] 규장각본 『주역사전』과 초의본 『주역사전』의 『여유당집』 권수를 대조하면 다음과 같다.

	周易四箋	奎章閣本 與猶堂集	艸衣本 與猶堂集
大象傳	卷之二十一	卷之百三十八[8]	卷之五十八
繫辭傳	卷之二十二	卷之百三十九[9]	卷之五十九
蓍卦傳	卷之二十三	卷之百四十	卷之六十
說卦傳	卷之二十四	卷之百四十一	卷之六十一

7) 규장각본 필사본의 『여유당집"의 체제는 다음의 논문을 참조할 것. 장동우, 「여유당전서 정본사업을 위한 필사본 연구」, 『다산 필사본 연구』(다산학술문화재단 엮음, 사암), pp.197~198.

8) 장동우의 목록에서는 周易四箋 卷之二十(與猶堂集 卷之百三十七)과 周易四箋 卷之二十一(與猶堂集 卷之百三十九) 사이에 與猶堂集 卷之百三十八이 없다. 필자는 그 중간에 周易四箋 卷之二十一(與猶堂集 卷之百三十八)이 있어야 한다고 보고, 순서를 바로잡았다. 따라서 장동우 목록에서 周易四箋 卷之二十一의 與猶堂集 卷之百三十九는 與猶堂集 卷之百三十八로 되어야 한다.

이 도표를 보면 규장각본과 초의본은 『주역사전』의 권수는 일치하지만 『여유당집』의 권수가 현저하게 차이가 나는 것을 알 수 있다. 이것은 착오의 문제는 아니고, 편집체제를 달리하는 『여유당집』이 존재했다는 것을 의미한다. 초의본의 『여유당집』 권수가 58~61이고 규장각본 『여유당집』의 권수는 138~141이라는 점으로 미루어 볼 때, 초의가 『주역사전』을 필사했던 시기 이후로 『여유당집』의 체제가 확장되었던 것으로 추정할 수 있다. 아마도 다산은 자신의 저술을 모아서 『여유당집』을 편찬하려고 하였으나, 그 이후로도 저술이 추가로 이루어지면서 이에 따라 『여유당집』의 편찬체제도 달라졌던 것으로 보인다. 유감스럽게도 현존하는 다산 필사본에는 『여유당집』의 권수가 적혀 있는 것이 많지 않다. 초의 필사본은 비록 완질完帙은 아니지만 거기에 『여유당집』의 권수가 적혀 있어서 『여유당집』의 형성과정을 알 수 있는 단서를 제공해 준다.

---

9) 장동우 목록에서는 周易四箋 卷之二十二(與猶堂集 卷之百四十)으로 되어 있는데, 與猶堂集 卷之百三十九로 바로잡는다.

끝맺는 말

모든 기호에는 그것을 만든 제작자가 있다. 새뮤얼 모스(Samuel Morse, 1791~1872)가 단점短點(dot)과 장점長點(dash)의 부호를 조합하여 모스 부호(Morse code)의 통신체계를 만들었듯이, 복희伏羲와 문왕文王은 이어진 선(陽)과 끊어진 선(陰)의 두 가지 부호를 조합해서 『주역』의 점술체계를 만들어 내었다. 기호의 제작자는 기호의 발신자이며, 기호의 해석자는 기호의 수신자이다. 기호의 의미를 해석한다는 것은 그 원래의 제작자가 그 기호체계를 만들었을 때 부여했던 의미를 알아내는 작업이다. 모든 『주역』의 해석자들은 그 저자著者가 괘상卦象과 역사易詞에 부여한 의미를 이해하기 위해서 노력한다. 괘상의 부호를 기호記號(sign)라고 부르는데, 넓은 의미에서는 역사도 역시 기호에 속한다. 기호의 의미는 그것을 설계한 제작자에 의해서 부여된 규약에 의존한다. 만약 모스 부호처럼 그 규약체계가 분명히 알려져 있다면 그 의미는 왜곡됨이 없이 정확히 전달될 것이다. 문제는 오랜 세월이 지나면서 그 제작자가 원래 부여했던 의미가 잊힌 경우이다. 같은 공간에 있더라도 그 의미가 사람에 따라서 다르게 전달될 수 있는데, 하물며 몇 천 년이 흘렀다고 한다면, 그 의미가 온전히 전달된다는 것은 거의 불가능에 가깝다.

역학사의 천공天空에는 수없이 많은 천재들이 반짝이다가 사라져 갔다.

다산 정약용도 역학사의 밤하늘을 수놓았던 별들 가운데 하나였다. 다산의 형님이었던 정약전丁若銓은 「현산역간玆山易柬」에서 다산을 가리켜 "장야서성長夜曙星" 즉 긴 밤이 지난 뒤에 나타난 새벽별이라고 불렀다.[1] 역학사에 등장했던 천재들은 저마다 자기야말로 원저자의 본의를 파악했다고 주장하였으나, 가설추리의 수준을 벗어날 수는 없었다. 따라서 『주역』 해석에서 사실(fact) 혹은 진리(truth)는 드물며, 진리라고 주장하는 가설(hypothesis)들끼리 서로 다투고 있다. 소옹은 「선천도」라는 정체불명의 괘도卦圖를 그려놓고 그것이 전설적 인물인 복희가 그렸던 그림이라고 주장했다. 내지덕來知德은 복희·문왕·주공·공자의 네 성인이 밝혔던 『역』이 사라지면서 공자 이후로 지금에 이르기까지 기나긴 밤이 드리운 지 이천 년이 넘었다고 한탄했다.[2] 다산도 장야長夜의 비유를 써서 역학사의 비운을 다음과 같이 한탄했다. "천년이 넘도록 긴 밤이 이어지니 문왕·주공·공자의 세 성인이 밝혔던 옛 뜻을 회복할 수 없음을 슬퍼하지 않을 수 없다."[3] 다산의 관점에서 본다면 내지덕도 역시 『주역』의 밤하늘에 드리운 장야長夜의 칠흑 같은 어두움을 연장시킨 사람에 지나지 않겠지만, 어찌된 일인지 그의 말투는 내지덕을 닮아 있다.

다산의 역학 평론은 그 자체가 하나의 장편의 역학사이다. 다산의 역학사가 다루고 있는 범위는 기원전 672년 노장공魯莊公 22년의 진경중지서陳敬仲之筮에서부터 1715년에 이광지李光地가 펴낸 『주역절중』에까지 무려 2387년에 이르는 『주역』 해석의 전개사이다. 필자는 이것을 다산의 역학사 종단이라고 불렀다. 춘추관점春秋官占에서부터 명·청대의 모기령毛奇齡과 이광지李光地에 이르기까지, 다산의 비평은 과감하고 거칠 것이 없었다. 역학사의

1) "君之於易, 可謂長夜曙星."(「玆山易柬」, 『易學緖言』, 『定本』 第17卷, p.302)

2) "四聖之易, 如長夜者, 二千餘年. 【不其可長歎也哉】."(「來氏易註駁」, 『易學緖言』, 『定本』 第17卷, p.205)

3) "千年長夜, 無復三聖之舊義, 不亦悲哉!"(『周易四箋』, 『定本』 第16卷, p.278)

거성巨星들을 향한 다산의 비평은 때로는 정중했고, 때로는 혹독했다. 그가 우호적으로 평가했던 역학의 대가들은 순상荀爽, 우번虞翻 등의 순구가荀九家, 주자朱子, 오징吳澄 등이었으며, 비판의 대상으로 삼았던 이들은 왕필王弼, 한강백韓康伯, 소옹, 내지덕, 모기령, 이광지 등이었다. 그렇다면 그의 비평 기준은 무엇이었는가? 다산은 『주역』 해석의 목표를 복희·문왕·주공·공자 등의 성인들의 가르침을 계승하는 데 두었다. 이것은 유가정통주의의 관점이다. 따라서 『주역』의 저자가 가졌던 본의를 올바로 전달하는 것은 올바른 전통이며, 그것을 왜곡시키는 것은 이단이다.

다산의 역학연구의 출발점은 『좌전』이었다. 다산은 『좌전』의 춘추관점을 연구하여 효변爻變의 방법으로 『주역』을 전면적으로 다시 해석했다. 효변이란 『좌전』과 『국어』에 빈번하게 나타나는 '모괘지모괘某卦之某卦'의 형식을 가리킨다. '모괘지모괘'의 의미에 대해서는 현대에 이르러서도 논란이 진행 중이다. 미국 시카고 대학의 교수인 에드워드 쇼네시(Edward Shaughnessy, 夏含夷)는 이것을 효제爻題라고 보았다. 통행본 『주역』에는 384효의 효사 앞에 초구初九, 구이九二 등의 효제가 붙어 있지만, 춘추시대에는 이러한 방식이 정착되지 않았기 때문에 '모괘지모괘'의 형식으로써 그 기능을 대체했다는 것이다. 쇼네시의 주장에 따르면, '모괘지모괘'의 형식은 효의 변화를 나타내는 것도 아니며 서법筮法과 상관이 있는 것도 아니다. '모괘지모괘某卦之某卦'의 '지之'는 현대 중국어의 '적的'과 같은 의미로서, 효사의 위치를 표시함으로써 다른 효사와 구별하는 기능을 하고 있을 뿐이다. 이렇게 되면 기원전 635년 노희공魯僖公 25년에 진문공晉文公 중이重耳가 천자를 모시기 위해 점을 쳤던 서례筮例인 진후납왕지서晉侯納王之筮에서의 '대유지규大有之睽'는 '대유大有의 규睽'가 되어 대유괘의 제3효를 가리키는 것이 된다. 그러나 요명춘廖名春은 쇼네시의 견해가 완전히 잘못된 것이라고 보았다.[4] 쇼네시의 견해를 따를 경우 『좌전』 원문의 "천위택天爲澤"이라는 문구를 해석할 수 없게 된다. '대유지규'는 '대유의 규'를 의미하는 것이 아니라 '대유가 규로 변하는 것'을 가리킨다. 대유괘大有卦가 규괘睽卦로 변해야 대유괘의 하괘인 건乾이 변해서 규괘의 택澤이 형성될 수 있다. 다산도 역시 효변이 역사易詞의 의미와 연계된 것으로 보았다. 효변이 발생하게 되면 괘상도 변하기 때문에 역사의 의미도 괘상의 변화와 연계되어 해석되어야 한다. 효변이 일어나면 본괘本卦가 변하게 되는데, 이때 본괘가 변해서 형성된 괘를 지괘之卦 혹은 변괘變卦라고 한다. 학자에 따라서는 변괘變卦와 괘변卦變을 같은 의미로 쓰는 경우도 종종 있어서 혼란이 불가피하게 발생한다. 그러나 다산은 변괘와 괘변을 엄격하게 구분하였다. 변괘는 효변으로 말미암아 변화된 괘를 가리키는 것이지만, 괘변은 벽괘辟卦로부터 그 밖의 다른 괘로 변하는 것을 가리킨다.

춘추관점의 하상지구법설夏商之舊法說과 관련된 혼란은 더욱 심하다. 다산은 『주역』은 기본적으로 일효변一爻變을 기본으로 하며, 건괘乾卦의 용구用九와 곤괘坤卦의 용육用六에 한해서 예외적으로 다효변多爻變이 허용된다고 주장하였다. 이와는 달리 하夏왕조의 『연산連山』과 상商왕조의 『귀장歸藏』의 경우에는 다효변을 허용했다고 보았다. 청의 마국한馬國翰이 당나라 이전에 망실된 고적古籍들을 모아서 편찬한 『옥함산방집일서玉函山房輯佚書』에 『연산』과 『귀장』이 각각 1권씩 전해지고 있으나, 위서僞書로 보는 견해가 많았다. 그러나 1993년에 호북성湖北省 강릉현江陵縣 왕가대王家臺 진묘秦墓에서 『옥함산방집일서』의 『귀장』과 비슷한 역점易占 자료가 출토됨으로써 그 실체를 인정받게 되었다.

역류易類 출토문헌의 발견으로 말미암아 『주역』에 관해서도 전통적 견해를 재검토할 수밖에 없는 상황을 맞게 되었다. 다산은 두예杜預와 위소韋昭의

4) 廖名春, 『周易哲學史』, 예문서원, 1994, p.73

견해에 따라 『연산』과 『귀장』이 하상지구법夏商之舊法이며, 다효변을 위주로 한다고 믿었다. 그러나 현대에 와서는 오히려 『연산』과 『귀장』이 『주역』보다 더 뒤에 나타난 것이라는 견해도 제기되고 있다. 뿐만 아니라 『좌전』과 『국어』에 나타난 다효변의 서례가 정말로 『연산』과 『귀장』의 것인지도 문제가 된다. 『귀장』에 관해서는 왕가대 진묘 출토자료가 있지만, 『연산』에 관해서는 출토된 것이 없다. 두예와 위소에 따르면 『주역』은 육六과 구九로 점을 치고 『연산』과 『귀장』은 칠七과 팔八로 점을 친다고 한다. 그러나 『좌전』과 『국어』에는 팔만 보이고, 칠이 쓰인 경우는 발견되지 않는다. '팔'자가 나오는 경우에는 예외 없이 다효변에 해당되지만, 만약 '팔'을 소음少陰의 수로 본다면 왜 다효변이 발생하는지 설명되지 않는다. 왜냐하면, 서법의 규칙에 따르면 육과 구는 노음수老陰數와 노양수老陽數로서 효변이 발생하게 되지만 칠과 팔은 소양수少陽數와 소음수少陰數에 해당되어 효변이 발생하지 않기 때문이다. 이러한 문제들은 출토문헌의 발견에도 불구하고 명확히 해명되지 않고 있다.

춘추시대를 지나 전국시대에 들어서게 되면 점서占筮와 의리義理의 양 측면에서 역학의 내용이 매우 풍부해졌다. 그러나 전국시대의 역학 자료는 전해지는 것이 거의 없었다. 그러던 중 1994년에 상해박물관은 홍콩의 골동품시장에서 전국시대 후기의 것으로 추정되는 죽간竹簡을 구입하였는데, 그 가운데 『주역』도 포함되어 있어서 전국시대 역학의 모습을 엿볼 수 있는 귀중한 연구자료가 되고 있다. 이것을 약칭略稱으로 상박초간上博楚簡 『주역』이라고 하는데, 『상해박물관장上海博物館藏 전국초죽서戰國楚竹書』 제3권으로 출판된 바 있다.[5] 이 책이 출간된 것은 2003년이기 때문에 요명춘廖名春 · 강학위康學偉 · 양위현梁韋弦의 『주역연구사周易研究史』(湖南出版社, 1991)나

5) 馬承源 主編, 『上海博物館戰國楚竹書』(三), 上海古籍出版社, 2003.

주백곤朱伯崑의 『역학철학사易學哲學史』(北京大學出版社, 1986) 등에는 소개되어 있지 않다.[6] 상박초간 『주역』에는 효제爻題는 보이지만 '모괘지모괘某卦之某卦'의 형태는 보이지 않는다. 그러나 요명춘은 『주역연구사』에서 1978년에 호북성湖北省강릉현江陵縣 천성관天星觀에서 출토된 전국시대 초간에 이미 변괘變卦가 존재하였다고 말하고 있다. 천성관 초간에는 8조 16개의 역괘易卦가 있는데, 두 괘씩 나란히 배치되어 있다.[7] 요명춘은 이것을 본괘와 변괘가 짝을 이루고 있는 것이라고 보았다. 요명춘의 주장은 증명된 것이 아니고 아직까지는 하나의 가설에 불과하다. 만약에 역점 출토자료가 더 발굴됨으로써 그 가설을 확증할 수 있다면 다산의 효변설을 지지해 주는 사례로 제시될 수 있을 것이다.

전국시대 이후로는 진秦왕조의 짧은 시기를 거쳐 서한西漢시대에 접어드는데, 이 시기에 주목해야 할 인물로 가의賈誼(BC.200~BC.168)가 있다. 다산은 건乾 초구初九의 "잠룡물용潛龍勿用"의 주에서 가의가 효변을 취했다고 보았다. 가의는 유방劉邦이 항우項羽를 무찌르고 한漢왕조를 건국했던 기원전 202년으로부터 2년 뒤인 기원전 200년에 태어나서 기원전 168년에 죽은 인물이다. 공교롭게도 마왕퇴馬王堆 『주역』이 출토된 한묘漢墓 3호의 조성연대도 역시 기원전 168년이다. 뿐만 아니라 마왕퇴 한묘 3호는 장사長沙에 있는데, 가의의 고택古宅도 역시 장사에 있었다. 마왕퇴 한묘 3호에서 출토된 백서帛書 『역전易傳』의 「목화繆和」편에 '겸지명이嗛之明夷'가 나오는데, 이것은 마왕퇴본 『역전』에서 효변을 취했다는 확실한 증거가 된다. 서한시대에 가의가 살았던 장사는 전국시대에 초楚나라 영토였고, 변괘의 숫자괘가 출토되었던 호북 강릉 천성관도 역시 전국시대에 초나라 영토였다. 따라서

---

6) 『周易硏究史』(湖南出版社, 1991)는 국내에서는 『주역철학사』(예문서원, 1994)라는 이름으로 간행되었다.
7) 廖名春, 『주역철학사』, 예문서원, pp.67~73

전국시대 초나라 영토였던 장사 지역에서 효변이 행해졌으며, 서한시대에 이르기까지 효변해석법이 전승되었다는 추론이 가능하다.

그 다음으로 다산은 경방京房(BC.77~BC.37)도 가의와 마찬가지로 효변을 취했다고 보았다. 『경방역전京房易傳』의 건乾 초구初九 "잠룡물용潛龍勿用"에 대한 경방의 주에는 "잠룡물용潛龍勿用, 궐이풍厥異風, 행불해行不解"라는 풀이가 나온다. 만약 건괘의 초구가 변하지 않으면 손巽이 형성되지 않아서 "궐이풍厥異風"의 '풍風'을 해석할 수 없다. 따라서 다산은 이 구절의 경방 주를 근거로 삼아 경방이 효변을 취했다고 보았다. 그 밖에도 다산은 관觀 상구上九와 박剝 상구의 주에서 경방이 효변을 취한 사례를 발견하였다. 만약 다산이 추론한 것처럼 경방이 효변을 취한 것이라면, 가의 이후로 경방에 이르기까지 효변설은 전승되어 내려온 것이 된다. 그러나 다산의 주장대로 경방이 효변을 취했다고 하더라도 두 사람의 효변설이 같은 것이라고 볼 근거는 없다.

그 다음으로 효변설의 역사에서 반드시 언급해야 할 인물은 주자朱子이다. 다산은 『주역사전』에서 효변도 역시 주자의 학설이라고 말하고 있다. 실제로 다산과 주자의 효변설은 많은 부분에서 일치한다. 노양老陽·노음老陰, 구九·육六, 용구用九·용육用六 등을 설시법揲蓍法과 연관해서 설명하고 있다는 점에서 두 사람은 기본적 관점을 공유한다. 다만 주자는 효변을 점법에 연관시켜 설명하고 있을 뿐, 그것을 괘효사 해석에 연계시켜 활용하고 있는 것은 아니다. 점을 쳐서 획득한 점괘는 본상本象이 아닌 변상變象을 관찰해야 하는 것이 옳다. 만약에 점을 쳐서 변화된 괘를 얻은 뒤에 역사易詞를 그 변화된 괘와 연계시키지 않는다면 효변을 취한 의의가 없게 될 것이다. 유감스럽게도 주자는 변상으로 해석한 예를 구체적으로 제시하지는 않았다. 따라서 주자의 효변설은 다만 원리적으로 구현되어 있을 뿐 실제적 적용은 거의 이루어지지 않았다고 보는 것이 옳다.

따라서 역학사에서 효변으로 역사易詞를 실제로 해석한 사례는 극히 드물게 나타났다. 다산의 표현을 빌린다면, 효변의 뜻은 천고千古의 세월 동안 적막하였는데, 어쩌다 한 번씩 효변을 적용한 사례가 발견되는 것이 마치 운무雲霧가 첩첩히 둘러싼 가운데 한 개의 별이 홀로 빛나고 있는 것과 같다.[8] 다산은 「주자본의발미」에서 송대의 호병문胡炳文, 원대의 장청자張淸子, 조선의 성호星湖 이익李瀷 등의 역주易注를 효변 적용의 사례로 제시하였다.[9] 「다산문답」에서는 송대의 도결都潔이 『주역변체周易變體』에서 지괘之卦 위주로 해석했다는 것을 언급하기도 하였지만, 『주역변체』를 실제로 구해 본 것은 아니어서 아쉬움을 토로하였다.[10]

그 다음으로 살펴보아야 할 것은 괘변설의 전개사이다. 다산은 「이씨절중초李氏折中鈔」에서 괘변설에 관하여 하사下士, 중사中士, 상사上士의 세 부류의 담론 형식이 있음을 언급하였다. 먼저 하사는 괘변설이 순상, 우번 등과 같은 한유漢儒들에 의해 제안된 이론이라고 주장한다. 그 다음으로 중사는 「단전」의 "유진이상행柔進而上行"과 같은 문구는 오직 괘변설로써만 해석될 수 있기 때문에 괘변설을 채택하지 않을 수 없다고 주장한다. 마지막으로 상사는 괘변이 단지 『주역』의 해석원리가 될 뿐 아니라 동시에 『주역』의 제작원리가 된다고 주장한다. 만약 괘변으로 역사易詞가 해석될 수 있다면 그것은 괘획을 긋고 괘상과 역사를 연계시킬 때 괘변의 원리가 쓰였다는 것을 의미한다고 볼 수 있다는 것이다. 세 가지 유형 가운데 가장 높은

---

8) "爻變之義, 千古寂寥, 而以其爲至眞至實之理也. 故諸儒解易, 往往有此. 譬如重雲疊霧, 一星孤明, 何其奇也!"(「朱子本義發微」, 『易學緒言』, 『定本』 第17卷, p.147)

9) 최근에는 星湖 李瀷의 제자 河濱 愼後聃도 『周易象辭新編』에서 효변을 취했다는 것이 밝혀지기도 했다.(김병애, 「河濱 愼後聃의 『주역』 해석-『周易象辭新編』의 효변을 중심으로」, 『유교사상문화연구』 73호, 2018) 그러나 다산은 신후담의 저서를 언급하지 않고 있어서 그러한 사실 자체를 알지 못했던 것으로 보인다.

10) "問, 漢儒以降, 爻變之義, 竟無知者耶?[男學稼] 答, 天下至廣, 豈有是也? 『文獻通考』「經籍考」, 載『周易變體』十六卷, 宋都潔所撰, 用蔡墨言乾六爻之例, 專論之卦爲主, 恨未得此書見之也."(「茶山問答」, 『易學緒言』, 『定本』 第17卷, p.315)

차원의 담론을 펼친 것은 상사이고, 그 다음이 중사이며, 수준이 가장 낮은 것은 하사이다. 그러나 역설적으로 누구라도 인정할 수 있는 사실(fact)에 해당하는 관점을 제시한 것은 하사밖에 없다. 왜냐하면 하사의 주장은 역학사에서 통용되는 상식이지만, 중사에서 상사로 갈수록 가설추리에 의지하게 되며 정당화의 근거는 더욱 약해지기 때문이다. 그렇다면 세 부류는 각각 누구를 가리키는 것일까? 다산은 세 부류에 속하는 인물을 특정해서 언급하지는 않았다. 그러나 역학사에서 알려진 사실을 근거로 해서 세 부류의 유형을 추정해 보면 다음과 같다.

첫 번째 하사의 괘변설은 순상과 우번에 의하여 개발된 이론이다. 그 이후로도 괘변설은 한·위·진·당을 거치면서 발전해 갔는데, 그 주장자는 순상, 우번, 요신姚信, 적원翟元, 간보干寶, 촉재蜀才(范長生), 후과侯果, 노씨盧氏 등이다.

두 번째 중사의 관점을 대표하는 것은 주자이다. 주자에 따르면 「단전」의 "유진이상행柔進而上行" 등의 문구는 괘변이 아니라면 해석하기 곤란한 문구이다. 주자는 『주역본의』에서 19괘에 한하여 괘변을 적용해서 역사를 해석하였다. 그러나 주자는 괘변이 '획괘작역지본지畫卦作易之本旨'라기보다는 '역중지일의易中之一義'에 속한다고 주장하였다. 다시 말해서 괘변은 『주역』의 해석원리 가운데 하나이지 『주역』의 제작원리는 아니라는 뜻이다.

세 번째 상사의 관점을 대표하는 것은 모기령이다. 모기령은 이역移易을 연역계사演易繫辭 혹은 연역속사演易屬辭의 원리라고 보았는데, 이역이란 모기령이 괘변을 부르는 용어이다. 연역계사란 『주역』을 만들었을 때 괘상과 역사를 연계시키는 원리를 가리키며, 주자가 말한 '획괘작역지본지'에 해당한다. 다산은 모기령을 심하게 비난하였지만 자신의 관점이 모기령과 일치한다는 점에 대해서는 언급하지 않고 넘어가거나 짐짓 무시하였다. 어쨌든 『주역사전』의 서문에서는 추이설이 주자의 괘변설로부터 나온 것처럼 말했지만, 세 등급의 평가 기준을 적용해 보면 주자는 중사에 불과하고 그 자신이 그토록 혹독하게 비난했던 모기령의 관점은 상사로 분류된다.

위의 세 가지 부류 가운데 다산은 물론 상사의 관점에 속한다. 다산의 관점에서 본다면 괘변은 어디까지나 『주역』의 원저자原著者의 창작이다. 다산은 괘사와 효사의 해석에 괘변을 적용시켰을 뿐 아니라 「대상전」도 역시 괘변설에 의해서 해석했다. 다산에 따르면 「대상전」은 군자의 수신修身을 위해서 만든 것이기 때문에 점서占筮와는 직접 관련이 없다. 괘변은 『주역』의 원저자가 괘상과 역사를 연계시킬 때 사용했던 원리이고, 서법筮法과 직접 관련이 있는 것은 아니다.

다산은 『좌전』의 서례筮例를 해석할 때도 괘변을 사용했다. 『좌전』의 서례에서 가장 중요한 것은 효변이지만, 다산은 효변과 괘변의 두 해석법을 결합해서 역사를 해석했다. 다산의 관점에 따르면 괘변은 한유들의 창작이 아니라 『주역』의 원저자에게 귀속되는 원리이다. 다산의 추이설은 벽괘辟卦를 기반으로 전개되는 괘변설의 한 종류이다. 역학사에서 벽괘설의 창시자는 경방으로 알려져 있으나, 다산은 벽괘라는 명칭의 기원을 경방 이전에서 찾으려고 노력했다. 다산이 석천石泉 신작申綽과 주고받은 간찰은 벽괘설의 근원을 찾으려는 다산의 집요한 시도를 보여 준다. 「당서괘기론」에서 다산의 관심은 『당서唐書』 「역지曆志」 그 자체에 있지 않고, 벽괘辟卦 중에서도 '벽辟'이라는 한 글자의 근원을 추적하는 데 있었다. 다산이 『역위』 계열의 문헌에 속하는 『건착도乾鑿度』와 『계람도稽覽圖』 등을 뒤졌던 것도 결국 벽괘설의 근원을 찾기 위해서였다. 『역위』는 한대에 성립된 문헌이지만 다산의 시선은 한대를 넘어서 『주역』이 제작된 상고시대로 향했다. 그러나 벽괘라는 명칭의 근원을 경방 이전에서 찾으려는 다산의 노력은 결실을 이루지 못했다. 경방이 벽괘라는 명칭을 쓰기 이전에 맹희孟喜는 소식괘消息

卦라는 명칭을 사용했다. 소식消息은 「단전」에도 나오는 용어라는 점을 고려하면 다산이 벽괘라는 명칭의 기원에 굳이 집착할 필요가 있었는지 의문이다.

다산의 추이설을 평가할 때 고려해야 할 또 다른 요소는 소과小過와 중부中孚의 문제이다. 다산은 소과와 중부를 벽괘에 편입한 것을 제외한다면 자신의 추이설이 주자의 「괘변도」와 일치한다고 말하고 있다. 그러나 중부와 소과를 벽괘에 편입한 것은 주자뿐만 아니라 다른 어떤 역학가들의 경우에도 볼 수 없다. 다만 모기령에 와서 중부와 소과를 반취괘半聚卦로 분류하였을 뿐이다. 따라서 다산 추이설의 특징을 파악하기 위해서는 다산이 왜 소과와 중부를 벽괘에 편입시키지 않을 수 없었는지 그 이유를 파악하는 것이 중요하다. 괘변설의 원조인 우번은 중부와 소과를 변례變例로 취급하였으며 벽괘로 설정한 것은 아니었다. 변례란 예외적 경우를 가리키니, 중부와 소과의 경우에 일왕일래一往一來라는 괘변설의 일반적 규칙을 적용할 수 없었음을 의미한다. 우번의 입장에서 본다면 변례를 취한 것은 일종의 고육책이었다. 왜냐하면 중부와 소과를 벽괘로부터 변화시킬 경우에는 일왕일래라는 괘변설의 기본 원칙에 위배되기 때문이다. 따라서 우번은 중부와 소과를 벽괘로부터 변화시키는 대신에 잡괘로부터 변하게 하는 방식을 취했다. 어쨌든 우번은 중부와 소과를 벽괘로부터 변화시키는 것을 포기하는 대신에 일왕일래의 원칙을 지킬 수 있었다.

우번의 괘변설에서 볼 수 있듯이 중부와 소과는 괘변설의 정합성을 파괴하는 요소였다. 모기령이 이역설移易說에서 중부와 소과를 반취괘로 분류한 것은 아마도 이런 문제점을 개선하기 위해서였을 것이다. 다산의 추이설은 여러 가지 면에서 모기령을 참조했음이 드러난다. 아마도 다산은 우번과 모기령의 학설을 정밀하게 검토함으로써 중부와 소과가 괘변설의 정합성을 유지하는 데 문제를 일으킨다는 것을 깨달았을 가능성이 높다.

다산은 64괘를 유취類聚와 군분群分의 관점에 의거하여 14벽괘와 50연괘로 나누었는데, 여기에서도 모기령의 영향이 확인된다. 원래 "방이유취方以類聚, 물이군분物以群分"은 「계사전」에 나오는 문구이지만, 그것을 취괘聚卦와 분괘分卦로 나눈 것은 모기령이었기 때문이다. 다산은 이러한 범주의 체계를 모기령으로부터 빌려 와서 취괘와 분괘의 명칭을 벽괘와 연괘로 바꾸었다. 모기령의 분류체계에서 가장 특징적인 부분은 자모취괘子母聚卦인데, 다산의 체계에서는 여기에 상응되는 부분이 없다. 다산이 「제모대가자모역괘도설題毛大可子母易卦圖說」을 지어 모기령의 자모역괘설이 괘변설에 큰 혼란을 야기하였다고 비난하였기 때문에, 다산이 모기령으로부터 영향을 받은 측면이 잘 드러나지 않는 것은 사실이다. 그러나 다산이 『주역사전』의 「호체표직설」에서 "중씨仲氏"의 견해로 "역유이관易有二觀, 일왈유취一曰類聚, 이왈군분二曰群分"의 구절을 인용하였을 때 중씨는 『중씨역』의 저자를 가리킨 것이 틀림없다. 왜냐하면 유취와 군분으로 나누는 관점 자체가 모기령의 『중씨역』으로부터 비롯된 것이기 때문이다.

주자의 괘변설과 관련해서도 다산은 자신의 추이설이 주자의 학설과 부합한다는 것을 강조하였지만, 두 사람의 학설을 비교하면 상당한 차이가 있다는 점이 드러난다. 첫째, 괘변설과 관련하여 주자는 괘변을 '역중지일의易中之一義'라고 보았으나 다산은 '작역지본의作易之本義'라고 보았다. 둘째, 다산은 주자의 괘변설의 체계에서 벽괘가 중복되는 것과 중부·소과를 벽괘에 포함시키지 않은 것을 비판적으로 보고 있다. 셋째, 다산은 주자가 『주역본의』에서 연괘는 벽괘로부터 변화시켜야 한다는 원칙을 어기고 연괘로부터 벽괘를 변화시킨 것을 비판하고 있다.

호체互體에 관해서도 다산은 다양한 방식의 호체법을 취하고 있다. 호체의 가장 일반적인 형태는 중괘重卦의 중간에서 3획괘를 취하는 것을 가리키는데, 2·3·4위에서 취하면 하호下互라고 하고, 3·4·5위에서 취하면 상호上互

라고 한다. 호체법의 근거는 「계사전」의 "잡물찬덕雜物撰德"에 두고 있으며, 호체법을 사용하여 『주역』의 경문을 해석한 최초의 사례는 『좌전』 장공莊公 22년의 진경중지서陳敬仲之筮에서 발견된다. 이것은 장공 22년에 진나라 여공厲公이 아들 진경중陳敬仲이 태어나자 아들의 장래가 궁금해서 주나라 태사로 하여금 점을 쳐서 얻은 서례筮例이다. 이때 관지비觀之否를 얻었는데, 태사가 이것을 풀이해서 말하기를 "바람이 땅 위에서 하늘이 되고 산이 되었다"(風爲天於土上, 山也)라고 하였다.[11] 관지비에서 관괘觀卦는 손巽과 곤坤으로 이루어진 괘이고 비괘否卦는 건乾과 곤坤으로 이루어진 괘이니, 이로부터 바람(風)과 땅(地)과 하늘(天)의 괘상을 이끌어낼 수 있다. 그러나 산山은 호괘를 취하지 않는다면 설명할 방법이 없다. 서진西晉의 두예杜預가 『춘추좌씨경전집해春秋左氏經傳集解』에서 "2·3·4에 간艮의 상이 있다"(自二至四有艮象)라고 하였으니, 이것은 비괘否卦에서 호체를 취하여 산의 괘상을 이끌어낸 것이다.[12] 어쨌든 두예가 주에서 호체로써 해석했던 것은 『좌전』의 원문에 그 근거가 분명히 있었기 때문이었다.

다산이 사용하고 있는 호체법은 대호大互, 겸호兼互, 도호倒互, 위복位伏, 반합牉合, 양호兩互 등 매우 다양하다. 다산은 그의 역리사법의 다른 해석법과 마찬가지로 '주자지의朱子之義'라고 말하고 있다. 그러나 주자는 호체를 폐지할 수 없다고 말했을 뿐이었고, 호체를 사용해서 『주역』 경문을 해석한 사례가 거의 없었다. 따라서 호체의 경우에도 다산의 발언을 액면 그대로 받아들여서는 곤란하다. 다산이 사용하고 있는 해석법의 기원은 대부분 한역으로 소급된다. 한역에서 호체라는 용어를 최초로 사용한 인물은 전한시대의 경방京房이었고, 상수역학자들 중에서 호체를 특히 많이 사용한

---

11) "風爲天於土上, 山也. 有山之材, 而照之以天光. 於是乎, 居土上, 故曰, 觀國之光, 利用賓於王." (『春秋左傳正義』, 十三經注疏整理本, 16, 北京大學出版社, 2000, p.310)

12) "杜氏曰, 自二至四, 有艮象."(『春秋左傳正義』, 十三經注疏整理本, 16, 北京大學出版社, 2000, p.310)

사람은 정현鄭玄과 우번虞翻이었다. 정현이 삼효三爻의 호체를 취한 회수는 33회에 달하며, 우번의 경우에는 무려 500회가 넘는다.[13] 다산의 경우는 더욱 심해서, 호체를 사용하지 않고 괘효사를 해석하지 않은 경우는 거의 없을 정도이다.

이처럼 호체는 이미 한역에서 많이 사용하던 것이기 때문에 그것을 사용했다는 것만으로 독창적이라고는 할 수 없다. 다만 다산의 양호작괘법兩互作卦法의 경우는 매우 독창적인 것이다. 양호법도 그 기원은 한유들의 호체법으로 소급된다. 정현과 우번은 두 개의 호괘를 연결하여 새로운 괘를 만들어 내었는데, 이러한 방법을 연호법連互法이라고 한다. 그러나 정현과 우번은 중효中爻뿐 아니라 초효初爻와 상효上爻에서도 연호連互를 취하였기 때문에 다산의 양호법과 완전히 같은 것은 아니다. 다산의 양호법이 그 이론의 기본 모형으로 취한 것은 오징의 호체법이다. 오징은 본괘의 3·4·5위인 상호上互와 2·3·4위인 하호下互를 결합해서 신괘新卦 즉 별괘別卦를 만들어 냈는데, 이것은 다산의 양호작괘법과 동일하다. 오징이 양호법을 취해서 『주역』의 경문을 해석한 예는 『역찬언易纂言』에서 태괘泰卦 육오六五의 "제을귀매帝乙歸妹"를 해석하면서 양호괘를 취해 귀매괘를 도출한 데에서 볼 수 있다. 그러나 양호괘의 전체적 체계는 오징의 역학 저서인 『역찬언』과 『역찬언외익易纂言外翼』에는 나오지 않고, 황종희의 『역학상수론』에 수록되어 있는 「호괘도」에 나타나 있다. 다산이 황종희의 『역학상수론』을 읽었다는 기록은 없지만, 아마도 『역학상수론』을 참조하였을 것으로 짐작된다. 왜냐하면 『역학상수론』에 있는 오징의 「호괘도」를 참조하지 않았다면 다산이 양호작괘법의 체계를 만들기는 쉽지 않았을 것이기 때문이다. 오징의 양호법의 원리는 「호괘도」에 제시되어 있지만 그 양호법을 적용해서 실제로

---

13) 陳伯適, 「虞翻取象表意的易學思維－從歷史性的意義下開展」, 『第六屆漢代文學與思想學術研討會論文集』, 2008, pp.78~79.

『주역』 경문을 해석한 것은 태괘 육오의 "제을귀매"의 효사밖에 없다. 다산은 오징이 태괘와 귀매괘의 관계에만 적용했던 양호법을 『주역』 전체로 확대해서 적용했다. 이것은 거대한 실험이고, 그 해석을 맞추어 내는 것은 결코 쉽지 않다. 다산이 해석을 억지로 맞춰내기 위하여 괘상을 자의적으로 조작했다고 비난할 수도 있겠지만, 어쨌든 대단한 천재성이 발휘되었음이 틀림없다.

물상物象은 역리사법의 네 가지 해석법 가운데 하나이다. 『주역사전』의 「사전소인四箋小引」에서는 역리사법에 대해 간략히 설명하면서 추이推移·물상物象·호체互體·효변爻變의 순서로 열거하고 있다. 그러나 왜 물상을 네 가지 해석법 가운데 두 번째에 배치했는지에 관해 납득할 만한 설명은 없다. 다산은 「자찬묘지명」에서 물상을 빼고 추이·호체·효변을 묶어서 삼오三奧로 언급하기도 했다. 아마도 그것은 추이·호체·효변이 특수한 해석방법에 속하는 반면에 물상은 다른 해석의 기초이며 궁극적 목표가 된다는 점을 고려했기 때문일 것이다.[14] 모든 역사易詞의 해석방법은 물상의 해석을 위해서 존재하며, 추이·호체·효변은 물상을 맞추어 내기 위한 도구이다.

다산의 물상론은 기본적으로 「설괘전」에 의거하여 행해진다. 「설괘전」은 십익 가운데 한편으로서 팔괘의 괘상卦象과 괘의卦意에 대하여 설명하고 있는 책이다. 다산의 관점에서 보면 「설괘전」은 팔괘의 부호가 갖는 의미를 적어 놓은 것이기 때문에 역사易詞의 해석은 철저히 「설괘전」에 의거해서 이루어지지 않으면 안 된다. 그러나 구양수歐陽修는 『역동자문易童子問』에서 「설괘전」 위작설僞作說을 제기하였다. 구양수에 따르면, 십익 가운데 「계사전」, 「문언전」, 「설괘전」, 「서괘전」, 「잡괘전」의 다섯 종류는 공자에 의해

14) "易有三奧, 一曰推移, 二曰爻變, 三曰互體,……三奧具而物象妙合, 三奧具而升降往來消長起滅, 萬動以寓, 而聖人之情, 見乎辭."(「自撰墓誌銘」 [集中本], 『定本』 第3卷, p.272)

지어진 것이 아니며, 또 어느 한 사람에 의해 지어진 것도 아니다.[15] 구양수 이전에는 사마천과 반고에서부터 공영달에 이르기까지 십익이 공자의 저술이라는 것을 의심한 사람이 아무도 없었기 때문에 그의 주장은 상당한 파문을 일으켰다. 그러나 다산은 구양수의 주장은 정밀한 논의가 아니라 망발에 지나지 않는다고 비난하였다.[16]

「설괘전」이 이렇게 의심받는 이유는 이 문헌이 상당히 늦은 시기에 출현했기 때문이다. 서한의 선제宣帝 본시本始 원년(BC.73)에 하내河內의 어떤 여자가 낡은 집을 허물다가 발견하여 조정에 바침으로써 「설괘전」은 세상에 나오게 되었다. 그러나 「설괘전」은 이때 처음 생겨난 것이 아니고, 진秦의 분서갱유 때에 없어졌던 것을 다시 찾은 것이다. 『수서隋書』「경적지經籍志」에 진나라 때에 『주역』은 복서에 관련된 것이라는 이유로 분서焚書를 면했으나 오직 「설괘전」만 잃어버렸다는 기록이 있다. 「설괘전」이 선제宣帝 이전에도 존재했다는 것은 전래 문헌을 통해서도 확인된다. 『좌전』에 19개의 서례가 있는데, 그 가운데 이미 「설괘전」의 괘상을 활용하여 설명하고 있는 부분이 많다.[17] 「설괘전」에서 사시에 방위를 짝지은 것은, 비슷한 예가 『관자管子』「사시四時」, 『예기禮記』「월령月令」, 『여씨춘추呂氏春秋』「십이기十二紀」 등에서도 발견되기 때문에 전국시대 후기 음양오행 학설의 영향을 받아 형성된 것으로 볼 수도 있다. 앞서 「설괘전」이 서한의 선제 본시 원년(BC.73)에 노옥老屋에서 발견되었다고 하였으므로, 사마천은 이보다 앞서 「설괘전」의 존재를 언급한 것이 된다. 출토문헌의 관점에서 보더라도, 서한 초기 문제文

15) "繫辭非聖人之作乎? 曰, 何獨繫辭焉, 文言·說卦而下, 皆非聖人之作."(歐陽修, 『易童子問』)
16) "先儒謂說卦爲孔子所作, 非深密體究之論也."(「周易四箋 I」, 『定本』 第15卷, p.42; 『역주 주역사전』 제1권, p.59); "歐陽修輩, 謂非夫子之書, 何其妄矣?"(「周易四箋 II」, 『定本』 第16卷, p.322; 『역주 주역사전』 제8권, pp.208~209)
17) 「설괘전」의 卦象을 활용해서 설명하는 예로는 다음을 들 수 있다. "坤, 土也. 巽, 風也. 乾, 天也"(『春秋左傳正義』[十三經注疏 整理本 16], 莊公 22年條, p.310) 혹은"震爲土, 車從馬"(『春秋左傳正義』[十三經注疏 整理本 17], 閔公 元年條, '畢萬之筮', p.349)

帝 12년(BC 168) 무렵에 조성된 마왕퇴 한묘 3호묘에서 출토된 백서본 『주역』의 「계사전」에는 통행본 「설괘전」의 내용이 일부 포함되어 있다. 따라서 통행본 「설괘전」 가운데 적어도 일부는 서한의 선제 이전에도 이미 있었음을 알 수 있다.

다산은 물상에서는 순구가荀九家의 학설을 존중한다. 순구가라는 명칭은 유향劉向의 『별록別錄』에 "회남왕淮南王 유안劉安이 『역』을 잘 아는 자를 아홉 사람 초빙하였다"(淮南王聘善易者九人)라고 한 데에서 비롯된 명칭인데, 거기에 구체적으로 이름이 나오는 것은 아니다. 이정조의 『주역집해』에서는 한유漢儒에서 당대唐代까지의 상수역학가 35가를 거론하면서 구가역九家易에 대해서도 언급하였다. 육덕명은 『경전석문』 「서록序錄」에서 『순상구가집주荀爽九家集注』 10권이 있는데 누가 집록한 것인지 알 수 없다고 하고, 순구가라고 한 것은 순상荀爽을 대표자로 내세웠기 때문이라고 하였다.[18] 여기에서 순상荀爽, 경방京房, 마융馬融, 정현鄭玄, 송충宋衷, 우번虞翻, 육적陸績, 요신姚信, 적자현翟子玄의 아홉 사람의 이름이 열거되고 있다. 일반적으로 여기서 열거된 아홉 사람을 순구가荀九家라고 부르며, 이들의 역학을 구가역九家易 혹은 구사역九師易이라고도 한다. 다산도 이들이 역학사의 옛 전통을 계승하고 있다고 보았으며, 구가九家 중에서 우번을 가장 높이 평가했다. 다산은 '기호幾乎'라는 말을 반복해서 우번이 "거의 거의"(幾乎幾乎) 심오한 경지(扃奧)에 도달했다고 평가하였다.[19] 그러나 다산은 순구가에 대해서도 비판한 경우가 적지 않으며, 우번에 대해서도 여러 곳에서 그 해석의 잘못을 지적했다. 예를 들어서, 우번은 건괘乾卦의 용龍에 대해 설명하면서 「설괘전」에서 진震을 용龍이라고 한 것과 맞지 않자, 건乾도 역시 용이 된다고 하였다.

---

18) "荀爽九家集注, 十卷, 不知何人所輯, 稱荀爽者, 以爲主故也. 其序有荀爽, 京房, 馬融, 鄭玄, 宋衷, 虞翻, 陸績, 姚信, 翟子玄."(陸德明, 『抱經堂本經典釋文』, 四部善本新刊, 漢京文化事業有限公司印行, 中華民國 69年, p.7)

19) "仲翔之學, 幾乎幾乎, 達於扃奧, 皆如此."(「李氏折中鈔」, 『易學緖言』, 『定本』 第17卷, p.227)

그러나 다산은 이러한 우번의 설명을 잘못된 것으로 보았다. 이처럼 순구가의 물상 해석에 대한 평가는 대체로 비판적 지지에 가까웠다.

이상 역학사의 전개과정에서 다산의 역리사법이 지니는 의미를 검토해 보았다. 다산의 『주역』 해석방법에는 그 밖에도 삼역지의三易之義가 있는데, 그것은 교역交易·변역變易·반역反易의 세 가지 해석법을 가리킨다. 삼역은 역리사법의 추이와 마찬가지로 괘상의 변화에 관해 설명하고 있는 해석법이다. 다산은 추이를 '정의正義'라고 부르고 『주역사전』의 「괄례표」 상上에 배치하였지만, 삼역三易은 「괄례표」 하下에서 다루었다. 그것은 추이가 기본적 해석법에 속하는 반면에 삼역은 그 사용빈도와 중요성이 상대적으로 떨어진다고 생각했기 때문이다. 이것은 모기령이 오역설五易說에서 변역變易·교역交易·반역反易·대역對易·이역移易을 같은 범주에 묶어서 다룬 것과 대조가 된다. 뿐만 아니라 그것은 『건착도』에서 '역易'에 역易·변역變易·불역不易의 세 가지 뜻이 있다고 한 것과도 다른 이론이다. 동한시대의 정현은 『건착도』의 삼역 개념에서 역易을 이간易簡으로 바꾸고 나머지 둘은 그대로 유지했다. 이간은 간편하고 용이하다는 실용적 측면을 강조한 것이고, 불역은 변화를 가능하게 하는 원리 자체는 변하지 않는다는 것을 의미한다. 그러나 이간은 『역』의 변화의 이념과 상관이 없고 더욱이 불역은 『역』의 변화의 이념에 정면으로 충돌하는 개념이기 때문에, 다산은 이를 수용하기를 거부했다. 이것은 삼역설에서 이념적 요소를 배제하고 오직 『주역』 해석방법으로서의 의미만을 설정했다는 것을 뜻한다.

이렇게 해서 역학사를 바라보는 다산의 관점을 대략적으로 서술하였다. 그는 성인의 의리義理를 천명하는 것을 『역』 해석의 목표로 삼았으나 그의 해석방법은 기본적으로 상수학에 근거를 두고 있었다. 그의 상수 해석은 「설괘전」에 의거해서 행해졌으며, 구양수의 「설괘전」 위작설을 받아들이지 않았다. 또 그는 상象을 실재하는 대상의 모사로 보았는데, 필자는 이것을 모사설의 관점이라고 정의하였다. 내지덕도 역시 기본적으로는 모사설을 취했으나, 예외를 인정했다. 내지덕은 대상이 실재하지 않더라도 상상력 혹은 감정으로 괘상을 임의로 설정할 수 있다고 보았는데, 이것을 괘정입상설卦情立象說이라고 한다. 이에 비해서 다산은 모사설의 관점을 엄격하게 유지하고자 했다. 두 사람의 관점의 차이는 『주역』 건괘乾卦의 용龍의 물상에 관한 해석에서 뚜렷하게 드러난다. 건괘에는 용이 여러 차례 등장하지만, 「설괘전」에는 건乾을 용이라고 하는 말이 없고 오히려 진震을 용이라고 했기 때문에 난관에 부딪힌다. 내지덕은 용은 단지 신화에만 존재하는 동물로서 『주역』의 저자가 상상력을 발휘해서 창조해 낸 물상이기 때문에 「설괘전」을 따를 필요가 없다고 주장했다. 그러나 다산은 12벽괘의 추이를 통해 진룡震龍의 물상을 도출함으로써 「설괘전」에 의존하면서도 이러한 해석학적 문제를 돌파할 수 있었다. 뿐만 아니라 다산은 『좌전』에서 용의 출현에 관한 기사를 찾아내어 용이 역사적으로 실존했던 동물이라는 점을 고증했다. 『좌전』에 따르면 용은 두 번에 걸쳐 나타났다. 한 번은 기원전 523년 노魯나라 소공昭公 19년에 정鄭나라 성문 앞에 나타나 서로 싸웠고, 기원전 513년 소공 29년에는 진晉나라 도성 강絳의 교외에 용이 나타났다. 따라서 "용전우야龍戰於野"와 "현룡재전見龍在田"은 상상력으로 만들어 낸 허구虛構가 아니라 역사적 실례에 바탕을 두고 있는 실사實事이다. 이처럼 다산은 모든 역사易詞가 상象을 취함은 실리實理에 부합한다고 주장했다.[20] 역상 가운데 임의로 설정된 괘상은 없으며, 모든 역사는 실재하는 대상의 모사이다. 그리고 역사의 해석은 철저히 「설괘전」의 물상론에 의거해서 이루어져야 한다. 이것은 황종희黃宗羲가 『역학상수론』에서 내세웠던 "역중지상易中之象, 무일자허설無一字虛設"의 원칙과 기본적으로 동일하다.[21] 이러

20) "易詞取象, 皆合實理."(『周易四箋』, 『定本』 第15卷, p.130)
21) "易中之象, 無一字虛設."(黃宗羲, 『易學象數論』, 中華書局, p.94)

한 원칙에 따르면 모든 역상은 역사와 연계되어 있으며, 어떠한 역사도 임의로 배치되지 않았다.

그러면 이제 처음에 언급했던 기호의 원저자와 해석자의 관계에 대해 이야기해 보기로 하자. 기호 해석자의 과제는 기호의 제작자가 기호에 부여한 의미를 정확하게 파악하는 데 있다. 물론 예수회 선교사들의 경우처럼 『주역』을 저자의 본래의 의도와 상관없이 새로운 방향으로 해석하려는 경향도 존재하지만, 그런 경우에는 기호가 원저자의 의도와 상관없이 새로운 진화進化의 길을 걷고 있는 것으로 보아야 한다. 다산의 기호 해석은 유교정통론자의 관점에 서 있기 때문에 저자의 본래 의도와 상관없는 해석을 경계한다. 머리말에서 말했던 것처럼 수천 년 전에 살았던 기호 제작자가 지녔던 의도를 정확히 알아맞히는 것은 거의 불가능에 가깝다. 따라서 원저자로부터 멀어지면 멀어질수록 기호 해석자는 불리한 위치에 처하게 된다. 그렇지만 저자로부터 멀어질수록 불리하기만 한 것은 아니고, 유리한 측면도 있다. 왜냐하면 여러 세대에 걸쳐 탁월한 해석자들이 등장하면서 기호 해석의 방법도 더욱 발전하기 때문이다. 따라서 우번보다는 주자가 유리하며, 주자보다는 다산이 유리하다. 다산이 한역과 송역, 그리고 명·청대 역학까지 두루 참고할 수 있었던 것은 역학 연구자로서 행운이었다. 현대의 연구자들은 다산도 접할 수 없었던 출토문헌出土文獻을 이용할 수 있다는 점에서 더욱 유리한 상황에 있다. 오늘날 출토문헌의 발견은 현대의 연구자들로 하여금 『주역』의 초기 역사의 실상에 접근할 수 있도록 많은 정보를 제공해 준다. 만약에 출토문헌을 통해서 정확한 사실(fact)이 알려진다면, 이때까지 제기되었던 많은 억측과 가설들은 사실에 자리를 비켜 주어야 할 것이다. 그러나 상당한 규모의 출토문헌이 발견되었음에도 불구하고 고대 서법筮法의 원형을 재구성할 수 있을 정도로 충분한 정보가 제공되고 있는 것은 아니다. 다산이 주장했던 하상지구법설夏商之舊法說이라든가 추이설推移說과 효변설爻變說 등도 단지 가설에 불과하기 때문에, 그것을 의심하지 않고 진리(truth)나 사실처럼 받아들이는 태도는 위험하다. 다산이 살았던 19세기 상황에서 출토문헌을 접할 수 없었다는 것은 그가 처해 있었던 근본적 한계이다. 만약 앞으로 새로운 출토문헌이 발견된다면 다산이 제기했던 가설의 근본적 전제가 흔들릴 수도 있다. 그러나 그때까지는 다산역은 여러 유력한 가설 가운데 하나로 남게 될 것이다.

참고문헌

다산역학 관련 원전 및 번역서

丁若鏞, 茶山學術文化財團 編,『定本 與猶堂全書』(校勘·標點本) 제15~16권;『周易四箋』1~2, 사암, 2012.

丁若鏞,『周易四箋』(新朝鮮社本), 景仁文化社(影印本), 1970.

丁若鏞,『周易四箋』(筆寫本), 24卷 12册, 奎4918-v.1-12, 서울대학교 규장각.

丁若鏞,『周易四箋』(筆寫本), 24卷 12册, 한貴古朝03-23, 국립중앙도서관.

丁若鏞,『周易四箋』(筆寫本), 24卷, Asami Collection, Korean Rare Book Collection, University of California, Berkeley.

丁若鏞,『周易四箋』(筆寫本), 20卷 10册(缺帙), 연민 고180.12 정516ㅈ, 단국대학교 퇴계중앙도서관 연민기념관

丁若鏞,『周易四箋』(筆寫本), 4卷 2册(缺帙), 김영호 소장본

丁若鏞,『周易四箋』(筆寫本), 초의艸衣 수초본手抄本(缺帙)

丁若鏞, 茶山學術文化財團 編,『易學緒言』,『定本 與猶堂全書』(校勘·標點本), 제17권; 사암, 2012.

丁若鏞,『易學緒言』(新朝鮮社本), 景仁文化社(影印本), 1970.

丁若鏞,『易學緒言』(筆寫本), 12卷 4册, 奎5592-v.1-4, 서울대학교 규장각.

丁若鏞,『易學緒言』(筆寫本), 4卷, 김영호 소장본

丁若鏞,『易學緒言』(筆寫本), 13卷 4册, ㅁ810-101, 林文庫, 築波大學 附屬圖書館(University of Tsukuba Library).

丁若鏞,『易學緒言』(筆寫本), 13卷, Asami Collection, Korean Rare Book Collection, University of California, Berkeley.

丁若鏞, 茶山學術文化財團 編,「四庫易議」,『定本 與猶堂全書補遺 III』第37卷, 茶山學術文化財團, 2012.

丁若鏞, 방인·장정욱 역주,『譯註 周易四箋』, 全8권, 소명출판. 2007.

다산 원전 및 번역서

丁若鏞, 茶山學術文化財團 編,『定本 與猶堂全書』(校勘·標點本), 全37卷, 사암, 2012.
丁若鏞, 茶山學術文化財團 編,『文集 I』,『定本 與猶堂全書』第2卷, 茶山學術文化財團, 2012.
丁若鏞, 茶山學術文化財團 編,『文集 III』,『定本 與猶堂全書』第4卷, 茶山學術文化財團, 2012.
丁若鏞, 茶山學術文化財團 編,『中庸講義補』,『定本 與猶堂全書』第6卷, 사암, 2012.
丁若鏞, 茶山學術文化財團 編,『中庸講義』,『定本 與猶堂全書』第6卷, 사암, 2012.
丁若鏞, 茶山學術文化財團 編,『孟子要義』,『定本 與猶堂全書』第7卷, 사암, 2013.
丁若鏞, 茶山學術文化財團 編,『論語古今註』,『定本 與猶堂全書』第8卷~9卷, 사암, 2013.
丁若鏞, 茶山學術文化財團 編,『尙書古訓』,『定本 與猶堂全書』第11卷, 茶山學術文化財團, 2012.
丁若鏞, 茶山學術文化財團 編,『梅氏書平』,『定本 與猶堂全書』第13卷, 茶山學術文化財團, 2012.
丁若鏞, 茶山學術文化財團 編,『春秋考徵』,『定本 與猶堂全書』第14卷, 사암, 2012.
丁若鏞, 茶山學術文化財團 編,『風水集議』,『定本 與猶堂全書』第22卷, 茶山學術文化財團, 2012.
丁若鏞, 이광호 外 역,『大學公議·大學講義·小學枝言·心經密驗』, 사암. 2016.
丁若鏞, 이지형 역주,『譯註 論語古今註』, 全5권, 사암. 2010.
丁若鏞, 박종천 옮김,『다산 정약용의 풍수집의』, 사람의 무늬, 실시학사 실학번역총서, 2015.
丁若鏞,『다산간찰집』, 다산학술문화재단, 사암, 2012.
丁若鏞·申綽,『茶山과 石泉의 경학논쟁』, 實是學舍經學硏究會, 한길사, 2000.
丁若鏞·金邁淳,『臺山·淵泉의 경학논쟁』, 實是學舍經學硏究會, 한길사, 2000.

역학 관련 원전 및 번역서

來知德,『周易集注』(中國古代易學叢書 第27卷), 中國書店, 1998.
毛奇齡,『推易始末』,『中國古代易學叢書』第36卷, 北京: 中國書店, 1998.
毛奇齡,『春秋占筮書』,『中國古代易學叢書』第36卷, 北京: 中國書店, 1998.
毛奇齡, 鄭萬耕 點校,『毛奇齡易著四種』, 北京: 中國書店, 2010.
毛奇齡,『仲氏易』(中國古代易學叢書 第36卷), 北京:中國書店, 1998.
毛奇齡,『春秋占筮書』,『中國古代易學叢書』第36卷, 北京: 中國書店, 1998.

毛奇齡,『毛奇齡 易著四種－推易始末』, 卷三, 中華書局. 2010.

邵雍,『邵雍集』, 中華書局, 2010.

呂立本,『易經本旨』, 徐家匯藏書樓(The Sequel to the Chinese Christian Texts from the Zikawei Library), Edited by Nicolas Standaert, Ad Dudink, and Wang Rengang, 明清天主教文獻續編(全34册), 第1册, 台北利氏學社(Taipei Ricci Institute), 2013.

吳澄,『易纂言』,『中國古代易學叢書』第17卷, 北京: 中國書店, 1998.

吳澄,『易纂言外翼』,『中國古代易學叢書』第17卷, 北京: 中國書店, 1998.

王弼 注, 孔穎達 疏,『周易正義』, 十三經注疏整理本, 北京大學出版社, 2000.

王弼 著, 樓宇烈 校釋,『王弼集校釋』, 中華書局, 1980.

王弼 撰, 樓宇烈 校釋,『周易注－附周易略例』, 北京: 中華書局, 2011.

『儒藏』, 精華編 第281册, 出土文獻類, 北京大學 儒藏 編纂中心, 2007.

李光地,『禦纂周易折中』, 景印文淵閣四庫全書, 第38册.

李光地,『榕村集』, 四庫全書本, 維基文庫,自由的圖書館.

李光地, 陳祖武 點校,『榕村語錄・榕村續語錄』, 上下, 北京, 中華書局, 1995.

李道平 撰, 潘雨廷 點校,『周易集解纂疏』, 中華書局, 2004.

李鼎祚,『周易集解』,『中國古代易學叢書』第2卷, 北京: 中國書店, 1998.

李鼎祚,『周易集解』, 上・下, 九州出版社, 2006.

李學勤 主篇,『周易正義』(十三經注疏整理本), 上・下卷, 台灣古籍出版有限公社, 2001.

鄭玄 注,『易緯乾鑿度』,『中國古代易學叢書』, 第49卷, 北京: 中國書店, 1998.

程迥,『周易古占法』,『中國古代易學叢書』第6卷, 北京: 中國書店, 1998.

趙在翰 輯, 鐘肇鵬・蕭文郁 點校,『七緯』, 上下, 北京: 中華書局, 2012.

朱熹 撰, 寥名春 點校,『周易本義』, 中華書局, 北京: 2009.

朱熹,『宋刊 周易本義』, 全三册, 福建人民出版社, 2008.

朱熹,『朱子全書』第1册,『周易本義』・『易學啓蒙』, 上海古籍出版社, 2002.

朱熹, 黎靖德 編, 王星賢 點校,『朱子語類』(全8册), 北京: 中華書局, 1986.

朱熹,『朱子全書』第21册;『晦庵先生朱文公集(二)』, 卷38, 上海古籍出版社, 2002.

朱熹,『朱子全書』第22册;『晦庵先生朱文公集(三)』, 卷49, 上海古籍出版社, 2002.

朱熹,『朱子全書』第23册,『晦庵先生朱文公文集(四)』, 卷67, 上海古籍出版社・安徽教育出版社, 2002.

清華大學 出土文獻研究與保護中心 編, 李學勤 主編,『清華大學藏戰國竹簡(肆)』, 中西書局, 2013.

焦循, 陳居淵 主偏.『雕菰樓易學五種』, 鳳凰出版社, 2012.

焦循, 陳居淵 主偏.『雕菰樓算學六種』, 鳳凰出版社, 2019.

焦循, 劉建臻 點校, 『焦循算學九種』, 上下, 廣陵書社, 2016.
焦循, 『焦氏遺書』, 臺北, 中央研究院傅師年圖書館.
何楷, 『古周易訂詁』, 『中國古代易學叢書』 第31卷, 北京: 中國書店, 1998.
惠棟, 『易漢學』, 『中國古代易學叢書』, 卷47. 王立文 等編, 中國書店, 北京, 1998.
黃宗羲, 鄭萬耕 點校, 『易學象數論』, 北京: 中華書局, 2010.
黃宗羲, 『易學象數論』, 『中國古代易學叢書』 第35卷, 北京: 中國書店, 1998.

백은기 역주, 『주역본의周易本義』, 여강출판사, 1999.
성백효 역주, 『周易傳義』, 上下, 전통문화연구회, 1998
소옹邵雍, 노영균 옮김, 『황극경세서』. 대원기획, 2002.
이익李瀷, 『역경질서易經疾書』, 『한국역학대계韓國易學大系』 第15卷, 한미문화사, 서울: 1998.
이익李瀷, 『역경질서易經疾書』, 『성호전서星湖全書』3, 여강출판사, 1984.
신작申綽, 『역차고易次故』, 『한국경학자료집성韓國經學資料集成』 109, 『易經』 二十三, 성균관대학교 대동문화연구원, 1996.
신작申綽, 『석천유고石泉遺稿』, 『한국문집총간韓國文集叢刊』 279, 민족문화추진회, 2001.
탄허呑虛 역, 『주역선해周易禪解』, 전3권, 教林, 1982.

그 밖의 원전 및 번역서(가나다순)

康熙, 『庭訓格言: 康熙家教大全』, 中國對外翻譯出版公司, 2003.
『康熙朝漢文朱批奏折匯編』, 中國第一歷史檔案館 編譯, 北京 : 中國社會科學出版社, 1983.
『康熙朝滿文朱批奏折匯編』, 中國第一歷史檔案館 編譯, 北京: 北京檔案出版社, 1985,
顧炎武 著, 黃汝成 集釋, 『日知錄集釋(全校本)』, 上中下, 上海古籍出版社, 2010.
董誥 等 輯, 『全唐文』, 上海古籍出版社, 1995.
樓宇烈, 『王弼集校釋』, 臺北, 華正書局, 民國 72
馬國翰, 『玉函山房輯佚書』, 文海出版社, 臺灣, 1967
班固 撰, 顏師古 注, 『漢書』, 中華書局, 北京, 1962,
範曄 撰, 李賢 等注, 『後漢書』, 中華書局, 北京, 1965.
四庫全書總目提要 (全五册). 武英殿本, 臺灣商務印書館, 2000.
司馬遷, 『史記』, 北京市: 中華書局, 1997.
『宋史』, 點校本, 中華書局, 北京, 1974.

『新唐書』, 北宋 歐陽修, 宋祁 等 合撰: 點校本, 北京: 中華書局, 1997.
『禮記正義: 十三經注疏整理本』, 卷13, 北京大學出版社, 2000.
王先謙, 『清東華錄全編』(全25册), 學苑出版社, 2000.
王先謙, 『十二朝東華錄』, 文海出版社, 1963
王雲五 主編, 『四庫全書總目提要』, 國學基本叢書, 臺灣商務印書館, 1968,
王應麟 撰 翁元圻 注, 『翁注 困學紀聞』, 臺北: 世界書局,1963.
陸德明, 『經典釋文(抱經堂本)』, 四部善本新刊, 漢京文化事業有限公司印行, 中華民國 六十九年.
鄭玄 注, 孔穎達 疏 『禮記正義』, 十三經注疏 整理本 [13], 北京大學出版社, 2000.
鄭玄 注, 唐 賈公彦 疏 『儀禮注疏』, 十三經注疏 整理本 [11], 北京大學出版社, 2000.
左丘明 傳, 杜預 注, 孔穎達 正義, 『春秋左傳正義』, 十三經注疏 整理本(16~19), 北京大學出版社, 2000.
『周髀算經』, 中國古代易學叢書, 第50卷, 中國書店, 1998.
黃宗羲, 『明儒學案』, 商務印書館, 上海, 1935.

박지원 지음, 김혈조 옮김, 『열하일기』, 전3권, 돌베개, 2009.
사마천, 『사기열전史記列傳』, 을유문화사, 1983
『사부수권四部手圈』, 全3卷, 上中下, 서울대학교 규장각자료총서, 2002.
신후담愼後聃 저, 김선희 옮김, 『하빈河濱 신후담愼後聃의 돈와서학변遯窩西學辨』, 사람의 무늬, 2014.
정약종丁若鍾, 『주교요지主敎要旨』, 한국고등신학연구원, 2012.
정하상丁夏祥 지음, 윤민구尹敏求 번역, 『상재상서上宰相書』, 성황석두루가서원, 1999.
프란체스코 삼비아시(Francesco Sambiasi), 김철범 신창석 번역, 『영언여작』, 일조각, 2007.

다산역학 관련 단행본(가나다순)

김인철, 『다산의 주역해석체계』, 경인문화사, 2003.
박주병, 『주역반정』, 학고방, 2013.
방인・장정욱, 『역주 주역사전』, 전8권, 소명출판, 2007.
방인, 『다산 정약용의 『주역사전』, 기호학으로 읽다』, 예문서원, 2014.
이을호, 『다산의 역학』, 민음사, 1993.
이을호, 『다산역학연구』, I, II, 다산학연구원, 한국학술정보, 2015.

임재규, 『다산 정약용의 역학이론』, 심산, 2019.
황병기, 『정약용의 주역철학』, 동과서, 2014.
황병기, 『국역 시괘고오·시괘전 – 주희와 정약용의 시괘법 대결』, 동과서, 2014.

국내 역학 관련 단행본(가나다순)

고형高亨·이경지李鏡池·용조조容肇祖 지음, 김상섭 편역, 『주역점의 이해』, 지호, 2009.
고회민, 『상수역학』, 신지서원, 1994.
고회민, 『소강절의 선천역학』, 예문서원, 2011.
금장태, 『불교의 주역 노장해석』, 서울대출판부, 2007.
김상섭, 『마왕퇴출토 백서주역』, 비봉출판사, 2012.
김상섭, 『춘추점서역』, 성균관대학교출판부, 2015.
박태섭 역주, 『주역선해』, 도서출판 한강수, 2007.
방인·장정욱, 『역주 주역사전』(全8권), 소명출판, 2007.
슈츠스키(Iulian K. Shchutskii), 오진탁 역, 『주역연구(Researches on the I Ching)』, 도서출판 한겨레, 1987.
왕필 저, 임채우 역, 『주역 왕필주』, 도서출판 길, 1998.
요명춘廖名春·강학위康學偉·양위현梁韋弦, 심경호沈慶昊 역, 『주역철학사』, 예문서원, 1994.
이창일, 『소강절의 철학–선천역학과 상관적 사유』, 심산, 2007.
주백곤朱伯崑 저, 김학권·김진근·김연재·주광호·윤석민 역, 『역학철학사』, 전8권, 소명출판, 2012.
주희朱熹, 김상섭 역, 『역학계몽易學啓蒙』, 예문서원, 1994.
주희朱熹, 김진근 역, 『완역完譯 역학계몽易學啓蒙』, 청계, 2008.
황병기 저, 『역易, 위대한 미메시스』, 한국국학진흥원 편, 글항아리, 2014.

중국 역학 관련 단행본

郭彧, 『京氏易源流』, 華夏出版社, 北京, 2007.
盧央, 『京房評傳』, 南京大學出版社, 南京, 2006.
盧央, 『京房易傳解讀』, 上下, 九州出版社, 北京, 2006.

賴貴三,『焦循雕菰樓易學研究』, 花木蘭文化出版社, 2008.
冒廣生 撰述, 冒懷辛・毛景華 整理,『冒鶴亭京氏易三種』, 四川出版集團, 巴蜀書社, 2009.
文平,『虞翻易學思想研究』, 光明日報出版社, 2013.
潘雨廷,『周易虞氏易象釋』, 上海古籍出版社, 2009.
白壽彝,『周易本義考』,『周易研究論文集』第3輯, 北京師大出版社, 1990.
謝金良,『周易禪解硏究』, 巴蜀書舍, 2006.
徐芹庭.『易經研究』, 五洲出版社, 中華民國 70年
徐芹庭,『虞氏易述解』, 五洲出版社, 中華民國 63年. 1974
宋錫同,『邵雍易學與新儒學思想研究』, 華東師範大學出版社, 2011.
梁韋弦,『漢易卦氣學研究』, 齊魯書社, 2007.
王譔 撰,『京房易傳』, 武陵出版有限公司, 台北, 2001.
王新春,『周易虞氏學(上下)』, 項淵文化事業有限公司, 臺北, 1999.
王新春・呂穎・周玉凰,『易纂言導讀』, 齊魯書社, 2006.
王亭之,『周易象數例解』, 復旦大學出版社, 2014.
寥名春,『帛書易傳初探』, 文史哲出版社, 臺北市, 中華民國 八十七年.
劉大鈞,『周易概論』, 齊魯書社, 1988.
劉大鈞,『周易概論』, 齊魯書社, 1988.
劉大鈞 總主編,『百年易學菁華集成』, 上海科學技術文獻出版社, 2010.
劉玉建,『周易正義導讀』, 齊魯書社, 2005.
李尙信,『卦序與解卦理路』, 巴蜀書社, 2008.
李學勤,『周易經傳溯源』, 中國社會科學出版社, 北京, 2007.
張文智,『周易集解導讀』, 齊魯書社, 2005.
張文智,『孟・焦・京易學新探』, 齊魯書社, 2013.
張朋,『春秋易學研究－ 以周易卦爻辭的卦象解說方法爲中心』, 上海人民出版社, 2012.
丁四新,『楚竹書與漢帛書周易校注』, 上海古籍出版社, 2011.
趙在翰 輯, 鐘肇鵬・蕭文郁 點校, 『七緯』上下, 北京: 中華書局, 2012
『周易研究論文集』第一卷, 北京師範大學出版社, 1987.
朱伯崑,『易學哲學史』, 全4卷, 藍燈文化事業股份有限公司, 臺灣, 1991.
陳居淵,『焦循儒學思想與易學研究』, 上海人民出版社, 2016.
陳欣雨,『白晉易學思想研究』, 人民出版社, 2016.
崔麗麗,『毛奇齡易學研究』, 中國社會科學出版社, 2016.
韓自強,『阜陽漢簡《周易》研究』, 上海, 上海古籍出版社, 2004,

胡自逢, 『程伊川易學述評』, 台北: 文史哲出版社, 中華民國 84年

국내 일반 단행본

가노 나오키(狩野直喜), 오이환吳二煥 역, 『중국철학사』, 을유문화사, 1986.
가마타 시게오(鎌田茂雄), 『중국불교사』, 경서원, 1985.
가의賈誼, 박미라 역, 『신서新書』, 소명출판, 2007.
갈조광葛兆光, 이등연 · 심규호 · 양충렬 · 오만종 역, 『중국사상사』, 일빛, 2013
학순, 『존재와 공간』, 한길사, 2011.
강혜선, 『정조의 시문집 편찬』, 문헌과 해석사, 2000.
곽박郭璞, 허찬구許燦九 역주譯註, 『장서역주葬書譯註』, 비봉출판사, 2005.
금장태, 『동서교섭과 근대한국사상』, 성균관대학교 출판부, 1984.
김동휘, 『청대철학』, 1권, 신원문화사, 1995.
김문식, 『정조의 경학과 주자학』, 문헌과 해석사, 2000,
김문식, 『조선후기경학사상연구』, 일조각, 1996
김문식, 『정조의 제왕학』, 태학사, 2007
김상홍, 『다산문학의 재조명』, 단국대학교 출판부, 2004.
김선희, 『마테오 리치와 주희, 그리고 정약용』, 심산, 2012.
김영식, 『정약용의 문제들』, 혜안, 2014.
김옥희, 『曠菴 李蘗의 西學思想』, 가톨릭출판사, 1979.
김충렬, 『중국철학사』, 예문서원, 1994.
나이젤 페닉, 최창조 옮김, 『서양의 고대 풍수학』, 민음사, 1979.
데이비드 문젤로, 이향만 역, 『진기한 나라, 중국: 예수회 적응주의와 중국학의 기원』, 나남출판, 2009.
레이 커즈와일(Ray Kurzweil), 『특이점이 온다(The Singularity Is Near)』, 김영사, 2005.
로버트 템플 저, 과학세대 옮김, 『그림으로 보는 중국의 과학과 문명』, 까치, 1993.
루트비히 비트겐슈타인, 이영철 역, 『철학적 탐구』, 책세상, 2006,
박동춘, 『초의선사의 차문화 연구』, 일지사, 2010.
백민정, 『정약용의 철학』, 이학사, 2007.
스테판 귄첼(Stephan Günzel), 이기홍 역, 『토폴로지』, 에코 리브르, 2010.
심경호, 『강화학파의 문학과 사상(4)』, 한국정신문화연구원, 1999.

안건훈, 『자유의지와 결정론』, 집문당, 2006.
양계초 저, 이기동·최일범 共譯, 『청대학술개론淸代學術槪論』, 여강출판사, 1987.
『열자列子』, 김학주 역, 을유문화사, 2000.
왕무王茂, 『청대철학』, 신원문화사, 1995.
왕필王弼, 임채우 역, 『왕필의 노자주』, 한길사, 2006
유발 하라리, 조현욱 역, 『사피엔스』, 김영사, 2015.
이택용, 『중국 고대의 운명론』, 도서출판 문사철, 2014.
정규영, 『사엄선생연보俟菴先生年譜』, 정문사正文社, 1984.
정규영 저, 송재소 역주, 『사암선생연보−다산의 한평생』, 창비, 2014.
정민, 『다산의 재발견』, 휴머니스트, 2011.
정옥자, 『정조의 수상록 일득록 연구』, 일지사, 2000.
조성을, 『연보로 본 다산 정약용』, 지식산업사, 2016.
조셉 니덤(Joseph Needham) 저, 이면우 역, 『중국의 과학과 문명−수학, 하늘과 땅의 과학, 물리학』, 까치, 2000.
조셉 니덤(Joseph Needham) 저, 이석호·이철주·임정대 역, 『중국의 과학과 문명』 II, 을유문화사, 1986
존 헨더슨 저, 문중양 역, 『중국의 우주론과 청대의 과학혁명』, 소명출판, 2004.
죠셉 앙리 마리 드 프레마르, 李鐘華 譯, 『중국 고전에서 그리스도를 찾다』, 루하서원, 2018.
차벽, 『다산의 후반생』, 돌베개, 2010.
최성철, 『역사와 우연』, 도서출판 길, 2016.
최익한, 『실학파와 정다산』, 청년사, 1989
피석서皮錫瑞, 이홍진李鴻鎭 역, 『중국경학사中國經學史』, 형설출판사, 1995.
이충구·임재완·김병헌·성당제 역주, 『이아주소爾雅注疏』(全6卷), 소명출판, 2004.
임여진林麗眞 저, 김백희 옮김, 『왕필의 철학』, 청계, 2001

중국 일반 단행본

方豪, 『中國天主教史人物傳』, 宗教文化出版社, 2011.
孫宏安, 『中國古代數學思想』, 大連理工大學出版社, 2008.
楊鵬, 『上帝在中國源流考− 中國典籍中的上帝信仰』, 書海出版社, 2014.
吳文俊 主編, 『中國數學史大系』, 第1卷, 北京: 北京師範大學出版社, 1998.

李零,『中國方術考』, 東方出版社, 2000.
任繼愈 主編,『中國哲學發展史－ 魏晉南北朝』, 人民出版社, 1988.
田漢云,『六朝經學與玄學』, 南京出版社, 2003.
馮友蘭,『中國哲學簡史』, 北京大學出版社, 2014.
皮錫瑞, 周予同 增注,『經學歷史』, 中華書局, 北京, 2004.

영문 일반 단행본

Benjamin A. Elman, *On Their Own Terms*, Harvard University Press, 2005.

Catherine Jami, *The Emperor's New Mathematics,* Oxford, 2012.

Catherine Jami & Han Qi, *The Reconstruction of Imperial Mathematics During the Kangxi,* Early Science and Medicine, Volume 8, Issue 2, 2003

Chan Alan Kam Leung, Clancey Gregory K, Loy Hui-chieh, *Historical Perspectives On East Asian Science, Technology And Medicine,* Singapore University Press,

Claudia von Collani, *Joachim Bouvet: Sein Leben und sein Werk,* Nettetal, Steyler Verlag, 1985

David E. Mungello, *Leibniz and Confucianism: The Search for Accord,* The University Press of Hawaii, Honolulu, 1977.

Don J.Wyatt, *The Recluse of Loyang-Shao Yung and the Moral Evolution of Early Thought,* University of Hawaii Press, 1996.

François Secret, *Quand la Kabbale expliquait le Yi King ou un aspect oublié du figuratisme du P. Joachim Bouvet,* Revue de l'histoire des religions, 1979.

Fung Yu-Lan, *A Short History of Chines Philosophy*, The Free Press, New York, 1948.

John T. P. Lai and Jochebed Hin MingWu, *The Catholic Yijing: Lü Liben's Passion Narratives in the Context of the Qing Prohibition of Christianity*, Religions, 10(7), 2019.

John W Witek, *Understanding the Chinese: A Comparison of Matteo Ricci and the French Jesuit Mathematician Sent by Louis XIV* (Charles E.Ronan and Bonnie B.C.Oh, The Jesuits in China, 1582-1773, Loyola University Press, Chicago, 1988).

K.C.Chang, *Art, Myth ,and Ritua l－ Th ePath to Political Authority in Ancient China,* Harvard University Press, 1983.

Kidder Smith, *Zhouyi Interpretation from Accounts in the Zuozhuan,* Harvard Journal of Asiatic Studies, Vol.49, Issue2, 1989.

Knud Lundbaek, *Joseph De Prémare－Chinese Philology and Figurism*, Aarhus University Press, 1991.

Lionel M.Jensen, *Manufacturing Confucianism,* Duke University Press, 1997.

Michael Loewe, *Divination, mythology and monarchy in Han China,* Cambridge University Press, 1994.

Nicolas Standaert, *Handbook of Christinaity in China,* Brill, 2001.

Peter M. Engelfriet, *Euclid in China,* Brill, 1998.

Peter T. Struck, *Divination and Human Nature,* Princeton University Press, 2016.

Richard J. Smith, *Jesuit Interpretation of the Yijing in Historical and Comparative Perspective,* International Consortium for Research in the Humanities. 2002.

Richard Rutt, *Zhouyi: With New Translation and Commentary,* Routledge Curzon, 2002.

Richard M.Swiderski, *Bouvet and Leibniz: A Scholarly Correspondence,* Eighteenth-Century Studies, Vol.14, No.2, 1980.

Roman Malek, *From Kaifeng to Shanghai: Jews in China,* Institut Monumenta Serica, Nettetal Steyler Verlag, 2000.

Sophie Ling-chia Wei(魏伶珈), *Trans-Textual Dialogue in the Jesuit Missionary-Intra-Lingual Translation of the Yijing,* University of Pennsylvania, 2015.

Sophie Ling-chia Wei(魏伶珈), *Chinese Theology and Translation－The Christianity of the Jesuit Figurists and Their Christianized Yijing,* Routledge, 2019.

Thomas Cleary, *The Buddhist I Ching,* Shambhala, Boston&London, 1987.

예수회 선교사들의 저서

Matteo Ricci, *T'ien-chu Shih-i*(天主實義: *The True Meaning of the Lord of Heaven*), translated by Douglas Lancashire and Peter Hu Huo-chen, Ricci Institute, Taipei, 1985.

마테오 리치(Matteo Ricci) 지음, 송영배・임금자・장정란・정인재・조광・최소자 옮김, 『천주실의天主實義』. 서울대학교 출판부, 2001.

페르비스트(Ferdinand Verbiest) 지음, 노용필 옮김, 『교요서론(敎要序論)』, 한국사학, 2013.

白晉, 『易學外篇』, Biblioteca Apostolica Vaticana, Borgia Cinese 317-10.

白晉, 『易鑰』, Biblioteca Apostolica Vaticana, Borgia Cinese 317.

白晉, 『易稿』, Biblioteca Apostolica Vaticana, Borgia Cinese 317-7.

白晉, 『易經總說稿』, Biblioteca Apostolica Vaticana, Borgia Cinese, 317-3

白晉, 『易考』, Biblioteca Apostolica Vaticana, Borgia Cinese, 317-4.

白晉, 『易引原稿』, Biblioteca Apostolica Vaticana, Borgia Cinese, 317-6.

白晉, 『易學外篇』, Biblioteca Apostolica Vaticana, Borgia Cinese 317-10.
白晉, 『易學外編原稿』』, Biblioteca Apostolica Vaticana, Borgia Cinese, 361-6
鐘鳴旦, 杜鼎克 主編, 『耶穌會羅馬檔案館明清天主教文獻』 第12冊, 台北利氏學社, 2002.

다산역학 관련 박사학위논문(연도순)

김왕연, 「다산 역학의 연구」, 고려대, 1989.
정해왕, 「주역의 해석방법에 관한 연구-정약용의 역학을 중심으로」, 부산대, 1990.
유초하, 「정약용의 우주관」, 고려대, 1991.
김인철, 「다산의 『주역』 해석체계에 관한 연구」, 고려대, 1999.
김영우, 「정약용의 역학사상연구」, 서울대, 2000.
박주병, 「『주역』의 괘에 대한 연구-정약용 역학을 중심으로」, 영남대, 2000.
유문상, 「다산 역학의 특성과 윤리적 함의」, 한국교원대, 2002.
조장연, 「다산 정약용의 역리사상 연구」, 성균관대, 2002.
황병기, 「다산 정약용의 역상학」, 연세대, 2004.
장정욱, 「주역의 구성체제와 역상의 상징체계-다산역학을 중심으로」, 경북대, 2009.
임재규林在圭, 『정약용역학연구丁若鏞易學研究』, 복단대학復旦大學, 2012.
이난숙, 「다산 정약용의 중국역학 비판 연구」, 강원대, 2014.
김광수, 「다산 정약용의 상수학적 역학 연구」. 한국외국어대, 2015.
장열張悅, 「다산 『주역』 해석의 사상적 특징 연구」, 성균관대, 2018.

다산역학 관련 논문(가나다순)

김승동, 「모기령과 정약용의 역괘해석에 관한 비교연구」, 『인문논총36』, 부산대학교 출판부, 1990
김왕연, 「다산 역학연구 II-『역학서언』의 '주자본의발미'를 중심으로」, 『철학논집 2집』, 한양대학교 철학과, 1990.
김왕연, 「정다산의 소자선천론 비판」, 『철학』 제42집, 한국철학회, 1994.
김영식, 「주역점에 대한 정약용의 태도」, 제1회 템플턴 동아시아의 과학과 종교 국제워크숍, 『동아시아 세계의 지식의 전통:과학, 사상, 종교』, 2012.

김영우, 「정약용과 모기령의 역학사상 비교연구」, 『동방학지』 제127집, 연세대학교 국학연구원, 200419.
김영우, 「『좌전』의 점사占辭 해석연구－주희, 모기령, 정약용을 중심으로」, 『한국실학연구』 Vol.21 2011.
김인철, 「다산의 선천역에 대한 비판－「소자선천론」을 중심으로」, 『동양철학연구』 제31집, 동양철학연구회, 2002.
금장태, 「정약용의 역해석에서 복서의 방법과 활용」, 『다산학』 8호, 다산학술문화재단, 2006.
서근식, 「다산 정약용은 상수역학자인가?」, 『한국철학논집』 제36집, 한국철학사연구회, 2013.
신원봉, 「다산의 역학관 정립에 미친 청대사상의 영향－모기령을 중심으로」, 『다산학』 제3호, 다산학술문화재단,, 2002.
원용준, 「다산의 하상지구법설에 대한 재검토－ 역류출토문헌과의 비교고찰」, 『중한역학고단논단논문집』, 산동대학주역연구중심·다산학술문화재단 공동주최학술대회, 2015.
유초하, 「정약용의 역학서언과 주역사전」, 『철학과 현실』, 1996년.
이난숙, 한강백·공영달의 현학적 역학사상에 대한 정약용의 비판, 『철학탐구』 36(), 중앙철학연구소, 2014.
이난숙, 다산의 정현 역학 비판, 『다산학』 26, 다산학술문화재단, 2015.
이난숙, 「당서괘기론」에 담긴 정약용의 중국역학 비판 연구, 『유학연구』 34()호, 유학연구소, 2016
이난숙, 「「소자선천론」에서의 소강절, 주희 수리설과 그에 대한 정약용의 비판」, 『한중인문학연구』, 52, 한중인문학회, 2016.
이난숙, 「정약용 역학의 본령 － 역도론, 역리론, 역의론을 중심으로」, 『율곡학연구』 35(), 율곡학회, 2017.
이난숙, 「복서통의에 담긴 정약용의 복서에 관한 인식」, 『철학탐구』 52, 중앙철학연구소, 2018.
이난숙, 「정약용과 주희, 소옹의 『주역』 수리설의 상관적 특성 고찰」, 『동양철학연구』 97, 동양철학연구회, 2019
이난숙, 「정약용의 「이씨절중초」 고찰Ⅰ」, 『율곡학연구』 40, 2019.
이원명, 「다산의 주역관」, 『태동고전연구』 제10집, 태동고전연구소, 1993
임재규, 「정약용 효변론에 대한 비판적 고찰－「춘추관점보주」의 효변설을 중심으로」, 『종교와 문화』 제24호, 서울대학교 종교문제연구소, 2013.
임재규, 「정약용 효변론의 연원에 대한 시론적 고찰」, 『다산학』 22호, 다산학술문화재단, 2013.
임재규, 「정약용 효변론에 대한 비판적 고찰－「춘추관점보주의」 효변설을 중심으로」, 『종교와 문화』, 24호, 종교문제연구소, 2013.
임재규, 「중국역학사에 나타난 효변론 연구— 진응윤陳應潤, 황도주黃道周, 포의包儀의 효변론을 중심으로」, 『대동문화연구』 82, 대동문화연구원, 2013.

임재규, 「괘변설의 변천과정에서 본 다산의 추이론」, 『다산학』 26호, 다산학술문화재단, 2015.
임재규, 「정약용과 오징의 효변론에 내포된 상관관계와 원류 문제」, 『종교와 문화』, 25호, 종교문제연구소, 2013.
임재규, 「정약용과 래지덕의 효변설 비교」, 『철학탐구』 제380호, 중앙철학연구소, 2015.
임재규, 「다산 정약용의 중국역학사 인식－『역학서언』을 중심으로, 『종교와 문화』 제32호, 종교문제연구소, 2017.
임재규, 「정약용과 주진의 『주역』 해석 방법론 비교」, 『공자학』 36호, 한국공자학회, 2018.
임재규, 「정약용추이론신탐丁若鏞推移論新探」, 『종교연구』 제70집, 한국종교학회, 2013.
임충군林忠軍, 「다산의 한대漢代 상수역학象數易學에 대한 검토와 평가」, 『다산학』 26호, 다산학술문화재단, 2014.
임충군林忠軍, 「모기령의 추이설과 청대 한역의 부흥(毛奇齡"推移"說與淸代漢易復興)－모기령의 추이설과 정약용의 추이설의 동이점을 겸해서 분석」, 『민족문화논총』, Vol.49 2011.
임충군林忠軍, 「정약용의 추이설과 한漢·송宋 역학」, 『다산학』, 25호, 2014.

국내 역학 관련 논문(가나다순)

곽신환, 「주희 『주역본의』의 본의」, 『주자서거 800주년기념 주자역학학술대회자료집』, 한국주역학회, 2000.
구미숙, 「왕필의 득의망상에 관한 연구」, 『대동철학』제42집, 대동철학회, 2008.
김병애, 「하빈河濱 신후담愼後聃 『주역상사신편周易象辭新編 상경上經』 역주譯註, 고려대, 2017.
김진근, 「소강절의 선천역학에 대한 청대 역학자들의 비판 고찰」, 『범한철학』 제51집, 2008.
김필수, 「모기령의 추이법推移法 연구」, 『한중철학』 제1집, 1995.
김필수, 「서하西河 모기령毛奇齡의 『중씨역仲氏易』 연구」, 『한중철학』 제2집, 1996.
서근식, 「석천石泉 신작申綽의 주역 해석방법에 관한 연구」, 『퇴계학논집』 통권 119호, 퇴계학연구원, 2006.
신원봉, 「정조의 주역관」, 『동양문화연구』 제3집, 영산대학교 동양문화연구원, 2009.
안재원, 「쿠플레의 『역경』 이해: 겸괘謙卦의 라틴어 번역을 중심으로」, 『인문과학논총』 제67집, 서울대학교 인문학연구원, 2012.
안재원·문수정, 「레기스 신부의 라틴어 『역경』에 대하여」, 『중국문학』, Vol.9. 2018.
엄연석, 「정이 『역전』의 역학이론에 관한 연구」, 서울대학교 대학원 박사학위논문, 1999.
유흔우, 「초순 『역』 철학에 관한 연구」, 동국대학교 대학원, 1995

윤석민, 「왕필 『주역주』 해경방법론과 그 연원에 관하여」, 『동양철학』 제26집, 한국동양철학회, 2006.
윤태현, 「경방역의 연구」, 동국대, 2000.
윤태현, 「경방역의 역학사적 고찰」, 『주역철학과 문화』, 창간호, 2003.
이범학, 「오징의 역학과 소옹」, 『한국학논총』, 31호, 국민대학교 한국학연구소, 31호, 2009.
이세동, 「주자 『주역본의』 연구」, 서울대학교 대학원 박사학위논문, 1996.
임채우, 『왕필의 역철학연구 – 이간어번以簡禦繁 사상을 중심으로』, 연세대학교 철학과, 1995
정해왕, 「소옹의 선천역학에 관한 연구」, 『인문논총』 제42권, 1호, 부산대학교, 1993.
최일범, 「주역선해周易禪解 연구 – 성수불이론性修不二論을 중심으로」, 『유교사상연구』 제29집, 2007.
홍종숙, 「지욱의 주역선해周易禪解 번역 연구 – 건곤괘를 중심으로」, 원광대 동양학대학원 석사논문, 2006.

중국 역학 관련 논문

金弼洙, 「毛奇齡《仲氏易》的推移法研究」, 『國際儒學研究』 第7輯, 國際文化出版公社, 北京, 1999.
羅聖堡, 「毛奇齡考辨易圖的義理動機與學術傾向」, 中國文學研究, 第四十一期, 2016.
蕭雅俐, 毛奇齡『仲氏易』研究, 淡江大學, 2006.
辛源俸, 「朱熹, 毛奇齡和丁若鏞的『周易』占筮觀比較研究」, 『周易研究』, 2014, 第5期
沈瓞民, 「變象互體辨」, 『百年易學菁華集成– 周易象數(壹)』, 上海科學技術文獻出版社, 2010.
嶽峰・林風, 「在索隱與文本之間: 鴉片戰爭前耶穌會士對『易經』的譯介」, 『中國文化研究』, 2016.
梁韋弦, 「王家臺秦簡"易占"與殷易『歸藏』」, 『周易研究』, 2002年 第3期.
楊平, 「耶穌會傳教士『易經』的索隱法詮釋」, 『周易研究』 第120期, 2013.
王揚宗, 「康熙「三角形推算法論」簡論」, 『或問』, No.12, 2006.
王化平, 「左傳和國語之筮例與戰國楚簡數字卦畫的比較」,『考古』, 2011年, 第10期.
王興國, 「中國古代的'精神'與'文化'及其哲學意義釋論」, 『經典・經學與儒家思想的現代詮釋 國際學術研討會』, 下册, 深圳大學國學研究所, 2015.
饒宗頤, 「殷代易卦及有關占卜問題」, 『文史』 第二十輯, 1983年 9月
兪志慧, 「國語・晉語四"貞屯悔豫皆八"爲宜變之爻與不變之爻皆半說」, 『學燈』 第十九期, 2011.
劉震, 「淸華簡『筮法』與『左傳』『國語』筮例比較研究」, 『周易研究』, 2015年 3期.

李家浩, 「王家臺秦簡'易占'爲歸藏考」, 『江陵王家臺15號秦墓』 簡報, 『文物』, 1995年, 第1期
李學勤, 「新發現西周筮數的研究」, 『周易研究』, 2003年 05期.
李學勤, 「清華簡『筮法』與數字卦問題」, 『文物』, 2013年 第8期.
李學勤, 「出土文物與周易研究」, 『齊魯學刊』, 2005年, 第2期.
林金水, 「易經傳入西方考略」, 『文史』 第29期, 1988.
林在圭, 「丁若鏞與吳澄的周易解釋方法比較」, 『周易研究』, 2016, 第2期.
林忠軍, 「王家臺秦簡歸藏出土的易學價値」, 『周易研究』, 2001年 第2期.
林忠軍, 「毛奇齡"推移"說與清代漢易復興」, 『陝西師範大學學報 哲學社會科學版』, 2012.
張敏容, 「毛奇齡易學研究」, 臺北市立師範學院, 2004.
張涪云・陳欣雨, 「白晉研易方法論析」, 四川師範大學學報(社會科學版), 第43卷, 第3期, 2016.
張西平, 「易經研究－ 康熙和法國傳教士白晉的文化對話」, 『文化雜誌』, 14號, 2005.
張西平, 「中西文化的一次對話: 清初傳教士與『易經』研究」, 『歷史研究』 3, 北京: 2006.
張西平, 「梵蒂岡圖書館藏白晉讀易經文獻初探」, 『基督宗教研究』, 2003.
張帥・曾凡朝, 「南朝易類義疏體式考」, 『周易研究』, 2012年, 第02期.
張湧・張德讓, 「索隱派傳教士對中國經典的詮譯研究」, 『中國外語』 第12卷, 2015.
章偉文, 「略析吳澄的易學象數思想」, 『百年易學菁華集成 － 易學史(伍)』, 上海科學技術文獻出版社, 2010.
鄭吉雄, 「全祖望論毛奇齡」, 『臺大中文學報』 第七期, 1995.
程浩, 「清華簡筮法與周代占筮系統」, 『周易研究』, 2013年 6期.
陳伯适, 「虞翻取象表意的易學思維－從歷史性的意義下開展」, 『第六屆漢代文學與思想學術研討會論文集』, 2008.
蔡運章, 「商周筮數易卦釋例」, 『考古學報』, 2004年, 第2期.
夏含夷(Edward Louis Shaughnessy), 「是筮法還是釋法—由清華簡『筮法』重新考慮『左傳』筮例」, 『周易研究』, 2015年 03期.
韓琦, 「白晉的『易經』研究和康熙時代的西學中原說」, 『漢學研究』 第16卷, 第1期, 臺灣, 1998
韓琦, 「科學與宗教之間:耶蘇會士白晉的易經研究」, 『東亞基督教再詮釋』, 崇基學院神學院, 2004.
韓慧英, 「『左傳』・『國語』筮數"八"之初探」, 『周易研究』, 2002年, 第5期.
許維萍, 「法國傳教士白晉(Joachim Bouvet)與易圖 － 以梵蒂岡圖書館館藏易經手稿爲中心」, 『東亞漢學研究』 第6號, 東亞漢學研究學會, 長崎大學多文化社會學部, 2016.
許維萍, 「法國傳教士白晉(Joachim Bouvet)的讀『易』筆記－以梵蒂岡圖書館 Borgia No. Cinese 317, 496 檔案爲中心」, 茶與文化學術研討會, 淡江大學中國文學系・中國文學研究所, 2015.
黃愛平, 毛奇齡與明末清初的學術, 『清史研究』, 2014.

일반 논문

구만옥, 「다산 정약용의 천문역법론」, 『다산학』 제10호, 2007.

김문식, 「조선후기 모기령 경학의 수용 양상」, 『史學志』, Vol.38 2006.

김문식, 「정조대 정약용의 경학 연구 방법」, 『진단학보』, No.124, 2015.

김미선, 「초의艸衣의 유불불이儒佛不二 사상」, 『동양철학연구』 제52집, 2007.

김보름, 「여유당집의 성립에 관한 고찰」, 『다산학』 18호, 2011.

김보름, 「여유당전서 간행 경위 일고찰」, 『한국한문학연구』 제57집, 2015.

김상홍, 「다산학이 초의선사에게 끼친 영향」, 『한문교육연구』 제19호, 2002.

김언종, 「『여유당전서보유』의 저작별 진위문제에 대하여(上)」, 『다산학』9호, 다산학술문화재단, 2006.

김언종, 「『여유당전서보유』의 저작별 진위문제에 대하여(中)」, 『다산학』10호, 다산학술문화재단, 2007.

김언종, 「『여유당전서보유』의 저작별 진위문제에 대하여(下)」, 『다산학』11호, 다산학술문화재단, 2007.

김언종, 「정다산의 주자 논어집주 비판 4」, 『어문논집』 제47집, 민족어문학회, 2003.

김인규, 「성리학파와 실학파의 음양오행에 대한 인식」, 『동양고전연구』1, 동양고전학회, 1993.

다케다 도키마사(武田時昌), 「동아시아 과학사 연구의 새로운 전개—술수학 연구 프로젝트」, 제1회 템플턴 동아시아의 과학과 종교 국제워크숍, 『동아시아 세계의 지식의 전통:과학, 사상, 종교』, 2012.

박동천・홍순용, 「라이프니츠의 이신론적 기독교관과 색은주의 유교관의 상호영향」, 『정치사상연구』, 20(1), 2014.

박동춘, 「다산이 강진 ・ 해남지역 유불儒佛 교유에 미친 영향—『가련유사迦蓮幽詞』를 중심으로」, 한국차학회, 한국차학회지, 제24권, 제3호, 2018.

박성래, 「정약용의 과학사상」, 다산서거150주년기념 다산학논총, 다산학연구원, 1987.

박성래, 「정약용의 과학사상」, 『다산학보』1, 다산학보간행위원회, 1978

박성래, 「한국근세의 서양과학수용」, 『동방학지』 20, 1978

박성래, 「홍대용의 과학사상」, 『한국학보』23, 1981.

박종천, 「조선후기 『독례통고』의 수용과 영향」, 『한국실학연구』, 20, 2010.

백민정, 「다산 심성론에서 도덕감정과 자유의지에 관한 문제」, 『한국실학연구』 14, 2007.

서강대학교 신학대학원, 『동서양 문명의 만남, 도전과 기회 – 예수회 선교사 리치 서거 400주년을 기념하여』, 국제학술심포지엄, 2010.

성태용, 「다산 철학에 있어서 계시 없는 상제」, 『다산학』 제5호, 2004.

송영배, 「마테오 리치가 소개한 서양학문관의 의미」, 『인간환경미래』, 인제대학교 인간환경미래연구원, 가을 3호, 2009.
신지영, 「도시문화에 대한 위상학적 이해」, 『도시인문학연구』 제3권 2호.
심경호, 「조선후기의 경학연구법 분화와 모기령 비판」, 『동양학』 29집, 단국대 동양학연구소, 1999.
심경호, 「정조의 경학 연구 방법에 관한 규견」, 『泰東古典硏究』, Vol.21, 2005.
심종혁, 「예수회의 교육과 마테오 리치의 선교활동」, 『신학과 철학』 제18호, 서강대학교 신학연구소, 2011.
안영상, 「천주교의 천주(상제)와 영혼불멸설에 대한 영남 퇴계학파의 대응양식」, 『시대와 철학』, 16권 1호, 한국철학사상연구회, 2005.
엄정식, 「인공지능의 철학적 인간학」, 『철학과 현실』 제112호, 철학문화연구소, 2017.
오재환, 「천주실의 상제와 정다산의 상제관」, 『한국사상과 문화』, 75권, 2014.
유초하, 「정약용 철학에서 본 영혼불변과 우주창조의 문제」, 『한국실학연구』 제6호, 2003.
이경식·천인호, 「다산 정약용의 풍수관」, 『한국민족문화』 64, 2017.
이동희, 「서학 수용의 두 가지 반응; 신후담과 정약용― 마테오 리치의 『천주실의』의 수용을 중심으로」, 『정신문화연구』 제36권 제1호(통권 130호), 2013)
이영경, 「다산 정약용의 심성론에서 자유의지론의 문제와 윤리적 특성」, 『대동철학』 제38집, 대동철학회, 2007.
이영경, 「정약용의 윤리사상에서 도덕적 자율성과 상제의 문제」, 『대동철학』 제54집, 2011.
이희평, 「다산의 천인상관에 관한 일고― 상제의 주재권과 인간의 자주지권을 중심으로」, 『한국철학논집』 제3집, 한국철학사연구회, 1993.
정세근, 「명론明論: 『태일생수太一生水』, 『역전易傳』, 『장자莊子』의 신명神明을 중심으로」, 『철학연구』 제115집, 2016.
정순우, 「다산에 있어서의 천과 상제」, 『다산학』 9호, 다산학술문화재단, 2006.
정순우, 「다산에 있어서의 천과 상제」, 『다산학』 제9호, 2006.
안대옥, 「주비산경과 서학중원설 ― 명말 서학수용 이후 『주비산경』 독법의 변화를 중심으로」, 『한국실학연구』 제18권, 2009.
안대옥, 「청대 전기 서학 수용의 형식과 외연」, 『중국사연구』 제65집, 2010.
안대옥, 「만문滿文 『산법원본』과 유클리드 초등정수론의 동전」. 『중국사연구』 제69집, 2010.
오순방, 「청대 초기 예수회 신부 조아생 부베의 색은파 사상과 『역경』 연구」, 『중국어문논역총간』 제31집. 2012.
유재민, 「아리스토텔레스에서 기하학적 대상의 존재론적 위상과 경계적 성격」, 『철학논집』 18집, 서강대학교 철학연구소, 2009.
이연승, 「예수회 색은주의 선교사들의 유교 이해」. 『종교와 문화』 17권, 서울대학교 종교문제연구소, 2009.

이영호, 「다산과 석천의 시경학과 역경학에 관한 일고찰」, 『동양철학연구』 76권, 동양철학연구회, 2013.

임종태, 「이방의 과학과 고전적 전통 – 17세기 서구과학에 대한 중국적 이해와 그 변천」, 『동양철학』 제22집, 2004.

전홍석, 「17~18세기 프랑스 예수회의 '색은주의 천학' 논고 – 유교 문헌에 대한 색은주의의 문화 동일적 해석」, 『동서철학연구』 제82호, 한국동서철학회, 2016.

정해왕, 「전철학사와의 유비관계에서 본 왕필역학개념과 그 역학적 의미」, 『대동철학』제41집, 대동철학회, 2007

조영기, 「아리스토텔레스의 수학적 소박실재론과 고대 그리스의 천문학」, 『철학논집』 제27집, 2011,

허남진, 「홍대용의 철학사상」, 『진단학보』79, 진단학회, 1995.

공구서

다산학술문화재단 편, 『다산학사전』, 사암, 2019.

최석기, 『중국경학가사전』, 경인문화사, 2002.

지관智冠 편저, 『가산불교대사림』, 가산불교문화연구원, 2000.

홍법원 편집부 편, 『불교학대사전』, 홍법원, 1992.

蕭元, 廖名春 編, 『周易大辭典』, 北京: 中國工人出版社, 1991.

張善文 撰, 『周易辭典』, 中國大百科全書出版社, 2005.

『中華易學大辭典』, 上海古籍出版社, 2008.

The Encyclopedia of Religion, Vol.1~Vol.15, Macmillan and Free Press, New York, 1987.

The Encyclopedia of Chinese Philosophy, edited by Antonio S. Cua, Routledge, New York, 2003.

인터넷자료

李光地, 『榕村集』, 『榕村語錄』, 『榕村語錄續集』, Chinese Text Project.

『四庫全書總目提要』, 維基文庫, 自由的圖書館. https://zh.wikisource.org.

康熙, 『庭訓格言』. 四庫全書本, 維基文庫, 自由的圖書館. https://zh.wikisource.org.

http://news.sbs.co.kr/news/endPage.do?news_id=N1003595637(스티븐 핑커-최재천의 통섭적 대화).

https://www.zdic.net/zd/zx/cx/%E7%94%B3(전국시대 초문자 자형).

저자의 논저(다산역학 및 역학 관련)

[논문-국문]

「다산역학사상에 대한 연구」, 한국학대학원 석사학위논문, 1983.

「주자의 역학적 세계관과 역학사에서의 주자역학의 위치」, 『철학연구』, 1988.

「중국고대 우주론의 한 형태로서의 음양오행설」, 『종교연구』, 한국종교학회, 1988

「다산역학에 있어서 기호와 의미」, 제6회 국제학술회의논문집 『한국화의 세계화(I)』, 한국정신문화연구원, 1991.

「다산역학의 변증법적 이념」, 『주역연구』 제3집, 한국주역학회, 1999.

「다산의 「역론」을 통해본 복서의 모의실험적 기능」, 『주역연구』 제4집, 한국주역학회, 1999.

「다산의 명청역학 비판」, 『철학연구』 제84호, 대한철학회, 2002.

「다산역의 기호론적 세계관」, 『대동철학』 제20집, 대동철학회, 2003.

「다산역학의 방법론적 고찰-모기령과 정약용의 역학방법론의 비교」, 『철학연구』 제94권, 대한철학회, 2005.

「지욱의 『주역선해』 : 퓨전의 시대와 크로스오버의 철학」, 『동서사상』 제3호, 경북대학교 동서사상연구소, 2007.

「다산의 이광지 역학에 대한 비판」, 『철학연구』 제90집, 대한철학회, 2008.

「다산의 도가역학비판」, 『철학연구』 제108집, 대한철학회, 2008.

「『주역사전』의 기호학적 독해」, 『다산과 현대』 창간호, 연세대학교 강진다산실학연구원, 2008.

「『주역사전』의 텍스트 형성과정에 관한 고찰— 정고본 및 신조본의 저본을 찾기 위한 시론」, 『다산학』 제14호, 다산학술문화재단, 2009.

「단국대본 『주역사전』 연구-정고본 및 신조본의 저본을 찾기 위한 두 번째 시론」, 『다산학』 제17호, 다산학술문화재단, 2010.

「주역의 기호학: 퍼스(Peirce)의 관점에서 본 주역의 기호학적 성격」, 철학연구, 제115호, 대한철학회, 2010.

「정약용의 「주자본의발미」 연구」, 『다산학』 제19호, 다산학술문화재단, 2011.

「정약용의 「춘추관점보주」의 하상지구법설에 대한 비판적 고찰 - 출토역학자료의 관점에서 본 『연산』·『귀장』의 서법」, 『퇴계학보』 제131집, 퇴계학연구원, 2012.

「정약용의 소옹비판-「팔괘차서도」와 「팔괘방위도」를 중심으로」, 『국학연구』 제21집, 한국국학진흥원, 2012.

「정약용의 「한위유의론」 연구, 『다산학』 제23호, 다산학술문화재단, 2013.

「경방의 벽괘설에 대한 정약용의 비판」, 『철학사상』 제54권, 서울대 철학사상연구소, 2014.

「다산역의 관점에서 본 경방의 효변설」, 『철학연구』 제131호, 대한철학회, 2014.

「다산역의 천명관: 청명請命 품명稟命 그리고 순명順命」, 『다산학』 제26호, 다산학술문화재단, 2015.
「당서괘기론을 통해서본 해배기의 다산역학」, 『다산학』 제29호, 다산학술문화재단, 2016.
「다산의 양호작괘법」, 『다산학』 제30호, 다산학술문화재단, 2017.
「주역과 풍수 담론을 통해서본 다산의 토폴로지」, 『철학·사상·문화』 제27호, 동서사상연구소, 2018.
「정약용의 역학관 형성에 미친 모기령의 영향」, 『다산학』 제33호, 다산학술문화재단, 2018.
「주역과 인공지능」, 『철학연구』 제145호, 대한철학회, 2018.
「주역사전, 주역의 퍼즐풀기에 도전하다」, 『다산학공부』, 돌베개, 2018.
「유럽 예수회 선교사들의 『주역』 이해– 유클리드의 기하학과 서양수학이 『주역』 해석에 미친 영향」, 『다산학』 제34호, 다산학술문화재단, 2019.
「정약용의 『주역』 해석에 보이는 우주발생론적 관념과 마테오 리치의 영향– 창조론과 생성론의 절충」, 『다산학』 제35호, 다산학술문화재단, 2019.
「다산역학에서 우연성·결정론·자유의지의 문제」, 『국학연구』 제40집, 한국국학진흥원. 2019.

[논문–중문]

通過茶山的《易論》對卜筮模擬實驗功能的考察, 《東亞視域中的茶山學與韓國儒學》, 國立臺灣大學東亞文明中心, 2005.
茶山易的辨證法, 第五屆韓國傳統文化國際學術硏討會論文集, 南京大學韓國硏究所, 2005.
《周易四箋》的符號學解讀, 《周易硏究》, 總第99期, 2010 第1期
從皮爾斯的觀點看《周易》的符號學性質, 《周易硏究》, 總第132期 , 2015 第4期
丁若鏞對京房辟卦說的批判, 《周易硏究》, 總第137期, 2016 第3期
茶山的兩互作卦法, 《周易硏究》, 總第145期 , 2017 第5期

[논문–영어]

The Philosophy of Change in Chong Yakyong's Zhouyisijian, Korea Journal, Vol.28, No.10, Korean National Commission for Unesco, 1988.
The Metamorphosis of the Dragon. A hermeneutic approach to interpreting the dragon image in the chinese text of the Yijing, Komparative Philosophie(Schriften der Academie du midi Bd. IV), Wilhelm Fink Verlag, 1998.
The Aspect of Dialectic Philosophy in Dasan Jeong Yag-yongs Exposition of Yijing, The Review of Korean Studies, Vol.9, No.4, The Academy of Korean Studies, 2006.
A Semiotic Approach to Understanding Tasan ChongYagyong's Philosophy of Yijing, The Review

of Korean Studies, Vol.3, No.2, The Academy of Korean Studies, 2000.

The Zhouyi as Understood by the European Jesuit Missionaries – The Influence of Euclid's Geometry and Western Mathematics on the Interpretation of the Zhouyi, The Journal of Tasan Studies, Vol.34. June, 2019.

Chong Yag-yong's cosmogonic idea and Matteo Ricci's influence shown in his interpretation of the Zhouyi – A compromise between creationism and evolutionism. The Journal of Tasan Studies, Vol.35. December, 2019.

[저서]

방인, 『다산 정약용의 『주역사전』, 기호학으로 읽다』, 예문서원, 2014.

방인·장정욱, 『역주 주역사전』, 전8권, 소명출판, 2007.

박석무·방인 등, 『다산학공부』, 다산연구소, 돌베개, 2018.

동아시아출토문헌연구회 편, 『중국출토문헌의 새로운 세계』, 주류성, 2018.

다산학술문화재단 편, 『다산필사본연구』, 사암, 2019.

다산학술문화재단 편, 『다산학사전』, 사암, 2019.

한중철학회 편, 『주역의 연원과 한중 역학의 지평』, 경인문화사, 2019.

찾아보기

【인명】

【서명 및 편명】

【개념어구】

이 책에 실린 논문의 신구新舊 대조표

제1장	新	청명請命 · 품명稟命 · 순명順命
	舊	「다산역의 천명관: 청명 · 품명 그리고 순명」, 『다산학』 제26호, 다산학술문화재단, 2015.
제2장	新	우연성 · 결정론 · 자유의지
	舊	「다산역학에서 우연성 · 결정론 · 자유의지의 문제」, 『국학연구』 제40집, 한국국학진흥원. 2019.
제3장	新	「춘추관점보주」의 하상지구법설
	舊	「정약용의 「춘추관점보주」의 하상지구법설에 대한 비판적 고찰 – 출토역학자료의 관점에서 본 『연산』 · 『귀장』의 서법」, 『퇴계학보』 제131집, 퇴계학연구원, 2012.
제4장	新	출토문헌의 시각에서 본 다산의 춘추관점 이해
	舊	「춘추시대 관점에 대한 정약용의 이해」, 『다산학』 제28호, 다산학술문화재단, 2016.
제5장	新	「한위유의론」의 역학 비평
	舊	「정약용의 「한위유의론」 연구, 『다산학』 제23호, 다산학술문화재단, 2013.
제6장	新	「당서괘기론」을 통해서 본 벽괘설의 근원
	舊	「당서괘기론을 통해서본 해배기의 다산역학」, 『다산학』 제29호, 다산학술문화재단, 2016.
제7장	新	다산역의 관점에서 본 경방의 벽괘설
	舊	「경방의 벽괘설에 대한 정약용의 비판」, 『철학사상』 제54권, 서울대 철학사상연구소, 2014.
제8장	新	다산역의 관점에서 본 경방의 효변설
	舊	「다산역의 관점에서 본 경방의 효변설」, 『철학연구』 제131호, 대한철학회, 2014.
제9장	新	우번의 괘변설과 다산의 추이설의 비교
	舊	우번의 괘변설과 정약용의 추이설의 비교, 『다산학』 제27호, 2015.
제10장	新	왕필과 그 후계자들의 잘못을 나무라다
	舊	「다산의 도가역학비판」, 『철학연구』 제108집, 대한철학회, 2008.

제11장	新	소옹의 선천역이 근거가 없음을 비판하다
	舊	「정약용의 소옹비판 – 「팔괘차서도」와 「팔괘방위도」를 중심으로」, 『국학연구』 제21집, 한국국학진흥원, 2012.
제12장	新	역리사법이 모두 주자로부터 온 것처럼 말했으나, 실제로 주자로부터 취한 것은 많지 않다
	舊	「정약용의 「주자본의발미」 연구」, 『다산학』 제19호, 다산학술문화재단, 2011.
제13장	新	내지덕을 역가易家의 하승下乘이라고 혹평하다
	舊	「다산의 명청역학 비판」, 『철학연구』 제84호, 대한철학회, 2002.
제14장	新	이광지가 제왕의 세勢를 끼고 유종의 지위를 차지한 것을 비난하다
	舊	「다산의 이광지 역학에 대한 비판」, 『철학연구』 제90집, 대한철학회, 2008.
제15장	新	오징으로부터 양호작괘법을 배워서 실험하다
	舊	「다산의 양호작괘법」, 『다산학』, 제30호, 다산학술문화재단, 2017.
제16장	新	모기령을 심하게 비난하였으나 몇 가지 중요한 개념들을 빌려오다.
	舊	「정약용의 역학관 형성에 미친 모기령의 영향」, 『다산학』 제33호, 다산학술문화재단, 2018.
제17장	新	유럽 예수회 선교사들의 『주역』 이해 – 유클리드의 기하학과 서양수학이 『주역』 해석에 미친 영향
	舊	「유럽 예수회 선교사들의 주역 이해 – 유클리드의 기하학과 서양수학이 주역 해석에 미친 영향」, 『다산학』 제34호, 다산학술문화재단, 2019.
제18장	新	다산의 우주발생론에 미친 마테오 리치의 영향 – 창조론과 생성론의 절충
	舊	「정약용의 주역 해석에 보이는 우주발생론적 관념과 마테오 리치의 영향 – 창조론과 생성론의 절충」, 『다산학』 제35호, 다산학술문화재단, 2019.
제19장	新	다산역의 변증법
	舊	「다산역학의 변증법적 이념」, 『주역연구』 제3집, 한국주역학회, 1999.
제20장	新	『주역』과 풍수 담론을 통해서 본 다산역의 토폴로지
	舊	「주역과 풍수 담론을 통해서 본 다산의 토폴로지」, 『철학·사상·문화』 제27호, 동국대학교 동서사상연구소, 2018.
補論	新	『주역사전』 초의 필사본의 『여유당집』 권수卷數의 문제

지은이 방인方仁

1975년에 서울대학교 사회계열에 입학하였고, 1980년에 서울대학교 인문대학 철학과를 졸업하였다. 1983년에 한국학중앙연구원 한국학대학원에서 「다산역학사상에 대한 연구」로 석사학위를 취득하였다. 1995년에는 서울대학교 철학과에서 「태현太賢의 유식唯識철학 연구」로 박사학위를 취득하였다. 1984년에서 1986년 사이에 이태리의 나폴리에 있는 동양학대학교(Istituto Universitario Orientale)에서 한국어와 한국학을 2년간 강의하였다. 1989년 이래 현재까지 경북대학교 인문대학 철학과 교수로 재직하고 있다. 1997년에서 1998년 사이에 미국의 하버드 대학 옌칭연구소(Harvard-Yenching Institute)에서, 그리고 2005년에서 2006년 사이에 캐나다의 브리티시 컬럼비아 대학(The University of British Columbia)의 한국학연구소에서 객원학자(Visiting Scholar)를 역임하였다. 2007년에는 한국연구재단의 명저번역사업의 지원을 받아 정약용의 『역주譯註 주역사전周易四箋』(전8권, 소명출판)을 제자 장정욱張正郁과 함께 번역하였으며, 2014년에는 한국연구재단의 인문저술사업의 지원을 받아 『다산 정약용의 주역사전 기호학으로 읽다』(예문서원)를 출판하였다. 2009년에는 제21회 서우철학상(번역부문)을 수상하였으며, 2015년에는 다산학술문화재단으로부터 제15회 다산학술상을 수상하였다. 다산학술문화재단이 주관하는 『정본 여유당전서』(사암, 2013) 편찬 사업에도 참여하여 『주역사전』과 『역학서언』의 표점교감 작업을 수행하였다.

역학총서

주역철학사(周易研究史) 廖名春·康學偉·梁韋弦 지음, 심경호 옮김, 944쪽, 45,000원
소강절의 선천역학 高懷民 지음, 곽신환 옮김, 368쪽, 23,000원
다산 정약용의 『주역사전』, 기호학으로 읽다 방인 지음, 704쪽, 50,000원
주역과 성인, 문화상징으로 읽다 정병석 지음, 440쪽, 40,000원
주역과 과학 신정원 지음, 344쪽, 30,000원
주역, 운명과 부조리 그리고 의지를 말하다 주광호 지음, 352쪽, 30,000원

한국철학총서

조선 유학의 학파들 한국사상사연구회 편저, 688쪽, 24,000원
조선유학의 개념들 한국사상사연구회 지음, 648쪽, 26,000원
유교개혁사상과 이병헌 금장태 지음, 336쪽, 17,000원
쉽게 읽는 퇴계의 성학십도 최재목 지음, 152쪽, 7,000원
홍대용의 실학과 18세기 북학사상 김문용 지음, 288쪽, 12,000원
남명 조식의 학문과 선비정신 김충열 지음, 512쪽, 26,000원
명재 윤증의 학문연원과 가학 충남대학교 유학연구소 편, 320쪽, 17,000원
조선유학의 주역사상 금장태 지음, 320쪽, 16,000원
심경부주와 조선유학 홍원식 외 지음, 328쪽, 20,000원
퇴계가 우리에게 이윤희 지음, 368쪽, 18,000원
조선의 유학자들, 켄타우로스를 상상하며 理와 氣를 논하다 이향준 지음, 400쪽, 25,000원
퇴계 이황의 철학 윤사순 지음, 320쪽, 24,000원
조선유학과 소강절 철학 곽신환 지음, 416쪽, 32,000원
되짚어 본 한국사상사 최영성 지음, 632쪽, 47,000원
한국 성리학 속의 심학 김세정 지음, 400쪽, 32,000원
동도관의 변화로 본 한국 근대철학 홍원식 지음, 320쪽, 27,000원
선비, 인을 품고 의를 걷다 한국국학진흥원 연구부 엮음, 352쪽, 27,000원
실학은 實學인가 서영이 지음, 264쪽, 25,000원
선사시대 고인돌의 성좌에 새겨진 한국의 고대철학 윤병렬 지음, 600쪽, 53,000원
사단칠정론으로 본 조선 성리학의 전개 홍원식 외 지음, 424쪽, 40,000원
국역 주자문록 — 고봉 기대승이 엮은 주자의 문집 奇大升 엮음, 김근호 외 옮김, 768쪽, 67,000원

성리총서

송명성리학(宋明理學) 陳來 지음, 안재호 옮김, 590쪽, 17,000원
주희의 철학(朱熹哲學研究) 陳來 지음, 이종란 외 옮김, 544쪽, 22,000원
양명 철학(有無之境—王陽明哲學的精神) 陳來 지음, 전병욱 옮김, 752쪽, 30,000원
정명도의 철학(程明道思想研究) 張德麟 지음, 박상리·이경남·정성희 옮김, 272쪽, 15,000원
송명유학사상사(宋明時代儒學思想の研究) 구스모토 마사쓰구(楠本正繼) 지음, 김병화·이혜경 옮김, 602쪽, 30,000원
북송도학사(道學の形成) 쓰치다 겐지로(土田健次郎) 지음, 성현창 옮김, 640쪽, 3,2000원
성리학의 개념들(理學範疇系統) 蒙培元 지음, 홍원식·황지원·이기훈·이상호 옮김, 880쪽, 45,000원
역사 속의 성리학(Neo-Confucianism in History) Peter K. Bol 지음, 김영민 옮김, 488쪽, 28,000원
주자어류선집(朱子語類抄) 미우라 구니오(三浦國雄) 지음, 이승연 옮김, 504쪽, 30,000원

불교(카르마)총서

유식무경, 유식 불교에서의 인식과 존재 한자경 지음, 208쪽, 7,000원
박성배 교수의 불교철학강의: 깨침과 깨달음 박성배 지음, 윤원철 옮김, 313쪽, 9,800원
불교 철학의 전개, 인도에서 한국까지 한자경 지음, 252쪽, 9,000원
인물로 보는 한국의 불교사상 한국불교원전연구회 지음, 388쪽, 20,000원
은정희 교수의 대승기신론 강의 은정희 지음, 184쪽, 10,000원
비구니와 한국 문학 이향순 지음, 320쪽, 16,000원
불교철학과 현대윤리의 만남 한자경 지음, 304쪽, 18,000원
유식삼십송과 유식불교 김명우 지음, 280쪽, 17,000원
유식불교, 『유식이십론』을 읽다 효도 가즈오 지음, 김명우·이상우 옮김, 288쪽, 18,000원
불교인식론 S. R. Bhatt & Anu Mehrotra 지음, 권서용·원철·유리 옮김, 288쪽, 22,000원
불교에서의 죽음 이후, 중음세계와 육도윤회 허암 지음, 232쪽, 17,000원
선사상사 강의 오가와 다카시(小川隆) 지음, 이승연 옮김, 232쪽 20,000원

경북의 종가문화

사당을 세운 뜻은, 고령 점필재 김종직 종가 정경주 지음, 203쪽, 15,000원
지금도 「어부가」가 귀전에 들려오는 듯, 안동 농암 이현보 종가 김서령 지음, 225쪽, 17,000원
종가의 멋과 맛이 넘쳐 나는 곳, 봉화 충재 권벌 종가 한필원 지음, 193쪽, 15,000원
한 점 부끄럼 없는 삶을 살다, 경주 회재 이언적 종가 이수환 지음, 178쪽, 14,000원
영남의 큰집, 안동 퇴계 이황 종가 정우락 지음, 227쪽, 17,000원
마르지 않는 효제의 샘물, 상주 소재 노수신 종가 이종호 지음, 303쪽, 22,000원
의리와 충절의 400년, 안동 학봉 김성일 종가 이해영 지음, 199쪽, 15,000원
충효당 높은 마루, 안동 서애 류성룡 종가 이세동 지음, 210쪽, 16,000원
낙중 지역 강안학을 열다, 성주 한강 정구 종가 김학수 지음, 180쪽, 14,000원
모원당 회화나무, 구미 여헌 장현광 종가 이종문 지음, 195쪽, 15,000원
보물은 오직 청백뿐, 안동 보백당 김계행 종가 최은주 지음, 160쪽, 15,000원
은둔과 화순의 선비들, 영주 송설헌 장말손 종가 정순우 지음, 176쪽, 16,000원
처마 끝 소나무에 갈무리한 세월, 경주 송재 손소 종가 황위주 지음, 256쪽, 23,000원
양대 문형과 직신의 가문, 문경 허백정 홍귀달 종가 홍원식 지음, 184쪽, 17,000원
어질고도 청빈한 마음이 이어진 집, 예천 약포 정탁 종가 김낙진 지음, 208쪽, 19,000원
임란의병의 힘, 영천 호수 정세아 종가 우인수 지음, 192쪽, 17,000원
영남을 넘어, 상주 우복 정경세 종가 정우락 지음, 264쪽, 23,000원
선비의 삶, 영덕 갈암 이현일 종가 장윤수 지음, 224쪽, 20,000원
청빈과 지조로 지켜 온 300년 세월, 안동 대산 이상정 종가 김순석 지음, 192쪽, 18,000원
독서종자 높은 뜻, 성주 응와 이원조 종가 이세동 지음, 216쪽, 20,000원
오천칠군자의 향기 서린, 안동 후조당 김부필 종가 김용만 지음, 256쪽, 24,000원
마음이 머무는 자리, 성주 동강 김우옹 종가 정병호 지음, 184쪽, 18,000원
문무의 길, 영덕 청신재 박의장 종가 우인수 지음, 216쪽, 20,000원
형제애의 본보기, 상주 창석 이준 종가 서정화 지음, 176쪽, 17,000원
경주 남쪽의 대종가, 경주 잠와 최진립 종가 손숙경 지음, 208쪽, 20,000원
변화하는 시대정신의 구현, 의성 자암 이민환 종가 이시활 지음, 248쪽, 23,000원
무로 빚고 문으로 다듬은 충효와 예학의 명가, 김천 정양공 이숙기 종가 김학수, 184쪽, 18,000원
청백정신과 팔련오계로 빛나는, 안동 허백당 김양진 종가 배영동, 272쪽, 27,000원
학문과 충절이 어우러진, 영천 지산 조호익 종가 박학래, 216쪽, 21,000원
영남 남인의 정치 중심 돌밭, 칠곡 귀암 이원정 종가 박인호, 208쪽, 21,000원
거문고에 새긴 외금내고, 청도 탁영 김일손 종가 강정화, 240쪽, 24,000원
대를 이은 문장과 절의, 울진 해월 황여일 종가 오용원, 200쪽, 20,000원
처사의 삶, 안동 경당 장흥효 종가 장윤수, 240쪽, 24,000원
대의와 지족의 표상, 영양 옥천 조덕린 종가 백순철, 152쪽, 15,000원
군자불기의 임청각, 안동 고성이씨 종가 이종서, 216쪽, 22,000원
소학세가, 현풍 한훤당 김굉필 종가 김훈식, 216쪽, 22,000원
송백의 지조와 지란의 문향으로 일군 명가, 구미 구암 김취문 종가 김학수, 216쪽, 22,000원
백과사전의 산실, 예천 초간 권문해 종가 권경열, 216쪽, 22,000원
전통을 계승하고 세상을 비추다, 성주 완석정 이언영 종가 이영춘, 208쪽, 22,000원
영남학의 맥을 잇다, 안동 정재 류치명 종가 오용원, 224쪽, 22,000원
사천 가에 핀 충효 쌍절, 청송 불훤재 신현 종가 백운용, 216쪽, 22,000원
옛 부림의 땅에서 천년을 이어오다, 군위 경재 홍로 종가 홍원식, 200쪽, 20,000원
16세기 문향 의성을 일군, 의성 회당 신원록 종가 신해진, 296쪽, 30,000원
도학의 길을 걷다, 안동 유일재 김언기 종가 김미영, 216쪽, 22,000원
실천으로 꽃핀 실사구시의 가풍, 고령 죽유 오운 종가 박원재, 208쪽, 21,000원
민족고전 「춘향전」의 원류, 봉화 계서 성이성 종가 설성경, 176쪽, 18,000원

기타

다산 정약용의 편지글 이용형 지음, 312쪽, 20,000원
유교와 칸트 李明輝 지음, 김기주・이기훈 옮김, 288쪽, 20,000원
유가 전통과 과학 김영식 지음, 320쪽, 24,000원
조선수학사 — 주자학적 전개와 그 종언 가와하라 히데키 지음, 안대옥 옮김, 536쪽, 48,000원
중국수학사 李儼・杜石然 지음, 안대옥 옮김, 384쪽, 38,000원
공자의 仁, 타자의 윤리로 다시 읽다 伍曉明 지음, 임해순・홍린 옮김, 536쪽, 50,000원